A MORADA DA SABEDORIA

ANTÓNIO FILIPE PIMENTEL

A Morada

da Sabedoria

I. O PAÇO REAL DE COIMBRA
DAS ORIGENS AO ESTABELECIMENTO
DA UNIVERSIDADE

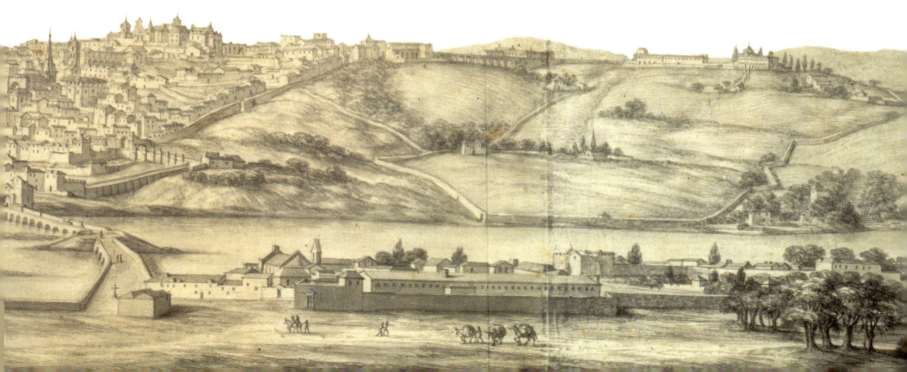

A MORADA DA SABEDORIA
I. O Paço Real de Coimbra das origens
ao estabelecimento da Universidade

AUTOR
António Filipe Pimentel

DESIGN
FBA.

IMPRESSÃO E ACABAMENTO
GC – Gráfica de Coimbra, Lda.

EDIÇÃO
Almedina

DEPÓSITO LEGAL
236736/05

ISBN
972-40-2747-3

© 2005, António Filipe Pimentel e Almedina
www.almedina.net

PATROCÍNIO

FUNDAÇÃO ENG. ANTÓNIO DE ALMEIDA

AGRADECIMENTO

Este livro deve, naturalmente, muito a muita gente. E isso é fundamentalmente bom porque o converte, de mera aventura pessoal, numa enriquecedora lição de vida: a de que o que verdadeiramente importa é o que nos constitui devedores dos outros, por isso que a eles nos prendemos, desse modo, com laços que nunca realmente poderemos remir. Para sempre, pois. E isso é bom.

Os seus nomes são, assim, felizmente muitos e perpassam, ao longo destas páginas, de uma forma ou de outra, mais ou menos explicitamente. Porém, tendo por base uma dissertação de doutoramento, os primeiros créditos pertencem, naturalmente, aos seus orientadores, os Doutores Pedro Dias e Francisco Javier de la Plaza Santiago. A eles antes de mais, mas a todos os outros, devemos informações cedidas, disponibilidade para discussões de fundo, paciência infinita e ajudas múltiplas, fundamentais para dobrar os contínuos escolhos que se deparam numa investigação desta amplitude.

Mas um livro é a sua escrita e a sua materialização: esse passe quase de magia que dá forma física à ideia do autor e que a coloca, por essa via, nas mãos do leitor a que em última análise se destina. Sem ele, ficaria essencialmente inglório todo o caminho percorrido. E esta última etapa muito deve a outro nome que, por isso, deve ser extensamente referido: o da Fundação Eng.º António de Almeida, na pessoa do seu ilustre Presidente, Doutor Fernando Aguiar-Branco que, fazendo jus à exemplaríssima prática cultural que vem de há tantos anos demonstrando, se empenhou, desde a primeira hora, em que a história, efectivamente única, do Palácio Universitário coimbrão, pudesse ser conhecida do maior número possível de leitores – num esclarecido acto de Mecenas sem o qual boa parte do esforço dispendido quedaria seguramente *aquém*.

ao José Maria e ao Henrique Maria

Coimbra, a cheia de graça e de mistério do passado, é, entre as cidades portuguesas, a mais estratificada pela corrente dos séculos, em vasa de memórias e ruínas, de lendas e poesia. Cava-se o chão ou derrubam-se edifícios para erguer novas construções e, incrustradas no solo e nas muralhas demolidas, ou sepultos sob os pavimentos levantados, descobrem-se substractos de palácios e lápides funerárias dos romanos, capitéis de templos visigóticos, arcos moçárabes, portais românicos, arcadas manuelinas – depósitos que o tempo sobrepôs na esplanada cimeira e nas ladeiras abruptas da colina sagrada. Sagrada pelo esforço, as dores, as lutas e as crenças de sucessivas gerações.

JAIME CORTESÃO
Portugal – A Terra e o Homem

Somos dos que acreditamos no condicionamento histórico geral na tentativa de explicação dos fenómenos artísticos, das alterações estilísticas, na impossibilidade da sua compreensão integral sem o apoio das restantes actividades humanas.

JORGE HENRIQUE PAIS DA SILVA
Páginas de História da Arte

A história faz-se com documentos e ideias, com fontes e imaginação.

JACQUES LE GOFF
Para um novo conceito de Idade Média

LISTA DE ABREVIATURAS

AAFCG	Arquivo de Arte da Fundação Calouste Gulbenkian
AUC	Arquivo da Universidade de Coimbra
BGUC	Biblioteca Geral da Universidade de Coimbra
BML	Biblioteca Medicea Laurenziana (Florença)
CAPOCUC	Comissão Administrativa do Plano das Obras da Cidade Universitária de Coimbra (depois designada CAOCUC)
DGEMN	Direcção-Geral dos Edifícios e Monumentos Nacionais
MNMC	Museu Nacional de Machado de Castro
TT	Instituto dos Arquivos Nacionais – Torre do Tombo

ÍNDICE

Introdução   7

I. Uma Escola no Palácio

1. Coimbra, 1527   25
2. Uma corporação de mestres e escolares   45
3. O *Protector*   68
4. A Escola e o Mosteiro   94
5. O Colégio Real   124
6. Coimbra, 1550   154

II. O mais formoso palácio acastelado de terras portuguesas

1. Coimbra, 1999   187
2. O *Alcácer de Qulumriyya*   232
3. Em busca das origens   323
4. O Paço Real da Alcáçova   379
5. Memória e (Con)sagração   449
6. Piedade e Sabedoria   620

Coimbra, 2003   696

Fontes e obras de consulta   713

Considerando o edifício universitário nuclear em relação com o agregado urbano que senhoreia física e espiritualmente, pode dizer-se que não existe no mundo universidade mais imponente que a de Coimbra.

VERGÍLIO CORREIA
O Edifício da Universidade. Notas de arte e história

~ Introdução

A 13 DE OUTUBRO DE 1537, A UNIVERSIDADE, CHEGADA a Coimbra em Março anterior, fazia a sua entrada na velha alcáçova real. Para não mais sair. E, desde então, habita num palácio – e nisso se diferencia de todas as restantes, no *inner circle* que configuram as universidades históricas europeias. Na verdade, ao passo que, desde o século XV, se difundia por toda a Europa um novo conceito arquitectónico – o *colégio* –, concebido para dar guarida às necessidades específicas dessa peculiar instituição, em Coimbra, ao invés, gorados um a um todos os planos para dotar a Escola de edifício próprio, como em Lisboa possuía e se previra na trasladação, prolongava-se indefinidamente a estadia do *Estudo* no Paço Real, onde se instalara provisoriamente por determinação de D. João III. Até que, em 1597, reinando já D. Filipe I e alienada pela Coroa a residência régia, esta se convertia, de direito próprio, num organismo singular: o *Paço das Escolas*.

Mas não seria essa a sua única particularidade. Com efeito, enquanto na vizinha Castela a Idade Média assistia à emergência de dois *estudos gerais* – Salamanca (1218) e Valladolid (1346) – e, entre 1474 e 1620, quase trinta outros faziam a sua aparição por toda a Espanha (idêntico fenómeno ocorrendo em França, Itália e Inglaterra e, ainda que em ritmo e densidade desiguais, pela Europa inteira, além do *Novo Mundo*)[1], entre nós o velho *Estudo* dionisino ocupava solitariamente a cena do ensino superior, em todo o Reino e seus domínios, até ao limiar do século XX. Era, essencialmente, a *Universidade Portuguesa*, conservando indemne, a despeito das encruzilhadas que houve de dobrar no decurso de uma longa e complexa história, a mesma personalidade jurídica e moral definida no declinar do século XIII – mesmo que, de 1537 para cá, ao fixar-se por fim na cidade do Mondego, viesse a chamar-se de *Universidade de Coimbra*[2]. Por ela, pois, por ser, por séculos a fio, a *sua* universidade, passa uma parte substantiva da própria medula nacional. E esse registo inscreve-se, como num palimpsesto, nas antigas paredes do palácio onde se alberga (como centro simbólico que persiste em ser), por isso mesmo que, como em estudo recente e modelar dedicado à sede histórica do *estudo geral* salamantino pertinentemente se reconhecia: "si existe un documento que cuente la historia de la universidad, éste es el edificio que durante siglos dio cobijo a sus clases"[3]. Não parece, pois, possível tentar fazer a *História da Universidade de Coimbra* – com tudo quanto isso significa do ponto de vista da própria *História de Portugal* – à margem da história particular da construção que, vai para cinco séculos, a contém.

É certo, porém, que se a Escola era já uma instituição antiga e consolidada quando, nesse outono de 1537, o seu destino se cruza com o do Paço (dois séculos e meio, quase, haviam decorrido desde a sua constituição formal), muitíssimo mais longo, incomensuravelmente mais longo era o caminho percorrido pelo edifício onde se instalava, perdida há muito a concreta noção da sua origem. O *palácio-documento* não testemunhará assim, em fim de contas, tão somente as vicissitudes universitárias, mas também esse tempo remoto da fundação da Monarquia, cujos primeiros séculos se sabia ter de perto acompanhado; e além mesmo, antes que *houvesse nome Portugal*. Um outro código genético, pois, mais antigo ainda, se entranharia nesses muros e também essa história, por conseguinte – a história do tempo que teve em Coimbra a *cidade real*, a história do tempo que viu nascer e formar-se Portugal –, passa por aqui. Também ela, em fim de contas, não parece possível de escrever-se sem por aqui passar; sem passar pelo *palácio-documento*.

Mas o *palácio* é *documento* por ser, antes de mais, arquitectura-ideia, arquitectura-representação. Precisamente porque, como reconhecia Shakespeare, *o mundo inteiro é um palco*; e porque, desde sempre, a toda a forma de organização social presidiria, como um "governante de bastidor", a *teatrocracia*[4]. Isso mesmo conservou o palácio de

Coimbra, de geração em geração, como um *cenário vivo*, quando tantos desapareceriam ao perder-se a razão que os fizera erguer: porque a Universidade, ciente há muito do *poder* que o *saber* confere – e por isso proclamava *per me reges regnant et legum conditores justa decernunt*[5] –, cedo se aperceberia, de igual modo, da insubstituível eficácia do *poder dos símbolos*, que o mesmo é dizer do *poder da imagem*. Ou, dito por outro modo, que todo o poder necessita de uma imagem e de um código simbólico. E por essa razão, em 1597, ao proceder à sua aquisição, se empenharia em conservar ao edifício as antigas preeminências, qualidades e prerrogativas de paço régio que fora até aí[6] e, por essa via, continuaria sendo, sob a nova formulação de *Paço Real das Escolas*. E é apenas então, verdadeiramente, que sobre as velhas paredes multisseculares da morada régia, o *Estudo* inicia, enfim, a lenta encenação da sua nova identidade: a de *morada da Sabedoria*, histórica insígnia do seu poder corporativo. Identidade de ambos, por conseguinte, de Universidade e Paço, que se exibe nessa mesma singular designação, mas que se plasma, do mesmo modo, na imensa mole onde a instituição se encerra. E por isso notaria Vergílio Correia, que ao monumento dedicaria as primeiras páginas de genuína atenção historiográfica, que "a majestade do alcácer régio sobrevive na fábrica do saber"[7]; e por isso o seu palácio se configura como um incontornável documento.

Mas é também por isso que, pelo século XIX adiante, ao crescer a maré que há-de engolir a tradição, é contra os seus muros que boa parte das ondas vem quebrar-se. E que se associam, na mesma irrisão, a "rotina velha e rançosa da sua presunção estúpida, e de seu orgulho catedrático", cominada por Garrett[8] – ou, como evocava Ramalho (à Oliveira Martins), meio século volvido, o seu "feitio de renascença pombalina, feitio emproado e campanudo, desembargatório e padresco, meio de juíz tabaquento da real mesa censória do senhor rei D. José, meio de retreta mesureira e beata da mui piedosa senhora D. Maria I", bem como o "cheiro sepulcral ao gorgulho, ao mofo, aos santos óleos, à água benta e a morrão de tocha, que exalam todos os atributos e todos os acessórios da *toilette* universitária"[9] – e o edifício escolar, caricaturado por Fialho de Almeida, na saborosa carta (pseudo-)régia ao conselheiro Dias Ferreira, como um "pateo de quartel, derodeado d'edifícios sem carácter, uma alpendroada de pavilhão de caça por frontaria"[10]. A mesma umbilical associação, em fim de contas, entre a velha Escola e o vetusto Paço em que se abrigava, que ecoaria ainda, outro meio século decorrido (mas passado pouco tempo), na pena de mais um escolar de Coimbra, Miguel Torga: "Mesmo materialmente – escreveria – se lê nela como num livro aberto. Um conglomerado de estilos sem cunho próprio, o mau gosto ao lado do melhor equilíbrio, a fachada brilhante a encobrir saguões. E sedutora, no fim! Ao cabo e ao resto um casarão para ensinar campónios, que se não espantam ao encará-lo, quase revendo nele adereços do cenário da origem: uma grade de Marvão, uma varanda minhota, um alpendre beirão, e janelas manuelinas de Freixo de Espada à Cinta. Isto só nas paredes. Porque na alma, no cerne, o caso é talvez mais flagrante ainda. Na índole do que ensina, existe, persistente, a marca das coisas cabeçudas e provincianas. O tratado reduz-se a sebenta, a tradição a praxe, o saber a erudição. Não há um invento, uma ideia, uma teoria que tenha nascido ali. Mas nem os inventos, nem as teorias, nem as ideias são necessárias a uma Universidade que se basta no simples facto de o parecer aos olhos da ignorância colectiva. Por isso se defende com unhas e dentes de toda a originalidade, de todo o pensamento subversivo, recusando-se obstinadamente a pôr de lado a borla e o capelo da mistificação e a abrir nos seus muros medievais um postigo sequer que deixe entrar qualquer luz actual. Seria o pânico, a catástrofe, a desautorização. E sempre que algum reformador exaltado faz obras e remove estatutos, o instinto da conservação repõe sornamente o musgo secular nas cátedras da sapiência. (...) Apesar disso, foi de Coimbra que saíram Camões, Garrett, Antero, Eça, António Nobre... e muito do que a Nação fez de bom e de mau fê-lo aí, ou teve aí a sua génese"[11].

Apesar disso... De facto, talvez radique aí, nessa mesma (des)razão idiossincrática – porque por ela passa uma boa parte da nossa medula enquanto povo; porque *muito do que a Nação fez de bom e de mau fê-lo aí, ou teve aí a sua génese*; porque ela *representa* muito do que somos e porque (por isso mesmo) nela necessitamos de *representar* o que julgamos ser –, a explicação de fundo de que, a despeito de tantos e ponderosos contributos e do papel central que, desde sempre, desempenhou na vida colectiva, continuem válidas as palavras de Mário Brandão, quando escreveu, há quase sete décadas, que a história da Universidade de Coimbra, "no conjunto e exaustivamente está ainda por fazer"[12]. E de que, pese embora o empenho colocado pelo *Estado Novo*, por razões ideológicas, na recuperação do edifício escolar[13], justificativo de uma ampla e prolongada intervenção dos serviços oficiais (*et pour cause*), o palácio universitário, mau grado a sua objectiva importância, conheça um tradicional desinteresse por parte da historiografia da arte, excepção feita à Biblioteca Joanina, à Torre (em menor grau) e, mais recentemente, à campanha *manuelina*[14]. E de que persista de igual modo actual a interrogação, quase centenária, de Eugénio de Castro, ao perguntar, a respeito de Coimbra, "que é feito da sua alcáçova real"[15]? Justamente porque se quis fazer a história da instituição à margem da do seu edifício; à margem do *palácio-documento*. E porque se quis fazer a história deste (quase) sem tomar em conta essa outra história dos sucessivos poderes que, pelo tempo fora, buscaram nele a sua *representação*. E porque se não atentou nas sábias palavras de Jaime Cortesão, quando afirmava que se "não há história sem documentos", não é menos verdade que "não há documentos sem história"[16].

Efectivamente, quase três quartos de século são passados desde que, em inícios da década de 30, Vergílio Correia e ao mesmo tempo que acumulava preciosas informações documentais sobre as campanhas seiscentistas do *Paço das Escolas*, advertia os seus leitores: "note-se que não pretendi, até agora, com os trabalhos enfeixados na *Biblos*, elaborar a monografia dos edifícios universitários"[17]. A morte, certamente, que a poucos anos o surpreenderia, lhe vedaria esse projecto, para que o habilitava a sua formação de historiador da arte e de arqueólogo e a que o direccionavam o empenho colocado na publicação contínua de novos elementos e o entusiasmo com que acompanharia as obras de *restauro* promovidas pelos serviços oficiais e que viveria como se de uma aventura se tratasse. E, desde então e a despeito dos sucessivos contributos acumulados, essa monografia continua por fazer[18]. Foi o que decidimos empreender, no âmbito da elaboração de uma dissertação de doutoramento em História da Arte, apresentada à Faculdade de Letras da Universidade de Coimbra em Julho de 2003. Na consciência de que era, de facto, uma aventura o que se iniciava. Uma aventura a que não era estranha também a condição de se ser escolar de Coimbra, de viver e crescer à vista desse Paço, onde o *Tempo* tinha escrito sucessivos e intrigantes textos, que cedo nos fascinariam[19], de se ser docente, enfim, na mesma Faculdade e no próprio Instituto que Vergílio Correia ajudara a fundar. Era, em certo sentido, uma dívida antiga que havia que saldar.

Arriscada aventura, todavia. Que passava pela consulta exaustiva de um volume imenso de documentação, num arco cronológico extensíssimo, tanto quanto pela tentativa de reconstituição dos vazios gerados pelas gravíssimas perdas que esta (mesmo a universitária), ao longo dos tempos, sofreria[20]; pela revisita da monumental bibliografia produzida em torno, não tanto do palácio escolar, mas sobretudo da própria instituição; por interrogar o monumento, em demanda dos sedimentos mais antigos do seu processo de constituição; enfim, por tentar compreender a verdadeira dimensão desse dia 13 de Outubro de 1537 e as razões de fundo que haviam conduzido uma estrutura corporativa, como o velho *Estudo Geral*, a encerrar a sua longa itinerância medieval, sedentarizando-se entre os muros da moradia régia. Uma aventura em que a história da arte não poderia já andar sozinha, mas haveria de assistir-se da história política e institucional, da história cultural, da arqueologia. Apenas assim, na verdade, seria possível empreender uma história *total*, esclarecedora não apenas da evolução formal do monumento mas, mais intimamente, do próprio nexo que, no decurso dos tempos, presidiu ao processo gestativo de um organismo em perpétua reformulação, ao mesmo tempo que *integradora*, pela compreensão dos sucessivos poderes de que o *palácio-documento* constituía ilustração. Só assim, porém, seria viável penetrar, de facto, na *morada da Sabedoria*. E só assim o *palácio* se revelaria realmente enquanto *documento*.

Tarefa imensa, contudo, que não tardaria a comprovar--se transcender em muito os limites sensatos impostos por uma dissertação. Tarefa dificultada também, no âmbito do necessário apoio histórico, pela tradicional relutância da historiografia portuguesa em preencher a história das instituições com a história das pessoas que, ao longo do tempo, as protagonizaram (que sabemos nós, por exemplo, acerca dos reitores que, no decurso dos séculos, assumiram o governo da Universidade, excepção feita à figura emblemática de D. Francisco de Lemos que, todavia, aguarda ainda, também ele, uma monografia?). Tarefa limitada, enfim, no plano metodológico, em particular no domínio da arqueologia, justamente por ser o Palácio da Universidade um *cenário vivo*[21]. E por isso se decidiu dividi-la em duas partes: os dois grandes capítulos em que, em fim de contas, se reparte, quase simetricamente, a biografia monumental desse edifício: o *Paço Real* e o *Paço das Escolas*. É a primeira que agora se apresenta. Até à chegada da Universidade; ou melhor, até à chegada de *toda* a Universidade, por isso que somente em 1544 a Escola inteira, desmembrada com a transferência, se reuniria verdadeiramente (se reconstituiria) à sombra protectora do Palácio Real. Porque é esse facto que dá ao monumento o seu sentido pleno; porque é ele a razão de fundo da decisão de levar a cabo esta monografia. Mesmo que a imensa maioria da documentação compulsada respeite realmente ao *Paço das Escolas*, a segunda parte da empresa a que decidimos meter ombros. Mas é certo não ser raro esta projectar luz sobre os sedimentos mais remotos do edifício. Sobretudo, porém, são estes que, de facto, iluminam, de uma luz inteiramente nova, as razões de fundo da configuração actual da imensa mole onde persiste o coração da Escola. E é, como sempre, pelo princípio que, como em tudo, se deve começar – ainda numa história como esta que, na verdade, começa realmente pelo meio. Havia por isso que voltar atrás: a essa "Coimbra medieval / Toda erigida em sombras, espectral / Com antigas muralhas de defesa / Igrejas onde paira a trágica tristeza", que ressoa nos belos versos de Pascoaes[22].

Foi essa urbe singular, pois, berço medular de Portugal, e o altivo monumento que a coroa, que se procurou evocar e reconstituir, no seu processo gestativo, tão longe quanto as fontes o permitem – tanto como a história, que lhe está indissociavelmente ligada, desse consórcio absolutamente singular, de Escola e de Palácio, que o Paço das Escolas configura. Com o pressuposto metodológico, porém, de não ser missão do historiador avaliar o *bom* e o *mau*; julgar o tempo que passou. Mas tão somente *compreender* – no sentido etimológico do termo, de *abranger*, em toda a possível extensão, o conjunto de elementos que rodeiam o facto e em seu redor interagem, para depois o integrar numa lógica construtiva do devir. Dessa caminhada resultou, cremos, uma perspectiva radicalmente nova sobre o edifício que constituiu o objecto deste estudo e que o consagra agora, na sua tessitura milenar, como um dos mais originais produtos da arquitectura europeia. Mas, sobretudo, como um eloquente testemunho da importância que o estudo do *palácio*, como tema, detém, não apenas no domínio da História da Arte, mas nesse outro, mais vasto, da própria História da Civilização. Exactamente porque é, antes de mais, *arquitectura-ideia, arquitectura-representação*: um ícone, plasmando, na sua organização como na sua morfologia, a origem do poder de que se encontra investido o seu detentor (seja ele político, militar, sacral, administrativo, económico ou científico). E por isso o *palácio* persiste em afirmar-se, ao termo de milhares de anos, como o meio mais harmonioso e eficaz de dar expressão arquitectónica ao conjunto das instituições humanas, como de dar do mesmo homem essa imagem de supremo poder que o aproxima orgulhosamente da própria divindade.

Mas é também por isso que estudar um palácio não é somente analisar, no plano estético, uma expressão cimeira da cultura universal e um importante repositório da criatividade humana: é observar, no interior de um mesmo prisma, a sociedade inteira que projectou nele a sua *representação*. E é por tudo isso, finalmente, que a exumação da história do Paço Real de Coimbra – a primeira entre as residências régias portuguesas – não esclarece apenas as vicissitudes da origem e evolução formal da venerável mole arquitectónica; ilumina também muitas das sombras que envolviam ainda a história dos próprios poderes que por ele desfilaram no decurso dos séculos e, por conseguinte, a do próprio *Estudo Geral*, com o qual estaria destinado a produzir uma originalíssima síntese simbólica. É para essa viagem que se desafia agora o leitor. E a ele, como sempre, caberá a palavra final.

Perspectiva da fachada norte do Paço das Escolas (foto Delfim Ferreira © Serviço de Documentação e Publicações da Universidade de Coimbra)

NOTAS

[1] Para uma visão geral do fenómeno universitário e dos seus ritmos veja-se a excelente colectânea de estudos coord. por Walter RÜEGG, *Uma História da Universidade na Europa*, 4 vol., Lisboa, Imprensa Nacional-Casa da Moeda (vol. I, 1996, vol. II, 2002, vol. III e IV no prelo).

[2] Esgotada há muito a controvérsia sobre a legitimidade da representação histórica na Universidade de Coimbra do antigo *Estudo* dionisino, hoje pacificamente aceite pela historiografia, parece ser igualmente pacífica a afirmação de ter esta constituído, ao longo dos seus primeiros seis séculos de existência, a única universidade do Reino, tendo em conta não ser a Universidade de Évora, fundada em 1558 e encerrada em 1759, com a expulsão da Companhia de Jesus, de que dependia, *studium generale* [cfr. CHORÃO, Joaquim, "Universidade Henriquina de Évora", AZEVEDO, Carlos Moreira (dir.), *Dicionário de História Religiosa de Portugal*, vol. III, Lisboa, Círculo de Leitores, 2001, pp. 320-324], sendo igualmente conhecida a oposição tenaz erguida pela escola conimbricense em relação ao estabelecimento de uma universidade no Brasil, à semelhança do que se verificava na América espanhola. A Universidade de Évora teria, aliás, de aguardar pela morte de D. João III (1557) para ver deferido o seu estabelecimento e será também na sequência desse facto que o Duque de Bragança D. Teodósio I enceta diligências para o estabelecimento de uma *Universidade de estudos geraes* em Vila Viçosa, para o que chegaria a obter, em 1560, a necessária bula de Pio IV e para a qual tentaria atrair o salamantino Juan Fernández, afinal professor em Coimbra, intento que a sua morte, em 1563, faria gorar, encetando-se os estudos em 1587, sob a égide de seu filho, D. João I, mas apenas como *studium artium* (cfr. SOUSA, D. António Caetano de, *História Genealógica da Casa Real Portuguesa*, Coimbra, Atlântida Editora, tomo VI, 1951, p. 54 e RIBEIRO, José Silvestre, *História dos Estabelecimentos Scientíficos, Litterarios e Artísticos de Portugal nos successivos reinados da Monarchia*, Lisboa, Typographia da Academia Real das Sciencias, vol. I, 1871, pp. 138-140).

[3] PEREDA, Felipe, *La arquitectura elocuente: el edificio de la Universidad de Salamanca bajo el reinado de Carlos V*, s. l., Sociedad Estatal para la Comemoración de los Centenarios de Felipe II y Carlos V, 2000, p. 18.

[4] Cfr. BALANDIER, George, *O Poder em Cena*, Coimbra, Minerva, 1999, p. 19.

[5] Trata-se da legenda que, durante séculos, ostentaria o livro exibido pela figura da *Sapiência* ou *Sabedoria*, insígnia da Universidade. Sobre este assunto veja-se o clássico estudo de A. G. da Rocha MADAHIL, "A insígnia da Universidade de Coimbra. Esboço histórico", *O Instituto*, vol. 92 (IV Centenário da instalação definitiva da Universidade em Coimbra), I Parte, Coimbra, 1937, pp. 355-456.

[6] Cfr. AUC, Pergaminhos, *Catálogo Gabriel Pereira*, D IV - 3ª Secção - gav. 3 – maço 2, nº 26.

[7] "O Edifício da Universidade. Notas de arte e história", *Obras*, vol. I, *Coimbra*, Por Ordem da Universidade, Coimbra, 1946, p. 132.

[8] AMORIM, Francisco Gomes de, *Garrett, memorias biographicas*, Lisboa, Imprensa Nacional, tomo II, 1884, p. 615.

[9] ORTIGÃO, Ramalho, "Universidade de Coimbra", *Costumes e Perfis*, Lisboa, Livraria Clássica Editora, 1944, p. 117.

[10] ALMEIDA, Fialho de, *Os Gatos*, vol. 6, Lisboa, Livraria Clássica Editora, ²1911, p. 48.

[11] "Coimbra", *Portugal*, Coimbra, s.n., ⁵1986, pp. 88-89.

[12] *Alguns documentos respeitantes à Universidade de Coimbra na época de D. João III*, Coimbra, Biblioteca da Universidade, 1937, p. 2. A afirmação, exarada já, alguns anos antes, na sua tese de licenciatura (*O Colégio das Artes*, Coimbra, Imprensa da Universidade, vol. I, 1924, pp.VII-VIII), seria retomada, ainda em 1937, em *Documentos de D. João III*, Coimbra, Por Ordem da Universidade de Coimbra, vol. I, p. VII.

[13] Sobre a relação do *Estado Novo* com o património histórico no âmbito da reestruturação da *alta* coimbrã, cfr. em geral ROSMANINHO, Nuno, *O Poder e a Arte, o Estado Novo e a Cidade Universitária de Coimbra*, dissertação de doutoramento em História Contemporânea, policopiada e CD Rom, Coimbra, Faculdade de Letras da Universidade de Coimbra, 2001 e, particularmente sobre a intervenção no Paço das Escolas, pp. 350-361.

[14] Com efeito, um rápido busquejo nas obras mais emblemáticas da produção historiográfica das décadas mediais do século XX bastará para comprovar esta asserção, permanecendo por muitos anos actual a atitude assumida por Albrecht HAUPT, na sua obra *A Arquitectura do Renascimento em Portugal*: "Os edifícios colossais da Universidade – escreveria – que, a partir de 1540, foram erigidos no cimo da cidade, no local da velha alcáçova real, são de pouco interesse, já que se trata de construções simples e de utilidade prática, embora a sua disposição seja pitoresca, em diversos grupos atorreados; o que resta das primeiras construções do reinado de D. João III apresenta formas toscas e deficientes, do género das edificações monásticas de Tomar (…). Apenas a igreja, ainda oriunda dos tempos primitivos, reveste algum interesse (…). Quanto ao resto, todo o edifício foi reedificado nos séculos XVII e XVIII sem qualquer interesse artístico, à excepção da magnífica biblioteca, mandada reconstruir por D. João V, num contraponto à biblioteca de Ficher de Erlach, em Viena" (reed., Lisboa, Editorial Presença, 1986, pp. 226-227). A valorização da campanha *manuelina*, decorrente dos trabalhos de Vergílio CORREIA, Nogueira GONÇALVES e Pedro DIAS, a que adiante se aludirá, somente nos últimos decénios produziria impacte ao nível das obras de historiografia geral. A este estado de coisas não serão estranhas, de igual modo, as (des)razões, não menos idiossincráticas, que, à quase excepção dos castelos e paços medievais, têm afastado a historiografia da arte portuguesa do estudo da arquitectura civil, numa tendência apenas nas últimas décadas contrariada e que fazia já protestar a Vergílio CORREIA que "Um palácio não é menos que uma fortaleza ou um templo" ("Cidade Universitária", *Obras*, vol. I, *Coimbra*, Por Ordem da Universidade, Coimbra, 1946, p. 205; para uma visão de síntese sobre esta questão veja-se SENOS, Nuno, *O Paço da Ribeira, 1501-1581*, Lisboa, Editorial Notícias, 2002, pp. 31-37).

[15] *Guia de Coimbra*, Coimbra, F. França Amado – Editor, s.d., p. 6.

[16] *Os factores democráticos na formação de Portugal*, Lisboa, Livros Horizonte, ⁴1984, p. 24.

[17] "Obras antigas da Universidade", *Obras*, vol. I, "Coimbra", Por Ordem da Universidade, Coimbra, 1946, p. 176.

[18] É justo referir, a este propósito, o esforço desenvolvido pelo professor da Faculdade de Farmácia José Ramos BANDEIRA, cuja obra, *Universidade de Coimbra, edifícios do corpo central e Casa dos Melos*, Coimbra, 2 vols., 1943-47, mesmo que incompleta, se reveste de grande utilidade. Entronca, porém, ainda que de modo muitíssimo mais circunstanciado, na linha dos roteiros, que, desde o relato seiscentista de António Coelho GASCO (*Conquista, antiguidade e nobreza da mui insigne, e inclita cidade de Coimbra*, Lisboa, na Impressão Régia, ²1807, pp. 182-186), se esforçavam por fazer a descrição e a (possível) história dos edifícios escolares e que, durante o século XIX, não seriam esquecidas nas próprias publicações universitárias [cfr. "Breve noticia do Paço e edificio das Escholas da Universidade de Coimbra", *Annuario da Universidade de Coimbra no anno lectivo de 1867 para 1868*, Coimbra, Imprensa da Universidade, 1867, pp. 3-7 e GONÇALVES, A. (António Augusto), "Edifícios da Universidade", *Annuario da Universidade de Coimbra. Anno lectivo de 1901-1902*, Coimbra, Imprensa da Universidade, 1901, pp. (3)-(10)], linha em que merecem destaque as páginas inseridas no *Guia histórico do viajante em Coimbra e arredores*, de Augusto Mendes Simões de CASTRO (Coimbra, Imprensa Académica, ²1880, pp. 165-188), no já referido *Guia de Coimbra* de E. de CASTRO (pp. 50-55) e, finalmente, a obra de Pedro DIAS e António Nogueira GONÇALVES, *O património*

artístico da Universidade de Coimbra, Universidade de Coimbra, 1990 – merecendo especial referência o curioso livro, nunca citado, do espanhol José María VIQUEIRA, *Coimbra. Impresiones y notas de un itinerario*, que ao edifício dedicaria um extenso capítulo, que se distingue por uma análise particularmente culta e inteligente (Coimbra, Coimbra Editora, 1957, pp. 191-225). Como seria natural, porém, atendendo à sua formação académica, as informações de índole histórica e artística de J. Ramos BANDEIRA são veiculadas em segunda mão, estas últimas especialmente através de Vergílio CORREIA, seu contemporâneo.

[19] Com efeito, incidiria sobre um trecho do Paço das Escolas, a *Biblioteca Joanina*, o nosso primeiro trabalho de investigação na qualidade de assistente universitário ["O gosto oriental na obra das estantes da Casa da Livraria da Universidade de Coimbra", DIAS, Pedro (coord.), *Portugal e Espanha entre a Europa e Além-Mar*, IV Simpósio Luso-Espanhol de História da Arte, Coimbra, Instituto de História da Arte, Universidade de Coimbra, 1988] e ao edifício escolar voltaríamos, directa ou indirectamente, em quinze outros textos, entre os quais "Domus Sapientiæ. O Paço das Escolas" (*Monumentos*, nº 8, Lisboa, Março/1998), trabalho que, de algum modo, constitui o ponto de partida da presente investigação.

[20] Na verdade, se a documentação anterior ao estabelecimento da Universidade no Paço, essencialmente medieval, ostenta uma rarefacção que não pode causar espanto, também o espólio da Época Moderna, posterior à transferência, apresenta gravíssimas lacunas. Assim e no que respeita às obras realizadas no edifício régio, enquanto tal, é possível confirmar a expedição para Madrid, durante a União Dinástica, de importantes fundos respeitantes à Provedoria das Obras Reais, através da qual correria, decerto, e como se verá, o seu expediente (cfr. SOROMENHO, Miguel, "A administração da arquitectura: o Provedor das Obras Reais em Portugal no século XVI e na 1ª metade do século XVII", *Anuario del Departamento de Historia y Teoría del Arte*, IX-X, Madrid, Universidad Autónoma de Madrid, 1997-1998, p. 295, nota 20). Quanto ao arquivo constituído junto do poder central, no âmbito do próprio *Estudo Geral*, organizado, fundamentalmente, através da Mesa da Consciência e Ordens, instituída por D. João III, em 1532 [cfr. MAGALHÃES, Joaquim Romero, "As estruturas de unificação", MAGALHÃES, Joaquim Romero, (coord.), *No Alvorecer da Modernidade (1480-1620)*, MATTOSO, José, (coord.), *História de Portugal*, vol. III, Lisboa, Círculo de Leitores, 1993, p. 87 e SUBTIL, José, "Os poderes do centro", HESPANHA, António Manuel, (coord.), *O Antigo Regime (1620-1807)*, ibidem, vol. IV, pp. 167-168], da qual a Universidade dependeria até à reforma pombalina de 1772, encontra-se hoje reduzido a algumas dezenas de maços, conservados na TT, em boa parte pelo facto de esse organismo funcionar no Paço da Ribeira, destruído no terramoto de 1755 (cfr. SENOS. N., *O Paço da Ribeira*…, p. 154). No que respeita à documentação conservada na Universidade e mau grado a sua continuidade administrativa, sofreria esta, de igual modo, uma primeira purga no âmbito da reforma pombalina, comprovando-se o transporte de numerosos documentos para Lisboa, cujo rasto se perderia nas secretarias (cfr. BRAGA, Teófilo, *História da Universidade de Coimbra nas suas relações com a instrucção publica portugueza*, Lisboa, Academia Real das Sciencias, tomo III, 1898, pp. 449-451) e de que parte emerge, como se verá, nos fundos privados do ministro (assim se explicando a sua presença na *colecção pombalina* da BNL), ao mesmo tempo que o reflexo nas finanças escolares das leis de desamortização oitocentistas, provocando uma radical reformulação das estruturas administrativas e financeiras da instituição, em função das quais o *cartório* se organizava, justificariam, não apenas o estado caótico em que semelhante dependência vegetaria por todo o século XIX, como as gravíssimas perdas (por destruição e roubo) que sofreu e entre as quais se incluem as que foram levadas a cabo por intervenção de Alexandre Herculano, ao qual, curiosamente, não parece ter interessado o espólio estritamente universitário [sobre este assunto vejam-se: ABREU, José Maria de, *Legislação Académica desde os Estatutos de 1772 até ao fim do anno de 1850*, Coimbra, Imprensa da Universidade, 1851, pp. 153-154; FEIO, Florencio Mago Barreto, *Memoria Historica e Descriptiva à cêrca da Bibliotheca da Universidade de Coimbra e mais estabelecimentos annexos*, Coimbra, Imprensa da Universidade, 1857, pp. 14-15; VASCONCELOS, António de, *O Arquivo da Universidade*, (RODRIGUES, Manuel Augusto, reed. e intr. de), Coimbra, Arquivo da Universidade de Coimbra, 1991, pp. 29-36; *Boletim do Arquivo da Universidade de Coimbra*, vol. XI-XII (número comemorativo do VII centenário da fundação da Universidade de Coimbra, Coimbra, 1992, pp. 204-205 e 208-210 e BANDEIRA, Ana Maria Leitão, "A organização arquivística do Cartório (sécs. XVIII-XIX)", ibidem, vol. XVII-XVIII, Coimbra, 1997-1998, pp. 67-68 e 70-75]. Enfim e no que respeita às obras levadas a cabo no século XIX e inícios do XX, antes da intervenção da DGEMN, encontram-se estas praticamente indocumentadas na administração universitária, sendo o conhecimento destas últimas gravemente prejudicado pela inicial sobreposição de competências no seio dos próprios serviços oficiais (Lisboa e Coimbra) e entre estes e a CAPOCUC e, finalmente, pela afectação do Paço das Escolas, entre 1970 e 1977, à Direcção-Geral das Construções Escolares, como abundantemente testemunham os processos organizados naquela instituição [DGEMN (Lisboa), *Paços da Universidade*, Proc.º C-060325-014(258) e DGEMN (Coimbra), *Paços da Universidade*, Proc.º C-060325-014(C3)].

[21] Com efeito, a ocupação integral do Paço das Escolas por repartições universitárias, como Reitoria, Faculdade de Direito, Biblioteca Geral (de que depende a *Biblioteca Joanina*) e Capelania, tanto quanto os constrangimentos temporais e económicos que, evidentemente, se impunham, inviabilizavam, à partida, uma operação de remoção integral dos rebocos, para aplicação, na leitura dos paramentos, do denominado *método de Harris*, como, no plano teórico, seria aconselhável [sobre este método e a sua importância no estabelecimento de cronologias construtivas – conhecidos como são os limites da datação pela cerâmica, tradicionalmente particada (cfr. PAVÓN MALDONADO, Basilio, *Tratado de Arquitectura Hispano Musulmana*, vol. II, *Ciudades y Fortalezas*, Madrid, Consejo Superior de Investigaciones Científicas, 1999, p. 570) –, vejam-se: LATORRE GONZÁLEZ-MORO, Pablo, CABALLERO ZOREDA, Luis, "La importancia del análisis estratigráfico de las construcciones históricas en el debate sobre la restauración monumental", *Informes de la Construcción*, vol. 46, nº 435, Madrid, Consejo Superior de Investigaciones Científicas, Janeiro/Fevereiro 1995, pp. 5-7, 9-13 e 16-7; PARENTI, Roberto, "Historia, importancia y aplicaciones del método de lectura de paramentos", ibidem, pp. 19-21 e 24-29; CABALLERO ZOREDA, Luís, "Método para el análisis estratigráfico de construcciones históricas o 'Lectura de Paramentos'", ibidem, pp. 37-41 e idem e SAÉZ LARA, Fernando (coord.), "La iglesia mozárabe de Santa Lucía del Trampal, Alcuéscar (Cáceres). Arqueología y arquitectura", *Memorias de Arqueología Extremenha* (MARQEX), 2, Mérida, 1999, pp. 323-328]. Neste contexto, optar-se-ia, como se verá, pela dinamização de um conjunto de sondagens, com eliminação pontual das argamassas, levadas a cabo em locais estratégicos, com vista a permitir o estabelecimento de conclusões válidas no plano científico, sem prejuízo, obviamente, da utilização de semelhante metodologia no quadro de uma (futura) intervenção de fundo no edifício.

[22] PASCOAES, Teixeira de, "A Minha História", *Terra Proibida*, *Obras Completas de*, COELHO, Jacinto do Prado (intr. e aparato crítico), Lisboa, Livraria Bertrand, vol. I, s.d. [1966], p. 245

I. Uma Escola no Palácio

*…para que os estudos das artes prosperassem com alegres precipícios,
cedeu às Musas este palácio para Musas, belíssimo templo de majestade,
digna de um Rei no que me parece que superou todos os Césares.*

JOÃO FERNANDES
Oração sobre a fama da Universidade

1 ※ COIMBRA, 1527

Em carta de 24 de Setembro de 1537, dirigida ao reitor e lentes da sua Universidade, ordenava D. João III: "Ey por bem & vos mamdo que os estudos se mudem logo para os meus paços pera la se começar a ler. Agora na fim das vacãnces"[1]. O Estudo Geral regressara a Coimbra em Abril desse ano, ao termo de cento e sessenta anos exactos de permanência na capital, para onde o transferira D. Fernando I, em 1377, numa das muitas peregrinações que haviam marcado a sua vida medieval. A 2 de Maio tinham começado as aulas, com a lição de pompa, por mestre Francisco de Monçon, lente de véspera de Teologia, proferida em Santa Cruz, seguindo-se as restantes nos dias imediatos, de acordo com a ordem definida pelo conselho universitário. De facto, não dispunha a Escola de edifício capaz, acanhados que eram já os Estudos Velhos, adjacentes ao Paço Real e que, desde o período dionisino, a tinham albergado por diversas vezes. Repartira-se, assim, pelas casas do reitor, D. Garcia de Almeida – um palácio manuelino alcandorado junto à Porta de Belcouce – e pelo antigo Mosteiro dos cónegos regrantes, em *gerais* de empréstimo.

Em princípio acolher-se-iam à morada do reitor as *faculdades maiores* (Teologia, Cânones, Leis e Medicina) e a Santa Cruz as Artes e as Humanidades (Gramática e Grego). Logo, porém, se decidira que as três cátedras de

Teologia se lessem também no Mosteiro e agora, nesse ano lectivo que ia começar, juntar-se-lhe-ia ainda a Medicina, com o pretexto da sua ligação às Artes. Eram as classes que funcionavam (que restavam) em casa do reitor, que o Rei entendera alojar no Paço: as faculdades de Leis e Cânones e as cadeiras de Matemática, Retórica e Música. A transumância de bancos, cadeiras e, em geral, dos haveres do Estudo, parte dos quais trazidos de Lisboa, operou-se entre os dias 8 e 13 de Outubro imediato e nesse dia, com efeito, já o conselho reunia na régia residência, onde também, uma após outra, tinham começo as aulas[2].

A mudança para o antigo alcácer constituía um expediente de momento. Na verdade, o monarca afirmava na mesma epístola ter "determinado de com a ajuda de noso sñor mãdar logo começar a obra das escolas geraes nesa çidade jumto da igreja de sã p.º" e a decisão de transferir as aulas para a cidade alta tinha por objectivo principal fazer com que "la em cyma se começe logo a pouoar". Apesar disso, sete anos depois não tivera ainda início a construção do edifício e, em Outubro de 44, era a vez de as aulas que se tinham quedado em Santa Cruz tomarem, por seu turno, o caminho da almedina, reunindo-se às restantes no Paço Real[3]. A Universidade voltava a ser um só corpo, com uma só cabeça, mas para o projecto das *escolas novas* começara, de facto, com a própria transferência da Universidade, um longo e sinuoso calvário de adiamentos e sucessivas alterações de planos, que haveria de arrastar-se até ao fim do século. Para o velho *Estudo*, porém, definitivamente albergado na moradia régia, iniciava-se, em contrapartida, uma relação de intimidade com o antigo alcácer dos Reis de Portugal, que as circunstâncias se encarregariam de fazer durar para sempre.

Esse mês de Outubro de 1537, que via desembocar, afanosamente, no terreiro do Paço, os lentes, os alunos, os funcionários e os trastes necessários ao funcionamento do Escola, constituía, porém, em boa medida, o ponto de chegada de uma história que começara dez anos atrás, em 1527, quando o Rei e a Corte, fugidos à peste que grassava em Lisboa e Almeirim, se haviam refugiado em Coimbra, nesse mesmo Paço, aqui passando os longos meses do estio e do outono, entre Julho e os inícios de Dezembro[4]. Se é que a história não começara realmente muito tempo antes.

Dentro dos limites proporcionados pelo pânico da epidemia e pelas temperaturas anormalmente elevadas, a presença da Corte traria uma animação inusitada à costumeira pacatez coimbrã. Era a primeira visita que D. João III fazia àquela que fora, outrora, capital dos seus maiores e *cidade real* por excelência, e a chegada dos soberanos, entre outros festejos, contara com uma oração solene proferida por Sá de Miranda[5]. Não será difícil imaginar o efeito produzido na antiga urbe, que o declinar da Idade Média tinha mergulhado numa lenta mas inexorável decadência[6], pela chegada dessa aluvião alacre e ruidosa de áulicos e funcionários, derramando-se pela almedina, na compita dos alojamentos. O mesmo Sá de Miranda, ferido nos seus brios patrióticos de natural pelo tédio ostentado pelos cortesãos, a quem enfadavam o prolongamento da vilegiatura coimbrã ou o comprovado excesso de calor, ou tudo junto, chegará a compor indignadas estrofes: "Que tençam todos tomastes (escrevia) À terra que me criou, / De quem tanto praguejastes! / Porquê? – porque vos livrou / Da peste com que hi chegastes? / Fostes mal agasalhados? / Nã certo, que atè as fazendas / Vos dávão, parvos honrados"[7].

Não faltariam, de resto, ocasiões festivas a assinalar a presença da Corte nesses meses. Nos primeiros dias de Setembro, recebia o monarca no Paço Real, com grande aparato, o *Zagazabo, embaixador del-rei da Abassia* ou, comummente dito, o representante do *Preste João* e respectivo séquito etíope e português, não sem antes, porém, obrigar o grupo a uma prudente quarentena em Cernache, que a *calma* extraordinária desses dias de verão, invulgarmente ardente, já fizera vítimas, tanto na cidade como entre a comitiva do embaixador. A entrada solene animaria a urbe e seus acessos desde São Martinho[8] e, a 15 de Outubro, o Paço parecia retomar também os seus antigos fastos e a tradição de berço da Casa Real, com o nascimento da Infanta D. Maria, secundogénita dos monarcas e que viria a ser Princesa de Castela, pelo seu casamento (premonitório) com o futuro Filipe II. Gil Vicente, que acompanhara a Corte, aí faria representar, com esse pretexto, a *Comédia pastoril da Serra da Estrela*, em Coimbra estreando também, nesse período, a *Farsa dos Almocreves* e a *Comédia sobre a Divisa da Cidade de Coimbra*. Nela, aliás, não se esqueceria de evocar esse ilustre título da cidade como cadinho de Príncipes e Reis: "Pois que o honor do mundo presente / se daa com razam aa antiguidade – dizia o *Peregrino* da *Divisa* –, infinita honrra tem esta cidade / segundo se escreve copiosamente. / E a honrra mayor / he (…) que os principes da Christandade, / que agora reynam, daqui floreceram; / aqui jaz o Rey de que procederam"[9].

Para o mesmo evento que assistira à estreia da peça vicentina dedicada à simbólica das armas da cidade, compusera também Sá de Miranda uma *Fábula do Mondego*, que dedicara a D. João III e onde a charada heráldica se resolvia, por contraste, com a necessária elevação e primor literário. Mas era, de facto, a veia satírica de Gil Vicente que animava os serões dessa Corte festiva, onde a Idade Média espreitava ainda entre os drapeados do *modo novo* renascentista e onde a sua veia, com pretexto do entrecho e a coberto dos tipos e personagens, fustigava sem dó as fraquezas da própria sociedade, provavelmente e para gáudio de muitos, ilustradas na assistência. É assim que afirma, perante o Rei e a Corte, na mesma *Divisa* e com referência à situação coimbrã, porém que todos intuíam ser paradigmática: "aqui tem / os clerigos todos muy largas pousadas / e mantem as regras das vidas casadas (…) / Sem serem culpados, / porque sam leis dos antigos fados, / cousa na terra já determinada, / que os sacerdotes, que nam tem ninhada / de clerigozinhos, sam escomungados"[10].

Não se sabe e é hoje impossível confirmá-lo, se Gil Vicente leu Erasmo. Mas nestes primeiros anos do segundo quartel do século XVI, pode afirmar-se que as ideias e a crítica erasmiana dominavam e enquadravam o próprio ambiente europeu. E a sátira vicentina, irreverente e corrosiva como a pintura de Jerónimo Bosch, seu contemporâneo, a que já foi argutamente comparada, vem impregnada, sob a epiderme chocarreira, de uma explícita intencionalidade de natureza ética – *chaam e moral*, a afirmava ele – de denúncia das fraquezas e venalidades do corpo social (os maus juízes, os maus fidalgos, os maus clérigos…) e de reforma, por dentro, da própria Cristandade que, directa ou indirectamente (mas objectivamente), releva do espírito de Erasmo[11]. Os protagonistas da *comédia* que decorria no tablado, usavam de uma soltura de expressões que hoje surpreende; mas a impunidade de que gozavam não era menor que a que abrangia os múltiplos autores dos próprios procedimentos que denunciavam. E uma coisa é certa: se o demiurgo se exprimia com essa liberdade, é porque o fazia, pelo menos, com a cumplicidade implícita do próprio poder perante o qual *representava*[12].

ℰℴ

De facto, uma das mais graves preocupações de D. João III nesses seus primeiros anos de reinado, era constituída pela gravíssima crise moral e intelectual que afectava o clero, tanto o regular como a hierarquia. O fenómeno não era novo e muito menos especificamente português. Efectivamente, à medida que a Idade Média declinava, do século XIV em diante, mas com particular clareza ao longo do século XV e nas décadas iniciais do XVI, a Igreja tornara-se progressivamente presa de uma visão essencialmente utilitarista do seu múnus, expressa numa separação, cada vez mais vincada, entre a função e os rendimentos auferidos – ou, na oportuna expressão de Silva Dias, entre os conceitos de *ofício* e *benefício*[13]. E a documentação testemunha, de forma eloquente, que a Igreja Portuguesa não fora preservada da doença geral. Bispos e prelados, com efeito, senhorializados, ausentes das respectivas circunscrições em funções curiais, quando não mesmo militares; zelando prioritariamente pelo acrescento das suas rendas e poderes, num processo desvairado e quase simoníaco; recrutados sem escrúpulos entre gente sem vocação nem cultura, iam de par com curas rasando a miséria, mas não menos venais e com monges e monjas relapsos e negligentes no cumprimento de uma regra de que, muitas vezes, só vagamente conheciam o teor e favorecidos no seu relaxamento pelo uso e abuso do costume de atribuir a seculares ou comendatários, na mira das chorudas rendas, a administração dos cenóbios. No plano da moral e da integridade de vida, não falta também prova de que paços episcopais, passais de paróquia e cercas de conventos (femininos, obviamente), abrigavam vulgarmente as tais *ninhadas de clerigozinhos* que Gil Vicente sibilinamente verberava[14].

Evidentemente que não faltavam casos, a todos os níveis, de observância exemplar e dedicação integral à vida eclesiástica – e neles se irá estribar, de resto, o trabalho da reforma. Mas a abundância de desvios chega, não apenas para dar o tom, mas para provocar o alarme. E, sobretudo, a intimidade da ligação do clero à vida comunitária, no plano espiritual e assistencial como no do ensino, fazia com que a sua crise interna adquirisse o recorte e a monumentalidade de uma verdadeira crise social, de tanto maior gravidade quanto o próprio processo de construção do Estado Moderno dependia em absoluto da qualidade do funcionalismo (laico e eclesiástico) de que pudesse dispor. E, na verdade, liberta, por natureza, das peias e constrangimentos da vida religiosa, a sociedade laica, não somente se abandonava progressivamente a práticas ilícitas e violentas, como se fora também, paulatinamente, desligando de uma vivência cultual e mesmo religiosa que lhe era ministrada por sacerdotes que desaprendera a respeitar, substituída com frequência pela superstição[15]. Isto mesmo reconhecera, sem grande resultado, aliás, o Concílio de Latrão, reunido de 1512 a 1517[16]; mas a denúncia, entre nós, do estado a que as coisas haviam chegado, remontará, pelo menos, às Cortes de Braga de 1387.

Terá sido então, com efeito, que os procuradores dos concelhos revelaram, pela primeira vez, o escândalo público dos clérigos e religiosos amancebados. A acusação seria repetida, sistematicamente, nas de 1451, 55, 72 e 1481-82, nas últimas das quais desenhariam os representantes do *povo* o quadro sombrio da vulgarização, entre os "maus cristãos", dos "jogos dos dados e tabuleiro"; e relatavam: "renegam do Filho e da Mãe e dos seus Santos, por tão desonestos modos que é de maravilhar como a terra os em si sofre". Não hesitariam, porém, em endereçar as responsabilidades, apontando o dedo à "cobiça desordenada" dos prelados, sem pejo de ordenar (e investir nos respectivos benefícios) "homens de vinte, trinta anos, que nem sabem ler nem são examinados", quando não mesmo "homens casados de que a Igreja não tem esperança de serem clérigos e servirem nela". E resumiam: "Senhor, muito dissolutos são os clérigos, frades e pessoas religiosas em vossos reinos, assim em vida como nos trajos e suas obras"[17].

Na verdade, ainda mesmo nas Cortes de 1562, morto já D. João III e quase encerrados os trabalhos do Concílio de Trento, a afirmação dos bispos, ante o Rei-menino D. Sebastião, de "quão desbaratada está a sua Igreja" e o pedido, em conformidade, de que para ela voltasse as suas atenções, demonstram cabalmente o que nesta matéria restava ainda por fazer. Mas a proclamação, pela Câmara de Guimarães, vinte anos antes, em 42, de que a causa de todos os males era "a ignorância das… pessoas de religião e dos eclesiásticos e o dissoluto viver delas" e de que o remédio seria a afectação de alguns benefícios a cátedras de teologia e prédica[18], demonstra até que ponto estava já sabido e consagrado o método a aplicar para curar a gangrena que parecia ter-se apoderado, inexoravelmente, do corpo social. E este passava, indeclinavelmente, pela generalização, no braço eclesiástico, de uma prática exigente de observância e de cultura, capaz de formar varões devotos mas sábios, susceptíveis, por seu turno, de reproduzir esse modelo de vida e, mais que tudo, essa atitude, mesmo entre a comunidade secular. Passava, pois, pela reforma dos costumes e da própria piedade. Só assim se lograria, na verdade, formar esse clero novo, sem o qual não soçobraria apenas a barca de Pedro, mas a própria nau do Estado, destinada, aliás, a enfrentar águas progressivamente turvas e agitadas.

Contudo, se a crise dos costumes e da consciência religiosa mergulhava fundo as suas raízes, há muito já também que, progressivamente, por toda a Europa, se vinha esboçando a reacção, estimulada, não pela hierarquia (donde a inoperância das medidas formuladas em Latrão), mas por intelectuais e agentes dispersos, actuando no seio da comunidade laica e atentos aos seus problemas. Assim se formou, ao longo do século XV, uma corrente de sensibilidade religiosa que, juntando num mesmo movimento congregações e grupos de leigos, como os cónegos regrantes de Windesheim ou os *Irmãos da Vida em Comum*, apostava na dignificação da vida activa e no valor salvífico da oração e do trabalho e, desde logo, na reforma dos costumes, tanto no plano eclesiástico como no civil. Faziam da vivência interior a medula da prática evangélica, desprezando as manifestações externas e puramente formalistas e a tudo acrescentavam a valorização (e vulgarização) da Bíblia e dos textos dos Padres da Igreja, que os opunha à Teologia escolástica e à sua tradição de verbalismo dialéctico e sofista, dedicando-se os *Irmãos*, também, ao ensino da juventude nas escolas. Era a chamada *devotio moderna*[19].

A *docta pietas* de Erasmo, de Marsílio Ficino e de Lefèbre d'Étaples, com a sua aposta na formulação de uma *teologia piedosa* dobrada de uma *piedade esclarecida* é, sem dúvida, um fenómeno mais complexo; mas é na *devotio* que mergulha as raízes. Efectivamente, não se trata já simplesmente de uma corrente de sensibilidade espiritual e prática devota, mas de um amplo movimento cultural, de base humanista, apostado em produzir a harmonização do legado antigo com a tradição cristã, como plataforma para a redenção e a genuína *Imitação de Cristo*. A tradição filológica humanista, nomeadamente o cultivo das línguas antigas (latim, grego e hebraico), serve-lhes para promover um regresso às fontes – a Bíblia e a Patrística –, porém com o objectivo de depurar a mensagem evangélica da deformação operada, ao longo dos séculos, pelo Peripato. Por isso coincidem com os reformistas do século XV na inquietação, como na valorização da via interior e na crítica à Teologia escolástica. Munidos, todavia, do aparato intelectual que faltava aos outros, ferem mais fundo, assestando as suas armas à própria cidadela dos teólogos profissionais (as universidades) e, em geral, à velha rotina do sistema de ensino[20].

Ao contrário de Lefèbre e de Ficino, contudo, Erasmo não aspirava à construção de uma metafísica ou de uma mística directamente assentes nos textos sagrados. Pretendia, sim, articular a cultura clássica com as fontes primordiais do Cristianismo, de molde a convertê-la, de puro aparato erudito ou estético, como até então fora assumida, numa verdadeira *pedagogia*, propedêutica do estudo e da compreensão dos textos sagrados onde, em seu entender, residia a chave para o diálogo directo do Homem com o seu Deus. Neste contexto, a *reforma* teria de passar, forçosamente, não apenas pela reconversão da prática piedosa, mas pela reformulação do ensino teológico que a estruturava. E foi este pragmatismo que lhe deu a força revolucionária e, às ideias do seu mentor, a um tempo no plano ético e no pedagógico, a repercussão universal que efectivamente tiveram[21]. O tempo novo e o homem novo, teriam de assentar numa piedade exigente, conduzida por uma nova Teologia: uma *piedade esclarecida*, que o mesmo é dizer uma *douta piedade*. É cedo, ainda nestes anos, para assistir entre nós à penetração do erasmismo enquanto sistema coerentemente aplicado. Mas não restam dúvidas de que este conjunto de ideias e, sobretudo, a noção de que urgia operar uma reforma drástica da observância religiosa, a qual passava, em larga escala, pela reforma das bases do ensino, sopravam já no mesmo ambiente em que o Rei se movia.

São conhecidos, na verdade, os nomes que circulam em redor do monarca. Alguns são chamados, logo no início do reinado, para serem ocupados na educação dos Infantes seus irmãos; são portugueses recrutados na Europa, onde haviam estudado e, com frequência, assumido posições de destaque em diversas universidades, como Pedro Margalho e Francisco de Melo, matemático e amigo de Luís Vivès, doutorados em Paris, ou Luís Teixeira e Aires Barbosa, o introdutor do estudo do grego na Universidade de Salamanca, formados em Florença com Ângelo Policiano. Outros, por via de regra igualmente com tirocínio europeu ou, pelo menos, abertos às correntes humanistas, integram o meio cortesão ou com ele se relacionam a vários títulos, como o poeta Sá de Miranda, Damião de Góis, *homem do mundo* e amigo pessoal de Erasmo, D. Lopo de Almeida, o historiador João de Barros, D. João de Castro, futuro Vice-Rei, o humanista André de Resende, o matemático e astrónomo Pedro Nunes, António Luís, médico e helenista, o cronista Fernão de Pina, os prelados D. Miguel da Silva e D. Jerónimo Osório, ou os artistas Francisco de Holanda ou Nicolau Chanterene[22]. Muitos ocupam já posições de destaque nos anos que precedem a visita real a Coimbra. Outros, mais novos, integram aquela a que já se chamou a *geração de Quinhentos*[23], a que nasceu com o século (a que nasceu com o Rei) e serão eles, na década de 30, os homens da mudança. Mas o facto de Erasmo dedicar a D. João III as suas *Chrysostomi lucubraciones*, saídas dos prelos nesse mesmo ano de 1527[24], não atesta apenas que na Corte do *Piedoso* circulavam já as modernas ideias;

prova que tal era conhecido pelo próprio mentor da *douta piedade*. Fosse ou não Damião de Góis, seu público amigo e feitor em Antuérpia do Rei de Portugal, tido ou achado na questão.

Os primeiros anos do reinado, de resto, haviam já assistido a um primeiro conjunto de medidas onde se entrecruzam as preocupações de actualização das estruturas culturais e do ensino e de reforma da observância monástica e que, de algum modo, configuram já um plano de acção. Nele se inscreve, desde logo, o projecto da *escola do Paço*, para a formação dos príncipes e moços fidalgos e onde as Humanidades detinham papel de relevo. Dirigida por Diogo Sigeu até 1560, quando é entregue à Companhia de Jesus, com ela se relaciona a acção dos mestres dos Infantes já referidos[25]. A esses primeiros anos corresponde, também, o acordo firmado com Diogo de Gouveia, *o velho*, antigo reitor da Universidade de Paris e prestigioso *principal* do Colégio de Santa Bárbara. Malogrado o intento da sua aquisição pela Coroa, redundaria, em 1526, no estabelecimento de cinquenta bolsas de estudo para escolares de Teologia[26] (os *bolseiros d'El-Rei*), que acabariam por convertê-lo, afinal, num verdadeiro *colégio português*, portugueses que aí eram quase todos, do director aos mestres e alunos; e, sobretudo, num alfobre de futuros mestres e funcionários qualificados[27]. Mais cedo ainda, contudo, começara a gizar-se o assédio às congregações religiosas.

Efectivamente, já D. Manuel I obtivera, em Outubro de 1501, a anuência pontifícia à reforma geral das ordens monásticas. Deveria começar pelas Clarissas, Franciscanos claustrais, Dominicanos, Carmelitas e Trinitários e nesse âmbito se incluía o plano de fundação de doze mosteiros jerónimos, dos quais, todavia, somente viriam a instituir-se, além do de Belém, os da Pena e das Berlengas, respectivamente em 1508 e 1513. Só nas Clarissas, porém, a morigeração dos costumes produziu alguns frutos. Faltou, nos restantes, o material humano que a erecção dos conventos jerónimos, justamente, buscava promover. Mas o cerco aos Agostinhos de Santa Cruz de Coimbra, certamente na esteira do Concílio de Latrão, começaria ainda em 1517 e o de Cister em 1520[28]. Morto o Rei, em 1521, D. João III prosseguiria no mesmo caminho, agora com decidida pertinácia, iniciando a sua acção pelas Ordens Militares, em particular a Ordem de Cristo, em cujo mestrado e perpétua administração seria provido em 19 de Março de 1523[29]. Para a sua reforma e redução a clausura, segundo a regra da Ordem de Calatrava, viria o monarca a nomear, em 1529, Frei António Moniz, ou *de Lisboa*, religioso do hábito de S. Jerónimo, que havia professado em Guadalupe e que desde 26 era Prior do Mosteiro de Belém e Provincial português da Ordem. A reforma da Ordem de Cristo, como a de Cister, redundaria no estabelecimento de estudos teológicos em Tomar e Alcobaça[30], mas o que importa aqui reter é que as negociações que culminariam na indigitação de Frei António, estavam já seguramente em marcha quando o Rei se dirige a Coimbra, em Julho de 1527. E, sobretudo, que a reconversão dos cenobitas de Tomar mais não era que uma das faces de um poliedro mais complexo.

Na verdade, a historiografia não se tem cansado de registar a coincidência da estadia conimbricense do soberano com o início da reformação de Santa Cruz. Mosteiro real, jazigo de Reis, centro de estudos prestigiado no período medieval[31], a crise atingira aí, porém, proporções assustadoras, ao longo do século XV, a ponto de se tornar incerta a própria direcção do cenóbio. Tanto D. Afonso V como D. João II tinham tentado, sem sucesso, atalhar o mal e mesmo D. Manuel I, que por completo o reformara no plano arquitectónico, pouco parece ter alcançado no dos costumes e da observância. O próprio D. João III havia já posto em marcha, em 1526, senão mesmo antes, algumas medidas pontuais, mas ainda em Janeiro de 27, meses antes da sua chegada, o prior castreiro, D. Brás Lopes, lhe dava conta de que os cónegos, "ainda que regulares, viviam como homens proprietários e com pouca ou nenhuma observância da regra que professavam"[32]. A *grande reforma* teria, assim, de esperar pela presença do Rei em Coimbra e, de novo, é a Frei António de Lisboa, auxiliado por Frei Jorge de Évora e Frei Brás de Barros, ou *de Braga*, como era conhecido, que o encargo será cometido, em 8 de Outubro de 1527. Braga, parente próximo do cronista João de Barros e jerónimo como os restantes, em cujo Convento da Penha Longa professara em 1516, seguira depois para Paris, onde estudara Humanidades, e Lovaina, onde se doutorara em Teologia[33], regressando à pátria em 1525. Seria ele, na prática, o lugar-tenente do monarca, cuja entrada solene no Mosteiro, na qualidade de governador e reformador, teria lugar no dia 13 imediato. Mas tudo indica que, por detrás do pano, estaria sempre reservado a Frei António um papel de relevo – ou, dito de outro modo, que D. João III reservaria sempre para si a última palavra[34].

Mais importante é, porém, reconhecer que a ligação entre os dois factos – a presença do Rei em Coimbra e o início da intervenção em Santa Cruz – transcende o mero campo da *oportunidade*[35]. Com efeito, todo o trabalho da *reformação*, a começar pela nomeação dos próprios reformadores, foi, evidentemente, precedido da obtenção das necessárias (e morosas) autorizações pontifícias (entre as quais se conta a que permitiria ao monarca desmembrar o opulentíssimo património crúzio, que data de Setembro de 1527 e que pressupunha a renúncia ao Priorado-Mor do Cardeal-Infante D. Afonso, em seu irmão D. Henrique, menor e, por conseguinte, tutelado pelo Rei)[36]. Tudo se conjuga, desse modo, para contrariar a(s) ideia(s) de ser a intervenção régia em Santa Cruz uma consequência, quase fortuita, da visita real a Coimbra, tal como a que justifica a deslocação do Rei somente em virtude do surto pestífero. Inversamente, tudo parece indicar que o monarca programara com antecipação a visita à cidade, que as suas condições de salubridade[37], nesse ano terrível de 27, tornaram *oportuna*, atempadamente providenciando os necessários instrumentos jus-canónicos que haveriam de permitir à Coroa, enfim, levar a cabo o velho desígnio de morigerar os cónegos regrantes[38]. Do que não restam dúvidas é de que a presença do soberano em Coimbra, nesses meses iniciais da reforma, terá contribuído poderosamente (e nisso encontrado a sua justificação oculta) para caucionar e tornar inexorável um processo que, afinal, há muito já se perfilava no horizonte.

Em certo sentido, de resto, a reforma de Santa Cruz constituiu o balão de ensaio para o método que, dois anos

Frei Brás de Braga distribuindo as constituições de Santa Cruz aos cónegos regrantes (*Livro das Constituiçoens e costumes q. se guardã em os moesteyros da cõgregaçam de sancta Cruz de Coimbra*, BGUC)

mais tarde, Frei António de Lisboa iria levar à prática em Tomar. Erradicados, mais ou menos administrativamente, os elementos insubmissos, foi a congregação reduzida com mão de ferro à clausura e a uma observância estrita, que Frei Brás resumiria no *Livro das Constituições e Costumes* publicado em 32, e que teria por pedras angulares o recolhimento, o silêncio e a clausura. Tanto na regra de vida, como nos aspectos patrimoniais e mesmo organizativos, contudo, chama a atenção a evidente afinidade com as doutrinas pedagógico-espirituais desenvolvidas pelos *Irmãos da Vida em Comum* e pelos cónegos regrantes de Windesheim, passadas já pelo crivo humanista, tal como elas tinham sido aplicadas, anos atrás, no regulamento do mosteiro parisiense de Livry[39]. Outro tanto sucederia no plano pedagógico. Com efeito, Frei Brás, que assentaria na contínua aplicação literária dos monges um dos pilares da sua reforma espiritual, lançar-se-ia de imediato na tarefa da restauração dos estudos no Mosteiro, promovendo, a partir de 1528, a vinda de mestres de Paris[40]. A inclusão, no plano de estudos, do grego e do hebraico, a par do latim, indicia uma clara orientação teológica de base escriturária e patrística, que apenas se explica pela familiaridade com a matriz intelectual do Convento de Windesheim[41]. Assim é que, em 1533, saía dos prelos de Santa Cruz, com prefácio de Frei Brás e indicação de ter sido vertido do latim em português pelos próprios cónegos, o *Espelho de Perfeição*, do franciscano Hárfio, discípulo e seguidor de Ruysbroeck, um dos corifeus da mística nórdica[42].

A reforma de Santa Cruz que, nos anos imediatos, estaria destinada a expandir-se por outros mosteiros, quando Grijó e S. Vicente de Fora, por seu turno reformados, se uniram a Coimbra em congregação, estava concluída, ao menos na sua primeira fase, em 1530. A exigente preparação cultural do seu *governador* e o contacto que, recém-chegado de Paris e dos Países Baixos, seguramente tivera, a um tempo no plano espiritual e no do ensino, com os ambientes da *docta pietas*, têm sido responsabilizados pela historiografia, seja pelo êxito e eficácia do empreendimento, seja pela sua declarada modernidade pedagógica. E foram-no, decerto. Mas não será talvez prudente perder de vista o papel essencialmente *funcional* que competia a Frei Brás no interior do Mosteiro[43]. E que terá justificado, exactamente pelas suas qualidades pessoais, não apenas a sua nomeação, mas o empenho régio na sua (sempre problemática) conservação à frente do cenóbio até à década de quarenta. A minuciosa atenção com que o monarca, ano após ano, acompanhou toda a obra da reformação[44], tal como a aventura posterior da criação do Colégio das Artes, tornam-no, porém, igualmente credor de responsabilidades pela ousadia da orientação ideológica da reforma.

A Santa Cruz, aliás, estavam reservados nos planos da Coroa voos bem mais altos, não tanto em virtude dos seus antigos pergaminhos culturais, como, sobretudo, pelo potentado económico que representava e que haveria de permitir erguer à sua custa duas novas dioceses. A rede congreganista detinha, contudo, uma tutela somente parcial no que respeitava à formação dos *varões sábios e devotos* de que o Reino ingentemente carecia. O principal alfobre de teólogos, como, naturalmente, de médicos, artistas e juristas – *in utroque jure* – era, evidentemente, a Universidade. E, neste domínio, aguardava o Rei uma tarefa não menos vultuosa; mas que projecta, seguramente, uma outra luz sobre o verdadeiro sentido da sua visita a Coimbra em 1527.

Cristovão de Morais, *D. João III*, Museu Nacional de Arte Antiga, Lisboa (foto José Pessoa, © Arquivo Nacional de Fotografia)

NOTAS

[1] BRANDÃO, M., *Documentos de D. João III*, vol. I, doc. XXVI, p. 42.

[2] Veja-se BRANDÃO, Mário [e ALMEIDA, M. Lopes d'], *A Universidade de Coimbra. Esbôço da sua história*, Coimbra, Por Ordem da Universidade, 1937, pp. 177-178 e 183-189.

[3] *Idem, ibidem*, pp. 191-192 e BRANDÃO, M., *Documentos de D. João III*, vol. II, doc. CCCXXIX, p. 214.

[4] Gira alguma controvérsia em torno das datas da estadia de D. João III em Coimbra. Efectivamente, Teófilo BRAGA (*Gil Vicente e as origens do theatro nacional*, Porto, Livraria Chardron, 1898), cruzando a data apresentada pelo original da *Farsa dos Almocreves*, de Gil Vicente (1526), representada nesta cidade durante a permanência da Corte, com o "Regimento da saude", datado de 27 de Setembro do mesmo ano e inserto no *Livro das Vereações de Coimbra* e que testemunha já o recuo do flagelo, escreve que "N'este mesmo anno de 1526 um grande terremoto deixou em ruinas as cercanias de Lisboa, e a côrte fugia apressadamente para Coimbra" (*ibidem*, p. 240), reafirmando, a p. 376, ter "D. João III fugido com a côrte para Coimbra em 1526…". E também na sua *História da Universidade de Coimbra…* (vol. I, p. 339), registaria peremptoriamente que "D. João III fugiu para Coimbra em 1526 e ali se conservou até 1527". O assunto seria, porém, criteriosamente estudado por Anselmo Braancamp FREIRE (*Vida e obras de Gil Vicente, 'trovador, mestre da balança'*, Lisboa, ed. da Revista Ocidente, 1944, pp. 216 e 224) e por José Sebastião da Silva DIAS (*A política cultural da época de D. João III*, Coimbra, Instituto de Estudos Filosóficos, 1969, vol. I, tomo II, pp. 579-580, n. 1), que reconstitui o itinerário da Corte entre 1526 e 1528, pelo que se torna absolutamente seguro afirmar que a permanência coimbrã do monarca se verifica entre 10 de Julho e 2 de Dezembro de 1527, datas em que se documenta a sua presença na cidade do Mondego, por seu turno confirmada para Almeirim, donde parte e onde regressa, a 2 de Julho e 16 de Dezembro. A data apresentada pelo texto vicentino constitui, desse modo, um aparente lapso, como conclui Braancamp Freire, ainda que talvez seja possível, como se verá adiante, acrescentar algo mais sobre a questão (veja-se *infra* nota 38).

[5] É outro ponto polémico este: a alocução, intitulada *Oração aos reys Dom João III e raynha Donna Catherina na cidade de Coimbra, que fez Francisco de Saa no ano de 1527*, é reportada e transcrita por vários autores, desde o século XVIII. Sobre a sua autoria levantaria dúvidas, contudo, Braancamp FREIRE (*Vida e obras de Gil Vicente…*, pp. 226-227). Pouco consistentes, porém. A presença do humanista em Coimbra nesse período é, de resto, comprovada, e deve ter razão Mário BRANDÃO ao afirmar: "A atribuição do discurso a Sá de Miranda afigura-se-nos (…) muito verosímil, embora se não possa cabalmente provar" (*Cartas de Frei Brás de Braga para os priores do Mosteiro de Santa Cruz de Coimbra*, Coimbra, Imprensa Académica, 1937, p. 14).

[6] É conhecida a decadência geral da cidade nos finais da Idade Média, justificada pela perda progressiva de centralidade e reflectida, desde logo, pelo despovoamento progressivo da almedina, contra o qual os monarcas, desde D. Dinis, procuram lutar, sem grande êxito de resto. Para uma visão sintética do problema veja-se COELHO, Maria Helena da Cruz, "Coimbra Trecentista. A Cidade e o Estudo", *Biblos*, LXVIII, Coimbra, 1992; ALARCÃO, Jorge de, "A evolução urbanística de Coimbra: das origens a 1940", *Cadernos de Geografia*, nº especial (Actas do I Colóquio de Geografia de Coimbra), Coimbra, 1999, p. 3 e, mais particularmente, sobre as intervenções urbanas promovidas por D. Manuel I, de escasso impacte, porém, no que se refere ao intra-muros, ROSSA, Walter, *Divercidade – urbanografia do espaço de Coimbra até ao estabelecimento definitivo da Universidade*, diss. doutoramento em Teoria e História da Arquitectura, Coimbra, Faculdade de Ciências e Tecnologia da Universidade de Coimbra, 2001, policopiada, pp. 539-611.

[7] FREIRE, A. Braancamp, *Vida e obras de Gil Vicente…*, pp. 227 e 237.

[8] Cfr. sobre a embaixada, ÁLVARES, Francisco, *Verdadeira informação das terras do Preste João das Índias*, ÁGUAS, Neves (intr. e not.), Lisboa, Publicações Europa-América, 1989, p. 277-281; SOUSA, Frei Luís de, *Anais de D. João III*, LAPA, Rodrigues (pref. e notas), Lisboa, Sá da Costa, ²1938, vol. II, pp. 3-4 e CARVALHO, J. M. Teixeira de, *A Universidade de Coimbra no século XVI*, Coimbra, Imprensa da Universidade, 1922, pp. 4-5. Sobre o desusado calor desses dias e suas consequências, tb. FREIRE, A. Braancamp (*Vida e obras de Gil Vicente…*, p. 237).

[9] *Apud* FREIRE, A. Braancamp, *Vida e obras de Gil Vicente…*, pp. 224-225. Se é seguro que as duas primeiras peças terão sido representadas no Paço Real da Alcáçova, já no que respeita à *Divisa*, M. BRANDÃO (*Cartas de Frei Brás de Braga…*, p. 14, n. 2) inclina-se, com alguma justeza, a situá-la no antigo Paço da Rainha, em Santa Clara. Sobre a representação desta comédia veja-se também CARVALHO, J. M. Teixeira de, *Bric-à-Brac*, Porto, Livraria Fernando Machado, 1926, pp. 159-168.

[10] *Apud* FREIRE, A. Braancamp, *Vida e obras de Gil Vicente…*, p. 225.

[11] Veja-se POST, H. Houwens, "As obras de Gil Vicente como elo de transição entre o drama medieval e o teatro do Renascimento", *Arquivos do Centro Cultural Português*, IX (Homenagem a Marcel Bataillon), Paris, Fundação Calouste Gulbenkian, 1975, em particular pp. 106-109.

[12] Efectivamente, é conhecida a liberdade de expressão gozada por Gil Vicente na Corte de D. Manuel I e a sua utilização ao serviço do gosto, reportado desde logo por Damião de GÓIS (*Crónica do Felicíssimo Rei D. Manuel*, Coimbra, Por Ordem da Universidade, Parte IV, 1955, p. 225), com que o monarca via repreender publicamente os defeitos de vida e costumes dos cortesãos. Este facto, mais do que meramente ilustrativo do carácter do príncipe, como tem sido entendido, deve, provavelmente, ser antes valorizado como reflexo social do amplo processo de reforma do próprio Estado que caracteriza o seu reinado e cuja problemática se projecta, como veremos, no governo de seu filho.

[13] DIAS, José Sebastião da Silva, *Correntes do sentimento religioso em Portugal (séculos XVI a XVIII)*, Coimbra, Universidade de Coimbra, 1960, tomo I, vol. 1, p. 40. Trata-se, ainda hoje, da grande obra de fundo sobre esta matéria, a que amiúde nos reportaremos. Para a mais recente referência ao assunto e últimos contributos bibliográficos, veja-se BRAGA, Paulo Drumond, *D. João III*, Lisboa, Hugin Editores, 2002, p. 130.

[14] Veja-se, para uma visão de conjunto do problema, DIAS, J. S. da Silva, *Correntes do sentimento religioso…*, pp. 33-36, 38-42, 44-47, 52, 54-55 e 59-61.

[15] Cfr. *idem, ibidem*, pp. 59-63.

[16] Cfr. *idem, ibidem*, pp. 73-74.

[17] Cfr. *idem, ibidem*, pp. 38, 42-44 e 60-61.

[18] Cfr. *idem, ibidem*, pp. 45 e 60.

[19] Cfr. *idem, ibidem*, pp. 9-11.

[20] Cfr. *idem, ibidem*, pp. 11-16.

[21] Cfr. *idem, ibidem*, pp. 19-20, 22 e 25-26.

[22] Cfr. para uma visão de sintese, DIAS, José Sebastião da Silva, "Portugal e a cultura europeia (séculos XVI a XVIII)", *Biblos*, XXVIII, Coimbra, 1952, pp. 203-204 e 209-210 e BRAGA, Teófilo, *História da Universidade de Coimbra…*, vol. I, pp. 335-336, 388-389 e 393ss.

[23] Cfr. MENDES, António Rosa, "A vida cultural", MAGALHÃES, Joaquim Romero, (coord.), *No Alvorecer da Modernidade (1480-1620)*, MATTOSO, José, (dir.), *História de Portugal*, vol. III, Lisboa, Círculo de Leitores, 1993, pp. 380-384.

[24] Cfr. *idem, ibidem*, p. 383.

[25] Veja-se, entre outros, DIAS, J. S. da Silva, *A política cultural…*, vol. I, tomo II, p. 467 e MOREIRA, Rafael, "A escola de arquitectura do Paço da Ribeira e a Academia das Matemáticas de Madrid", DIAS, Pedro (coord.), *As Relações Artísticas entre Portugal e Espanha na Época dos Descobrimentos*, Coimbra, Livraria Minerva, 1987.

[26] Efectivamente, esta questão merece reparo, pois projecta uma luz particular sobre o sentido prioritário das intervenções de D. João III em matéria de ensino. O próprio monarca esclareceria o reitor da Sorbonne de que os escolares portugueses se destinavam exclusivamente, depois dos necessários preparatórios de Gramática e Artes, ao estudo da Teologia, do mesmo modo que é especialmente significativa a escolha de Paris que, com Lovaina, constituíam os maiores centros teológicos europeus [cfr. BRANDÃO, M., *A Universidade de Coimbra...*, p. 157ss. e RAMOS, Luís A. de Oliveira, "A universidade portuguesa e as universidades europeias (1537-1771). A Universidade de Coimbra", (v.v. a.a.), *História da Universidade em Portugal*, vol. II (1537-1771), Coimbra-Lisboa, Universidade de Coimbra-Fundação Calouste Gulbenkian, 1997, p. 371].

[27] Cfr. BRANDÃO, M., *O Colégio das Artes*, vol. I, 1924, pp. 12-13 e 26; CARVALHO, Joaquim de, "Instituições de Cultura (séculos XIV-XVI)", *Obra Completa*, vol. VI, *História das Instituições e Pensamento Político (1930-c.1957)*, Lisboa, Fundação Calouste Gulbenkian, 1991, pp. 35-36.

[28] Cfr. DIAS, J. S. da Silva, *Correntes do sentimento religioso...*, tomo I, p. 98.

[29] Silva DIAS (*idem, ibidem*, p. 99) data o arranque da reforma da Ordem de Cristo do breve *Exposuit nobis*, de 13 de Maio de 1522, que concede ao Rei plenos poderes para a nomeação de administradores do Mestrado de Cristo e de vários mosteiros. Cândido dos SANTOS, porém, coloca o ponto de partida mais particularmente — e parece-nos que com justiça — na bula *Eximiæ devotionis*, de 19 de Março do ano seguinte, que verdadeiramente empossa D. João III no Mestrado da Ordem de Cristo, como governador e perpétuo administrador (*Os Jerónimos em Portugal. Das origens aos fins do século XVII*, Porto, Instituto Nacional de Investigação Científica-Centro de História da Universidade do Porto, 1980, p. 230).

[30] Cfr. SANTOS, C. dos, *Os Jerónimos em Portugal...*, pp. 230-234 e 116-117.

[31] Cfr. MATTOSO, José, "1096-1325", MATTOSO, José, (dir.), *História de Portugal*, vol. II, Lisboa, Círculo de Leitores, 1992, p. 262.

[32] DIAS, J. S. da Silva, *Correntes do sentimento religioso em Portugal...*, tomo I, pp. 105-106.

[33] Cfr. BRANDÃO, M., *O Colégio das Artes*, vol. I, pp. 31-32.

[34] Cfr. DIAS, J. S. da Silva, *A política cultural...*, vol. I, tomo II, p. 495. Também C. dos SANTOS (*Os Jerónimos em Portugal...*, pp. 116-118) ao analisar o papel omnipresente de Frei António, ao longo dos anos da reforma de Santa Cruz, além mesmo da transferência definitiva da Universidade, em 1537, nomeadamente na gestão diplomática do difícil temperamento de Frei Brás, que por mais de uma vez ameaça abandonar as suas funções, conclui que "realmente era Fr. António o homem de confiança do monarca" (*idem, ibidem*, p. 118). Esta questão seria abordada recentemente por W. ROSSA numa perspectiva centrada nos aspectos arquitectónicos e urbanísticos da reforma, donde ressalta (através dele se compreendendo melhor o papel de Frei Brás) o rigoroso controlo que o Rei sempre manteve sobre todo o processo (cfr. *Divercidade...*, nomeadamente pp. 636, 641-642, 644). O destaque, aliás imediato, que, no triunvirato dos monges, adquire Frei Brás, deve resultar a um tempo da necessidade de apoiar a intervenção num reformador residente e dotado das qualidades de governo e gestão de que, inegavelmente, faria prova, e da qualidade do seu *curriculum* académico, adquirido na Europa, aspecto em que se distinguia de Frei António, que nunca saíra da pátria, e que constituía uma clara mais-valia no que se refere ao sector pedagógico (fundamental, de resto) da reforma.

[35] Esta é, efectivamente, a tradição historiográfica, de há muito repetida e mesmo Silva DIAS não deixaria de relacionar os factos nessa perspectiva: "A hora de Santa Cruz – escreve – chegou, finalmente, no tempo de D. João III. O Prior Castreiro, D. Brás Lopes, foi incumbido em 1526, ou até um pouco antes, de algumas tarefas concretas de reforma. Mas a execução destas não foi fácil, tendo chegado a formalizar-se, segundo parece, artigos de acusação contra D. Brás. No verão de 1527, o soberano pôde verificar *in loco* a incapacidade do crúzio para a obra que trazia entre mãos – e resolveu procurar braço mais forte. O encargo coube a Fr. António de Lisboa, assistido por mais dois monges abalizados da Ordem de S. Jerónimo, Fr. Jorge de Évora e Fr. Brás de Braga. Foi, porém, o último que teve de arcar com a sua responsabilidade quase exclusiva." (*Correntes do sentimento religioso...*, pp. 106-107).

[36] Cfr. BRANDÃO, M., *Cartas de Frei Brás de Braga...*, pp. 21-26; BRAGA, Teófilo, *História da Universidade de Coimbra...*, vol. I, pp. 342-343 e COELHO, Maria Helena da Cruz, SANTOS, Maria José Azevedo, "Contenda entre a Universidade e o Mosteiro de Santa Cruz na segunda metade do século XVI", *Universidade(s). história, memória, perspectivas*, Actas, Coimbra, 1991, vol. 3, pp.43-44.

[37] Sobre este assunto ver ROSSA, W., *Divercidade...*, p. 634, n. 746.

[38] Na verdade, já M. BRANDÃO avançara com a informação importante de que a estadia da Corte se encontrava programada desde os inícios 1526 (*Cartas de Frei Brás de Braga...*, pp. 2 ss.). Silva DIAS, porém, terá ido mais longe, encontrando provas seguras de uma deslocação do Rei a Coimbra no segundo semestre desse ano, relacionada com a intervenção régia em Santa Cruz (cfr. *Correntes do sentimento religioso...*, p. 106, n. 4) e, a ser assim, talvez, afinal, não esteja errada a data de 1526 ostentada pela *Farsa dos Almocreves*. Veja-se *supra*, nota 4 e *infra* Parte II, Cap. 5, nota 1099.

[39] Cfr. DIAS, J. S. da Silva, *Correntes do sentimento religioso...*, tomo I, pp. 111-120 e SANTOS, C. dos, *Os Jerónimos em Portugal...*, pp. 246-247.

[40] Gira alguma controvérsia em torno da data do início dos estudos em Santa Cruz, que a tradição, depois de D. Nicolau de SANTA MARIA (*Chronica da Ordem dos Conegos Regrantes... de S. Agostinho*, Lisboa, na Officina de Joam da Costa, tomo II, 1668, p. 300) e de Silva LEAL (Manuel Pereira da Silva LEAL, *Discurso apologetico, critico, juridico, e historico... a respeito do Sacro, Pontificio, e Real Collegio de S. Pedro*, Lisboa, 1733, p. 393) faz remontar a 1528, tese que seria impugnada por M. BRANDÃO, que demonstrou, com bons argumentos, que as aulas públicas em Santa Cruz não terão começado antes de 1533 e os estudos regulares antes de 35 (cfr. *O Colégio das Artes*, vol. I, pp. 33-37; *A Universidade de Coimbra...*, pp. 166-168 e *A Inquisição e os Professores do Colégio das Artes*, Coimbra, Por Ordem da Universidade, col. "Acta Universitatis Conimbrigensis", vol. I, 1948, pp. 117-119). Silva DIAS reabilita, porém a tradição que os faz remontar a 1528 (cfr., *A política cultural...*, vol. I, tomo II, p. 489) e contribui para desfazer a polémica, nascida sobretudo da confusão entre *estudos* e *estudos públicos* a qual, uma vez destrinçada, valida as duas posições. Na verdade, a constituição de uma escola moderna e prestigiada para formação de teólogos entre os regulares teria, forçosamente, de constituir o primeiro patamar. Somente após o seu cumprimento seria viável abrir à comunidade a escola conventual, possibilidade que iria adquirindo espessura de acordo com o próprio desenvolvimento sofrido pela questão da reforma do ensino. Como quer que seja, terão começado então as diligências junto dos mestres que haveriam de dirigi-los.

[41] Cfr. DIAS, J. S. da Silva, *Correntes do sentimento religioso em Portugal*, tomo I, pp. 116-117.

[42] *Idem, ibidem*, pp. 118. Cândido dos SANTOS, porém, afirma ser a tradução do próprio Frei Brás (*Os Jerónimos em Portugal...*, p. 247); mas não é essa, de facto, a informação contida no *incipit* da obra.

[43] Veja-se *supra* nota 34.

[44] A este respeito é elucidativa a leitura das obras fundamentais de M. BRANDÃO e a que já temos amiúde recorrido, *Cartas de Frei Brás de Braga...* e *Documentos de D. João III*, bem como a parte que lhe compete de *A Universidade de Coimbra...*

2 · Uma corporação de mestres e escolares

A *Universidade* emergira, gradualmente, ao longo do século XII; primeiro a partir das escolas monásticas, depois das catedralícias e municipais, de acesso mais *livre*. É um fenómeno urbano e uma consequência da (re)emergência da própria *cidade*. Começa a desenhar-se um novo tipo de homem de cultura: o clérigo (*clericus*), sacerdote ou frade detentor do *saber*, por oposição ao laico (*laicus*) que, inversamente, *não sabia* (as mais das vezes, sequer ler)[45]. E uma nova realidade também: a fama de alguns mestres, do brilho dos estudos desenvolvidos em certas escolas e da importância dessas ciências para a Igreja, para a administração dos Estados nascentes, para a sociedade em geral, alastram pela Europa e atraem alunos de toda a parte. A Universidade nascerá desse consórcio de mestres e escolares. O interesse comum que os une e a consciência da *diferença* que progressivamente desenvolvem, estimulados pelo espírito associativo que caracteriza o declinar da Idade Média, acabariam por marcá-la, desde a sua origem, com um selo corporativo que perduraria, pelo tempo fora, como uma marca ou traço de personalidade. A Universidade é assim, antes de tudo, não uma escola, mas um grémio, à semelhança dos de artes e ofícios – o conjunto das pessoas que entre si operam (pois é disso que se trata) a transmissão do saber. É a *universitas magistrorum et scholarium*[46].

Da urbe onde se instala, contudo, a Universidade visa realmente o orbe. E esta é a grande diferença que a separa das antigas escolas que a precederam. *Studia et labora*, não propriamente em função dos interesses circunscritos da região ou, mesmo, do reino onde se encontra, mas da Comunidade Cristã no seu conjunto, a quem verdadeiramente se destina esse ensino das *Artes*, bem como o da *Teologia*, dos *Cânones*, das *Leis* e da *Medicina*, as *faculdades* consideradas *maiores*[47]. Frequentada por uma multidão crescente de alunos, das mais desvairadas proveniências, reivindica, de facto, uma vocação ecuménica. É assim que a palavra *scola* que, a princípio, simplesmente a designa, como espaço funcional e institucional, evolui, nos inícios do século XIII, para a expressão *studium* e, desta, para a de *studium generale*. Não se trata, na verdade, da maior ou menor extensão das ciências aí professadas, mas, tão somente, dessa sua vocação *universal*; isto é, do facto de, entre as *liberdades* paulatinamente conquistadas pela *universitas*, se contar a de proporcionar um ensino aberto a todos, sem distinção de origem, sequer geográfica[48]. E foi esta razão que a levou a subtrair-se, progressivamente, à tutela das autoridades locais (bispo, mosteiro, município), colocando-se sob a protecção do Papa, a um tempo poder transnacional e suprema autoridade espiritual, de quem recebe protecção (às suas imunidades) e a confirmação – *auctoritate apostolica* – da sua própria autoridade científica. A intervenção pontifícia marcará, assim, o culminar do seu próprio processo de maturação e a consagração da sua dignidade universal. É verdadeiramente então que nasce a *Universidade*[49].

A coberto do manto do sucessor de Pedro, mais raramente do imperial e, sobretudo, do *foro eclesiástico*[50] que, numa ou noutra, redundará mesmo em *foro académico*[51], o Estudo liberta-se, assim, de *servidões* feudais e assume-se enquanto corporação, dotada de personalidade jurídica (atestada pelo uso de selo próprio), completa independência administrativa e, muito particularmente, absoluta liberdade intelectual – a *libertas scolastica*[52]. Do ponto de vista dos que a procuravam, contudo, se a *virtus* da instituição residia na possibilidade de, através dela, realizar o ideal cristão de valorização do indivíduo pelo estudo[53], a *utilitas*, de um modo mais pragmático, decorria do facto de ter herdado das antigas escolas episcopais o poder, conferido pela instância superior que a *confirmava*, de outorgar aos seus graduados *licenciæ docendi* e, mais ainda (em virtude, justamente, da sua dignidade de *studium generale*), de atribuir *licenciæ ubique docendi*[54]. É, de resto, esse carácter gradativo da gestação da Universidade enquanto instituição, que explica também que os mais antigos Estudos – Bolonha, Paris, Oxford – não disponham realmente de uma certidão de nascimento[55]; formaram-se *ex consuetudine*, através da autonomização e corporatização progressivas de escolas já existentes. A diversidade dos respectivos processos de formação (e mau grado a característica singularidade das universidades medievais, marcadas pelo contexto cultural, político e geográfico que presidiu à formação de cada uma[56]), acabaria, assim, por produzir e consagrar dois grandes modelos, por via de regra adoptados (alternativamente) nas novas fundações que se lhes seguiram: o *parisino*, instituição de eclesiásticos e para eclesiásticos, nascida do desenvolvimento da respectiva escola episcopal e da nomeada alcançada pelos estudos filosóficos e teológicos aí professados, que configuraria o tipo clássico da *universitas magistrorum*, cujo governo competia, naturalmente, aos mestres, e o *bolonhês*, originado na afluência massiva de escolares em busca, sobretudo, do saber jurídico e que, a um tempo pela natureza laica da ciência jurídica, pelo carácter, igualmente laico, da generalidade da sua população discente, organizada por *nações* e pelo ambiente peculiar que, na Itália, se vivia em torno das cidades comunais, revestiria a forma de *universitas scholarium*, onde os alunos, que livremente escolhiam os mestres (e os sustentavam), mantinham a escola e elegiam, de entre eles mesmos, todos os funcionários, incluindo o reitor[57]. Por outras palavras, Paris consagraria a fórmula hierárquica, Bolonha a *democrática*.

Do mesmo modo, é ainda esse carácter gremial, *utilitário* e não lucrativo das primeiras universidades, reflectido na gratuitidade do ensino ministrado e dos graus concedidos, que explica também uma certa *ausência técnica* de meios que as caracteriza. De facto, o *studium* parece não sentir a falta de edifícios próprios. Nascido à sombra das catedrais ou dos mosteiros, aí decorrem os *actos* e as lições, estas, quando muito, em modestas casas de aluguer, ao mesmo tempo que o material didáctico se resume a uns quantos livros que os próprios alunos laboriosamente copiam para uso pessoal. Sem sede, sem biblioteca, sem arquivo, a pobreza da *universitas* compensa-se com a liberdade. Liberdade com que fala e pensa; liberdade que lhe permite mesmo, se o entender – se as condições de trabalho se revelarem adversas –, mudar pura e simplesmente de local (na íntegra, ou em parte). E este último caso constitui outro modo de formação da instituição: *ex secessione*[58]. É o que se verifica em Cambridge e em Pádua, universidades originadas, respectivamente, a partir das de Oxford e Bolonha e que, por isso mesmo, dispõem, naturalmente, de uma data de *fundação*. Mas a criação do novo estudo resultaria ainda da força anímica desenvolvida no interior da *alma mater*; a secessão produziu-se sem intervenção de agentes externos. Não assim, na verdade, nas que seriam criadas *ex privilegio*.

Efectivamente, não tardaria muito que a nova instituição despertasse as atenções, as expectativas e o interesse do(s) poder(es). De facto, se mestres e estudantes almejavam a aquisição do saber e as inerentes vantagens sociais, papas, monarcas e prelados, mesmo que movidos do desejo, que sempre expressam, de pouparem aos súbditos canseiras e despesas, não deixarão de procurar na ciência o reforço das suas ambições ou a fundamentação do(s) seu(s) domínio(s), ao mesmo tempo que municípios e seus habitantes especulam, sobretudo, com as vantagens económicas decorrentes do aumento da população e da satisfação das necessidades de quantos giravam na órbita da escola[59]. Desse modo, ao longo do século XIII, um pouco por toda a Europa, em especial no Sul e, muito particularmente, na Península Ibérica[60] – e com maior intensidade ainda nos séculos imediatos –, soberanos e potentados empenham-se na fundação de *estudos* (senão mesmo na *protecção* dos existentes), que cumulam de privilégios com vista a garantir a sua sustentação e na solicitação ao Papa da sua *confirmação*, da outorga do estatuto de *geral* e da concomitante faculdade de atribuir graus e licenças *ubique docendi*[61].

Assim pois, lentamente, quase insensivelmente, a Universidade iria perdendo a sua agilidade inicial. De simples corporação, afim de tantas, convertia-se, gradualmente, em *corporação privilegiada*, paulatinamente tolhida pelas benesses prodigalizadas por papas e monarcas[62], a quem ela mesma se encarregara de fornecer, com o direito romano, as armas que haveriam de limitar a sua autonomia jurídica e administrativa. Ao longo dos séculos XIV e XV, a *universitas* converte-se, desse modo, pouco

UMA CORPORAÇÃO DE MESTRES E ESCOLARES

Aula universitária (iluminura de um comentário às Decretais, séc. XV, BGUC)

a pouco, num instrumento do poder real e, a prazo, igualmente num dos seus mais significativos reflexos. E será ele, doravante, o principal instituidor das novas fundações, interferindo também, a coberto das funções de *Protector*, cada dia mais, na vida da escola[63]. Desse modo, presa na teia urdida pelos bens e direitos que acumula, a Universidade cresce e sedentariza-se. Possui agora dinheiro, papéis, livros e, com o tempo, espaços e edifícios próprios e progressivamente sumptuosos. Mesmo os velhos *hospitia*, fundações piedosas e austeras, destinadas ao socorro dos estudantes pobres, convertem-se em *colégios* opulentos, tão rodeados quanto ela própria de privilégios, honras e mercês[64]. Mas hipotecou e liberdade – a breve trecho, mesmo a de pensar.

Com efeito, ao terminar o terceiro quartel do século XIII, pode dizer-se que a Escola encerrara também a fase inovadora e inconformista que havia caracterizado o seu primeiro século de existência. A polémica que opusera a Universidade de Paris às ordens mendicantes e às suas pretensões de acesso automático aos graus de Teologia, decidida a favor destas pelo Papado, constituíra um rude golpe na sua autonomia, de que dificilmente voltaria a ressarcir-se. Mas, sobretudo, foi a luta dos ortodoxos contra os averroístas, na década de setenta, que, apanhando-a de permeio, lhe vibrou a sentença final. Doravante, em matéria de fé e, progressivamente, nos outros domínios da ciência, esperava-se da *universitas*, não já a função crítica que de início exercera, mas essa outra de vigilante da ortodoxia e de reprodutora zelosa dos modelos sociais e éticos consagrados pela ordem vigente[65]. O papel modelar que, no ensino da Teologia, a escola parisina sempre detivera e o controlo exercido pela rede das congregações religiosas, encarregar-se-ão de garantir a eficácia da *reforma* nos restantes institutos onde a ciência sagrada se professava. Enquanto isso, nos reinos peninsulares, o fenómeno universitário dava os primeiros passos, estimulado pelos diversos soberanos. Eram ainda pequenos *estudos*, como o que Afonso VIII de Castela fundou em Palência, cerca de 1212-14, de existência efémera, ou o de Salamanca, criado por Afonso IX de Leão em 1218 e que, por décadas, vegetaria também na obscuridade. Mas pelos meados do século, Afonso X (*o Sábio*), conseguia *confirmá-lo* e lançar as bases da que viria a ser, nos séculos seguintes, a grande universidade da Península. E, sobretudo, levava a efeito, na *Segunda* das suas *Siete Partidas*, a primeira reflexão de ordem política sobre a importância, para o *Estado*, da nova instituição[66]. É nesse contexto que nasce a Universidade Portuguesa.

Pouco sabemos, na verdade, sobre a real origem da Universidade em Portugal, mau grado o muito que sobre o assunto se tem escrito, desde que, na primeira metade do século XVIII, o sábio reitor Francisco Carneiro de Figueiroa procurou, laboriosamente, fazer a sua história[67]. De concreto, sabemos apenas que em 12 de Novembro de 1288, vinte e sete dignitários eclesiásticos, reunidos em Montemor-o-Novo, entre os quais se contavam o abade de Alcobaça, os priores de Santa Cruz de Coimbra e São Vicente de Lisboa, de Guimarães, da Alcáçova de Santarém e vinte e dois reitores de diversas igrejas de Portugal e Algarve, redigiram uma *súplica* ao Papa que constitui o primeiro documento conhecido referente à instituição. Aí, expondo terem ponderado, *em companhia de pessoas religiosas, Prelados, & outros, assi clerigos como seculares*, a *conveniencia*, para os ditos Reinos e seus moradores, de haver neles *hum estudo geral de sciencias* e de, em conformidade, terem dirigido uma petição a D. Dinis no sentido de *fazer, & ordenar hum geràl estudo na sua nobilissima Cidade de Lisboa*, o que El-Rei acolhera benignamente, autorizando a afectação de diversas rendas dos seus mosteiros e igrejas à sustentação dos *Mestres, & Doutores*, rogavam ao Santo Padre se dignasse *confirmar* uma *obra tão pia, & louuavel, intentada para serviço de Deos, honra da patria, & proueito geral, & particular de todos*[68].

De facto, dezasseis meses mais tarde, a 1 de Março de 1290, saía da chancelaria régia a carta que António de Vasconcelos baptizou de *documento precioso* e que tem sido tradicionalmente assumida como marco fundacional da Universidade[69]. Nela, D. Dinis, então em Leiria, faz saber ter havido por bem ordenar um estudo geral na cidade de Lisboa, que munira com cópia de doutores em todas as artes e roborara com inúmeros privilégios. Em conformidade, a 9 de Agosto desse ano, Eugénio IV expedia, de Orvieto, a bula *De statu regni Portugaliæ*[70], dirigida à *Vniversidade dos Mestres, e estudantes de Lisboa*, pela qual louvava a iniciativa dos estudos aí *de nouo plantados*, os confirmava, declarava haver por *grato, & agradável a nós, tudo o que sobre esta materia esta feito*, estabelecia os ordenados dos professores e garantia aos estudantes e mestres que *actualmente gouernão na dita Cidade*, dentro de certos limites, o foro eclesiástico. Simultaneamente, enumerava o conjunto das faculdades (Artes, Cânones, Leis e Medicina), com aparente exclusão da Teologia[71] e reservava para o prelado diocesano e, na sua ausência, para o vigário capitular, a colação dos graus (*auctoritate apostolica*) e a atribuição das respectivas licenças *ubique docendi*.

Dezoito anos se passam, seguidamente, sobre a escola lisboeta, de vida "anónima e obscura", como a designou Joaquim de Carvalho[72]. Subitamente, porém, o monarca entendia fazê-la deslocar para Coimbra, onde já se encontraria no ano lectivo de 1308/9[73], parece que para furtá-la, a fazer fé no testemunho fornecido pelas bulas de Clemente V que, em 26 de Fevereiro de 1308, autorizam a transferência[74], aos conflitos existentes com a população da capital, nascidos, como sempre, das regalias usufruídas pela gente do Estudo[75]. É, pois, à Universidade já sediada em Coimbra que, em 15 de Fevereiro de 1309, o Rei concede a *Charta Magna Priuilegiorum*, a que tradicionalmente se tem atribuído o valor de *1.ᵒˢ Estatutos*[76]. Moldada pela *Magna Charta* que seu avô Afonso X outorgara, meio século atrás, à Universidade de Salamanca[77], constitui, até por encabeçar um vasto conjunto de diplomas legais que se prolongariam até ao final do reinado[78], um claro testemunho do modo como o *Plantador de naus a haver* soubera captar a *mensagem* inscrita pelo seu ilustre antepassado nas *Siete Partidas*[79]. No seu conjunto, porém, a *Charta Magna*, essencialmente uma provisão régia, mais não faz que recolher, ampliando, o que era já o património jurídico do Estudo (razão pela qual aí ecoam ideias e expressões que radicam na *súplica* de 1288[80]), fixando a sua orgânica administrativa e pedagógica e sediando-o (*fundando-o* e *plantando-o*, diz) *irradicavelmente* em Coimbra. Por isso, de novo, entre outros muitos privilégios, se estatui que os alunos elejam os seus reitores e oficiais, que a Universidade possua arca e selo próprios, que os estudantes possam elaborar os próprios estatutos.

E, na verdade, no uso dessa *regalia* e decerto ainda em 1316, reitores, escolares e oficiais elaboram, para seu *regimento*, umas *constituições*, que D. Dinis confirma em 27 de Janeiro de 1317[81]. O seu teor, pesar de perdidas, pode não obstante inferir-se, nas suas linhas gerais, através da própria carta régia de confirmação, de que se conhece o traslado[82] e que merece alguma ponderação. Com efeito e independentemente do facto de o seu pendor explicitamente disciplinar de algum modo reforçar também a ideia de estarem na origem da transferência as perturbações causadas pela escola na capital, o seu maior interesse decorre das informações que fornece sobre a orgânica interna da instituição que, tudo leva a crer, não tivesse sofrido alterações com a transumância de Lisboa. E num aspecto são claras: o Estudo governava-se por meio de dois reitores, anualmente eleitos pelos estudantes de entre eles e com eles exercendo, em congregação, toda a autoridade académica[83]. A Universidade parece, assim, seguir, desde a sua origem, o modelo *democrático* divulgado por Bolonha.

Tudo converge, desse modo, para fomentar a noção de que o conjunto de diplomas susceptíveis de projectar luz sobre as origens da Universidade Portuguesa é, na essência, constituído por uma cadeia de dispositivos legais de validação sucessivamente retroactiva. Efectivamente, a carta régia que, em Janeiro de 1317, confirma as *constituições* elaboradas pelo Estudo em finais do ano anterior (?), representará, fundamentalmente, uma ratificação do conjunto de ideias e princípios expressos, em 1309, na *Charta Magna*, que consagra juridicamente o Estudo no momento da mudança para Coimbra, situação que Clemente V legitimara, em 1308, mas que não modificaria o carácter da instituição previamente estabelecida na capital, por seu turno *confirmada* (tão somente) por Eugénio IV, quando, em Agosto de 1290, se dirige explicitamente à *Universidade dos Mestres, e Estudantes de Lisboa*. De facto, parece ser também a uma entidade já concretizada que D. Dinis alude no *documento precioso*, de 1 de Março desse mesmo ano, quando refere o Estudo que *houvera por bem ordenar*[84]. Este, terá emergido realmente (imediata ou mediatamente) da *ponderação* que os signatários da *súplica* de 12 de Novembro de 1288 fizeram, em data necessariamente também anterior, *em companhia de pessoas religiosas, Prelados, & outros, assi clerigos como seculares* e que depois concitaria a plena adesão do Rei[85]. A ser assim, ganharia, não restam dúvidas, redobrado sentido a asserção de Ferreira Gomes, quando sublinha que semelhante instituição "não se cria em determinado dia de um determinado ano, mas vai-se criando"[86]. Como o ganharia também, talvez, a completa ausência dos bispos do Reino no processo de formação da Universidade, que não passaria despercebida e tem sido explicada através da contenda que, então, os opunha à Coroa. Mas, muito especialmente, a adopção do *sistema bolonhês* no governo administrativo da Escola.

Efectivamente, parece ser pacífico o entendimento de que a Universidade adoptaria em Portugal, desde o início, o sistema de gestão *democrática* – dois reitores anuais, eleitos de entre os estudantes, em conjunto com os restantes oficiais – que fora adoptado em Bolonha e na generalidade das suas congéneres italianas e que as opunha ao que vigorava na Universidade de Paris (*universitas magistrorum*), nascida a partir da respectiva escola catedral e que se seguiria em Oxford e nas universidades alemãs[87]. Não era, porém, somente o sistema de governo que distinguia os *estudos* parisino e bolonhês: a escola francesa fizera a sua reputação sobre o ensino da Teologia; a italiana sobre o do Direito, tanto canónico como civil. Uma e outra constituíam os principais destinos dos escolares lusos, mas era sobretudo Bolonha o cadinho onde se formava e, mesmo, por vezes, leccionava, já desde finais do século XII, mas com maior intensidade na primeira metade do século XIII, a elite do funcionalismo áulico português, responsável pelo processo de centralização política e administrativa levado a efeito por D. Afonso II e D. Afonso III, bem como pelo da própria curialização episcopal[88]. O outro crisol seria Salamanca, que a pouco e pouco se assumia como uma espécie de *Bolonha ibérica*, a um tempo no desenvolvimento dado aos estudos jurídicos e no sistema administrativo de *universitas scholarium*[89].

Assim, pois, gerada, não a partir da lenta evolução e corporatização de uma escola catedral, mas da *ponderação* das próprias forças vivas da sociedade coeva – *pessoas religiosas, Prelados, & outros, assi clerigos como seculares* –, empenhadas no *serviço de Deos, honra da patria, & proveito geral, & particular de todos*; quem sabe, mesmo, se não tendo por lastro o ensino ministrado *livremente* (e, por conseguinte, carente da legitimação que apenas o Estudo poderia dar) por mestres graduados e habilitados *ubique docendi* na Escola transalpina[90]; não podia a Universidade Portuguesa revestir o figurino hierárquico parisino, mas somente esse outro, *basista*, que Bolonha ilustrava e a que o pequeno Estudo lusitano, corporação pobre de estudantes, sem sede nem património, tanto se assemelharia[91]. E, nesse sentido (somente nesse), não deixaria ainda de ser um caso de formação *ex consuetudine*, a que o Rei, empenhado numa política tenaz de centralização e *nacionalização*, como instrumento de afirmação do Reino no contexto ibérico, e que passava pela possibilidade de dispor de um património qualificado de servidores da Coroa e da Igreja, tanto quanto pela adopção do português como língua administrativa[92], lucidamente prestou o seu apoio desde a primeira hora. A transferência da Escola para Coimbra, em 1308, quase uma refundação[93], constituiria, porém, o primeiro passo no longo e sinuoso caminho que iria convertê-la numa criação *ex privilegio*[94].

Com o patrocínio régio, o Estudo começara, na verdade, desde logo, a conhecer os benefícios da real munificência. Efectivamente, além das regalias exaradas no *documento precioso*, o monarca dotava-o, em 1291, com edifícios próprios: duas casas, decerto modestas, no lugar ou *campo da Pedreira*, actual Chiado, verdadeiro luxo, porém, num tempo em que, pela Europa inteira, não começara ainda o surto das construções universitárias[95]. Plantado *irradicavelmente* em Coimbra, dezassete anos mais tarde, receberia também, a par de um número crescente de privilégios, um edifício para uso exclusivo, a que o tempo daria a designação de *Estudos Velhos*. Adjacente ao Paço Real, onde sobreviveria até à construção, nos meados do século XVI, do Colégio de S. Paulo, tudo faz crer ter sido programado com algum primor arquitectónico[96]. Com tudo isso e mau grado a escassez de informações disponíveis para esses primeiros tempos, a Escola não parecia dar mostras de querer superar aquilo que o rolar do tempo confirmaria ser uma *debilidade congénita*[97]. A sua modesta dimensão, na verdade – seis professores ordinários para meia centena de alunos[98] –, não lhe deixava veleidades de poder rivalizar, fosse com Bolonha, cujo saber jurídico continuaria a perfilar-se no horizonte tanto de escolares como de monarcas e, mesmo, de particulares, que a ele recorriam nas mais delicadas questões, fosse com as outras universidades italianas, com Paris, com Oxford ou, sequer, Salamanca, que empreendera já uma rota de afirmação consolidada[99]. Cultivava, porém, em contrapartida, e com afinco, uma outra vertente do saber jurídico: a que resultava do seu estatuto de *corporação privilegiada* e que fazia dos mestres e alunos da Universidade os "clientes mais hábeis para obter graças, privilégios, dispensas, prebendas ou benefícios sem cura de almas"[100]. Mas não deve esquecer-se, no plano conjuntural, a grave crise, a um tempo social, económica e da consciência religiosa que afectaria a Europa nos séculos XIV e XV e que teve evidentes reflexos no ambiente intelectual[101].

Como quer que seja, a estadia coimbrã da Universidade não seria demorada. Em 1338, por carta de 17 de Agosto, D. Afonso IV transferia de novo o Estudo para Lisboa, justificando a decisão por "fazer morada gram parte do ano na Cidade de Coimbra" e necessitar para os seus oficiais das casas que utilizavam os estudantes[102].

UMA CORPORAÇÃO DE MESTRES E ESCOLARES

É possível, porém, que, mais do que as razões pragmáticas aventadas, a que acrescia o receio de conflitos entre os funcionários áulicos e os escolares, ou as de carácter puramente ostentatório, sugeridas por Teófilo Braga[103], ditadas pelo desejo de ter junto de si a *fundação real*, a mudança da Escola se relacionasse com algum projecto de intervenção régia, que lograsse alterar o estado das coisas. A verdade, porém, é que tão pouco seria longa a vilegiatura lisboeta: em Dezembro de 54 já o Estudo se encontrava de regresso a Coimbra, sem que desta feita sejam conhecidos os motivos, provavelmente os mesmos que haviam já determinado a decisão de seu pai, em 1306/07[104]. Mas é possível que tivessem pesado igualmente razões de carácter económico, relacionadas com a recusa dos comendadores de Pombal e Soure em contribuir para as despesas, uma vez sediada a Escola em Lisboa e com a morosidade com que foi levada a efeito a afectação de outros rendimentos[105]. Do que não restam dúvidas é de que a Universidade Portuguesa, cuja agilidade não deixa de fazer prova da parcimónia das suas estruturas[106], iniciava deste modo uma tradição de itinerância que haveria de configurar-se como uma das suas maiores singularidades[107].

Pouco mais de dois anos volvidos sobre o regresso do Estudo a Coimbra, morria em Lisboa D. Afonso IV. O reinado de seu filho, D. Pedro I, iria mostrar que a Coroa, a par de um esforço sustentado de protecção da Escola, através da garantia e mesmo ampliação das suas imunidades e regalias, estava realmente disposta a intervir na sua vida interna, desde logo no plano disciplinar, como é o caso da proibição aos bacharéis de *lerem* fora das aulas, que constitui, em 22 de Outubro de 1357, uma das primeiras medidas do seu governo[108]. Mas a verdade é que os sinais de crise da instituição parece terem continuado a avolumar-se nos anos seguintes e seriam já indisfarçáveis quando D. Fernando I sobe ao trono. Assim é que, em 1368, a própria Universidade, empenhada na defesa do seu foro, se queixa perante o Rei do "odio que lhe tinham os do concelho"[109], evidentemente nascido, como sempre, da má vontade gerada pela muralha crescente de privilégios que rodeava a corporação, a que se somaria a noção da escassa relação existente entre esta e o serviço público que realmente prestava. E, na verdade, nas Cortes de Lisboa de 1371, seria denunciado sem rebuço que "o dicto estudo nom era ora rreformado de leentes commo lhj conujnha e fazja mester por a qual rrazom mujtos da nossa terra sse hjam fora dela aaprender". Em conformidade, pois, solicitava-se ao monarca que fizesse "rreformar o dicto estudo de boons leentes em cada çiençia quanta lhj faz mester"[110].

Capitel proveniente do edifício dos *Estudos Velhos* de Coimbra (MNMC)

A MORADA DA SABEDORIA

Não é possível hoje saber até que ponto a reclamação do *povo* era espontânea ou se tratava, antes, de sermão encomendado pela Coroa com o objectivo de justificar a sua acção. Mas a verdade é que, a essa altura, já o soberano teria esboçado um plano de intervenção, o qual, ao mesmo tempo que apostava na prossecução da política de protecção definida pelos seus antecessores[111], tinha em vista uma ampla reestruturação de âmbito pedagógico, económico e jurídico. Há, de facto, numerosos sinais de que D. Fernando terá tomado a peito a ideia de relançar o Estudo em termos de poder afirmar-se tanto interna como externamente e tudo leva a crer que este desígnio estaria já formado na sua mente quando, em 1370, certamente em virtude da exiguidade dos *Estudos Velhos* para os projectos que acalentava, determina ao conservador da Universidade que organize novas escolas nas casas do arrabalde, bem como moradas em número suficiente, que os estudantes pudessem alugar[112]. Pensar-se-ia, parece, na contratação de novos mestres, recrutados no estrangeiro, e terá sido, afinal, a sua relutância em residir fora da capital, que invalidou o programa assim definido, em benefício de nova transferência para Lisboa, que o Rei ordena em 3 de Julho de 1377 e justifica, de facto, por que os "lentes que de outros regnos mandamos viiñr nõ queriam leer senõ na cidade de Lixboa"[113]. E data ainda da fase coimbrã da Universidade a solicitação ao Papa, deferida em 1376 (e endereçada já ao Estudo *em Lisboa*), da autorização para o uso das respectivas insígnias, por parte de doutores, mestres, licenciados e bacharéis[114].

Na verdade e como escreveria Joaquim de Carvalho, "D Fernando inaugurara a era das reformas universitárias"[115]. Inaugurava também, parece, a tentação de recomeçar do zero em cada encruzilhada histórica da instituição. De facto, tal como em 1306/07, na primeira trasladação para Coimbra, mas agora de forma mais solene, a transferência para Lisboa seria revestida do aparato de uma nova criação – uma *segunda fundação*, como já foi chamada[116] –, acompanhada da respectiva bula, emanada por Clemente VII (de Avignon) em 1380. É, todavia, possível que o seu objectivo principal fosse a obtenção, a pretexto da mudança e da *refundação*, do reconhecimento explícito, pelo Pontífice, do *jus ubique docendi*, desse modo consagrando formalmente a equiparação do pequeno Estudo português às grandes universidades europeias[117] – tal como, no plano simbólico, acontecia com o uso das insígnias doutorais. A efectiva consecução desse desígnio passava, porém, necessariamente e como haviam afirmado os procuradores às Cortes, por *rreformar o dicto estudo de boons leentes em cada çiençia quanta lhj faz mester*; e tal pressupunha mexer a fundo no corpo docente. Nessa lógica se enquadrará, pois, o recrutamento além-fronteiras de novos mestres, em plausível correspondência com a dispensa de (pelo menos) parte dos que se encontravam em funções. A renovação deve ter-se efectuado, ainda

que com as habituais delongas destes casos e é verosímil que tivesse em vista um aumento do número de lentes e, consequentemente, também do de cadeiras. Nem de outro modo se poderá, de facto, compreender, a um tempo a denúncia que a Universidade faz, no recomeço das aulas, em Outubro de 77, de não haver "leedores... asi de Lex como de Degretãaes e de Logica e Filosofia"[118] e a menção que, na carta régia que ordena a mudança para a capital, se faz aos *lentes da manhãa*[119]. Não obstante e como bem notou Teófilo Braga, a transferência não deixava igualmente de constituir um "meio habil para revisar a titulo de confirmação todos os privilegios academicos, modificando-os em harmonia com a auctoridade real"[120]. De facto, ressalta da legislação universitária deste período, aliás numerosa, a firme determinação da Coroa de, confirmando embora e, mesmo, incrementando o património de privilégios e isenções que se vinham acumulando desde 1290, não lhe sacrificar jamais aquilo que designa de *a razom da jurisdiçam*[121].

Não parece, é certo, que a intervenção régia tenha produzido de imediato os frutos desejados; a crise que ensombrou os últimos anos do reinado de D. Fernando I ter-se-á, sem dúvida, reflectido negativamente na vida da escola. Mas nem por isso a *reforma fernandina* deixa de constituir um marco importante na vida ainda curta da corporação universitária – quanto mais não fosse por marcar o início de um longo período de estabilidade (160 anos), que representa uma novidade importante no percurso histórico da instituição. Mas, sobretudo, por denunciar a consciencialização, por parte da Coroa, da *utilidade* da Escola no quadro do processo de centralização política e administrativa em que se empenhava; ou seja e como se escrevia na própria carta régia de 3 de Julho de 1377, a Realeza sabe já que "a majestade do rei ou princepe nõ solamente deve ser afremoseada per armas mais ainda deve ser per leys e dereitos armada per aquelles que dos dereitos som sabedores"[122]. Ao Estudo se reservava, pois, uma missão de primeiro plano: *armar* a Coroa de leis e direitos. E tal pressupunha, simultaneamente, convertê-lo numa Escola susceptível de afirmar-se internacionalmente e *desarmá-lo*, por seu turno, da couraça de direitos e leis em que se firmara a sua *autonomia*, doravante incompatível com a própria autonomia régia. Com D. Fernando não começara apenas a lenta e pertinaz operação de demolição dessa muralha protectora; haviam-se desenhado também, pela primeira vez, as traves mestras de um ambicioso projecto de incorporação da estrutura medieval da *universitas* no edifício funcional do Estado Moderno, que paulatinamente começava a emergir da Monarquia Feudal. A sua prossecução, entre avanços e recuos, irá ocupar, por século e meio, os Reis de Avis. Mas a importância súbita que adquirem, nos anos que se seguem, *aquelles dos direitos som sabedores*, testemunha, afinal, o real impacte da *reforma fernandina*.

Capiteis provenientes do edifício dos *Estudos Velhos* de Coimbra (MNMC)

NOTAS

[45] Cfr. BRAGA, Teófilo, *História da Universidade de Coimbra…*, vol. I, p. 31 e SERRÃO, Joaquim Veríssimo, *História das Universidades*, Porto, Lello & Irmão, 1983, p. 12.

[46] Cfr. SERRÃO, J. Veríssimo, *História das Universidades*, pp. 13-15; CRUZ, Guilherme Braga da, *Origem e Evolução da Universidade*, Lisboa, Logos, 1964, pp. 12-14 e 16-20 e VERGER, Jacques, "Modelos", RÜEGG, Walter, (coord.), *Uma História da Universidade na Europa*, vol. I, Lisboa, Imprensa Nacional-Casa da Moeda, 1996, pp. 33-36.

[47] Cfr. VERGER, J., "Modelos", p. 37 e RÜEGG, Walter, "Temas", *Uma História da Universidade na Europa*, vol. I, pp. 21-28.

[48] Cfr. BRANDÃO, M., *A Universidade de Coimbra…*, pp. 9-10, n. 2 e VERGER, J., "Modelos", pp. 33-34 e, para uma visão do modo como essas liberdades haviam sido conquistadas e da dura luta que presidiu a esse processo, pp. 44-49. Sobre a última questão também MATTOSO, José, "A universidade portuguesa e as universidades europeias", *História da Universidade em Portugal*, vol. I, p. 9.

[49] Cfr. CRUZ, G. Braga da, *Origem e Evolução da Universidade*, pp. 19-21.

[50] A atribuição à Universidade do *foro eclesiástico*, tal como o seu financiamento através de bens igualmente de origem clerical, a outorga dos graus na catedral e sua imposição pelo prelado diocesano, a preeminência da Teologia entre as restantes ciências e, de um modo geral, o peso da religião na vida da comunidade académica, seriam interpretados por Joaquim Ferreira GOMES [cfr. "Os vários estatutos por que se regeu a Universidade Portuguesa ao longo da sua história", *Novos Estudos de História e de Pedagogia*, Coimbra, Livraria Almedina, 1986, pp. 10-11 e 14-19 e "Universidade de Coimbra", AZEVEDO, Carlos Moreira (dir.), *Dicionário de História Religiosa de Portugal*, vol. III, Lisboa, Círculo de Leitores, 2001, pp. 314-317] como sinais da natureza eclesiástica da Universidade, nomeadamente da portuguesa, contradizendo, por conseguinte, o mito da *autonomia universitária*. Temos, porém, algumas reservas a esta interpretação. Efectivamente e sem pôr em causa a existência de evidentes afinidades entre os dois corpos sociais e, mesmo, a forte dependência da Universidade em relação ao clero, que, desde as origens e por longos séculos a alimentou de mestres e lhe providenciou (voluntariamente ou não) os rendimentos, parece-nos abusivo basear nestes elementos a afirmação da sua *natureza* eclesiástica, tanto quanto, v.g., o seria defender o carácter militar da chefia do Estado por ostentar o seu representante o comando das forças armadas. A evidente origem clerical das práticas rituais e trajes académicos (cfr. VELOSO, Maria Teresa Nobre, "O quotidiano da Academia", *História da Universidade em Portugal*, vol. I), explica-se pela própria formação da instituição, enquanto tal, por evolução (*ex consuetudine*) das antigas escolas catedralícias; a ligação científica e económica à Igreja, bem como o próprio *foro eclesiástico* são essencialmente funcionais e a presença da religião na vida da escola tem razões conjunturais e não foi mais forte aqui do que em outros organismos (tribunais, municípios), salvo nos aspectos doutrinais em que a Universidade podia – e esperava-se que o fizesse – trazer uma importante mais-valia. E, seguramente, nunca em tempo algum a Escola se deteve a ponderar a sua *natureza eclesiástica* no momento da admissão de lentes e mesmo reitores seculares, em absoluta paridade com os eclesiásticos. No que se refere à questão da autonomia, é sabido que os progressos do Estado Moderno se encarregarão de a minar, primeiro no plano administrativo, depois também no doutrinal e a sua recuperação vai (geograficamente) a par com o desenvolvimento do processo democrático contemporâneo. Mas tanto não basta, seja para a negar enquanto elemento fundamental na fase de formação da instituição universitária, seja para a pôr em causa pelas razões da sua controversa natureza eclesiástica. Aqui, como em toda a parte, a *autonomia* não é um valor absoluto, mas sempre relativo.

[51] Veja-se, VELOSO, M. T. Nobre, "O quotidiano da Academia", pp. 132-133 e, especificamente para o caso da Universidade Portuguesa, VASCONCELOS, António de, "Génese e evolução histórica do fôro académico da Universidade de Coimbra; extinção do mesmo", *Escritos Vários relativos á Universidade Dionisiana*, Coimbra, Arquivo da Universidade, vol. I, 1987, pp. 297ss.

[52] Cfr. CRUZ, G. Braga da, *Origem e Evolução da Universidade*, pp. 28-33 e também o importante artigo de Jacques VERGER, "Université et pouvoir politique, du Moyen Âge à la Renaissance", *Universidade(s). História, memória, perspectivas*, vol. 5, pp.11-15, para um confronto destes pressupostos teóricos com a realidade prática das universidades medievais.

[53] Cfr. SERRÃO, J. Veríssimo, *História das Universidades*, p. 13.

[54] Cfr. *idem, ibidem*, pp. 18-21 e VERGER, J., "Modelos", pp. 33-34.

[55] Cfr. VERGER, J., "Modelos", pp. 42-49.

[56] Cfr. *idem, ibidem*, pp. 42

[57] Atente-se que esta população discente é geralmente constituída por homens na idade madura, prestigiados já, muitas vezes, pelas funções exercidas nos países de origem e que à Universidade vão completar a sua formação jurídica e política, o que explica a naturalidade com que se encarregam do governo da escola, que assumem no espírito de uma genuína relação de prestação de serviços (cfr. CRUZ, G. Braga da, *Origem e Evolução da Universidade*, pp. 30-32, n. 26 e SARAIVA, António José, *O crepúsculo da Idade Média em Portugal*, Lisboa, Gradiva, 1990, p. 121).

[58] Cfr. CRUZ, G. Braga da, *Origem e Evolução da Universidade*, pp. 16 e 21-24, a quem se deve a formulação da figura jurídica da criação das universidades *por secessão* e ainda SERRÃO, J. Veríssimo, *História das Universidades*, p. 24 e GIEYSZTOR, Aleksander, "Gestão e recursos", *Uma História da Universidade na Europa*, vol. I, p. 135.

[59] Cfr. RÜEGG, Walter, "Temas", pp. 13-21.

[60] Cfr. VERGER, J., "Modelos", p. 51.

[61] Cfr. CRUZ, Guilherme Braga da, *Origem e Evolução da Universidade*, p. 24 e n. 2, onde refere o carácter diverso da intervenção pontifícia nas universidades criadas *ex consuetudine* e *ex privilegio*, na primeira das quais o Soberano Pontífice tão somente confirmava "juridicamente a natureza universal da escola, que era já uma realidade de facto", enquanto na segunda essa projecção universal e consequente *jus ubique docendi* dependia em absoluto do reconhecimento apostólico. Veja-se também VERGER, J., "Modelos", pp. 33-34 e *idem*, "Université et pouvoir politique…", pp. 17-19.

[62] Cfr. COELHO, Maria Helena da Cruz, "Condições materiais de funcionamento. As finanças", *História da Universidade em Portugal*, vol. I, pp. 41-42.

[63] Cfr. CRUZ, G. Braga da, *Origem e Evolução da Universidade*, pp. 33-34.

[64] Cfr. VERGER, J., "Modelos", pp. 56-58 e GIEYSZTOR, A., "Gestão e recursos", pp. 115-118.

[65] Esta questão foi objecto de uma abordagem particularmente arguta no importante art. já cit. de José MATTOSO, "A Universidade Portuguesa e as universidades europeias" (cfr. pp. 6-9).

[66] Cfr. *idem, ibidem*, pp. 9-10.

[67] Cfr. FIGUEIROA, Francisco Carneiro de, *Memorias da Universidade de Coimbra, ordenadas por…* (seguidas de *Catalogo dos Reitores da Universidade de Coimbra*), Coimbra, Por Ordem da Universidade

[68] de Coimbra, col. "Universitatis Conimbrigensis Studia ac Regesta", 1937.

[68] Perdido o original, apenas se conhece o texto da súplica através da cópia inclusa no chamado *Livro Verde* [cfr. *Livro Verde da Universidade de Coimbra*, RODRIGUES, Manuel Augusto (introd.), VELOSO, Maria Teresa Nobre (transcr.), Coimbra, Arquivo da Universidade de Coimbra, 1992, doc. 2a, pp. 8-9] e pelo traslado e tradução que dele fez Frei Francisco BRANDÃO na sua *Monarquia Lusitana* (5ª Parte, Lisboa, 1650, fl. 132v-133), retomado por SÁ, A. Moreira de, (docs. coligidos e publ. por), *Chartularium Universitatis Portugalensis*, Lisboa, Instituto de Alta Cultura, vol. I, 1966, doc. 2, pp. 6-9, a que nos reportamos.

[69] Cfr. VASCONCELOS, António de, "Um documento precioso", *Revista da Universidade de Coimbra*, I, Coimbra, 1912, pp. 363-373 e *Chartularium...*, vol. I, doc. 4, p. 10-12.

[70] Cfr. *Livro Verde*, doc. 1a, pp 3-5 e *Chartularium...*, vol. I, doc. 6, pp. 12-15, onde se inclui a tradução a que nos reportamos.

[71] Na verdade, tem-se tomado por assente que na Universidade Portuguesa se não leu Teologia até 1400, facto que, na de Salamanca, ocorreria ainda mais tarde (1415) com base no seu ensino nas catedrais e mosteiros e na intenção da Santa Sé de reservar o seu exclusivo para a Universidade de Paris (cfr. v.g. RIBEIRO, J. Silvestre, *História dos Estabelecimentos...*, vol. I, pp. 421-422), o que faria sentido, especialmente após o processo de controlo intelectual aí levado a efeito. Todavia, em estudo recente, José ANTUNES contraria esta interpretação, defendendo, e com importantes bases, que o ensino da ciência sagrada na Universidade "pode remontar, senão a 1290, pelo menos a 1291/1295 e a 1309" (cfr. "Teologia", *História da Universidade em Portugal*, vol. I, pp. 237-245). José MATTOSO, porém, chama a atenção para o facto de, antes do século XV e, sobretudo, do XVI, não existirem verdadeiramente faculdades, no sentido de subdivisões administrativas do Estudo Geral, sendo ainda de particular interesse as pp. que dedica ao quadro do ensino da Teologia a nível europeu (cfr. "A Universidade portuguesa...", pp. 14 e 28-29).

[72] "Instituições de Cultura...", p. 20.

[73] A questão da data da transferência da Universidade para Coimbra, durante muito tempo objecto de controvérsia entre os especialistas, seria resolvida por António de VASCONCELOS ("Estabelecimento primitivo da Universidade em Coimbra", *Revista da Universidade de Coimbra*, II, Coimbra, 1913, pp. 604-614 e 621-622). De facto, solicitada ao Papa, em meados de 1307, a necessária licença, seria esta concedida por Clemente V, em 16 de Fevereiro de 1308, pelas bulas *Profectibus publicis* e *Porrecta nuper*, datando de Novembro desse ano as mais antigas referências documentais à presença do Estudo na cidade. O esclarecimento do delicado problema viria, assim, restaurar a tese tradicional, que datava o facto de 1308, mas não deixava de valorizar também a interpretação de Frei Francisco BRANDÃO (*Monarquia Lusitana*, 6ª Parte, cap. XXVIII, p. 119), o seu mais antigo impugnador, que relacionava com a trasladação do Estudo Geral a demorada presença do monarca em Coimbra, nos inícios do ano de 1307. A esse respeito, de facto, M. BRANDÃO comentaria: "se isto assim se passou, não foi a única vez que uma jornada real a Coimbra teve consequências transcendentes para a Universidade", num evidente confronto com a visita de D. João III em 1527 (*A Universidade de Coimbra...*, p. 46). Veja-se *infra* Parte II, nota 637.

[74] As bulas referem-se, respectivamente, à concessão da autorização para a transferência e à nomeação, para o efeito, do arcebispo de Braga, D. Martinho de Oliveira e do bispo de Coimbra, D. Estevão Anes Brochado, para agirem em nome do Pontífice, ratificando os privilégios concedidos anteriormente por Eugénio IV (Cfr. *Chartularium...*, vol. I, docs. 22 e 23, pp. 39-42).

[75] A. J. SARAIVA coloca a hipótese de a transferência se relacionar com o Mosteiro de Santa Cruz e respectiva biblioteca, o qual forneceria a possibilidade adicional de no seu seio se poderem recrutar mestres (cfr. *O crepúsculo da Idade Média em Portugal*, Lisboa, Gradiva, 1990, p. 118), justificando-a Saul António GOMES, em trabalho recente, pela facilidade em obter benefícios eclesiásticos nas próprias estruturas da hierarquia religiosa coimbrã (cfr. "Escolares e Universidade na Coimbra Medieval", *Estudos de Homenagem a João Francisco Marques*, vol. I, Porto, Faculdade de Letras da Universidade do Porto, 2001, p. 517).

[76] *Livro Verde...*, doc. 6b, pp. 23-28; *Chartularium...* vol. I, doc. 25, pp. 43-47; RODRIGUES, Manuel Augusto, (intr.), *Os Primeiros Estatutos da Universidade de Coimbra*, Coimbra, Arquivo da Universidade de Coimbra, 1991, pp. 5-11. Na verdade, a elaboração de verdadeiros *estatutos*, parece ser, no conjunto das universidades, um fenómeno mais tardio. Se em Cambridge se pode verificar a existência de um *corpus* regulamentar digno desse nome c. 1236-1254, a generalidade dos *estudos* ter-se-á regulado pela tradição ou por costumes e práticas decalcados de outras mais antigas, vulgarizando-se a prática de os ordenar sobretudo a partir dos séculos XIV-XV (cfr. GIEYSZTOR, A., "Gestão e recursos", pp. 112-113).

[77] Veja-se GOMES, J. Ferreira, "Os vários estatutos...", pp. 10-11.

[78] Cfr. RIBEIRO, J. Silvestre, *História dos Estabelecimentos...*, tomo I, 1871, pp. 430-433 e RODRIGUES, M. A. (intr. a), *Os Primeiros Estatutos...*, pp. XI-XIV.

[79] Deve-se a Teófilo BRAGA a primeira chamada de atenção para a influência de Afonso X na política universitária de D. Dinis (cfr. *História da Universidade de Coimbra...*, tomo I, pp. 75ss).

[80] RODRIGUES, M. A., (intr. a), *Os Primeiros Estatutos...*, p. XI.

[81] Sobre a correcta datação destas *constituições* e, sobretudo, da carta régia que as confirma, veja-se VASCONCELOS, A. de, "Estabelecimento primitivo...", pp. 605-606 e 608-613.

[82] Cfr. ABREU, José Maria de, "Memórias Históricas da Universidade de Coimbra", *O Instituto*, I, Coimbra, 1853, p. 374 nota 3 e RIBEIRO, J. Silvestre, *História dos Estabelecimentos...*, tomo I, pp. 425-426 e *Livro Verde*, doc. 6s, pp. 35-37.

[83] Cfr. RIBEIRO, J. Silvestre, *História dos Estabelecimentos...*, tomo I, pp. 425-426 que transcreve a parte mais substancial.. O duplo reitorado resultava da separação entre o Direito Civil e o Direito Canónico, cujos graus eram atribuídos, respectivamente, *auctoritate regia* e *auctoritate apostolica*, sendo os reitores, por conseguinte, eleitos separadamente pelas duas populações escolares (cfr. BRAGA, Teófilo, *História da Universidade de Coimbra...*, tomo I, p. 168).

[84] Não é nossa intenção reeditar a polémica sobre a data de fundação da Universidade Portuguesa, nem este seria, decerto, o local adequado para esse efeito (ver para uma resenha dos intervenientes e respectivas posições, GOMES, J. Ferreira, "Os vários estatutos...", pp. 7-8); contudo, atendendo ao interesse de que se reveste para a análise (que neste caso importa) da razão da adopção do sistema bolonhês, não podemos furtar-nos a um breve comentário a respeito do *documento precioso*. Com efeito, quer-nos parecer que o texto, longe de representar um acto de fundação, toma por assente a existência prévia do Estudo que, diz o Rei, "houvemos por bem ordenar, na Real Cidade de Lisboa" [e não somente] "munimos com cópia de doutores em todas as artes, mas também robo-

ramos com muitos privilégios", sendo particularmente ditado pelo facto de o monarca, por "informações de algumas pessoas" ter sido notificado da possibilidade da vinda de estudantes "de várias partes ao nosso dito Estudo", caso lhes fosse garantido "gozarem de segurança de corpos e bens". E é realmente isso que o documento faz: garante a segurança a *todos os que nele estudam* [itálico nosso] ou queiram de futuro estudar", fornecendo-lhes a certeza de que "quantos a ele vierem nos acharão em suas necessidades de tal modo generosos, que podem e devem fundamentalmente confiar nos múltiplos favores da Alteza Real". Ou seja, o que está verdadeiramente em causa, não é a criação do Estudo, mas sim a realização da ambição de o converter em *studium generale* (cfr. *supra* nota 69).

[85] Veja-se *supra* nota 68.
[86] GOMES, J. Ferreira, *Estudos para a História da Universidade de Coimbra*, Coimbra, Imprensa de Coimbra, 1991, p. 13.
[87] Cfr. VERGER, J., "Modelos", pp. 47ss.
[88] Cfr. MATTOSO, J., "A Universidade Portuguesa...", p. 25.
[89] Cfr. BRANDÃO, M., *A Universidade de Coimbra...*, p. 12 e ABREU, J. M. de, "Memórias Históricas...", p. 309.
[90] Sabe-se pelo menos que o chanceler do Rei e futuro bispo de Lisboa Domingos Anes Jardo, mandou construir nessa cidade, em 1285, um *hospício* onde fossem sustentados pobres honrados e seis estudantes de Teologia, Direito, Gramática, Lógica ou Medicina [cfr. SARAIVA, A. J., *O crepúsculo da Idade Média...*, p. 117 e também a bula de Nicolau IV de 05.03.1288, autorizando o escolar de Lisboa Francisco Domingues a receber todos os benefícios eclesiásticos (*Chartularium...*, vol. I, doc. 1, p. 5)].
[91] MATTOSO, J., "A Universidade Portuguesa...", p. 26.
[92] Cfr. *idem*, "1096-1325", p. 155 e 275.
[93] SARAIVA, A. J., *O crepúsculo da Idade Média...*, p. 119. Chama a atenção para a completa substituição das fontes de rendimento e para a formulação das *constituições*, que designa de *estatutos*. Sobre a *refundação* da Universidade, no acto da sua transferência para Coimbra, veja-se VASCONCELOS, A. de, "Estabelecimento primitivo...", p.607
[94] Efectivamente, se J. MATTOSO valoriza o facto de, em certa medida, a Universidade Portuguesa constituir, com o seu carácter corporativo, um dos últimos exemplares dos primitivos *estudos gerais*, não deixa de sublinhar a realidade de ser também uma das primeiras fundadas por soberanos, depois da de Nápoles, criada em 1224 por Frederico II da Alemanha e das de Palência e Salamanca (cfr. "A Universidade Portuguesa...", pp. 9 e 11).
[95] Cfr. COSTA, Mário Alberto Nunes, *Reflexão acerca dos locais ducentistas atribuídos ao Estudo Geral*, Coimbra, Por Ordem da Universidade, col. "Acta Universitatis Conimbrigensis", 1991, pp. 56 e 52 e, para a situação europeia, GIEYSZTOR, A., "Gestão e recursos", pp. 153 ss.
[96] Deve-se a A. de VASCONCELOS ("Estabelecimento primitivo...", pp.623-626) a identificação do local onde funcionou a Universidade dionisina – e a que sempre voltaria nos seus regressos a Coimbra, durante o período medieval –, ocupado depois de 1548/49 pelo Colégio de S. Paulo, em 1911 pela Faculdade de Letras e, hoje, pela Biblioteca Geral da Universidade, bem como dos escassos vestígios sobreviventes (um pequeno grupo de capitéis e a lápide da *Sapiência*, a que voltaremos) e que se conservam no Museu Nacional de Machado de Castro. Recentemente, W. ROSSA sublinharia também o carácter pioneiro dos edifícios universitários portugueses, acrescentando novos elementos (mas não incontroversos) à antiga polémica sobre a origem no edifício escolar coimbrão dos capitéis historiados do claustro do Mosteiro de Celas (*Divercidade...*, p. 498 e 502-504). Veja-se *infra* nota 397.
[97] MATTOSO, José, "A Universidade Portuguesa...", p. 29.
[98] COELHO, M. H. da Cruz, "Condições materiais de funcionamento. As finanças", p. 44.
[99] MATTOSO, J., "A Universidade Portuguesa...", p. 22. Efectivamente, e só para o caso bolonhês, sabe-se que ainda em 1432 aí estudavam portugueses em número suficiente para constituírem uma das dezasseis *nações* em que se repartiam os *ultramontanos* (cfr. BRANDÃO, M., *A Universidade de Coimbra...*, p. 12).
[100] MATTOSO, J., "A Universidade Portuguesa...", p. 19.
[101] Cfr. *idem, ibidem*, pp. 15-16.
[102] *Chartularium...*, vol. I, doc. 109, pp. 131-132.
[103] *História da Universidade de Coimbra...*, tomo I, p. 111.
[104] Cfr. *Livro Verde...*, doc. 6a', pp. 22 e 42; *Chartularium...*, vol. I, doc. 197, p. 209.
[105] Cfr. RIBEIRO, J. Silvestre, *História dos Estabelecimentos...*, tomo I, pp. 435-436.
[106] Cfr. GAIO, Manuel da Silva, "A Universidade de Coimbra", *Serões*, Lisboa, n.º 1, Julho-1905, p. 35.
[107] SERRÃO, J. Veríssimo, *História das Universidades*, p. 59.
[108] *Chartularium...*, vol. I, doc. 208, p. 219. Cfr. RIBEIRO, J. Silvestre, *História dos Estabelecimentos...*, tomo I, pp. 436-438.
[109] Cfr. ABREU, J. M. de, "Memórias Históricas...", I, p. 390.
[110] *Chartularium*, vol. I, doc. 267, pp. 296-297.
[111] Cfr. *Livro Verde...*, docs. 8a ss., pp. 53-67; *Chartularium...*, vol. I, docs. 246ss, pp. 265ss.
[112] Cfr. *Livro Verde...*, doc. 12b, p. 65; *Chartularium...*, vol. I, doc. 272 p. 292.
[113] *Livro Verde...*, doc. 13, pp. 67-71; *Chartularium...*, vol. II, doc. 299, pp. 5-8.
[114] Cfr. ABREU, J. M. de, "Memórias Históricas...", *O Instituto*, II, Coimbra, 1854, p. 58; BRAGA, Teófilo, *História da Universidade de Coimbra...*, tomo I, p. 120 e 122 e *Livro Verde...*, doc. 20, pp. 112-114.
[115] "Instituições de Cultura (séculos XIV-XVI)", p. 3.
[116] SARAIVA, A. J., *O crepúsculo da Idade Média...*, p. 119.
[117] Cfr. BRAGA, Teófilo, *História da Universidade de Coimbra...*, tomo I, p. 122-123.
[118] *Livro Verde...*, doc. 14, p. 72.
[119] *Idem, ibidem*, p.70. Cfr. ABREU, J. M. de, "Memórias Históricas...", II, p. 57, que primeiro chamou a atenção para o facto.
[120] BRAGA, Teófilo, *História da Universidade de Coimbra...*, tomo I, p. 121.
[121] *Livro Verde...*, doc. 13, p. 69.
[122] *Idem, ibidem...*, p. 67 (cfr. VELOSO, M. T. Nobre, "O quotidiano da Academia", p. 131). Na verdade, valerá a pena, agora, confrontar retrospectivamente a afirmação, de idêntico teor, incorporada na *súplica* de 12. Nov. 1288 e que, não somente constitui testemunha de que, na documentação régia e pontifícia relacionada com a Universidade, cada documento toma por base o património de afirmações exaradas no textos anteriores (o que pressupõe, com as necessárias consequências, a aludida cadeia de validação retroactiva), como é susceptível de projectar alguma luz sobre o sentido do patrocínio dionisino ao Estudo nascente. Aí se escreve, pois, que à "Real alteza importa ser não só ornada com as armas, se não também armada com as leis, para que a Republica possa ser bem governada no tempo da guerra, & paz" (cfr. *supra* nota 68). O texto fernandino, mais *moderno*, não se preocupa já tanto com o governo da República, como, sobretudo, com a sua *armação* jurídica.

3 ❦ O Protector

Efectivamente, são juristas ligados à Universidade, como João das Regras, Martim Afonso e Gil do Sem, alguns dos mais importantes estrategos que, no período crítico de 1383/85, rodearão o Infante D. João, *Mestre de Avis*. Mas, sobretudo, mesmo que havendo, porventura, algum exagero na conhecida afirmação de Marcello Caetano, de que o Estudo Geral constituíra o "centro intelectual da revolução"[123], reveste, de facto, o maior significado que o Mestre tenha, desde logo, reconhecido nele um dos sectores vitais da sociedade portuguesa, que importava a todo o custo atrair à sua causa. Como significativo é, mas do abalo causado à estrutura corporativa da Escola pela intervenção da Coroa no reinado findo, que esta tenha aceite correr o risco de se comprometer, enquanto tal, na *hora incerta* da revolução. Dupla estratégia de sedução, como já foi notado[124], onde os legistas do Mestre desempenharam, decerto, um papel de charneira.

Conhecem-se bem, de resto, nas suas grandes linhas, os factos principais das negociações que envolveram a Universidade e o futuro D. João I e que ditaram a sua adesão à famosa reunião de *todollos fidallgos e gemtes da çidade*, em São Domingos de Lisboa, no dia 2 de Outubro de 1384, da qual o Mestre sairia nomeado *rregedor e deffensor dos reinos*[125]. Ao outro dia, com efeito, cinco diplomas emanados pelo Regente reproduzem, decerto, outras tantas condições impostas pela *universitas* ao pacto entre ambos selado: assim, do mesmo passo, obtinha o Estudo a confirmação de "todollos foros usos custumes privillegios e liberdades" outorgados pelos anteriores monarcas; recebia a garantia de "seer perpetuado... o dito studo em a dicta cidade de Lixboa", invalidando qualquer hipotético regresso a Coimbra; via reconhecida a mercê de D. Fernando que permitira aos graduados em Cânones e Leis, mesmo não encartados, advogar em público ou em *scondido*; era-lhe concedido que ninguém pudesse ensinar sem ser examinado e, em qualquer caso, só nas Escolas Gerais; enfim, restituíam-se-lhe algumas rendas de igrejas da diocese de Lisboa que o *Formoso*, em tempos, lhe distratara[126]. Conquistado o apoio da escola para a reunião de 6 de Outubro, onde seria tomada a decisão de convocar Cortes para Coimbra, em Março do ano seguinte, com o objectivo de resolver o impasse dinástico, ainda uma benesse, desta feita destinada aos estudantes e oficiais: a confirmação, no dia 15 imediato, do antigo privilégio de poderem citar e demandar perante o conservador da Universidade todos aqueles com quem tivessem pleitos[127]. Conhecido o papel que João das Regras e, de um modo geral, os legistas do *conselho*, desempenharam durante as Cortes na solução *jurídica* e diplomática da espinhosa questão da eleição real, bem pode afirmar-se que foi a Universidade que colocou no trono o Mestre de Avis[128].

De facto, nos trinta anos que se seguem, meia centena de documentos régios, entre os quais avulta a roboração, em 4 de Maio de 1408, do foro académico, cível e criminal, ratificariam a aliança assim estabelecida, ao mesmo tempo que se esforçavam por prover aos recursos económicos da corporação, depauperados pelo aumento do corpo docente a que procedera D. Fernando[129]. O ano de 1415 marcaria, porém, o primeiro enfrentamento, com a nomeação, pelo Rei, em 26 de Janeiro, de Lourenço Martins como provedor e recebedor das rendas da Universidade, o que lhe garantia acesso directo à administração financeira da Escola. A reacção não se faria esperar e a Coroa ver-se-ia forçada a recuar para uma solução de compromisso[130]. A essa altura, porém, fora já implementada uma fórmula que, de momento sem grande conteúdo, deveria, contudo, a prazo, garantir a sua submissão ao poder real: a figura do *Encarregado do Estudo* ou *Protector*, que emerge gradualmente desde o início do século, quando nos aparecem as primeiras notícias, desempenhada então por João das Regras, a quem terá sucedido, porventura não de imediato, o seu colega

Gil Martins, que ocupava o cargo quando do conflito do *recebedor*[131]. Trata-se de personalidades oriundas do meio universitário e é provável que o seu prestígio pessoal e o crédito de que gozavam junto do monarca tivessem contribuído para a sua aceitação por parte do Estudo como eles *privilegiados* de ligação à Coroa. É ainda, de resto, no pleno gozo da sua autonomia e dos direitos que lhe conferira a *Charta Magna* de D. Dinis, que a Escola elabora, em 1431, uns *Estatutos*, solenemente jurados pela corporação, a 16 de Julho, na Sé de Lisboa. Trata-se, essencialmente, de um regulamento; mas o espaço nele ocupado pelas questões de ritos e cerimonial (então se prescreve, pela primeira vez, o trajo académico) constitui um testemunho eloquente do cuidado posto pela corporação na construção de uma imagem de poder[132].

O século XV é, porém, de algum modo, a *época das universidades* – ou, pelo menos, a sua segunda época. É verdade que a ruptura produzida pelo *Grande Cisma*, agravada pelo quadro geral de crise (guerras, epidemias, depressão económica) que vinha já da anterior centúria, quebrando irremediavelmente a unidade da Cristandade medieval, tornara obsoleto o sentido universalista dos antigos *studia*; mas a emergência do Estado Moderno e dos nacionalismos reservava-lhes uma nova vocação, ao serviço do prestígio dos soberanos ou dos municípios e da formação das elites locais, em particular de teólogos e juristas e, um pouco por toda a Europa, quarenta novos estudos se fundam entre o início e o final do século[133]. Não admira, por isso, o acompanhamento atento que o Infante D. Duarte, desde cedo associado à governação, dispensa ao Estudo português; como natural é, também, o interesse que merece ao Infante D. Pedro, seja nas locubrações filosóficas da *Virtuosa Benfeitoria*, seja, muito particularmente, na decantada *Carta de Bruges*[134], enviada ao herdeiro da Coroa em 1426, texto tão repetidamente citado quanto descurado na sua extensão informativa e que constitui, não obstante, o melhor e mais circunstanciado documento sobre os problemas com que, então, a *res publica* se defronta – e apenas consequentemente importante para a questão (do sentido) das relações entre o poder real e a *universitas*.

Trata-se, de facto, na essência, do que hoje se denominaria de *parecer*; um extenso e ponderado parecer sobre questões de *governança*, iluminado pelo que o Infante vira e ouvira no seu demorado périplo europeu e a que inegavelmente confere valor acrescido o facto de ter sido encomendado directamente pelo Príncipe – como afirma o próprio D. Pedro, "per vos me foy mandado em hum vosso regimento". Reveste, assim, o maior significado verificar que o tema central do circunstanciado documento é constituído pela reforma e instrução do clero e justificado "porque a bondade dos prelados faz grande emenda em os subditos". Sobre tal matéria, aliás, o Duque de Coimbra elaborara já um outro relatório, de igual modo a pedido do irmão ("de como eu entendo que se ysto deuja fazer, uos leixey hum escrito que fyz per uoso mandado"[135]) e ambos testemunham, afinal, mesmo que indirectamente, o ponto crítico a que chegara a (im)preparação cultural e moral dos homens de religião, a gravidade das sua repercussão social e a estreita correlação que, nos meios governativos, se estabelecia entre a *emenda* dos súbditos e a *bondade* dos clérigos. Por isso o Infante recomendaria: "deueis de ter maneyra como em uossa terra os aja bons e feytos direitamente". E é nesse contexto, de facto, que formula a solução, alimentada pelo contacto directo que pudera estabelecer com os mais reputados centros universitários de então e que lhe fora dado conhecer *de visu*: "a mim me parece que a Universidade de vossa terra devia ser emendada". E que esclarece: para que "nom dem ordens a nenhuma pesoa que não sayba falar latym". Desse modo e "por se os prelados não escusarem que por mjngoa de latynados não poderão ter esta ordenança" sugeria, sugestionado pelos exemplos vistos, a criação de uma extensa rede de colégios, "por maneyra dos de vxonia e de paris", a ser dinamizada por prelados e ordens religiosas e mesmo anexa às igrejas da Universidade em Lisboa e seu termo, em regime de internato, sob a autoridade de um superior e onde "fosem mantheudos escolares pobres e outros ricos". Por esta forma, pois e "com ajudoiro de graça de deus serião bem acustumados eclesiasticos", neles achariam os senhores "donde tomassem capelães honestos e entendidos" e mesmo o Príncipe, quando Rei fosse, encontraria também "leterados para officiaes da justiça". Enfim, para tal fazer, "auya mester bons hordenadores" e estes, ao menos ao princípio "deujão ser taes ordenadores que ja estiuerão em as ditas unjversidades, bons homens e aujsados dos custumes ou mandardes – sugere – a alguem que uos escreuese o regimento dos ditos collegios"[136].

Contudo, como em muitas outras questões, o Infante adiantara-se ao seu tempo e nem D. João I, nos sete anos anos que ainda lhe restaram de vida, nem D. Duarte, nos seus curtos cinco anos de reinado, nem ele mesmo, nos seus oito de Regente, ousaram levar por diante a extensa reforma que preconizara. Somente a instituição, em 1447, por testamento do seu amigo (e de D. Duarte), o lente de Leis Diogo Afonso de Mangancha, de um colégio para dez estudantes, *proves de todo* e já gramáticos, a que lega o seu vultuoso património e a sua livraria, mas que em 59 se encontrava já extinto[137], repercute um eco remoto das suas ideias. A elas se opunha, com efeito, o carácter basista e corporativo do Estudo, *universitas scholarium* decalcada pelo molde de Bolonha e Salamanca e a que não era possível impor (ao menos por ora) a adopção do sistema colegial à maneira de Paris e Oxford, submetido à estrutura hierárquica encabeçada pelos *principais*[138]. Nesse contexto, a reforma deveria realizar-se *por dentro*, sem ferir as tradicionais imunidades da corporação. E estará provavelmente aí a razão profunda da entrega do *Protectorado* ao Infante D. Henrique, Duque de Viseu[139] – afinal em rigoroso paralelo e pelo mesmo método com que a Coroa levara a efeito o controlo das ordens militares. A escola, porém, não tardaria a dar-se conta de ser pouco menos que régia a munificência do *Navegador*, cujo rasto é possível seguir a partir de 1431.

Data desse ano, com efeito, a primeira medida documentada de D. Henrique em relação ao Estudo Geral, fornecida pela compra, em 12 de Outubro, por "quatrocemtas coroas d'ouro das velhas de bõo ouro e justo peso" de "huuns paaços e assentamentos de casas" no bairro dos escolares, freguesia de S. Tomé e respectiva doação à Universidade, a qual "nõ tinha casas proprias em que leessem e fezessem seus auctos escolasticos de todas as sçientias ante amdava sempre per casas alheas e de alluguer como cousa desabrigada e desalojada"[140]. Contudo, ao mesmo tempo que regista, com a habitual minúcia, os estritos termos da transacção, o documento enuncia uma reflexão de fundo em torno das causas do subdesenvolvimento da Escola que implica a prévia existência de uma análise maturada e o consequente gizamento de um plano de acção, elaborados decerto na sua qualidade de *governador do Estudo*; nesse sentido, será já um ponto de chegada e não somente um ponto de partida, como tem sido geralmente entendido[141].

Efectivamente, o Infante começa por enunciar o conjunto de motivos que motivaram a pingue doação, por entender, escreve, "que se a dita universsidade tevesse morada e casas de seu que esto seria azo de mais seu asessego e firmidõoe pera dos ditos regnos sempre em si teerem sabedores asi pera defemderem a samta fe catholica como os beens temporãees e aimda pera saude dos corpos e pera todos outros bõos imsinos e creçerem sempre em elles". Era, pois, claro para o Duque de Viseu, que uma boa parte da responsabilidade do estiolamento dos estudos decorria de a Universidade *andar sempre per casas alheas e de alluguer como cousa desabrigada e desalojada*. A generosa dádiva, contudo, fazia-se acompanhar da prescrição minuciosa da forma como deveria distribuir-se, pelas diversas dependências, o conjunto das lições de "todas as scientias aprovadas pela Santa Madre Egreja". A saber: *as sete Artes Liberãaes* (*Gramatica*, *Logica*, *Rectorica*, *Aresmetica*, *Musica*, *Geometria* e *Astrellogia*) e ainda a *Medicina*, a *santa Theologia*, as *Degretaaes*, as *Leis* e a *Philosofia Natural e Moral*[142]. Mais tarde, em 1 de Setembro de 1443, adquirirá ainda outras casas, no mesmo bairro, que cede também à Escola, embora sem alienar a sua posse[143]. Mas a doação dos *paaços* fora benefício de tal monta que o Infante entendeu dever memorá-la pela instituição de um préstito anual à igreja de Santa Maria da Graça, a 25 de Março, a cumprir pela comunidade académica, ao mesmo tempo que ordena que o texto da respectiva carta "se ponha e sculpa em huuma gramde pedra que ste posta na parede das ditas casas sobre a porta pera sempre"[144].

Na verdade, não passaria despercebido à historiografia que se tem ocupado deste assunto, que o Infante não se limitou a oferecer um novo e seguramente digno edifício à corporação escolar, mas que, na realidade, "D. Henrique fez uma verdadeira reforma universitária"[145]. Efecti-

A MORADA DA SABEDORIA

Vista da zona da Pedreira, em Lisboa, com as *Escolas Gerais*.

vamente, a mera repartição das disciplinas pelas respectivas dependências denuncia a emergência no plano de estudos de novas cadeiras que atestam, simultaneamente, a ampliação do leque já existente, completando o ensino das artes liberais com o *quadrivium* (Aritmética, Geometria, Astronomia e Música) além da inclusão da filosofia natural e moral (a filosofia de Aristóteles). Há, pois, uma estreita dependência entre a aquisição do novo edifício e o acrescentamento do plano curricular: o Infante "ampliava as instalações, porque aumentava de par o quadro das disciplinas" ou, por outras palavras, a *doação* foi a *condição material* da reforma executada[146]. Com esta se inaugurava, com efeito, a vertente científica no plano de estudos universitários e a esse programa não deverá ter sido alheio o interesse particular do Duque de Viseu por áreas do conhecimento estruturais no empreendimento das Descobertas[147]. Interesse semelhante, todavia, lhe mereceria igualmente o ensino da Teologia. É assim que, em 1448, uma vez mais a 25 de Março, estabelece, com o rendimento da ilha da Madeira, uma pensão annual de dez marcos de prata com destino ao mantimento da cadeira de *prima* de Teologia, donativo que em 1460, pouco antes de morrer, arredondará ainda para doze marcos e a que associaria a obrigação de proferir, todos os anos, uma oração na abertura dos estudos[148]. Era o ensino da Teologia, na verdade, que garantia ao Estudo português a dignidade de *universidade completa*[149]; mas o conhecimento da importância que seus irmãos D. Duarte e D. Pedro haviam concedido à formação intelectual e moral dos homens do clero, com o objectivo de que fossem *bons e feytos direitamente*, não deixa de projectar uma luz nova sobre este empenho nos estudos teológicos da parte de um príncipe que era também, de resto, o *Mestre de Cristo*.

Desconhecemos, hoje, a exacta amplitude do *encarrego* que detiveram os doutores João das Regras e Gil Martins, que precederam no cargo o Duque de Viseu. Mas o rasto de vestígios deixado pelo seu governo é suficientemente denso para ilustrar a qualidade em que este o exerceu. O mesmo se diga do (aparente) apagamento da figura do monarca durante os anos do seu protectorado. De facto, é verdadeiramente régia a actuação de D. Henrique, seja na generosidade, seja na competência jurídica, na gestão económica, de que bem sabia depender o êxito da reforma[150], seja, ainda, em matéria disciplinar[151]; ou, finalmente, no culto mecenático da memória, expresso na instituição do préstito anual e na perpetuação, *pera sempre*, sobre a porta do Estudo, do texto integral da carta que firmara a magnânima doação do edifício. Príncipe de Portugal, com ele a Escola ensaiara inegavelmente um amplo passo no trilho que o *Formoso* lhe traçara, no sentido de vencer a incomensurável distância que a separava dos seus modelos europeus; mas empreendera também, insensivelmente (?), uma subtil deslocação do eixo da sua *autonomia*, que haveria de aproximá-la perigosamente da órbita da Coroa, da qual, de resto e doravante, o protectorado não mais sairia[152]. Assim o Infante D. Fernando, seu filho adoptivo e (por isso mesmo?) sucessor, não hesita em referir-se, dois anos após a sua morte, ao *meu estudo e vnjuersidade da çidade de lixboa*[153].

Por esses anos, ainda, sonharia o Infante D. Pedro, Regente do Reino por D. Afonso V, empreender, na sua cidade ducal de Coimbra, a fundação de um Estudo Geral que a indemnizasse da perda sofrida em 1377 ou, mais provavelmente, em cumprimento das obrigações senhoriais preconizadas na *Virtuosa Benfeitoria*[154]. A nova instituição, justificada por "que o Estudo de lixboa nom abasta pera todos" e ainda "por espritarmos os nossos soditos que se desponhom aos estudos das boas artes e virtuosas e jnçinanças", seria criada em nome do Rei-infante por carta de 31 de Outubro de 1443, com todos os privilégios de que gozava a sua congénere lisboeta e dotada com rendimentos fornecidos pelo cabido, pela cidade e pelo Duque. Este ou seus sucessores e os arcebispos de Braga dividiriam o protectorado. Nada se sabe, porém, de concreto sobre a escola e, menos ainda, sobre a hipotética relação que tivesse com a doutrina da *Carta de Bruges*. Mas não deve ter passado das formalidades. Sem confirmação papal, não tinha validade e nem das rendas eclesiásticas podia fruir; e essa não consta que tivesse vindo. Assim se deve ter arrastado a questão até Alfarrobeira e é D. Afonso V, já reinante, que, em 1450, volta ao tema, fundando novamente o Estudo, agora em nome próprio, por carta de 22 de Setembro, dotando-o, nomeando reitores e cedendo-lhe por paço os *Estudos Velhos* dionisinos. Uma vez mais, porém, não parece ter chegado a bula pontifícia e o rasto da Escola perde-se na documentação[155], mesmo que se saiba que até 1537 aí se ensinaria a Gramática[156]. Manejos oposicionistas da *Universidade de Lisboa*, que nada prova, ou dificuldades burocráticas, ou o drama eterno da constituição do bastante património, que o próprio *estudo velho* não lograra ver ainda resolvido a seu contento[157], terão minado no berço esta *Universidade de Coimbra* e é, de facto, sobre a escola lisboeta que a Coroa, nas décadas que seguem, estende o manto, progressivamente mais denso, da sua *protecção*.

O reinado de D. Afonso V deixará, na verdade, abundantes provas desse crescente interesse da Realeza em estimular nos súbditos o gosto pelas *boas artes e virtuosas e jnçinanças*. Nele se enquadra, seguramente, o próprio patrocínio régio ao *estudo geral* coimbrão, pouco mais de um ano volvido sobre a morte de D. Pedro, tal como as bolsas ou *tenças* que, em número avultado, o monarca sustentou ao longo de anos, com o fim de permitir a frequência do Estudo lisboeta por escolares carenciados e mesmo pelos moços da Corte[158]. Mas a importância que adquire o projecto conimbricense dinamizado pelo Regente decorria também, por certo, do facto de nele se consa-

A MORADA DA SABEDORIA

Lápide da Sapiência, pertencente à *Universidade de Coimbra* de D. Afonso V (MNMC)

grar, afinal, o novo modelo de fundação *ex privilegio* que permitiria harmonizar o velho sistema universitário com os desígnios do Estado Moderno em formação. Donde o seu cuidado em *refundá-lo*, desse modo levando a efeito, a um tempo a sua apropriação por parte da Coroa e a eliminação da limitação que representava a perpetuação do protectorado nos descendentes do Duque de Coimbra e nos prelados bracarenses. Gorada essa possibilidade é, pois, para a antiga Escola lisboeta onde, até 1460,

pontificaria ainda D. Henrique, que o Rei vira as suas atenções. E a sua acção, nesse contexto, configurar-se-á mesmo como um ponto decisivo de viragem (ao invés, aliás, do que em outras matérias sucederia) na implementação da antiga estratégia de subordinação ao poder real e de funcionalização da corporação dos mestres e escolares.

Assim, pois e ao mesmo tempo que se esforça por solucionar os seus atávicos problemas económicos[159], in-

56

siste o soberano no caminho encetado já por seu avô, D. João I, quando da nomeação do *recebedor*, arrogando-se agora, porém, o direito de prover as cadeiras vagas, o que levaria a efeito em 1463, já no *governo* do Infante D. Fernando, seu irmão. Por uma vez ainda, a Coroa haveria de retroceder, face aos protestos erguidos pelo Estudo[160]; mas poucos anos decorridos, em 12 de Julho de 1471, promulgava o monarca um novo *Regimento*, regulamentando com detalhe múltiplos aspectos da actividade docente, bem como a forma de eleição dos reitores, feita agora, também, com o voto dos lentes[161]. Por esse tempo, de resto, o protectorado seria já exercido directamente pelo Rei que, nessa qualidade, o delegaria livremente em seu sobrinho, o bispo de Lamego D. Rodrigo de Noronha, em carta à Universidade de 14 de Julho de 1476[162] onde, do mesmo passo, contestava a sua pretensão de interpretar os Estatutos, que tão somente lhe cabia observar e exprimia o desagrado pelas denúncias de suborno havido no provimento das cadeiras[163]. A D. Rodrigo, "com conselho de uos outros", deixaria apenas decidir sobre a petição que anteriormente lhe fora endereçada no sentido de haver um só reitor. No ano seguinte, porém, morria o bispo de Lamego[164] e, em consequência, o soberano voltava a reassumir a protectorado, ao qual, todavia, renunciaria novamente em Fevereiro de 1479, com o fito de fazer *eleger*, talvez em manobra diplomática, o cardeal de Alpedrinha, D. Jorge da Costa, no dizer de Silva Dias "um dos mais insignes açambarcadores de empregos canónicos"[165]. Formalmente *eleito*, de facto, não deve o cardeal, apesar disso, ter chegado a assumir funções, pois em Abril imediato, de partida para Castela, a fim de desposar a *Excelente Senhora*, D. Afonso V transmitia a seu filho, o Príncipe D. João, todos os poderes salvo, justamente, a *protecção* – pelo "grande carguo (escreveria) que temos da honeuersidade e estudo de lixboa por ser cousa que tamto a nos E a todo bõo Rey pertemçe de teer em seus Regnnos omde se acham os sabedores asy pera ensinarem a samta fee catolica como pera acomselharem prímçepes em sua conçiençia e justiça"[166].

Contudo e mau grado esse *grande carguo* que, efectivamente, ao menos desde D. Fernando, a *honeuersidade* havia merecido aos diversos monarcas e que as sucessivas benesses testemunham, não lograra o Estudo ultrapassar o patamar de obscuridade em que parecia obstinado em conservar-se – nem o Reino estancar a emigração contínua de letrados que, em Paris, Bolonha ou Salamanca, demandavam uma formação qualitativa que, ao termo de dois séculos, o Estudo lisboeta continuava incapaz de assegurar-lhes. A verdade é que fora ao abrigo da protecção régia que, ao menos no plano económico, a Escola alcançara sobreviver à sua juventude[167] e se é certo que o poder real de há muito se empenhava em minar a mítica autonomia da corporação, é sempre, realmente, a busca da *eficácia* que se descortina por detrás dessa ingerência[168]. Nesse sentido, o reinado de D. João II mais não fará que endurecer, dentro do espírito que, de extremo a extremo, o animou, a linha de acção de há muito definida. Por isso o soberano lhe retira, em 1494, o direito de asilo[169]; por isso se recusa, em 1495 (?), a prover os opositores às cátedras de Leis, ordenando que se procurassem doutores em Salamanca[170]; por isso envia para Paris, a cursar Teologia, Diogo de Gouveia, a quem tão grande papel estaria destinado nas décadas seguintes[171]. Por isso, ainda, enfim, recupera para a Coroa a dignidade e o poder de *Protector*[172], que iria converter-se no instrumento central da ampla e decisiva reforma que o reinado seguinte prenuncia. No limiar do século XVI, de resto, o Estudo perdera já, havia muito, o carácter frugal da velha *universitas* dos mestres e escolares; crescera em património e rendimentos; construíra a sua imagem, solene e grave, cristalizada no esplendor dos ritos; curara da memória, mesmo, guardada com afinco nas arcas do cartório[173]. Convertido, porém, em *benefício*, sinecura apetecida de letrados, lustrosa e lucrativa, não esquecera apenas os derradeiros ecos das reformas fernandina e henriquina; olvidara também a razão que presidira à sua (já perdida) *liberdade*. Nesse contexto, não seria só a lógica centrípeta a ditar o avanço combativo do poder real, mas o próprio *interesse* da corporação, cada vez mais expectante de prebendas que, por fim, olhava já como uma outra natureza[174]. Assim, pois, à primeira investida do centralismo manuelino, um a um se desmoronam os últimos redutos da antiga *autonomia*.

De facto, tão cedo falecera D. João II, logo a Universidade fizera saber ao novo Rei que acabava de elegê-lo Protector; e D. Manuel I não demoraria a sua aceitação, que faz por carta de 11 de Dezembro de 1495 – nem tardaria a Escola a compreender o efectivo uso que, dessa dignidade, o monarca tencionava fazer. Na verdade e com a mesma data, uma outra missiva dava seguimento à questão pendente das cátedras de Leis, que o seu antecessor não concluíra, por falta, em Salamanca, de lentes disponíveis. Informado da existência local de *opositores*, entre os quais mesmo alguns italianos, ordena o soberano que se abram os concursos[175], sem desistir, porém, ao que parece, de buscar mestres no Estudo castelhano[176]. Igualmente do reinado anterior transitavam as denúncias sobre a degradação do ambiente no bairro dos escolares onde, paredes meias, se acoitariam marginais e *molheres de maao vyuer*. Em conformidade, a 28 de Fevereiro de 96, intima o monarca a sua expulsão, sob pena de o fazer invadir pelas suas justiças e lhe quebrar os privilégios, que se não haviam concedido com tal fim[177]. Em paralelo, negociava com o Pontífice a resolução da antiga pendência, que remontava a D. Afonso V e na qual se havia distinguido a férrea oposição do cardeal de Alpedrinha, da contribuição dos cabidos para o sustento da Escola, alcançando de Alexandre VI, em 23 de Junho de 96, a bula que instituía, em todas as dioceses, a conesias *magistrais* e *doutorais*, por esse modo providenciando, ao mesmo tempo, sustentação aos lentes e a elevação intelectual das cúrias metropolitanas[178]. O mesmo ano, contudo, assistia igualmente à expulsão dos Judeus e, na sua esteira, a Universidade confrontava-se, em 97, com a primeira violação frontal da *libertas scolastica*, pela proibição da utilização de livros hebraicos, com única ressalva, sob certas condições, de obras de Medicina e Cirurgia[179]. Simultaneamente, porém, implementava o *Venturoso*, em Paris, um amplo sistema de bolsas de estudo, pagas pela feitoria de Antuérpia e, em 1498, instituía mesmo, no Colégio de Montaigu, um generoso fundo de 1300 libras, com o qual se garantiam duas vagas perpétuas para escolares pobres portugueses, em celas separadas, a cujas portas se deveriam ostentar, visivelmente, as armas nacionais[180].

Com efeito, ao termo do seu primeiro lustro de governo, mostrara já o *Venturoso* com que firme determinação se dispunha a seguir a política de intervenção na vida da Escola definida pelos seus antecessores. Desde logo porque era também, de facto, uma longa tradição de amparo régio ao velho Estudo que D. Dinis acarinhara e sem a qual, *universitas* periférica como era, obscura e pobre, dificilmente teria subsistido. De resto, última entre as universidades medievais, *livres* e corporativas, ela mesma se encostara à Coroa, espontaneamente, em busca de sustento e *protecção* – que esta jamais lhe negaria. Com tudo isso, porém, se alimentara, por duzentos anos, o longo equívoco da sua (in)dependência. Mas, sobretudo, se produzira (in)voluntariamente a figura tutelar do *Protector*. A longa caminhada da sua evolução, do vago *Encarregado* inicial à progressiva assimilação com a pessoa régia que D. Manuel concluiria, mais não era, de facto, que o termo natural da sinuosa relação de utilidade mútua que Escola e Coroa de há muito alimentavam. Desse ponto de vista, pois, reconhecer-se-ão mais continuidades que rupturas na prática universitária definida pelo *Venturoso* que, sob múltiplos aspectos, prolonga e, mesmo, sedimenta o seu perfil tradicional[181]. Somente, *Protector* convertera-se em sinónimo de *Rei* e, nesse alvorecer da Modernidade, o Rei era o *princípio* em redor do qual, cada vez mais, se estruturavam os *poderes*. Assim, pois, sobre a hipertrofia e o desenvolvimento carismático da figura jurídica do *Protector*, assentará D. Manuel não já uma reforma, mas uma autêntica *revolução*; e, com ela, uma nova porta se abrirá para sempre na espessa muralha da corporação, pela qual penetrará, para não mais sair, a força reguladora do poder real. O que está em causa, nesse limiar do século XVI é, por conseguinte, fazer entrar a Coroa por *direito próprio*. Nesse sentido, mais que de uma reforma pedagógica, económica, sequer administrativa, é da *reforma jurídica* da própria base sobre a qual se erguera a Universidade medieval – e urgia construir a Universidade do futuro – que cuida o Rei Afortunado. Esse confronto da Idade Média que recua, com o *tempo novo* que, a pouco e pouco, se desenha, iria gerar (e nele se geraria) um marco decisivo na história secular da Escola portuguesa: os novos *Estatutos*, outorgados pelo monarca, ao que se crê em 1503[182].

Na verdade, com a entrega do novo regulamento, um ciclo inteiro se cumpria, pode dizer-se, na vida já longa da instituição: o ciclo inaugurado com as reformas do *Formoso*, tenazmente prosseguido pelo Infante D. Henrique e por todos os seguintes *Protectores* e no âmbito do qual D. Afonso V, não somente promulgara já, em 1471, um *Regimento*, como, mesmo, negara à Escola o direito de *grrosar* e *entrepetar* a sua lei fundamental[183]. E um outro se encerrava definitivamente: aquele em que a *universitas*, nascida da longínqua *ponderação* desse remoto grupo de *pessoas religiosas, Prelados, & outros, assi clerigos como seculares* e da lúcida visão de D. Dinis, e fortalecida pela participação activa nos acontecimentos de 1383/85, pudera consagrar ainda, festiva e solenemente, em 1431, o breve *regimento* por ela mesma redigido[184]. Agora os tempos eram outros e o lugar que, na *ordem nova*, lhe estava reservado, quedava consagrado, logo de entrada, nas régias *ordenanças*, na expressa afirmação de, justamente, lhe ser vedado "fazer statutos sem ellRey ou protector"[185]. Na prática, aliás, os *Estatutos Manuelinos* representariam, pode dizer-se, fundamentalmente uma compilação da legislação avulsa e das próprias tradições acumuladas em dois séculos de existência[186]. Eram a face pedagógica da gigantesca obra de organização da administração pública levada a cabo pelo Rei; a correspondente escolar das *Ordenações*, da *Leitura Nova*, dos *Forais Novos*, dos vários *Regimentos*. Porém, sistematizando, organizando o *corpus* jurídico que deveria regular, no seu conjunto, a vida funcional da Escola (e por essa razão, seriam estes, afinal, os seus primeiros genuínos Estatutos) o monarca expurgara-o, meticulosamente, dos últimos resquícios da antiga autonomia e colocara em seu lugar a submissão *absoluta* da corporação universitária à supremacia inquestionável do poder real.

Operava-se, assim, uma completa reconversão do sistema jurídico à sombra do qual nascera e se criara o velho *Estudo Geral*, em benefício de um novo conceito de Universidade: *universidade régia*, criação *ex privilegio* do príncipe munífico, do qual a Escola inteira dependia, cuja função primordial consistiria, doravante, em emprestar à sua autoridade a *eficácia* do saber. Em boa verdade, pois, é realmente *outra* a instituição que emerge da reforma manuelina: não mais a *universitas scholarium* dionisina, assente no modelo *basista* bolonhês, a que apenas a modéstia da sua dimensão e o seu fatal periferismo tinham privado do sistema de *nações*, mas uma escola *nova*, hierarquizada e funcionalizada, ligada estreitamente ao seu *governador*. Donde a extensa reconversão por que igualmente passa toda a estrutura administrativa, cujo complexo organigrama de *conselheiros, deputados, conservador, síndico, recebedor, bedel, escrivães, taxadores* e tantos outros, se manterá praticamente inalterado até ao grande terramoto pombalino e sobre o qual impende doravante a magna figura do *reitor*, nova e grave personagem, que nada deve, porém, ao velho *primus inter pares* da tradição medieval, antes resulta do sistema discretamente aplicado, já em 1500, com a *eleição* do bispo de Fez, D. Francisco Fernandes[187]. De facto, sobre a totalidade da malha administrativa dilui-se o antigo poder corporativo, perdido para os estudantes o direito de eleger e ser eleito, reduzidos os lentes às funções docentes pela escassa representação nos *orgãos de gestão*: do *reitor*, "fidalgo ou homem constituído em dignidade" e não menor de vinte e cinco anos, *cabeça* de toda a Escola e ao qual a Escola toda devia *obediência*; aos *conselheiros*, seis "pessoas de ciência" mas não lentes, a quem incumbia o governo pedagógico do Estudo; aos dez *deputados*, cinco "pessoas honrradas e discretas" e lentes somente os outros cinco; como *honrados e discretos* (e não lentes) eram também os *vice-reitores*. Todos eles *ofícios* e todos sujeitos à *confirmação* régia. Por *eleger* ficavam três funções, cujo valor estratégico e inerência nos lentes de Leis, mais sublinha, se possível, o sentido regalista da reforma: a de *síndico*, adstrita ao catedrático de *véspera* e, especialmente, as de *chanceler* (a quem competia a atribuição dos graus e coubera, até então, aos bispos de Lisboa) e de *conservador* (de quem dependia a jurisdição criminal e cível), exercidas ambas pelo lente de *prima*[188]. Enfim, também o monarca compreendera, como antes dele o fizera D. Henrique, a estreita relação existente entre qualidade de ensino e qualidade das respectivas instalações. Por isso a outorga dos novos Estatutos se faria acompanhar (e a incorporava) da "merçe e doaçam aa d.ta uniuersidade doutras casas em lugar que pareçe mais comueniente edificadas em forma e disposiçam descollas geraes"[189].

A MORADA DA SABEDORIA

Edifício onde funcionaram as Escolas Gerais, em Lisboa, até à transferência definitiva para Coimbra.

Intervenção jurídica na própria medula do antigo Estudo, cuja marca por séculos iria perdurar, a reforma manuelina estende, todavia, o seu impacte ao plano disciplinar, morigerando costumes e impondo a dedicação exclusiva dos docentes ao múnus de ensinar – "por quanto ho aucto do leer requere ho temperamento desocupado"[190] –, mas também ao pedagógico. De facto, nas quase duas décadas de governo que ainda lhe sobravam, o monarca criaria novas cátedras, como a de *véspera* de Teologia, as de Filosofia natural e moral, desdobramento da que havia criado D. Henrique, as de Sexto e Decretais, em Cânones, ou a de Astronomia, em Artes[191]. Mas, sobretudo, deve-se-lhe o primeiro ensaio de valorização e autonomização do ciclo preparatório, prenunciando aquela que será uma das traves mestras da grande reforma protagonizada por seu filho, três décadas mais tarde[192]. Uma vez mais, porém, era ainda a valorização do clero e a importância que esta revestia na *emenda dos súbditos* que se configuravam por detrás da própria *emenda* da Universidade[193]. Donde a atenção prestada às faculdades de Teologia e Cânones, mas também o envio de bolseiros para Paris e Lovaina, capitais do ensino teológico, desde os finais do século XV e que constitui uma significativa reorientação da tendência bolonhesa da emigração escolar medieval[194] como, ainda, a fundação, em 1517, anexo ao Mosteiro de São Domingos de Lisboa, do Colégio de São Tomás, para vinte escolares, catorze dominicanos e seis jeronimitas[195], remoto eco da *Carta de Bruges*, do Infante D. Pedro. E não se sabe se com tal matéria – ou, de um modo mais geral, com o conjunto de ideias que haviam pesado no patrocínio de D. Afonso V ao *Estudo de Coimbra* –, se ligaria ainda o sedutor projecto de uma segunda Universidade, agora a estabelecer em Évora (universidade régia na cidade real) que o monarca acarinhou e para o qual chegou a adquirir terrenos e mesmo, parece, a empreender obras[196].

Relacionar-se-ia a fundação eborense com algum desencanto do monarca face ao resultado da sua intervenção no Estudo lisboeta? Não é hoje possível confirmá-lo. Mas é um facto que entre "o ideal e a realidade há sempre uma charneira mais ou menos funda de fraquezas e rotinas"[197] e, na verdade, não alterando os *Estatutos* drasticamente a orgânica tradicional e mesmo pedagógica da escola, a renovação ver-se-ia tolhida nos seus objectivos pela inércia da própria máquina universitária, pelo laxismo atávico das práticas escolares, pela instabilidade, mesmo, do corpo docente que, com frequência, deixava desertos os concursos. Faltou-lhe, assim, uma verdadeira renovação dos conteúdos do ensino, bem como uma organização sólida – os *colégios* do Infante D. Pedro – que corporizasse a separação ambicionada dos preparatórios e permitisse ao sistema escolar português, nesse primeiro quartel do século XVI, ostentar mais que a tímida aproximação ao horizonte cultural e processual do Humanismo em que, efectivamente, se saldou. Vista desta perspectiva, pois, a Universidade de D. Manuel I era ainda, na essência, o velho Estudo medievo, superficialmente melhorado[198]. Mas a profunda reforma que operara na sua hierarquia de poderes, seria suficiente para o franquear à entrada da *modernidade*.

NOTAS

[123] "O concelho de Lisboa na crise de 1383-1385", *Anais da Academia Portuguesa da História*, IIª Série, 4, Lisboa, 1953, p. 200, *apud* GOMES, J. Ferreira, "Os vários estatutos…", p. 13.

[124] COELHO, M. H. da Cruz, "Condições materiais de funcionamento. As finanças", p. 48.

[125] Cfr. SÁ, A. Moreira de, *O Infante D. Henrique e a Universidade*, Lisboa, Comissão Executiva das Comemorações do Quinto Centenário da Morte do Infante D. Henrique, 1960, pp. 27-29.

[126] *Livro Verde…*, docs. 17f, 17g, 17h, 17i e 17j, pp. 85-90. Ver também COELHO, M. H. da Cruz, "Condições materiais de funcionamento. As finanças", pp. 47-49.

[127] *Livro Verde…*, doc. 17l, pp. 90-93.

[128] Cfr. SÁ, A. Moreira de, *O Infante D. Henrique…*, p. 33.

[129] Cfr. *Livro Verde…*, doc. 26a, pp. 129-132 *et al.* e CARVALHO, J. de, "Instituições de Cultura…", pp. 4-5. Com esta ampliação do corpo docente se deve relacionar o número de catorze mestres que se verifica em 1400, contra os cinco (um por cadeira) previstos no regimento de 1309 e que A. J. SARAIVA assinala (*O Crepúsculo da Idade Média…*, p. 125).

[130] O Estudo terminaria por aceitar a nomeação de Lourenço Martins, mas a Coroa compromete-se a ouvi-lo doravante, antes de proceder a nomeações (cfr. *Livro Verde…*, docs. 32d e 32e, pp. 160-163; SARAIVA, A. J., *O Crepúsculo da Idade Média…*, pp. 127-128 e BRANDÃO, M., *A Universidade de Coimbra…*, p.120).

[131] Cfr. RODRIGUES, José Maria, "O Infante D. Henrique e a Universidade", *O Instituto*, XLI, Coimbra, 1894, pp. 486-487; CRUZ, G. Braga da, *Origem e Evolução da Universidade*, pp. 38-39, n. 33 e GOMES, J. Ferreira, "Os vários estatutos…", pp.13-14.

[132] Cfr. GOMES, J. Ferreira, "Os vários estatutos…", pp. 14-15 e RODRIGUES, M. Augusto, *Os Primeiros Estatutos…*, pp. XV-XVI e 17ss.

[133] Cfr. VERGER, J., "Modelos", p. 15-17 e 54; *idem*, "Université et pouvoir politique…", pp. 19-22 e NARDI, Paolo, "Relações com as autoridades", RÜEGG, Walter, (coord.), *Uma História da Universidade na Europa*, vol. I, p. 99.

[134] *Chartularium…*, vol. III, doc. 856, pp. 311-319. Sobre este assunto veja-se ainda: SÁ, A. Moreira de, "A 'Carta de Bruges' do Infante D. Pedro", *Biblos*, XXVIII, Coimbra, 1952, pp. 33-54 (que a transcreve também) e, entre outros, BRAGA, Teófilo, *História da Universidade de Coimbra…*, tomo I, pp. 142-144; CARVALHO, J. de, "Instituições de Cultura…", pp. 8-10; DIAS, J. S. da Silva, *A política cultural…*, vol. I, tomo II, pp. 421-424 e RODRIGUES, Manuel Augusto, "O Infante D. Pedro e a Universidade", *Biblos*, vol. LXIX, *Actas do Congresso Comemorativo do 6º Centenário do Infante D. Pedro*, Coimbra, 1993, p. 352.

[135] Trata-se do texto *Conselho a El Rei para que ouuesse boons prelados Ecclesiasticos no Reino*, que corre apenso a várias cópias da *carta de Bruges* (cfr. SÁ, A. Moreira de, "A 'Carta de Bruges'…", p. 40, n. 26). Que saibamos, deve-se a J. S. da Silva DIAS (*Correntes do sentimento religioso…*, tomo I, pp. 67-68) o único comentário sobre este documento fundamental para a compreensão da extensão da crise religiosa no século XV (que estende também à *Carta de Bruges* e à *Virtuosa Benfeitoria*). Recentemente, também Maria de Lurdes Correia FERNANDES chamaria a atenção para o objectivo de reforma social (por via da reforma do clero) que impregna a *Carta de Bruges* [cfr. "Da reforma da Igreja à reforma dos cristãos: reformas, pastoral e espiritualidade", AZEVEDO, Carlos Moreira, (dir.), *História Religiosa de Portugal*, Lisboa, Círculo de Leitores, vol. 2, 2000, p. 16].

[136] Veja-se *supra* nota 134.

[137] O efémero colégio do Dr. Mangancha inscreve-se, na verdade, ainda na tradição medieval dos *hospitia*, fundações piedosas destinadas a socorrer os estudantes sem recursos e não nos colégios de elite, vocacionados para o aproveitamento dos membros das ordens religiosas com melhores aptidões para o estudo e que, por certo, o Infante ponderava. Já antes, de resto, se encontram referências a fundações de carácter idêntico e igualmente efémeras, como o Hospital dos Santos Paulo, Elói e Clemente, já referido, instituído no tempo de D. Dinis pelo bispo de Lisboa D. Domingos Anes Jardo (ver *supra* nota 90), a que programou o bispo da Guarda D. Afonso, de que há notícias em 1383, mas cuja real existência não pode confirmar-se, ou ainda as *bolsas* instituídas em 1407 pelo deão de Évora D. Mem Peres de Oliveira (cfr. COELHO, M. H. da Cruz, "Condições materiais de funcionamento. As finanças", p. 59 e CARVALHO, J. de, "Instituições de Cultura…", pp. 10-11).

[138] Cfr. CARVALHO, J. de, "Instituições de Cultura…", p. 10.

[139] Tem sido aceite, por tradição, que o protectorado da Universidade teria sido confiado a D. Henrique por eleição do Estudo Geral, sem que, todavia, para tal exista qualquer base documental. A ele sucederia, não se sabe também por que processo, o Infante D. Fernando, irmão de D. Afonso V e futuro pai de D. Manuel I, filho adoptivo de D. Henrique e a este o próprio Afonso V, seguindo-se-lhe seu sobrinho, D. Rodrigo de Noronha, bispo de Lamego, nomeado pelo monarca em 1476 em sua substituição e sem intervenção da Escola e a este, enfim, o cardeal de Alpedrinha, D. Jorge da Costa, eleito em 1479 pela Universidade, mas por *encommenda* régia (cfr. CARVALHO, J. de, "Instituições de Cultura…", p. 8). Depois dele e até 1910 foram os Reis que ostentaram sucessivamente o Protectorado. Em semelhante contexto, é realmente provável que D. Henrique tivesse sido eleito, atendendo ao facto de se encontrar ainda íntegro o carácter corporativo do Estudo, que acabava, de resto, de compendiar os seus próprios *Estatutos*. Mas não é hoje possível saber-se até que ponto poderão ter pesado *sugestões* vindas de fora. Todavia e por muito espontânea que pudesse ter sido a decisão da Escola, não deixa de testemunhar uma estratégia (significativamente) defensiva, no sentido de se entender ser necessário encontrar um advogado especialmente poderoso para enfrentar a ofensiva mais ou menos ostensiva do poder real, em alternativa aos mestres que o antecederam, porém membros ilustres do conselho régio. E, nesse sentido, nada melhor, de facto, do que um membro da própria Casa Real. O futuro se encarregaria, contudo, de demonstrar as fraquezas desta estratégia: depois do Duque de Viseu, não mais o Protectorado sairia da órbita da Coroa, até esta lograr apoderar-se dele definitivamente.

[140] *Chartularium…*, vol. IV, docs. 955-957, pp. 26-31; *Livro Verde…*, docs.42a, 42b e 42c, pp. 181-187.

[141] Tem levantado alguma polémica entre os historiadores a questão da data exacta do provimento do Infante D. Henrique no Protectorado dos Estudos, que apenas em 1436 encontra confirmação documental (*Chartularium…*, vol. IV, doc. 1068, p. 147). De facto, J. M. de ABREU ("Memórias Históricas…", II, p. 90, nota 1) e, na sua esteira, Teófilo BRAGA (*História da Universidade de Coimbra…*, tomo I, p. 135), inferem que a eleição terá tido lugar em 1418, sucedendo o Duque de Viseu directamente ao Dr. Gil Martins, que ainda em 23 de Agosto tinha o *encarrego do studo*, com base numa carta, dada em Sintra, em 29 de Outubro desse ano (cfr. tb. RODRIGUES, J. M., "O Infante D. Henrique…", p. 486-488), confirmando o direito de os lentes poderem advogar em público e privado. Teófilo, aliás, afirmaria mesmo que aí o título lhe surgia já aplicado. Sucede, porém, que tal carta (*Livro Verde…*, doc. 35a, pp. 168-169) não inclui qualquer menção nem a D. Henrique, nem à sua

qualidade de *Protector* e *O ifante* que a subscreve é, obviamente, D. Duarte, como é sabido associado desde 1412 à governação e, em particular, às relações da Coroa com o Estudo. Tudo leva a crer, porém, que a ligação de D. Henrique ao Estudo se tenha realmente enquadrado, desde o início, no âmbito do exercício das funções de *Protector* — ou *Governador* como surge designado num alvará de 29 de Abril de 1441 (*Chartularium*…, vol. IV, doc. 1234, pp. 308-309) –, sob pena de não poder justificar-se tecnicamente, tendo-se presente o facto de se tratar de uma instituição de carácter corporativo e altamente ciosa da sua autonomia, como a própria Coroa tivera ocasião de verificar. Parece, assim, lógico (pelo menos), recuar a data do exercício das funções de Protector à do mais antigo documento que relaciona o Infante com o Estudo Geral, a carta de doação dos novos edifícios em 12.Out.1431, o que coincide com a opinião, a nosso ver perfeitamente curial, de A. Moreira de SÁ (*O Infante D. Henrique*…, p. 51). Em boa lógica, porém, nada obsta a que se possa mesmo recuá-la ainda mais. Na verdade, não é rigorosamente natural que o Infante tivesse iniciado o seu *encarrego* justamente pela doação do *Paço das Escolas* e, após a experiência infeliz da nomeação do recebedor, tudo aconselhava, de facto, a Coroa a tentar reformar *por dentro* a instituição e a *eleição* de D. Henrique reveste, nesse quadro, uma óbvia oportunidade. Não é possível fundamentar documentalmente a data de 1418, pelas razões já aduzidas; mas também se não pode afirmar que nesse ano cessou o Dr. Gil Martins as suas funções. Apenas sabemos, com efeito, que a 23 de Agosto (*Livro Verde*…, doc. 23b, pp. 165-166) ainda detinha o *encarrego*. Entre esta data e 12.10.1431 se deverá, pois, parece-nos, situar a entrega a D. Henrique do Protectorado dos Estudos.

[142] *Chartularium*…, vol. IV, doc. 956, pp. 28-30; *Livro Verde*…, doc.42b, pp. 184-185.

[143] *Idem, ibidem*, doc. 1322, pp. 396-397 (cfr. SÁ, A. Moreira de, *O Infante D. Henrique*…, pp. 63-64).

[144] *Chartularium*…, vol. IV, doc. 956, pp. 29-30; *Livro Verde*…, docs.42b, pp. 185-186 (cfr. RODRIGUES, J. M., "O Infante D. Henrique…", pp. 491-492).

[145] CARVALHO, J. de, "Instituições de Cultura…", p. 13.

[146] *Idem, ibidem*, pp. 12-13.

[147] Sobre esta matéria cfr. *idem, ibidem*, p. 13 e RODRIGUES, J. M., "O Infante D. Henrique…", p. 492.

[148] *Chartularium*…, vols. V, doc. 1421, pp. 59-61 e VI, doc. 1947, pp.177-178. Tem aqui a sua origem a *oração de sapiência* que ainda hoje assinala a abertura solene das aulas.

[149] A primeira referência documental ao ensino da Teologia no Estudo Geral consta de uma carta de D. João I de 25.10.1400 (*Livro Verde*…, doc. 33b, pp. 164-165 e *Chartularium*…, vol. II, doc. 543, pp. 269-270), respeitante ao privilégio de isenção dos lentes, na qual se menciona, no elenco dos mestres das várias cadeiras, o de Teologia. Tem-se daí inferido que foi "a partir de 1400 que a Universidade Portuguesa passou a funcionar como universidade completa" (SÁ, A. Moreira de, *O Infante D. Henrique*…, p. 41). Por carência de vestígios documentais do ensino da Teologia, far-se-ia, porém, remeter o real início do seu funcionamento para a doação henriquina. Ora, se a existência de documentação comprova, por via de regra, os factos, a ausência da mesma não pode tomar-se linearmente pela sua inexistência e, nesta matéria, não pode esquecer-se que fora em consequência da *reforma fernandina* que uma bula de Gregório XI concedia à Universidade a atribuição de graus em todas as disciplinas consideradas lícitas pela Igreja, donde também em Teologia (cfr. RODRIGUES, J. M., "O Infante D. Henrique…", p. 490). Deste modo, o documento joanino, com toda a verosimilhança, reporta-se a uma situação já consagrada pela prática, ao referir o lente de Teologia entre os das outras ciências (veja-se também ANTUNES, J., "Teologia", pp.249-250).

[150] Cfr. SÁ., A. Moreira de, *O Infante D. Henrique*…, pp. 78-81.

[151] Cfr. *idem, ibidem*, pp. 76-77.

[152] Cfr. *supra* nota 139. Sobre a reforma levada a cabo por D. Henrique, são ainda de leitura fundamental as páginas que J. S. da Silva DIAS lhe dedicou e que constituem, que saibamos, a mais detalhada análise do assunto até hoje realizada e onde levanta a questão da influência dos conhecimentos fornecidos pelo Infante D. Pedro (cfr. *A política cultural*…, vol. I, tomo II, pp. 411-423 e 424).

[153] *Chartularium*…, vol. VI, doc. 2003, p. 238. Note-se ainda que o Infante exerceu o protectorado com carácter vitalício, até 1460, data da sua morte.

[154] Efectivamente, tratando de "que desvayrados beneficios devem ser outorgados a cada hum, e quaaes som os que perteecem aa comunydade", escreveria o Infante: "…nom he sabedor o que, por seer moor leterado, melhor pode chilrar, mas o que em suas obras mais usa de razom. E, porquanto tal usança he principalmente neccessaria em as comunidades, onde o seu desfalecimento faz dampnos mayores que en outro logar, e ella pode seer acrecentada per aquelles saberes que os antigos leixarom pera governança do mundo, portanto he cousa neccessaria de sse tirar a ignorancia per studos continuados, os quaaes deve soportar qualquer senhorio que os pode manteer, ordenando universidade solenne en que os sabedores, que som olhos en a comunydade, vivendo en exercicios scolasticos, consiirem todallas cousas per suas artes" [D. PEDRO, Infante, VERBA, Frei João, *Livro da Vertuosa Benfeytoria*, CALADO, Adelino de Almeida (ed. crítica, introd. e not.), Coimbra, Por Ordem da Universidade, 1994, p. 133].

[155] *Chartularium*…, vol. IV, doc. 1329, pp. 401-403 e *idem*, vol. V, doc. 1557, p. 198. Sobre este assunto veja-se, em geral, BRAGA, Teófilo, *História da Universidade de Coimbra*…, tomo I, pp. 144-149; BRANDÃO, M., *A Universidade de Coimbra*…, pp. 141-142; SÁ, A. Moreira de, *O Infante D. Henrique*…, pp. 82-88.

[156] Cfr. BRANDÃO, Margarida, *O Colégio de S. Paulo*, Coimbra, 1973, vol. I, p. 70 e, sobretudo, COELHO, M. H. da Cruz, "Condições materiais de funcionamento. As finanças", pp. 54-55 e nota 75. De facto, a mais recente investigação sobre a questão comprovaria o seu estabelecimento, ao menos parcial, reconhecendo o seu rasto documental até finais do século XV, "se bem que sem ultrapassar a leccionação das matérias próprias de um simples *Studium Artium*" (cfr. GOMES, S. A., "Escolares e Universidade…", p. 516). Nesse contexto, será à *Universidade de D. Afonso V* (que lhe cede o edifício dos *Estudos Velhos*) e não, como tem sido aceite, à de D. Pedro, que não terá chegado à concretização, que terá pertencido a famosa lápide da Sapiência existente no antigo Colégio de S. Paulo, reportada por diversos cronistas e localizada por Nogueira GONÇALVES (cfr. "Sapiência. Identificação da lápide da Sapiência", *Biblos*, vol. LXIX, *Actas do Congresso Comemorativo do 6º Centenário do Infante D. Pedro*, Coimbra, 1993, pp. 363-365).

[157] Cfr. COELHO, M. H. da Cruz, "Condições materiais de funcionamento. As finanças", p. 39-67.

[158] Cfr. *idem, ibidem*, p. 60.

[159] Cfr. *idem, ibidem*, p. 61.

[160] Ao que parece, a nomeação régia recaíra sobre indivíduos de pouca capacidade e o próprio Rei terá reconhecido esse facto (cfr. FIGUEIROA, F. C. de, *Memorias*…, p. 32).

[161] *Chartularium*…, vol. VII, doc. 2360, pp. 29-30 (cfr. ABREU, J. M. de, "Memórias Históricas…", II, p. 175 e BRAGA, Teófilo, *História da Universidade de Coimbra*…, tomo I, pp. 166-167). Atente-se

[161] que, até então, os reitores eram eleitos apenas pelos votos dos estudantes, que verdadeiramente representavam, de acordo com a tradição bolonhesa. A participação dos lentes no sufrágio constitui um passo no sentido da *hierarquisação* da escola que, a breve trecho, redundará na unificação do cargo e na sua entrega a uma personagem estranha à sua organização (cfr. CRUZ, G. Braga da, *Origem e Evolução da Universidade*, pp. 36-37, n. 33).

[162] Cfr. *supra* nota 139. Efectivamente, o monarca afirma expressamente a sua qualidade de Protector ao referir-se aos "proteitores que ante mym foram", ao mesmo tempo que refere o facto de a seu sobrinho, o bispo de Lamego, ter "dado meu comprido poder de proteitor" (*Chartularium...*, vol. VII, doc. 2691, pp. 370-371).

[163] *Idem, ibidem*, p. 370.

[164] BRANDÃO, M., *A Universidade de Coimbra...*, p. 125.

[165] *Correntes do sentimento religioso...*, p. 36. Ver carta de D. Afonso V de 27.02.1479 (*Chartularium...*, vol. VII, doc. 2797, p. 477). É provável que o facto de a nomeação do Protector regressar ao sistema de eleição, mesmo que *insinuada* pelo monarca, se justificasse por o cardeal não pertencer à família real, ao contrário de D. Rodrigo. Mas pode igualmente relacionar-se com uma tentativa régia de apaziguamento do conflito da Universidade com os cabidos, motivado pela anexação à sua fazenda de uma igreja de cada diocese, autorizada pelo Papa em 1474 e onde D. Jorge aparecia como o grande opositor. A sua eleição, porém, parece ter-se verificado, ao menos formalmente, em 8 de Março, sendo confirmada pelo Rei a 29 (cfr. BRANDÃO, M., *A Universidade de Coimbra...*, p. 125; COELHO, M. H. da Cruz, "Condições materiais de funcionamento. As finanças", p. 61).

[166] *Chartularium...*, vol. VII, doc. 2800, pp. 480-481.

[167] Cfr. COELHO, M. H. da Cruz, "Condições materiais de funcionamento. As finanças", pp. 39-67.

[168] Cfr. DIAS, J. S. da Silva, *A política cultural...*, vol. I, tomo II, pp. 424-425.

[169] Cfr. BRAGA, Teófilo, *História da Universidade de Coimbra...*, tomo I, p. 133.

[170] CARVALHO, J. de, "Instituições de Cultura...", p. 20.

[171] Cfr. BRANDÃO, Mário, *O processo na Inquisição de Mestre João da Costa*, Coimbra, Publicações do Arquivo e Museu de Arte da Universidade de Coimbra, 1944, vol. I, p. 26 e *idem, A Universidade de Coimbra...*, p. 154 e n. 2.

[172] Sobre a qualidade de D. João II como Protector é particularmente parcimoniosa a informação veiculada pelos historiadores que se dedicaram ao estudo da Universidade. São, porém, peremptórios a esse respeito Teófilo BRAGA (*História da Universidade de Coimbra...*, tomo I, p. 163); M. da Silva GAIO, "A Universidade de Coimbra", p. 37 ou RODRIGUES, Manuel Augusto, (intr.), *Estatutos d'el Rei Dom Manuel I*, Coimbra, Arquivo da Universidade de Coimbra, 1991, p. 6.

[173] COELHO, M. H. da Cruz, "Condições materiais de funcionamento. As finanças", p. 46.

[174] Cfr. OLIVEIRA, António de, "A Universidade e os Poderes", *História da Universidade em Portugal*, vol. II, p. 899.

[175] *Chartularium...*, vol. IX, doc. 3596, p. 183. Veja-se também FIGUEIROA, F. C. de, *Memorias...*, p. 39.

[176] Cfr. BRAGA, Teófilo, *História da Universidade de Coimbra...*, tomo I, p. 292.

[177] *Chartularium...*, vol. IX, doc. 3615, p. 198. Veja-se também MARTINS, José Vitorino de Pina, "O Humanismo (1487-1537)", *História da Universidade em Portugal*, vol. I, p. 183

[178] *Chartularium...*, vol. IX, doc. 3659, pp. 231-235. A bula, reprodução da que Sisto IV emitira para Espanha em 1474, no mesmo ano em que concedera a D. Afonso V a anexação à Universidade de uma igreja de cada diocese (veja-se *supra* nota 165) veria a sua execução arrastar-se por muito tempo pela resistência oposta pelos cabidos. Tratava-se do provimento, por concurso, em cada diocese, de duas conesias e respectivas prebendas, uma num doutor ou licenciado em Teologia, outra num doutor ou licenciado em Cânones, Leis ou *in utroque jure*, derivando a sua denominação dos *mestres* teólogos e dos *doutores* juristas. Na regência da Rainha D. Catarina de Áustria, a apresentação dos *cónegos* passou para a Coroa (veja-se: RIBEIRO, J. S., *História dos Estabelecimentos...*, tomo I, p. 446; BRAGA, Teófilo, *História da Universidade de Coimbra...*, tomo I, p. 292; CARVALHO, J. de, "Instituições de Cultura...", p. 34).

[179] BRAGA, Teófilo, *História da Universidade de Coimbra...*, tomo I, p. 293. Algumas medidas mais de invasão da autonomia escolar nos anos que se seguem podem ler-se em SERRÃO, J. Veríssimo, *História das Universidades*, p. 62.

[180] Sobre a história da instituição destas bolsas, ver BRANDÃO, M., *O processo na Inquisição de Mestre João da Costa*, vol. I, pp. 29-30 e CARVALHO, J. de, "Instituições de Cultura...", p. 20.

[181] Cfr. CARVALHO, J. de, "Instituições de Cultura...", p. 33 e BRANDÃO, M., *A Universidade de Coimbra...*, p. 148.

[182] Os *Estatutos de D. Manuel I*, considerados os terceiros na ordem convencional e cujo original, rubricado pelo próprio Rei, acompanharia a Escola na sua transferência para Coimbra em 1537, em cujo Arquivo da Universidade se conserva, não apresentam data, sendo esta tradicionalmente fixada entre 1500 e 1504 (cfr. CARVALHO, J. de, "Instituições de Cultura...", p. 21) e, mais recentemente, em 1503 (cfr. DIAS, J. S. da Silva, *A política cultural...*, vol. I, tomo II, p. 425; RODRIGUES, M. A., *Estatutos d'el Rei Dom Manuel I*, p. 5), à qual, de facto e pelas razões adiante expressas, não poderão ser anteriores (veja-se *infra* nota 189).

[183] *Chartularium...*, vol. VII, doc. 2691, p. 370.

[184] Veja-se *supra* nota 132.

[185] RODRIGUES, M. A., *Estatutos d'el Rei Dom Manuel I*, fl. 1v do fac-simile.

[186] Cfr. BRANDÃO, M., *A Universidade de Coimbra...*, p. 148 e DIAS, J. S. da Silva, *A política cultural...*, vol. I, tomo II, p. 425.

[187] Cfr. BRANDÃO, M., *A Universidade de Coimbra...*, pp. 68 e 148; RODRIGUES, Manuel Augusto, *A Universidade de Coimbra e os seus Reitores. Para uma história da instituição*, Coimbra, Arquivo da Universidade, 1990, p. 10; *idem*, "A Universidade e os seus Reitores", *Universidade(s). História, memória, perspectivas*, vol. 3, p. 83.

[188] Cfr. CARVALHO, J. de, "Instituições de Cultura...", pp. 29-30 e, para uma exaustiva análise dos Estatutos, pp. 20-34.

[189] RODRIGUES, M. A., *Estatutos d'el Rei Dom Manuel I*, fl. 1 do fac-simile. A doação seria feita por carta de 18 de Janeiro de 1503 e este facto constitui o melhor argumento a favor da fixação nesse ano da entrega dos Estatutos à Universidade. Na verdade e como o seu próprio texto refere, a Universidade conservara-se até então nos *paaços* que o Infante D. Henrique lhe doara, em 1431, a que acresciam as casas que adquirira dois anos mais tarde e cedera à Escola sem, contudo, alienar a sua posse. Ao começar o século XVI, estas instalações seriam já exíguas, pelo que, em 1502, a Escola adquire, sucessivamente ao conde de Penela e a Gabriel Gonçalves, outros dois prédios, a fim de estabelecer as suas aulas, o último dos quais confrontaria com as *Escholas novas que agora se fazem*. Os prédios que D. Manuel I doava ao Estudo, em Janeiro de 1503, eram, justamente, as casas e quintal que haviam pertencido ao Duque de Viseu, então na posse do Condestável D. Afonso e onde, por conseguinte, em 1502 decorriam já obras, com vista a que o monarca pudesse, como fez, incluir nos Estatutos

O PROTECTOR

a doação do novo edifício, já convenientemente reduzido à "forma e disposiçam descollas geraes" (Cfr. BRAGA, Teófilo, *História da Universidade de Coimbra…*, tomo I, pp. 293-294).

[190] RODRIGUES, M. A., *Estatutos d'el Rei Dom Manuel I*, fl. 10v do fac-simile (cfr. CARVALHO, J. de, "Instituições de Cultura…", pp. 27-28). Efectivamente, entre os privilégios suspensos nos Estatutos, conta-se a antiga regalia dos legistas de particularmente (em público ou em *scondido*) *procurar, julgar*, ou *advogar*, cuja prática, doravante, privaria o lente *ipso facto* da sua cátedra. Simultaneamente, porém, providenciava-se o aumento geral dos vencimentos.

[191] Cfr. CARVALHO, J. de, "Instituições de Cultura…", p. 21 e DIAS, J. S. da Silva, *A política cultural…*, vol. I, tomo II, pp. 438-439.

[192] Cfr. DIAS, J. S. da Silva, *A política cultural…*, vol. I, tomo II, pp. 425-438. Tem sido referida a influência, na parte pedagógica dos *Estatutos*, das *Constituições* de Salamanca, tanto mais natural quanto, na verdade, Salamanca constituiria o grande ponto de referência que, no horizonte próximo, estimulava o monarca no seu esforço de elevação da qualidade do ensino no Estudo lisboeta (cfr. *idem, ibidem*, p. 551 e CARVALHO, J. de, "Instituições de Cultura…", p. 33).

[193] Cfr. BRANDÃO, M., *A Universidade de Coimbra…*, p. 161.

[194] Note-se que nos anos de 1517/18 D. Manuel I subsidiou também a ida de diversos franciscanos para Oxford e Cambridge, a fim de estudarem Teologia (cfr. CARVALHO, J. de, "Instituições de Cultura…", pp. 20 e 35; ver tb. BRANDÃO, M., *A Universidade de Coimbra…*, pp. 154-155 e MARTINS, J. V. de Pina, "O Humanismo…", p. 199).

[195] Cfr. CARVALHO, J. de, "Instituições de Cultura…", p. 34 e COELHO, M. H. da Cruz, "Condições materiais de funcionamento. As finanças", p. 62.

[196] Cfr. BRANDÃO, M., *A Universidade de Coimbra…*, p. 174. São difusas e pouco consistentes as informações de que se dispõe sobre esta questão. Silva DIAS, porém, resume a iniciativa a "beneficiar uma academia eclesiástica, garantindo-lhe condições aceitáveis de eficácia, no nível e raio de acção da sua competência" (*A política cultural…*, vol. I, tomo II, pp. 458 e 569). Como quer que seja, radicam aqui as origens da futura Universidade henriquina de Évora.

[197] DIAS, J. S. da Silva, *A política cultural…*, vol. I, tomo II, p. 441.

[198] Cfr. *idem, ibidem*, pp. 441-444.

65

4 ❧ A Escola e o Mosteiro

São muitos, com efeito, os sinais de que a intervenção do *Venturoso* não lograra alterar significativamente a qualidade do ensino na Escola lisboeta. Gorada, em 1495, a tentativa de prover em lentes salamantinos algumas cátedras de Leis; frustrado, de igual modo, em 1516, o intento de atrair Diogo de Gouveia à Faculdade de Teologia, o êxodo contínuo de escolares em direcção a Salamanca, Alcalá, Paris e Florença, constitui demonstração cabal da falta de prestígio da Universidade lusitana e da urgência de uma reforma mais funda, que as próprias Cortes não cessavam de exigir[199]. O mesmo se diga, afinal, da política régia de bolseiros junto de universidades estrangeiras, alfobre, aliás, de onde haveriam de brotar muitas das vozes críticas que denunciavam a obscuridade da vida intelectual e pedagógica do Estudo nacional[200]. Efectivamente e mau grado os argumentos, desde o erudito Cenáculo acumulados, em defesa da pujança da Escola lisboeta nessas primeiras décadas do século XVI, tudo parece, inversamente, demonstrar que esta se encontrava longe de garantir ao Estado a formação cuidada das elites de que este, cada vez mais, necessitava[201] – e a vida anímica que as múltiplas campanhas de obras documentadas neste período denunciam, relacionar-se-ia mais com a afirmação corporativa da própria instituição, do que com a intensidade da sua dedicação ao múnus da ciência[202]. É, pois, provável que assente nesse acrisolamento de pruridos, que a recente reforma maltratara, tanto quanto na irregularidade da vida académica, que os repetidos surtos pestíferos que assinalaram o início do novo reinado, ao menos em parte, justificariam[203], a estranha displicência com que a Universidade, após a morte de D. Manuel, tratou o assunto da *eleição* do Protector, somente regularizado, decorrido um ano, em Dezembro de 1522 e após formal intimação do novo Rei, D. João III[204] – nesse episódio se originando uma lendária má-vontade do soberano contra a Escola, tradicionalmente responsabilizada pelo carácter radical de que a política régia a seu respeito, em pouco tempo, se iria revestir[205].

É certo, porém, que a questão da *Protecção* transcendia em muito um puro ritual de acatamento e cortesia; nela residia, com efeito, a base jurídica indispensável a qualquer intervenção[206] e é, de facto, provável que o confronto implícito na atitude *negligente* da corporação, não tivesse pesado pouco na consciencialização do monarca da necessidade de levar a cabo uma reforma mais profunda do que a implementada pelo seu progenitor. Nesse sentido, logo em 1523, procede a um aumento significativo dos vencimentos dos docentes, velha mazela do sistema universitário[207], enquanto, cerca de 1525, um novo *regimento* procuraria introduzir ordem na administração escolar[208]. No mesmo ano, aliás, interviera igualmente no plano disciplinar, obrigando à observância dos Estatutos no que dizia respeito à eleição do reitor[209], ao mesmo tempo que, em vão, se esforçava por modernizar o ensino das humanidades[210]. Contudo, em face da escassez dos resultados obtidos pelos seus esforços, da experiência proporcionada pela contemplação do reduzido saldo obtido pela intervenção paterna e do desfasamento patenteado entre o estreito horizonte em que se movia a academia lisboeta e o conjunto de ideias que, de forma progressivamente intensa, se faziam sentir no círculo régio – "mais armas requerem umas escolas que um cerco de Mouros", escreveria João de Barros em 1531[211] –, a breve trecho se deverá o Rei ter capacitado da inviabilidade de reformar *por dentro* a instituição. Por isso se furtaria sempre a confirmar-lhe os privilégios[212]; por isso negociaria com Diogo de Gouveia, *o Velho*, a partir de 1526, a formação em Paris do famoso contingente dos *bolseiros d'El-Rei* que, sob a sua direcção, deveria, dentro em alguns anos, fornecer o Reino de uma plêiade eminente de mestres e teólogos[213]; por isso escrevera ao Papa, no ano anterior, solicitando-lhe, a pretexto da falta de salubridade de Lisboa, a transferência para Évora da Universidade[214]; por isso ainda, enfim, se ocupa, por esses mesmos anos, em prover-se das necessárias licenças pontifícias que haveriam de permitir-lhe reformar os Agostinhos de Coimbra e restaurar, em novos moldes, a prestigiosa tradição escolar de Santa Cruz – e em função disso se dirige à cidade, *afortunadamente* salva da peste geral, onde estancia longamente, de Julho a Dezembro de 1527.

De facto, a leva maciça de bolseiros que D. João III entrega ao *principal* Gouveia, com o fito de lhes ministrar as Humanidades no seu Colégio de Santa Bárbara de Paris, fazendo-os depois cursar Teologia na respectiva Universidade, bem como o enorme esforço financeiro que representava, não podem entender-se desgarrados da premência que, para o Rei, havia tomado o problema do ensino. Ensaiando uma tímida abertura ao Humanismo doutrinal e mesmo ao pedagógico, com a incipiente separação do ensino preparatório e superior promovida por D. Manuel na Faculdade de Artes, mas mantendo praticamente íntegro o sistema escolástico da tradição medieval[215], o velho Estudo estava longe, realmente, de preencher as exigências propugnadas pelo ideário renascentista, de colocar a trave mestra da formação académica numa exigente escolaridade de preparatórios, ministrada por um sistema colegial à maneira de Paris, Oxford ou Salamanca e que o cardeal Cisneros, desde 1509, levara a cabo em Alcalá de Henares[216]. Os cinquenta bolseiros do monarca constituíam, assim, a garantia de uma nova geração de mestres formados numa das mais prestigiadas universidades europeias e, desse modo, o penhor de que a implementação do moderno sistema pedagógico, que o soberano idealizava, dispusesse, como preconizara, um século atrás, o Infante D. Pedro, de *bons hordenadores* e, sobretudo, *que ja estiuerão em as ditas unjuersidades*[217]. E em Santa Cruz, opulentíssimo cenóbio de antiga tradição intelectual, buscava o Rei, sob a férrea batuta de Frei Brás de Braga, recém-chegado, ele mesmo, de Paris e Lovaina, a um tempo o material humano, espiritual e financeiro para a inoculação, em terreno adequado, do modelo escolar europeu. Assim, pois, ratificado o plano dos bolseiros, regressava a Paris o *principal* Gouveia, em finais de Junho de 1527[218], dias antes de o próprio D. João III se dirigir a Coimbra onde, a 13 de Outubro, faria entrar Frei Brás em Santa Cruz e dar começo à magna empresa da *reformação*. Mas um ano corrido, em Outubro de 28, podia já colher-lhe os primeiros frutos, com a abertura da escola monástica, *studium particulare* dirigido à formação intelectual dos cónegos regrantes, submetido porém a um plano renovado onde, finalmente, avultava a trilogia das línguas antigas: o latim, o grego e o hebraico[219]. O apertado espaço de manobra de que o Rei dispunha e a carência de auxílios com que deparou, se encarregariam de outorgar um singular destino ao *estudo* privado do mosteiro crúzio.

Na verdade, a política dos bolseiros não comportava poucos riscos para a Coroa, a braços com crescentes apuros de Tesouro e o monarca vira-se, mesmo, na necessidade de recorrer ao auxílio do Cardeal-Infante D. Afonso, seu irmão, para reunir o conjunto de rendas necessárias à sua sustentação. Donde o pedido endereçado ao clero, afinal quem mais lucros colhia da empresa, de comparticipação no esforço financeiro. A negativa do arcebispo de Braga, D. Diogo de Sousa, escrita em 21 de Setembro de 1527 e que o Rei receberia em Coimbra, se encarregaria, contudo, de o desenganar: o prelado, ele mesmo, desde os primeiros anos da centúria, empenhado no projecto de fundação, na cidade primaz, de um *Colégio de Artes e Teologia*, que intrigas várias, suspeita-se que da própria Universidade, tinham feito malograr, discordava frontalmente do envio de bolseiros, a que contrapunha a importação de lentes e a fundação, no próprio Reino, de um colégio de Teologia e de "todas as artes e ciências que para ela são necessárias", a que não recusaria o seu subsídio no caso de ser eleita a própria urbe bracarense[220]. Mau grado a ausência de soluções que, no plano imediato, fornecia aos desígnios régios, a missiva do arcebispo não deixava, porém, de condensar um plano sensato de actuação que, a médio prazo, poderia fornecer uma saída: "Pagai, Senhor, muito bem aos lentes – escrevia D. Diogo a respeito da obra do *colégio* – e aos escolares que bem aprenderem e forem doutos fazei-lhes muita mercê… E se V. A. pelas rendas de sua Coroa a não quiser fazer de todo, faça-o pelas de Deus e de sua igreja, que herdou há tão pouco tempo e em tamanha quantidade… E afora este caminho, que é muito bom e largo para tomar e muito para escolher, há nesta comarca muitos mosteiros e grandes que V. A. pode haver por morte dos que os têm, e em sua vida dando-lhes outra tanta renda de vossa fazenda a dinheiro"[221]. Em tal contexto, pois, baldada a esperança de promover uma nova fundação universitária pela escassez de recursos financeiros, mal bastantes, na verdade, sequer para obviar ao estrangulamento económico que sempre espreitava o Estudo lisboeta[222], desapoiado pelo clero no sustento dos bolseiros, é bem possível que não tardasse a germinar na mente do monarca a ideia de conferir maior amplitude ao projecto ensaiado em Santa Cruz e estribado no seu opulento património, cujo controlo, justamente, nesse Setembro de 1527 acabava de adquirir[223]. E, em conformidade, no período que se segue, o cerco sobre a Universidade não cessaria de apertar-se.

Efectivamente, ao mesmo tempo que os estudos crúzios empreendiam os seus primeiros passos, intervinha o monarca directamente no provimento de algumas cadeiras, em função do que, a partir de 1529 e como refere Teófilo Braga, o "elemento scholastico começou a ser expungido systematicamente da Universidade"[224] – mesmo que a purga redundasse, em fim de contas, num enquistamento ainda maior da Faculdade de Teologia[225]. Mas é, de facto, por esses anos que emergem os magistérios de Pedro Nunes e Garcia da Orta; e se, entretanto, um projecto de mudança para Torres Vedras, de que há notícias em 1531, se parece relacionar, sobretudo, com os estragos ocasionados no bairro dos escolares pelo terramoto de Lisboa[226], a verdade é que o Estudo não tardaria a confrontar-se com novas ingerências na sua vida interna. Assim, em 1532 e 34 sucedem-se as *devassas*, geradas por denúncias de subornos no provimento das cadeiras e, em 32, o monarca ordena mesmo uma inspecção à vida administrativa e financeira da Escola, em função da qual uma nova personagem emerge nas suas relações com o poder real: *o(s) visitador(es)*[227]. De resto, a partir de Julho de 1534, um novo *regimento* limitaria drasticamente o direito de voto de lentes e alunos nos concursos de docentes, em especial em Artes e Teologia[228]; mas, muito particularmente, desde 32 que o monarca não dava provimento a professores sem averbar a reserva sibilina: *enquanto o Studo non mudar*[229]. Uma sentença inabalável fora, pois, tomada – e começara, em função dela, a contagem decrescente para a Universidade de Lisboa. Ou, ao menos, para a Universidade *em Lisboa*. Mas é certo que um denso véu de secretismo iria envolver, por muito tempo ainda, a decisão real.

Enquanto isso, porém, prosseguia em Coimbra, sob o férreo comando de Frei Brás, a reforma escolar de Santa Cruz. De facto, reconduzida a comunidade ao recto caminho da virtude, o *studium particulare* agostiniano configurava-se, progressivamente, como modelo de escola eclesiástica, num processo que o Rei miudamente acompanhava, atento, como ele mesmo confessava, a todas as "cousas q. tocauão aos estudos" – e, nestas, não eram de segunda ordem as negociações que, a seu respeito, corriam em Roma junto à Santa Sé [230]. E prosseguiam também as obras do Mosteiro, na sequência das que ordenara o *Venturoso*; agora, contudo, segundo novo plano, escriturado em 1528 com Diogo de Castilho – mas que deixava estranhamente omissa a área, junto à portaria nova, que ocupara a extinta igreja do convento feminino de S. João das Donas[231]. A par, contudo e uma vez frustrado o projecto do auxílio eclesiástico aos bolseiros, lançava o Rei nova investida sobre o clero, em acordo agora, aliás, com as próprias directivas de D. Diogo de Sousa. Nesse sentido, mandava sondar, em finais de 1531, o bispo de Coimbra, D. Jorge de Almeida, sobre a disponibilidade dos prelados para erigirem colégios em redor de uma *Universidade que deseja fazer nestes seus reinos*[232]. Mas nem assim.

A essa altura, porém, encontrava-se já impressa em Antuérpia, dedicada ao soberano português (e por ele *regiamente* gratificada) aquela que iria ficar como "a crítica mais sistemática da cultura universitária pré-existente e o manifesto mais completo do humanismo no campo pedagógico, até ali publicado": o livro *De disciplinis*, do erudito espanhol (e companheiro de Erasmo no Colégio Trilingue de Lovaina) Luís Vivès[233]. A obra fornecia um completo plano de reforma, susceptível de banir do sistema de ensino o império da Escolástica, dos preparatórios ao nível superior. Mas, sobretudo, incluía um amplo manancial de prescrições de natureza prática sobre os requisitos da *academia ideal*, que redundavam noutras tantas denúncias do *status quo* vigente na academia lisboeta: da localização (afastada da Corte e de grandes cidades, em especial marítimas e comerciais), às condições sanitárias (ao abrigo dos surtos epidémicos) e mesmo à organização económica (professorado pago pela Coroa e não pelos alunos, de molde a evitar toda a expectativa de lucro). E que se revelavam de inegável *oportunidade* em face da sentença régia de *mudar o Studo*. Demasiado, com efeito, para que não seja tentador relacionar o seu aparecimento com esse outro, da obra de Erasmo *Chrysostomi locubraciones*, igualmente dedicada a D. João III e dada à estampa no ano angular de 1527. E a ambas com o *feitor* da Flandres e agente privado do monarca, Damião de Góis. Como quer que seja, certo é que, ainda em 1534, o Rei e Vivès discutiam epistolarmente as reformas do ensino português[234] e que a Góis se devem as referências, a um tempo mais remotas e concretas, sobre o verdadeiro sentido do projecto que ocultava a decisão real: o encargo que, do próprio soberano, teria recebido em 33, de convidar Erasmo a ensinar em Coimbra, "onde já tinha ordenado de fazer os Estudos que fez"[235]. Como certo, ainda, é datarem igualmente desse ano as instruções do monarca a Frei Brás de que organizasse, *em forma de universidade*, o ensino das Artes e da Teologia em Santa Cruz[236]. Ano em que, a 9 de Junho, atalhava peremptório as pressões da Câmara de Coimbra, cuja ambição excitara a perspectiva próxima da *mudança* do Estudo de Lisboa: "vy bem vosa. carta. – escrevia o *Piedoso* – & as rezoes que para iso daes & vos agradeço a lembramça (…) porem ate o presemte eu nom tenho niso asemtado cousa alguã & avemdose alguã cousa. de fazer eu terey lembramça. do que me emujaes dizer"[237].

Na verdade, D. João III não parecia disposto a erguer tão cedo a espessa reserva em que envolvera as suas intenções. Nesse sentido, ainda nas Cortes de Évora de 1535 não seria mais explícito com os procuradores da cidade, que o instavam a concluir as obras dos *Estudos* promovidas por seu pai e a quem replicaria secamente: "Agradeço-vos a lembrança"[238]. Nem, tão pouco, com os renovados empenhos do senado coimbrão, ao qual, todavia mais compridamente, afirmaria: "eu terey lembramça do que me emujaes apomtar acerq.ª da mudamça dos estudos para nese caso fazer o que me bem pareçer"[239]. Como suspenso ainda ficava o alvitre formulado por Garcia de Resende, em Maio desse ano, de transferência do Estudo para Évora, a fim de "a cidade se povoar"[240]. Com efeito, o monarca obstinava-se no mistério em que, desde o início, rodeara a enigmática questão e, se a mudança do Estudo para a cidade alentejana, desde o reinado anterior sede quase contínua do poder real e que em 1525 chegara a ser solicitada ao Papa, parecia agora fora de questão, é certo que, no exterior do estreito círculo em que o Rei se movia e tomava as suas decisões, a transferência iminente da sede da Universidade seria, por muito tempo, o único facto concreto a alimentar as imaginações. Apesar disso, na resposta dada aos capítulos das Cortes sobre o pedido de mandar aprender Medicina a 40 ou 50 estudantes cristãos-velhos (mas somente publicada em 38…), involuntariamente (?) confessava: "Eu ordeno em Coimbra uns estudos em que se lerá a Medicina e poderão apprender os que quizerem"[241]. E no ano anterior, a 1 de Outubro, na abertura do ano lectivo universitário de 1534/35, fora a própria pena de André de Resende que escrevera: *In oratione, quam pro rostris pronunciavimus, antequam hinc Colimbricam migraret Academia*[242] – o mesmo ano académico que, na verdade, assistia em Coimbra à conversão em *estudos públicos* da escola monástica dos cónegos regrantes[243].

Efectivamente, dificilmente se poderá compreender o empenho que, desde o seu início, o monarca colocara no processo de revigoramento do ensino crúzio, seguindo, passo a passo, todas as *cousas q. tocauão aos estudos*, se ao mero acrisolamento de uma escola monástica não acrescesse a intenção de, mesmo que apenas mediatamente, por seu intermédio diligenciar uma solução para o problema conjuntural do ensino, com o qual se entrecruzava, de resto, esse outro, não menos premente, da crise moral e intelectual do próprio clero. Com efeito, se a *longa manus* do soberano se divisa com facilidade no estímulo às experiências paralelas de renovação pedagógica que, também por esses anos, se empreendem entre os Jerónimos de Belém, Penha Longa e Guimarães[244], ou com o próprio D. Diogo de Sousa que, em 31, lograva finalmente levar a bom porto o seu projecto bracarense[245], nenhuma se revelaria tão precoce, nem romperia tão abertamente com o sistema escolar medieval. Mas, sobretudo, em ponto algum se detecta uma ligação funcional à Coroa similar à que, desde o primeiro dia, seria estabelecida entre o Rei e Frei Brás[246]. E se a matéria em causa se circunscrevesse à autonomização dos preparatórios e à correlativa modernização do seu *curriculum* pedagógico, nada obstava, em boa verdade, à sua realização na capital, onde mais fácil lhe seria providenciar os necessários meios. Tudo indica, pois, que sobre o pulso firme do *reformador*, tanto quanto sobre o vastíssimo património crúzio, recaíram desde cedo mais pesados encargos. Encargos que, em boa parte, dependiam das negociações paralelamente movidas em Roma e que o monarca, do mesmo modo, atentamente acompanhava; e que se não resumiriam, talvez, como tem sido interpretado[247], a impetrar do Pontífice a equiparação aos graus académicos da formação ministrada no *studium* monástico conimbricense, por relevante que esta fosse (e era) no processo da sua conversão em escola pública, obviamente assumido desde a primeira hora.

Seguro é, porém, que a abertura dos *estudos públicos* redundaria numa ampla renovação do corpo docente, com mestres castelhanos e *franceses* (primícias dos *bolseiros d'El Rei*), trazidos de Alcalá e de Paris, tanto para as Humanidades como para a Teologia[248]; como redundaria, igualmente, na renovação da própria livraria conventual, adrede provida de livros pedagógicos e de espiritualidade, com boa representação dos Padres da Igreja e das obras de Erasmo[249]. Mas, sobretudo, levaria à construção de novas salas de aula, adaptadas à dupla frequência da comunidade e dos alunos externos (leigos e eclesiásticos) e, por conseguinte, abrindo sobre o largo, a um e outro lado da igreja monástica: os *colégios* de Santo Agostinho e São João Baptista. Este erguido a Sul, em ligação com a nova paroquial de São João de Santa Cruz, o outro a Norte, no espaço ocupado outrora pela igreja feminina de São João das Donas; espaço que, singularmente, em 1528, no contrato com Diogo de Castilho, ficara por re-

Mosteiro de Santa Cruz de Coimbra, com os colégios de Sto. Agostinho e de S. João Baptista (J. Carlos Magne, 1796, MNMC)

partir…[250] A par, assistia essa mesma Primavera de 1535 à formulação, entre o Rei e Frei Brás, de toda uma rua de colégios, mais tarde chamada de Santa Sofia, onde a *escola maior* e outras cinco *menores* deveriam surgir em correnteza…[251]

Como quer que seja, o monarca estaria determinado a ampliar, em Coimbra, o espectro de oferta dos *estudos menores*. Com essa intenção se haviam relacionado as diligências conduzidas, em finais de 1531, junto do bispo D. Jorge de Almeida[252] e agora, em Fevereiro de 35, decidira promover pessoalmente a instalação de "hum colegio nesa çidade da ordem de sam Jeronimo", cuja estrutura arquitectónica, aliás, acertara já com o próprio Castilho[253]. Contudo, se este conjunto de iniciativas, acrescidas à implementação das cátedras artísticas no mosteiro crúzio, condizem, de facto, com a vocação da urbe como "principal centro dos estudos preparatórios do país"[254], a verdade é que a presença de Afonso do Prado em Santa Cruz logo na Páscoa de 1535, parece reforçar a tese de já se curar então, igualmente, do ensino da Teologia[255]. De resto, desde o início do ano que, ao menos nos círculos melhor informados, se sabia ser Coimbra, afinal, o enigmático destino da Universidade[256]. Mas é, de facto, a carta do cónego D. Damião, dirigida a Frei Brás a partir da capital francesa, em Outubro de 1535, que desvenda o véu sobre o papel reservado, em tal matéria, ao cenóbio crúzio, ao afirmar, com a liberdade de quem sabia falar *para dentro*: "por quanto tenho escrito largamente a El Rey nosso senhor e a vossa Paternidade, pollos Regentes que d'esta Universidade de Pariz vão pera ler n'essa nova de Coimbra, por ordem que tive del Rey nosso Senhor pera os mandar. Já agora lá serão, e começará a florecer essa Universidade, que espero seja resplandor do Reyno e lume da religião christã"[257]. Bem pode ser, assim, que as sucessivas diligências e, em particular, o pânico demonstrado desde os inícios do ano pela corporação universitária, suplicando "por merçe a sua alteza, e per toda a outra via honesta e Juridica que nom mude o dito Estudo e Vniversidade desta çidade de lixboa"[258], se não devam somente ao puro acto da transferência (em fim de contas um atavismo da instituição), mas à perspectiva, bem mais transcendente, da sua absorção no *Estudo Geral* de Santa Cruz. E, neste caso, não restam dúvidas de que encontraria plena justificação a obsessiva discrição de que o monarca rodeou essa matéria (que o próprio laconismo das fontes testemunha) e que passava pela surpreendente dilação que, por longo tempo, iria opor ao mero recebimento das petições universitárias[259].

É, pois, neste contexto, que se enquadram as palavras do Rei a Frei Brás, em Março de 1536, empenhado como estava na regularização dos estudos artísticos no Mosteiro, ao afirmar que "queria que as artes se nam leam mais em lixboa e mandar que os meus bolseiros de paris se venhão os que ainda ouuem as ditas artes e nã pasarã haa theologia o que nã seria razam mãdalos revogar nam tendo asi os estudamtes que as ouuem em lixboa como os de paris outro estudo hõde as posam ouuir nestes reinos e perderiam ho trabalho que tem nisso leuado". E, mais adiante, desvendava: "E como o teuerdes feito escreuedemo pera logo mamdar reuogar os de lixboa e mãdar vyr os de paris. E isto de reuogar de lixboa folgarey que tenhaes em segredo por que nã queria que se soubese amte de os eu mamdar reuogar"[260]. Era, com efeito, desde logo a transferência da Faculdade de Artes e a solução do problema da autonomização dos preparatórios. É, porém, um facto que, nesse mesmo ano, as novas *constituições* dos colégios crúzios, decalcadas sobre as próprias *constituições* de Paris e Alcalá, os designavam de *universidade* onde, além das Artes, se iria *ler* também Teologia[261]. E outro tanto, afinal, fazia o Rei, em Junho, a pretexto de certos serviços aos colegiais[262]. De resto, era no âmbito dessa *universidade*, na edição de obras espirituais, mas igualmente de Humanidades, em particular nas que diziam respeito às *línguas sábias*, que rangiam os prelos na prestigiosa oficina tipográfica do cenóbio, onde esse ano de 36, justamente, marca o zénite da actividade impressora[263]. Como era igualmente em função dela que, a expensas da própria Universidade lisboeta[264], se começavam então a erguer em Coimbra os primeiros colégios da Rua da Sofia: os de São Miguel e de Todos-os-Santos, agora com regime de internato, este para teólogos e artistas, o outro para canonistas ou canonistas e teólogos[265]. Para o Estudo de Lisboa, porém – ou antes, para o Estudo *em Lisboa* – cujos lentes, ainda a 2 de Dezembro não tinham sido "certeficados da vomtade delRei noso sõr acerq.ª da mudanca do dito estudo & cadeiras dele"[266], corriam na ampulheta, vertiginosamente, os derradeiros grãos de areia. Em semelhante transe, decide-se a jogar a última cartada, a empenhar os trunfos que, até então, guardara para si e desse modo se dirige ao soberano, uma vez mais, no dia 14 imediato, implorando-lhe que criasse outro Estudo, "fazendo mercê a Coimbra", mas não bulisse no que estava feito, "Que muito proveito será a seus Reinos o haver hi duas Universidades pois em outros Reinos ha muitas mais"[267]. Mas não assinaria ainda a rendição…

É certo, porém, que ao virar do ano de 36 para 37, a *mudança* do *Studo* quase não era já, sequer, questão de meses. De facto, logo em inícios de Janeiro, indicava o monarca os mestres que deveriam acompanhar a escola a Coimbra – três, por junto – aos restantes providenciando honrosas jubilações[268]; e só então, na verdade, a Universidade terá tomado conhecimento oficial do seu destino[269]. Em consequência, a 9 de Fevereiro, comunicava a Frei Brás que os lentes de Teologia, Cânones, Leis e Medicina (os de Artes ensinavam já em Santa Cruz) chegariam à cidade por todo esse mês, de forma a iniciarem as lições a 1 de Março. Pedia-lhe, assim, que libertasse algumas das salas dos *colégios* crúzios, a fim de dar guarida a parte das cátedras transferidas, buscando, para as restantes, *casas* nas imediações, o mais próximas possível do Mosteiro e que deveriam ser providas de "cadeiras e bamcos e todo o mais que pera iso for necesario". Do mesmo passo, notificava o prelado da escolha do reitor, D. Garcia de Almeida, um sobrinho bastardo do bispo D. Jorge[270], que serviria enquanto o próprio Estudo não procedesse à sua eleição, em conformidade com os Estatutos. E, com efeito, o alvará que lhe daria posse, firmado em 1 de Março[271], constituiria o primeiro documento a arvorar por destinatários os *lemtes, oficiais & estudamtes dos estudos de Coimbra*. Mas o soberano não deixava de advertir que "o quall reitor somemte emtemdera nos lemtes e regimemto das escolas geraes e nam nos dos vosos colegios q estam a vosa ordenamça". E, como a dissipar dúvidas, sublinhava: "Eu sempre fiz fumdamemto quamdo determiney mamdar fazer eses estudos de fazer vniuersidade e escolas geraes"[272].

Era, de resto, da *obra* da Universidade, que o Rei começava por tratar. Na verdade, a abertura ao exterior do antigo *studium particulare* traduzira-se, em 1535, na construção dos dois *colégios* de Santo Agostinho e São João Baptista, mas a ninguém escapava que estes, compostos por um restrito número de *gerais* e organizados, essencialmente, em função do estabelecimento da Faculdade de Artes, por nenhum modo poderiam albergar a totalidade das faculdades que compunham o *studium generale*. Donde as negociações seguramente entabuladas entre a Coroa e o *reformador* com vista ao digno alojamento do conjunto da Escola e por certo intensificadas à medida que, ao escoar-se o ano de 36, se aproximava também, a passos rápidos, a data da transferência. Por isso o monarca confirmava: "vy a carta que mescreuestes com o debuxo que me emviastes desa obra que com ajuda de noso S.ºr mamdo fazer pera os estudos". Porém, logo adiante, contrapunha: "Eu vos emvio ho debuxo da obra das ditas escolas segumdo tenho asemtado que se façam. e asy huns apomtamemtos em que vay declaraçam da largura e altura das paredes e gramdura dos portaes e de todo ho maes que per elles veres"[273]. Não obstante, o facto é que, afinal, os não enviava, pelo que, a 1 de Março, se justificaria dizendo: "depois soçedeo causa pera logo nam jrem"[274]. Não terminaria o mês, contudo, sem que o Rei escrevesse novamente, desta feita, ao *reformador* do Convento de Tomar, Frei António de Lisboa, a quem transmitiria: "Creyo que tereis sabido como Fr. Brás se foi de Santarem para o mosteiro das Berlengas (…) Vay com alguma paixão e com fundamento de não tornar mais a Santa Cruz"[275]. Por inícios de Abril, todavia, deverá terá chegado às mãos da comunidade aquela que, sem dúvida, constituía o almejado fruto do vultuoso trabalho diplomático despendido em Roma desde inícios da década de 30 e que o monarca solicitamente acompanhara como parte integrante que, efectivamente, era das *cousas q. tocauão aos estudos*: a bula *Ut respublica christiana*, emitida

73

por Paulo III a 23 de Março desse ano de 1537. Não somente a confirmação da correspondência aos graus académicos da formação escolar ministrada no cenóbio crúzio, mas o reconhecimento, *auctoritate apostolica*, de que *Frater Blasius de Braga… collegia ac universitatem studii generalis in dicto monasterio instituit* e a outorga, aos ditos *colégios e universidade*, de todos os privilégios, liberdades e prerrogativas de que gozavam as outras instituições congéneres, como as universidades de Paris, Salamanca ou Alcalá[276].

De facto, tanto o Rei como os seus mais directos conselheiros tinham, por certo, aguda consciência de que a operação de maior risco que envolvia o seu plano de *reforma por transferência* da velha Universidade, consistia na submissão à tutela crúzia de uma corporação antiga e apesar de tudo prestigiada, como única instituição superior do Reino que era e tradicionalmente ciosa da sua autonomia; a que acresciam ainda as dificuldades suscitadas com o exercício da docência, ou mesmo a simples frequência enquanto alunos, por parte dos membros das outras comunidades religiosas[277] – se é que não tinham, mesmo, a clara previsão da sua absoluta inviabilidade. Simplesmente, confrontada com o espectro, cada vez mais próximo, da crise financeira e ante a obstinada recusa dos prelados aos pedidos de auxílio que, sucessivamente, lhes seriam endereçados, a Coroa dependia por completo, para alcançar as suas ambições, do opulento património crúzio, cujo acesso a vinculação do Priorado Mor em membros da Casa Real lhe permitia[278]. Um tal desiderato, contudo, não teria qualquer viabilidade se ao cenóbio, em estado crítico de relaxamento, não fossem fornecidas compensações e garantias de vulto suficientemente amplo para justificar o *sacrifício* (desde logo económico) que lhe era pedido, ao serviço de um projecto que por completo transcendia a sua vocação, mas susceptível – como a espantosa celeridade da reforma iria comprovar – de converter-se, ele mesmo, em pólo de aglutinação; tal como não teria sido fácil enfeudar o relutante Frei Brás à espinhosa tarefa que lhe estava reservada, se esta se limitasse a submeter à observância os cónegos rebeldes ou, sequer, a abrir aulas públicas de Humanidades. A instituição, no Mosteiro, de uma universidade e respectivos colégios – que a transferência do velho Estudo Geral a breve trecho deveria confirmar como *A Universidade* – configurar-se-ia, assim, como objectivo desde o início estabelecido e com esse fito se terá o Rei dirigido a Coimbra, no *quente* estio de 1527. Nesse contexto, as negociações conduzidas em Roma teriam por objectivo, tudo o indica, a um tempo a confirmação canónica da nova instituição e a necessária revisão do estatuto jurídico que, há séculos, protegia a Escola de Lisboa. Donde a sua importância para as *cousas q. tocauão aos estudos*, como a própria morosidade que revestiriam; donde, igualmente, a obstinada recusa do monarca em confirmar os privilégios da corporação universitária. Contudo e mau grado a extensão dos seus poderes de Protector, bem sabia D. João III que o sucesso de tão arriscado empreendimento dependia em absoluto da extensão do sigilo que sobre ele se pudesse manter. Donde, pois, o espesso secretismo em que, desde o início, conservou as suas intenções e, em consequência, o isolamento imposto à comunidade escolar e a enviesada correspondência que mantém com o reformador crúzio. Donde, enfim, a estranha dilação imposta à realização da *obra das escolas*, que nem lançada fora ainda no momento em que a própria Escola chega a Coimbra.

De facto, a matéria jurídica constituiria sempre o nó central de um acto legal como, na essência, era o próprio assunto da transferência. Sabia-o o Rei, como o sabia a Escola. Por isso, no mesmo momento em que, em desespero já, a Universidade, enfim notificada desde 2 de Dezembro de 36 de que iria ser *mudada*, jogava a derradeira carta, sugerindo ao monarca, no dia 14 imediato, a fundação de outro Estudo, *fazendo mercê a Coimbra*, pois *muito proveito será a seus Reinos o haver hi duas Universidades*, não se esqueceria de anexar à missiva *outra que sobre isto lhe escrevemos com pareceres de letrados e dos do seu conselho*[279]. Assim, pois, retardada até ao limite do possível, a questão jurídica explodia finalmente, em cima do acontecimento. Não era, porém, a antiga promessa de D. João I, *de seer perpetuado… o dito studo em a dicta cidade de Lixboa* que tolhia agora o *Rei Piedoso*[280]; como não fora a *irradicavel plantação* de D. Dinis, século e meio atrás, a impedir D. Fernando de, uma vez mais, trasladar o Estudo de Coimbra para Lisboa – na característica itinerância da sua vida medieval, a Universidade conservara sempre ilesa a plena integridade da sua personalidade jurídica e moral. O que limitava, de facto, D. João III, ao ensaiar a incorporação da antiga Escola no cenóbio crúzio era, sim, o selo da autoridade pontifícia que, desde 1290, ao confirmar-lhe os privilégios a conformara, do mesmo passo, enquanto *studium generale* – e por isso as *cousas q. tocauão aos estudos* se encontravam tão estreitamente dependentes das negociações conduzidas em Roma. Por isso mesmo, contudo, terão sido diversos, até no círculo régio, como indica a alusão *aos do seu conselho*, os *pareceres de letrados* a defender que, a ser transferido nas condições previstas, o Estudo Geral lisboeta deveria ser considerado extinto e o de Coimbra, para funcionar devidamente, dependeria, pelo menos, das necessárias licenças pontifícias que validassem os graus de Teologia e Cânones, atribuídos *auctoritate apostolica*[281]. E foi, decerto, este conjunto de argumentos que deu força à Escola para a resistência activa que, em claro desrespeito da autoridade régia, viria a opor (antes e depois) ao processo da transferência[282]. Como terão sido eles que levaram o monarca a precipitar os acontecimentos e a pô-los em marcha logo em inícios de Janeiro, em pleno curso do ano escolar, assim colhendo de surpresa a corporação, confrontada com a irreversibilidade da *mudança*. Que a tese teria pés para andar, viria a demonstrá-lo cabalmente a nomeação como cancelário, já em fins de Novembro de 1537, do então reitor D. Agostinho Ribeiro, a fim de que pudessem ser atribuídos, *auctoritate regia*, os graus de licenciado e doutor nas faculdades de Leis e Medicina, suspendendo-se os de Cânones e Teologia até chegar, de Roma, a autorização papal, o que sucederia apenas em Fevereiro de 1539. E é só então, de facto, que, juridicamente, a *Universidade de Coimbra* se pode considerar (re)constituída[283].

Terá sido, desse modo, a súbita premência imposta pela decisão régia de transferir o Estudo nos primeiros meses de 1537, que levaria a acelerar, entre Frei Brás e Diogo de Castilho, o *debuxo* da *obra dos estudos*, que o frade jerónimo remeteria ao Rei ainda no decurso de Janeiro, posto que este, em 9 de Fevereiro, confirmava já a sua recepção. Mas o efeito causado pela argumentação universitária, mesmo no conselho do monarca e a divisão de opiniões a que daria azo, terão conduzido, sucessivamente, à sua reelaboração e ao consequente anúncio do envio de novo projecto, *segundo tenho asemtado que se façam* e a que sucedesse *causa pera logo nam jr*[284]. É, porém, a nomeação de D. Garcia de Almeida, estribada na nímia justificação de que "pera o regimento desta Vniuersidade he necesario pera reger os lemtes e escolares aver hy reitor como ha em todas as outras Vniuersidades"[285], que desvenda o rumo que haviam tomado os acontecimentos, o qual se saldava na inviabilidade de incorporar o velho Estudo no cenóbio crúzio. Em semelhante contexto, pois, bem podia D. João III garantir a Frei Brás que *o quall reitor somente emtemdera nos lemtes e regimemto das escolas geraes e nam nos dos vosos colegios q estam a vosa ordenamça*, ou que sempre fizera *fumdamento* quando determinara *mamdar fazer eses estudos de fazer vniuersidade e escolas geraes*; para o frade jerónimo era todo um edifício de esperanças, canseiras e trabalhos sem conta, na ingrata missão de reformador crúzio, que ruía de chofre com a carta régia. Não admira, pois, que a *paixão* o invadisse, nem que desarvorasse para o seu eremitério das Berlengas com *fundamento de não tornar mais a Santa Cruz*[286]. Para o soberano, todavia, mais não era que o estreito e sinuoso trilho onde lhe era dado conduzir a sua acção. Como quer que fosse, a primeira etapa estava concluída e era ponto assente que o Estudo *mudava* para Coimbra[287]; e de momento isso era tudo o que importava. Agora, tratava-se, fundamentalmente, de fazer voltar a paz a Santa Cruz e de negociar, entre esta e a Universidade, as cedências mútuas necessárias à sua (mesmo que precária) instalação. E nisso se irão consumir os meses de Março e Abril imediatos.

Na escolha de D. Garcia de Almeida, de resto, não terão sido irrelevantes as suas ligações coimbrãs, nem a possibilidade de, em derradeira hipótese, conseguir, por seu intermédio, o auxílio do próprio bispo-conde. A verdade é que, fosse em resultado da inopinada partida de Frei Brás, ou de pressões exercidas pela corporação, a ideia inicial havia evoluído rapidamente, no decurso de um mês e em lugar de repartir as faculdades entre os *gerais* crúzios e *casas* organizadas nas suas imediações, optava-se por concentrar as *escolas maiores* na própria casa do reitor, ficando no Mosteiro, como até então, as Artes e as Humanidades[288]. Por seu turno, o teor da bula *Ut respublica christiana*, uma vez conhecido do monarca e a referência que unicamente continha à pessoa de *Frater Blasius* e à *universidade* e *colégios* no seu cenóbio instituídos, deverão ter capacitado D. João III do incomportável risco que constituiria a alienação, pura e simples, numa ordem religiosa, do antigo Estudo nacional. A exclusão das *faculdades maiores* de Santa Cruz, contudo, não deixaria de configurar-se como um ostensivo abandono do projecto inicial, o qual, uma vez assumido, não somente faria inviabilizar qualquer hipótese de levar Frei Brás a reconsiderar a sua posição como, sobretudo, impediria por completo a utilização do património crúzio ao serviço da reforma da Universidade, primordial razão, afinal, do próprio empreendimento da transferência. As negociações que conduziriam ao regresso do prelado deverão, pois, ter sido as mesmas que levaram o Rei a ordenar, logo em 20 de Abril, a instalação no mosteiro, sob a sua superintendência, das três cátedras de Teologia, decisão em que persistiria não obstante a firme oposição da corporação universitária[289]. Com ela, porém, pode dizer-se que a Universidade se cindia em duas: uma parte em casa do reitor e sob a sua jurisdição, outra em Santa Cruz, sobre a qual impendia a autoridade de Frei Brás. Sobre ambas, todavia, dominava o próprio Rei, nomeando a seu arbítrio os reitores e lentes e a ambos remunerando com generosidade realmente régia, de forma a promover a ambicionada renovação da Escola, mas também a ligá-la a si e a obter, enfim, a sua almejada funcionalização[290]. Com efeito, força, por certo, do carácter inopinado da transferência mas, especialmente, da ampla reformulação a que se veria obrigado o seu projecto, senão mesmo por efeito da bula pontifícia que elevava os estudos crúzios a *universidade* sem cuidar dos direitos da antiga Escola lisboeta, a *mudança* para Coimbra não se faria acompanhar, como abundantemente seria notado, da elaboração de nova lei fundamental[291]. De facto, conservava-se em vigor o texto manuelino, cuja posse a própria corporação reivindicava logo em inícios de Maio e que o Rei formalmente ordenava que se observasse em carta de 16 de Julho[292], diuturnamente rectificado ao próprio ritmo dos acontecimentos e ampliado, em Novembro, de um novo *regimento*[293], governando-se os colégios agostinianos e as faculdades neles incorporadas pelas *constituições* redigidas por Frei Brás[294]. E assim se conservava, também, a integridade histórica da instituição, como, de facto, importava sobremaneira que se mantivesse – até ser encontrado ao Estudo nacional o lugar que lhe convinha ou, dito de outro modo, o seu próprio *estatuto*.

Como quer que fosse, a 2 de Maio, dois meses volvidos sobre a data estipulada pelo monarca, iniciavam-se formalmente as aulas da *Universidade de Coimbra*, em Santa Cruz, com a *lição de pompa*, proferida pelo lente de véspera de Teologia, Francisco de Monçon, um dos novos mestres contratados a peso de ouro pelo Rei, seguindo-se-lhe, nos dias imediatos, as restantes cadeiras, de acordo com a ordem estipulada pelo conselho universitário[295]. De facto, a transferência da Escola para Coimbra, mau grado a quase completa renovação do corpo docente, não questionara o seu perfil corporativo, nem, tão pouco, a precariedade actual do seu alojamento dissentia realmente das suas tradições. Em contrapartida, a salomónica repartição de competências promovida entre esta e o mosteiro crúzio, iria conformar um equilíbrio instável de poderes e revelar-se uma fonte contínua de tensões. Assim é que, logo a 9 de Maio e porventura na esteira de temores suscitados pelo retorno de Frei Brás[296], os próprios lentes se dirigiam ao soberano, fazendo-lhe sentir o direito que assistia ao Estudo de ser ouvido na matéria das suas instalações: "por que releua mto fazeremse as escolas q. V. A. detrimyna fazer – escreviam – como he rrezão em lugar cõueniente asi ao seruiço & estado de V. A. como a saude dos lentes & estudantes lhe pedimos: q aja por bem nõ nas mãdar ffazer em nenhum luguar desta çidade sem primeiro ver o pareçer desta sua vniversidade"[297]. Era, pois, tudo leva a crer, o retomar de antigas reservas; da misteriosa *causa* que, em Lisboa, havia já suspendido o envio do *debuxo*, mesmo que reformulado pelo Rei. Por outras palavras, era a expressão de uma evidente relutância em estabelecer o edifício universitário nos domínios crúzios e, com isso, uma surda (?) oposição ao projecto delineado por Frei Brás (e por D. João III) para a Rua da Sofia[298]. Em tal contexto, a transferência da Faculdade de Teologia para os *gerais* do Mosteiro, de que a Universidade tomaria conhecimento alguns dias mais tarde[299], não podia senão contribuir para enquinar ainda mais as mútuas relações. É provável, contudo, que a falta de alternativa viável e a necessidade premente em que o Estudo se encontrava de instalações adequadas e que permitissem a sua reunificação, tivessem conduzido, tanto quanto a noção generalizada da conveniência de operar uma pacificação do ambiente escolar, ao convénio celebrado entre o vice-reitor D. Jaime e o *governador* crúzio em 5 de Outubro de 1537, pelo qual se estabelecia que a obra das Escolas se viesse a erguer, de facto, junto a Santa Cruz, no próprio chão que, para esse efeito, Frei Brás de Braga tinha preparado[300]. A essa altura, porém, já o próprio Rei havia abandonado tal projecto, nesse sentido comunicando à Universidade, a 24 de Setembro, ter "determinado de com a ajuda de noso sñor mãdar logo começar a obra das escolas geraes nesa çidade jumto da igja. de sã p⁰". Assim e a pretexto de que "la em cyma se começe logo a pouoar", ordenava que as faculdades alojadas em casa de D. Garcia se mudassem "logo para os meus paços pera la se começar a ler. Agora na fim das vacânces"[301]. Era, ao que parecia, uma reconversão dos *Estudos Velhos*[302]; mas era também e sobretudo, a reconversão do próprio projecto inicial. E o início de um outro: o da (re)apropriação, por parte da Coroa, da sua velha e *régia* fundação.

NOTAS

[199] Cfr. *idem, ibidem*, pp. 567-569 e BRAGA, Teófilo, *História da Universidade de Coimbra*..., tomo I, p. 345.

[200] Cfr. CARVALHO, J. de, "Instituições de Cultura...", p. 20.

[201] A tese que defende o florescimento da Universidade na última etapa da sua estada em Lisboa e, consequentemente, a sua transferência para Coimbra em função de desígnios obscuros ou mero capricho de D. João III, tem a sua origem em Fr. Manuel do CENÁCULO (*Cuidados Literários do Prelado de Beja*, Lisboa, 1791, pp. 239-250) e receberia posteriormente o apoio de um numeroso e ilustre grupo de historiadores, de que se destacam [J. M.] Teixeira de CARVALHO ("Pedro de Mariz e a Livraria da Universidade de Coimbra", *Boletim Bibliográfico da Biblioteca da Universidade de Coimbra*, vol. I, Coimbra, 1914, pp. 534-535); J. de CARVALHO ("Instituições de Cultura...", p. 39); J. Veríssimo SERRÃO (*História das Universidades*, p. 62) e, mais recentemente, J. V. de Pina MARTINS ("O Humanismo...", pp. 199, 211 e 237). Inversamente, a que defende a decadência do Estudo lisboeta como justificação da sua transferência, formulada já por Teófilo BRAGA (*História da Universidade de Coimbra*..., tomo I, p. 381), seria retomada por M. BRANDÃO (*A Universidade de Coimbra*..., pp. 152-155 e nota 1) e, sobretudo, por J. S. da Silva DIAS (*A política cultural*..., vol. I, tomo II, especialmente a pp. 567-572) onde, a nosso ver, cabalmente a demonstra.

[202] Cfr. CARVALHO, [J. M.] Teixeira de, "Pedro de Mariz...", pp. 534-537. Na verdade, é o próprio historiador que, ao perscrutar as despesas da Universidade neste período, comenta: "Êste cuidado com a livraria e capela anda sempre a par em todas as actas. As alfaias do culto aparecem porém mais minuciosamente discutidas que os livros ou as particularidades do ensino. O páleo faz objecto de algumas actas, discutindo-lhe a côr, o tamanho, o tecido e os enfeites. O cuidado com o relógio dava para uma monografia de historiador moderno, amigo do pitoresco. A reforma da capela também se pode estudar detalhadamente. Mas nada se encontra sôbre as aulas, o mobiliário escolar, e muito pouco sôbre os livros de ensino". Veja-se também SÁ, A. Moreira de (docs. coligidos e publ. por), *Auctarium Chartularii Universitatis Portugalensis*, Lisboa, Instituto de Alta Cultura, vol. II, 1975, docs. DCCCII, MVI e MXXIX, pp. 227--228, 441 e 466.

[203] Cfr. BRAGA, Teófilo, *História da Universidade de Coimbra*..., tomo I, p. 339 e BRANDÃO, M., *A Universidade de Coimbra*..., p. 152. É evidente que as calamidades públicas deveriam contribuir poderosamente para a desorganização da vida escolar; mas a Coroa deve ter-se capacitado, a dada altura, de um certo laxismo da Escola na invocação desses pretextos, pois em 1525 o monarca recusará autorização aos lentes para se retirarem de Lisboa, ao mesmo tempo que, inversamente, a concede aos desembargadores do Cível (cfr. DIAS, J. S. da Silva, *A política cultural*..., vol. I, tomo II, p. 573).

[204] Cfr. *Auctarium*..., vol. II, doc. DCCCXV, pp. 241-242. Esta questão tem sido de algum modo exagerada, mau grado o evidente contraste com a *eleição* de D. Manuel I, escassos dias volvidos sobre a morte de D. João II. De facto, a Universidade não "deixou passar dois longos anos sobre a aclamação de seu filho", como escreveu M. BRANDÃO (*A Universidade de Coimbra*..., p. 152) e, antes e depois dele, tantos estudiosos que se debruçaram sobre o assunto, mas sim pouco mais de um ano, uma vez que a morte do *Venturoso* ocorreu em 13 de Dezembro de 1521, realizando-se a aclamação de D. João III no dia 19 imediato e a sua *eleição* como Protector a 30 de Dezembro de 1522.

[205] Efectivamente, a mesma corrente historiográfica que defende o carácter progressivo do Estudo lisboeta nos inícios do reinado de D. João III, se encarregaria de propalar a tese do "mau humor permanente do monarca contra os lentes" (MARTINS, J. V. de Pina, "O Humanismo...", p. 217). Veja-se *supra*, nota 201.

[206] Cfr. DIAS, J. S. da Silva, *A política cultural*..., vol. I, tomo II, p. 573 e nota 1.

[207] Cfr. BRAGA, Teófilo, *História da Universidade de Coimbra*..., tomo I, p. 338 e BRANDÃO, M., *A Universidade de Coimbra*..., p. 152.

[208] Cfr. DIAS, J. S. da Silva, *A política cultural*..., vol. I, tomo II, pp. 574-575.

[209] BRAGA, Teófilo, *História da Universidade de Coimbra*..., tomo I, p. 338; ABREU, J. M. de, "Memórias históricas...", II, p. 223.

[210] Cfr. DIAS, J. S. da Silva, *A política cultural*..., vol. I, tomo II, pp. 126-128, 203, 210, 228, 242 e 576.

[211] *Apud* CIDADE, Hernâni, *Lições de cultura e literatura portuguesas*, Coimbra, Coimbra Editora, ⁷1984, vol. 1, p. 163.

[212] Cfr. CARVALHO, [J. M.] Teixeira de, "Pedro de Mariz...", pp. 537ss. Atente-se que a confirmação dos privilégios concedidos pelos anteriores monarcas estava tecnicamente implícita na própria aceitação do protectorado.

[213] Cfr. BRANDÃO, M., *A Inquisição e os Professores do Colégio das Artes*, vol. I, pp. 51-52, 145-153. Na verdade, muito embora M. BRANDÃO afirme não ter pertencido "em boa verdade, a iniciativa da instituição de bolsas de estudo em Santa Bárbara a D. João III", que relaciona directamente com o proselitismo religioso de Diogo de Gouveia e o seu zelo pelas missões, não deixaria de registar a coincidência da data do seu estabelecimento com a do início da reforma de Santa Cruz e, entendendo esta como "verdadeiro prólogo" à transferência da Universidade, em 1537, terminaria por questionar: "poderia, acaso, ser executada a reforma da *Alma Mater*, com a amplitude que assumiu, sem a iniciativa tomada em 1526 por Gouveia, da instituição das bolsas de estudo, graças às quais se formaram tantos dos futuros lentes da nossa escola?". Quer-nos parecer, porém, que o estabelecimento de 50 bolsas de estudo (há, de resto, suspeitas de terem sido ainda mais), ao constituir um programa de tal monumentalidade que, não somente transcenderia em muito (D. Manuel I instituíra duas em Montaigu) os mais dourados sonhos de Gouveia, como atrairia a atenção de Carlos V, que se interessaria pelos pormenores da sua realização, denuncia por si mesmo a iniciativa régia, como patamar para ulteriores realizações, que M. BRANDÃO bem identificou. Merece, aliás, reparo o facto de terem sido instituídas por dez anos, curiosamente o lapso de tempo que iria decorrer entre a reforma crúzia e a transferência da Universidade. Veja-se *supra*, nota 26.

[214] Cfr. *O Corpo Diplomatico Portuguez, contendo os actos e relaçoens politicas e diplomaticas de Portugal com as diversas potencias do mundo, desde o seculo XVI ate aos nossos dias*, Lisboa, Academia Real das Sciencias, tomo XI, 1898 pp. 291-292.

[215] Cfr. DIAS, J. S. da Silva, *A política cultural*, vol. I, tomo II, p. 444.

[216] Cfr. MENDES, A. Rosa, "A vida cultural", p. 387.

[217] Veja-se *supra* nota 136.

[218] Cfr. BRANDÃO, M., *A Universidade de Coimbra*..., p. 159.

[219] Veja-se *supra* nota 41 (cfr. DIAS, J. S. da Silva, *A política cultural*..., vol. I, tomo II, p. 502).

[220] Na verdade, comprovam-se também diligências, ainda em 1526, junto do bispo do Porto, D. Pedro da Costa (o qual, ainda que invocando a magreza dos seus rendimentos, não deixaria de revelar alguma disponibilidade) e, em simultâneo com D. Diogo de Sousa, junto do cabido metropolitano bracarense. Veja-se BRANDÃO, M., *A Universidade de Coimbra*..., pp. 162-163; *idem, Alguns*

[220] *documentos…*, pp. 203-204; *idem, A Inquisição e os Professores do Colégio das Artes*, pp. 162-167; *idem, O Processo na Inquisição de Mestre João da Costa*, vol. I, pp. 295-296 e DIAS, J. S. da Silva, *A política cultural…*, vol. I, tomo II, pp. 576-577 e, para os projectos pedagógicos de D. Diogo de Sousa e o rumo que tomaram, pp. 445-451.

[221] PIMENTA, Alfredo, *D. João III*, pp. 233-237, *apud* DIAS, J. S. da Silva, *A política cultural…*, vol. I, tomo II, p. 577, nota 1.

[222] Cfr. COELHO, M. H. da Cruz, "Condições materiais de funcionamento. As finanças", pp. 39-67.

[223] Cfr. *supra*, nota 36.

[224] *História da Universidade de Coimbra…*, tomo I, pp. 356-357.

[225] É, com efeito, o que parece inferir-se das informações fornecidas por Teófilo. De facto, Fr. João Gandavo, mestre em Artes e Teologia por Paris, seria intimado por D. João III a renunciar à cadeira de Metafísica, sendo jubilado com 13$000 rs. em 1530; porém, encontrando-se vagas as cadeiras de prima e véspera de Teologia e não havendo outro opositor, seria provido na de prima em 1532. Veja-se nota *supra*.

[226] Cfr. SERRÃO, J. Veríssimo, *História das Universidades*, p. 63.

[227] Cfr. DIAS, J. S. da Silva, *A política cultural…*, vol. I, tomo II, p. 576; BRANDÃO, M., *A Universidade de Coimbra…*, p. 172; ABREU, J. M. de, "Memorias historicas…", II, pp. 223-224 e RIBEIRO, J. Silvestre, *História dos Estabelecimentos…*, tomo I, pp. 447-448.

[228] Cfr. CARVALHO, J. de, "Instituições de Cultura…", p. 37.

[229] Cfr. VASCONCELOS, A. de, "Universidade de Lisboa-Coimbra. Súmmula histórica", *Annuario da Universidade de Coimbra*, Coimbra, Impresa da Universidade, 1901-02, p. 7; RIBEIRO, J. Silvestre, *História dos Estabelecimentos…*, tomo I, p. 447; BRAGA, Teófilo, *História da Universidade de Coimbra*, tomo I, p. 382; BRANDÃO, M., *A Universidade de Coimbra…*, p. 172; CARVALHO, J. de, "Instituições de Cultura…", p. 37; DIAS, J. S. da Silva, *A política cultural*, vol. I, tomo II, p. 578.

[230] Cfr. carta de D. João III para Frei Brás de Braga de 20.08.1530 in CAMPOS, Aires de, "Cartas dos Reis e dos Infantes", *O Instituto*, 2ª Série, vol. XXXVI, 1889, p. 444 e BRANDÃO, M., *A Universidade de Coimbra…*, p. 167.

[231] Cfr. ROSSA, W., *Divercidade…*, pp. 647-648.

[232] Cfr. TEIXEIRA, António José, *Documentos para a História dos Jesuítas em Portugal*, Coimbra, Imprensa da Universidade, 1899, p. 678.

[233] Cfr. DIAS, J. S. da Silva, *A política cultural…*, vol. I, tomo II, pp. 582 e 584-586.

[234] Cfr. *idem, ibidem*, p. 586.

[235] Cfr. HENRIQUES, Guilherme, *Ineditos Goesianos*, vol. II, p. 74, *apud* BRANDÃO, M., *A Universidade de Coimbra…*, p. 173 e nota 1.

[236] Cfr. DIAS, J. S. da Silva, *A política cultural…*, vol. I, tomo II, p. 580 e nota 2.

[237] BRITO, A. da Rocha, *O primeiro dia d'aula, a primeira casa, o primeiro lente, o primeiro livro, os primeiros alunos, as primeiras sebentas, o primeiro bacharel, o primeiro concurso, o primeiro licenciado, o primeiro doutor, o primeiro boticário, o primeiro sangrador, o primeiro bedel da Faculdade de Medicina, desde a última transferência da Universidade para Coimbra*, Coimbra, Biblioteca Geral da Universidade, "Cursos e Conferências da Extensão Universitária", 1935, p. 149; BRANDÃO, M., *Documentos de D. João III*, vol. I, doc. I, p. 1.

[238] FERREIRA, F. Leitão, "Notas inéditas às Notícias Chronologicas da Universidade", *O Instituto*, Coimbra, vol. XIV, p. 278, *apud*, BRANDÃO, M., *A Universidade de Coimbra…*, p. 174.

[239] BRANDÃO, M., *Documentos de D. João III*, vol. I, doc. VI, p. 7.

[240] SERRÃO, J. Veríssimo, *História das Universidades*, p. 63.

[241] Cfr. BRANDÃO, M., *A Universidade de Coimbra…*, pp. 173-174.

[242] Cfr. RIBEIRO, J. Silvestre, *História dos Estabelecimentos…*, tomo I, p. 448. A decantada *oração de sapiência* de André de Resende tem sido objecto das mais controversas apreciações, desde logo por assentar na sua análise uma boa parte da argumentação que, desde Cenáculo, defende o estado florescente da Academia lisboeta nos anos imediatamente antecedentes à transferência (cfr. *supra* nota 201), chegando mesmo a ser entendida como "uma tentativa do maior humanista português… no sentido de convencer D. João III a não transferir a Universidade para Coimbra" (cfr. MARTINS, J. P. de Pina, "O Humanismo…", pp. 217-224). Não parece, contudo, que tal posição seja sustentável, em face das críticas explícitas da *Oratio pro Rostris* a aspectos concretos da pedagogia lisboeta, como a decadência do latim (com a concomitante defesa do grego) e da Medicina, ou a troça à silogística medieval que a Escolástica prolongava [(cfr. CIDADE, H., *Lições de cultura…*, vol. 1, pp. 159-161; SERRÃO, J. Veríssimo, *História das Universidades*, p. 63; MENDES, A. Rosa, "A vida cultural", pp. 386-387; RAMALHO, Américo da Costa, "O Humanismo (depois de 1537)", *História da Universidade em Portugal*, vol. II, pp. 702-704)]. Neste contexto, muito importaria conhecer até que ponto o convite a Resende e a iniciativa da *oratio*, impregnada de referências concretas a Erasmo e onde se inclui a defesa da implantação da escola em local mais tranquilo, partiu da Universidade ou, pelo contrário, terá constituido mais uma interferência do régio Protector.

[243] Cfr. SANTOS, C. dos, *Os Jerónimos em Portugal…*, p. 118, que esclarece definitivamente a questão.

[244] Cfr. DIAS, J. S. da Silva, *A política cultural…*, vol. I, tomo II, pp. 445 e 469-472.

[245] Cfr. *idem, ibidem*, pp. 446-448.

[246] Cfr. *supra* nota 34.

[247] Cfr. BRANDÃO, M., *A Universidade de Coimbra…*, p. 167 e DIAS, J. S. da Silva, *A política cultural…*, vol. I, tomo II, p. 490.

[248] Cfr. DIAS, J. S. da Silva, *A política cultural…*, vol. I, tomo II, pp. 491-499. Sobre a presença em Santa Cruz, antes de 1537, do sevilhano João Fernandes e do alemão Vicente Fabricio ver A. da Costa RAMALHO, "O Humanismo…", pp. 696-697.

[249] Veja-se SANTOS, C. dos, *Os Jerónimos em Portugal…*, pp. 122-123.

[250] Cfr. GONÇALVES, A. Nogueira, "Os colégios universitários de Coimbra e o desenvolvimento da arte", *A sociedade e a cultura de Coimbra no Renascimento*, IV Centenário da Morte de João de Ruão, Coimbra, Epartur, 1982, p. 223; CRAVEIRO, Maria de Lurdes dos Anjos, *Diogo de Castilho e a Arquitectura da Renascença em Coimbra*, Dissertação de Mestrado apresentada à Faculdade de Letras da Universidade de Coimbra, policopiada, Coimbra, 1990, p. 51 e ROSSA, W., *Divercidade…*, pp. 646-650.

[251] Cfr. ROSSA, W., *Divercidade…*, pp. 677, 689, 691 e 742 e DIAS, Pedro, "Um novo poder, uma nova arquitectura. Os humanistas do Renascimento Coimbrão e a sua cidade", *Propaganda e Poder*, Actas, Lisboa, Edições Colibri, 2001, p. 174

[252] Veja-se *supra* nota 232.

[253] Cfr. BRANDÃO, M., *Documentos de D. João III*, vol. I, doc. IV, p. 5.

[254] Cfr. DIAS, J. S. da Silva, *A política cultural…*, vol. I, tomo II, p. 490.

[255] Cfr. *idem, ibidem*, pp. 491-493.

[256] Cfr. carta de D. João III para Frei Diogo de Murça a respeito dos rendimentos do *Infante* bastardo D. Duarte, negociados desde Janeiro de 1535 (*idem, ibidem*, p. 586, nota 2).

[257] SANTA MARIA, D. Nicolau de, *Chronica da Ordem dos Conegos Regrantes…*, Lisboa, tomo I, p. 61.

[258] Cfr. *Auctarium…*, vol. III, doc. MCCCXXIX, p.

[258] 291 e DIAS, J. S. da Silva, *A política cultural...*, vol. I, tomo II, p. 587.

[259] Cfr. CARVALHO, J. de, "Instituições de Cultura...", pp 37-38 e DIAS, J. S. da Silva, *A política cultural...*, vol. I, tomo II, p. 587.

[260] BRANDÃO, M., *Documentos de D. João III*, vol. I, doc. IX, pp. 13-14.

[261] SANTOS, Cândido dos, "Estudantes e constituições dos Colégios de Santa Cruz de Coimbra", Porto, Faculdade de Letras, 1974, série de História, vols. 4-5, 1973-1974, pp. 17-18, 74-75 e 95.

[262] Carta régia a respeito do carniceiro e *regatães*, BRANDÃO, M. *Documentos de D. João III*, vol. I, doc. X1, pp. 16-19.

[263] Cfr. CARVALHO, J. de, "A actividade científica da Universidade de Coimbra na Renascença", *Obra Completa*, vol. II, *História da Cultura (1922-1948)*, Lisboa, Fundação Calouste Gulbenkian, 1984, p. 335.

[264] Sobre este importante aspecto, que tem passado despercebido à mais recente historiografia da especialidade, ver BRAGA, Teófilo, *História da Universidade de Coimbra...*, tomo I, p. 344 e BRANDÃO, M, *O Colégio das Artes*, vol. I, p. 438.

[265] Cfr. BRANDÃO, M., *O Colégio das Artes*, vol. I, p. 47 e DIAS, J. S. da Silva, *A política cultural...*, vol. I, tomo II, pp. 589-590 que a seu respeito justamente escreveria: "Não havia, portanto, gramáticos nestes dois estabelecimentos, e os próprios artistas eram apenas uns quatro. A sua finalidade articulava-se, pois, com as escolas maiores e não com as escolas menores". Sobre a sua construção veja-se CRAVEIRO, M. L., *Diogo de Castilho...*, pp. 52-55 e ROSSA, W., *Divercidade...*, pp. 678-679 e 689.

[266] BRANDÃO, M., *A Universidade de Coimbra...*, pp. 175-176.

[267] Cfr. BRAGA, Teófilo, *História da Universidade de Coimbra...*, tomo I, p. 386; CARVALHO, J. de, "Instituições de Cultura...", p. 38.

[268] Cfr. BRANDÃO, M., *A Universidade de Coimbra...*, pp. 176-177 e DIAS, J. S. da Silva, *A política cultural...*, vol. I, tomo II, pp. 605-606.

[269] De facto, não parece ser possível subscrever, pelas razões acima expostas, a afirmação de J. M. Teixeira de CARVALHO ("Pedro de Mariz...", p. 540), secundada por Isaías da Rosa PEREIRA ("A livraria universitária no início do século XVI", *Arquivo de Bibliografia Portuguesa*, Anos X-XII, n.os 37-48, 1964-1966, Coimbra, Atlântida, 1967, p. 155) de que o inventário da livraria universitária realizado em 1536 seja "medida já aconselhada pela transferência da Universidade para Coimbra". A não ser que a sua atribuição a "cerca de 1536" possa ser deslocada para os primeiros meses do ano imediato.

[270] D. Garcia de Almeida, único reitor civil até ao século XIX, era filho bastardo do 2º conde de Abrantes, D. João de Almeida, vedor da Real Fazenda e sobrinho do bispo de Coimbra, D. Jorge e do 1º Vice-Rei da Índia, D. Francisco de Almeida. Fora mestre do Infante D. Duarte e vedor do Príncipe D. João, filhos de D. João III (cfr. FIGUEIROA, F. C. de, *Memorias...*, p. 7 e RODRIGUES, M. A., *A Universidade de Coimbra e os seus Reitores...*, pp. 42-44).

[271] BRANDÃO, M., *Documentos de D. João III*, vol. I, doc. XVI, p. 25.

[272] Cfr. BRANDÃO, M., *A Universidade de Coimbra...*, pp.176-177; *idem*, *Documentos de D. João III*, vol. I, docs. XV e XVII, pp. 22-24 e 26. Também no alvará de nomeação do reitor o monarca faz expressa menção aos limites da sua jurisdição (cfr. *ibidem*, doc. XVI, p. 25).

[273] BRANDÃO, M., *Documentos de D. João III*, vol. I, doc. XV, pp. 22-23.

[274] *Idem, ibidem*, doc. XVII, p. 26.

[275] SANTOS, C. dos, *Os Jerónimos em Portugal...*, p. 117.

[276] Cfr. DIAS, , J. S. da Silva, *A política cultural...*, vol. I, tomo II, p. 494 e SANTOS, C. dos, *Os Jerónimos em Portugal...*, p. 120.

[277] Cfr. BRANDÃO, M., *A Universidade de Coimbra...*, p. 183.

[278] Efectivamente, desde 1516 que os rendimentos do Priorado-Mor seriam sucessivamente atribuídos aos Infantes D. Afonso, D. Henrique e D. Duarte (cfr. BRANDÃO, Mário, *D. Lopo de Almeida e a Universidade*, Coimbra, Por Ordem da Universidade, 1990, p. 140).

[279] Veja-se *supra* nota 267.

[280] Este argumento, tradicionalmente alegado, foi ainda invocado por Silva DIAS, ao afirmar: "a promessa do fundador da Dinastia não era coisa pela qual o jovem Rei pudesse passar à ligeira" (*A política cultural...*, vol. I, tomo II, p. 573).

[281] Cfr. BRAGA, Teófilo, *História da Universidade de Coimbra...*, tomo I, p. 450

[282] Com efeito, a Universidade ensaia todo um conjunto de medidas de resistência e mesmo desafio à autoridade régia, que não podem compreender-se se não assistissem à sua posição argumentos suficientemente fortes, como sejam a suspensão das funções de bedel com que fulmina Nicolau Lopes, em represália pela *deslealdade* que representava a sua escolha pelo Rei para organizar o processo logístico da transferência; a recusa, por parte do último reitor lisboeta, o doutor Pedro Nunes (homónimo do matemático) de fazer entrega dos Estatutos, relógio, *canpãa*, alfaias da capela, massa do bedel e, em geral, dos trastes do Estudo, ou a deliberada dilação imposta à transferência dos dinheiros, que levantaria problemas com o pagamento aos lentes ainda em Maio de 1537 (cfr. CARVALHO, J. M. Teixeira de, "Pedro de Mariz...", pp. 491ss; BRANDÃO, Mário, *Alguns documentos...*, p. 7; DIAS, J. S. da Silva, *A política cultural...*, vol. I, tomo II, p. 588).

[283] Cfr. BRAGA, Teófilo, *História da Universidade de Coimbra...*, tomo I, p. 450 e VILLA-MAIOR, Visconde de, *Exposição Succinta da Organização Actual da Universidade de Coimbra, precedida de uma breve noticia historica d'este estabelecimento*, Coimbra, Imprensa da Universidade, 1877, p. 58.

[284] Veja-se *supra* notas 273 e 274.

[285] BRANDÃO, M., *Documentos de D. João III*, vol. I, doc. XV, pp. 23-24.

[286] SANTOS, C. dos, *Os Jerónimos em Portugal...*, p. 117. Na verdade, de há muito que Frei Brás deveria andar apreensivo a respeito do rumo que tomava a questão da transferência, bem como das nuvens que se acumulavam sobre o projecto de incorporação da Universidade em Santa Cruz e nesse contexto se deverão enquadrar as palavras que o Rei lhe dirige em Fevereiro de 36: "nã vos descomsoles por q. eu nã estou mudado do preposito q. comvosco asemtey sobre os estudos" (BRANDÃO, M., *Documentos de D. João III*, vol. I, doc. VIII, p. 12).

[287] A irrevocabilidade da transferência e a incerteza sobre o futuro da instituição deverão ter produzido o pânico entre a comunidade escolar, assistindo-se em conformidade, durante o mês de Março, a um movimento surpreendente de reconhecimento dos graus académicos na chancelaria da Escola (cfr. *Auctarium...*, vol. III, pp. 440-444).

[288] Cfr. *supra* nota 2. De facto, vem a propósito reter aqui a opinião formulada por Silva DIAS: "O pensamento inicial de D. João III, de confiar a Fr. Brás de Barros toda a superintendência das escolas gerais e de fazer a instalação destas no mosteiro crúzio e suas cercanias, teve já de ser moderado em 1537, decerto pela resistência do pessoal universitário, com a colocação de um reitor à testa das Faculdades maiores e com a sua arrumação fora das dependências monásticas" (*A política cultural...*, vol. I, tomo II, p. 616).

[289] Na verdade, a Universidade tomaria conhecimento oficial da ordem régia em conselho de 17

de Maio, suspendendo-lhe a execução e deliberando promover a sua revogação, tendo mesmo, em conselho de 26 do mesmo mês, proibido os lentes teólogos de mudarem antes de obtida resposta do monarca. Este, porém, viria a confirmar a ordem dada em alvará de 10.07.1537 (cfr. BRANDÃO, M., *A Universidade de Coimbra*…, p. 184; *idem*, *Documentos de D. João III*, vol. I, docs. XVIII e XXII, pp. 27-29 e 35-36; DIAS, J. S. da Silva, *A política cultural*…, vol. I, tomo II, p. 523).

[290] Com efeito, a transferência constituiria a oportunidade para rever informalmente os Estatutos e a tradicional autonomia da Escola em diversos aspectos, desde a eleição dos reitores, que o monarca nomeia livre e consecutivamente até 1556, à sua remuneração (apenas D. Garcia de Almeida terá servido gratuitamente, como era costume, pagando-se aos seus sucessores um salário de 60.000 rs. anuais, mais tarde grandemente aumentado), aos lentes, igualmente de eleição e nomeação régias, por via de regra por períodos curtos de um, três, quatro e seis anos e cujos magníficos salários, a que acrescia a esperança de generosas dádivas e opulentas jubilações, deixariam fama imorredoura. À Universidade ficava a nomeação dos vice-reitores e de um ou outro lente substituto em catedrilhas de segunda ordem (cfr. BRANDÃO, M., *A Universidade de Coimbra*…, pp. 209-212; DIAS, J. S. da Silva, *A política cultural*…, vol. I, tomo II, pp. 609 e 612 e GOMES, J. Ferreira, "Os vários estatutos…", p. 19).

[291] Efectivamente, este reparo tem sido abundantemente feito em apoio da tese que defende a ausência de um plano consistente na transferência da Universidade, em particular entre os defensores da ideia de se encontrar na sua base o "ressentimento pessoal" do monarca contra a Universidade de Lisboa e que, na ausência de um novo estatuto que reformulasse o perfil jurídico da instituição, opinam que "a trasladação se caracterizou essencialmente pela incorporação de professores novos" (cfr. CARVALHO, J. de, "Instituições de Cultura…", p. 39 e em geral, veja-se *supra* nota 201).

[292] Cfr. BRANDÃO, M., *Documentos de D. João III*, vol. I, doc. XXIII, pp. 37-39 e GOMES, J. Ferreira, "Os vários estatutos…", pp. 20-22.
[293] Cfr. BRAGA, Teófilo, *História da Universidade de Coimbra*…, tomo I, p. 295.
[294] Cfr. SANTOS, C. dos, *Estudantes e constituições*…, pp. 74-100.
[295] Cfr. BRANDÃO, M., *A Universidade de Coimbra*…, p. 178.
[296] Infelizmente, não é possível, através da documentação, estabelecer com segurança a data do regresso de Frei Brás ao Mosteiro, que se comprova em Julho (cfr. *idem*, *Documentos de D. João III*, vol. I, doc. XXII, pp. 35-37), mas que, seguramente terá ocorrido antes.
[297] BRANDÃO, M., *Alguns documentos*…, p. 7.
[298] Veja-se *supra* nota 251.
[299] Veja-se *supra* nota 289.
[300] Cfr. BRANDÃO, M., *Alguns documentos*…, p. 157.
[301] Veja-se *supra* nota 1.
[302] Cfr. BRANDÃO, Margarida, *O Colégio de S. Paulo*, vol. I, pp. 70-71.

5 ❧ O Colégio Real

Na verdade, com a mudança da Universidade, mesmo que incompleta, da casa do reitor para o Paço Real, no *bairro alto* da cidade e, particularmente, com a decisão abrupta de fazer a *obra das escolas geraes* junto à Igreja de São Pedro, reformulando o que fora a sua própria antiga sede, o monarca parecia querer fazer apelo à História, face às contingências do presente. O que seguramente fazia, porém, era cortar inexoravelmente, *auctoritate regia*, a ligação funcional a Santa Cruz. Com efeito, o *projecto de São Pedro*, rapidamente abandonado e que as estreitas limitações espaciais do *Estudo* medievo logo à partida inviabilizavam, mais não seria, na verdade, que isso mesmo: um expediente de momento, com esse fim utilizado[303]. Uma vez mais, porém, a assunção frontal e explícita de semelhante postulado, saldar-se-ia não somente em nova *paixão* do *reformador*, cujo acesso recente o Rei decerto não esquecera ainda, como, muito especialmente, no definitivo comprometimento de qualquer possibilidade de lançar mão, na reforma da Universidade, dos pingues rendimentos do Mosteiro. Nesse sentido, o corte do cordão umbilical teria forçosamente de fazer-se acompanhar da necessária contemporização em relação ao cenóbio agostiniano e ao seu papel no âmbito da escola, que permitisse ganhar tempo e, ao menos parcialmente, indemnizá-la do pesado esforço que lhe era pedido. Dito de outro modo, se Santa Cruz perdia definitivamente *A Universidade* – e era já evidente que perdia – deveria, ao menos por ora, poder quedar-se com *meia universidade*. Nesse sentido se enquadrará, porventura, a substituição de D. Garcia de Almeida, em 27 de Outubro, por D. Agostinho Ribeiro, bispo de Angra, que ocupara já as funções de reitor no Estudo lisboeta e deixaria fama de "cortesão jubilado em toda a arte da lisonja"[304], tal como a cedência ao Mosteiro, em 26 de Janeiro de 1538, das cátedras de Medicina (ou *física*) a pretexto da sua conexão com as Artes e a Filosofia[305], ou mesmo a concessão aos colégios crúzios do exclusivo do ensino público das Humanidades, decretada pelo monarca um mês mais tarde e em detrimento da própria Universidade[306]. Era, porém, a atribuição ao prior crúzio da dignidade de *cancelário* que verdadeiramente outorgaria ao Mosteiro um papel estrutural, a um tempo no plano simbólico e jurídico, na vida da instituição – e seria esse um novo factor de envenenamento das suas relações[307].

De facto e não obstante a intenção régia de obter, através da repartição da *autoridade* entre as duas instâncias (o reitor no Paço, o cancelário no cenóbio), o equilíbrio dos interesses, sem prejuízo da unidade formal da instituição ("per a dita maneira – escrevia-se –, a vnyuersydade, posto que as faculdades estejam apartadas, seria toda vnida & junta & posta em muyta concordia"[308]), a redução do Estudo Geral ao ensino das faculdades de Leis e Cânones e das cátedras de matemática, retórica[309] e música, enquanto no Mosteiro se liam a Teologia, a Medicina, as Artes, a gramática e o grego, constituiria um perpétuo motivo de conflitos, agudizados, de resto, quando, em 28 de Abril de 1541, o reitorado é entregue ao bispo de S. Tomé, o belicoso D. Frei Bernardo da Cruz[310]. E, na verdade, eram corridos pouco mais de dois meses e já o soberano invocava uma vez mais o auxílio de Frei António de Lisboa, comunicando-lhe para o Convento de Tomar: "Frei Brás me pedio licença para se hir para a Ordem e posto lha não concedesse todavia insiste em se hir porque diz que não tem que fazer, nem faz nada em Santa Cruz"[311].

Com tudo isso, podia afirmar-se que, em termos gerais, a *reforma* da Universidade se havia já saldado num êxito inequívoco: com a abertura, no cenóbio crúzio, dos *estudos públicos* e o estabelecimento, nos seus *gerais*, da Faculdade de Artes e, mais ainda, com a inauguração das restantes classes em Maio de 1537, contava-se em centenas o volume de alunos que frequentavam as várias faculdades[312], numa adesão maciça que testemunha a abertura aos valores humanistas da própria sociedade[313]. Desse verão de 1537, aliás, já em tempo de férias, ficou-nos a viva descrição que nos legou Clenardo, *assombrado*, como ele mesmo dizia, *com o novo milagre*: "Vicente Fabrício – relataria o eminente humanista, mestre dos Infantes, sobre o que observou em Santa Cruz – comentava Homero, não traduzindo-o de grego para latim, mas como se o fizesse na própria Atenas! Nunca até então eu vira tal em parte alguma. E os discípulos imitavam o mestre com não menor aplicação, empregando também a língua grega quase exclusivamente. A julgar por estes presságios, se me é lícito meter a profeta, Coimbra há-de vir a ser um centro florescentíssimo no estudo das línguas". E concluía, depois de análoga experiência entre os teólogos: "quem não vê que está reservado a Coimbra ainda um dia vir a sobrepujar a própria Salamanca? El-rei também se não poupa a nenhumas despesas, tendo dotado as cadeiras com proventos tão gordos, que em toda a Espanha não logram os professores melhores salários"[314].

Com efeito, a firme direcção imposta por Frei Brás à escola do Mosteiro e a *doctas pietas* que ele mesmo professava, haviam garantido ao ensino crúzio uma orientação claramente moderna e imposto, como estipulavam, sob pesadas penas, as *constituições* por seu punho obradas, "Que nam se leam nem ouçam em nossos collegios sofistaria"[315]; ao mesmo tempo, a generosidade régia empenhava-se em atrair a Coimbra um escol de professores disputados a prestigiadas universidades estrangeiras, como Paris, Salamanca ou Alcalá[316] e a conjugação das duas circunstâncias reflectira-se, sem dúvida, tanto na qualidade do ensino como na própria afluência de estudantes. Era o *milagre* que Clenardo pudera verificar. Não obstante, vista mais de perto, a realidade não deixava de apresentar nítidas fissuras. De facto, a situação verdadeiramente paradoxal que resultava da cisão administrativa operada sobre o velho Estudo, multiplicava os conflitos de jurisdição, ao mesmo tempo que dificuldades na contratação dos docentes estrangeiros obrigavam os responsáveis crúzios a alguma improvisação em matéria de professorado, que se não compatibilizava com a aspiração de fazer rivalizar os *gerais* do Mosteiro com os seus congéneres de Paris, Bordéus, Salamanca ou Alcalá. De igual modo, passado o primeiro impacte, assistir-se-ia a um decréscimo na frequência dos alunos e a um recrudescimento da emigração escolar, especialmente em direcção aos grandes centros universitários castelhanos e franceses[317], muito provavelmente em função de carências do ensino que o reitor denunciaria insistentemente ao Rei por todo o ano de 1541, invocando a "falta que ha nessa Universidade nos princípios da latinidade"[318]. Mas era o próprio esquema pedagógico neles implantado que estaria longe, em fim de contas, de distinguir-se pela eficácia. Com efeito, se a reforma escolar levada a cabo no Mosteiro se orientava abertamente na direcção do Humanismo literário, não eram igualmente firmes os seus pressupostos no plano específico do Humanismo ideológico, do mesmo modo que o luminoso prenúncio de autonomização dos preparatórios que representara a instalação da Faculdade de Artes, se veria nitidamente prejudicado (mau grado a maior clareza da organização curricular) pela ulterior transferência para o estudo agostiniano das cátedras de Teologia e Medicina. Mas, especialmente, o sistema basicamente *escolar* e não *colegial* implantado entre os crúzios, não logrando, por ausência de regime de internato, obter a síntese entre *ensino* e *educação* que constituía a base do ideário pedagógico humanista, tal como vinha sendo experimentado nos *colégios menores* franceses ou no Colégio Trilingue de Lovaina[319], não parecia poder vir a fornecer a base necessária à formação, quantitativa e qualitativa, dos *varões sábios e devotos* de que o Reino há muito carecia[320].

Vista desta perspectiva, pois, a *reforma* quedava-se, afinal, a uma ampla distância do objectivo pretendido. Que o monarca tomara já consciência dos sinais de crise que se divisavam e da urgência de intervir directamente na coordenação dos estúdios crúzios, demonstra-o a correspondência trocada com o cenóbio ao longo do ano de 1541 e, muito especialmente, a nomeação a que procederia, durante esse ano lectivo de 1540/41, de um *director* ou *primário*, investido de poderes nas áreas de recrutamento de professores, repartição de alunos, exames, fixação de programas e mesmo disciplina pedagógica[321] (e o alvoroço gerado no cenóbio pela implementação de tal medida – que chegaria mesmo à invalidação do cargo –, confirmá-lo-iam, por certo, na justeza da sua decisão de implantar os Estudos na *Alta*, cortando assim toda a possibilidade da sua reunificação ao abrigo dos cónegos regrantes). De resto, desde Julho de 1538 que o *projecto* dos Estudos Velhos havia evoluído para uma solução mais consistente, a erguer em zona parcialmente livre, sobranceira ao lanço da *couraça* que descia do Castelo à Porta Nova e onde, brevemente, o próprio Rei faria erguer casas destinadas a estudantes[322]. Mas o passar do tempo e o aprofundamento das tensões entre as duas prelaturas em que se repartia a Escola, tanto quanto o espectro do estrangulamento económico gerado pelo aumento do corpo docente e respectivas remunerações[323], impunham uma intervenção de fundo, que reconstituísse a unidade perdida e conferisse coerência pedagógica ao sistema de ensino implementado, do mesmo passo resolvendo em definitivo o drama sempiterno das finanças escolares. O próprio monarca, em finais de 42, terá pensado em deslocar-se a Coimbra, com vista, por certo, a avaliar pessoalmente a situação[324]. Mas, sobretudo, urgia encontrar o *homem certo* que, à semelhança de Frei Brás no seu domínio crúzio, fosse capaz de dirigir, com pulso firme, o complexo xadrez em que se convertera o processo da transferência; alguém cuja formação cultural, independência e sintonia ideológica com os objectivos programáticos da reforma, permitisse confiar-lhe, enfim, a inteira chave da questão, ao mesmo tempo que dotado de tacto bastante para contornar o fogoso temperamento do *governador* crúzio. E esse homem não tardaria a ser localizado: era também monge jerónimo e dera, no século, pelos nomes de Diogo Guedes ou Diogo Pinto[325]. Mas chamava-se em religião *Diogo de Murça*.

Não era, de resto, Frei Diogo, um desconhecido para o Rei. Ingressara no Mosteiro da Penha Longa em 1513, onde, três anos mais tarde, professaria também Frei Brás de Braga, seguindo ambos para Paris, por 1517, a cursar Artes e Teologia, tudo indica que no Colégio de Mantaigu, a coberto das bolsas aí criadas, por D. Manuel I, em 1498[326]. Porém, como a universidade do Sena fosse ainda presa da *sofistaria*, rumariam a Lovaina, onde, sob a direcção de Erasmo e Luís Vivès[327], o Colégio Trilingue se afirmara já como modelo de *colégio de Artes* do Renascimento e cuja Faculdade de Teologia se encontrava na vanguarda da controvérsia anti-luterana. Regressado Frei Brás ao Reino, onde já se encontrava em 1525, prosseguiria Diogo de Murça os seus estudos até ao doutoramento, em 1533, aí se cruzando com outros portugueses, como André de Resende e Damião de Góis e relacionando-se com humanistas de renome, como Nicolau Clenardo que, anos mais tarde, teria ensejo de acolher em Portugal. Da sua passagem por Lovaina ficaria um rasto eloquente na honrosa menção que lhe faz João Driedo, seu patrono, afectuosamente o apodando de "convictor meus" na dedicatória a D. João III da obra *De ecclesiasticis scrituris et dogmatibus*, editada em 1533[328]. Mas era na sua própria mente que quedava impressa, para todo o sempre, a marca desses dez anos de vivência flamenga e de contacto directo com a aplicação prática das doutrinas de Erasmo, a qual, uma vez na Pátria, haveria de integrá-lo na *geração de Quinhentos*, onde enfileiravam os homens da mudança[329]. De facto, a vasta biblioteca que reuniria e onde, meticulosamente, coligirá as obras do doutrinador de Roterdão, confirma uma fidelidade que se estende também ao estudo da Patrística, das Humanidades e da controvérsia bíblica e dogmática, em cujo âmbito, aliás, se enquadraria o próprio interesse pelas *línguas sábias* e revela um teólogo de formação convictamente anti-luterana[330]. E foram, decerto, esses atributos e os encómios de Driedo, senão de Frei Brás, a quem, desde 1527, o monarca confiara a *reformação* de Santa Cruz, que imediatamente o recomendaram, no seu retorno a Portugal, ainda em 1533 ou já nos inícios de 1534, para ocupar as funções de prior da Penha Longa e, concomitantemente, dirigir a formação intelectual de dois bastardos de sangue real: os *senhores* D. Duarte e D. António, respectivamente filhos do *Piedoso* e de seu irmão o Infante D. Luís[331]. Mas não é inverosímil que o soberano tivesse dispensado as apresentações.

Na verdade, estaria reservado aos Jerónimos portugueses um papel pioneiro, tanto na experimentação das novas fórmulas pedagógicas, como na implementação da *douta piedade*, de que são testemunhos, seja a acção de Frei Brás em Santa Cruz, seja o *colégio* inaugurado no

Frei Diogo de Murça. Arquivo da Universidade de Coimbra (foto José Maria Pimentel)

Mosteiro de Belém, em 1534/35, sob a direcção do *lovainense* Inácio de Morais e logo transferido para Sintra, em benefício dos pupilos reais de Frei Diogo[332]. Não se trata, porém, de orientações programáticas da Ordem, mas de acções concretas e pontuais, protagonizadas por seus representantes. De facto, não se destacariam os monges jerónimos, congregação estritamente peninsular, nem pela espiritualidade, nem por um entranhado cultivo das letras, quer humanas quer divinas[333]; em contrapartida, distingue-os a imunidade revelada em relação à crise que afectaria tantas observâncias, ao mesmo tempo que a sua especial ligação à Coroa, senão mesmo às próprias pessoas dos soberanos, *múnus* esse, de resto, que encontraria tradução na protecção, especial também, que lhes dispensa a Realeza[334]. Nesse contexto, pois, incidindo os desígnios régios não na Ordem jeronimita enquanto tal, mas num ou noutro dos seus membros adrede designados, não parece temerário vislumbrar a mão real na origem, ainda em tempos de D. Manuel, da designação de Brás de Barros e Diogo de Murça como usufrutuários das duas (justas) bolsas que o monarca havia instituído em Montaigu, tanto quanto do seu posterior reencaminhamento para Lovaina, desse modo melhor se compreendendo o imediato alistamento de ambos, no seu regresso ao Reino, em missões de *pessoal fidelidade*. Assim, pois, bolseiros d'El-Rei *avant la lettre*, a Frei Brás confiaria D. João III a *reformação* de Santa Cruz e a Frei Diogo os dois bastardos régios, que importava fazer educar longe da curiosidade pública[335]. E terá sido ainda esse desejo de sequestrar os ilustres pupilos aos olhares profanos, que levou o soberano, em 1537, no exacto momento em que ordenava a *mudança* do Estudo para Coimbra, a transferir igualmente para o Mosteiro da Costa, em Guimarães, a *escola real* da Penha Longa. Aí organizaria o prior Murça, em benefício dos *infantes* e do restrito grupo de escolares que os rodeava, uma pequena *universidade*, reduzida ao ensino das Artes e das Humanidades e tendo como faculdade *maior* a Teologia e à qual Paulo III, por expressa intervenção do *Rei Piedoso*, concederia, em 1539, a colação dos graus de bacharel, licenciado e doutor e a completa equiparação ao seu congénere conimbricense[336]. Academia *desempoeirada*, segundo o testemunho de Clenardo, que a visitou no outono de 1537[337], orientada em harmonia com o *método lovainense*, perderia, contudo, o seu sentido, subitamente, em Agosto de 1543, com a morte inopinada do *senhor* D. Duarte[338]. A coincidência deste facto com a crise ressentida em Coimbra pelo processo da transferência da Universidade, cuja reforma os perpétuos conflitos entre as duas prelaturas escolares pareciam haver já comprometido, projectaria, assim, Diogo de Murça para um novo destino, para o qual o recomendavam, simultaneamente, a sua comprovada dedicação ao serviço do monarca, a modernidade da sua formação intelectual e a antiga amizade que o unia a Frei Brás, seu companheiro de andarilhanças e de estudo. Desse modo, em 5 de Novembro desse mesmo ano, ver-se-ia provido no cargo de reitor da Universidade[339]. Mais do que um *cargo*, contudo, era uma *missão* que verdadeiramente o aguardava – e os factos parecem revelar que já então a teria empreendido.

Na verdade e como foi já notado, a colocação de Frei Diogo de Murça à cabeça do Estudo Geral transcende o mero "acto de rotina", o "render da guarda do reitor que entra pelo reitor que sai". Inversamente, iria consumar-se por seu intermédio, tanto na forma como no espírito, o "pensamento inicial de D. João III": a completa renovação da secular instituição de ensino, em termos de poder confrontar-se com as grandes escolas europeias do seu tempo e de prover o Estado, em número e qualidade, dos *varões sábios e devotos* que há muito ambicionava. Triunfava, enfim, a "tese da primeira hora"[340]. Com efeito, ao provimento do novo reitor iria corresponder, em rápida sequência, a sucessiva resolução dos principais problemas – de ordem financeira, jurídica, administrativa e pedagógica – que ensombravam a vida da instituição. Assim é que, logo a 17 de Novembro, oficiava o Rei ao seu embaixador em Roma, Baltazar de Faria, a fim de dar início aos trâmites necessários à extinção do Priorado-Mor de Santa Cruz, opulentíssima comenda de cujo rendimento, de mais de 3 300 000 reais, fruíra até então o malogrado D. Duarte e que o monarca intentava dividir entre a Universidade e dois bispados novos, a criar em Leiria e Portalegre. A tripla negociação, concluída em meados de 1545, contaria com o beneplácito de Frei Brás, que alcançava a mitra de Leiria e resolvia por inteiro os apertos financeiros do Estudo Geral, o qual, entre os patrimónios *velho* e *novo*, acumulava agora um rendimento equiparável ao das mais ricas dioceses[341]. Enquanto isso, desde finais desse ano de 43 ou, o mais tardar, em inícios do seguinte, que corria em Paris e chegava aos ouvidos de Diogo de Gouveia, *o velho*, a notícia de que D. João III tencionava fundar um colégio, para cujo efeito chamara ao Reino o seu sobrinho André, em simultâneo decretando a revogação dos *bolseiros d'El-Rei*, que instituíra em 1526[342]. Em Setembro de 44 seria a vez de Frei Diogo de Murça transportar para Coimbra e fazer entrega na Universidade dos novos *Estatutos*, um texto diplomático que fundia no velho *corpus* manuelino a legislação avulsa acumulada desde 37, mas que lograva reforçar a dignidade jurídica da instituição[343]. Enfim, a 22 de Outubro e por sugestão do próprio Frei Brás, consumava o monarca a ansiada reunificação da Escola, pondo assim termo a sete anos de separação forçada, ao decretar a transferência para o Paço Real das faculdades estabelecidas no mosteiro crúzio, onde somente as Artes se quedavam[344].

Assim, pois, após a entrega a Frei Diogo de Murça, em 5 de Novembro de 1543, da borla reitoral, operava-se, em ritmo impressionante, a resolução do complexo conjunto de problemas que afectavam o Estudo desde a sua transferência de Lisboa e que ainda dois anos antes pareciam insolúveis. E levava-se a efeito sob os auspícios de Frei Brás, activo colaborador, agora, em matérias de tão grande alcance como a amputação do património crúzio ou a perda da tutela monástica sobre as faculdades estabelecidas no cenóbio e aparentemente esquecido das razões que, ainda em 1541, o haviam levado, uma vez mais, a pedir escusa do seu posto e a afirmar *nada fazer, nem ter que fazer em Santa Cruz*[345]. De facto, parece haver indícios claros de que, pelo menos desde os finais de Agosto de 1542, o soberano mantinha conversações com o prior da Costa a respeito dos assuntos universitários[346]; e se é duvidoso que estas tivessem já por horizonte o seu provimento no cargo de reitor, tendo em conta a recente nomeação de D. Frei Bernardo da Cruz[347] e, especialmente, a importância das funções que Murça desempenhava em Guimarães, não custa, porém, admitir que visassem ouvir o seu conselho em assuntos que eram da sua especialidade, senão mesmo usar os seus talentos de negociador e o crédito de que dispunha junto de Frei Brás. Desse modo, quando, em Agosto de 1543, a morte repentina do *infante* o liberta de súbito do seu papel de preceptor, pode dizer-se que Frei Diogo mais não faz do que assumir oficialmente a tarefa que, havia já um ano, informalmente lhe teria sido confiada[348] – e que, tudo indica, incluíra desde logo as questões candentes da promulgação dos Estatutos e da reunificação do Estudo, senão mesmo a própria matéria patrimonial, cuja resolução parece, de facto, ligar-se mais à mitra de Frei Brás[349] do que à morte *oportuna* do bastardo régio, já nomeado arcebispo de Braga e a quem, por certo, não seria impossível alcançar idêntica prebenda. Era, porém, evidente que a mera concentração das faculdades maiores no Paço Real, se constituía um passo importante na pacificação da instituição, não resolvia por si mesma o problema do ensino das Artes, nem as insuficiências que o próprio D. Frei Bernardo da Cruz denunciara com insistência ao longo do ano de 1541. Nesse sentido, as diligências junto do *governador* crúzio seriam acompanhadas dos contactos estabelecidos com André de Gouveia no sentido de lhe encomendar a organização do *colégio* de que o velho *principal* de Santa Bárbara, em Paris, tivera notícia logo em finais de 1543 ou nos inícios do ano seguinte.

A ideia original parece, de resto, remontar a 1537 e ter partido do próprio André de Gouveia. A sua ligação à Coroa tinha, aliás, origem na tradição dos serviços prestados por seu tio Diogo desde o reinado de D. Manuel I, pelo que tinha sido nomeado, havia pouco, em sua substituição, como representante do Estado português junto do *Tribunal de Presas* de Baionne[350]. Desse modo, possivelmente impressionado com a transferência da Universidade para Coimbra, informava, em 11 de Agosto, o embaixador de Portugal em França, Rui Fernandes de Almada, da sua vontade de colaborar na reforma do sistema de ensino, mau grado a excelente situação de que gozava nesse reino: "tudo me parece nada – escreveria – p. q. nã viuo na pátria & faço nella algum fruyto & deos sabe meu zelo & vontade quã grande he de poder nella fructificar"[351]. Mas a verdade é que não queria chegar a Portugal *cõ as palhas na cinta*, como ele mesmo dizia, pelo que fazia depender a sua vinda da criação das necessárias condições financeiras. É certo, porém, que o seu oferecimento vinha antes de tempo, no momento em que tudo estava ainda em aberto no próprio processo da transferência e importava, sobretudo, gerir as susceptibilidades de Frei Brás em relação aos termos em que esta, afinal, se verificara. Cinco anos mais tarde, contudo, a situação era bem outra. A Coroa perdera já as suas ilusões em relação às potencialidades dos colégios crúzios na questão do ensino dos preparatórios, ao mesmo tempo que o próprio André de Gouveia, à frente do seu Colégio da Guiena, em Bordéus, soubera consolidar, desde 1534, a fama de brilhante pedagogo que haveria de justificar o clássico dito de Montaigne a seu respeito: "sans comparaison le plus grand principal de France"[352]. Ao longo desses anos, de resto, não seriam poucos os portugueses a contactar com a sua obra e a testemunhar a justeza da sua nomeada, que o próprio Frei Diogo de Murça, decerto, corroboraria, pelo conhecimento adquirido no seu estágio parisino, quando o (então futuro) *principal* bordalês exercia o seu magistério em Santa Bárbara[353]. Desse modo, por finais de 1542 ou já nos inícios do ano seguinte, chamava o monarca André de Gouveia a Portugal, a fim de com ele debater pessoalmente o assunto do ensino preparatório oficial. Era como se, volvido mais de um século, encontrassem eco, enfim, as palavras do Infante D. Pedro a seu irmão D. Duarte, quando, no acto de recomendar-lhe o sistema colegial, *por maneyra de vxonia e de paris*, como remédio para a obtenção de *bem acustumados eclesiasticos*, o advertira de ser *mester* alcançar *bons hordenadores*; *taes ordenadores* (escrevera) *que ja estiuerão em as ditas unjversidades*[354]. Mas eram também, em certo sentido, as ideias expressas por D. Diogo de Sousa, dezasseis anos antes, quando se opusera ao envio de bolseiros para fora, propondo, em alternativa, a fundação no Reino de um colégio de Teologia e de *todas as ciências que para ela são necessárias*, apoiado num corpo docente, ele sim recrutado no estrangeiro, para o que se não esquecera de recomendar: "Pagai, Senhor, muito bem aos lentes e aos escolares que bem aprenderem fazei-lhes muita mercê"[355]. Desse modo, ao longo do segundo semestre de 1543, senão mesmo ainda dos primeiros meses de 44[356], em coincidência, pois, com a assunção por Frei Diogo de Murça da reitoria da Universidade, assentar-se-iam as bases para o estabelecimento, em Coimbra, de um colégio dirigido por André de Gouveia e provido de uma equipa de docentes por ele recrutada nos colégios franceses. Tratava-se de uma *missão* com duração prevista de dois anos, findos os quais o colégio deveria estar em condições de caminhar pelo seu próprio pé[357]. Mas ficavam por estabelecer as datas concretas da sua instituição, em virtude, uma vez mais, da delicadeza das negociações a desenvolver junto do cenóbio crúzio, que iria perder a sua preeminência e mesmo da Universidade, em relação à qual o colégio deveria ficar independente[358]. Com efeito, se a outorga dos novos Estatutos, em Setembro de 1544, significara, para esta, o termo do *período de transição* correspondente ao processo da transferência, que a almejada reunião do conjunto das faculdades no interior do Paço Real, em Outubro seguinte, viera coroar, em aberto permanecia ainda a magna questão dos bens do Priorado-Mor, cuja conclusão formal apenas em meados de 45 seria alcançada; e quase um ano ainda iria decorrer antes de a Universidade tomar posse real da doação, o que teria lugar em 18 de Maio de 1546 – mas para dar início a um pertinaz conflito entre as duas instituições que somente a especial *entente* estabelecida entre Frei Brás e o reitor Murça lograria (por algum tempo) controlar[359]. Em semelhante contexto, pois, face a um projecto que passava, de novo, pelo *sacrifício* do cenóbio, agora, porém, sem esperança de *compensações*, a solução dependia, uma vez mais, da espessura do véu de secretismo que sobre o assunto se pudesse manter. E tal redundaria, nos anos que se seguem, na reedição quase mimética do percurso seguido pelo próprio processo da transferência.

De facto, após o regresso a França de André de Gouveia, na primavera de 1544, empreendia este, de imediato, as diligências necessárias à constituição do corpo docente, bem como a compra do material tipográfico in-

A MORADA DA SABEDORIA

dispensável à *imprensa* que deveria funcionar em complemento da nova instituição, ao mesmo tempo que tratava de assegurar, através de João Gélida, igualmente *principal* numa escola de Paris, a sua sucessão no Colégio da Guiena[360]. Mas um pesado silêncio iria descer sobre o assunto do *colégio*. E essa ausência de efeitos práticos da sua vinda a Portugal, terá minado, seguramente, a sua confiança nas intenções reais. Em 1545, todavia, o próprio monarca o tranquilizaria, ao afirmar-lhe: "ca estou ainda na detreminaçã em q. estaua de me serujr de voz, como cõvosquo falley"; e justificava: "p. q. vosa vinda nã podia ser (como sabeys) sem ao colegyo se dar alguum prinçipio em q. vos podeseys vyr meter & per o lugar & ordenãca em que vos parece que se deve fazer nã ouue ategora disposiçã para iso. Não vos respondy (ategora nem asy mesmo o faço) todo este tempo & pela mesma causa o nã faco asy mesmo agora". Não deixava, contudo, de recomendar: "os homens q. tendes para virem cõvosquo folgarey de não alarguardes"[361]. Mas Gouveia não parecia estar disposto a aguardar placidamente os acontecimentos, pelo que, em Novembro desse ano, decide alvitrar o estabelecimento do colégio em Lisboa ou mesmo em Évora, com o fito de contornar as susceptibilidades coimbrãs[362]. E deve ter sido a necessidade de pôr algum freio nessa impaciência, senão mesmo a consciencialização, por parte do Rei, da inevitabilidade de (uma vez mais) provocar os acontecimentos, a origem da sua segunda deslocação ao Reino, por intimação real, na primavera de 1546 e no decurso da qual, agora em companhia de Diogo de Teive, estrategicamente passaria por Coimbra a 17 de Abril. E desta segunda permanência[363] iria nascer um plano concreto de actuação, que englobava, decerto, o próprio estabelecimento de objectivos temporais no que respeitava à implementação do ambicionado colégio. Com efeito, André de Gouveia voltaria a França, mas agora a fim de organizar definitivamente a expedição dos *bordaleses*, que despovoaria o Colégio da Guiena da maior parte dos seus insignes mestres e que rumaria a Portugal na Quaresma de 1547, dividida em dois grupos, partidos com escassos dias de intervalo: o primeiro composto de Guilherme de Guerente, Nicolau Grouchy, Arnaldo Fabrício e Jorge Buchanan e o segundo de Elias Vinet, Diogo de Teive, João da Costa e António Mendes, abalando o próprio Gouveia algum tempo mais tarde, talvez em companhia de Patrício Buchanan, irmão de Jorge, todos se encontrando já antes da Páscoa em Almeirim, onde então o monarca estanciava[364].

Na verdade, a publicidade suscitada pelas repetidas e demoradas estadias do *principal* na Corte e, mais ainda, o impacte produzido pela chegada dos mestres *estrangeiros*, acrescidos do geral desconhecimento sobre o efectivo destino do colégio[365], não tardariam a surtir os efeitos desejados e a fazer mover, em benefício dos desígnios régios, a mola corporativa do Estudo Geral, que o reitor Murça, certamente, não deixaria de subtilmente estimular[366]. Assim é que, perante o espectro da concorrência lisboeta, decidiria o conselho, em 19 de Julho de 1547, "que se espreva a S. A. sobre o colegio de m.te andre q. S. A. mãdou vyr q. nõ deyxe fiquar em lyxboa & o mãde a esta vnjuersydade pelo m.to prouejto q. fara & fiquãdo em lx.ª nõ se podra sostentar a vnjuersjdade em cojmbra & esto sem perjuizo dos lentes q. hora lem amtes os louuem na dita carta a S. A. & lhe alembrem seus m.tos serujços q. lhe tem feito & ha vnjuersydade"[367]. Estava, pois, alcançado o primeiro objectivo: ao impetrar formalmente o estabelecimento em Coimbra do *colégio real*, a corporação universitária reafirmava, do mesmo passo, a sua dependência em relação à Coroa e deixava ao monarca, uma vez *atendida*, as mão livres para modelar a seu arbítrio a nova instituição. E, na verdade, escassas semanas decorridas, a 6 de Agosto, oficializava o Rei tacitamente os seus propósitos, ao referir-se abertamente ao *doutor mestre André de Gouveia, Principal do colegio que ora mando fazer na cidade de Coimbra*[368]. Restava ainda Santa Cruz.

No que directamente respeitava ao Mosteiro, porém, dispunha agora D. João III de um aliado poderoso na pessoa de Frei Brás, exornado já com a mitra de Leiria e afastado da direcção efectiva dos colégios crúzios, mas não dos seus antigos poderes de *reformador* e *governador*. Desse modo e depois de previamente instruir o prelado para que expedisse as competentes ordens, dirige-se o monarca formalmente aos cónegos regrantes, em 9 de Setembro, com o fito de lhes pedir, por empréstimo, os colégios de S. Miguel e de Todos-os-Santos, no mesmo

O COLÉGIO REAL

Colégios de S. Miguel e de Todos-os-Santos (J. Carlos Magne, 1796, MNMC)

acto em que lhes comunica ter mandado "ora assentar nessa çjdade hum Collegio em q. se ham de ler todas as artes, do qual ha de ser prynçipal o Doutor mestre Andre de gouuea q. pera jso mandey vir de ffrança com alguns lentes q. loguo consygo trouxe pera o dito collegio", afirmando-se certo de serem os monges "disto contentes, como confio q. o sereis". Ao *doutor mestre* e respectivos lentes se destinavam, com efeito, as "cazas & apouzentam.to dos dous Collegios", que o soberano pedia de empréstimo "em quanto se não fezerem as que tenho ordenado de mandar fazer", os quais se comprometia, contudo, a "despejar & tornar tanto q. forem feitas as casas que de nouo ey de mandar ffazer pera o dito Collegio", o que sucederia "o mais cedo que poder ser", requerendo ainda que, visto ser informado de estarem "alluguadas a pesoas alghuãs casas dos ditos collegios q. tem seruentia pera a Rua", estas se "despejem logo dos ditos allugadores", enviando em conformidade um alvará "pera os taes allugadores serem Constrangidos a se sair dellas posto que aynda dure o tempo dos seus allugueres, & sem embargo de quaes quer cõtratos & cõçertos que sobre Jsso com elles teuerdes feytos"[369]. Caía assim, o cenóbio, de uma estocada única e sem réplica, pelo que, entregues as chaves dos colégios, iniciava o monarca a sucessiva promulgação de uma série de medidas de natureza prática, destinadas a proteger a vida da nova instituição[370], à qual, a 16 de Novembro seguinte, outorgava um *Regimento*, que foi já apodado de verdadeira *carta fundacional*[371]. E do qual emergia, com efeito, uma escola singular: o *Real Colégio das Artes* ou, simplesmente, o *Colégio Real*[372].

Na verdade, esvaziados os colégios crúzios das suas competências na esfera do ensino oficial, o novo instituto como que absorvia a antiga Faculdade de Artes[373], afirmando-se, contudo, em absoluta autonomia a respeito da Universidade e do seu reitor, que não detinham sobre ele qualquer poder ou jurisdição, mais do que o de receber, nas *escolas maiores*, os actos e exames de recepção dos graus[374] e colocando-se sob a directa autoridade de uma nova personagem – o *principal* – apenas responsável perante o Rei que, aliás, com generosidade realmente régia, supriria todas as despesas[375]. Era o *sistema francês*, que vigorava, desde Francisco I, no Colégio de França, e que fazia dizer dos *regimentos* de Paris e do Colégio de Coimbra que *quase todos são uns*[376]; mas era também o *sistema de Lovaina*, sobre cujo Colégio Trilingue aquele se decalcara e que se considerava ser condição imprescindível para levar a cabo

91

a tarefa de renovação a que o monarca e os seus agentes se propunham[377]. Com o novo instituto, porém, não era apenas a completa autonomização do ensino preparatório que, enfim, se consagrava: *colégio real*, emergiam com ele as noções de *ensino estatal*, livre dos constrangimentos corporativos do sistema escolar medieval pela estrita dependência financeira em relação à Coroa, que *livremente* contratava ou dispensava os lentes, lhe providenciava directa *protecção* e lhe outorgava o *regimento*, e de *ensino público gratuito*, entendido não já no antigo sentido dos *hospitia*, vocacionados para o alojamento de estudantes pobres, mas, essencialmente, como centro de formação de *elites*[378].

Desse modo, completado o corpo docente com recurso a alguns dos lentes já existentes nos *gerais* dos Crúzios e pela maior parte formados em Paris, ou mesmo com outros adrede convidados, como o próprio irmão do *principal*, Marçal de Gouveia, abria o Colégio as suas portas, finalmente, adiantado já o ano lectivo, em 21 de Fevereiro de 1548, para o *Discurso inaugural*, a cargo de mestre Arnaldo Fabrício, começando as lições no dia imediato[379]. E abria com um ambicioso programa pedagógico, no qual se buscava ministrar aos alunos, independentemente da sua origem social – religiosa ou secular –, uma formação assente na harmonização dos valores cristãos com os valores laicos, alcançada por meio da tríplice aliança de *educação e ensino*, *piedade e estudo*, *letras e ciências*, como forma de realização do ideal renascentista e de criação de *varões sábios e piedosos*, não já somente vocacionados para a vida eclesiástica, mas para uma completa realização no *mundo*. Donde a sua diferença em relação aos colégios das ordens religiosas, com a sua vivência cimentada em função da regra privativa e do primado da obediência, a que o Colégio Real opunha um sistema familiar, baseado no auto-domínio. Donde, pois, a importância da estrutura tutorial, que a exiguidade das instalações, aliás, gravemente dificultaria, mas que se afigurava determinante na complementaridade de *educação* e *ensino*, pela possibilidade que conferia ao *pedagogo* de acompanhar o conjunto das actividades lectivas, religiosas e recreativas de alunos que, sobretudo, se queria ver como *pupilos*. E por essa via se buscava triunfar onde o sistema crúzio havia claudicado. Mas era, de facto, o binómio *piedade-estudo* que verdadeiramente distinguia a medula do esquema pedagógico implantado no Colégio Real: uma síntese perfeita de Humanismo e Cristianismo dirigida, ao termo de um plano de ensino meticulosamente estruturado, à realização do ideal humano formulado por Erasmo – o *cavalheiro cristão*[380]. Nessas circunstâncias, pois, nada mais útil do que o trabalho que João Vaseu empreendera em 1547: a organização de um índice ideográfico da própria obra do mestre de Roterdão[381].

Assim, pois, a especulação gerada em torno da abertura do Colégio, a fama dos seus mestres, as expectativas criadas pelo novo sistema pedagógico e o carácter gratuito que, à excepção dos alunos internos, revestia, haveriam de conciliar-se para provocar o êxito retumbante que constituiu a sua inauguração. Com efeito, logo a 13 de Março, não escondia André de Gouveia o seu enlevo, ao comunicar ao monarca que [os alunos] "pasã de 800 & segundo o q. vejo antes de hum anno ajuntarei duas mil ouelhas ou bem perto dellas; está em tanto sesego & continuã tam bem seus estudos q. faz espanto a todos"[382]. De facto, a frequência da escola aumentava a um ritmo verdadeiramente impressionante: mesmo sem confirmar os prognósticos entusiastas do *principal*, o número de estudantes ultrapassaria já os 1000 em Abril imediato, atingindo os 1200 em finais do ano e os 1500 em meados de 1550[383]. Tirando os gravíssimos problemas ocasionados pelo alojamento e alimentação de uma tão vasta população escolar[384], André de Gouveia e Frei Diogo de Murça tinham, na verdade, as melhores razões para rejubilar. Mas, sobretudo, D. João III. Cumprira-se a *Reforma*; chegara ao termo o contumaz processo empreendido, contra ventos e marés, havia mais de vinte anos. E o próprio bispo de Coimbra, D. João Soares, comunicava ao Rei, poucos dias passados sobre a abertura das aulas: "O Collegio de Mestre André, he com tanta vontade recebido de todo o povo, que por ser cousa, que em extremo parece a todos que he remedio de seus filhos serem christãos, e letrados, o escrevo a Vossa Alteza"[385].

Na verdade, não apenas no Colégio, mas no conjunto das faculdades, um corpo docente de excepção, disputado a Paris, Salamanca, Alcalá e outras reputadas escolas europeias, reforçado, aliás, desde a ascensão de Frei Diogo de Murça[386] e cuja contratação e dedicação ao múnus de ensinar as opulentas remunerações auferidas garantiam[387], convertera o modesto Estudo Português numa escola cujo cosmopolitismo era atestado por docentes e discentes[388], capaz, finalmente, de ombrear com aquelas que, além-fronteiras, constituíam os seus principais pontos de referência[389]. Em conformidade e dando cumprimento à sua promessa, iniciava o monarca, em finais de Abril, as formalidades para a construção do novo edifício, uma vez mais a expensas suas (mesmo que à custa, afinal, dos colégios crúzios, que se comprometera a devolver), ainda que dificuldades várias protelassem o arranque das obras, a cargo de Diogo de Castilho, até aos finais do ano lectivo[390]. Enquanto isso, desde o provimento do reitor Murça que se vinha assistindo, tanto nas Humanidades como nas *faculdades maiores*, a uma renovação dos planos curriculares[391], a qual, no que respeita à Medicina, iria mesmo conduzir ao desenvolvimento da vertente anatómica[392] e ao magistério do médico cristão-novo António Luís, provido pelo Rei em Março de 1547, não obstante os seus antecedentes com a Inquisição[393]. De resto, malograda a intenção do monarca, formulada em 1535, de estabelecer *hum colegio nesa çidade da ordem de sam Jeronimo*[394], o próprio reitor instalaria, em dependências do Paço Real[395], um grupo de frades-estudantes que regularia pelo *método lovainense*, obtendo em 1550 a transferência formal Colégio da Costa, origem do colégio coimbrão de S. Jerónimo, incorporado na Universidade em 1553, onde os seus discípulos haveriam de continuar como *estatutos vivos* e que ainda depois, por muito tempo, se ficaria "governando pela sua memória"[396]. A Frei Diogo de Murça, aliás, se iria dever ainda a fundação, em 1548-49 e com o mesmo objectivo de prover à formação de *varões sábios e piedosos*, ou *cavalheiros cristãos*, que animava o projecto do Colégio das Artes, do primeiro instituto de carácter leigo destinado a graduados: o Colégio de S. Paulo, erguido no próprio local dos *Estudos Velhos* dionisinos, adjacentes ao Paço Real[397]. Enquanto isso, porém, sob o directo impulso do monarca e dessa sua obstinada *inclinação para as letras e letrados* que reportaria Frei Luís de Sousa[398] – e que a *Reforma* escolar eloquentemente testemunha –, assistiria Coimbra, finalmente, a partir de 1539, mas especialmente ao longo da década de 40 e ainda na de 50, ao estabelecimento de uma ampla rede de colégios (*por maneyra dos de vxonia e de paris*) que iria atingir uma vintena e dos quais catorze se haveriam de erguer em sua vida, apropriando-se, aliás, do frustrado projecto arquitectónico-urbanístico da *universidade crúzia* da Rua da Sofia[399]. Por via de regra de iniciativa das ordens monásticas ou militares, funcionariam como instituições de ensino privativas dos respectivos institutos, ainda que, não raro, frequentadas também por alunos externos e onde se procurava ministrar uma formação de escol, a um tempo no plano da *devoção* e da *cultura*. E seria, afinal, essa concentração do ensino congreganista em torno da Universidade que, mais do que o mero estabelecimento do Colégio das Artes, lograria cumprir o desígnio real de fazer de Coimbra o *cérebro do país*, garantido a uniformidade da mentalidade e da formação intelectual da elite dirigente e, do mesmo passo, a auto-sustentação do sistema de ensino[400]. Tudo aparentava, pois, caminhar no melhor dos mundos, quando, em 9 de Junho de 1548, volvidos pouco mais de três meses sobre a inauguração do Colégio Real, morria de súbito André de Gouveia, sem receber os sacramentos[401]. E esse facto viria a reflectir-se, do modo mais funesto, no futuro do empreendimento régio.

NOTAS

[303] Na verdade, o confronto entre as dimensões necessariamente reduzidas do primitivo Estudo Geral, cuja área era inferior à que viria ocupar o Colégio de São Paulo (cfr. Margarida BRANDÃO, *O Colégio de S. Paulo*, vol. I, pp. 76ss) que conhecemos pelos desenhos conservados no MNMC e as necessidades ressentidas pelo projecto joanino e demonstradas, seja no plano da Rua da Sofia seja na sua ulterior versão para implantação na zona da actual Sé Nova (cfr. W. ROSSA, *Divercidade...*, p. 801), impedem que a decisão de fazer a *obra das escolas* junto a São Pedro tenha tido, desde a primeira hora, maior consistência do que, simplesmente, a de poder, uma vez mais, beneficiar do efeito de surpresa permitido pela *utilização* de um edifício de propriedade régia.

[304] DIAS, J. S. da Silva, *Correntes do sentimento religioso...*, tomo I, p. 89. Veja-se também BRANDÃO, M., *A Universidade de Coimbra...*, p. 209.

[305] Cfr. BRANDÃO, M., *A Universidade de Coimbra...*, pp. 188-189 e *idem*, *Documentos de D. João III*, vol. I, doc. XLII, pp. 73-74.

[306] Cfr. *idem*, *Documentos de D. João III*, vol. I, doc. XLV, pp. 78-80.

[307] Efectivamente, a importância do poder simbólico e jurídico detido pelo *cancelário*, a quem competia, desde as origens do Estudo Geral, a atribuição dos graus (*auctoritate apostolica* nas faculdades de Teologia e Cânones, *auctoritate regia* nas de Leis e Medicina), inicialmente exercido pelo prelado lisboeta e, na sequência do carácter regalista dos Estatutos manuelinos, pelo lente de prima de Leis (veja-se *supra* nota 188), seria suficiente para justificar a sua reivindicação por parte do Mosteiro, no âmbito do acordo de pacificação firmado com a Escola em 5 de Outubro de 1537 (M. BRANDÃO, *Alguns documentos...*, p. 156). Logo a 28 de Novembro, porém, o monarca instruía D. Agostinho Ribeiro para que servisse de cancelário, atribuindo, *auctoritate regia*, os graus nas faculdades de Leis e Medicina, enquanto não chegava de Roma a licença pontifícia para a atribuição dos de Teologia e Cânones, o que aconteceria somente em inícios de 1539 (veja-se *supra* nota 283), mas em 5 de Dezembro retrocedia, conferindo, de facto, a dignidade ao Prior de Santa Cruz, regulando *definitivamente* a questão em 15 de Dezembro de 1539, carta em que determina também que os exames e graus se realizem no Mosteiro e que os colégios crúzios se incorporem na Universidade, de modo a que daí "em diante todo seja, & se chame huma vniuersidade, & todos juntamente hajaõ, & gozem de huns mesmos priuilegios", mas cuja execução o monarca retardaria, afinal, até finais de 1540 (cfr. BRANDÃO, M., *A Universidade de Coimbra...*, pp. 189-190; *idem*, *Documentos de D. João III*, vol. I, pp. 28, 44-45, 91, 227, 229 e 264-266; vol. II, pp. 48, 57, 81 e 124 e vol. IV, pp. 475-476 e DIAS, J. S. da Silva, *A política cultural...*, vol. I, tomo II, pp. 613-614).

[308] BRANDÃO, M., *Alguns documentos...*, p. 157.

[309] Esta, na verdade, apenas a partir do ano lectivo de 1539/40, em resultado de concessão régia obtida em 17.09.1539 (BRANDÃO, M., *Documentos de D. João III*, vol. I, doc. CXI, pp. 186-187).

[310] Cfr. BRANDÃO, M., *A Universidade de Coimbra...*, p. 191 e RODRIGUES, M. A., *A Universidade de Coimbra e os seus Reitores...*, pp. 50-51.

[311] SANTOS, C. dos, *Estudantes e constituições...*, p. 102. E ainda em 15 de Dezembro voltaria a insistir com o Rei a fim de obter dispensa das suas funções de *governador* (cfr. BRANDÃO, M., *Cartas de Frei Brás de Braga...*, p. 181).

[312] Cfr. DIAS, J. S. da Silva, *A política cultural...*, vol. I, tomo II, pp. 500-501, que procura reconstituir os dados disponíveis para os anos de 1537/41, apurando um total (parcial) de 617 alunos. Estes valores, seriam, contudo, algo reduzidos por C. dos SANTOS através da análise do "Livro da matrícula" (cfr. *Os Jerónimos em Portugal...*, pp. 130-131).

[313] Esta evidente constatação foi argutamente sublinhada por Américo da Costa RAMALHO, "Alguns aspectos da vida universitária em Coimbra nos meados do século XVI (1548-1554)", *Humanitas*, XXXIII-XXXIV, Coimbra, 1981-1982, p. 5.

[314] CEREJEIRA, M. Gonçalves, *O Renascimento em Portugal*, I, *Clenardo e a sociedade portuguesa*, Coimbra, 1974, pp. 113-115, *apud* CARVALHO, J. de, "Instituições de Cultura...", pp. 41-42.

[315] SANTOS, C. dos, *Os Jerónimos em Portugal...*, p. 121.

[316] Cfr. BRANDÃO, M., *A Universidade de Coimbra...*, p. 193.

[317] Cfr. SANTOS, C. dos, *Os Jerónimos em Portugal...*, pp. 130-131 e SERRÃO, J. Veríssimo, *História das Universidades*, p. 109.

[318] Cfr. BRANDÃO, M., *O Colégio das Artes*, vol. I, p. 62.

[319] Cfr. DIAS, J. S. da Silva, *A política cultural...*, vol. I, tomo II, pp. 507-517, 523 e 528-529.

[320] Não valerá a pena, quer-nos parecer, insistir sobre a importância, nos objectivos básicos da Reforma Joanina, da elevação da qualidade moral e intelectual do clero, mas justificar-se-á, apesar de tudo, registar aqui as palavras, aliás recentes, de L. A. de Oliveira RAMOS: "Num país envolvido num processo mundial de expansão ultramarina, um dos aspectos originais da actividade das Escolas conimbricenses respeita à intervenção na preparação dos sacerdotes que querem ser missionários" ("A Universidade Portuguesa...", p. 367). Também A. da Costa RAMALHO, pela mesma altura, escreveria: "Na intenção do rei D. João III, a Universidade devia formar teólogos bem preparados, não só para a controvérsia religiosa, que estava na moda por toda a Europa, mas também para a evangelização das terras descobertas e para a eventual polémica com as religiões rivais desses novos territórios" ("O Humanismo...", p. 711). Sobre a importância, para o Estado Moderno, da formação de uma nomenclatura eclesiástica, ver PESET, Mariano, "La Monarchie Absolue et les universités espagnoles", *CRE-Information*, nº 72, 4º trimestre, Génève, 1985, p. 79ss. Deve-se, porém, a Silva DIAS a chamada de atenção para a grave questão da crise moral e intelectual do corpo eclesiástico e para os seus reflexos na sociedade civil (cfr. o que escrevemos *supra*).

[321] Cfr. DIAS, J. S. da Silva, *A política cultural...*, vol. I, tomo II, pp. 528 e 531 nota 2.

[322] Sobre este projecto ver W. ROSSA, *Divercidade...*, pp. 775-805.

[323] Na verdade, ao transitar para Coimbra, a Escola conservara o seu património *lisboeta*; porém, em face do crescimento vertiginoso das despesas provocado pelo aumento do corpo docente e respectivos ordenados, a Coroa tomara sobre si os encargos daí decorrentes, procurando, em 1538, resolvê-los através da doação das rendas de seis igrejas do padroado régio na diocese de Lamego, às quais, em 1542, seriam anexadas mais quatro, por bula de Paulo III. Não passara um ano, contudo, sobre esta última dotação e já Martim de Azpilcueta, o *doutor navarro*, escrevia ao monarca um extenso relatório onde, entre outros factos, lhe denunciava que "m[tos] lentes ou os mais & outros offíciaes da vniuersidade estão huma & duas terças sem ser paguos de seus salairos & isso q se lhes pagua he a pedaços oje hum pedaço & amanhã outro do qual rrecebem m[to] dano & prejuizo asi porque os mais são estrãgeiros" (BRANDÃO, M., *Alguns documentos...*, p.13; cfr. COELHO, M. H. da Cruz, SANTOS, M. J. Azevedo, "Contenda...", pp. 40-41).

[324] É, de facto, o que parece inferir-se de uma carta do bastardo régio, o *senhor* D. Duarte, para o Rei

seu pai, datada de 11 de Outubro de 1542 e onde lhe pede licença para o ir ver a Coimbra onde se diz que brevemente irá (TT, Corpo Cronológico, Parte 1ª, maço, 72, doc. 115). O documento é também um bom testemunho da ciência que no Mosteiro da Costa se possuía das intenções do monarca em relação à marcha dos acontecimentos na cidade do Mondego, desse modo ajudando a explicar os sucessos que de seguida passarão a relatar-se e o papel que na reforma universitária estaria reservado a Diogo de Murça.

[325] Cfr. CARVALHO, Joaquim de, "A Livraria de um letrado do século XVI – Fr. Diogo de Murça", *Obra Completa*, vol. II, *História da Cultura (1922--1948)*, Lisboa, Fundação Calouste Gulbenkian, 1984, p. 572 e RODRIGUES, M. A., *A Universidade de Coimbra e os seus Reitores…*, p. 53.

[326] Veja-se *supra* nota 180. A generalidade dos historiadores inclina-se, de facto, para a frequência, por parte de Frei Diogo de Murça, de estudos nos gerais parisienses. M. BRANDÃO, contudo, colocaria ao facto alguma reserva (cfr. *A Inquisição e os Professores do Colégio das Artes*, vol. II, p. 180, n. 3).

[327] O Colégio Trilingue tinha sido fundado em 1517/18, vocacionado, como o nome indica, para o ensino das três *línguas sábias* — o latim, o grego e o hebraico — e nele ensinou Erasmo nos seus primeiros quatro anos de actividade. Modelo dos colégios humanistas, seria sobre o seu arquétipo que, em 1530, abriria as portas em Paris o Colégio de França. Ver, para uma visão geral, SERRÃO, J. Veríssimo, *História das Universidades*, pp. 78-79.

[328] CARVALHO, J. de, "Instituições de Cultura…", pp. 35-36; *idem*, "A livraria de um letrado do século XVI…", pp. 575-576.

[329] Veja-se *supra* nota 23.

[330] Cfr. CARVALHO, J. de, "A livraria de um letrado do século XVI…", pp. 571, 577-578 e 580. Na verdade, de acordo com o historiador, "A sua mentalidade foi a mentalidade de um teólogo formado no mais aceso da controvérsia anti-luterana, a cuja índole repugnariam visceralmente o estetismo e a tendência racionalizante para a laicização dos saberes e, sobretudo, da interpretação da *Sacra página*. Não discriminaria, como alguns alvoraçados modernistas, a aplicação às letras sagradas do estudo das letras profanas, situando as raízes de cada uma delas em mundos diferentes da actividade espiritual. A posse das línguas sábias valeria como instrumento, não como fim autónomo. Servia, acima de tudo, para apreender directamente os testemunhos mais antigos do ensino de Jesus Cristo e para proporcionar argumentos filológicos à controvérsia escriturária" (*ibidem*, p. 578). Cfr. a interpretação demasiado estrita de Hernâni CIDADE, *Lições de cultura…*, vol. I, p. 157 e as opiniões de Silva DIAS (*A política cultural…*, vol. I, tomo II, p. 468) e A. da Costa RAMALHO, "O Humanismo…", p. 708. A este respeito, porém, devem ainda ser aduzidas as informações veiculadas por M. BRANDÃO, que carrearia argumentos para demonstrar que parte do espólio bibliográfico seria pertença do seu pupilo, o *senhor* D. Duarte, mesmo que tal, como o próprio historiador reconheceria, não invalide a sua relevância para a definição do perfil intelectual de Murça, sob cuja orientação se terá verificado, evidentemente, a organização da biblioteca do malogrado bastardo régio (cfr. *A Inquisição e os Professores do Colégio das Artes*, vol. II, pp. 181-186, n. 1). Por outro lado e sem pôr em causa a firmeza das suas convicções teológicas, que nada, com efeito, autoriza, quer-nos parecer que o reconhecimento do papel que terá desempenhado no projecto do Colégio das Artes, de algum modo mitigará a visão utilitarista das Humanidades traçada por J. de CARVALHO (ver *infra*).

[331] FIGUEIROA, F. C. de, *Memorias…*, p. 65. Deve-se, contudo, a Silva DIAS, não apenas uma pioneira atenção ao carácter revestido pelos estudos inaugurados na Penha Longa, mas o seu relacionamento com a formação dos dois *infantes* bastardos (cfr. *A política cultural…*, vol. I, tomo II, pp. 470-471).

[332] Cfr. DIAS, J. S. da Silva, *A política cultural…*, vol. I, tomo II, pp. 470-472.

[333] Na verdade, o próprio Frei Diogo de Murça se referiria indirectamente ao facto, ao comentar ao Rei, em 08.11.1542, a respeito dos progressos dos estudos no seu mosteiro, "que se não pode fazer mais do que é feito, nem cuidei que entre frades, e frades de S. Jerónimo que tão fora estavam de estudar, se pudesse introduzir exercício de letras da maneira que este procede" (PIMENTA, Alfredo, *D. João III*, p. 288, *apud*, DIAS, J. S. da Silva, *A política cultural…*, vol. I, tomo II, p. 468).

[334] Cfr. CARVALHO, J. de, "A livraria de um letrado do século XVI…", p. 572-573; DIAS, J. S. da Silva, *Correntes do sentimento religioso…*, p. 57 e SANTOS, C. dos, *Os Jerónimos em Portugal…*, pp. 175ss.

[335] Veja-se *supra* nota 330. Na verdade, merece reparo o facto de o Rei, na sua correspondência para Frei Diogo de Murça, se referir sempre a seu filho D. Duarte por "aquela pessoa", sem jamais aludir explicitamente ao seu nome (cfr. DIAS, J. S. da Silva, *A política cultural…*, vol. I, tomo II, pp. 471-472, n. 3).

[336] Sobre este assunto vejam-se: *idem, ibidem*, pp. 467-477, 480 e 485-486; *idem*, *Correntes do sentimento religioso…*, p. 117; CARVALHO, J. de, "A livraria de um letrado do século XVI…", p. 577; SANTOS, C. dos, *Os Jerónimos em Portugal…*, pp. 105-108 e 113 e RAMOS, Luís A. de Oliveira, "A Universidade Portuguesa…", pp. 379-380.

[337] CEREJEIRA, M. Gonçalves, *Clenardo…*, p. 327, *apud* J. S. da Silva DIAS, *A política cultural…*, vol. I, tomo II, p. 472.

[338] Cfr. DIAS, J. S. da Silva, *A política cultural…*, vol. I, tomo II, p. 486.

[339] Cfr. FIGUEIROA, F. C. de, *Memorias…*, p. 65 e RODRIGUES, M. A., *A Universidade de Coimbra e os seus Reitores…*, p. 53.

[340] DIAS, J. S. da Silva, *A política cultural…*, vol. I, tomo II, p. 616.

[341] A Universidade tomaria posse efectiva dos bens cruzios em 1546, tendo então início, todavia, um prolongado conflito com o cenóbio, que iria arrastar-se até 1607 [cfr. COELHO, M. H. da, SANTOS, M. J. Azevedo, "Contenda…", pp. 41-43; sobre a natureza do Priorado-Mor, ver FONSECA, Fernando Taveira da, "Coimbra Moderna: a cidade e a Universidade", *Revista de História da Sociedade e da Cultura*, 1, Coimbra, 2001, p. 359 e nota 27; a respeito da real importância da doação, que iria conduzir a Universidade do (velho) estado de carência ao de opulência, a ponto de ostentar, em 1556, uma receita da ordem dos cinco contos para despesas pouco maiores do que os três contos, ver BRANDÃO, M, *D. Lopo de Almeida…*, pp. 140-143].

[342] Cfr. DIAS, J. S. da Silva, *A política cultural…*, vol. I, tomo II, p. 533.

[343] A existência destes Estatutos, infelizmente perdidos, mas abundantemente referidos pela documentação universitária (cfr. GOMES, J. Ferreira, "Os vários estatutos…", pp. 23-24), seria contestada por J. de CARVALHO, porém sem argumentação consistente (cfr. "Instituições de Cultura…", p. 47). A imediata revogação, após a reunificação da Universidade, que seguiria, a breve trecho, a entrega dos *Estatutos*, das principais disposições relacionadas com o poder dos estudantes e com o velho conceito que fazia do Estudo uma *corporação* de mestres e escolares, cimenta, de facto, a ideia de serem estes, fundamentalmente, um dispositivo apaziguador, ao mesmo tempo que produtor de uma base jurídica suficientemente consistente

para permitir levar a cabo de forma coerente o processo da reunificação (cfr. DIAS, J. S. da Silva, *A política cultural...*, vol. I, tomo II, p. 699).

[344] Cfr. *supra* nota 3.

[345] Cfr. *supra* nota 311.

[346] Cfr. DIAS, J. S. da Silva, *A política cultural...*, vol. I, tomo II, p. 615 e nota 3 e *supra* nota 324.

[347] Na verdade, passara pouco mais de um ano sobre o provimento de D. Frei Bernardo da Cruz, que ocorrera, com carácter interino, em 28.04.1541, enquanto durasse o impedimento de D. Agostinho Ribeiro, nomeado bispo de Lamego no outono de 1540 e que na primavera de 1541 decidira empreender a visitação da sua diocese (cfr. RODRIGUES, M. A., *A Universidade de Coimbra e os seus Reitores...*, pp. 45 e 50).

[348] A este respeito valerá a pena atentar no facto de, a partir de Outubro de 1542, parecer assistir-se a uma rarefacção do rasto administrativo de D. Frei Bernardo da Cruz (cfr. *idem, ibidem*, pp. 50-51). Se é que o carácter interino da sua nomeação não indicia já a intenção de ganhar o tempo necessário à estruturação de uma intervenção mais ampla nas questões universitárias.

[349] Na verdade, parece evidente que, na assunção por Frei Brás da sua difícil missão de reformador de Santa Cruz, terá sido determinante o projecto de incorporar no Mosteiro o velho Estudo Geral e, consequentemente, a (legítima) esperança de vir a ser nomeado reitor de uma Universidade que, nessa operação e de acordo com o próprio projecto régio, se deveria converter num Estudo de referência a nível internacional, tanto do ponto de vista pedagógico como na sua opulência financeira; e que o prelado dessa instituição, directamente ligado à pessoa do monarca, incomensuravelmente mais importante do que o modesto reitor da Escola lisboeta, constituiria uma das mais relevantes personalidades do Reino. A esta altura dos acontecimentos, porém, uma vez nomeado reitor e transferida a Universidade para o Paço Real, não poderia escapar-lhe que semelhante horizonte se encontrava já definitivamente comprometido – como lhe não escaparia, igualmente, por difícil que lhe fosse controlar o seu temperamento colérico, que não poderia utilizar com êxito, indefinidamente, os efeitos dos seus acessos de *paixão*. Nesse contexto, a obtenção de uma diocese em prémio dos seus serviços deveria configurar-se-lhe, não somente como justa remuneração (que na verdade era), mas como saída airosa para um processo que se convertera, ele mesmo, num beco sem saída, envenenado pela contínua tensão das suas próprias relações com a comunidade e é essa, com efeito, a informação que veicula o cronista crúzio D. Nicolau de SANTA MARIA, de par com o comentário irónico da Rainha D. Catarina de Áustria: "El Frayle quiere ser Obispo" (*Chronica da Ordem dos Conegos Regrantes...*, tomo I, p. 183). Não deverá, pois, ter sido excessivamente difícil a Frei Diogo de Murça, que nove anos de convívio haviam feito profundo conhecedor do seu temperamento, seja contornar-lhe os acessos de ira, seja fazer-lhe vibrar a corda da ambição.

[350] Cfr. BRANDÃO, Mário, *O processo na Inquisição de Mestre João da Costa*, vol. I, pp. 271-273.

[351] Cfr. BRANDÃO, M., *Alguns documentos...*, p. 124; DIAS, J. S. da Silva, *A política cultural...*, vol. I, tomo II, p. 530.

[352] *Essais*, vol. I, cap. 26, *apud* RAMALHO, A. da Costa, "Alguns aspectos da vida universitária...", p. 6. Sobre o Colégio da Guiena e a acção de André de Gouveia ver, em geral, BRAGA, Teófilo, *História da Universidade de Coimbra...*, vol. I, pp. 488-494 e BRANDÃO, Mário, *A Inquisição e os Professores do Colégio das Artes*, vol. I. Cap. II.

[353] Cfr. BRAGA, Teófilo, *História da Universidade de Coimbra...*, vol. I, pp. 354-355. Efectivamente, a historiografia não se tem esquecido de valorizar o papel desempenhado por diversas personagens na origem do convite régio a André de Gouveia, com destaque para as informações veiculadas pelos dominicanos Frei Jerónimo de Padilha e Frei Jorge de Santiago, ambos membros do Tribunal do Santo Oficio e que, no regresso de uma viagem a Roma com o objectivo de tomar parte na eleição do novo *geral*, visitaram o Colégio ainda em finais de 1542 ou nos inícios de 1543. Assim o testemunharia, de facto, João da Costa, um dos lentes *bordaleses* trazidos por André de Gouveia, quando da sua prisão pela Inquisição em 1550, na presença do próprio Frei Jorge e a estes nomes poderão ainda acrescentar-se os dos diplomatas D. Francisco de Noronha e D. Gonçalo Pinheiro (cfr. BRANDÃO, M., *A Inquisição e os Professores do Colégio das Artes*, vol. I, pp. 484-488; *idem, O Colégio das Artes*, vol. I, pp. 64-65; DIAS, J. S. da Silva, *A política cultural...*, vol. I, tomo II, p. 532 e BATAILLON, Marcel, "Sur André de Gouvea, principal du Collège de Guyenne", *Revue Historique de Bordeaux et du Département de la Gironde*, tome XXI, Bordeaux, 1928, pp. 53-54). Tem, porém, a nosso ver, negligenciado o papel de Frei Diogo de Murça, a quem, como pedagogo, seguramente interessava a experiência desenvolvida no Colégio da Guiena, que tantos escolares portugueses atraía, bem como o conhecimento que possuiria da personalidade e da orientação intelectual do *principal*, que já havia dado brado quando assumira a direcção do Colégio de Santa Bárbara e que constituiria, em si mesmo, motivo bastante para seguir com atenção a sua carreira bordalesa. Este facto, contudo, não invalida o testemunho de João da Costa, natural, de resto, em quem, a braços com a Inquisição, se esforçava por fazer valer o testemunho de dois ilustres membros do Tribunal. Na verdade, é bem possível que Padilha e Santiago tivessem sido encarregues pelo monarca de, a coberto da missão oficial que os conduziria a Roma, confirmar pessoalmente as informações dispersas de que dispunha, no quadro, porém, da estratégia que paralelamente ia desenhando com Frei Diogo de Murça e assim se explicaria a sua demora de vários meses em França, no regresso de Roma. É, de facto, o que parece poder deduzir-se da afirmação de João da Costa, segundo o qual "o senhor padre m.^e Jorge de santiago passou por bordeos & cõ elle o padre frey Jeronymo de padilha q. ds. tem & ambos forão ao collegio & virão o exercício delle & ordem q. se nelle tinha & polla relação q. elles derão a elRey noso senhor, mãdou S. A. vir m.^e Andre & a cõpanhia" (BRANDÃO, M., *O Processo na Inquisição de Mestre João da Costa...*, vol. I, p. 220). Certo é que, anos mais tarde, a experiência vivida pelos dominicanos no Colégio da Guiena haveria de merecer reparos a Frei Jorge de Santiago, depondo então contra os mestres bordaleses... (cfr. *idem, A Inquisição e os Professores do Colégio das Artes*, vol. I, pp. 2o1-202 e 222-224).

[354] Veja-se *supra* nota 134.

[355] Veja-se *supra* nota 221.

[356] Na verdade, não existe qualquer indício da presença de André de Gouveia no Colégio da Guiena entre meados de Junho de 1543 e os finais de Maio de 1544 (cfr. BRAGA, Teófilo, *História da Universidade de Coimbra...*, vol. I, p. 495; BRANDÃO, M., *O Colégio das Artes*, vol. I, p. 65 e *idem, A Inquisição e os Professores do Colégio das Artes*, vol. I, pp. 488-489).

[357] Cfr. BRANDÃO, M., *O Colégio das Artes*, vol. I, p. 67 e *idem, A Inquisição e os Professores do Colégio das Artes*, vol. I, pp. 498-499.

[358] Cfr. DIAS, J. S. da Silva, *A política cultural...*, vol. I, tomo II, pp. 533-534.

[359] Veja-se *supra* nota 341.

[360] Cfr. BRANDÃO, *A Inquisição e os Professores do Colégio das Artes*, vol. I, pp. 293 e 497-499.

[361] BRANDÃO, M., *Alguns documentos...*, p. 129.

[362] Cfr. DIAS, J. S. da Silva, *A política cultural…*, vol. I, tomo II, p. 535.

[363] Cfr. *idem, ibidem*, p. 536 e BRANDÃO, M., *A Inquisição e os professores do Colégio das Artes*, vol. I, pp. 502-516. Não parecem existir elementos para delimitar concretamente no tempo e na extensão esta segunda deslocação de André de Gouveia – mas não é difícil imaginar que se terá estendido por vários meses, à semelhança do que se verificou da primeira vez, ao mesmo tempo que a presença de Diogo de Teive contribui para sedimentar a ideia de que se destinava já a concretizar o projecto.

[364] Cfr. BRANDÃO, M., *O Colégio das Artes*, vol. I, pp. 69-75 e *idem, A Inquisição e os Professores do Colégio das Artes*, vol. I, p. 505-513. Para uma apreciação de conjunto do valor e da obra da equipa seleccionada por André de Gouveia, veja-se RAMALHO, A. da Costa, "O Humanismo…", pp. 699-701.

[365] Cfr. DIAS, J. S. da Silva, *A política cultural…*, vol. I, tomo II, p. 535.

[366] Cfr. *idem, ibidem*, p. 536, nota 4.

[367] Cfr. BRANDÃO, M., *O Colégio das Artes*, vol. I, p. 455.

[368] Veja-se, "Alvará acêrca do trigo para provimento do Colégio das Artes", BRANDÃO, M., *Documentos de D. João III*, vol. III, doc. CDLXXIII, p. 89.

[369] BRANDÃO, M., *O Colégio das Artes*, vol. I, pp. 456-457. Veja-se tb. *idem, Documentos de D. João III*, vol. III, doc. CDLXXV, pp. 92-93. Sobre estas casas e seus *alugadores*, a partir de 1538, veja-se CRAVEIRO, Maria de Lurdes dos Anjos, *O Renascimento em Coimbra. Modelos e programas arquitectónicos*, dissertação de Doutoramento apresentada à Faculdade de Letras da Universidade de Coimbra, policopiada, Coimbra, 2002, vol. I, pp. 166-167. Aí residia, v. g., Diogo de Beja, cidadão de Coimbra e cavaleiro-fidalgo da Casa Real, além de ser o *esprivão das obras dos paaços delRey* que surge na documentação referente às campanhas arquitectónicas do Paço Real (veja-se *infra* Parte II, nota 857).

[370] Cfr. BRANDÃO, M., *O Colégio das Artes*, vol. I, p. 83 e docs. 2, 4 e 12.

[371] Cfr. *idem. Ibidem*, p. 83. O Regimento seria primeiro publicado por A. J. TEIXEIRA, *Documentos…*, pp. 4--11 e, depois, por M. BRANDÃO, *Documentos de D. João III*, vol. III, doc. CDLXXXIX, pp. 108-117.

[372] Sobre as diversas designações do novo instituto veja-se BRANDÃO, M., *O Colégio das Artes*, vol. I, pp. 359-361.

[373] VASCONCELOS, António de, "Os Colégios Universitários de Coimbra (fundados de 1539 a 1779)", *Biblos*, XV, Coimbra, 1939, p. 8. Sobre esta questão da substituição do Colégio à antiga Faculdade de Artes e sobre a situação ambígua que suscitaria – e justificaria a prerrogativa da atribuição dos graus se realizar nas *escolas maiores*, na presença do reitor e em nome da antiga Faculdade de Artes (ver *infra*) –, veja-se ANDRADE, A. A. de, *Verney e a filosofia portuguesa*, p. 47; RAMALHO, A. da Costa, "O Humanismo…", p. 717 e FONSECA, F. Taveira da, "Coimbra moderna…", p. 363.

[374] Cfr. DIAS, J. S. da Silva, *A política cultural…*, vol. I, tomo II, p. 541.

[375] Na verdade, nos seis anos que vão de 1548 a 1554, a manutenção do Colégio importaria em mais de 8 000 000 rs. contra os cerca de 5 000 000 rs. que importava anualmente a Universidade (cfr. BRANDÃO, M., *O Colégio das Artes*, vol. I, p. 210--212).

[376] Cfr. CARVALHO, J. de, "Instituições de Cultura…", p. 49.

[377] Cfr. DIAS, J. S. da Silva, *A política cultural…*, vol. I, tomo II, p. 541.

[378] Esta questão seria estudada por Silva DIAS, que afirmaria que só muito secundariamente o Colégio das Artes se assumiu como "escola de estudantes pobres e bolseiros: a grande massa da sua população era constituída por fidalgos e burgueses. Não nos aparece, por conseguinte, como um instrumento de recuperação social, mas como um factor de promoção, em humanidade e cultura, das classes dominantes do laicado" (*A política cultural…*, vol. I, tomo II, p. 561).

[379] Cfr. BRANDÃO, M., *O Colégio das Artes*, vol. I, pp. 83-85 e 90. Em *A Inquisição e os Professores do Colégio das Artes*, contudo, M. BRANDÃO opina que pelo menos Nicolau Grouchy terá começado as classes de Artes nos inícios de Outubro (cfr. vol. I, pp. 518-520).

[380] Cfr. BRANDÃO, M., *O Colégio das Artes*, vol. I, pp. 214, 262, 271-305 e 321; DIAS, J. S. da Silva, *A política cultural…*, vol. I, tomo II, pp. 543-562 e, para uma visão sintética, MENDES, António Rosa, "A vida cultural", p. 388.

[381] ANDRADE, A. A., *Verney e a filosofia portuguesa*, p. 49. A obra, intitulada *Index rerum et verborum copiosissimus ex Des. Erasmi Roterodami Chiliadibus*, seria dada à estampa em 1549, na oficina de João Barreira e João Álvares, tipógrafos régios, mas a dedicatória é datada de 47.

[382] BRANDÃO, M., *O Processo na Inquisição de Mestre João da Costa*, vol. I, p. 276.

[383] Cfr. *idem, ibidem*, pp. 93, 251 e 261.

[384] Cfr., *idem, O Colégio das Artes*, vol. I, pp. 93-94.

[385] *Idem, ibidem*, p. 461.

[386] Cfr. CARVALHO, J. M. Teixeira de, *A Universidade de Coimbra no século XVI*, pp. 39-46; CARVALHO, J. de, "Instituições de Cultura…", p.46; BRANDÃO, M., *A Universidade de Coimbra…*, pp. 210-211 e RAMALHO, A. da Costa, "O Humanismo…", p. 697. Coincide, aliás, com a assunção do reitorado por Diogo de Murça o regresso do eminente matemático Pedro Nunes à docência universitária (cfr. FONSECA, Fernando Taveira da, "Pedro Nunes na Universidade. II – Coimbra", *Revista Portuguesa de História*, tomo XXXV, *Homenagem a Sérgio Soares*, Coimbra, 2001-2002, p. 299).

[387] Veja-se, além das referências dadas *supra* na nota 375, DIAS, J. S. da Silva, *A política cultural…*, vol. I, tomo II, p. 621 e RAMOS, L. A. de Oliveira, "A Universidade Portuguesa…", p. 374.

[388] Cfr. RAMALHO, A. da Costa, "O Humanismo…", p. 697-698.

[389] Efectivamente, Frei Jerónimo Román, que escrevia em 1546, afirmava já que "de ella hã salido muy doctos varones como lo testifican sus muy eruditcas obras que andan por todo el mundo" (*Republicas del Mundo*, Salamanca, en casa de Juan Fernandez, 1ª Parte, 1595, fl. 300v), enquanto o Visconde de VILLA MAIOR refere a impressionante concorrência às aulas, que levaria a fazer "cursos extraodinarios, á similhança dos que nas Universidades Allemãs fazem os *Privat-docenten*" e mesmo a abrir as Faculdades nos meses de férias, apresentando também uma impressionante lista de graduados pela Universidade de Coimbra convidados a reger cadeiras em inúmeras universidades europeias (*Exposição succinta…*, pp. 60-61). Importará, porém, por detrás da eventual mitografia, descortinar o verdadeiro alcance e a real valia da Reforma Joanina. Desde J. de CARVALHO, aliás, que a importância científica da Universidade reformada seria posta em causa, excepção feita à obra de Pedro Nunes, cujo magistério, de resto, se havia já exercido em Lisboa ("A actividade científica da Universidade de Coimbra na Renascença", pp. 329-339). Deverá, porém, ter-se presente, que a criação da ciência moderna é fundamentalmente obra do século XVII e que, por este tempo (e mesmo muito além) a Universidade se entendia, por toda a Europa, acima de tudo como instituição formativa, assentando a modernidade, essencialmente, na recusa dos métodos escolásticos. A grande inovação do Renascimento seria representada pelo desenvolvimento do estudo filológico das Humanidades, o que explica que o Colégio

das Artes tenha constituído o principal luzeiro da Universidade Joanina, enquanto nas faculdades maiores a inovação assentava sobretudo na recusa da *sofistaria* na elaboração dos comentários (veja-se também A. A. de ANDRADE, *Verney e a filosofia portuguesa*, pp. 40-42 e A. da Costa RAMALHO, "O Humanismo...", pp. 717-720). À Reforma de D. João III, se deve, porém, e como sublinharia Silva DIAS, não apenas a separação entre os estudos preparatórios e superiores, mas o próprio conceito de *Universidade do Estado* e a sua consagração, ao menos em tendência, como "estabelecimento de ensino para uma sociedade laica", traduzida no desenvolvimento dado aos estudos jurídicos e médicos. E se a aguda consciência da inter-relação existente entre eficácia e condições de trabalho, se revelaria uma realidade efémera, é seguramente certo que "teve aí o seu berço o regime em que ainda hoje vivemos" (*A política cultural...*, vol. I, tomo II, p. 700).

[390] Sobre as obras e o projecto do Colégio das Artes, vejam-se CRAVEIRO, M. L. dos A., *Diogo de Castilho...*, pp. 55-65 e ROSSA, W., *Divercidade...*, pp. 718 e 725-731.

[391] Cfr. DIAS, J. S. da Silva, *A política cultural...*, vol. I, tomo II, pp. 497-499 e cap. VIII.

[392] Cfr. *idem, ibidem*, p. 686.

[393] De facto, António Luís estivera preso durante onze dias, em Março de 1534, por posse de livros hebraicos. A novidade do seu magistério, tradicionalmente responsabilizada pela "inauguração solene da Renascença nas Aulas de Filosofia em Coimbra" (cfr. ANDRADE, A. A., *Verney e a filosofia portuguesa*, p. 42) seria, contudo, mitigada em análise recente de A. da Costa RAMALHO ("O Humanismo...", pp. 708 e 718-719).

[394] Veja-se *supra* nota 253.

[395] Cfr. SANTOS, C. dos, *Os Jerónimos em Portugal...*, p. 92. Sobre as dependências ocupadas no Paço Real por esse pequeno *colégio privado* do reitor Murça veja-se *infra*, Parte II, nota 1270.

[396] Cfr. *idem, ibidem*, pp. 92-93 e CARVALHO, J. de, "A livraria de um letrado do século XVI...", p. 571.

[397] Na verdade, não foi o Colégio de S. Paulo (como o de S. Pedro, com a reformulação operada em 1572), jamais objecto de atenção nesta perspectiva. Dotado de rendimentos próprios e de um número pré-estabelecido de colegiais, destinava-se a garantir alojamento a graduados (doutores ou licenciados e, na sua falta, algum bacharel), leigos ou eclesiásticos, que se preparavam para a docência universitária ou para os postos superiores da administração pública. O provimento das vagas era feito exclusivamente por eleição dos próprios colegiais, tal como o do reitor, acepção em que igualmente releva da tradição da *universitas scholarium* e das antigas *nações* das escolas de estudantes (veja-se VASCONCELOS, A. de, "Os colégios universitários...", p. 9-10 e 57ss e BRANDÃO, Margarida, *O Colégio de S. Paulo*, vol. I).

[398] *Anais de D. João III*, vol. I, p. 11.

[399] Sobre esta questão ver ROSSA, W., *Divercidade...*, pp. 671-672 e DIAS, P., "Um novo poder...", pp. 176 e 182

[400] DIAS, J. S. da Silva, *A política cultural...*, vol. I, tomo II, pp. 465 e 593-605. Cfr. tb. CARVALHO, J. de, "Instituições de Cultura...", p. 51 e RAMOS, L. A. de Oliveira, "A Universidade Portuguesa...", pp. 363 e 593.

[401] Cfr. BRANDÃO, M., *A Inquisição e os Professores do Colégio das Artes*, vol. I, pp. 597-606.

6 &. Coimbra, 1550

O DESAPARECIMENTO INOPINADO DA FIGURA TUTELAR do *principal*, a quem o projecto do Colégio fora *pessoalmente* cometido e num momento em que, não apenas a instituição ensaiava os seus primeiros passos, mas, sobretudo, estava ainda longe de reinar a ordem, tanto em matéria de acomodação das lições e da chusma de alunos em contínuo crescimento, como de alojamento e alimentação da imensa mole dos escolares, lentes, funcionários e respectivos servidores, de pagamentos aos docentes ou, mesmo, no que respeitava às obras (urgentes) de ampliação dos colégios crúzios para adaptação às *escolas menores*[402], como que decapitava à nascença a obra real. Confrontado com os acontecimentos e a fim de garantir a continuidade administrativa da instituição, nomearia D. João III imediatamente, com carácter interino, João da Costa, que exercera até então as funções de *sub-principal* e, como tal, de *lugar-tenente* de André de Gouveia; mas não tardaria a operar a substituição definitiva, que a 2 de Julho era já sabida em Coimbra e recaía, não em qualquer dos lentes do Colégio, mas em Diogo de Gouveia (*o moço*), como André sobrinho do *velho* Diogo, de quem constituía o *discípulo dilecto*, igualmente mestre teólogo, capelão real e valorizado pela experiência de haver exercido, ainda que temporariamente, as funções de *principal* de Santa Bárbara[403]. Contudo, antes que o novo director ocupasse o seu posto, o que não se verificaria antes dos inícios de Outubro, chamava o monarca João da Costa, a fim de com ele conferenciar sobre os *males* de que enfermava a vida do Colégio e ponderar sobre os *remédios* a aplicar-lhes. Por fim, a viagem apenas teria lugar nas férias do Natal, estanciando a Corte em Almeirim e trazendo Costa consigo, no regresso, mais algumas inscrições no verdadeiro *colégio de nobres* em que a escola se tinha convertido, depois de, por ordem do Rei, ter deixado entregues os *apontamentos* que levava[404].

Na verdade e para além das irritantes questões de natureza administrativa, os curtos meses de exercício do falecido *principal*, durante os quais a direcção do instituto, em virtude das suas repetidas ausências, repousara maioritariamente sobre João da Costa, não tinham decorrido sem algumas quesílias entre este e o corpo docente, mas, sobretudo, haviam ficado assinalados pelo escândalo que motivara a expulsão do Colégio, logo na primavera de 48, do jovem lente de hebreu, o *doutor* Eusébio. Cristão-novo, contratado em Itália como reputado poliglota, em Outubro anterior, pedira modestos honorários, contentando-se com *passadio e vestuário*; mas não tardaram a fazer-se ouvir as primeiras queixas de pupilos a quem molestavam as suas *atenções*, entre os quais um sobrinho do próprio embaixador em Roma, Baltazar de Faria, que chegaria mesmo a abandonar o colégio por esse motivo[405]. Com tudo isso, porém e mau grado, como o próprio João da Costa afirmaria, com a morte de André de Gouveia "ficarem as cousas desmãchadas"[406], ainda em 17 de Julho, perante o Infante D. Luís, de visita a Coimbra, o sevilhano João Fernandes poderia recitar sem escrúpulo a sua *Oração sobre a fama da Universidade* e, nela, fornecer ao príncipe e ao ilustre auditório, congregado em Santa Cruz, a imagem *ideal*, coesa e orgulhosa, da academia coimbrã[407]. Mas é um facto que, por essa altura, já tinham sido escritas, pelas próprias mãos dos teólogos-humanistas do Colégio Real, as primeiras cenas de uma tragédia, que bem poderia receber por título o anátema bíblico *abyssus abyssum invocat* e cujo rápido desfecho haveria de deixar marcas indeléveis no projecto de *Universidade Renascentista* que o *Piedoso* acalentara.

Na verdade, com o início do novo ano lectivo e a chegada de Diogo de Gouveia, *o moço*, ao colégio que, na prática, João da Costa havia dirigido, não tardaria a produzir-se, entre ambos, um violento antagonismo, originado em *mil paixões e deferenças*, como, mais tarde, este mesmo haveria de evocar[408], mas, sobretudo, em conflitos de autoridade, como o que seria ocasionado pela formulação espontânea, por parte do *sub-principal* e com o objectivo de resolver, por uma vez, as questões burocráticas e financeiras com que a escola se debatia, de um convite ao soberano para ver pessoalmente e com os próprios olhos a *sua obra viva*[409]. À lastimável fractura que os dissídios entre Gouveia e Costa evidenciavam, somava-se, porém, o ambiente de mútua desconfiança que, quase desde o início, vinha lavrando entre o corpo docente e crescia agora inexoravelmente, alimentado pela intriga de personagens como o próprio capelão, Manuel de Mesquita – a *peste no Collegio*, como João da Costa depois lhe chamaria, ao que Diogo de Teive acrescentava não haver no mundo *mayor meichedor nem homem mais prigoso*[410] – e que não tardaria a descambar em pública desordem. Na verdade, as necessidades impostas pelo funcionamento do Colégio, agravadas pelo volume exorbitante de inscrições, haviam conduzido, na formação do corpo docente, a uma *composição* entre o grupo original, trazido pelo falecido *principal*, mas claramente insuficiente face ao número de lições a ministrar e parte dos docentes já empregues nos *gerais* de Santa Cruz e que, tendo embora formação *francesa*, a tinham adquirido em Paris, no Colégio de Santa Bárbara, sob a férrea disciplina (intelectual) do *velho* Diogo de Gouveia. E essa miscigenação de *bordaleses* e *parisienses* não tardaria a revelar-se um consórcio problemático.

Com efeito, se é verdade que, em torno do projecto do Colégio, se tinha produzido um movimento geral de entusiasmo, que haveria de reflectir-se no volume quase incrível de inscrições e que, de facto, ilustra o nível a que chegara a penetração dos valores humanistas na própria sociedade[411], não menos verdadeira era, igualmente, a *herança de ressentimentos* que, à partida, carregava[412]. O próprio André de Gouveia, aliás, no acto de encomiar, junto do monarca, as suas *800 ouelhas* e a aplicação digna de nota com que se devotavam aos estudos, não se esquecera de referir: "de sorte q. os imigos desta obra arebentã pellas ilhargas por q. nã ousã dizer mal pella muyta contradição q. teriã"[413]. E não eram poucos, de facto, nem pouco poderosos os seus opositores, à cabeça dos quais se destacava seu tio Diogo de Gouveia, o *doutor velho*, que lhe votava um ódio pertinaz, nascido das profundas divergências teológicas que os opunham, mas também do seu despeito de velho servidor da Coroa e do País, motivado pelo ascendente adquirido pelo sobrinho junto do monarca e que levara, pelo menos desde 1538, à sua substituição por este como agente em França do Rei de Portugal, em diversas matérias de carácter económico e diplomático[414]. Na verdade e mau grado a justeza das palavras com que, mais tarde, Diogo de Teive o evocava, como "homem m.to hõrrado & m.to vertuoso a ho qual todos somos em grande obrigação por elle ser huma das causas principaes de termos as boas letras neste reino"[415] e que prestavam tributo à sua acção como formador de gerações de escolares lusitanos à frente da prestigiosa instituição de ensino em que havia convertido o *seu* Colégio de Santa Bárbara, constituía o velho *principal* lídimo expoente da escola teológica parisiense, de que a respectiva faculdade continuava sendo inexpugnável bastião e, por conseguinte, também da escolástica decadente (a *sofistaria*), contra a qual justamente se rebelava o movimento humanista, liderado por Erasmo[416]. Nesse sentido, se, sob a sua direcção (mais teórica do que prática, apesar de tudo, ocupado como estava, quase em permanência, ao serviço de incumbências régias), o ensino das letras e humanidades alcançara em Santa Bárbara inegável brilho[417], não se configurara este como um fim em si, mas, sobretudo, como base à frequência da Teologia, objectivo último da missão que a si mesmo se impusera e, desde logo, também do próprio contigente dos bolseiros régios[418], porém no quadro da orientação escolástica que a própria faculdade de Paris ciosamente conservava. Donde a sua afirmação, em carta para o soberano de Setembro de 1527, de que "oje em paris nõ temos necessidade doutra cousa mais pera os colegios q. excelente gramatica"[419].

Assim, pois, de seu natural "muy vehemente em suas payxões & pertinas no q. huma vez emcaixa na cabeça"[420], para usar de novo palavras de Teive e acirrado na sua animosidade contra toda a inovação pelo próprio ambiente de exaltação teológica que a Reforma protestante havia provocado, o velho teólogo dedicaria as suas energias a farejar a heresia em cada novidade, apodando sem

Vestígios do Colégio das Artes (foto José Maria Pimentel)

rebuço de *luteranos* quantos "sabiã grego & philosophia & estauã mal cõ a sofistaria"[421]; por conseguinte, também, quantos seguiam a renovação erasmiana. Nesse sentido, de resto, se conduzira a sua participação (fortuita), com Pedro Margalho e Estêvão de Almeida, ao regressar a França, após a conclusão da negociação das *bolsas* com D. João III, na *Junta* reunida em Valhadolid, em Julho de 1527, por ordem do inquisidor-geral castelhano, para proceder ao exame (sem sucesso, diga-se) dos escritos de Erasmo e onde os participantes portugueses haveriam de distinguir-se pela violência das suas condenações[422]. Desse modo, a sua animosidade a respeito do sobrinho André, estribava-se a um tempo na sua recusa em prosseguir os estudos teológicos na faculdade parisiense; na orientação pedagógica que impusera em Santa Bárbara, durante o período em que o seu principalato lhe fora confiado (e onde a sua proximidade a personalidades reputadas heterodoxas, como João Gélida e Nicolau Cop e o escândalo que a todos envolvera, havia estado na origem da sua própria saída de Paris para Bordéus); na sangria de docentes que havia provocado, ao arrastar consigo os melhores mestres quando partira para o Colégio da Guiena e ainda na acusação de malversação de fundos, pretensamente ocorrida nesses anos e que, com razão ou sem ela, Diogo de Gouveia não cessaria de lançar-lhe[423]. Donde as acusações de *heretico maldito* e de *ladrão* com que, tenazmente, o cominaria toda a vida, bem como a interminável demanda judicial que lhe moveu – como o próprio André afirmaria: "de processos de meu tyo libera nos domine p. q. durã in secula seculorum"[424].

Em semelhante contexto, à tomada de conhecimento de que o execrado sobrinho havia sido chamado ao

Reino, em 1543, com vista ao estabelecimento de um colégio de Humanidades de patrocínio régio, seguir-se-ia uma violenta campanha difamatória, zelosamente orquestrada pelo velho *principal* e prosseguida sem desfalecimento até à morte deste, a qual teria início com a carta que, em 3 de Fevereiro de 44, endereçaria ao monarca e onde, do mesmo passo que, ironicamente, referia "Qua soube como V. A. mãdara chamar o bom apostolo de m.te Andre pera fundar colego", o acusava de *sentir* "da farinha de luter", afirmando que "sempre acompanhou cõ homens daquella farinha & os defendeo & em secreto & em publico"[425]. Mas não eram apenas a personalidade de André, as dúvidas que sobre a sua fé alimentava, o despeito pelo favor a que este se guindara no ânimo do real ou, mesmo, as acusações de latrocínio com que o perseguia, as razões únicas da animadversão que o tio lhe votava. De facto, a instituição do Colégio Real iria ditar a suspensão, de há muito anunciada, do programa dos *bolseiros régios* implementado em 1526, agravada pela declaração, como medida proteccionista à *nova* Universidade, da nula validade, no futuro, dos graus académicos obtidos no estrangeiro; e tal constituiria um golpe fatal em relação a Santa Bárbara, de cuja existência, enquanto *colégio português*, representavam, afinal, uma das principais razões, ao mesmo tempo que a sua primeira fonte de sustento, cuja privação, acrescida ao abalo provocado pela partida dos lentes que haviam seguido André de Gouveia para Bordéus, acarretaria a inexorável decadência da instituição[426]. Por outro lado, se é verdade que as diatribes do *doutor velho* passariam anos sem encontrar eco nos ouvidos régios, as recomendações insistentes que levaria a cabo em relação aos seus melhores discípulos, como o sobrinho predilecto, Diogo, Marcos Romeiro ou Paio Rodrigues Vilarinho ("diria a V. A. – escreveria, na carta referida de 3 de Fevereiro de 1544 – q. pois quer começar colegios em coimbra diuia mãdar chamar meu sobrinho & m.te paio... por q. esse apostolo nem sabe theologia nem a quis nunq.ª saber & das artes nõ he dignus soluere corrigia calceamentorum destes out.os") e que acreditavam, de resto, o facto de todos terem sido *bolseiros d'El-Rei*, redundariam, no seu regresso ao Reino, por 1544/45, na atribuição àquele da dignidade de capelão real e no ingresso destes na Faculdade de Teologia[427] onde, seguramente, haveriam de inocular as prevenções do *principal* de Santa Bárbara em relação aos ideais e métodos do grupo bordalês.

Mas a inauguração do Colégio das Artes lesara também, ostensivamente, interesses instalados: dos antigos lentes de Humanidades dos colégios crúzios, forçados a abandonar as cátedras ou despromovidos para outras de inferior categoria[428]; aos cónegos regrantes, desapossados, em prol do instituto régio, a um tempo dos seus edifícios e do antigo privilégio que lhes garantira o exclusivo do ensino público das Artes[429]; aos próprios locatários das suas casas da Rua da Sofia – lentes da Universidade e gente fidalga – em relação aos quais o monarca expedira instruções, em Setembro de 1547, *p.ª os tais alugadores serem contrangidos a se sair dellas posto q. ainda dure o tempo dos seus alugueres, e sem emb.º de quais quer contratos e concertos q. sobre isso com elles teuerdes f.tos*[430]. Não admira, assim, que no burgo universitário, como relataria Diogo de Teive, não poucos ficassem "pesãtes da nossa vinda por se verem abatidos & a nós mto fauorecidos de S. A. & asi nos verem em Coimbra andar hõrrados em mulas cõ moços & com mayor poder & autoridade no collegio. De modo que fazião parcialidades & bamdos chamãdosse os parisienses & a nos os bordaleses & diziam que ainda nos auiam de deitar fora do collegio como de feito deitarão com estas suas falsidades"[431]. Não era, porém, apenas a jactância dos *bordaleses*, desfilando pela cidade com as suas *mulas*, os seus *moços*, o seu *poder* e a sua *autoridade*, que irritava os *parisenses*, ou acirrava, no seu despeito, os Agostinhos, cuja incapacidade na resolução do problema dos preparatórios, aliás, a instauração do Colégio Real publicamente proclamava; era também a arrogância que, desde o início, dominara o próprio projecto do *colégio francês*, dirigido pelo seu *principal* e onde nem sequer o ano académico ou as festividades escolares ou religiosas coincidiam com as da restante Universidade[432], em relação à qual, de resto, se proclamava *independente* e que, ao exceptuá-lo da regra geral, o convertera, do mesmo passo, num corpo estranho, imposto *auctoritate regia* à estrutura pedagógica escolar. Como estranheza provocara ainda o próprio edifício do colégio, que mestre André delineara

– por mão de outro *francês*, João de Ruão – igualmente repleto de exigências *novas* e cuja planta os arquitectos da Corte, Miguel de Arruda e João de Castilho (e mesmo Frei Brás), haviam reprovado[433]. E inveja, seguramente, da própria Universidade, causava o estatuto de excepção que abrigava as finanças colegiais que, em lugar de dotação, usufruíam de ilimitado crédito no erário régio[434]. É certo que o êxito que constituíra a abertura das aulas e o contínuo aumento de escolares não dava azo, por ora, como, entusiasmado, se ufanava o *principal*, senão a que os *imigos da obra* rebentassem *pellas ilhargas, por q. nã ousã dizer mal pella muyta contradição q. teriã*. E assim era, com efeito; mas somente enquanto não fosse questionada abertamente a ortodoxia dos mentores do projecto implementado. Ao contrário, a existência de nuvens sobre tal matéria, haveria de expor, com nítida crueza, o perigo resultante da entrega do escol da juventude nacional a pedagogos de idoneidade controversa. E a verdade é que as circunstâncias que haviam rodeado a morte de André de Gouveia, com a estranha resistência que opusera à recepção dos sacramentos, de par com a soltura de modos e palavras ostentada pelos *bordaleses* e, em geral, com o seu ar "m^to largo das comcyencyas"[435], não contribuiriam pouco para adensar as dúvidas sobre a sua fé.

Não desconhecia o Rei, por certo, a personalidade de André de Gouveia. Sobre as circunstâncias em que *transitara* de Paris para Bordéus, seu tio Diogo se encarregara de, miudamente, o informar e não é crível que lhe fossem estranhos, sequer, os aspectos menos *conformistas* da sua ideologia, bem como da dos lentes que no Colégio da Guiena o rodeavam, parte dos quais, de resto, com ele haviam dividido o alvoroço suscitado pelo seu principalato de Santa Bárbara, de onde o acompanhariam a Bordéus. Como lhes não desconheceria os métodos pedagógicos, cuja *novidade*, justamente, o tinha seduzido. As reservas a respeito da ortodoxia dos lentes *bordaleses* lavravam já entre as próprias autoridades francesas, no início dos anos quarenta, quando se empreendem as diligências para o estabelecimento do colégio português e não fariam senão avolumar-se nos anos que antecedem a vinda do grupo *bordalês*, pelo que teriam, certamente, chegado ao conhecimento de Diogo de Gouveia e (por essa via, ao menos) do próprio soberano. Simplesmente, a *modernidade* das suas ideias era condição da própria *modernidade* dos métodos pedagógicos que preconizavam e que o monarca sabia, há muito, constituírem a medula do seu próprio projecto reformista. Tinha, pois, consciência de que a empresa comportava riscos e dispusera-se a assumi-los[436]. A verdade, porém, é que, despoletado pelo cisma luterano, iniciara entretanto a sua marcha o amplo movimento da *restauração católica*, dinamizado pelo Concílio de Trento e cujos trabalhos preliminares, iniciados em finais de 1545, se concluíam precisamente em 1547, no momento em que o instituto coimbrão enfim se estabelecia, assistindo-se, em consequência, ainda nesse ano, à confirmação e constituição orgânica do Tribunal do Santo Ofício (instituído em 1536) e à emissão do primeiro *rol* de livros proibidos, onde se indexava a maioria das obras de Erasmo[437]. De facto, no seu esforço ingente de reorganização teológica, não demoraria o Concílio a pôr em marcha uma campanha contra o Humanismo doutrinário, de que os primeiros ecos chegavam, naturalmente, a Portugal e no âmbito da qual, sem espaço (nem *tempo*) para distinções subtis, rapidamente iria assimilar erasmismo a luteranismo[438]. Tudo se encaminhava, assim, não no sentido do Humanismo progressista, mas no do integrismo contra-reformista, que não tardaria a instalar-se. O Colégio Real constituía o remate de um longo processo, posto em marcha havia mais de vinte anos, em outro *tempo* e noutra *conjuntura*; mas é um facto que o momento *escolhido* para a sua implantação, *psicologicamente considerado*, não poderia ser menos oportuno[439].

Nesse contexto (e também nesse outro, de imprecisão doutrinal, que caracterizaria o período de *entre Reformas*) pode ser que ao estabelecimento do *Colégio das Artes* – com a correlativa extinção das bolsas de estudo parisienses – não fosse, de facto, totalmente alheio o desejo de furtar a juventude portuguesa ao contacto com as ideias luteranas[440]. Mas é, sobretudo, provável que a nomeação de Diogo de Gouveia, *o moço*, para o principalato do colégio coimbrão, na sequência da morte pouco edificante do seu antecessor e em face do carácter *pessoal* que o cometimento da empresa revestira, autorizada embora pelas suas qualidades e experiência, encontre a sua justificação essencial na garantia fornecida pela sua ortodoxia teológica, não tanto no plano da orientação pedagógica do instituto, onde, na verdade, se não detectariam alterações, mas nesse outro, mais pragmático, de atalhar, por essa via, os incómodos rumores que, de modo crescente, vinham rodeando os *bordaleses*[441]. Certo é que, nem a intransigência do seu temperamento, de que dera abundantes provas, fosse na direcção de Santa Bárbara, fosse no reitorado da Universidade de Paris, que igualmente ocupara[442], contribuiria para devolver a paz à vida do Colégio, nem o puritanismo da sua formação faria calar o zumbido crescente de atoardas que, em Coimbra, envolviam de modo insistente a idoneidade religiosa dos opulentos lentes da escola real. De facto, ao longo do ano lectivo de 1548/49, avoluma-se ainda mais o ambiente de intriga que se havia apoderado da cidade, ao mesmo tempo que, no interior do Colégio, se assiste ao escândalo provocado pela degradação das relações entre o corpo docente e, particularmente, entre Gouveia e Costa, que degeneram mesmo em altercações públicas[443]. O mal-estar ocasionado por um tal estado de coisas não tardaria a produzir os primeiros frutos, levando à retirada para França, no final do segundo período, de Patrício Buchanan, Arnaldo Fabrício e Elias Vinet – e sua consequente substituição por outros tantos *parisienses* – com o que tem início a dispersão do grupo *bordalês*[444]. É nesse contexto que o monarca toma a decisão de chamar à Corte, primeiro o *principal* e, logo, João da Costa, confiando interinamente a direcção da escola a Diogo de Teive o qual, porém, desprovido de verdadeira autoridade, a breve trecho se veria igualmente desfeiteado por alguns docentes, entre os quais o *parisino* Belchior Beleago, que tomaria a seu cargo propalar que os lentes resignatários haviam seguido para Genebra, a vender as respectivas almas a Calvino…[445]

Das conferências com D. João III iria resultar uma nova reestruturação da direcção do Colégio Real: assim, no início do ano lectivo de 1549/50, saía Diogo de Gouveia e assumia João da Costa as funções de *principal*. Mas o soberano exigia agora um controlo mais apertado sobre a administração do instituto, em função do qual se punha fim à sua orgulhosa independência, pelo que, em Novembro, seria incorporado na Universidade e submetido à sua autoridade e inspecção[446]. Era, uma vez mais, de Frei Diogo de Murça que o *Piedoso* se servia: da sua autoridade, como da sua lucidez, por isso que à medida implementada se reservava um valor mais moral do que real, já que a implícita *visita* do prelado universitário, finalmente, não iria nunca verificar-se[447]. Porém, ao ingressar na *alma mater*, deixava o Colégio de configurar-se como o *corpo estranho* que, de facto, até então constituíra e é provável que, do mesmo passo que na pessoa de João da Costa o Rei perseguiria a prossecução, sem interferências, do projecto pedagógico encomendado a André de Gouveia[448], tivesse de igual modo em mente, cortar, por via da integração da escola no edifício corporativo universitário, o caminho à maledicência e ao processo de intenções que, em primeira mão, se instruía nos próprios *gerais* da cidade mondeguina. A verdade é que, iniciando funções a 1 de Dezembro de 1549, mas com o prestígio minado, mesmo entre os escolares, pela vaga, cada vez mais intensa, de rumores, quando não mesmo de explícitas acusações, que lhe impugnavam as convicções religiosas, o novo *principal* ver-se-ia confrontado com um ambiente que, a cada passo, roçava a verdadeira sedição e que nem os festejos promovidos em Março de 1550, em Santa Cruz, para solenizar a graduação em bacharel do *senhor* D. António, bastardo do Infante D. Luís e antigo pupilo de Diogo de Murça em Penha Longa e no Mosteiro da Costa e coordenados por Diogo de Teive, lograriam aplacar[449]. Por esse tempo, contudo, a roda da fortuna empreendera já uma volta sem retorno sobre o destino dos mestres *bordaleses*: João da Costa, Teive e Jorge Buchanan tinham sido denunciados à Inquisição e havia meses que se dera início ao necessário processo de averiguações sobre a consistência da acusação que lhes era imputada – heresia; os lentes do Colégio Real *sentiam* da *farinha de luter*, como há muito proclamava, de Paris, Diogo de Gouveia. Agora, porém, alguém fora mais longe e alcançara a eficácia que o velho pedagogo não pudera obter, nas suas investidas junto de D. João III. A História não lhe registaria o nome, mas nem Costa nem

Teive hesitariam nunca: o autor da denúncia era Diogo de Gouveia, *o moço* – "se nam foy feito direitamente por esta maneira, indireitamente daqui proçede", afirmariam[450].

Na verdade, seguramente em virtude da elevada hierarquia das personalidades em questão, eminentes humanistas e lentes, de reputação internacional e, em particular, do próprio envolvimento do monarca em todo o processo que conduzira à instalação do Colégio das Artes, ao qual, em fim de contas, se ficara devendo a vinda para Portugal dos putativos heresiarcas, as diligências postas em marcha pelo Santo Ofício revestiriam, desde o seu início, o maior sigilo e esse facto seria responsável por irregularidades várias, entre as quais a omissão do delator. Certo é, contudo, coincidir (como os próprios arguidos não se esqueceriam de fazer notar) a provisão do Cardeal-Infante D. Henrique, na qualidade de inquisidor-geral, ordenando, em 17 de Outubro de 1549, a realização em Paris de uma devassa sobre a vida e costumes dos *bordaleses*, com a demissão de Diogo de Gouveia do principalato do Colégio das Artes e sua substituição por João da Costa[451]. Como certo é o júbilo com que o *velho* Diogo, arruinado, perdido já o *seu* Colégio de Santa Bárbara, terá respondido aos inquiridores, porventura recordando as palavras com que, havia ano e meio, em 3 de Fevereiro de 1548, no momento em que o odiado sobrinho abria as portas do Colégio Real, se esforçara por quebrar a surdez obstinada do monarca: "Ja V. A. sabe que eu ej de trabalhar por edificar pedras viuas & sempre me prezei deste officio & se por vsar disto me nõ fizerõ o que he feito a out.ᵒˢ por edifficarem pedras mortas com toda minha pobreza me tenho por mais rico & mais prospero q. elles com todas as dinidades do mundo & nem por isso nõ ej de deixar de continuar meu officio de que sempre me prezei & prezarei em quãto viuer q. he de dar modo q. nesse reino aja homens letrados & que aja de fazer o officio q. fez o fᵒ de deus neste mundo"[452]. Todavia e mau grado o entusiasmo com que o antigo *principal* saboreava, enfim, o coroamento da sua obra, o facto é que D. Henrique, se decidira empreender as investigações, em face do teor das acusações e mesmo, talvez, da própria *autoridade* do delator (e a ser Diogo de Gouveia, *o moço*, tratava-se de um ilustre teólogo e capelão real), entendera não dever promovê-las enquanto inquérito oficial, veiculado através das vias hierárquicas da Inquisição francesa ou, mesmo, das justiças reais, mas como discreta averiguação, levada a efeito sobre factos passados da vida dos acusados, junto de um restrito grupo de pessoas e através de um frade da sua confiança e do próprio encarregado de negócios da Coroa portuguesa, eventualmente para definitiva instrução do seu régio irmão[453]. Não tão discreta, apesar de tudo, que impedisse os lentes suspeitados de tomar conhecimento, em inícios de Maio de 1550, através de cartas chegadas de Paris, da inquirição que, sobre eles, aí se verificara[454]. Sem que, aliás, por tal motivo se alterasse o seu viver.

A verdade, porém, é que, concluída em 21 de Dezembro de 1549, a investigação havia produzido, num brevíssimo espaço de tempo, um volume de tal modo amplo – e de tal modo grave – de informações, que era já vedado ao Tribunal negligenciá-las. Mesmo tendo em conta o carácter diversamente probatório dos depoimentos recolhidos, os relatos vinham, de facto, confirmar, ponto por ponto, as atoardas que, em Coimbra, há muito circulavam, dentro e fora do Colégio, envolvendo ainda outros mestres, além dos três iniciais suspeitos, como Guilherme de Guerente e António Mendes, ainda que o último de modo menos grave, no delito de *semtirem mal da fee e serem da secta de luther*[455]. Assim, após um compasso de espera, provavelmente ocupado na obtenção de esclarecimentos complementares, em 27 de Junho de 1550, o Cardeal-Inquisidor recebia formalmente os autos da inquirição[456] e a tragédia dos lentes do Colégio das Artes entrava nas cenas finais. Efectivamente, ouvido o parecer do bispo do Porto, D. Baltazar Limpo, do de Angra, D. Rodrigo Pinheiro e do Dr. João Monteiro, que assinariam conjuntamente o mandado, ordenava o Infante pessoalmente[457], em 1 de Agosto, a detenção de João da Costa, Diogo de Teive e Jorge Buchanan, não considerando formadas, ao menos de momento, as acusações contra Guerente e António Mendes. Costa, aliás, encontrava-se em Lisboa desde 12 de Julho, onde, ainda a 9 de Agosto, o monarca lhe outorgaria, enquanto *principal*, por mais um ano, a contar de Janeiro de 51, um alvará a respeito da carne para os *porcionistas* – e com essa dignidade assinaria no cárcere, até Novembro[458], os autos dos seus depoimentos, depois de, a 13 de Agosto, se reunir aos seus companheiros de infortúnio. Quanto a Teive e Buchanan, a sua prisão fora já efectuada em Coimbra, onde permaneciam, três dias antes; não no Colégio, mas no paço episcopal, onde os chamara, por expressa instrução do Cardeal, o bispo D. João Soares – o mesmo que, havia pouco mais de dois anos, afirmara ao Rei: *O Collegio de Mestre André, he com tanta vontade recebido de todo o povo, que por ser cousa, que em extremo parece a todos que he remedio de seus filhos serem christãos, e letrados, o escrevo a Vossa Alteza*[459]. Agora, porém, mudavam-se os *tempos* e era forçoso mudarem-se as *vontades*. Mas era certo que a detenção em casa do prelado não deixava ainda de significar cortesia especial; que não seria única, de resto[460]. Desgraçadamente, porém, a busca levada a cabo nos aposentos privados dos docentes, em especial nas suas bibliotecas, iria carrear mais lenha para a fogueira: todos possuíam livros que o *rol* de 47 proibira. E mesmo que o seu volume obrigasse, por ora, a suspender as averiguações, não quedavam dúvidas sobre a familiaridade dos seus possuidores com "autores hereges e outros sospeitosos e danados ao pouo Christão"[461].

Mau grado a discrição com que a prisão dos mestres *bordaleses* se levara a efeito, não é difícil imaginar a comoção que semelhante facto terá provocado em toda a cidade e, em particular, no Colégio Real onde, depois da inspecção, se haviam selado as habitações do *principal* e dos dois lentes que lhe compartilhavam o destino. Espalhava-se o pânico. Em finais do mês de Agosto, os franceses que restavam, Nicolau de Grouchy, Guilherme de Guerente e Jacques Tapie eram, por sua vez, chamados a Lisboa, onde haveriam de depor, a 9 de Setembro, no processo de Diogo de Teive, a respeito de Martinot, antigo criado do Colégio, castigado e expulso por ladrão e calvinista, mas cujos livros tinham sido encontrados entre os seus[462]. Apavorados, empreendem depois a fuga e apenas Tapie lograria ser ainda persuadido a regressar, por alguns meses, às suas funções. Era, pois, a dispersão final para a equipa que André de Gouveia congregara

e da qual, dentro em breve, apenas António Mendes, o elemento mais obscuro, restaria. Enquanto isso, na Universidade, também o receio se instalara e nem mesmo o reitor, Frei Diogo de Murça, faria ouvir a sua voz em defesa dos incriminados ao serviço de um projecto que ele mesmo ajudara a construir. A verdade é que, a despeito da firmeza das suas convicções no que respeitava ao desvio protestante, dificilmente a sua biblioteca resistiria ao sumário exame de um inquiridor[463]. Com efeito, do Paço Real, a quebrar o silêncio, apenas o eminente *doutor navarro*, Martim de Azpilcueta, que em 8 de Setembro se dirigiria à Rainha D. Catarina, invocando solidariamente a honra dos réus e a da própria instituição que todos serviam e afirmando desassombradamente: "nunca oy yo q. en vna sola vez, se prendiessen tres maestros lientes de vna vnjversidad por ereies, como selo dixe yo al inquisidor, q. aca vino". Solicitava, assim, a intervenção da soberana, não para obter o perdão das culpas, se as houvesse, mas a fim de que, a não serem de vulto (como era voz corrente), fossem os mestres restituídos às respectivas cátedras, desse modo evitando que "cõ su infamia cõtinuada, no se acabe de infamar esta vnjversidad". Era às repercussões internacionais do escândalo que, movido "por la buena voluntad y amor, q. tengo ala vnjversidad de Coimbra y su buena fama", Azpilcueta directamente aludia. Por isso escrevia: "Auiso a V. A. q. la vnjversidad ha recebido muy grã daño por todoslos quatro cãtones de España, y aun por hartos de fuera della"[464]. E, com efeito, ainda nesse mês, a 22, comunicava o embaixador de Castela ao seu governo, citando palavras do próprio Cardeal-Infante, o qual, asseverava, teria "comenzado a dar tras los luteranos", que "esta mala setta se va estendiendo en aquella universidad mas de lo que seria menester"[465]. Não obstante, ainda em Novembro prosseguiam em Coimbra as averiguações[466].

De facto e ao invés do que por quase toda a Europa sucedia, em Portugal, a unidade religiosa do País, graças também a um *sentido missionário* que, primeiro a Reconquista e depois a Expansão, haviam contribuído para sedimentar, não fora nunca posta em causa, mau grado a crise da consciência religiosa que tinha marcado o século XV e se projectava ainda no XVI. Afastado das grandes controvérsias teológicas que lavravam pelo velho continente, o Reino mantivera-se, pois, essencialmente imune ao embate da(s) heresia(s) protestante(s) e era fundamentalmente o *judeu*, ou *cristão-novo*, em especial na sequência da sua conversão e da integração na sociedade, na Igreja e no Estado promovidas por D. Manuel I e D. João III que, por razões a um tempo de ordem política, económica e mesmo social, tradicionalmente suscitava a confrontação religiosa. E seriam eles, numa primeira vaga, as vítimas preferenciais da Inquisição. Mas é certo que ao redor de 1540 a situação começaria a mudar. Não, seguramente, para a generalidade do tecido social – sequer a burguesia. Mas entre os intelectuais e o próprio clero ilustrado, na sua maior parte formado além-fronteiras e através dos quais, em virtude justamente da crise da consciência e da vivência religiosa, se tinha processado a *invasão erasmiana* e onde, de facto, a breve trecho, a *peste luterana* (mesmo pela fluidez de fronteiras que, até ao Concílio de Trento, separaria *evangelistas* de *evangélicos*) grassava também. E, claro, entre a gente do comércio – franceses, flamengos, alemães – que quase diariamente afluíam, sobretudo a Lisboa: o *Santo Ofício* se encarregaria de o demonstrar[467]. E talvez radique neste facto, na verdade, o caloroso acolhimento que as instâncias eclesiásticas, como o bispo D. João Soares, futuro padre conciliar e os prelados das diversas ordens religiosas, reservariam, na década de 40, ao projecto pedagógico joanino, fundando colégios e acorrendo em massa ao Colégio Real, que iria conduzir à suspensão do programa dos bolseiros régios e dispensava a juventude da frequência das escolas europeias, depois de, vinte anos antes, se terem escusado a socorrer esses mesmos bolseiros e a auxiliar a formação da *Universidade Renascentista* que o Rei se esforçava por criar. Assim, pois, gradualmente, a hierarquia da Igreja e, em particular, as estruturas mais ligadas ao policiamento da consciência religiosa, ter-se-ão capacitado da nova realidade, pelo que não admira que o Cardeal se apercebesse de que a *mala setta* alastrava já *mas de lo que seria menester*, nem que tomasse sobre si o encargo de *dar tras los luteranos*. Cientes do que havia ainda por fazer em matéria de consolidação da reforma do ensino, D. João III e os seus conselheiros resistiriam quanto possível à marcha para o integrismo que a passos largos se esboçava[468]; mas o facto é que, a ser confirmada, a contaminação do Colégio das Artes se arriscava a constituir um golpe letal para o projecto que o monarca, por tanto tempo, acalentara. Nesse contexto, rapidamente compreenderia o Rei ser chegada a hora de corresponder ao repto que João da Costa lhe lançara, vendo, com os próprios olhos, a *sua obra viva* e tentando, com a sua presença, acalmar os ânimos, restabelecer a ordem e salvar a *buena fama* da Universidade. Assim, pois, no Outono de 1550, vinte e três anos volvidos sobre a histórica visita de 1527 (e retomando, a oito anos de distância, o propósito já esboçado em 42[469]), de novo a intervenção pessoal do soberano buscaria configurar-se como um ponto de viragem e forçar o destino, no longo curso da instituição.

Efectivamente, como escreveria Teófilo Braga, "a visita de D. João III a Coimbra era um acto de boa administração"[470]. Desde finais de Julho, de resto, que Frei Brás era possuidor de "nouas certas" a esse respeito, prevendo-se então, para a deslocação real, os últimos dias de Setembro[471]. A decisão fora tomada, por conseguinte, após a recepção pelo Cardeal dos resultados das inquirições e tivera, decerto, em vista propiciar espaço para uma discreta prisão dos *bordaleses*, no período das férias escolares, amortecendo, assim, o seu impacte, tal como promover a presença pacificadora do monarca por ocasião da abertura do novo ano lectivo. A chamada de João da Costa à Corte, em finais de Julho, quando o Rei, seguramente, se encontrava já de posse das conclusões do inquérito, havendo tomado, em conformidade, a decisão de visitar a Universidade, terá, desse modo, tido por finalidade poupar-lhe a humilhação pública que constituiria a sua prisão em pleno Colégio ou mesmo na cidade, preservando, quanto possível, o seu prestígio académico, indispensável no caso de ser ainda viável conservá-lo à frente da escola real (recorde-se que a prisão do médico António Luís pela Inquisição, anos atrás, não representara óbice à sua contratação, em 47, pela Faculdade de Medicina), o mesmo se verificando com a decisão de conservar-lhe, por meses a fio e não obstante a sua detenção, o título e dignidade de *principal*[472]. Outro tanto significaria, aliás, a *qualidade* do tratamento que, por expressa instrução do Cardeal, seria

A MORADA DA SABEDORIA

dispensado a Teive e Buchanan, *retidos* no paço episcopal, onde haviam acorrido a chamamento do prelado e quase particularmente conduzidos a Lisboa[473]. É provável, contudo, que a própria evolução dos interrogatórios, com a confirmação que iriam fornecer de muitas das acusações expendidas na *inquirição*, inviabilizando o regresso de João da Costa às antigas funções, se encontre na origem da dilação sofrida pelo projecto da visita que, finalmente, apenas teria lugar em Novembro, demorando-se o monarca na cidade, entre os dias 6 e 23, em companhia da Corte, da Rainha D. Catarina, de sua irmã, a Infanta-*sábia* D. Maria e do Príncipe herdeiro D. João[474].

Cuidadosamente preparado por Frei Diogo de Murça, desde inícios de Outubro, o programa da recepção universitária, que faria escola, reeditava, em boa parte, os fastos que haviam rodeado, em 1527, o representante do *Preste João*[475], naturalmente dobrados do cerimonial específico de uma entrada régia[476]. De novo, pois, a garrida cavalgada iria percorrer o *termo* e a cidade, desde S. Martinho, aí onde, ao longe, se avistava a mole imensa do palácio régio, dominando a urbe[477]. Somente agora, à alacridade das pompas cortesãs, acrescia o colorido, mais solene ainda, dos trajes e insígnias universitários, ritmando o préstito de acordo com a ordem académica:

"os dos Theologos brancos; os dos Canonistas verdes; os dos Legistas vermelhos; os dos Medicos amarelos; os dos Mestres em Artes azuis do Ceo"[478]. Vincando a posição central ocupada pela Escola nos objectivos da sua visita, o soberano, após a recepção das homenagens, "mandou q. a vniversidade tornase por sua ordem cõ suas insignias e deo lhe o lugar diante si, e asi ueio atee suas altezas se apousentarem em seu apousento sem duque, nem outro S.or algum vir mais junto, q. a dita vniversidade"[479]. De facto, cedida ao Estudo a residência régia, o monarca alojar-se-ia no palácio do bispo, donde, no dia 8, em companhia da família real, sairia em direcção ao Paço, a fim de, ouvida missa na Real Capela, encetar, com a oração latina, proferida na *salla grande* por Inácio de Morais, mestre que fora do *senhor* D. Duarte, um apertado calendário de lições, repetições, actos e *cõcruzões* que haveria de prolongar-se até ao dia 11[480]. Essas primeiras jornadas constituiriam, de resto, a essência do programa *oficial*, ocupado, como reportaria o agostinho D. Marcos da Cruz, a *visitar os estudos* e a *ver alguns dos mosteiros*; depois disso, "mandou [El-Rei] dizer ao padre prior geral que aceitava por alguns dias o agasalho do nosso mosteiro de Santa Cruz, com a rainha, principe, e infanta, e mais gente de seu serviço"[481]. Ia, pois, dar-se início à

COIMBRA, 1550

parte *discreta* da visita, em que seriam gastos doze dias. E é somente então, na verdade, que, tomada já a decisão de suspender as avaliações em Humanidades – "sobre o curso das artes vos tenho jaa respondido que ey por bem que se não faça por este anno & ffique pera o anno que vem como jaa deveis de ter visto por minhas cartas", escrevera o *Piedoso*, em 1 de Novembro, a Frei Diogo de Murça[482] –, o soberano se dirige ao *colegio real dos franceses* onde, na ausência do seu *principal*, sábado, dia 15, *lhe fizeram uma tragedia com algumas orações em verso*[483]. E deverá ter sido nesses dias de relativa *liberdade*, que o soberano terá amadurecido, senão mesmo ponderado, em concerto com o reitor, a forma de solucionar o drama que atingia a escola – e que passaria, comprometido já o regresso de Costa, pela nomeação de novo director: o quarto em pouco mais dois anos e meio. A escolha recairia em Paio Rodrigues Vilarinho, um dos *parisienses* da Faculdade de Teologia, discípulo de Santa Bárbara e a quem o *velho* Gouveia recomendara quando, em Fevereiro de 44, escrevendo a D. João III, lhe afirmara: "pois quer começar colegios em coimbra diuia mãdar chamar meu sobrinho & m.te paio"[484]. Mas era só meia vitória para os ortodoxos. Com efeito, ainda que a intransigência da sua atitude teológica fosse atestada pelo facto de, dois meses atrás, ter denunciado à Inquisição dois pregadores em cujos sermões julgara lobrigar proposições erróneas, não era Vilarinho um inimigo dos lentes decaídos, aos quais, pelo contrário, o ligavam laços antigos de amizade, em particular a Diogo de Teive, de quem constituiria mesmo testemunha de defesa[485]. Era, pois, de igual modo, meia vitória para os *bordaleses*.

Assim, dia 23 de Novembro, domingo, ouvida missa pela manhã em Santa Cruz, deixava o monarca Coimbra pela última vez, de onde "partiu logo com muita pressa para Lisboa por respeito da doença dos infantes"[486]. Era a morte, como sempre, a rondar-lhe a família. Lograra, porém, pacificar a Universidade, colmatar-lhe as feridas e salvar, ao menos por ora, a parte fundamental do seu programa pedagógico. De resto, podia ufanar-se de haver cumprido o essencial dos objectivos definidos mais de duas décadas atrás: por obra da sua tenacidade e do ambiente geral de acrisolamento espiritual que prepararia a *reforma católica*, fora possível debelar a grave crise das consciências e da vivência religiosa que herdara dos reinados anteriores e, sob o seu governo, a Igreja Portu-

Vista de Coimbra (Pier Maria Baldi, Biblioteca Laurenciana, Florença)

guesa povoara-se, de facto, pouco a pouco, de *varões sábios e homens piedosos*[487] – mesmo que as contingências dessa outra *reforma* viessem, a breve trecho, colidir com a sua e com o projecto que lhe subjazia de criação de *cavalheiros cristãos*. Qualquer que fosse, porém, a *reforma* do futuro, a *sua* Universidade desempenharia nela um papel fundamental. E isso era, também, muitíssimo mais do que, dos seus maiores, havia recebido. De facto, não era apenas o *colégio dos franceses* a merecer o epíteto de *real*; era também a própria Universidade, que havia convertido, de *corporação privilegiada*, em criação *ex privilegio*. E disso lhe ficaria devedora, para sempre, a sua descendência. Fizera, aliás, de Coimbra, o *cérebro do país* – a *lusa Atenas*[488]. Mas tal não equivalia apenas a implantar nela a *capital do ensino* de todo o Império Português: representava, sobretudo, dotar o Império de uma *capital do ensino*, que o mesmo era garantir a *unidade ideológica* dos seus domínios pluricontinentais. E disso lhe ficaria o futuro devedor.

Seria Coimbra, todavia, a mais *visível* beneficiária do seu esforço. Efectivamente, com a *mudança* da Universidade, alterara-se a face da cidade, rasgavam-se ruas, erguiam-se colégios e, sobretudo, encetava-se entre ambas uma relação complexa, sinuosa por vezes, que haveria de moldar o seu carácter e duraria agora, como os processos do *velho* Gouveia (porém felizmente), *in secula seculorum*. Singularmente, contudo, em toda a azáfama construtiva que caracterizaria as décadas posteriores à transferência, apenas o antigo Estudo não fora contemplado. De facto, abandonado, no próprio acto da trasladação, o primitivo projecto da *universidade crúzia* da Rua da Sofia[489] e estabelecidas no Paço Real, em Outubro de 37, as faculdades albergadas desde Maio em casa do reitor[490], às quais, sete anos mais tarde, em Outubro de 44, se iriam juntar as que haviam ficado em Santa Cruz[491], reformulara-se, logo em Julho de 38, o *plano* inicial de *começar a obra das escolas geraes nesa çidade jumto da igja. de sã pº*, diplomático recurso ao edifício dos *Estudos Velhos*[492], em função de uma solução de fundo, pensada para a zona *livre* da almedina, sobranceira à *couraça*, entre a Porta Nova e o Castelo. Aí se levaria a cabo, com efeito, a aquisição de terrenos e, mesmo, a construção de casas, logo ocupadas por estudantes[493]. Em Abril de 45, porém, seis meses volvidos sobre a reunificação da Universidade, também esse projecto seria abandonado, com a doação dos respectivos *chãos* ao reitor do Colégio de Jesus, Simão Rodrigues[494], que neles iria alicerçar aquela que, em escassos anos, iria configurar-se como a mais importante instituição de ensino da cidade, depois da Universidade, com a qual, de resto, por seu turno, estabeleceria uma complexa relação. Quanto a esta última, prolongaria, por virtude disso, o seu alojamento no Paço Real, que a generosidade do seu régio mecenas lhe cedera. E nele alcançava, pelo menos, alcandorada na ínclita colina, uma posição de domínio sobre a urbe escolar[495] que, decerto, à velha *universitas* não desagradaria por completo. Por ora, pois, a histórica morada dos Reis de Portugal iria converter-se, para o bem e para o mal, no imponente cenário da vida quotidiana da venerável instituição. Não se tratava, porém, apenas de uma residência régia: mas daquela à qual se chamou já *o mais formoso palácio acastelado de terras portuguesas*[496].

NOTAS

[402] Cfr. *idem, O Colégio das Artes*, vol. I, pp. 93-94.

[403] Cfr. *idem, ibidem*, pp. 99-100; *idem, A Inquisição e os Professores do Colégio das Artes*, vol. I, pp. 613-615.

[404] Cfr. *idem, O Colégio das Artes*, vol. I, pp. 101 e 103; *idem, A Inquisição e os Professores do Colégio das Artes*, vol. I, p. 616.

[405] Cfr. *idem, A Inquisição e os Professores do Colégio das Artes*, vol. I, pp. 563-568 e 581-583. O decantado banimento do doutor Eusébio terá abrangido apenas as suas instalações no interior do Colégio, bem como, naturalmente, o seu papel de preceptor de escolares internos, uma vez que, em Julho, quando da visita do Infante D. Luís, figura entre os mestres elogiados por João Fernandes [cfr. OSÓRIO, Jorge Alves, *M.e João Fernandes. A oração sobre a fama da Universidade (1548)*, Coimbra, Instituto de Estudos Clássicos, 1967].

[406] BRANDÃO, M., *O processo na Inquisição de Mestre João da Costa*, vol. I, p. 34.

[407] Cfr. OSÓRIO, J. A., *M.e João Fernandes…* e, sobre a visita do Infante, que não mereceu sequer, ainda, a atenção de um artigo de revista, BRANDÃO, Mário, *Coimbra e D. António I, Rei de Portugal*, Coimbra, Arquivo e Museu de Arte da Universidade, vol. I, 1939, pp. 33-34 e RAMALHO, A. da Costa, "Alguns aspectos da vida universitária em Coimbra…", pp. 3-4; *idem*, "O Humanismo…", pp.696-697.

[408] Cfr. BRANDÃO, M., *O Colégio das Artes*, vol. I, p. 104.

[409] Cfr. *idem, ibidem*, p. 105; *idem, A Inquisição e os Professores do Colégio das Artes*, vol. I, pp. 616-618.

[410] *Idem, O Colégio das Artes*, vol. I, pp. 105-106; *idem, O processo na Inquisição de M.e Diogo de Teive*, Coimbra, 1943, p. 172.

[411] Cfr. RAMALHO, A. da Costa, "Alguns aspectos da vida universitária em Coimbra…", p. 5.

[412] Cfr. DIAS, J. S. da Silva, *A política cultural…*, vol. I, tomo II, p. 538.

[413] Veja-se *supra* nota 382.

[414] Cfr. BRANDÃO, M., *A Inquisição e os Professores do Colégio das Artes*, vol. I, pp. 74ss.

[415] *Idem, O processo na Inquisição de M.e Diogo de Teive*, Coimbra, p. 170.

[416] Cfr. *idem, ibidem*, pp. 33-38.

[417] Na verdade, deve-se a M. BRANDÃO a chamada de atenção para o facto de que "Da obra notabilíssima realizada no Colégio de Santa Bárbara, enquanto na posse de Gouveia Sénior, só parte lhe pode ser atribuída; a outra, quem sabe mesmo se a melhor, justo será considerá-la dos seus colaboradores". Com efeito, entre as missões diplomáticas, as longas estadias na pátria em 1526/27 e 1528/31 e os trabalhos na Faculdade de Teologia, não disporia Diogo de Gouveia do tempo necessário à gestão da escola, a que só parece ter voltado definitivamente em 1540 e tal justificaria que o principalato tivesse sucessivamente sido entregue a André de Gouveia, entre c. 1530/34 e, de seguida, a seu primo Diogo. Conhecidas as questões que opuseram tio a sobrinho (André) a propósito dos professores contratados, justo é presumir que a este se deva, de facto, parte da notoriedade alcançada pelo Colégio, bem como datar de então a atenção do monarca (e dos seus conselheiros) à sua pessoa, justificativa também de que para ele transitasse a confiança régia no que respeita ao expediente dos assuntos até então confiados a Gouveia, *o velho* (cfr. *idem, ibidem*, p. 135).

[418] Veja-se *supra* nota 26.

[419] BRANDÃO, M., *A Inquisição e os Professores do Colégio das Artes*, vol. I, p. 34.

[420] *Idem, O processo na Inquisição de M.e Diogo de Teive*, p. 170.

[421] *Idem, A Inquisição e os Professores do Colégio das Artes*, vol. I, p. 33.

[422] Cfr. *idem, ibidem*, pp. 84-86.

[423] Cfr. *idem, ibidem*, pp. 184-199 e 202-204; BRAGA, Teófilo, *História da Universidade de Coimbra…*, tomo I, pp. 355-356 e DIAS, J. S. da Silva, *Portugal e a cultura europeia…*, p. 213.

[424] Cfr. BRANDÃO, M, *A Inquisição e os Professores do Colégio das Artes*, vol. I, p. 208.

[425] *Idem, Alguns documentos…*, p. 126-127 e *idem, O processo na Inquisição de Mestre João da Costa*, vol. I, p. 327-328.

[426] Cfr. *idem, O Colégio das Artes*, vol. I, pp. 38-39 e *A Inquisição e os Professores do Colégio das Artes*, vol. I, pp. 240-242 e 248-251. Para o conflito de Diogo de Gouveia com seu sobrinho André veja-se também BATAILLON, M., "Sur André de Gouvea…", pp. 56-60.

[427] Cfr. BRANDÃO, M., *A Inquisição e os Professores do Colégio das Artes*, vol. I, pp. 244-245 e MENDES, A. Rosa, "A vida cultural", p. 389.

[428] Cfr. BRANDÃO, M., *O Colégio das Artes*, vol. I, p. 88.

[429] Cfr. BRAGA, Teófilo, *História da Universidade de Coimbra…*, tomo I, p. 499.

[430] BRANDÃO, M., *A Inquisição e os Professores do Colégio das Artes*, vol. I, p. 527. Veja-se *supra* nota 369.

[431] Cfr. *idem, O processo na Inquisição de M.e Diogo de Teive*, p. 173.

[432] Cfr. *idem, O Colégio das Artes*, vol. I, pp. 321-322.

[433] Cfr. *idem, A Inquisição e os Professores do Colégio das Artes*, vol. I, p. 574-580 e DIAS, J. S. da Silva, *A política cultural…*, vol. I, tomo II, pp. 539-540: Veja-se tb. *supra*, nota 390. Sobre o(s) projecto(s) do Colégio, vejam-se FRADE, Helena, CAETANO, José Carlos, "O Pátio da Inquisição (Coimbra). Notas histórico-arqueológicas", *Encontro de Arqueologia Urbana*, Braga, 1994, Sep., pp. 319-335; FERREIRA, Patrícia da Costa, "L'ancien 'Colégio das Artes' de Coimbra", *Revue de L'Art*, nº 133, Paris, Centre National de la Recherche Scientifique, 2001-3, pp. 39-45 e CRAVEIRO, M. L., *O Renascimento em Coimbra…*, vol. I, pp. 199-223.

[434] Cfr. BRANDÃO, M., *O Colégio das Artes*, vol. I, pp. 211-212.

[435] Cfr. *idem, O processo na Inquisição de M.e Diogo de Teive*, p. 155 e *idem, A Inquisição e os Professores do Colégio das Artes* , vol. I, pp. 558-561 e 608.

[436] Cfr. DIAS, J. S. da Silva, "Portugal e a cultura europeia…", pp. 211-215 e BRANDÃO, M., *A Inquisição e os Professores do Colégio das Artes*, vol. I, pp. 446-483.

[437] Cfr. MENDES, A. Rosa, ""A vida cultural", p. 388. Para o caso espanhol, ver PESET, Mariano, "La Monarchie absolue…", p. 88.

[438] Cfr. DIAS, J. S. da Silva, *Correntes do sentimento religioso…*, tomo I, pp. 194-195.

[439] *Idem, ibidem*, p. 194.

[440] Cfr. CARVALHO, J. de, "Instituições de Cultura…", p. 49; BRANDÃO, M., *O Colégio das Artes*, vol. I, p.63 e DIAS, J. S. da Silva, "Portugal e a cultura europeia…", p. 211 e nota 2.

[441] Cfr. BRANDÃO, M., *A Inquisição e os Professores do Colégio das Artes*, vol. I, p. 614 e DIAS, J. S. da Silva, *A política cultural…*, vol. I, tomo II, p. 564.

[442] Cfr. BRANDÃO, M., *A Inquisição e os Professores do Colégio das Artes*, vol. I, pp. 230-232 e 235-240.

[443] Cfr. *idem, ibidem*, pp. 621-625.

[444] Cfr. *idem, ibidem*, pp. 618-621.

[445] Cfr. *idem, ibidem*, pp. 626-631. O facto é que talvez a atoarda não fosse completa. Na verdade, também dos interrogatórios levados a efeito em Paris no outono de 1549 resultaria a informação de que um dos lentes, regressado a França, partira dali para Genebra, onde se fizera protestante (cfr. *idem, O Colégio das Artes*, vol. I, p. 139).

[446] Cfr. BRAGA, Teófilo, *A Universidade de Coimbra*, tomo I, p. 510 e DIAS, J. S. da Silva, *A política cultural…*, vol. I, tomo II, p. 542 e nota 1.

[447] BRANDÃO, M., *O Colégio das Artes*, vol. I, p. 209.

[448] Sobre aquilo a que chamou a "resistência discreta, mas firme, à marcha precipitada do Esta-

do em sentido integrista", oposta por D. João III e alguns dos seus ministros, veja-se J. S. da Silva DIAS, *A política cultural...*, vol. I, tomo II, pp. 944 e 997-999.

[449] Cfr. BRANDÃO, M., *O Colégio das Artes*, pp. 113- -117; idem, *A Inquisição e os Professores do Colégio das Artes*, vol. I, pp. 637-655, 657-658 e 659-663 e idem, *Coimbra e D. António I...*, vol. I, pp. 95-99 e 172.

[450] Idem, *O processo na Inquisição de M.e Diogo de Teive*, p. 7 (cfr. idem, *A Inquisição e os Professores do Colégio das Artes*, vol. II, I Parte, p. 12-16).

[451] Cfr. BRANDÃO, M., *A Inquisição e os professores do Colégio das Artes*, vol. I, p. 633 e vol. II, I Parte, pp. 10-14 e 112.

[452] Idem, *O Processo de João da Costa*, vol. I, pp. 328- -329. Sobre os últimos anos de Diogo de Gouveia, *o velho* e o seu papel na inquirição conduzida em Paris em relação aos lentes dos Colégio das Artes veja-se idem, *A Inquisição e os Professores do Colégio das Artes*, vol. I, pp. 248-253 e vol. II, I Parte, pp. 122-129.

[453] Cfr. idem, *O Colégio das Artes*, vol. I, pp. 134-135 e idem, *A Inquisição e os Professores do Colégio das Artes*, vol. II, I Parte, pp. 112-118.

[454] Idem, *A Inquisição e os Professores do Colégio das Artes*, vol. I, p. 657.

[455] Idem, ibidem, Vol. II, I Parte, pp. 118-142 e idem, *O Colégio das Artes*, vol. I, pp. 138-139.

[456] M. BRANDÃO, em *O Colégio das Artes*, vol. I, p. 138, refere expressamente que a 21 de Dezembro de 1549, com a audição da última testemunha, "era encerrada a Inquirição". Contudo, em *A Inquisição e os Professores do Colégio das Artes*, vol. II, I Parte, pp. 142-143, afirma que a inquirição foi encerrada em Paris "em data não indicada". 21 de Dezembro de 49 é, porém, efectivamente, a data de interrogatório da última testemunha ouvida em Paris, mestre Sebastião Rodrigues. Ao que parece, os seis meses seguintes seriam ocupados na audição de outras personagens, porventura em consequência da confirmação das denúncias que haviam motivado a investigação. O historiador sugere ainda que a demora se tenha ficado a dever ao desejo de dilatar a prisão dos lentes para a época de verão, onde a operação poderia ser realizada de modo mais discreto, o que, de facto, parece crível. Mas tal não invalidaria, quer-nos parecer, que os autos tivessem sido entregues antes ao Cardeal. Tudo indica, pois, que, antes de tomar decisões definitivas, se procurou obter a confirmação, por vias mais independentes, das informações colhidas em Paris (cfr. ibidem, pp. 143-144).

[457] O facto de a ordem de prisão ter sido emanada pessoalmente pelo inquisidor-geral e não através do Tribunal de Lisboa ou, mesmo, a requerimento do promotor, como ordinariamente sucedia, testemunha a excepcional importância – mas também a consideração especial – atribuída ao processo dos lentes do Colégio Real (cfr. idem, *A Inquisição e os Professores do Colégio das Artes*, vol. II, I Parte, pp. 145-146).

[458] Cfr. idem, *O Processo na Inquisição de Mestre João da Costa*, p. 97.

[459] Veja-se *supra* nota 385.

[460] De facto, a prisão dos lentes verificara-se na sequência de uma visita ao prelado, feita a seu pedido, como uma espécie de *retenção*, pelo que ficariam detidos, não no cárcere, mas no próprio paço episcopal, no *aposento sobre o jardim de cima* e merece ainda reparo que tenham sido imediatamente atendidos, sem inspecção detalhada, alguns pedidos dos presos, de natureza particular, expressos em bilhete enviado ao Colégio, quando se procedia à vistoria dos seus aposentos, bem como que o seu transporte para Lisboa se tenha verificado, não através dos oficiais do Tribunal, mas, igualmente por ordem do Cardeal, a cargo de um particular, Rui Dias, mesmo que acompanhado de um representante da Inquisição (cfr. BRANDÃO, M., *A Inquisição e os Professores do Colégio das Artes*, vol. II, I Parte, pp., 151-154 e 175-176).

[461] Sobre o processo que conduziria à prisão dos mestres *bordaleses*, veja-se especialmente idem, ibidem, vol. I, pp. 657 e 665 e vol. II, I Parte, pp. 145-146 e 150-173 e *O Colégio das Artes*, vol. I, pp. 18-19 e 142-145.

[462] Cfr. idem, *O Colégio das Artes*, vol. I, p. 120 e *A Inquisição e os Professores do Colégio das Artes*, vol. I, pp. 659-663 e 667 e vol. II, I Parte, p. 203.

[463] Cfr. idem, *A Inquisição e os Professores do Colégio das Artes*, vol. II, I Parte, pp. 179-185 e *supra* nota 330. É provável que se relacione com esta questão a conhecida relutância – "teimosia senil" lhe chamou António de VASCONCELOS –, revelada por Frei Diogo de Murça em abrir mão dos papéis universitários, mesmo após o abandono da Reitoria, em 1555, quando passou a presidir ao Colégio de S. Paulo, dando início a um processo "diplomático" em que a própria Coroa chega a intervir e que se arrastaria até finais de 1558 [cfr. *O Arquivo da Universidade*, (RODRIGUES, Manuel Augusto, reed. e intr. de), Coimbra, Arquivo da Universidade de Coimbra, 1991, pp. 11-17].

[464] BRANDÃO, M, *Alguns documentos...*, pp. 38-39.

[465] DIAS, J. S. da Silva, *Correntes do sentimento religioso...*, tomo I, p. 207, nota 1.

[466] Cfr. BRANDÃO, M., *A Inquisição e os Professores do Colégio das Artes*, vol. II, I Parte, p. 316.

[467] Cfr. DIAS, J. S. da Silva, *Correntes do sentimento religioso...*, pp. 215-218 e 524-536 e idem, *A política cultural...*, vol. I, tomo II, pp. 932-945.

[468] Cfr. idem, *A política cultural...*, vol. I, tomo II, pp. 944-945.

[469] Veja-se *supra* nota 324.

[470] *História da Universidade de Coimbra...*, vol. I, p. 558.

[471] Cfr. BRANDÃO, M., *Alguns documentos...*, p. 156.

[472] Vejam-se *supra* notas 456 e 458.

[473] Veja-se *supra* nota 460. De facto, a própria (controversa) figura do bispo-conde D. Frei João Soares exige que se lhe preste alguma atenção, que permitirá, porventura, compreender melhor o seu papel nos acontecimentos de Agosto de 1550 e, desde logo, os encómios que, em 48, endereçara ao Rei, a respeito da abertura do Colégio Real. Doutorado em Teologia por Salamanca, em 1529, adquiriria fama de grande pregador, mas também de ambicioso e de homem de opiniões abertas, roçando a heresia, que o tornariam malquisto nos meios conservadores de Roma. Protegido de D. João III, que o nomearia seu confessor, mestre de seus filhos, os Infantes D. Filipe e D. João e que empenhadamente promoveu a sua nomeação para a mitra de Coimbra, após a morte de D. Jorge de Almeida, a sua vida dissoluta e o escândalo em torno da sua pública mancebia e das suas aventuras sentimentais com mulheres solteiras e casadas e mesmo religiosas, valer-lhe-iam diversas admoestações, chegando mesmo a pôr em causa a sua permanência no Concílio de Trento, de cuja terceira abertura participaria, enquanto bispo de Coimbra, juntamente com o arcebispo de Braga, D. Frei Bartolomeu dos Mártires e o bispo de Leiria, D. Frei Gaspar do Casal e enquadram-no no contingente dos prelados venais contra os quais a *devotio moderna* fizera erguer a sua voz. Apesar disso, militaria activamente, mesmo em Trento, pela reforma da Igreja e distinguir-se-ia como excelente administrador da sua diocese, devendo-se-lhe a afirmação, em carta para o Rei de 1548, de que "não quer Roma que preguem os bispos, nem que estudem, senão matéria de benefícios e dinheiros". No regresso de Trento, porém, em 1563, após ter contactado com os meios judaicos, tanto em Itália como, sobretudo, na visita que então faz aos Lugares Santos e de ter sido informado da existência, na sua circunscrição, de uma activa prática mosaica, impetraria do Pontífice o estabelecimento em Coimbra do Tribunal do Santo Ofício, empe-

nhando-se activamente na extirpação do judaísmo (cfr. "D. Frei João Soares", *Grande Enciclopédia Portuguesa e Brasileira*, vol. XXIX, Lisboa-Rio de Janeiro, Editorial Enciclopédia, s.d., pp. 326-328).

[474] Na verdade, as datas que balizam a visita régia, não foram estabelecidas por nenhum dos autores que se dedicaram ao estudo do assunto (cfr. F. C. de FIGUEIROA, *Memorias*…, pp. 82; ABREU, José Maria de, "Breve noticia do modo como foram recebidos pela Universidade de Coimbra os Snrs. Reis D. João III, e D. Sebastião, quando a ella vieram nos annos de 1550 e 1570", *O Instituto*, I, Coimbra, 1853, pp. 33-35 e CASTRO, Augusto Mendes Simões de, "Vinda de El-Rei D. João 3º a Coimbra no ano de 1550", *Boletim Bibliográfico da Biblioteca da Universidade de Coimbra*, vol. I, Coimbra, 1914, pp. 78-86, 140-147, 191-194 e 291-294). Não obstante, o confronto dos dados fornecidos pela documentação que publicaram permite estabelecê-las sem margem para dúvidas. A Rainha D. Catarina, o Príncipe e a Infanta demorar-se-iam ainda um dia mais, partindo apenas a 24 de Novembro.

[475] Veja-se *supra* nota 8.

[476] Cfr. ALVES, Ana Maria, *As entradas régias portuguesas – uma visão de conjunto*, Lisboa, Livros Horizonte, s. d., pp. 25-34 e 37.

[477] Com efeito, não nos parece inocente este percurso cerimonial que faria entrar na cidade pelo norte (e não pelo sul, como pareceria natural) – e que ficará cristalizado nas práticas universitárias –, oferecendo a urbe ao ilustre visitante num percurso aproximativo que obedece, como se verá, à deliberada intenção semiótica que presidiu à grande reforma do Paço Real levada a cabo no período manuelino.

[478] Assim os evocaria, de facto, D. Nicolau de SANTA MARIA, na sua *Chrónica dos Cónegos Regrantes*… (tomo II, p. 315), mesmo que, com o seu particular gosto pelo arredondamento factual, tivesse colocado a cena na ponte de Coimbra onde, segundo ele, o reitor e a Universidade teriam saído a receber o monarca (cfr. CASTRO, A. M. Simões de, "Vinda de El-Rei D. João 3º…", p. 147).

[479] *Idem, ibidem*, p. 85.

[480] Cfr. FIGUEIROA, F. C. de, *Memorias*…, pp. 82-83; ABREU, J. M. de, "Breve noticia…", pp. 33-34; CASTRO, A. M. Simões de, "Vinda de El-Rei D. João 3º…", pp. 78-82.

[481] CASTRO, A. M. Simões de, "Vinda de El-Rei D. João 3º…", pp. 191-192.

[482] *Idem, ibidem*, pp. 80-81; BRANDÃO, M., *Documentos de D. João III*, vol. IV, p. 73.

[483] CASTRO, A. M. Simões de, "Vinda de El-Rei D. João 3º…", p. 291. Veja-se, sobre este assunto, BRANDÃO, M., *O Colégio das Artes*, vol. I, pp. 168ss. A representação teatral (que o Rei designa de *comédia*) seria organizada pelo reitor Murça, como testemunharia o próprio monarca, ao referir, na citada carta para o prelado universitário: "E que no collegio das artes. mandastes aparelhar huma comeedya com huma oração pera quando eu a elle for" (idem, *Documentos de D. João III*, vol. IV, p. 73).

[484] Veja-se *supra* nota 427.

[485] Cfr. BRANDÃO, M., *A Inquisição e os Professores do Colégio das Artes*, vol. I, pp. 673-676. Tudo indica, na verdade, que a decisão que conduziria à nomeação de Paio Rodrigues Vilarinho como *principal* do Colégio das Artes seria tomada pelo monarca durante a sua estadia em Coimbra. Com efeito, o teólogo deixaria a regência da sua cátedra de *Escritura* no fim de Novembro e ainda que só em 1 de Janeiro de 51 assumisse oficialmente o principalato, o Rei ordenaria que se lhe contasse por inteiro o vencimento da cátedra como se a tivesse regido durante o mês de Dezembro. O período intermédio seria, pois, despendido no serviço régio, mas seguramente na Corte, em Almeirim, ponderando, em conjunto com o soberano, as graves questões que seriam objecto do conjunto de diplomas que receberia a chancela real em 15 desse mês (cfr. *idem, ibidem*, p. 675 e *Documentos de D. João III*, vol. IV, docs. nº DCIII a DCIX, pp. 78-86). Por outro lado, até Novembro e como foi já referido, João da Costa ostentaria, mesmo detido, a dignidade de *principal* (veja-se *supra* nota 458).

[486] CASTRO, A. M. Simões de, "Vinda de El-Rei D. João 3º…", p. 294.

[487] Cfr. DIAS, J. S. da Silva, *Correntes do sentimento religioso*…, tomo I, pp. 75-76 e 90.

[488] Cfr. DIAS, Pedro, "O urbanismo, a arquitectura e as artes plásticas na criação do mito da Lusa-Atenas", *A Universidade e a Arte, 1290-1990*, Coimbra, 1993, pp. 1-16.

[489] Veja-se *supra* nota 251.

[490] Veja-se *supra* nota 2.

[491] Veja-se *supra* nota 3.

[492] Veja-se *supra* nota 303.

[493] Veja-se *supra* nota 322.

[494] Cfr. BRANDÃO, M., *Documentos de D. João III*, vol. IV, doc. DCCLXXXVI, p. 341; *idem, A Universidade de Coimbra*…, p. 188 e *idem, O Colégio das Artes*, vol. II, pp. 61-65.

[495] Cfr. PIMENTEL, António Filipe, "*Domus Sapientiæ*…", p. 35.

[496] CORREIA, Vergílio, "Coimbra e a sua Universidade", *Obras*, vol. I, *Coimbra*, Por Ordem da Universidade, Coimbra, 1946, p. 126.

II. O Mais Formoso Palácio Acastelado de Terras Portuguesas

Aqui, erguem-se ao topo de íngreme ladeira os Paços de difícil acesso, dominando
até perder-se de vista a extensa campina com seus prados cultivados e alegres.
Até imaginas que tudo isto fora outrora obra de ingentes ciclopes ou fabricado por mãos de Dédalo.
Aí estava dantes a corte dos nossos Reis e actualmente é o santuário das musas, a sede das escolas gerais.
Aqui ouvirás ressoar a fama de homens sublimes e insignes pela cátedra, pela doutrina, pela piedade.

INÁCIO DE MORAIS
Conimbricæ Encomium

1 ❧ Coimbra, 1999

22 de Dezembro de 1999. Faltam dois dias para o Natal. Martin e Jan, os técnicos alemães da empresa *Posselt & Zickgraf Archäologisch-geophysikaliche Prospektionen* e os seus três ajudantes portugueses ultimam os trabalhos no terreiro do Paço das Escolas, que tem o aspecto de um vasto campo regularmente minado por toupeiras. A noite caiu já e com ela veio um frio desusado neste começo de inverno português. Antes de partirem, em corrida contra o tempo, rumo ao último avião que poderia ainda conduzi-los às respectivas consoadas, mostram no computador portátil, entre a amálgama de apetrechos espalhados pelo chão da pequena *casa dos Archeiros*, junto à *Porta Férrea* (a entrada triunfal do recinto universitário), que durante cinco dias lhes serviu de improvisada guarida, os registos colhidos no local. Quanto a conclusões, porém, haveria que aguardar ainda alguns meses, pela elaboração do relatório final.

Com efeito, residência régia durante vários séculos; morada quase *permanente* de Afonso Henriques e dos seus mais próximos sucessores; referido, nos velhos textos, como *alcáçova*, *alcácere* ou *alcáçar*[1] e figurando já num documento de 1094, relativo à doação, ao cabido da Sé, de uma *corte* situada "inter portam de Iben Bodron et illa alkazova"[2], fora sempre convicção geral a antiga origem do edifício que, desde 1537, albergaria a Universidade de Coimbra e que ainda hoje, mau grado a inevitável pulverização das suas instalações, constitui o seu espaço representativo. Sobre factos concretos, todavia – *quando* e *como* se formara o embrião do que viria a ser o *Paço das Escolas* –, tudo parecia, de facto, *fabricado por mãos de Dédalo*, tal a complexidade do labirinto formal e cronológico que envolvia a história do velho monumento. Do que fora, pois, em tempos medievos, o alcácer real, a primeira *sede*, em ordem cronológica, dos Reis de Portugal, "debalde se procuram vestígios" no "inextricavel conjuncto de construcções de diversas epochas" em que o decurso dos séculos, progressivamente, o converteu, lamentaria em 1901 António Augusto Gonçalves, um dos primeiros que se aventuraram a traçar o esboço do processo gestativo do palácio universitário. Opinava, assim, pelo carácter radical da reconstrução manuelina, que teria aniquilado por completo os "tisnados muros românicos" da edificação primigénia, intuindo, porém, ser "de presumir que fosse uma construção bem modesta", que *várias considerações* levavam a crer se tivesse erguido em "terreno próximo da capella actual". E concluía, desalentado: "a carência de subsídios para o reconhecimento e fixação das datas das diversas restaurações ou accréscimos, que no decorrer dos tempos fôssem successivamente adherindo ao nucleo primitivo, é completa"[3].

Entretanto, porém, dava-se nessa matéria um passo de gigante, com a publicação, por Sousa Viterbo, em 1904, do auto de medição realizado após a morte de Marcos Pires, arquitecto da *reforma manuelina*, em 1522 e que permitiria conhecer, com abundante cópia de pormenores, o sentido da intervenção quinhentista e, por tabela, a estrutura do edifício à data dessa operação[4]. É à sua luz e das escassas informações fornecidas pela própria construção, por ocasião de obras pontuais ditadas por imperativos de natureza prática – e que um ou outro espírito, mais atento, não deixava de cuidadosamente registar[5] –, que Vergílio Correia, em 1936, arrisca a primeira interpretação global sobre a estrutura original dos Paços da Alcáçova, *provavelmente anteriores à monarquia portuguesa*: "como era constituído o paço primitivo – escrevia – ignora-se. Devia ser um recinto fortificado, rodeado de cubelos, incluindo moradias, e uma capela da invocação de S. Miguel[6], o arcanjo protector de D. Afonso Henriques". E continuava: "no Museu Machado de Castro existem duas colunas completas, de calcário amarelo local, pelo estilo atribuíveis ao fim do século XII, que pertenceram ao edifício real. Estou em crer que, na disposição e área, podia, de um modo geral, coincidir com a Universidade, pois a situação natural que condicionara a formação do palácio acastelado, não sofreu modificação. Excluídos a Biblioteca, o Observatório e parte do Colégio de S. Pedro, a massa dos edifícios actuais ocupa o lugar da Alcáçova românica e gótica, o que é confirmado por janelas de arco quebrado encorporadas nos muros, e pelo que resta da época manuelina. De facto, a reforma do *Venturoso* conservou o casco antigo do edifício, embelezando-o; mas não modificou profundamente a estrutura do paço. (…) No arcaboiço medieval se realizaram, pois, todas as transformações sofridas pelo edifício do século XVI ao XX. Sob o manuelino, o renascimento, o barroco e o italianismo setecentista das construções, pode visionar-se o alcácer cristianizado. Anda mais perto de nós do que supomos a antiguidade"[7].

De facto, a consciência da ancianidade dos Paços de Coimbra – *anteriores à monarquia portuguesa* –, sedimentara-se, pelo que, em 52, António Correia lhes atribuía já o carácter de "moradia dos primeiros condes e governadores do distrito", concluindo embora que "o pátio que hoje se vê, foi vedado à custa de construções sucessivas e posteriores ao estabelecimento definitivo da Universidade em 1537" e que "só a capela tem origem muito remota, pois foi fundada no início da nacionalidade por D. Afonso Henriques, quando veio fixar em Coimbra a sua residência habitual"[8]. Na verdade, na esteira do progressivo conhecimento sobre o passado romano da cidade, em grande parte dinamizado pela descoberta, pelo próprio Vergílio Correia, do *criptopórtico* subjacente ao Museu Machado de Castro, ganhava também raízes a ideia, defendida desde 79 por Jorge Alarcão, de que "aqui, não pode deixar de ter existido um edifício romano importante, provavelmente público", tese que formularia de modo mais explícito, já em 96, ao afirmar ter-se instalado o palácio actual "sobre o que supomos ter sido um edifício de certo vulto já na época romana"[9]. Nesse sentido, construído o elo que ligava o actual monumento à Antiguidade, afirmaria Vasco Mantas, em 92, que "a administração visigótica instalou-se, muito provavelmente, na zona onde viria a desenvolver-se a Alcáçova, futura residência dos condes governadores de Coimbra e, mais tarde, dos reis de Portugal até D. Afonso III", opinião que autorizava "a pedra com elegante decoração fitomórfica encravada no muro norte"[10] e nós mesmos, alguns anos mais tarde, procuraríamos resumir, do seguinte modo, a cadeia evolutiva do complexo edifício: "ao fixarem em Coimbra a capital do jovem Reino português, Afonso Henriques e os seus imediatos sucessores ocuparam as moradas dos governadores cristãos da(s) Reconquista(s), que aí alternariam, ao sabor da fortuna das armas, com o ocupante árabe; este, por seu turno, herdara de igual modo os espaços habitados pelos antigos reis visigodos que aqui estabeleceram capital e cunharam moeda, por certo aproveitando, também eles, construções romanas estabelecidas sobre o primitivo *oppidum* de *Aeminium*"[11].

Desde o início da década de 30, contudo, que a Universidade e as entidades oficiais vinham empreendendo, no antigo monumento, um conjunto de intervenções de consolidação e restauro das suas estruturas, que adquiririam maior fôlego em virtude da celebração do centenário da transferência, em 1937, do *duplo centenário* de 1940, em cujas celebrações ocuparia um lugar de destaque e, mesmo, do plano geral das obras de construção da *cidade universitária*[12], mas que, na realidade, deveriam prolongar-se, quase continuamente, por mais de meio século. Paralelamente e por mão de Vergílio Correia, a investigação científica sobre o conjunto das construções escolares ensaiava também os primeiro passos, particularmente com a publicação, em 32, dos elementos fundamentais para o conhecimento das campanhas dos *Gerais*, da *Porta Férrea* e da série régia da *Sala dos Capelos*[13] e a conjugação das duas circunstâncias seria responsável pela progressiva dissipação do espesso véu que envolvera, até então, as remotas origens do actual complexo edificado. Assim, pois, em Dezembro de 1943, reportava o *arqueólogo* na imprensa, entusiasmado, as primeiras descobertas de vulto propiciadas pelas obras em curso: "um pano de muro e um pedaço de cubelo jacentes nas subestruturas do antigo Colégio de S. Pedro". E explicitava: "O achado de agora veio pôr em relevo elementos construtivos anteriores à transferência do Colégio, existentes precisamente sob a escadaria central da fachada, detrás do portal nobre que em tempo ocupou lugar vizinho à Porta Férrea. Trata-se

Aspecto das obras de restauro do Paço das Escolas na década de 1940 (DGEMN, foto 208).

de um pedaço de muro, perpendicular às fachadas e de um troço de cubelo circular, certamente representando o extremo da cerca forte que custodiava o Paço Real. O documento da construção da Porta Férrea no século XVII, que encontrei no Arquivo da Universidade, declara que a referida Porta deveria ser construída no lugar da entrada antiga do Paço, entre cubelos. O que agora se descobriu, mostra o alinhamento desses cubelos, devendo a cerca rematar, do lado de poente[14], com este. Que a obra é muito antiga, revela-o o aparelho da construção, onde, como noutros pontos dos muros e portas de Coimbra, foram empregados blocos romanos, de algum grande edifício desmontado para o efeito. Pela primeira vez se confirmava, com documentos materiais, que o Paço Real, a alcáçova primitiva, fora, como se acreditava, um recinto amuralhado independente, está-se vendo, coevo das grandes obras de fortificação citadina, cuja origem e cronologia precisa são ainda o problema em aberto"[15].

De facto, os *achados* não cessariam de produzir-se, pelo que, um mês mais tarde, em finais de Janeiro do ano seguinte, voltava ao assunto para noticiar o aparecimento, agora "entre os encontros" da *Porta Férrea*, de "um pedaço de parede muito antiga, que podia, sem receio, considerar-se como pertença do Paço primitivo. E que o era – escreveria – demonstrava-o a fresta miraculosamente conservada numa das paredes, que era de arco ultrapassado alteado, atribuível a data anterior ao Românico".

E concluía: "Poucas vezes me tem sido dado, na minha vida de arqueólogo, sentir uma tão pura satisfação como a que tal descobrimento me proporcionou. (...) O descobrimento de agora vem completar o anterior, da muralha e cubelo de ângulo, indicativo do limite da muralha que defendia o Paço do lado de Nascente"[16]. Na verdade, as obras em curso na comummente chamada *Ala de São Pedro*, de recuperação e adaptação, depararíam ainda com outro vestígio da primitiva cerca fortificada: "uma antiga muralha", alinhada com os "respectivos cubelos", que mais não era que o troço Nascente que unia, no interior do Colégio, ao nível térreo, os dois trechos reportados por Vergílio Correia e cuja existência, como explicava, em Março de 44, ao próprio ministro, o engenheiro responsável pelas obras da *cidade universitária*, "onera extraordinariamente os trabalhos em curso"[17]. Três meses volvidos, porém, morria súbita e prematuramente Vergílio Correia, deixando, na introdução do volume dedicado a Coimbra do *Inventário Artístico de Portugal*, dado à estampa em 47, a primeira visão de conjunto das informações fornecidas pelos novos elementos respeitantes à primitiva estrutura palatina: "Um achado recente – escrevia – veio demonstrar que o Paço Real da Alcáçova, que sempre se considerara como residência do nosso primeiro monarca desde que ele transferira de Guimarães a sede da Corte, era fundação anterior aos reis portugueses. Na ala de S. Pedro do edifício uni-

Aspecto do cubelo angular sudeste demolido em 1945 (DGEMN, foto 118).

Trecho da muralha *perpendicular às fachadas* do Colégio de S. Pedro (DGEMN, foto 119).

versitário, foram postos a descoberto, durante obras de reparação realizadas por ordem da Direcção Geral dos Edifícios e Monumentos Nacionais, não só uma grossa muralha, larga e espessa, com a altura do andar baixo, que defendia a Alcáçova do lado acessível de sudeste, mas também um cubelo redondo de ângulo, em que se insere o pano mural de sul-poente, o qual atravessava o actual Terreiro e alcançava a Biblioteca, pois quando se procedia ao lageamento da faixa de monumentalização[18] se lhe encontraram ali os alicerces. Esse muro coroava a linha de altura do cabeço voltada ao Mondego, sendo o prolongamento do Colégio de S. Pedro, o Observatório Novo e a Biblioteca construídos mais tarde, desde a base do morro, aterrando-se e nivelando-se a distância que medeava entre esses edifícios e a muralha, topetando na capela, onde começavam as construções paçãs que fechavam o quadrilátero. Ora, no pano mural de sul-poente e no cubelo circular foram empregadas nas fiadas inferiores blocos romanos, marcados com a fenda da luva elevatória e os encaixes das ligações *em orelho*, tudo de modo idêntico ao dispositivo em que encontrámos esses elementos aproveitados nas muralhas de nascente e sul da cidade e nas portas da Traição e Almedina. Portanto os muros são coevos. (…) Por maravilha, no lugar da entrada do Paço da Álcáçova, substituída no século XVII pela Porta Férrea, ficou um troço de torre pertencente ao sistema de defesa do palácio-fortaleza, de traçado semi-circular para o exterior (um dos cubelos a que se refere o documento da construção da Porta) e rectangular para o interior, havendo na face interna uma fresta de arco ultrapassado, cuja idade pode oscilar entre os séculos VII e XI, se a considerarmos visigótica, moçárabe ou neogótica". Assim e não sem chamar a atenção para a origem "muito remota" de "algumas das torres redondas" da fachada Norte, concluía: "o mais antigo edifício civil de Coimbra é o Paço da Alcáçova, por D. João III cedido para sede da Universidade, em 1537"[19].

Com a morte de Vergílio Correia, caberia a Nogueira Gonçalves prosseguir o seu labor à frente do Museu Machado de Castro e, ainda que em circunstâncias menos gratas, acompanhar os trabalhos no Paço das Escolas. É nesse contexto que, logo em 45, informa superiormente os serviços oficiais da descoberta, na fachada Norte, de uma pedra "da época visigótica, primeiro período", solicitando que fosse retirada para o Museu ou deixada à vista no próprio local, solução que, na verdade, seria adoptada[20]. A ele caberia, aliás, a pretexto *Inventário*, elaborar a primeira interpretação de conjunto construída com o apoio dos elementos desvendados nos últimos anos, onde afirmaria: "constava duma cerca quadrangular de muralhas com as torres respectivas, ficando as habitações encostadas ao norte e estendendo-se o terreiro a sul. O lanço das muralhas de nascente ia, segundo a direcção sul, até ao ponto em que se levanta agora o

Aspecto da *pedra visigótica* localizada na fachada norte em 1945.

portal do Colégio de S. Pedro, sítio onde se encontrou a forte torre angular. Partia daí o lanço do sul em sentido perpendicular à biblioteca. A parte do terreno que fica além desta linha não existia, formava-se aí um grande declive. Naquele lanço, o de nascente, abria-se a porta, entre dois fortes cubelos, tendo sido encontrado parte de um com uma janelita de traçado muçulmano. Terminava, para a parte do norte, no cubelo angular que ainda aí se vê. O lanço do norte, ao qual se encostavam as habitações, era vincado por uma série de cubelos circulares: encontrando-se os muros respectivos em função de base da fachada manuelina, numa altura variando segundo a média da humana. (…) Posto que os últimos cubelos já não tenham a velha feição, devem assentar no local de outros anteriores". E concluía: "por enquanto não é fácil demarcar o ponto em que esta fachada terminava para o lado poente"[21].

Dois anos passados sobre a edição do *Inventário*, contudo, novos elementos do primitivo recinto seriam postos a descoberto com a prossecução das intervenções no antigo Paço Real. Efectivamente, em Setembro de 49, durante os trabalhos para a realização das fundações destinadas à implantação, no Pátio, da estátua de D. João III, comunicavam os responsáveis locais pelas obras da *cidade universitária* ao arquitecto director dos Monumentos Nacionais que "durante a execução das necessárias escavações, foram descobertas, a cerca de 2 metros de profundidade, duas paredes paralelas, encontrando-se a essa altura, entre os entulhos retirados, várias peças e moedas de tempos recuados, algumas romanas e visigóticas"[22], perante o que e em face da importância do achado, o próprio responsável pela delegação dos *Monumentos* em Coimbra chegaria a propor, dias mais tarde, que "prevendo a possibilidade de interessar no futuro o estudo do que ao momento parece constituir uma passagem", a colocação do monumento fosse executada "sobre placa reforçada, apoiada nas paredes dessa passagem, de forma a permitir esse estudo em qualquer altura com relativa economia"[23]. Os elementos de valor arqueológico encontrados no seu interior, recolhidos ao Museu, seriam dados a conhecer, três anos mais tarde, por Bairrão Oleiro, formando um pequeno mas diversificado espólio de origem romana, onde avultavam algumas lucernas e elementos cerâmicos de bom nível e que o arqueólogo situaria entre os séculos I e II da nossa Era[24]; e esse facto estaria na origem da interpretação que, em estudo recente, faria Vasco Mantas, da localização, no Pátio da Universidade, a par dos referidos materiais, de um "muro romano de grandes dimensões"[25].

Em inícios de 1953, porém, empreender-se-iam diversas sondagens ao longo das fachadas norte e poente do antigo alcácer, no âmbito de um vasto programa que tinha em vista regularizar a envolvência do monumento e possibilitar a circulação automóvel em seu redor, e que obrigaria a alterações de vulto nos edifícios limítrofes dos laboratórios da Faculdade de Farmácia e do Colégio dos Grilos. Levado a efeito apenas entre 68 e 71, redundaria num "substancial rebaixamento do terreno", realizado por meio de "escavação em terra" e "escavação em rocha"[26], que modificaria profundamente a morfologia da implantação do edifício nessa área. Graças a ele, contudo, vinham à luz os fundamentos dos últimos cubelos da fachada norte, assim revelando o seu aparelho original, sem que, todavia, semelhante facto encontrasse, desta feita, qualquer eco na comunidade científica. Entretanto, porém, a demolição levada a efeito em 1971 da antiga sala de leitura da Biblioteca Geral, que acompanhava, pelo poente, o *Jardim da Capela* e o projecto para esse local concebido de ampliação da Faculdade de Direito, bem como a intervenção prevista para a *Biblioteca Joanina*, levariam os serviços dos *Monumentos Nacionais*, em face da complexidade das estruturas murais subsistentes, entre as quais se destacava uma sequência de arcos manuelinos incorporados no depósito subjacente à sala de leitura, a programar, nessa zona, uma intervenção arqueológica que, ensaiada desde 1964, acabaria por realizar-se apenas em 79, por intermédio da Faculdade de Letras e do seu Instituto de Arqueologia[27].

Limitada pelas massas edificadas dos *Gerais*, da Capela e da *Biblioteca Joanina*, respectivamente a norte, nascente e sul e, a poente, por um poderoso muro, paralelo aos arcos manuelinos da desaparecida *sala de leitura*, em cuja espessura se recorta um vão de desenho ogival, a escavação, realizada ao longo de oito anos lectivos (79/80 a

Perspectiva da fachada norte após o rebaixamento dos terrenos.

86/87), com a colaboração de alunos e sob a responsabilidade de Jorge Alarcão e Nunes Pinto, revelaria uma trama complexa de estruturas construídas, prolongando-se sob os *Gerais* e a Capela e cuja cronologia se distribuiria entre o período romano e os séculos XI-XII, XIV, XIV-XV, XVI e XIX. Aparentemente relacionável com a antiga residência régia, possibilitaria a recolha de abundante espólio, em particular numismas e cerâmica, além do primeiro testemunho da ocupação pré-histórica colhido na cidade: uma peça de silex calcolítica[28]. Enfim, a intervenção levada a cabo em 1977/79 nos pisos inferiores da *Biblioteca Joanina* (mas já prevista em inícios de 74) levaria, a pretexto da instalação do elevador, à descoberta de um *estranho compartimento abobadado* e, no seu interior, do que seria tomado por um *antigo poço*[29] e mais não era, afinal, que a base de um *cubelo*, que, pela localização, não poderia deixar de relacionar-se com esse outro que, trinta anos antes, fora encontrado junto à escada de S. Pedro, com o qual se correspondia a sudoeste. Era, pois, enfim, o limite ocidental do antigo Paço – mesmo que semelhante achado, uma vez mais, não obtivesse qualquer repercussão. Com ele, porém, ultrapassava-se em definitivo o que Nogueira Gonçalves escrevera, em 47, quando reconhecera que "por enquanto, não é fácil demarcar o ponto em que esta fachada terminava para o lado poente"[30]. Assim sendo, talvez fosse possível, organizando os elos paulatinamente acumulados desde os inícios da década de 40 e *interrogando*, onde necessário, o próprio monumento, ensaiar agora em moldes científicos a reconstituição da remota matriz de onde, pouco

125

a pouco, havia brotado a imponente mole dos edifícios universitários. E mesmo, quem sabe?, desvendar o velho enigma da sua obscura origem.

Tal deveria passar, porém, em primeira instância, pela arqueologia. Por isso Martin e Jan se afadigavam, nas vésperas de Natal de 1999, no vasto *Terreiro*, sondando a estrutura geológica da antiquíssima colina. Era uma *aventura* o que nesse momento começava – uma estranha aventura, em busca desse "recinto fortificado, rodeado de cubelos", que Vergílio Correia intuíra, quase sem bases, em 1936. Contudo, se fosse possível concluí-la,

Aspecto das escavações de 1979/81 no *Jardim da Capela* (foto A. Nunes Pinto).

voltava-se para sempre a página que ele mesmo abrira então, quando escrevera: "como era constituído o paço primitivo, ignora-se"[31].

É certo, contudo, que nem todas as peças da cadeia haviam logrado chegar aos nossos dias. De facto, se os dois muros localizados em S. Pedro e reportados por Vergílio Correia, sobreviveriam à remodelação do antigo Colégio que ocasionara a sua própria descoberta, respectivamente incorporados, o de nascente no corredor longitudinal (onde, na última intervenção, seria posto à vista) e o que se erguia *perpendicular às fachadas* na parede norte do saguão (oculto pelos rebocos e silhar azulejado), graças, muito provavelmente, ao facto de a sua demolição *onerar extraordinariamente os trabalhos em curso*, já o cubelo, cuja localização tanto emocionara o arqueólogo, colidindo com a nova escadaria de aparato arquitectada, não tardaria a ser sacrificado, mesmo que por antigas fotografias fosse ainda possível (felizmente) avaliar o seu aspecto[32]. Porém, subsistindo, nas infra-estruturas da antiga Biblioteca, os traços evidentes de outro cubelo angular; postas a nu, na fachada norte, por obra do rebaixamento dos terrenos, as bases dos três últimos cubelos manuelinos (desse modo confirmando a sua erecção em substituição de outros de mais remota idade); persistindo também (esperava-se…), no lado nascente, a massa poderosa, *rectangular para o interior*, de uma das torres da primitiva porta-forte, com a sua *fresta* de arco ultrapassado – não longe da muralha que, no piso térreo do Colégio, defendera outrora o flanco oriental –, começava, de facto, a desenhar-se, mais que um *recinto fortificado*, fechado sobre si, como Vergílio Correia o ideara, uma "cerca quadrangular de muralhas, com as torres respectivas", como, com não menor argúcia, Nogueira Gonçalves, meio século atrás, a tinha desenhado[33].

Como fora, porém, na realidade, o seu percurso ocidental, aí, onde o declive da colina descia abruptamente? Seriam, de facto, coevos e afins dos primeiros os últimos cubelos da fachada norte, cujas bases corroídas havia trinta anos se tinham descoberto? Que restava verdadeiramente da primitiva estrutura da antiga porta-forte? Que relação existiria entre a estranha *passagem*, subjacente agora, segundo os relatos, às fundações da estátua de D. João III, o demolido cubelo de S. Pedro e a pequena muralha *perpendicular às fachadas*, embebida na espessura do Colégio e cujas fundações, já no Terreiro, se haviam exumado ao implantar-se a *faixa de monumentalização*? E com esse outro que, em anos recentes, se tinha revelado sob a Biblioteca? E, a comprovar-se o carácter autónomo do *recinto*, face às estruturas fortificadas da própria cidade, constituiria ele um programa unitário, realizado de um jacto ou, o que não deixava de parecer mais provável, o fruto de campanhas sucessivas, cujo somatório definira, paulatinamente, o recinto da *Alcáçova*? Estas algumas das questões que, por enquanto, se achavam sem resposta. A mais complexa, porém e a que exigia mais sofisticada tecnologia, era a que se prendia com o trecho sul do hipotético perímetro fortificado. Partiria ele da porta de S. Pedro rumo à Biblioteca, como asseverara Nogueira Gonçalves, desse modo definindo uma diagonal pronunciada, a qual, de resto, se confrontada com a que, de sentido oposto, configurava a fachada norte, produziria, não já uma cerca quadrangular, mas sim trapezoidal? Ou *topetava* na Capela, como tinha afirmado Vergílio Correia[34]? Relacionar-se-ia com ele, como parecia natural, a *passagem* subjacente à estátua do *Piedoso*? Era a resposta a este conjunto de questões que se pedia aos técnicos alemães.

O veridicto, impermeável a qualquer influência que o conhecimento do edifício pudesse fornecer, chegaria com a primavera, em finais de Maio de 2000, na única linguagem que pareciam conhecer: haviam detectado duas pronunciadas *anomalias* – uma, *linear*, atravessava o Pátio em sentido transversal, não em direcção à Biblioteca, mas entre a porta de S Pedro e o cunhal da Capela; outra, *circular*, com cerca de 8 m de diâmetro, afastava-se em sentido nordeste, implantando-se a meio caminho em relação à *Porta Férrea*. Para trás de ambas, a metros de distância, ficava a estátua de D. João III, afinal assente, ao que parecia, em terreno *neutro*[35]. Na verdade, porém, a *anomalia circular* constituía forte enigma; mas também era certo que, mesmo a *linear*, correspondendo embora ao que se esperava, não estava, apesar disso, exactamente *onde* se esperava. Como quer que fosse, aproximava-se o verão e era tempo de recorrer à arqueologia.

Assim, pois, a 12 de Junho de 2000, iniciava-se, em pleno Pátio da Universidade, o que viria a ser chamado de *sondagem A1*: uma intervenção arqueológica, inicialmente formulada com carácter *de urgência*, mas que haveria de prolongar-se até 31 de Agosto. Implantada em função das *anomalias* detectadas e, por isso mesmo, concebida de início com a forma de um "L", viria a estender-se, no tempo e no espaço, avançando para poente até à linha

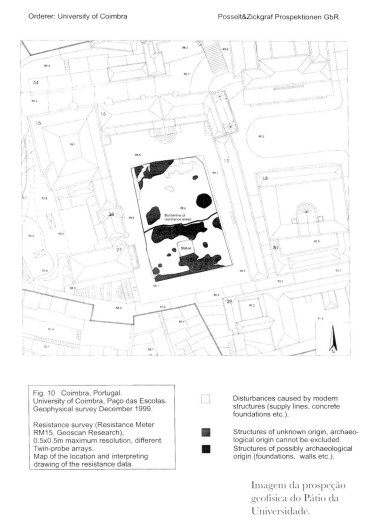

Fig. 10 Coimbra, Portugal.
University of Coimbra, Paço das Escolas.
Geophysical survey December 1999.

Resistance survey (Resistance Meter RM15, Geoscan Research), 0.5x0.5m maximum resolution, different Twin-probe arrays.
Map of the location and interpreting drawing of the resistance data.

☐ Disturbances caused by modern structures (supply lines, concrete foundations etc.).

▪ Structures of unknown origin, archaeological origin cannot be excluded.
■ Structures of possibly archaeological origin (foundations, walls etc.).

Imagem da prospeção geofísica do Pátio da Universidade.

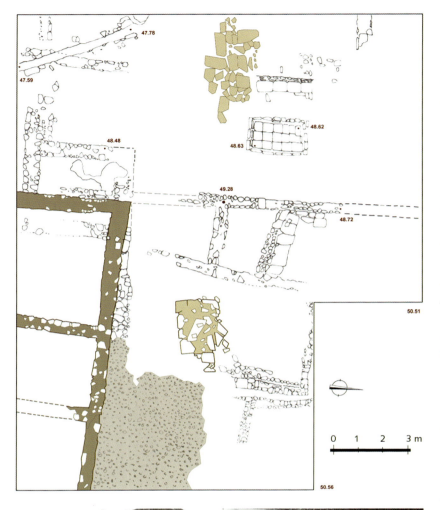

medial da estátua, face à relevância dos elementos encontrados e em obediência aos objectivos previamente estabelecidos (a localização da muralha sul), atingindo uma área de 336 m², que acabaria, finalmente, por tomar a forma de um rectângulo. Na verdade, se a *anomalia circular* não tardaria a desvanecer-se, revelando-se como vala de absorção de desperdícios, provenientes das obras dinamizadas pelos serviços oficiais – em especial velhas madeiras, providas de um sem número de pregos que haviam impressionado os sensíveis aparelhos dos técnicos alemães –, no troço sul, que acompanhava a *anomalia linear*, desvendava-se, quase à flor da terra, a ocupação romana, sobre a qual se abatera a nova utilização medieval. Efectivamente, dia após dia, a arqueologia revelava os restos (apenas parciais) do que fora uma *domus* da *Aeminium* imperial dos primeiros séculos da era cristã (o mesmo período a que Bairrão Oleiro atribuíra o espólio achado na *passagem*[36]) – um trecho das termas, um átrio e um pedaço de sala pavimentada de mosaico –, violentamente cortada pela passagem, na Baixa Idade Média, de uma calçada de seixos, rigorosamente orientada de este a oeste e que lentamente se afundava em direcção à Capela, acompanhando a escarpa da colina. A própria casa, de resto, ilustraria a reutilização tardo-antiga e medieval dos velhos espaços, perdida a sua função original, antes que o ordenamento do *Terreiro*, na Época Moderna, tudo arrasasse e sepultasse. Sob ela, porém, pareceria poder vislumbrar-se, pela primeira vez na história da cidade, a ocupação pré-romana do território, sob a forma de muros destruídos pela implantação da *domus*, associados a materiais diversos da Idade do Ferro (cerâmica, metais), mesmo que desprovidos de valor estratigráfico.

Nada restava, todavia, aparentemente, da muralha que se sabia arrancar do Colégio de S. Pedro, *perpendicular às fachadas* e cujos fundamentos Vergílio Correia pudera contemplar quando, em 1940, se colocara, rente ao seu alçado, a *faixa de monumentalização* que deveria contornar o Pátio inteiro. Os trabalhos de regularização empreendidos em diversas épocas, haviam eliminado no sector oriental do estaleiro, de mais elevada cota, qualquer vestígio da sua implantação e apenas um aglomerado de pedras de grandes dimensões, formando um rectângulo

Planta da *Sondagem A1* da campanha arqueológica de Jun./Ag. 2000 (des. José Luís Madeira).

Aspecto da *Sondagem A1* da campanha de Jun./Ag. 2000.

irregular e aproximadamente implantadas com orientação este/oeste, a cerca de um terço do caminho entre a estátua e a porta de S. Pedro, podia, talvez, ligar-se com essa informação. Era, aliás, frente ao monumento do monarca que acabaria por surgir o mais claro indício da passagem de uma obra de fortificação – mas sob a forma desconsertante de uma massa de derrubes de pedras, sumariamente aparelhadas, de grandes dimensões. Quanto ao espólio avulso e, em particular, cerâmico, geralmente comum, e tirando os fragmentos da Idade do Ferro, disseminava-se entre os períodos romano, islâmico (com destaque para o bordo e asa de uma jarrinha califal), da 2ª Reconquista e medieval, sem contar o que provinha de detritos acumulados ao longo da Época Moderna e, mesmo, da Contemporânea[37]. Havia, pois, que partir ao encontro da muralha no seu ponto de *destino*. Mesmo que, nessa matéria, novas interrogações se perfilassem.

Com efeito, não pecavam por excesso de rigor os testemunhos disponíveis sobre tal assunto: as sucessivas afirmações de Vergílio Correia e Nogueira Gonçalves, segundo as quais, a muralha, partindo de S. Pedro, ora *topetava* na Capela, ora *atravessava o actual Terreiro e alcançava a Biblioteca*[38]. Era, porém, um facto que o último percurso, não somente lhe impunha uma disposição diagonal em relação ao Pátio e ao sentido geral das actuais construções, como a tornava dificilmente conciliável com a orientação, visível em planta, do pequeno trecho incorporado no edifício de S. Pedro[39], de cujo prolongamento ocidental Vergílio Correia contemplara ainda as fundações. Por outro lado, a observação da cabeceira da Capela e, sobretudo, dos poderosos *gigantes* que, na época renascentista, se haviam aposto aos seus cunhais, geraria a suspeita, pela orientação transversal dos seus *derrames* – contra-natura, do ponto de vista estático, em zona de acentuado declive –, da existência de uma poderosa infra-estrutura, que explicasse a lógica de tal implantação. Nascia assim a *sondagem A2*, em função da qual, removidas as lages da *faixa de monumentalização*, por forma a libertar, por norte e sul e, em menor escala, também pelo nascente, a base do *gigante* que avança sobre o Pátio, definindo um rectângulo irregular de cerca de 16,6 m², se escavaria em profundidade o sector norte e, superfi-

Cabeceira da Capela de S. Miguel (DGEMN, foto 244).

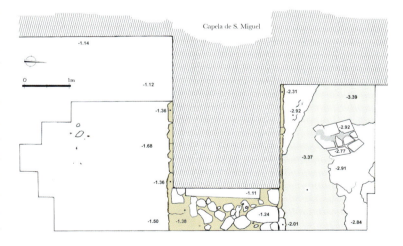

Planta da *Sondagem A2* da campanha arqueológica de Jun./Ag. 2000 (des. José Luís Madeira).

Aspectos da *Sondagem A2* observando-se a muralha sul sob o *gigante* oriental da Capela de S. Miguel.

cialmente apenas, os restantes. Tanto bastaria, contudo, desta feita, para confirmar as previsões: a cabeceira e, em particular, os *gigantes* que lhe vincavam os cunhais, pousavam directamente na muralha, que aí se podia contemplar na plenitude da sua estrutura construtiva: um imponente muro, com cerca de 2,40 m de espessura e conservando ainda 1,70 m de altura, ostentando no interior um soco ressaltado, a cerca de 0,90 m/1,00 m da base e composto de paramento duplo e *enchimento* de material avulso e argamassa pouco consistente, que se revelava em 3,20 m de extensão, antes de desaparecer, sob as lages intocadas, no interior do Pátio, a 30 m de distância da área intervencionada. Realizado em boa silharia, sumariamente lavrada, feita de blocos de grande e média dimensão, assentes, indistintamente, na horizontal e na vertical, correspondia à característica técnica de *soga e tição*[40], comum em fortificações omíadas peninsulares. E esta era a primeira informação concreta a respeito do aparelho utilizado na construção da *Alcáçova*, desde que, havia mais de meio século, Vergílio Correia contemplara a utilização, "nas fiadas inferiores", de "blocos romanos marcados com a fenda da luva elevatória e os encaixes das ligações *em orelho*"[41]. Quanto ao espólio exumado, maioritariamente cerâmico, correspondia às épocas ro-

mana e islâmica e da 2ª Reconquista, entre os séculos VIII e XI[42].

Estava, pois, enfim, localizado o *ponto de chegada* da muralha sul, cujo arranque, a oriente, as velhas fotografias ilustravam, ao figurar o destruído cubelo de sudeste e, do mesmo passo, o pano de muro que ainda hoje delimita a norte o saguão da escada de S. Pedro. Comprovava-se, desse modo, que a antiga muralha não *alcançava a Biblioteca*, como repetidamente se afirmara, definindo uma diagonal que, aliás, os dados disponíveis dificilmente logravam explicar, antes riscava o Pátio de leste a oeste, *topetando*, de facto, na Capela, que nela apoiava a cabeceira, em ângulo recto com o troço que, do lado nascente, ficara à vista no piso térreo da antiga ala colegial. E este conhecimento vinha, inquestionavelmente, reforçar a importância da descoberta, no decurso da escavação, tanto do aglomerado de grandes pedras, de configuração rectangular, como da massa de derrubes, constituída também por blocos de média e grande dimensão, desvendada frente ao monumento régio e que agora surgem integrados no alinhamento dos pontos extremos conhecidos, por problemática que fosse ainda a sua interpretação. Como integrado ficava esse outro cubelo que a sudoeste se localizara, por ocasião das obras de implantação do elevador nos *pisos inferiores* da Biblioteca. Efectivamente, não haviam decorrido estas, como então parecera, na massa construtiva da antiga Livraria, mas no prumo do ângulo sudocidental da capela-mor, sob o *gigante* poente, que as actuais construções quase completamente ocultam e a cuja base, face ao abrupto declive que aí se desenha, o torreão, durante séculos, servira de apoio e emprestara resistência. Na verdade, a edificação, em finais do século XVII, da *casa do camarim*, dispositivo funcional para acesso ao trono eucarístico então organizado e adossado ao topo da capela-mor, sobre a escada aí praticada nos começos da centúria (e por esse modo inutilizada) para ligação do Paço das Escolas à *Pedreira*, justificaria o *intervalo* hoje existente entre as duas dependências (Capela e Biblioteca), bem como a singularidade das infra-estruturas aí localizadas: um *estranho compartimento abobadado* e, dentro dele, um *antigo poço*, que mais não era, na verdade, que o cubelo, que, nesse sítio, marcava o ponto extremo da muralha[43]. Seria ele o objecto da *sondagem B*.

Semi-enterrado entre a massa rochosa da colina, que após dele descia abruptamente e as construções que, a norte, o decurso dos séculos havia acumulado, mostrava o cubelo, mesmo que reduzido a pouco mais que o seu embasamento, quase a quarta parte, ainda, do seu perímetro original. Edificado nos mesmos silhares, em *soga e tição*, apresentados pelo troço da muralha exumado sob o

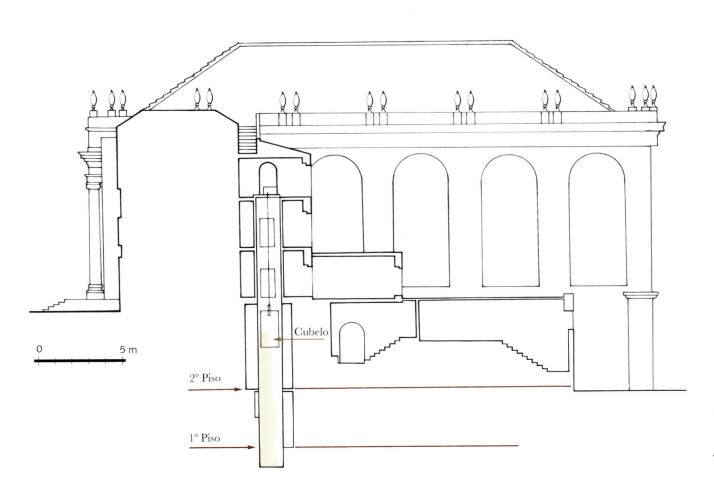

Corte transversal das estruturas e caixa do elevador da Biblioteca Joanina (des. José Luís Madeira).

gigante nascente da Capela, ostentava, em redor da base, um duplo soco ressaltado, à semelhança do que (singelo embora) ornava nesta o pano interno e cuja eventual presença externa o carácter superficial da escavação nesse sector impediria de reconhecer. Era, porém, o mesmo soco que, nas velhas fotografias, cingia a base do cubelo destruído de sudeste; e eram, sobretudo, os mesmos silhares, de dimensão verdadeiramente *romana* e o mesmo método de colocação, em *soga e tição*. Havia, desse modo, mais que uma pura afinidade *funcional*, uma inequívoca semelhança tipológica e estrutural entre os dois torreões, que os relacionava inquestionavelmente, outro tanto sucedendo, aliás, entre o trecho de muro que emergira da Capela e esse outro que, no Colégio de S. Pedro, *perpendicular às fachadas* e embora oculto, as antigas imagens ilustravam também. Estava, pois, confirmado o trajecto seguido pela muralha sul, ao mesmo tempo que a sua uniformidade construtiva: um mesmo plano e na mesma época, levara a cabo a fortificação do *recinto*, do ângulo sudeste ao sudoeste. Restava agora preencher o *vazio* que medeava entre os pontos extremos exumados, ao longo de um percurso fortemente marcado por destruições, mas, sobretudo, apenas parcialmente desvendado. Entretanto, porém, sepulto o seu limite ocidental sob as construções que, no decurso dos séculos, se haviam sobreposto à escarpa original – a Capela, o corpo dos *Gerais* e a complexa trama de estruturas desvendada na intervenção arqueológica de 1979/87 –, era do lado oposto, na fachada norte, na correnteza dos seus torreões, que o *recinto*, de novo, parecia ressurgir. Impunha-se, pois, analisá-la, incorporando os novos elementos fornecidos pelo rebaixamento dos terrenos, mais nítido a poente, confirmar os dados disponíveis

Aspectos do cubelo sudoeste (fotos José Luís Madeira).

Aspecto do cubelo sudeste demolido (DGEMN, foto 116).

a respeito da estrutura dos primeiros cubelos, do lado nascente, bem como auscultar, tanto quanto possível, a estrutura física dos panos intermédios, a fim de verificar a sua composição e, muito particularmente, a inclusão da *pedra visigótica*. Ia ter início a *sondagem C*.

Na verdade, já no começo dos anos 40, não quisera Vergílio Correia encerrar a sua introdução ao *Inventário* sem deixar expressa a sua impressão de ser "muito remota" a origem de "algumas das torres redondas" que pontuam a fachada norte[44]. Desaparecido em 44, não é hoje possível saber-se se lhe fora dado contemplá-las sem reboco, operação levada a cabo no âmbito do processo de rejuvenescimento que o Paço inteiro, então, iria experimentar e de que restam magros documentos. Quanto a Nogueira Gonçalves, que lhe sobreviveria mais de meio século, não sofre dúvida de que viveu essa experiência, à luz da qual unicamente poderia escrever, no mesmo local, ser o alçado norte "vincado de uma série de cubelos circulares, encontrando-se os muros respectivos em função de base da fachada manuelina, numa altura variando segundo a média da humana. (…) Posto que os últimos cubelos já não tenham a velha feição, devem assentar no local de outros anteriores"[45]. De facto, as obras de rebaixamento levadas a cabo ao longo dos anos de 1968/71, desvendando os alicerces dos três últimos cubelos, no sentido poente, da fachada, permitiriam agora o seu rigoroso levantamento e, com ele, a verificação de serem os actuais erguidos de raíz sobre fundações antigas, de traçado circular nos dois primeiros, ultrasemicircular no derradeiro, situações que, do lado nascente, se repetiriam. Tinhamos, pois, um perímetro circular para os três torreões centrais, de menor dimensão no do lado nascente e ultrasemicircular nos extremos, evidentemente angulares no que se referia ao primitivo recinto, sendo a massa dos *Gerais* acrescento tardio, tanto quanto o volumoso ressalto torreado da fachada nascente, a montante da *Porta Férrea*, produto das obras primisetecentistas de reforma do *Paço Reitoral*. Importava agora poder confirmar a afirmação de se acharem *os muros respectivos em função de base da fachada manuelina*, condição imprescindível no reconhecimento de ser a actual fachada norte, de facto, o flanco setentrional da primitiva cerca, exumando o

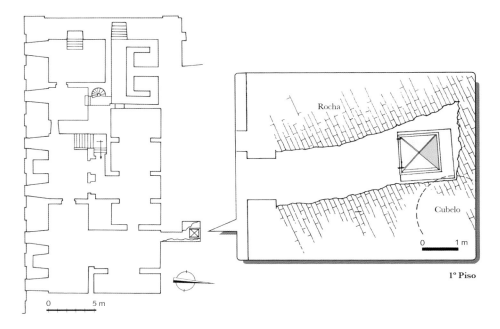

1º Piso

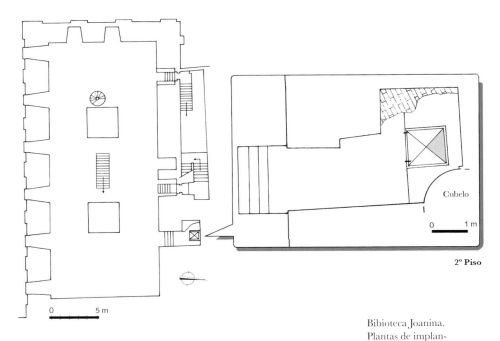

2º Piso

Biblioteca Joanina. Plantas de implantação do cubelo sudoeste (1º e 2º pisos) (des. José Luís Madeira).

Aspecto da base do 3º cubelo (sentido este/oeste) da fachada norte (foto José Maria Pimentel).

Aspecto da base do 4º cubelo (sentido este/oeste) da fachada norte (foto José Maria Pimentel).

Aspecto da base do 5º cubelo (sentido este/oeste) da fachada norte (foto José Maria Pimentel).

Base do 2º cubelo, sentido este/oeste, da fachada norte, desprovido de reboco durante a intervenção da década de 40 (DGEMN, foto 209).

seu aparelho constitutivo, ao mesmo tempo que indagar do modo de inclusão da *pedra visigótica*.

No que respeitava, contudo, à remoção dos rebocos levada a cabo, na década de 40, pelos serviços dos *Monumentos Nacionais*, um único documento fotográfico, relativo à base de um cubelo não identificado – mesmo que as reduzidas dimensões parecessem poder cimentar o seu relacionamento com o segundo torreão no sentido este/oeste –, ilustrando, de novo, a aplicação da silharia pelo método de *soga e tição*, bem como um tipo de talhe do aparelho afim do que ostentavam os cubelos sudeste e sudoeste, revestia alguma utilidade na fundamentação das afirmações de Nogueira Gonçalves. Havia, pois, que observar directamente os paramentos, a fim de confirmar a informação fornecida pela imagem, colhendo idêntica amostra no torreão *restante*. E, com efeito, as sondagens *C1* e *C2*, realizadas ao nível térreo, através de pequenas *janelas* praticadas no reboco, encarregar-se-iam de eliminar as prevenções: o torreão angular (*sondagem C1*) apresentava uma estrutura de fortes silhares sumariamente desbastados, indistintamente aplicados ao comprido ou de cutelo, ainda que com maior presença destes por imposição da planta (ultrasemi)circular, bem como o mesmo soco duplamente ressaltado ostentado pelos torreões de sudeste e sudoeste, outro tanto se verificando no cubelo imediato (*sondagem C2*), inquestionavelmente o da fotografia, aqui com dominante presença de módulos menores (*tições*), em virtude da drástica redução do seu perímetro, mas sem soco, eventualmente eliminado em operação tardia de *regularização*. Enfim, restava indagar das circunstâncias de incorporação da *pedra visigótica*, de particular interesse no que dizia respeito à cronologia do monumento.

Com efeito, objectivamente integrada na estrutura mural, importava saber se a sua inclusão se verificara quando da constituição do pano original ou, inversamente, era produto de uma das múltiplas reconstruções que o edifício experimentara pelos séculos fora. Do mesmo passo, obter-se-iam os necessários esclarecimentos sobre a constituição estrutural dos paramentos intermédios aos cubelos, valendo, evidentemente, os elementos colhidos para toda a extensão da fachada, não obstante a intensidade das intervenções que, aqui ou além, pudesse ter sofrido. Realizada numa extensão

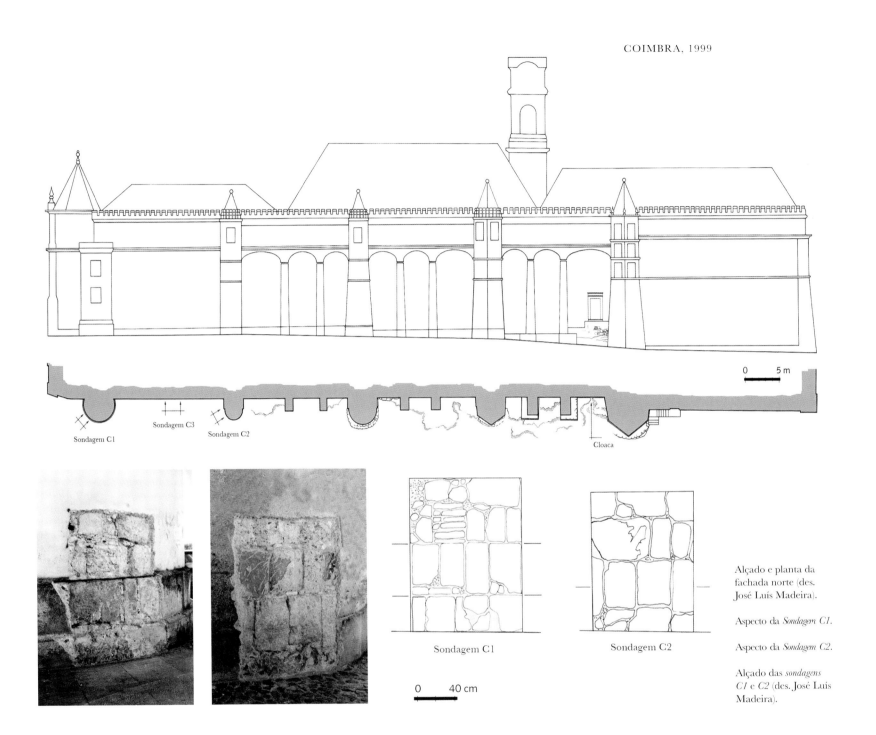

Alçado e planta da fachada norte (des. José Luís Madeira).

Aspecto da *Sondagem C1*.

Aspecto da *Sondagem C2*.

Alçado das *sondagens C1* e *C2* (des. José Luís Madeira).

bastante superior à utilizada no exame aos dois cubelos, a *janela* correspondente à *sondagem C3* comprovaria, de facto, a utilização da pedra no âmbito do próprio aparelho original, como *soga* de um muro de características rigorosamente afins às verificadas nos troços conhecidos da muralha sul e no grupo de cubelos que fora possível observar, desprovida embora, uma vez mais, de qualquer soco, por certo eliminado, no decurso dos tempos, em obediência a obras de

A MORADA DA SABEDORIA

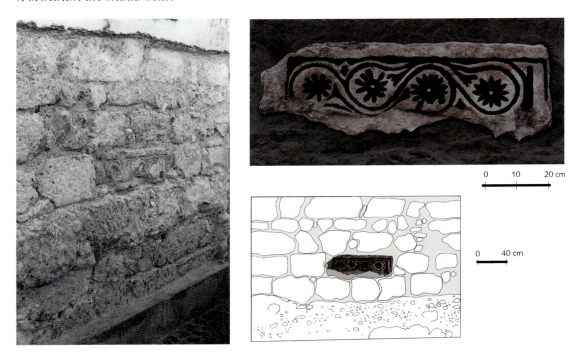

Aspecto da *Sondagem C3*.

Pedra visigótica (foto José Luís Madeira)

Alçado da *Sondagem C3* (des. José Luís Madeira).

regularização que o expressivo desgaste dos silhares do nível inferior eventualmente testemunhará. Enfim, a sobrevivência, nas imediações do cubelo angular de noroeste, de um pequeno dreno ou *cloaca*, estruturalmente incorporado na fachada, denunciaria, ainda que indirectamente, a persistência da mesma estrutura construtiva em toda a extensão do sistema torreado do alçado norte, fornecendo, simultaneamente, um elemento adicional em relação ao carácter de um *recinto fortificado* que começava agora, na verdade, a desenhar-se com crescente nitidez. Seria, contudo, o flanco oriental, a fonte das maiores revelações.

Com efeito, datava de Março de 1944 o aparecimento, no interior da designada *Ala de S. Pedro*, de "uma antiga muralha", alinhada com os "respectivos cubelos"[46], notícia que tinha os seus pontos de referência, respectivamente, nos vestígios da antiga porta-forte, reportados por Vergílio Correia e no torreão angular de sudeste, localizado em Dezembro anterior e pouco depois sacrificado à erecção da grande escada central. Voltado a oriente e

devendo a sobrevivência à própria espessura, cuja demolição *onerava extraordinariamente os trabalhos em curso*, o velho muro acabaria por impor a sua presença ao programa implementado, sendo mesmo objecto de limpeza, quando da última intervenção, em 1978/83. Pode, pois, contemplar-se ainda, em razoável extensão, no piso térreo, acompanhando o longo corredor longitudinal que percorre, a sul da *Porta Férrea*, o braço nascente do Paço das Escolas, onde, no último quartel do século XVI, o antigo colégio iria estabelecer-se. A observação da planta do palácio universitário não deixaria, contudo, de fornecer informações complementares: de facto, aparentemente, a muralha oriental, que outrora defendera a entrada no *recinto*, respectivamente a norte e sul da porta-forte, teria sobrevivido, não apenas no troço visível, mas, próximo já da *Porta*, num grosso paramento subsistente no pequeno patamar de acesso à escada de serviço da Reitoria e, sobretudo, conservar-se-ia quase íntegra, além da *Porta*, seguindo o seu caminho em direcção ao cubelo angular de nordeste, pelo interior das dependências hoje ocupadas pela Faculdade de Direito. Havia, pois, não apenas que proceder ao estudo do pano que, no piso térreo do Colé-

 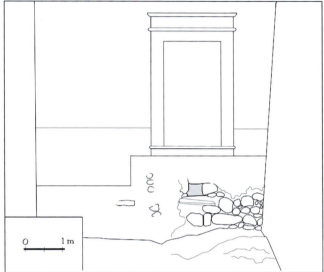

Cloaca da fachada norte: aspecto e alçado (foto e des. José Luís Madeira)

gio, ficara exposto, mas, muito particularmente, verificar a constituição da grossíssima parede que, neste último sector, parecia prolongar o tramo conhecido da muralha até ao ponto onde, no cubelo angular, tinha começo o longo trecho da fachada norte. A essa operação se daria o nome de *sondagem D*.

De facto, iniciada pela observação e levantamento em alçado do troço visível no interior do Colégio de S. Pedro (*sondagem D1*), a breve trecho permitiria concluir ser o pano de muro subsistente – cuja espessura, verificável na representação em planta, será da ordem dos 2,50 m –, constituído pelos mesmos grossos silhares das muralhas norte e sul, de igual modo dispostos em *soga e tição*, sendo aqui observável, de novo também, o duplo soco, cuja relação com o solo original não é já possível verificar em razão dos sucessivos trabalhos de regularização que, ao longo do tempo, aí se levariam a efeito, dos últimos decorrendo, aliás, a colocação do pavimento actual. Quanto ao sector norte do imponente muro, ultrapassada a *Porta Férrea*, a abertura, em anos recentes, em proveito da sala do catálogo da biblioteca da Faculdade de Direito, de uma porta de serviço que teria obrigado à perfuração da muralha, permitiria observá-la na dupla perspectiva do seu aparelho constitutivo, ao nível do extradorso e do respectivo *enchimento*, para o que seriam removidos os rebocos numa ampla extensão, acima do alizar de azulejos hoje existente e que foi necessário respeitar. Tanto bastaria, porém, para permitir a verificação, no paramento (*sondagem D2*), da continuidade da mesma técnica construtiva em *soga e tição*, revelando a *sondagem D3*, graças ao *corte* praticado para a colocação da porta, o mesmo método de preenchimento da área interna, com recurso a argamassa e materiais heterogéneos, verificado no trecho exumado da muralha sul, na base do *gigante* da Capela, apurando-se também, para a estrutura mural, uma espessura rondando os 2,50 m. Não restavam, pois, dúvidas da persistência da antiga cerca nesta zona, confirmando-se mesmo o aproveitamento, em tempos recentes (?), das vantagens do duplo paramento para organização, por remoção do *enchimento*, de uma escada de acesso ao interior (também vazado?) do cubelo angular nordeste, discreta operação, da qual, naturalmente, não quedaria espólio arqueológico... Estava, pois, comprovado o trajecto seguido pela muralha oriental, entre o

Aspecto da muralha nascente no interior do Colégio de S. Pedro e alçado da *Sondagem D1* (des. José Luís Madeira).

cubelo angular nordeste, subsistente ainda e esse outro que, a sudeste e em proveito da *escada de S. Pedro*, se sacrificara. Nele se rasgava, porém, o principal (?) acesso do *recinto*, pelo que havia agora que seguir-lhe o rasto.

Com efeito, seis meses antes do seu desaparecimento, reportara Vergílio Correia a descoberta, "entre os encontros" da *Porta Férrea*, de "um pedaço de parede muito antiga, que podia, sem receio, considerar-se como pertença do Paço primitivo. E que o era – afirmava –, demonstrava-o a fresta miraculosamente conservada numa das paredes, que era de arco ultrapassado alteado, atribuível a data anterior ao Românico"[47]. Pouco tempo volvido, escrevia também para o *Inventário*: "Por maravilha, no lugar da entrada do Paço da Alcáçova, substituída no século XVII pela Porta Férrea, ficou um troço pertencente ao sistema de defesa do palácio-fortaleza, de traçado semi-circular para o exterior (um dos cubelos a que se refere o documento da construção da Porta) e rectangular para o interior, havendo na face interna uma fresta de arco ultrapassado"[48]. Por seu turno, na *entrada* respeitante à *Universidade*, escreveria, na mesma obra, Nogueira Gonçalves, que no lanço nascente "abria-se a porta, entre dois fortes cubelos, tendo sido encontrado parte de um com uma janelita de traçado muçulmano"[49]. De facto, o contrato celebrado, em 26 de Novembro de 1633, para a construção da *Porta Férrea*, com o *mestre de obras de pedraria* Isidro Manuel, informava que se "hão de derrubar os cubellos para a obra sair fora e se comessar a face delles"[50] e essa informação validava, simultaneamente, a tese de ser a entrada do Paço, até então, flanqueada de torres circulares e a convicção de, como o próprio Nogueira Gonçalves escreveria, serem os "dois cubelos destruídos para a obra desta"[51]. Nesse contexto, quedaria hoje, eventualmente, da primitiva entrada, *um troço* apenas, de configuração *rectangular para o interior*, ornado, na *face interna*, de *uma fresta de arco ultrapassado*. Onde, porém, exactamente, se localizara tal vestígio, nenhum dos dois eminentes historiadores se preocupara em deixar escrito e apenas a referência de Vergílio Correia aos *encontros* da *Porta Férrea* servia agora de orientação. A sua demanda iria redundar na *sondagem E*, caso as intervenções realizadas em áreas de intensa funcionalidade não tivessem obliterado por completo os derradeiros traços do *cubelo*.

Em semelhante pesquisa, dispunha-se, na verdade, do levantamento em planta do próprio edifício, mostrando, a ambos os lados da entrada, uma volumetria compacta, mais extensa a norte do que a sul, indiciadora da eventual existência de subestruturas ocultas pelas cantarias da actual *Porta Férrea*. Mas, sobretudo, *por maravilha*, de

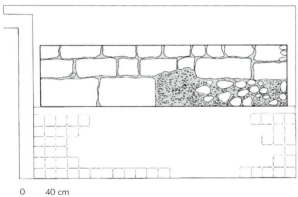
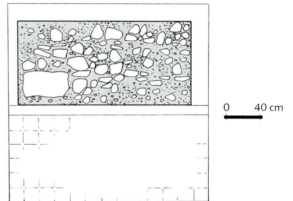

Aspecto e alçado da *Sondagem D2* (des. José Luís Madeira).

Aspecto e alçado da *Sondagem D3* (des. José Luís Madeira).

duas antigas fotografias realizadas pelos serviços oficiais durante as obras da década de 40, ilustrando, respectivamente, uma dependência que o conhecimento das obras levadas a efeito na campanha manuelina indicava ser térrea – graças à presença de um dos arcos *torais* que, nas alas norte e nascente deveriam pontuar, transversalmente, a extensa *loggia* que rodeava Pátio, como elementos de suporte das paredes divisórias do piso superior –, onde avultava, num aparelho de grossíssimos silhares, uma singular inclusão *rectangular para o interior*, e uma abertura em *arco ultrapassado*, talvez não exactamente uma *fresta*, mas um vão de pequenas dimensões, aberto, por certo, no mesmo aposento, como podia deduzir-se da passagem *secante* de um trecho de arco e do estudo comparativo do aparelho da parede do fundo, coincidente em ambas as imagens. Nestas circunstâncias, não seria exageradamente difícil a identificação do recinto com a pequena *casa dos Archeiros*, adjacente à *Porta Férrea* pelo lado sul – a mesma onde os técnicos alemães haviam instalado a sua *rectaguarda* –, nem o reconhecimento, nela, dos elementos pretendidos, mau grado a camuflagem que agora os disfarçava.

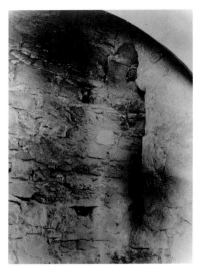

Paramento interno do torreão sul da porta-forte (DGEMN, foto 3-0114)

Vão de arco ultrapassado no paramento interno do torreão sul da porta-forte (DGEMN, foto 117)

De facto, ocultos os paramentos murais sob o estuque com que os revestiriam e o arco ultrapassado por um tecto-falso, as características formais da pequena dependência, a presença do *toral* e de uma estranha abertura vertical, conservada ainda no violento ressalto *rectangular para o interior*, no exacto local indicado pela fotografia, não deixavam dúvidas de se estar em presença do derradeiro trecho do *cubelo* que defendia a antiga porta, reconhecido por Vergílio Correia. A *sondagem E* podia, pois, afinal, concretizar-se, sob a forma, agora, de uma inspecção ao curiosíssimo orifício, o qual, na verdade, revelaria ser, não uma *fresta*, ou *janelita*, como Nogueira Gonçalves o classificaria, mas um vão de austeras dimensões (0,65 m x 1,90 m), passível ainda, mau grado a amputação do arco pelo tecto-falso e a redução da sua original largura com a construção da *Porta Férrea*, de fornecer passagem, por seu intermédio, a moderados inspectores... A sua penetração, contudo, revelaria a existência, no interior da fortíssima estrutura, de um estreito corredor de 2,30 m de altura por 0,60 m de largura, coberto de uma rude estrutura adintelada, abruptamente cortado por uma parede mais tardia a cerca de 5,10 m do seu comprimento, articulado com outro, logo à entrada, formando ângulo recto no sentido norte (perpendicular à *Porta Férrea*), coberto de abóbada de berço formada por lintéis curvos justapostos, elevada a 3,25 m e de igual modo interrompido, porém quase à nascença. Quanto ao *arco ultrapassado*, avultava agora no interior, acima do tecto-falso que, em baixo, na *casa dos Archeiros*, o sonegara aos olhares *profanos*. Existia, pois, enfim, um cubelo *real*, defendendo o acesso ao *palácio-fortaleza*, evidenciando ainda as antigas estruturas de defesa, mesmo que a organização da actual entrada tivesse destruído o seu percurso externo e, com ele, a torre circular, propriamente dita, de que os vestígios encontrados constituiriam, seguramente, o original acesso. Mas havia razões para crer que a *porta magna* ocultasse ainda algum segredo.

Na verdade, se a planta do Paço, observada de novo, mostrava agora claramente, na massa compacta, *rectangular para o interior*, do flanco sul da *Porta Férrea*, a estrutura

do cubelo meridional da antiga entrada, não deixava de chamar a atenção o carácter, mais compacto ainda, apresentado pela parede que, do lado norte, a acompanhava. Era, assim, possível que na invulgar espessura desse muro, algo sobrevivesse ainda da massa construtiva do seu par, implícito no encargo de "derrubar os cubellos" a que o mestre da *Porta Férrea* se obrigara. Contudo, ao invés do sucedido na *casa dos Archeiros*, acidente algum alterava aqui o ângulo recto formado pelo *encontro* da Porta e pelo troço adjacente da muralha, onde vislumbrar a subsistência de qualquer vestígio ligado à antiga entrada. Porém, o exame atento de velhas fotografias do emblemático portal, ilustrando, na sua face externa (consoante as épocas) ora um pequeno óculo, ora dois orifícios sobrepostos de *respiração*, discretamente praticados nas imediações do seu perfil direito – há muito suprimidos –, denunciava a existência, na espessura da parede adjacente e a um nível elevado, próximo já do andar nobre, correspondente ao *Paço Reitoral*, de qualquer espaço que, justamente pelo seu constrangimento, era forçoso fazer *respirar*. E, com efeito, uma nova análise das plantas, revelaria a existência, entre a Porta e o corpo saliente que lhe fica a norte, numa etapa intermédia entre o segundo e o terceiro pisos, de uma minúscula dependência de configuração semicircular, algo alongada para o interior, cuja situação, tanto quanto o seu peculiar recorte, se não podiam deixar de relacionar, quer com o cubelo que, outrora, escoltara aí a antiga entrada, quer com os misteriosos orifícios das imagens, que, de resto, a primeira inspecção revelaria, sob a forma de um óculo obstruído. Afigurava-se, pois, afinal, que ao invés do que o próprio contrato estabelecia, a construção da *Porta Férrea* não havia obrigado (aqui ao menos) ao sacrifício dos cubelos, pelo que uma nova investigação se impunha, removendo os rebocos que revestiam, internamente, a parede circular. Nesse sentido, operar-se-ia uma extensão da *sondagem E*, desdobrada agora em *E1* e *E2*, em proveito da *nova* estrutura localizada no flanco norte da antiga porta-forte.

É certo, porém, que a essa operação, não tardaria a suceder uma desmotivadora conclusão: nada de arcaico, a

Aspectos da *Sondagem E1* (fotos José Luís Madeira).

A MORADA DA SABEDORIA

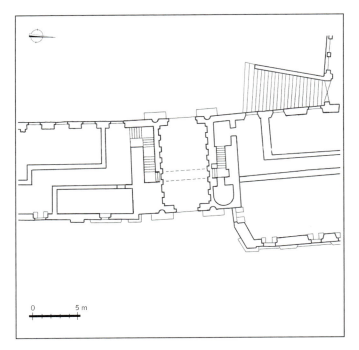

Planta da *Porta Férrea* ao nível do 1º andar (DGEMN).

Aspecto interno do cubelo norte da porta-forte.

este nível, subsistia. De facto, feita numa alvenaria regular, constituída por blocos não aparelhados de dimensões heterogéneas, fixados com cal, toda a parede fora reformada num aparelho característico das obras quinhentistas, pertencendo a porta da acesso e o muro em que esta se inscrevia à própria organização da *Porta Férrea*, senão mesmo à campanha que, já no século XVIII, ampliara o *Paço Reitoral*; assim, pois, tal como os seus confrades da fachada norte, o pequeno cubelo que outrora defendera a Porta havia sido, pela maior parte, refeito na campanha manuelina. Apresentava, contudo, um piso (aliás novo) de soalho, que, pelo menos, denunciava a presença de uma caixa de ar – e tal exigia também uma inspecção. Na verdade, erguido um par de tábuas, não tardaria a deparar-se, sob o pavimento, não uma *caixa de ar*, mas um *amplo* vão, de altura pouco menor que o superior (c. 2,10 m), onde a parede envolvente adquiria subitamente uma forte irregularidade e, sobretudo, onde avultava, virada a ocidente, uma estreita abertura, além da qual se vislumbrava uma densa camada de detritos. Atingira-se,

enfim, tudo indicava, o nível *antigo* do cubelo e a *sondagem* iria converter-se em *prospecção*.

Com efeito, uma vez transposta a apertada abertura e à medida que avançava o penoso trabalho da desobstrução, desvendava-se, pouco a pouco, uma nova dependência, cujo desentulhamento, uma vez concluído, revelaria ser um estreito corredor de 2,80 m de altura x 0,60 m de largo, lageado e coberto de rudes lintéis, paralelo à *Porta Férrea*, mas, sobretudo, rigorosamente afim do que fora reconhecido no cubelo sul, além do pequeno vão ultrapassado, à semelhança do qual, de resto, infectia também, subitamente, aos 2,40 m, em ângulo recto, em direcção à Porta e que agora se percorria no sentido inverso. Era, pois, o acesso ao adarve do cubelo (facultado, decerto, por escada de madeira) que, justamente, um espesso muro cortava, no seu par, abruptamente. Por excesso de complementaridade, aliás, também este se achava truncado, no exacto ponto onde os dois *corredores* se articulavam, pela passagem, em tempos recuados, de uma escada, em cuja construção se divisava o aproveitamento de um fuste

142

de coluna gótica[52]. O troço exumado no cubelo norte completava, assim, em absoluto – *por maravilha* –, o trecho sobrevivente no seu correspondente meridional, desse modo permitindo, miraculosamente, a reconstituição do aparato defensivo do acesso ao *palácio-fortaleza*: efectivamente, se o cubelo sul ilustrava a estrutura original da porta-forte na sua parte interna (com o seu vão ultrapassado abrindo sobre um sistema duplo de corredores, de que o mais longo conduzia ao adarve e o mais curto, em ângulo recto, à própria Porta e a dispositivos de ataque, constituídos, decerto, por seteiras, organizadas no seu intradorso[53]), o cubelo setentrional, amputado embora do seu inicial acesso, fornecia, em contrapartida, o próprio adarve, núcleo do pequeno torreão, cuja medição apuraria ser o seu recorte (uma vez mais) semicircular, bem como uma secção, ainda longa, do corredor interno, suficientemente extensa, na verdade, para permitir verificar a existência, nele também, do pequeno tramo perpendicular, levando ao seu próprio dispositivo de seteiras, naturalmente desencontrado do seu par. Irremediavelmente perdida – mas reconstituível a partir da pequena *fresta* de arco ultrapassado, da qual, seguramente, constituiria ampliação –, ficaria a face externa do portal, entre cubelos, cuja destruição, seguramente, não tivera de aguardar pela *Porta Férrea*. Quanto ao (abundante) espólio gerado pela *libertação* do *corredor*, composto de cerâmica comum e vidros, parte dos quais ricamente ornados, datável todo do século XVI, forneceria, pela sua homogeneidade cronológica[54], um elemento não menos importante: a data aproximada da eliminação, na lógica gestativa do edifício, da velha estrutura defensiva. Enfim, última *maravilha*, a exploração do estreito corredor conduziria igualmente ao achamento, entre dois lintéis da cobertura, de nova *pedra visigótica*, ornada de uma roseta foliolada inscrita num círculo em relevo, uma vez mais incorporada na massa construtiva do próprio monumento.

Assim, pois, cinco *sondagens*, coordenadas entre si, levadas a efeito em pontos estratégicos da venerável construção, haviam alcançado, enfim, perscrutar-lhe as origens e comprovar a presença, como matriz geradora

Cubelo norte da porta-forte. Aspecto do piso de soalho após a remoção das primeiras tábuas.

Cubelo norte da porta-forte. Aspecto dos trabalhos de desobstrução do corredor.

Cubelo norte da porta-forte. Aspecto do corredor parcialmente liberto de entulho (foto José Luis Madeira).

a.

b.

a. Aspectos da *Sondagem E2* (foto José Luís Madeira).

b. *Sondagem E2*. Pormenor da *pedra visigótica* (foto José Luís Madeira).

c. Planta e corte das *Sondagens E1* e *E2* (des. José Luís Madeira).

d. Reconstituição da porta fortificada (des. José Luís Madeira).

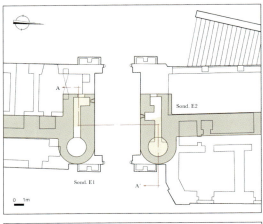
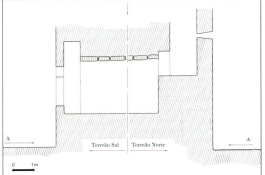
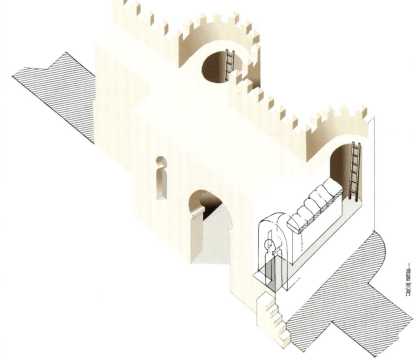

c.

d.

do actual complexo edificado, não apenas de um *recinto fortificado*, mas, sobretudo, de uma "cerca quadrangular de muralhas com as torres respectivas", como, meio século atrás, Nogueira Gonçalves a tinha visionado[55]. Haviam-se exumado – em *efígie*, somente, o de sudeste –, os quatro cubelos angulares e determinado o seu perímetro ultrasemicircular, ao mesmo tempo que se reconhecera, com a origem arcaica de todas as torres do alçado norte, o recorte semicircular das três centrais, comum à porta-forte, cujo sistema defensivo, se não escapara indemne, possibilitava, ao menos, uma reconstituição. Do mesmo modo se conseguira vislumbrar o aparato externo da poderosa mole fortificada, com o seu duplo soco ressaltado (aqui e além eliminado, mas possível de seguir em seu redor), ao qual, na face interna, respondia outro, singelo, surpreendido no breve troço de muralha posto à vista sob o *gigante* da Capela. E, muito particularmente, fora possível apurar a contemporaneidade das suas estruturas, erguidas de um fôlego, com o seu aparelho de *soga e tição*, mesmo que recorrendo, em especial na base, como notara Vergílio Correia, a blocos romanos, vindos de velhas construções arruinadas, se não mesmo com tal fim desmanteladas – como, aliás, se fizera também com as *pedras visigóticas* e certamente com muitos outros (úteis) materiais. E tanto bastaria para demonstrar a origem muçulmana do grande quadrilátero, reforçada ainda, se necessário, pela presença, na fachada norte, da pequena *cloaca*, testemunho de uma ciência hidráulica que, após os Romanos, só mesmo os Árabes haviam cultivado com tamanho esmero. Mas quedava ainda por determinar completamente o traçado do seu lanço sul, de que apenas os cubelos angulares e o arranque dos muros (a

Aspecto da *sondagem F* (foto Nuno Santos)

A MORADA DA SABEDORIA

oriente e a ocidente), tinha sido possível detectar. E havia, claro, o estranho aglomerado de pedras, de configuração rectangular, que emergira na *sondagem A1*, a cerca de um terço do caminho entre a estátua de D. João III e a porta de S. Pedro e esse outro, informe, exumado face ao monumento na mesma ocasião. Eram, pois, mais que as certezas, as questões que tal percurso levantava: ostentaria, como o lanço norte, torres intermédias? Qual o seu partido arquitectónico? Que relação teria existido entre a muralha, a *soleira* de pedras de configuração rectangular, implantada no seu alinhamento e o estranho amontoado encontrado frente à estátua? Abrir-se-ia, aqui, uma segunda porta, articulada com a calçada que, como ela mesma, cruzara sem piedade a *domus* imperial? Certo é que, do resultado obtido no braço sul do quadrilátero dependia, em absoluto, a própria possibilidade de uma reconstituição, ainda que teórica, do troço ocidental, lá onde a presença da Capela e dos *Gerais* praticamente inviabilizava toda a prospecção. Nesse contexto, volvido um ano, nova pesquisa iria começar, de novo em campo aberto, no Pátio da Escolas: a *sondagem F*.

ꝗᴀ

Realizada entre Agosto e Novembro de 2001 e balizada, respectivamente, a oriente e ocidente, pelas *sondagens A1* e *A2*, levadas a cabo no verão antecedente, a intervenção arqueológica, abrangendo uma área da ordem dos 240 m², exumaria um volume de terras bastante superior, em virtude do antigo declive da colina, que aqui

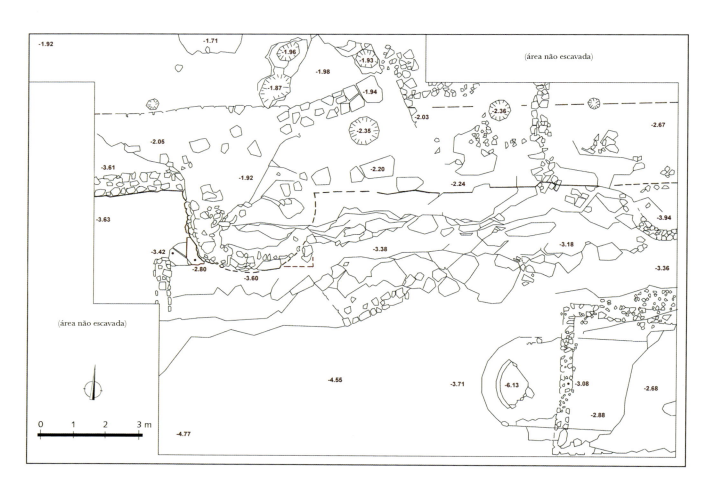

Planta da *sondagem F*
des. Nuno Santos)

a.

b.

c.

se acentuava. Com ela, regressavam à luz mais alguns trechos da *domus* desvendada na campanha anterior, em especial dependências de serviços, onde avultavam o lagar e a cisterna privativa. Por todo o lado se evidenciava, uma vez mais, a reformulação dos espaços levada a cabo nos períodos tardo-antigo e alto-medieval e, de novo também, reconhecia-se a calçada, cortando a moradia e descendo agora, cada vez mais, por força do declive, na direcção poente. Mas, sobretudo, surgia igualmente, aquém da *faixa monumentalizante*, bordando a rua medieva, o pano da muralha, entrevisto um ano atrás sob o *gigante* da Capela. De facto, conservando uma espessura de 2,40 m, alongava-se agora para nascente e definia, a um terço do seu percurso original, a base de uma torre, além da qual, contudo, pouco mais que o poderoso lastro, marcado à flor da rocha, restaria, saqueada por seu turno a sua pedra em proveito de vindouras construções. Vestígios bastantes, todavia, para eliminar qualquer hipótese da existência, aqui, de uma segunda porta. Quanto ao espólio produzido, revelaria, fundamentalmente, uma ocupação do solo relacionada, uma vez mais, com o período romano, a Antiguidade Tardia, a ocupação islâmica e a 2ª Reconquista, evidenciando ainda, nas estruturas, intervenções da Baixa Idade Média. Simultaneamente, detectavam-se, no lado interno do pano mural, os primeiros vestígios de actividade bélica, ilustrados por camadas de incêndio, pontas de lança e o que pareciam ser restos de uma forja, ao mesmo tempo que, nos entulhos, emergiam segmentos de nervuras góticas e grandes silhares convexos, de origem controversa[56].

Confirmara-se, pois, o trajecto da muralha e avançara-se também no conhecimento da sua própria morfologia. Mas novas questões, uma vez mais, se perfilavam. De facto, implantados os resultados da intervenção sobre o plano geral do conjunto edificado, onde, pouco a pouco, se haviam incorporado os elementos fornecidos pelas *sondagens*, não tardaria a verificar-se corresponder a distância entre o cubelo angular de sudoeste e a *torre* localizada na presente intervenção, a um terço exacto da totalidade do comprimento do pano mural, dado que, tomado como módulo, *produzia* uma segunda torre no justo local ocupado pelo peculiar aglomerado rectangular localizado na primeira escavação. Nesse contexto, tornava-se evidente que, ao invés da sua correspondente setentrional – dotada, além das torres angulares, de três torres intermédias, numa escala graduada, de modo crescente, no sentido este-oeste –, a muralha meridional não teria ostentado mais que duas, além das angulares,

a. Aspecto da muralha sul e respectiva torre (foto Nuno Santos).

b. c. Silhares convexos da torre intermédia de poente da muralha sul.

A MORADA DA SABEDORIA

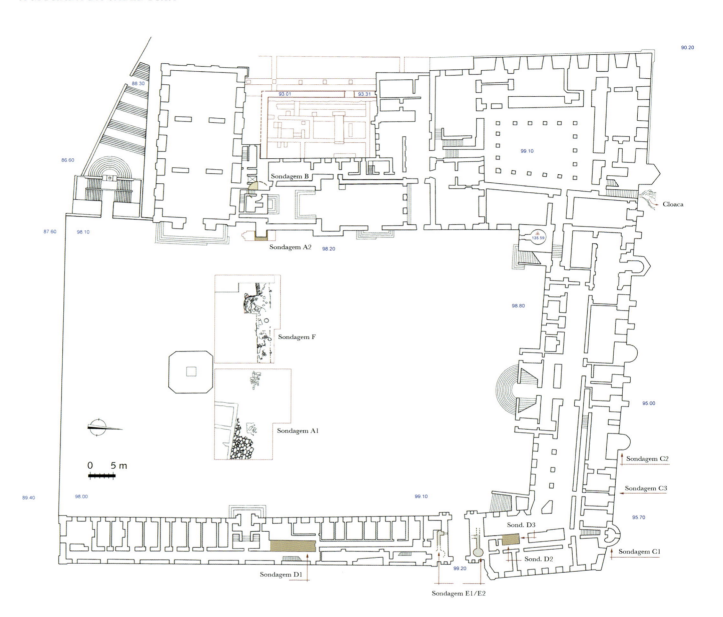

Planta da Paço das Escolas com localização das sondagens A1, A2, B, C1, C2, C3, D1, D2, D3, E1, E2 e F (José Luis Madeira e Nuno Santos).

desse modo seccionando o seu pano em três segmentos de idêntica extensão, facto, aliás, que a própria topografia do terreno, menos acidentada aqui que na vertente norte, certamente justificaria. Porém, da aceitação do relacionamento da curiosa *soleira* com o muro, no âmbito de uma antiga torre aí localizada (de resto, desde sempre suspeitado), não decorria linearmente o seu reconhecimento enquanto *fundamento* de tal dispositivo, atentas as suas diminutas proporções (mesmo se confrontadas com o mais modesto exemplar da muralha norte) e o carácter oblíquo do seu posicionamento a respeito da muralha. Como quer que tivesse sido – em cronologia e com fina-

148

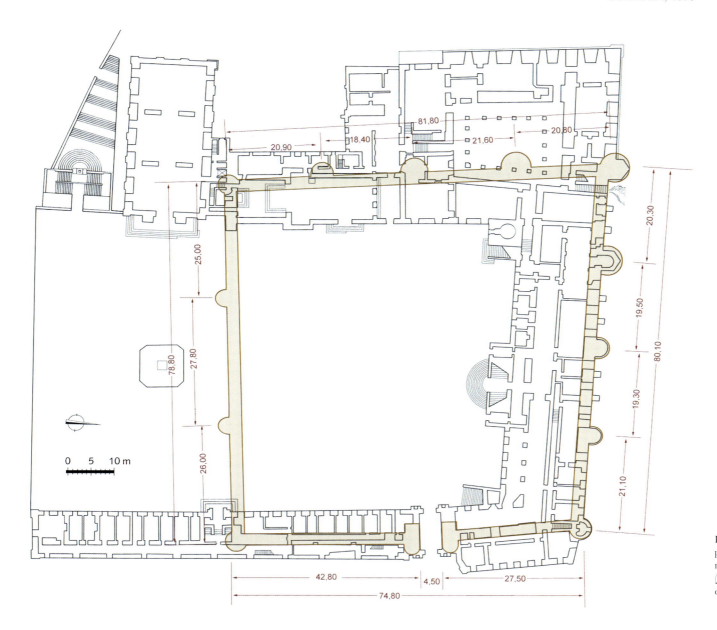

Reconstituição do perímetro do recinto muçulmano (José Luis Madeira e Nuno Santos).

lidade hoje ignoradas – o antigo bastião fora desmantelado integralmente e reagrupada (parte d)a sua silharia na enigmática estrutura que chegara aos dias de hoje. Quanto ao aglomerado informe de grossos silhares, localizado na mesma ocasião e claramente orientado em relação à estátua de D. João III, também ele quedava integrado no percurso da muralha[57], não podendo, por certo, deixar de relacionar-se com a descoberta da bizarra *passagem*, quando decorriam os trabalhos para a implantação do monumento régio, bem como com a exumação do espólio arqueológico então recolhido no Museu. De facto, face à controvérsia suscitada pelo aparecimento do insuspeitado elemento, que levaria o responsável pela secção local dos *Monumentos* a sugerir que a colocação da efígie real fosse realizada "sobre placa reforçada, apoiada nas paredes dessa passagem, de forma a permitir esse estudo em qualquer altura com relativa economia"[58] e da rapidez com que haviam começado a surgir "várias peças e moedas de tempos recuados, algumas romanas e visigóticas"[59], incorporadas no *entulho* que obstruía a *passagem* e que, três anos mais tarde, Bairrão Oleiro daria a conhecer[60], uma pequena *escavação* terá, por certo, sido organizada, a qual, *desentulhando* a *passagem*, privaria, afinal, a muralha do enchimento que lhe era estrutural, provocando o seu desmoronamento – se é que, em semelhante operação, não terá tido, porventura, algum protagonismo (ante a tradicional morosidade administrativa que, como em toda a parte, terá presidido ao jogo de propostas e contra-propostas entre Coimbra – DGEMN e CAPOCUC – e Lisboa), o próprio construtor, contratado, afinal, tão somente, para implantar a estátua onde previamente se lhe havia indicado[61]... Como quer que seja, certo é que, por fim, esta seria recuada de alguns metros em relação ao local determinado, erguendo-se hoje fora do perímetro muralhado, na área do declive que apenas na Época Moderna se incorporaria ao Pátio, no âmbito das vultuosas obras que haveriam de outorgar-lhe a configuração actual e, por isso mesmo, em zona *neutra*, como os técnicos alemães, de facto, indicariam. Não fora mais pacífica, porém, ao que tudo indica, a existência do torreão ocidental.

Na verdade, uma constatação não tardaria a verificar-se: mesmo que reduzida a pouco mais que a base, a pequena torre exumada no decurso da *sondagem*, escoltando, do lado poente, essa outra que a singular *soleira* documentaria, diferia objectivamente, tanto na forma como no aparelho, de quantas no velho *recinto* fora possível observar. De planta quandrangular, pouco regular, de resto, havia sido edificada num aparelho rude e mal organizado, de obra rápida de fortificação, com explícito (mas aleatório) aproveitamento de material melhor aparelhado, em especial nas fiadas inferiores e sem vestígio de utilização da técnica de *soga e tição*, ilustrada, contudo, no próprio muro a que se adossava. Mais tarde e em outra conjuntura, uma alvenaria regular se teria encarregado de arredondar o seu perímetro, dando-lhe, enfim, a forma de *cubelo*[62]. Fora, pois, refeita desde as fundações – *história* a que não seriam estranhas, por certo, tanto as camadas de incêndio como as pontas de lança que, no interior da muralha, se tinham encontrado[63] –, não fornecendo, à primeira vista, qualquer base em que assentar uma reconstituição do seu perfil original. Mas talvez não fosse exactamente assim. De facto, a localização, nas suas imediações, na qualidade de *derrubes*, de alguns blocos de avultadas dimensões, descartada a sua associação aos vestígios da *domus*, não poderia deixar de relacionar-se com as estruturas da torre primitiva, tanto quanto o aglomerado rectangular o fora à torre oriental e o amontoado de pedras frente à estátua ao trajecto intermédio da muralha. E, com efeito, se as dimensões inusitadas e o talhe cuidado dessas pedras as aproximam das construções monumentais romanas, cujo (re)emprego na obra muçulmana desde Vergílio Correia se reconhecera[64], o carácter peculiar desses silhares, de face convexa, ligá-los-ia inexoravelmente a construções de plano circular. E uns e outros se poderiam ver ainda, seja nos cubelos subsistentes, seja nesse outro, destruído, do ângulo sudoriental, mas conhecido da sua antiga imagem. A torre intermédia de poente tinha, pois, seguramente, como as restantes, traçado circular, que testemunham os enormes blocos convexos do seu paramento, abandonados na pressa da reconstrução, por inúteis à sua nova planta, em função da qual, de resto, com toda a certeza, se terão visto os restantes fragmentados. Quanto às dimensões, imponentes, por certo, como indicia a branda curvatura dos silhares, não excederiam, contudo, certamente, as da base que hoje se divisa, pois de outro modo se lhe encontraria o *negativo* e não custa a crer que o processo de arredondamento que, séculos mais tarde, lhe seria imposto, configurasse, afinal, uma *recuperação geométrica* do seu perímetro original[65].

Assim, pois, apurada a estrutura circular do cubelo ocidental da fachada sul, verificada a sua fidelidade ao modelo conformado no alçado norte, como na porta-forte e nos quatro cubelos angulares (aqui em versão ultrasemicircular), parecia não restar outra possibilidade senão a aplicação do mesmo arquétipo ao seu correspondente oriental, cuja silharia, parcialmente reaproveitada na feitura, com enigmático destino, do estranho aglomerado subsistente, viria a ser dispersa ao serviço de obras ulteriores, impossíveis hoje de fixar[66]. E, a ser assim, cubelos seriam igualmente as torres que exornavam, voltada ao rio, a fachada ocidental, onde nada justificaria a adopção de outro partido. Somente aqui, como na fachada norte, por comunhão de relação topográfica com a colina, tanto quanto por afinidade de extensão, três torres circulares deviam divisar-se, crescendo também, como naquela, rumo à torre redonda de noroeste[67]. Nada, pois, que recordasse um embrião formado no período imperial, ou, sequer, na *administração visigótica*[68], mas o *qasr* do *qa'id* muçulmano, plantado abruptamente sobre uma antiga zona residencial patrícia, organizada nos primeiros séculos da Era cristã, mas degradada, na Antiguidade ainda, por novas utilizações, continuadas na Alta Idade Média. Isto o que, numa visão, decerto parcial mas já eloquente, a arqueologia podia transmitir.

Como quer que fosse, recortava-se agora com nitidez, sobre a colina abstracta e sob a massa heteróclita das construções que o passar dos séculos, lentamente, acumulara, o perfil, estranhamente novo, dessa *cerca quadrangular de muralhas, com as torres respectivas*, que, um dia, dois amadores de velhas pedras haviam pressentido: um vasto quadrilátero, subtilmente alargado na direcção poente (75 m x 79 m x 82 m x 80 m), em respeito à ingrata topografia do local, provido de torres circulares, ultrasemicirculares as angulares, com uma entrada fortemente defendida e luxuosamente envolto num duplo soco ressaltado, que percorria todo o seu perímetro e que, singelo agora, também por dentro parecia ornamentá-lo. Não se ignorava já, pois, *como era constituído o paço primitivo*. Penetrara-se, por fim, o sedimento mais remoto desse "inextricavel conjunto de construcções de diversas epochas", ao qual, em 1901, *mestre* Gonçalves, desalentado, se referira[69]. As próximas questões já não passavam por aí. O que importava agora saber não era *como*, mas *quando, por quem* e *em que circunstâncias* fora o Paço assim constituído.

NOTAS

[1] CORREIA, António, *Toponímia Coimbrã*, Coimbra, Biblioteca Municipal 1952, vol. II [Sep. de *Arquivo Coimbrão*, vol. IX], p. 2.

[2] *Portugaliæ Monumenta Historica. Diplomata et Chartæ*, Lisboa, Academia Real das Ciências, vol. I, 1867, doc. DCCCVII, p. 479; MADAHIL, A. G. da Rocha, "Documentos para o estudo da cidade de Coimbra na Idade Média", *Biblos*, IX, Coimbra, 1933, doc. XXII, pp. 534-535 e *Livro Preto – Cartulário da Sé de Coimbra*, RODRIGUES, Manuel Augusto (dir. e coord. edit.), COSTA, Avelino de Jesus da, (dir. cient.), Coimbra, Arquivo da Universidade de Coimbra, 1999, doc. 385, p. 538, que seguimos na transcrição.

[3] GONÇALVES, A. [António Augusto], "Edifícios da Universidade", pp. (3)-(4) e (6). Gonçalves baseia a sua convicção a respeito da modéstia do Paço primitivo no confronto com a *domus municipalis* de Bragança, "único exemplar de residência monumental desses tempos, que o país conserva". Pelos mesmos anos, também Manuel da Silva GAIO afirmava que a *Alcáçova Real* se erguia "talvez por onde hoje assenta a capella manuelina" ("A Universidade de Coimbra", p. 34).

[4] VITERBO, Francisco Marques de Sousa, *Dicionário Histórico e Documental dos Arquitectos, Engenheiros e Construtores Portugueses*, reprodução em fac-simile do exemplar com data de 1922, Lisboa, Imprensa Nacional - Casa da Moeda, 1988, vol. II, pp. 318-328.

[5] Referimo-nos, particularmente, a António de VASCONCELOS, excelente conhecedor dos documentos do Arquivo da Universidade, de que foi director e que em diversas ocasiões se debruçou sobre a história da instituição, em estudos ainda hoje fundamentais, onde não perdia ocasião de deixar registo dos factos que considerava relevantes para a sua história artística. Assim é que, num pequeno opúsculo editado em 1930, com o texto de uma conferência intitulada *D. Isabel de Aragão, Rainha de Portugal*, seguramente do conhecimento de Vergílio Correia, identifica peremptoriamente o paço medieval com o actual corpo dos *Gerais*, fornecendo, porém, ao mesmo tempo, valiosas informações a que adiante voltaremos (veja-se *infra* Cap. 3) e que encontrariam eco, seis anos mais tarde, nas palavras do seu jovem colega arqueólogo. É este conceito, aliás, que se encontra na base da realização de uma planta do Paço Real, inserida no conjunto da cidade e suas fortificações, que ainda em anos muito recentes conheceria abundante utilização [cfr. *idem*, *A Sé-Velha de Coimbra (apontamentos para a sua história)*, ed. fac-similada (RODRIGUES, Manuel Augusto, apres. de), (Coimbra), Arquivo da Universidade de Coimbra, 1993, vol. I, p. 85].

[6] Também esta matéria da Capela, sobre a qual, igualmente, adiante nos debruçaremos, bem como a tese da sua origem afonsina, radica nas informações veiculadas por António de VASCONCELOS em *Real Capela da Universidade (alguns apontamentos e notas para a sua história)*, primeiramente saída no *Annuario da Universidade* de 1907/08, publicada autonomamente em 1908 e recentemente reeditada (RODRIGUES, Manuel Augusto, reed. e introd. de, Arquivo da Universidade de Coimbra - Livraria Minerva, 1990, edição que seguimos), outro tanto sucedendo com as *várias considerações* a que aludia A. A. GONÇALVES, seu particular amigo e que o levavam a situar o antigo Paço no local da capela actual (veja-se *supra* nota 3). De facto, VASCONCELOS escreveria: "Do primitivo edifício da capela real afonsina absolutamente nada encontra hoje o arqueólogo curioso. Construção de estilo románico, de pequenas dimensões, podemos conjecturalmente assentar, com alguma probabilidade, que ficaria situada no próprio local da hodierna capela da Universidade, mas com a orientação de leste a oeste, como costumavam ter os templos daquela época" (cfr. *ibidem*, p. 37).

[7] "O Edifício da Universidade…", pp. 131-132. O mesmo texto seria publicado em 1939 em GIRÃO, A. de Amorim, CORREIA, Vergílio, SOARES, Torquato de Souza, *Coimbra e Arredores*, Coimbra, Comissão Municipal de Turismo, pp. 77-80.

[8] *Toponímia Coimbrã*, vol. II, p. 2.

[9] Cfr. "As Origens de Coimbra", *Actas das I Jornadas do Grupo de Arqueologia e Arte do Centro*, Coimbra, 1979, p. 39; *idem*, "A cidade romana em Portugal. Renovação urbana em Portugal na época romana", *Cidades e História*, Lisboa, Fundação Calouste Gulbenkian, 1987, p. 88 e *idem*, "A evolução urbanística de Coimbra…", p. 1. Com base neste conjunto de ideias, bem como nos elementos fornecidos pelas escavações realizadas em 1979/87 nas traseiras da Capela (PINTO, A. Nunes, "Escavações na Alcáçova de Coimbra. Análise dos resultados", *A Universidade e a Arte. 1290-1990*, Actas, Coimbra, 1993, pp. 35-45) e nos dados parciais relativos à intervenção arqueológica realizada no Pátio das Escolas em Julho/Agosto de 2000, no âmbito desta dissertação e a que adiante aludiremos, construiu também, recentemente, W. ROSSA a tese de que "com a inevitável reurbanização da cidade pelos Romanos", a acrópole de Coimbra "poderá apenas ter recebido construções do tipo militar em edifício destinado a uma autoridade, eventualmente um pretor", provável origem dos "vestígios referidos por Virgílio Correia e Nogueira Gonçalves no Pátio da Universidade, bem como dos muros localizados em escavações realizadas há menos tempo a poente da Capela". Com esse *pretorium*, segundo o autor, se relacionaria a "grande habitação romana" localizada no Pátio, configurando uma "zona residencial de elevado nível, o que tende a reforçar o pressuposto de uma matriz palatina do sítio e, porque não, a ideia de uma instalação governativa-militar", sendo que, "por óbvias razões estratégicas e topográfico-paisagísticas, tal local sempre terá atraído a sede do poder e, assim, provavelmente a primeira cidadela da urbe" (cfr. *Divercidade…*, pp. 72-83).

[10] "Notas sobre a estrutura urbana de Aeminium", *Biblos*, vol. LXVIII, Coimbra, 1992, p. 512.

[11] "*Domus Sapientiæ*…", p. 35. Em abono desse texto, que o presente torna, naturalmente, obsoleto, apenas pode invocar-se o facto de ter sido escrito no outono de 1997, face aos elementos disponíveis, bem como de deter uma elevada quota de responsabilidade no progressivo processo de sedução exercido pelo *inextricavel conjuncto de construcções de diversas epochas* que o Paço das Escolas configura e, em consequência, no empreendimento da (arriscada) aventura que o presente estudo constitui.

[12] A cronologia e o teor da intervenção da DGEMN no Paço das Escolas – que começaria, em 1930, com o restauro da *Porta Férrea* –, a merecer, por si mesma, um estudo monográfico, encontra-se abundantemente documentada no respectivo arquivo, a que amiúde recorreremos, na secção *Paços da Universidade*, Proc.os C-060325-014(258), em Lisboa e C-060325-014(C3), em Coimbra, bem como no AUC, no fundo respeitante à CAPOCUC, como adiante de verá.

[13] "Obras antigas da Universidade", pp. 136-189.

[14] Vem a propósito dizer que a identificação dos pontos cardeais é, em Vergílio CORREIA, com frequência curiosamente problemática, pelo que o cubelo *de poente* deve, realmente, ser entendido como em posição sudeste em relação ao plano geral do edifício, onde ocuparia primitivamente uma situação angular.

[15] "Cidade Universitária", pp. 201-202.

[16] *Idem, ibidem*, pp. 203-204. A coordenada *nascente* deve, seguramente, entender-se como *sul*, só assim se podendo compreender, na verdade, a referência de VC, quando noticiou o seu aparecimento e do respectivo cubelo, a "um pedaço de muro,

perpendicular às fachadas" (nascente e poente do Colégio).

[17] Ofícios de Manuel de Sá e Mello, engenheiro director-delegado da CAPOCUC para o ministro das Obras Públicas de 06.03 e 10.06.1944 (AUC, CAPOCUC, Proc.º *Reitoria/Secretaria Geral/Paço das Escolas*, 132).

[18] A primeira fase de lageamento periférico do Pátio (em cerca de metade da largura actual) seria realizada entre finais de 1940 e meados de 1941 [cfr. DGEMN (Coimbra), *Paços da Universidade*, Proc.º C-06 03 25 – 014 (C3)].

[19] CORREIA, Vergílio, GONÇALVES, A. Nogueira, *Inventário Artístico de Portugal - Cidade de Coimbra*, Lisboa, Academia Nacional de Belas-Artes, 1947, pp. XVII-XIX. Na verdade, a participação de V. C. resumir-se-ia à *introdução*, sendo a inventariação e elaboração do texto geral, em virtude da sua morte, da responsabilidade de N. G. Pelas razões aludidas, as coordenadas *sudeste* e *sul-poente* do relato de VC devem, respectivamente, interpretar-se como *nascente* e *sul*.

[20] Cfr. DGEMN (Lisboa), *Paços da Universidade*, Proc.º C-06 03 25 - 014 (258), ofício de A. Nogueira GONÇALVES para o arq. Baltazar de Castro, de 08.05.1945 e (cópia do) ofício de B. C. para N. G. de 09.05.1945 (na verdade, parece ter havido lapso na datação de uma das epístolas, aparentemente redigidas em dias consecutivos ou, eventualmente, cruzamento das mesmas).

[21] *Inventário Artístico de Portugal – Cidade de Coimbra*, pp. 99ab e 100a.

[22] Ofício do chefe de secção da CAPOCUC para o arq. Baltazar de Castro de 20.09.1949 [DGEMN (Lisboa), *Paços da Universidade*, Proc.º C-06 03 25 - 014 (258)] e cópia [*idem* (Coimbra), Proc.º C-06 03 25 – 014 (C3)]. Na verdade, o arranjo do pátio na configuração actual, após a colocação da primeira faixa lageada em 1940-41 (veja-se *supra* nota 18) e o assentamento da estátua de D. João III, da autoria de Francisco Franco, em 49, seria executado nos anos 1958/59, na sequência da demolição, iniciada em 14.03.1951, do Observatório Astronómico, que delimitava o Pátio pelo lado sul e do competente preenchimento das lages em falta e da grade e pilares correspondentes ao local que este ocupara. Duplicar-se-ia, assim, o perímetro lageado, ao mesmo tempo que se colocava a actual placa quadrangular, protectora do monumento ao monarca (em substituição da primitiva, circular e de menores dimensões) e se dispunham bancos de pedra em torno do recinto. O arranjo do Pátio provocaria alguma polémica entre os arquitectos, dando lugar à elaboração de sete projectos alternativos, entre os quais se destaca um, de interessante sentido paisagista, de Cristino da Silva. Curiosamente, a estátua real, da autoria de Francisco Franco, seria colocada sem qualquer legenda identificativa, situação que se corrigiria em 1959 graças às diligências efectuadas em 56 por um *cidadão*, António Capelo Jalles, junto do ministro Arantes e Oliveira [cfr. *idem* (Lisboa), Proc.º C-06 03 25 – 014 (258); AUC, CAPOCUC, Proc.º *Pátio da Universidade*, 308 e ROSMANINHO, Nuno, *O Poder e a Arte…*, pp. 393-304, 710, 737 e 755-756].

[23] Ofício do arq. Luís Amoroso Lopes para o arq. Baltazar de Castro de 07.10.1949 [DGEMN (Coimbra), Proc.º C-06 03 25 – 014 (C3)].

[24] Cfr. OLEIRO, J. M. Bairrão, "Novos elementos para a história de Aeminium. Os materiais romanos do Pátio da Universidade", *Biblos*, XXVIII, Coimbra, 1952, pp. 65-82. O espólio, contudo, não parece compreender moedas e menos ainda *visigóticas*, referindo o arqueólogo apenas uma, atribuída ao tempo de D. João III, a que o próprio reitor se referiria no seu relatório anual, mas cujo paradeiro parece desconhecer. De resto, com a saída do P.e Nogueira GONÇALVES do Museu e a três anos do acontecimento, B. O. parece ter já alguma dificuldade em reconstituir os factos ("esses objectos foram recolhidos, segundo me disseram, pelo Rev. Padre Nogueira Gonçalves, ilustre investigador do passado de Coimbra", diria), como se de sucesso remoto se tratasse, socorrendo-se da memória do eng. Reis Gonçalves, da CAPOCUC, para obter os pormenores do descobrimento. Deve, porém, notar-se que, não sendo as obras da cidade universitária oficialmente apoiadas no plano arqueológico e revestindo a acompanhamento de Vergílio CORREIA e Nogueira GONÇALVES um carácter quase informal, seria diminutíssimo o espólio recolhido ao MNMC, sendo o restante destruído por ignorância dos técnicos responsáveis pelos trabalhos e do próprio pessoal neles empregue, ou sonegado em proveito de um activo comércio paralelo que então se estabeleceu e que deixaria rasto nos processos da DGEMN, particularmente na correspondência de N. G. Quanto aos materiais provenientes do Pátio da Universidade, seriam divididos pelas seguintes categorias: rebotalhos de cozinha, pedra, metal, pinturas parietais, vidros, cerâmica de construção, pesos de tear, cerâmica doméstica vulgar, lucernas, "terra sigilatta".

[25] "Notas sobre a estrutura urbana de Aeminium", p. 507.

[26] Cfr. DGEMN (Lisboa), *Paços da Universidade*, Proc.º C-06 03 25 – 014 (258); *idem* (Coimbra), Proc.º C-06 03 25 – 014 (C3) e AUC, CAPOCUC, Proc.º *Reitoria/Secretaria Geral/Paço das Escolas*, 132. As sondagens de 1953, cujos elementos infelizmente se perderam, parecem ter sido realizadas pela CAPOCUC (em cujo espólio, todavia, se não encontram), com o beneplácito particular de Baltazar de Castro, uma vez que a DGEMN revela desconhecer quem as fez e quais os seus objectivos, o que explicará, porventura, o longo lapso de tempo decorrido entre a sua realização e a efectiva organização da envolvência do Paço das Escolas. Revelariam, segundo a documentação, uma "relativa aproximação à topografia local à data da construção e reformas do edifício, assim como as sucessivas alterações introduzidas no decorrer dos tempos", indicando, ao que parece, que "este edifício se encontra enterrado, chegando a atingir a cota máxima de 3,80 m no cunhal noroeste". Não é hoje possível, por ausência de documentação, reconstituir a extensão do desaterro levada a efeito, mas o que a simples observação comprova, é que o terreno que envolve o edifício, em especial nas proximidades do cunhal de noroeste, se encontra hoje rebaixado em cerca de 2 m em relação à cota original.

[27] Na verdade, remonta a 1954 a mais antiga notícia respeitante a intervenções arqueológicas nesta área (sem que, porém, seja possível saber exactamente onde), fornecida num ofício do arq. Amoroso Lopes, responsável pela delegação em Coimbra da DGEMN, informando superiormente, em 01.06, ter-lhe nessa data comunicado o guarda do *oppidum* romano de Conímbriga que, no dia seguinte, o *Dr. Oleiros* pretendia realizar "algumas escavações no antigo terreno da Faculdade de Direito", que não nos consta tenham tido concretização. Dez anos mais tarde, o próprio A. L. anuncia (31.12.1964) que irá proceder a sondagens, tanto no reboco, como no pavimento do depósito da sala de leitura, ainda de pé, com vista à "valorização do conjunto das arcarias quinhentistas". Outros dez anos se passariam e, demolido já o inestético anexo da Biblioteca, elaboraria A. L., em Fevereiro de 74, um anteprojecto respeitante a *obras de restauro e beneficiação* da antiga Casa da Livraria, mas articulado com o propósito de ampliação, para sul, da Faculdade de Direito, em cujo *programa base* se previa a abertura de valas de 1 m de larg. por 1.5 m de prof., ao longo das fachadas sul, poente e norte da *Biblioteca Joanina*, até ao muro

que acompanha, a nascente, a arcaria manuelina, prevendo também valas no *Jardim da Capela*, com vista à localização de vestígios arqueológicos. O processo formalizar-se-ia, afinal, em 1979, como testemunharia, de novo, A. L., ao referir-se, em ofício para o seu director, de 11.10, a "uma área de grande interesse arqueológico como é o conjunto das arcarias quinhentistas e subsistência de estruturas que julgamos reportarem-se a uma época pré-nacional, o que esperamos seja confirmado depois de concluídas as escavações arqueológicas que, a nosso pedido, decorrem sob a orientação do Instituto de Arqueologia da Faculdade de Letras da Universidade de Coimbra" [DGEMN (Coimbra), Proc.º C-06 03 25 – 014 (C3)].

[28] Cfr. PINTO, A. Nunes, "Escavações na Alcáçova de Coimbra…", pp. 35-45 e MANTAS, Vasco Gil, "Alcáçova de Coimbra", *Informação Arqueológica*, 3, 1980, p. 31. Aguarda-se ainda a publicação do relatório final da escavação, podendo o estudo da cerâmica vir a fornecer alguns dados suplementares sobre a cronologia das estruturas edificadas, mau grado a quase completa ausência de estratigrafia provocada pelo revolvimento contínuo das terras, em virtude da antiga utilização desse espaço como jardim ao serviço da Capela adjacente.

[29] A localização destes trechos verificar-se-ia no âmbito da elaboração do *ante-projecto* de intervenção na *Biblioteca Joanina*, datado de Fevereiro de 74, em cuja *memória descritiva* Amoroso Lopes se refere à descoberta do *antigo poço*, "outrora possivelmente ligado aos esgotos do edifício". No projecto final, datado de Dezembro desse ano, referir-se-ia a "um esboço de sondagem que nos franqueou o acesso a um compartimento abobadado entaipado junto ao anexo" (que não é aqui a demolida sala de leitura, mas a caixa das escadas que, adjacentes pelo lado norte à antiga Casa da Livraria, ligavam o piso principal aos inferiores), esclarecendo: "o vazio encontrado entre o 1º e o 2º piso, com abóbada que suporta o pavimento do anexo do andar nobre (trata-se, neste caso, como poderá verificar-se na segunda parte deste estudo, da infra-estrutura de apoio à *casa do camarim* da Capela), corresponderá certamente a uma antiga e grande caixa de esgotos e de drenagens várias, como é revelado pelos encanamentos que ali convergem. Uma parte das paredes deste espaço, em especial no 1º piso, parecem talhadas directamente na pedra calcária do morro da Universidade". Na verdade, nada impede a utilização do antigo e fortíssimo cubelo, obliterada a sua função inicial pela lógica evolutiva do edifício, como *poço* de drenagem, tendo em conta a quantidade de condutas que, de facto, aí convergem. Na instalação do elevador houve, deve registar-se, o cuidado de ocultar "no mínimo" o "estranho compartimento abobadado", procurando "não destruir todos os elementos de interesse arqueológico ou documental que surjam aí" (veja-se *infra* nota 43) [cfr. DGEMN, (Coimbra), Proc.º C-06 03 25 – 014 (C3)].

[30] Veja-se *supra* nota 21.

[31] Veja-se *supra* nota 7.

[32] Os trabalhos no antigo Colégio de S. Pedro, solicitados pela Reitoria em Julho de 39, começariam na primavera de 43, prolongando-se até aos finais de 46 e tinham por finalidade a recuperação completa dessa ala e sua adaptação, após a libertação do imóvel por parte de diversas Faculdades e serviços universitários, a residência do reitor, no andar nobre, serviços administrativos (Secretaria Geral e Contabilidade) no 1º pavimento e parte pública da Secretaria Geral, Tesouraria, Associação Filantrópica, WC público e dependências do pessoal menor, no piso térreo, com aproveitamento das caves e sub-caves com acesso pela antiga rua de Entre Colégios. Além de modificações diversas, a que voltaremos, entre as quais o alargamento da antiga biblioteca, o programa definido teria por *pièce d'honneur* a nova escadaria central, realizada a partir do 2º semestre de 45, segundo traça elaborada na secção de Coimbra da DGEMN, porém reformulada em função dos critérios (de maior sobriedade) impostos pelo director-geral e superintendente de toda a primeira fase da intervenção no Paço das Escolas, arq. Baltazar de Castro. Seria a sua edificação a origem do desmantelamento do cubelo, levado a efeito durante o ano de 1945. A Ala de S. Pedro seria de novo objecto de intervenções em 1960 (pontuais) e em 1978/1983 (profundas), que teremos oportunidade de analisar [cfr. DGEMN (Lisboa), *Paços da Universidade*, Proc.º C-06 03 25 – 014 (258), *idem* (Coimbra), Proc.º C-06 03 25 – 014 (C3); AUC, CAPOCUC, Proc.ᵒˢ *Reedificação da Ala de S. Pedro do Edifício do Paço das Escolas*, 92, *Reitoria/Secretaria Geral/Paço das Escolas*, 132 e BANDEIRA, J. Ramos, *Universidade de Coimbra…*, tomo II, p. 271, nota 2].

[33] Veja-se *supra* nota 21.

[34] Deve, porém referir-se que, no mesmo texto, linhas atrás, o próprio V. C. informara que "o pano mural de sul-poente", atravessando o Terreiro, "alcançava a Biblioteca" (cfr. *supra*, nota 19), o que constitui demonstração da fluidez das afirmações produzidas, sendo também de notar a ausência de qualquer vestígio fotográfico (conhecido) do lastro da muralha localizado quando do assentamento do lageado junto à *Ala de S. Pedro*. Por outro lado, é também nesse texto que, pela primeira vez, mesmo que em obvia referência à morfologia dos edifícios actuais, emerge a palavra *quadrilátero*.

[35] Cfr. Posselt & Zickgraf Archäologisch-geophysikaliche Prospektionen, *Geophysical Survey at "Paço das Escolas" (Universities Courtyard) in P-Coimbra, December 1999*, Final Report, Bad Vilbel, 28.05.2000, pp. 7-8 e fig. 1-10.

[36] Veja-se *supra* nota 24.

[37] Cfr. CATARINO, Helena, "Intervenção arqueológica no Pátio da Universidade de Coimbra: notícia dos resultados preliminares", *Informação Universitária*, nº 11, Coimbra, Reitoria da Universidade, Jan.-Fev.-Mar., 2001, pp. 7-9; *idem*, *Intervenção Arqueológica no Pátio da Universidade de Coimbra (IAPUC) – relatório de escavações (campanha 1/2000)*, policopiado, Coimbra, 2001, pp. 23-27; *idem*, "Coimbra antes e depois de *Madinat Qulumrıyya*: uma leitura arqueológica do Pátio da Universidade", (conferência proferida em 06.03.2001 no auditório da Faculdade de Direito de Coimbra no âmbito do colóquio *Os segredos do Paço: construir Univer(sc)idade*, policopiado).

[38] Cfr. *supra* notas 19, 21 e 34.

[39] Na verdade, uma sondagem chegaria ainda a ser realizada, numa pequena arrecadação adjacente à escada de S. Pedro, com vista ao descobrimento do paramento da muralha. Contudo, o trabalho de enchimento e regularização levado a cabo pelos *Monumentos Nacionais* antes da aplicação dos actuais rebocos, exigiria, na sua remoção, um esforço superior ao inicialmente previsto, pelo que e em face da evidente conservação do pano mural que o levantamento em planta testemunhava, se decidiria canalizar as energias para prospecções de maior relevância.

[40] Aparelho utilizado já na Antiguidade, mas especialmente divulgado na arquitectura islâmica das épocas omíada e abássida, constituído por silhares, por via de regra de altura idêntica, mas de comprimento desigual, dispostos indistintamente paralela ou perpendicularmente ao pano mural e desse modo ostentando ora a face maior (*soga*), ora a menor (*tição*) (cfr. PAVÓN MALDONADO, B., *Tratado de Arquitectura…*, vol. II, pp. 471 ss.). Utilizamos a designação adaptada (na esteira de diversos autores) do termo espanhol "soga y tizón", de uso mais generalizado, apesar de Carlos

Alberto Ferreira de ALMEIDA (segundo cremos) ter cunhado a denominação alternativa de "testa e peito" (cfr. v. g. *História da Arte em Portugal*, vol. 2, *Arte da Alta Idade Média*, Lisboa, Alfa, 1986, p. 84).

[41] Veja-se *supra* nota 19.

[42] Cfr. CATARINO, H., "Intervenção arqueológica no Pátio da Universidade…", pp. 9-10; *idem*, *Intervenção Arqueológica… (campanha 1/2000)*, pp. 28-30 e 32-33; *idem*, "Coimbra antes e depois de *Madinat Qulumriyya*…".

[43] Veja-se *supra* nota 29. É, aliás, esta complexidade de infra-estruturas que justifica também a diversidade de significados com que a expressão *anexo* surge na documentação administrativa relativa a esta obra. Com efeito, como se verá na segunda parte deste estudo, seria organizada no século XVII, no ângulo sudoeste do Paço, adjacente à cabeceira da Capela, pelo exterior da muralha e uma vez abandonado o *plano quadrangular* implementado por D. Manuel I, uma escada para ligação à *Pedreira*, que seria uma das antecessoras (mas não a mais remota) da actual *Escada de Minerva*. A construção da *casa do camarim*, contudo, ocupando o seu espaço, obrigaria à sua inutilização, bem como, naturalmente, à realização de um sistema de abóbadas que permitissem a sua sustentação já em plano declivoso. As escadas, porém, deixariam vestígios, tanto no interior da *casa do camarim*, sob o soalho que ao nível térreo lhe foi colocado, a fim de providenciar, sob a escada de acesso ao trono, uma pequena arrecadação por detrás do altar-mor (e que há anos atrás pôde ser vista, quando da substituição deste pelo actual pavimento de tijoleira, conforme nos transmitiu o anterior sacristão, Sr. Fernando Cordeiro) como, mesmo, além desta, no sentido poente, no espaço existente entre o templo e a Biblioteca, eventualmente como acesso do *Jardim da Capela*, sendo parcialmente aproveitadas na obra da Livraria para promover a ligação entre o andar nobre e o piso subjacente que, por razões morfológicas, não poderia ser realizada através das suas riquíssimas salas. Esta a razão dos diversos *anexos* referidos na documentação da DGEMN, correspondendo ora à escada, ora à infra-estrutura da *casa do camarim*, necessariamente um corpo autónomo (o "compartimento abobadado entaipado junto ao anexo" que refere a documentação), mas também da descoberta do cubelo, no acto de estudar a implantação do elevador por forma a não comprometer em demasia a ligação entre pisos acima evocada. Desse modo, ao romper-se a parede de base da *casa do camarim*, surgiriam, a um tempo, o cubelo, o flanco rochoso da colina e parte da abóbada de tijoleira de sustentação da própria *casa*. Uma janela gradeada também aí existente, respeita a obras mais tardias, realizadas em 1818 com o objectivo de promover a ligação entre a Biblioteca e os *Gerais*, pelas traseiras da Capela e de que poucos trechos já subsistem. Deve, porém, salientar-se que a compreensão deste conjunto de noções se deve ao cuidado com que, de facto, na obra do elevador, se procurou ocultar "no mínimo" o "estranho compartimento abobadado", procurando "não destruir todos os elementos de interesse arqueológico ou documental que surjam aí".

[44] Veja-se *supra* nota 19.

[45] Veja-se *supra* nota 21.

[46] Veja-se *supra* nota 17.

[47] Veja-se *supra* nota 16.

[48] Veja-se *supra* nota 19.

[49] Veja-se *supra* nota 21.

[50] CORREIA, V., "O edifício da Universidade…", p. 166. Uma outra referência aos cubelos da porta-forte existe anterior à que fornece o contrato da Porta-Férrea e é a que respeita à construção em 1606 (como se verá), nas suas imediações, ao lado norte, no exterior do Paço, de um alpendre para abrigo dos cavalos, em cujo contrato se estipula que "ha de ser de sete arcos que hão de comesar do prim.º cubello questa junto a dita porta do terejro & acabar ao outro da bamda debaixo" (cfr. ALMEIDA, Manuel Lopes de, *Artes e ofícios em documentos da Universidade*, vol. I, *Século XVII*, Coimbra, 1970, p. 46).

[51] *Inventário Artístico de Portugal – Cidade de Coimbra*, p. 100b.

[52] A caracterização como *gótico* do fuste de coluna utilizado, como degrau, na realização da escada, decorre das suas proporções e também de razões históricas, que adquirirão maior clareza em função da análise ulterior das campanhas góticas e manuelinas do Paço. A desobstrução do interior do corredor do cubelo, vultuoso trabalho que obrigou à remoção de vários metros cúbicos de entulho e cujo (entusiasta) *herói* foi o Mestre Paulo Morgado, doutorando do Departamento de Geociências da Universidade de Aveiro, não seria realizada em toda a extensão em virtude do aspecto precário apresentado, tanto pela referida escada, com diversos degraus fendidos, nomeadamente o fuste, como pelos próprios lintéis da cobertura (sobre os quais parece assentar uma parede posterior), de tanto maior risco quanto mais avança o processo do seu desentulhamento e face às dificuldades técnicas que representava o seu escoramento e ao diminuto espaço de trabalho, conjuntura que não foi possível vencer antes da conclusão deste estudo. A desobstrução foi, porém, suficiente para comprovar a existência do corredor perpendicular à porta, sendo de presumir que o lançamento da escada terá destruído por completo o troço inicial do cubelo, onde se situaria o acesso, seguramente provido, também ele, de um vão de recorte ultrapassado. Quanto à diferença do pé direito entre os dois corredores (2,30 m apurados no lado sul, 2,80 m no lado norte, resulta do facto de não ter sido desobstruído o cubelo sul até ao pavimento original, como sucederia do lado norte.

[53] Parece ser essa, de facto, a mais evidente explicação para o sistema corredores perpendiculares, dotados de cobertura independente, verificando-se no cubelo sul, no braço que se dirige à Porta, ser este provido de abóbada de berço adintelada, ao contrário da cobertura plana que se sobrepõe (em ambos) à(s) galeria(s) de acesso ao(s) adarve(s). Na verdade, a existência do conjunto de seteiras sugere uma estrutura de dupla-porta e corredor interno, tal como seria divulgado na arte califal. Por outro lado, também a inexistência de escadas internas (de pedra) no acesso aos adarves dos cubelos que defendem a porta é característica comum das fortificações omíadas (Cfr. PAVÓN MALDONADO, B., *Tratado…*, vol. II, pp. 395 e 406).

[54] Cfr. CATARINO, H., *Intervenção Arqueológica… (campanha 1/2000)*, p. 35.

[55] Veja-se *supra* nota 21.

[56] Cfr. CATARINO, Helena, FILIPE, Sónia, "Segunda campanha de escavações no Pátio da Universidade de Coimbra: ponto da situação", *Informação Universitária*, nº 13, Coimbra, Reitoria da Universidade, Jul.-Ag.-Set., 2001, pp. 18-19 e CATARINO, Helena, *Intervenção Arqueológica no Pátio da Universidade de Coimbra (IAPUC) – relatório da campanha 2/2001*, s.n. [2002], pp. 3-29. No que respeita aos silhares, localizados no contexto da U.E. 12 (cfr. CATARINO, H., *Intervenção Arqueológica… – relatório da campanha 2/2001*, p. 6), seriam atribuídos ao período romano por Jorge Alarcão numa das suas visitas ao estaleiro, com que continuamente demonstrou o seu interesse pelos trabalhos em curso, na senda, aliás, do caminho que ele próprio há muito vinha apontando.

[57] Parte desse derrube emergiria ainda no contexto da *sondagem F* (cfr. CATARINO, H., *Intervenção Arqueológica… – relatório da campanha 2/2001*, p. 7, U. E. 21b.

[38] Veja-se *supra* nota 23.
[39] Veja-se *supra* nota 22.
[60] Veja-se *supra* nota 24.
[61] Deve dizer-se que, sobre esta matéria, tanto os processos da DGEMN como o da CAPOCUC, no AUC, são rigorosamente omissos, para além dos elementos atrás enunciados. Contudo, mau grado a enorme massa documental que representam, qualquer deles está longe de ser rigorosamente exaustivo, sendo fácil comprovar a copiosa perda de informação que na sua organização se verificou.
[62] Para a análise morfológica da torre e sua conversão de rectangular em semicircular, veja-se CATARINO, H., *Intervenção Arqueológica... – relatório da campanha 2/2001*, pp. 8, 17 e 23. Divergimos, porém, neste ponto, pelas razões que seguidamente se explanarão, da interpretação proposta por H. C., que a considera "coetânea da construção da muralha do alcácer, que terá ocorrido no período islâmico".
[63] Veja-se *supra* nota 56. Especificamente para as camadas de incêndio, elementos bélicos e vestígios de forja, veja-se CATARINO, H., *Intervenção Arqueológica...(campanha 1/2000)*, pp. 13-15 (U.E. 62, 71, 72, 75 e 77).
[64] Veja-se *supra* nota 57. A reutilização de aparelho romano, seria também agora comprovada [cfr. *idem, ibidem*, p. 17, U.E. 94].
[65] A base da torre actual apresenta 2,30 m de comprimento por 3,30 m de largura [cfr. *idem, ibidem*, p. 8, U.E. 24]. A curvatura ostentada pelos silhares permitirá, contudo, futuramente, reconstituir o perfil original do cubelo.
[66] Efectivamente, Helena CATARINO relacionaria com o desmantelamento da muralha no seu percurso intermédio uma vala reconhecida no flanco poente da *sondagem A1*, imediatamente a norte do aglomerado informe de grandes pedras que testemunhará o *desentulhamento* da *passagem*, ostentando espólio dos séculos XV-XVI e que poderá ligar-se à utilização do seu aparelho no âmbito da reforma manuelina dos edifícios, tendo em conta o reconhecimento de silhares com as mesmas características nas fundações da Capela, postas a descoberto no âmbito da *sondagem A2* [cfr. *Intervenção Arqueológica...(campanha 1/2000)*, pp. 23-24].
[67] Na verdade, uma vez reconstituída conjecturalmente a morfologia da fachada poente do primitivo alcácer, uma última sondagem chegaria a estar prevista para o claustro dos *Gerais*, em busca do terceiro cubelo (sentido sul/norte), cujas fundações tudo indica que será possível localizar, uma vez removidas as lages que recobrem o pavimento, junto às arcadas do lado nascente. A grande extensão dos trabalhos da *sondagem F*, bem como as dificuldades de índole meteorológica, que tornaram mais complexos os trabalhos, e o recomeço da actividade lectiva e das avaliações na Faculdade de Direito, no mês de Setembro, vieram a dificultar esta campanha, que haverá todo o interesse em levar por diante. Novas informações, que adiante se relatarão, viriam, todavia, reforçar as bases desta reconstituição. Veja-se *infra* cap. 5.
[68] Cfr. *supra* nota 9.
[69] Veja-se *supra* nota 3.

2 · O Alcácer de Qulumriyya

Na verdade, ao mesmo tempo que se esforçava por reconhecer o perímetro original da primitiva *cerca*, não deixara Nogueira Gonçalves de ensaiar, na esteira dos confrontos estabelecidos, desde Vergílio Correia, com os troços remanescentes da muralha urbana, mas estribada também na sua própria análise dos paramentos murais do palácio escolar, desvendados pelas obras dinamizadas pelos serviços oficiais, uma primeira tentativa de cronologia: "as fundações de certas partes do norte e do nascente da antiga alcáçova, hoje Universidade – escreveria –, são feitas com os mesmos silhares, completando-se com elementos mais tardios: uma pequena janela de recorte muçulmano e, ainda, integrada no muro primitivo, uma pedra visigótica, talvez suevo-visigótica. Conjugando estes elementos com as épocas históricas, conclui-se que a mais provável é a da primeira reconquista, no governo de Afonso III, no século IX, a seguir à tomada de 878"[70]. De facto, face à evidente vetustez das estruturas exumadas, com explícito aproveitamento de antigos materiais, passíveis de serem recolhidos em construções ainda subsistentes e ante o espesso silêncio que pesava sobre o passado islâmico de Coimbra (como ele mesmo afirmara, "nada porém resta desse novo domínio na cidade"[71]), a 1ª Reconquista afigurava-se como termo plausível para a edificação de uma estrutura que, mau grado a intuição com que, nas suas linhas gerais, a desenhara, lhe não fora dado *ver* em toda a sua dimensão. Por isso lhe escapara também a real importância do episódio que ele mesmo evocaria, ao relatar, em Maio de 45, o achamento da *pedra visigótica*, referindo-se, do mesmo passo, à localização, na *Ala de S. Pedro*, de "um ligeiro fragmento duma inscrição árabe que o pedreiro tinha partido para a parede que construía", do qual, mau grado as buscas a que procedeu, "já não foram encontrados os restantes fragmentos, devendo estar integrados na parede nova"[72] e que mais não era, certamente, que a lápide fundacional do *palácio-fortaleza*, colocada no paramento externo da fachada oriental, nas imediações da antiga porta-forte. Assim, pois, privados para sempre de um elemento que, seguramente, teria registado para a posteridade informações fundamentais a respeito da erecção da poderosa mole, apenas nos três séculos e meio da *Coimbra muçulmana* (714-1064) – entre os quais avulta, justamente, o hiato produzido pela conquista de Afonso III (878-987) –, se poderia ainda tentar seguir-lhe o rasto e, desse modo, eventualmente, balizar a sua construção.

É certo, contudo, que se existe área obscura no que respeita ao conhecimento do passado do que é hoje o território português, é precisamente a que pertence ao chamado *domínio islâmico*, o qual, a despeito da síntese pioneira da David Lopes[73], do esforço de Borges Coelho, especialmente no que respeita à publicação de fontes[74] (separados por décadas) e de inúmeros trabalhos parcelares[75], apenas na recentíssima obra de Christophe Picard[76] alcançaria dignidade de monografia. É, de resto, à arqueologia, mais do que à história, que se deve, na sua maior parte, o avanço verificado nos últimos vinte anos, em função do qual, somados os vários contributos, é hoje possível dispor, em razoável extensão, de uma panorâmica do que foi a vida no antigo *Gharb al-Andalus*, grosso modo correspondente ao Portugal de hoje, em especial em Lisboa e a sul do Tejo. Não assim, porém, no que se refere à vasta região que se estende até ao Douro, a extremidade ocidental da denominada *marca inferior*, em particular àquela que já foi chamada "a esquecida zona da Beira"[77] e a Coimbra, a sua capital. De facto, não beneficiando – até à presente intervenção –, de qualquer campanha arqueológica dirigida ao estudo do seu *extracto islâmico* (ou, ao menos, desse ponto de vista relevante), deixaria também, como tantas outras cidades dos *tugur* emirais, escasso rasto na documentação coeva, a qual, elaborada, no período omíada, numa perspectiva essen-

A MORADA DA SABEDORIA

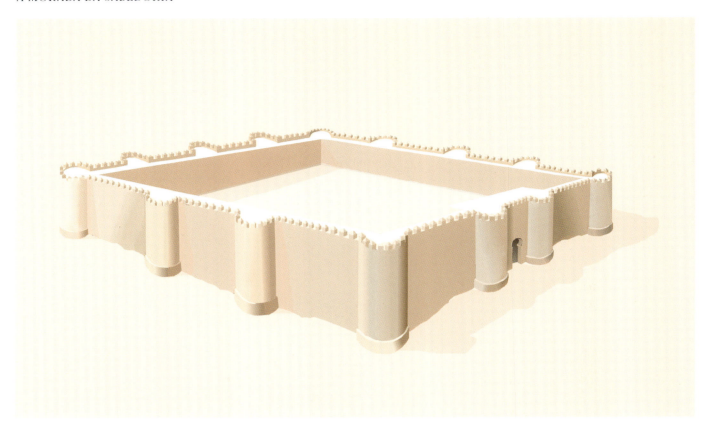

Reconstituição volumétrica do recinto muçulmano vista de sudeste (des. José Luis Madeira).

cialmente cortesã, senão mesmo fiscal[78], silenciaria até ao século XI quanto se não relacionasse directamente com o enaltecimento da dinastia reinante, propósito central e razão de ser do próprio *meio historiográfico cordovês*, onde tais registos se originam e em cujo conceito as *marcas* fronteiriças se recortariam, por via de regra, com o carácter de um vago confim, apenas acessoriamente significativo[79]. É certo que umas quantas descrições, fundamentalmente devidas a *geógrafos*, iluminam de algum modo, como noutros casos, o rosto da Coimbra muçulmana. Nenhuma delas, contudo, é verdadeiramente contemporânea do *domínio islâmico*: a mais antiga, o texto de al-Razi (o *mouro Rasis* da *Crónica Geral de Espanha*), muito restaurado[80], seria redigida na primeira metade do século X, durante a *ocupação* cristã da cidade, na sequência da tomada de Afonso III, sendo as restantes posteriores à *Reconquista* final, por Fernando I de Leão, em 1064 e, mesmo, à própria fundação do Reino português. Apesar disso e na ausência de *vestígios* mais substanciais, persistiriam em configurar-se como os seus mais relevantes testemunhos[81]. Mas debalde se buscará nelas uma imagem concisa da cidade – quanto mais o perfil do seu alcácer. De facto, em Coimbra, como em toda a parte, "la ville d'al-Andalus est un être historique don't nous ne saisissons trop souvent que des données fugitives"[82]. Assim, pois, para al-Razi, "terra muito antiga", "bela e dotada de diferentes bondades", "muito forte" e possuidora de "um castelo mui excelente"[83], a urbe, que para al-Hihmari, já no século XII, "faz parte do país do Porto" e constitui um "pequeno aglomerado, que tem o aspecto de uma cidade", ergue-se "sobre um monte de forma circular e está envolvida duma fortaleza sólida, rasgada por três portas", sendo "absolutamente inexpugnável"[84], enquanto, na mesma centúria, informa Idrisi que a sua

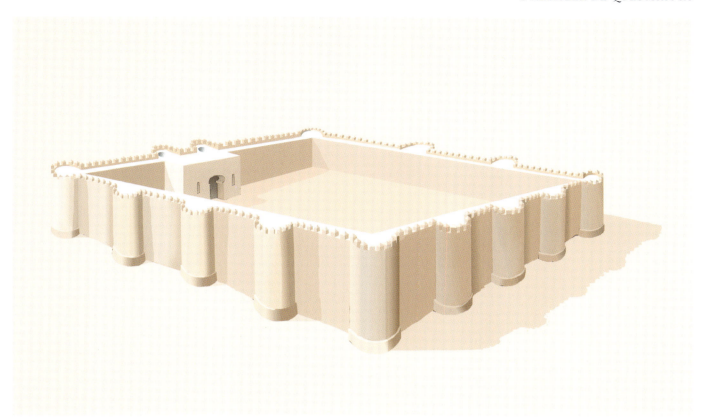

Reconstituição volumétrica do recinto muçulmano vista de noroeste (des. José Luis Madeira).

"população faz parte da comunhão cristã", assenta "sobre um monte redondo, rodeada de boas muralhas, fechada por três portas, e muito bem fortificada"[85]. Enfim, já no século XIII, Yaqut, geógrafo também, mais parcimonioso ainda, limitar-se-ia a lamentar a perda de *madinat Qulumriyya*, cidade de al-Andaluz, a respeito da qual tão somente escreveria: "Actualmente está em poder dos cristãos (*ifrany*). Deus os castigue!"[86].

Descontadas, pois, as *diferentes bondades* do seu termo, que em gradações diversas ressaltam na maioria dos relatos, parece ser a qualidade da sua *fortificação* e a sua teórica inexpugnabilidade, *documentada* para o século XII, o elemento mais impressivo aos olhos muçulmanos. Nem por isso, contudo, a imagem formada, esboçada em pinceladas largas, nos fornece uma informação concreta sobre o verdadeiro carácter de tão especioso sistema de defesas[87], objectivamente (con)fundidos no mesmo conceito o *castelo mui excelente* de al-Razi e a *fortaleza sólida, rasgada por três portas*, de Al-Hihmiari, que ressurge na evocação da cidade deixada por Idrisi (*rodeada de boas muralhas, fechada por três portas, e muito bem fortificada*). Nada, pois, denuncia a existência, na sua cúspide, de uma *cerca quadrangular de muralhas, com as torres respectivas*, de um *qasr*, a que seja possível encontrar, por essa via, uma referência cronológica – e que, todavia, existia já, inquestionavelmente, comprovada a sua edificação sob o *domínio islâmico* pelo recurso à técnica construtiva da *soga e tição*, à data da tomada da cidade pelas tropas de Fernando Magno. Neste contexto, diluída a sua silhueta entre o *castelo mui excelente* de al-Razi e a excelente *fortaleza* dos restantes autores, é na própria história coimbrã, nos três séculos e meio que delimitam a presença muçulmana, interrompidos, por mais de um século, pela conquista de Afonso III, que deverá perseguir-se, entre os (escassos) dados disponíveis, não já, por certo, o rastro do alcácer, mas do *contexto* em que possa ter sido empreendido. Sendo certo, todavia, que, para usar as palavras de Carneiro da Silva, "quasi deixa de haver história da cidade nesse período"[88].

De facto, pacificamente incorporada na soberania muçulmana a *Emínio* visigoda, ao que tudo indica através de pacto de capitulação celebrado, em 714, entre Abd-al--Aziz, filho de Muça e comandante do exército invasor e Aidulfo, senhor de Conímbriga e membro da derrotada família real visigótica, cujos domínios se estendiam, parece, até ao Tejo – à semelhança do que, na região de Múrcia, se verificara com Teodomiro, príncipe também da realeza *goda* e serviria de modelo para diversas outras negociadas capitulações –, gozaria a cidade, por via disso, a troco do pagamento de um tributo e da aceitação da presença de uma guarnição militar, de uma extensa autonomia que terá provocado mais continuidades que rupturas em relação à antiga situação[89]. Integrada, durante o chamado *período dos governadores*, que antecede o estabelecimento, em 56, do Emirato omíada de Córdova, na província de Mérida, seria depois englobada na *marca inferior*, no âmbito da nova divisão administrativa[90], ao mesmo tempo que, sem alterações de monta, tanto no tecido como nas práticas sociais, garantidas a liberdade de culto e a propriedade e sua transmissão pelo pacto firmado com os invasores, a urbe, onde a população cristã continuava dominante, se afirmava, mesmo no plano cultural, como foco de moçarabismo – o mais poderoso até, no *Andalus* ocidental[91]. É, aliás, essa situação de convivialidade entre credos e etnias, bem como o papel desempenhado por Aidulfo, que testemunha o curioso relato de Coelho Gasco, segundo o qual "aquelle bellicoso Rei Mouro Alboacem, filho de Mahabet Ibamar, que reinou prosperamente em Coimbra, inda que barbaro, Principe clementissimo, foi o que benignamente concedeu por nova Lei, que os Catholicos, que estavam debaixo de seu Senhorio, tivessem Condes para com elles serem governados, conforme seus Institutos, e Fóros. E sendo Rei desta Cidade Marvam Ibenzorach, foi Conde della hum generozo varão, chamado Theodoro, descendente dos Serenissimos Reis Godos, que na nossa Hespanha tiverão Monarquia"[92]. Este conjunto de informações, acrescido mesmo de novos detalhes, encontraria eco num outro testemunho, menos convencional ainda, porventura e no qual, uma vez mais, emerge a *realeza* dos senhores da futura *Coimbra* (ou, dito de outro modo, a sua rebeldia em relação a um *poder central*): "No domínio sarraceno – escreve Pinho Leal –, foi Coimbra governada por emires ou alcaides, até 739. Então, sendo alcaide de Coimbra Al-Boacem-Iben-Ahmar (sobrinho de Tarif Aben-Zarca, vencedor do último rei godo D. Rodrigo) se declarou independente do califa. Este novo rei, por política, conservou varios condes e senhores christãos e alguns conventos, mediante certo tributo"[93].

Na verdade, meio século mais tarde, na vigência já do Emirato cordovês, é um ambiente administrativamente pouco claro que retratam, desta feita as próprias fontes muçulmanas, quando referem um certo Abu l-Fath al-Sadfuri, *asceta* de origem berbere, cuja tribo se estabelecera no ocidente de *al-Andalus* e que se dedicava a fazer a *guerra santa* na região de *Coimbra*[94]. Que a cidade persistiria indómita, face ao poder omíada, prova-o a punição levada a efeito, c. 794/795, por Abd al-Malik b. Mughit, reportada também pelos textos árabes, segundo os quais, de regresso de uma expedição à Galiza, contra Afonso II, este invadira a urbe, pondo-a a ferro e fogo, matando os homens e apresando as mulheres e crianças[95], desse modo demonstrando afinal, que, por ora ao menos, não era esta ainda *absolutamente inexpugnável*. De resto, a reacção cristã não se faria esperar e, em 797/798, é a vez de Afonso II de Leão descer até Lisboa, que saqueia, mergulhando no caos a região *entre Mondego e Tejo*, cujas cidades, de novo, escapam por completo à autoridade cordovesa, episódio do qual, na ausência de uma efectiva autoridade cristã, se aproveitariam, uma vez mais também, os próceres locais[96]. A pacificação do vasto território, o regresso da fronteira ao Douro e, particularmente, a recuperação de *Emínio*, ocorreriam apenas dez anos mais tarde, em 808/809, no quadro de uma nova expedição, comandada pelo príncipe Hisham, filho de al-Hakam I e destinada a reprimir as *dissidências* levadas a cabo por berberes, árabes e *muladis*, nas três marcas fronteiriças, superior, média e inferior[97]. É a partir de então, na verdade, que a urbe, referida agora, por vezes, como capital da região noroeste, se integra, embora por pouco tempo, na organização administrativa e militar do *Estado* omíada, com a nomeação de governadores, documentando-se mesmo a sua utilização, em 825, como plataforma para incursões em território cristão[98].

Com as campanhas de *pacificação* levadas a cabo no primeiro quartel do séc. IX e a perda violenta da antiga autonomia, sobretudo nas regiões, como Lisboa, Santarém ou *Coimbra*, defendidas por tratados, tem início um processo acelerado de islamização, o qual, de resto, vinha já fazendo o seu caminho entre as elites e que não deixaria de reflectir-se negativamente na antiga relevância do grupo moçárabe[99]. Mas é certo que esse fenómeno terá revestido maior impacte nas cidades marítimas, como Lisboa, que os ataques normandos de 44 levariam a procurar a protecção do poder central[100]. Desde 825/826, aliás, que de novo parecem detectar-se perturbações em *Coimbra*[101], eventualmente justificativas da enigmática referência a um "*rei* mouro", de nome Alhamah, que Ramiro I de Leão teria vencido, em 850 e obrigado a pagar-lhe *párias*[102]. Ao redor de 875, porém, a cidade surge designada nas fontes como capital da *cora* de Santarém[103], o que pressupõe uma ligação administrativa ao poder central, ao mesmo tempo que como sede do importante grupo berbere, *obediente a Córdova*, dos Masmuda Banu Danis. No ano seguinte, contudo, era o seu território cenário das razias de Sadun al-Surumbaqi (ou *Xurumbaqi*), apodado *o grande vagabundo*, típico expoente das populações fronteiriças, explorando, em proveito próprio, as ambiguidades da malha administrativa, por seu turno aliado do muladí Abd al-Rahman b. Marwan, *o filho do galego*, este em revolta aberta contra o poder omíada no quadro do surto irridentista da designada *1ª fitna*[104]. A fidelidade *coimbrã* explicará, por certo, que, nesse mesmo ano, as tropas do general al-Barã b. Malik penetrem na Galiza "pela porta de Coimbra"[105]; mas a actuação contínua dos rebeldes, assolando as regiões de *entre Douro e Tejo*, terá minado qualquer tentativa de imposição da ordem cordovesa no extremo ocidental da marca inferior, facilitando a conquista da cidade pelo conde galego Hermenegildo Guterres, ou Peres – *Tudæ et Portugaliæ Comes* –, às ordens de Afonso III de Leão, em 878, ficando a urbe, segundo os relatos, destruída e *erma* durante alguns anos[106]. É, de resto, com o auxílio de Ibn Marwan e tendo agora por base a própria cidade do Mondego, que as razias do monarca alcançam, em 881, a Serra Morena e, desse modo, o próprio coração do *al-Andalus*[107]. Paralelamente, o estabelecimento dos Banu Danis, expulsos de *Emínio*, em Alcácer do Sal (*Al-QasrAbi Dãnis*), tudo indica que à revelia do Emir, não deixa de projectar alguma luz sobre o verdadeiro sentido da sua antiga *fidelidade* coimbrã[108]. Como quer que seja, por mais de um século a linha da fronteira descerá até ao Tejo e o silêncio doravante respeitado pelas fontes muçulmanas espelhará essa nova *irrelevância* da cidade do ponto de vista da estratégia do poder emiral, mas, sobretudo, da mitografia omíada, bem como, em fim de contas, a sua (longa) incapacidade para inverter a situação[109]. Do lado cristão, desce também então, sobre a vida administrativa da cidade, um espesso véu, pouco mais se conhecendo que a transferência para *Emínio*, com as próprias autoridades eclesiásticas, do topónimo *Conímbriga*, a breve trecho corrompido em *Colímbria* (antes de constituir a *Qulumriyya* da reconquista muçulmana[110]) e a perpetuação do seu governo na estirpe de Hermenegildo Guterres, na qualidade de *condes de Coimbra*, numa situação de autonomia em relação à Corte de Oviedo/Leão, que não deveria diferir muito, afinal, da que os Banu Danis haviam observado em relação a Córdova[111].

Beneficiando da sua posição estratégica como cidade-fronteira – de relevância tal que a própria marca inferior (*al-Tagr al Gharb*) chegaria a ser designada de *al-Tagr-al-qulumriyya*[112]; da vantagem que, em pleno *al-Andalus*, representava um clima atlântico e, por conseguinte, do rico alfoz proporcionado pelos campos do Mondego (cujas *diferentes bondades* as várias descrições não deixariam de exaltar, assim testemunhando, sobretudo, a vitalidade da actividade económica que gerava); dominando uma extensa região, mesmo que de contornos variáveis, que a ocidente alcançava o mar, além de Montemor-o-Velho, entrando, para noroeste, pelas faldas da Serra da Estrela, junto a Oliveira do Hospital e Seia e limitada, a sudeste e sudoeste, por Idanha e Santarém, Coimbra, mesmo que sem contabilizar, talvez, o avultado número de 5000 habitantes que lhe tem sido atribuído[113], configurava, certamente, "a cidade mediterrânica implantada mais a norte no Garbe"[114]. Ao mesmo tempo e integrada embora num contexto de acelerada islamização, em particular depois da *submissão* das fronteiras levada a cabo nas primeiras décadas do século IX, a urbe parecia conservar o seu estatuto de luzeiro do moçarabismo no mundo muçulmano, como atesta, já no século X, o episódio relatado por al-Razi, a respeito de uma inscrição latina incorporada na muralha da alcáçova de Mérida e da incapacidade dos habitantes (e sua) para a decifrarem, bem como da convicção geral de que "apenas um clérigo que se encontrava em Coimbra a saberia ler"[115]. Porém, volvido um século sobre a conquista cristã, o *Gharb al-Andalus* e, em particular, o troço que lhe correspondia da antiga *marca inferior*, protagonizado por Coimbra, adquiririam uma importância súbita nos desígnios *omíadas*, com a ascensão, a partir de 976, de Muhamad Ibn Abi'Amir, o poderoso *hayib* de Hisham II, no quadro da ampla ofensiva contra os *infiéis* por ele delineada. De facto, é nesse contexto de *djihad* ou *guerra santa* que se opera a recuperação da cidade pelas forças muçulmanas, em 1 de Julho de 987, durante a 28ª das cinquenta e seis vitoriosas *algazuas* que haviam de garantir-lhe o título de *al-Mansur*, destinada a produzir o arrazamento da cidade real de Leão, finalmente não concretizado. Conquistada em três dias, segundo as crónicas, ao que parece com a cumplicidade da própria família condal[116], seria a urbe de novo destruída, presos (uma vez mais) os habitantes e deixada *deserta* por espaço de *sete anos*[117]. Contudo, a mais-valia que representava a sua situação, em pleno território de *entre Tejo e Douro*, como base de apoio para novas incursões, ditaria o seu *repovoamento* (em 994?)[118] à custa de moçárabes e muladís. Converter-se-ia então, nas palavras de Christophe Picard, na "grande place militaire musulmane d'où partaient les razzias", no âmbito, aliás, de um plano geral de investimento militar na região ocidental da antiga *marca inferior*, que passaria pela instalação de infra-estruturas portuárias em Alcácer do Sal [119] – e essa sua qualidade de plataforma bélica, haveria de revelar-se determinante na consecução do desígnio de recuo da linha de fronteira até ao Minho e, mesmo, do ousado saque de Santiago de Compostela, levado a cabo em 997[120].

Com a morte de Almançor, em 1002, a rápida fragmentação do Califado de Córdova, no âmbito da *2ª fitna* e a formação do Reino aftássida de Badajoz, onde *Qulumryya*, juntamente com outras cidades do *Gharb* (Santarém, Lisboa, Sintra, Alcácer do Sal, Évora e Beja), se veria integrada a partir de 1022, é provável que a urbe não tivesse visto diminuída a sua importância militar, atenta a nova centralidade que lhe conferia uma capital mais próxima e a consequente valorização da sua situação de guarda avançada em face de um norte cristão progressivamente mais ameaçador[121]. Certo é que, finalmente, faria prova da sua decantada *inexpugnabilidade* no dramático assédio que, por seis longos meses, precedeu a sua queda, em 1064. Desde 1057, aliás, que Fernando I de Leão, atravessando o Douro, se apoderava sistematicamente de posições muçulmanas, sendo particularmente violenta a tomada de Viseu, a cujo governador se haviam vazado os olhos e amputado as mãos e um pé[122]. Mas a importância que revestia a tomada de Coimbra é amplamente ilustrada pela amplitude da expedição organizada em sua intenção, assumindo o soberano pessoalmente o comando das hostes e com esse fito se dirigindo à cidade em companhia da Rainha D. Sancha, de seus filhos e filhas e de diversos prelados, entre os quais os abades de Guimarães e Celanova[123]. Com ela, na verdade, inaugurava-se uma nova fase no próprio processo da *Reconquista*, feita agora não à custa dos descendentes dos cristãos submetidos por Almançor, como ocorrera em Viseu, Lamego ou Seia, mas em pleno *território muçulmano*[124]. Contando, segundo a tradição, com o empenhado auxílio dos monges de Lorvão[125], o cerco defrontar-se-ia, não obstante, com a tenaz resistência dos habitantes, incluída a própria comunidade moçárabe[126], estimulados, provavelmente, pelo temor da repetição dos sucessos de Lamego e Viseu, vindo a conquista a verificar-se em 10 de Julho desse ano de 64, em consequência, segundo o relato de Ibn 'Idari, da traição do alcaide e em termos que, na verdade, confirmariam os piores receios da população: "E assim continuou o inimigo de Deus, Fernando – escreveria o cronista –, fortalecendo-se, enquanto os muçulmanos se debilitavam (…), até que o maldito sitiou a cidade de Coimbra (…). O maldito Fernando assediou-a agora até que a conquistou. E isso porque o seu *qa'id* – nesse tempo era um dos escravos de Ibn al-Aftas, que se chamava Randuh –, falou secretamente com Fernando para que lhe desse o *amān* a ele e à sua família e se passaria a ele, desde a cidade, durante a noite. Então o maldito lhe deu o *amān* e o maldito passou secretamente ao exército dos cristãos. Ao amanhecer, as gentes da cidade já tinham feito os preparativos para a luta. Então lhes disseram os cristãos: como nos combateis quando vosso emir está connosco? A gente da cidade não tinha conhecimento daquilo e quando não o encontraram, souberam que a notícia era certa. Pediram ao estrangeiro o *amān*, mas não lhes foi concedido. Tinham-se esgotado as provisões e o inimigo de Deus sabia-o. Então esforçou-se em combatê-los, até entrar nela por assalto; como consequência, foram mortos os homens e cativas as crianças e as mulheres. E isto foi no ano 456"[127].

Com a conquista de Fernando *Magno*, encerrava-se a etapa islâmica da urbe, um amplo ciclo de três séculos e meio, longamente interrompido, entre 878 e 987, pela tomada de Afonso III e pelo domínio dos *condes de Coimbra* e a linha da fronteira regressava ao Mondego. Não é exactamente verdade que tenha deixado de "haver história da cidade nesse período"[128] – mesmo que esta, com efeito, se encontre praticamente por fazer. Embora fragmentários, os dados disponíveis não deixam de projectar luz, ainda que a espaços e de modo irregular. É, sobretudo, um facto, que o conjunto de informações reunido produz, essencialmente, uma sequência de *episódios*, cujo real sentido em boa parte nos escapa e entre os quais, não obstante, figurará o que representa a *circunstância* que determinou a erecção do enigmático *alcácer*. Neste contexto, não parece que a história da cidade, estritamente entendida, possa, por si mesma, fornecer elementos para a delimitação do *momento* em que a edificação do alcácer terá encontrado a sua justificação, ela própria emergindo, tão enigmática quanto ele, no seu rosário de rebeldias, *fidelidades* e submissões. Haverá, assim, que procurar sobre o pano de fundo do *al-Andalus*, mesmo que igualmente fragmentário, contextualizar o conjunto de elementos reunidos, buscando desvendar-lhes o *sentido* e, desse modo (eventualmente), reconhecer, entre os diversos *poderes* que se sucedem, o que poderia ter(-se) criado semelhante *imagem*.

Operada com impressionante rapidez sobre um território marcado pela instabilidade característica da Monarquia visigótica, fraccionado em múltiplos domínios de carácter *feudal*, dilacerado pela crise sucessória que se seguira à morte de Vitiza e rodeava a tomada do poder pelo aventureiro Rodrigo e, muito provavelmente, por uma sublevação geral das regiões agrárias contra os senhores das terras (laicos e religiosos), a conquista da Península pelas forças conjugadas de Tárique ibne Ziade, Muça ibne Noçair e seu filho Abd-al-Aziz ibn Muça, contando com vultuosas cumplicidades internas, senão mesmo com a indiferença geral das populações, empreendida no verão de 711, achava-se concluída em finais de 714. Se algumas cidades ofereceram luta, sobretudo aquelas em que se haviam refugiado os fiéis do monarca vencido, muitas outras se entregavam, em particular as que dominavam os partidários do falecido Rei, entre as quais Toledo, a fortíssima capital dos Visigodos, tombada em curtos dias, confinando-se às montanhas do norte a *resistência*[129]. De facto, mercê da própria feudalização da Espanha visigoda, vastas regiões seriam objecto de capitulações negociadas, sob a forma de *pactos*, que salvaguardavam, em larga medida, o poder dos antigos senhores, a troco do pagamento de um tributo, da aceitação de guarnições militares e de garantias de *lealdade*. Entre estas se incluiriam as que eram regidas por familiares do antigo monarca, Vitiza, como Múrcia (submetida a Teodomiro, que incorporava sete cidades), ou Conímbriga (domínio de Aidulfo, que incluía, pelo menos, *Emínio*, Santarém e Lisboa)[130]. Por regra, contudo, no caso das cidades (*civitates*), eram os próprios bispos os interlocutores, desse modo se levando a efeito uma peculiar aliança entre prelados (que forneciam o censo, sobre o qual incidia a fiscalidade) e governadores militares (que asseguravam a sua colecção), que, do mesmo passo, possibilitava a continuidade da população indígena e reforçava a precária vida urbana das cidades tardo-antigas[131]. Nos grandes domínios, todavia e a despeito da presença de guarnições nas principais cidades, pertenceria aos antigos terra-tenentes a jurisdição de exactores do imposto em nome do Califa de Damasco. Era, ao menos, o que ocorria em Múrcia, a chamada *cora de Teodomiro* e em Toledo, cujo *conde*, Ardabasto, igualmente descendia de Vitiza[132], outro tanto se passando, decerto, na antiga *Emínio*, incluída na diocese de Conímbriga, a cujo *senhor* competiria, de igual modo na qualidade de *conde*, o governo da comunidade cristã. Mais do que a pressões de carácter religioso, que nada, por enquanto, justifica, é muito provavelmente a conflitos de natureza fiscal que se devem as *perseguições* movidas pelo *wali* muçulmano, em meados dos século VIII, ao conde Teodus, neto de Aidulfo, que o levariam a socorrer-se da intercessão e protecção (eficaz, pois) do abade de Lorvão, Aidulfo também[133]. Desse modo, ocupando embora militarmente a cidade, nos termos exarados no *pacto*, nem por isso o *governador* – mais naturalmente um *qa'id*, à frente da guarnição militar –, *governaria*, de facto, mais que o seu reduzido grupo de soldados e os poucos muçulmanos que a sua presença, eventualmente, atrairia.

De facto, se o impacte dos exércitos invasores havia sido suficiente para esmagar a desorganizada resistência visigótica, obrigando à capitulação da grande maioria das cidades (em consequência, sobretudo, das contradições que minavam a sociedade peninsular), a verdade é que o seu efectivo não seria bastante para levar a cabo uma real ocupação do território *conquistado*. Nem, muito menos, ostentaria a necessária coesão. Inversamente, profundas fracturas de natureza étnica e cultural opunham os grupos berberes, trazidos por Tárique, magrebinos provenientes, fundamentalmente, das regiões do Rif e Jabal, rudes e ainda pouco islamizados, aos árabes de origem oriental, aportados com Muça, de carácter aristocrático e portadores de um arraigado espírito tribal, reforçados, de resto, depois da revolta berbere de 740, pelos contingentes *sírios* enviados por Damasco e, após 55, pela chegada dos *clientes* da dinastia omíada, deposta pelos Abássidas de Bagdad. Uns e outros, porém, não ultrapassariam, ainda no século IX, a quinta parte da população peninsular[134], em proporção tanto menor, de resto, quanto mais negociada e pacífica fora a própria ocupação[135]. Na antiga *Aeminium*, por conseguinte, o domínio islâmico, neste período inicial, mais do que na arabização da cidade, redundaria na sua *moçarabização*, prosseguindo a comunidade cristã, seguramente, com poucas alterações, os seus hábitos e práticas ancestrais. Num quadro genérico de reserva para a elite árabe dos melhores quinhões do bolo ibérico – das terras, como das situações de poder –, relegando-se os berberes às regiões montanhosas e agrestes e aos confins do território muçulmano[136], talvez não seja, de facto, destituído de fundamento, que a cidade de *Emínio* tivesse sido confiada a *Al-Boacem-Iben-Ahmar*, como referiria Coelho Gasco e, após ele, Pinho Leal, sobretudo se em lugar de sobrinho de *Tarif Aben-Zarca, vencedor do último rei godo D. Rodrigo*, o fosse realmente de Tárique ibne Ziade, o verdadeiro triunfador do mítico confronto de Guadalete, ele próprio berbere, originário da tribo de Nafza[137].

Na verdade, documentada a fixação de populações norte-africanas nas regiões a norte de Mondego e, mesmo, de um modo geral, a norte do Tejo[138], merece reparo a coincidência cronológica da informação segundo a qual, em 739, o *alcaide de Coimbra*, o referido Al-Boacem-Iben-Ahmar, se teria rebelado e declarado independente do Califa (de Damasco, isto é, do seu governador para o *al-Andalus*)[139], com a revolta generalizada protagonizada pelos berberes (no Magrebe, mas alastrando às regiões da Península por eles dominadas) nos anos de 739-740 (que haveria de prolongar-se além dos meados da centúria e em função da qual se justificaria a chegada dos contingentes sírios), despoletada pela tentativa, por parte do *Estado* omíada, de reduzi-los ao estatuto tributário dos cristãos e alimentada pelo sentimento generalizado da sua exclusão no contexto da partilha[140]. Por outro lado, deficientemente islamizada, por força da incorporação recente do Magrebe nos domínios de Damasco e das suas próprias tradições de nomadismo e ruralidade; conservando, por muito tempo, os seus dialectos originais e, mesmo, práticas religiosas que justificariam a referência a *berberes incrédulos* com que, amiúde, surge referida nas fontes muçulmanas, a população de origem norte-africana seria responsável pela eclosão, em especial nas zonas fronteiriças e terminado já o ciclo específico da revolta, de movimentos sediciosos de obscuro teor heterodoxo e mesmo *herético*, nos quais se enquadram, certamente, as referências a Abu l-Fath al-Sadfuri, *asceta* de origem berbere, cuja tribo se estabelecera no ocidente de *al-Andalus* e que, pelos anos 70, se dedicava à *guerra santa* na região de *Coimbra*[141].

De facto, integrando o obscuro *Tagr*, a enorme região que, de Oriente a Ocidente, configurava o extremo da Península muçulmana[142], compartilhava *Emínio*, seguramente, o mesmo carácter autonómico que, por quase toda a parte, o distinguia. Na verdade, mais *zona limítrofe* do que *fronteira* propriamente dita, o *Tagr* – que apenas no século X e já em quadro de progressiva submissão ao poder central se organizaria em *marcas* (*superior*, sediada em Saragoça; *média*, com capital em Toledo e, mais tarde, Medinaceli e *inferior*, encabeçada por Mérida e, depois, Badajoz e na qual Coimbra, por breve espaço, ficaria integrada)[143] – ofereceria, nos séculos VIII e IX, quase sistematicamente o aspecto de uma extensa faixa em perpétuo estado de rebelião, realidade que, de resto, mais não faria que agravar-se após o advento de Abd-al-Rahman I e o estabelecimento, em 56, do Emirato cordovês[144]: "La historia de las regiones de frontera desde mediados del siglo VIII – afirmaria Manzano Moreno – es la historia de los intentos omeyadas por alcanzar un reconocimiento de su autoridad y de la resistencia ofrecida por los poderes fronterizos frente a tales intentos"[145]. Assim, pois, difuso por natureza nos seus contornos geográficos, o *Tagr* é-o mais ainda em matéria administrativa, emergindo como um conjunto de regiões convertidas em sede de *poderes locais*, estruturados em linhagens berberes, que apenas descontínua e intermitentemente reconhecem a soberania do *poder central*[146]. Neste contexto, ainda que menos nítido, por força das lacunas da investigação, não deverá ter sido diverso o seu perfil no extremo ocidental, no *Gharb* de *entre Douro e Tejo*, depois integrado na *marca inferior*, onde igualmente parece comprovar-se, sobre aquilo que já foi designado de "complexo mosaico de populações indígenas e berberes", a presença, à margem das múltiplas *conquistas* e *reconquistas*, de situações autonómicas escapando ao efectivo controlo, seja do emir cordovês, seja do monarca leonês, com ambos pactuando, alternadamente, ao sabor das circunstâncias[147]. A invasão e destruição de *Emínio*, em 794/795, pelo exército de Abd al-Malik b. Mughit, comprova, já em finais da centúria, esta realidade, à qual sucederia, após a razia de Afonso II, em 797/798, estabelecendo o caos *entre Mondego e Tejo*, a completa perda de domínio desta área, por parte do poder emiral, até à campanha de *pacificação* realizada pelo príncipe Hisham, em 808/809[148].

Os anos que se seguem, correspondendo à etapa final do reinado de al-Hakam I (796-822) e ao de Abd al-Rahman II (822-852), assistiriam à dinamização, pelo *Estado* omíada, de um processo de acelerada, senão violenta, *islamização* do território, incluídas as regiões fronteiriças, no qual se enquadram tanto as expedições levadas a cabo contra os rebeldes do *Tagr*, como o sangrento esmagamento da chamada *revolta do arrabalde*, que semearia a destruição nos subúrbios da própria capital[149]. No que respeita ao *Gharb*, este período consagrará, por via de regra, a perda da antiga autonomia, assente no velho *pacto* de ocupação[150] e é provável que a cidade do Mondego tivesse então sofrido, por algum tempo, uma real incorporação nas estruturas administrativas do Emirato cordovês, atenta a sua utilização, em 825, como base de *algazuas* contra o norte cristão[151]. Porém, conhecidos, ao menos para as *fronteiras* média e superior, os resultados relativamente austeros das campanhas de *pacificação*[152], as informações sobre movimentos militares muçulmanos tendo *Emínio* por destino (ou na sua região) logo em 825/826[153], conferem alguma verosimilhança à existência na cidade, a partir dessa data, de nova situação de rebeldia, eventualmente consubstanciada no nebuloso "*rei* árabe", de nome Alhamah, derrotado por Afonso II em 850 e cuja submissão ao estatuto de tributário e ao correlativo pagamento de *párias*, não parecem, efectivamente, conciliar-se com o perfil de um *qa'id*, representante do poder central[154] – mesmo que se achem também referências, para os anos de 835, 840 e 841, a novas expedições omíadas, cruzando o *Gharb* e, seguramente, o *território* da cidade[155]. Certo é que, por 875, a urbe surgiria documentada como sede do poderoso grupo berbere dos Banu Danis, expulso em 878, simultaneamente pelo acosso de *Xurumbaqi* e pelas forças de Hermenegildo Guterres, às ordens de Afonso III e cuja *fidelidade* ao Emir cordovês, representada na utilização da *porta de Coimbra*, na razia galega de al-Barã b. Malik[156], parece, contudo, dever ser relativizada pelo confronto com outras informações[157].

Na verdade, o carácter tribal da sociedade muçulmana, comum a árabes e berberes, a estrutura *feudal* da Espanha visigoda e a complexa trama de *lealdades* em que assentara a *conquista*, gerariam, por parte das diversas clientelas suscitadas pelo(s) próprio(s) processo(s) de implantação na Península do *Estado* islâmico, uma apetência de domínio territorial que não faria senão agravar-se com o estabelecimento, em meados do século VIII, do Emirato cordovês e que, avolumando-se continuamente no decurso do IX, culminaria no último quartel e no primeiro do século X, na chamada *1ª fitna*. Mais nítido nos *tugur*, onde o afastamento em relação ao poder central podia colher os benefícios de um jogo sinuoso de *fidelidades*, mas englobando, de um modo geral, as zonas limítrofes do Emirato omíada, o movimento irridentista redundaria, pela multiplicação das situações de insurreição, numa nova *feudalização* da Espanha muçulmana, não muito diversa da que ocorrera no período visigótico e onde a eclosão de principados quase independentes, verdadeiras *semi-taifas*[158], a mais de um título prenuncia o movimento secessionista que eclodirá no século XI[159]. Dinamizado, indistintamente, por linhagens árabes, berberes ou muladís (conformando as velhas elites romano-visigodas), este processo, que pode seguir-se até Saragoça, teria, porventura, o seu mais conhecido episódio na revolta protagonizada, em Mérida e Badajoz, pelo muladí Abd al-Rahman b. Marwan, o *filho do Galego*, cuja aliança com o monarca leonês Afonso III conduziria as hostes cristãs até à Serra Morena, em 881, ao mesmo tempo que parece ter estado (em associação com *Xurumbaqi*) na própria origem da tomada de *Emínio* por Hermenegildo Guterres, em 878[160]. A amplitude e aparente liberdade dos seus movimentos, mas sobretudo o facto de conduzirem ao reconhecimento da emancipação do seu domínio de Badajoz, simbolizada na edificação da sua alcáçova, ilustram cabalmente a impotência do poder emiral face às aspirações autonómicas dos senhores locais[161], assistindo esses anos ao que já foi chamado de verdadeiro *desmoronamento da autoridade omíada nos tugur*[162]. O caso concreto da endémica rebeldia toledana, todavia, pode ainda projectar alguma luz sobre o que se afigura ser uma não menos atávica autonomia *coimbrã*. Efectivamente, não sofrendo a antiga capital visigoda, maioritariamente povoada de moçárabes e mau grado a ostensiva berberização do seu território, o processo de senhorialização que, de um modo geral, afectaria o restante *Tagr*, o seu perpétuo estado insurreccionista, em função do qual se assistiria à erecção, em seu redor, de um sistema de fortificações que configuraria uma verdadeira *fronteira interior*[163], parece antes assentar em razões de carácter fiscal, comuns, aliás, a outras cidades do *al-Andalus*, como a própria Mérida[164]. Nesse contexto, não deverá, talvez, deixar de sublinhar-se o carácter dominantemente moçárabe, também, da antiga *Emínio*, próspera pelo rico alfoz e pelo comércio que as fontes muçulmanas não deixariam de referir[165] e, por isso mesmo, mais duramente sofrendo a imposição da *jizia* e do *haraj*[166]. É, pelo menos, um conflito de origem fiscal o que parece divisar-se, nos meados do século VIII, por detrás das *perseguições* ao conde Teodus, neto de Aidulfo e, nessa qualidade, tudo indica que colector do imposto, como Teodomiro e Ardabasto, por delegação do poder central[167].

É com a ascensão de Abd al-Rahman III e a elevação a Califado, em 929, do antigo Emirato cordovês, que o *Estado* omíada alcança, enfim, por cerca de seis décadas, operar uma verdadeira pacificação do conjunto dos *tugur*, consequentemente organizados nas três *marcas*, superior, média e inferior[168]; não, contudo, pela erradicação das velhas estirpes, mas, inversamente, mesmo em casos pontuais de *submissão*, como os de Saragoça, Mérida ou Toledo[169], pela confirmação da hereditariedade dos domínios, unidos agora ao Califado por laços de reforçada *lealdade*, que, finalmente, não deixavam de vincar o perfil *feudal* apresentado pelos *tugur*[170]. Unificação, desse modo, mais simbólica que verdadeiramente administrativa, erguida à sombra, não somente da majestade, mas da própria sacralidade que envolvia agora o *Príncipe dos Crentes*[171], consubstanciada na colossal empresa que representaria a cidade palatina de Medina Az-Zahra[172], deixaria de fora, não obstante, os territórios perdidos, desde logo *Colímbria* e o restante *Gharb* a norte do Tejo, em relação aos quais se afigura poder reconhecer, da parte do poder central, um desinteresse, que encontraria tradução na inexistência de qualquer tentativa de recuperação em relação a essas regiões[173], sobre elas pesando, doravante, à excepção única do texto de al-Razi, o silêncio das fontes muçulmanas[174].

Efectivamente, entendidos mais como *zona limítrofe* que como genuína *fronteira* e formados, na prática, pela malha definida pelos múltiplos domínios senhoriais, os *tugur*, cuja atávica rebeldia a política califal, ao assegurar, no decurso do século X, a sua *lealdade*, lograra finalmente controlar, não parecem ter sido, apesar disso, objecto do estabelecimento de um sistema de defesas estruturado e coordenado a partir de Córdova[175]. Haveria, pois, que aguardar pelo consulado de Almançor e pelas violentas investidas em território cristão por ele dinamizadas, para assistir, mesmo que apenas parcialmente, à inversão desta situação. Com efeito, produto de uma *nobreza de funções*, afirmada no serviço do monarca, que o Califado estimulara como antídoto às linhagens tribais e às suas ambições irridentistas[176]; portador, por conseguinte, de uma mentalidade igualmente nova, o ambicioso *hayib* de Hisham II levaria a cabo, não apenas o alargamento da linha de fronteira, que alcançaria recuar até ao rio Minho, mas um verdadeiro controlo administrativo e militar sobre essas regiões. É nesse quadro que se inscreve a tomada de Coimbra, facilitada, decerto, pelo próprio caracter autonómico que, a respeito agora do monarca leonês, caracterizaria o domínio dos condes cristãos[177], bem como o seu ulterior *repovoamento*, com a nomeação do respectivo alcaide, no âmbito de um amplo investimento militar no extremo-ocidente do Al-Andaluz com vista, agora sim, ao estabelecimento de um efectivo *sistema de defesas* coordenado a partir de Córdova[178], entendendo-se, evidentemente, o *ermamento* que o precederia, tão somente como ausência de tutela administrativa[179]. Nesta conjuntura, redundando a fragmentação do Califado e a consequente formação dos reinos *taifas*, com a incorporação de Coimbra no domínio de Badajoz, em claro reforço da sua (nova) centralidade no contexto islâmico peninsular, é provável que, descontada a correlativa transferência da sua *fidelidade*, não tivesse, de facto, a sua incorporação na moderna estrutura político-administrativa provocado alterações de monta, nesse estado, por certo, a encontrando a sangrenta conquista de Fernando Magno, como demonstra a *traição* do seu *qa'id*[180].

Nada disto, na verdade, delimitará especificamente a *circunstância* que terá produzido e edificação do alcácer. Não obstante, parece certo que, observada à luz do conspecto geral da Espanha muçulmana e mesmo cristã, nos séculos que rodearam a mudança de milénio, a história da cidade adquire outra clareza e, sobretudo, outro *sentido* e os dois períodos que estruturam o domínio islâmico de Coimbra (714-878 e 987-1064) avultam agora com outra nitidez: efectivamente, a uma primeira etapa dominada, com a eventual excepção do período 809-10/825, por linhagens berberes, em estado quase permanente de rebelião (e onde a persistência da dominante moçárabe ilustrará, afinal, a sua resistência ao processo de islamização dimanado pelo poder central[181]), opõe-se, aparentemente, outra, inaugurada pela conquista de Almançor e caracterizada pela integração da cidade, de início na lógica administrativa *califal* e, seguidamente, no aparato defensivo do Reino aftássida de Badajoz, que, nela, lograria opor, em 1064, uma renhida resistência ao ímpeto cristão. Resta, contudo, ainda uma *fonte* por explorar: o próprio *alcácer*, afinal o primeiro e mais claro documento da sua própria gestação. Veremos se é possível, por seu intermédio, obter informações adicionais.

De facto, uma vez reconstituída a sua morfologia – um vasto quadrilátero quase regular (75 m x 79 m x 82 m x 80 m), provido de torres circulares, com uma entrada fortemente defendida e luxuosamente envolto num duplo soco ressaltado, que percorria todo o seu perímetro e que, singelo, adornava igualmente, parcialmente ao menos, a sua face interna –, não seria difícil estabele-

A MORADA DA SABEDORIA

Reconstituição do Palácio de Diocleciano em Split.

cer a sua filiação em relação a uma tipologia particular de palácios fortificados do Próximo Oriente, de planta quadrangular também e, do mesmo modo, providos de cubelos, a qual, dinamizada na região sírio-palestiniana pelos califas omíadas de Damasco, a partir de meados do século VII (mas com a maior ênfase na primeira metade do VIII), seria prosseguida na Mesopotâmia, após a sua queda em 750 e até ao século X, pelos seus rivais abássidas de Bagdad[182]. Efectivamente, marcada pelos antecedentes beduínos, a cultura muçulmana associaria a noção de *paraíso* (e, por conseguinte, de cidade e palácio ideais), ao conceito de oásis, local luxuriante, repleto de *bondades*, mas inacessível a olhares *profanos*, visão que o Corão consagraria e a própria arquitectura doméstica, com a sua obsessiva defesa da privacidade, igualmente reflecte[183]. Contudo, herdeira, pela via de Bizâncio, da cultura greco-latina, que fundiria na sua própria matriz oriental, não tardaria a apropriar-se, em benefício de uma ideia de *palácio* cujo prestígio, justamente, lhe advinha da sua natureza hermética em relação ao universo social[184], do modelo castrense ilustrado nos acampamentos militares e nas fortificações romanas ou bizantinas que pontuavam o antigo *limes*, de cujas ressonâncias imperiais, configuradas no Palácio de Diocleciano em Split,

erguido no século III, a realeza islâmica, seguramente, se pretendia apropriar[185]. O *palácio* conceber-se-á, assim, ele mesmo, como um secreto oásis cercado de altos muros, ideal que no período omíada se exprimirá num vasto conjunto de edifícios residenciais, erguidos por iniciativa califal, principesca ou senhorial (mas também, sintomaticamente, na edificação de mesquitas ou, até, de *madraçais*), de perímetro quadrangular, imposto pela cintura de muralhas, ornada de torres circulares ou ultrasemicirculares, poligonais por vezes as que defendem o acesso (por via de regra único e axializado) e cujo mais remoto exemplo parece ser a *Dar al-Imara* de Kufa, erguida entre 644 e 656[186].

De extensão consideravelmente diversa, ocupados, muitas vezes, numa única geração, ou até inacabados (por força da associação do palácio, na tradição oriental, mais que ao poder da dinastia, ao esplendor individual do príncipe[187]), constituem geralmente *residências campestres*, ligadas a domínios fundiários, que complexos sistemas de irrigação haviam logrado organizar em pleno deserto, onde, por esse modo, realizavam o arquétipo do oásis. Cumpriam, não obstante, uma função política e representativa, como símbolos de poder, a que não será estranho o valor icónico conferido pela multiplicação das torres por alçado[188]. Reformulado, em escala reduzida, no Magreb, após a sua anexação pelo Califado, na erecção de pequenos fortins ou *rubut* (de *ribat*, espécie de fortaleza-mosteiro destinada à defesa das costas, em regime de ocupação mais ou menos prolongada, por guerreiros místicos que aí cumpriam a obrigação da *djihad*), o modelo seria igualmente usado pelos Abássidas do Iraque, ampliado agora e aplicado, em escala colossal, ao conceito de cidade palatina[189].

No que respeita à planimetria interna, todavia, detecta-se uma ampla variedade, nascida da própria diversidade da área construída (oscilando entre pequenas estruturas, de 40 m de lado, como Qasr Khrana, quadriláteros de 130 x 130 m, como Msatta, ambos na actual Jordânia, ou construções imensas, como a cidade-palácio de Anjar, no Líbano, de 400 x 320 m), mas também da progressiva complexificação do velho modelo da *dar al-imara*, ou *casa do mando*, criado em inícios do século VII, no Iraque e origem do próprio conceito islâmico de *palácio*, mas já em vias de extinção nos finais do século VIII. Com efeito, edificada paredes meias com a mesquita (assim configurando uma associação de evidente significado político-religioso, que iria estender-se a todo o mundo muçulmano), aglutinando a residência do emir ou *wali*, a prisão, o arquivo, as *casas de audiência*, por vezes o tesouro e consagrando já, por conseguinte, uma clara distinção entre sectores público e privado, daria lugar, paulatinamente, a um conceito mais elaborado – o *qasr* –, traduzido numa rede potencialmente infinita de dependências, de igual modo hierarquizadas entre privadas e oficiais, formando, porém, unidades autónomas estruturadas em redor de pátios e funcionando como módulos independentes justapostos, geralmente incluindo mesquita, termas, jardins, fontes, acaso mesmo um cemitério[190].

Nesse sentido e no que se relaciona com os palácios-fortaleza do Oriente Próximo, duas amplas famílias

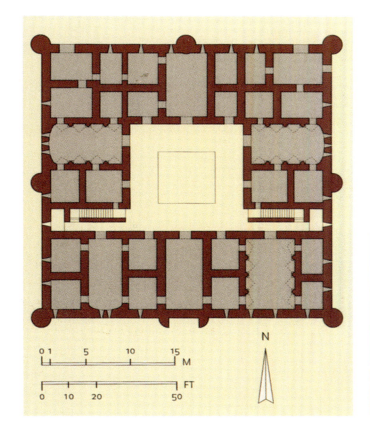

Planta de Qasr Khrana (Jordânia)

Qasr Khrana (Jordânia)

A MORADA DA SABEDORIA

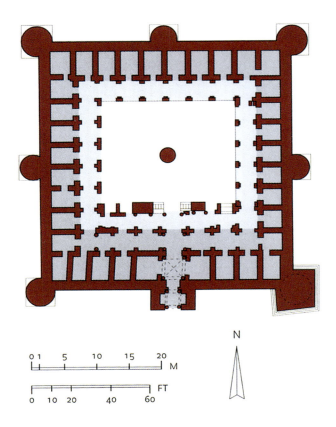
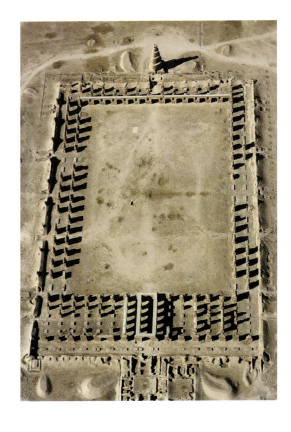

Planta do *ribat* de Susa (Magreb)

Mesquita de Abu Dulaf em Samarra (Iraque)

parecem divisar-se, mau grado a identidade que o perímetro muralhado lhes confere: os edifícios organizados com base num pátio único central, em redor do qual, apoiadas na muralha, se articulam, muitas vezes sem hierarquização particular, as diversas dependências (como Umm al-Walid, Minya, Yabal, Sais, Khirbat al-Mafjar, Qasr al-Hayr al-Garbi e o grupo de menores dimensões constituído por Qasr al-Hayr al-Sarqi, Qasr Khrana, Hallabat, Qastal e pelos *rubut* magrebinos de Monastir e Susa), e os grandes palácios, estruturados a partir da articulação, sob múltiplas formas, de sucessivos núcleos definidos por pátios interiores e dependências adjacentes, como os omíadas de Kufa, Amã e Msatta e o abássida de Ukhaidir e as cidades palatinas de Anjar e Samarra, alcançando o modelo, na verdade, sob a nova dinastia, a sua máxima extensão. Ao primeiro tipo, mais próximo da tradição militar bizantina e da própria arquitectura das *villas* mediterrânicas de peristilo, centrado no pátio por-

ticado e decorrente de uma concepção mais funcional e *livre*, corresponderão as *residências campestres* dos Omíadas e, em geral, os *rubut* magrebinos; ao segundo, de estrutura mais complexa, norteada pelo destaque atribuído às zonas de recepção e à *sala do trono*, os palácios ditos *de governo*, influenciados por esquemas de origem sassânida e onde as exigências representativas da vida protocolar e da própria mitografia califal imporiam, não apenas uma complexidade crescente, mas uma apetência pelo gigantismo enquanto metáfora do poder, que culminaria no conceito imperial de *cidade palatina*[191]. Nesse contexto, ao arquétipo de *palácio privado*, concebido pelos Omíadas, sucederia o de *cidade-palácio*, cunhado (ou, pelo menos, desenvolvido) pelos Abássidas[192]. Medina Az-Zahra, a fabulosa cidade imperial, erguida em 936, nas imediações de Córdova, para o *Califa do Ocidente*, Abd al-Rahman III, ou La Aljafería, edificada, ao raiar da segunda metade do século XI, pelo Rei *taifa* de Saragoça, al-Muqtadir,

O ALCÁCER DE QULUMRIYYA

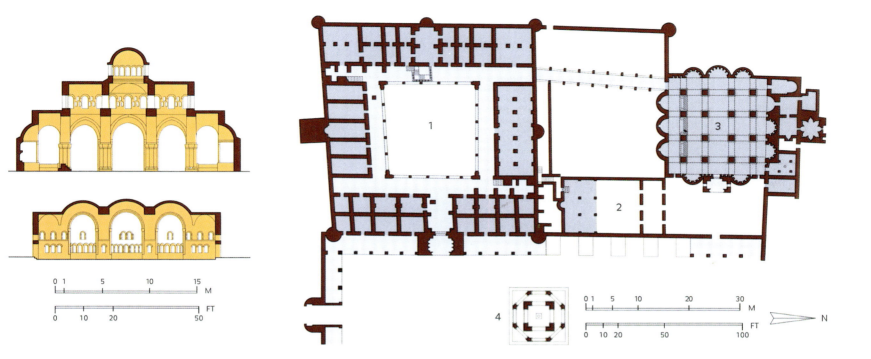

Khirbat al-Mafjar (Palestina)

constituem, porventura, os mais eloquentes testemunhos da reprodução no *al-Andalus*, tanto do modelo *abássida* da cidade palatina, quanto do conceito *omíada* de palácio-fortaleza, ao qual, aparentemente, o *alcácer de Qulumryya* se reportará. Nesta conjuntura, a possibilidade de delimitar balizas cronológicas ao edifício coimbrão parece passar indeclinavelmente pela reconstituição do próprio processo de implantação, na Hispânia muçulmana, do arquétipo criado no Mediterrâneo Oriental, única via também para desvendar o seu real significado.

De facto, remontará à construção do *Conventual* ou *alcazaba* de Mérida, em 835, a mais remota aplicação peninsular de um modelo de fortificação quadrangular. Realizado por Abd al-Rahman II, no âmbito da submissão da cidade, em 833 e após a demolição das antigas muralhas, como residência do *wali* e elemento dissuasório de novas rebeldias e com o objectivo concreto de vigiar o acesso da ponte sobre o Guadiana, é designado de *hisn* (castelo ou fortaleza) na inscrição fundacional. Vasto quadrilátero, de 137 x 132 m, cuja distribuição interna permanece enigmática; edificado num forte aparelho, com amplo reaproveitamento de silhares romanos, oriundos da velha muralha demolida e ostentando muros de 2,70 m de espessura; provido de fortes torres angulares de planta quadrada, modelo que igualmente surge nas intermédias, menores, em número variável entre três e cinco (convertidas algumas, posteriormente, em *albarrãs*), dispõe de barbacã junto ao ângulo noroeste, em ligação com a ponte, onde se praticou a entrada, parecendo, porém, relacionar-se mais com as fortificações bizantinas norte-africanas dos séculos VI e VII que propriamente com os exemplos omíadas orientais[193]. De resto, desde a primeira metade do século IX, mas com maior ênfase a partir dos anos centrais, que uma pequena série de castelos, aparentando formar *rotas* direccionadas a Toledo e em que se destacam o *Castel Formós* de Balaguer e os de Trujillo,

A MORADA DA SABEDORIA

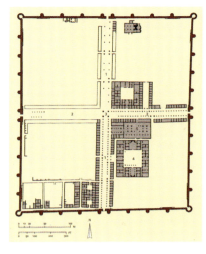
a

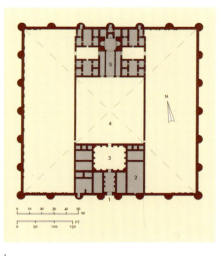
b

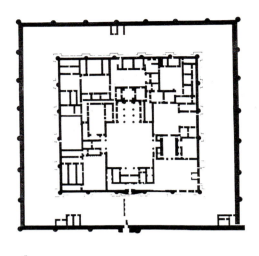
c

d

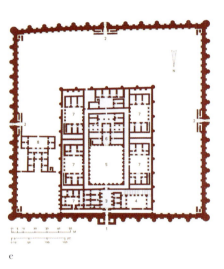
e

a. Planta do Palácio de Anjar (Líbano)
b. Planta do Palácio de Msatta (Jordânia)
c. Planta do Palácio de Kufa (Iraque)
d. Palácio de Ukhaidir (Iraque)
e. Planta do Palácio de Ukhaidir (Iraque)

Guadalerzas, Alora, Tarifa e El Vacar, ilustraria, em escala reduzida, a aplicação do mesmo conceito, em fortificações realizadas indistintamente em silharia e taipa[194], enquanto do lado *português* e no mesmo período, o Castelo Velho de Alcoutim e o Castelo das Relíquias, ambos no Algarve, edificados num aparelho rude de xisto e gauvaque, de igual modo constituirão exemplos da implantação de uma planimetria de tendência regular[195], ainda que sem a nitidez da generalidade dos exemplares *espanhóis*. Contudo, a deficiente regularidade ostentada por outras fortificações, como o Castelo Real de Maiorca, de inícios do século X e a *alcazaba* de Bobastro, edificada em 928, indiciam, aparentemente, o abandono dessa tipologia no decurso da centúria, situação que os castelos de Gormaz

O ALCÁCER DE QULUMRIYYA

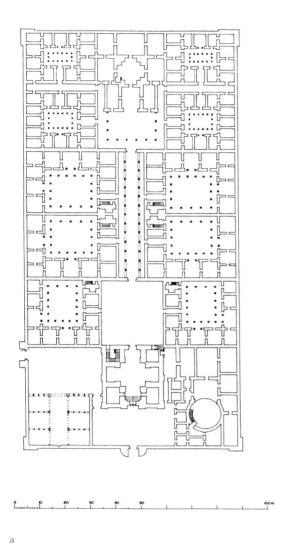

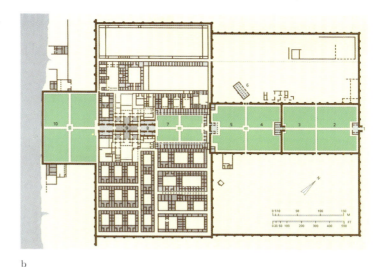

a. Plano teórico do Palácio de Amã (Jordânia)
b. Planta do Palácio do Califa em Samarra (Iraque)
c. Planta do *Conventual* de Mérida

e Baños de Encina, edificados, respectivamente, em 965 e 968, confirmariam[196]. Todavia, recentes intervenções arqueológicas nos *Reales Alcázares* de Sevilha, possibilitando a resconstituição do seu núcleo original – um recinto de configuração aproximadamente quadrangular, com pouco mais que 100 m de lado, dotado de fortes torres angulares de planta quadrada e bastiões intermédios (dois por lado), de planta idêntica mas pouco destacados, erguido em rica silharia de *soga e tição* com reaproveitamento de material romano e ostentando, no geral, fortes semelhanças em relação à *alcazaba* de Mérida, mesmo na situação extremada da entrada –, permitiriam também a revisão da sua cronologia para datas que apontarão para as décadas finais do século X, senão mesmo além do consulado

A MORADA DA SABEDORIA

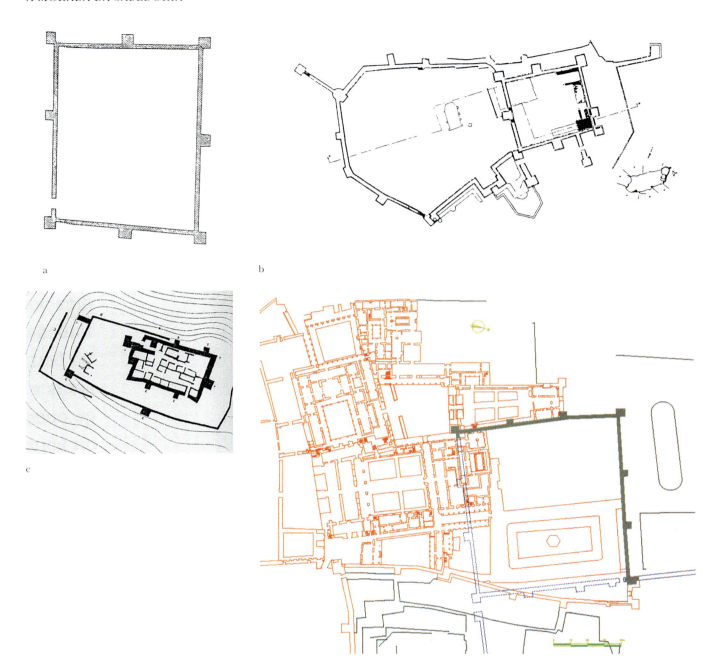

a. Planta do Castelo de El Vacar

b. Planta do Castelo de Trujillo

c. Planta do Castelo Velho de Alcoutim

d. Reconstituição do núcleo primitivo dos Reales Alcázares de Sevilha

de Almançor, desconhecendo-se, porém, uma vez mais, a distribuição interna primitiva[197]. Por outro lado, será ainda o modelo meritano a fonte de inspiração, já do século XI, da alcáçova *portuguesa* de Mértola, sede, por algum tempo, de uma pequena *taifa*, vincada nos cunhais por fortes torreões de planta quadrangular[198], não parecendo, desse modo, poder confirmar-se em absoluto o abandono do conceito no declinar do século X[199].

O ALCÁCER DE QULUMRIYYA

Porta e torres de muralha de Idanha.

Muralha de Talavera de la Reina.

    Menos extenso e nem sempre necessariamente de referência *omíada*, pode também seguir-se o rasto, na Península islâmica, das torres circulares, desde logo em troços de muralhas, onde, por via de regra, alternam com quadradas. Os mais antigos exemplares remontarão à segunda metade do século IX, por alturas do terceiro quartel, como será o caso das de Madrid, erguidas entre 850 e 886, por ordem do Emir Mohamed I[200], ou das de Idanha – a antiga Egitânia –, reedificadas, segundo se crê, por Ibn Marwan, quando da revolta da *1ª fitna*, com recurso a velhos silhares da obra romana[201]. Mais tardias, de inícios do X, serão as de Talavera de la Reina[202], também de pedra e onde alternam com quadradas e do XI as do Albaycín de Granada (taipa)[203], de Lugo (pedra)[204] e do Castelo dos Mouros, em Sintra (pedra também, mas muito restauradas)[205], cubelos ostentando igualmente o Castelo de Veiros, embora sem cronologia rigorosa[206], documentando-se ainda, em 1052, a edificação, por ordem do Rei de Sevilha, Al-Mutamid, de uma torre circular na alcáçova de Moura[207]. Na verdade, se em certos casos, como em Idanha e Lugo, a existência de infra-estruturas romanas poderá justificar o partido adoptado, Madrid, Granada, Sintra e Moura bastam para ilustrar a persistência da planimetria circular num arco cronológico que se estende dos finais do século IX à época das *taifas*. No que directamente respeita ao modelo *omíada* do palácio-fortaleza orlado de cubelos, contudo, é menos firme o reconhecimento da sua aplicação. Na verdade, tem-se aceite a edificação, no âmbito da fortificação de Madrid por Mohamed I, de um primeiro *alcazar* de planta rectangular, que estaria na base do dos Reis Trastâmaras, conhecido da vista de Wyngaerde e aproximadamente correspondente ao *Patio del Rey* da ampliação de Carlos V. Destruído pelo fogo no século XVIII, pertencer-lhe-ia a série de cubelos da fachada oeste, ilustrados nas plantas de Covarrubias (1589) e Gómez de Mora (1626), sendo porém quadradas, ao que parece, as torres restantes[208]. A edificação, sobre as suas fundações, do actual Palácio de Oriente (o *Palácio Real Novo*[209]), impedindo qualquer prospecção arqueológica, privar-nos-ia do conhecimento da sua distribuição interna, outro tanto sucedendo com o de Toledo, edificado provavelmente em 932, por ordem de

A MORADA DA SABEDORIA

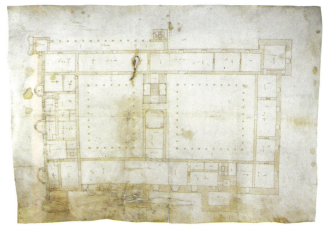

Alcazar de Madrid (A. Wyngaerde, porm.)

Planta do Alcazar de Madrid (Alonso de Covarrubias)

Abd al-Rahman III, de igual modo subjacente ao actual de Carlos V e do qual, na verdade, aceite embora, por essa mesma razão (como *resto fóssil*), a sua planimetria quadrangular, tanto o número como a forma das torres nos são desconhecidos[210]. Neste contexto e mau grado o reconhecimento de um velho *hisn* muçulmano, vincado de cubelos angulares, na base do castelo actual de Alter do Chão, outro tanto sucedendo, aparentemente, em Castro Marim (dos quais se desconhecem, todavia, cronologias e circunstancialismos[211]), caberia à Aljafería de Saragoça – até à exumação do *alcácer* de Coimbra –, a solitária representação da aplicação, no Andalus, do modelo *omíada* do palácio-fortaleza.

De facto, edificada entre 1065 e 1081, nos arredores da cidade, pelo culto Rei *taifa* al-Muqtadir, a partir de um núcleo inicial constituído por uma torre rectangular dos séculos IX-X, origem da denominada *Torre do Trovador* e cercada de hortas e jardins, o seu traçado, reconstituído, tanto externa como internamente, na sequência de recentes intervenções arqueológicas, ostenta uma planimetria quadrangular, ainda que algo irregular, com porta descentrada, orlado agora (mau grado a integração da antiga torre) de cubelos ultrasemicirculares, em número variável e que intencionalmente reproduz a tipologia oriental – até no conceito de *residência campestre* –, com vista à criação, em benefício do pequeno *Reino*, de um cenário de poder de ressonâncias califais. Ao mesmo tempo, a distribuição interna das dependências palatinas, com mesquita privativa, ocupando o terço central da área disponível, ilustra, a despeito da sua relativa austeridade, a versão planimétrica dita *de governo*, com paralelo no palácio jordano de Msatta. Por outro lado, a modéstia das suas dimensões (87 m x 78 m), a visível deformação da planta, que a brandura do relevo local não justificará, a acentuada diferença de cotas conservada na repartição interna e a própria penúria dos materiais constitutivos (argamassa e silharia apenas nas torres e no pano central), denunciarão um acentuado empobrecimento do arquétipo original[212]. Se a presença, na cerca romana da cidade, de torres de perímetro ultrasemicircular, de diâmetro decrescente, como as da Aljafería, tem sido de algum modo responsabilizada pela historiografia pelo programa adoptado na morfologia do palácio saragoçano[213], a verdade é que não sofre contestação a inspiração omíada da sua arquitectura, alicerçada num programa legitimador que aspirava à própria sucessão no Califado cordovês – donde, também, as suas afinidades com a mesquita aljama califal –, ao mesmo

O ALCÁCER DE QULUMRIYYA

tempo que o percurso definido pela construção de torres de traçado circular, documentado, pelo menos, até à edificação da torre da alcáçova de Moura, em 1052[214], atestaria a fidelidade a semelhante modelo em datas próximas e com objectivos possivelmente não completamente díspares, continuando a planimetria quadrangular, por seu turno, mesmo sob a dinastia Abássida, a configurar a mais prestigiosa representação da realeza muçulmana. Desse modo, talvez não seja rigorosamente exacta a acusação de conservadorismo que tem sido feita ao partido arquitectónico seguido em Saragoça[215], onde, por toda a parte, se ilustra uma minuciosa intencionalidade. Por esse tempo, aliás, assistira já também o *al-Andalus* à implantação do conceito de cidade palatina, no colossal empreendimento de Medina Az-Zahra, edificado por Abd al-Rahman III, a partir de 936, nas imediações de Córdova, como materialização da própria assunção do título califal e, nesse sentido, em explícita emulação dos seus homólogos abássidas de Bagdad. Ao velho alcazar cordovês – *dar al-imara* de plano irregular, que o Emir Abd Allah unira outrora, por um passadiço, à mesquita aljama[216] –, sucederia, assim, a gigantesca cidade imperial, de mais de 110 hectares, isolada na falda escalvada da montanha, elemento fundamental no processo de isolamento e sacralização da própria figura do *Comandante dos Crentes*, ao serviço do qual, com efeito, a imensa mu-

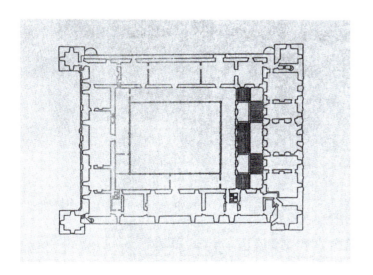

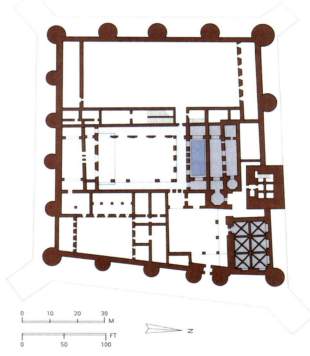

Planta do Alcazar de Toledo

Planta do Palácio de La Aljafería de Saragoça

179

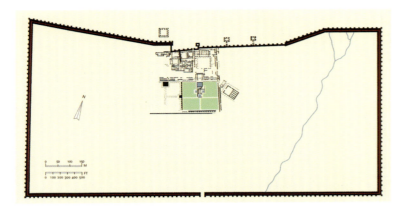
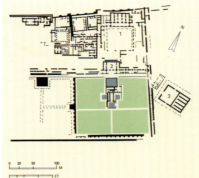
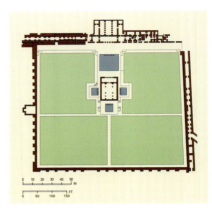

Planta da cidade palatina de Medina Az-Zahra

ralha torreada, de bastiões quadrangulares, cumpriria um papel fundamental[217]. Idêntica intenção *conservadora*, no que à tradição síria se refere, revelaria, aliás, a edificação da mesquita aljama[218], dispositivo complementar no quadro da mitografia califal, cuja influência, como se viu, perpassa também na concepção da Aljafería. Do mesmo modo, a erecção, por Almançor, ao redor de 980, da sua particular cidade-palácio de Medina Al-Zahira, em ostensiva referência, agora, à califal de Medina Az-Zahra, cuja função, tanto política como administrativa, procuraria esvaziar[219], ilustra, no dealbar do século XI, a vitalidade do *plano oriental* no próprio coração do conceito islâmico de uma *arquitectura de poder*.

Na verdade, a despeito da recuada cronologia que, por vezes, tem sido apurada para certas fortificações[220], de reduzida importância, todavia, parece claro serem os séculos IX e X, para o *al-Andalus*, a verdadeira época do encastelamento muçulmano, em função do qual se converteria, enfim, num *país de husum*[221]. Datas precoces, porém, se comparadas com o encastelamento, relativamente mais recente, apurado em zonas mediterrânicas, como a península italiana, onde o amuralhamento das cidades se leva a cabo entre 920 e 1030, ou o da França meridional, mais tardio de um século, realizado já no âmbito do ciclo feudal[222], ou mesmo o Rif magrebino, cuja sistemática fortificação teria de aguardar pelos inícios do século XIII e pelo advento da dinastia almóada[223]. Tardio também, não remontando atrás do século X e, sobretudo, muitíssimo mais rude, o cristão da *Reconquista*, incipientes cercas desprovidas de torres, que apenas no século XIV e no âmbito do *castelo gótico* se multiplicarão[224]. É, de resto, à proliferação de rebeldias que enquadrou a *1ª fitna* que parece dever-se o primeiro surto castelar documentado, geralmente em contexto rural, correspondendo o encastelamento urbano, maioritariamente, aos (lentos) progressos do esforço centralizador levado a cabo pelo *Estado* cordovês, a que não seria estranha a própria organização, por Abd al-Rahman II, de um exército regular, culminando, já no século XI, no processo geral de castralização realizado pelas *taifas*[225]. Parece, pois, ter-se continuado a aproveitar, onde existentes, as velhas muralhas imperiais, únicas subsistentes, refractários como haviam sido os godos à castelologia[226], não resultando a conquista da Península pelas forças muçulmanas propriamente num ciclo de arquitectura militar.

Em certo sentido, aliás, a excessiva qualidade das defesas urbanas nem sempre revestiria particular vantagem do ponto de vista da administração central: é o que sucederia com Toledo e Saragoça, cujas persistentes rebeldias lograriam resistir ao abrigo dos antigos muros, a ponto de Abd al-Rahman III, em 937, quando da conquista final da capital do *tagr* superior, reconhecendo neles "a causa da frequente dissidência da sua população e da forte inclinação dos espíritos à rebelião", ordenar a sua demolição[227]. E outro tanto se verificara em Mérida, em 868, quando da revolta de Ibn Marwan, determinando Mohamed I o desmantelamento completo das muralhas, poupando apenas o *Conventual* como residência do governador e se verificaria, já no século X, em Sevilha, Beja e outras[228]. De facto, mesmo a Córdova emiral, só em 813, na sequência da *revolta do arrabalde*, seria provida de uma cerca sistemática, empreendida por al-Hakam I[229], ao mesmo tempo que Santarém, possuindo embora uma forte alcáçova, ainda no século X não dispunha de muralha, segundo o testemunho de al-Razi, repetido, no século XII, por Idrisi[230]. E se as invasões normandas, em 844, poderão ter redundado, pontualmente, num reforço das fortificações, a verdade é que as próprias fontes árabes explicariam (e mostram) o entrincheiramento senhorial que conduziria à *fitna*, não nas cidades capitais das respectivas regiões, mas em pequenos *husum* das periferias, em virtude, justamente, da precariedade das suas defesas[231], confirmada, de facto, na vulnerabilidade patenteada, ao longo do período emiral, mesmo por cidades aparentemente muralhadas, de que Coimbra, aliás, constituiria exemplo[232]. A destruição de Évora, em 913, pela incursão de Ordonho II, em consequência do mau estado dos muros romanos, desprovidos de ameias e barbacã e entulhados de lixo no exterior, constituirá, desse facto, um testemunho eloquente, ao mesmo tempo que parece ter representado, ao menos para o *Gharb*, o ponto de partida de um convicto processo de fortificação[233]. Como quer que seja, datarão dos séculos X-XI as muralhas de Lisboa[234] e, a despeito da sua característica prosperidade, não deixa de ser significativo da inconsistência do sistema de defesas andaluz o surto castelar operado pelas *taifas*[235]. Com efeito, parece detectar-se, com o século X e no âmbito de um sistema fiscal que discrimina positivamente as actividades e os habitantes das cidades, por oposição às rendas agrícolas e aos que vivem delas, uma tendência para as comunidades urbanas assumirem o controlo das suas defesas, no quadro de uma aliança estratégica com o poder emiral, contra os *senhores da fronteira* e a sua onerosa política de (re)fortificação, tendencialmente rural, que, tanto pelo menos quanto a pressão militar de Abd al-Rahman III, seria responsável pela derrota do velho modelo social feudalizante que as antigas linhagens configuravam e pelo efectivo avanço do controlo omíada no *al-Andalus*[236] – e, por tabela, pela conformação da imagem-padrão que se consagrou da cidade islâmica.

Efectivamente, tudo indica que seja redutor o conceito segundo o qual, tanto na Península como no Magreb, as cidades nasceram fundamentalmente com uma finalidade militar, potenciada continuamente pelo próprio processo da *islamização*, no sentido de que esta, avançando de cidade em cidade, convertia cada povoação ou fortaleza em ponto de partida de novas submissões, implicando a própria noção de *fath* (conquista) a prévia fortificação do território ganho, antes de entrar em terreno inimigo[237]. Válido, provavelmente, em teoria, nesse conceito assentaria igualmente a ideia genérica de uma cidade organizada em regime de confinamento étnico-cultural, materializado em bairros estanques[238] e, em consequência dessa sua natureza *marcadamente militar*, "dominada pela notoriedade arquitectónica da sua alcáçova, que representa o governador, cuja missão é assegurar a liberdade do comércio e do artesanato e a cobrança dos tributos e impostos", pelo que, no que concretamente respeita à "cidade moçárabe de Entre Tejo e Douro", se poderia afirmar que "o castelo de S. Jorge, a alcáçova de Santarém e a de Coimbra ou Viseu não teriam uma silhueta muito distante das de Toledo ou Mérida"[239]. Contudo, não somente a ampla maioria das cidades andaluzas não *nasceu* propriamente com a *conquista*, como, mesmo, a ocupação, pactuada com príncipes e bispos, terá-se-á traduzido, nas primeiras décadas, numa implantação diminuta dos instrumentos e meios representativos do *poder central*, neutralizados ainda pelo surto irridentista promovido pelas diversas clientelas, cujo lastro atingiria o século X. De igual modo, em especial nos *tugur*, dominantemente moçárabes, a escassa presença da população árabe e mesmo berbere, essencialmente ruralizada, terá dispensado, por muito tempo, a característica compartimentação da cidade islâmica. Nestas circunstâncias, a materialização arquitectónica do poder omíada no binómio real-simbólico medina-alcáçova (ela mesma concebida como micro-cidade administrativo-militar), terá sido longamente retardada pelos acontecimentos, a ela se contrapondo, com toda a verosimilhança, quase insensivelmente, o prolongamento da antiga organização urbana *visigótica*. Com efeito, não apenas esta matéria parece longe de poder configurar-se como uma *invariante*[240] da cidade muçulmana, como, inversamente, quando ocorre, exibe uma ampla variedade de soluções[241], cuja compreensão e reconhecimento, de resto, a característica imprecisão da terminologia castrense fornecida pela documentação árabe dificulta[242], em vão se procurando nela distinguir nexos formais, topográficos, sequer dimensionais, aplicadas as palavras *qasaba* (alcáçova), *qasr* (alcácer), ou mesmo *hisn* (castelo), indistintamente ao *palácio do governador* e à cidadela, propriamente dita, em contextos estruturais os mais diversos[243].

De facto, se remontamos no fio cronológico, a alcáçova de Mérida, erguida em 835, por Abd al-Rahman II, em sólida silharia retirada às muralhas romanas demolidas, com o objectivo de vigiar uma população particularmente rebelde e a ponte sobre o Guadiana, servindo, simultaneamente, de residência ao *governador*, parece configurar-se como o mais remoto exemplo, seguido, à distância de um século, pelo *alcazar* de Toledo, obra de Abd al-Rahman III, edificado pelos mesmos métodos, tal como o de Sevilha, construído (provavelmente) em fins do século X, ou, décadas antes, o de Beja, *dar al-imara* como os outros três[244]. Consagram todos, na verdade, idêntico sistema, caldeado afinal numa prática administrativa longamente institucionalizada: o da construção, em cidades de rebeldia contumaz e em locais estratégicos, de uma estrutura castrense, flanqueada de torres, acompanhada da demolição dos velhos muros citadinos, não com vista a assegurar a sua defesa em relação a um (eventual) inimigo externo, mas, inversamente, a garantir a sua submissão – sacrificando embora a comum segurança[245]. Donde, pois, a existência, em cidades de menor representatividade, de alcáçovas sem traço residencial (ao menos em termos de poder albergar um *wali*, representante do poder central), concebidas apenas como assento de uma guarnição e do essencial apoio administrativo, em estruturas de carácter utilitário (e, por isso mesmo, geralmente perdidas), ou de refúgio em caso de assédio, em função do que seriam providas de cisterna e (por vezes) de silos. É o que se afigura ter ocorrido em Lisboa, Santarém, Mértola e Silves, mas igualmente em numerosas cidades *espanholas* como, indistintamente, Sagunto, Atienza, Bairén, Trujillo, Uceda, Vascos, Albarracín, Caracuel, Molina de Aragón, Zorita de los Canes, Baños de Encina e mesmo Mérida[246], desse modo demonstrando, como afirmaria Christophe Picard, que, até bem adiantado o século X, "ce serait une erreur de considérer que dans chaque cité, le lieu ayant conservé le toponime *alcáçova* ou *alcazaba* avait toujours servi de résidence du pouvoir, de la conquête à la reconquête"[247]. Parece, pois, ser necessário aguardar pelo século XI e pela emergência das *realezas* locais implementada pelas *taifas*, para assistir, no exterior de Córdova, à dinamização de uma arte principesca de elevada qualidade e, com ela, do próprio conceito de *palácio-fortaleza*[248]. Antes, tudo leva a crer, é numa simples casa, talvez um palácio de origem *visigótica* (isto é, romana), dispondo de *sala de audiências*, porém sem carácter militar, que se abriga a *dar al-imara* e, com ela, a sede do *poder*, a morada do *governador*, constituindo a mesquita, por toda a parte, o principal signo da islamização; e será apenas com as perturbações da *1ª fitna*, nas décadas finais do século IX, longamente precedidas, porém, de movimentos insurreccionistas como o que Mérida protagonizaria, que o *Estado* omíada amadurece uma estratégia de controlo que teria como corolário a erecção de um espaço isolado e fortificado – *qasaba* ou *qasr* –, destinado a dar abrigo ao *representante* cordovês e, eventualmente, em caso de assédio, à própria população[249]. Assim, pois e a despeito das datas temporãs ilustradas por uma ou outra edificação, é no último quartel do século IX que os dados se acumulam, tanto nas fontes como na arqueologia, onde se assiste então, também, à generalização da torre como dispositivo de defesa[250]. Lleida, a *Zudda* (o velho *alcazar*) de Saragoça, a *alcazaba* de Badajoz, o *Albaycín* de Granada, testemunharão esse esforço construtivo do declinar de Oitocentos[251], enquanto a alcáçova de Beja, Elvas, o *al-Hizam* de Toledo, o *alcazar* de Sevilha e as fortificações de Tortosa ou Balaguer ilustrarão já a prática castrense decentista[252]. Neste contexto, ao arquétipo tradicional, associando a cidade andaluza com a articulação, a um tempo funcional e simbólica, medina-alcáçova, parece contrapor-se essa outra realidade, mais concreta, que fará corresponder a presença da alcáçova à sua integração (pontual, ainda que progressiva) no sistema administrativo omíada. E é nesse quadro que o plano quadrangular revela o seu real significado.

Efectivamente, não parece resistir à mera observação o conceito segundo o qual, nas fortificações do *al-Andalus*, a adopção do plano regular estaria reservada às situações *fáceis*, de planície, correspondendo a irregularidade do traçado às posições alcantiladas[253] – bastaria o *alcácer de Qulumryya* para o contestar. É antes com a natureza do poder ordenador e com a sua real capacidade de levar à prática um programa pré-concebido que se estabelece esse nexo causal; mesmo que os acidentes da topografia, em certos casos, dificultem, se não mesmo impeçam a implantação do plano regular[254]. A sua realização constitui, pois, sempre, um *acto de poder*, que nele do mesmo passo se materializa, assim o convertendo em símbolo ou metáfora da sua própria afirmação. E que o *Estado* omíada se encontrava consciente das potencialidades representativas fornecidas pela arquitectura, demonstram-no o gigantesco esforço que exigiu Medina Az-Zahra, tanto quanto as próprias palavras de Abd al-Rahman III, ao afirmar que "quando os Reis desejam perpetuar atrás de si a recordação dos seus altos pensamentos, fazem-no através da linguagem de [belas] construções. Uma construção, quando tem belas proporções, indica a majestade da categoria [do seu promotor]"[255]. O reconhecimento da associação sistemática do plano quadrangular, vincado de torres, à edificação das cidadelas erigidas na sequência da submissão de cidades de particular importância, como Mérida, Toledo ou Sevilha, ou de *husum* erguidos no âmbito da estratégia pertinaz que culminaria, ao termo de porfiados esforços, na *pacificação* da antiga capital dos Visigodos, em função da qual se levaria a cabo a criação de uma verdadeira *fronteira interior* que teria o ponto extremo no *alcazar* de Madrid[256] e cujas ligações ao coração do Reino omíada seriam pontuadas pelos castelos de Balaguer, Trujillo, Guadalerzas, Alora, Tarifa e El Vacar, igualmente obriga a reconhecer, na base dessa prática, uma explícita intencionalidade.

Com efeito, configurando uma fórmula de evidente *estabilidade*, mas, especialmente, geometricamente *perfeita*, concebida de acordo com um sistema formulatório aparentemente radicado na matemática védica (cuja introdução, no oriente islâmico, se encontra documentada desde 770) e, por conseguinte, marcado de uma clara matriz esotérica que associa o quadrado à unicidade divina, o plano quadrangular cumpriria uma objectiva função de natureza a um tempo política e semiótica, como base da mesquita (símbolo do Islão), do *ribat* (emblema da *djihad*), mas também em relação ao próprio Emir, representante de Alá (mormente após a assunção do título califal), materializando sobre o território, em pontos cruciais, a própria ideia de *poder real*[257]. E é esse valor *representativo* – e o desejo de dele se apropriar –, que justifica a sua reabilitação, já em contexto de declínio da sua aplicação (decorrente do próprio enfraquecimento, nas décadas terminais do século X, do poder califal?), pelos novos Reinos *taifas*, de que a Aljafería constituiria o mais brilhante exemplo, outro tanto se verificando com o potencial icónico da torre circular[258]. Como é ele que explica – no quadro do prestígio que, entre os Reinos do norte, aureolava a prática castrense muçulmana[259] –, a sua utilização num conjunto de *beatos* moçárabes do século X, como figuração da suma edificação, da cidades das cidades, a Jerusalém celeste[260]. E com isso se desvendaria, em parte ao menos, o próprio sistema de transmissão implementado em relação a uma prática construtiva que, a despeito da objectiva extensão do arco cronológico que abrange, parece denunciar uma unicidade conceptual que obriga, necessariamente, ao que poderia definir-se como *escola* e à consequente utilização de elementos gráficos na sua difusão. Ao *plano* plasmado nos *beatos*, consagrando um sistema simples e eficaz de formulação teórica, corresponderia, aliás, a sua representação em alçado, ilustrada num esgrafito realizado em estuque, originário do palácio jordano de Qasr al-Hayr al-Garbi, mas que bem poderia ter conhecido outras *edições*[261].

É certo que, na prática, pouco sabemos sobre os construtores destas edificações; mas é também verdade que o relevo que as fontes muçulmanas conferem ao trabalho de arquitectos, engenheiros e operários, contrasta elo-

A MORADA DA SABEDORIA

Jerusalém Celeste
(Beato, Biblioteca
Nacional de Madrid,
Vitrina 14-2, f. 253v.)

Grafito procedente de
Qasr al-Hayr al-Garbi
(Museu de Damasco)

quentemente com o silêncio que, por séculos, observaria sobre tal matéria a documentação cristã. De facto, logo em 835, no *Conventual* de Mérida, a lápide fundacional consagraria, a par do *amil*, o nome do director da obra: Cháafar, filho de Mocassir, liberto de Abd al-Rahman II[262]. E outro tanto sucederia, em 874/75, nas muralhas de Huesca, realizadas por Hafif, engenheiro ou arquitecto[263], enquanto, já no século X, quedaria memória do sírio Abdallah ben Sinan, como autor da traça do *alcazar* de Sevilha[264]. No século XII, seria a vez de Ahmad Ibn Baso e Ali de Gomara, construtores da mesquita almohade sevilhana (e da Giralda), além de obras civis e militares, em Carmona e Gibraltar deixando fama (e obra, parece) o arquitecto-engenheiro malaguenho Hayy Ya, outros nomes se registando ainda para os séculos XIII e XIV[265] – e em Coimbra ficaria o rasto (documental) de mestre Zacarias, arquitecto cordovês, *chamado* pelo abade Primo de Lorvão (966-985) para as obras do mosteiro e aproveitado depois pelos homens do *concelho* da cidade na construção de pontes[266]. Na verdade, as fontes não deixam ainda de testemunhar a existência de um fluxo regular de artistas levantinos, atravessando o Estreito, ao serviço de programas emirais, prática que haveria de acentuar-se nos anos terminais do califado e no período das *taifas*[267], mas que se afigura ter sido inaugurada por Abd al-Rahman II, nos inícios do século IX[268] e (pelo menos) retomada, cem anos mais tarde, pelo seu sucessor, Abd al-Rahman III, em relação a Medina Az-Zahra, objectivo com que faria vir de Bagdad e Constantinopla arquitectos e mestres de obras[269]. É, porém, o reconhecimento da existência de uma gestão centralizada dos empreendimentos arquitectónicos omíadas, justificativa da existência, na Corte cordovesa, de uma repartição específica, a cargo do *Sahib al-bunyan*, que reveste particular interesse. Com ela, na verdade, se configuraria uma pirâmide executiva, responsável pela definição dos programas e sua fiscalização em todo o *Andalus* e ao serviço da qual se assiste também a um contínuo trânsito, por todo o território, de altos funcionários da administração real[270]. E é isso que explica a solicitação de Ibn Marwan ao Emir al-Mundir, no âmbito do estabelecimento (pactuado) do seu principado (quase) independente, no último quartel do século IX e da própria fundação de Badajoz, do envio de *operários* capazes de levar a cabo a edificação da alcáçova, mesquita, banhos e do conjunto de edifícios necessários a uma *capital*[271], ao mesmo tempo que permite reconhecer, nessa *escola*, a razão de fundo da unicidade conceptual ostentada pela prática construtiva

Aspecto das muralhas de Mérida, ilustrando a reutilização, em grande extensão, dos silhares romanos provenientes das muralhas destruídas.

Aspecto das muralhas de Medina Az-Zahra, ilustrando a utilização da técnica de *soga e tição*.

emiral (e califal), bem como da espantosa uniformidade técnica ostentada, nas mais diversas latitudes, pelas suas construções[272]. E talvez também por essa via seja possível acrescentar algumas precisões.

Na verdade, verificada a cronologia relativamente *tardia* da castralização omíada e conhecida a utilização geral do material lítico nessas fortificações – substituído, durante as *taifas* e no período almóada, pela construção em taipa, mais rápida e, sobretudo, mais económica –, forçoso é também reconhecer a penúria geral do aparelho ostentado por essas edificações (pedra solta argamassada com terra, alinhada, por vezes, em disposição diagonal, em forma de espinha) e a sua adaptação às matérias-primas fornecidas pelos locais, de que os castelos algarvios de Alcoutim e das Relíquias, erguidos em gauvaque e xisto, constituirão lídimos exemplos[273]. Nessas condições, o uso do aparelho pétreo de *soga e tição*, evocativo do romano de *opus quadratum* ou *grande aparelho* (mas também passado ao Oriente), não pode senão constituir sinal de *luxo*, como já Lampérez y Romea reconheceria[274] – é o que ilustra o hábito (igualmente de origem antiga) de vincar as juntas, nas construções em taipa, a fim de reproduzir o efeito dos silhares[275]. É, pois, nas obras de iniciativa *régia* que, tal como o plano regular, se impõe a regularidade acrescida, também ela simbólica, do *aparelho imperial*. Nesse contexto, a (re)utilização de *formosos silhares*[276] romanos, oriundos das muralhas demolidas, em amplas extensões, na erecção de alcáçovas emirais, como Mérida, Toledo e Sevilha, além da evidente economia de meios que representava, não deixaria de possibilitar a obtenção da desejada regularidade visual, sobretudo em cronologias recuadas, como no primeiro caso, onde o *Estado* omíada não dispunha ainda de tecnologia adequada. Efectivamente, é ao reinado do primeiro Califa, Abd al-Rahman III, que parece reportar-se a mais segura documentação da utilização do aparelho de *soga e tição*, como na mesquita de Córdova, em Medina Az-Zahra ou na reforma do castelo de Bobastro, porém com acentuada falta de regularidade, qualidade que apenas seria adquirida nos finais da centúria e, especialmente, nas edificações da época de Almançor, onde os blocos de pedra tendem a reduzir as suas dimensões, acentuando-se também o uso de *tições*[277]. Por seu turno, a parcimoniosa aplicação que dela se faria na edificação da Aljafería[278] (nas torres e pano da entrada, tão somente), documenta eloquentemente o valor *qualitativo* associado a esse tipo de aparelho em estruturas murais por via de regra de elevada espessura[279]. E pode bem ser que seja igualmente a apro-

A MORADA DA SABEDORIA

Basamento de um
cubelo da Aljaferia de
Saragoça

Perspectiva vertical
de uma das torres da
muralha de Madrid.

priação desses conhecimentos (práticos), e não somente a mera economia de meios, a razão de fundo da utilização, pelos cristãos do norte, de mão de obra escrava, obtida nas razias, na edificação das suas mais prestigiadas construções[280]. De origem antiga (grega e romana e de igual modo passados ao Islão oriental) são, aliás, igualmente sapatas, taludes e socos ressaltados, comuns, sobretudo as primeiras, escalonadas, nas fortificações do *al-Andalus*, documentados os últimos no alcácer coimbrão. No que a estes respeita, todavia, a sua plasticidade, verdadeiramente *clássica*, ilustrada nos muros da cerca muçulmana de Madrid (porém em circunstâncias e cronologia ainda problemáticas)[281], parece corresponder particularmente a muralhas de taipa, realizadas já na época das *taifas*[282].

Assim, pois, originado no mundo mediterrânico, que o Império Romano unificara, o plano quadrangular conservaria no Islão oriental (omíada e abássida) o sentido imperial que a Antiguidade lhe conferira e com esse objectivo se assistiria à sua introdução na Espanha muçulmana. Desse modo, a sua frustre aplicação, em situações de regularidade apenas relativa e de penúria de materiais, como nos castelos algarvios e noutros casos *espanhóis*[283], não pode senão relacionar-se com a emulação verificada em relação aos castelos *régios*, no âmbito de conjunturas políticas e administrativas que a investigação um dia (talvez) esclarecerá – como esclarecerá, talvez, a sua utilização, de forma nítida aparentemente, nos pequenos *husum*

O ALCÁCER DE QULUMRIYYA

Vista do cubelo
angular nordeste do
alcácer de Coimbra

de Alter do Chão e Castro Marim[284]. Na verdade e a despeito da defesa levada a cabo por Vitrúvio (no *De Architectura*) em relação à superior valia das torres circulares, o seu uso seria sempre excepcional, mesmo nas fortificações bizantinas norte-africanas dos séculos VI e VII[285], onde boa parte dos *castelos* emirais (como as alcáçovas de Mérida, Toledo ou Sevilha), mais directamente parecem colher inspiração. Nesse contexto, a lenta penetração da torre circular no decurso do século X e a súbita reabilitação do plano quadrangular orlado de cubelos, de directa ascendência omíada oriental, no âmbito do cenário legitimador – e, por isso mesmo, *conservador* – promovido na edificação da Aljafería, não parece poder desligar-se da crescente orientalização sofrida pelo próprio *Estado* cordovês, por óbvias razões também de emulação, já desde o século IX, mas acelerada, por idênticos motivos, com a sua elevação a Califado[286]. E é esse sentido semiótico, que as *taifas* recuperam, que justificaria a sua utilização no palácio saragoçano, que recupera também, com as torres circulares, o valor icónico fornecido pela sua ostensiva multiplicação[287]. Ao arquétipo oriental, a Espanha muçulmana pouco mais acrescentaria, com efeito, que a utilização de certas técnicas tradicionais e, sobretudo, o motivo autóctone do arco em ferradura, destinado, singularmente, a converter-se no mais emblemático elemento da arquitectura islâmica[288]. Mas parece certo que, no momento em que Coimbra sucumbe, enfim, ao assé-

187

dio de Fernando Magno, o valor representativo do plano regular, mais do que em declínio, conhecia mesmo uma renovada actualidade. Começa pois, enfim, parece, a desenhar-se com alguma nitidez a obscura *circunstância* que motivou a edificação do seu alcácer.

Efectivamente, uma vez comprovado o carácter redutor do conceito segundo o qual a cidade muçulmana seria, por natureza, "marcadamente militar", compartimentada entre *medina* e *cidadela* e dominada *invariavelmente* pela "notoriedade arquitectónica da sua alcáçova, que representa o governador" – em função do qual se aceitaria que "o castelo de S. Jorge, a alcáçova de Santarém e a de Coimbra ou Viseu não teriam uma silhueta muito distante das de Toledo ou Mérida"[289]; apurado, ao invés, o carácter relativamente *tardio* da cronologia do encastelamento muçulmano, levado a cabo, regra geral, a partir de finais do século IX, mas sobretudo no decurso do X e ostentando, inversamente ainda, uma ampla pluralidade de soluções[290] – circunstâncias essas que não tenderiam senão a exacerbar-se no âmbito concreto da "cidade moçárabe de Entre Tejo e Douro"[291]; verificado, de igual modo, o sentido *régio* associado ao plano quadrangular, evocativo da qualidade *leal* de relevantes pontos militares ou de importantes cidades submetidas, emergindo as torres circulares, na ausência de concretos precedentes, no âmbito da progressiva orientalização ressentida, ao longo do século X, pelo Estado cordovês e ocorrendo a sua recuperação, já na época das *taifas*, no quadro da afirmação semiótica e legitimadora de (longínquas) apetências *califais*; reconhecida igualmente a implantação, em pleno século X, das necessárias estruturas, tanto administrativas (a repartição do *Sahib al-bunyan*), como gráficas (o plano dos *beatos* e o alçado ilustrado no esgrafito de Qasr al-Hayr al-Garbi), ou mesmo técnicas (o aparelho de *soga e tição*), passíveis de explicar a coerência, verdadeiramente *escolar*, apresentada pela castelologia cordovesa; não parece, de facto, excessivamente aventuroso procurar reconhecer, nos avatares da história islâmica de Coimbra, o contexto em que semelhante construção terá sido empreendida.

Com efeito, não será apenas o carácter irridentista apresentado pela *Emínio* dos séculos VIII e IX, anterior à primeira conquista, de 878, com a sua sucessão fragmentária de episódicas *realezas*, a impedir a aceitação de semelhante cronologia na edificação de um alcácer *real*: mas a própria rudeza da clientela berbere, de origem norte-africana e endémico nomadismo, cujo entrincheiramento, documentado, de facto (em outros locais), no âmbito da *fitna*, revestiria uma natureza maioritariamente rural, bastando por certo o exemplo paradigmático do muladí Ibn Marwan e da dependência por ele patenteada em relação ao poder central na edificação da sua alcáçova *principesca* de Badajoz[292], para demonstrar a incapacidade cultural e técnica desses grupos sociais em matéria de arquitectura militar. Em boa verdade, aliás, nada prova que fosse a cidade de *Emínio* o verdadeiro reduto dos *senhores de Coimbra*, atenta a importância conservada por Conímbriga, sede de diocese, quase certamente, até à conquista cristã de Hermenegildo Guterres e o fenómeno geral de entrincheiramento periférico dos *rebeldes do tagr*, em pequenos (e às vezes novos) *husum* rurais, em virtude justamente do estado precário da generalidade das defesas urbanas, situação essa que a complexa trama de presúrias *documentadas* no caso coimbrão parece comprovar e que a realização de prospecções em Montemor-o-Velho (e outros locais) poderá, talvez, um dia esclarecer[293]. Por outro lado, a pontual – e fugaz – integração da urbe na administração omíada, de 808/809 a 825, na sequência da expedição do príncipe Hisham, muito dificilmente geraria tal efeito, anos antes da alcáçova de Mérida e em condições estratégicas infinitamente menos relevantes do ponto de vista do poder central. Quanto ao consulado dos Banu Danis, atestado na década de 70, a ambiguidade da sua situação em relação ao poder emiral, tanto quanto a facilidade da sua expulsão pelo acosso conluiado (?) das tropas de *Xurumbaqi* e de Hermenegildo Guterres, denunciam a fragilidade das defesas coimbrãs, finalmente natural, seja do ponto de vista do processo geral de encastelamento, essencialmente rural, dinamizado pelos *rebeldes* (do qual, porventura, Alcácer do Sal constituirá exemplo), seja do próprio ciclo de fortificação urbana posto em marcha pelo poder cordovês em cidades submetidas de especial significado (situação a que Coimbra, periférica como era, não podia aspirar), ao mesmo tempo que semelhante prática se enquadra, sobretudo, no âmbito da *pacificação* empreendida por Abd al-Rahman III e do estabelecimento do próprio Califado, em 929, datas que encontram a cidade do Mondego sob domínio cristão e fora, por conseguinte, dos objectivos da estratégia omíada, cuja falta de interesse pelo *Gharb*, de resto, indícios vários testemunhariam[294]. A natureza incipiente apresentada nesses anos pela arquitectura militar cristã[295], ajudará, assim, a idear e a despeito do *castelo mui excelente* reportado na prosa hiperbólica de al-Razi[296], o carácter das defesas ostentadas por *Colímbria* quando, em 987 e após três dias de assédio, sucumbe às forças de Almançor[297]. Na verdade, como sublinharia Christophe Picard, será necessário esperar pela (re)tomada de Coimbra e pela expedição a Santiago de Compostela para encontrar, nas fontes califais, um programa militar dirigido à região, programa que englobaria (pelo menos) o estabelecimento de infra-estruturas portuárias em Alcácer do Sal[298], mas cuja real extensão a arqueologia poderá ainda, eventualmente, vir a ampliar.

De facto, convertida, na sequência do *repovoamento* de 994 (?), na *grande place militaire musulmane d'où partaient les razzias*[299], no quadro genérico de uma ofensiva sustentada em relação aos Reinos cristãos do norte, é realmente na esteira da *reconquista muçulmana* que a cidade consolida, finalmente, uma imagem "marcadamente militar", que alcançaria mesmo sobreviver à desagregação do Califado omíada, prosseguindo a urbe, após a sua incorporação, em 1022, na *taifa* de Badajoz, a sua missão castrense, de *marca fronteiriça*, consubstanciada, agora sim, na presença do *governador* e também, decerto, na "notoriedade arquitectónica da sua alcáçova" – ao mesmo tempo que o prolongado cerco de 1064 avulta, de facto, como única prova *documental*, após múltiplas e rápidas tomadas, da sua decantada inexpugnabilidade. É neste contexto, na verdade, que o plano regular, vincado de cubelos, encontra, no seguimento da lenta introdução do tema da torre circular desde finais do século IX e a meio século da sua formal reabilitação na torre da alcáçova de Moura e na Aljafería de Saragoça, uma eloquente antecipação, em fim de contas mutuamente explicativa; como encontraria também o seu *sentido*, alcácer real que efectivamente é, erguido numa cidade *submetida*, no quadro da nova centralidade imposta à urbe pela estratégia (nova também) implementada por Almançor e da qual, finalmente, o *Gharb* inteiro participaria. Duplo objectivo, pois, de impacte simultaneamente interno e externo, justificativo do montante do investimento que semelhante empreendimento consubstanciou, assente na vitalidade económica da *cidade* moçárabe, sendo certo que a realização de obras de fortificação e a manutenção de guarnições militares, constituía motivo consagrado para a retenção local do *imposto cordovês*[300]. A relevância particular revestida pelo *Tagr al-qulumriyya*[301], no âmbito de um plano *imperial* que almejava Santiago de Compostela e a cidade real de Leão, explicaria assim, à luz também da orientalização crescente que domina a Corte califal, a adopção do modelo *omíada*, no mesmo quadro político-cultural, afinal, de intencionalidade simultaneamente semiótica e *conservadora*, que presidiria às restantes iniciativas artísticas de Almançor, exemplarmente ilustrado na sua particular cidade palatina de Medina Al-Zahira ou na ampliação a que procede da mesquita de Córdova[302]. Certo é reconhecer-se, por diversas vezes, para os anos de 986 a 990, a sua presença em Coimbra e na sua região[303], como também o estreito controlo que, após o *repovoamento*, parecem merecer-lhe os assuntos da cidade[304], ao mesmo tempo que é realmente no período subsequente que, na toponímia como na antroponímia, a documentação atesta, finalmente, o avanço claro de um indesmentível processo de *ismaelização*[305]. E é, provavelmente, nessa nova solidariedade que, nas décadas finais do Califado, se estabelece entre populações urbanas e poder central, no âmbito de uma aliança estratégica contra os *senhores da fronteira* (muçulmanos ou cristãos)[306], que radica o empenhamento da comunidade moçárabe, em 1064, na defesa da cidade, origem do dramático cerco que precedeu a sua queda[307]. O ano de 994 (ou os que imediatamente lhe sucedem, atenta a morte de Almançor em 1002 e a de Abd-al-Malik, seu filho, em 1008), emerge, assim, simultaneamente como a data mais precoce e como a mais tardia, no que directamente respeita à edificação do alcácer coimbrão, afundado o Califado em violentas dissensões a partir de 1009 e inviável como seria a sua construção pelos Aftássidas de Badajoz, depois de 1022, a quem faltariam, do mesmo passo, os meios e as razões, e que em parte alguma – alcandorados na sua velha alcáçova irregular –, fariam prova de predileção pelo conceito omíada de *qasr*[308].

Não é hoje fácil, sem esforço de imaginação, reconstituir com verosimilhança o que foi o processo de implantação do *alcácer de Qulumryya*. Como escreveu Borges Coelho em outras circunstâncias, "é necessário, antes de mais, varrer da paisagem toda a imensa massa construída, apagar as casas e o asfalto, completar e aguçar os cabeços das colinas, desenhar no mapa as ribeiras que desapareceram sob as casas (…); há que plantar olivais, figueiredos, amendoais; espalhar aqui e ali o verde das hortas, colorir vinhedos; pontuar o rio com pequenas embarcações". Como ele mesmo concluía, porém, "apagado o casario, o que nos resta? Um quase nada"[309]. De facto, de origem antiquíssima, traduzida na trama de lendas que, de há muito, pressentia além de Roma a remota matriz de onde a urbe evolucionara[310] – ilustrada, tudo leva a crer, no qualificativo de *oppidum* com que Plínio designara *Aeminium*, naquela que constitui a sua mais antiga referência escrita[311] e que a arqueologia, pouco a pouco, parece desvendar[312] –, Coimbra, erguida sobre um *monte redondo*, como, no século XII, a desenhava Idrisi[313]; numa eterna confluência estratégica (de valor militar, económico e cultural) entre o sul e o norte, o litoral e o interior; *cidade-ponte*, como alguém lhe chamou[314]; ostentaria decerto, no declinar da Antiguidade, os vestígios grandíloquos do seu passado patrício, emergindo da ingrata topografia fornecida por uma colina, disposta, na verdade, em ferradura, vincada a meio da *cutilada* que a castiça expressão de Fernandes Martins consagraria[315]: o forum monumental, com o seu criptopórtico, o aqueduto, o cemitério, tudo leva a crer, junto a S. Bento; a ponte também, unindo a estrada (de traçado polémico), que ligava *Ulissipo* e *Bracara Augusta*; um provável porto fluvial, umas termas, talvez, junto a Santa Cruz; talvez ainda um arco triunfal, ao cimo da couraça; um teatro, um circo, eventualmente[316]; implantado tudo, hipoteticamente, num esquema de aproximada ortogonalidade[317]; marcado tudo, já, sem dúvida, de um selo de declínio que os sucessos terminais do Império justificariam e a própria *domus* do Paço das Escolas fielmente testemunhará[318]; como minado estaria (a ter existido) o *plano hipodâmico*, pela utilização orgânica característica da Antiguidade Tardia, decorrente da contracção demográfica e económica e da perda de relevo institucional. E muralhas ainda, parece, implicadas aparentemente na designação de *oppidum* exarada nas palavras de Plínio, a cuja sombra (como quer que tivesse sido) teria corrido a vida nos obscuros séculos da primeira Idade Média.

Séculos obscuros, na verdade, entre as sucessivas e violentas invasões, a fome, a peste, a rapacidade dos (vários) colectores, as fracturas litúrgicas e religiosas, a crescente ruralização da vida urbana (mesmo relativizada, caso a caso) e a incapacidade do *Estado* visigótico, ante a cupidez dos senhores *feudais*, de assegurar a coesão administrativa do seu *Reino*[319]. Circunstâncias que poderão explicar, numa cidade sem bispo[320] e a despeito da relevância que se tem pretendido atribuir-lhe[321], a escassez reconhecida de marcas arquitectónicas documentadas para este período[322], mais que alguns fragmentos de pedras ornados de rosetas, a esse tempo atribuídos, lentamente recolhidos, desde finais do século XIX, na Sé Velha, em S. João de Almedina, nas galerias do criptopórtico, em S. Pedro[323]. E no Paço das Escolas, também, localizada no decurso da *sondagem E2*, entre dois lintéis da cobertura do corredor interno do cubelo norte da antiga porta-forte. Paço, aliás, que igualmente mostra, reconhecida por Nogueira Gonçalves, em 1945, que a datara então "da época visigótica, primeiro período"[324], uma outra – talvez uma ara[325] –, de *elegante decoração fitomórfica*[326], incorporada no paramento externo da fachada norte. Pedras, pois, de evidente contexto litúrgico, ostentando uma unidade decorativa, como que uma *escola*[327], mas que recentes investigações, em face do seu patente orientalismo e da constatação da escassa relevância do período visigótico em matéria construtiva, tendem a classificar como moçárabes, avançando, assim, decisivamente a sua cronologia[328] – circunstância que, de facto, adquiriria em Coimbra, *maior foco de moçarabismo no ocidente peninsular*[329], um redobrado sentido. Tudo indica, pois, que a primeira fase do domínio muçulmano na cidade, marcada pelo encastelamento periférico dos senhores berberes e consignada, em termos de administração eclesiástica, no estatuto de paróquia do bispado de Conímbriga – cujos *condes* ostentariam a *administração civil* –, se tenha consumido num quadro de decadência geral da vida urbana, ritmicamente perturbada por presúrias e traduzida na reutilização pragmática dos antigos espaços *imperiais*, públicos e privados, degradados já na *época visigótica*, entre os quais se terão improvisado um ou mais locais de culto, cuja modéstia, todavia, obviaria à subsistência de vestígios; outro tanto sucedendo, aliás, com a (eventual) mesquita, havida conta ao reduzido efectivo da (eventual) comunidade árabe e ao próprio carácter heterodoxo ostentado pela falange berbere[330]. Neste contexto, será, por certo, a conquista cristã, com a fixação no Tejo da linha de fronteira e a transferência do bispo de Conímbriga – bem como o século de paz que o desinteresse omíada pelo destino do *Gharb* fomentaria –, a razão de fundo de um *ressurgimento* que, a despeito da característica rudeza dos novos senhores, se traduziria no fortalecimento económico e político da comunidade *moçárabe* e, com ele, na emergência de uma arte religiosa, ligada à implantação do conjunto de equipamentos litúrgicos indispensáveis a uma metrópole eclesiástica (catedral, basílicas cemiteriais), expressa nos testemunhos subsistentes, cuja invulgar centralidade[331] a condição de cidade cristã (tanto quanto a própria contracção demográfica) explicariam, ao mesmo tempo que a sua localização desenha já, de um modo geral, a rede eclesial que emergirá no século XI, sendo também agora

Pedra visigótica localizada no interior do cubelo norte da porta-forte (foto José Luís Madeira).

A MORADA DA SABEDORIA

Pedra ornamentada *visigótica* incorporada na fachada norte.

que parece poder reconhecer-se, no mesmo solo onde assentaria a actual Sé medieval, o rasto de uma primeira catedral[332]. A este período, aliás – que também Nogueira Gonçalves reconheceria como "a base do ciclo moderno da cidade"[333] –, se reportaria, significativamente, a prosa de al-Razi, com ela nascendo uma imagem-padrão, de *bondade* e *fortaleza*, que acabaria por fixar-se nos textos dos cronistas posteriores e cuja repetição terminaria por conferir-lhe um (abusivo) valor retroactivo; mas que talvez tivesse sido responsável pela súbita inversão da política omíada em relação ao *Gharb* e pelo valor estratégico que a cidade, doravante, iria revestir[334]. É pois, decerto, sobre essa urbe, próspera e *moçárabe*, onde entre os vestígios da antiga ordem imperial, que após cinco séculos de abandono lentamente se esboroavam, despontavam os novos signos da sua dignidade eclesiástica, debilmente protegida pela *muralha romana* e pelos reforços (seguramente frustres) realizados pelos condes, que se abate, em Julho de 987, a fúria destrutiva de Almançor – fúria, na verdade, que as pedras do alcácer não deixariam, certamente, de *ilustrar*.

Com o *repovoamento*, porém, *sete anos* mais tarde, chegava também, por fim, uma *comunidade árabe*[335]. E com ela, decerto, finalmente, a mesquita, islamizando a antiga catedral[336]. Mas vinha sobretudo o eloquente sinal da submissão: o reduto *real*. Assim pois, buscando, na sua dupla intencionalidade, a um tempo endógena e hexógena, local estratégico e eminente onde cumprir o seu objectivo semiótico, erguer-se-ia este no extremo do braço meridional da ferradura, o mais proeminente, aí onde, na expressão feliz de Fernandes Martins, se formava, como uma esplanada, suspenso, um amplo *ninho de águias*[337] – *ninho* cercado de falésias, defendido naturalmente a sul e a poente, acessível apenas por nascente e alcandorado sobre a *cutilada* que, vincando a colina, abrigava a antiga catedral e, com ela, o *núcleo duro* do agregado cristão. Implantação forçosamente ingrata, que obrigaria, por óbvios imperativos de ordem estática, à deformação da planta regular – tal como a *linha de fastígio* do dorso da colina que a antecede (hoje por completo rebaixada[338]), levaria também a descentrar a porta-forte. Mas que cumpria plenamente os critérios *representativos* que haviam presidido à sua edificação. A antiga zona residencial patrícia que, dez séculos mais tarde, as intervenções no *Pátio das Escolas* iriam desvendar, degradada havia muito por novas utilizações – senão mesmo (quase) abandonada[339] – serviria pois, agora, de assento ao monumento que, pelo tempo fora, iria moldar a imagem da cidade. Sobretudo, porém, que iria mudar o seu destino. Empreendimento facilitado pelas diversas pedreiras existentes nas imediações[340] e onde, como habitualmente, se integrariam os poderosos silhares das construções romanas que, em seu redor, ruíam lentamente: um *alcácer muçulmano*, guarda-avançada do Islão, de rosto à Cristandade e às pretensões hegemónicas dos monarcas astur-leoneses, símbolo da marcha irreversível da *djihad* e da capacidade realizadora do poder *omíada*, em antecipação da conquista final das cidades-*fétiche* de Santiago e de Leão. Donde, pois, a desmesura das suas proporções[341]. Donde, talvez, a ostensiva exibição, no flanco norte, virada à urbe, da *pedra visigótica*, hipotética ara da antiga catedral, islamizada[342]. Donde ainda, por fim, seguramente, a verdadeira razão da vinda de mestre Zacarias, *arquitecto cordovês*, que só no plano da lenda poderia ter sido chamado pelo abade de Lorvão e ocupado depois na construção de *pontes*...[343]

Como seria, porém, internamente, o orgulhoso alcácer? Não é fácil sabê-lo, por enquanto, atento o carácter limitado, em especial justamente no que respeita às áreas a norte da muralha, das intervenções realizadas no *Pátio das Escolas*. Mas é certo que este flanco parece revelar a presença de estruturas habitacionais[344], ao mesmo tempo que a conservação de rebocos no intradorso do trecho mural exumado sob o gigante da Capela, no decurso da *sondagem A2*[345] (numa muralha cujo aparelho *imperial* não previa, obviamente, o seu revestimento), sugere, também aí, a existência de espaços habitados. Outro tanto sucederia a norte, provavelmente, como indica a pequena *cloaca* da fachada (mesmo que a natureza da relação topográfica, entre o *ninho de águias* e

Ara visigótica.

A MORADA DA SABEDORIA

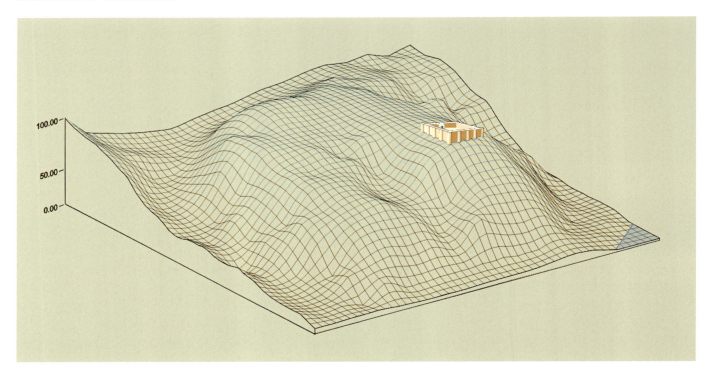

Implantação topográfica da Alcáçova de Coimbra (des. José Luís Madeira).

o plano, mais elevado, donde arrancava outrora a *linha de fastígio* da colina, obrigassem certamente os construtores do alcácer a providenciar sistemas de drenagem). Hoje, porém, tanto essa face, como as de este e oeste, albergam construções que dificultam toda a prospecção, se é que, simplesmente, não obliteraram a estrutura primitiva – mas queda sempre um rasto do passado, que futuras campanhas poderão, talvez, recuperar ainda. Por outro lado, no que respeita ao lanço da entrada, de acesso directo, como indicam os cubelos de flanqueio e porta dupla, seguramente, na tradição califal do século X, como impunha a existência de dispositivos internos de defesa[346], não parecem os *encontros* garantir aí espessura adequada à implantação de dependências habitacionais, sendo certo que, mais tarde, a realização de semelhante empresa obrigaria ao aumento da sua profundidade. Mas é sobretudo verdade que, também aqui, a ausência de intervenções arqueológicas dificulta toda a conclusão. Porém, estrutura "marcadamente militar", erguida numa cidade *submetida*, confiada às ordens de um *qa'id* – como afirma o relator da conquista de Fernando Magno[347] – e não, por certo, de um *governador*, muito dificilmente ostentaria, em anos apesar de tudo recuados, a tipologia dita de *governo*, palacial, mas essa outra, essencialmente *funcional*, assente no pátio único central, em torno ao qual, apoiadas na muralha, se alinhavam as diversas dependências, característica, de facto, dos palácios omíadas, em cujo modelo se inspirava e dos *rubut* dos místicos guerreiros da *djihad*[348] que, em fim de contas, na sua própria essência, fundamentalmente configuraria. Mas talvez, na verdade, se não assemelhasse a qualquer deles. De facto, persiste ainda, em redor do *alcácer de Qulumryya*, a enigmática aproximação feita por Vergílio Correia e Nogueira Gonçalves entre o seu aparelho constitutivo e o da própria cintura das muralhas urbanas, tradicionalmente atribuídas ao período romano. E talvez também por essa via seja possível precisar melhor o verdadeiro recorte da construção que nos ocupa.

Efectivamente, data de 1930, por mão de António de Vasconcelos, a primeira reconstituição do circuito medieval das muralhas coimbrãs[349]. Se o velho mestre não curara de deslindar a sua origem, mas tão só de definir o seu percurso, outro tanto não faria Vergílio Correia, que, no mesmo ano e sob o impacte da descoberta, nas infra-estruturas do Museu que dirigia, do criptopórtico romano, afirmava, invocando Plínio, que "admitindo que *oppidum et flumen Minium* se referem a Coimbra, aí temos, além da designação do nome da terra, a sua qualidade de *oppidum*, povoação de altura, fortificada, que de facto Coimbra é, e provavelmente sempre foi". Apesar disso, não deixava de constatar que "acerca das muralhas romanas de Coimbra, nada conhecemos, até agora, de positivo"[350]. Em Junho de 1943, contudo, evocava Nogueira Gonçalves: "Alvorecia o século quinto. Iam caindo, feridas quase sem glória, as águias dos emblemas imperiais. Desabava a torrente dos povos bárbaros, alastrando em ruínas e morticínios. Em 409 atravessava a grande muralha natural dos Pirenéus a primeira onda, a dos suevos, alanos e vândalos. O pânico adensava-se sobre os hispano-romanos; eram fortificadas, em acelerada obra, as cidades que, crescidas na paz romana, se encontravam indefesas. Integravam-se nas muralhas os restos dos templos abandonados, mesmo as estátuas dos grandes deuses, lápides consulares e lápides fúnebres; só era necessário que a obra crescesse, se alargasse a couraça e detrás dela os corações se sentissem menos oprimidos. O mesmo aconteceu em Emínio-Coimbra. Na base da Torre de Almedina, num paramento descoberto no Arco da Traição e noutros pontos, há grandes blocos aparelhados, apressadamente ali postos, e que a edifícios clássicos pertenceram. Nada se sabe, porém, do que se deu com esta cidade, mas tudo convence que a sorte misérrima que tocou Conímbriga-Condeixa foi partilhada por Emínio-Coimbra"[351].

Ganhava, pois, raízes, até por confronto com Conímbriga, onde os avanços da arqueologia comprovariam a origem tardo-antiga das muralhas[352], a tese da erecção da cerca coimbrã ao despontar do século V, perfilhada também por Fernandes Martins, em 1951[353] e por Pierre David, desde 47, embora recuando a edificação dos muros, em ambas as cidades, à invasão dos Francos de 258[354]. Antes que terminasse o ano de 43, contudo, meses depois de Nogueira Gonçalves, recordando a invasão bárbara de 409, com ela relacionar a edificação das muralhas coimbrãs, as obras em curso no palácio universitário, proporcionando a descoberta do pano de muro e do cubelo (depois demolido) incluídos no átrio de S. Pedro, abriam novas perspectivas, em função das quais Vergílio Correia, estribado no confronto do "aparelho da construção, onde, como noutros pontos dos muros e portas de Coimbra, foram empregados blocos romanos, de algum grande edifício desmontado para o efeito", deduzia ser o mesmo "coevo das grandes obras de fortificação citadina, cuja origem e cronologia precisa são ainda o problema em aberto"[355]. Falecido no ano seguinte, mas não antes da descoberta, no corredor interno do antigo Colégio, de um amplo troço da muralha oriental, reforçaria a mesma opinião nas páginas do *Inventário*, saído em 47, ao referir o reemprego "nas fiadas inferiores", de blocos romanos, "tudo de modo idêntico ao dispositivo em que encontrámos esses elementos aproveitados nas muralhas de nascente e sul da cidade e nas portas da Traição e Almedina", afirmando uma vez mais: "Portanto os muros são coevos"[356]. E concluía: "O problema da idade das primeiras muralhas de Coimbra apresenta-se como de difícil solução. Certíssimo é que nessas muralhas foram encorporados silhares de grande aparelho romano de pedra branca, o que indica terem pertencido a um templo, dado o escolhido do material; e além dos cantos, certos elementos de arquitectura, lápides, cistas e cipos. O aproveitamento desses materiais deveria ter-se feito em época recuada, pois nos arredores do milénio era impossível que aflorassem ainda na terra, ou constituíssem *res nulius* os edifícios de que faziam parte. Por outro lado, não se encontraram, até agora, nas muralhas, pedras de ornato páleo-cristão ou bárbaro. Donde tornar-se admissível o levantamento da fortificação precisamente na época do domínio dos visigodos, que tornaram Imínio numa capital onde quatro monarcas cunharam moeda; e capital significou sempre, na Idade Média, cidade poderosamente fortificada. As muralhas apresentam, desde o Castelo, ao longo da Couraça de

Lisboa, até ao Arco de Almedina, a mesma composição, com aproveitamento nas fiadas inferiores de silhares do grande aparelho romano. Mal conhecidos os muros do lado de poente e norte, nada pode dizer-se a respeito da sua estrutura, sendo porém absolutamente seguro que a parte visível sobre a Ladeira dos Jesuítas é de época tardia, de material uniforme"[357]. Por seu turno e no mesmo local, exarava Nogueira Gonçalves, à luz, também, dos novos achados do Paço das Escolas e da contemplação (que a morte vedara a Vergílio Correia) dos paramentos externos do edifício, quando da substituição dos seus rebocos: "As fortificações militares da cidade pertencem a diversas épocas. Notam-se certas partes mais arcaicas, como nas zonas baixas da porta de Almedina e da porta da Traição e ainda nas de muros e torres. Empregaram-se na sua construção espessos silhares de pedra branca que não foram aparelhados para estes locais e que são de iniludível técnica imperial romana. Nas demolições dessas partes foram encontrados elementos sepulcrais do mesmo tempo. As fundações de certas partes do norte e do nascente da antiga alcáçova, hoje Universidade, são feitas dos mesmos silhares, completando-se com elementos mais tardios (…). Conjugando estes elementos com as épocas históricas conclui-se que a mais provável é a da primeira reconquista, no governo de Afonso III, no século IX, a seguir à tomada de 878"[358].

Na verdade e mau grado a diversidade das suas interpretações, as descrições de Vergílio Correia e Nogueira Gonçalves coincidiam em absoluto e mesmo com a que, três séculos antes, elaborara D. Jerónimo Mascarenhas e que constitui a mais antiga referência conhecida sobre a estrutura da muralha coimbrã: "grandes pedras quadradas de marmore mui branco (…), umas inteiras e outras quebradas, lavradas e esculpidas ao modo romano", em algumas se ostentando "buracos pelos quais se uniam umas com as outras com gatos de ferro (…), postas nos muros desta cidade, sem ordem alguma, e outras por fundamentos dos muros", em muitas partes se divisando "entre outras pedras algumas colunas, que tudo mostra a grande pressa com que eles foram levantados, e que foram feitos de matéria, que já ali havia"[359]. Posteriormente, contudo, ganharia novo fôlego a defesa da origem romana das muralhas, face ao conhecimento da implementação, em finais do século III e inícios do seguinte, sob Diocleciano e Maximiano, de um plano geral de fortificação urbana, em quadro já de contracção demográfica, o que permitiria explicar tanto a incorporação dos materiais romanos – pela redução do perímetro muralhado em relação à área urbana (até por razões de natureza prática, de rentabilização do efectivo militar) – como, mesmo, a famosa inscrição gratulatória ao Imperador Constâncio Cloro, datada de 305, que havia possibilitado, em finais do século XIX, a identificação de Coimbra com *Aeminium*[360] e que assim adquiria justificação no próprio âmbito da realização do circuito mural[361]. Novos contributos viriam, de resto, reforçar esta interpretação, ainda que propondo, em termos de efectiva razoabilidade (mesmo por confronto com outros perímetros murados conhecidos, de comprovada origem imperial) um traçado de menor amplitude em relação ao que viria a ser a sua dimensão medieval[362]. Dever-se-ia, porém, a Carneiro da Silva, em 1987 e partindo de levantamento fotográfico infelizmente nunca publicado, a mais recente (e concisa) caracterização técnica dos trechos arcaicos da muralha, em função da qual afirmaria ser "a sua estrutura… constituída por um intradorso de forte cimento, ligado com numerosos restos romanos, como telha, ladrilho, restos de colunas, degraus, vergas e outras cantarias, e uma forra de grossas alvenarias". A verificação, porém, de que afinal "também pedras visigóticas foram aproveitadas para enchimento de muros", levá-lo-ia "a considerar que são os árabes que levantam as muralhas de Coimbra, ao servirem-se daqueles materiais de épocas anteriores ao seu domínio"[363]. Enfim e em anos mais recentes, outros investigadores aventariam ainda a hipótese da edificação, durante o *período muçulmano* e em redor do alcácer, de "uma alcáçova monumental, com bairro anexo", dominando "o cimo da colina, onde hoje pesa a massa disforme de um conjunto de edifícios universitários dos meados do nosso século"[364]. De facto e como o próprio Carneiro da Silva escreveria, no que respeita à muralha coimbrã e ao intrincado processo de esclarecimento das suas origens, "a extensa bibliografia que lhe diz respeito é mais de historiadores que se vão repetindo, do que de investigadores que possam trazer novos dados àquilo que já é conhecido". Nem por isso, todavia, de então para cá, se assistiria à efectivação do "estudo profundo" que então preconizava, assente "na própria estrutura do monumento, nos elementos que dela restam" e no "estudo analógico com outros monumentos semelhantes, ligando-os pelos acontecimentos por que, no perpassar dos séculos, passou Eminium--Colimbria"[365]. Com tudo isso, talvez seja, não obstante, possível, partindo dos elos disponíveis, acrescentar novos dados à questão.

Na verdade, se é certo que o qualificativo *oppidum* adoptado por Plínio (falecido em 79) induz, como pretendeu Vergílio Correia, a considerar *Aeminium* como "povoação de altura, fortificada"[366], nem por isso tal poderá relacionar-se, em datas tão precoces, com a fortificação romana da cidade. Antes, porventura, iluminará as obscuras razões que levaram uma *civilização de planície* a implantar--se em tal topografia, a curta distância de Conímbriga[367], razões essas que a arqueologia, pouco a pouco, parece desvendar, ao comprovar, nas escassas intervenções realizadas, os (ténues) indícios de uma ocupação neolítica[368] aí seguramente encastelada, ao abrigo das condições naturais que, de resto, fariam mais tarde a fortuna do local. Nada disto invalida, certamente, a fortificação da urbe, entretanto desenvolvida nos séculos I e II, no quadro do plano geral implementado pelos tetrarcas, à semelhança de Conímbriga, já contudo em conjuntura de contracção demográfica e económica e no âmbito genérico da defesa do Império face à crescente pressão dos invasores. Mas é facto que a analogia entre as duas situações se alimentaria da presunção, em proveito da *Emínio* visigoda, da rápida decadência de Conímbriga, a que se opunha a sua qualidade de "capital onde quatro monarcas cunharam moeda", bem como da noção de que "capital significou sempre, na Idade Média, cidade poderosamente fortificada"[369]. A comprovação da continuidade de Conímbriga no período visigótico, quer como cidade fortificada, quer (em consequência) como sede de bispado e de um dos poderosos *feudos* protagonizados por membros da família real[370], situação em que, em 714, a conquista muçulmana a viria encontrar (e finalmente compreensível à luz das informações fornecidas pela recente intervenção no *forum* coimbrão sobre a real dimensão da antiga *Aeminium*[371]), tanto quanto o reconhecimento da escassa importância detida, nesses séculos, pela cidade – ilustrada, desde logo, na ausência de vestígios materiais –, obrigarão assim, tudo indica, a mitigar a imagem que tradicionalmente se criou e, em consequência, a questionar também a real consistência de um processo cuja efectiva implementação somente a dinamização (que objectivamente se impõe) de um *estudo profundo* poderá, eventualmente, demonstrar[372]. Como quer que seja, não parecem depor a favor da noção de uma *cidade poderosamente fortificada* as sucessivas presúrias que assinalariam a primeira fase do *domínio muçulmano*, coroadas pela que, em 878, culminaria na erradicação dos Banu Danis. Mas vimos já como nada prova que fosse ela, sequer, a verdadeira sede dos *senhores de Coimbra*, tendo em conta o encastelamento preferencialmente rural da oligarquia berbere e a própria continuidade do papel, a um tempo eclesiástico e civil, desempenhado por Conímbriga. A conquista de Afonso III funcionará assim, de facto, tudo indica, como a verdadeira baliza dessa *capitalidade*, expressa na transferência do bispado e no senhorio dos condes de Coimbra e traduzida agora, efectivamente, no abandono à sua sorte da antiga e aristocrática Conímbriga, beneficiando, no âmbito de uma estratégia política que parece ter passado pelo estabelecimento de uma (nova) metrópole eclesiástica[373], das qualidades simultâneas de *sítio* e *posição*[374] patenteadas pela velha *Emínio*. Realidade que haveria de traduzir-se na erecção dos indispensáveis equipamentos litúrgicos, mas não, por certo, na implantação de um programa ambicioso de fortificação, que o estado incipiente revelado pela castelologia cristã da *Reconquista* impediria e que, aliás, o ostensivo desinteresse omíada pelos destinos do *Gharb*, nos cem anos que se seguem, tornaria despiciendo. É, pelo menos, o que parece demonstrar a rápida conquista de Almançor – como também a ausência de referências ao desmantelamento dos muros que, por regra, acompanhava, juntamente com a erecção da *alcáçova real*, o próprio *ritual* da submissão.

Neste contexto, a similitude do aparelho de construção ostentada pelo alcácer e pelos trechos arcaicos da mura-

Porta da Traição ou de Iben Bodron da antiga muralha de Coimbra (A. de Vasconcelos, *A Sé Velha de Coimbra*)

Porta do Sol da antiga muralha de Coimbra (reconstituição conjectural de Fernandes Martins)

lha (num percurso homogéneo, entre a demolida *Porta da Traição* e a de *Almedina*), reconhecida por Vergílio Correia e Nogueira Gonçalves, tanto quanto o facto de se confirmar que, do mesmo modo, "também pedras visigóticas foram aproveitadas para enchimento de muros"[375] (sabendo-se hoje que onde se vê *visigodo* se deve, porventura, ver *moçárabe*[376]), parecem justificar a convicção de serem realmente *coevas* as duas estruturas – por controverso que tivesse sido, face aos dados disponíveis, o apuramento das respectivas cronologias –, ao mesmo tempo que o efeito conjunto da longa decadência da cidade no período visigodo e na primeira fase muçulmana, da lenta recuperação esboçada sob o domínio cristão e da destruição geral produzida pelas tropas de Almançor, explicariam, simultaneamente, como "nos arredores do milénio" afloravam ainda na terra e constituíam *res nulius*, os edifícios romanos de que faziam parte os materiais aplicados nas duas construções[377]. Tudo leva, assim, a crer que a importância simbólica e estratégica atribuída à recuperação de Coimbra, no quadro de um projecto imperial de *guerra santa* direccionado ao Reino de Leão, incluiria a sua conversão em praça militar, entendida como guarda avançada do Islão, em cujo âmbito se articulariam tanto o seu *repovoamento* como a sua poderosa fortificação[378]; e que esta se levara a cabo por meio da edificação do *alcácer* e da própria cintura de muralhas, sem a qual, em boa verdade, não dispunha aquele de verdadeira eficácia militar, ao mesmo tempo que a sua solitária construção (que noutros locais ocorreria) careceria em absoluto de sentido numa cidade em fim de contas conquistada e que não consta tenha esboçado resistência[379] – desse modo melhor se compreendendo, aliás, a presença (há muito assinalada), no percurso mural, de trechos mais ou menos explicitamente *muçulmanos*, como o arco ultrapassado da Porta da Traição, documentada em 1094, os arranques, também de arco ultrapassado, reconhecidos na Porta de Almedina, onde igualmente parecem divisar-se restos de duas torres circulares, estruturas que, pela afinidade técnica com a *alcáçova* e a muralha urbana, Nogueira Gonçalves atribuiria, uma vez mais, ao "século IX, ao período a seguir à primeira reconquista" e mesmo, talvez, a Porta do Sol, referenciada em 1087[380]. Programa, pois, verdadeiramente *representativo*, ilustrativo da natureza invencível do poder *omíada*; mas, sobretudo, programa *militar*, que alcançaria converter a urbe numa praça de facto *inexpugnável*. E não somente pela valia dos seus muros; mas pela razão de, por seu intermédio, se proteger e preservar o único bem que, em caso de assédio, aqui como em toda a parte, constitui o verdadeiro penhor de uma longa subsistência: "água em muita quantidade"[381]. Qualidade exemplarmente demonstrada no longuíssimo cerco que precedeu a sua queda, às mãos de Fernando Magno e celebrada, ao longo do século XII, entre as muitas bondades de *Qulumryya*, na linguagem cifrada dos geógrafos árabes, que é também, forçosamente, a da castelologia islâmica. Programa monumental, contudo, cuja acelerada realização, no curto lapso que medeia entre o *repovoamento* de 994 (?) e a morte de Almançor, em 1002 (ou a de Abd-al-Malik, em 1008) – após o que o estado generalizado de guerra civil muito dificilmente possibilitaria a sua prossecução –, por si mesma impede a aceitação da implementação paralela de uma *alcáçova* murada, bairro funcional autónomo, cingindo o *qasr*, que nada justifica numa cidade sem *governador*, nem, especialmente, dispõe de evidência arqueológica[382].

Tudo indica, de facto, inversamente, que, ao abrigo da proverbial ambiguidade da terminologia castrense muçulmana[383], alcácer e alcáçova fossem, na prática, uma única e a mesma realidade. E assim se explicariam, simultaneamente, a estranha desmesura da edificação coimbrã, a sua desproporção em relação ao núcleo funcional que deveria albergar (um *qa'id* e a sua guarnição) e a forma indistinta – *alcáçova, alcácere, alcáçar* – com que surge referida na mais antiga documentação[384]. Mas, fundamentalmente, a sua própria constituição, luxuosamente ornada, na face interna, de um soco relevado, como recinto ou *praça*, nessa perspectiva contemplável, cuidado que a aplicação integral do plano *omíada*, orlado de dependências adossadas, necessariamente teria dispensado e cuja implementação, de resto, ao menos a nascente, o escasso ressalto promovido pela porta-forte aparentemente contradiz. Ao mesmo tempo, a impressionante extensão do programa de fortificação levado a cabo em tão curtos anos e a arrojada monumentalidade revestida pelo reduto superior, impediriam por si mesmas provê-lo de muito mais que os cómodos necessários ao abrigo de uma guarnição e do indispensável apoio administrativo, em estruturas essencialmente utilitárias (à imagem, de resto, de tantos outros casos[385]), no interior de um recinto concebido como sinal de domínio, mas também, seguramente, como espaço de refúgio em caso de assédio, para o que seria dotado da necessária capacidade militar, incluída, obviamente, a posse do precioso líquido[386]; estruturas cujos débeis traços as sondagens realizadas terão, eventualmente, divisado.

Parece, assim, configurar-se, no extremo norte do *Andalus* ocidental, mais que um mero *alcácer*, uma praça-forte cingida de muralhas: ciclópico anel, cerrando a ferradura e dando ao (duplo) *monte* a aparência *redonda* captada por Idrisi. Assente no esporão, contudo, como em *ninho de águias*; suspensa sobre a *cutilada* que abrigava o coração da vida urbana (mas também sobre a ponte e o trânsito que, através dela, fluía como há séculos na velha estrada de *Aluxbuna*, irrigando a urbe pelo arco ultrapassado da *Porta de Almedina*), alcandorava-se a imensa mole da alcáçova, esmagando a cidade do seu peso desmedido. Seria ela a *imagem do poder*. Poder militar, evidentemente, como não poderia deixar de ser numa cidade *refundada* como bastião do islamismo. Era aqui, pois, a *casa do mando*, a *dar al-imara*, cujo valor semiótico, de resto, sobrelevaria ainda a confirmar-se a notícia da passagem subterrânea ligando o paço à catedral (a alcáçova à mesquita)[387]. E cujo real sentido, sobretudo – o mais *representativo* –, lhe adviria, porventura, dessa dupla função, a um tempo dominadora e protectora, à sombra da qual, por fim, lograria afirmar-se, em sete breves décadas, um convívio pacífico de etnias e credos, que consubstanciaria, para a comunidade moçárabe, a alternativa ao despotismo dos senhores berberes (se não mesmo ao dos exactores cristãos) e em defesa do qual (por isso mesmo), lado a lado com a população árabe, se empenharia também no dramático cerco de 1064. E que avulta agora, inquestionavelmente, dez séculos depois, exumada ao esquecimento, disputando à Aljafería – que ajuda a explicar –, as sábias palavras de Chueca Goitia, quando a designou de "maior novidade da arqueologia islâmica peninsular" e, com a mesquita de Córdova, Medina Az-Zahra, a Giralda de Sevilha e o Alhambra de Granada, seguramente "uma das jóias principais entre os monumentos dos Islão *espanhol*"[388].

NOTAS

[70] *Inventário Artístico de Portugal – Cidade de Coimbra*, p. 1a. Veja-se tb. *idem*, "A arte medieval em Coimbra, séc. X - séc. XV. Aspectos gerais", *Estudos de História da Arte Medieval*, Coimbra, Epartur, 1980, p. 56.

[71] *Idem*, "Evocação da obra coimbrã na época medieval", *Estudos de História da Arte Medieval*, Coimbra, Epartur, 1980, p. 10 (reed. do texto de uma conferência proferida em 1943 e edit. em opúsculo em 1944).

[72] DGEMN (Lisboa), *Paços da Universidade*, Proc.º C-06 03 25 – 014 (258), ofício de A. Nogueira GONÇALVES para o arq. Baltazar de Castro, de 08.05.1945. Apesar das nossas buscas no MNMC, onde presumíamos que o "ligeiro fragmento" tivesse dado entrada, não foi possível localizar-lhe o rasto.

[73] "O domínio árabe", PERES, Damião, (dir.), *História de Portugal*, Barcelos, Portucalense Editora, vol. I, 1928, pp. 391-431.

[74] *Portugal na Espanha Árabe*, Lisboa, Caminho, col. "Universitária", ²1989, 2 vol.

[75] Para uma visão geral do trabalho desenvolvido pela historiografia e pela arqueologia portuguesas dedicadas a este período, veja-se CATARINO, Helena, "Arqueologia do período islâmico em Portugal: breve perspectiva", *O Arqueólogo Português*, Série IV, 13/15, Lisboa, 1995-1997, pp. 459-484, Sep., pp. 459-484 e, para um confronto com a realidade espanhola, BORRÁS GUALÍS, Gonzalo, "El arte hispanomusulmán. Estado de la cuestión", *Anuario del Departamento de Historia y Teoría del Arte*, III, Madrid, Universidad Autónoma de Madrid, 1991, pp. 11-18.

[76] *Le Portugal musulman (VIIIe-XIIIe siècle). L'Occident d'al-Andalus sous domination islamique*, Paris Maisonneuve et Larose, 2000. Merece, apesar de tudo, um lugar de destaque nesta matéria o esforço representado pela realização da exposição e do conjunto de estudos reunidos no catálogo *Memórias Árabo-Islâmicas em Portugal*, coord. por Rosa Maria PEREZ (Lisboa, Comissão Nacional para as Comemorações dos Descobrimentos Portugueses, 1997).

[77] Cfr. CORREIA, Fernando Branco, "Fortificações islâmicas do Gharb", *Portugal Islâmico. Os últimos sinais do Mediterrâneo*, Lisboa, Museu Nacional de Arqueologia, 1998, Cat., p. 195. Deve-se, porém, a H. CATARINO, uma pioneira e bem fundamentada chamada de atenção para a importância do estudo da antiga *marca inferior*, entre o Douro e o Tejo e, em especial, para a região do Mondego e para a riqueza de vestígios que essa (inexplorada) zona poderá ocultar, intuição que viria a ser confirmada no *Alcácer de Coimbra*, em cuja *descoberta*, aliás, lhe estaria reservado um papel fundamental (cfr. "Arqueologia do período islâmico…", pp. 464-465 e 475 e *idem*, "O Algarve Oriental durante a ocupação islâmica, povoamento rural e recintos fortificados" *Al-'Ulya, Revista do Arquivo Histórico Municipal de Loulé*, nº 6, vol. I, Loulé, 1997, pp. 122-123).

[78] Cfr. PICARD, Ch., *Le Portugal musulman…*, p.150.

[79] Cfr. *idem, ibidem*, pp. 10-13 e MANZANO MORENO, Eduardo, *La frontera de Al-Andaluz en epoca de los Omeyas*, Madrid, Consejo Superior de Investigaciones Cientificas, Biblioteca de Historia, 1991, pp. 14-15.

[80] Cfr. ARAÚJO, Luís Manuel de, "Os Muçulmanos no Ocidente Peninsular", SARAIVA, José Hermano (dir.), *História de Portugal*, vol. I, Lisboa, Alfa, 1983, p. 246 e RODRIGUES, M. A. (introd. a), *Livro Preto…*, pp. LXVI-LXVII.

[81] Na verdade, ainda nos recentes trabalhos de Cláudio TORRES e Santiago MACÍAS, *O legado islâmico em Portugal*, [Lisboa], Círculo de Leitores, 1998, pp. 72-75 e Paulo PEREIRA, *2000 anos de arte em Portugal*, Lisboa, Temas e Debates, 1999, p. 108, mesmo tratando-se de obras de (alta) divulgação, é notório o reduzido espaço ocupado por Coimbra, o esforço desenvolvido para o preencher e a dependência em relação aos relatos dos *cronistas* árabes. H. CATARINO organiza, aliás, uma rápida resenha do (escasso) espólio muçulmano existente na cidade [veja-se nota *supra* e tb. MARINHO, José Rodrigues, "As moedas hispano-muçulmanas do Museu Machado de Castro, em Coimbra", *O Arqueólogo Português*, Série III, vol. V, Lisboa, 1971, pp. 249-254 e, sobre o único testemunho edificado reconhecido, os restos obliterados de um arco de ferradura flanqueado de torres circulares nas infra-estruturas da Porta de Almedina, GONÇALVES, A. Nogueira, *Inventário Artístico de Portugal – Cidade de Coimbra*, p. 6b e TORRES, Cláudio, "O Garb-al-Andalus", MATTOSO, José, (dir.), *História de Portugal*, vol. I, Lisboa, Círculo de Leitores, 1992, p. 369]. Em termos nacionais, porém, a ausência de um património monumental, cuja presença, na vizinha Espanha, constituiria acicate de uma historiografia e de uma arqueologia de dinamismo muitíssimo superior, seria tradicionalmente justificada pela escassa importância do território hoje português em relação ao poder central. Por isso C. A. Ferreira de ALMEIDA escreveria: "temos de convir que eles também não apresentariam extraordinária grandeza, porque os restos conhecidos são muito limitados e as coras de Beja e Ossonoba eram periféricas em relação a Córdova. Esta parte portuguesa só ganha maior relevo a partir do século XI, com as taifas e os Almóravidas e, sobretudo, no tempo dos Almóadas (*Arte da Alta Idade Média*, pp. 79-80). A exumação do *Alcácer de Coimbra*, verificada em território tradicionalmente *não arqueológico*, vem, contudo, demonstrar que esta premissa assenta em dados (muito) parciais, ilustrando cabalmente o que pode ainda haver a esperar de uma historiografia e de uma arqueologia correctamente dirigidas.

[82] MAZZOLI-GUINTARD, Christine, *Villes d'al-Andalus. L'Espagne et le Portugal à l'époque musulmane (VIIIe-XVe siècles)*, Rennes, Presses Universitaires de Rennes, 1996, p. 99. Vem a propósito registar a estranheza com que a historiografia espanhola refere também a escassez de fontes literárias e mesmo epigráficas para o palácio *taifa* da Aljafería – de tão grande afinidade com o *alcácer* de Coimbra –, por comparação com outros, como os de Sevilha, Toledo, Almería e Valencia [cfr. CABAÑERO SUBIZA, Barnabé, "El palacio musulman. Descripción artística", CABAÑERO SUBIZA, Barnabé, BELTRÁN MARTINEZ, António, BORRÁS GUALIS, Gonzalo (coord.), *La Aljafería*, vol. I, Zaragoza, Cortes de Aragón, 1998, p. 87].

[83] COELHO, A. Borges, *Portugal na Espanha Árabe*, vol. I, p. 50.

[84] RODRIGUES, M. A. (introd. a), *Livro Preto…*, pp. LXXVII (que seguimos) e COELHO, A. Borges, *Portugal na Espanha Árabe*, vol. I, p. 56. Veja-se tb. AL-HIMYARI, *Kitab Ar-Rawd Al Mi'tar* (trad. M.ª Pilar MAESTRO GONZÁLEZ), Valencia, 1963, pp. 329-330.

[85] RODRIGUES, M. A. (introd. a), *Livro Preto…*, pp. LXXX (que seguimos) e COELHO, A. Borges, *Portugal na Espanha Árabe*, vol. I, p. 68. Sobre a biografia de Idrisi e para outras transcrições do referido passo veja-se: IDRÎSÎ, *Geografía de España*, Valencia, Anubar Ediciones, col. "Textos Medievales", 37, 1974, pp. 8-10 e 172 e GARCIA MERCADAL, J. (org.), *Viajes de extranjeros por España y Portugal, desde los tiempos mas remotos hasta fines del siglo XVI*, Madrid, Aguilar, S. A. de Ediciones, 1952, pp. 181-183 e 206-207.

[86] 'ABD AL-KARIM, Gamal, "La España Musulmana en la obra de Yaqut (s. XII-XIII)", *Cuadernos de Historia del Islam*, 6, Granada, 1974, p. 256.

[87] Cfr. GOMES, Rosa Varela, "A arquitectura militar muçulmana", MOREIRA, Rafael (dir.),

História das Fortificações Portuguesas no Mundo, Lisboa, Alfa, 1989, p. 27.

[88] SILVA, Armando Carneiro da, "A Almedina de Coimbra", *Alta de Coimbra – história, arte, tradição*, 1º Encontro sobre a Alta de Coimbra, Actas, Coimbra, 1988, p. 14.

[89] Sobre a capitulação de Coimbra, a sua autonomia e o principado de Aidulfo, cujo filho, Atanagildo, bem como o neto, Teodus, se conservariam no poder até pelo menos, 760 (data da doação de Teodus ao Mosteiro de Lorvão) vejam-se: SIMONET, Francisco Javier, *Historia de los Mozarabes de España*, Madrid, Ediciones Turner, 1983, tomo I, pp. 181 e 183, nota 1; COELHO, A. Borges, *Portugal na Espanha Árabe*, vol. II, pp. 57-58; PICARD, Ch., "A islamização do Gharb al-Ândaluz", *Portugal Islâmico. Os últimos sinais do Mediterrâneo*, Lisboa, Museu Nacional de Arqueologia, 1998, Cat., pp. 25-26 e *idem*, *Le Portugal musuman...*, pp. 22-23, 111 e 182. Uma situação semelhante seria, aliás, vivida na região *entre Douro e Mondego* com centro, provavelmente, em Viseu, mas de contornos praticamente desconhecidos (cfr. ARAÚJO, L. M. de, "Os Muçulmanos no Ocidente Peninsular", pp. 250 e 253). SIMONET, contudo, na sua obra clássica, redigida em meados do século XIX, introduziria algumas variantes, com base num antigo memorial anónimo, provavelmente traduzido do árabe, segundo o qual Coimbra e Santarém teriam sido submetidas pela força das armas, após o que, todavia, Abd-al-Aziz as teria exceptuado de toda a expropriação e tributo territorial, sendo, porém, de novo saqueada Coimbra e toda a sua comarca, em 716, pelo mesmo caudilho (cfr. tomo I, pp. 51-52, 67 e 144). Também, de acordo com A. Borges COELHO, o historiador de Silves Ibne Mozaine, escrevendo no século XI (em texto perdido), se teria referido à *resistência de Santarém e Coimbra* ["O domínio germânico e muçulmano", MOITA, Irisalva (coord.), *O Livro de Lisboa*, Lisboa, Livros Horizonte, 1994, p. 79]. Mas a verdade é que o referido texto confirma explicitamente que Santarém e Coimbra foram as únicas cidades do Ocidente onde a posse da propriedade foi respeitada (cfr. SIMONET, F. J., *ibidem*, tomo I, p. 61, nota 2 e PICARD, Ch., *Le Portugal musulman...*, p. 22 e nota 9, que refere peremptoriamente que, segundo esse relato, "la région de Coimbra et Santarém, comprenant Lisbonne, eut droit à un traité équivalent à celui de Tudmir"). Sobre a importância modelar do tratado de Teodomiro, "famoso hasta el extremo de que ha sido reportado por varios historiadores musulmanes a lo largo de la Edad Media", veja-se LLOBREGAT, Enrique A., "De la ciudad visigótica a la ciudad islámica en el Este Peninsular", *Simpósio Internacional sobre la Ciudad Islámica*, Zaragoza, Institución Fernando el Católico, 1991, pp. 178-180.

[90] Cfr. CATARINO, H., "O Algarve Oriental...", vol. II, pp. 113-114 e 116-117.

[91] Efectivamente, é conhecida a decantada afirmação de GÓMEZ MORENO (*Iglezias Mozárabes*, vol. I, p. 98, *apud*, VENTURA, Leontina, "A muralha coimbrã na documentação medieval", *Actas das I Jornadas do Grupo de Arqueologia e Arte do Centro*, Coimbra, 1979, p. 43). Sobre o moçarabismo de Coimbra, eloquentemente testemunhado pelo *Livro Preto*, vejam-se CORTESÃO, J., *Os factores democráticos...*, pp. 50-51 e RODRIGUES, M. A. (introd. a), *Livro Preto...*, p. XCV. Uma interessante e inovadora perspectiva sobre a actividade construtiva dos moçárabes, a quem, segundo o seu autor, deverá ser cometida boa parte do espólio geralmente tido por visigótico, é fornecida por REAL, Manuel Luís, "Os Moçárabes do Gharb português", *Portugal Islâmico. Os últimos sinais do Mediterrâneo*, Lisboa, Museu Nacional de Arqueologia, 1998, Cat., pp. 35-56.

[92] GASCO, A. Coelho, *Conquista, antiguidade e nobreza...*, pp. 19-20. A obra, ainda que editada pela primeira vez em 1805, seria redigida em 1666 e as referências que veicula originam-se na conhecida (e polémica) *escritura do Mouro de Coimbra*, dada à estampa por Frei Bernardo de Brito, na *Monarchia Lusitana*, livro VII, cap. VII e outorgada em 734, por mediação dos monges de Lorvão, pelo governador *Alboacem iben Mahamet Alhamar Iben Tharif*, filho, provavelmente, de *Mohamet Alhamar iben Tarif*, a quem Abd-al-Aziz teria entregue, em 716, o governo de Coimbra, ao conde *Teodoro*, descendente dos monarcas godos, que não é mais que Teodus, o neto de Aidulfo, que ainda em 760 beneficiava dos termos do acordo celebrado em 714 por seu avô (cfr. *supra* nota 86), cuja reedição a *escritura*, na verdade, consubstancia(rá). A autenticidade do documento, que teria origem no Mosteiro de Lorvão, seria contestada pela crítica oitocentista desde João Pinto Ribeiro, mas a verdade é que o conjunto de informações reunidas parece merecer credibilidade, porventura originada em antigas tradições do cenóbio a que Brito, em finais do século XVI, ainda teve acesso (cfr. SIMONET, F. J., *Historia de los Mozarabes...*, tomo I, pp. 52, e 180-184 e *supra* nota 89).

[93] LEAL, Augusto Soares d'Azevedo Barbosa de Pinho, "Coimbra", *Portugal Antigo e Moderno*, Lisboa, Livraria Editora de Mattos Moreira & Companhia, vol. 2, 1874, p. 320. Por seu turno e sem especificar as fontes que utiliza, Pierre DAVID afirma que "vers 745 la famine et le repli des Berbères ramenèrent plus au sud les limites du domaine effectif des Arabes, sans que les rois chrétiens des Asturies aient pu occuper les régions évacués" ("Coïmbre", *Dictionnaire d'Histoire et de Géographie Ecclésiastiques*, tome XIII, Paris, Librairie Letouzey et Ané, 1956, p. 205).

[94] Cfr. MANZANO MORENO, E., *La frontera de Al-Andaluz...*, p. 245.

[95] Cfr. e RODRIGUES, M. A. (introd. a), *Livro Preto...*, p. LXXVI e PICARD, Ch., *Le Portugal musulman...*, p. 182.

[96] Cfr. PICARD, Ch., *Le Portugal musulman...*, pp. 39 e 182. Santiago MACÍAS refere mesmo que Afonso II, em 798, "conquistou temporariamente Coimbra" ["Resenha dos factos políticos", TORRES, Cláudio, "O Garb-al-Andalus", MATTOSO, José, (dir.), *História de Portugal*, vol. I, Lisboa, Círculo de Leitores, 1992, p. 420].

[97] Cfr. PICARD, Ch., *Le Portugal musulman...*, pp. 39 e 182; ARIÉ, Rachel, "España Musulmana (siglos VIII-XV)", TUÑÓN DE LARA, Manuel (dir.), *Historia de España*, tomo III, Barcelona, Ed. Labor, 1983, p. 21. Este acontecimento perpassa também no *Muqtabis II*, com a discreta menção de "Agitación en Lisboa y Coimbra" [cfr. CÓRDOBA, Ben Haián de (m. 469 H. / 1076 J.C.), *Muqtabis II, Anales de los Emires de Córdoba Alhaquém I (180-206 H. / 796-822 J.C.) y Abderramán II (206-232 / 822-847)*, ed. facsímil de VALLVÉ BERMEJO, Joaquín, Madrid, Real Academia de la Historia, 1999, p.XIII].

[98] Cfr. MATTOSO, José, "Portugal no Reino Asturiano-Leonês", MATTOSO, José, (dir.), *História de Portugal*, vol. I, Lisboa, Círculo de Leitores, 1992, p. 532; PICARD, Ch., "A islamização do Gharb al-Andalus", p. 29 e *idem*, *Le Portugal musulman...*, pp. 40, 111, 127 e 182.

[99] Cfr. PICARD, Ch., "A islamização do Gharb al-Andalus", p. 26; *idem*, *Le Portugal musulman...*, pp. 43 e 170 e RODRIGUES, M. A. (introd. a), *Livro Preto...*, pp. XCV-XCVIII.

[100] Cfr. COELHO, A. Borges, "O domínio germânico e muçulmano", p. 82 e MATTOSO, J., "Portugal no Reino Asturiano-Leonês", p. 532.

[101] É, pelo menos, o que parece poder deduzir-se das menções registadas no *Muqtabis II* para os

[101] anos de 825/826 e 826/827, respectivamente a "Aceifas a Galicia y Coimbra" e "Aceifa contra los bárbaros de Mérida hasta Coimbra", a última das quais, de resto, acrescenta: "Fracaso de la aceifa" (cfr. p. XVI).
[102] Cfr. LEAL, A. S. de Pinho, "Coimbra", pp. 320-321. Trata-se, obviamente, do mesmo *Alboacem iben Mahamet Alhamar Iben Tharif* que teria firmado a "escritura do Mouro de Coimbra" (cfr. *supra* nota 92).
[103] Cfr. MANZANO MORENO, E., *La frontera de al-Andalus...*, p. 200.
[104] Sobre este assunto vejam-se *idem, ibidem*, pp. 196-201; ARIÉ, R., "España Musulmana...", pp. 21-22; COELHO, A. Borges, *Portugal na Espanha Árabe*, vol. II, pp. 152-153 e PICARD, Ch., *Le Portugal musulman...*, pp. 45 e 279-280. *Xurumbaqi* ter-se-ia revoltado num castelo próximo de Coimbra (Montemor-o-Velho?) (cfr. SIMONET F. J., *Historia de los Mozarabes...*, tomo III, pp. 509 e 511).
[105] COELHO, A. Borges, *Portugal na Espanha Árabe*, vol. II, p. 153.
[106] Na verdade, as informações respeitantes à primeira conquista cristã de Coimbra, não deixam de sugerir uma realidade complexa. Segundo Borges COELHO, "Em 877 o rei Afonso III de Leão avançou sobre Coimbra que os mouros tinham cercada. Descercou-a, tomou-a e meteu-a sob o seu poderio. O relato sugere que afinal Coimbra se levantara contra o emir de Córdova e pedira auxílio cristão, auxílio que levou as tropas da Galiza à tomada da cidade" ("O domínio germânico e muçulmano", p. 83) e também P. DAVID refere, com base na *Crónica de Albelda*, uma das versões (a mais fiável) da *Crónica dos doze primeiros anos do reinado de Afonso III*, que o monarca "vint au secours de Coïmbre, assiégée par les ennemis, et l'incorpora à son royaume" (cfr. "Coïmbre", p. 205). De facto, E. MANZANO MORENO regista o testemunho de Ibn Hazm, segundo o qual os Banu Danis eram tidos por "senhores de Coimbra" (cfr. *La Frontera de al-Andalus...*, pp. 201-202). Por outro lado, Ch. PICARD atribui a expulsão dos Banu Danis de Coimbra a Ibn Marwan e *Xurumbaqi* (o que poderá acordar-se com a informação de B. C. de estar a cidade cercada de *mouros* quando Afonso III avança sobre ela – e a tratar-se de um pedido de socorro por parte dos *senhores de Coimbra* não deixa de trazer novos elementos sobre a sua *lealdade cordovesa*), ao mesmo tempo que, respigando as fontes disponíveis, afirma que a cidade foi conquistada pelo monarca leonês em 878, depois perdida e retomada por Hermenegildo Guterres em 889, sendo ainda conquistada de novo, segundo a *Crónica dos Godos*, em 904. Corresponderá o lapso que decorre entre 878 e 889 ao período de *ermamento*? (cfr. *Le Portugal musulman...*, pp. 45, 109 e 111). Sobre a conquista da cidade e a actuação dos rebeldes, vejam-se ainda: PICARD, Ch., "A islamização do Gharb al-Andalus", p. 30 e RODRIGUES, M. A. (introd. a), *Livro Preto...*, pp. CXIX-CXX. As fontes parecem, aliás, indicar uma rápida tomada, reportando ainda o pitoresco relato de Coelho Gasco os termos da sua capitulação: "Ainda até ao dia seguinte – escreve – se defenderam alguns Cavalleiros Mouros no Castello, em companhia e guarda de seu Rei Cide Arabum Arabe, mas o Principe Mouro lho entregou logo, com concerto, que sahissem todos com vida" (*Conquista, antiguidade e nobreza...*, p. 8). Veja-se tab. GONÇALVES, A. Nogueira, "Evocação do XI centenário da primeira Reconquista cristã de Coimbra", *Estudos de História da Arte Medieval*, Coimbra, Epartur, 1980, pp. 343-355.
[107] Cfr. MANZANO MORENO, E., *La Frontera de al-Andalus...*, p. 203.
[108] Cfr. *idem, ibidem*, p. 201 e PICARD, Ch., *Le Portugal musulman...*, p. 279.
[109] De facto, não deixa de ser surpreendente a verificação da inexistência, por parte do poder omíada, de qualquer tentativa de recuperação da cidade de Coimbra até ao final do séc. X, em flagrante contraste com os esforços ingentes aplicados no domínio de Toledo, o caso mais flagrante de autonomia no território islâmico. No que diz respeito às fontes árabes, o silêncio é, na verdade, absoluto, sendo a conquista de Coimbra por Hermenegildo Guterres conhecida apenas das fontes cristãs [cfr. MANZANO MORENO, E., *La Frontera de al-Andalus...*, pp. 163-165, 168, 170, 203-204 e 261-304; *idem*, "Madrid, en la frontera omeya de Toledo", *Madrid del siglo IX al XI* (vv. aa.), Madrid, Comunidad de Madrid, 1990, pp. 115--129 e PICARD, Ch., *Le Portugal musulman...*, pp. 120-121 e 127].
[110] Na verdade, está longe de ser pacífica a questão da transferência do prelado diocesano de Conímbriga para Coimbra, a qual se prende com a evolução toponímica sofrida pela antiga *Aeminium* e, desse modo, com a própria história da cidade no período obscuro que sucede às invasões bárbaras. Como escreveria Rui de AZEVEDO, "sôbre a cronologia desta mutação nada está ainda assente, porque as fontes de estudo existentes prestam-se a interpretações muito discordes" e apenas "a pesquisa arqueológica, longe ainda do seu têrmo, poderá porventura solucionar de vez êste problema" ["Período de formação territorial: expansão pela conquista e sua consolidação pelo povoamento. As terras doadas. Agentes colonizadores", BAIÃO, António, CIDADE, Hernâni, MÚRIAS, Manuel, (dir.), *História da Expansão Portuguesa no Mundo*, Lisboa, Editorial Ática, vol. I, 1937, p. 24-25]. Contudo, pela importância de que se reveste para a questão que nos ocupa, a ela voltaremos adiante, procurando justificar a nossa interpretação (veja--se *infra* nota 321).
[111] Cfr. MATTOSO, J., "Portugal no Reino Asturiano-Leonês", pp. 470 e 534. De facto, existem referências ao estabelecimento na cidade, no período anterior à conquista e com a cumplicidade dos muçulmanos (decerto os Banu Danis), do Infante Bermudo Ordonhes, revoltado contra seu irmão Afonso III. A ser assim, Hermenegildo Guterres teria tido de combatê-lo ou, inversamente, de pactuar com ele. Parece, aliás, haver informações da sua presença na região nos anos seguintes, mas a verdade é que os dados sobre esta matéria são particularmente obscuros. Como quer que seja, J. MATTOSO sublinha que se "deve considerar a fronteira portuguesa do Mondego como uma região especialmente propícia à instalação de caudilhos semi-independentes, que procuravam actuar por conta própria e que negociavam ora com o rei de Oviedo, ora com o emir de Córdova, a utilização das suas forças militares e as riquezas que iam obtendo nas suas expedições de pilhagem" (*idem, ibidem*, pp. 534-536). Nesse sentido se deverá, por certo, entender a própria actuação dos Banu Danis e a sua *fidelidade* em relação ao poder omíada, por certo variável consoante as circunstâncias (veja-se *supra* nota 106). Quanto à actuação dos condes de Coimbra na reorganização do território, em particular a sua política eclesiástica, veja-se *idem, ibidem*, pp. 473-474.
[112] Cfr. CORREIA, F. Branco, "Fortificações islâmicas...", p. 195.
[113] Sobre este assunto veja-se ROSSA, W., *Divercidade...*, p. 173 e nota 189. A verdade é que, como se procurará demonstrar, a *Coimbra muçulmana*, entre a primeira e a segunda fases, terá correspondido a realidades substancialmente diversas, que não podem, decerto, aferir-se pelo mesmo denominador, sequer em termos demográficos.
[114] TORRES, C., MACÍAS, S., *O legado islâmico em Portugal*, p. 74; *idem*, "A arte islâmica no Ocidente andaluz", PEREIRA, Paulo (dir.), *História da Arte*

Portuguesa, vol. I, *Da Pré-História ao "Modo" Gótico*, Lisboa, Círculo de Leitores, 1995, p. 155. Vejam-se também TORRES, C., "O Garb-al-Andalus", pp. 396-397 e PICARD, Ch., *Le Portugal musulman...*, pp. 218, 304 e 309.

[115] Cfr. PICARD, Ch., *Le Portugal musulman...*, p. 184.

[116] Cfr. MATTOSO, J., "Portugal no Reino Asturiano-Leonês", pp. 470, 502-503 e 539. Na verdade, os filhos do conde de Coimbra, Gonçalo Moniz, associar-se-iam a Almançor, acompanhando-o mesmo, em 997, na expedição que culminaria no saque e destruição de Santiago de Compostela. Reportada pelas fontes cristãs, como o *Cronicon Coninbricense* ou os *Annales Portucalenses Véteres* [cfr. PICARD, Ch., *Le Portugal musulman...*, p. 120 e BARROCA, Mário, "Do castelo da Reconquista ao castelo românico (séc. IX a XII)", *Portugália*, Nova Série, vol. XI-XII, Comissão Portuguesa de História Militar, Lisboa, 1994, p. 27], a conquista de Coimbra por Almançor deixaria também rasto nos textos árabes, como o *Dikr bilad al-Andalus*, onde se testemunha a rapidez da conquista, precedida, porém, de uma hábil operação de atemorização: "A vigesima sexta incursão (de Almançor) é a Condeixa; conquistou-a no próprio dia em que acampou à sua entrada, incendiando-a e arrasando-a posteriormente. Depois passou a Coimbra, cujos arredores incendiou. Dali dirigiu-se a Córdova. A vigésima sétima é uma incursão a Coimbra. Na vigésima oitava (outra a Coimbra) acampou às suas portas e, depois de a ter sediado durante dois dias, conquistou-a ao terceiro dia, destruindo-a e apresando os habitantes" [apud, RODRIGUES, M. A. (introd. a), *Livro Preto...*, p. LXXVI]. Vejam-se também ARAÚJO, L. M. de, "Os Muçulmanos no Ocidente Peninsular", p. 273; LOUREIRO, J. Pinto, *Coimbra no passado*, vol. I, p. 32 e VENTURA, L., "A muralha coimbrã...", p. 45.

[117] As fontes variam, na contabilização do período de *desertificação*, entre as cifras 7 e 10 anos (com vantagem para a primeira), ambas, seguramente, de valor eminentemente simbólico, parecendo contudo indiciar, como, aliás, seria lógico, o seu *repovoamento* à data da expedição a Santiago que, por certo, terá tido em Coimbra o seu ponto de partida. Como para a conquista por Afonso III, no séc. IX, também para a tomada de Almançor Ch. PICARD arrolaria novos dados, segundo os quais, "Après la prise de Coimbra, une première fois en 377/987, signalée par les seules sources chrétiennes, la cité fut détruite en 378/988, nous dit la *Crónicon Conimbricense*, parce que les habitants s'y révoltèrent et que le chambellan n'avait pas les moyens humains de repeupler la cité" (cfr. *Le Portugal musulman...*, p. 120).

[118] Esta data, que o confronto dos elementos disponíveis parece sugerir (entre os quais, a necessidade de se encontrar *povoada* e provida das necessárias estruturas à data da expedição a Santiago, em 997, seria, aliás, adoptada também por A. Nogueira GONÇALVES ("Evocação da obra coimbrã...", p. 13).

[119] Cfr. PICARD, Ch., *Le Portugal musulman...*, pp. 112, 115 e 120 e *idem*, "A islamização do Gharb al-Andalus", pp. 30.

[120] A ideia do papel estratégico de Coimbra nas incursões de Almançor em território cristão seria defendida, cremos que com justos motivos, por Ch. PICARD (cfr. nota *supra*), mau grado o silêncio das fontes a esse respeito, que, no caso da expedição a Santiago, apenas noticiam a organização da frota de auxílio, transportando tropas de infantaria, a partir de Alcácer do Sal, com destino ao Porto, onde, em Valadares, se reuniriam a tropas, provavelmente chegadas por terra (a partir de Coimbra?), enquanto a região de Viseu/Lamego parece ter servido de rectaguarda ou, pelo menos, seria nesta última cidade que se procederia, posteriormente, à divisão do opulento saque (cfr. COELHO, A. Borges, *Portugal na Espanha Árabe*, vol. II, pp. 261-262 e CATARINO, H., "O Algarve Oriental...", vol. I, p. 76). Sobre o rasto português das campanhas de Almançor, em particular da 997, veja-se AZEVEDO, Rui de, "A expedição de Almançor a Santiago de Compostela em 997, e a de piratas normandos à Galiza em 1015-16", *Revista Portuguesa de História*, tomo XIV, Coimbra, 1974, pp. 73-93.

[121] Cfr. PICARD, Ch., *Le Portugal musulman...*, pp. 81-82. Na verdade, seriam numerosas as incursões cristãs na região de *entre Douro e Mondego*, documentando-se, junto a Coimbra, a expedição do conde Mendo Luz, que em 1017 conquista e saqueia Montemor-o-Velho, de novo conquistada, em 1034, por Gonçalo Trastemires da Maia (cfr. MATTOSO, J., "Portugal no Reino Asturiano-Leonês", p. 541).

[122] Cfr. TERRÓN ALBARRÁN, Manuel, "História política de la Baja Extremadura en el período islâmico", TERRÓN ALBARRÁN, Manuel (dir. de), *Historia de la Baja Extremadura*, Badajoz, Real Academia de las Letras y las Artes, tomo I, 1986, pp. 364-365 e MATTOSO, J., "Portugal no Reino Asturiano-Leonês", p. 558.

[123] Na verdade, a resistência da cidade de Coimbra adquiriria foros quase lendários, a ponto de, no século XIII, se atribuir ao cerco uma duração de sete anos (cfr. MENÉNDEZ PIDAL, Ramón, *La España del Cid*, Madrid, Editorial Plutarco, 1929, tomo I, pp. 160-161 e MATTOSO, J., "Portugal no Reino Asturiano-Leonês", p. 558).

[124] Cfr. PICARD, Ch., *Le Portugal musulman...*, p. 125.

[125] Sobre a tradição, reportada pela *Crónica Geral de Espanha de 1344* (CINTRA, Luís Filipe Lindley, ed. de, Lisboa, Imprensa Nacional - Casa da Moeda, vol. III, 1961, p. 313), que atribui aos monges laurbanenses um papel activo na conquista de Coimbra por Fernando Magno e sua credibilidade, vejam-se SIMONET, F. J., *Historia de los Mozárabes...*, tomo III, p. 656; MENÉNDEZ PIDAL, R., *La España del Cid*, tomo I, pp. 160-161 e AZEVEDO, Rui de, *O Mosteiro de Lorvão na Reconquista Cristã*, Coimbra, 1933, pp. 31-34.

[126] Cfr. PICARD, Ch., *Le Portugal musulman...*, p. 127.

[127] IBN 'IDARI, *La caída del Califato de Córdoba y los Reyes de Taifas (al-Bayān al-Mugrib)*, MAÍLLO SALGADO, Felipe (estudio, trad. y not.), Salamanca, Universidad de Salamanca, 1993, pp. 198-199. 'IDARI, escrevendo nos finais do século XIII e inícios do XIV, socorre-se de muitas fontes anteriores, hoje desaparecidas. A expressão *escravo de Ibn al-Aftas* (Rei de Badajoz) com que refere Randuh, deve, naturalmente, ser contextualizada, como, aliás, se depreende da designação de *oficial* que seguidamente utilizará para a mesma personagem, quando refere que, posteriormente, "foi ter com o seu senhor, que o recriminou pela sua acção censurável, logo mandando cortar-lhe o pescoço" (*idem, ibidem*, p. 199; veja-se tb. p. 211). Para as fontes cristãs, ver BARROCA, M. J., "Do castelo da Reconquista ao castelo românico...", p. 27.

[128] Veja-se *supra* nota 88.

[129] Para uma visão de síntese, vejam-se: ARAÚJO, L. M. de, "Os Muçulmanos no Ocidente peninsular", pp. 245-253; CATARINO, H., "O Algarve Oriental...", vol. I, pp. 61-68 e ALVES, Adalberto, "Introdução", PEREZ, Rosa Maria (coord. de), *Memórias Árabo-Islâmicas em Portugal*, Lisboa, Comissão Nacional para as Comemorações dos Descobrimentos Portugueses, 1997, Cat., pp. 13-14.

[130] Veja-se *supra* nota 89.

[131] Cfr. ARAÚJO, L. M. de, "Os Muçulmanos no Ocidente peninsular", p. 253 e ACIÉN ALMANSA, Manuel, "Los Rebeldes del Tagr", (vv. aa.), s.l., *El*

Islam y la Cataluña, Lunwerg Editores, 1998, pp. 71-72. No que diz respeito à região catalã, o autor refere mesmo o caso do recrudescimento da vida urbana em Girona, Barcelona e Tarrazona (que recebia as contribuições pagas por Narbonne e Barcelona), em oposição à antiga *Tarraco*, desaparecida em consequência da fuga do arcebispo e da impossibilidade de estabelecimento de *pacto*. Desta convivialidade entre instituições cristãs e o ocupante muçulmano será exemplo, a crer na *escritura do Mouro de Coimbra*, o próprio Mosteiro de Lorvão, exceptuado do pagamento de impostos em recompensa dos bons serviços prestados ao governador e do bom acolhimento e hospedagem dados aos mouros (cfr. SIMONET, F. J., *Historia de los Mozarabes…*, tomo I, pp. 66 e 182).

[132] Cfr. LLOBREGAT, Enrique A., "De la ciudad visigótica a la ciudad islámica…", pp. 178-179 e ARIÉ, Rachel, "España Musulmana…", p. 188.

[133] SIMONET, F. J., *Historia de los Mozarabes…*, tomo I, p. 183. Veja-se *supra* nota 89.

[134] MANZANO MORENO, E., *La Frontera de al-Andalus…*, pp. 234-236 e CATARINO, H., "O Algarve Oriental…", vol. I, pp. 68-69 e 84.

[135] De facto, no que respeita à *cora* de Múrcia, E. A. LLOBREGAT, verificaria mesmo que "en las ciudades del pacto de Teodomiro no se instalan de inmediato los musulmanes. Se quedan fuera y establecen sus reales no en las ciudades, sino en medio del campo, o en *villae rusticae* (…). Otras veces aprovechan castillos o fortines. Pero huyen de las ciudades", reconhecendo, desse modo, que "la vida dentro de los parámetros visigodos se prolongó muy largo tiempo después de la presencia islámica, y se fue modificando muy poco a poco" (cfr. "De la ciudad visigótica a la ciudad islámica…", pp. 186-188). Por seu turno, Ch. PICARD, analisando a área respeitante ao *pacto de Aidulfo*, reconheceria que "Moyennant le cession de quelques lieux de garnison, probablement dans les villes les plus importantes, le région demeurait vide de toute présence musulmane. (…) ce pays échapps, jusqu'à la remise en cause du traité à l'extrême fin du VIIIᵉ siècle, à l'administration musulmane et conserva sa structure antérieure" (*Le Portugal musulman…*, pp. 26-27).

[136] Cfr. ARIÉ, R., "España Musulmana…", pp. 17-19 e TORRES, C., "O Garb-al-Andalus", pp. 372-373.

[137] Cfr. *supra* nota 92.

[138] Cfr. MANZANO MORENO, E., *La Frontera de al-Andalus…*, pp. 245-246 e PICARD, Ch., *Le Portugal musulman…*, pp. 24 e 27.

[139] Veja-se *supra* nota 93.

[140] Cfr. ARAÚJO, L. M. de, "Os Muçulmanos no Ocidente peninsular", pp. 268-269. Veja-se tb. ACIÉN ALMANSA, M., "Los Rebeldes del Tagr", p. 72. Sobre o chamado *período dos governadores*, que sucede à morte violenta de Abd-al-Aziz, em 716 e se prolonga durante 40 anos, até ao estabelecimento, em 56, do Emirato omíada de Córdova por Abd-al-Rahman I, com o qual se encerra também a revolta dos Berberes, veja-se ARIÉ, R., "España Musulmana…", pp. 15-16.

[141] Veja-se *supra* nota 94 e MANZANO Moreno, E., *La Frontera de al-Andalus…*, pp. 235-237. Os Sadfuri pertenciam ao grupo dos *Butr*, justamente considerado pelos autores islâmicos como o mais rude, entre a população berbere. Também Ibn Marwan, o rebelde de Badajoz, pregaria aos seus adeptos uma nova religião, "monstruosa mescla do Cristianismo e do Islão" (cfr. SIMONET, F. J., *Historia de los Mozarabes…*, tomo III, p. 509).

[142] Ao *Tagr* ou "zona fronteiriça", opunham-se as *coras* ou províncias em que se estruturava a zona mais próxima de Córdova, desde a morte de Abd-al-Aziz consagrada como capital e, logo, mais islamizada, por via de regra sucedâneas das antigas dioceses, subdivisões, por seu turno, dos antigos *conventus* jurídicos e podendo englobar diversas cidades e seus territórios, por sua vez geralmente continuação das antigas *civitates* tardo-romanas. Para uma visão geral da repartição administrativa no al-Andalus, vejam-se ARIÉ, R., "España Musulmana…", pp. 84-85 e 117-118; CATARINO, H., "O Algarve Oriental…", vol. I, pp. 111-119 e vol. II, p. 572; MANZANO MORENO, E., *La Frontera de al-Andalus…*, pp. 380-382 e MATTOSO, José, *Identificação de um País. Ensaio sobre as origens de Portugal (1096-1325)*, Lisboa, Editorial Estampa, ⁵1995, vol. 2, pp. 178-179.

[143] Cfr. MANZANO MORENO, E., *La Frontera de al-Andalus…*, pp. 382-383.

[144] De facto, a par das rebeliões do *Tagr*, o estabelecimento do Emirato defrontar-se-ia com a eclosão, mesmo nas províncias *interiores*, de movimentos sediciosos protagonizados por linhagens árabes, que, a coberto da defesa da legitimidade abássida, defendiam sobretudo, no quadro da nova administração centralizada implementada pelos Omíadas a partir de Córdova, o poder feudal das suas tribos sobre extensas regiões, como seria, para o caso *português*, a revolta, nos anos 70, de al-Ala b. Mughit al-Yahsubi, em Beja, mas alastrando até Sevilha. Esforçando-se por contornar o problema, através da substituição, nas diversas *coras*, das linhagens árabes por outras muladís, teria o Emirato, na maior parte dos casos, de contemporizar com os diversos senhores, a troco do seu reconhecimento (cfr. ALMANSA, M., "Los Rebeldes del Tagr", p. 73 e PICARD, Ch., *Le Portugal musulman…*, pp. 30-34).

[145] MANZANO MORENO, Eduardo, "La proyección del Estado Omeya en el Tagr", (vv. aa.), s.l., *El Islam y la Cataluña*, Lunwerg Editores, 1998, p. 66.

[146] Cfr. *idem*, *La Frontera de al-Andalus…*, pp. 249 e 253.

[147] Cfr. *idem*, *ibidem*, pp. 11-12, 27, 58-60, 189-190, 192, 233-234, 253, 346 e 380-383.

[148] Vejam-se *supra* notas 94, 95, 96 e 97.

[149] Sobre a *revolta do Arrabalde*, veja-se ARIÉ, Rachel, "España Musulmana…", p. 187.

[150] Veja-se *idem, ibidem*, pp. 20-21; LÓPEZ-CUERVO, Serafín, *Medina Az-Zahra, ingeniería y formas*, Madrid, Ministerio de Obras Públicas y Urbanismo, 1985, pp. 20-21 e *supra* nota 99.

[151] Veja-se *supra* nota 98.

[152] Cfr. MANZANO MORENO, E., *La Frontera de al-Andalus…*, pp. 320-326.

[153] Veja-se *supra* nota 101.

[154] Veja-se *supra* nota 102.

[155] Cfr. MATTOSO, J., "Portugal no Reino Asturiano-Leonês", p. 478.

[156] Veja-se *supra* nota 105.

[157] Vejam-se *supra* notas 106 e 108.

[158] CRUZ HERNÁNDEZ, Miguel, *El Islam de Al-Andalus, historia y estructura de su realidad social*, Madrid, M. A. E., Agencia Española de Cooperación Internacional, 1992, p. 116.

[159] Cfr. PICARD, Ch., *Le Portugal musulman…*, p. 51.

[160] Vejam-se *supra* notas 106 e 107.

[161] Cfr. v.g. MANZANO MORENO, E., *La Frontera de al-Andalus…*, pp. 184, 191, 195-198, 200, 202-203, 370-372, 388; *idem*, "La proyección del Estado Omeya en el Tagr", pp. 65-66; MACÍAS, S., "Resenha dos factos políticos", p. 420-423; ALMANSA, M., "Los Rebeldes del Tagr", pp. 75-77; PICARD, Ch., *Le Portugal musulman…*, pp. 46 e 121-123.

[162] GARCÍA BIOSCA, Joan E., "La creación de una frontera: Al-Tagr Al-A'là", (vv. aa.), *El Islam y la Cataluña*, s.l., Lunwerg Editores, 1998, p. 58.

[163] MANZANO MORENO, E., "Madrid en la frontera omeya de Toledo", p. 117.

[164] Cfr. *idem, ibidem*, pp. 115-129 e *idem, La Frontera de al-Andalus…*, pp. 163-183 e 305-310. Veja-se *supra* nota 109.

[165] Vejam-se *supra* notas 83 e ss.
[166] Cfr. ARAÚJO, L. M. de, "Os Muçulmanos no Ocidente peninsular", p. 255. Na verdade, segundo a citada *escritura do Mouro de Coimbra*, os cristãos seriam obrigados ao pagamento duplo do tributo em relação aos muçulmanos, além de 25 *pesantes* de boa prata por cada igreja e quatro vezes mais no caso de igrejas episcopais ou catedrais (cfr. SIMONET, F. J., *Historia de los Mozárabes...*, tomo I, p. 182).
[167] Vejam-se supra notas 132 e 133.
[168] Veja-se *supra*, nota 143.
[169] Cfr. MANZANO MORENO, E., *La Frontera de al-Andalus...*, pp. 351-361
[170] Cfr. *idem, ibidem*, pp. 305-306 e 350-351 e *idem*, "La proyección del estado omeya...", pp. 67-69.
[171] Cfr. CRUZ HERNÁNDEZ, M., *El Islam de Al-Andalus...*, pp. 117-121.
[172] Cfr. *idem, ibidem*, pp. 121-123 e LÓPEZ-CUERVO, S., *Medina Az-Zahra...*, pp. 23-28.
[173] Cfr. PICARD, Ch., *Le Portugal musulman...*, pp. 54 e 121.
[174] Cfr. MANZANO MORENO, E., *La Frontera de al-Andalus...*, pp. 203-204 e supra nota 79.
[175] Cfr. *idem, ibidem*, pp. 12 e 184-185.
[176] Cfr. ARIÉ, R., "España Musulmana...", pp. 24-25 e PICARD, Ch., *LePortugal musulman...*, pp. 60-64.
[177] Veja-se *supra* nota 111.
[178] Veja-se *supra* nota 119.
[179] Cfr. MANZANO MORENO, E., *La Frontera de al-Andalus...*, p. 389 e PICARD. Ch., *Le Portugal musulman...*, p. 123.
[180] Veja-se *supra* nota 127.
[181] Veja-se *supra* nota 99.
[182] Alvaro SOLER e Juan ZOZAYA, no artigo que dedicam à repercussão em Espanha desta tipologia, assinalam como precedentes cronológico-tipológicos, respectivamente, o castelo bizantino de al-Andarín, datado de 588 e Qasr-I-Shirin, o acampamento sassânida de Cosroes II, erguido entre 590 e 627 (cfr. "Castillos omeyas de planta quadrada: su relación funcional", *III Congreso de Arqueologia Medieval Española*, vol. II, Oviedo, Universidad de Oviedo, 1989, p. 265).
[183] Cfr. RUBIERA, María Jesus, FERNÁNDEZ ALBA, Antonio, *La arquitectura en la literatura árabe. Datos para una estética del placer*, Madrid, Hiperión, ²1988, pp. 22-23, 29, 32, 34-35, 38, 56-60, 121-122 e 132 e RUBIERA MATA, María Jesús, "Arquetipos ideales de la ciudad árabe", *Simpósio Internacional sobre la Ciudad Islámica*, Zaragoza, Institución Fernando el Católico, 1991, pp. 57-60.

[184] Sobre a conhecida importância do secretismo e da invisibilidade na ideologia e na estética do poder omíadas, veja-se v.g. ARIÉ, Rachel, "España Musulmana...", pp. 50ss.
[185] Na verdade e a despeito dos precedentes já assinalados (veja-se supra nota 182) parece-nos constituir o Palácio de Diocleciano em Split (Spalato) a mais evidente referência, se não para os palácios fortificados, para as cidades palatinas, deles decorrentes, atenta a apropriação, pela civilização muçulmana, da cultura antiga (e, por conseguinte, da sua matriz castrense) e a recuperação, por parte do Califado omíada de Damasco, de um projecto imperial e mediterrânico que, a ter obtido êxito, redundaria na reedição do *mare nostrum*, causando-nos verdadeira estranheza o facto de tal não ser invocado, com o devido relevo, pela historiografia da especialidade. Porém, como recordaria Felipe MAÍLLO SALGADO, faltam em absoluto estudos sobre o significado político, social ou económico dessas construções ("El palacio islámico: de la dār al-imāra a la ciudad palatina", *Tecnologia y sociedad: las grandes obras públicas en la Europa Medieval*, Pamplona, Gobierno de Navarra, 1996, p. 327. Sobre o Palácio de Diocleciano veja-se o que escrevemos, bem como a bibliografia indicada em *Arquitectura e Poder, o Real Edifício de Mafra*, Lisboa, Livros Horizonte, ²2001, p. 161). Um pioneiro trabalho de Carmen MARTÍNEZ SALVADOR opina também pela "importación total tanto en modelos como en técnicas" em relação ao mundo antigo, "puesto que dichas construcciones parecen perfilarse como parte de un plan establecido y desarrollado en Oriente" (cfr. "Arquitectura del Ribat en el sahel tunecino: modelo y evolución", *Anales de Prehistoria y Arqueología*, Universidad de Múrcia, vols. 13-14, Múrcia, 1997-1998, p. 258).
[186] SOLER, A., ZOZAYA, J., "Castillos omeyas...", p. 265.
[187] Cfr. MAÍLLO SALGADO, Felipe, "El palacio islámico...", p. 328.
[188] É, efectivamente, o que claramente se deduz da exagerada densidade de cubelos ostentada pelos palácios omíadas e claramente irrelevante do ponto de vista estático ou meramente defensivo, atenta a sua reduzida componente militar (cfr. *idem, ibidem*, p. 336), variando justamente a hierarquização das estruturas fortificadas, quanto ao número de torres, entre a planta de quatro torres angulares, eventualmente com uma torre intermédia por pano, característica dos fortins ou *rubut* e as que ostentam duas torres intermédias (Qasr al-Hair al-Garbi) e, sobretudo, três, quatro (Split) e mesmo mais, caso dos palácios-fortaleza omíadas e abássidas orientais (cfr. PAVÓN MALDONADO, B., *Tratado...*, vol. II, p. 185 e SOLER, A., ZOZAYA, J., "Castillos omeyas...", p. 265). Sobre o valor político e representativo do plano quadrangular, veja-se MARTÍNEZ SALVADOR, C., "Arquitectural del Ribat...", p. 258.
[189] Cfr. v. g. CHUECA GOITIA, Fernando, *Historia de la Arquitectura Occidental*, vol. 1, *De Grecia al Islam*, Madrid, Seminarios y Ediciones, S.A., 1974, pp. 271-277; MAÍLLO SALGADO, F., "El palacio islámico...", pp. 333-355; STIERLIN, Henri, *Islão, de Bagdade a Córdova. A arquitectura primitiva, do século VII ao século XIII*, Köln-Lisboa-London-New York-Paris-Tokyo, Taschen, s.d., pp. 65-82, 102-108, 123-134 e 174-183; SOLER, A., ZOZAYA, J., "Castillos omeyas...", p. 265; ALMAGRO GORBEA, António, *El palacio omeya de Amman*, I, *La Arquitectura*, Madrid, Instituto Hispano-Arabe de Cultura, 1983, pp. 45-60 e 175-179; BUJARD, Jacques, "Palais et châteaux omeyyades de Jordanie. Mchatta, Umm al-Walid et Khan al-Zabib", *Archéologie Suisse*, Bulletin de la Societé Suisse de Pré-Histoire et d'Archéologie, nº 25, Fribourg, 2002/03, pp. 25-31 e, sobre a aplicação do modelo aos *rubut* tunisinos, MARTÍNEZ SALVADOR, C., "Arquitectura del Ribat...", pp. 254-258.
[190] Cfr. MAÍLLO SALGADO, F., "El palacio islámico...", pp. 329-333.
[191] Cfr. ALMAGRO GORBEA, A., *El palacio omeya de Amman*, I, p. 50; BUJARD, Jacques, "Palais et châteaux omeyyades...", pp. 25-27 e MARTÍNEZ SALVADOR, C., "Arquitectura del Ribat...", pp. 254-256.
[192] Cfr. CRUZ HERNÁNDEZ, M., *El Islam de Al-Andalus...*, p. 122.
[193] Cfr. GÓMEZ-MORENO, Manuel, "El arte español asta los Almohades", (vv. aa.), *Ars Hispaniæ. Historia General del Arte Hispánico*, vol. III, Madrid, Editorial Plus Ultra, 1951, pp. 45-46; ARIÉ, R., "España Musulmana...", pp. 429-430 e PAVÓN MALDONADO, B., *Tratado...*, vol. II, p. 99.
[194] Cfr. SOLER, A., ZOZAYA, J., "Castillos omeyas...", pp. 265 e 267-269 e GARCÍA BIOSCA, J. E., "La creación de una frontera...", p. 58.
[195] Cfr. CATARINO, Helena, "Fortificações da serra algarvia", *Portugal Islâmico. Os últimos sinais do Mediterrâneo*, Lisboa, Museu Nacional de Arqueologia, 1998, Cat., pp. 208-210, 212 e 215-216.
[196] Cfr. SOLER, A, ZOZAYA, J., "Castillos omeyas...", p. 268 e ARIÉ, R., "España Musulmana...", p. 430.

[197] Cfr. TABALES RODRIGUEZ, Miguel Ángel, "Investigaciones arqueológicas en el Alcázar de Sevilla. Apuntes sobre evolución construtiva y espacial", *Apuntes del Alcázar de Sevilla*, 1, Sevilla, Maio-2000, pp. 20-24 e, em geral, MARÍN FIDALGO, Ana, *El Alcázar de Sevilla bajo los Áustrias*, Sevilla, Ediciones Guadalquivir, 1990, pp. 38-39; MORALEZ MARTINEZ, Alfredo J., "Los Reales Alcázares de Sevilla", (vv. aa.), *Palacios Reales en España. Historia y arquitectura de la magnificencia*, Madrid, Fundación Argentaria, col. "Debates sobre Arte", 1996, p. 34 e HERNÁNDEZ NUÑES, Juan Carlos, MORALES, Alfredo J., *El Real Alcázar de Sevilla*, London, Scala Publishers, 1999, pp. 8-11 e 14.

[198] Cfr. TORRES, C., MACÍAS, S., *O legado islâmico...*, p. 37. Os mesmos autores, contudo, registariam apenas, no ano anterior, uma sumária referência à "pequena fortificação que terá existido no local onde hoje se encontra o castelo pós-Reconquista" em "Arquelogia islâmica em Mértola", PEREZ, Rosa Maria (coord. de), *Memórias Árabo-Islâmicas em Portugal*, Lisboa, Comissão Nacional para as Comemorações dos Descobrimentos Portugueses, 1997, Cat., p. 153.

[199] Cfr. SOLER, A., ZOZAYA, J., "Castillos omeyas...", p. 269.

[200] Cfr. TORMO, Elías, *Las murallas y las torres, los portales y el alcázar del Madrid de la Reconquista: créacion del Califado*, Madrid, Consejo Superior de Investigaciones Científicas, 1945, pp. 55 e ss.; CABALLERO ZOREDA, Luís (et. al.), "Las murallas de Madrid. Excavaciones y estudios arqueológicos (1972-1982)", *Estudios de Prehistoria y Arqueologia Madrileñas*, Madrid, 1983, pp.17 e ss. e ANFREU MEDIERO, Esther, "Avance en el conocimiento del sector noroccidental de los recintos fortificados de la ciudad de Madrid", FERNANDES, Isabel Cristina Ferreira (coord.), *Mil anos de fortificações na Península Ibérica e no Magreb (500-1500)*, Actas do Simpósio Internacional sobre Castelos, Lisboa, Edições Colibri – Câmara Municipal de Palmela, 2002, pp. 871-872.

[201] Cfr. TORRES, C., MACÍAS, S., "A arte islâmica no Ocidente andaluz", p. 166 e TORRES, Cláudio, "A Sé-Catedral de Idanha", *Arqueologia Medieval*, 1, Campo Arqueológico de Mértola, Porto, Afrontamento, 1992, p. 176, que tem insistido na atribuição a Ibn Marwan das muralhas de Idanha, por confronto com as do *Conventual* de Mérida e de Talavera de La Reina, na verdade desfasadas de um século e produto de outras circunstâncias, como adiante se verá, pelo que a tese nos merece sérias reservas, podendo, em nosso entender, atribuír-se ao muladí a recuperação dos muros, com reaproveitamento dos silhares romanos derruídos (e outro material lítico), mas sem alteração da morfologia, completada, nas partes mais lesadas, pelo aparelho misto de xisto argamassado com tégulas que igualmente ostenta. Veja-se também SALVADO, Pedro, *As muralhas e a torre de Idanha-a-Velha*, s.l., Câmara Municipal de Idanha-a-Nova – Museu Coordenador Tavares Proença Júnior – Estação Arqueológica de Idanha-a-Velha (Egitânia), s.d., pp. 9-11.

[202] Cfr. PAVÓN MALDONADO, B., *Tratado...*, vol. II, p. 239.

[203] *Idem, ibidem*.

[204] Cfr. ALMEIDA, C. A. Ferreira de, "Urbanismo da Alta Idade Média em Portugal. Alguns aspectos e os seus muitos problemas", *Cidades e História*, Lisboa, Fundação Calouste Gulbenkian, 1987, pp. 135-136.

[205] Cfr. PAVÓN MALDONADO, B., *Tratado...*, vol. II, p. 239; TORRES, C., MACÍAS, S., "A arte islâmica no Ocidente andaluz", p. 167 e COELHO, Catarina, "O Castelo dos Mouros (Sintra)", FERNANDES, Isabel Cristina Ferreira (coord.), *Mil anos de fortificações na Península Ibérica e no Magreb (500-1500)*, Actas do Simpósio Internacional sobre Castelos, Lisboa, Edições Colibri – Câmara Municipal de Palmela, 2002, pp. 389-394.

[206] Cfr. TORRES, C., MACÍAS, S., *O legado islâmico em Portugal*, p. 39 e CARVALHO, António Rafael, FERNANDES, Isabel Cristina F., "A porta muçulmana do Castelo de Veiros", *Arqueologia Medieval*, 5, Campo Arqueológico de Mértola, Porto, Afrontamento, 1997, pp. 193-197.

[207] Cfr. GOMES, R. Varela, "A arquitectura militar muçulmana", p. 31. A estes dados haverá ainda a acrescentar os numerosos exemplos fornecidos para o século XI e época *taifa* por Josefa PASCUAL e Javier MARTÍ, "El recinto fortificado de la Valencia musulmana", FERNANDES, Isabel Cristina Ferreira (coord.), *Mil anos de fortificações na Península Ibérica e no Magreb (500-1500)*, Actas do Simpósio Internacional sobre Castelos, Lisboa, Edições Colibri – Câmara Municipal de Palmela, 2002, pp. 305-306.

[208] Cfr. TORMO, E., *Las murallas y las torres...*, pp. 59-61 e 102-105; CABALLERO ZOREDA, L. (et. al.), "Las murallas de Madrid...", pp. 18 e PAVÓN MALDONADO, B., *Tratado...*, vol. II, p. 145 e, em geral, GÉRARD, Véronique, *De Castillo a Palacio, el Alcázar de Madrid en el siglo XVI*, Madrid, Xarait, 1984, pp. 8-9; BARBEITO, José Manuel, *El Alcázar de Madrid*, Madrid, Colégio Oficial de Arquitectos de Madrid, 1992, pp. 1-3 e *idem*, "El Alcázar de Madrid", (vv. aa.), *Palacios Reales en España. Historia y arquitectura de la magnificencia*, Madrid, Fundación Argentaria, col. "Debates sobre Arte", 1996, p. 51.

[209] Sobre este assunto veja-se PLAZA SANTIAGO, Francisco Javier de la, *Investigaciones sobre el Palacio Real Nuevo de Madrid*, Valladolid, Departamento de Historia del Arte, Universidad de Valladolid, 1975, pp. 135-158.

[210] Cfr. SOLER, A., ZOZAYA, J., "Castillos omeyas...", p. 268; PAVÓN MALDONADO, B., *Tratado...*, vol. II, pp. 145-147 e DELGADO VALERO, Fernanda, "Estructura urbana de Toledo en época islámica", *Simpósio Internacional sobre la Ciudad Islámica*, Zaragoza, Institución Fernando el Católico, 1991, pp. 323-324. Na verdade e em contraste com a abundância de bibliografia respeitante às obras realizadas no alcazar de Toledo por Alfonso de Covarrubias e Herrera, respectivamente para Carlos V e Filipe II e que conduziram o edifício ao seu estado actual (ou, pelo menos, ao estado em que se encontrava quando do assédio das forças republicanas em 1936, que quase o destruiu), foi-nos extraordinariamente difícil a recolha de informações sobre a(s) sua(s) etapa(s) islâmica(s). Em visita ao local, no outono de 2000, no âmbito de uma viagem de estudo às principais estruturas islâmicas espanholas, pudemos verificar a inexistência de quaisquer vestígios aparentes de arquitectura muçulmana – mesmo nas caves e nas zonas da cisterna e calabouços, onde os aparelhos são bem visíveis –, além de uma porta de arco ultrapassado, correspondente, segundo informação apensa, mas impossível de confirmar, à entrada sul do antigo alcazar, construído em 970 pelo Emir al-Hakam I (mas que F. DELGADO VALERO data de 932 e de Abd al-Rahman III). O mesmo se diga das numerosas fotos existentes no Museu Militar, ilustrando as destruições causadas em 1936 e que, por conseguinte, deixam à vista, em grande extensão, partes do edifício hoje ocultas pela gigantesca reconstrução de que foi objecto. Quanto às duas torres circulares incorporadas na fachada voltada ao rio, as indicações turísticas atribuem-nas às reformas de Afonso X, não sendo, de facto, aparentemente islâmico o seu aparelho, mesmo que nada obste, em boa verdade, a que, como noutros casos, representassem uma restauração de velhos

cubelos circulares. Neste contexto, é, de facto, por indução, em face das características do edifício actual, que se aceita a planimetria quadrangular na origem do alcazar toledano.

[211] Cfr. TORRES, C., MACÍAS, S., "A arte islâmica no Ocidente andaluz", p. 166; idem, *O legado islâmico em Portugal*, p. 39 e PEREIRA, P., *2000 anos de arte em Portugal*, pp. 92 e 105.

[212] Sobre a construção e o significado do palácio de La Aljafería, veja-se o clássico estudo de Christian EWERT, "Tradiciones omeyas en la arquitectura palatina de los Taifas. La Aljafería de Zaragoza", *XXIII Congreso Internacional de Historia de Arte*, Actas, Granada, 1976, vol. II, pp. 62-75 e o notável conjunto de trabalhos reunidos em CABAÑERO SUBIZA, Barnabé, BELTRÁN MARTINEZ, António, BORRÁS GUALIS, Gonzalo (coord.), *La Aljafería*, Zaragoza, Cortes de Aragón, 1998, 2 vol., em particular: MONTANER FRUTOS, Alberto, "El palacio musulman. Introducción histórica", vol. I, pp. 42, 44, 46-48, 51 e 58-59; MARTÍN-BUENO, Manuel, SÁENZ PRECIADO, J. Carlos, "El palacio musulman. Introducción arqueológica", vol. I, pp. 69-73 e 75; CABAÑERO SUBIZA, Barnabé, "El palacio musulman. Descripción artística", vol. I, pp. 86-88, 92-95 e 134-136; idem, "El simbolismo del palacio hudí", vol. II, pp. 393-398 e ALMAGRO, Antonio, "La imagen de la Aljafería a través del tiempo. Evolución morfológica", pp. 409-414.

[213] Cfr. v. g. CHUECA GOITIA, F., *De Grecia al Islam*, p. 320; MARTÍN-BUENO, M., SÁENZ PRECIADO, J. C., "El palacio musulman. Introducción arqueológica", p. 73 e CABAÑERO SUBIZA, Barnabé, "El palacio musulman. Descripción artística", p. 94.

[214] Veja-se *supra* nota 207.

[215] Cfr. v.g. EWERT, Ch., "Tradiciones omeyas…", pp. 74-75; SOLER, A., ZOZAYA, J., "Castillos omeyas…", p. 268 e CABAÑERO SUBIZA, B., "El palacio musulman. Descripción artística", p. 136. Na verdade, seria ainda este o partido seguido em al-Mansuriyya, ou al-Qahira, a cidade-palácio edificada pelo Califa al-Muizz, da dinastia fatímita do Egipto (953-975) em Fustat (cfr. LÓPEZ-CUERVO, S., *Medina Az-Zahra…*, p. 52).

[216] Cfr. CRUZ HERNÁNDEZ, M., *El Islam de Al-Andalus…*, pp. 121-122.

[217] Sobre a cidade palatina de Abd al-Rahman III veja-se, em geral, a obra já referida de S. LÓPEZ-CUERVO, *Medina Az-Zahra…*

[218] Cfr. DODDS, Jerrilynn D., *Architecture and Ideology in Early Medieval Spain*, s.l., The Pennsylvania State University Press, 1989, pp. 95-96.

[219] Cfr. LÓPEZ-CUERVO, S., *Medina Az-Zahra…*, p. 27 e ARIÉ, R. "España musulmana…", pp. 24-25. É, de resto, a mesma concepção oriental *fechada* que preside à construção de Muniat-Almiriya, um outro palácio, de carácter *civil*, englobando exploração agrícola e fábrica de armas, edificado por Almançor nos arredores de Córdova e que ocupava quatro hectares, no sopé da serra (cfr. LAMPÉREZ Y ROMEA, Vicente, *Arquitectura Civil Española de los siglos I al XVIII*, tomo I, *Arquitectura Privada*, Madrid, Ediciones Giner, 1993, pp. 587-590).

[220] Cfr. CORREIA, F. Branco, "Fortificações islâmicas do Gharb", p. 195.

[221] CATARINO, H., "O Algarve Oriental…", vol. II, p. 586.

[222] Cfr. LEFORT, Jacques, MARTIN, Jean-Marie, "Fortifications et pouvoirs en Méditerranée (X^e-XIIe siècle)", *Habitats Fortifiés et Organisation de l'Espace en Méditerranée Médiévale*, Lyon, Travaux de la Maison d'Orient, 4, 1983, pp. 197-198 e 200-202.

[223] Cfr. CRESSIER, Patrice, "Fortifications du Rif", *ibidem*, pp.45-46.

[224] Cfr. ALMEIDA, Carlos Alberto Ferreira de, "Implantação do românico. Arquitectura militar e civil", *História da Arte em Portugal*, vol. 3, *O Românico*, Lisboa, Alfa, 1986, pp. 137-138; idem, "Castelos e cercas medievais. Séculos X a XIII", MOREIRA, Rafael (dir.), *História das Fortificações Portuguesas no Mundo*, Lisboa, Alfa, 1989, p. 53; BARROCA, M., "Do castelo da Reconquista ao castelo românico…", pp. 5, 8-9 e 21 e MONTEIRO, João Gouveia, *A guerra em Portugal nos finais da Idade Média*, Lisboa, Editorial Notícias, 1998, vol. I, pp. 337-338.

[225] Cfr. CHUECA GOITIA, F., *De Grecia al Islam*, pp. 317-320 e CATARINO, H., "O Algarve Oriental…", vol. II, pp. 579-580. Esta última autora, num recente trabalho de síntese dedicado às fortificações algarvias estabeleceria o início da fortificação islâmica da região na invasão normanda de meados do século IX e, sobretudo, nas convulsões da *1ª fitna*, de finais da centúria [cfr. "Castelos e território omíada na *kura* de Ocsonoba", FERNANDES, Isabel Cristina Ferreira (coord.), *Mil anos de fortificações na Península Ibérica e no Magreb (500-1500)*, Actas do Simpósio Internacional sobre Castelos, Lisboa, Edições Colibri – Câmara Municipal de Palmela, 2002, pp. 29-42], outro tanto sucedendo com os *rubut* recenseados por Christophe PICARD ("Les ribats au Portugal à l'époque musulmane: source et définitions", *ibidem*, pp. 203-210) e, na verdade, os trabalhos de fortificação urbana documentados para o século IX, como Badajoz, Ocsonoba, Beja e talvez Silves, parecem dever-se também à actividade de chefes rebeldes durante a *fitna* (cfr. idem, *Le Portugal musulman…*, p. 237).

[226] Cfr. MATTOSO, José, "A época sueva e visigótica", MATTOSO, José, (dir.), *História de Portugal*, vol. I, Lisboa, Círculo de Leitores, 1992, p. 351.

[227] Cfr. SOUTO, Juan A., "Sistemas defensivos andalusies: notas acerca de la defensa militar de la Zaragoza Omeya", *III Congreso de Arqueologia Medieval Española*, vol. II, Oviedo, Universidad de Oviedo, 1989, p. 278.

[228] Cfr. PAVÓN MALDONADO, B., *Tratado…*, vol. II, p. 99 e PICARD, Ch., *Le Portugal musulman…*, p. 229.

[229] Cfr. CATARINO, H., "O Algarve Oriental…", vol. II, p. 585 e MAZZOLI-GUINTARD, Ch., *Villes d'al Andalus…*, p. 113.

[230] Cfr. ALMEIDA, C. A. Ferreira de, "Urbanismo da Alta Idade Média em Portugal…", p. 134. Sobre o sistema de defesas da Santarém islâmica, veja-se CUSTÓDIO, Jorge, "As fortificações de Santarém – séculos XII-XIII", FERNANDES, Isabel Cristina Ferreira (coord.), *Mil anos de fortificações na Península Ibérica e no Magreb (500-1500)*, Actas do Simpósio Internacional sobre Castelos, Lisboa, Edições Colibri – Câmara Municipal de Palmela, 2002, pp. 412-416.

[231] Cfr. PICARD, Ch., *Le Portugal musulman…*, pp. 230-231, bem como os elementos fornecidos por GUICHARD, Pierre, "La societé du Garb al-Andalus et les premiers *husun*", FERNANDES, Isabel Cristina Ferreira (coord.), *Mil anos de fortificações na Península Ibérica e no Magreb (500-1500)*, Actas do Simpósio Internacional sobre Castelos, Lisboa, Edições Colibri – Câmara Municipal de Palmela, 2002, pp. 177-185.

[232] Cfr. PICARD, Ch., *Le Portugal musulman…*, p. 237.

[233] Cfr. GOMES, R. Varela, "A arquitectura militar muçulmana", pp. 27-28; TORRES, C., MACÍAS, S., "A arte islâmica no Ocidente andaluz", p. 166; MANZANO MORENO, E., *La frontera de Al-Andaluz…*, pp. 184-185 e CORREIA, F. Branco, "Fortificações islâmicas do Gharb", p. 194.

[234] Cfr. SILVA, A. Vieira da, *A cerca moura de Lisboa*, Lisboa, Câmara Municipal de Lisboa, ³1987, pp. 41, 60 e 146; TORRES, C., MACÍAS, S., "A arte islâmica no Ocidente andaluz", pp. 166-167 e PICARD, Ch., *Le Portugal musulman…*, pp. 239-240.

[235] Cfr. CHUECA GOITIA, F., *De Grecia al Islam*, pp. 317-320 e PICARD, Ch., *Le Portugal musulman...*, pp. 233-234 e 314.

[236] Cfr. GARCÍA BIOSCA, J. E., "La creación de una frontera...", pp. 62-63.

[237] Cfr. PAVÓN MALDONADO, B., *Tratado...*, vol. II, pp. 119-120.

[238] Cfr. v.g. MARQUES, A. H. de Oliveira, *Novos Ensaios de História Medieval Portuguesa*, Lisboa, Editorial Presença, 1988, pp. 20-21 e BINOUS, Jamila, HAWARI, Mahamoud, MARÍN, Manuela, ÖNEY, Gönül, "A arte islâmica no Mediterrâneo", *A Arte Mudéjar. A estética islâmica na arte cristã*, Lisboa, Civilização Editora, 2000, Cat., p. 32.

[239] ALMEIDA, Carlos Alberto Ferreira de, "Urbanismo da Alta Idade Média em Portugal...", pp. 134-135. Veja-se também idem, "Castelos e cercas medievais...", pp. 50-51; EPALZA, Míkel de, "Espacios y sus funciones en la ciudad árabe", *Simpósio Internacional sobre la Ciudad Islâmica*, Zaragoza, Institución Fernando el Católico, 1991, pp. 15-17; PAVÓN MALDONADO, B., *Tratado...*, vol. II, pp. 95-96, 99-100 e 103; TORRES, C., MACÍAS, S., *O legado islâmico...*, pp. 29-30; idem, "A arte islâmica no Ocidente andaluz", pp. 164-165; CARVALHO, Sérgio Luís, *Cidades Medievais Portuguesas. Uma introdução ao seu estudo*, Lisboa, Livros Horizonte, col. "Perspectivas Históricas", 2, 1989, p. 13; MAZZOLI-GUINTARD, Ch., *Villes d'al Andalus...*, p. 95; BINOUS, J., HAWARI, M., MARÍN, M., ÖNEY, G., "A arte islâmica...", p. 31.

[240] Efectivamente, são comuns, na apresentação desta matéria, expressões como: "A cidade mediterrânica, e portanto a islâmica, é invariavelmente constituída por dois principais pólos geradores" (a alcáçova e a medina) (TORRES, C., MACÍAS, S., "A arte islâmica no Ocidente andaluz", p. 164); "hay que considerar, en toda zona urbana, un doble espacio mutuamente complementario... la ciudadela político-militar... y la medina civil" (EPALZA, M. de, "Espacios y sus funciones...", p. 16) ou "La citadelle urbaine constitue, ne l'oublions pas, une donnée fondamentale du paysage urbin d'al-Andalus" (MAZZOLI-GUINTARD, Ch., *Villes d'al Andalus...*, p. 95).

[241] A desconcertante panóplia de soluções ostentada pela relação medina alcáçova encontraria eco em numerosos islamistas, como B. PAVÓN MALDONADO (*Tratado...*, vol. II, pp. 95-96, 99-100 e 103) ou M. de EPALZA ("Espacios y sus funciones...", p. 16), devendo-se a Ch. MAZZOLI-GUINTARD a mais recente tentativa de sistematização de modelos, em função da qual, com relativo êxito, proporia sete tipos diferentes de alcáçovas configurando cinco formas de relacionamento com a respectiva medina (*Villes d'al Andalus...*, pp. 107-108 e 115-116).

[242] À semelhança da fluidez tipológica, também a ambiguidade terminológica tem contribuído para dificultar o trabalho dos historiadores, desde logo porque, como escreveria B. PAVÓN MALDONADO, "a juzgar por las crónicas árabes existió fácil tendencia a confundir los términos" (*Tratado...*, vol. II, p. 147; veja-se tb. pp. 105, 120, 140 e 145-147; CATARINO, H., "O Algarve Oriental...", vol. II, pp. 566-567 e DALLIÈRE-BENELHADJ, Valérie, "Le 'Château' en al-Andalus: um problème de terminologie", *Habitats Fortifiés et Organisation de l'Espace en Méditerranée Médiévale*, Lyon, Travaux de la Maison d'Orient, 4, 1983, pp. 63-67).

[243] Veja-se nota *supra* e, especificamente sobre a ausência de relação entre terminologia e forma, situação ou área, PAVÓN MALDONADO, B., *Tratado...*, vol. II, p. 143; MAZZOLI-GUINTARD, Ch., *Villes d'al Andalus...*, pp. 95-102, 109, 111, 113-114 e PICARD, Ch., *Le Portugal musulman...*, p. 228.

[244] Vejam-se *supra* notas 193, 197 e 210 e PICARD, Ch., *Le Portugal musulman...*, p. 229.

[245] Na verdade, as fontes indicam que, quando do desmantelamento das muralhas de Sevilha (e construção do respectivo *alcazar*), os conselheiros de Abd al-Rahman III terão feito sentir ao Califa o risco que a cidade corria ao ser privada das suas defesas, pelo que tudo indica tratar-se de uma estratégia devidamente ponderada (cfr. PICARD, Ch., *Le Portugal musulman...*, p. 229).

[246] Cfr. *idem, ibidem*, p. 233; MAZZOLI-GUINTARD, Ch., *Villes d'al Andalus...*, p. 111 e TORRES, C., "O Garb-al-Andalus", p. 377.

[247] *Le Portugal musulman...*, p. 231.

[248] Cfr. *idem, ibidem*, pp. 232-233 e MAZZOLI-GUINTARD, Ch., *Villes d'al Andalus...*, pp. 111-112.

[249] Cfr. PICARD, Ch., *Le Portugal musulman...*, pp. 229-230.

[250] Cfr. PAVÓN MALDONADO, B., *Tratado...*, vol. II, p. 234.

[251] Cfr. *idem, ibidem*, pp. 96-100 e, sobre o caso de Lleida, GARCÍA BIOSCA, Joan E., GIRALT, Josep, LORIENTE, Ana, MARTÍNEZ, Joan, "La génesis de los espacios urbanos andalusíes (siglos VIII-X): Tortosa, Lleida y Balaguer", (vv. aa.), *El Islam y la Cataluña*, s.l., Lunwerg Editores, 1998, pp. 151-160.

[252] Cfr. CATARINO, H., "O Algarve Oriental...", vol. I, p. 73; CORREIA, F. Branco, "Fortificações islâmicas do Gharb", p. 194; idem, "O sistema defensivo da Elvas islâmica", FERNANDES, Isabel Cristina Ferreira (coord.), *Mil anos de fortificações na Península Ibérica e no Magreb (500-1500)*, Actas do Simpósio Internacional sobre Castelos, Lisboa, Edições Colibri – Câmara Municipal de Palmela, 2002, pp. 357-364; PAVÓN MALDONADO, B., *Tratado...*, vol. II, p. 105; MANZANO MORENO, E., "La proyección del Estado Omeya...", p. 65; GARCÍA BIOSCA, J. E., GIRALT, J., LORIENTE, A., MARTÍNEZ, J., "La génesis de los espacios urbanos andalusíes...", pp. 146-160 e PICARD, Ch., *Le Portugal musulman...*, p. 229.

[253] Cfr. ARIÉ, R., "España Musulmana...", p. 430 e MAZZOLI-GUINTARD, Ch., *Villes d'al Andalus...*, pp. 108-109.

[254] Cfr. TORRES, C., MACÍAS, S., *O legado islâmico...*, p. 28.

[255] SOLER, A., ZOZAYA, J., "Castillos omeyas...", p. 267.

[256] Veja-se *supra* nota 163.

[257] Cfr. SOLER, A., ZOZAYA, J., "Castillos omeyas...", pp. 265-270. A mesma noção seria formulada por C. MARTÌNEZ SALVADOR no seu estudo sobre os *ribut* tunisinos ao reconhecer que "solo la estabilidad de un gobierno (...) [no caso a dinastia Abássida] podría permitir el adequado desarrollo de unas circunstancias que propicien la consolidación de uma fuerte planificación e construcción estaral" (cfr. "Arquitectura del Ribat...", p. 256).

[258] Cfr. *supra* notas 196 e 202. SOLER e ZOZAYA apurariam a data de 994 como *terminus ad quem* para a aplicação do plano ("Castillos omeyas...", p. 269).

[259] Cfr. ALMEIDA, C. A. Ferreira de, *Arte da Alta Idade Média*, pp. 81-82 e, sobre a sedução exercida nos cristãos pelas cidades muçulmanas, MATTOSO, José, "A cidade medieval na perspectiva da História das Mentalidades", *Cidades e História*, Lisboa, Fundação Calouste Gulbenkian, 1987, pp. 23-24.

[260] Cfr. SOLER, A., ZOZAYA, J., "Castillos omeyas...", pp. 265-266 e 269 e, sobre o papel dos moçárabes na transmissão da cultura islâmica aos territórios cristãos, REAL, Manuel Luís, "Os Moçárabes do Gharb português", pp. 35-52.

[261] Cfr. SOLER, A., ZOZAYA, J., "Castillos omeyas...", pp. 265-267 e 269 e PAVÓN MALDONADO, B., *Tratado...*, vol. II, p. 643.

[262] Cfr. GÓMEZ-MORENO, M., "El arte español asta los Almohades", p. 46.

[263] Cfr. GARCÍA BIOSCA, J. E., GIRALT, J., LORIENTE, A., MARTÍNEZ, J., "La génesis de los espacios urbanos andalusíes…", p. 154.
[264] Cfr. MARÍN FIDALGO, A., *El Alcázar de Sevilla…*, p. 38.
[265] Cfr. PAVÓN MALDONADO, B., *Tratado…*, vol. II, pp. 640-642.
[266] Cfr. AZEVEDO, Rui de, *O Mosteiro de Lorvão…*, p. 43; GONÇALVES, A. Nogueira, "As pontes do mestre Zacarias de Córdova no século décimo", *Estudos de História da Arte Medieval*, Coimbra, Epartur, 1980, pp. 100-101 e 113-115 e BORGES, Nelson Correia, *Arte monástica em Lorvão, sombras e realidade*, I, *Das origens a 1737*, Fundação Calouste Gulbenkian – Fundação para a Ciência e a Tecnologia – Ministério da Ciência e da Tecnologia, Lisboa, [2002], vol. I, p. 72.
[267] Cfr. PAVÓN MALDONADO, B., *Tratado…*, vol. II, p. 642.
[268] Cfr. ALMEIDA, C. A. Ferreira de, *Arte da Alta Idade Média*, p. 84.
[269] Cfr. MAÍLLO SALGADO, Felipe, "El palacio islámico…", p. 361.
[270] Cfr. PAVÓN MALDONADO, B., *Tratado…*, vol. II, p. 642.
[271] Cfr. PICARD, Ch., *Le Portugal musulman…*, p. 46.
[272] Cfr. PAVÓN MALDONADO, B., *Tratado…*, vol. II, p. 642.
[273] Cfr. ARIÉ, R., "España musulmana…", p. 430; TORRES, C, MACÍAS, S., *O Legado Islâmico…*, pp. 38-40; CATARINO, H., "O Algarve Oriental…", vol. II, pp. 565 e 589-590 e *idem*, "Fortificações da serra algarvia", pp. 208-212. Veja-se também, a título de exemplo, a descrição fornecida por E. ANFREU MEDIERO sobre o aparelho das muralhas (urbanas) de Madrid, do século X, onde não se recorre ao uso da *soga e tição*: "La muralla está compuesta por bloques de mediano y gran tamaño, de piedra caliza y silex, excepto la denominada torre 1 que presenta grandes bloques de granito. En quanto a la cara inferior del recinto, la cerca aparece forrada por ladrillo, el qual se encontraba enlucido, y en otros tramos, la estructura defensiva simplemente se hallaba revocada por una capa de argamassa de cal" ("avance en el conocimiento…", p. 872).
[274] *Arquitectura Civil Española…*, p. 590.
[275] Cfr. PAVÓN MALDONADO, B., *Tratado…*, vol. II, p. 571, 576 e 580; TORRES, C., MACÍAS, S., "A arte islâmica no Ocidente andaluz", pp. 165-166 e CORREIA, F. Branco, "Fortificações islâmicas do Gharb", p. 196.

[276] ARIÉ, R., "España musulmana…", p. 430. Também C. MARTÍNEZ SALVADOR reconheceria a prática frequente da reutilização de material antigo nos *rubut* tunisinos (cfr. "Arquitectura del Ribat…", p. 254).
[277] Cfr. CABALLERO ZOREDA, L. (et. al.), "Las murallas de Madrid…", p. 25; LÓPEZ-CUERVO, S., *Medina Az-Zahra…*, p. 47; GÓMEZ-MORENO, M., "El arte español asta los Almohades", p. 63; PAVÓN MALDONADO, B., *Tratado…*, vol. II, p. 580; TORRES, C, MACÍAS, S., *O Legado Islâmico…* (para as muralhas de Lisboa) e, de um modo geral, os dados apurados por ZOZAYA, Juan, "Fortificaciones tempranas en al-Andalus ss. VIII-X", FERNANDES, Isabel Cristina Ferreira (coord.), *Mil anos de fortificações na Península Ibérica e no Magreb (500-1500)*, Actas do Simpósio Internacional sobre Castelos, Lisboa, Edições Colibri – Câmara Municipal de Palmela, 2002, pp. 45-57. Também a (re)fortificação de Balaguer, datada com segurança do século X, ostentaria aparelho de *soga e tição* (cfr. GARCÍA BIOSCA, J. E., GIRALT, J., LORIENTE, A., MARTÍNEZ, J., "La génesis de los espacios urbanos andalusíes…", p. 146). Estas verificações não invalidam a utilização de tal tecnologia em cronologias mais recuadas, num terreno sempre difícil de delimitar. O que, inversamente, parecem confirmar, é a extrema rudeza do aparelho praticado, ainda em tempo de Abd al-Rahman III e numa obra de tão grande representatividade como seria a própria cidade palatina de Medina Az-Zahra, onde apenas as obras de al-Hakam II (961-976) testemunham uma clara melhoria da qualidade construtiva.
[278] Cfr. CABAÑERO SUBIZA, B., "El palacio musulman. Descripción artística", p. 95.
[279] Cfr. PAVÓN MALDONADO, B., *Tratado…*, vol. II, pp. 237-238, que procura organizar um arrolamento sistemático da espessura das muralhas conhecidas, através do qual se verifica um acentuado aumento da mesma na época do Califado, quase sempre acima dos 2,00 m e mesmo dos 3,00 m, sendo a de Mérida, com 2,60-2,70 m a de maiores dimensões no Emirato, seguida da do *alcazar* de Sevilha, com 2,10 m, mas que as mais recentes investigações atribuem igualmente ao período califal, situando-se as restantes entre os 1,50 m e os 2,00 m.
[280] Cfr. GOMES, Saul António, "Grupos étnico-religiosos e estrangeiros (Muçulmanos)", MARQUES, A. H. de Oliveira, SERRÃO, Joel, (dir.), *Nova História de Portugal*, vol. III, Lisboa, Editorial Presença, 1996, p. 309 e REAL, Manuel Luís, "Os Moçárabes do Gharb português", p. 49.
[281] Cfr. TORMO, E., *Las murallas y las torres…*, lám. 38. Na verdade, certos troços da muralha ostentam um soco escalonado singularmente elevado, com cerca de três metros de altura, realizado em aparelho de *soga e tição*, mas cuja interpretação se revelaria em extremo problemática [cfr. CABALLERO ZOREDA, L. (et. al.), "Las murallas de Madrid…", pp. 22-25 e 34].
[282] Cfr. PAVÓN MALDONADO, B., *Tratado…*, vol. II, p. 248 e grav. 7, p. 236 e MARTÍNEZ LILLO, Sergio, "Estudio sobre ciertos elementos y estructuras de la arquitectura militar andalusí. La continuidad entre Roma y el Islam", *Boletin de Arqueologia Medieval*, 5, Madrid, Associação Española de Arqueologia Medieval, 1991, pp. 11-37, que, todavia, não valoriza o soco ressaltado como elemento diverso da sapata.
[283] Cfr. CATARINO, H., "Fortificações da serra algarvia", pp. 208-202 e SOLER, A. ZOZAYA, J., "Castillos omeyas…", pp. 267-269.
[284] Veja-se *supra* nota 211.
[285] Cfr. PAVÓN MALDONADO, B., *Tratado…*, vol. II, p. 233.
[286] Na verdade, são inúmeros os testemunhos desse processo de aproximação cultural ao Califado oriental, onde, para todos os efeitos, radicava a legitimidade omíada e, sobretudo, residia o padrão em função do qual era aferida a capacidade de afirmação interna e externa do soberanos de Córdova, exemplarmente ilustrado no empreendimento de Medina Az-Zhara e no conjunto de cerimoniais que, especialmente a partir de Abd al-Rahman III, rodeiam a investidura do Califa e cuja coincidência cronológica com a implementação dos castelos quadrados não pode, em nosso entender, deixar de ser assinalada. Efectivamente, é sobretudo a partir dos reinados de al-Hakam I e Abd al-Rahman II, no dealbar do século IX, que se assiste ao começo do florescimento intelectual da corte cordovesa, com a importação de numerosos representantes da cultura oriental, ao mesmo tempo que o árabe se afirma como língua cultural da Hispânia muçulmana, assim conformando um modelo que os Reinos *taifas* brilhantemente prosseguirão, em busca, também eles, de formas de afirmação da sua *legitimidade* e que teria, porventura, a melhor consagração no reinado de al-Hakam II, o Califa que chegou a reunir uma biblioteca com mais de 400 000 volumes, no 3º quartel do século X. Não será também, decerto, por acaso, que, indepen-

dentemente da questão arquitectónica, é igualmente durante o Califado e ao longo do século X, que se assiste à difusão no *al-Andalus* do modelo de vida consubstanciado no *ribat* (cfr. MARTÌNEZ SALVADOR, C, "Arquitectura del Ribat…", 251-254).

[287] Veja-se *supra* nota 188.

[288] Sobre este (conhecido) assunto, veja-se, v. g., CORZO SÁNCHEZ, Ramón, "Génesis y función del arco de herradura", *Al-Andalus*, Revista de las Escuelas de Estudios Árabes de Madrid y Granada, vol. XLIII, Madrid-Granada, 1978, pp. 125-142.

[289] Veja-se *supra* nota 239.

[290] Veja-se *supra* nota 241.

[291] Veja-se *supra* nota 239.

[292] Veja-se *supra* nota 271. Deve notar-se, porém, que a alcáçova de Badajoz não ostenta plano regular, nem, tão pouco, torres circulares (cfr. PICARD, Ch., *LePortugal musulman…*, p. 340), facto que, em nosso entender, associado à sua ostensiva incapacidade para assumir sozinho os trabalhos de fortificação, depõe a favor da importância do substracto romano na morfologia das muralhas de Idanha (cfr. *supra* nota 201).

[293] Veja-se *supra* nota 77.

[294] Veja-se *supra* nota 173.

[295] Veja-se *supra* nota 224.

[296] Veja-se *supra* nota 83.

[297] Veja-se *supra* nota 116.

[298] Cfr. *Le Portugal musulman…*, p. 231 e *supra* nota 119.

[299] *Idem, ibidem*, p. 115.

[300] Cfr. MANZANO MORENO, E., *La Frontera de al-Andalus*, p. 383.

[301] Na verdade, a própria emergência da designação de *Tagr al-qulumriya* (obviamente posterior à conquista de Almançor, porquanto reflectora da alteração toponímica provocada pelo estabelecimento, após a 1ª Reconquista, das autoridades eclesiásticas de Conímbriga na antiga Imínio) constitui prova suplementar da súbita importância estratégica outorgada à cidade no âmbito do seu processo de fortificação (cfr. *supra* notas 110 e 112 e *infra* nota 321).

[302] Cfr. CHUECA GOITIA, F., *De Grecia al Islam*, p.311.

[303] Cfr. CATARINO, H., "O Algarve Oriental…", vol. I, p. 75.

[304] É o que parece comprovar-se a propósito do episódio relatado por R. de AZEVEDO, envolvendo Ezerag de Condeixa, o *governador* Farfon e o próprio Almançor, nos anos finais do século X (*O Mosteiro de Lorvão…*, p. 29).

[305] Cfr. *idem, ibidem*, pp. 26 e 30.

[306] Veja-se *supra* nota 236.

[307] Veja-se *supra* nota 126. Na verdade, a investigação de A. de VASCONCELOS valida para os finais do século X e, sobretudo, para o século XI o reconhecimento de um convívio harmonioso entre etnias e credos sob o domínio islâmico (cfr. "A catedral de Santa Maria Colimbriense ao principiar do século XI", *A Sé-Velha de Coimbra…*, vol. II, pp. 4-7).

[308] Veja-se *supra* nota 292.

[309] *O domínio germânico e muçulmano…*, p. 75.

[310] Sobre a as origens lendárias de Coimbra — que, aliás, merecem ser estudadas (cfr. MARTINS, Alfredo Fernandes, *O Esforço do Homem na Bacia do Mondego, ensaio geográfico*, Coimbra, 1940, p. 147) —, veja-se MACHADO, Fernando Falcão, "Uma descrição de Coimbra no século XVII", *Revista de Arqueologia*, tomo 2º, fasc. VII, Lisboa, 1936, Sep., pp. 1-2 e nota 1.

[311] *Naturalis Historia*, IV, p. 35, *apud* ALARCÃO, J. "As Origens de Coimbra", p. 23. Sobre as origens pré-romanas dos topónimos *Aeminium* e *Munda* (Mondego) e, em geral, para a argumentação a favor das origens pré-históricas da urbe, bem como para as razões da escassez de vestígios até agora localizados, vejam-se: *idem, ibidem*, pp. 25-27; *idem*, "A cidade romana em Portugal. A formação de 'lugares centrais' em Portugal, da idade do Ferro à Romanização", *Cidades e História*, Lisboa, Fundação Calouste Gulbenkian, 1987, pp. 37-41, 44 e 47; *idem*, "A cidade romana em Portugal. Renovação urbana em Portugal na época romana", *ibidem*, p. 87 e, por ordem cronológica: CARVALHO, Amadeu Ferraz de, *Toponímia de Coimbra e arredores (contribuição para o seu estudo)*, Coimbra, Imprensa da Universidade, 1934, pp. 10-13; CORREIA, Vergilio, "Coimbra pré-histórica e romana", *Obras*, vol. I, Coimbra, Por Ordem da Universidade, Coimbra, 1946, pp. 10-11; *idem*, "Emínio-Coimbra. A importância de Coimbra na época romana", *ibidem*, p. 38; *idem*, "A arquitectura em Coimbra", *ibidem*, pp. 55-46; MARTINS, Alfredo Fernandes, "Esta Coimbra… (Alguns apontamentos para uma palestra)", *Cadernos de Geografia*, 1, Coimbra, 1983, pp. 44-45 e MANTAS, V. Gil, "Notas sobre a estrutura urbana de Aeminium", *Biblos*, vol. LXVIII, Coimbra, 1992, pp. 488-491. Na verdade, talvez a questão possa reduzir-se a ponderar se seria natural o estabelecimento de uma cidade romana em semelhante contexto topográfico, se tal não correspondesse à (necessária) romanização de um povoado pré existente, de relevante valor estratégico.

[312] Vejam-se *supra* notas 28 e 37 e CARVALHO, Pedro C., *O Forum de Æminium*, Porto, Instituto Português de Museus, 1998, p. 179.

[313] Veja-se *supra* nota 85.

[314] MANTAS, V. Gil, "Notas sobre a estrutura urbana de Aeminium", p. 512. Para a caracterização da região de Coimbra e seu valor estratégico, veja-se, em geral, a bibliografia indicada na nota 311 e ainda: ALARCÃO, Jorge, "Evolução urbanística de Coimbra…", p. 1; MARGARIDO, Ana Paula, "A morfologia urbana da 'Alta' de Coimbra. Ensaio sobre o traçado da malha urbana e sua evolução", *Cadernos de Geografia*, 6, 1987, pp. 45-47; ROSSA, W., *Divercidade…*, pp. 23-47, além da extensa *síntese* elaborada por COELHO, Maria Helena da Cruz, *O Baixo Mondego nos finais da Idade Média (estudo de história rural)*, Coimbra, 1983, vol. I, pp. 1-81.

[315] "Esta Coimbra…", p. 41.

[316] Para a possível (e controversa) exumação da Coimbra romana, capital de *civitate* a partir da época de Augusto, veja-se, em geral, a bibliografia indicada nas notas anteriores e ainda CORREIA, Vergilio, "Caixa de surpresas", *Obras*, vol. I, *Coimbra*, Por Ordem da Universidade, Coimbra, 1946, pp. 43-45; ALARCÃO, Jorge, *Portugal Romano*, Lisboa, Editorial Verbo, 1974, pp. 83-84 e 88-90; *idem*, "Arquitectura Romana", *História da Arte em Portugal*, vol. 1, *Do Paleolítico à Arte Vsigótica*, Lisboa, Alfa, 1986, pp. 86-89 e PETIZ, Paula, "Aeminium. A ideia do espaço na cidade romana", *Arquivo Coimbrão*, Biblioteca Municipal, vol. XXXV, Coimbra, 2002, pp. 313-343.

[317] A tese do hipotético programa ortogonal de *Aeminium*, formulada por V. Gil MANTAS ("Notas sobre a estrutura urbana de *Aeminium*", pp. 508-510) e defendida, até certo ponto, no referido estudo de P. PETIZ (realizado em 1985/86, embora apenas publicado em 2002), seria recentemente retomada, com resultados não absolutamente conclusivos, por W. ROSSA (cfr. *Divercidade…*, pp. 109-121). Na verdade, entre o emaranhado especulativo que, na ausência de verdadeira arqueologia, tem dominado a reconstituição da Coimbra romana, avulta e merece ponderação, podendo (e devendo) constituir patamar para uma abordagem verdadeiramente científica, a conclusão de Pedro C. CARVALHO, exarada no seu excelente estudo

sobre o antigo *forum*, segundo a qual "a área total do complexo forense parece estar mais em consonância com a imagem de um pequeno *oppidum*, capital de *civitas*, apesar do considerável esforço financeiro que a monumentalidade do edifício do forum/criptopórtico certamente acarretaria para as finanças públicas e particulares de uma comunidade ainda sem estatuto jurídico privilegiado" (*O Fórum de Æminium*, p. 195). A importância detida por Conímbriga no limiar da Idade Média, confirmada, em pleno século VIII, como sede do senhorio de Aidulfo (que englobava *Coimbra*) e metrópole eclesiástica, eventualmente, até ao século IX (veja-se *supra* nota 110), poderá ajudar a compreender o verdadeiro papel (e a dimensão) da Coimbra romana, cujos vestígios, na ausência de campanhas arqueológicas, se tem tendido a idear com base numa pressuposição de relevância institucional que, provavelmente, apenas terá verdadeiramente adquirido a partir do século X e dos *equipamentos* implantados por Almançor e no ulterior quadro geo-estratégico da *Reconquista* e da própria fundação do Reino de Portugal.

[318] Vejam-se *supra* notas 37 e 56.

[319] Para uma *viva* descrição desses conturbados tempos, vejam-se os testemunhos do bispo Idácio de Chaves e de Santo Isidoro de Sevilha em COELHO, A. Borges, "O domínio germânico e muçulmano", pp. 76-77 e, em geral, para a compreensão deste período e seus reflexos na vida urbana, LLOBREGAT, E. A., "De la ciudad visigótica a la ciudad islámica…", pp. 160-161 e 163-165; ALMEIDA, C. A. Ferreira de, "Urbanismo da Alta Idade Média…", pp. 131-133 e MATTOSO, J., "A época sueva e visigótica", pp. 302-303 e 318.

[320] Sobre este assunto, veja-se *supra* nota 110 e *infra* nota 321. Efectivamente, deve reter-se que a generalidade das inovações deste período, em termos de equipamentos urbanos, se liga à presença do bispo e à crescente importância (política, administrativa e mesmo fiscal) que a instituição que representava adquire, para contextualizar uma cidade que não é ainda, talvez, sede episcopal (cfr. ALMEIDA, C. A. Ferreira de, "Urbanismo da Alta Idade Média…", pp. 131-133; MATTOSO, J., "A época sueva e visigótica", pp. 323-330, 350-351; CARVALHO, S. L., *Cidades medievais portuguesas*, p. 12).

[321] Com efeito, a generalidade da historiografia, na esteira de Rui de AZEVEDO ("Período de formação territorial…", pp. 24-25), Pierre DAVID (*A Sé Velha de Coimbra. Das origens ao século XV*, Porto, Portucalense Editora, 1943, pp. 15-16) e Paulo MERÊA ("Sobre as antigas instituições coimbrãs", *Arquivo Coimbrão*, XIX-XX, Coimbra, 1964, pp. 35-36), toma por referência, no que se refere à transferência da sede episcopal – conhecida a destruição de Conímbriga pelos suevos em 468 –, a participação, no concilio de Toledo de 589, de Posidonius, na qualidade de *eminiensis ecclesiae episcopus*. Semelhante facto encontraria a sua justificação na importância entretanto adquirida por *Emínio* e na "proeminência da cidade como centro administrativo" (MANTAS, V. Gil, "Notas sobre a estrutura urbana de Aeminium", p. 512), documentada, basicamente, no conhecimento de aí se ter procedido à cunhagem de moedas, em nome dos monarcas visigodos, nos reinados de Recaredo, Liuva II, Sisebuto e Chintila, entre 561-640 (cfr. MACHADO, Fernando Falcão, "Numismas de Emínio", *Revista de Arqueologia*, III, 1936-1938, Sep., pp. 213-217), situação que levaria P. MERÊA a afirmar que a cidade "era agora a cabeça dum dos distritos ou *territoria*, também chamados *civitates*, em que se dividia, para efeitos de administração civil e militar, o Estado visigodo. Importante como era, devia ter à sua testa um *comes*, ou pelo menos um *iudex*, agente imediato do monarca" ("Sobre as antigas instituições…", pp. 35-36) e ocasionaria, recentemente, a busca de uma *instalação* para "os reis visigodos ou os seus representantes" (ROSSA, W., *Divercidade…*, p. 148), que se presumiu ser na futura *alcáçova* (vejam-se *supra* notas 9, 10 e 11). Sucede, porém, que todos os imediatos sucessores de Posidonius usariam o título de bispos de Conímbriga até, pelo menos, 666, datando de 873 a última referência escrita conhecida da designação *Emínio* (sobre a evolução do topónimo veja-se tb. LOUREIRO, José Pinto, *Coimbra no passado*, Coimbra, Câmara Municipal, 1964, vol. I, pp. 26-28). Neste contexto, já António de VASCONCELOS ("A catedral de Santa Maria Colimbriense…", p. 3) se pronunciara pela transferência da diocese e respectivo topónimo na sequência da conquista da cidade por Afonso III, em 878, outro tanto fazendo Nogueira GONÇALVES, que recordaria o facto significativo (e negligenciado) de Afonso III, no ano seguinte à sua ascensão ao trono, mas a onze da efectiva tomada de Coimbra, lhe ter nomeado bispo, na pessoa de Nausto (867-912), o que denota a intenção de convertê-la em sede metropolitana. Significativo é também o facto de o prelado se ter mantido na Galiza, após a conquista da cidade e até à sua morte, sendo substituído por Froarengo (cfr. "A arte medieval em Coimbra…", p. 56). Efectivamente, a tradição historiográfica que opina a favor de uma transferência do bispado ainda no século VI, baseia-se numa presunção da *importância* estratégica de Coimbra, até pela sua situação topográfica, que talvez deva ser mitigada à luz de outras informações, como as que fornecem as próprias características da *Aeminium* romana e, desde logo, das suas muralhas, que não ofereceriam, eventualmente, a segurança que por regra se lhes atribui, o que inegavelmente retira a Coimbra uma boa parte da sua relevância militar, relativizando também a decadência (consequente) de Conímbriga, a este assunto se voltando adiante. Mas valerá a pena registar as informações fornecidas por Justino MACIEL, revelando, para inícios da 2ª metade do século V, uma Conímbriga "muito bem fortificada" e "dificilmente conquistável" [cfr. "A arte da Antiguidade Tardia (séculos III-VIII, ano de 711)", PEREIRA, Paulo, (dir.), *História da Arte Portuguesa*, vol. I, Lisboa, Círculo de Leitores, 1995, p. 121]; a divisão de Teodomiro onde, em 569, *Emínio* surge como paróquia de Conímbriga; ou as que atestam o prosseguimento da vida urbana nesta última, após a invasão sueva, reorganizada, por certo, em redor da sede episcopal e de que conhecemos apenas os dados sumariados em 1936 por Vergílio CORREIA, evocando a lápide funerária de Serenianus, de 541 e meia centena de fragmentos esculpidos ("capiteis, frisos, tabelas, elementos de construções religiosas acessórias, pilastrinhas de frestas geminadas"), comprovando, para os séculos VI e VII (pelo menos), em vincado contraste com *Emínio*, a existência de "basílicas e outros santuários", ilustrando uma vida religiosa activa e importante ["Conímbriga Visigótica", *O Instituto*, vol. 90, Coimbra, 1936, pp. 411-415; vejam-se também, sobre a arte da Alta Idade Média em Conímbriga e o seu eloquente rasto de influência, os contributos fornecidos por FERNANDES, Paulo Almeida, "O ajimez moçárabe reaproveitado no Castelo de Soure", FERNANDES, Isabel Cristina Ferreira (coord.), *Mil anos de fortificações na Península Ibérica e no Magreb (500-1500)*, Actas do Simpósio Internacional sobre Castelos, Lisboa, Edições Colibri – Câmara Municipal de Palmela, 2002, pp. 795-799]; ou ainda o prosseguimento da dignidade de *conde* (dos cristãos de Coimbra) na linhagem dos senhores de Conímbriga, ao longo (pelo menos também) de boa parte do século VIII. De facto, mesmo Rui de AZEVEDO não deixaria

de trazer alguns dados a esta questão (ainda que em desabono, em nosso entender, da sua tese de se encontrar Conímbriga "já morta ao tempo das invasões sarracenas") ao datar o topónimo Condeixa – "cidade da condessa" (D. Onega) – e, por conseguinte, a irreversível morte de Conímbriga, do período posterior à "reconquista do território de Coimbra por Afonso III das Astúrias" (*ibidem*, p. 29), a este respeito merecendo confronto os dados que acrescentamos na nota 373. E também Borges de FIGUEIREDO, minucioso coleccionador de informações, não tem dúvidas em afirmar a sobrevivência de Conímbriga até ao século IX (em oposição a uma Emínio decaída desde as invasões bárbaras), como povoação mais importante e sede de bispado, de que a paróquia eminiense dependia, continuando em poder dos muçulmanos ainda além da presúria desta, em 878, que, na verdade, ditaria a sua morte: "Affonso III repovoou Aeminio e Conimbriga, depois de conquistadas – escreveria –; mas a segunda, nas gigantes luctas que tivera a sustentar, soffrera tantos desastres que não poude mais levantar-se do estado de decadencia a que chegára; mórmente retomando vida a próxima Aeminio que, por melhor situada junto d'uma corrente fluvial, devia ser preferida. Os habitantes d'uma foram a pouco e pouco passando para a outra, para um novo centro de animação, de vida; interesses de commercio mesmo para isso contribuiram. Conimbriga, abandonada quasi inteiramente, foi-se despovoando, até ficar pouco menos de deserta, e a ponto de perder o nome. Aeminio, procurada, estimada, ataviada com o nome honrado da sua visinha, animou-se, engrandeceu-se, para se glorificar um dia" (*Coimbra antiga e moderna...*, p. 262). Enfim, no que directamente respeita à questão das moedas (a mais firme base da tese da proeminência coimbrã durante o período visigótico) e mau grado os *monetarii* serem, por via de regra, artífices trabalhando por conta do *Estado*, F. F. MACHADO não deixaria de fazer notar que a existência de um cunho único para cada monarca indicia ausência de uma *casa da Moeda*, devendo-se a emissão, provavelmente, à homenagem individual do conde-governador, facto que, parece-nos, não pode deixar de cruzar-se com o conhecimento da integração de *Emínio*, à data da ocupação muçulmana, no *condado* de Aidulfo, membro da família real visigótica, cuja sede era Conímbriga e cuja jurisdição sobre a comunidade cristã continuaria, como se viu, nos seus descendentes, nem com a noção de corresponder o século VII, entre os visigodos, a uma decadência da própria emissão monetária, substituída pela prática atávica do entesouramento (cfr. MATTOSO, J, "A época sueva e visigótica", pp. 327-328 e 335-336), o que, acrescido aos dados anteriormente aduzidos, poderá conferir às moedas coimbrãs um valor mais simbólico que realmente económico – com as devidas consequências. Este conjunto de informações, por conseguinte, dissentindo da imagem vulnerável que (em benefício de Coimbra) tradicionalmente tem sido criada à velha e prestigiosa cidade romana, leva, assim, em nossa opinião, necessariamente a relativizar a imagem, até certo ponto ideal, que da evolução de Coimbra na Alta Idade Média se tem formado, situação que, no que se relaciona com o período islâmico, melhor se compreende também por confronto com o que se sabe sobre a decadência das cidades não colectoras (veja-se *supra* nota 131).

[322] A *gestão parcimoniosa das estruturas herdadas*, com escassa e pouco significativa inovação, justificativa da ausência de vestígios materiais e reflectida na absoluta ausência de informação existente a respeito das eventuais igrejas – que nenhum dos templos proto-românicos seguramente parece substituir – é também a conclusão que se extrai da análise de W. ROSSA, responsável pelo mais recente balanço produzido sobre esta matéria (cfr. *Divercidade...*, pp. 123-124, 133, 138-147).

[323] Cfr. CORREIA, Vergílio, "Coimbra pré-românica", *Obras*, vol. I, *Coimbra*, Por Ordem da Universidade, Coimbra, 1946, pp. 51-52 e *idem*, *Inventário Artístico de Portugal - Cidade de Coimbra*, p. X.

[324] Veja-se *supra*, nota 20.

[325] A classificação como ara, ou pedra de altar, foi por nós proposta ao Prof. Jorge Alarcão, que a achou plausível, no decurso de uma visita ao Paço das Escolas, em Março de 2001, destinada a docentes do Grupo de História da Faculdade de Letras da Universidade de Coimbra [para uma comparação tipológica com outra de carácter idêntico à generalidade dos fragmentos insculpidos localizados em Coimbra, veja-se *Semente em Boa Terra. Raízes do Cristianismo na Diocese de Coimbra (do século IV a 1064)*, Cat., Coimbra, Jubileu do Ano 2000, p. 68, ilustr. 29, que reproduzimos]. O carácter muito diverso da ornamentação apresentada pela pedra da Universidade, bem como a peremptória classificação de N. GONÇALVES — que sobre as outras não deixaria de exprimir discretas reservas —, poderá, como mera proposta, fazer atribuí-la à primitiva paroquial de *Emínio*, depois transitada para a catedral do século IX. Não pretendemos avançar tese em matéria tão fora do nosso âmbito de trabalho, mas não deixa de causar alguma perplexidade a utilização explícita de semelhante objecto num edifício que, por toda a parte, dissimularia ostensivamente a reutilização de materiais, mesmo romanos, atestada pela inclusão do outro fragmento como mero material de enchimento da cobertura do corredor da porta-forte, o que parece conferir à inclusão desta um valor semiótico particular.

[326] MANTAS, V. Gil, "Notas acerca da estrutura urbana...", p. 512.

[327] Cfr. MACIEL, Justino, "A arte da Antiguidade Tardia...", pp. 141-142.

[328] Cfr. REAL, Manuel Luís, "Os Moçárabes do Gharb português", pp. 35-56. Na verdade, não terá sido a classificação como visigótico deste conjunto de pedras ornamentais – e a despeito da opinião peremptória proposta por Nogueira Gonçalves para a *pedra visigótica* da fachada norte do Paço das Escolas – imune à tendência para reconhecer nelas os almejados vestígios da *importância* atribuída à antiga Emínio. Assim, V. CORREIA referiria que as rosetas dos seus ornatos "segundo Puyg y Cadafalch, o eminente arquitecto catalão, se encontram até ao século IX, mas que os monumentos do século VII [as] ostentam já nas suas decorações" ("Coimbra pré-românica", p. 52), enquanto, noutro local, afirmando a sua similitude com outras recolhidas em Conímbriga e Montemor-o-Velho, sublinha: "mas o corte da pedra e o desenho acusam experiência e boa técnica" (*Inventário Artístico de Portugal - Cidade de Coimbra*, p. X). Por seu turno e em referência aos mesmos materiais (excepção feita à pedra da fachada norte do alcácer, ainda não conhecida – como, obviamente, a do cubelo, idêntica esta, porém, a todas as restantes), afirmaria Nogueira GONÇALVES que "noutros locais podiam ser de tempo mais avançado, mas que considerações diversas convencem aqui a que sejam visigóticas" ("Evocação da obra coimbrã...", p. 11.). Quanto à pedra da Universidade, a diversidade da sua decoração poderia, de facto, testemunhar origem mais antiga, se tiver algum fundamento a proposta que acima fizemos (veja-se *supra* nota 325), em função da qual constituiria, talvez, solitário testemunho da Emínio cristã anterior à ocupação árabe. Veja-se também sobre esta matéria, FERNANDES, P. Almeida, "O ajimez moçárabe...", pp. 795-799.

[329] Veja-se *supra* nota 91.

[330] Veja-se *supra* nota 141. Na verdade, o estabe-

lecimento preferencial do *ocupante muçulmano* no exterior das cidades objecto de pacto (de velha tradição romana), que parece poder comprovar-se, redundaria num retardamento do próprio processo de islamização urbana, simbolizado pela implantação da mesquita, em benefício, justamente, desses *estabelecimentos rústicos*, aos quais acorrem os próprios muladís para operarem a sua conversão, situação que, ao mesmo tempo que favorece o prolongamento nas cidades do modo de vida visigodo, contribui também para acentuar a sua própria decadência (cfr. LLOBREGAT, E. A., "De la ciudad visigotica a la ciudad islámica…", pp. 186-187 e *supra* nota 135). No que directamente respeita ao caso coimbrão, aliás, a documentação atestaria que ainda no século X alguns dos mais ricos proprietários residem em lugares bastante distanciados [cfr. GOMES, Saul António, *'In Limine Conscriptionis'. Documentos, chancelaria e cultura no Mosteiro de Santa Cruz de Coimbra (séculos XII a XIV)*, diss. de doutoramento em História Medieval, Coimbra, Faculdade de Letras da Universidade de Coimbra, 2000, policopiada, vol. I, p. 112].

[331] Cfr. ALMEIDA, C. A. Ferreira de, "Urbanismo da Alta Idade Média…", p. 132.

[332] Cfr. VASCONCELOS, A. de, *A Sé Velha de Coimbra…*, vol. I, pp. 30-31, 36-37 e 48. Veja-se tb. ROSSA, W., *Divercidade…*, p. 147 e 244-245.

[333] "A arte medieval em Coimbra…", p. 56.

[334] Às informações fornecidas por al-Razi, que tornariam a situação de Coimbra conhecida há décadas na Corte califal, haverá que acrescentar, como bem viu A. de VASCONCELOS, os efeitos da observação directa, tanto das suas defesas como das suas potencialidades económicas, colhidos pelo próprio Almançor nas algazuas anteriores (cfr. "A catedral de Santa Maria…", p. 4 e *supra* nota 116).

[335] De facto, segundo as fontes, Coimbra seria repovoada de moçárabes e muladís (cfr. VASCONCELOS, A. de, "A catedral de Santa Maria…", p. 5).

[336] Sobre esta matéria a informação de fundo é ainda a que forneceu A. de VASCONCELOS ao analisar o problema, nomeadamente a que respeita a "Um pavimento de argamassa, e uma base de coluna de mármore, que se encontraram abaixo do nível do primitivo piso do actual templo, ao realizarem-se há anos as obras da restauração e que lá ficaram *in situ*", relatando ainda, com indignação, as circunstâncias do seu encobrimento (*A Sé Velha de Coimbra…*, vol. I, pp. 22 e 27-31. Veja-se tb. GONÇALVES, A. Nogueira, "Evocação da obra coimbrã…", p. 21).

[337] "Esta Coimbra…", pp. 41-42.

[338] Cfr. *idem, ibidem*, p. 41.

[339] É, na verdade, o que parece documentar a arqueologia, onde os trechos exumados das muralhas do *alcácer* assentarão directamente sobre espólio romano e da Antiguidade Tardia, saltando depois a cronologia directamente para as épocas islâmica e da Reconquista [cfr. CATARINO, H., *Intervenção Arqueológica… (campanha 1/2000)*, pp. 6, 23 e 28-29 e *idem, Intervenção Arqueológica… – relatório da campanha 2/2001*, pp. 8, 13, 23 e 27].

[340] Efectivamente, a própria composição calcária do morro, que aí aflora, forneceria pedra localmente e no âmbito dos próprios trabalhos de regularização necessários à edificação de uma estrutura de semelhantes dimensões, ao mesmo tempo que topónimos como *rua dos Penedos* e mesmo *rua da Pedreira*, *largo da Pedreira*, *escadas da Pedreira* ou *judiaria da Pedreira* se registam a escassíssima distância, referentes, pela maior parte, à zona depois ocupada pelos colégios dos Grilos e de Santo António *da Pedreira* (cfr. CORREIA, A, *Toponímia Coimbrã*, p. 14, LOUREIRO, J. Pinto, *Toponímia de Coimbra*, tomo I, p. 414 e ROSSA, W. *Divercidade…*, pp. 44 e 100).

[341] De facto, merece reparo a semelhança de dimensões apresentada pelo *alcácer* de Coimbra ((75 m x 79 m x 82 m x 80 m, respectivamente a nascente, sul, poente e norte) e pelo palácio saragoçano da Aljafería (87 m x 78 m aproximadamente). Se, neste último, a relativa modéstia das suas proporções, para um *palácio real*, seria assinalada pela bibliografia como um claro factor de empobrecimento em relação à matriz omíada – a par de outros, como a penúria dos materiais e a deformação da planta e descentramento da entrada, não justificáveis em terreno plano (cfr. *supra* nota 212) –, as dimensões do edifício coimbrão, sede, apenas, da representação militar, bem como o recurso ao aparelho imperial de *soga e tição*, a ousadia que constituiu a realização do plano regular em semelhante contexto topográfico (justificativa, aqui sim, da deformação da planta e do descentramento da porta) mas, sobretudo, a própria e intencional ressurreição do *plano omíada* que representa, avultarão, inversamente, como indícios claros da importância política que revestiria a sua realização, no quadro da nova estratégia ofensiva em relação ao Reino de Leão.

[342] Vejam-se *supra* notas 325 e 328.

[343] O conhecimento da vinda de mestre Zacarias resulta de um documento redigido entre 1064 e 1067 – publ. por R. de AZEVEDO, sendo a sua actividade ao serviço do Mosteiro de Lorvão e da *câmara* coimbrã (a construção das pontes) pacientemente estudada por Nogueira GONÇALVES –, nele se afirmando que no tempo do abade Primo (966-985) o Convento chamara de Córdova mestre Zacarias, solicitando posteriormente os homens do *concelho* de Coimbra a sua cedência para a obra das suas pontes. São conhecidos (mas nunca verdadeiramente estudados com métodos modernos) os trechos arcaicos do mosteiro de Lorvão (uma torre de carácter militar incluindo um arco ultrapassado) nada, porém, permitindo (por ora) atribuí-los directamente a mestre Zacarias. A verdade é que, como N. G. bem sublinharia, a obra da *câmara* (três modestos *pontões*) não justificaria a vinda do cordovês; mas também as do mosteiro, modestas como teriam sido, em virtude da própria modéstia da comunidade – e do que era a tradição da arquitectura monástica peninsular –, dificilmente explicariam semelhante cuidado. Tudo converge, assim (mesmo que não possa provar-se), na utilização pelos monges laurbanenses dos bons ofícios de um mestre construtor ocupado nas obras realizadas em Coimbra pelos novos senhores, no âmbito administrativo da repartição do *Sahib al-bunyan*, figurando o carismático abade Primo como referência lendária e origem de um pequeno desfasamento cronológico perfeitamente compreensível por parte de relatores já distanciados dos acontecimentos, reforçando o facto de o trecho laurbanense ser constituído por uma torre de defesa a ligação à arquitectura militar do seu (hipotético) construtor (veja-se *supra* nota 266 e BORGES, N. Correia, *Arte monástica em Lorvão, sombras e realidade*, I, vol. I, pp. 89-90 e vol. II, il. 47). Não resistimos, aliás, a aproximar desta situação a do *forum* de Aeminium e da sua ligação ao arquitecto æminiense Caius Sevius Lupus, bem como as conclusões a este respeito formuladas por P. C. CARVALHO (*O Forum de Æminium*, p. 202).

[344] Efectivamente, no âmbito da *sondagem A1*, seriam reconhecidas, adjacentes ao flanco interno da (desaparecida) muralha, paredes relacionadas com estruturas habitacionais em funcionamento até ao período da Reconquista, testemunhando-se um arrasamento posterior ao século XII, localizando-se também a presença de edificações em idêntico contexto no decurso da *sondagem F*, embora os apertados limites da área desvendada a norte da muralha não permitissem, por ora, avançar conclusões [cfr. CATARINO, H., *Intervenção Arque-*

ológica… *(campanha 1/2000)*, p. 23 e *idem*, *Intervenção Arqueológica… – relatório da campanha 2/2001*, pp. 21-22].

[345] Cfr. *idem*, *Intervenção Arqueológica… (campanha 1/2000)*, p. 32.

[346] Veja-se *supra* nota 53.

[347] Veja-se *supra* nota 127.

[348] Veja-se *supra* nota 191.

[349] *A Sé Velha de Coimbra…*, vol. I, pp. 83-88. Veja-se tb. VENTURA, L., "A muralha coimbrã na documentação medieval".

[350] "Coimbra romana", *Obras*, vol. I, *Coimbra*, Por Ordem da Universidade, Coimbra, 1946, p. 29.

[351] "Evocação da obra coimbrã…", pp. 9-10.

[352] Cfr. ALARCÃO, J., "As origens de Coimbra", p. 37.

[353] Cfr. "Esta Coimbra…", p. 47.

[354] Cfr. *Études historiques sur la Galice et le Portugal. Du VI au XIII siècle*, Lisboa, s.n., 1947, p. 76.

[355] Veja-se *supra* nota 15.

[356] Veja-se *supra* nota 19.

[357] *Inventário Artístico de Portugal - Cidade de Coimbra*, "Introdução", pp. XVI-XVII.

[358] *Idem, ibidem*. p. 1. Vejam-se tb. pp. 2-3 e *supra* nota 70. Ainda sobre este assunto e as opiniões exaradas pelos referidos autores, veja-se: CORREIA, V., "Coimbra pré-histórica e romana", p. 12.

[359] "História da Cidade de Coimbra", SILVA, José Pires da (leitura e prefácio de), *Arquivo Coimbrão*, vol. XIV, Coimbra, 1956, pp. 278-279 e 282.

[360] Sobre o achado desta lápide e questões com ela relacionadas, veja-se CORREIA, V., "Coimbra Romana", pp. 27-29.

[361] Cfr. ALARCÃO, J., *Portugal Romano*, pp. 58-59; *idem*, "As origens de Coimbra", pp. 36-38 e FABIÃO, Carlos, "O passado proto-histórico e romano", MATTOSO, José, (dir.), *História de Portugal*, vol. I, Lisboa, Círculo de Leitores, 1992, pp. 250-251.

[362] Cfr. MANTAS, V. Gil, "Notas sobre a estrutura urbana de Aeminium", pp. 510-511. Veja-se tb. ROSSA, W., *Divercidade*…, pp. 77-79 e 113.

[363] "A Almedina de Coimbra", p. 18. Na verdade, foi o estudo atento da muralha (tema que de há muito o interessava) que fez mudar a opinião deste investigador, que ainda vinte anos antes afirmava ser esta "Nascida em data indeterminada do período romano" (SILVA, Armando Carneiro da, *Estampas Coimbrãs*, Coimbra, Por Ordem da Câmara, 1967, vol. I, p. 25).

[364] Cfr. TORRES, C., "O legado islâmico…", pp. 72 e 75 e *idem*, "O Garb-Al-Andalus", pp. 377 e 397. De facto, aventada, sem justificações científicas, por este autor, a tese da existência em Coimbra de *uma alcáçova monumental, com bairro anexo*, seria recentemente retomada por W. ROSSA, já com base nos resultados preliminares das intervenções arqueológicas realizadas no âmbito desta dissertação e na identificação como muçulmana da estrutura original do Paço das Escolas, partindo do pressuposto segundo o qual a *alcáçova* comportaria, por via de regra, uma "unidade urbana mínima", envolvendo o "palácio do governante", ao mesmo tempo que se estabeleceria "perifericamente posicionada relativamente à *madina*, ou seja, fazendo coincidir parte do seu limite com a muralha da própria cidade", quesitos que o alcácer subsistente não observaria, e tendo como apoio material dessa "virtual unidade urbana" o "impressionante muro de suporte (re?)erguido no âmbito da Reforma Pombalina da Universidade imediatamente a sul do claustro da Sé", bem como a "velha Torre dos Sinos da Sé, então demolida até ao seu primeiro piso" (cfr. *Divercidade*…, pp. 184-195 e *infra* nota 382).

[365] "A Almedina de Coimbra", p. 11.

[366] Veja-se *supra* nota 350.

[367] Veja-se *supra* nota 311.

[368] Vejam-se *supra* notas 28, 37 e 312. Na verdade, não custa admitir que a romanização de *Aeminium* tivesse por objectivo a incorporação de um povoado primitivo, aí encastelado (o *oppidum*), impedindo a sua reconstituição em local estratégico, como era o ponto de travessia do Mondego pela estrada (então organizada) *Ulissipo-Bracara Augusta*, assim se originando uma pequena cidade que ao longo dos séculos I e II iria crescendo e estruturando orgãos políticos (reflectidos no *forum*), colhendo os benefícios das vias comerciais que aí se cruzavam, sem, por tanto, rivalizar com a opulenta Conímbriga.

[369] Veja-se *supra* nota 357.

[370] Vejam-se *supra* notas 110 e 321.

[371] Veja-se *supra* nota 317.

[372] Como elementos para esse estudo, que terá de passar pelo levantamento sistemático e análise estratigráfica (pelo *método de Harris*) dos elementos subsistentes, poderão constituir achegas tanto a opinião de C. A. Ferreira de ALMEIDA, segundo o qual seria admissível que a Porta de Almedina assentasse numa base romana, como o próprio conceito (na verdade sensato) de que a hipotética muralha imperial representasse apenas um reforço pontual das qualidades defensivas da própria topografia (cfr. ROSSA, W., *Divercidade*…, pp. 70, nota 53 e 137), como também a conhecida referência à igreja de Santa Cristina (onde se alude à Porta de Almedina), em doc. de 933 dos *Portugaliæ Monumenta Historica. Diplomata et Chartæ* (doc. 37), referido por L. VENTURA ("A muralha coimbrã…", p. 46) e Carneiro da SILVA ("A Almedina de Coimbra", p. 18), sendo que a comprovação da origem romana da Porta de Almedina não constitui necessariamente prova da sua inclusão num circuito murado, o mesmo sucedendo com a Porta de Belcouce, a respeito da qual será hoje mais difícil (ainda) obter confirmações arqueológicas.

[373] Na verdade e como bem sublinharia Nogueira GONÇALVES, a nomeação de bispo para *Emínio* precederia de alguns anos a própria conquista da cidade. Parece, assim, poder reconhecer-se nela a consecução de um *objectivo longo* da Coroa leonesa, que não custa aceitar passasse pelo esvaziamento do papel de Conímbriga enquanto sede metropolitana, tendo em conta as cumplicidades que a uniam à administração omíada. Neste mesmo contexto revestirá, afigura-se-nos, particular interesse, o facto, que não nos parece ter sido valorizado, de se acolher à protecção dos Reis cristãos, *por não poder sofrer a tirania dos mouros*, um conde D. Hermenegildo, neto ou, pelo menos, descendente do conde de Conímbriga Teodus (e ascendente, por seu turno, de S. Rosendo, o fundador da abadia de Celanova) a quem seria confiado o governo de uma vasta região, que incluía Porto, Braga, Tui e parte da Galiza e que não poderá ser outro senão Hermenegildo Guterres, o presor de Coimbra (*Tudæ et Portugaliæ Comes*), provavelmente vítima, como os Banu Danis, do acosso de *Xurumbaqi* e, a ser assim, conde de Conímbriga, ele próprio, até anos próximos da conquista de *Emínio* (veja-se SIMONET, F. J., *Historia de los Mozarabes*…, tomo I, p. 183, nota1 e *supra* nota 89). O prolongamento da linhagem dos senhores de Conímbriga até aos meados do século IX, reforçará, desse modo, o conjunto de referências que sugerem a subsistência da cidade, bem como da sua dignidade episcopal (porventura desagregada também com a partida do conde para o norte e justificativa da nomeação de prelado para Coimbra mais de uma década antes da conquista), ao mesmo tempo que permite enquadrar melhor a própria tomada de Coimbra, entendida como verdadeira *refundação*, no âmbito de uma nova lógica política, administrativa e (consequentemente) eclesiástica, que é a da *Reconquista*, mas também o próprio papel dos futuros condes de Coimbra, detentores de grandes interesses na região docu-

mentados nas primeiras décadas do século X (cfr. GOMES, S. A., 'In Limine Conscriptionis'..., vol. I, pp. 112-113) – e reflectidos, eventualmente, na emergência, sobre as ruínas de Conímbriga, da "cidade da condessa" –, a sua gestão autonómica em relação à Coroa leonesa e, mesmo, a dificuldade com que (nas fontes cristãs) se segue, a partir dos finais do século VII, o rasto dos bispos de Conímbriga (vejam-se *supra* notas 110 e 321). Da fama da nova metrópole eclesiástica de Coimbra constituirá testemunho o episódio relatado por al-Razi a propósito da lápide romana da alcáçova de Mérida (veja-se *supra* nota 115). Também Juan ZOZAYA afirmaria peremptoriamente estar "claramente definida, hasta pasados mediados del siglo IX, la presencia musulmana en Conímbriga" (cfr. "Fortificaciones tempranas...", p. 52).

[374] Cfr. MARTINS, A. Fernandes, "Esta Coimbra...", pp. 40-44.

[375] Veja-se *supra* nota 363. Na verdade, Carneiro da SILVA, ao descrever a muralha afirma textualmente que "a sua estrutura... era constituída por um intradorso de forte cimento, ligado com numerosos restos romanos, como telha, ladrilho, restos de colunas, degraus, vergas e outras cantarias, e uma forra de grossas alvenarias". Semelhante situação, que ocasionaria uma estrutura diversa da ostentada no Paço das Escolas, onde a muralha é constituída por paramento duplo e enchimento, não parece, de facto, poder comprovar-se e deverá decorrer do rebaixamento pontual de terrenos, no seu perfil interno, numa muralha que, como seria notado, apresenta, em consequência da topografia acidentada da colina, a particularidade de servir também de muro de suporte, ocasionando, desse modo, que a sua base interior apresente, com frequência, uma cota bastante elevada em relação à base externa (cfr. ROSSA, W., *Divercidade*..., p. 73). A verificar-se, porém, esta realidade, que obrigaria a uma construção por sistema de cofragem, afim à utilizada nas muralhas de taipa, resultaria em argumento adicional à interpretação que de seguida faremos de constituir o embrião da Universidade, não um alcácer de carácter palatino, mas uma alcáçova monumental ideada como base militar e refúgio em situação de assédio.

[376] Veja-se *supra* nota 328.

[377] Veja-se *supra* nota 357.

[378] Cfr. PICARD, Ch., *Le Portugal musulman*..., p. 238, que suspeitou também esta realidade, ao afirmar: "Si l'on considère que Coimbra fut fortifiée à l'époque d'Ibn Abi 'Amir al-Mansur, ce qui est probable".

[379] Veja-se *supra* nota 116. Sobre o papel desempenhado pelas defesas da cidade na invasão almorávida de 1117 e sobre a controversa interpretação do episódio, veja-se *infra* nota 623.

[380] Veja-se *Inventário Artístico de Portugal – Cidade de Coimbra*, pp. 4a e 6b; *supra* nota 2 e MARTINS, Alfredo Fernandes, "A Porta do Sol. Contributo para o estudo da cerca medieval coimbrã", *Biblos*, XXVII, Coimbra, 1951, Sep., pp. 328, 344-346 e 349. Parece, aliás, dizer-lhe respeito a referência a uma *Porta Mourisca* registada numa demarcação ordenada em 1137 pelo Infante D. Afonso (cfr. SILVA, A. Carneiro da, *Estampas Coimbrãs*, vol. I, p. 27).

[381] É, de facto, o que textualmente refere, em passo nunca atendido, Coelho GASCO: "he inexpugnavel, por lhe nascer dentro água em muita quantidade" (*Conquista, antiguidade e nobreza...*, p. 8). Não deixa de ser também eloquente, para esta questão, o arguto comentário de Carneiro da SILVA: "Sabendo-se porém, que a colina sobre que assentava a povoação com a alcáçova e o castelo era de constituição rochosa e seca, e sabendo-se – não obstante vagas notícias de um aqueduto romano que levava água ao castelo – que só no século XVI se solucionou o problema de fornecer água em abundância à cidade com a captação dos nascentes existentes nos montes próximos (Celas e Cumeada) e com a construção do aqueduto de S. Sebastião, e sabendo-se que uma constante da defesa militar da época era a preparação para a resistência a largos assédios, a cidade teria de possuir um acesso à água protegido de incursões e assaltos, e assim, não obstante não se conhecerem documentos que concretamete refiram tal saliente, aceita-se que tivesse existido" (*Estampas Coimbrãs*, vol. I, pp. 25-26).

[382] Veja-se *supra* nota 364. Com efeito a simples plausibilidade da muralha da Imprensa, cuja ciclópica construção se encontra bem documentada (como se verá) no século XVIII e da torre (essa, de facto, com fortes probabilidades de constituir estrutura arcaica), não bastam, sem cuidada análise dos seus paramentos, para fundamentar uma teoria que parece contrariar a estrutura topográfica dessa área e que necessitaria de poder comprovar outros trechos do seu percurso (incluindo torres) que, estranhamente, as obras do Estado Novo não exumariam, em termos de despertar a atenção de Vergílio Correia e Nogueira Gonçalves, que não desperdiçariam essa oportunidade para colher novas informações sobre o percurso da muralha urbana. Aí se verificava outrora uma pronunciada escarpa, idêntica (mas mais violenta ainda), à que defendia a alcáçova pelo poente, como indicam as capelas adjacentes à nave sul do claustro da Sé Velha, praticadas na rocha viva, a implantação da Casa dos Melos (a despeito das intervenções de que foi objecto) e o afloramento rochoso na base da fachada norte do Paço das Escolas, sendo a plataforma actual obtida por entulhamento na sequência da construção da muralha, com o duplo objectivo, afirmado pelo próprio reitor D. Francisco de Lemos, de proteger o envolvente do palácio universitário e de propiciar um *belvedere* sobre a cidade antiga, organizando, do mesmo passo, o acesso à Imprensa, instalada no claustro devoluto da antiga catedral. Naturalmente protegida a alcáçova por poente e norte – em menor grau, como se verá, pelo lado sul –, dificilmente se justificaria a edificação de uma muralha neste sector e, em particular, com o percurso proposto. Do mesmo modo se não compreende a curvatura definida na reconstituição em planta por uma muralha de traçado rectilíneo, como a fotografia anexa ilustra (cfr. ROSSA, W. *Divercidade*..., p. 189). Nesse contexto e justamente "pelo domínio absoluto do principal acesso da Porta de Almedina à zona alta da cidade" que possuiria, afigura-se-nos mais provável (no mero campo das hipóteses a fundar arqueologicamente) que a velha torre da Sé (claramente anterior à muralha, que se lhe encosta, como a simples observação permite verificar) constituísse o poderoso embasamento (na tradição de outros) do alminar da antiga mesquita, a confirmar-se a sua implantação sobre os alicerces da primitiva catedral. De resto, a construção (ou ampliação), na segunda metade do século XVI, da Casa dos Melos, não parece ter deparado, no seu avanço sobre o Paço Real, com mais do que a indignação da corporação universitária (e o interesse da Coroa), como se verá (vejam-se *infra* notas 1473 e 1475). Por outro lado, não somente a palavra *alcáçova* designa, na prática, uma ampla diversidade de situações, como a própria relação medina-alcáçova ostenta, na verdade, uma variedade de tal modo extensa de soluções, que dificilmente se concilia com o estabelecimento de qualquer arquétipo (veja-se *supra* nota 241), em particular o que decorre da tendência de ver em cada cidade de *al-Andalus* a presença de um *governador* assistido pela sua coorte de funcionários e, por conseguinte, gerador de amplas necessidades residenciais, situação que, na verdade, apenas num restrito grupo de cidades de

acentuada centralidade (como cabeças de *cora*) e comprovada lealdade, se terá efectivamente verificado e nunca no *tagr*, que Coimbra (na melhor das hipóteses) integrava (veja-se também o que escrevemos *infra* nota 1048).

[383] Veja-se *supra* nota 242.

[384] Veja-se *supra* nota 1. A função de refúgio da alcáçova parece, aliás, ter continuado até tempos avançados, a fazer fé na informação de que "Em tempos de guerra com Castela costumavam recolher-se na *alcáçova* as freiras do mosteiro de Santa Clara e, naturalmente, muitos outros habitantes mais categorizados do *arrabalde*" (CORREIA, A., *Toponímia Coimbrã*, vol. II, p. 3, nota 2 e COELHO, M. H. da Cruz, *O Baixo Mondego*..., vol. I, p. 32).

[385] Veja-se *supra* nota 246.

[386] Na verdade, o Paço das Escolas inclui diversas cisternas, provavelmente de origem muito remota, pelo menos a que ainda em 1936 era referida como "cisterna do pátio junto da Igreja que se encontra entulhada" [DGEMN (Lisboa), *Paços da Universidade*, Proc.º 06 03 25 – 014 (258), *Memória justificativa e técnica* de 17.11.1936] e que em documentação dos séculos XVII e XVIII surge, por diversas vezes, com a menção de *cisterna do reitor*.

[387] Cfr. VASCONCELOS, A. de, *A Sé Velha de Coimbra*..., vol. I, p. 125 e nota 1 onde refere a descoberta deste "corredor subterrâneo abobadado, quando há anos se procedia a obras nos quintais a norte da Universidade". Muito importaria, com efeito, poder confirmar esta notícia e, desse modo, obter informações sobre o seu aparelho constitutivo, num contexto que tanto pode relacionar-se com a edificação da Sé actual (como A. de V. fez), como com uma construção anterior (a mesquita?), conservando-se a sua utilidade no edifício novo (o que, na verdade, não deixa de parecer mais provável). Como importaria poder confirmar as informações atrás reportadas a respeito de "Um pavimento de argamassa, e uma base de coluna de mármore, que se encontraram abaixo do nível do primitivo piso do actual templo" (veja-se *supra* nota 336). Há, pois, muito a fazer, afinal, em termos de arqueologia islâmica na cidade de Coimbra. No mesmo local, A. de V. coloca também a hipótese de a alcáçova ter sido dotada de ligação subterrânea com o castelo e, com efeito, existe uma "passagem", não explorada ainda, cujo ponto de partida é justamente a *Porta Férrea*. O seu estudo, que se impõe, pode também fornecer elementos preciosos a respeito das origens de um castelo de que resta apenas documentação, incluídos (felizmente) alguns levantamentos setecentistas. Para o binómio simbólico dar al-imara-mesquita, veja-se MAZZOLI-GUINTARD, Ch., *Villes d'al Andalus*..., pp. 98-100 e MARTÌNEZ SALVADOR, C., "Arquitectura del Ribat...", p. 258, que reconhece a implantação dos *rubut* "en pleno centro urbano y casi siempre junto a una mezquita", em correspondência "a la ubicación típica de los edificios oficiales islámicos que desempeñan una doble función política y administrativa responsable del ordenamiento y control local".

[388] CHUECA GOITIA, Fernando, *Arquitectura muçulmana peninsular e sua influência na arquitectura cristã*, Lisboa, Fundação Calouste Gulbenkian, 1962, Cat., p. 7.

3 ❧ Em busca das origens

Precedida de uma ofensiva estratégica contra a *taifa* de Sevilha, dinamizada a partir de Mérida, em 1063, destinada a isolar o Reino de Badajoz[389], a tomada de Coimbra por Fernando I, no ano seguinte, não constituiria um mero episódio na lógica da *Reconquista*. Era antes, em certo sentido, o seu próprio e simbólico ponto de partida (mesmo que antecipado, em 57 e 58, pelas conquistas de Lamego e Viseu), enquanto aplicação de um sistema, configurado pelo monarca, não somente de recuperação territorial e ocupação militar, mas de implantação, no quadro do *repovoamento*, de um novo modelo cultural, de sentido *europeu*, cunhado na aliança com Cluny e consubstanciado na uniformidade *romana* da prática litúrgica[390]. A submissão da fortíssima praça – *illarum partium maxima civitas*, como refere a documentação medieval[391] – avultava, assim, como prova de fogo à própria exequibilidade da estratégia imperial formulada pelo monarca leonês. Donde a peregrinação a Santiago, de que seria precedida, destinada a impetrar a protecção do santo; donde o conjunto de lendas que se iriam tecer em seu redor, como os *sete anos* de cerco, a activa intervenção do próprio apóstolo (em tal transe assumindo o seu novo perfil de *mata-mouros*), a participação de Rui (ou Rodrigo) Dias, o romanesco *Cid*, armado cavaleiro, após o triunfo, na mesquita[392]. Donde, enfim, nova romagem régia a Compostela, na sequência da conquista, a render graças pelo bom sucesso da empresa[393].

A fazer fé nos relatos cristãos, os sitiantes haviam combatido "muy fortemente com os engenhos, em tanto que britarom o muro da villa. E os mouros, maao seu grado, veheron a el rei e deitaronsse a seus pees e pedironlhe por mercee que os leixasse hyr cõ seus corpos, e que lhe leixariã a villa e a alcaçova, com quanto aver em ella avya. E el rey com grande piedade outorgoulho. E entregaronlhe a vylla a huum domingo, ora de terça"[394]. Desta versão, porém, dissentiriam, como se viu, as fontes muçulmanas, segundo as quais "o inimigo de Deus, Fernando(…), assediou-a (…) até que a conquistou. E isso porque o seu *qa'id* (…) falou secretamente com Fernando para que lhe desse o *amãn* a ele e à sua família e se passaria a ele, desde a cidade, durante a noite. Então o maldito lhe deu o amãn e o maldito passou secretamente ao exército dos cristãos. Ao amanhecer, as gentes da cidade já tinham feito os preparativos para a luta. Então lhes disseram os cristãos: como nos combateis quando vosso emir está connosco? A gente da cidade não tinha conhecimento daquilo e quando não o encontraram, souberam que a notícia era certa. Pediram ao estrangeiro o *amãn*, mas não lhes foi concedido. Tinham-se esgotado as provisões e o inimigo de Deus sabia-o. Então esforçou-se em combatê-los, até entrar nela por assalto; como consequência, foram mortos os homens e cativas as crianças e as mulheres"[395].

Coimbra renderia, de facto, um opulento saque em cativos e bens, mesmo que os 5000 prisioneiros transmitidos pelas fontes[396] pertençam também, provavelmente, aos domínios da lenda. Integrada pelo Imperador no Reino da Galiza, atribuído a seu filho Garcia[397] – o qual, segundo a tradição, presencearia então no *paço* a morte do seu valido Verna às mãos do próprio *Cid*[398] –, seria confiada (bem como todo o território a sul do Douro, reconstituindo, de um modo geral, o velho *condado de Coimbra*)[399], a Sesnando Davides, moçárabe originário de Tentúgal. Antigo vizir (ou *alvazir*) do Rei de Sevilha, al-Mutadid (título de que usaria toda a vida) e, segundo os cronistas árabes, "homem que retirava chispas da brasa da inteligência e que ia muito longe na ousadia e na má intenção"[400], o novo conde (ou cônsul)[401] passara, em circunstâncias obscuras, ao serviço de Fernando I, depois da brilhante carreira sevilhana, junto dele desempenhando, nas palavras ainda dos relatores islâmicos, o papel de *demónio indutor*[402], que após a sua morte, em 1065, prosseguiria junto de seu filho, Afonso VI, ao qual apoiaria na luta pela eliminação dos seus irmãos e pela reconstituição dos estados paternos. Profundo conhecedor da política peninsular, em particular do meio muçulmano, ele mesmo formularia, ao que parece, em 1074, na qualidade de embaixador do monarca leonês, por ocasião da cobrança de *parias* ao Rei de Granada, os termos do sistema posto em prática pelo Reino de Leão: "Al-Andalus pertenceu aos cristãos – afirmaria então – até que a conquista árabe os confinou à Galiza, precisamente a região mais pobre da sua terra. Mas agora, se for possível, recuperaremos o que se nos tirou pela força. Para consegui-lo, debilitar-vos-emos até que fiqueis exaustos. Quando já não tiverdes nem dinheiro nem soldados, será o momento de nos apoderarmos da vossa terra sem maiores dificuldades"[403]. A ele se ficara igualmente a dever (a crer, de novo, na documentação) a própria sugestão da conquista de Coimbra: "cum consilio domni Sisenandi consulis", reza, no *Livro Preto*, um texto datado de 1085[404].

A nomeação do famoso *alvazir* como governador da cidade e seu território no novo contexto da conquista cristã não constituia simples prémio ao papel político-militar por ele desempenhado na sua presúria: antes representava a possibilidade de utilização, ao serviço da *reconstrução* e em pleno *Andalus*, da sua própria origem moçárabe, tanto quanto das qualidades de tacto e de cultura de que mais de uma vez faria prova[405], no âmbito de uma estratégia de aglutinação do tecido social e de atracção de novos *povoadores*, que passava pela conciliação das antigas estruturas (tanto culturais, como litúrgicas e administrativas) e que Fernando Magno não deixaria de perseguir[406], mau grado a nova orientação ideológica da *Reconquista*, antes que, sob Afonso VI, na década de 80, se assistisse ao completo triunfo do *modelo francês* – e é ainda a prossecução desse objectivo que faz dele também, em 85, o primeiro governador da Toledo cristã[407]. De facto, até à sua morte, em 1091, Sesnando ocuparia um lugar de relevo na política leonesa, em particular no que directamente respeita às relações com os reinos *taifas* e ao processo da *Reconquista* e da gestão das comunidades árabes e moçárabes submetidas. Nesse sentido, são diversas as notícias que atestam a sua presença junto do monarca ou no desempenho de missões do seu serviço[408], documentando também, por conseguinte, ausências mais ou menos longas em relação ao *condado* de Coimbra. Mas nem por isso terá descurado as obrigações do seu governo sobre o território que lhe fora confiado. Efectivamente, consolidada a sua integração na nobreza galaica pelo casamento com D. Loba Nunes, filha única do derradeiro conde portucalense, Nuno Mendes, a aura quase mítica que, a breve trecho, envolveria a sua memória[409], constitui o melhor testemunho do sentido carismático que revestiu a sua acção, assente num programa realmente *moçárabe* de tolerância e convívio entre credos e culturas[410] como base do próprio processo da reconstrução. Empresa que passaria pelo repovoamento[411] e, com esse fito, pelo reforço do carácter *hispânico* da urbe[412] – mas também, e em primeira instância, pelo restauro das suas defesas, que a conquista deixara maltratadas. Ele mesmo, aliás, evocaria essa dupla missão nos seguintes termos: "Igitur ego, Sesnandus consul, prefatam civitatem, suis cum confinibus ex necessariis omnibus restauravi, et tutissimis presidiis firmiter adarmavi, necne ex diversis partibus, populo christianorum inhabitare curam duxi"[413].

De facto, combatendo as forças cristãs *muy fortemente com os engenhos* o *muro da villa*, no decurso do prolongado assédio, por certo que o teriam *britado*[414] em quase todo o seu percurso; e assim se compreende a afirmação do *alvazir* (apócrifa ou não) de que fora necessário *armá-lo firmemente* por completo e não apenas em algumas partes. A complexidade dos sistemas defensivos das portas-fortes desenvolvidos pelos muçulmanos (e que a porta-forte da alcáçova de Coimbra documenta) tornava, aliás, geralmente mais viável a conquista das muralhas que a tomada daquelas[415] e as próprias fontes árabes testemunhariam, no que respeita à conquista da cidade, a recusa pelo Imperador da concessão do *amān* à população e a sua insistência, ciente de se haverem esgotado na cidade as provisões, em "entrar nela por assalto"[416]. Nesse contexto, vencidos os muros, a alcáçova terá, seguramente, constituído o último refúgio; e a tal se devem reportar, por certo, os vestígios de actividade bélica, ilustrados por camadas de incêndio, pontas de lanças e o que parecem ser restos de uma forja, desvendados no flanco interno da muralha sul, no decurso da *sondagem F*[417]. Mas, sobretudo, o estranho aparelho ostentado pela torre de base para-quadrangular então localizada, aproveitamento rude e mal organizado dos velhos silhares da obra muçulmana (em parte abandonados), na ausência dos conhecimentos técnicos que permitissem reerguê-la[418]. É esse, de facto, o carácter ostentado pela castelologia cristã desse período recuado – antes que os mestres franceses dessem à arte de Corte de Afonso Henriques a dignidade que a demolida torre de menagem do castelo de Coimbra testemunharia[419] – e é, nomeadamente, o que parece poder reconhecer-se nos trechos mais arcaicos dos castelos de Penela e Soure, erguidos por Sesnando[420]. É, de resto, o que poderia esperar-se numa cidade semi-destruída (uma vez mais) e povoada de moçárabes. E também aqui, decerto, o aparato defensivo exibido pela porta-forte terá dissuadido os assaltantes da sua tomada, centrando-se o combate no flanco meridional, (des)favorecido pela topografia, menos escarpada que a poente e norte, como revelariam as sondagens, pondo a descoberto a calçada que, em tempos posteriores, seria lançada junto ao muro e declina lentamente de oriente a ocidente (acelerando-se a inclinação somente nas proximidades da cabeceira da Capela e, por consequência, do ângulo sudoeste da alcáçova), bem como a continuidade da *domus* para o lado sul, à qual, posteriormente, mas ainda na Idade Média, haveriam de sobrepor-se novas estruturas habitacionais[421].

Tudo leva a crer, com efeito, que, uma vez galgados pelos sitiantes os muros da cidade, a população, perdida a esperança na sua misericórdia pela recusa do *amãn*, se terá refugiado no interior da alcáçova, aqui tendo resistido e procurado, em desespero, organizar uma defesa que as pontas de lança e os vestígios de forja testemunharão e que a conquista do fortíssimo reduto terá passado pela *britagem*, por meio de *engenhos*, do seu flanco sul em amplíssima extensão. E que semelhante operação, justificativa da completa reconstrução que a torre exumada na *sondagem F* ilustrará, deixaria a sua marca, no extremo oriental desse pano mural, no trecho incorporado no vestíbulo de S. Pedro (mas conhecido de fotografias), onde se reconhece, sobre o antigo aparelho de *soga e tição*, a existência de um outro, de pedras de me-

Aspecto da muralha sul e respectiva torre (Nuno Santos).

Trecho da muralha *perpendicular às fachadas* do Colégio de S. Pedro, ilustrando a refeitura do seu paramento após a conquista da cidade por Fernando Magno (DGEMN, foto 119).

Aspecto dos trechos sesnandinos do Castelo de Soure

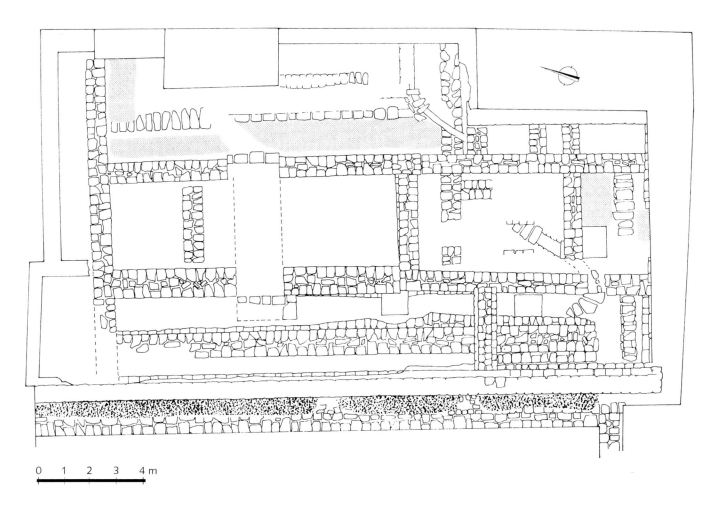

Intervenção arqueológica no Jardim da Capela (1979/81) (A. Nunes Pinto, *Escavações na Alcáçova de Coimbra. Análise dos resultados*).

nores dimensões e acentuada irregularidade, destinado a colmatar o desmantelamento da muralha e a respeito do qual já Vergílio Correia (que o contemplara) fizera notar: "o aparelho miúdo que se sobrepõe às fiadas mais altas é de aspecto arcaico, pré-românico por certo"[422]. Situação que não deixará de documentar a extensão dos danos sofridos, nesse trajecto, pela antiga muralha e que poderá explicar, pela deficiência do aparelho constitutivo (a par da usura do tempo, da refuncionalização do espaço e da erosão inerente a uma implantação topográfica quase superficial em relação ao nível do actual *Terreiro*), a peculiar ausência de vestígios do trajecto da muralha nos troços desvendados pelas sondagens, além dos dois aglomerados de pedras de grandes dimensões correspondentes, respectivamente, ao cubelo intermédio de nascente e à *passagem*. E que explicará também, pela morosidade que, em contexto de escassez de mão-de-obra, terá revestido semelhante empreendimento (levado a cabo, em simultâneo, em todo o perímetro murado da cidade, como indica o documento sesnandino – se não foi mesmo precedido, como seria lógico, pela restauração da muralha urbana), que o *alvazir* se não instale, como seria natural, no interior da alcáçova, mas, como ele mesmo afirma, junto à porta da cidade, onde primeiramente habitou: "illam portam de civitate in qua ego prius habitabam", escreveria em 1088[423]. Empreendimento esse, de *armar firmemente* as fortificações da cidade, *por completo e não apenas em algumas partes*[424], lentamente executado, decerto, numa cidade penosamente regenerada, mesmo na sua dimensão administrativa e populacional, como indicam os dezasseis anos que medeiam entre a conquista e a restauração da diocese, ocorrida apenas em 1080 e durante os quais avulta o múnus irregular dos três *episcopus spanienses*, os moçárabes Julião, Domingos e João[425]. E que talvez tenha deixado ainda outros vestígios no recinto da Alcáçova.

Com efeito, entre o dédalo de muros exumado pela intervenção levada a cabo em 1979/87 no *Jardim da Capela* (onde se reconheceria, em torno de enigmáticas estruturas da época romana, em clara continuidade da ocupação revelada pelas sondagens *A1* e *F*, levadas a cabo no actual Pátio da Universidade, uma trama complexa de alinhamentos murais cuja cronologia se distribuiria entre os séculos XI-XII, XIV, XV e XVI – e ainda XIX[426], correspondente à demolida sala de leitura anexa à Biblioteca Joanina)[427], avulta, pela sua dimensão, a poderosa estrutura, autêntica muralha, que limita o sector pelo poente, na qual se ostenta, rasgada a meia altura, uma porta de arco ogival. Visível numa extensão de 23 m, com 2,30 m de espessura, emerge, no extremo norte, da ala meridional *dos Gerais* universitários, que se lhe sobrepôs, truncada a sua continuidade a sul, abruptamente, decerto na sequência da construção da escada que, no século XVII, ligaria o *Pátio* com a *Pedreira*[428]. Assente no afloramento rochoso da colina, ilustra nitidamente o produto de duas intervenções, correspondendo a mais recente ao tramo superior, onde se inclui a porta, realizado num aparelho mediano assente em fiadas regulares, distinto do paramento original, cujo material, de maiores dimensões mas de forte irregularidade, claramente reutilizaria pedras de outras edificações, incluídos um tambor de coluna e um número avultado de estreitos silhares que se afigura terem inicialmente servido de *tições*. Denotando ter sido "construído em período de instabilidade e agitação, aproveitando ao máximo o material que se encontrava disponível", apresenta evidentes afinidades com o registo superior do pequeno troço de muralha *perpendicular às fachadas*, incorporado no vestíbulo de S. Pedro e logo então seria suspeitado de remontar "provavelmente à reconquista", ao mesmo tempo que de se relacionar com um "reduto de defesa do recinto, ulteriormente inserido na construção régia"[429].

Afigura-se, pois, que o enorme muro, claramente afim das intervenções levadas a cabo no flanco sul da Alcáçova, no quadro do *(re)armamento* das fortificações urbanas promovido, após a Reconquista, pelo conde Sesnando (tanto quanto do carácter peculiar da castelologia cristã contemporânea, rudes paramentos desprovidos de torres, que apenas no século XIV, em pleno ciclo gótico, farão a sua aparição[430]) e cujo percurso original, truncadas as suas extremidades, não é fácil reconstituir (as quais, contudo, obviamente inflectiriam algures, a fim de reunir-se aos muros do recinto em cujo nexo forçosamente aquele se integraria e do qual ficaria constituindo como que uma bolsa mural), não pode deixar de ligar-se com o dispositivo arquitectónico conhecido por *cerca vazia* ou *albacar*. Desenvolvido, com parcimónia embora, pela arquitectura militar islâmica, como *cintura complementar*, por regra de pequenas dimensões, anexa à cidadela, ergue-se, frequentemente, em zonas de forte declive, com o fito de servir-lhe de zona de protecção, mas, sobretudo, de refúgio em caso de perigo, em particular do gado, vacum e cavalar, com o qual etimologicamente a palavra *albacar* parece relacionar-se[431]. Que este constituía parte substancial da fortuna do *alvazir*, demonstra-o o seu próprio testamento, elaborado em 15 de Março de 1087, onde, entre os bens móveis repartidos entre sua filha Elvira e a igreja nova de Mirleus, que entendera fundar (e que

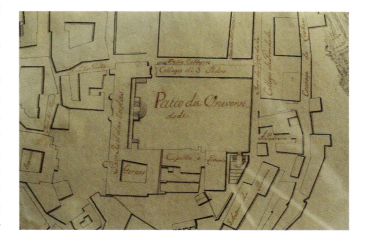

Mapa de Parte da Cidade de Coimbra (c. 1772, MNMC, porm.) ilustrando as demolições produzidas, no sector oeste do Paço das Escolas, pela passagem da primitiva escada de ligação à Pedreira.

A MORADA DA SABEDORIA

Aspecto da muralha poente adjacente à área intervencionada na campanha de 1979/81 e do corpo *manuelino* dos *Gerais* (DGEMN, foto 14-0526).

Trecho sesnandino do Castelo de Soure

Aspecto da muralha poente adjacente à área intervencionada na campanha de 1979/81 (foto José Luís Madeira).

absorveria o maior quinhão), apenas faria especial menção, a par dos vasos de ouro e prata, "de meo ganato, de meis vaccis, aut de meis equis"[432]. Somente assim, de resto, lograria explicar-se a enigmática referência, contida num documento de 1297 incluído no *Livro das Kalendas*, à existência de casas erguidas "juxta petrariam subtus alcaçeuam regis nouam"[433]. E talvez, na verdade, não seja impossível, a despeito da inviabilidade de obter confirmação arqueológica, delimitar o perímetro original desse *albacar*, tendo em conta que o seu flanco meridional não deveria ultrapassar o cubelo angular sudoeste da Alcáçova, ao qual, por certo, haveria de submeter-se e que, com a sua extremidade setentrional se deverá relacionar o corpo *manuelino* hoje incluído nos *Gerais*, bem como um estranho *chanfro* que ainda no terceiro quartel do século XVIII cortava, ao nível térreo, o ângulo sudeste do respectivo claustro. E que terá porventura, também ele, uma história para contar.

Efectivamente, de um conjunto de três plantas subsistentes, respeitantes ao piso inferior dos *Gerais* e às grandes obras de dignificação dessa área levadas a cabo no quadro da *Reforma Pombalina*, correspondentes a levantamento do existente (*Planta do Claustro dos Jaraes e as mais repartiçõis da sorte que se achava antigamente antes de se fazer as novas ofecinas*), anteprojecto com marcação das demolições (*Planta da nova obra que se pretende fazer nas offecinas da Universidade. O clorido amarelo se entende as paredes antigas nas quais ficarão. O clorido encarnado sera obra noua que se ha de acressentar. O clorido azul sera obra que se ha de demolir*) e programa definitivo (*Planta das novas ofecinas da Vnivercidade*)[434], ressalta, no encontro das naves de nascente e sul do respectivo claustro, a subsistência, até à intervenção setecentista, de um volumoso *chanfro*, então removido por deformar objectivamente o prospecto interno do recinto, mas que não parece poder desligar-se da resolução de um qualquer problema funcional do velho edifício. A essa *anomalia*, aliás, uma outra se afigura ainda acrescentar-se, produzida pela existência, em correspondência ao vértice do *chanfro*, de uma dependência (hoje a *sala 14* da Faculdade de Direito), alojada entre a Capela e o respectivo vestíbulo e a sequência de cómodos adjacente ao claustro pelo lado este, voltada ao Pátio, com o qual então unicamente dispunha de comunicação (usufruindo, assim, de clara autonomia orgânica em relação ao restante andar térreo), dividida em duas *naves*, por meio da disposição, em sentido este-oeste, do que parece ser um duplo arco apoiado em grossa coluna central e meias-colunas adossadas às paredes extremas, providas todas de capitéis recortados, elementos suprimidos na obra *pombalina* e que as modestas dimensões da quadra, à primeira vista, não justificarão. Reforçando a singularidade desse espaço, também as (duas) janelas de iluminação, irregularmente implantadas em relação à porta que ligava ao exterior, ostentam em planta um recorte de esbarros simétricos, diverso do que apresenta a fenestração das outras dependências, num tipo *gótico* afim do que se ilustra na Capela próxima. Tal como os arcos, também estas seriam eliminadas na reforma setecentista (que poria a quadra em comunicação com o restante piso, ao mesmo tempo que regularizaria os seus prospectos interno e externo), outro tanto sucedendo a uma pequena escada praticada na espessura da parede sul, em correspondência com a coluna medial. Enfim, um último elemento não deixaria de provocar estranheza: a existência, na parede externa, no limite setentrional da *sala*, de um pronunciado *vinco* vertical, visível se observado a partir da Capela, indiciando uma *costura* denunciadora da existência de uma complexa realidade sob a aparente uniformidade do alçado actual. Existiria, originalmente, alguma relação entre o *chanfro* do ângulo sudeste do claustro e a peculiar morfologia ostentada pela denominada *sala 14*? Certo é que, radicando a opinião tradicional o núcleo embrional do Paço em "terreno próximo da capella actual"[435], o reconhecimento de semelhantes factos não poderia deixar de merecer a devida atenção.

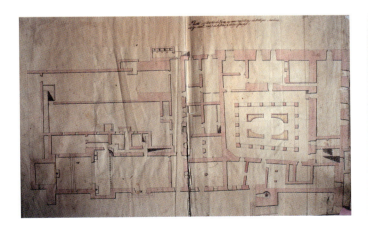 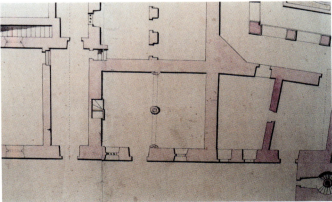

Planta dos Gerais e Capela da Universidade anteriores à intervenção pombalina (BGUC)

Planta dos Gerais e Capela da Universidade anteriores à intervenção pombalina (BGUC, porm.).

A MORADA DA SABEDORIA

Aspecto da fachada oriental dos *Gerais* ostentando a deformação do seu alçado (fotos José Maria Pimentel).

Colunas localizadas nos baixos dos *Gerais*, conforme se acharam, em tempos, reconstituídas no Museu Machado de Castro (foto arq.º MNMC).

Na verdade, sobre a localização original da *Alcáçova real*, opinara António de Vasconcelos, categoricamente, em 1930, que esta se "erguia no lugar onde hoje são os Gerais da Universidade". E justificaria: "Nenhuma dúvida pode haver sôbre a identificação dêste local. Aqui foi o núcleo dos edifícios do Paço da Alcáçova, que depois se foram alargando e estendendo em dois braços, um para Este, outro para Sul. São bem visíveis os vestígios das obras que aqui se fizeram em tempo de D. Manuel, D. João III, D. João V, D. José, etc. Dos edifícios existentes durante a primeira dinastia também alguns restos característicos têm sido descobertos, todos naquele núcleo central. Há anos, quando se demoliu uma parede, para construir a escada que liga o pavimento superior ao inferior do Arquivo da Universidade, apareceram, envolvidas pela alvenaria, duas colunas românicas do século XII, que naquele sítio deveriam talvez servir de suporte a um terraço. Quando se cavava a caixa, onde se havia de colocar a lápide comemorativa da proclamação da República, na fachada, não longe da tôrre, descobriu-se ali, sob o rebôco, uma janela ogival, que parece ser do século XIII. Etc."[436]. E, seis anos mais tarde, também Vergílio Correia, igualmente empenhado na reconstituição do Paço primitivo, escreveria: "Devia ser um recinto fortificado, rodeado de cubelos, incluindo moradias, e uma capela da invocação de S. Miguel, o arcanjo protector de D. Afonso Henriques. No Museu Machado de Castro existem duas colunas completas, de calcário amarelo

EM BUSCA DAS ORIGENS

local, pelo estilo atribuíveis ao fim do século XII, que pertenceram ao edifício real"[437].

Assim, pois, localizadas, envoltas pela alvenaria, *quando se demoliu uma parede, para construir a escada que liga o pavimento superior ao inferior do Arquivo da Universidade*, as duas *colunas românicas* referidas, em primeira mão, por António de Vasconcelos, pareciam constituir o mais remoto testemunho desse Paço primigénio. Como ele mesmo escreveria na introdução ao *Inventário*, "mais velhos que essas colunas só os muros da cerca e a fresta do arco ultrapassado da torre do lado poente da entrada do palácio-fortaleza, pré-românica". Mas é certo que, já então, as referidas colunas, do *fim do século XII*, haviam evoluído para os *começos do século XIII*[438], século a que (sem mais especificações), também Nogueira Gonçalves, na mesma obra, as atribuiria, referindo o seu achamento "nos baixos dos Gerais", ao que, porém, prudentemente acrescentava: "É desconhecida a situação rigorosa que ocupavam e se esta poderia ser a primitiva. Aberturas com que se deparou, sob as argamassas, que na altura do seu achado foram atribuídas àquele século, eram manuelinas, como verificámos nas obras correntes"[439]. Que relação poderia existir, contudo, entre essas colunas, conservadas hoje no Museu Machado de Castro[440] (íntegras, a ponto de António de Vasconcelos entender que "naquele sítio deveriam talvez servir de suporte a um terraço") e essas outras (uma isenta e duas meias, adossadas) marcadas na planta *pombalina* e removidas nas obras setecentistas? E onde, exactamente, se situara essa *escada que liga o pavimento superior ao inferior do Arquivo da Universidade*, agora que essa repartição se encontra há muito alojada em edifício autónomo[441]? E qual a sua real cronologia? Relacionadas ou não com a *sala 14*, constituíam, aparentemente, o mais antigo vestígio do primitivo Paço, pelo que se impunha, na medida do possível, delimitar a *situação rigorosa que ocupavam* e verificar *se esta poderia ser a primitiva*, tentando, do mesmo passo, esclarecer os enigmas suscitados pela antiga planta dos *Gerais*. E tal passaria, em primeira instância, pela localização da antiga instalação do Arquivo, onde o achado das colunas tivera lugar.

De facto, após décadas de negligência e depredações várias, nascidas dos efeitos sobre as finanças escolares das leis de desamortização, o Arquivo universitário, herdeiro dos antigos cartórios (*da fazenda* e *da secretaria*[442]), seria elevado, em 1901, à categoria de repartição autónoma e alojado, como escreveria António de Vasconcelos, seu primeiro director, "no ângulo NO. do edifício da Universidade, com três grandes janelas voltadas a N. e uma a O.", conforme ele mesmo ilustraria em planta adrede desenhada, achando-se "dividido em três compartimentos"[443]. A exiguidade destas instalações, no piso baixo dos *Gerais*, face ao volume e importância do seu espólio e

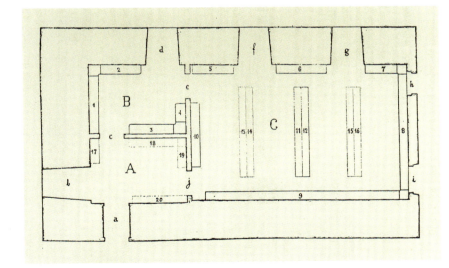

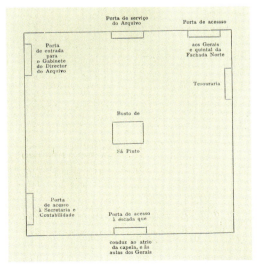

Planta das primitivas instalações do Arquivo da Universidade (A. de Vasconcelos, *O Arquivo da Universidade*).

Planta esquemática do piso terreo dos *Gerais*, com indicação dos acessos ao Arquivo da Universidade (J. Ramos Bandeira, *Universidade de Coimbra*).

às funções de arquivo distrital que, por lei, lhe competia desempenhar, levariam à sua ampliação, vindo a ocupar boa parte do andar térreo, incluindo uma ampla aula de paleografia, situação que testemunharia, em 1932, um relatório de Júlio Dantas, elaborado na sua qualidade de inspector-geral das Bibliotecas e Arquivos[444]. Antes de 1936, de resto, receberia ainda a "sobreclaustra dos Gerais", o piso superior às salas de aulas, acrescento *pombalino*, entrando assim na posse de mais "quatro grandes galerias e uma sala interior"[445]. Separados, porém, os dois núcleos das suas instalações, pela situação intermédia dos *Gerais* propriamente ditos e impossibilitada, por esse facto, qualquer espécie de circulação entre ambos, não poderia respeitar-lhes a construção da *escada que liga o pavimento superior ao inferior do Arquivo*, referida por António de Vasconcelos – a qual, de resto, a ser assim, deveria antes, em boa verdade, ligar *o pavimento inferior ao superior* –, nem com tal se afigurava poder conciliar-se a menção que, em 1930, o ilustre professor faria a um episódio ocorrido "Há anos" e que tudo indicava relacionar-se com trabalhos realizados na sua direcção, cessada na primavera de 1927[446].

Em 1912, contudo, na abertura solene do ano lectivo, proclamava o reitor Mendes dos Remédios: "Quem descer as escadas de Minerva, aproveitando assim o formoso panorama que dali se descobre (...) e tornejar à sua direita, para o norte [e persistir nesse caminho], encontrará (...) o início dos trabalhos para ampliação do riquíssimo Arquivo da nossa Universidade"[447]. De facto, em 12 de Novembro desse ano, informava a *Gazeta de Coimbra*, a pretexto da incorporação dos manuscritos do cartório do cabido diocesano: "Prepara-se um grande salão por baixo das atuais instalações do Arquivo universitário para receber estes documentos, muitos deles de grande valor e interesse[448]". Com efeito e como escreveria, em 1947, José Ramos Bandeira, a propósito dos mesmos *Gerais*, "ocupa o arquivo, desde 1913, uma grande sala das lojas do mesmo edifício", informação que completaria ainda: "Ulteriormente ocupou novas salas das lojas do ângulo NO, onde, pelo menos até 1918, estiveram as oficinas de carpintaria da Universidade"[449]. Efectivamente, erguidas de raíz a partir de 1698, em plena área de declive e fora já do primitivo recinto fortificado, as alas de poente e norte dos *Gerais* disporiam, justamente no ângulo NO, onde aquele se acentuava, de um conjunto de infra-estruturas, impostas pela acidentada topografia do terreno, albergando um pequeno grupo de dependências, tradicionalmente destinadas a arrecadações

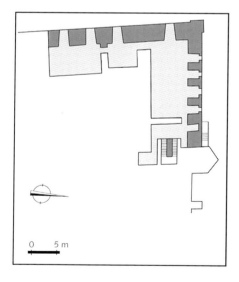

Planta das infraestruturas do ângulo NO dos *Gerais*, com a(s) sala(s) ocupada(s) pelo Arquivo da Universidade (José Luís Madeira).

Aspecto dos muros arcaicos postos a descoberto pelos movimentos de terras na base do paramento poente dos *Gerais*.

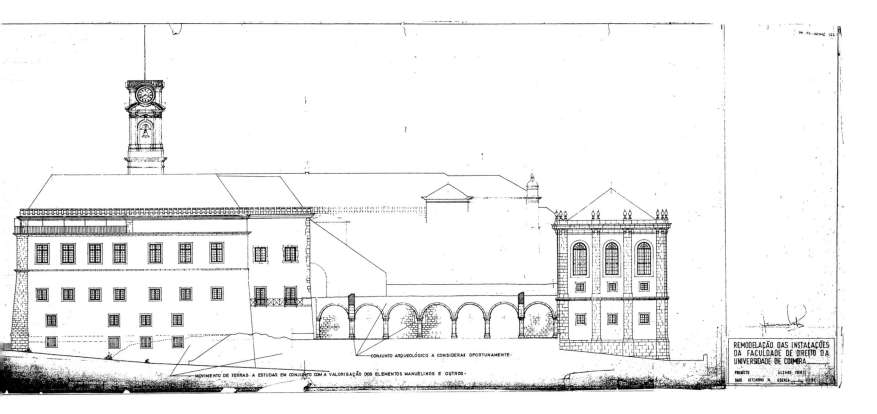

Alçado poente do Paço das Escolas com a marcação dos movimentos de terras projectados na década de 1960 (DGEMN).

e oficinas da Universidade e nas quais se incluía, realmente, como informava a *Gazeta de Coimbra*, "um grande salão", perfeitamente subjacente ao que eram então as instalações do Arquivo. A sua adaptação a depósito documental terá feito parte, seguramente, dos trabalhos do arquitecto Silva Pinto, remunerado, pelo menos desde Julho de 1913, pela "superintendencia na Direcção das obras" (universitárias), incluindo "levantamento de plantas", oficializando-se-lhe mesmo uma avença mensal de 5$00 para essas funções a partir de Outubro[450]. Mas, sobretudo, dispondo de uma janela voltada para poente, seguramente ponto de entrada e saída de materiais e entulhos, era essa situação geográfica que permitia a afirmação do reitor, no início do ano lectivo de 1912/13, de que "Quem descer as escadas de Minerva (…) e tornejar à sua direita, para o norte, encontrará (…) o início dos trabalhos para ampliação do riquíssimo Arquivo da nossa Universidade"[451]. No âmbito da sua incorporação pelas repartições desse instituto se realizara, pois, a *escada que liga o pavimento superior ao inferior*, nela emergindo, ao demolir-se uma parede, *envolvidas pela alvenaria*, as *duas colunas românicas do século XII* referidas por António de Vasconcelos. Somente, porém, em tal contexto, não podiam elas documentar, ao menos no sentido em que tradicionalmente haviam sido aceites, o primitivo *núcleo dos edifícios do paço da Alcáçova*.

Efectivamente, constituindo o corpo dos Gerais, nos seus flancos norte e oeste, ampliação seiscentista do original reduto fortificado, o par de colunas, cuja rude feitura justificara a cronologia recuada que de início lhe fora atribuída (aliás discreta mas sucessivamente revista por Vergílio Correia e Nogueira Gonçalves), de feitura, porém, indiscutivelmente gótica e dificilmente anterior aos inícios do século XIV[452] – e também por isso de problemática justificação no contexto de um edifício áulico –, devia objectivamente a sua inclusão no Paço a essa mesma

A MORADA DA SABEDORIA

campanha seiscentista. Na verdade, ampliando a área original do edifício, a mole compacta dos *Gerais* incorporara certamente, na sua massa construtiva, os cascos de outras construções que, desde o período medieval, se haviam erguido nas imediações, à semelhança dessas outras casas, legadas à Sé e edificadas *juxta petrariam subtus alcaçeuam regis nouam*; e a elas pertencia o par das colunas pseudo-românicas. Como lhes pertenceriam os velhos muros de aparelho medieval que o rebaixamento dos terrenos levado a cabo entre 1968 e 71 (e que desvendara as infra-estruturas dos últimos cubelos da fachada norte) pusera a descoberto e que, situados em zona de alicerces, os construtores dos finais do século XVII se não tinham preocupado em demolir[453] – e por isso tinham sobrevivido também, *envolvidas pela alvenaria*, as duas enigmáticas colunas. Que talvez fossem, de facto, pertença do *paço primitivo*, no sentido em que a ampliação seiscentista dos *Gerais* não parece ter dado lugar à aquisição de terrenos, que os tabeliães da Universidade não registam, tudo indicando ter-se levado a cabo em áreas pertencentes à instituição. Sabendo-se que nesse sector se situariam, por tradição, os açougues e outras extensões da Universidade, é bem provável que o edifício (ou edifícios) onde as colunas e os trechos de muros inicialmente se incluíam fosse(m) também pertença do Paço, como dependência(s) de serviços, erguida(s) nas imediações, de acordo com o consagrado uso medieval. E assim se justificaria a rude feitura dos seus capiteis. E essa deve ser, ainda, a origem de um outro, isolado, de base octogonal, também trecentista e de realização não menos frustre, há muito incorporado no Museu Machado de Castro sob a breve menção: "proveniente da Alcáçova-Coimbra"[454]. Não seria ainda, pois, afinal, o decantado par de colunas a testemunhar o modo como, portas adentro do *recinto fortificado, rodeado de cubelos*, iniciara a sua organização a antiga residência régia. Havia, assim, que voltar ao estranho *chanfro* do ângulo do claustro e, especialmente, à *sala 14*, a fim de (tentar) esclarecer os seus enigmas. E com esse objectivo se iria proceder a novas pesquisas, interrogando as paredes do vetusto edifício: ia dar-se início à *sondagem G*.

De facto, informara António de Vasconcelos que "quando se cavava a caixa, onde se havia de colocar a lápide comemorativa da proclamação da República, na fachada, não longe da tôrre, descobriu-se ali, sob o rebôco, uma janela ogival, que parece ser do século XIII"[455]. A despeito da afirmação de Nogueira Gonçalves de que (certas) "aberturas com que se deparou, sob as argamassas, que na altura do seu achado foram atribuídas àquele século, eram manuelinas, como verificámos nas obras correntes"[456] e do conhecimento do trabalho de transfiguração do alçado levado a cabo na intervenção

Capitel gótico proveniente da Alcáçova (MNMC).

pombalina – bem como do que, em anos recentes, seria realizado no piso inferior e redundara no aumento superficial da fenestração[457] –, conhecida a implantação da lápide de antigas imagens (em situação intermédia, no que respeita aos quatro vãos centrais), parecia justificar-se a eliminação dos rebocos, em demanda da *janela ogival*, tal como da razão do estranho *vinco*, sulcando a fachada, de baixo a cima, nessa exacta localização, ao mesmo tempo que, no interior da *sala*, se impunha perscrutar também os muros, a fim de esclarecer a sua constituição, o modo de formação dos ângulos e até (eventualmente) reconhecer o rasto das meias colunas outrora adossadas aos flancos de este e oeste. Nesse sentido, no verão de 2001, em simultâneo com a realização da *sondagem F*, tinha início, dentro e fora da *sala*, um conjunto de prospecções, de variável extensão, com vista à obtenção dos esclarecimentos desejados. Ao mesmo tempo, procedia-se ao levantamento rigoroso das espessuras murais ostentadas pela sala, com o fito de esclarecer a sua relação com as áreas do Paço imediatamente adjacentes.

Desta última operação proviria, aliás, a primeira informação concreta com algum significado: a parede setentrional da sala, elemento em função do qual se reconhecia, no exterior, o *vinco* ostentado pela fachada, apresentava uma espessura nitidamente superior à que ilustrava a parede meridional, claramente contínua, de leste a oeste, configurando a ilharga "manuelina" dos *Gerais*, situação que, na face norte, virada ao claustro, nitidamente se alterava, diferindo objectivamente na espessura os tramos correspondentes à *sala 14*, à nave sul do claustro e ao encontro com a ala ocidental do sector escolar, erguida na campanha de 1698. A pequena sala parecia, assim, afirmar-se, como um *ponto de união*, no que respeitava à constituição da fachada actual do Pátio, ao mesmo tempo que a espessura do seu flanco norte, superior à que documentava a campanha *manuelina*, se afigurava, de facto, indiciar a incorporação, na obra *quinhentista*, de uma qualquer preexistência. O esclarecimento de tal matéria seria o objecto da *sondagem G1*, em função da qual se procederia à eliminação dos rebocos, no alçado externo, voltado ao *Terreiro*, a partir do soco de monumentalização colocado, em décadas recentes, pelos serviços oficiais, numa vasta área correspondente, no andar térreo, ao espaço intermédio das duas janelas da *sala 14* e, bem assim, no sentido norte, ao que medeia entre estas e a primeira janela da sala seguinte, adjacente à

Alçado poente do Paço das Escolas com delimitação da *sondagem G1* (José Luís Madeira).

Alçado da *Sondagem G1* (José Luís Madeira).

A MORADA DA SABEDORIA

Aspecto do aparelho utilizado no registo inferior esquerdo da *sondagem G1* (foto Nuno Santos).

torre, a fim de alcançar a zona de *fractura* do alçado (uma pequena sondagem seria ainda praticada na ilharga esquerda da janela meridional, com o objectivo de pesquisar a existência de qualquer vestígio de um eventual vão aí existente antes da sua inclusão), outro tanto sucedendo, em toda a extensão, entre a fenestração inferior e a superior, em demanda da *janela ogival*, "do século XIII", reportada no breve relato de António de Vasconcelos, descoberta "quando se cavava a caixa, onde se havia de colocar lápide comemorativa da proclamação da República".

A despeito das profundas intervenções realizadas em diversas épocas e, desde logo, dos esforços de regularização realizados pelos *Monumentos Nacionais*, a parede que a eliminação dos rebocos desvendava, geralmente edificada numa alvenaria grosseira, de argamassa pobre, feita de pedra solta de variadas (e com frequência grandes) dimensões, mostrava, de facto, duas nítidas linhas de fractura: uma vertical, a pouca distância das segundas janelas, mais acentuada no registo inferior, aproximadamente coincidente com o *vinco* inicialmente detectado e acima da qual se podia observar o fruto de um trabalho de enchimento, feito de material miúdo heterogéneo, por certo decorrente da remoção da lápide levada a cabo pelos serviços oficiais por ocasião das intervenções da década de 40; outra horizontal, correndo justamente acima da linha das janelas inferiores, onde a alvenaria incorporaria, a espaços, uns quantos silhares de pequenas dimensões, mas cuidada feitura e onde, sem que fosse possível localizar exactamente uma *janela ogival, do século XIII*, avultavam, não obstante, efectivamente, na parede intermédia entre as segundos e os terceiros vãos (no sentido sul/norte), um pouco deslocados para sul, dois aventais de boa fábrica, claramente gótica e anteriores à campanha manuelina, como denunciavam tanto a diversidade do material como a técnica de aparelhamento dos silhares e que os vestígios de chanfro conservados pelas pedras superiores denunciavam como pertencendo a duas velhas fenestrações, de dimensões diversas (mais ampla a meridional) e não coevas, mutiladas (o mais tardar) no decurso da obra *pombalina*, que impusera ao andar nobre o grupo de janelas que hoje ostenta. No piso inferior, adjacente ao flanco norte da janela meridional da *sala*, avultava também, livre do reboco, a antiga cantaria que envolvera a porta de ligação ao Pátio, documentada na planta setecentista, num tipo que não deverá remontar além dos finais do século XVII, à campanha de edificação dos *Gerais* actuais, eliminando a implantação da janela hoje existente (e das que a precederam)[458] – como testemunharia a pequena sondagem praticada no seu lado sul –, qualquer vestígio da eventual existência, nesse local, de um outro acesso, mais do que o que esses vestígios ilustravam. Como quer que fosse, a sondagem confirmara a importância dos dados fornecidos pelo levantamento em planta, valorizando, pelo reconhecimento da existência de uma fissura vertical coincidente com o limite setentrional da *sala* (e com o *vinco* previamente reconhecido na fachada), a noção de haver a obra manuelina incorporado, nesse sector, uma estrutura preexistente, que as janelas góticas confirmavam e que a rudeza da alvenaria ostentada pelo registo inferior, tanto quanto o facto de a implantação da referida fenestração ter sido precedida de um nítido trabalho de reforço do paramento mural (justificativo da fractura horizontal), parecia mesmo, em boa verdade, indiciar como particularmente antiga. Havia, pois, que completar, no interior da *sala*, as informações fornecidas pela fachada, analisando a relação existente entre esta e a parede meridional, correspondente ao flanco *manuelino* dos *Gerais*, tentando, do mesmo passo, localizar os eventuais traços deixados, a nascente e a poente, pela implantação do duplo arco ilustrado no planta *pombalina*. Novas sondagens, pois, com esse objectivo, iriam ter lugar.

Iniciada a prospecção pelo ângulo interno de sudeste, no encontro das paredes de nascente e sul (*sondagem G2*), com a eliminação dos rebocos em cerca de 0,60 m de altura, acima do silhar de azulejos setecentistas, que se impunha respeitar, revelaria esta, a despeito do reconhecimento de algum trabalho de regularização, certamente decorrente da reforma *pombalina*, que imporia à *sala*, além da morfologia actual, o referido alizar ornamental – e onde avultavam, novamente, quiçá em maior número, os pequenos silhares documentados no pano superior do paramento externo –, a mesma alvenaria composta

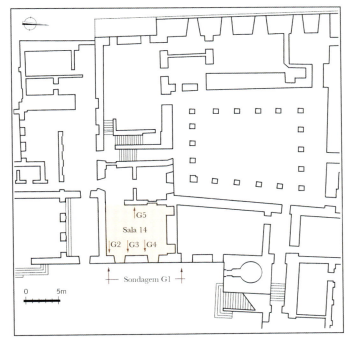

Localização das *sondagens G1, G2, G3, G4* e *G5* (José Luís Madeira).

Sondagem G2 (José Luís Madeira).

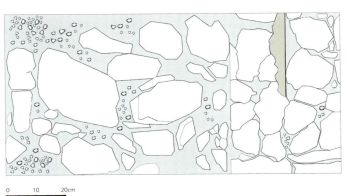

de grossas pedras toscas; mas, sobretudo, confirmava-se consistir a parede sul, feita de pedras, também irregulares, mas de menores dimensões, numa justaposição à de nascente, a qual continuava rumo à Capela actual, encostando-se-lhe a meridional, seguramente, no quadro da edificação da própria ala "manuelina" *dos Gerais*, numa união problemática, aliás, aparentemente sugestiva da existência de um pequeno vão, que apenas o descasque do vestíbulo, do lado oposto (e a análise química do trecho de reboco aí incorporado), poderá, eventualmente explicar. Tudo indica, pois, que a dependência original fora possuidora de maiores dimensões, resultando a referida campanha "manuelina", com a edificação do corpo perpendicular ao Pátio e a construção do templo hoje existente, na substancial diminuição da sua superfície, incorporado o paramento externo no próprio alçado do Paço quinhentista. Restava indagar, interrogando as paredes de este e oeste, da hipotética existência de vestígios da arcaria representada na planta setecentista, à qual as meias colunas de descanso haviam servido de suporte. Com essa intenção seriam praticadas, pelos mesmos métodos, as sondagens *G3* e *G4* (no muro de nascente, entre janelas) e *G5* (no de poente, entre as portas fronteiras, rasgadas na campanha *pombalina*). E seriam estas a ocasionar as maiores surpresas.

Efectivamente, realizada a *sondagem G3* no flanco interno setentrional da janela sul, com o fito de tentar localizar os hipotéticos vestígios de uma abertura aí praticada anteriormente à implantação da janela actual, confirmar-se-ia (como no exterior) terem os sucessivos vãos aí realizados obliterado qualquer traço da sua (eventual) existência, ao mesmo tempo que a impossibilidade de reconhecer, no interior da *sala*, qualquer indício, sequer da abertura da porta seiscentista localizada no exterior, confirmava a extensão da obra de regularização efectuada. Por idênticas razões, também a *sondagem G4*, levada a cabo a meia distância, no sector intermédio das janelas, no local onde a planta setecentista situava a meia-coluna (aí) adossada, escamoteava qualquer marca da sua implantação. Outro tanto, aliás, sucederia na parede poente, onde, com idêntico critério (em busca dos traços da meia-coluna que se lhe encostara) – mas em maior extensão, em virtude do desaparecimento, até ao nível do rodapé, do antigo alizar azulejado –, se promoveria a *sondagem G5*. Somente aqui o investimento seria premiado, não propriamente com a localização das informações pretendidas, mas com o reconhecimento da existência, nesse ponto, levemente deslocado para sul, do que parecia ser um antigo *cunhal*, feito de silhares (alguns de grandes dimensões), sumariamente desbastados, incorporados numa parede de grossa alvenaria, afim da que fora reconhecida na fachada, à qual se encostara, posteriormente, mas em tempo recuado – como indicava o tipo de aparelho, onde, como na parede nascente, se incorporavam pequenos silhares aparelhados –, o muro que configurara o perímetro hoje ostentado pela *sala* (e que incluía, adjacente ao *cunhal*, cuja poderosa estrutura, porventura, se vira forçado a respeitar, os restos entulhados de um velho *guichet*, remanescente do tempo, relativamente recente, em que tal dependência servira de secretaria à Faculdade, antes que a sua adaptação a sala de aula lhe restituísse a dignidade *pombalina*). Subsistente em cerca de 1,50 m acima do nível do pavimento actual, o velho paramento dissolvia-se em seguida, numa alvenaria de pedras menores, no âmbito da reformulação que motivara a edificação da parede contígua e que, por certo no quadro da construção do corpo *manuelino* e da Capela, outorgara à *sala* a sua moderna configuração. Era, pois, seguro que semelhante dependência ostentaria, originalmente, uma planta mais complexa do que à partida se pudera imaginar, inflectindo a parede poente, nesse mesmo sentido, subitamente, a meio do seu percurso de norte para sul, dado que não poderia deixar de cruzar-se com os fornecidos pela *sondagem G2*, ao demonstrar constituir a actual parede meridional uma amputação da área inicialmente apresentada pela *sala*. Mas não seriam estas as últimas surpresas.

De facto, confrontados esses elementos, particularmente a implantação do *cunhal*, com o plano geral do Paço das Escolas, sobre o qual, paulatinamente, se haviam disposto os dados fornecidos pela exumação do primitivo "recinto fortificado, rodeado de cubelos" e, bem assim, os que respeitavam ao acrescento introduzido com a construção do *albacar*, verificar-se-ia a coincidência do

EM BUSCA DAS ORIGENS

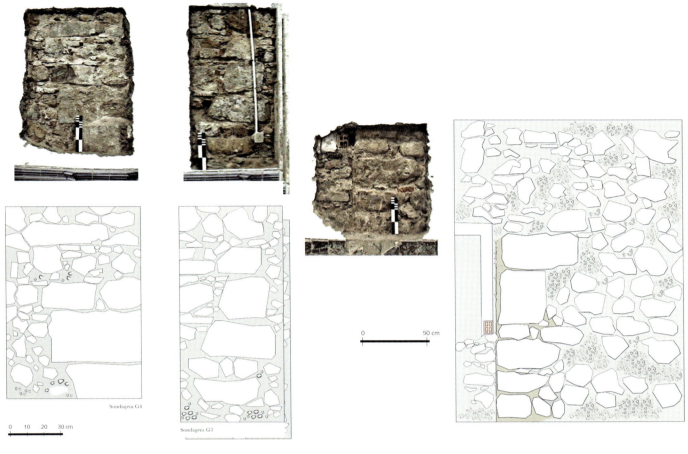

Sondagens G3 e G4 (José Luís Madeira)

Sondagem G5 (José Luís Madeira).

cunhal com a situação delimitada – em reconstituição conjectural, é certo, mas apoiada pela lógica fornecida pelos elementos disponíveis[459] – para o cubelo medial da muralha poente e que, deste modo, parecia obter uma inesperada confirmação. Mas, sobretudo, com esse novo dado, operava-se uma completa revolução na própria planimetria do que fora até então uma prosaica *sala*, em função da qual, na verdade, um novo recinto, de peculiar recorte arquitectónico, subitamente se desenhava. Com efeito, reconhecidos os seus limites originais a nascente e norte (tal como a poente, por afinidade da técnica construtiva da parede) e confirmada a inicial continuidade do recinto para sul, truncada pela parede que, no contexto da edificação do corpo *manuelino* perpendicular ao Pátio e da Capela, a tinha intersectado; verificada a existência de uma (qualquer, mas evidente) relação entre o *cunhal* do paramento oeste e o cubelo central da muralha ocidental, não era já somente a dupla arcada documentada na planta setecentista a emprestar à sala uma objectiva divisão em *naves*, mas o cubelo que, em associação com o *cunhal*, lhe outorgava também, de súbito, uma *ábside*, ao atestar, pela inflexão a que procede em relação ao seu interior, a incorporação ao perímetro da *sala* da estrutura semicircular de um dispositivo que, na verdade, a esse nível, não necessitaria já de conservar, forçosamente, a espessura mural de 2,50 m que, de um modo geral, garantia à muralha a sua ciclópica consistência. Neste contexto, conhecida a extensão original da *sala* sobre o actual vestíbulo da Capela manuelina, tudo parecia indicar corresponder este, grosso modo, à área

235

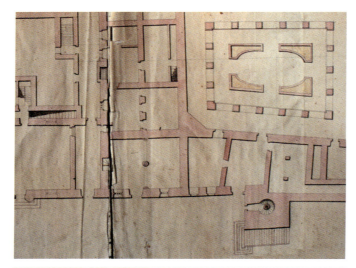

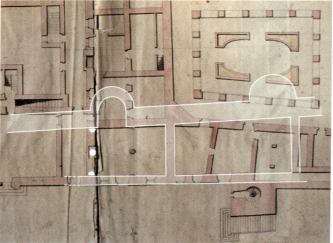

Implantação do traçado da basílica e da aula adjacente (José Luís Madeira)

obliterada[460], sobrepondo-se assim a parede intermédia ao trajecto inicialmente seguido por uma segunda dupla arcada, que a sua construção justamente teria suprimido. E a ser assim, não era já uma *sala* comum que emergia das sondagens, mas uma (pequena) *basílica* de três naves, com uma área total de cerca de 126 m², dotada de uma ábside, a que o conhecimento do processo de entulhamento sofrido pelo Paço na Época Moderna (que conduziria os pavimentos à cota que hoje ostentam)[461] conferia, inegavelmente, outra viabilidade e que, a despeito de uma orientação efectivamente oposta à dos requisitos litúrgicos convencionais, não podia deixar de associar-se, tanto à tradição que localizava o Paço primitivo *em terreno próximo da capella actual*[462], como à que o definia como "um recinto fortificado, rodeado de cubelos, incluindo moradias, e uma capela da invocação de S. Miguel, o arcanjo protector de D. Afonso Henriques"[463], templo que o próprio Rei Fundador teria edificado e que, segundo António de Vasconcelos, em fim de contas a verdadeira origem de tal tradição historiográfica, se poderia "conjecturalmente assentar, com alguma probabilidade, que ficaria situado no próprio local da hodierna capela da Universidade, mas com a orientação de leste a oeste, como costumavam ter os templos daquela época"[464]. Uma nova *sondagem* deveria, pois, realizar-se, não já sobre os velhos muros desse *inextricavel conjuncto de construcções de diversas epochas*[465] que o Paço das Escolas aparentemente configurava, mas sobre o não menos intrincado labirinto em que se enleiam, afinal, as obscuras origens da Capela Real do Paço de Coimbra, dedicada a S. Miguel, única via susceptível de esclarecer o sentido da enigmática *basílica* que as prospecções arqueológicas teriam, aparentemente, revelado.

Com efeito, no seu estudo clássico, dedicado à *Real Capela da Universidade* e dado à estampa, pela primeira vez, em 1908[466], afirmava em definitivo o erudito professor ter D. Afonso Henriques, ao transferir a Corte de Guimarães para Coimbra, erigido "dentro do seu próprio palácio", uma "capela privativa, que dedicou ao arcanjo

S. Miguel", no seguimento do que, durante os primeiros reinados, ao longo dos quais a Corte manteve em Coimbra a sua *sede*, se conservaria "regularmente o culto" na *capela real de S. Miguel*[467]. Sem justificar esta última asserção, citava porém em apoio da primeira Jorge Cardoso, no *Agiologio Lusitano* e João Baptista de Castro, no *Mappa de Portugal*, autores respectivamente seis e setecentistas, mas que, não obstante, resumem de facto a mais antiga bibliografia relativa às remotas origens da *Capela Real* portuguesa[468]. Certo, porém, é que em nenhum deles é possível colher textualmente tal informação. Assim, se Jorge Cardoso refere haver sido "o Archanjo S. Miguel, conhecido sempre dos Portuguezes, por Anjo Custodio deste Reino, depois que o inuictissimo Rei D. Afonso Henriques, venceo com seu patrocinio a Albaraque, Rei de Seuilha, nos campos de Sanctarem. E por isso lhe eregio sumptuosas Capellas", enumera contudo apenas a da Alcáçova "da ditta Villa" e outras nos mosteiros de Santa Cruz de Coimbra e Alcobaça, limitando-se a afirmar terem-lhe consagrado "também seus successores, as Reaes de seus Paços, como se vê na de Coimbra, q. agora he a Capella da Vniuersidade. E na que elRei D. Dyniz fez nos de Alcaçoua do Castello de lisboa, & na dos Paços d'Euora, todas deste Orago"[469]. Quanto a João Baptista de Castro, depois de evocar a existência do ofício de capelão-mor desde 1146, data do seu provimento, por D. Afonso Henriques, no arcebispo de Braga D. Paio Mendes, proclamaria mesmo, inversamente, ter sido D. Dinis – em razão de querer "nesta materia levar ventagem a seus antecessores" –, "o primeiro que com a Rainha S. Isabel sua esposa instituio dentro do seu Palacio, que era no Castello de Lisboa, Capella Real com a invocação de S. Miguel, estabelecendo-lhe Missa perpetua", erigindo-se primitivamente em semelhante dignidade, sucessivamente, as igrejas de Nossa Senhora da Oliveira, em Guimarães, Santa Cruz de Coimbra, Santa Maria da Alcáçova de Santarém e, mesmo, as paroquiais lisboetas de S. Bartolomeu e S. Martinho e a de Nossa Senhora da Escada, junto a S. Domingos[470].

Na verdade, longe de poder confirmar-se a prática regular do culto na *capela real de S. Miguel*, no decurso dos primeiros reinados, existe mesmo, como já foi notado, uma absoluta ausência de referências a tal actividade até à sua restauração, em 1455, na sequência do interregno provocado pela trágica morte do Infante D. Pedro[471]. De facto, como resumiria Nogueira Gonçalves, em 1947, nas páginas do *Inventário*, "Nada se sabe da capela nos primeiros tempos. Existem alvarás de D. Afonso V que se referem a uma capela, capelães e encargos, mas não se pode afirmar se o modesto edifício assentaria neste mesmo lugar ou se não era mais que uma repartição interior dos paços, como acontecia noutros dos reis portugueses"[472]. As reservas do mestre passavam, aliás, pela convicção, já expressa em 1943, de ter a enigmática "igreja nova de Mirleus", fundação do conde D. Sesnando e que localizaria "no sitio da antiga Faculdade de Letras" (hoje Biblioteca Geral da Universidade), "tido uma função nobilitante, a de capela real; devendo-a ter guardado até ao século catorze, na transformação do edifício para Escolas Gerais". Pelo que concluía: "A fundação da capela do Paço-Real não remonta tão longinquamente como se tem julgado"[473]. E o mesmo conjunto de ideias averbaria ainda em notas manuscritas de investigação, destinadas a ulteriores trabalhos, onde registaria a (preciosa) informação de haver o próprio Vasconcelos mudado de opinião sobre tal assunto, razão pela qual, na *Sé Velha de Coimbra*, editada em 1930, não incluiria já o templo platino entre os edifícios cultuais da cidade existentes nos fins do século XII: "Por duas vezes lhe falei nisso – registava –. Tenho em minha frente duas notas que escrevi a lápis no princípio do meu exemplar da *Real Capela*, as quais vou transcrever: – Em 8-Out.-1933, o Dr. Vasconcelos disse-me que era sua opinião, e última, que D. Afonso Henriques não fundaria no seu paço capela, mas usaria da capela de S. Miguel de Mirleus como capela real. Em 24-Maio-1936, repetiu-me o mesmo, acrescentando que talvez se fizesse a capela no paço quando D. Dinis fundou o Estudo Geral e que teve de modificar a obra de D. Sesnando para a adaptar aos estudos"[474].

Assim, pois e a despeito da enigmática afirmação de Pinto Loureiro, em virtude da qual "a fundação da sua capela remonta, segundo uma carta de testamento do ano de 1094, a época anterior às origens da nacionalidade"[475], a referência exarada num documento de 1326, por ordem de D. Afonso IV, a um "capelan da mha capela de ssan Miguel", num contexto de confrontações de prédio urbano onde emerge o "muro da mha Alcaçoua"[476], parece constituir o mais remoto testemunho escrito da existência de um oratório no Paço Real de Coimbra. A este se seguiria o conjunto de alvarás emanados, entre 1455 e 1469, por D. Afonso V, relativos ao provimento da capelania, vaga desde a morte do Regente D. Pedro e onde, finalmente de modo explícito, se afirma que "per os Rex nossos anteçessores foy hordenado que em a capela de sã mjgel que esta em os nossos paaços dalcaçoua da dicta cidade ouuesse huum capelã que neela em cada huum dia disese misa e orase pollo estado do Rey rreinãte e pollos outros seus antecessores"[477]. Se nenhum dos textos fundamenta uma *certidão de nascimento* para o templo palatino da alcáçova coimbrã, a verdade é que testemunham a sua existência – como quer que fosse –, ao menos desde o reinado dionisino (Afonso IV subira ao trono em 1325), bem como a sua dedicação, desde a primeira hora, ao padroeiro que ainda hoje conserva: S. Miguel, desde Afonso Henriques o Anjo Tutelar do Reino[478]. É certo que, segundo João Baptista de Castro, teria sido o *Lavrador* "o primeiro que com a Rainha S. Isabel sua esposa instituio dentro do seu Palacio, que era no Castello de Lisboa, Capella Real com a invocação de S. Miguel, estabelecendo-lhe Missa perpetua"; e que também António de Vasconcelos, em reformulada opinião, se inclinara, por fim, segundo Nogueira Gonçalves, a que "talvez se fizesse a capela no paço quando D. Dinis fundou o Estudo Geral e que teve de modificar a obra de D. Sesnando para a adaptar aos estudos". Mas é um facto que o conhecimento da remota dedicação da capela paça ao arcanjo tutelar outorgaria uma importância acrescida à titulatura de um Pedro Calvo, escriba e capelão de Afonso Henriques, sucessivamente denominado, em documentos de 1176, 1180 e 1183 (quando, em virtude do desastre de Badajoz, em 1169, tanto o Rei como a chancelaria passam a estanciar habitualmente em Coimbra[479]), "presbiter capellanus ecclesie Sancti Michaelis", "capellanus ecclesie Sancti Mchaelis" e "presbiter domni regis Alfonsi capelanus"[480], situação que, porém, nas suas notas, Nogueira Gonçalves reputaria como referente à *igreja nova sesnandina* (dedicada igualmente, aparentemente, a S. Miguel e, segundo ele, adjacente à Alcáçova, no espaço onde haveriam de edificar-se as *Escolas* dionisinas) na qual, na sua interpretação e em virtude da *função nobilitante* de capela régia que lhe fora cometida, exercera o presbítero o seu múnus, "com a categoria de capelão real"[481]. E é este, na verdade, outro intrincado ponto da matéria.

Com efeito, se a polémica em torno da verdadeira localização da fundação de D. Sesnando, à qual legaria parte substantiva dos seus bens, constitui, porventura, processo insolúvel da historiografia coimbrã (como lamentaria Vergílio Correia, "só o misterioso edifício dos Mirleus não ficou documentado por pedra lavrada ou inscrita, que até agora se descobrisse"[482]), já o assunto da sua invocação, correntemente atribuída a S. Miguel, merecerá, decerto, alguma ponderação, pela relevância de que se reveste no quadro das origens da capela miquelina da (futura) Alcáçova Real, num contexto onde dificilmente poderá aceitar-se a coincidência de orago em dois templos da mesma cidade, por maioria de razões se se admitir a tese da localização de *Mirleus* nas imediações do Paço – e a essa luz, não restam dúvidas, faria pleno sentido a fundação por D. Dinis do templo palatino, no seguimento da edificação dos *Estudos Velhos* (e da consequente demolição da igreja sesnandina) com a correlativa transferência do respectivo titular. Firme é, porém, de facto, a raíz da ligação do arcanjo à igreja promovida pelo *alvazir*. Na verdade e ao invés do que tem sido repetido[483], não assenta tal afirmação no texto de Pedro Álvares Nogueira, *Catalogo dos Bispos de Coimbra*[484], resenha seiscentista, mas, como notaria, nas aludidas notas, Nogueira Gonçalves, emerge do próprio testamento de Sesnando – ou, ao menos, de uma das versões. Mesmo que, por tal motivo, se complique mais ainda essa questão.

Assim, pois, a 15 de Março de 1087, aparentemente quando se predispunha a partir, com Afonso VI, em campanha contra Yussuf, o Emir almorávida do Mahgreb[485] ("sed, quando hoc feci, eram destinatus cum rege et imperatore domino meo – exaltet illum Deus – et cum omnibus christianis, ad pugnandum paganas gentes"), disporia o conde dos seus bens terrenos, "timendo ultimum tempus vite mee", em documento por seu punho redigido e roborado e confirmado por dez testemunhas, entre as quais figuraria o bispo D. Paterno. E nele refere, a mais de um trecho, a sua fundação, sem todavia especificar qualquer invocação: "ad illam ecclesiam novam quam edificavi in Colimbria, pro remedio anime mee, in loco quem vocitam Mirleos"; "ad illam ecclesiam nominatam"; "ad illam ecclesiam supranominatam"[486]. Antes, porém, elaborara, de igual modo *propria manu*, aquilo que Nogueira Gonçalves denominaria *uma minuta* e que igualmente se conserva, não datada nem (naturalmente) autenticada por testemunhas, na qual, pelas mesmíssimas palavras, igualmente faz menção à iminência em que está de seguir o seu Rei e Imperador para a guerra e onde, de permeio com a referência a certos legados, eliminados no texto final, emerge explicita e recorrentemente a designação do titular da igreja: "ad illam novam ecclesiam que edificavi in Colimbria, pro remedio anime mee, in illo quem vocitam Mirleus vocitatum ad Sanctum Michaelem archangelum"; "ad illam nominatam ecclesiam, Sancti Michaelis"; "ad illam ecclesiam Sancti Michalis nominata"[487]. Em semelhante contexto, pois, a interrogação que se perfila não respeita já às origens da associação da invocação miquelina ao templo sesnandino, mas às razões que teriam levado à supressão das referências ao orago – sem dúvida ponderadas – na derradeira redacção do documento. E não é fácil sabê--lo, certamente, "tempos obscuros" como são esses hoje para nós, como, nas próprias notas, comentaria Nogueira Gonçalves. Mas não restam dúvidas de que não é essa a única alteração de fundo que ressalta do confronto de ambos os documentos: entre um e outro, uma evidente reformulação de decisões se levaria a cabo, ao menos em matéria de repartição dos bens. Nem é também, sequer, o único mistério.

De facto, acorrendo ao chamamento dos Reis *taifas* de Sevilha, Granada e Badajoz, Yussuf desembarcaria em Aljeciras a 30 de Junho de 1086, à testa de um impressionante exército, travando-se a 23 de Outubro a batalha de Sagrajas, junto a Badajoz, a qual se saldaria numa estrondosa e dramática derrota das forças cristãs. Em consequência, os reinos muçulmanos peninsulares ver-se-iam livres da sujeição ao monarca leonês e, desde logo, do pagamento das humilhantes *parias*; porém, fosse pela impossibilidade de encetar uma política de reconquista, em virtude das perdas por seu turno sofridas no terrível confronto, fosse, de acordo com a versão oficial, por receber no próprio acampamento a notícia da morte de seu filho, o príncipe herdeiro, o Emir regressaria de imediato à sua base de Marrocos, deixando apenas uma divisão de 3000 cavaleiros às ordens do Rei de Badajoz, al-Mutamid. É então que Afonso VI, temeroso da inversão de posições que se verificara no *al-Andalus*, busca auxílio além-Pirenéus, ao abrigo do espírito de cruzada e aí alcança a organização, com destino à Península, de uma grande expedição, que haveria de incluir, além do Duque Eudes I de Borgonha, seu irmão Henrique e seu primo Raimundo; mas que não chegaria antes da primavera de 1087. E nada, além de uma ou outra pequena escaramuça, com que se reactiva o acosso nas zonas de fronteira e tendo por actor principal o lendário *Cid*, se passa de concreto nesses primeiros meses de 1087, em que, a 15 de Março, "timendo ultimum tempus vite mee", o *alvazir* Sesnando firma em Coimbra o seu testamento. Nem nos seguintes, nem por todo o ano de 1088, descontada a crescente pressão sobre os potentados árabes decorrente da chegada do contingente *franco*. E o espectáculo que oferece al-Andalus é, essencialmente, o da (re)emergência, entre os reinos *taifas*, das velhas querelas e rivalidades e das alianças de circunstância com o Rei cristão. Até que, em Junho de 1089, de novo por acção de al-Mutamid, Yussuf desembarca uma vez mais em Aljeciras[488]. Sesnando morreria em 1091, com mais de sessenta anos; nessas circunstâncias, não pode admirar que em 1087 temesse avizinharem-se os derradeiros tempos da sua (já longa) vida. Mas parece claro que o seu chamamento à luta (*cum omnibus christianis*) contra as *paganas gentes* se não pode entender no quadro estrito da invasão almorávida de Junho de 1086, mas nesse outro, mais genérico, da própria *Reconquista* e do papel central, senão mesmo estratégico, que, por longos anos, desempenharia junto dos monarcas leoneses e justifica as ausências do condado que a documentação, mais do que acompanhar, permite sobretudo vislumbrar. E esse marco conjuntural, explicativo, talvez, da reprodução literal da mesma expressão (como num formulário) em textos, no mais, substancialmente díspares, poderá inegavelmente fazer distanciar no tempo, mais do que à primeira vista se afiguraria, a sua redacção – com as consequências inerentes. Assim sendo – como referia Vergílio Correia, a propósito da questão da *identificação dos Mirleus*, "à falta de outros elementos, devemos ter em conta (…) o título da capela de S. Miguel da Alcáçova"[489] –, parece não restar outro caminho mais que perscrutar o universo particular do culto e dos templos miquelinos, ao mesmo tempo que buscar colher informações sobre as origens e funcionamento da própria Capela Real, única forma de iluminar o verdadeiro sentido, seja da *basílica* exumada pelas sondagens, seja da própria fundação sesnandina (à qual, para Nogueira Gonçalves, seria cometida, até à edificação das *Escolas Gerais*, a "função nobilitante" de oratório régio), bem como de esclarecer os obscuros motivos que terão levado o *alvazir*, deliberada e conscientemente, a modificar a redacção original das suas *últimas vontades*.

Emergindo já no Antigo Testamento, onde surge como protector do povo hebreu, vestindo a pele de *Grande Príncipe*, a devoção a S. Miguel assenta, fundamentalmente, no Apocalipse de S. João, onde se formam, em consequência da sua vitória sobre Satan, com a figura de um dragão ou serpente, não apenas a sua mais remota iconografia, mas o próprio conceito de triunfador sobre as forças do mal e de comandante da milícia celeste, parecendo ter sido entre as igrejas coptas do Egipto que, desde inícios do século IV, o seu culto primeiramente se difundiu, remontando a 535 a mais antiga referência à existência de um templo da sua invocação[490]. Introduzido em Constantinopla, no século V, pelo próprio Constantino, atingiria Roma no decurso do VI, onde emergem as primeiras igrejas, expandindo-se no século VIII por todo o Ocidente[491]. É, porém, no decurso do XI que o estudo da hagiotoponímia, tentado por Pierre David, revela, para o caso português, uma intensa penetração da sua devoção, traduzida na multiplicação de templos – mesmo que datem do fim do século IX os mais antigos –, que faria do arcanjo um dos mais cultuados santos, a par do Salvador, de Nossa Senhora, S. Pedro, S. Tiago, S. Martinho e S. João Baptista[492]. Entretanto e por extensão do seu carácter de vencedor sobre as forças demoníacas (atitude em que não deixaria de ser assimilado a Jesus Cristo e, nesse sentido, ao mistério pascal e à Crucifixão), o santo viria já acrescentarem-se-lhe outras valências, como a de protector das almas, que justificaria a sua associação aos cemitérios, e símbolo do sacramento do baptismo, num crescendo de prestígio que não sofreria confronto senão com a Virgem, após a qual (e o Salvador) se invocaria no longo arrolar das litanias[493].

É, provavelmente, nessa eminência do seu papel de protector, no quadro simbólico da vitória sobre o *Inimigo* (onde se inscrevem, a um tempo, a sua dimensão de patrono das almas e a de alegoria do baptismo), que radica a sua associação às situações de altura, tal como à tipologia arquitectónica dos *martyria*. De facto, parece poder confirmar-se a tendência para a edificação dos templos (igrejas e, sobretudo, capelas) de invocação miquelina em lugares elevados e de posição dominante, como, além do próprio Monte Saint Michel, junto a Nápoles, S. Miguel de Cuxà, em Espanha, a Sagra di San-Michele, no Piemonte ou, em França, Saint-Michel-de-Maurienne, Saint-Michel de Frégolet, Saint-Michel de Pamiers e as capelas de Saint-Michel d'Aiguilhe, Saint-Michel de Challes-les-Eaux, Saint-Michel de Mortain e Saint-Michel-des-Vignes. Simultaneamente, nas igrejas monásticas, detecta-se a tendência de os altares dedicados ao Arcanjo se instalarem em torres, como ocorreria no Monte Cassino (1071), Eichstaedt (1072), Gorza (1105) ou Cambrai (1152), situação que, aliás, não parece restringir-se ao ambiente monacal[494]. E se alguns santuários têm origem na cristianização de cultos anteriores (Mercúrio ou Lugo) – como escreveria Nogueira Gonçalves, "sabida coisa é a atracção que os cimos exerceram nas imaginações religiosas de todo o tempo e como o mesmo lugar alto viu suceder cultos diversos"[495] –, na grande maioria a fundação miquelina não apresenta relação com devoções preexistentes[496]. No que respeita ao território português e tanto quanto é possível ajuizar a partir de um universo nunca tratado nessa perspectiva, não deixaria Pierre David de registar o exemplo de S. Miguel de Guimarães (além dos oratórios das alcáçovas reais da Idade Média)[497], a que deverão, por certo, acrescentar-se o santuário *visigótico* de S. Miguel da Mota (Alandroal), cristianização de um antigo templo de Endovélico[498], ou as capelas de S. Miguel do castelos de Penela e de Pombal, documentadas para o século XII[499], podendo mesmo reconhecer-se ser a invocação miquelina uma das mais comuns nas ermidas castrenses nacionais[500]. Do seu valor semiótico no âmbito da Reconquista, enquanto *representação* da vitória cristã sobre os infiéis, testemunhará também exemplarmente a sua inclusão no programa iconográfico (triunfalista) do portal axial da catedral de Lisboa[501].

Menos claro é, porém, o que concerne ao partido arquitectónico adoptado. De facto se, com frequência, a assimilação a Cristo e, mesmo, ao mistério do baptismo, explicará que sejam o Santo Sepulcro e, de um modo geral, os *martirya*, de planta circular, a fonte de inspiração dos templos da invocação de S. Miguel (mesmo que num quadro de fluidez conceptual, onde se afigura que, aos olhos medievos, "tout ce qui comptait plus de quatre côtés s'assimilait à un cercle"[502]) – e nesse âmbito se enquadrará, por certo, em espaço português, o baptistério de Odrinhas (Sintra), extensão da paroquial de S. Miguel[503] –, a verdade é que S. Miguel da Mota ostenta planta basilical[504], outro tanto sucedendo, na origem, a San Miguel de Lillo, capela régia do Palácio de Naranco (Oviedo), com tripla cabeceira[505], e planos diversos, mas basilicais, têm as igrejas ou capelas espanholas pré-românicas de San Miquel con cripta San Celoni y Santa María (Tarrassa, Barcelona), San Miguel de Escalada (Leão), ou San Miguel de Celanova (Orense), para não falar da ermida rupestre de San Miguel de las Presillas (Burgos)[506]. De facto, é com frequência o tema da altura o que mais parece preocupar os construtores desses recintos. Donde o aproveitamento de antigas torres para a sua edificação, mas igualmente a emergência do conceito de igreja dupla – como em S. Miguel de Cuxà[507] –, muitas vezes em contexto funerário (como a *Câmara Santa* de Oviedo, de planta rectangular, onde a capela superior é dedicada a S. Miguel[508]), modelo que também em França se divulgaria nos oratórios palatinos, documentado desde o século XI, mas sob invocações diversas – como, aliás, o dos *martyria*[509].

De facto, não parece – mesmo em França, onde o fenómeno se encontra melhor documentado pelo número de edifícios subsistentes – detectar-se, nos templos palaciais, preferência por um modelo arquitectónico específico[510]; outro tanto ocorreria, porém, a respeito dos recintos miquelinos, propriamente ditos, variantes, também eles, tantas vezes, de planos basilicais, ou pressionados pela sua inclusão em torres, revestindo *também* (apenas isso) a forma dos *martyria*. Mais concreta é, porém, a ligação da *capela*, enquanto espaço, à moradia régia. Na verdade, a importância detida pela prática religiosa na sociedade medieval e a sua relevância no âmbito da imagem do poder, fazem com que, desde os tempos carolíngios, a capela se afirme, estruturalmente, com a *aula* e a *câmara*, elemento capital da residência principesca, cuja morfologia arquitectónica, segundo Jacques Gardelles, muitas vezes comanda, destacando-se pela sua elevação ou amplitude, ou mesmo pelo luxo da ornamentação, situando-se, por via de regra, nos palácios fortificados, em virtude da sacralidade das suas funções e do valor (simbólico e material) do tesouro que abriga, "au cœur même de la pace, l'endroit le plus protégé", quando não mesmo numa torre "don't le saillant arrondi abrite exactement l'abside"[511].

Não é fácil, por certo, confrontar estas informações para o caso português, onde a Capela de S. Miguel de Guimarães, já do século XIII, a do Paço de Sintra, dionisina, de finais desse século ou do XIV e a bela igreja de Nossa Senhora da Pena, do XV, integrada por D. João I no recinto fortificado do paço e castelo de Leiria, constituirão os mais remotos testemunhos materiais da existência de templos associados a moradias régias[512]. Mas não parece que a afirmação do Rei-Poeta, em 1299, de que "esguardando que na nossa Capela de san Miguel das nossas Casas de Lixboa non auia Capelam assi como deuia a seer en Capella de Reis a seruiço de deus e a prol de ssas almas", em função da qual estabeleceria capelão próprio, *para todo sempre*, no templo da sua

Alcáçova lisboeta[513], autorize exactamente a opinião de João Baptista de Castro de ter sido D. Dinis "o primeiro que com a Rainha S. Isabel sua esposa instituio dentro do seu Palacio, que era no Castello de Lisboa, Capella Real com a invocação de S. Miguel, estabelecendo-lhe Missa perpetua"[514]. Certo, na verdade, é reconhecer-se a existência do ofício de capelão real na Corte *portuguesa*, ao menos desde princípios do século XII, "ainda antes de Afonso Henriques tomar o título de rei"[515], facto que inegavelmente ajuda a contextualizar o papel de Pedro Calvo, "presbiter capellanus ecclesie Sancti Michaelis" e "presbiter domni regis Alfonsi capelanus"[516], especialmente à luz da autonomização da Capela Real em relação à Chancelaria (ditada pelo incremento do efectivo e das funções daquela) levada a cabo, entre finais do século XIII e inícios do XIV, por D. Afonso III e D. Dinis[517]. E se entre a *Capela Real* enquanto instituição, adstrita, por natureza, à própria pessoa do monarca e, por conseguinte, tão *móvel* quanto ele e as diversas capelanias das moradas reais, afectas a locais específicos de culto, uma clara distinção deve objectivamente ser feita, a verdade é que as segundas constituem condição de base da primeira, preservando, pela conservação do culto, na ausência do seu senhor, a dignidade sacral desses lugares; mas, sobretudo, o estudo da Corte portuguesa parece, em fim de contas, revelar, desde muito cedo, nas suas práticas e rituais, uma (surpreendente?) sincronia com o(s) ritmo(s) e sentido(s) das suas congéneres europeias[518] – que encontraria, desde logo, na afirmação em relação à Corte de Leão a sua razão primeira.

Tudo parece, desse modo, indicar que, por razões (bem como em data) impossíveis hoje de fixar (mas que talvez se relacionem com a dignidade *régia* da cidade no quadro da fronteira com o Reino de Badajoz[519] – ou, inversamente, no âmbito de uma assunção autonómica por parte de D. Sesnando, que a transmissão do condado a seu genro, Martim Moniz[520], tanto quanto a sua própria e rápida substituição pelo genro do monarca, D. Raimundo, eventualmente testemunharão), uma alteração de decisões seria tomada pelo *alvazir* a respeito da igreja dos Mirleus e da sua invocação, a favor da edificação do templo miquelino (invocação ela mesma de régias remniscências[521]), no interior da simbólica Alcáçova; e que a ela respeitará a enigmática *basílica* desvendada pelas *sondagens*, cujo arcaísmo a rudeza do aparelho, tal como a sua sotoposição às campanhas góticas denunciam, mas que encontraria, em fim de contas, no duplo testamento, uma surpreendente confirmação *documental*. E assim se entenderia, afinal, a figura de Pedro Calvo, escriba e, a um tempo, *presbiter capellanus ecclesie Sancti Michaelis* e *presbiter domni regis Alfonsi capelanus*. Como se entenderia também o curioso *chanfro*, imposto pela necessidade de atingir as estruturas palatinas erguidas, em campanha gótica que a porta ogival testemunhará, sobre (à custa d') o *albacar*, sem ferir o templo palatino, estrutura áulica de capital importância, numa união forçada que apenas a edificação da *actual* capela lograria resolver. Mas também o partido arquitectónico adoptado – e mesmo, talvez, a própria irregularidade da sua orientação canónica.

Na verdade, não é apenas o momento da mudança de decisão de D. Sesnando, de estabelecer no alcácer o culto miquelino, que parece impossível delimitar com precisão; outro tanto se verifica, de facto, a respeito da própria fundação da igreja de Mirleus, que apenas conhecemos das informações contidas no duplo texto do seu próprio testamento. Associado S. Miguel à vitória sobre o *Inimigo* e ao rito iniciático do baptismo que redime a matéria pagã; convertido em metáfora da *Reconquista* e venerado, na longa invocação das litanias, logo após Jesus Cristo e Sua Mãe, não espanta que o *alvazir* projectasse, no quadro genérico do restauro dos locais de culto arruinados pela conquista e respectivo saque (tão certo era, aos olhos cristãos, ser difícil distinguir, em contexto bélico, árabes de moçárabes, como testemunharia ainda, anos mais tarde, o conhecido episódio da admoestação de S. Teotónio a D. Afonso Henriques, regressado dos campos de batalha, a pretexto da escravização dos moçárabes[522]), erguer um templo a S. Miguel, em trilogia com os de S. Salvador e Santa Maria[523], na zona alta da cidade, como era tradição, fosse onde fosse o sítio de Mirleus. E é provável que essa igreja chegasse a edificar-se, a ser correcta a interpretação de Nogueira Gonçalves, inserta nas suas notas manuscritas, de que a expressão *et consument illam ecclesiam* que, em 1087, figura no testamento, indicaria o "fim da faina de construção" e de que "as indicações especiais vão todas para o recheio litúrgico e para a dotação concomitante e obrigatória pelos cânones conciliares, de fundação cultual"[524]. Tal faria sentido no quadro de uma cidade esventrada e que pouco a pouco e dentro das apertadas possibilidades concedidas pelo repovoamento, *rearmava* "por completo e não apenas em algumas partes" o opulento anel das suas antigas defesas[525]. Operação que necessariamente começaria pela muralha urbana (e era o tempo em que, pressionado pela devastação da própria Alcáçova, fora forçado, como ele mesmo confessava, a habitar junto à *porta da cidade*: "illam portam de civitate in qua ego prius habitabam"[526]). Quando, porém, o altivo reduto do poder islâmico viu chegada a hora da sua reconstrução, não custa a crer que lhe nascesse a ideia de situar aí, com o mesmo sentido semiótico que levara à sua edificação, o símbolo eloquente da redenção da própria urbe, bem como do combate ao *infiel* e da (re)conquista, potencial, do vasto espaço que se estendia a sul, deixado em aberto nos limites do domínio que Fernando Magno, seu Rei e Imperador, lhe concedera: "Colimbrie et omnium ciuitatum siue castellorum que sunt in omni circuitu eius scilicet ex Lameco usque ad mare per aquam fluminis Durii usque ad omnes terminos quos christiani ad austrum possident"[527]. E que talvez passasse pela remissão da própria alcáçova, a poder confirmar-se a arrogante exibição da ara visigótica, face à cidade, na muralha norte do reduto islâmico[528].

Com efeito, se é inquestionável ostentar a *basílica* uma orientação rigorosamente oposta (de oeste a leste) à preceituada pelos quesitos litúrgicos medievais – sobre o primitivo templo afirmara António de Vasconcelos que se poderia "conjecturalmente assentar, com alguma probabilidade, que ficaria situado no próprio local da hodierna capela da Universidade, mas com a orientação de leste a oeste, como costumavam ter os templos daquela época"[529] –, não é menos certo ser de todo impraticável observar tal prescrição no contexto arquitectónico da Alcáçova de Coimbra, onde semelhante posição é ocupada pela porta-forte, não permitindo o avanço dos torreões para o interior, pela brevidade que ostentam, em virtude da grande espessura da muralha (como a campanha gótica documentará), absorver no lado de nascente qualquer estrutura *residencial*. Nesse contexto, a edificação da capela no flanco oposto do recinto, porém no rigoroso eixo da entrada, outorgar-lhe-ia, inegavelmente, não somente a única situação viável do ponto de vista morfológico, como a mais dignificante no conspecto interno do reduto (e por essa via se cingiria, de igual modo, à tradição), ao mesmo tempo que, pela construção do *albacar*, se erguia realmente no local mais protegido do palácio-fortaleza[530]. E, sobretudo, suspensa, como ele mesmo (que coroava), sobre a ravina que, abruptamente, declinava do *ninho de águias* sobre o rio, exibia, por obra disso, em explícita apropriação do sentido *representativo* que presidira à própria construção do alcácer muçulmano, a marca visível da sua cristianização. E com isso se cumpria um objectivo semiótico que, provavelmente, ecoaria ainda, volvidos mais de quatro séculos na decisão manuelina de rematar a capela nova pela imagem do Arcanjo, assinalando o cume do telhado.

Em tal contexto, o aproveitamento de um antigo cubelo em benefício da ábside do templo dispunha, também ele, na verdade, de assinaláveis precedentes, no quadro, não apenas da associação tradicional do culto miquelino aos cimos mas, justamente, às torres, monásticas e palaciais[531]. De resto, talvez uma razão mais funda (ainda que a arqueologia não permita a esperança de a documentar) pressionasse a edificação da capela em tal lugar, a comprovar-se a tese que alberga um oratório islâmico numa torre da alcáçova de Mértola[532], situação comum de mesquita privada, de uso da *dar al-imara*, em alternativa à mesquita *aljama*, de serviço à comunidade muçulmana no seu conjunto. E com isso, em certo sentido, se configuraria, no que respeita ao santuário, o tema da planta circular, facto como era que os meios técnicos de que dispunha o *alvazir* lhe não possibilitariam aspirar à realização, em Coimbra, do plano centralizado dos *martyria*, como denuncia a rudeza do próprio processo de (re)fortificação e, desde logo, a incapacidade patenteada em relação à reconstrução do antigo cubelo revelado

A MORADA DA SABEDORIA

pela *sondagem F*. Seria, pois, um plano basilical, composto de três naves, de dois tramos cada e idêntica largura, separadas por arcos assentes em colunas, rematada a central pela ábside semicircular que o uso do antigo cubelo permitira, o modelo seguido no templo miquelino da Alcáçova de Coimbra; plano, todavia, não menos prestigioso e *representativo*.

De facto, tudo indica que a morfologia adoptada na edificação da nova Capela de S. Miguel terá passado pela adaptação do programa fornecido pela pequena mas importante igreja compostelana de Santa Maria da Corticela. Erguida ao redor do ano 900 para uma reduzida comunidade de monjes pelo arcebispo, também Sesnando, de Santiago, constituía ela mesma uma redução da própria catedral que se erguia adjacente (de cujo valor simbólico inquestionavelmente buscava apropriar-se), promovida por Afonso III e pelo próprio Sesnando e sagrada em 899, ostentando como ela um corpo rectilínio, composto de três naves, de três tramos cada uma (mais larga a central), divididas por dois pilares e uma ábside proporcionalmente ampla e também rectangular, provido tudo de cobertura(s) de madeira[533]. Vandalizada, contudo, como a própria catedral, pelo saque de Almançor, em 997, seria reformada, no âmbito do novo projecto de reconstrução (e ampliação) posto em prática na sé, na qual quedava incorporada, na sequência de negociações que terão tido lugar ao redor de 1077 e em função das quais veria as suas naves amputadas de um tramo, enquanto os velhos pilares eram substituídos por grossas colunas, conservando-se embora a cobertura de madeira que, no século XIII e já em clima gótico, daria lugar, na capela-mor, à abóbada que hoje ostenta, no quadro de campanhas que haveriam de acrescentar-lhe também as capelas laterais[534]. E é este templo, cujo lastro modelar (veiculando, em termos exequíveis, o prestigioso arquétipo da catedral) se pode seguir pelas terras galegas, dinamizado pela actividade construtora do próprio Sesnando[535] – num tempo em que a catedral compostelana inspirava também o programa da nova sé bracarense[536] – e a cuja reformulação, nos anos imediatos à tomada de Coimbra, assistira certamente o próprio *alvazir*, nas suas deslocações a Santiago que, seguramente e

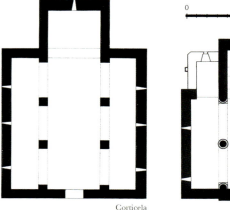
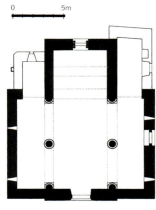

Corticela

Confronto da reconstituição conjectural da basílica com as plantas original e actual da Capela de Santa Maria da Corticela (Santiago de Compostela).

EM BUSCA DAS ORIGENS

ressalvadas as adaptações impostas pela morfololgia particular do alcácer mondeguino (fundamentalmente resumidas à ábside semicircular, facultada pela incorporação do cubelo e à largura idêntica das naves, que permitiria ampliar o espaço disponível sem excessiva projecção em face do *Terreiro*[537]), se encontra na base da edificação da ermida coimbrã, que não custa imaginar, tendo em conta os circunstancialismos em que decorreu a sua construção, se tivesse erguido na década de 80. Pelo que não terá sido afinal Afonso Henriques o verdadeiro fundador da *capela real de S. Miguel*[538].

Coberta de madeira, sem sombra de dúvida – que nem outro tipo de cobertura permitiriam os recursos técnicos locais, nem o aproveitamento do cubelo –, um último mistério, não obstante, envolve ainda a capela coimbrã, de algum modo relacionado com a questão da sua própria orientação: o seu original acesso. Efectivamente, tanto a *sondagem G1*, realizada no paramento externo, voltada ao Pátio, como as *sondagens G2* e *G3*, levadas a cabo na parte da parede oriental correspondente à antiga nave central, haviam resultado inconclusivas a respeito dos hipotéticos vestígios de qualquer antiga porta, obliterados, a terem existido, pelas sucessivas fenestrações que, desde o século XVIII, aí tinham sido praticadas[539]. O sentido que revestiriam, de ampliação sucessiva das condições lumínicas da *sala* em que, com o rolar dos séculos, a antiga Capela seria convertida, não permite eliminar em definitivo a possibilidade de, por esse lado, ter sido organizada a sua entrada inicial. Mas é certo que não deixa de causar estranheza que dela se não exumasse o menor trecho quando, mesmo internamente e mau grado o trabalho de regularização levado a efeito (ao menos) desde o século XVIII, seria desvendado, de modo a não deixar dúvidas, o antigo aparelho construtivo. Nesse contexto, uma hipótese se perfila: a de que esta se rasgasse lateralmente, por essa via sublimando, de algum modo, a própria questão da orientação canónica do recinto, assumida a sua inserção no âmbito da organização residencial (como quer que fosse) e desse modo constituindo, em certo sentido, como que "uma repartição interior dos paços", na esteira afinal do que havia proposto Nogueira Gonçalves[540]. E de que com

Arco desvendado na *sala 8*.

245

Fonte de Afonso III em Oviedo.

Arco pré-românico de Douè-la-Fontaine (c. 900).

essa entrada se relacionasse um estranho vão de porta, de volta (aparentemente) perfeita, de carácter pré-românico, aplicado, em circunstâncias bizarras, nas traseiras da Torre, no interior de um vão de janela manuelino, ao nível do primeiro andar, no antigo *geral* de Medicina (actualmente a *sala 8*), semi-oculto hoje pelo silhar de azulejos que, à imagem do claustro, aí entenderiam colocar os serviços oficiais[541]. Vão esse, de facto, cuja integridade impede, por natureza, a sua utilização num contexto mural onde, de há muito, se viriam praticando sucessivas fenestrações[542]. E talvez comece aqui, na verdade, o fio que permita deslindar o que terá sido, no interior *desse recinto fortificado, rodeado de cubelos*, o efectivo embrião do *Paço Real da Alcáçova*.

NOTAS

[389] Cfr. SOARES, Torquato de Sousa, "Reflexões à volta da segunda reconquista de Coimbra aos mouros", *Studia Silensia*, vol. III, *Homenaje a Fray Justo Perez de Urbel*, vol. I, Silos, 1976, pp. 192-193.

[390] Veja-se sobre este assunto em geral e também sobre o significado da tomada de Coimbra, GARCÍA DE CORTÁZAR, José Angel, "La Reconquista en el siglo XI: ¿Geográfica o cultural?", *IX Centenário da Dedicação da Sé de Braga*, Congresso Internacional, Actas, vol. I, Braga, Universidade Católica Portuguesa/Faculdade de Teologia-Braga – Cabido Metropolitano e Primacial de Braga, 1990, pp. 689-715. John W. WILLIAMS, por seu turno, valorizaria, cremos que com pertinência, os aspectos internacionais dessa uniformização litúrgica, no quadro de uma emulação com a Monarquia carolíngia, expressa na adopção, por Fernando I, do título imperial e na sua reivindicação da herança da realeza asturiana, por sua vez *representante* do antigo Reino de Toledo (cfr. "Léon and the beginnins of spanish romanesque", *The Art of Medieval Spain. A. D. 500-1200*, New York, The Metropolitain Museum of Art, 1993, pp. 160-170).

[391] Nestes termos, na verdade, surge expressamente referida a cidade de Coimbra, tanto na *História Silense*, como na *Crónica Njerense* e em *De rebus Hispaniæ* (cfr. BLANCO LOZANO, Pilar, "La intervención de Fernando I en la zona galaico-portuguesa", *IX Centenário da Dedicação da Sé de Braga*, Congresso Internacional, Actas, vol. I, Braga, Universidade Católica Portuguesa/Faculdade de Teologia-Braga – Cabido Metropolitano e Primacial de Braga, 1990, p. 347, nota 65).

[392] Cfr. *Crónica Geral de Espanha…*, vol. III, pp. 313-316; SOARES, T. de Sousa, "Reflexões…", pp. 192-193 e BLANCO LOZANO, P., "La intervención de Fernando I…", p. 348.

[393] Assume-se ter sido então, por finais de 1064, que o governador de Coimbra D. Sesnando estabelece contacto com D. Paterno, bispo de Tortosa e portador de uma mensagem do Rei de Saragoça para o Imperador, a quem terá sido endereçado o convite para aceitar a mitra de Coimbra, facto que, todavia, apenas viria a verificar-se em 1080 (cfr. VASCONCELOS, A. de, "A catedral de Santa Maria…", pp. 12-23).

[394] *Crónica Geral de Espanha…*, vol. III, pp. 313-314.

[395] Veja-se *supra* nota 127.

[396] Sobre este assunto veja-se *supra* nota 113.

[397] Cfr. MATTOSO, J., "Portugal no Reino Asturiano-Leonês", p. 558.

[398] Cfr. LEAL, A. S. de Pinho, "Coimbra", p. 321.

[399] Cfr. para a extensão do território confiado a Sesnando, MERÊA, P., "Sobre as antigas instituições coimbrãs", p. 40 e VENTURA, Leontina, "Coimbra medieval: uma cidade em formação", *Museu Nacional de Machado de Castro – Inventário da colecção de ourivesaria medieval (séculos XII-XV)*, Lisboa, Ministério da Cultura – Instituto Português de Museus - Inventário do Património Cultural, 2001, nota 2.

[400] COELHO, A. Borges, *Portugal na Espanha Árabe*, vol. II, p. 240.

[401] Sobre os títulos utilizados por D. Sesnando e seu significado veja-se MERÊA, P., "Sobre as antigas instituições coimbrãs", pp. 40-41.

[402] Cfr. MENÉNDEZ PIDAL, R., GARCÍA GÓMEZ, Emilio, "El conde mozárabe Sisnando Davídiz y la política de Alfonso VI con los Taifas", *Al-Andaluz*, Revista de las Escuelas de Estudios Árabes de Madrid y Granada, vol. XII, Madrid-Granada, 1947, p. 29 e em geral sobre as origens de Sesnando: SIMONET, F. J., *Historia de los Mozarabes…*, tomo III, pp. 655-657 e MENÉNDEZ PIDAL, R., *La España del Cid*, tomo I, p. 100.

[403] Cfr. GARCÍA DE CORTÁZAR, J. A., "La Reconquista…", p. 692.

[404] Cfr. RODRIGUES, M. A. (introd. a), *Livro Preto…*, p. CXX e idem, "Alguns aspectos da Reconquista Cristã à luz do 'Livro Preto da Sé de Coimbra'", *Revista Portuguesa de História*, XXXI, vol. 2, Coimbra, 1996, p. 256 (veja-se tb. MENÉNDEZ PIDAL, R., GARCÍA GÓMEZ, E., "El conde mozárabe Sisnando Davídiz…", p. 30 e 36). Mesmo que este texto seja um dos analisados por Gérard PRADALIÉ ("Les faux de la cathédrale et la crise à Coïmbre au début du XIIe siècle", *Melanges de la Casa de Velazquez*, X, Paris, 1974, pp. 81-82] tal não retira por completo o valor às informações sobre a vida de Sesnando, nele incluídas justamente como marca de autenticidade, como bem notou M. BARROCA (cfr. "Do castelo da Reconquista ao castelo românico…", p. 27, nota 50). Para uma visão geral da actividade de D. Sesnando, veja-se COSTA, Avelino de Jesus da, "Sesnando", *Dicionário de História de Portugal*, Porto, Livraria Figueirinhas, ²1979, vol. V, pp. 546-547.

[405] O primeiro aspecto seria exemplarmente demonstrado nas negociações que precederam a queda de Toledo e na sua atitude face à controvérsia que rodeou a profanação da mesquita, imposta pelo metropolita Bernardo de Sédirac e pela Rainha Constança de Borgonha, tanto quanto pelo acerto da sua política *proteccionista* em relação às *taifas*, cujo abandono, por parte de Afonso VI, teria provocado a invasão almorávida [cfr. RODRIGUES, M. A. (introd. a), *Livro Preto…*, pp. CXXI-CXXII e MENÉNDEZ PIDAL, R., GARCÍA GÓMEZ, E., "El conde mozárabe Sisnando Davídiz…"]; em relação ao segundo, natural em quem se educara na corte de Sevilha, foi já chamada a atenção para o significado do gosto particular pelas cláusulas narrativas característico da sua chancelaria (cfr. "El conde mozárabe Sisnando Davídiz…", pp. 34-35; mas haverá que confrontar a sua análise com a que de parte desses documentos fez G. PRADALIÉ em "Les faux de la cathédrale…"), tal como para o invulgar manejo da ciência jurídica revelado na resolução dos pleitos em que, em Oviedo, na quaresma de 1075, intervém, na qualidade de juiz, juntamente com o *Cid* e cujas actas são firmadas por ambos (cfr. MENÉNDEZ PIDAL, R., *La España del Cid*, tomo I, pp. 242-244).

[406] Já T. de Sousa SOARES chamara a atenção para este aspecto no que se refere ao ritmo de implantação do modelo cultural da *Reconquista* (cfr. "Reflexões…", pp. 189-190).

[407] Na verdade, é a partir de 1080 e em consequência do concílio de Burgos, que se sistematiza, com a imposição do rito romano na liturgia e o aumento da influência na Corte da aristocracia franca, potenciado pelos sucessivos consórcios de Afonso VI com princesas *francesas*, a implementação do novo modelo cultural, cujas bases Fernando I havia lançado (cfr. GARCÍA DE CORTÁZAR, J. A., "La Reconquista…", pp. 706-710). A controvérsia que rodeou a tomada de Toledo e a atitude dos conquistadores em face dos vencidos, no centro da qual avulta o episódio da profanação da mesquita aljama e que constitui, simultaneamente, a primeira demonstração de força do *partido franco* e o arranque da marcha inexorável da *Reconquista Cultural* (antecipando os episódios de que Coimbra será cenário nos primeiros anos do século XII), adquire, assim, o valor de um verdadeiro símbolo do novo *tempo* peninsular. A falência das propostas conciliadoras de Sesnando (veja-se *supra* nota 405) estará por certo na origem do carácter efémero do seu governo toletano. Conquistada a cidade em 25.05.1085, sabe-se que o *alvazir* se encontra em Coimbra em 31 de Outubro; e se em 18 de Dezembro assiste em Toledo à dotação da catedral, a acta comprova que já então não exerce semelhantes funções, não sendo possível esclarecer se terá, de facto, sequer, chegado a exercê-las (cfr. e MENÉNDEZ PIDAL, R., "El conde mozárabe Sisnando Davídiz…". p. 41).

[408] Com efeito sabe-se pela documentação que em Fevereiro e Março de 1075 se encontra em Oviedo, onde assiste com a Corte (e o *Cid*) à abertura da arca santa, acompanhando depois Afonso VI nas suas incursões a Sevilha e Granada; entre 76 e 80 desloca-se a Saragoça, como embaixador do monarca, junto de al-Muqtadir; na primavera de 1085 está presente no cerco de Toledo e em março de 1087 redige testamento, em Coimbra, em virtude (conforme tem sido interpretado) de próxima partida, com o seu soberano, em campanha contra os Almorávidas (cfr. MENÉNDEZ PIDAL, R., *La España del Cid*, tomo I, p. 326, nota 1 e 369 e MENÉNDEZ PIDAL, R., GARCÍA GÓMEZ, E., "El conde mozárabe Sisnando Davídiz…", pp. 28-32, 36-37 e 41).

[409] De facto, muito embora as informações a seu respeito repousem, em boa parte, no testemunho fornecido por preâmbulos de documentos cuja falsificação, nos inícios do século XII, G. PRADALIÉ demonstrou, o que, necessariamente, obrigará a "remettre en cause cette histoire", interrogando-se o autor sobre se o papel dessa personagem não terá sido exagerado por aqueles que, de ambos os lados, se serviram do seu nome e da sua memória para defender os seus interesses (cfr. "Les faux de la cathédrale…", p. 95), a verdade é que o recurso a essa mesma memória por parte dos falsários (capitulares e episcopais) documenta poderosamente o prestígio moral que aureolava a sua figura a um quarto de século do seu passamento, traduzido também na veneração em que, pelo tempo fora, seriam tidos os seus restos mortais, que em finais do século XV receberiam novo túmulo e respectiva inscrição (cfr. VASCONCELOS, A. de, *A Sé Velha de Coimbra…*, vol. I, pp. 33-36 e CASTRO, Aníbal Pinto de, "Menagem ao Conde Sesnando", *Aita de Coimbra. Que futuro para o passado?*, Actas, Coimbra, GAAC – Grupo de Arqueologia e Arte do Centro, 1995, pp. 41-42).

[410] Cfr. GOMES, S. A., "Grupos étnico-religiosos…", p. 318.

[411] Sobre o repovoamento sesnandino, que parece poder confirmar-se ter sido determinadamente feito à custa de moçárabes atraídos das zonas muçulmanas, veja-se VASCONCELOS, A. de, "A catedral de Santa Maria…", pp. 15-17.

[412] Esta carácter *hispânico* ou moçárabe da Coimbra sesnandina, que decorre, seguramente, das próprias contingências do repovoamento (dependente da recuperação da confiança da antiga população moçárabe e da boa integração dos novos contingentes populacionais, moçárabes também, circunstâncias que Sesnando se encontrava naturalmente apto a compreender e gerir e em relação às quais terá podido sensibilizar o Rei até cerca de 1085), reflectir-se-ia numa certa autonomia administrativa das populações, na qual P. MERÊA reconheceu os primórdios da organização *municipal* e judicial ("Sobre as antigas instituições…", pp. 41-44), ao mesmo tempo que, no aspecto religioso, redundaria na fidelidade ao rito hispânico e consequente resistência à adopção do ritual romano, implícito no modelo de *Reconquista* concebido por Fernando Magno e aplicado de forma progressivamente intensa por Afonso VI, assunto estudado no trabalho pioneiro de G. PRADALIÉ, a que temos recorrido, "Les faux de la cathédrale…" (vejam-se também o artigo já referido de J. A. GARCÍA DE CORTÁZAR, "La Reconquista en el siglo XI…" e MATTOSO, José, "Os Moçárabes", *Revista Lusitana*, Nova Série, nº 6, Lisboa, 1985, pp. 13-14).

[413] *Livro Preto*, doc. 578, p 774 (cuja transcrição seguimos) e *Portugaliæ Monumenta Historica. Diplomata et Chartæ*, vol. I, doc. 686, p. 411. Incluído em documento de Maio de 1086 (um dos que foram objecto da análise de G. PRADALIÉ, mas cuja informação histórica não pode invalidar-se pelas razões acima expostas), este trecho poderá traduzir-se do seguinte modo (com o devido agradecimento ao auxílio prestado pelo bom amigo e óptimo colega Doutor Saul António Gomes): "assim é que eu cônsul Sesnando a dita cidade com os seus termos e todas as coisas necessárias restaurei e todas as suas fortificações firmemente armei, por completo e não apenas em algumas partes e cuidei de trazer o povo dos cristãos para a habitar". Deve-se a P. MERÊA a única chamada de atenção para a importância desta passagem, entendendo-a como significando ter sido a cidade "restaurada e aprestada com novas fortificações" ("Sobre as antigas instituições coimbrãs", p. 42), interpretação que nos parece extrapolar o sentido literal do texto (ainda que sempre difícil de traduzir), mas que, como se verá, a arqueologia parece confirmar, ao mesmo tempo que este constituirá testemunho adicional do carácter moçárabe do repovoamento.

[414] Veja-se *supra* nota 394.

[415] Cfr. PAVÓN MALDONADO, B., *Tratado…*, vol. II, p. 391.

[416] Vejam-se *supra* notas 127 e 395.

[417] Veja-se *supra* nota 56.

[418] Veja-se *supra* nota 62.

[419] Sobre a torre de menagem do castelo de Coimbra, de que os últimos vestígios, incorporados no setecentista *observatório do castelo*, seriam destruídos em finais de 1947, sobre a sua datação afonsina e a qualidade do seu aparelho constitutivo (por esse motivo tradicionalmente reputada como dionisina, mas idêntico ao da Sé Velha e ostentando siglas comuns) vejam-se CORREIA, Vergilio, "O que resta do Castelo de Coimbra", *Arte e Arqueologia*, Ano I, nº 4, Coimbra, Imprensa da Universidade, 1932, p. 231; GONÇALVES, A. Nogueira, *Inventário Artístico de Portugal – Cidade de Coimbra*, pp. 1b-2ab e *idem*, "A arte medieval em Coimbra. Séc. X – séc. XV…", p. 67. Numa matéria em que as referências aos aparelhos constitutivos se destacam pela parcimónia, merece nota o comentário de Manuel Luís REAL sobre o aparelho "grosseiro, de pedra miúda" utilizado ainda na edificação de Santa Cruz, para melhor se compreender o salto qualitativo que representaria (também necessariamente na castelologia) a adopção do românico pleno promovida por Afonso I enquanto factor de afirmação política da nova Monarquia [cfr. *A arte românica de Coimbra (novos dados – novas hipóteses)*, Dissertação de licenciatura em História pela Faculdade de Letras do Porto, policopiada, Porto, 1974, vol. 1, pp. 301-302].

[420] Veja-se sobre este assunto, já acima aflorado, *supra* nota 224 e em particular para os castelos sesnandinos (Lamego, S. Martinho de Mouros e, especialmente, Soure e Penela), BARROCA, M., "Do castelo da Reconquista ao castelo românico…" (pp. 30-31, 33-34 e 38-39), mau grado o carácter sumário com que são referidos os paramentos.

[421] Vejam-se *supra* notas 37 e 56.

[422] *Inventário Artístico de Portugal – Cidade de Coimbra*, p. XVII.

[423] Cfr. *Livro Preto*, doc. 21, p. 42 e *Portugaliæ Monumenta Historica. Diplomata et Chartæ*, vol. I, doc. 700, p. 420. Deve-se a A. de VASCONCELOS a primeira chamada de atenção para este trecho, incluído numa doação ao bispo D. Paterno, datada de 1 de Março de 1088 (*A Sé Velha de Coimbra…*, vol. I, pp. 83-84, nota 1), interpretando-a como referente à porta do Castelo. Recentemente, Leontina VENTURA, usando o mesmo documento, entendê-lo-ia como respeitante à Porta de Almedina ("Coimbra medieval…", nota 77). Sem que o assunto possua qualquer relevância para a questão que nos ocupa, quer-nos em todo o caso parecer que, tanto por razões de lógica militar, como pelas referências à construção (pelo bispo) de *multa*

edificia, dificilmente se concilia o documento com a Porta de Almedina, situada na zona de mais densa ocupação urbana. Afigura-se-nos mais plausível, na verdade, o seu relacionamento com a Porta da Traição ou de Iben Bodrom, a nascente da alcáçova e, sobretudo, com a Porta do Sol, nas imediações do (futuro) castelo, e por isso igualmente chamada Porta do Castelo, ao mesmo tempo que também dita *da Cidade*, sendo mais plausível a existência de uma *corte* e, particularmente, de espaço para *multa edificia* numa área onde, pelos séculos fora, se revelaria sempre problemática a fixação das populações (cfr. MARTINS, A. Fernandes, "A Porta do Sol…", pp. 344-350).

[424] Veja-se *supra* nota 413.

[425] Sobre o processo que conduziria à restauração da diocese de Coimbra veja-se *supra* nota 393 e, para os bispos *spanienses*, VASCONCELOS, A. de, "A catedral de Santa Maria…", pp. 12-21 e MENÉNDEZ PIDAL, R., *La España del Cid*, vol. I, p. 147 e vol. II, pp. 766-767.

[426] Na verdade, a construção da velha sala de leitura da Biblioteca, que tem uma história complexa, que importa reter pela relevância de que se reveste para o conhecimento da evolução morfológica do Paço das Escolas, seria empreendida não no século XIX mas já no decurso do XX. Assim, após reclamações várias, respeitantes às insuficiências (face a um volume bibliográfico muitíssimo superior ao inicialmente previsto) e deficientes condições de conforto do edifício joanino, o bibliotecário efectivo, Bernardo de Serpa Pimentel, proporia, em 1873, a construção, no quintal da Capela, de uma modesta sala erguida à custa do produto da venda dos livros duplicados dos extintos conventos. Inviabilizada essa possibilidade, por não ser permitida a utilização dessa verba senão na aquisição de novos livros, ficaria o projecto sem efeito por alguns anos, sendo todavia retomada a ideia em 1879, sob o impulso do bibliotecário interino, o arqueólogo Augusto Filipe Simões, que solicitaria à Direcção das Obras Públicas a elaboração de novo projecto, a ser implantado no terrapleno a poente da Biblioteca, sobranceiro à Rua da Pedreira (a *plataforma* quinhentista, de que adiante se tratará), no qual deveriam ser observados, além de quesitos de ordem funcional, como a comunicação directa com o edifício principal, outros de natureza estética, com vista à sua harmonização com a antiga Livraria. Em face da sua insistência, o programa chegaria a ser elaborado, constando de sala de leitura e armazém subjacente (e deve respeitar-lhe o pagamento efectuado em 1873 ao professor de desenho José Miguel de Abreu), porém a título "extra-oficial", por não haver despacho superior. Em 1880, porém, novo projecto seria executado pelo engenheiro José de Macedo Araújo Júnior, tomando como base o anterior, mas alterando "por imperiosas razões de conveniencia, alguns detalhes, a collocação do novo edificio e a sua feição architectonica" (praticamente tudo, pois), com vista, novamente, à sua implantação contra o Jardim da Capela, no local do antigo açougue da Universidade (onde hoje se encontra o auditório da Faculdade de Direito) e prevendo a demolição, em seu benefício, além de "alguns casebres arruinados e inúteis", de gabinetes entretanto construídos no referido quintal e de outras dependências, como a habitação do guarda do Observatório Astronómico. A questão deve ter-se arrastado, porém, durante as últimas décadas da Monarquia, em virtude dos constrangimentos orçamentais universitários e seria a nova situação de autonomia criada com a República que permitiria o lançamento da obra. A ela se refere, com efeito, o reitor Mendes dos Remédios logo em 1912, sofrendo ainda a sala, ao que parece, obras de ampliação em 1916 e 1920 (cfr. BGUC, Ms. 2845; BANDEIRA, J. Ramos, *Universidade de Coimbra…*, vol. I, pp. 148-150; REMÉDIOS, Mendes dos, "A Universidade de Coimbra perante a reforma dos estudos", *Revista da Universidade de Coimbra*, I, Coimbra, 1912, p. 595 e "Alocução do Reitor da Universidade", *Anuário da Universidade de Coimbra. Ano lectivo de 1912-1913*, Coimbra, Imprensa da Universidade, 1913, p. 23).

[427] Veja-se *supra* nota 28.

[428] Veja-se *supra* nota 43.

[429] PINTO, A. Nunes, "Escavações na Alcáçova de Coimbra…", pp. 43-44.

[430] Veja-se *supra* nota 224.

[431] Cfr. MAZZOLI-GUINTARD, Ch., *Ville d'al-Andalus…*, pp. 103-105 e 337; BAZZANA, André, "Éléments de castellologie médiévale dans al-Andalus: morphologie et fonctions du château (XIe-XIIIe siècles)", FERNANDES, Isabel Cristina Ferreira (coord.), *Mil anos de fortificações na Península Ibérica e no Magreb (500-1500)*, Actas do Simpósio Internacional sobre Castelos, Lisboa, Edições Colibri – Câmara Municipal de Palmela, 2002, pp. 196-197 e, para a incidência portuguesa do topónimo *albacar* (e questões com ele relacionadas), SERRA, Pedro Cunha, *Alguns topónimos portugueses de origem arábica. II e última série com aditamentos e um índice*, Lisboa, s. n., 1981. Era comum que o *albacar* protegesse também um ponto de água e, na verdade, não pode deixar de referir-se ser esse espaço atravessado por diversas condutas (cfr. PINTO, A. Nunes, "Escavações na Alcáçova de Coimbra…", p. 42), bem como a existência nesse local, ainda hoje, adjacente ao flanco da Capela, de um antigo poço, cuja situação excêntrica parece denunciá-lo como preexistente em relação à edificação do templo actual.

[432] *Livro Preto*, doc. 19, p. 39.

[433] *Liber Anniversariorum Ecclesiæ Cathedralis Colimbriensis (Livro das Kalendas)*, DAVID, Pierre, SOARES, Torquato de Sousa (ed. crítica org. por), Coimbra, Faculdade de Letras da Universidade de Coimbra, vol. II, 1948, p. 250. Veja-se tb. *supra* nota 340. É provável também que respeite ainda a essa estrutura a obscura referência documentada na segunda metade do século XVII a uma "barbaquã das cazas do s.[or] Reitor" (AUC, Universidade de Coimbra, *Receita e despesa da Universidade*, 1663-69, ano de 1667, fl. 38).

[434] BGUC, MS 3377/64, 3377/65 e 3377/66.

[435] Veja-se *supra* nota 3.

[436] *D. Isabel de Aragão, Rainha de Portugal*, p. 14 e nota 5. Cfr. *supra* nota 5.

[437] Veja-se *supra* nota 7.

[438] Cfr. *Inventário Artístico de Portugal – Cidade de Coimbra*, pp. XVIII-XIX.

[439] *Idem, ibidem*, p. 99b.

[440] De facto, tudo indica que correspondam à informação de A. V. duas colunas inteiras de calcário amarelo conservadas no MNMC com a simples indicação "proveniente da Alcáçova – Coimbra" e os n[os] de inv.[o] 593/E 705 e 594/E 706, as quais chegaram a estar expostas, parcialmente reconstituídas, como a fotografia documenta (cfr. CORREIA, Vergílio, *Museu Machado de Castro. Secções de arte e arqueologia – catálogo-guia*, Coimbra, Coimbra Editora, 1944, onde surgem a pp. 22, com o n° 14 e a indicação: "Encontradas no edifício universitário. São o mais antigo documento construtivo ali exumado até agora"), achando-se hoje, desmontadas, nas reservas do Museu. Publicadas pela primeira vez por Francisco Pato de MACEDO (*A arquitectura gótica na bacia do Mondego nos séculos XIII e XIV*, Prova de capacidade científica apresentada à Faculdade de Letras da Universidade de Coimbra, policopiado, Coimbra, 1988), deverão ter sido inicialmente incorporadas, como era da tradição na Universidade, no Museu do Instituto de Coimbra, mesmo que não seja possível documentá-lo, por ser o respectivo catálogo

pubicado muito antes do seu descobrimento [cfr. CAMPOS, Aires de, "Catálogo dos objectos existentes no Museu de Archeologia do Instituto de Coimbra", *O Instituto*, XXI, Coimbra, 1875 (publ., Coimbra, Imprensa Litteraria, 1877)], donde transitariam, com o restante espólio, para o MNMC, o qual, porém, não possui qualquer informação a esse respeito. Agradecemos à Dra. Ana Alcoforado, conservadora da secção de escultura, os seus esforços (infrutíferos) para esclarecer o seu processo de incorporação.

[441] Sobre a instalação do Arquivo da Universidade no edifício actual veja-se ROSMANINHO, Nuno, *O Poder e a Arte...*, p. 681.

[442] Cfr. VASCONCELOS, A. de, *O Arquivo da Universidade*, pp. 26-27 e BANDEIRA, Ana Maria Leitão, "A organização arquivística do Cartório...", pp. 61-77.

[443] *O Arquivo da Universidade*, pp. 36-37.

[444] Cfr. BANDEIRA, A. M. Leitão, "A organização arquivística do Cartório...", pp. 66 e 68-70 e BANDEIRA, J. Ramos, *Universidade de Coimbra*, tomo II, p. 176.

[445] Cfr. VASCONCELOS, A. de, *O Arquivo da Universidade*, p. 107: *Representação enviada ao ministro da Educação Nacional, subscrita pelo Dr. Ferrand Pimentel de Almeida, director do Arquivo* (17.02.1936).

[446] Cfr. CARVALHO, João Manuel Saraiva de, "O Arquivo da Universidade como departamento autónomo até 1947", *Boletim do Arquivo da Universidade de Coimbra*, XVII-XVIII, Coimbra, 1997-1998, p. 89.

[447] REMÉDIOS, M. dos, "A Universidade de Coimbra perante a reforma dos estudos", p. 595 e "Alocução do Reitor da Universidade", p. 23. Veja-se tb. RODRIGUES, M. A., *A Universidade de Coimbra e os seus Reitores...*, p. 303.

[448] "Arquivo da Universidade", *Gazeta de Coimbra*, Ano III, nº 244, Coimbra (12.11.1913), p. 2.

[449] BANDEIRA, J. Ramos, *Universidade de Coimbra*, tomo II, pp. 176-177.

[450] Cfr. AUC, Universidade de Coimbra, *Administração e Contabilidade – Despesa – Estabelecimentos Diversos – Documentos de Despesa*, 1913, s. nº e ANACLETO, Regina, POLICARPO, Isabel, "O arquitecto Silva Pinto e a Universidade de Coimbra", *Universidade(s). História, memória, perspectivas*, Actas, Coimbra, 1991, vol. 2, pp. 329-330.

[451] Veja-se *supra* nota 447.

[452] Devemos o apuramento da cronologia das problemáticas colunas ao inestimável apoio do ilustre colega espanhol, eminente historiador da Arte Medieval e excelente amigo, Doutor Xosé Carlos Valle Pérez, director do Museu de Pontevedra, a quem exprimimos o nosso vivo agradecimento.

[453] Veja-se *supra* nota 26. Efectivamente, ao justificar, junto de D. Pedro II, em 27.08.1695, a necessidade da edificação da quadra dos *Gerais*, a Universidade não se esqueceria de invocar "a comueniencia de ter meyas feitas as paredes nos muros que fecham em quadro a aria dos gerais" (cfr. TT, Mesa da Consciência e Ordens, *Universidade de Coimbra*, maço 60, doc. nº110). Tudo indica, pois, que, no seguimento do *albacar* esse núcleo de dependências (cozinhas, ucharias?) tivesse configurado um "L", aberto sobre um pátio interno, cuja morfologia seguiria de perto a actual estrutura dos *Gerais*.

[454] A existência deste capitel seria dada a conhecer por Francisco Pato de MACEDO (*A arquitectura gótica na bacia do Mondego...*), nada existindo, uma vez mais, nos registos do Museu, que permita conhecer as circunstâncias da sua localização ou, sequer, a data da sua incorporação, a qual, por isso mesmo, tudo indica ter ocorrido na década de 1940, durante os períodos em que a direcção esteve confiada a Vergílio Correia e Nogueira Gonçalves, que mais de perto acompanharam os trabalhos no Paço das Escolas. Agradecemos de novo à Dra. Ana Alcoforado os esforços envidados no sentido de recolher elementos sobre esta matéria.

[455] Veja-se *supra* nota 436.

[456] Veja-se *supra* nota 439.

[457] Esta operação (em substituição da que seria levada a efeito no quadro das obras do século XVIII), deverá ter sido realizada por duas vezes, no âmbito das intervenções de fundo promovidas pela DGEMN no seguimento da plena tomada de posse desse espaço pela Faculdade de Direito, com o objectivo de melhorar as condições lumínicas das duas salas de aula existentes entre a Capela e a torre: a primeira nos anos 50, na esteira de uma memória descritiva, datada de 05.07.1956, onde se prevê, no art. 9º, a "Elevação das vergas dos vãos das janelas do arquivo sobre o pátio junto da Torre"; a segunda – que não é possível documentar taxativamente, mas se concilia com as características das cantarias e das grades nelas apostas –, em 1980/81, no âmbito de nova e vultuosa campanha de obras na Faculdade, decorrente da incorporação nas suas instalações do piso inferior da Via Latina e, de um modo geral, como referia, em 1980, na abertura solene das aulas, o reitor Ferrer Correia, da "maior parte da área do Palácio". Se é que não se trata mesmo da terceira ou quarta alteração de dimensões, atendendo ao facto de, entre os alçados dessa fachada realizados pelos serviços oficiais, o mais antigo (que ostenta ainda inalterada a morfologia externa da Biblioteca, modificada, como se verá, entre 1943 e 1945) ostentar uma fenestração mais ampla do que o mais recente, posterior à referida operação [cfr. DGEMN (Coimbra), *Paços da Universidade*, Proc.º C-06 03 25 – 014 (C3)].

[458] Veja-se nota *supra*.

[459] Veja-se *supra* Cap. 2.

[460] De notar que, contrariando a ideia geralmente aceite, a planta setecentista documenta constituir o vestíbulo da Capela organização anterior às intervenções *pombalinas*, que tudo leva a crer, como se verá, remontar ao programa manuelino, o que confere (ainda) maior verosimilhança à correspondência entre a sua área e a que o lançamento da parede média amputou à *sala* original (veja-se *infra* Cap. 5).

[461] Sobre este processo de entulhamento do Paço, que redundaria na substancial subida do nível do Terreiro, provavelmente com vista a minimizar os efeitos negativos da entrada das águas pluviais, por imposição do desnível de cota que caracterizava a *linha de fastígio* da colina, se fornecerão adiante elementos, em especial no contexto da evocação da campanha manuelina (veja-se *infra* Cap. 4 e 5).

[462] Veja-se *supra* nota 3.

[463] Veja-se *supra* nota 7.

[464] *Real Capela da Universidade...*, p. 37. Sobre esta matéria veja-se o que escrevemos *supra* na nota 6. As relações de privilegiada amizade de A. V. com A. A. GONÇALVES e o seu ascendente sobre a historiografia da arte coimbrã, justificariam o peso das suas opiniões junto de Vergílio CORREIA e, mesmo (se não mais ainda), de Nogueira GONÇALVES, que, não obstante, com o tempo e como se verá, dissentirá (como, aliás, o próprio A. V.) desta tese original.

[465] Veja-se *supra* nota 3.

[466] Veja-se *supra* nota 6.

[467] Cfr. ob. cit., pp. 4 e 6.

[468] Na verdade e como notaria Diogo Ramada CURTO, esta instituição, aliás central tanto na vida da Corte como na representação do poder, ao longo de séculos, seria singularmente marginalizada da história das instituições, merecendo a Fortunato de Almeida, na sua clássica *História da Igreja em Portugal* (Porto-Lisboa, Livraria Civilização, 1967-1971, 4 vol.), menos de um capítulo

para todo o seu tempo de vigência [cfr. *A cultura política em Portugal (1578-1642). Comportamentos, ritos e negócios*, diss. de dout., Lisboa, Universidade Nova de Lisboa, 1994, policopiada, pp. 392-393]. O texto de António Pereira de FIGUEIREDO (*Memoria sobre a antiga origem da Capela Real dos Senhores Reis de Portugal, até ser elevada em Cathedral Metropolitana, e Patriarcal, pela Bulla Áurea da Santidade de Clemente XI em 1716*, BNL, Fundo Geral, Cód. 10982), dedicado ao cardeal Saraiva, D. Frei Francisco de S. Luís, *Patriarca eleito* no seguimento da revolução liberal e que refere como "trabalho fundador", constitui, na verdade, como bem notou Ana Cristina ARAÚJO, a cuja amizade devemos, simultaneamente, o acesso à tese inédita de D.R.C. e à reprodução do original de A.P.F., nos seus primeiros 38 fólios, cópia "do que, sobre as origens da capela real, havia escrito e publicado, em 1758, João Baptista de Castro" e onde, na verdade, se condensaria o essência da informação relevante para a questão que nos ocupa (cfr. "Ritualidade e poder na Corte de D. João V. A génese simbólica do regalismo político", *Revista de História das Ideias*, "O Estado e a Igreja", Homenagem a José Antunes, vol. 22, Coimbra, 2001, p. 208, nota 112).

[469] *Agiologio Lusitano dos sanctos e varoens illustres em virtude do Reino de Portugal e suas conquistas*, Lisboa, Officina de António Craesbeeck de Mello, 1666, tomo III, p. 126.

[470] *Mappa de Portugal, antigo, e moderno*, Lisboa, Officina Patriarcal de Francisco Luis Ameno, tomo II, 5ª Parte, 1758, pp. 250-251.

[471] Cfr. RODRIGUES, Manuel Augusto, "A vida religiosa na Universidade de Coimbra", *Revista de História das Ideias*, 15, *Rituais e Cerimónias*, Coimbra, 1993, p. 157.

[472] *Inventário Artístico de Portugal – Cidade de Coimbra*, p. 104a.

[473] Cfr. "Evocação da obra coimbrã…", p. 18.

[474] Devemos a comunicação destas importantíssimas *notas*, a cujo conteúdo recorrentemente voltaremos, à amizade e elevado espírito de camaradagem do nosso colega Dr. Francisco Pato de Macedo, que as possui por oferta do Autor. Aqui registamos, pois, o nosso vivo reconhecimento.

[475] LOUREIRO, José Pinto, *Toponímia de Coimbra*, Coimbra, Câmara Municipal, tomo I, 1960-1964, pp. 53-54. O autor fundamenta a sua afirmação, aparentemente, em nota de rodapé onde remete para a obra de A. de VASCONCELOS, *A Sé Velha de Coimbra…*, vol. I, p. 125, local onde, todavia, se não lobriga qualquer referência a um testamento de 1094, apenas se encontrando apoio para a asserção imediatamente anterior, respeitante à antiga passagem existente entre o Paço e a Catedral (veja-se *supra* nota 387). Sem que seja de excluir em absoluto tal informação - sendo certo que nem todos os documentos do século XI se encontram publicados (cfr. PRADALIÉ, G., "Les faux de la cathèdrale…", p. 77) -, a verdade é que merece as maiores reservas, duvidoso como é que J.P.L. tivesse tido acesso a documentos inéditos originais, tendo as nossas buscas (no *Livro Preto*, nos *Documentos Medievais Portugueses* - publ. por Rui de AZEVEDO, Lisboa, Academia Portuguesa da História, 1942-1958, 2 vol. - e nos *Portugaliæ Monumenta Historica*), onde fomos apoiados pela generosa disponibilidade da Doutora Leontina Ventura, ilustre colega e amiga a quem expressamos a nossa gratidão, resultado rigorosamente infrutíferas.

[476] *Chancelarias Portuguesas – Chancelaria de D. Afonso IV*, Lisboa, Instituto Nacional de Investigação Científica, vol. I, 1990, p. 104. Devemos a comunicação deste passo à nossa colega Dra. Luisa Trindade, a quem, do mesmo modo, endereçamos o nosso agradecimento.

[477] Cfr. VASCONCELOS, A. de, *A Sé Velha de Coimbra…*, vol. I, pp. 10-13, notas. Sobre a ligação das capelas reais ao culto da Monarquia e aos sufrágios fúnebres da dinastia veja-se BILLOT, Claudine, "Les Saintes-Chapelles (XIIIᵉ-XVIᵉ siècles). Approche comparée de fondations dynastiques", *Révue d'Histoire de l'Église de France*, nº 73, Paris, 1987, pp. 241-242.

[478] Sobre esta matéria, onde, de um modo geral, se retomam (acrescentadas) as afirmações de Jorge CARDOSO, veja-se VASCONCELOS, A. de, *A Sé Velha de Coimbra…*, vol. I, p. 5 e *infra* nota 1079.

[479] Cfr. AZEVEDO, Rui de, "A chancelaria régia portuguesa nos séculos XII e XIII, linhas gerais da sua evolução, Parte I, Diplomas de D. Afonso Henriques", *Revista da Universidade de Coimbra*, vol. XIV, Coimbra, 1938, Sep., pp. 23-24.

[480] *Idem*, *Documentos Medievais Portugueses. Documentos Régios*, tomo I, docs. 331, 341 e 352, pp. 432, 455 e 474. Sobre Pedro Calvo, veja-se *idem*, "A chancelaria régia portuguesa…", pp. 26-30 e 42.

[481] Veja-se *supra* nota 474.

[482] "A arquitectura em Coimbra", p. 61. Sobre a argumentação aduzida, com maior ou menor plausibilidade, em redor da controversa localização da igreja (e do topónimo *Mírleus*), vejam-se, em geral, *idem*, *ibidem*, pp. 61-62; VASCONCELOS, A. de, *A Sé Velha de Coimbra…*, vol. I, p. 95; CARVALHO, A. Ferraz de, *Toponímia de Coimbra…*, pp. 21-23; CORREIA, A., *Toponímia Coimbrã*, vol. II, pp. 7-9; DAVID, P., *A Sé Velha de Coimbra…*, pp. 20-22; GONÇALVES, A. Nogueira, "Evocação da obra coimbrã…", p. 18 (matéria que desenvolve nas *notas* a que temos recorrido) e, mais recentemente, REAL, M. L., *A arte românica de Coimbra…*, vol. I, pp. 47-49 e ROSSA, W., *Divercidade…*, pp. 259-265.

[483] Primeiro por P. DAVID (*A Sé Velha de Coimbra…*, p. 20) e, depois, por M. L. REAL (*A arte românica de Coimbra…*, vol. I, p. 47) e W. ROSSA (*Divercidade…*, pp. 259-260).

[484] *Instituições Christãs*, 2ª série, Coimbra, 1889, nº 6, p. 177. É evidente que a afirmação de P.A.N. radica no conhecimento da *minuta* do testamento de D. Sesnando, de que faz um detalhado resumo (veja-se *infra* nota 487).

[485] Cfr. RODRIGUES, M. A., "Alguns aspectos da Reconquista Cristã…", p. 257.

[486] *Livro Preto*, doc. 19, pp. 38-39.

[487] *Idem*, *ibidem*, doc. 78, pp. 125-126.

[488] Cfr. MENÉNDEZ PIDAL, R. *La España del Cid*, tomo I, pp. 354-390.

[489] "A arquitectura em Coimbra", pp. 61-62.

[490] Cfr. BAUDOT, Marcel, "Culte de Saint-Michel et pèlerinages au Mont", BAUDOT, Marcel, (dir.). *Millénaire Monastique du Mont Saint-Michel*, III, Paris, P. Lethielleux Editeur, "Bibliothèque d'Histoire et d'Archéologie Chrétiennes", 1971, pp. 17-19.

[491] Cfr. *idem*, *ibidem*, p. 19 e DAVID, Pierre, *Études historiques…*, p. 209.

[492] *Études historiques…*, pp. 228 e 241.

[493] Cfr. BAUDOT, M., "Culte de Saint-Michel…", pp. 31-33 e AVRIL, François, "Interprétations symboliques du combat de Saint Michel et du Dragon", BAUDOT, Marcel, (dir.), *Millénaire Monastique du Mont Saint-Michel*, III, Paris, P. Lethielleux Editeur, "Bibliothèque d'Histoire et d'Archéologie Chrétiennes", 1971, pp. 39-40, 42 e 49.

[494] Cfr. BAUDOT, Marcel, "Culte de Saint-Michel…", pp. 17 e 29 e KRAUTHEIMER, Richard, *Introduction à une iconographie de l'architecture médiévale*, Paris, Gérard Monfort Éditeur, 1993, pp. 49-50. De facto, também em Avignon a capela privada de Clemente VI, dedicada a S. Miguel e edificada por Jean de Louvres c. 1342-43, se situaria no cimo da chamada *Torre da Guarda-Roupa* [cfr. CONTAMINE, Philippe, "Os arranjos do espaço privado", ARIÈS, Philippe, DUBY, Georges (dir.), *História da Vida Privada*, 2, *Da Europa Feudal ao Renascimento*, Lisboa, Círculo de Leitores, 1990, p. 469].

251

[495] "Evocação da obra coimbrã…", p. 15.
[496] Cfr. BAUDOT, Marcel, "Culte de Saint-Michel…", p. 21.
[497] *Études historiques…*, p. 228.
[498] Cfr. CORREIA, Vergílio, "Arte Visigótica", PERES, Damião, (dir.), *História de Portugal*, ed. mon. com. do 8º centenário da Fundação da Nacionalidade, vol. I, Barcelos, Portucalense Editora, 1932, p. 376.
[499] Cfr. ARNAUT, Salvador Dias, DIAS, Pedro, *Penela. História e Arte*, Penela, 1983, s.n., p. 40 e GONÇALVES, A. Nogueira, "A arte medieval em Coimbra…", p. 73.
[500] Cfr. ALMEIDA, C. A. Ferreira de, "Castelos e cercas medievais…", p. 42.
[501] Cfr. RODRIGUES, Jorge, "A imagem do poder no Românico português", *Propaganda e Poder*, Actas, Lisboa, Edições Colibri, 2001, pp. 49-50.
[502] Cfr. KRAUTHEIMER, R., *Introduction à une iconographie…*, pp. 8-14 e 49-50. Neste facto radica, provavelmente, a contestação de Jean FOURNÉE à tese geralmente aceite da associação do culto de S. Miguel às situações de altura, opinião que o inquérito que elaborámos parece revelar isolada [cfr. "L'Archange de la Mort et du Jugement", BAUDOT, Marcel, (dir.), *Millénaire Monastique du Mont Saint-Michel*, III, Paris, P. Lethielleux Editeur, "Bibliothèque d'Histoire et d'Archéologie Chrétiennes, 1971, p. 89]. A questão poderá passar, a nosso ver, pela associação de S. Miguel, não penas aos cimos, em contexto protector, mas ao mistério do baptismo, contexto que exige, naturalmente, uma inserção na malha urbana, inconciliável, por via de regra, com posições alcantiladas e onde o tema arquitectónico dos *martyria* revestiria mais nítido significado.
[503] Cfr. CORREIA, V., "Arte Visigótica", p. 378.
[504] Cfr. *idem, ibidem*, pp. 373 e 376.
[505] Cfr. SCHLUNK, Helmut, "Arte Asturiano", (vv.aa.), *Ars Hispaniæ. Historia General del Arte Hispánico*, vol. II, Madrid, Editorial Plus Ultra, 1947, pp. 360-362.
[506] Veja-se sobre este assunto PUERTAS TRICAS, Rafael, "Iglesias prerrománicas hispánicas (siglos VIII al XI). Ensayo de tipologia arquitectónica", *Mainake*, vol. XXI-XXII, Málaga, 1999-2000, pp. 139-198.
[507] Cfr. UHDE-STAHL, Brigitte, "La chapelle circulaire de Saint-Michel de Cuxà", *Cahiers de Civilisation Médiévale*, XXᵉ Année, nº 4, Poitiers, Outubro/Dezembro, 1977, pp. 339-340.
[508] Cfr. SCHLUNK, H., "Arte Asturiano", pp. 332-333, 335 e 342 e GARDELLES, Jacques, "Les palais dans l'Europe occidentale chrétienne du Xᵉ au XIIᵉ siècle", *Cahiers de Civilisation Médiévale*, XIXᵉ Année, nº 2, Poitiers, Abril/Junho, 1976, p. 127. Também M. L. REAL proporia, para a torre-nartex de Santa Cruz de Coimbra, panteão de D. Afonso Henriques e D. Sancho I, a existência, no andar superior, de "um grande salão com pesada abóbada, e com um nicho ou santuário dedicado a S. Miguel (*A arte românica de Coimbra…*, p. 232).
[509] Cfr. GARDELLES, Jacques, "Les palais dans l'Europe occidentale…", pp. 125 e 127-128.
[510] Cfr. *idem, ibidem*, p. 128.
[511] Cfr. *idem, ibidem*, pp. 124-125. Trata-se da investigação genérica (à escala europeia) melhor fundamentada existente sobre o tema e onde a este respeito se afirmaria: "Le problème des plans et des dispositions générales des églises et des sanctuaires palatins est certainement celui qui, parmi les divers problèmes soulevés par l'architecture princière, a suscité le plus d'études. Il faut dire aussi que la chapelle est souvent le seul vestige visible des palais. Nous sommes donc ici sur un terrain assez sûr. Les types les plus caractéristiques sont ceux qui dérivent (…) des *martyria* paléochrétiens. Constructions à plan central (…) terminées par un chevet semi-circulaire. Mais souvent aussi l'architecture des chapelles palatines ne se différencie pas nettement de celle des autres édifices de culte". Sobre a importância estrutural da capela no âmbito do palácio vejam-se tb. SILVA, José Custódio Vieira da, *Paços Medievais Portugueses*, Lisboa, IPPAR, col. "Arte e Património", 1995, pp. 30-31 e GOMES, Rita Costa, *A Corte dos Reis de Portugal no final da Idade Média*, Lisboa, Difel, col. "Memória e Sociedade", 1995, pp. 306-307.
[512] Cfr. SILVA, J. C. Vieira da, *Paços Medievais…*, pp. 31, 121-122 e 206-207.
[513] Carta de D. Dinis de 10.06.1299 (TT, *Gaveta 1*, m. 6, doc. 9) apud SILVA, J. C. Vieira da, *Paços Medievais…*, p. 31.
[514] Veja-se *supra* nota 470.
[515] Cfr. MATTOSO, J., *Identificação de um País…*, vol. II, p. 104. Vejam-se tb. GOMES, R. Costa, *A Corte dos Reis de Portugal*, p. 28 e o documento de 10.06.1135 em que o Príncipe D. Afonso Henriques refere um "donnj Alfonsi archidiaconi capellani mei", que remunera por serviços prestados a ele e a seus pais (AZEVEDO, R. de, *Documentos Medievais Portugueses. Documentos Régios*, tomo I, doc. 150, p. 173).
[516] Veja-se *supra* nota 480. A figura de Pedro Calvo e as funções por ele ocupadas tornam-se tanto mais significativas quanto se sabe que, num país como a França e desde logo por razões de natureza económica, o serviço religioso na maioria das capelas régias e principescas (não, naturalmente, na de Paris) não somente não era quotidiano, como não era assegurado por capelães próprios, mas pelo recurso aos serviços de religiosos exteriores, por regra oriundos de comunidades monásticas (cfr. BILLOT, C., "Les Saintes-Chapelles…", p. 234). Neste contexto, a existência de um "presbiter capellanus ecclesie Sancti Michaelis" só parece fazer sentido no caso de ele ser, efectivamente e antes de mais, "presbiter domni regis Alfonsi capelanus", adstrito ao templo onde se encontrava estabelecida a *capela real*.
[517] Cfr. GOMES, R. Costa, *A Corte dos Reis de Portugal…*, pp. 31-32 e 110 e VENTURA, Leontina, *A nobreza de Corte de Afonso III*, Dissertação de doutoramento em História, policopiada, Coimbra, Faculdade de Letras, 1992, vol. I, pp. 137ss.
[518] Cfr. GOMES, R. Costa, *A Corte dos Reis de Portugal…*, pp. 110-111 e 115-116.
[519] Sobre a aparente exclusividade régia das capelas palatinas, veja-se SILVA, J. C. Vieira da, *Paços Medievais…*, pp. 31-33.
[520] Paulo MERÊA pronunciar-se-ia pela submissão de Martim Moniz, desde o início do seu governo, à tutela de D. Raimundo de Borgonha: "Embora só haja prova apodítica do governo de Raimundo em Coimbra em 1094 – escreveria –, é mais que provável que Martim Moniz estivesse na dependência daquele conde desde 1092", acrescentando ainda que já Gama Barros observara que "o território governado por Martim Moniz não devia ser tão extenso como o de Sesnando", ainda que certos documentos provassem que "as autoridades de Arouca estavam subordinadas a Martim Moniz" (cfr. "Sobre as antigas instituições…", p. 44, nota 39). A realidade parece, porém, ter sido mais complexa, como opinaria G. PRADALIÉ, na sua arguta análise dos documentos falsos da Sé de Coimbra e adiante se verá.
[521] Sobre a associação da invocação de S. Miguel à Casa Real leonesa veja-se SILVA, J. C. Vieira da, *Paços Medievais Portugueses…*, p. 31.
[522] Cfr. VASCONCELOS, A. de, "A catedral de Santa Maria…", pp. 36-39 e GOMES, Saul António, '*In Limine Conscriptionis*'…, vol. I, p. 205.
[523] Para um ponto da situação dos conhecimentos a respeito da catedral de Santa Maria e da paroquial de S. Salvador veja-se ROSSA, W., *Divercidade…*, pp. 180-181, 243-247 e 253-255.

[524] Veja-se *supra* nota 474.
[525] Veja-se *supra* nota 413.
[526] Veja-se *supra* nota 423.
[527] Veja-se *supra* nota 399.
[528] Veja-se *supra* nota 325.
[529] Veja-se *supra* nota 464.
[530] Veja-se *supra* nota 511. Sobre a questão da orientação da capela original do Paço de Coimbra, convirá talvez ter também presente a controvérsia em torno da orientação da primitiva catedral de Idanha (cfr. TORRES, C., "A Sé-Catedral de Idanha", pp. 173-174).
[531] Vejam-se notas *supra* e 494.
[532] Esta interpretação seria avançada por J. Pires Gonçalves, segundo R. Varela GOMES ("A arquitectura militar muçulmana", p. 31). Sobre os fundamentos em que se apoia, todavia (e que não parece estejam publicados), não nos foi possível colher qualquer informação. A respeito da orientação das mesquitas, questão não menos problemática, vejam-se as afirmações de W. ROSSA (*Divercidade...*, p. 178, nota 193) baseadas em conclusões de Alberto NICOLINI (1998, não referido na bibl.).
[533] Cfr. YZQUIERDO PERRÍN, Ramón, "Consequencias artísticas de la invención de las reliquias de Santiago antes del románico", *Congreso Internacional de Cultura Galega*, Actas, vol. II, Vigo, Xunta de Galicia, 1992, pp. 43-44 e 48-49.
[534] Cfr. *idem*, *Arte Medieval (I)*, RODRÍGUEZ IGLESIAS, Francisco, (dir.), *Galícia. Arte*, tomo X, A Coruña, Hércules Ediciones, 1995, pp. 81-85 e *idem*, "El arte protogótico", *ibidem*, tomo XI, *Arte Medieval (II)*, A Coruña, Hércules Ediciones, 1995, pp. 203-204.

[535] Cfr. *idem*, "Consequencias artísticas...", pp. 49 ss e *idem*, *Arte Medieval (I)*, pp. 86 ss.
[536] Cfr. REAL, Manuel Luís, "O projecto da Catedral de Braga nos finais do século XI e as origens do românico português", *IX Centenário da Dedicação da Sé de Braga*, Congresso Internacional, Actas, vol. I, Braga, Universidade Católica Portuguesa/Faculdade de Teologia-Braga – Cabido Metropolitano e Primacial de Braga, 1990, pp. 438-439, 441-442 e 456-457.
[537] De acordo com os cálculos estabelecidos por R. PUERTAS TRICAS no cômputo da capacidade dos templos ("Iglesias preománicas hispánicas...", p. 145) – assentes no pressuposto de que "en un metro quadrado caben dos personas por termino medio, por lo que hemos multiplicado los m^2 por dos. Aunque unos estarían sentados y otros de pie, ambas posiciones se compensan mutuamente" –, obter-se-ia para a capela de Coimbra uma capacidade de 232 pessoas, numa área útil (excluída a ábside) de 116 m2, a qual se afigura amplamente sufiente para o que se poderá imaginar tenha sido a pequena corte evocada nos legados do testamento de D. Sesnando. De notar que, segundo os cálculos de Vieira da SILVA, referidos por R. Costa GOMES, a Capela de S. Miguel dos Paços da Alcáçova de Lisboa teria uma área global de 135 m^2, que não dissentiria, aliás, da verificada nas capelas reais inglesas de Clarendon e Westminster nos séculos XIII e XIV (cfr. *A Corte dos Reis de Portugal...*, pp. 261-262).
[538] Veja-se *supra* nota 467.
[539] Veja-se *supra* nota 457.
[540] Veja-se *supra* nota 472.

[541] Efectivamente, a colocação em semelhante situação de um vão de porta inquestionavelmente arcaico, levanta as maiores questões. Ostentando, na parte visível, um semicírculo de 1,40 m de diâmetro, seria incluído, como acima ficou dito, no interior de uma das janelas correspondentes à *Ala da Rainha* no paço manuelino – ver-se-á que se trata da *Sala* da soberana –, o que obriga a que semelhante operação tivesse ocorrido em cronologia posterior. Por outro lado, os enchimentos externo e interno apresentam características bastante diversas (mais antigo o externo, aparentemente quinhentista, sendo o interno, feito de materiais heterógeneos, mais tardio e claramente realizado na intenção da sua obliteração). Nesse sentido, coloca-se como hipótese mais plausível a utilização do antigo arco, por certo remanescente ainda em contexto de inutilidade, por razões de estrita economia, com o objectivo de converter em vão de arrumação uma antiga janela de igual modo tornada inútil (após a edificação, em 1561, da primitiva torre do relógio universitária). A reformulação do espaço primitivo que a inutilização da janela manuelina denuncia, tal como o carácter economicista da medida, parecem, assim, apontar para o contexto das primeiras obras de adaptação (pontual) do Paço Real à logística das Escolas, onde ainda se não denunciam as preocupações imagéticas que, rapidamente, se apossarão das intervenções universitárias, correspondendo a sua anulação às intenções regularizadoras e sumptuárias que presidiriam, a partir de 1698, à edificação do programa dos *Gerais*.
[542] Veja-se *supra* nota 457.

4 ❦ O Paço Real da Alcáçova

O VOCÁBULO *PAÇO* CONSTITUI A VERSÃO FINAL DA PALAVRA *paaçio* ou *paaço*, que emerge na documentação a partir do século XIII, na sequência da expressão latina *palatium* usada nos textos anteriores. Esta, por seu turno, inicialmente derivada do nome da colina romana onde Augusto e os seus sucessores haviam estabelecido a sua *domus* (o monte *Palatino*), adquirira, com o tempo e ainda durante a Antiguidade, um sentido essencialmente qualitativo, extenso a todas as moradias opulentas. Com esse carácter transitaria para o mundo germânico, no quadro da ressurreição carolíngia do próprio mito imperial, nesse passo revestindo, contudo – no âmbito também da importância política concedida por Carlos Magno à edificação de *palácios*, enquanto materialização do seu próprio poder –, uma nova acepção representativa, que marcaria o seu devir, ao mesmo tempo que a própria Corte germânica se configurava como paradigma na formulação do sistema áulico medieval[543] – antes que, no século XV, se afirmasse o modelo borgonhês. E é então, igualmente, que o *palácio* (a despeito da desigual fortuna da palavra) se estrutura nos elementos morfológicos que, por toda a Idade Média, o hão de distinguir: a *aula* ou *sala* (ou *hall*), local de reunião da Corte, de exercício da justiça e palco por excelência da apresentação *pública* do monarca; a *capela*, recinto prestigiado pela guarda de um tesouro de valor a um tempo material e espiritual e onde se encenava o mistério da *religio regis* e da (ambicionada) assimilação (mesmo que necessariamente imperfeita) entre *rex* e *sacerdos* – consubstanciada no dispositivo da *cortina* e, no caso de Carlos Magno, no recurso à *cátedra* e a prelados domésticos, que o acolitavam como a um bispo em seu capítulo (e talvez valesse a pena atentar melhor na tradição crúzia que fazia de D. Afonso Henriques *cónego honorário* do mosteiro[544]); a *câmara*, enfim, espaço afecto, por natureza, ao *corpo* do soberano, mas não menos transcendente pelo conjunto de rituais (ligados ao descanso, à comida *ordinária* e à higiene) a que servia de cenário, nem menos prestigiado, porque acessível apenas aos mais *próximos* do Rei[545]. Por outro lado, a natureza hereditária do poder real, tal como o sentido *histórico* dos direitos (reais ou supostos) que invoca, ilustrados na heráldica e no conjunto das insígnias régias, tendem a outorgar ao próprio palácio um carácter também ele *historicista*, materializado, no caso da matriz carolíngia, na deliberada referência aos Impérios Romano e Bizantino, a que se reportavam as aspirações revivalistas do *Sacro Império* de Carlos Magno[546]. Que esse conjunto de ideias penetraria cedo na Península, encontrando eco entre os Reis das Astúrias, demonstra-o, desde o século IX, a decoração neo-visigótica do Palácio de Naranco, com a sua *aula* e a capela palatina de S. Miguel de Lillo, bem como a *câmara santa* de Oviedo, ligada também ao palácio real[547], ao mesmo tempo que merecerá reparo a pre-existência, no galaico-português – antes da introdução do vocábulo francês *salle* que, na língua portuguesa, originaria *sala* –, de idêntica palavra, na tradição visigótica (*sáa* ou *sá*, origem do topónimo *sá*), de raíz germânica (*sal*), onde significaria, entre os povos nómadas, a tenda grande, reservada ao chefe da tribo e à reunião, com fins judiciais, de guerreiros e anciãos[548].

Nem sempre, é certo, o característico nomadismo da realeza medieval impunha a disponibilidade de palácios: mosteiros, residências de alcaides, moradias senhoriais, serviam de albergue a uma Corte que as necessidades políticas obrigavam a contínuas deslocações pelo território, entendida ela própria como "centro de atracção em perpétuo movimento" e núcleo de composição variável entre os que *servem continuadamente* o Rei e os que se lhe *chegam* por esta ou aquela razão e apenas circunstancialmente integram o grupo dos *familiares*, *aulici* ou *palatini* referidos na documentação[549]. No que respeita ao território *português*, porém, desde o início do governo dos Condes

Aula do Palácio Real de Naranco (Oviedo).

D. Henrique e D. Teresa, em 1097, que reconhecemos a existência de uma *Cúria* em seu redor, com explícita referência ao *palacium regalem* e aos *palatii maioribus* (o que implica também a existênca de *minoribus*), onde emergem ofícios como o *maiordomus* e o *armiger* ou o alferes-mor e se pressente, por conseguinte, uma estrutura hierarquizada e já complexa[550]. A breve trecho (desde o século XII), a documentação transmitirá nomes (e funções) como as de *dapifer*, *pincerna* ou *dispensator*, integrando a alçada do *maiordomus* e revelando a progressiva elaboração de um sistema de economato que necessariamente ilustra a extensão das necessidades geradas por esse grupo social. Ao mesmo tempo, a progressiva sedentarização da própria chancelaria e a sua autonomização em relação aos que acompanham o Rei nas suas múltiplas deslocações[551], se denuncia a expansão da máquina burocrática *estatal*, atesta igualmente uma clara distinção, no espaço onde o monarca se move, entre o alojamento mais ou menos eficaz de que, aqui e além (e variando com a extensão do séquito que o segue) necessita de dispor e o palácio real (ou palácios reais) propriamente dito(s), ponto(s) de partida dessas mesmas deslocações. Donde, provavelmente, a distinção, que se surpreende desde Afonso Henriques, entre ofícios *curiais* e ofícios *régios*[552], ou a existência, que se confirma já com D. Sancho I, de repartições como a *Repostaria* (e respectivo oficial, o *reposteiro-mor*), a que competia a guarda e vigilância dos objectos preciosos e das alfaias da câmara[553], bens afectos, decerto, pela maior parte, à moradia régia. É, pois, no domínio da *logística* e das estruturas sedentárias que poderemos tentar surpreender os elementos condicionadores da própria estrutura palatina.

Na verdade, enquanto a Chancelaria Real mantém, nos primeiros reinados, uma forte ligação com a Capela – que a figura de Pedro Calvo documenta – assiste-se, com D. Afonso II e na sequência da *cúria* realizada em Coimbra em 1211, a um reforço da estrutura áulica em redor do soberano, consagrando a existência (possivelmente já anterior) de um avultado número de oficiais inferiores, dependentes do *maiordomus* e relacionados com o *governo* da Corte, como reposteiro, porteiro, eichão ou uchão, escanção ou copeiro, saquiteiro, sevadeiro, estrabeiro, falcoeiro ou mesmo alfaiate, cujas competências se estendiam da recepção de queixas às execuções judiciais e da indumentária régia ao abastecimento de víveres e à alimentação dos animais e seu tratamento, ao mesmo tempo que, em 1222, o monarca impõe que o mordomo, o alferes e o chanceler se não ausentem sem se fazerem substituir[554]. Efectivamente e não obstante alguma desorganização que o reinado de D. Sancho II não terá deixado de trazer ao organismo curial, os próprios esforços de contenção empreendidos por D. Afonso III – origem do Regimento da Casa Real de 1258 –, testemunham, afinal, a expansão atingida pelo aparelho áulico, multiplicando-se nos textos as referências a um vasto funcionalismo, adstrito aos vários serviços de repostaria, cozinha, copa, escançaria, ucharia, câmara, capela, estrebaria, caça e montaria e onde perpassam ofícios como lavadeiras, regueifeiras, saquiteiro, mantieiro, azeméis, cavalariços, jograis ou alfaiate, ao mesmo tempo que a alusão a escudeiros encarregues de transportar as armas e o pendão de El-Rei, ou a cavaleiros armados por ele, parece constituir o primeiro sinal da existência de uma guarda adstrita ao *corpo* do monarca[555]. Semelhante situação mais não faria que expandir-se sob o reinado de D. Dinis, de cuja documentação se colhem referências a novos funcionários: confessor, capelão-mor, físico, escrivães do Rei, tabeliães gerais do Reino (e também do monarca), cavaleiros, escudeiros, açoreiros, falcoeiros, arrabi-mor, fruteiro, camareiro, cozinheiros, porteiros, arinteiros (zeladores da baixela), falcoeiros e algozes[556], ao mesmo tempo que, com D. Afonso IV, se confirma a existência de vassalos da guarda, colocados sob a responsabilidade de um *guarda-mor* e afectos ao serviço permanente do soberano[557]. Do século XIV data, aliás, a introdução da nova personagem do *arauto*, de implicações cerimoniais (mas também diplomáticas e outras), confirmando-se, com o aparecimento dos oficiais heráldicos (reis de armas, arautos e passavantes) a importância crescente que reveste o aparato áulico nos séculos XIV e XV[558].

Capela palatina de S. Miguel de Lillo (Oviedo)

É certo que somente a partir de cerca de 1405 dispomos de uma lista de *moradores* do Paço – o núcleo fixo do organismo cortesão, a que acresce o sector, essencialmente fluído, dos que pontualmente *se chegam* ao Rei –, seguida de outra de 1462, relativa ao reinado de D. Afonso V. O confronto de ambas, testemunhará, só entre os fidalgos, um fenómeno de autêntica duplicação (de 130, em 1405, a 265 em 1462), ascendendo o efectivo total, na Corte de D. João I, incluindo os ofícios menores e os serviçais, às 390 pessoas. Situação rigorosamente paralela, afinal (e também sincrónica), à observada nas cortes estrangeiras (França, Inglaterra, Borgonha). Mas a afirmação de D. Duarte, no *Leal Conselheiro*, de que poderiam andar nela até 3 000 pessoas[559], aproxima-nos talvez melhor do que seriam as necessidades sentidas, em termos de alojamento e vida quotidiana, por uma estrutura ao mesmo tempo *representativa* e onde deveriam *morar*, além do Rei e da família real – a Rainha e os Infantes, configurando, mesmo que de modo irregular, sistemas simétricos e paralelos[560], em universos (masculino e feminino) mais ou menos compartimentados –, o grupo dos *próceres* que serviam o monarca *continuadamente* (bem como a soberana e os Infantes), o dos eclesiásticos afectos à Capela (em óbvio incremento desde D. João I, com o qual emerge também o grupo dos cantores), à Câmara, Chancelaria e, mesmo, ao Desembargo e ao Conselho e um amplo conjunto de servidores: de *moços* e escudeiros aos executores das mais variadas tarefas, além de mercadores e oficiais, indispensáveis à satisfação de um amplo conjunto de necessidades dessa comunidade e de barregãs ou prostitutas, presença (comum também a outras cortes) que se detecta no círculo régio, pelo menos, desde D. Afonso III[561]. De facto e a despeito de, mesmo no que respeita aos palácios principais onde, com mais demora, estanciava a Corte, a sua instalação levar em conta a (consagrada) possibilidade do alojamento particular, a gestão dos paços e a sua guarda e conservação atingirão, com o correr do tempo, complexidade bastante para justificar a criação do ofício de *paceiro* e a sua repartição, no reinado de D. Afonso V, por treze funcionários[562]. E mesmo que o desenvolvimento geral da estrutura curial e, em concreto, de certos departamentos, como a *Capela Real*, se reflicta, obviamente, em campanhas arquitectónicas de ampliação dos respectivos espaços, tudo indica que muito cedo se terá começado a organizar o marco arquitectónico imprescindível a uma estrutura cuja existência, entre nós, surpreendemos já nos finais do século XI[563] – e que não será talvez prudente presumir em excesso, por carência de vestígios materiais, da modéstia dos palácios dos nossos primeiros Reis.

Na verdade, a documentação valoriza sistematicamente os três núcleos essenciais da morada régia: *Sala*, *Câmara* e *Capela*. São elas os cenários das principais funções. Contudo, mais discretamente embora, não deixam de emergir referências à *Reposte*, à *Guarda-Roupa* ou à *Cozinha*[564], o que indicia um organismo mais complexo. Com efeito, a par das funções simbólicas e do alojamento que deve providenciar aos (muitos) que o habitam, o palácio medieval não pode desligar-se de estruturas que o aproximam da propriedade rústica: cavalariças, estábulos, reservas, oficinas diversas, cozinha[565]. E nessa realidade radicará também (ao menos em parte), o carácter de *edifício sobradado*, dotado de dois pisos, que na documentação medieval constitui um dos seus mais impressivos traços[566], assistindo-se mesmo à sua multiplicação nos séculos XIV e XV[567]. No que se refere à cozinha, aliás, os riscos de incêndio fazem dela, com frequência, uma construção à parte (e valerá a pena reter a existência, nas imediações da Alcáçova de Coimbra, até décadas recentes, de uma *rua das cozinhas*[568]), ao mesmo tempo que a reserva observada em torno da alimentação do monarca consagra desde muito cedo (talvez desde o século XII) a separação entre *cozinha del-rei de seu corpo* e *cozinha do paço*[569]. Os progressos da arqueologia em torno do palácio imperial de Aix-la-Chapelle (mas também em diversas residências régias das regiões anglo-saxónicas e da Alemanha) parecem, entretanto, revelar uma realidade que será também válida para os palácios franceses e peninsulares dos séculos X, XI e XII: a de que, entre os pólos monumentais da *Sala* e da *Capela*, as acomodações ligadas à vida quotidiana, de uma simplicidade verdadeiramente rural, não passariam de cabanas de madeira[570] – o que explicaria o seu desaparecimento e a sua rápida ruína na sequência do abandono de uma ou duas gerações[571] e, em certos casos, como em Naranco, a própria distância (300 m) que medeia entre a *Aula* e a Capela. Às moradias fortificadas se reservavam, de resto, outras funções, como a segurança dos tesouros régios (em *torres do tesouro*), dos arquivos (caso da *Torre do Tombo* do Castelo de S. Jorge, no perímetro da Alcáçova lisboeta) e mesmo de prisioneiros, o que justificará a referência aos *algozes* entre os funcionários curiais de D. Dinis[572].

Era a *Sala*, porém, o núcleo principal da parte propriamente régia do palácio, o palco da apresentação pública do poder, a que o rolar do tempo e o desenvolvimento progressivo dos mecanismos representativos que enquadram a emergência do *Estado Moderno* irão outorgando novas funções, como as que decorrem do hábito de comer *em público* introduzido pelo Regente D. Pedro[573]. Por vezes dividida em naves, por meio de colunas, em virtude, justamente, das necessidades impostas pela cobertura (em madeira nos mais antigos exemplares) de espaços de amplas dimensões, apresentam-se estas, todavia, na prática, muito variáveis: dos palácios de Étampes e Gand, respectivamente com 77 m² e 176 m², aos de Poitiers (800 m²) e de Westminster e Paris (c. de 1500 m² cada), em situações que diferem também cronologicamente, mas não necessariamente no sentido da sua ampliação gradual. Entre nós e para referir apenas dois exemplos, Leiria, construção de D. João I, ostenta uma sala de 128 m², enquanto a da Alcáçova de Lisboa, talvez já do século XVI, dividida em naves, apresentava, segundo as descrições, 480 m² no total[574]. Quanto aos aposentos régios (a *Câmara*), seriam também, inicialmente, de madeira, modestas construções independentes, como testemunham os de Carlos Magno em Aix, ou, um século mais tarde, os do Rei de Inglaterra em Cheddar, rude *edifício* de 8 x 7 m, outro tanto devendo suceder no palácio de Afonso II em Oviedo ou, vimo-lo já, no de Naranco. Com o tempo, porém e por razões de segurança, as acomodações reais passam a situar-se no primeiro ou no segundo andar, emergindo nas moradias régias (e senhoriais), como nos mosteiros, a *torre residencial*[575]. Na verdade, deve-se a D. Duarte a formulação, registada no *Leal Conselheiro*, do sistema consagrado para a *Câmara* real, o qual, efectivamente, como reconheceria J. C. Vieira da Silva, a despeito da sua redacção relativamente tardia, "faria eco de uma situação anterior e suficientemente reconhecida para que os fins moralizantes que estão na origem da sua utilização por D. Duarte alcançassem a devida eficácia". Escreveria o monarca: "Pera mayor declaraçom, de como entendo que devemos aver das cousas sentimento virtuosamente, eu consiiro no coraçom de cada huum de nos cynquo casas, assy ordenadas como costumam senhores. Prymeira, salla, em que entram todollos de seu senhorio que omyzjados nom som, e assy os estrangeiros que a ella querem vir. Segunda, camara do paramento, ou antecamara, em que custumam estar seus moradores e alguuns outros notaveees do reyno. Terceira, camara de dormyr, que os mayores e mais chegados de casa devem aver entrada. Quarta, trescamara, onde sse custumam vestir, que pera mais speciaaes pessoas pera ello pertenceentes se devem apropriar. Quinta, oratorio, em que os senhores soos algumas vezes cadadia he bem de sse apartarem pera rezar, leer boos livros, e penssar em virtuosos cuidados"[576].

É pois igualmente uma realidade complexa a que se oculta por detrás do vocábulo *câmara*, de aparente singeleza. Sabe-se, com efeito, que remonta pelo menos ao século XIV a duplicação das câmaras de leito, sendo a primeira – *câmara de paramento* ou *câmara da cama do estado*, como a designa o *Livro Vermelho* de D. Afonso V –, de carácter essencialmente simbólico, dormindo o Rei na sua *retrete* (a "câmara de dormyr" de D. Duarte)[577], ao mesmo tempo que, em especial no século XV, se multiplicam os oratórios ou "casas de rezar", das quais, no Paço de Sintra, existiam quatro na mesma centúria[578]. A *câmara* surge, desse modo, fundamentalmente como um organismo celular, reprodutível exponencialmente – em função das necessidades pontuais da vida cortesã: existência de Rainha, de Infantes dotados de *Casa* própria – e idealmente (*no coraçom*, mas tudo faz crer que também na prática, ao menos com o advento da Dinastia de Avis) constituído por *sala* (versão privada da própria *aula* régia), antecâmara ou "câmara do paramento", *câmara de dormir*, guarda-roupa ou *trascâmara* e *oratório*, de acesso progressivamente reservado, além, naturalmente, do *mijatorio*, cuja proximidade à "casa de rezar" as mesmas imposições de privacidade justificam[579]. Efectivamente, estrutura celular como, a respeito do Paço da Alcáçova de Lisboa, testemunhariam no século XVI as palavras de João Baptista Venturino, secretário do legado papal, cardeal Alexandrino, ao afirmar não ter "forma alguma d'architectura, por ter sido feito aos poucos em diversas epochas"[580], o palácio medieval, produto, por via de regra, de acrescentos sucessivos (em especial a partir das restruturações áulicas do século XIII[581]), tende a assumir uma forma orgânica, compondo enfiaduras de acomodações, onde a inexistência de corredores condiciona a circulação. Ausentes também as escadarias exteriores, operando-se internamente, por escada de madeira ou (mais raramente) pedra a ligação do piso térreo ao andar nobre[582]. Apesar disso, a presença do pátio como elemento estruturador (o *curral*) contribui para uma certa uniformidade, perceptível, desde cedo, em situações planificadas, como Aix ou o palácio de Afonso II em Oviedo[583] e declaradamente assumida à medida que, com o declinar da Idade Média, esta se assume enquanto *valor*, simbólico também, como será o caso do paço do Castelo de Leiria, de planta claramente regular[584]. E é, seguramente, à luz deste conjunto de noções e tendo embora presente a distância que, do século XI ao XV, separa a mesma estrutura curial, que deve analisar-se o processo formativo do Paço Real da alcáçova coimbrã.

Efectivamente, se a análise do paramento externo da *sala 14*, voltado ao Pátio, que constituíra o objecto da *sondagem G1*, resultara no reconhecimento da existência de uma linha de fractura vertical, a pouca distância da segunda janela, no sentido sul/norte, aproximadamente coincidente com o *vinco* inicialmente detectado na fachada e que se verificara corresponder ao limite da primitiva capela palatina, não era menos verdade que o pano adjacente – que a mesma sondagem revelara até à ombreira da terceira janela –, ostentava uma alvenaria (de grosso material irregular) em tudo semelhante à que servira para a edificação do pequeno templo da invocação de S. Miguel, acima dele correndo, como neste, a linha de fractura horizontal correspondente à(s) campanha(s)

gótica(s) que ilustravam os aventais desvendados sob as janelas altas dos *Gerais*. Por outro lado, a observação da planta setecentista, que constituíra o ponto de partida do próprio processo de reconhecimento do oratório primitivo, ao mesmo tempo que documentava a subsistência, até quase aos finais do século XVIII, das colunas que originalmente dividiam a nave central da da Epístola, levava também a reconhecer a existência, inclusos numa dependência alojada por detrás da Torre, de dois pilares, não menos enigmáticos que aqueles (atenta a dimensão, ainda menor, da quadra em que então se achavam incluídos) e de igual modo eliminados na remodelação *pombalina*, enquanto a grossa parede que se alinhava (a despeito do *vinco*) desde a fachada da Capela, se interrompia, abruptamente, a meia distância da espessura da Torre, aparentemente truncada ao serviço das remodelações sofridas por esse espaço no decurso dos séculos.

Tudo parecia desse modo indicar que, em datas e segundo métodos muito próximos dos que seriam utilizados na edificação do templo palatino se procedera também à construção adjacente de uma *aula*, a que pertenceriam a parede externa e (eventualmente) os desaparecidos pilares, cujo perímetro original as sucessivas reformas desse sector impediam hoje de plenamente reconstituir, mas que não deveria apontar para áreas muito diversas das que apresentava a Capela anexa, cuja capacidade[585] (directamente relacionada com a própria dimensão do organismo áulico ao qual se destinava) se afigurava, assim, reproduzir. E tal deverá ter constituído o embrião do Paço primitivo, frente à porta-forte – e afinal, como queria a tradição, em "terreno próximo da capella actual" e até, de algum modo, "no lugar onde hoje são os Gerais da Universidade"[586] – ao qual, muito provavelmente, se teriam acrescentado, em edificações precárias de madeira, adossadas ao flanco norte da muralha, a(s) *câmara(s)* e as demais estruturas palatinas.

Na verdade, os anos que se seguem veriam desfilar no interior da Alcáçova os principais protagonistas da complexa trama de que iria emergir, a breve trecho – e não sem lutas –, o Reino português; trama que tem como pano de fundo o próprio processo conjuntural da implementação, no território coimbrão, da *Reconquista cultural*.

O PAÇO REAL DA ALCÁÇOVA

Alçado da *sondagem G1* (José Luís Madeira).

De facto, se a nomeação de Sesnando por Fernando Magno, em 1064, havia correspondido a uma estratégia de contemporização com a antiga ordem andaluza, que o particular contexto da cidade justificava e que não deixava de constituir, ainda então e a despeito de estarem já lançadas as bases da aliança com Cluny, um dos vectores da política leonesa[587], de que resultara o reforço da componente moçárabe da urbe, a realização do concílio de Burgos, em 1080, com a imposição formal da adopção da liturgia romana na Espanha cristã, acrescida do incremento (correlativo), por esses mesmos anos, da influência franca na Corte de Afonso VI, assinalariam a arrancada definitiva da *Reconquista ideológica*, que os episódios que rodearam a tomada de Toledo, em 1085, com a falência das propostas conciliadoras de Sesnando, consubstanciariam[588]. Nesse contexto, o breve (?) consulado toledano do *alvazir* coimbrão, minado pelo confronto com as posições do arcebispo e metropolita Bernardo de Sédirac, não possui apenas o valor de um símbolo da nova conjuntura; marca também o início da contagem decrescente do próprio projecto por ele idealizado para o seu condado ocidental. Com efeito, a recusa do cônsul em adoptar nos seus domínios a reforma litúrgica; a morte, a breve trecho, do bispo D. Paterno (em 1087, pouco depois

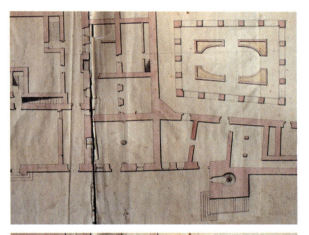

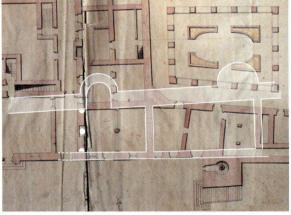

Implantação sobre a planta setecentista da capela e aula do *palatium* primitivo (José Luís Madeira).

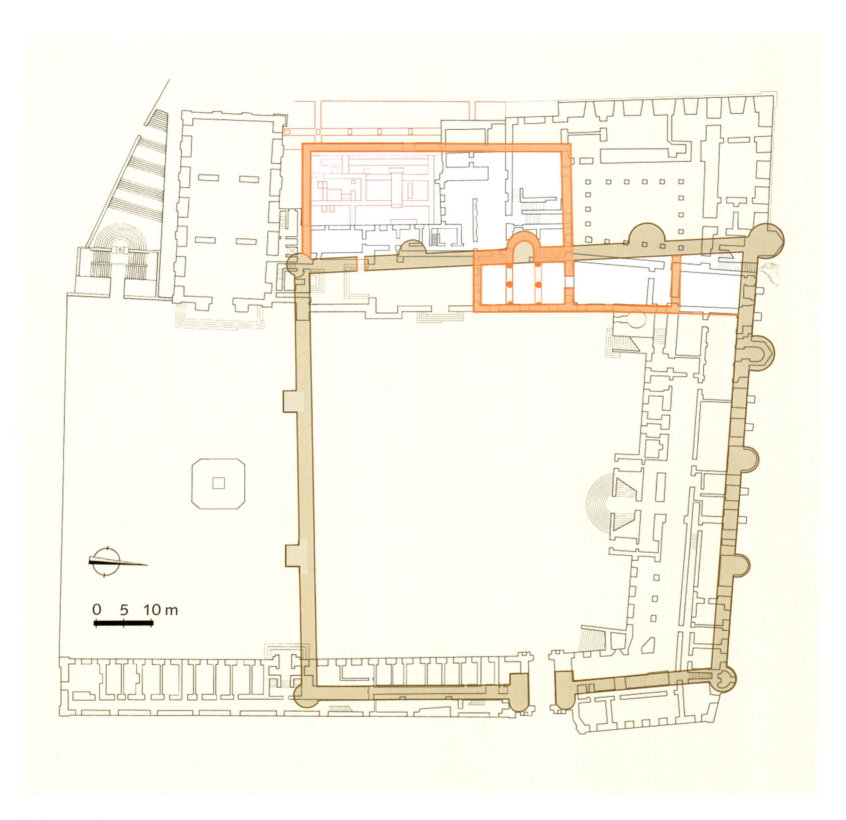

Implantação do *albacar*
e da capela e aula
do *palatium* primitivo
(José Luís Madeira).

O PAÇO REAL DA ALCÁÇOVA

de, a 15 de Março, ter confirmado o seu testamento[589]); a eleição, como seu sucessor, do vigário capitular, o moçárabe D. Martinho Simões e o veto que a tal seria oposto pelo concílio de Husillos e pelo seu presidente, o cardeal-legado Ricardo; a nomeação para a mitra de Coimbra, por parte deste, do abade de S. Bartolomeu de Tui, D. Crescónio, *criatura* do arcebispo D. Bernardo, como o designaria Pradalié[590] e a não aceitação desta decisão por parte do *alvazir*, iriam projectar a catedral coimbrã em nova sede vacante, que haveria e prolongar-se até 1092[591]. E tal situação, configurando, nos territórios do conde, uma ilha de resistência, progressivamente desfasada em relação ao processo de integração cultural implementado pela Coroa leonesa, com cujos desígnios não poderia deixar de colidir, não tardaria a ser objecto de uma intervenção directa do *poder central*.

Efectivamente, à sua morte, ocorrida em 25 de Agosto de 1091, suceder-lhe-ia o genro, Martim Moniz, casado com sua filha Elvira, o que parece ilustrar uma apetência pela hereditarização dos seus domínios, no seio de uma nova linhagem, encabeçada pelo carismático *alvazir*[592]; e talvez que o prestígio da sua personalidade tivesse contribuído para retardar a integração de Coimbra na lógica comum da *Reconquista*. Mas o monarca não tardaria a atalhar caminho a essa *singularidade* e os factos parecem atestar que, desde cedo, o poder de Martim Moniz se terá visto minado por um conjunto de circunstâncias que deverão ser responsáveis, a um tempo, pela súbita

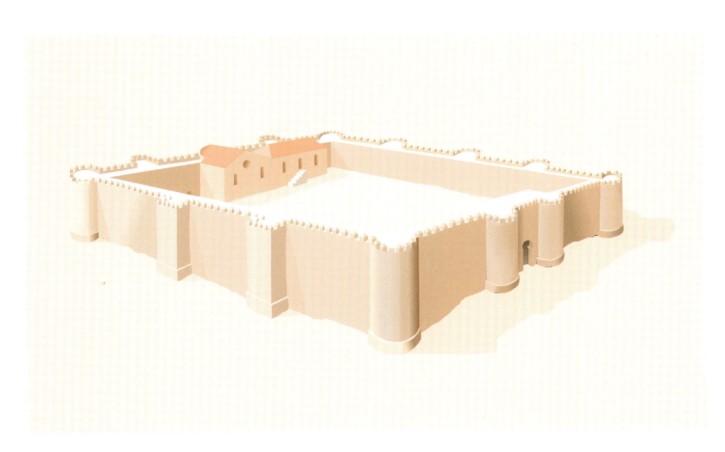

II.4.6. Reconstituição conjectural da capela e aula do *palatium* primitivo (José Luís Madeira).

263

aceitação de D. Crescónio, sagrado bispo pelo próprio Bernardo de Sédirac, em 1092, por não se afigurar o seu domínio territorial tão extenso quanto o fora o de seu sogro e pela deslocação em pessoa do Imperador a Coimbra, acompanhado de D. Raimundo, em 1093, estada durante a qual, com evidente sentido político, confirma as regalias outorgadas em Toledo, por influência de Sesnando, em 1085, aos moradores da cidade[593]. E em 1094 já esta e todo seu território surgiriam integrados no condado da Galiza, vasta circunscrição balizada pelo mar Cantábrico e pelo Tejo, confiada a Raimundo de Borgonha, confinado Moniz às terras de Arouca, antes de partir para Valência, em busca de melhor sorte, junto ao *Cid*[594], atestando-se nesse ano a residência de Raimundo em Coimbra, em companhia de sua mulher, a *Rainha* D. Urraca[595]. Pelos finais de 1095, contudo, ou já em 96 e face ao recrudescimento da ameaça almorávida, ver-se-iam estes, por seu turno, despojados da região de Entre Minho e Tejo, em benefício de seu primo Henrique, conde de *Portucale* e de Coimbra. E é este e D. Teresa (ou esta apenas) que agora se surpreendem habitando a Alcáçova[596] onde, em 1109, nasceria talvez o Infante Afonso Henriques[597].

A Crescónio outros bispos *cluniacenses* se iriam seguir: Maurício Burdino (1098-1108), Gonçalo (1109-1128). Questionam-se então ordenações feitas por Paterno, infiltra-se o cabido (moçárabe) de cónegos *franceses*, esforçam-se os prelados por assenhorar-se do controlo das igrejas paroquiais, ao mesmo tempo que, no governo da cidade, ausente o conde entre o esforço de guerra e a trama shakespeareana que se tece em torno à sucessão do sogro, morto em 1109, outros francos emergem, como Artaldo, Rabaldo, Arquibaldo ou Ebraldo, agente pessoal de Henrique. Mas o rito hispânico parece resistir – e, com ele, o peso político do cabido catedralício e da própria aristocracia moçárabe[598]. Como referiria Pradalié, "l'église mozarabe de Coïmbre a laissé passer l'orage, et em 1108 ses positions paraissent encore fortes"[599]. Porém, a desestabilização do quadro político provocada pela morte de Afonso VI; a longa ausência do bispo Maurício Burdino em peregrinação à Terra Santa (1104--1108) e sua transferência para Braga (1109); a nomea-ção, para o seu lugar, de Gonçalo Pais de Paiva (*português*, mas igualmente da confiança do arcebispo Bernardo) e a acção repressiva por ele encetada com a obtenção do Mosteiro de Lorvão (e das igrejas coimbrãs dele dependentes) e de rescritos pontifícios que lhe possibilitavam intervir no cabido a fim de erradicar os últimos partidários da liturgia hispânica, levariam à eclosão de uma revolta de amplas proporções, onde a oposição do cabido ao bispo se cruzava com a que enfrentava a comunidade moçárabe e a administração *franca*, que agravava a pressão crescente da ofensiva almorávida. E é nessas circunstâncias que se detecta, de novo, a presença em Coimbra de Martim Moniz, que a morte do *Cid*, em 99 e a conquista de Valência, em 1102, teriam feito refluir sobre o território leonês, onde lobrigara, com a morte do Imperador, a possibilidade de encabeçar o partido anti-francês e de recuperar os seus antigos domínios[600]. A rápida intervenção de Henrique, que expressamente se desloca à cidade, lograria sanar o conflito, na parte estritamente política, com a concessão do foral de 1111, que contemporizaria com as reivindicações dos cavaleiros conimbricenses, nomeadamente no que se referia à retirada dos administradores *francos*, ao mesmo tempo que alcançava a expulsão definitiva de Martim Moniz; mas a querela religiosa não terminaria antes de 1116 e, a despeito de algumas concessões de carácter económico e jurisdicional, saldar-se-ia na completa romanização da igreja coimbrã, tenazmente prosseguida sob o pontificado enérgico de D. Gonçalo, com o ostensivo apoio dos Condes de *Portucale*[601].

De facto, como notaria Pradalié, a formação de Portugal passava indeclinavelmente pela eliminação daquilo que fazia de Coimbra um mundo à parte e pela sua assimilação ao processo ideológico da *Reconquista cultural*: "le prince Alphonse n'aurait jamais eu l'appui de l'Eglise – on sait quel rôle joua Rome dans la création d'un royaume portugais – si Coïmbre avait été encore, vers 1130-1140, un foyer mozarabe. L'intégration forcée de l'église de Coïmbre dans l'église romaine apparaît donc comme une étape préliminaire plus indispensable dans la formation du Portugal, et l'action de l'évêque Gonçalo annonce et prépare celle de la papauté"[602]. Coimbra convertera-se, aliás – ou estaria ponto de converter-se (e em boa parte por acção de Sesnando) –, na maior cidade de então no território *português*[603], ao mesmo tempo que o repovoamento firmara as bases de uma firme tradição cultural (de sentido moçárabe, evidentemente), como centro pedagógico e de atracção e irradiação de códices e documentos, tanto da Península cristã como da muçulmana[604], circunstâncias que, aliadas à sua nova centralidade, no quadro da *Reconquista* como no da política secessionista dinamizada pelo Conde D. Henrique e prosseguida pelo Infante Afonso Henriques, justificariam a sua eleição como *capital*, por parte deste e o facto de, nas crónicas muçulmanas, *Ibn ar-Rink* ser designado por *senhor de Coimbra*[605].

O estabelecimento da Corte na cidade do Mondego, por 1130, coincidiria aliás com outro facto da maior transcendência: a fundação do Mosteiro de Santa Cruz, de cónegos regrantes de Santo Agostinho. Confiado ao tradicionalista D. Telo, três anos após a sua preterição, na eleição para a sucessão de D. Gonçalo, em prol do *romanista* D. Bernardo – primeiro acto de política coimbrã de D. Afonso, após a batalha de S. Mamede –, representa este facto (tal como a medida anterior, de que não pode desenquadrar-se), expoente desse novo sentido que iria revestir a intervenção do *Conquistador* e em cujo âmbito a deslocação do centro do poder para a antiga *Emínio* revestiria uma importância determinante; e que passava pela formação, como base de apoio da ambicionada Monarquia, de uma *sociedade nova*, tanto no plano laico como no eclesiástico, estruturada no apoio dos cavaleiros de Entre Douro e Minho, mas também das elites vilãs, de que Coimbra representava o principal alfobre e na constituição de um clero "religiosa e espiritualmente superior ao monge beneditino e ao clero secular", onde se harmonizasse, enfim, a velha querela que opunha moçárabes a *gregorianos*[606]. Com efeito, se a presença de D. Bernardo à frente dos destinos da mitra garantia a necessária *romanidade* da Igreja *portucalense*, indispensável no domínio das relações com a Santa Sé (ao mesmo tempo que o seu *lusitanismo* favorecia os projectos de autonomização da Igreja *nacional* em relação às metrópoles toletana e compostelana acalentados pelo Infante), a profunda integração do Mosteiro na vida da comunidade, testemunhada no espectro social dos doadores e a intensidade da sua acção, no plano da espiritualidade como no da cultura e mesmo do povoamento, bem como a sua independência em relação a obediências estranhas[607], fariam dele, no quadro, de resto, de uma prática litúrgica também romanista, o instrumento indispensável à política *régia* de construção de um tecido social coeso, homogéneo e dotado de uma identidade própria em relação ao(s) Reino(s) vizinho(s) de Castela e Leão.

Efectivamente, não passaria sem reparo o facto de as intervenções do futuro Rei na formação do cenóbio crúzio se sobreporem significativamente às datas decisivas da sua própria estratégia de afirmação: 1131, ano do lançamento da primeira pedra do Mosteiro, quase em simultâneo com a transferência da Corte para Coimbra e 1137/39, anos em que se assiste ao incremento das doações, "precisamente entre o tratado de Tuy e a batalha de Ourique, no momento em que executava os actos mais decisivos para a reivindicação da independência"[608]. E é a partir de então, com efeito, que este – a breve trecho convertido em viveiro de prelados *nacionais* –, vê serem-lhe outorgadas, uma a uma, as funções nobilitantes de guarda do tesouro real, chancelaria régia (episodicamente) mas, muito especialmente, de panteão dinástico, ao receber, em 1157, o sepultamento da Rainha D. Mafalda (ou Matilde) de Sabóia. Da munificência principesca decorria, aliás, para o cenóbio, a obrigação, sucessivamente reiterada, de ser sempre "solliciti multiplicare preces ad Deum pro salute meii corporis et anime atque meorum parentum"[609]; mas é, de facto, a liturgia fúnebre desenrolada em torno dos despojos da soberana e de alguns dos seus filhos, a que a decisão do monarca de junto deles "corpus meum speliri" conferiria um carácter institucional (confirmado por idêntica atitude, em 1198, de D. Sancho I, provavelmente na sequência da morte da Rainha D. Dulce[610]), reforçado pelo programa arquitectónico que daria origem, em adjunção ao plano primitivo, à construção de uma poderosa torre-nartex, adossada à frontaria, albergando simultaneamente os túmulos régios e a tribuna real deitando sobre a nave[611], que faria do Mosteiro e, em particular, do panteão real, como já foi afirmado, um dos "espaços simbólicos de unificação do Reino"[612]. Espaço de memória e de celebração da Realeza, evidentemente, mas que não pode dissociar-se das próprias responsabilidades desde cedo cometidas à canónica, no plano da construção de uma *memória* também para o jovem Reino, senão mesmo na justificação teórica da sua independência[613]; espaço de afirmação política igualmente, pois, justificativo da progressiva reivindicação régia do papel de *fundador* (e da crescente ingerência de D. Sancho I[614]) – e cujo verdadeiro alcance apenas se compreende à luz da consciência que, desde Fernando I e Afonso VI, os Reis de Leão haviam desenvolvido do valor representativo do panteão dinástico[615].

Com ele, na verdade, o Mosteiro guindava-se a uma situação ímpar no contexto do nascente Reino, ao mesmo tempo que a própria Dinastia emergente alcançava um dos seus dispositivos simbólicos mais representativos. O qual, contudo, constituiria apenas um dos pólos de um binómio especialmente significativo. Com efeito, é na edificação da (nova) Sé que o fundador da Monarquia de novo reivindica um papel fundacional. E também a ela estaria reservado um lugar de relevo na celebração da memória real[616], que mais releva ainda ao confirmar-se haver semelhante recinto servido, com D. Sancho I, de cenário da coroação dos Reis de Portugal[617]. Desse modo se reforçaria mais ainda, não restam dúvidas, o seu profundo significado (a par do mosteiro-panteão), do ponto de vista da conversão da urbe na *cidade real* de um jovem estado em processo de afirmação. Empresa que passaria por outras iniciativas (como a ponte[618] e a torre de menagem[619]) e talvez mesmo por um *plano urbanístico*[620] e que redundaria, com a chegada de mestres *franceses*, na implementação, como *arte de Corte*, na cidade já *romanizada*[621], de uma nova estética – o românico internacional, mesmo que em hibridismo com a arte dos escultores moçárabes[622] –, ela mesma assumida como elemento de afirmação externa e não apenas entre as diversas realezas peninsulares (e talvez resida aqui a razão de fundo, nunca atentada, dos casamentos estranhamente longínquos das filhas do *Conquistador*). Como será também, eventualmente, a magnitude desse esforço, prosseguido ao longo dos reinados (D. Sancho I no castelo, D. Afonso II no claustro da Sé) o motivo de não parecerem poder detectar-se, por esses anos, intervenções na estrutura da Alcáçova.

Efectivamente, os relatos respeitantes à invasão almorávida de 1117, durante a qual D. Teresa teria encontrado refúgio no *castelo*, constituem, a despeito da sua controversa interpretação, a única informação de ordem material relativa ao recinto fortificado nestes séculos iniciais[623]. Em contraste, são abundantes as fontes que permitem detectar a ocupação do Paço Real coimbrão por parte dos primeiros monarcas: as crónicas referem a contínua presença em Coimbra de D. Afonso Henriques – ponto de partida e de retorno das suas surtidas militares[624] –, ao mesmo tempo que o labor da Chancelaria documenta a sua sedentarização, a partir de 1170, na sequência do desastre de Badajoz, ocorrido no ano anterior[625]. Aqui casou, de facto, em 1146, com D. Mafalda; aqui lhe nasceram todos os seus filhos (e morreram alguns), entre os quais, em 1154, o futuro D. Sancho I; aqui morreu a Rainha, em 1157; nasceu D. Afonso II, em 1185 (oito meses antes que, em Dezembro, morresse, por sua vez, o fundador da Dinastia); recebeu Sancho I, em 1196, a visita de seu cunhado, Afonso II de Aragão; morreu, em 1198, a Rainha D. Dulce; nasceu, em 1202, D. Sancho II e, em 1210, D. Afonso III; morreu, em 1211, D. Sancho I e, em 1220, D. Urraca de Castela, esposa de Afonso II, que a seguiria, em Coimbra ainda, três anos mais tarde; aqui se deu, em 1246, o ignominioso rapto da Rainha D. Mécia, esposa de Sancho II; nasceu, em 1261, o Rei D. Dinis; D. Afonso IV, em 1291; D. Pedro I em 1320 e D. Fernando I em 1345. Além de inúmeros Infantes e Infantas, incluindo, a crer na tradição, o próprio Afonso Henriques[626], em Coimbra (e, com a única excepção do Rei D. Pedro, no Paço Real da Alcáçova) vieram ao mundo todos os monarcas portugueses da Casa de Borgonha[627]. No Paço, igualmente, teriam lugar, em 1211, as primeiras Cortes de que existe documentação[628] e, na cidade, as de 1261, 1283, 1355, 1367 (ou 69)[629] e 1370, aqui as reunindo seis vezes D. João I (1385, 1387, 1390, 1394/95, 1397 e 1400) e ainda D. Afonso V em 1472[630]. Com efeito e mau grado o reinado de D. Afonso II corresponder a uma progressiva transferência da *sede* da

Corte em benefício de Santarém e Lisboa, prosseguida por D. Afonso III, tornando-se doravante mais prolongadas as ausências de Coimbra por parte dos soberanos, o *Bolonhês* aqui reuniria a sua *cúria* em 1254[631] e a velha via romana que ligava Lisboa ao Porto, e aqui atravessava o leito do Mondego, continuaria a ser, por toda a Idade Média, "o eixo ordenador da economia, da civilização e da política"[632], mantendo-se a urbe, ao longo do século XIV, entre as quatro cidades mais assiduamente visitadas pela Corte[633].

A despeito destas ocorrências pontuais é, contudo, apenas a partir de D. Dinis que podemos seguir com mais detalhe os itinerários régios[634] (mesmo que o valor dessa reconstituição deva, talvez, se relativizado[635]). Mas os dados disponíveis são bastantes para reconhecer que, nos 32 anos que decorrem de 1282 a 1314, apenas em seis deles (1287, 89, 99, 1303, 1309 e 1310) o monarca não parece ter estado na cidade, onde passaria os Natais de 1282, 84, 90, 93, 1301, 1306 e (aparentemente) 1307, regressando pela última vez em 1317[636], ao mesmo tempo que a prolongada estadia da Corte em 1307 seria tradicionalmente responsabilizada pela transferência da Universidade[637]. Quanto a D. Afonso IV, era Coimbra, enquanto Infante, a cidade "onde tinha sua molher e assento de sua caza"[638],

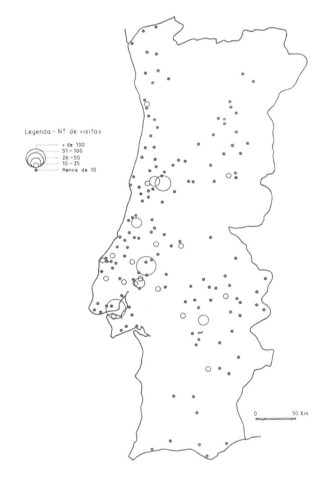

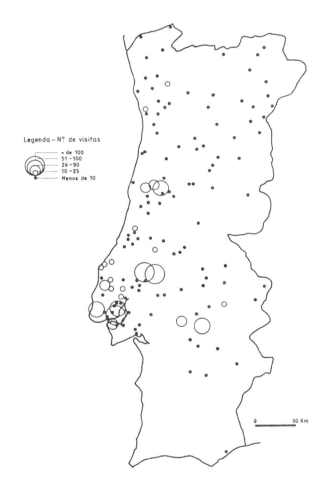

Localidades visitadas segundo os itinerários régios em 1325-1342 e 1360-1383 (Rita Costa Gomes, *A Corte dos Reis de Portugal no final da Idade Média*).

Localidades visitadas segundo os itinerários régios em 1385-1448 (Rita Costa Gomes, *A Corte dos Reis de Portugal no final da Idade Média*).

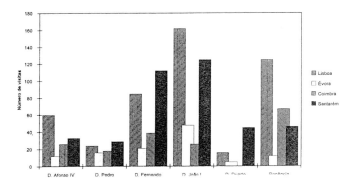

Número de visitas por reinado (Rita Costa Gomes, *A Corte dos Reis de Portugal no final da Idade Média*).

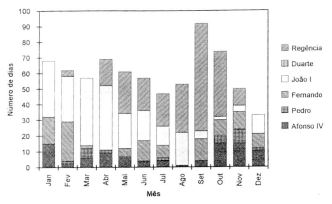

Distribuição sazonal das estadas em Coimbra (Rita Costa Gomes, *A Corte dos Reis de Portugal no final da Idade Média*).

onde estribaria o ninho de águias das suas revoltas contra o pai[639] e onde lhe nasceria o filho D. Pedro – porém não na Alcáçova, mas num misterioso "alcacer, que estava acerqua de São Lourenço"[640], parecendo inferir-se, mesmo pelo facto de ter *conquistado a cidade* em Dezembro de 1321, no quadro da sua rebelião e de a posse desta lhe ter sido mais tarde ratificada pelo pai (mas precedida da devida homenagem ao Rei), que o uso do Paço Real se encontraria adstrito ao monarca reinante[641]. Enquanto soberano, todavia, conservar-se-ia ausente da cidade entre 1336 e 1340, aí celebrando, porém, os Natais de 1326, 1334 e 1341[642]. Mais breves seriam, decerto, as estadias de D. Pedro, o qual, segundo Fernão Lopes, "assi como quem faz correiçom, andava pollo Reino; e visitada huuma parte nom lhe esquecia de hir ver a outra, em guisa que poucas vezes acabava huum mees em cada logar destada"[643]. Outro tanto, porém, não ocorreria com seu filho, D. Fernando, a quem, segundo o mesmo cronista, *todo seu feitio era de Samtarem pera Coimbra, e depois tornar a Lixboa, em guisa que ja as gentes tragiam por rissam em escarnho dizemdo, "exvollo vai, exvollo vem de Lixboa pera Santarem"*[644]. No Paço da Alcáçova sucederia, aliás, o nascimento da almejada herdeira, D. Beatriz e aqui estanciaria o *Formoso* "dassessego" por diversas vezes, em particular nos anos da guerra com Castela, de 1371, 1372 (incluindo o Natal) e 1377; e, morto o Rei, é entre Santarém e Coimbra que os *homens bons* de Lisboa recomendam a D. Leonor de "tomar asseemtamento" ou de "partir o anno"[645]. Do mesmo modo, é ainda no Paço Real da Alcáçova coimbrã que se reunem as históricas Cortes de 1385, donde, pela hábil intervenção do doutor João das Regras (e oportuna pressão do Condestável), sairia o Mestre eleito Rei de Portugal, sendo, em consequência, *alçado* como tal e entronizado com as vestes e insígnias régias, no decurso da missa solene que sancionaria o acontecimento, celebrada pelo bispo de Lamego muito provavelmente na própria capela palatina[646]. Ao Paço de Coimbra voltaria D. João I, de resto, por diversas vezes, como atesta o avultado número de Cortes convocadas na cidade pelo monarca[647] e a sua conversão em sede de ducado, em 1415, atribuído ao Infante D. Pedro, seu filho, alcançaria mesmo contrariar, na primeira metade do século XV, o relativo abandono motivado por um circuito áulico progressivamente centrado em Santarém, Lisboa e Évora[648].

O PAÇO REAL DA ALCÁÇOVA

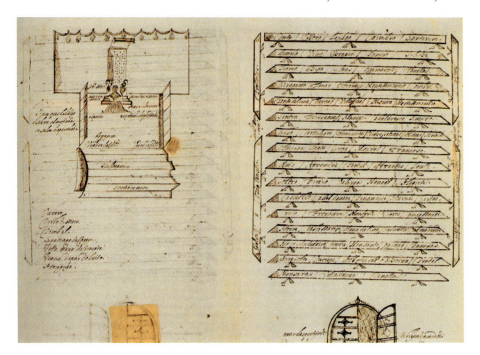

Planta da sessão inaugural das Cortes de Évora-Viana de 1481-82 (BN, *Colecção Pombalina*, ms. 443, fs. 41 e 41v)

Com a morte do Infante, em 1449, na trágica jornada de Alfarrobeira e a queda em desgraça da família ducal, tudo indica que o Paço tenha encetado um ciclo de abandono. É o que documenta o conjunto de alvarás emanados por D. Afonso V, entre 1455 e 1469, relativos ao provimento da capelania, vaga desde o falecimento do Regente[649]. Mas este facto, bem como o conhecimento de o monarca ter convocado Cortes para a cidade ainda em 1472 (e mesmo, em certo sentido, as próprias diligências que empreende para promover o *estudo geral* criado pelo sogro[650]), atestam, com a presença do Rei, um interesse pela velha moradia régia, que se salda numa utilização, por parte da Casa Real, prolongada afinal ininterruptamente até quase ao último quartel do século XV. Não é, pois, verdade que, como afirmou Vergílio Correia, "após o reinado dionisíaco, inicia-se o abandono, trocada Coimbra por Lisboa, Santarém e Évora, que absorveram sem remissão a côrte"[651]. Ao contrário, é só com D. João II que, de facto, se enceta uma desocupação continuada que, em quatro longas décadas, iria conduzi-la ao estado de ruína em que, cinco séculos volvidos sobre a edificação embrional, receberia D. Manuel I o histórico palácio dos seus predecessores. Importa, pois, procurar reconstituir, na medida do possível, a evolução sofrida pelo edifício no extenso lapso que medeia entre as obras sesnandinas e o reinado de D. Afonso V.

Em 1933 escrevia Vergílio Correia que ao "ciclo dionisiano" pertencia "grande parte do Paço da Alcáçova". Comentava, porém: "a obra do século XIV, que deve ter sido muito importante, foi quase toda escondida pelas sucessivas reformas: manuelina, seiscentista, setecentista e pombalina". Mas não deixava de referir: "um arco quebrado perdura no muro contíguo ao depósito novo de revistas da Biblioteca; outros têm aparecido sob os rebocos em ocasião de transformações e reparações. Mas bem à vista, perdura no interior do pátio da Universidade, no troço do edifício que vai da Porta Férrea ao pórtico dos Gerais, uma linha de cachorros do mais puro gosto trecentista, semelhante aos de Santa Clara"[652]. E uma década mais tarde escrevia com destino ao *Inventário*: "Nos Paços da Alcáçova, do contributo operoso do fundador da Universidade, ficaram trechos dis-

269

persos: muros, janelas e modilhões de cornija, obliterados uns, pouco reconhecíveis outros"[653].

Pelos mesmos anos, também Nogueira Gonçalves concedia que da obra dos Paços Reais, "feita ao tempo" dos *Estudos Gerais*, restariam ainda "possivelmente certos elementos de arranjos de paredes"[654]. Contudo, ao elaborar, para o mesmo *Inventário*, a ementa respeitante à *Universidade*, não deixava de sublinhar: "Aberturas com que se deparou sob as argamassas, que na altura do seu achado foram atribuídas àquele século, eram manuelinas, como verificámos nas obras correntes". E particularizava: "Entre a torre e a capela, mostra-se uma pequena parte da fachada dos Gerais, mas modernizada. Quando, em 1944, tiraram os rebocos a esta parte, pudemos reconhecer, ao lado das janelas altas mas não sincronizadas com elas, restos de quatro outras manuelinas. Ao colocar-se a lápide à República Portuguesa, foi achada a parte inferior da manuelina; notando-se-lhe a aresta chanfrada atribuíram-lhe uma época mais recuada. Reconhecemos, ao lado da sacada do coro da capela, a janela manuelina, também muito simples, que aquela substituiu". Quanto à cornija modilhonada, cujo carácter *trecentista* tanto havia sugestionado Vergílio Correia e fora, em fim de contas, a responsável pela imputação ao "ciclo dionisiano" de "grande parte do Paço da Alcáçova", escreveria: "A cimalha manuelina nesta parte [na ala nascente] e na outra da reitoria, apresenta um ar arcaico, tendo sido feita talvez por sugestão das antigas dos paços medievais". E acrescentava: "a seguir ao corpo central, até ao cruzeiro da capela, adapta-se mais ao carácter de época"[655]. Entretanto, as grandes obras da década de 40, ao levantarem o madeiramento que revestia o soalho da Sala dos Capelos (o recinto solene das provas e cerimónias académicas), punha a descoberto um conjunto de infra-estruturas, valorizadas em finais dos anos 70, no âmbito das obras de remodelação do piso térreo da ala norte do Paço das Escolas, incorporado na Faculdade de Direito[656] e, a seu respeito, escrevia então Nogueira Gonçalves: "Era, na época manuelina, a *Sala* por antonomásia, e, devendo ter correspondido a uma anterior, plenamente medieval, foi inteiramente construída por Marcos Pires, como há pouco se viu, pela ocasião da renovação dos rebocos e reforma do pavimento. Marcos Pires, para lançar o madeiramento do soalho, construiu uma parede no sentido do comprimento, fora da linha do eixo, mais para o lado do pátio, e cortou o espaço do norte assim obtido por arcos transversos, uns ogivais e outros semicirculares; nessa parede abriu duas portas, uma cocheira, larga, de arco

Cornija modilhonada do Paço das Escolas (ala oriental do Pátio).

Cornija modilhonada do Mosteiro de Santa Clara-a-Velha.

O PAÇO REAL DA ALCÁÇOVA

Aspecto da Sala dos Capelos após a remoção do pavimento, em 1944, ostentando a parede intermédia e a sequência de arcos quebrados do piso térreo (DGEMN, foto 3-0020)

quebrado e arestas chanfradas, e outra de serviço, com a verga recortada"[657]. Nesse sentido, pois e como o mesmo autor escreveria, ainda que sem negar a possibilidade de poderem restar, da obra "dionisina", *certos elementos de arranjos de paredes*, nada de concreto seria possível apurar, depois da primitiva cerca fortificada, sobre as "reformas posteriores até à época manuelina"[658].

É certo, porém, que o conjunto de apreciações expendidas pelos dois historiógrafos, contraditórias mesmo em certos pontos, não deixa de suscitar todo um conjunto de questões. Efectivamente, se o "arco quebrado", evocado por Vergílio Correia e então incorporado "no muro contíguo ao depósito novo de revistas da Biblioteca" – isto é,

Aspecto da sequência de arcos quebrados vistos do piso térreo (DGEMN, foto 734)

no flanco ocidental do *albacar*, ao qual se encostara a demolida sala de leitura (e respectivo depósito) da *Biblioteca Joanina*[659] – dificilmente documentará a "obra do século XIV" (ao menos no sentido *dionisino* com que a expressão seria usada), tendo seguramente cronologia mais tardia, os outros vãos, descobertos ao longo do tempo na fachada ocidental do Pátio, "sob os rebocos, em ocasião de transformações e reparações", geralmente mutilados e em parte desvendados no decurso da *sondagem G1*, talvez não possam, de facto, reduzir-se, tendo em conta as características do material e da própria técnica de talhe, muito diversos dos que seriam utilizados nas obras do século XVI (e mesmo diversos entre si), ao veridicto de Nogueira Gonçalves, segundo o qual essas *aberturas*, "que na altura do seu achado foram atribuídas àquele século, eram manuelinas, como verificámos nas obras correntes". A ele se deveria, aliás, a informação de serem quatro, no total, as *aberturas* descobertas na remoção dos rebocos levada a efeito em 1944, bem como de se encontrar ainda, "ao lado da sacada do coro da capela, a *janela manuelina*, também muito simples, que aquela substituiu"[660]. Quanto à cornija modilhonada, que envolve, além da *Porta Férrea*, tanto interna como externamente, boa parte do sector norte do Paço das Escolas e que, como escreveria Nogueira Gonçalves, "a seguir ao corpo central [a *Via Latina*], até ao cruzeiro da capela, adapta-se mais ao carácter de época", é, contudo, a despeito do seu *ar arcaico* e da afirmação de Vergílio Correia, que nela viu "uma linha de cachorros do mais puro gosto trecentista, semelhante aos de Santa Clara"[661], incontornavelmente manuelina, fruto das obras dirigidas por Marcos Pires, que conduziria a fachada norte, no interior do Pátio, ao percurso e à cota que hoje ostenta.

Com efeito, a intervenção quinhentista, documentada a partir de 1518, faria avançar, no sector setentrional, a linha da fachada, com isso criando a necessária profundidade para a construção da grande sala ainda hoje existente, "a *Sala* por antonomásia" (no Paço Real, como no Paço das Escolas), como escreveria Nogueira Gonçalves e, como ele mesmo igualmente notaria, em correspondência decerto "a uma anterior plenamente medieval", que se quis substituir. E é por isso mesmo que, a ser esta "inteiramente construída por Marcos Pires", se não pode aceitar que, a fim de "lançar o madeiramento do soalho", fizesse este erguer "uma parede no sentido do comprimento", porém "fora da linha do eixo, mais para o lado do pátio"; como estranho é também que dispusesse no "espaço do norte assim obtido", uma longa série de "arcos transversos" ogivais, a que respondiam, a sul da parede *média*, "outros semicirculares", em muito menor número, todavia[662]. De facto, se os arcos de volta perfeita correspondem, inquestionavelmente, aos objectivos da intervenção manuelina, de sustentação das paredes divisórias do andar nobre, já os quebrados, *transversos* em relação ao muro, em número de catorze, como permitem reconhecer os mais antigos levantamentos do edifício, em intervalos regulares de 2,50 m, formam uma extensa *nave*, de 37 m de comprido por 5 m de largura, cujo extremo oriental coincide, realmente, com a *Sala dos Capelos* (bem como, naturalmente, o flanco norte, constituido pela velha muralha muçulmana), mas de que o topo ocidental se prolonga muito além, até à linha formada pela fachada do núcleo original (a Capela e *aula* sesnandinas), outro tanto sucedendo, por conseguinte, com a parede que a limita a sul e que, desse modo, se não pode relacionar com a sustentação do "madeiramento do soalho" da grande quadra organizada por Marcos Pires. Parcialmente integrados (os sobreviventes[663]) na *Sala do Conselho Científico da Faculdade de Direito*, bem como na imediata *Sala dos Institutos*, seriam eles, de resto, erguidos num calcário amarelo, porém de natureza diversa do que ostenta a campanha manuelina e, sobretudo, num aparelho mais rude, que os distingue também da obra quinhentista. Por outro lado, a operação de reabilitação desse sector levada a cabo em finais da década de 70, no âmbito de vultuosa campanha de beneficiação das instalações da Faculdade de Direito, permitiria reconhecer haver sido esse espaço objecto de uma ampla operação de entulhamento, no quadro da mesma intervenção que assistiria à implantação, na parede *medial*, da porta "de serviço, com a verga recortada" que referiria Nogueira Gonçalves (e dá hoje acesso à *Sala do Conselho Científico*), muito elevada em relação à cota do pavimento original – mas não essa outra, "cocheira, larga, de arco quebrado e arestas chanfradas", pelo contrário actualmente em parte soterrada e que, ostentando em relação à primeira as diferenças técnicas já assinaladas a respeito dos arcos, cuja feitura, menos refinada, parece partilhar, não poderá ter integrado a mesma campanha construtiva. Outra porta, aliás, em tudo idêntica mas de pequenas dimensões, seria ainda localizada na sala adjacente, na parede contígua à grande quadra, cuja ligação (ao nível da infra-estrutura) ao terreno exterior possibilitaria, nas imediações já corpo sesnandino com o qual confronta. Por seu turno, a realização de novas sondagens – as *sondagens H1* e *H2* –, nos flancos da face interna da *Porta Férrea*, viria revelar os arranques de um novo arco, abrindo sobre o Pátio, em tudo idêntico aos que se erguem *sob a Sala dos Capelos*, cuja diversidade de aparelho em relação à obra manuelina, tanto quanto o seu actual (e também similar) soterramento[664], a situação adjacente dos arcos abatidos manuelinos que flanqueiam a escada de acesso à *Via Latina*, postos à vista num dos últimos restauros, mais claramente ainda evidencia.

Tudo parece, pois, conciliar-se, para indicar que, em data que a documentação não esclarece, mas inquestionavelmente durante o período gótico, antes que o abandono sofrido nas décadas finais do século XV ocasionasse a ruína que motivaria a reconstrução manuelina, seria o Paço objecto de uma vultuosa intervenção, a qual, partindo da Capela e *aula* primitivas, adossadas ao flanco poente do recinto fortificado, substituiria as construções precárias de madeira que, no lado norte, albergavam decerto a(s) câmara(s) e os restantes serviços do palácio, erguendo em seu lugar uma extensa ala, a todo o comprimento do tramo norte da muralha, definida pela espessa parede que, mais tarde, sustentaria *fora da linha do eixo* o madeiramento do soalho da *Sala dos Capelos*; ala que albergaria, no seu interior, uma nova e vasta *Sala*, de ambiciosa monumentalidade, como requeria o desenvolvimento entretanto experimentado pelo aparato áulico e, em condições de dignidade (e segurança) renovadas também, o necessário número de aposentos e *oficinas* que a moradia régia por esse tempo (já) exigiria. E que às infra-estruturas dessa antiga *Sala* (e não às da *Sala dos Capelos* manuelina) pertenceria o conjunto de *arcos transversos* hoje parcialmente incorporados

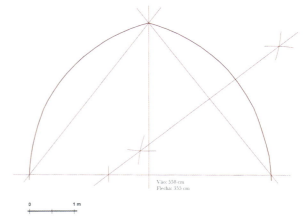

Perspectivas actuais da Sala do Conselho Científico da Faculdade de Direito.

Perspectiva actual da Sala das Revistas da Faculdade de Direito.

Reconstituição do traçado dos arcos quebrados (des. José Luís Madeira).

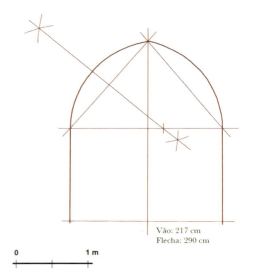

Reconstituição do traçado da porta de arco quebrado (des. José Luis Madeira)

Perspectiva da estrutura interna da porta de arco quebrado.

Perspectiva da *porta de serviço, com a verga recortada* e *da porta cocheira, larga, de arco quebrado e arestas chanfradas*, durante os trabalhos de recuperação do andar térreo (DGEMN, foto 733).

nas salas *do Conselho Científico* e *dos Institutos* da Faculdade de Direito – tal como parece pertencer ao acesso original desse edifício, desembocando directamente no pavimento da *Sala Grande*, como era comum, a porta "cocheira, larga, de arco quebrado e arestas chanfradas", atribuída por Nogueira Gonçalves ao período de D. Manuel[665] (por isso que essa outra, pequena, se destinaria a providenciar o acesso independente entre o pátio e a grande quadra térrea) e à comunicação interna do pavimento nobre (coincidentes como seriam os limites orientais na sala primitiva e na actual), em ligação, tudo indica, com os aposentos régios – a corresponderem-lhes as "quatro casas velhas" em que esse sector se dividia, evocadas no contrato celebrado com Marcos Pires, em 1518 e que então se reformaram[666] –, uma

O PAÇO REAL DA ALCÁÇOVA

Aspectos das sondagens H1 e H2.

pequena porta que o mesmo autor reconheceria, no "topo da entrada", quando dos trabalhos aí realizados na década de 40[667]. E terá sido esse o recinto onde, em Março de 1385, ressoaria a voz de João das Regras e, nas palavras do causídico, as *razões* que fariam alçar o Mestre de Avis por Rei de Portugal – depois entronizado, a 6 de Abril, quase certamente na Capela adjacente[668].

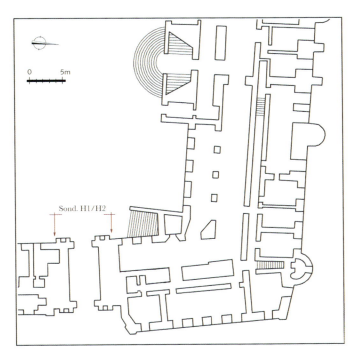

Planta de localização das sondagens H1 e H2 (José Luís Madeira).

A MORADA DA SABEDORIA

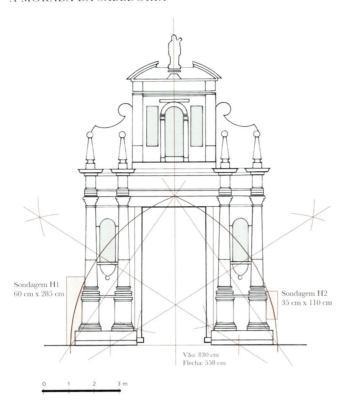

Alçado das sondagens H1 e H2 (des. José Luís Madeira).

Vista de Coimbra por Hœfnagel (porm.).

Todavia, o arco desvendado pelas *sondagens H1 e H2*, oculto nos flancos norte e sul da face interna da seiscentista *Porta Férrea*, em tudo idêntico aos que, no piso térreo, serviriam de apoio ao pavimento da primitiva *Sala* do antigo Paço Real, mostra que a campanha construtiva não se detém aqui. De facto, a sua erecção teria por motivo a criação da profundidade necessária à expansão das estruturas residenciais no sector oriental da Alcáçova, situação que a estrutura da porta-forte muçulmana não previa e que, por certo, terá sido concretizada em toda a sua extensão, subsistindo mesmo íntegra essa ala (enquanto conceito) na morfologia do Paço manuelino. E será esse corpo, reformado embora por obras posteriores, bem como o arco que o rasgava, que ilustra a conhecida representação de Coimbra, gravada sobre desenho de Hœfnagel antes da construção da *Porta Férrea*[669]. Um vasto programa se define pois, lançando, sobre o complexo inicial do Paço sesnandino, a estrutura monumental de um verdadeiro Paço Real, conforme aos objectivos de uma vida cortesã há muito assumida como um (vasto) microcosmos representativo. Era ele o elo que faltava à *capital espiritual* da Monarquia. Andava certo, em fim de contas, Vergílio Correia, ao intuir a importância da *obra do século XIV*, a despeito da sua ocultação pelas "sucessivas reformas" sofridas pelo edifício[670]. Muito importará, por conseguinte, tentar delimitar as verdadeiras balizas cronológicas em que semelhante projecto poderá ter sido cometido.

Poucos são, todavia, os elementos que permitam alicerçar tal objectivo. É certo, porém, que o sistema de arcos-diafragma ilustrado nas infra-estruturas da *sala*, tal como a consagração do tramo rectangular, associado a coberturas de madeira ou, mais geralmente, a abóbadas de berço quebrado (funcionando aqueles, assim, como torais), parece poder associar-se a uma fase inicial do

276

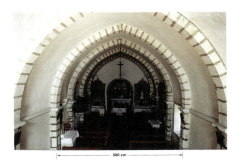

ciclo gótico, influenciada, como escreveria Nogueira Gonçalves, pela "aparência das repartições utilitárias (celeiros, refeitórios, etc.) dos mosteiros cistercienses peninsulares"[671] e documentada em igrejas como a de S. João de Tarouca, cisterciense, de meados do século XII ou, já no aro de Coimbra, a paroquial de S. Martinho de Montemor-o-Velho (com cronologia provável entre 1285 e 1316) e mesmo, em certo sentido, a monástica de Santa Clara-a-Velha, empreendida em 1316 e sagrada em 1330 e de que a historiografia tem ressaltado a fisionomia *românica* da abóbada da nave central e até da própria construção[672] – ainda que, por influência de correntes coevas leonesa e castelhana, semelhante esquema ressurja ainda, em pleno ciclo manuelino, num pequeno grupo raiano de igrejas beirãs, como Escarigo, Vilar Formoso ou Vilar Tropim[673]. Certo é, de facto, que os escassos restos exumados do que terá sido a decoração arquitectónica desse Paço inicial – um pequeno fragmento de friso com ornato quadrilobado, emergido na remoção

Porta de Armas do Paço Real de Sintra (des. de Enrique Casanova para o livro do Conde de Sabugosa, *O Paço de Cintra*, porm.).

Vista interior da Igreja de Vilar Formoso (PD, A Arq.ª Manuelina)

Perspectiva interior da Igreja de S. João de Tarouca.

Perspectiva interior da Igreja de S. Marinho de Montemor-o-Velho.

Perspectiva interior da Igreja do Mosteiro de Santa Clara-a-Velha.

A MORADA DA SABEDORIA

Aspecto dos capiteis da nave da igreja de Santa Clara-a-Velha.

Capitel proveniente da Universidade (MNMC).

de terras ocasionada pela intervenção arqueológica levada a cabo, entre 1979/87, no *Jardim da Capela*[674]; um outro, menor ainda, de ornato quadrifólio, reconhecido no decurso da *sondagem F* e um capitel ornado de cogulhos, incorporado no Museu Machado de Castro com a esquemática menção *proveniente da Universidade*[675] e nitidamente afim de alguns dos que se observam no templo monástico de Santa Clara-a-Velha –, parecem apontar para os anos de transição entre o século XIII e o XIV. É realmente então, de resto, no reinado de D. Afonso III e, sobretudo, no de D. Dinis, que, em conformidade com o próprio desenvolvimento a que se assiste do funcionalismo áulico[676], ocorre entre nós o que poderemos designar de *revolução paçã*, traduzida num surto de construção palacial, onde avulta a edificação, pelo *Bolonhês*, do Paço da Alcáçova Nova, em Santarém e, no reinado de seu filho, do primeiro Paço de Leiria, exterior ao castelo, do Paço Real de Estremoz e, particularmente, do núcleo inicial (descontada a provável preexistência islâmica) do Paço Real de Sintra – e a estes haverá que acrescentar o Paço da Rainha, erguido por D. Isabel de Aragão junto ao seu mosteiro de Santa Clara de Coimbra[677].

Na verdade, a expansão, no exterior da Alcáçova coimbrã, das estruturas utilitárias palatinas, atestada, nas primeiras décadas do século XIV, no conjunto de edificações que, a noroeste, albergavam o decantado par de *colunas românicas* onde se quis ver o mais remoto testemunho do Paço primigénio[678], documenta de forma eloquente, mesmo que indirecta, a extensão atingida pelas áreas residenciais no interior do recinto muralhado. Por outro lado, as afinidades (mais técnicas que formais) existentes entre os capiteis dessas colunas, de esquemática feitura e os que foram exumados no local da actual Biblioteca Geral e comprovadamente teriam integrado o edifício dos *Estudos Velhos*[679], não podem deixar de aproximar a cronologia da respectiva realização, sendo certo que o primitivo *paço* universitário deverá ter sido erguido entre a data da primeira transferência do *Estudo Geral* (o ano lectivo de 1308/09) e a da sua trasladação para Lisboa, ordenada em 1338 por D. Afonso IV[680]. Porém, a eclosão, em 1319, da guerra civil que iria opor o *Rei-Poeta* ao partido senhorial, que se prolongaria até quase à sua morte, em 1325 e na qual tomaria papel de relevo o próprio Infante D. Afonso, que em Coimbra fixara residência, dela se apoderando militarmente em 1321[681], obriga, a aceitar-se a iniciativa dionisina na reforma palatina, a recuar aos anos anteriores ao conflito a sua cronologia. Contudo, as afi-

O PAÇO REAL DA ALCÁÇOVA

Fragmento de friso decorado localizado no Jardim da Capela (foto José Maria Pimentel).

Fragmento decorativo encontrado no decurso da *sondagem F*.

nidades existentes entre o capitel de cogulhos, aparentemente exumado no Paço das Escolas e alguns dos que adornam a igreja monástica de Santa Clara-a-Antiga, iniciada em 1316 e cujas obras durariam pelo menos até 1330, parecem impedir que o mesmo tivesse sido realizado em data anterior a 1319 – início da guerra civil –, quando o templo clarista mal se erguia ainda sobre os alicerces. Em semelhante contexto, pois, afigura-se mais verosímil que a ampliação do Paço Real da Alcáçova, em lugar de ter sido "feita ao tempo" dos *Estudos Gerais*, como quis a tradição e escreveu ainda Nogueira Gonçalves[682], fosse antes resultado do (relativo) triunfo do futuro D. Afonso IV no longo conflito que o opôs ao pai, da posse administrativa da cidade, por este ratificada em 1324[683] e, sobretudo, da sua assunção da Coroa, logo no ano seguinte, desse modo se explicando, simultaneamente, a razão de habitar o Infante anteriormente o aludido paço de *acerqua de São Lourenço*[684] e a justificação que ele próprio dá, já Rei, em 1338, de transferir a Universidade para Lisboa por querer "fazer morada gram parte do ano na Cidade de Coimbra" e necessitar, para os oficiais da Corte, das moradas que utilizavam os estudantes[685] – senão mesmo a sua prolongada ausência entre 1336 e 1340[686].

Desse modo, sabendo-se hoje remontar aos tempos medievais e, particularmente, ao reinado de D. Dinis e ao ofício de *paceiro mor* a prática de uma gestão unitária da arquitectura régia que, na Época Moderna, cristalizaria na estrutura administrativa da *Provedoria das Obras Reais*[687], não custa imaginar a participação na reforma palatina, mais que de um Pero Afonso, documentado na cidade em datas precoces (1307) como "Maestre do Curuchel" (certamente da Sé[688]), de Domingos Domingues, o construtor do claustro de Alcobaça e do próprio templo de Santa Clara-a-Velha e, em virtude disso, acreditado, pese embora a sua expressiva mediania, como "o mais prestigiado mestre de pedraria do seu tempo" – ou mesmo de seu *irmão* Estevão Domingues, que parece suceder-lhe, ao menos desde 1331, à frente do estaleiro monástico, no período já da erecção do claustro[689], a aceitarem-se os anos de 1336/40 como determinantes na conclusão da reforma paçã – sendo certo que em 55 estalava de novo a guerra civil, desta feita com o filho D. Pedro e o Rei morria dois anos depois. De facto, se as duas empresas eram, obviamente (ao menos no tocante à obra estrutural), fruto de companhas diferenciadas, talvez não sucedesse o mesmo no que respeitava aos pormenores decorativos; mas é, sobretudo, a coexistência de dois mestres

279

A MORADA DA SABEDORIA

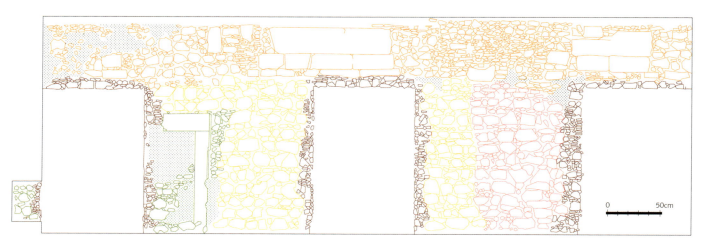

Alçado da *Sondagem G1*

Avental de aresta chanfrada desvendado no sector norte da *Sondagem G1* (foto Nuno Santos).

Aspecto das janelas subsistentes do Paço da Rainha em Santa Clara-a-Velha (foto Francisco Pato de Macedo).

régios, trabalhando independentes, pelos mesmos anos, na mesma cidade, que se afigura difícil de aceitar. E assim se explicariam, com efeito, a um tempo também, tanto a solução *cisterciense* dos arcos-diafragma, como a afinidade tipológica patenteada nos respectivos capitéis, senão mesmo a relativa rudeza das soluções arquitectónicas implementadas na Alcáçova coimbrã. Tudo indica, porém, que não terá ficado por aqui, então, o labor dos alvenéis.

De facto, o lançamento das duas novas alas de pedraria, a norte e a nascente do recinto fortificado, estruturadas em piso térreo e sobradado, como indicam a construção da grande *Sala* e do arco quebrado frente à porta-forte – destinado, obviamente, a permitir a sustentação de um andar superior –, obrigariam também, necessariamente, ao alteamento da Capela palatina, a fim de possibilitar a ligação interna com o andar nobre. E com essa operação deverá, seguramente, relacionar-se a linha de fractura horizontal reconhecida, a esse mesmo nível, na fachada sobre o Pátio, no decurso da *sondagem G1*, bem como o pequeno avental de silhares calcários desvendado então no flanco norte (o central, mais amplo, parece mais tardio), correspondente à "janela ogival" reportada por António de Vasconcelos, descoberta "quando se cavava a caixa, onde se havia de colocar a lápide comemorativa da proclamação da República"[690] e classificada como manuelina por Nogueira Gonçalves, que a seu respeito opinaria que "notando-se-lhe a aresta chanfrada atribuí-

O PAÇO REAL DA ALCÁÇOVA

ram-lhe uma época mais recuada" – como lhe dirá talvez respeito essa outra, "muito simples", que o historiador contemplaria quando da remoção dos rebocos, "ao lado da sacada do coro da capela"[691], em área que a *sondagem G1* não atingiria; coro de que o vestíbulo subjacente ocupará a área correspondente à nave do Evangelho da primitiva capela palatina. Na verdade, o alteamento do templo e a sua comunicação com o interior do Paço ao nível do andar nobre, terão levado seguramente (e nisso encontrado a sua justificação) à edificação, internamente, de um coro ou tribuna deitando sobre a nave[692]. E a ele respeitariam as *aberturas* inscritas na fachada. Mas também, decerto, dois segmentos de nervuras de abóbada, de idêntica moldurarão, exumados no decurso da *sondagem F* e que em nenhuma outra parte do edifício poderão ter tido aplicação. O seu confronto com as diversas tipologias (mais elaboradas, todas) de nervuras utilizadas na cobertura das naves do claustro de Santa Clara-a-Velha, cuja meticulosa cronologia se encontra ainda por fazer, parece remeter a construção do coro palatino para data anterior (sendo certo que a erecção da crasta seria, por certo, obra prolongada), aproximando assim uma vez mais a reforma paçã das décadas de 20 e, sobretudo, 30 do século XIV – as da conclusão da igreja e do levantamento das paredes do claustro clarista (e, por essa via, da actividade de construtores régios dos *irmãos* Domingues); mas também as do lançamento da gigantesca obra legislativa que faria do governo de D. Afonso IV um *tempo forte*

Fragmento de nervura de abóbada localizado no decurso da *sondagem F*.

Fragmento de nervura de abóbada localizado no decurso da *sondagem F*.

Fragmentos de nervuras de abóbada de diversos tipos utilizados no claustro de Santa Clara-a-Nova.

281

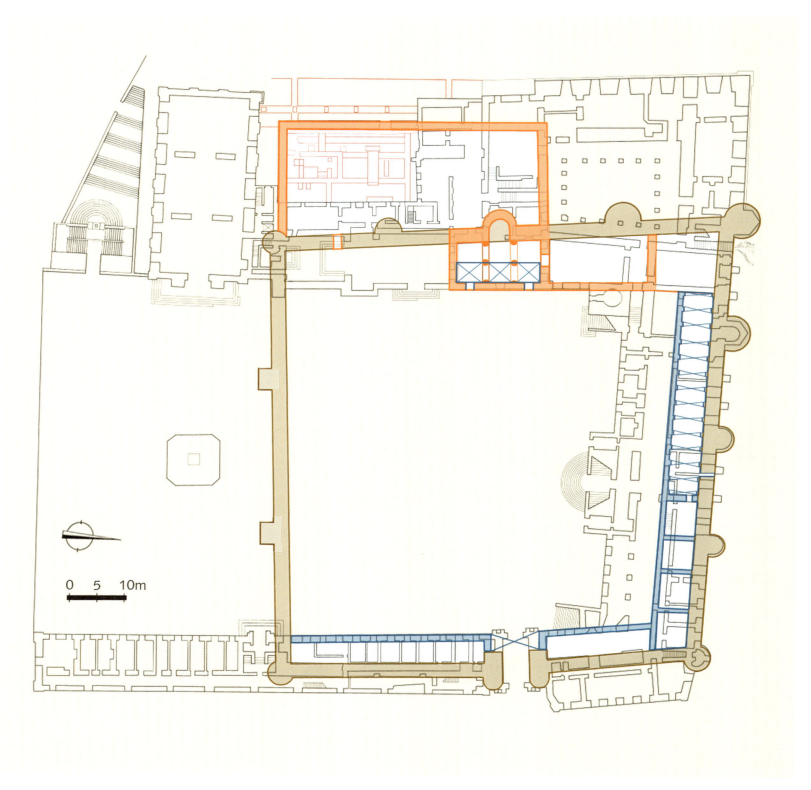

Implantação do Paço
Real da Alcáçova ao
tempo de D. Afonso IV
(des. José Luís Madeira).

O PAÇO REAL DA ALCÁÇOVA

na própria construção da Monarquia[693]. E que parece ter tido, afinal, no Paço de Coimbra, a mais clara demonstração da sua própria modernidade conceptual.

No interior da velha cerca islâmica, três séculos volvidos sobre a sua edificação, surgia pois, do *palatium* ameaçara os muros da cidade[695]; estabilizada, com Leão e Castela, a linha da fronteira; esbatida a importância militar do recinto fortificado, a moradia régia inaugurava uma relação crescentemente aberta com a cidade envolvente e as suas necessidades vitais. É desse modo que, em 1273, D. Afonso III estabelece que a feira semanal, cuja tradição remontaria a seu avô D. Sancho,

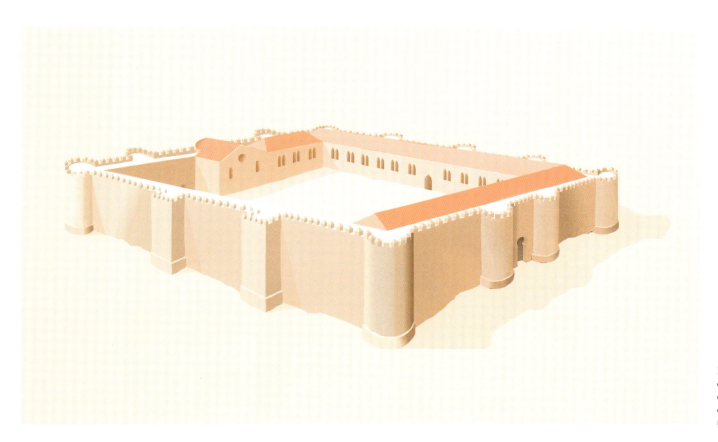

Reconstituição do Paço Real da Alcáçova ao tempo de D. Afonso IV (des. José Luís Madeira).

primigénio sesnandino, um organismo novo, materializando a função, nova também, que ao antigo recinto se outorgara: um *Paço Real da Alcáçova*[694]. E se era, inquestionavelmente, a cabeça da urbe, pousado na colina, pretendia-se também que dela fosse o coração. De facto, afastado, pouco a pouco, o perigo muçulmano, que ainda em tempos de D. Teresa e do próprio D. Sancho I

se fizesse "nas minhas casas n'Almedina", por reputá-lo do interesse comum, seu e de todos[696]. Apesar disso, quatro anos mais tarde o mercado mudaria de local[697] e é D. Fernando I que, em 1377, volta ao tema, instituindo uma feira franca, todos os anos, de 15 de Setembro a 15 de Outubro, decalcada pela de Trancoso, "Com entendimento que a dicta feira se faça dentro na cerca da

283

dicta cidade no cural dos nossos paaços e arredor delles se dentro nom couberem"[698]. O mesmo monarca, aliás, insistia, já em 1367, com o conservador do *Estudo Geral* e em resposta a queixas que lhe haviam chegado, para que desse audiência "no meu curral dos meus paaçoos desa çidade ou aa porta da see honde os outros conservadores vossos antecessores e vós acustumavã de fazer"[699].

De facto, a estabilização paulatina da Corte no eixo Lisboa-Santarém, remontando, justamente, a D. Afonso III, tivera como corolário a lenta decadência da Almedina[700], que a valorização do *curral do paço* como espaço vital da antiga urbe, cada vez mais centrada no arrabalde, parecia pretender contrariar. Antes disso, porém, a perda de valor militar da estrutura castrense da Alcáçova reflectira-se na erecção de casas junto ou adjacentes aos muros ou porta da própria cidadela, parte das quais de propriedade régia, albergando repartições ou servidores e que agora ruíam, também elas, dia a dia,

ante a escassez de alugadores[701]. E talvez tenha sido essa mesma condição e a disponibilidade que a cidade intramuros oferecia ao alojamento de uma Corte em franco e contínuo crescimento e, por essa via, progressivamente dependente do aposentamento extra-palatino[702] (senão mesmo a utilidade que revestia, no sentido de dar uso e, desse modo, providenciar a manutenção de uma área urbana onde os monarcas detinham fortes interesses imobiliários[703]), a razão de fundo da conservação de Coimbra, por toda a Idade Média, no centro de um circuito áulico inexoravelmente deslocado para sul; se não fora esse, até, o verdadeiro motivo da(s) transferência(s) da Universidade. Que a abundância não seria, apesar de tudo, excessiva, mostra-o, pelo menos, a expressa menção de D. Afonso IV, ao entender *fazer morada gram parte do ano na Cidade de Coimbra*, à necessidade que tinha, para os seus oficiais, das casas ocupadas pelos estudantes. E esse facto, justificativo, por certo, da referência a "mo-

Aspecto das escavações de 1979/87 no *Jardim da Capela*, durante a intervenção arqueológica, vendo-se a escadaria (foto A. Nunes Pinto).

Página seguinte:
Aspecto da muralha poente do *albacar* com a inclusão da porta de arco quebrado (foto José Luís Madeira).

Aspecto da porta ogival do corpo do *albacar*.

radores na Alcáçova", detectada ao menos até ao século XIV[704], explicará também, num tempo em que Fernão Lopes se não esquecia de realçar o valor iconológico revestido, no contexto urbano, pelo paço régio[705] e em que este se assume, cada vez mais, em termos de "afirmação heráldica e linhagística"[706], a atenção que o Paço coimbrão mereceria por parte da Coroa e que não cessaria, efectivamente, com o advento da nova Dinastia.

Na verdade, se não pode aceitar-se que o "arco quebrado" reconhecido por Vergílio Correia no "muro contíguo ao depósito novo de revistas da Biblioteca", erguido sobre o *albacar*, documente "a obra do século XIV" ou, ao menos, o que seria entendido como o "contributo operoso do fundador da Universidade"[707], é certo, contudo, que a inclusão da porta ogival corresponde, na estratigrafia do muro subsistente, a uma segunda etapa, caracterizada por um aparelho de pedras medianas dispostas em fiadas regulares; e que com ela se testemunha, como já foi dito, ter sido a Alcáçova então "objecto de uma nova planificação, evoluindo segundo outras proporções e formas"[708]. De facto, perdida a função central que, em tempos de insegurança, conduzira à edificação do dispositivo militar; dificultada, pela existência da Capela palatina, a expansão da área logística do Paço no sector ocidental do recinto fortificado (como o fora a oriente); ultrapassada também a razão de fundo que levara, originalmente, a dotar a cidadela de uma única entrada virada à *linha de festo* da colina, tudo indica que, sobre o velho *albacar*, se terá levado a efeito a construção de um novo edifício, susceptível de ampliar a capacidade da estrutura paça, providenciando-lhe simultaneamente uma nova serventia, ligada à área de serviços que crescera a noroeste do recinto fortificado e a uma zona urbana em paulatino crescimento (como prova a referência, em 1297, a casas erguidas "juxta petrariam subtus alcaçeuam regis nouam"[709]) e, através dela, à zona da Sé. Com a sua construção e com a

Porta do *Paço da Rolaçom* do Porto.

necessidade de ligá-lo ao interior do Paço contornando a Capela, se relacionará, pois, o estranho *chanfro* que ainda no século XVIII subsistia no ângulo sudeste do piso térreo dos *Gerais* – e, com o acesso ao *Terreiro*, a longa escadaria, reconhecida na escavação de 1979/87 no *Jardim da Capela*, que corta transversalmente no sentido este-oeste e que, suposta então dirigir-se a "parte incerta"[710], deveria na verdade ligar-se ao Pátio, perfurando a muralha, na zona livre que se estendia a sul do templo[711]. Escada não axializada, aliás, com a porta exterior, como se impunha a uma estrutura onde a espessura mural, a própria robustez do aparelho com que foi edificada e a solitária abertura (erguida a mais de dois metros do flanco rochoso da colina[712]) ilustram a clara preocupação militar que, apesar de tudo, presidiu à sua construção.

Quando teria esta ocorrido? Em semelhante matéria e atendendo "ao traçado das estruturas, à leitura estratigráfica, ao espólio datável" e, especialmente, à "porta ogival, elemento cronológico por excelência", a arqueologia afirmaria ser "possível reconhecer que o edifício remonta ao século XIV"[713]. É certo, porém, que, a despeito do seu carácter utilitário e do chanfro singelo que a envolve, a discreta moldura das impostas e, em geral, o talhe cuidado dos silhares e aduelas que a modelam, parecem indiciar uma cronologia mais avançada que a da grande reforma de D. Afonso IV, a cuja lógica, de resto, a nova ala se afigura ser totalmente estranha. Um paralelo formal com a sua morfologia e até, em certo sentido, com o próprio corpo do *albacar*, poderia encontrar-se, aparentemente, no portuense *Paço da Rolaçom*, edificado ao redor do ano de 1400[714]. Por outro lado e mau grado o revolvimento dos terrenos, o espólio numismático exumado forneceria moedas (ceitis e reais) dos reinados de D. João I, D. Duarte, D. Afonso V e D. João III[715]. Em tal contexto e face ao perpétuo vai-vem de D. Pedro I – o qual, como escrevia Fernão Lopes, "assi como quem faz correiçom, andava pollo Reino; e visitada huuma parte nom lhe esquecia de hir veer a outra, em guisa que poucas vezes acabava huum mees em cada logar destada"[716] –, pouco conciliável com investimentos de fundo em estruturas palaciais e à crise financeira que ensombraria o reinado de D. Fernando I (e à gigantesca obra de fortificação de cidades e vilas em que se empenhou)[717], tudo parece apontar para que a nova ala tenha sido erguida nos anos posteriores à crise de 1383/85 e ao advento da nova Dinastia, respondendo à utilização do Paço por parte do Rei de *Boa Memória*, repetidamente documentada[718] e ao desenvolvimento exponencial então sofrido pela Corte

Capitel localizado na década de 1980, durante as obras de ligação do piso térreo da ala norte do Paço ao claustro dos *Gerais*.

e que faria D. Duarte escrever, no *Leal Conselheiro*, que poderiam andar nela até 3000 pessoas[719]. O ritmo seguido pela convocação de Cortes na cidade por parte do monarca (1387, 1390, 1394/95, 1397, 1400) poderá, assim, constituir uma referência na edificação da nova ala palatina, aproximando-a, na verdade, da cronologia atestada para o portuense *Paço da Rolaçom*. E talvez não fosse alheia ao cuidado defensivo que a sua estrutura claramente denuncia, a *má memória* dos episódios recentes, que haviam trazido o inimigo castelhano às portas da cidade[720]. Não era pois, ainda, esse o tempo certo para paços *civis*, realidade que o do Castelo de Leiria, em substituição desse outro, urbano, que erguera D. Dinis, muito provavelmente testemunhará[721]. Mas nem por isso deixava de ser tempo para inovações e a *ala do albacar*, como o próprio Paço do Castelo leiriense, ter-se-á demarcado possivelmente, até por razões topográficas (de galgar a diferença de cota que a separava da Alcáçova superior), da tradição medieva, que o Paço afonsino respeitaria, do duplo piso, térreo e sobradado[722]; e essa terá constituído também, decerto, razão de peso na conservação da base robusta e *militar*. Como quer que seja, não parece ter-se quedado aqui a intervenção do primeiro Rei de Avis na morada coimbrã dos seus antecessores. E talvez por esse lado se possam colher também outros elementos.

Com efeito, em inícios da década de 80, no decurso das obras de beneficiação do piso térreo da ala norte do palácio universitário, integrado na Faculdade de Direito, ao promover-se a comunicação com a infra-claustra dos *Gerais*, perfurando o que fora o poderoso embasamento da primitiva torre escolar, emergiria, incorporado na alvenaria, um belo capitel de pedra branca e cuidada decoração naturalista, fitomórfica, envolvendo a cesta, bem visível, claramente gótico. Outros dois, ao que parece idênticos, de menores dimensões, hoje desaparecidos, avultariam igualmente entre os entulhos, durante a intervenção de 1979/87 levada a cabo no *Jardim da Capela*[723]. Aí se localizaria também uma cuidada base, ornada de moldura, que não custa relacionar com o primeiro capitel (ou com outros, de idêntica feitura, que certamente existiriam), com cujas dimensões se concilia; como não custa relacionar com ele(s) o fuste calcário de coluna – a bem dizer, de *colunelo* –, localizado no decurso da *sondagem E2*, servindo de degrau à escada que, decerto na campanha manuelina, cortara o corredor do adarve do cubelo norte da antiga porta-forte, afim de outro que subsiste ainda no espólio produzido pela escavação do *Jardim da Capela*[724]. No que respeita ao capitel (sobrevi-

A MORADA DA SABEDORIA

Base de coluna exumada durante as escavações de 1979/87 no *Jardim da Capela*.

Fuste de coluna utilizado como degrau de escada, localizado no interior do corredor do adarve do cubelo norte da porta-forte.

Fustes de coluna localizados nas escavações de 1979/87 no *Jardim da Capela*.

vente), o naturalismo da sua modelação, elegante mas contido, tanto quanto a visibilidade plástica da cesta, avultando sob o discreto ornato, aproximam-no de outros exemplares, como os que se observam em Santa Maria de Sintra, expoente do patamar arquitectónico e decorativo "imediatamente anterior à escola batalhina"[725]; na Matriz da Lourinhã, iniciativa de D. Lourenço Vicente, arcebispo de Braga e datável de 1397; na Igreja da Pena do Paço de Leiria, edificada por D. João I e atribuída a Afonso Domingues ou a gente da sua companha e, de um modo geral, na estética protagonizada por este mestre, que conduziria o estaleiro da Batalha entre 1388 e a sua morte, em 1402, facto que, com o advento da direcção de Huguet, propiciaria a adesão ao *gótico final*[726]. Neste contexto, pois, talvez não se ande longe da verdade ao presumir a edificação da *ala do albacar* na década de 90 do século de Trezentos, a da consecutiva reunião de Cortes e da intensa utilização do Paço por parte do monarca. Com a chegada de Huguet, como já foi notado (senão na sua origem), um outro gótico se desenha: um *modo* novo, assumido como afirmação política de alcance internacional – e que a obra da Batalha, por fim, completamente consubstanciará[727]. É antes dessa *história* que estará a história da remodelação joanina do Paço Real de Coimbra. Muito importaria, por conseguinte, poder delimitar a origem de semelhantes elementos arquitectónicos: o capitel subsistente e os outros dois, menores, desaparecidos, o(s) fustes(s) e a base de coluna (ou, mais propriamente, também de colunelo). O que talvez não seja, em fim de contas, completamente impraticável.

Com efeito, ambos os locais onde se verificou o seu achamento – o novo acesso organizado entre o piso térreo do sector norte do Paço e a infra-claustra dos *Gerais* (no caso do capitel maior) e o *Jardim da Capela*, cultivado nos escombros do antigo *albacar* (no que respeita ao par de capitéis perdido, à base e ao segundo fuste), encontram-se, não somente relativamente próximos, como sobre o trecho poente do primitivo recinto fortificado, sendo a sua desmontagem (como a do fuste de coluna usado na *escada do cubelo*) inquestionável produto das reformas levadas a cabo no período *manuelino*, que desmantelariam a primitiva Capela, a *ala do albacar* e, entre

Varanda do Paço de Leiria

Capitel de coluna da Igreja de Santa Maria de Sintra.

Capitel de coluna da igreja matriz da Lourinhã.

outras, alterariam a configuração do sector, a ocidente da nova *Sala* e onde então se situariam (também) os *aposentos da Rainha*. Certo, porém é que a edificação do paço castrense de Leiria, mau grado o seu ostensivo carácter militar, não deixaria de propor uma relação renovada com o exterior, traduzida na proliferação das aberturas, nos andares altos e, em particular, na belíssima varanda, aberta ao exterior, com a sua esbelta arcaria pousando em duplas colunas com os respectivos capiteis, "modelo único" como já foi chamado e "de escassa repercussão"[728], a que respondem, nas torres que a enquadram, outras, menores e desiguais[729]. Pelos meados do século XV, todavia, o tema ressurgiria (torres incluídas), mesmo que em mais modesta escala, no Paço acastelado de Porto de Mós, obra de D. Afonso, conde de Ourém e marquês de Valença, primogénito do Duque de Bragança e, por conseguinte, neto a um tempo de D. João I e de D. Nuno Álvares Pereira, em obras empreendidas, ao que tudo indica, após 1449[730]. Por outro lado, é ainda no Paço de Leiria – *Paço Real da Alcáçova* também –, que se assiste, ainda antes da *revolução de Huguet*, à introdução de uma arquitectura áulica (mais) refinada, expressa na referida *loggia*, na igreja real de Nossa Senhora da Pena e em portais decorados de colunelos com respectivos (pequenos) capitéis. Por outro lado, ainda, a documentação manuelina refere a existência, nos aposentos da soberana, de uma *varamda da senhora Rainha*[731]. Não será pois, talvez, exagerado imaginar que à ampliação do Paço, traduzida na edificação da *ala do* albacar, tivesse correspondido uma operação de amenização do seu carácter fortificado, expressa na organização, a uma cota elevada e, desse modo, não comprometedora da eficácia de uma eventual defesa, de algumas aberturas (ilustradas, ver-se-á, noutros locais), propiciadoras de luz e de contacto com o exterior, entre as quais, no tramo ocidental da muralha, a montante da Capela, de uma *varanda*, a cuja *loggia* pertenceria (com outros) o capitel exumado justamente no interior do velho pano mural, em zona fortemente intervencionada tanto na obra manuelina como na campanha seiscentista de reforma dos *Gerais* – varanda essa, pois, que serviria de precedente à sua sucessora quinhentista, concebida no âmbito de

A MORADA DA SABEDORIA

Varanda do Paço de Porto de Mós.

Portal com colunelos do Paço de Leiria.

Ladrilhos de pavimento localizados no decurso da *sondagem A1*.

Ladrilhos de pavimento recolhidos durante as intervenções no Paço do Castelo de Leiria (MNMC).

Avental de janela reconhecido na *Sondagem G1*.

uma intervenção de *aggiornamento* da velha moradia real, porventura mais vasta, como indicia a emergência, entre o espólio desvendado pela *sondagem A1*, de fragmentos cerâmicos de pavimento, recortados, de formas variadas, esmaltados de verde e castanho (análogos a outros, verdes, castanhos e amarelos exumados no decurso dos trabalhos de restauro do próprio Paço de Leiria[732]); e à qual, certamente, corresponderá também o avental, de maiores dimensões que o *afonsino*, desvendado na *sondagem G1*, onde iluminaria, sobre a nave central, o antigo coro. E pode ser que dessa intervenção tivessem quedado ainda outros vestígios.

O PAÇO REAL DA ALCÁÇOVA

Escada principal
do piso térreo da
Biblioteca Joanina.

Escada principal
do piso térreo da
Biblioteca Joanina
(porm. da guarda).

De facto, não passaria despercebido a Robert Smith ter sido a Biblioteca Joanina "construída em parte sobre restos do antigo paço real de Manuel I"[733]. A essa conclusão fora levado, certamente, pela verificação, curiosamente solitária, da subsistência, nas infra-estruturas da Casa da Livraria, de uma escada com guarda de pedra moldurada, com pequeno ornato ressaltado transversal, claramente gótica; de uma outra, de caracol, ambas ligando o piso térreo ao intermédio; enfim, dos restos abobadados das antigas *enxovias*. Com efeito, aí se locali-

291

A MORADA DA SABEDORIA

Escada principal do Paço de Sintra (des. da Rainha D. Amélia de Orléans para o livro *O Paço de Sintra* do conde de Sabugosa).

zara o cárcere académico até 1832, quando cessara a jurisdição privativa do conservador da Universidade sobre lentes, estudantes e *familiares*[734]. A partir de então, como escreveria, em 1879, a princesa Ratazzi, no seu *Portugal à vol d'oiseau* – "a voo de pássara" lhe chamaria Camilo, sibilino –, entregues os escolares incriminados à justiça cível, não seria mais que um depósito de livros anexo à Biblioteca superior[735] que, em conformidade, iniciaria as necessárias obras de adaptação nas velhas celas, praticando, reportaria o reitor visconde de Villa-Maior, "do modo possivel uma communicação directa para ellas, pela parte exterior do edificio do lado do norte" e procurando adaptá-las "ao seu novo e tão diverso destino, quanto o permittiam as condições pouco favoraveis de taes casas"[736]. Não fora essa, todavia, a função cometida

a semelhante espaço quando, sobre ele, em 1717, se edificou a nova biblioteca. A instalação nessas dependências da prisão universitária havia resultado de uma petição endereçada ao marquês de Pombal, em 3 de Setembro de 1773, pelo reformador-reitor D. Francisco de Lemos, sobre a "necessidade que há de mudar-se a Cadeia do lugar onde está para as casas que ficam por baixo da actual Livraria", invocando "ser indecente semelhante casa tanto á face dos concursos e funcções académicas, [como] por ser necessaria para se guardarem e se recolherem as alfaias e moveis da sala e aulas, e fazer muito mau arranjamento e serventia"[737]. Na verdade, organismos corporativos, dotados de foro próprio, as universidades deviam possuir, em consequência, conservador e prisão privativos. A de Valladolid havia-a construído no último quartel do século XVI, junto ao *geral* de Cânones, no extremo direito da fachada principal[738] e a de Coimbra, na obediência dos *Estatutos*[739], organizá-la-ia em 1593[740], tudo indica que já sob a *Sala dos Capelos*, onde se reconhece a sua presença em inícios do século XVII[741]. E é a essa situação que o marquês reage, aceitando o repto do reformador e afirmando, em 5 de Outubro de 1773: "Pelo que respeita a se remover a Cadeya para as Cazas inferiores á Livraria, tanto se ajusta á boa razão que já esta mudança deveria estar feita; por não haver coisa mais ridicula do que aprezentar-se no vestibulo do bello Sallão da Universidade huma indigna e tão sordida enxovia. Feita pois esta mudança, poderá V. S.ª applicar a antiga prizão para aquelle uzo que lhe parecer mais decente e proprio"[742].

A transferência dos detidos para as *novas* instalações obrigaria a obras de adaptação, solicitadas em 1782, conforme consta de uma memória sobre as *percizoens indespensavelm.ᵉ necess.ᵃˢ* redigida em 7 de Abril pelo administrador Bernardo Correia de Azevedo Morato: a organização de "Duas ou tres cazas de segredo nos citios q. se acharem mais convenientes pª os fins a q. se destinão"; a colocação de "algumas grades em diversos portaes p.ª evitar m.ᵗᵃˢ dezordens q. pela falta dellas sucedem com escandalo na dª cadêa, das quaes huma devia necessa.ᵗᵉ ser de ferro, e as outras bastarião ser de páo"; enfim, a construção de "Duas latrinas p.ª o expediente da cadêa, nos citios mais convenientes, huma no plano terreo, outra no de sima, cuja obra he de pouca despeza"[743]. Dois anos passados, contudo, em 4 de Novembro de 1784, queixavam-se os presos das *Cadeias desta Universidade* ao prelado académico, o *principal* Mendonça, de que "as Enxovias das mesmas são tão humidas, e frias, que cauzão gravissimas molestias, a qualquer que lá estiver, por pouco tempo que seja"[744]. E terá sido, por certo, em face desta situação que, em Julho de 1819, D. Francisco de Lemos, de novo reitor, ordena que "O Arquitecto José do Couto passe sem demora á Cadea da Universidade, e tirando della o risco, m'o faça logo presente, para eu dar as providencias necessarias sobre o seu conserto, e melhoramento"[745]. A planta existe ainda e mostra, no sector poente do andar térreo da Casa da Livraria, adjacentes à *loige da entrada*, da qual parte a escada *manuelina*, duas *emxovias* comunicantes (a última provida de latrina), servida a primeira pela escada de caracol que, dando-lhe acesso, o dava também, em cota superior, ao *corredor do segredo*, com duas celas cegas e, no topo daquele, a respectiva latrina, no plano *de sima*, conforme estipulara, em 1782, a *memória* do administrador[746]. As providências e melhoramentos introduzidos pelo reformador, que cessaria funções dois anos depois, em circunstâncias controversas, parecem ter-se limitado, a fazer fé no desenho e à luz do que hoje existe, a obstruir a comunicação entre a primeira *enxovia* e a *loige da entrada*, que dava acesso, a nascente e norte, a um conjunto de *loiges vagas*, desse modo reduzindo a prisão académica à

Escada de caracol entre o andar intermédio e o terreo da Biblioteca Joanina.

Aspecto do *corredor do segredo*.

Aspecto do acesso a um dos *segredos*.

A MORADA DA SABEDORIA

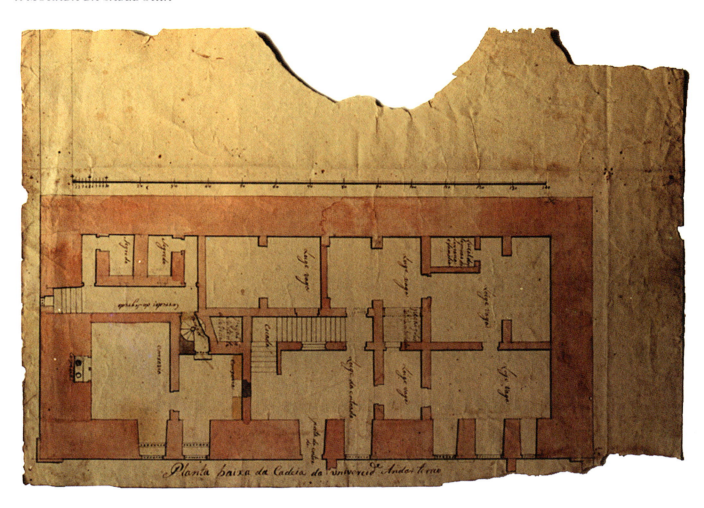

Planta da cadeia universitária (José do Couto, 1819).

Planta conjectural da cadeia do Paço Real (José Luís Madeira)

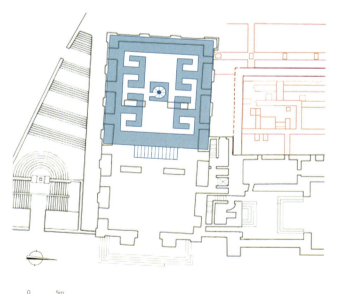

serventia única fornecida pela escada de caracol a partir do piso superior e, talvez, a aceder ao pedido de "taburnoz levantados do cham, tres palmos, para porem as suas camas, e huns estrádos para os péz; assim como huma janella, ou portas para ella, da mesma enxovia, q pellas não ter, de noute, e dia está aberta, entrando o ar, q.ᵉ cauza damno aos ditos prezos", por eles formulado em 84 no requerimento endereçado ao *principal* Mendonça[747]. O que, porém, revestirá certamente maior interesse, é o facto de o mesmo D. Francisco de Lemos, na sua petição de 1773 sobre a mudança da cadeia para "as casas que ficam por baixo da actual Livraria", referir expressamente que "as quaes só podem servir para este fim, e para elle confere a tradição, que aqui há, foram feitas"[748].

O PAÇO REAL DA ALCÁÇOVA

Efectivamente, a mera observação da planta de José do Couto permite reconhecer uma flagrante ausência de uniformidade na espessura mural do alçado poente, a qual, associada ao desnível de cota entre a zona dos *segredos* e a das *enxovias* – o "plano terreo" e "de sima", referidos na memória de 1782 –, visível na própria implantação da escada de caracol, indicia claramente a incorporação, no edifício da Livraria, de uma qualquer préexistência. Outro tanto se diga do sistema de cobertura da área dos *segredos*, em abóbada de berço (enquanto nas *enxovias* e restantes *loiges* se ostentam abobadilhas de tijolo, afins da grande abóbada que cobre a sala *hipóstila* intermédia da antiga Biblioteca). Só assim se compreende, aliás, a menção feita pelo reitor Lemos, sobre um edifício realizado meio século atrás (mas a propósito dessas dependências), a respeito de um destino que *para ele confere a tradição, que aqui há, foram feitas*, sendo certo que havia praticamente dois séculos (quase desde a transferência da Universidade) que o cárcere académico se encontrava sob a *Sala dos Capelos*, lugar primeiro, de resto, da sua implantação. A tradição de ser o estranho recinto uma velha prisão só poderia, pois, remontar ao período em que o edifício servira de residência régia, a dois séculos e meio ou três séculos atrás. E com ela se deverá relacionar o abundante conjunto de referências que conserva a documentação universitária setecentista, anterior à transferência da cadeia, a uma enigmática *cozinha da Livraria*[749]. Talvez seja, pois, essa estrutura – o cárcere e respectiva cozinha – que documenta a referida vista gravada por Hœfnagel, cerca de 1599, ao figurar, junto ao ângulo sudocidental do palácio escolar – o "Palácio real, onde se encontram as escolas públicas" –, mas em plano inferior, um pequeno edifício de planta quadrangular, coberto por telhado de duas águas e provido de alta chaminé[750] e que se afigura poder ainda reconhecer-se, setenta anos mais tarde, a despeito da inversão de implantação do telhado, no belo panorama de Pier Maria Baldi[751]. Como talvez lhe diga respeito a referência a "huas cazas q. estão junto aos Asouges defronte da Portaria de s.to An.to", referidas em documentos da fazenda universitária em 1668 e onde então vivia "M.ª de Araujo uiuua de M.el pr.ª g.da q. fora das escollas"[752]. A ela pertenceriam os *segredos* (amputados, tudo indica, na construção da Livraria), bem como o primeiro segmento da *escada central* que, prolongado depois em ângulo recto, ligaria a *loige da entrada* ao andar médio e, não molestando os pilares centrais que sustentam o piso (imediatamente) superior da Biblioteca, quedaria incólume, ao erguer-se esta, decerto por critérios de estrita economia (como elemento de ligação a uma área subalterna, destinada por certo a utilizações não especificadas, como sugere o uso recorrente do apodo *loige vaga* ainda na planta oitocentista[753]) e que, tudo

Vista de Coimbra por Hœfnagel (porm.).

Panorama de Coimbra por Pier Maria Baldi (porm.).

A MORADA DA SABEDORIA

faz crer, seria então um elemento externo, como indica o discreto cuidado da sua feitura, bem como essa outra, de caracol, que internamente faria então a comunicação entre os *segredos*, no piso térreo, e a morada do carcereiro, que ocupava, tudo leva a crer, o piso superior. Desconhecedor, como não poderia deixar de ser, da existência de um passado mais remoto para o Paço coimbrão (ao menos em termos materiais), além do que fora revelado em inícios do século por Sousa Viterbo, ao dar a conhecer os documentos fundamentais respeitantes à campanha de Marcos Pires[754], não poderia Robert Smith presumir mais do que haver sido a Biblioteca Joanina "construída em parte sobre restos do antigo paço real de Manuel I"[755]. Seria, porém, exactamente assim?

É certo que, ante a singeleza, mesmo que cuidada, da escada (hoje) central, não é fácil concluir com rigor a sua datação. Mais parcos elementos fornecem ainda, decerto, os antigos *segredos* e a própria escada de caracol, de austera arquitectura. Contudo, numa campanha abruptamente interrompida pela morte, quase seguida, do Rei encomendante e do mestre construtor, como seria a manuelina e onde tantos e vultuosos elementos ficariam por terminar, não pode deixar de provocar estranheza o cuidado cronológico posto na edificação de um cárcere, cuja existência, em período de *civilização* da Corte, em nenhum outro paço régio de iniciativa do *Venturoso* parece estar documentada. Pelo contrário, é nos palácios medievais fortificados que, a par das torres do tesouro e dos arquivos, se reconhece a existência de prisões – tal como é com D. Dinis que, entre os funcionários áulicos, se distinguem os *algozes*[756]. Por outro lado, é apenas tardiamente que se assiste, na ligação dos pisos, à emergência das escadas de pedra[757], tema onde seria recorrente o recurso ao *caracol*. Em tal contexto, tudo parece indicar que a erecção da cadeia não terá andado desfasada das restantes intervenções promovidas pelo Rei de *Boa Memória* no seu paço coimbrão, num tempo que marca também, a despeito da decisão de D. Afonso V, a fase terminal da sua ligação ao *Senhor das Justiças*, antes que, em 1415 (e, especialmente, após a entrega a D. Pedro da administração da cidade, em 1429) ele se afastasse da órbita da Coroa[758]. Com a intervenção joanina encerrava-se também, em sentido estrito, a sua fase de *paço militar*. E encetava-se outra, a qual, rompendo o espesso isolamento do velho muro islâmico, visava suavizar-lhe a espessura e promover uma nova relação com a cidade e, em geral, com o mundo em redor. É esse sentido que parece também poder reconhecer-se nos últimos trechos subsistentes das intervenções medievais.

Com efeito, ao remover-se, nos anos 40, o madeiramento do soalho da *Sala dos Capelos*, quedariam à vista, além de amplas janelas com assentos, rasgadas no flanco meridional, remanescentes da campanha manuelina, "no lado oposto, o do norte", mais "uma larga porta, com as arestas decoradas de pérolas e, ao lado, uma outra pequena", como Nogueira Gonçalves não deixaria de, mi-

Aspecto dos trabalhos na Sala dos Capelos após a remoção do pavimento, em 1944, vendo-se o local onde seriam desvendados os dois vãos medievais (DGEMN, foto 3-0195).

Aspecto do vão de aresta chanfrada (DGEMN, foto 3-0193).

Aspecto do vão decorado de pérolas (DGEMN, foto 3-0197).

nuciosamente, registar[759]. A análise atenta de uma antiga imagem dos trabalhos permitiria reconhecer a sua localização (logo após o terceiro cubelo da fachada, no sentido oeste-este), ao mesmo tempo que, *por maravilha*, velhas fotos de pormenor devolviam o que aos homens de então fora dado contemplar: o arranque, separado apenas, em cada um, por um degrau, ao nível do soalho, de dois vãos perfeitamente justapostos, o de ocidente largo, com as arestas orladas de miúdas pérolas, o de oriente estreito, mais rude, de arestas chanfradas, pousando, na base, em pequenos ornatos de configuração piramidal. Interpretados, como tudo o mais, como elementos manuelinos, a sua rigorosa justaposição parece, contudo, contrariar tal asserção, devendo inversamente corresponder a momentos sucessivos de uma mesma opção: a de rasgar o flanco norte da *Sala*, propiciando-lhe luz e, sobretudo, a contemplação da cidade que se afundava sob o paredão da Alcáçova. Mais problemática é porém, decerto, a sua datação. De facto, é sabido que o motivo das *pérolas* constitui recurso comum na arquitectura gótica (como constituirá também na manuelina): pérolas mostra o portal de S. Francisco de Alenquer, erguido entre os reinados de D. Afonso III e D. Dinis[760], como a rude portada do Mosteiro de Cete, moldada no granito por 1320[761]. E pérolas ostentam, nas impostas, os arcos manuelinos *do* Paço das Escolas, dispostos hoje junto ao *albacar*. Mas parece certo – até por certos trechos remanescentes da obra do claustro de Santa Clara-a-Velha, ou da Sé da Guarda, cujo abobadamento, concluído já no século XVI, deve sem dúvida ter aproveitado material talhado em épocas anteriores[762] –, que esse fino rosário que se ilustra na *porta larga* da Sala dos Capelos e a que falta a plasticidade manuelina, corresponderá ainda ao período gótico, mas a um estádio mais avançado que o ilustrado em Cete ou Portalegre. Por outro lado, o mesmo gosto severo da aresta chanfrada da *porta* menor, vincado ainda mais pelas secas terminações piramidais, se reconhece em obras de meados do século XV, dinamizadas pelo Regente D. Pedro e pelo Rei D. Afonso V, em Palmela, no Paço Ducal de Tentúgal, no Convento do Varatojo ou no claustro batalhino que leva o nome do *Africano*[763]. Mas é uma estética elegante e depurada, muito diversa do carácter sumário apresentado pelo pequeno vão conimbricense, de que o afasta também o apuro técnico naquelas ostentado. Ao mesmo tempo, a sua justaposição ao vão maior indica claramente uma sequência, temporal também, entre campanhas sucessivas, destinada a segunda a ampliar (senão mesmo a redistribuir) a escassa abertura promovida na primeira – sequência essa, aliás, que ocorreria também na sua anulação, obstruído o vão menor em rude alvenaria pétrea e o maior por tijoleira, seguramente já no decurso de obras da Época Moderna. Sendo a parede setentrional da Sala dos Capelos (e uma parte da nascente) remanescente da antiga *Sala* do Paço medievo, tudo parece, assim, orientar-se no sentido de pertencerem as duas aberturas a intervenções medie-

Trechos de decoração perlada localizados no claustro de Santa Clara-a-Velha.

Aspecto dos arcobotantes da Sé da Guarda.

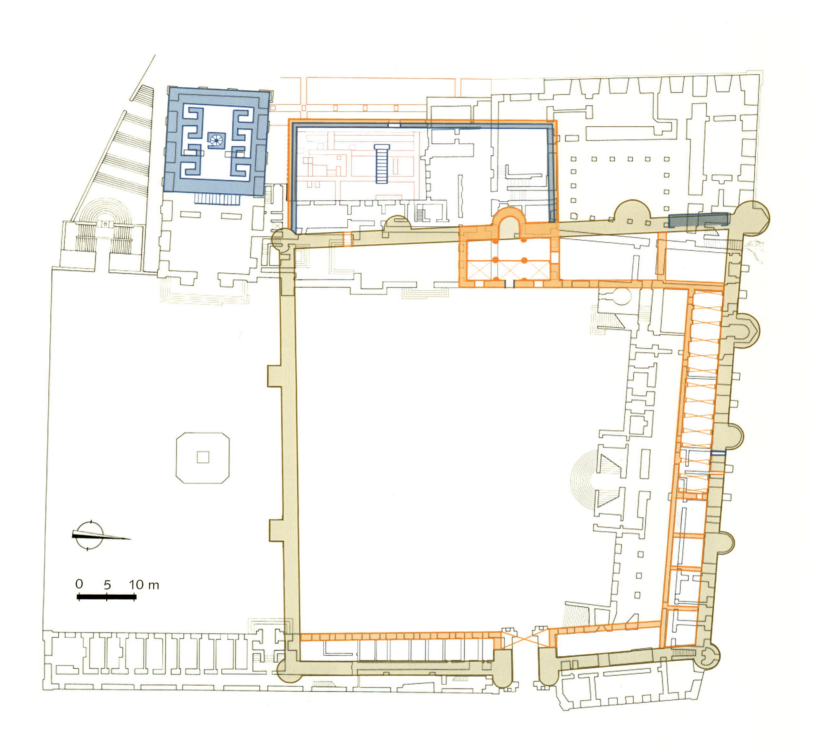

Implantação das intervenções realizadas por D. João I (des. José Luis Madeira).

vais; intervenções que, tanto por razões de ordem formal como técnica (e mesmo lógica) deverão corresponder às grandes fases de ampliação do Paço Real da Alcáçova: a de D. Afonso IV, que erigira a *Sala*, a que deveria pertencer, desde a origem, a estreita abertura da direita; a de D. João I que, ampliando o Paço, parece tê-lo dotado também de uma nova relação com o exterior. E a ela corresponderia a abertura, duas vezes maior, do vão sinistro, ilustrativa também do novo gosto áulico que, pouco a pouco, se instalava.

É provável que a sala dispusesse, em qualquer uma das etapas, de outras aberturas, tão óbvio parece ser o desajustamento da implantação das que subsistem em relação aos requisitos da sua iluminação. Obras sucessivas, porém, realizadas no decurso dos séculos, terão obliterado a sua situação, ao mesmo tempo que o deficiente acompanhamento arqueológico dos trabalhos realizados nesse espaço há meio século atrás impediria o seu reconhecimento. Nem uma imagem resta dessa outra porta, pequena, visionada então no "topo da entrada"[764] e que deveria constituir a antiga comunicação da *Sala* com a *Câmara* régia adjacente, albergada provavelmente nas *quatro casas velhas* que Marcos Pires, mais tarde, reformou. Como quer que seja, tornou-se possível seguir, mesmo que a traços largos, o processo gestativo do Paço Real coimbrão. Morto o Infante, sem que da sua passagem no histórico solar dos seus maiores quedasse, aparentemente, qualquer traço, uma lenta agonia se inicia. A nomeação de capelão por D. Afonso V em 1455, por se achar vago o ofício desde a morte do Regente, assim o denuncia, mesmo que a prossecução das diligências até 69[765], tanto quanto a reivindicação definitiva da posse da urbe (e respectivo Paço) por parte da Coroa[766], ilustrem a vontade do *Africano* de estancar esse declínio. Em 1472 ainda se reunem Cortes na cidade[767]; mas terá sido essa, por todo o século, a derradeira visita de um monarca. Em 1486, a doação a Inês Gonçalves e Pero Vaz de uns pardieiros que haviam sido *falcoarias de El-Rei*, na freguesia de S. Salvador[768], atesta a decadência das estruturas áulicas, que ainda em tempo de D. Fernando faziam, no dizer do cronista, com que *todo seu feitio era de Samtarem pera Coimbra, e depois tornar a Lixboa, em guisa que ja as gentes tragiam por rissam em escarnho dizemdo, "exvollo vai, exvollo vem de Lixboa pera Santarem"*[769]. Inversamente, ao chegar o reinado de D. Manuel I, enunciaria Damião de Góis: "Fez hos paços de Coimbra quomo agora estão, por hos velhos serem tão destroidos, que foi neçessario fazeremsse de nouo"[770].

NOTAS

[543] Cfr. SILVA, J. C. Vieira da, *Paços Medievais Portugueses*, pp. 19-21 e *idem*, "Paços Medievais – séculos XIV e XV", *Propaganda e Poder*, Actas, Lisboa, Edições Colibri, 2001, pp. 117-118.

[544] Cfr. MARTINS, Armando Alberto, *O Mosteiro de Santa Cruz de Coimbra, séculos XII-XIV. História e instituição*, diss. de doutoramento em História Medieval, policopiada, Lisboa, Faculdade de Letras da Universidade de Lisboa, 1996, tomo I, p. 139 e GOMES, R. Costa, *A Corte dos Reis de Portugal…*, p. 301.

[545] Cfr. GARDELLES, J., "Les palais dans l'Europe occidentale…", pp. 118-119; CONTAMINE, Philippe, "Os arranjos do espaço privado", pp. 398-399; SILVA, J. C. Vieira da, *Paços Medievais Portugueses*, pp. 23 e 28-33 e GOMES, R. Costa, *A Corte dos Reis de Portugal…*, pp. 306 e 317.

[546] Cfr. GARDELLES, J., "Les palais dans l'Europe occidentale…", p. 119

[547] Cfr. SILVA, J. C. Vieira da, "Paços Medievais – séculos XIV e XV", pp. 118 e 120. São, por seu turno, nítidas as referências historicistas à época de Afonso III na arquitectura áulica de Fernando Magno, no quadro significativo daquilo que já foi designado de "neo-Gothic ideal" (cfr. WILLIAMS, John W., "Léon and the beginnins of spanish romanesque", pp. 167-168 e *supra* nota 390).

[548] Cfr. SILVA, J. C. Vieira da, "Paços Medievais – séculos XIV e XV", pp. 118-119.

[549] GOMES, R. Costa, *A Corte dos Reis de Portugal…*, p. 11 e, sobre o sentido eminentemente político e não *recolector* das deslocações régias, pp. 241-244.

[550] Cfr. VENTURA, L., *A nobreza de Corte de Afonso III*, vol. I, p. 46 e vol. II, pp. 987 e 990. Para os conteúdos das funções curiais, veja-se MATTOSO, J., *Identificação de um país…*, vol. II, pp. 99-117.

[551] Cfr. GOMES, R. Costa, *A Corte dos Reis de Portugal…*, pp. 24-25 e 244.

[552] Cfr. VENTURA, L., *A nobreza de Corte de Afonso III*, vol. I, pp. 127-128 e MATTOSO, J., *Identificação de um País…*, vol. II, p. 101.

[553] Cfr. GOMES, R. Costa, *A Corte dos Reis de Portugal…*, pp. 25-26.

[554] Cfr. *idem, ibidem*, pp. 101-102.

[555] Cfr. VENTURA, L., *A nobreza de Corte de Afonso III*, vol. I, pp. 47-53, 70-74 e 81-95 e vol. II, pp. 1043-1055; MATTOSO, J., *Identificação de um País…*, vol. II, pp. 102-103 e GOMES, R. Costa, *A Corte dos Reis de Portugal…*, p. 25.

[556] MATTOSO, J., *Identificação de um País…*, vol. II, p. 103.

[557] Cfr. GOMES, R. Costa, *A Corte dos Reis de Portugal…*, p. 31.

[558] Cfr. *idem, ibidem*, p. 33.

[559] Cfr. *idem, ibidem*, pp. 205-206 e 255.

[560] Na verdade, sabe-se que desde 1169, quando contava 16 anos, o futuro D. Sancho I possuía *Casa* própria, com mordomo e alferes à parte do Rei (cfr. AZEVEDO, R. de, "A chacelaria régia…", p. 23), outro tanto sucedendo com o futuro D. Afonso IV, em 1307, a quem seu pai deu, "sendo em idade de sete annos, caza muy honrada, e de muitos vassallos, e de muy ricos homens" [cfr. PINA, Rui de, *Crónicas de*, (D. Dinis), (ALMEIDA, M. Lopes de, intr. e rev.), Porto, Lello & Irmão – Editores, 1977, p. 254]. Do mesmo modo e a título meramente exemplificativo, é igualmente conhecida a lista da *família* de cada um dos Infantes filhos de D. João I, incluindo 275 pessoas, além "doutros officiaes, mesteiraes os que forem mester", que, no caso do Regente D. Pedro, prefaria o número de 374 (SOUSA, D. António Caetano de, *Provas da História Genealógica da Casa Real Portuguesa*, Coimbra, Atlântida Editora, tomo I, 1947, pp. 119-120 e COELHO, Maria Helena da Cruz, "O Infante D. Pedro, Duque de Coimbra", *Biblos*, vol. LXIX, Actas do Congresso Comemorativo do 6º Centenário do Infante D. Pedro, Coimbra, 1993, p. 19), bem como a dos *moradores* no paço ao tempo de D. Afonso V (275 pessoas, também, além dos "Mais oficiais necessarios") e dos fidalgos que integravam a Casa do Príncipe D. João (95), aprovada nas Cortes de Coimbra de 1472 (cfr. "Livro Vermelho do Senhor Rey D. Affonso V", SERRA, José Correia da, *Collecção de livros ineditos de História Portugueza, dos reinados de D. João I, D. Duarte, D. Affonso V, e D. João II*, vol. III, Lisboa, Academia Real das Sciencias de Lisboa, 1793, pp. 474-477).

[561] Cfr. VENTURA, L., *A nobreza de Corte de Afonso III*, vol. I, pp. 68-69 e 126-143 e GOMES, R. Costa, *A Corte dos Reis de Portugal…*, pp. 46-58, 60-61, 108-112, 129-130, 199-205 e 221-227.

[562] Cfr. GOMES, R. Costa, *A Corte dos Reis de Portugal…*, pp. 256-258 e 275-276.

[563] Veja-se *supra* nota 550. Vem, aliás, a propósito referir o sentido de progressivo reconhecimento da antiguidade de estruturas e dispositivos palatinos europeus, como chaminés, vazamento de muros, latrinas e outros, que caracteriza a moderna arqueologia, em oposição ao que já foi denominado de "tendência pessimista, outrora dominante entre os arqueólogos" e que levava a duvidar sistematicamente do carácter original desses elementos (cfr. CONTAMINE, Ph., "Os arranjos do espaço privado", p. 404).

[564] Cfr. GOMES, R. Costa, *A Corte dos Reis de Portugal…*, p. 256.

[565] Cfr. GARDELLES, J., "Les palais dans l'Europe occidentale…", pp. 117-118 e 128 e, para a repartição da Ucharia, encarregue dos abastecimentos, GOMES, R. Costa, *A Corte dos Reis de Portugal…*, p. 25.

[566] Cfr. SILVA, J. C. Vieira da, *Paços Medievais Portugueses*, pp. 22-23.

[567] Cfr. MARQUES, A. H. de Oliveira, *A Sociedade Medieval Portuguesa*, Lisboa, Livraria Sá da Costa Editora, ³1974, p. 67.

[568] A sua existência reporta-se às cozinhas edificadas no âmbito da reforma *manuelina* no Paço (veja-se *infra* nota 1005), as quais nada obsta (antes pelo contrário) a que substituíssem outras anteriores, ao mesmo tempo que nada obriga a que fossem únicas, atenta a antiga separação entre *cozinha d'el-rei de seu corpo* e *cozinha do paço* propriamente dita (vejam-se nota *infra* e *supra* nota 453). Também no Paço de Sintra se confirma constituírem as cozinhas um edifício à parte (cfr. MARQUES, A. H. de Oliveira, *A Sociedade Medieval Portuguesa*, p. 71).

[569] GOMES, R. Costa, *A Corte dos Reis de Portugal…*, pp. 25, 61 e 307.

[570] Cfr. GARDELLES, J., "Les palais dans l'Europe occidentale…", pp. 119-121. Na verdade, também Zurara, escrevendo no século XV, se referia, a propósito da madeira de origem açoreana e madeirense, às "grandes alturas das casas, que se vão ao céu, que se fizeram e fazem com a madeira daquelas partes" (cfr. MARQUES, A. H. de Oliveira, *A Sociedade Medieval Portuguesa*, p. 67).

[571] Cfr. GOMES, R. Costa, *A Corte dos Reis de Portugal…*, p. 255.

[572] Cfr. GARDELLES, J., "Les palais dans l'Europe occidentale…", pp. 115 e 118. Sobre as *torres do tesouro* em Santarém (onde se temia que desabasse sob o peso dos haveres nela encerrados), Porto ou Coimbra, veja-se SILVA, J. C. Vieira da, *Paços Medievais Portugueses…*, p. 76, nota 87. Vem a propósito notar que é ainda esse conceito de "associar fisicamente os aposentos da sua corte aos depósitos dos seus tesouros e riquezas, as especiarias, as pedras preciosas, as obras de arte, as armas, as cartas de navegação", que, já numa perspectiva mais civilista e urbana (e urbanística), preside à estruturação do Paço da Ribeira, por D. Manuel I, no dealbar do século XVI (cfr. SENOS, N., *O Paço da Ribeira…*, Lisboa, p. 115).

[573] Cfr. GOMES, R. Costa, *A Corte dos Reis de Portugal…*, p. 311. Veja-se sobre este assunto,

PIMENTEL, António Filipe, "La politique à table, (més)aventures du repas public à la Cour de Jean V'", *Actas do Simpósio Internacional Mesas Reais Europeias, Encomendas e Ofertas*, Lisboa, Instituto Português de Museus, 1999, pp. 139-140.

[574] Cfr. GOMES, R. Costa, *A Corte dos Reis de Portugal…*, pp. 121 e 261 e MARQUES, A. H. de Oliveira, *A Sociedade Medieval Portuguesa*, p. 69.

[575] Cfr. GARDELLES, J., "Les palais dans l'Europe occidentale…", p. 122. Para uma aproximação à lenta (e complexa) evolução das áreas residenciais palatinas entre os séculos XI e XIII, nomeadamente sobre a progressiva diferenciação entre a *aula* (tudo indica que originalmente suprindo também funções de alojamento, através da compartimentação por meio de tabiques) e a *câmara*, no sentido da configuração de um sistema de *núcleo* e respectivos *alvéolos*, veja-se CONTAMINE, Philippe, "Os arranjos do espaço privado", pp. 414-419. Para o confronto com o panorama paralelo da casa comum (mas onde não deixa de abordar-se o universo da morada senhorial, matriz do próprio paço), veja-se TRINDADE, Luisa, *A casa corrente em Coimbra. Dos finais da Idade Média aos inícios da Época Moderna*, Coimbra, Câmara Municipal, col. "Coimbra Património", nº 1, 2002, pp. 36-37.

[576] Cfr. SILVA, J. C. Vieira da, *Paços Medievais Portugueses*, p. 27 e *idem*, "Paços Medievais – séculos XIV e XV", p. 121.

[577] Cfr. GOMES, R. Costa, *A Corte dos Reis de Portugal…*, p. 312.

[578] Cfr. SILVA, J. C. Vieira da, *Paços Medievais Portugueses*, p. 30.

[579] Cfr. *idem, ibidem*, pp. 28-30.

[580] HERCULANO, Alexandre, *Opúsculos*, CUSTÓDIO, Jorge, GARCIA, José Manuel (org. de), Lisboa, Presença, tomo IV, 1985, p. 356.

[581] Cfr. MARQUES, A. H. de Oliveira, *A Sociedade Medieval Portuguesa*, p. 68.

[582] Cfr. SILVA, J. C. Vieira da, *Paços Medievais Portugueses*, p. 33.

[583] Cfr. *idem, ibidem*, p. 33 e GARDELLES, J., "Les palais dans l'Europe occidentale…", pp. 128-129. Para a génese, evolução e significado do termo *curral* veja-se ROSSA, W., *Divercidade…*, pp. 366-367.

[584] Cfr. SILVA, J. C. Vieira da, *Paços Medievais Portugueses*, pp. 120-122.

[585] Veja-se *supra* nota 537.

[586] Vejam-se *supra* notas 3 e 436.

[587] Veja-se *supra* nota 406.

[588] Sobre o significado da conquista de Toledo enquanto ponto de partida do processo da *Reconquista cultural* e, simultaneamente, primeiro revés da política moçárabe de Sesnando, veja-se *supra* nota 407.

[589] Na verdade, um documento de Maio desse ano dá o bispo como já falecido (cfr. VASCONCELOS, A., "A catedral de Santa Maria…", p. 27).

[590] Cfr. PRADALIÉ, G., "Les faux de la cathédral…", p. 90.

[591] Cfr. VASCONCELOS, A., "A catedral de Santa Maria…", pp. 27-28).

[592] Cfr. *supra* nota 520.

[593] Cfr. nota *supra*; VASCONCELOS, A. de, "A catedral de Santa Maria…", pp. 28-29; MENÉNDEZ PIDAL, R., *La España del Cid*, tomo II, p. 592; MERÊA, P., "Sobre as antigas instituições…", p. 43; PRADALIÉ, G., "Les faux de la cathédrale…", p. 90; *Livro Preto*, doc. 15, pp. 27-28.

[594] Cfr. MENÉNDEZ PIDAL, R., *La España del Cid*, tomo II, p. 592.

[595] Cfr. FERREIRA, Maria Emília Cordeiro, "D. Urraca", SERRÃO, Joel (dir.), *Dicionário de História de Portugal*, Porto, Livraria Figueirinhas, ²1979, vol. II, p. 233.

[596] Cfr. LEAL, A. S. de Pinho, *Portugal Antigo e Moderno…*, vol. II, p. 321; VASCONCELOS, A. de, *A Sé Velha de Coimbra…*, vol. I, pp. 24-25 e MATTOSO, José, "1096-1325", pp. 32, 35 e 42-45.

[597] A respeito da tese do nascimento coimbrão de D. Afonso Henriques, bem como da *tese viseense*, veja-se a bibliografia referida em ROSSA, W., *Divercidade…*, p. 209, nota 221.

[598] Sobre o peso político e económico da comunidade moçárabe na Coimbra dos inícios do século XII, veja-se GOMES, S. A., "Grupos étnico-religiosos e estrangeiros", pp. 343-344 e, sobre as ligações do cabido à aristocracia moçárabe, MARTINS, A. A., *O Mosteiro de Santa Cruz de Coimbra…*, vol. I, p. 127.

[599] Cfr. PRADALIÉ, G., "Les faux de la cathédrale…", p. 90.

[600] Cfr. *idem, ibidem*, pp. 90-95 e MATTOSO, J., "1096-1325", pp. 42-43.

[601] Cfr. PRADALIÉ, G., "Les faux de la cathédrale…", p. 95-96 e MATTOSO, J., "1096-1325", pp. 36-40.

[602] PRADALIÉ, G., "Les faux e la cathédrale…", p. 96.

[603] Cfr. GOMES, Saul António, "Mundo rural e mundo urbano", MARQUES, A. H. de Oliveira, SERRÃO, Joel, (dir.), *Nova História de Portugal*, vol. III, Lisboa, Editorial Presença, 1996, pp. 393-394.

[604] Cfr. COSTA, Avelino de Jesus da, "A biblioteca e o tesouro da Sé de Coimbra nos séculos XI a XVI, *Boletim da Biblioteca da Universidade de Coimbra*, vol. XXXVIII, Coimbra, 1983, pp. 4-5; *idem*, "Coimbra – centro de atracção e de irradiação de códices e de documentos, dentro da Península, nos séculos XI e XII", *Actas das II Jornadas Luso--Espanholas de História Medieval*, Porto, 1990, vol. IV, pp. 1309-1334 e VENTURA, L., "Coimbra medieval…", pp. 18-19. Uma boa síntese sobre esta questão se pode ver também em REAL, M. L., *A arte românica de Coimbra…*, vol. I, pp. 23-25.

[605] Cfr. AL-HIMYARI, *Kitab Ar-Rawd Al Mi'tar*, p. 219.

[606] VENTURA, Leontina (intr. a), *Livro Santo de Santa Cruz, cartulário do séc. XII* (FARIA, Ana Santiago, transcr.), Coimbra, Instituto Nacional de Investigação Científica-Centro de História da Sociedade e da Cultura da Universidade de Coimbra, 1990, p. 17. Sobre este projecto da *sociedade nova* afonsina, bem como sobre a importância, nesta matéria, da transferência da Corte para Coimbra, veja-se *idem, ibidem*, pp. 9--13 e 17-23 e também MATTOSO, José, "Cluny, Crúzios e Cistercienses na formação de Portugal", *Portugal Medieval – novas interpretações*, Lisboa, Imprensa Nacional – Casa da Moeda, 1985, pp. 110-111 e *idem*, "1096-1325", pp. 66-69.

[607] Cfr. VENTURA, Leontina (intr. a), *Livro Santo de Santa Cruz*, pp. 26-27; MARTINS, A. A., *O Mosteiro de Santa Cruz de Coimbra…*, vol. I, p. 133; GOMES, S. A., *'In Limine Conscriptionis'…*, vol. I, pp. 114-115, 119-121.

[608] MATTOSO, J., "Cluny, Crúzios e Cistercienses…", p. 109 e, para uma visão detalhada desse processo, MARTINS, A. A, *O Mosteiro de Santa Cruz de Coimbra…*, vol. I, pp. 130-140 e GOMES, S. A., *'In Limine Conscriptionis'…*, vol. I, pp. 157-158 e 214-218.

[609] Cfr. GOMES, S. A., *'In Limine Conscriptionis'…*, vol. I, pp. 216-218.

[610] Cfr. *idem, ibidem*, vol. I, p. 219 e *idem*, "Os panteões régios monásticos portugueses nos séculos XII e XIII", *2º Congresso Histórico de Guimarães*, Actas, Guimarães, Câmara Municipal de Guimarães – Universidade do Minho, 1996, vol. 4, pp. 285 (e, para a lista e datas dos sepultamentos, p. 290).

[611] Cfr. GONÇALVES, A. Nogueira, *Novas hipóteses acerca da arquitectura românica de Coimbra*, Coimbra, s.n., 1938, p. 154; *idem*, "O narthex românico da Igreja de Santa Cruz de Coimbra", *Estudos de História da Arte Medieval*, Coimbra, Epartur, 1980, pp. 191-205 e REAL, M. L., *A arte românica de*

Coimbra..., vol. I, pp. 141-142, que propõe uma reconstituição do panteão.

[612] GOMES, S. A., "Os panteões régios...", p. 283.

[613] Sobre o valor quase sacral atribuído aos despojos régios, veja-se o sintomático episódio da trasladação dos ataúdes da família real para lugar seguro da cidade, em 1190, ante o receio de profanação suscitado pela invasão almóada [cfr. AZEVEDO, Rui de, "Coimbra sob a ameaça de assédio na invasão sarracena de 1190", *O Instituto*, vol. 88, Coimbra, 1935, pp. 33-36 (reed. *Coimbra. Collectânea de estudos in-memoriam do Dr. Augusto Mendes Simões de Castro*, Coimbra, Instituto de Coimbra, 1943)]; sobre o prestígio que ao cenóbio advinha da sua condição de panteão dinástico e sobre o papel de Santa Cruz na criação de uma historiografia nacional (que haveria de reflectir-se na *Gesta de D. Afonso Henriques* e nos *Annales Portucalenses Veteres*), bem como na justificação teórica da independência, vejam-se: MATTOSO, J., "Cluny, Crúzios e Cistercienses...", pp. 114-115; *idem*, "1096-1325", pp. 264, 266 e 273; MARTINS, A. A., *O Mosteiro de Santa Cruz de Coimbra...*, vol. I, p. 223; VENTURA, L., "Coimbra Medieval...", p. 19 e GOMES, S. A., "Os panteões régios...", pp. 284-286 (além dos abundantes dados fornecidos em *'In Limine Conscriptionis'*...).

[614] Sobre o papel de *fundador* de D. Afonso I e sobre o crescente intervencionismo da Coroa na vida do Mosteiro com D. Sancho I (bem como sobre o seu interesse pelo panteão), vejam-se: MARTINS, A. A., *O Mosteiro de Santa Cruz de Coimbra...*, vol. I, pp. 139-140, 283 e 309 e GOMES, S. A., *'In Limine Conscriptionis'*..., vol. I, pp. 214-222.

[615] Cfr. GOMES, S. A., "Os panteões régios...", p. 284 e WILLIAMS, J. W., "Léon and the beginnins of spanish romanesque", p. 170. Merece reparo o facto de a moderna historiografia atribuir ao reinado de Afonso VI, aos anos de 1080 e à intervenção pessoal de sua irmã, D. Urraca, a organização do *Panteão dos Reis* de Oviedo.

[616] O esclarecimento do papel fundador de D. Afonso Henriques a respeito da Sé de Coimbra, bem como a revelação de que "o cabido lia o respectivo memorial todos os anos, na véspera do dia 6 de Novembro, data da morte do rei D. Afonso I" seria empreendido, contra a tese tradicional, que valorizava o papel de D. Miguel Salomão, por Pierre DAVID (cfr. *A Sé Velha de Coimbra...*, pp. 31-32 e 37-39).

[617] A informação de que D. Sancho I teria sido coroado na catedral de Coimbra em 09.Dez.1185 seria fornecida por Fr. António BRANDÃO na sua *Monarquia Lusitana* (parte IV, liv. 12, cap. I) e retomada por D. António Caetano de SOUSA na *História Genealógica...* (tomo I, p. 50), sendo ainda reportada nas *Crónicas dos sete primeiros Reis de Portugal* [TAROUCA, Carlos da Silva, (ed. de), Lisboa, Academia Portuguesa da História, vol. I, 1952, p. 143]. Recentemente o tema seria estudado por José MATTOSO com base num conjunto de elementos, entre os quais a existência, num manuscrito do século XII (justamente o chamado *Pontifical de Santa Cruz de Coimbra*, reproduzindo, sintomaticamente também, o *Pontifical romano-germânico do século X*), de textos litúrgicos relativos à cerimónia da coroação e a referência feita pelo *Livro dos Arautos*, em 1416, ao facto de na Sé coimbrã serem coroados *ex consuetudine* os Reis de Portugal. Assim e segundo este autor, após D. Afonso I, que terá apenas sido alçado em cerimónia guerreira, a coroação litúrgica deverá ter sido observada durante toda a Dinastia de Borgonha, interrompendo-se com a eleição do Mestre de Avis, por ser bastardo e professo de uma ordem militar, nesse quadro se compreendendo as diligências efectuadas pelo Infante D. Pedro junto da Santa Sé, com vista à retoma da tradição em benefício de seu irmão D. Duarte e prosseguidas por este alguns anos mais tarde (cfr. "A coroação dos primeiros Reis de Portugal", *A Memória da Nação*, Actas do Colóquio, Lisboa, Livraria Sá da Costa, 1991, pp. 190-191, 193-195 e 197). Semelhante tese seria, contudo, objecto de ampla contestação por parte de Peter LINEHAN, baseado em fontes do Vaticano – onde, a partir de 1204, com Inocêncio III, se enceta uma política fortemente restritiva em relação à coroação e unção régia, consentida apenas nos casos onde a tradição consagrara o costume (Inglaterra, França, Sicília e Jerusalém), integrando o *Rex Portugalensis* uma lista (do século XIII ou, talvez, anterior) dos monarcas não coroados, inserta no *Liber Provincialis* –, bem como no conjunto de argumentos opostos pelos juristas apostólicos às diligências envidadas nesta matéria pelo Rei D. Duarte, onde, porém, justamente se invocava o antigo costume da coroação dos soberanos portugueses (cfr. "Utrum Reges Portugalie coronabantur annon", *2º Congresso Histórico de Guimarães*, Actas, Guimarães, Câmara Municipal de Guimarães - Universidade do Minho, 1996, vol. 2, pp. 389-401). Quer-nos, todavia, parecer, face aos argumentos em presença, que talvez pudesse ter havido alguma distância entre o que Roma concedia e o que efectivamente se praticava, situação que eventualmente ocultará a sibilina frase usada por um dos causídicos ao serviço da Santa Sé – "si ex consuetudine, ergo non ex concessione" (*idem, ibidem*, p. 396) –, ao mesmo tempo que se afigura temerária a utilização, sem qualquer base, de tal argumento por parte do monarca português, situação facilmente comprovável por parte do soberano pontífice. Por outro lado, não restam dúvidas de que uma reconversão da catedral coimbrã no quadro da coroação régia poderia contribuir para explicar numerosos enigmas do seu partido arquitectónico, entre os quais a opção por um corpo dotado de galerias altas, à maneira das igrejas de peregrinação, das quais, todavia, não seria usado o deambulatório – se não mesmo a alteração de programa que o edifício sofreu em plena construção. Enfim, à tradição historiográfica invocada por MATTOSO, poderá ainda acrescentar-se o eminente jerónimo e lente universitário Frei Heitor PINTO que, em meados do século XVI escrevia, em texto intitulado *As Armas de Coimbra*, incluso apenas na ed. de 1567 da sua obra *Imagens da Vida Cristã* (Coimbra, por António de Mariz) e cuja produção não parece forçado imaginar se relacionasse com a visita régia de D. João III, em 1550: "E porque os reys deste reyno se coroauam nesta cidade, está ella coroada, porque além de lhe pertencer a coroa per via de victoria, tem na tambem pera a dar aos reys, porque os que quiserem ter coroa, em Coimbra a ham de receber, & ella lha ha de dar", acrescentando ainda, algumas linhas adiante, que "a mais nobre cousa deste reino é Coimbra, aonde os reys se costumavam coroar" (cfr. *ibidem*, fl. 296v-297). Sobre esta matéria nos procurámos debruçar em recente trabalho [cfr. "A Sagração do Reino. Em torno do(s) projecto(s) da Sé Velha de Coimbra", *Artis*, Revista do Instituto de História da Arte da Faculdade de Letras de Lisboa, nº 3, Lisboa, 2004, pp. 87-122)].

[618] Sobre a ponte afonsina de Coimbra, veja-se ROSSA, W. *Divercidade...*, pp. 393-395.

[619] Sobre este assunto, veja-se *supra* nota 419.

[620] Sobre esse *plano*, fundamentalmente uma nova organização da cidade, decorrente do seu crescimento (mesmo com a construção de Santa Cruz) e da sua nova dignidade de *cidade real*, veja-se ROSSA, W., *Divercidade...*, pp. 414-421.

[621] Sobre a introdução do românico como corolário da *Reconquista cultural* e, particularmente, sobre a sua relação com o processo da independência de Portugal, vejam-se, respectivamente, GARCÍA

DE CORTÁZAR, J. A., "La Reconquista...", pp. 696-697 e MATTOSO, José, "O Românico português. Interpretação económica e social", *Portugal Medieval – novas interpretações*, Lisboa, Imprensa Nacional – Casa da Moeda, 1985, pp. 149-154.

[622] Deve-se a Nogueira GONÇALVES, na sua obra pioneira *Novas hipóteses...* a primeira sistematização do românico coimbrão (e, por conseguinte, do ciclo afonsino), recebendo a matéria novos e valiosos contributos (e problematizações) de M. L. REAL (*A arte românica de Coimbra...*), tanto no plano arquitectónico como no escultórico, com a valorização do contributo da tradição muçulmana, afinal compreensível à luz do conhecimento da utilização de mão-de-obra (desde logo escrava) proveniente de *al-Andalus*. Sem pretendermos imiscuir-nos nessa intrincada questão, quer-nos parecer que tem sido pouco valorizado, tanto ao nível das alterações técnicas (nomeadamente em Santa Cruz, com a construção da torre-nartex-panteão, que introduz o aparelho de silharia) como morfológicas [a contradição implícita na Sé entre o carácter militar do edifício e o conjunto de aparato portal-janela, sublinhada por P. DAVID (cfr. *A Sé Velha de Coimbra*, pp. 58-59)], como, mesmo, na vinda dos mestres *franceses* (por problemático que seja ainda o apuramento da sua actividade), o impacte decorrente do êxito da política secessionista de D. Afonso I e da sua vontade de criar em Coimbra (e também em Lisboa) os meios cénicos indispensáveis à afirmação do seu poder e que têm nos anos 40 justamente o seu marco decisivo.

[623] Na verdade e após uma primeira invasão, em 1116, durante a qual seriam destruídos os castelos de Soure, Miranda do Corvo e Santa Eulália (Montemor-o-Velho), que constituíam a defesa de Coimbra e ermadas as suas terras, seria a própria cidade pessoalmente cercada no ano seguinte, de 1117, pelo Emir de Marrocos Yussuf, cerco que, segundo as fontes, teria durado 20 dias, ao termo dos quais os Almorávidas, assolados pela peste e ante a impossibilidade de conquistarem a cidade, teriam desistido, levantando o cerco e semeando a morte e a destruição. Todavia, enquanto as narrativas contemporâneas referem somente o assédio à cidade, que lograra resistir pela qualidade das suas defesas e provimento, o relator seiscentista e cónego da Sé Pedro Álvares NOGUEIRA, no seu *Catálogo dos Bispos de Coimbra*, afirma terem os invasores entrado de roldão no interior das muralhas, misturados com os habitantes que recolhiam, beneficiando do facto de a urbe se encontrar qua-

se desguarnecida, refugiando-se a muito custo a Rainha e o bispo D. Gonçalo no *castelo*, onde, em fim de contas, se teria levado a cabo a resistência, tese que A. de VASCONCELOS (e, antes dele, Miguel Ribeiro de Vasconcelos) perfilhariam, na presunção de ter tido P.A.N. acesso a documento hoje perdido (cfr. *A Sé Velha de Coimbra...*, vol. I, pp. 37-40). O tema seria detidamente analisado por P. DAVID, que se pronunciaria no sentido de não terem os invasores penetrado na cidade (cfr. *A Sé Velha de Coimbra...*, pp. 22-29). Por *castelo*, aliás, só poderia então entender-se, seguramente, a Alcáçova, devendo a cidadela militar ter começado a organizar-se a partir da torre de menagem de D. Afonso Henriques e das obras de D. Sancho I, como é opinião tradicional e parece indicar a análise da planta subsistente, contemporânea da sua destruição, durante as obras pombalinas da cidade universitária, parecendo difícil, na verdade, que aquela pudesse ter resistido sozinha por tanto tempo a um exército tão sofisticado como era o almorávida.

[624] Efectivamente, um rápido busquejo nas crónicas respeitantes ao reinado de D. Afonso I permite reconhecer que quase todos os seus movimentos têm Coimbra (e a sua Alcáçova) por ponto de partida ou de chegada – "E des hy veose a Cojmbra", "Emtam se tornou pera Cojmbra", "esteue em Cojnbra alguns dias", "tornou-se pera Cojnbra", "quando chegou a Cojnbra", "estaua em Cojnbra", "estando asy elRey D. Afonso em Cojnbra", "chegou a Cojnbra [e] esteue hy alguns di[as]", "tornouse seu camjnho pera a çidade de Cojmbra", "partirom todos de Cojmbra (…) E elRey D. Affonso se sayo dos seus paços" (cfr. "Crónica do Rei D. Afonso Henriques", *Crónicas dos sete primeiros Reis de Portugal*, vol. I, pp. 35-36, 48, 50-52, 54, 74, 76, 90, 107, 109, 127-128, 138) – e aqui tem lugar aquela que será, porventura, a mais emblemática lenda respeitante ao seu governo: a do *bispo negro* [cfr. GALVÃO, Duarte, *Crónica de El--Rei D. Afonso Henriques*, Lisboa, Imprensa Nacional – Casa da Moeda, 1986, pp. 79-92; ACENHEIRO, Christovão Rodrigues, "Chronicas dos Senhores Reis de Portugal", *Collecção de inéditos da História Portugueza*, Lisboa, Por Ordem da Academia Real das Sciencias de Lisboa, Imprensa Nacional, vol. V, 1926, pp. 25-27; *Crónica de Cinco Reis de Portugal*, (BASTO, A. de Magalhães, ed. dipl. e prólogo. de), Porto, Livraria Civilização, 1945, pp. 74-77 e *Crónica Geral de Espanha*, vol. IV, pp. 226-229].

[625] Cfr. AZEVEDO, R. de, "A chancelaria régia portuguesa...", pp. 23-24.

[626] Veja-se *supra* nota 597.

[627] Cfr. para uma visão geral, SOUSA, D. António Caetano de, *História Genealógica...*, tomo I, pp. 34, 36, 49, 52, 86, 187 e 223; LEAL, A. S. de Pinho, *Portugal Antigo e Moderno...*, vol. II, p. 349; CARVALHO, F. A. Martins de, *Portas e Arcos de Coimbra*, Coimbra, Edição da Biblioteca Municipal, 1942, p. 3; LOUREIRO, J. Pinto, *Coimbra no passado*, vol. I, pp. 105, 121, 127, 132, 134, 138, 176 e 198; MATTOSO, J., "1096-1325", pp. 98 e 132. Note-se, porém, que Armindo de SOUSA dá D. Afonso IV como nascido em Lisboa [cfr. "1325--1480", MATTOSO, José, (dir.), *História de Portugal*, vol. II, Lisboa, Círculo de Leitores, 1993, p. 483].

[628] Esta ilação de J. Pinto LOUREIRO baseia-se na inexistência, então, na cidade, de outros mosteiros masculinos, além dos de S. Jorge e Santa Cruz, sendo as respectivas crónicas omissas em relação a um facto do qual, na verdade, não deixariam de ufanar-se, a terem albergado o acontecimento (cfr. *Coimbra no passado*, vol. I, pp. 150-152).

[629] Cfr. COELHO, M. H. da Cruz, "Coimbra Trecentista...", p. 341.

[630] Cfr. LOUREIRO, J. Pinto, *Coimbra no passado*, vol. I, pp. 192 e 196; CARVALHO, F. A. Martins de, *Portas e Arcos de Coimbra*, p. 7; TORRES, Ruy d'Abreu, "Cortes de Coimbra (1398)", SERRÃO, Joel (dir.), *Dicionário de História de Portugal*, Porto, Livraria Figueirinhas, ²1979, vol. II, p. 98 e SERRÃO, Joaquim Veríssimo, "Cortes de Coimbra (1472-1473)", *ibidem*, pp. 98-99. Armindo de SOUSA coloca reservas à classificação como *Cortes* das que teriam tido lugar em 1387, mas não põe em causa a realização de uma reunião com representantes do clero e do povo [cfr. *As Cortes medievais portuguesas (1385-1490)*, Porto, Instituto Nacional de Investigação Científica - Centro de História da Universidade do Porto, 1990, vol. I, pp. 291-294, 302-304, 308-310, 314-316, 318--321, 395-400 e 432-435].

[631] Cfr. COSTA, Mário Alberto Nunes, "Notícia de 'cúria' em Coimbra no ano de 1254", *Revista Portuguesa de História*, XI, Coimbra, 1964, pp. 108-115.

[632] Cfr. MATTOSO, J, *Identificação de um país...*, vol. II, pp. 106 e 189; *idem*, "1096-1325", p. 108 e GOMES, R. Costa, *A Corte dos Reis de Portugal...*, p. 249.

[633] Cfr. GOMES, R. Costa, *A Corte dos Reis de Portugal...*, p. 251. Novos dados sobre esta matéria seriam recentemente acrescentados por Sandra Virgínia Pereira Gonçalves BERNARDINO, confirmando Coimbra como a segunda cidade nas

preferências de D. Afonso II, apenas suplantada por Santarém – 313 dias de presença documentados, contra 905 em Santarém –, sendo a primeira no que se refere a D. Sancho II (390, contra 170 em Santarém) e rivalizando com aquela no que respeita a D. Afonso III (100 dias, contra 109 em Santarém), embora perdendo ambas para Lisboa (307 dias) [cfr. *Sancius Secundus Rex Portugalensis. A chancelaria de D. Sancho II (1223-1248)*, dissertação de mestrado em História da Idade Média, Coimbra, 2003, cap. 1, pp. 39-43 e quadro IV].

[634] Cfr. MATTOSO, J., *Identificação de um país...*, vol. II, p. 187.

[635] O *itinerário*, apurado a partir do trabalho da chancelaria, pode na verdade constituir "apenas um esboço grosseiro do itinerário real do monarca, mais ou menos coincidente com ele, e aproximando-nos talvez mais, afinal, de um itinerário da corte na sua expressão mais lata – ou seja da parte mais numerosa e vasta do séquito que seguiria, ao seu próprio ritmo, no 'rastro' do monarca" (cfr. GOMES, R. Costa, *A Corte dos Reis de Portugal...*, pp. 244-245).

[636] Cfr. os dados fornecidos por M. H. da Cruz COELHO, que coligiu atentamente as informações respeitantes a Coimbra já publicadas ("Coimbra Trecentista...", pp. 340-341).

[637] Veja-se Parte I, nota 73.

[638] PINA, Rui de, *Crónica de D. Dinis*, p. 307.

[639] Cfr. *idem, ibidem*, pp. 268, 271, 279, 284, 287-288 e 290-291; "Crónica do Rei D. Dinis", *Crónicas dos sete primeiros Reis de Portugal*, vol. I, pp. 88, 91, 100, 107, 113-115, 121, 129 e 142 e TAROUCA, Carlos da Silva, (ed. do texto inéd. do cód. Cadaval 965), *Crónica de D. Dinis*, Coimbra, Universidade de Coimbra, 1947, p. 184, 195, 204, 208 e 210-215.

[640] PINA, Rui de, *Crónica de D. Dinis*, p. 295. A informação seria depois coligida por Frei Francisco Brandão (cfr. SILVA, J. C. Vieira da, *Paços Medievais Portugueses...*, p. 86). Sobre este Paço de S. Lourenço e sua localização, veja-se A. Nogueira GONÇALVES, "Os Paços a par de S. Lourenço", *Estudos de História da Arte Medieval*, Coimbra, Epartur, 1980, pp. 273-275.

[641] Cfr. MATTOSO, J., "1096-1325", p. 163. De facto, Rui de PINA refere que, no cerco à cidade de Coimbra, D. Dinis, que não terá logo entrado na cerca por estar bem defendida, passou em contrapartida no *alcácer* de S. Lourenço, ao mesmo tempo que o Infante, vindo em socorro da cidade, pousa em Santa Cruz (*Crónica de D. Dinis*, pp. 291-292).

[642] Cfr. COELHO, M. H. da Cruz, "Coimbra Trecentista...", p. 341.

[643] *Crónica de D. Pedro I*, (PERES, Damião, intr.), Barcelos, Portucalense Editora, 1932, p. 10.

[644] *Crónica do Senhor Rei Dom Fernando, nono Rei destes Regnos*, (ARNAUT, Salvador Dias, intr.), Porto, Livraria Civilização, s.d., p. 98.

[645] Cfr. COELHO, M. H. da Cruz, "Coimbra Trecentista...", p. 341. Veja-se tb. LOPES, Fernão, *Crónica do Senhor Rei Dom Fernando...*, pp. 42, 91, 95, 189-190, 197 e 479.

[646] Efectivamente, se não subsistem dúvidas quanto ao local de reunião das Cortes – "nos paços d'El-Rei", onde o Mestre pousava, afirmam categoricamente Fernão Lopes e o *Chronicon Conimbricense* –, posta de parte, há muito, a ideia de se haverem realizado em S. Francisco (cfr. v.g. FIGUEIREDO, A. C. Borges de, *Coimbra antiga e moderna*, ed. fac-similada, Coimbra, Almedina, 1996, pp. 95-96), já o mesmo não se verifica no que respeita à realização da missa que sancionaria a eleição, a respeito da qual fontes tardias referem, ora que "foi na Sé" [Frei Manuel dos Santos, na *Monarquia Lusitana* (cfr. CAETANO, Marcello, "As Cortes de 1385", *Revista Portuguesa de História*, V, *Homenagem a Gama Barros*, Coimbra, 1951, pp. 9 e 27-29 e SOUSA, A. de, *As Cortes medievais portuguesas...*, Porto, vol. I, p. 292], ora na igreja de S. Cristovão [João Pedro Ribeiro, "Memórias sobre as fontes do código filipino", p. 67, reproduzido por Fortunato de ALMEIDA, *História de Portugal*, tomo I, p. 350 (cfr. CARVALHO, F. A. Martins de, *Portas e Arcos de Coimbra*, p. 47; LOUREIRO, J. Pinto, *Coimbra no passado*, vol. I, pp. 243-244 e CORREIA, A., *Toponímia Coimbrã*, vol. II, p. 3)]. Contudo, o facto, que sublinha J. MATTOSO, de esta não ter sido celebrada pelo arcebispo de Braga, a quem, como metropolita, caberia o privilégio de coroar os Reis de Portugal, bem como as razões que terão levado à interrupção, com D. João I, do ritual da sagração litúrgica, observado, segundo a sua tese, com os seus antecessores (cfr. "A coroação dos primeiros Reis de Portugal", p. 194) fazem duvidar da utilização do cenário tradicional (a Sé) para uma cerimónia a bem dizer nova (ou incompleta e, por conseguinte, desprestigiante para o novo Rei), facto aliás que, a ter ocorrido, Fernão Lopes, seguramente, não teria deixado de referir, não se lobrigando explicação lógica para a utilização da igreja de S. Cristovão. Por outro lado e mesmo que tal tradição não tenha jamais existido, como defende Peter LINEHAN (veja-se *supra* nota 617), a pressão política que rodeou as Cortes de 1385 e a investidura do Mestre, tanto quanto a omissão das fontes, levam a presumir a opção por uma solução mais discreta e *privada* (senão mesmo imediata) que, justamente pela falta de referência específica, tudo indica tenha decorrido no mesmo local onde se haviam levado a cabo as principais sessões das Cortes: "nos paços d'El-Rei". É, de resto, o que parece poder inferir-se das escassas alusões ao acto formuladas por Fernão LOPES, quando refere: "Esto determinado de todo, e o dia que o alçassem por rei, foi o prazer grande em todos, e dado carrego a NunAllvarez de mãdar correger os Paaços aomde se esto avia de fazer", acrescentando que aí, 5ª feira, 6 de Abril de 1385 foi o Mestre "alçado por rei; e feito seo offiçio, assi ecclesiastico, como secular, damdolhe aquell poderoso e rreal estado, que ell bem mereçia, com gramde festa e prazer" [*Crónica...*, vol. I, pp. 423-424. Veja-se tb. TORRES, R. d'Abreu, "Cortes de Coimbra (1385)", SERRÃO, Joel (dir.), *Dicionário de História de Portugal*, Porto, Livraria Figueirinhas, ²1979, vol. II, pp. 95-97].

[647] Veja-se *supra* nota 630 e, para a presença do monarca em Coimbra, LOPES, Fernão, *Crónica de D. João I*, vol. I (SÉRGIO, António, pref. de), Porto, Livraria Civilização, 1946, pp. 246, 324-327, 389-424 e vol. II (ALMEIDA, M. Lopes de, BASTO, A. de Magalhães, ed. de), pp. 49-50, 59, 162, 227-228, 255-259, 304, 349 e 365 e MORENO, Humberto Baquero, *Os itinerários de El-Rei Dom João I (1384-1433)*, Lisboa, Instituto de Cultura e Língua Portuguesa, 1988, pp. 19, 32, 37, 41, 45, , 49, 53, 61, 65, 73, 77-78, 85, 121, 125, 155, 167, 175, 179, 183, 229-230, 232, 242, 245, 250, 251-253, 257, 260-261, 262, 266, 270-271, 282-283, 291- -292, 320-321, 346, 351, 357-358 e 362.

[648] Cfr. GOMES, R. Costa, A Corte dos Reis de Portugal..., pp. 246-249. O intinerário de D. Pedro na zona centro e as suas estadas em Coimbra seriam estudados com minúcia por M. H. da Cruz COELHO, apurando-se a sua passagem na cidade nos anos de 1431, 38, 39 e 41-46, onde a sua presença se detecta por longos meses, sendo de longe – 252 cartas para um total de 469 – o local que maior volume justificaria na chancelaria do Duque (cfr. *O Baixo Mondego...*, vol. II, apêndice XI). Devem, porém, ter-se presentes, pelas razões acima expostas (veja-se *supra* nota 635), as limitações fornecidas por este método para o verdadeiro apuramento da utilização do paço por parte do seu detentor. De facto, de uma forma ainda mais explícita, sabe-se que é a partir de 1428, ano em que regressa do seu périplo europeu, empreendido

em 1424, que se inicia uma demorada estadia de dez anos nas terras do seu ducado. No que concretamente respeita à cidade de Coimbra, contudo, as crónicas reportam, por exemplo, que é aí que, em 1415, antes da expedição de Ceuta, oferece a seu irmão, D. Henrique, as famosas festas "com quantos desenfadamentos se poderam achar" [com efeito, não obstante a referência de Umberto Baquero MORENO de que teriam tido lugar "nos seus paços de Tentúgal" ("O Infante D. Pedro e o Ducado de Coimbra", Revista de História, V, Porto, Centro de História da Universidade do Porto, 1983-1984, p. 29), Zurara refere expressamente, antes de as descrever, "tanto que chegaram a Coimbra" (Crónica da Tomada de Ceuta, Lisboa, Publicações Europa-América, 1992, p. 100)]. Em 1424 parte para o seu périplo europeu. Antes, porém, ter-se-á dedicado a "um tempo privado de estudo e reflexão", de que resultaria o *Livro da Virtuosa Benfeitoria*, que não custa a crer tivesse tido, ao menos em parte, Coimbra por cenário (são anos esses, aliás, de empenhada construção, por parte do príncipe, da estrutura fundial do seu domínio: cfr. MORENO, H. Baquero, "O Infante D. Pedro e o Ducado de Coimbra", pp. 30-32 e COELHO, M. H. da Cruz, "O Infante D. Pedro...", pp. 16 e 24, nota 33, que arrola um conjunto, mesmo que diminuto, de referências à sua presença na cidade entre 1417 e 1423). No regresso, em 1428, aí assiste, com a Corte, ao casamento de seu irmão D. Duarte com D. Leonor de Aragão e é em Coimbra que o Infante recebe, em 1433, a notícia da agonia de seu pai, daí partindo com destino à Batalha (onde não chega), para assistir às exéquias reais; que se apresta, em 1439, em gente e armas, contra a Rainha sua cunhada; que recebe, em 1442, a notícia da morte do Infante D. João, seu irmão. Após o termo da sua regência, em 1448, é aí que se recolhe, que o visita D. Henrique, que lê a intimação de D. Afonso V para que entregue as armas, que organiza, enfim, em 1449, a partida para Alfarrobeira [cfr. PINA, Rui de, *Crónica de D. Duarte* (ALMEIDA, M. Lopes de, intr. e rev.), Porto, Lello & Irmão – Editores, 1977, pp. 495, 574, 633, 688, 705, 708, 711ss, 728 e 738] e na cidade, segundo parece, se terá criado o *Senhor* D. Jaime, seu filho, futuro cardeal, nascido em 1434 (cfr. SOUSA, D. António C. de, *História Genealógica*..., tomo II, p. 51). Impõe-se, pois, esclarecer a questão do relacionamento do Infante com o Paço Real da Alcáçova, a respeito do qual é opinião tradicional que o mesmo lhe não pertenceria nem o teria jamais habitado (cfr. W. ROSSA, *Divercidade*..., pp. 521 e 602-603), preferindo o Paço de Tentúgal e utilizando a Duquesa D. Isabel de Urgel o antigo Paço da Rainha, em Santa Clara [DIAS, Pedro, "Condições materiais de funcionamento. Os espaços escolares (1290-1654)", (vv. aa.), *História da Universidade em Portugal*, Coimbra-Lisboa, Universidade de Coimbra - Fundação Calouste Gulbenkian, vol. I (1290-1536), vol. II (1537-1771), 1997, Sep., p. 411]. Sucede, porém, que a formação do Ducado de Coimbra revestiu o carácter inédito de uma verdadeira alienação da cidade, por parte da Coroa, concretizada em 1429, com a entrega da sua administração ao Infante e que incluía o respectivo castelo e o conjunto das suas rendas, direitos, foros, coisas, emprazamentos, tributos, pensões, frutos novos e outras rendas, reservando o monarca somente as sisas gerais, imposição dos vinhos e serviço novo dos judeus. Após a sua morte e não obstante a continuidade do título, seria a urbe reincorporada por D. Afonso V no património régio, em 1451, donde mais não deveria voltar a sair. Até 1423, aliás, as deslocações de D. João I englobavam ainda Coimbra, mas o casamento de D. Duarte, em 1428, constitui o último acontecimento régio do reinado tendo a cidade por cenário, visionando Baquero MORENO nesse afastamento do monarca em relação à urbe ducal "a hipótese de um conflito latente entre os dois". Neste contexto, não faz qualquer sentido que o Infante, senhor de Coimbra, com seu castelo e (quase) todos os seus direitos se visse privado do uso da Alcáçova que, por certo, deve ter recebido juntamente. O facto de D. Isabel de Urgel se instalar no Paço de Santa Clara à sua chegada a Coimbra, em 1429, por não existirem casas adequadas (sem que se perceba se tivera já lugar o casamento de presença, o que poderia explicar a opção), bem como a notícia de aí se encontrar, já viúva, em 1450, "porque hi nom tijnha casas pera sua pousentação", reportados por Baquero MORENO, deverão ser contextualizados (o último com o evidente processo de recuperação da posse do paço isabelino, propício para retiro de viuvez), não invalidando a utilização da Alcáçova pelos Duques, em particular no período 1429-49, a qual, pelo contrário, os documentos respeitantes à nomeação de capelão, a partir de 1455, por se encontrar vaga tal função desde a morte do Regente, indirectamente documentam. Aí, pois, por certo – e não na igreja de Santiago, como quer a tradição –, terá tido lugar o cavaleiresco juramento entre o Infante e o conde de Abranches, o qual, segundo Rui de PINA, "apartou soo a huuma camara" [*Crónicas de*, (D. Afonso V), p. 732]. Cfr. em geral LOUREIRO, J. Pinto, *Coimbra no passado*, vol. I, p. 258; MORENO, H. Baquero, "O Infante D. Pedro e o Ducado de Coimbra", p. 30; idem, *Os itinerários de El-Rei Dom João I*..., p. 11; idem, "Isabel de Urgel e a política do seu tempo", *A Mulher na Sociedade Portuguesa. Visão histórica e perspectivas actuais*, Actas, Coimbra, Instituto de História Económica e Social - Faculdade de Letras da Universidade de Coimbra, 1986, pp. 417 e 421; COELHO, M. H. da Cruz, "O Infante D. Pedro...", pp. 16-22 e 34 e *supra* nota 477 e, para os ténues vestígios da intervenção urbana do Duque, TRINDADE, Luisa, "Coimbra, 'capital' do ducado do Infante D. Pedro. Algumas questões em torno de uma possível intervenção urbanística", *Colóquio Internacional Universo Urbanístico Português, 1415-1822*, Actas, Lisboa, Comissão Nacional para as Comemorações dos Descobrimentos Portugueses, 2001, pp. 57-67 e ROSSA, W., *Divercidade*..., pp. 519-528].

[649] Veja-se *supra* nota 477.
[650] Veja-se Parte I, nota 155.
[651] "O Edifício da Universidade...", p. 131.
[652] "A arquitectura em Coimbra", pp. 64 e 67.
[653] *Inventário Artístico de Portugal – Cidade de Coimbra*, p. XIV.
[654] "A arte medieval em Coimbra...", p. 90 (trata-se de um texto produzido para servir de introdução ao *Inventário Artístico de Portugal – Cidade de Coimbra*, editado em 1947, onde não foi incluído por ter resultado demasiado extenso (cfr. nota prévia a *Estudos de História da Arte Medieval*).
[655] *Inventário Artístico de Portugal – Cidade de Coimbra*, pp. 99b e 101b-102a.
[656] O programa, gizado em 1973, teria execução entre 1978 e 1980 [cfr. "Universidade de Coimbra – Remodelação das Instalações da Faculdade de Direito", DGEMN (Coimbra), *Paços da Universidade*, Proc.º C-060325-014(C3)].
[657] *Inventário Artístico de Portugal – Cidade de Coimbra*, p. 102a. Estes vãos seriam descobertos em meados de 1944, na antiga *Casa das Arrecadações* ou *da bomba* (por parte dela se encontrar convertida em cisterna) [cfr. "Sala dos Capelos", *Gazeta de Coimbra*, Ano 34º, nº 4726, Coimbra (10.08.1944), p. 2 e BANDEIRA, J. Ramos, *Universidade de Coimbra*..., vol. II, p. 271, nota 2, que cita o artigo da *Gazeta* (embora dando-lhe a data de 1945), mas complementa a notícia com outros pormenores,

próprios de quem acompanhara com atenção os achados].

[658] *Inventário Artístico de Portugal – Cidade de Coimbra*, p. 99b.

[659] Veja-se *supra* nota 27.

[660] Veja-se *supra* nota 655.

[661] Veja-se *supra* nota 652.

[662] Cfr. *supra* nota 657.

[663] Com efeito, no contrato estabelecido com Marcos Pires, em 17.10.1518, sobre as obras a fazer no Paço de Coimbra e a que adiante voltaremos, se estabelece que "das paredes velhas que ho dito Marcos Pires derribar a pedra d'alvenaria sera sua e asy lhe darã os tres arcos que sayrão debaixo da sala", o que esclarece o desaparecimento que hoje se nota de alguns desses arcos formeiros, no sector correspondente à *Sala dos Institutos* (cfr. DIAS, P., *A arquitectura de Coimbra na transição do Gótico para a Renascença, 1490-1540*, Coimbra, Epartur, 1982, p. 76, nota e *infra* nota 828). É provável, porém, que não fosse também alheia a esse caso a instalação nesse sector, em 1593, da cadeia universitária (veja-se *infra* nota 741). Sabe-se, com efeito, que em 02.03.1594 se "pagou ao c.ro de huma traue grande que se pos na cadea no lugar onde estava o arquo dous mil e quinhentos reis em que foi aualiada" (AUC, Universidade de Coimbra, *Agência, Contas dos Agentes da Universidade*, 1593-1614, s. nº).

[664] O conhecimento deste processo de entulhamento do piso térreo do Paço e, em geral, do recinto da Alcáçova, realizado no âmbito da reforma manuelina, como a analise da respectiva campanha comprovará, destinado certamente a diminuir o desnível da *linha de fastígio* da colina e a minorar os problemas de drenagem de águas que tal situação necessariamente ocasionaria e com os quais se deverá relacionar a cloaca reconhecida na fachada norte (veja-se *supra* cap. 1), revela-se também determinante, como já foi assinalado (veja-se *supra* nota 461), para a compreensão da verdadeira volumetria da primitiva capela palatina, entulhada então como o restante Paço e suprimida em benefício da Capela actualmente existente.

[665] Sobre a questão da ausência de escadarias exteriores nos mais antigos palácios, operando-se internamente, por escada de madeira ou (mais raramente) pedra a ligação do piso térreo ao andar nobre, veja-se *supra* nota 582. No caso do Paço Real de Coimbra, muito provavelmente a escada de ligação desembocaria directamente na própria *Sala*, como ainda hoje se documenta no paço acastelado de Santa Maria da Feira [cfr. GONÇALVES, A. Nogueira, *Inventário Artístico de Portugal – Distrito de Aveiro (Zona do Norte)*, Lisboa, Academia Nacional de Belas-Artes, 1981, p. 42]. Note-se que, por norma, o paço medieval possuía apenas dois pisos: um térreo e um sobradado (cfr. SILVA, J. C. Vieira da, *Paços Medievais Portugueses…*, p. 121).

[666] Cfr. DIAS, P., *A arquitectura de Coimbra…*, p. 73, nota.

[667] Cfr. *Inventário Artístico de Portugal – Cidade de Coimbra*, p. 102a.

[668] A sala, reconstituível a partir das infra-estruturas subsistentes, ostentaria um perímetro de 35 m x 5 m, o que prefaz uma área total de 185 m², dimensões que poderão ser consideradas mais do que regulares, acima das que apresenta o palácio de Gand (176 m²) e bastante superiores às do de Étampes (77 m²) e do Castelo de Leiria (128 m²), paço todo ele inscrito num rectângulo de 33 m x 21 m (veja-se *supra* nota 574). De acordo com o método proposto por R. PUERTAS TRICAS para o cômputo da capacidade dos templos, a *Sala* do Paço de Coimbra estaria dimensionada para albergar 370 pessoas (veja-se *supra* nota 537). Mesmo tendo em conta a necessária adaptação do método à estrutura cerimonial de umas Cortes, parece mais do que suficiente para conter um número de participantes que, de acordo com as fontes disponíveis, deverá ter oscilado entre os 150 e os 200, incluídos o (futuro) Rei, o conselho régio (não contabilizável numericamente), 11 representantes do clero (além de "outros prelados"), 72 da nobreza (além de "outros muitos cavaleiros e escudeiros") e 50 procuradores dos concelhos (cfr. SOUSA, D. António Caetano de, *Provas…*, tomo I, pp. 11-19; CAETANO, M., "As Cortes de 1385", pp. 6-10, 14, 27-29 e 37-39 e SOUSA, A. de, *As Cortes Medievais Portuguesas…*, vol. I, pp. 293-294 e vol. II, p. 9). Para a entronização do Mestre na capela palatina veja-se *supra* nota 646. Revela-se particularmente significativo o confronto das dimensões apuradas para a *Sala* do Paço Real de Coimbra com os comentários expendidos por A. H. de Oliveira MARQUES sobre as *salas* dos paços régios portugueses, ao tratar das festas do casamento da Infanta D. Isabel com o Duque de Borgonha em 1429 [cfr. "O Portugal do tempo do Infante D. Pedro visto por estrangeiros (a embaixada borguinhã de 1428-29)", *Biblos*, Actas do Congresso Comemorativo do 6º Centenário do Infante D. Pedro, vol. LXIX, Coimbra, 1993, p. 66].

[669] Editada em Colónia, em 1599, integrada no quinto volume da obra *Civitates Orbis Terrarum*, organizada por Georg Braun e depois objecto de numerosas reedições, a estampa seria aberta por Franz Hogenberg segundo desenho de Georg Hœfnagel que se sabe ter visitado Coimbra. Tal como toda a cidade, contudo, também a "casa do Rei, onde está a praça dos Estudantes", que a legenda refere [a letra A) da mesma reporta para o "Palácio Real, onde se encontram as escolas públicas"] se ressente das deficiências do desenho, bastante esquemático e desprovido de perspectiva, decerto completado com o auxílio de apontamentos tirados no local. Apesar disso, se cuidadosamente interpretado, não deixa de fornecer úteis elementos como, no caso presente, a única representação conhecida da porta de acesso ao Pátio no estado em que se encontrava até à construção da *Porta Férrea* (cfr. SILVA, A. Carneiro da, *Estampas Coimbrãs*, vol. I, pp. 2-7 e 13-14 e MADAHIL, António Gomes da Rocha, *Colecção de Gravuras Portuguezas*, 4ª Série, País-Norte, s.n., s.l., 1948, pp. 3-4).

[670] Veja-se *supra* nota 652.

[671] Cfr. "A arte medieval em Coimbra…", p. 85.

[672] Cfr. *idem, ibidem*: MACEDO, F. Pato de, *A arquitectura gótica na bacia do Mondego…*, pp. 22-26, 31 e 35-37 e DIAS, Pedro, *A Arquitectura Gótica Portuguesa*, Lisboa, Editorial Estampa, col. "Teoria da Arte", 11, 1994, pp. 86-87 e 99.

[673] Cfr. DIAS, Pedro, *A Arquitectura Manuelina*, Porto, Livraria Civilização, 1988, pp. 48 e 156.

[674] Agradecemos esta informação ao Doutor A. Nunes Pinto, co-responsável pelas escavações.

[675] Tal como para o par de "colunas românicas" e respectivos capitéis, não foi possível esclarecer as circunstâncias particulares da localização e incorporação deste capitel (MNMC, inv.º E-704) a qual, todavia, deve ter revestido idênticos contornos (veja-se *supra* nota 440), visto que seria ilustrado, juntamente com os outros, em foto da antiga disposição do Museu publicada em 1913 por A. de VASCONCELOS ("Estabelecimento primitivo da Universidade…", p. 631). Como nos outros casos, agradecemos os esforços envidados no sentido de obter informações, pela Dra. Ana Alcoforado, conservadora da secção de escultura. O capitel seria publicado autonomamente pela primeira vez por F. Pato de MACEDO (*A arquitectura gótica na bacia do Mondego…*, extra-texto).

[676] Vejam-se *supra* notas 555 e 556.

[677] Na verdade, Pedro DIAS afirmaria mesmo

que "Foi no reinado de D. Dinis que se registou o maior surto construtivo de toda a Primeira Dinastia portuguesa" (cfr. *A Arquitectura Gótica Portuguesa*, p. 83). Para os palácios de D. Afonso III e D. Dinis vejam-se, em geral, SILVA, J. C. Vieira da, *Paços Medievais Portugueses...*, pp. 86, 204-208 e 231-232; DIAS, Pedro, *História da Arte em Portugal*, vol. 4, *O Gótico*, Lisboa, Alfa, 1986, p. 62 e PIMENTEL, António Filipe, "Santa Clara-a-Velha de Coimbra. Das origens aos presentes trabalhos de recuperação", *Munda*, nº 27, Coimbra, Maio/1994, pp. 5-7 e 10.

[678] Vejam-se *supra* notas 452 e 453.

[679] Trata-se do conjunto de capitéis e bases de coluna noticiados (e reproduzidos) por A. de VASCONCELOS ("Estabelecimento primitivo da Universidade...", 630-631) e que seriam publicados individualmente por F. Pato de MACEDO (*A arquitectura gótica na bacia do Mondego...*, extra-texto) e não, naturalmente, do grupo problemático da famosa série historiada do Mosteiro de Celas (cfr. Parte I, nota 96).

[680] Sobre as transferências da Universidade e o edifício dos *Estudos Velhos*, vejam-se *supra* Parte I, notas 73, 96 e 102.

[681] Cfr. MATTOSO, J., "1096-1325", pp. 161-163.

[682] Veja-se *supra* nota 654.

[683] Veja-se *supra* nota 641.

[684] Veja-se *supra* nota 640.

[685] Veja-se *supra* Parte I, nota 102.

[686] Veja-se *supra* nota 642. De facto, também em Santa Clara o grande surto construtivo parece ter sido dinamizado a partir de 1325 quando, em consequência da sua viuvez, D. Isabel de Aragão se estabelece no Paço anexo, onde residiria até à sua morte, em 1336 [cfr. MACEDO, Francisco Pato de, "Santa Clara-a-Velha. À procura de um mosteiro perdido", FRÓIS, Virgínia (coord. de), *Conversas à volta dos Conventos*, Évora, Casa do Sul Editora, 2002, p. 105]. Por outro lado e sem que tenha sido possível localizar a fonte em que se baseia, J. M. de ABREU afirmaria, a propósito da transferência da Universidade para Lisboa em 1338, que "destinara entretanto Affonso IV transferir para esta cidade a côrte, logo que se effeituasse o casamento do príncipe D. Pedro com a infanta de Castella D. Constança" ("Memorias historicas...", p.27) e merece reparo que o acordo nupcial com D. Juan Manuel tenha sido firmado em 1336. Como quer que seja, é no Paço Real da Alcáçova que habita o jovem casal e aí, por conseguinte, que D. Pedro conhece Inês de Castro e que começa o seu enredo amoroso (cfr. DIAS, Pedro, MONTEIRO, João Gouveia, CASTRO, Aníbal Pinto de, *O Reencontro de D. Pedro e D. Inês*, Coimbra, Associação para o Desenvolvimento da Região Centro, 1999, p. 41).

[687] Cfr. SOROMENHO, M., "A administração da arquitectura...", p. 197 e nota 7.

[688] Cfr. GOMES, Saul António, "Escolares e Universidade na Coimbra Medieval", p. 517, nota 33 e, para o coruchéu, GONÇALVES, A. Nogueira, "A lanterna-coruchéu da Sé Velha de Coimbra", *Estudos de História da Arte Medieval*, Coimbra, Epartur, 1980, pp. 117-130.

[689] Cfr. DIAS, Pedro, "Domingos Domingues, arquitecto régio do século XIV", *Mundo da Arte*, 5, Coimbra, 1982, pp. 2-7.

[690] Veja-se *supra* nota 436.

[691] Veja-se *supra* nota 655.

[692] Sobre os coros e tribunas nas capelas palatinas, veja-se GOMES, R. Costa, *A Corte dos Reis de Portugal...*, pp. 263 e 315.

[693] Cfr. SOUSA, Armindo de, "1325-1480", pp. 483-487. Note-se que os primeiros anos do reinado, até quase ao final da década de 20, são absorvidos pela guerra sem quartel que o monarca move ao meio-irmão Afonso Sanches. É certo que entre 1336/39 nova guerra eclode com Castela, mas a esse tempo já o Rei firmara as bases da sua governação. Por outro lado, em 48 espalha-se a Peste Negra e a conjuntura torna-se evidentemente adversa a campanhas contrutivas.

[694] Segundo J. Pinto LOUREIRO (*Toponímia de Coimbra*, tomo I, p. 56), remontaria a um emprazamento de 1480 a mais antiga referência escrita conhecida aos *Paços de Alcáçova*. A verdade, porém, é que ela consta já, sob a forma de "Paaços da Alcaçova del rey" num documento de 06.05.1385 dado a conhecer por Carla Patricia Rana VARANDAS (*A Colegiada de S. Pedro de Coimbra, das origens ao final do século XIV. Estudo económico e social*, Dissertação de Mestrado em História Medieval apresentada à Faculdade de Letras da Universidade de Coimbra, Coimbra, 1999, policopiada, vol. II, p. 103) e os "paaços del Rey dalcaçeva" mencionam-se também no tombo do Almoxarifado de Coimbra, organizado em 1395 por ordem de D. João I (TT, Núcleo Antigo, Almoxarifado de Coimbra, Liv. 287, *Livro dos direitos del Rei na cidade de Coimbra*, Cl. B), referência cujo conhecimento devemos à nossa colega Dr.ª Luísa Trindade a quem expressamos o nosso agradecimento.

[695] Vejam-se *supra* notas 613 e 623.

[696] CARVALHO, José Branquinho de, (org., leit. e not.), *Livro 2º da Correia*, Coimbra, Biblioteca Municipal, 1958, doc. I, pp. 1-2.

[697] Cfr. RAU, Virgínia, *Feiras Medievais Portuguesas, subsídios para a sua história*, Lisboa, Editorial Presença, 1983, p. 132

[698] Cfr. *idem, ibidem*, p. 131.

[699] *Livro Verde...*, doc. 8b, p. 54 e *Chartularium...*, vol. I, doc. 249, p. 269.

[700] Veja-se *supra* Parte I, nota 6.

[701] É o caso das casas confrontando "com muro da Alcaceva del rei" ou "junto com ho muro dos Paaços da Alcaçova del rey" arroladas, para o século XIV, por C. P. Rana VARANDAS (*A Colegiada de S. Pedro...*, vol. I, pp. 48 e 56 e vol. II, pp. 83 e 103); da já citada referência ao capelão palatino de D. Afonso IV (veja-se *supra* nota 476), incluída num aforamento a João Periz, *candeeiro* do monarca, de "hua mha casa con dous portaaes que eu ei na mha Alcaçoua de coinbra que esta a par da mha atafana" e onde avulta a curiosa condição de "que non Alçe a dicta casa en mayor altura daquela en que agora esta" (no que parece constituir uma explícita medida de protecção à moradia régia); da menção, inclusa no referido tombo do Almoxarifado de Coimbra (*ibidem*; veja-se *supra* nota 694), onde, entre as propriedades régias, constam "huas casas sotom e sobrado que som ante os paaços del Rey dalcaceva" e "duas casas terreas que estom ante a feira junto com os dictos paaços e som casas do ofiçio da mercee del Rey" e, tudo indica, das "Casas da Fazenda junto com os Paços de El-Rei Nosso Senhor", referidas num documento camarário de 16 de Agosto de 1527 (cfr. CARVALHO, J. Branquinho de, *Livro 2º da Correia*, doc. XLII, p. 70).

[702] Cfr. GOMES, R. Costa, *A Corte dos Reis de Portugal...*, pp. 275-276.

[703] Para uma visão da propriedade régia nessa zona da cidade (e do seu estado de conservação), veja-se TRINDADE, L., *A casa corrente...*, pp. 118-121 (e quadro V) e 122-123.

[704] Cfr. VARANDAS, C. P. Rana, *A Colegiada de S. Pedro...*, vol. I, p. 107.

[705] Cfr. MATTOSO, J, "A cidade medieval...", pp. 32-33.

[706] Cfr. SILVA, J. C. Viera da, *Paços Medievais Portugueses...*, pp. 166-167.

[707] Vejam-se *supra* notas 652 e 653.

[708] Cfr. PINTO, A. Nunes, "Escavações na Alcáçova de Coimbra...", pp. 42 e 44.

[709] Veja-se *supra* nota 433.

[710] Cfr. PINTO, A. Nunes, "Escavações na Alcáçova de Coimbra...", p. 43. Com essa escada e com

a enigmática função desse corpo (provavelmente de armazenamento no piso térreo e residencial no superior, desaparecido nos meados do século XV, como adiante se verá) se relaciona um sistema de salas paralelas, cegas, cortadas pela escada, exumadas na escavação. A edificação desta nova ala sobre o antigo *albacar* não impede que, em épocas anteriores, lhe tivesse sido já outorgado outro destino, no âmbito da perda da sua importância militar, tendo em conta a datação, respeitante aos séculos XI-XII, proposta para certos muros internos da complexa trama desvendada. Deve, porém, realçar-se o significado do hiato cronológico existente até ao que seria reputado dos séculos XIV e XIV--XV, de maior significado ainda em face do avanço destas cronologias que de seguida proporemos.

[711] Esta escada seria, pois, a *bisavó* da setecentista *Escada de Minerva*. Sobre esta questão, à qual, naturalmente, se voltará no segundo volume deste estudo, vejam-se, não obstante, as informações já aduzidas *supra*, nas notas 29 e 43.

[712] Cfr. PINTO, A. Nunes, "Escavações na Alcáçova de Coimbra...", p. 44.

[713] Cfr. *idem, ibidem*, p. 43.

[714] Cfr. REAL, Manuel Luís, "A construção medieval no sítio da Sé", *Monumentos*, 14, Lisboa, Março/2001, p. 16.

[715] Cfr. PINTO, A. Nunes, "Escavações na Alcáçova de Coimbra...", p. 44.

[716] Veja-se *supra* nota 643.

[717] Cfr. SOUSA, Armindo de, "1325-1480", pp. 490-494.

[718] Vejam-se *supra* notas 630 e 647.

[719] Veja-se *supra* nota 559.

[720] De facto, D. Leonor Teles daria à luz a herdeira D. Beatriz, em 1372, num momento em que D. Fernando se encontrava ausente da cidade, em Santarém e em plena guerra com Castela, cujo Rei, Henrique II, se estabeleceu em Tentúgal e o conde D. Sancho, seu irmão, nos Paços de Santa Clara e, como escreveria Fernão Lopes, "Emtom teverom jeito de çercar a çidade salvo como quem pousa de caminho" (cfr. *Crónica do Senhor Rei Dom Fernando...*, p. 190). Por seu turno, vencida a *crise*, D. João I andaria em guerra com Castela quase ininterruptamente até 1411.

[721] Na verdade, Ernesto KORRODI chamaria repetidamente a atenção para a patente ineficácia dos sistemas defensivos do Paço da Alcáçova de Leiria, designando-o mesmo "belo espécime de construção civil, que assim o chamamos com toda a propriedade por carecer em absoluto de meios de defesa" ("A Alcáçova do Castelo de Leiria e sua significação social e política", *Boletim da Academia Nacional de Belas Artes*, XIII, Lisboa, 1944, pp. 15-19). Parece-nos, porém, não suscitar dúvidas (e revestir, por conseguinte, uma incontornável significação) a existência de uma opção consciente pela construção de um paço castrense, ao arrepio do que promovera D. Dinis, integrando mesmo na residência (sem o destruir) o primitivo caminho de ronda da muralha [cfr. GOMES, Saul António, *Introdução à história do Castelo de Leiria*, Leiria, Câmara Municipal (col. "Cidade de Leiria", n.º 1), p. 15].

[722] Cfr. SILVA, J. C. Vieira da, *Paços Medievais Portugueses...*, p. 121.

[723] Devemos estas informações ao Doutor A. Nunes Pinto, a quem aqui agradecemos. O capitel de maiores dimensões encontra-se hoje colocado na escada de serviço da Biblioteca Joanina. Quanto ao par de menores dimensões, já não nos foi possível conhecê-lo.

[724] Cfr. CATARINO, H., *Intervenção Arqueológica... (campanha 1/2000)*, p. 36, onde este elemento surge interpretado como "fuste de coluna, provavelmente romano", opinião de que as circunstâncias acima expostas nos obrigam a divergir (veja-se *supra* nota 52). No que respeita à relação estabelecida, observa-se que os fustes de colunelo, monolíticos, apresentam um diâmetro de c. 0,22 m, enquanto a base, com 0,41 m de lado, ostenta na gola um diâmetro de 0,26 m, o suficiente para ressaltar 0, 02 m em relação ao fuste. Quanto ao capitel, um pouco mutilado na parte inferior, apresenta uma altura de c. 0, 47 m, para uma largura, no ábaco, de 0, 41 m e um diâmetro de base de c. 0,22 m, tendo sido quebrado o colarinho.

[725] DIAS, P., *A Arquitectura Gótica Portuguesa*, pp. 103 (cfr. "Igreja de Santa Maria de Sintra", *Boletim da Direcção Geral dos Edifícios Nacionais*, n° 18, Lisboa, Dezembro/1939, pp. 7-11).

[726] Cfr. "Igreja Matriz da Lourinhã", *Boletim da Direcção Geral dos Edifícios e Monumentos Nacionais*, n° 16, Lisboa, Junho/1939, pp. 9-11; DIAS, P., *História da Arte em Portugal*, vol. 4, *O Gótico*, pp. 56--57; *idem*, *A Arquitectura Gótica Portuguesa*, p. 121; SILVA, J. C. Vieira da, *Paços Medievais Portugueses...*, pp. 120-122 e 208; PEREIRA, Paulo, "A arquitectura (1250-1450)", PEREIRA, Paulo (dir.), *História da Arte Portuguesa*, vol. I, Lisboa, Círculo de Leitores, 1995, pp. 398, 404-406 e 425-426 e *idem*, "As grandes edificações (1450-1530)", *ibidem*, vol. II, 1995 pp. 20-21.

[727] PEREIRA, P., "A arquitectura (1250-1450)", p. 407.

[728] PEREIRA, P., "As grandes edificações (1450--1530)", p. 20.

[729] Cfr. SILVA, J. C. Vieira da, *Paços Medievais Portugueses...*, pp. 120-121.

[730] Cfr. *idem, ibidem*, p. 154.

[731] Cfr. VITERBO, S., *Dicionário...*, vol. II, p. 321.

[732] Encontram-se hoje incorporados no MNMC, com o n.º de inv.º C-2281 (cfr. KORRODI, E., "A Alcáçova do Castelo de Leiria...", pp. 16-17 e SILVA, J. C. Vieira da Silva, *Paços Medievais Portugueses...*, p. 121). Os ladrilhos exumados nas escavações do Paço de Coimbra apresentam, aliás, flagrante semelhança com certas peças utilizadas no tapete *alicatado* da Capela do Paço de Sintra [vejam-se as conclusões de J. C. Vieira da Silva sobre esse pavimento (ob. cit., pp. 206-207) e MECO, José, *O Azulejo em Portugal*, Lisboa, Publicações Alfa, 1989, p. 35]. Korrodi chama também a atenção para a realização de tectos de alfarge na obra joanina de Leiria, a par dos pavimentos de mosaico mudejares, situação que não custa a aceitar tenha igualmente ocorrido em Coimbra, nomeadamente na Capela, após o seu alteamento.

[733] AAFCG, Legado Robert C. Smith, *Coimbra – anotações manuscritas e dactilografadas*, s. n.º.

[734] Cfr. VILLA-MAIOR, Visconde de, *Exposição Succinta...*, pp. 485-486.

[735] Cfr. VILHENA, João Jardim de, *Coimbra vista e apreciada pelos estrangeiros*, Coimbra, Coimbra Editora, vol. I, 1945, p. 86.

[736] Cfr. *Exposição Succinta...*, p. 486. As obras devem ter decorrido após 1855, pois na verdade é somente nesse ano, em 12 de Julho, que se verifica o encerramento da cadeia universitária, com a transferência dos presos para o antigo Colégio de S. Boaventura (cfr. BANDEIRA, J. Ramos, *Universidade de Coimbra*, vol. I, p. 146).

[737] Cfr. BRAGA, Teófilo, , *História da Universidade de Coimbra...*, vol. III, p. 507.

[738] Cfr. REDONDO CANTERO, María José, "El edificio de la Universidad durante los siglos XVII y XVIII", *Historia de la Universidad de Valladolid*, Salamanca, Universidad de Valladolid, 1989, vol. II, p. 661.

[739] O tema do cárcere universitário emergiria, pela primeira vez, nos Estatutos filipinos (cfr. *Estatvtos da Vniversidade de Coimbra, confirmados por el-Rey Dom Phelippe primeiro deste nome, nosso senhor, em o anno de 1591*, Coimbra, por António de Barreira, 1593, Livro II, título LIII, fl. 67), ressurgindo nos de

1612 (confirmados por D. João IV em 1653), os chamados *Estatutos Velhos*, onde constitui o *título LIII* [cfr. *Estatutos da Universidade de Coimbra (1653)*, ed. fac-similada, Coimbra, Por Ordem da Universidade, col. "Acta Universitatis Conimbrigensis", 1987, pp. 133-134], reproduzindo sem alterações o texto exarado nos estatutos anteriores. Mas a verdade é que tal consagração corresponderia a um desejo de há muito acalentado. Com efeito, já em 13.07.1541, o reitor Fr. Bernardo da Cruz se referia ao assunto em carta a D. João III em que, do mesmo passo que propõe soluções para o problema (fora do Paço Real), afirma: "tambem me parece que para ser esta obra desta tam insine vniuersidade perfeita deuem ter carcel por si. E seu carcereiro como se vsa nas outras unjversidades. E cesaria o agrauo dos estudantes de serem metidos em companhia de negros pesoas limpas e que as vezes serão alj metidos mais por auerem hum espanto que por graues culpas" (BRANDÃO, M., *Alguns documentos...*, p. 82).

[740] A mais remota referência documental a obras na prisão universitária que pudémos localizar é, com efeito, a que se refere, em 1593, à "folha que se fez hoie 15. de maio aos officiais que trabalharam na obra da cadea e paços" (AUC, Universidade de Coimbra, *Agência*, *Contas dos Agentes da Universidade, 1593-1614*, s. n°). Tendo, porém, o cárcere sido estabelecido nos Estatutos impressos no ano anterior, tudo indica que se trate efectivamente da organização da cadeia.

[741] De facto, na década de 30 é absolutamente pacífico, como se verá, estar a cadeia instalada sob a *Sala dos Capelos*. Para o século XVII, as mais remotas referências são as que publicou Manuel Lopes de ALMEIDA, respeitantes a "obras das geraes e grades da entrada do terejro e cadea e mais cousas necesarjas", em 13.09.1607 e à construção de "hua parede p.ª fortificar a cadea pella bamda do palhejro", em 19.05.1609 (cfr. "Artes e ofícios em documentos da Universidade", *Arquivo de Bibliografia Portuguesa*, Ano XVI, n° 61--62, Coimbra, 1971, pp. 89 e 98). Em 10.01.1748 afirma-se que "som.te constava de duas pequenas logeas nos baixos da Salla dos actos, que recebem pouco ar, e pouca luz" e é também então que começa a reflectir-se sobre a necessidade de reformar o cárcere universitário com eventual mudança de local (TT, Mesa da Consciência e Ordens, *Universidade de Coimbra*, Maço 60, doc. n° 5). A este assunto, que se relaciona com a utilização do piso térreo após o estabelecimento no Paço Real da Universidade, se voltará em devido tempo. Mas valerá a pena, desde já, registar os esclarecimentos que sobre a estrutura e concreta localização dessa repartição escolar fornece um documento de 10.01.1824 (requerimento ao prelado universitário do recebedor das obras): "Ill.mo e Ex.mo Senhor: Diz João Carlos Per.ª Montenegro Recebedor das Obras d'esta Universid.e, q. he Escrivam dellas e G.da do Armazem, q. sendo ate a Reforma dos estudos a Cadea dos prezos e Casa do carcereiro debaixo dos Paços das Escollas juncto a Torre dos Sinos o Ex.mo Snr. Reformador R.or nam só mudou a Cadea p.ª o local actual, mas tambem as cavalharices do Estado Reytoral ahi pegadas p.ª o Local onde se achão, e distribuirão aquelles Locaes a saber: Ao Sineiro a Caza do Carcereiro, com huma grande Salla ate então chamada Enxovia, a Caza dos prezos para Armazem de ferros, ferrages, e ferramentas e Caza de Conferencias da Obra e a Caza do Oratorio p.ª a Escripturação, e Cartorio e as Cavalharices de Armazem de madeiras, escadas e outros utencilios; E depois de paradas as Obras geraes removida a Engenhr.ª, e a grande Escripturação, se deo ao Mestre das Obras Manoel Alves Macanboa a dita Caza do Oratorio p.ª nella dezenhar os riscos, do qual pasou p.ª o M.e Ant.º Bap.ta falescido em 6 do cor.te Jan.ro; e como a d.ª Caza se faz nr.ª p.ª Cartorio seguro, e independente das entradas, estadas, e sahidas do Armazem, e d.as conferencias p.º tt.º, P. a V. Ex.ª seja servido mandar q. no cazo de nam continuar a Caza do risco sirva d.ª p.ª Escripturação e Cartorio" (AUC, Universidade de Coimbra, *Obras, Obras – Documentos Diversos – sécs. XVII-XIX*, s. n°).

[742] ALMEIDA, Manuel Lopes de, *Documentos da Reforma Pombalina*, Coimbra, Por Ordem da Universidade de Coimbra, col. "Universitatis Conimbrigensis Studia ac Regesta", vol. I (1771--1782), 1937, p. 103.

[743] AUC, Universidade de Coimbra, *Cadeia – Capela da Cadeia – Obras, 1645-1880*, s. n°.

[744] AUC, Universidade de Coimbra, *Obras – Documentos Diversos – séc. XVII-XIX*, s. n°.

[745] Cfr. TRINDADE, Luísa, "José do Couto, arquitecto titular da Universidade de Coimbra", *A Universidade e a Arte, 1290-1990*, Actas, Coimbra, 1993, p. 68 e ANACLETO, Regina, "O arquitecto José do Couto em terras da Beira", *II Congresso Internacional do Barroco*, Actas, Porto, Faculdade de Letras da Universidade do Porto, 2001 (no prelo), doc. 2.

[746] MNMC, inv.º D.A. 28.

[747] Veja-se *supra* nota 744. Na verdade, a instalação da cadeia no piso térreo da Biblioteca parece ter sido demorada. Em 15.02.1787 oficiava o carcereiro ao reitor que "requerendo em outro tempo, a segurança da Cadeya, pelo pouco q. estava de segura, foi V. Ex.ça servido mandar q. o D.r Vice Conservador procedesse, e mandasse com a breved.e possivel, reedificar e por com toda a segurança a d.ª Cadeia. Com eff.º fizerão-se algumas obraz; porem não de todo completas, e esta a Cadeia na forma antiga; e porq.e não tem a segurança necessaria, e peloz presos que tem, se vê obrigado a vigiar algumas noutes, e a não dormir, requer a V. Ex.ça mande que o Administrador, ou quem bem lhe parecer, mande completar as obras com toda a brevidade, e fazerse as mais que necessarias forem". De facto, em virtude da exiguidade do espaço face ao número de presos, a cadeia ocuparia não somente o piso baixo, mas também o intermédio, como se infere da especificação que, à margem, faz o carcereiro, de que "a parede devizoria das cazas por sima da inxovia não passam do forro, q as taes cazas tem por sima; do forro p.ª a abobeda, q serve de pavim.to á Livraria, he tudo vão, de sorte q tirando huma taboa do d.º forro podem vadear toda a cadêa, e arrancando outra em qualquer parte podem fugir os prezos; esta Cadêa não teve principio p.ª ella, mas sim erão cazas p.ª Lentes; pela reforma he q forão os prezos p.ª ellas". Por seu turno, um inventário dos móveis e alfaias existentes no cárcere, mostra também que os instrumentos de disciplina eram poucos e estavam decrépitos, sem cadeados, etc., há muito devendo ter sido retirados de uso, mas sobretudo permite reconstituir a antiga repartição, dividida em capela (onde tudo é paupérrimo), cadeia propriamente dita, casa da audiência (onde o mobiliário, austero – bancos e bancas, cadeira de espaldar com armas reais e *de Minerva*, escrivaninha de latão, etc. – tinha, apesar de tudo, alguma dignidade, e casa imediata à da audiência. Encontrando-se as *enxovias* e *segredos* a poente da *loige da entrada* e as restantes celas no andar superior (repartidas por tabiques), a capela, casa da audiência e casa imediata a esta deveriam corresponder às *loiges vagas* da planta de José do Couto, por bizarra que pareça tal designação, sendo a área mais descaracterizada pela intervenção de 1855 e pelas que se lhe seguiram até à de 1974 (cfr. AUC, Universidade de Coimbra, *Cadeia – Capela da Cadeia – Obras, 1645-1880*, s. n° e *supra* nota 29).

[748] Veja-se *supra* nota 737.

[749] Cfr. AUC, Universidade de Coimbra, Obras, *Documentos Diversos. Biblioteca – obras; Porta Férrea, etc., séc. XVII-XIX*, s. nº (férias referentes à "cuzinha das cazas da livraria da Und.ᵉ"), começadas a 28.03.1738 e concluídas a 03.11).

[750] Veja-se *supra* nota 669.

[751] BML, *Med. Palat. 123¹*, fl. 142 bis. Cfr. MADAHIL, A. G. da Rocha, *Colecção de Gravuras...*, p. 3. Destinado a ilustrar o relato do conde Lorenzo Magalotti sobre a viagem a Espanha, Portugal, Inglaterra e França do Grão-Duque herdeiro da Toscana, Cosme de Médicis, filho de Fernando II, empreendida em 1669, o desenho de Baldi seria objecto de um interessante estudo (incluindo o ponto de observação) por parte de António de VASCONCELOS (cfr. *A Sé Velha de Coimbra...*, pp. 165-184). Contudo, inestimável como é e sendo, fora de dúvidas, "a mais antiga vista autêntica de Coimbra que se conhece" (a de Hœfnagel é por demais esquemática e deformada), talvez o esplêndido desenho não seja tão *conscienciozo* e *exacto* como, no entusiasmo da descoberta (revelada por Guido Battelli) e a despeito da sua arguta análise, o historiador presumiria. De facto, a comitiva florentina chegaria à cidade a meio do dia 22 de Fevereiro, permanecendo durante o dia 23 e partindo a 24, pela Mealhada, com destino ao Porto [cfr. SANCHEZ RIVERO, Angel e MARIUTTI DE SANCHEZ RIVERO, Angela (ed. e not.), *Viaje de Cosme de Médicis por España y Portugal (1668--1669)*, Madrid, Sucessores de Rivadeneyra, s.d., pp. XXX-XXXI e 314-321]. Mesmo que se aplicasse a tempo inteiro na feitura do desenho, Baldi disporia, por certo, de menos de dois dias de luz para todo o trabalho, aliás de extrema minúcia. Ocupou-se, pois, decerto, a fazer os esquissos e tirar os apontamentos fundamentais, reservando a composição geral e o acabamento para as (longas) etapas intermédias entre os pontos relevantes da viagem. E esse método seria responsável por amplas deformações de perspectiva, como a que se observa na relação entre o Paço das Escolas, o Paço Episcopal e a Sé, por verdadeiros enigmas (como o edifício que se encontra a sul da catedral) e por uma óbvia estandardização dos edifícios menores, *casario*, de que apenas a visão de conjunto lhe interessava e entre os quais, evidentemente, estaria o pequeno corpo da cadeia onde, na sua óptica, seria verdadeiramente irrelevante a real estrutura do telhado. Certo é que, face ao carácter sumário da gravura de Hœfnagel, não é hoje possível saber-se qual dois dois teria sido mais respeitador da verdade.

[752] AUC, Universidade de Coimbra, *Fazenda da Universidade, Acordãos da Junta da Fazenda*, 1638--1672, *Livro dos Assentos e Acordos, 1648-1649*, fl. 180v.

[753] Deve, porém, notar-se que a planta apresenta, no verso, a indicação a lápis: "Projecto q não teve efeito mandado fazer p.ˡᵒ Sr. Bispo coando Reitor". Este facto poderá explicar o enigma da estranha e sistemática menção a *loiges vagas*, excepção feita às *enxovias* e aos *segredos* e a ausência de referências à capela e sala de audiências (onde eram efectuados os julgamentos), inerentes à cadeia universitária (veja-se *supra* nota 747), possuindo já o antigo cárcere, sob a *Sala dos Capelos*, uma pequena capela (veja-se *supra* nota 741). Todavia, a designação que o risco ostenta ("Planta baixa da Cadeia da univercid.ᵉ Andar terreo"), que faz inferir a existência de uma segunda planta referente ao piso (intermédio) superior, bem como a referência, entre as dependências localizadas a nascente da escada central, a um "lucal das comuas da Livraria e familia" e, bem assim, o facto de se cortar a ligação existente entre a primeira *enxovia* e a *loige da antrada*, ficando a prisão acessível somente pelo andar superior, fazem crer que o projecto de D. Francisco de Lemos passava pela repartição de ambos os pisos entre a Biblioteca e a prisão, devolvendo à Livraria parte do uso do espaço inferior às salas nobres que lhe fora sonegado, como se depreende da afirmação do carcereiro, em 1787, em referência justamente ao piso intermédio, de que "esta Cadêa não teve principio pª ella, mas sim erão cazas pª Lentes; pela reforma he q forão os prezos pª ellas". O primeiro andar ficaria, pois, dividido entre dependências para uso da Livraria e *família*, com acesso pela escada lateral ainda existente a norte das salas principais – e que substituíra, ao construir-se no século XVII a *casa do camarim* da Capela, a primitiva escada de acesso à *Pedreira*, sendo depois incorporada na lógica funcional da Biblioteca (veja-se *supra* nota 43) – e cadeia, o mesmo sucedendo com o piso térreo, a que o ligava, no sector da Biblioteca, a escada central, possuindo ainda comunicação com o exterior através da *loige da entrada*. Quanto à prisão, ocupando parte do andar intermédio (onde são ainda visíveis os orifícios das grades nas janelas mais ocidentais) e do inferior (com acesso interno pela escada de caracol), teria a sua serventia prevista, seguramente, a partir do *Jardim da Capela* (onde, aliás, em 1818 decorreriam algumas importantes obras) como, de resto, se faria mais tarde, ao serem as suas instalações entregues à posse da Biblioteca, como refere o visconde de Villa-Maior, ao informar que "Praticou-se do modo possivel uma comunicação directa para ellas, pela parte exterior do edificio do lado do norte" (*Exposição succinta...*, p. 486). Estes os elementos que, completando a subsistente planta do *Andar terreo*, deveriam constar da risco desaparecido (mas certamente existente) do *Andar superior*.

[754] Veja-se *supra* nota 4.

[755] Veja-se *supra* nota 733.

[756] Cfr. GARDELLES, J., "Les palais dans l'Europe occidentale...", pp. 119-121 e *supra* nota 572.

[757] Cfr. SILVA, J. C. Vieira da, *Paços Medievais Portugueses...*, p. 33.

[758] Veja-se *supra* nota 648.

[759] Cfr. *Inventário Artístico e Portugal – Cidade de Coimbra*, p. 102a.

[760] Cfr. PEREIRA, P., "A Arquitectura (1250--1450)", p. 371.

[761] Cfr. *idem, ibidem*, p. 381.

[762] Cfr. CRAVEIRO, Maria de Lurdes, "A construção do sagrado em espaço de fronteira", *VII Centenário da Diocese da Guarda, Congresso Histórico Teológico*, Actas, Guarda, Diocese da Guarda, 2000, pp. 76-81.

[763] Cfr. PEREIRA, Paulo, "As grandes edificações (1450-1530)", pp. 16-19.

[764] Veja-se *supra* nota 667.

[765] Veja-se *supra* nota 477.

[766] Veja-se *supra* nota 648.

[767] Veja-se *supra* nota 630.

[768] AUC, *Pergaminhos – Colegiada de S. Salvador* [1486.11.27]. Devemos à nossa colega Dr.ª Luísa Trindade a chamada de atenção para o interesse deste documento. Infelizmente, o documento não dá confrontações – a referência "falcoarias de El-Rei" deveria bastar –, mas tudo indica que não fossem junto ao Paço, o que, aliás, seria inconveniente numa estrutura desta natureza. Poderá, pois, inversamente, constituír bom testemunho da rarefacção da malha urbana nessa zona da cidade.

[769] Veja-se *supra* nota 644.

[770] *Crónica do Felicíssimo Rei D. Manuel*, Parte IV, p. 233. De um modo mais elementar, Christovão Rodrigues ACENHEIRO afirmaria mesmo que D. Manuel "fês os Paços de Coimbra" ("Chronicas dos Senhores Reis de Portugal", p. 342).

5 ⁂ Memória e (Con)sagração

Por muito tempo, na verdade, face à completa ausência de "subsidios para o reconhecimento e fixação das datas das diversas restaurações ou accréscimos" e ao "inextricavel conjunto de construcções de diversas épochas" patenteado pelo Paço das Escolas e evocado, em 1901, por António Augusto Gonçalves, a afirmação de Damião de Góis constituiria a única fonte documental concreta a elucidar a origem do actual complexo edificado. Ele mesmo opinara, com efeito, que "essa reconstrução manuelina tudo leva a crer que fôsse radical, pelo desapparecimento dos tisnados muros românicos, que aos olhos do rei deviam parecer bem miseraveis e desprezíveis"[771]. E, de facto, já Simões de Castro, dez anos antes, fazia recuar à restauração de D. Manuel a mais remota baliza cronológica das suas *breves notas descriptivas dos edificios da universidade* – primeira tentativa de descrição sistemática do palácio escolar – onde, todavia, concluía: "Pelas successivas modificações que tem tido o edificio universitario, raros caracteres apresenta já da arquitectura manuelina, predominando nelle o gosto das construcções usadas nos seculos XVII e XVIII"[772].

Desde 1899, contudo, que Sousa Viterbo dera um passo decisivo no conhecimento da intervenção levada a cabo nesse tempo, com a publicação de um conjunto determinante de documentos: a carta de nomeação de Marcos Pires, "pedreiro, morador em a nosa cidade de Coimbra", empossado pelo monarca, em 11 de Março de 1517, "por mestre das nosas obras que se fazem e daquy em diante na dita çidade ouuerem de fazer" – que atestava a sua responsabilidade nos estaleiros de Santa Cruz e do Paço Real – e o processo instaurado à sua viúva, em 22 de Março de 1522, em virtude das dívidas contraídas com a fazenda real, originadas no dinheiro avançado para as obras ao longo desses anos. Neste se inclui, como peça mais relevante, o *Auto que Vasco Rybeiro veador e reçebedor das obras dos paços da çidade de Coymbra mamdou fazer sobre a mjdiçam das obras dos ditos paçços* e que ilustra, com abundante cópia de pormenores, o seu estado de adiantamento à data da morte (quase simultânea) do Rei e do arquitecto[773]. A estes acrescentaria ainda um lote *menor*, referente a Pero Anes e a Diogo de Castilho. Quanto ao primeiro, sogro do pintor Cristovão de Figueiredo e do escultor e arquitecto João de Ruão e personagem central das empreitadas artísticas destes anos ("mestre da carpentaria de todalas minhas obras, tirãdo da Ribeira", afirmaria o Rei), surgia documentado, entre Janeiro de 1518 e Fevereiro de 1523, como "carpinteiro dos paços dell Rey nosso Senhor, d'esta cidade", qualidade porém em que deverá ainda receber a sua tença, pelo almoxarifado de Coimbra, em 1527, em recibo assinado pelo pintor Gregório Lopes[774], como comprova o facto de ser referido, nesse mesmo ano, como "mestre das obras dos paços de Coimbra" em documento de 24 de Abril referente à construção do Mosteiro de S. Bento da Ave Maria do Porto[775]. No que respeita a Diogo de Castilho, "pedreiro, irmão de Joam de Castylho", publicava Viterbo a carta régia da sua nomeação, em 7 de Abril de 1524, por "mestre das obras dos nosos paços de Coimbra, asy e pela maneira que o elle deve ser e o era Marcos Pires, que faleceo", funções onde, aliás, veria o seu *mantimento* aumentado em mais 2 000 reais por ano, em 29 de Novembro de 1527, conservando a respectiva tença ainda no final da vida, como se infere da renúncia que dela faz, em 1573, a favor de sua neta Maria de Azevedo, freira professa no Mosteiro de Celas, atestando-se a sua actividade no Paço Real entre 1531 e 1534, pela quitação passada, em 22 de Julho de 1535, ao dito Vasco (Fernandes) Ribeiro, "veador e recebedor das obras dos meus paços da cidade de Coymbra"[776].

Mais recentemente, este conjunto de informações receberia um vultuoso contributo com a publicação, por Pedro Dias, de novos subsídios, com destaque para o contrato celebrado com Marcos Pires pelo *amo do Príncipe*, Bartolomeu de Paiva, em 17 de Outubro de 1518 (a que acrescem outros documentos, referentes a somas remetidas para as obras a 16 de Junho e 16 de Outubro de 1517); para novo contrato, estabelecido pela mesma personagem, em 15 de Abril de 1519, com o carpinteiro Vicente Dias, para o fornecimento de madeira para escoras, espeques ("pontões") e soalhos, proveniente das matas episcopais da Margaraça e das do mosteiro cisterciense de Maceira do Dão (e que deveria ser entregue até à Páscoa de 1520); para o alvará de 19 de setembro de 1526, a favor do mesmo Vicente Dias, em que D. João III lhe manda dar 20 000 reais à conta das perdas que tivera nos referidos fornecimentos; para outro alvará, de 13 de Maio de 1533, em que o monarca autoriza o pagamento a Vasco Ribeiro das despesas referentes às obras nele contidas, lote a que se somariam outros documentos, de menor importância, mas que testemunham, aparentemente, a prossecução de obras ao longo dos anos de 1534 e 1535[777]. Enfim, já em anos próximos, ficaria ainda a conhecer-se achar-se associado ao pagamento a Pero Anes, em 1527, firmado por Gregório Lopes, a entrega ao pintor, em 4 de Junho desse ano, pelo almoxarife de Coimbra, de 5 000 reais "de sua temça que tem com ho dito ofiçio", qualidade em que receberia mais 6 000 reais a 22 de Outubro e que parece associá-lo também às obras do Paço Real, sabendo-se que em Santa Cruz decorria, desde 1522 (e arrastar-se-ia até 1530), a empreitada do retábulo do capela-mor, confiada a Cristóvão de Figueiredo[778].

Entretanto, as intervenções realizadas no Paço das Escolas iam também produzindo os seus frutos no conhecimento da reforma promovida pelo *Venturoso*. Por isso escrevia, em 1908, António de Vasconcelos: "Foi no tempo del-rei D. Manuel que os antigos paços, com a sua capela, foram demolidos, para se reedificarem com maior amplidão, no estilo que do nome daquele monarca assumiu entre nós a designação de *manuelino*. Destes novos edifícios nenhum subsiste com a sua feição característica, senão a capela. Há, porém, vestígios dos paços: duas portas e quatro janelas manuelinas, e ainda uns cubelos, já mais ou menos desfigurados, na fachada setentrional da Universidade; e finalmente uma série de arcos, por entre ruínas e escombros de muros, a indicar a linha que, por oeste, limitava os edifícios e seus anexos, e que, vindo na direcção da

Perspectiva da fachada norte.

Arcarias do antigo depósito da sala de leitura da Biblioteca, após a demolição deste (DGEMN, foto 516).

Janelas manuelinas da Sala dos Capelos (DGEMN, foto 98).

actual fachada ocidental das aulas dos *gerais*, correm paralelamente ao eixo da capela, até se encravarem na massa de alvenaria da biblioteca. Por estes restos, que a norte e oeste assinalam a extensão das construções manuelinas, se vê a amplidão notável que elas tinham"[779].

As *duas portas* e as *quatro janelas* referidas pelo historiador corresponderão, certamente, as primeiras ao piso térreo, sob a *Via Latina* e as segundas a vãos subsistentes na fachada norte. Quanto à *série de arcos*, localizada "por entre ruínas e escombros de muros" e indicando, segundo o mesmo autor, "a linha que, por oeste, limitava os edifícios (manuelinos) e seus anexos", oficialmente consagrada quando, contra o antigo *albacar*, se erguera a nova sala da biblioteca universitária[780], mereceria uma referência especial ao reitor Mendes dos Remédios, no seu discurso da abertura solene do ano escolar, em Outubro de 1912: "A construção dessa casa (afirmaria então) pôs a descoberto uma relíquia interessantíssima dos velhos paços da Universidade – uma arcada renascença formada de 8 arcos completos, dos quais apenas 3 se encontravam, e só em parte, descobertos. Ligando por um lado ao cunhal da Biblioteca, por outro ao da Universidade, essa arcaria é tudo o que temos do, porventura, primitivo paço real, há séculos desaparecido"[781].

A correcta classificação do achado seria, porém, estabelecida por Vergílio Correia que, alguns anos mais tarde, ensaiaria também a sua interpretação: "Compõe-se a arcaria – escreveria o arqueólogo – de sete formosos arcos de volta redonda, largos e bem lançados, assentes em esteios formidáveis, cujos capitéis rudimentares são adornados de bolas, e cujas bases, de recorte singelo e ângulos chanfrados, terminam em ornato igual. Para realizar a transformação do espaço contíguo a essa arcada numa sala ampla e arejada, capaz de comportar alguns milhares de espécies bibliográficas, teve o arquitecto encarregado das obras, de a contrafortar com dois arcos perpendiculares, copiados dos antigos, que vieram encostar-se aos segundos pilares de cada extremo[782]. Consultado acerca da idade desta construção, o mestre António Augusto Gonçalves, pessoa para quem a evolução da arquitectura e escultura coimbrãs, não tem segredos nem surpresas, ele informou-me de que os arcos, apesar da sua aparência arcaica, se lhe afiguravam claramente uma obra do período manuelino. Por minha parte, poderei acrescentar a esta autorizada opinião do professor Gonçalves, que a traça da arcaria se deve a Marcos Pires, mestre das obras dos paços reais até 1521, e que foi arquitecto da capela da Universidade e do Claustro do

A MORADA DA SABEDORIA

Arcarias desvendadas no interior do Pátio, a norte da Porta Férrea (DGEMN, foto 33).

Silêncio. No auto de medição das obras dos paços, que se fez por sua morte, a fim de liquidar as importâncias dadas por D. Manuel para as referidas obras, citam-se *sete arcos lavrados pelo tereiro por asentar*. Pode muito bem ser que se trate destes"[783].

Outros trechos, contudo, seriam ainda exumados, aqui e além, em particular no decurso das grandes obras de restauro da década de 40. Assim é que, logo em Fevereiro de 1937, reportava de novo Vergílio Correia, entusiasmado, no *Diário de Coimbra*, de que era director, depois de referir o inventário da fazenda de Marcos Pires e as menções que nele se faziam à *Sala da Universidade*, com as suas quatro janelas e o seu portal de entrada: "os actuais trabalhos de reparação da Sala dos Capelos acabam de pôr a descoberto, sob o reboco picado da parede de poente, três vastas e belas janelas de arco abatido, com esquinas chanfradas, tipicamente manuelinas, que davam sobre o Terreiro. Chegado ontem a Coimbra o arquitecto Baltazar de Castro, director dos Monumentos Nacionais, logo mandou descarnar o aro de uma dessas janelas, do lado da Via Latina, pondo a descoberto as cantarias, que se encontraram em perfeito estado"[784]. E prosseguia, no mesmo local, em 31 de Janeiro de 1944: "Haverá vinte dias, os pedreiros que picavam o reboco da ala compreendida entre a Porta Férrea e a Via Latina puseram a descoberto as molduras de cantaria de três arcos abatidos, nascidos do solo antigo do Terreiro do Paço, obliterados pela escada que se lhes encostara no século XVIII. Ordenou o arquitecto Baltazar de Castro, director dos Monumentos, e vogal da Comissão das Obras da Cidade Universitária, que se desobstruíssem as arcadas da ganga de argamassa e tijolo que as entaipava e ressurgiram, após séculos de esquecimento, três dos elementos componentes da galeria manuelina sotoposta à varanda *a par da porta de entrada do Terreiro*, as quais aguentavam as câmaras dos aposentamentos dos infantes, para quem fora reservada essa parte de nascente do Paço da Alcáçova. Do lado de dentro do Paço ficava portanto bem delineada a linha das construções de D. Manuel, a mesma que seguem os edifícios actuais". E acrescentava: "Nos começos da semana passada ficou marcado na planta do edifício antigo, um troço de cubelo do lado esquerdo da entrada do Paço, e tendo o arquitecto director dos Monumentos dado ordem para se prosseguir nas sondagens, à sua vista apareceu nova arcada manuelina de volta plena, perpendicular às anteriormente descobertas, mas já pertencente a uma construção de que parece não falar a medição de 1522"[785].

Novos achados, contudo, levá-lo-iam a regressar ao tema, logo a 2 de Fevereiro, para noticiar o aparecimento, na sequência dos que acabavam de ser desvendados, de uma série de arcos de cantaria, ao longo do andar inferior do Colégio de S. Pedro, a que acresciam outros, perpendiculares, como o que emergira nas imediações do cubelo: "Os arcos encostam, de nascente, na grossa muralha do primitivo Paço – escreveria –, o[s] do lado do Terreiro apoiam-se na intersecção de outros arcos, em parte destruídos pela abertura de portas e janelas"[786]. É, aliás, com base nestes achados que defende abertamente que "a solução ideal seria a da reconstituição total das arcarias"[787], na sequência, de resto, do que já antes propusera e que a identificação de novos vãos de origem manuelina, pouco tempo depois, sob a Via Latina[788], mais não faria senão reforçar: "Entendamo-nos – escrevia o historiador a 7 de Fevereiro –. Ninguém pretende repor todos os edifícios universitários no estado em que, em 1537, os deixou o rei D. João III, ao ceder o seu palácio de Coimbra, o Paço da Alcáçova, à Universidade. (…) O Paço da Alcáçova, transformado em Paço das Escolas, foi solar de condes, antes de Coimbra ter sido escolhida para capital do reino. Os descobrimentos feitos recentemente na área do alcácer deixaram esse ponto absolutamente esclarecido, assim como delimitaram a zona construída e livre entre os edifícios da fortaleza senhorial. O pouco que resta dessas obras primitivas – troços de muros e torres –, deve ser conservado mas não pode, evidentemente, servir de ponto de partida para uma reconstituição. Já o mesmo não sucede, porém, com o

Arco manuelino localizado na *Casa dos Archeiros*, junto ao cubelo sul da porta-forte (DGEMN, foto 114).

Aspectos dos arcos incorporados na fachada de S. Pedro (DGEMN, fotos 120, 121 e 122).

palácio real manuelino, isto é, com o Paço renovado na época de D. Manuel pelo mestre de pedraria Marcos Pires. Exceptuada a biblioteca, o Observatório, a Torre, e a parte de poente do Colégio de S. Pedro, todo o casco das construções universitárias é manuelino. A cada passo, quando se descasca uma parede, se encontram as molduras rectas, quebradas ou polilobadas, de aberturas rasgadas nos primeiros decénios de quinhentos. É portanto fácil reconhecer o traçado das três alas do Paço quinhentista, trabalho facilitado extraordinariamente pelo documento da rigorosa medição dos compartimentos dos aposentos dos infantes, do rei e da rainha, feita por técnicos em 1522, depois da morte do mestre da pedraria. Tudo quanto aparecer dessa época deve, de preferência a obras posteriores pombalinas, ser posto em evidência ao lado das reconstruções modernas, no que só haverá vantagens, estéticas e históricas". E concluía: "acreditem, defendendo a restauração ou a reconstrução de certos trechos arcaicos do Paço da Alcáçova, suponho prestar serviço aos meus contemporâneos, para que os vindouros não possam aplicar, guardadas as devidas proporções, o que se dizia em Roma: pior que os bárbaros, fizeram os… Barberini"[789].

Deve-se, de facto, a Vergílio Correia, a primeira tentativa de *reconstituição teórica* do antigo Paço Real, a partir da interpretação da documentação conhecida: a que Sousa Viterbo publicara em 1899. Escrevia, desse modo, em Agosto de 1936, quando mal arrancavam os trabalhos de intervenção dos serviços oficiais no Paço das Escolas:

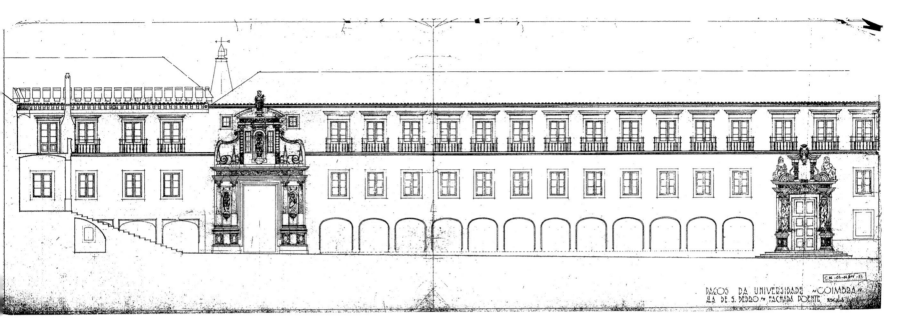

Proposta de reconstituição da arcaria (DGEMN, 14-39-44)

"Finado em Março de 1522 o pedreiro Marcos Pires, mestre das obras reais de Coimbra, fez-se por ordem de D. João III o inventário da sua fazenda e medição das obras que tinha executadas, ou em andamento, no paço. Do auto se verifica que no palácio real se fazia distinção entre os corpos destinados ao aposentamento do rei, da rainha e dos infantes, além da sala nobre, da cozinha e capela. Os aposentamentos dos infantes estavam *sobre a varanda, a par da porta de entrada do terreiro* e eram constituídos por dez câmaras. Essa varanda assentava em cinco arcos. Para o lado do norte mencionam-se o cubelo grande, do canto, com quinze ameias ao redor, feito de novo, e outro cubelo corrigido pelo mestre. A sala, a que várias vezes se faz referência, era o salão nobre do paço, a nossa Sala dos Capelos, por antonomásia, desde sempre, a *Sala*. Fala-se ainda da varanda da rainha, e das três escadas que davam acesso, uma ao aposentamento da Senhora Rainha, e duas aos aposentos del-rei. Ficavam estes aposentos entre a sala e a capela, na área ocupada agora pelos Gerais. A disposição das varandas e escadas revela que a elevação da Via Latina actual perpetua as necessidades de distribuição do antigo edifício. Além da capela reformada, para o lado de poente perdura uma série de arcos monumentais, actualmente incorporados no depósito anexo da Biblioteca que em conjunto e pormenores são raro exemplo da arquitectura civil da época manuelina, como a capela o é da arquitectura religiosa nacional do tempo. Numerosas janelas da fachada do norte – cuja formidável imponência é aligeirada pelas coberturas, repartidas em três corpos, o mais elevado correspondendo à Sala e os laterais cobrindo a antiga área dos aposentos dos infantes, rainha e rei – conservam os arcos manuelinos e outras aberturas, do interior, patentes ou mascaradas, informam suficientemente sobre a reorganização levada a cabo nos paços de Alcáçova por Marcos Pires"[790]. Meses volvidos, porém, em Fevereiro de 37, regressava uma vez mais ao tema, já sob o impacte dos trabalhos em curso, para reafirmar: "No arcabouço mediévico do palácio realizaram-se, na época de D. Manuel, transformações muito importantes, ainda hoje reconhecíveis sob os rebocos e as benfeitorias dos séculos posteriores, no corpo do palácio e nos seus torreões de defesa e embelezamento, afora a peça capital, que ficou quási intacta, a capela real. O inventário da fazenda de Marcos Pires, o mestre das obras do Paço, mandado fazer em 1522 por ordem de D. João III, indica-nos, por outro lado, a disposição dos principais compartimentos, com distinção dos aposentos do rei, da rainha e dos infantes. Ficavam estes últimos do lado da actual Reitoria, e os restantes entre a Sala dos Capelos e a Capela, sendo todos providos de varandas altas com arcadas, a que múltiplas escadas davam acesso. Várias referências se fazem nesse inventário à *Sala*, o salão nobre do Paço. Que por antonomásia ficou através dos tempos conhecido por *Sala da Universidade*, hoje dos Capelos: às suas quatro janelas e ao seu portal de entrada; à empreitada das paredes, de que Marcos Pires recebera 199.000 réis, etc."[791]. Enfim, ainda em Janeiro de 1944, a curtos meses da sua morte inopinada, acrescentava, por dedução, um último elemento: "A porta do Paço abria-se no lugar onde foi construída em 1634 a Porta Férrea, e custodiavam a entrada dois cubelos também, como reza o contrato feito com o mestre das obras seiscentistas. Esta informação completava e esclarecia certas passagens da medição que por morte do arquitecto Marcos Pires, mestre das obras de D. Manuel, se fez em 1522"[792].

Desaparecido prematuramente Vergílio Correia, caberia a Nogueira Gonçalves, nas páginas do *Inventário*, fazer o encontro entre as informações documentais e os elementos fornecidos pela *arqueologia*. Escrevia, desse modo, em 1947: "As grandes reformas e ampliações manuelinas são-nos conhecidas não só pelos elementos de construção que estão naturalmente à vista ou que as obras têm revelado, como também pelos documentos exarados em virtude do falecimento de Marcos Pires, o empreiteiro. Fora nomeado mestre das obras reais a 11 de Março de 1517; em igual mês de 1522 já era falecido, deixando um grande débito à fazenda real. O auto de avaliação das obras é fonte valiosíssima para o estudo do paço. Alargara-se a sua área. Ao lanço da muralha de nascente (Colégio de S. Pedro) acomodou-se o *aposentamento dos infantes*, para o que se construiu para o lado do terreiro uma série de arcos rebaixados, com outros perpendiculares a dividirem os tramos, cujos restos tivemos ocasião de ver; para fora do muro, no exterior, por causa da saliência dos cubelos, lançaram uma parede que produziu o corredor que existe. Nada resta do andar alto que se chegou a construir em parte. O lanço do norte,

Aspectos dos vãos descobertos em 1945 sob a Via Latina (DGEMN, foto 733).

o principal, destinou-se a *aposentamento do rei*; fizeram-se os cubelos e a grande sala e em frente desta um terraço. No lanço da capela encontravam-se os *aposentamentos da rainha*, que deveriam ocupar os gerais no todo ou em parte. A capela é desta época, devendo mesmo ter sido a primeira capela exterior do paço. Ao lado dela, mas afastados, foram encontrados arcos manuelinos sobre pilares, como referiremos. Nomeado Diogo de Castilho, em 1524, mestre dos paços, a ele devem pertencer certas obras de acabamento, de carácter renascentista"[793].

Após esta síntese inicial, novas precisões seriam registadas no decurso da ementa dedicada à *Universidade*. É assim que, depois de referir que "a *Porta Férrea*, a entrada nobre, ocupa o local da antiga porta de fortificação entre dois cubelos, destruídos para a obra desta"[794], informa, a propósito da zona onde situara os *aposentamentos da rainha*: "para além do quinto cubelo [da fachada norte], destaca-se a mole dos Gerais, com a parte inferior a formar esbarro e dando por sua vez grande espessura às paredes. É provável que Nuno da Silva Teles [responsável pela sua reforma em finais de Seiscentos] mandasse encostar, às paredes antigas, outras novas de fortalecimento e regularizasse as aberturas e os interiores"[795]. E prossegue: "Para poente continua a fachada dos Gerais, mas, no ângulo sul, resta uma parte manuelina, com as cimalhas e duas janelas altas, de verga recta e arestas chanfradas, como se vêem no desenho de Baldi. Entre os Gerais e a Biblioteca, encontra-se a sala de leitura desta. Estão hoje, no depósito abaixo da sala, sete arcos manuelinos, de feição utilitária, seguindo sensivelmente a linha da parede dos Gerais. São semi-circulares e apoiam-se em fortes pilares, quadrados, com pequeno chanfro nas arestas, tendo as impostas decoradas de esferas. Presumia o Dr. Vergílio Correia que seriam os sete arcos que à morte de Marcos Pires, estavam estendidos no terreiro. Posto que tivessem sido erguidos, nunca foram utilizados e ficaram semi-ocultos"[796]. Seguidamente, informa ainda a respeito do sector ocidental do Paço: "em frente a esta sala de leitura e separadas, ficam modestas habitações de empregados universitários. O muro de suporte deste plano tem poderosos contrafortes, em degraus. Dentro das casas há uma porta de arco quebrado e chanfrado. São restos de obras manuelinas, de reforma dos terraplenos e das construções utilitárias anexas, como cavalariças, falcoaria, etc. Vêem-se estes contrafortes no desenho de Baldi"[797].

Passaria então a analisar as fachadas do pátio, a respeito das quais escreveria: "Na parede do nascente, a seguir à Porta Férrea, vêem-se os arcos abatidos manuelinos do rés-do-chão, semelhantes aos da ala de S. Pedro, que a restauração que corre encontrou e deixou à vista. A cimalha manuelina, nesta parte e na outra da reitoria, apresenta um ar arcaico, tendo sido feita talvez por sugestão das antigas dos paços medievais; a seguir ao corpo central [o frontão da Via Latina], até ao cruzeiro da capela, adapta-se mais ao carácter da época. No alto do

Perspectiva das janelas manuelinas da Sala dos Capelos na fachada norte.

Aspecto da base de uma janela e respectivos assentos descobertos em 1944 durante o restauro da Sala dos Capelos (DGEMN, foto 192)

corpo junto à Porta Férrea, há duas gárgulas manuelinas figurando animais"[798]. Seguidamente e após descrever a fachada dos Gerais, entre a Torre e a Capela onde, afirma, "quando em 1944 tiraram os rebocos a esta parte, pudemos reconhecer, ao lado das janelas altas, mas não sincronizadas com elas, os restos de quatro outras manuelinas"[799], passaria a analisar a "*Sala Grande dos Actos*, ou vulgarmente *Sala dos Capelos*", a cujo respeito escreveria, como vimos já: "era, na reforma manuelina, a *Sala* por antonomásia, e, devendo ter correspondido a uma anterior plenamente medieval, foi inteiramente construída por Marcos Pires, como há pouco se viu, por ocasião da renovação dos rebocos e reforma do pavimento. Marcos Pires, para lançar o madeiramento do soalho, construiu uma parede no sentido do comprimento, fora da linha do eixo, mais para o lado do pátio, e cortou o espaço do norte assim obtido por arcos transversos, uns ogivais e outros semicirculares; nessa parede abriu duas portas, uma cocheira, larga, de arco quebrado e arestas chanfradas, e outra de serviço, com a verga recortada. Para o lado do terreiro rasgou largas janelas, que a restauração deixou à vista no exterior, as quais tinham assentos laterais da parte da sala. As mesmas janelas largas, com assentos, as notámos do lado oposto, o do norte"[800]. Por fim, debruçar-se-ia sobre a *Capela de S. Miguel*, que evoca nos seguintes termos: "apresenta-se como uma inserção no conjunto dos paços, análoga à dos aposentamentos dos infantes (colégio de S. Pedro), mostrando, por isso, que foi uma das extensões manuelinas dos paços antigos. (…) A obra actual é inteiramente manuelina segundo o traçado de Marcos Pires, que deveria ter falecido por 1521 ou princípios de 1522. Ficou a capela incompleta, faltando o lageamento, caiações, etc.; os tectos que, sendo de madeira, não eram da sua empreitada mas pertenciam à de Pero Anes; as cornijas no transepto e capela-mor, que são da primeira Renascença. Deveria ter sido projectada uma abóbada para a capela-mor, como se vê nas capelas do tempo, a qual por morte do mestre se deixaria de fazer; tanto mais que se deu acabamento sumário aos paços, como se vê dos arcos que estavam incompletos no sítio da sala de leitura da biblioteca; eram obras do novo reinado, no qual os interesses eram já outros. Pelos docu-

MEMÓRIA E (CON)SAGRAÇÃO

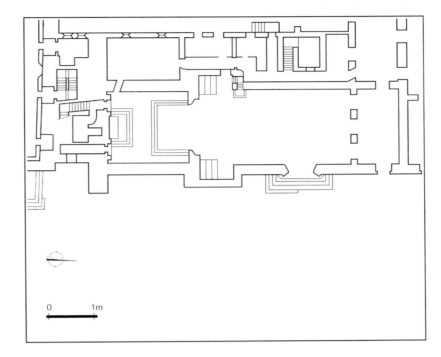

Página anterior:
Aspecto interior da Capela (foto Delfim Ferreira. Serviço de Documentação da Universidade de Coimbra).

Aspecto exterior da Capela de S. Miguel (foto José Maria Pimentel.

Planta da Capela (des. José Luis Madeira).

mentos do Sr. Dr. Mário Brandão, vê-se que, em 1544, estavam ainda tantos entulhos na capela que subiram a duzentas carradas[801]. No tempo intermédio continuaram os actos religiosos das obrigações da capela, mas não se sabe onde se realizavam. (...) O plano é o costumado grupo dos dois rectângulos (para a nave e capela-mor) tendo aquela duas leves saliências a servir de transepto que, em alçado, terminam abaixo do nível da linha das paredes da nave, cobertas de pequenas abóbadas nervadas. Os ângulos externos da capela-mor são robustecidos de contrafortes cilíndricos. A porta de entrada é lateral, a meio da parede do evangelho da nave, acompanhada de duas altas janelas, que se repetem ao lado fronteiro, rasgando-se outras, uma a cada banda, no transepto e na capela-mor, de traçado mais simples. A porta é uma composição familiar a Marcos Pires, no manuelino naturalista. Entre dois contrafortes, em forma de pilar torcido, recorta-se o arco decorativo, tricêntrico, cujos aros se entrelaçam e rematam em desenvolvida cruz; ficam-lhe inferiores os dois vãos, de verga policêntrica e abatida que pilar medial separa, pilar duma restauração de 1895,

em substituição duma coluna clássica. Fica sobre este o escudo nacional, acompanhado, nos extremos do espaço, da cruz de Cristo e da esfera armilar. Três escudetes suplementares mostram símbolos da Paixão. No vértice da empena do topo da nave, ergue-se uma escultura de pedra, manuelina, de *S. Miguel*. O arco cruzeiro é de arco quebrado, largo caveto entre colunelos, rematando num *Calvário* de figuras posteriores"[802].

Longos anos se passariam de seguida, sem que o tema das obras manuelinas do Paço Real coimbrão despertasse a atenção da generalidade dos historiadores e é Pedro Dias quem tenta de novo organizar a questão à luz de novos documentos: o contrato com Marcos Pires de 1518; o de 1519 com o carpinteiro Vicente Dias, para o fornecimento de madeira e o alvará, referente à mesma personagem, de 1526; novo alvará, de 1533, em que o Rei autoriza o pagamento a Vasco Ribeiro das despesas referentes às obras nele contidas e outros ainda, de menor importância, mas que parecem testemunhar, como foi referido, o prosseguimento de trabalhos na moradia régia ao longo dos anos de 1534 e 1535. Nesse sentido, escreveria em 1982: "não conhecemos o primeiro contrato da reforma do paço conimbricense, certamente celebrado em 1516 ou 1517, pois com datas a partir de Junho deste último ano encontrámos diversos documentos relativos a remessas de dinheiros para as referidas obras. (…) Em 1518 as obras decorriam em ritmo normal e, em 17 de Outubro, celebrou-se um novo contrato com o arquitecto e empreiteiro Marcos Pires, relativo à continuação dos trabalhos dos paços. (…) Na ala principal, a da actual via latina, Marcos Pires deveria terminar o piso térreo, sob a sala grande dos actos, então o salão nobre do paço, e do lado da actual reitoria. Para tal teria de derrubar algumas divisões antigas, nomeadamente as que estavam viradas para a cidade. Faria ainda todos os portais de comunicação, janelas para o exterior, escadas, etc. Julgamos que se pode inferir que nessa zona o paço tinha três andares: o inferior, térreo; o do eirado, que corresponde ao da actual via latina; e um superior, excepto sobre a sala grande, e que devia ter uma varanda voltada à cidade, ligando os cubelos na sua zona alta. No fundo, a disposição deste corpo médio – limitado pelos aposentos dos infantes e pelos aposentos da rainha – devia ter a disposição de hoje, excepto onde está a reitoria, zona que foi muito alterada nos séculos XVII e XVIII. As obras de restauro efectuadas deixaram ver o repartimento das salas térreas". E ponderava: "Marcos Pires fez uma obra sólida, mas sem grandeza. As ligações entre as salas faziam-se por pequenos portais desornamentados, e a comunicação entre os andares era feita quer pelo interior quer pelo exterior, mas no primeiro caso, através de escadas de madeira, cuja execução ficava a cargo do mestre de carpintaria. Como nota de comodidade só a existência de fogões de sala nalguns compartimentos". Seguidamente, prosseguia: "Além da remodelação de toda a zona habitacional entre a porta do terreiro e a capela de S. Miguel (…), deveria fazer, como estabelece o contrato de 1518, uma nova estrebaria e a residência do pessoal a ela afecto. Ficava na zona dos comuns, por trás da capela, perpendicular à desaparecida sacristia manuelina, numa zona próxima à da biblioteca joanina. Tinha dois pisos: um inferior, onde ficavam os espaços para os animais; e um superior, certamente ao nível do terreiro, onde se estabeleceria a residência do tratador dos cavalos e muares". Pelo mesmo contrato se ficaria, aliás, a saber "da intenção que o rei teve de mandar construir um corpo paralelo ao principal, do outro lado do terreiro, perpendicular à capela de S. Miguel, e que deveria correr ao longo do antigo muro defensivo, cujos restos foi possível ver quando se abriram as fundações para a estátua de D. João III. A parte inferior deste corpo seria formada por um lanço de arcos, de formas e dimensões idênticas aos que lhe eram fronteiros, levantando-se sobre estes dois andares, dotados de janelas para ambos os lados, e com uma varanda para o lado de dentro. Estabelecia-se que seriam construídas quatro divisões, no mínimo, com cerca de 6 m de largura cada uma, e que as paredes divisórias teriam 60 cm de grossura. Todas estas salas haviam de ter janelas para o interior do terreiro e para o exterior, e dentro, chaminés com 1,20 m de largura. Era pois um corpo de grandes dimensões, com mais de 30 m de largura. Porém, nada do que foi planeado para esta parte do paço se fez e, quando o mestre morreu, havia somente lavrados alguns dos arcos da zona térrea, que se encontravam estendidos no chão"[803].

Concluída a análise dos elementos contidos no contrato de 1518, passaria Pedro Dias ao seu cotejo com as informações fornecidas pelos outros dados disponíveis, em particular pelo auto de medição integrado no processo instaurado, após a morte do arquitecto, em 1522: "pelos resultados das medições e pelo texto do contrato de Marcos Pires com o amo do rei – escreveria –, ficamos a saber o que se deve ao labor deste mestre arquitecto. Primeiro, os aposentos dos infantes, que se situavam ao lado da porta do terreiro, em parte do espaço ocupado hoje pelo colégio de S. Pedro. Foram encontrados uns arcos, iguais aos três que se vêem ainda entre a porta e a via latina, nas obras de restauro levadas a efeito em 1944, cujo achamento o Doutor Vergílio Correia publicitou num artigo no Diário de Coimbra. Igualmente, pelas descobertas feitas então, se confirmou que a entrada era flanqueada de cubelos semicirculares e que julgamos terem igualmente beneficiado de arranjo na época que estamos a tratar, mas cujo casco é muito anterior, como se viu ao encontrar-se uma janela de arco ultrapassado no interior de um deles. O problema maior consiste em saber se os ditos aposentos eram cortados pela porta férrea ou se estendiam só de um lado dela. Cremos que os arcos que estão a descoberto, ao lado da via latina, correspondem ainda aos aposentos do rei, e que os aposentos destinados aos infantes ficavam do outro lado da entrada do pátio. (…) Tinham na zona térrea lojas, separadas ao longo dos vãos formados pelos cinco arcos, sobre os quais assentavam os andares superiores, arcos que, como se disse, estão parcialmente incluídos na frontaria do colégio de S. Pedro. No andar superior havia dez divisões e, virada ao pátio, uma varanda com dez arcos. Marcos Pires tinha também arranjado toda a parede exterior e, dentro dos aposentos, tinha feito já vinte e oito janelas e dezanove portais, faltando-lhe ainda, para completar esta parte da empreitada, quatro janelas, o portal principal e dois portais mais modestos para o andar térreo. Marcos Pires fez na zona norte – a actual via latina – os aposentos do rei e a grande sala nobre. Eram aqueles constituídos por um piso baixo, ao nível do chão do terreiro; por um intermédio, onde se situava a sala e outras divisões e que era precedido por um grande eirado; e, muito provavelmente, por um outro, mais acima, no qual se abriria uma varanda para o lado do norte que, no corpo da sala, mais não seria que um passadiço. Do lado de fora reforçou ou restaurou os cubelos, abriu ou melhorou muitas janelas e fez talvez uma varanda descoberta no cimo da construção. Onde estão hoje os gerais, fez Marcos Pires os aposentos da rainha, nos quais se deveria então destacar uma grande varanda virada ao terreiro, com os seus vinte arcos de cantaria. Fez também a capela de S. Miguel, à qual já só faltavam acabamentos quando morreu, e para além dela, uma zona de comuns onde estavam localizadas diversas dependências utilitárias e destinadas a serviçais, caso das cozinhas e das estrebarias. As obras de grosso estavam quase prontas, faltando apenas o que podemos chamar acabamentos: molduras de janelas e portais, ladrilhamento e lajeamento, coberturas, rebocos, ameiamento, etc. Nos aposentos da rainha faltava ainda uma escada e nos do rei faltavam outras duas. Na varanda da rainha também não tinha sido feita a cimalha, nem havia sido completado o telhado"[804]. E continuava: "A esta época do início do século XVI pertencem as ameias de carácter medieval que, como se viu pelo auto de medição, já estavam feitas na sua quase totalidade, embora nem todas estivessem colocadas nos lugares que lhes eram destinados. Por detrás da capela, já fora do terreiro, portanto, há vestígios de diversos outros edifícios manuelinos. Destacam-se, pelo seu volume e desarticulação com o conjunto, sete fortes arcos semicirculares, assentes sobre pilares quadrados, com arestas levemente chanfradas e com as impostas decoradas com esferas. Eram os que estavam no terreiro quando Marcos Pires morreu e de que dá notícia o auto de medição. Julgamos poder afirmar que se destinavam à ala sul, aquela que nunca viria a ser construída, e que depois da mudança e cancelamento do projecto inicial, foram aproveitados para qualquer outra finalidade que desconhecemos". E concluía a reconstituição da obra de Marcos Pires com a analise da Capela: "As obras de construção, como já vimos, estavam muito adiantadas quando o arquitecto Marcos Pires morreu. Tinha delimitado o plano – corpo rectangular, simples, de nave única; transepto levemente saliente; e capela-mor rectangular –, galgado as paredes até cima; feito as pequenas abóbadas de nervuras dos braços do transepto; e completado o conjunto das portas e janelas. Não sabemos se haveria ou não uma porta axial, devido às modificações que o topo norte sofreu, durante os séculos XVII e XVIII, só restando do início do século XVI o lateral, que comunica com o terreiro. Estava também feita uma sacristia, mas que também já não existe. O segundo mestre, Diogo de Castilho, continuou os trabalhos, devendo-se-lhe a cimalha renascentista da cabeceira e do transepto, e a terminação exterior da capela-mor, incluindo as ameias renascentistas. Porém, em 1544, ainda o templo estava por terminar, pois só então foi desentulhado, e seria o mestre construtor Jerónimo Afonso quem, finalmente, o viria a acabar e tornar apto para o culto. Os tectos de madeira que então foram feitos dever-se-ão atribuir a Pero Anes que, como se vê pela documentação, era o mestre das obras de carpintaria. Pensa o Doutor Nogueira Gonçalves que o plano inicial deveria prever uma abóbada para a capela-mor, o que julgamos dever corresponder à realidade, pois não só as paredes são muito espessas, como o é o arco cruzeiro, que ultrapassa 1m, como ainda pelo facto de ter sido construído um enorme contraforte cilíndrico com larga base rectangular do lado do terreiro, o que não se justificaria se não houvesse necessidade de anular os impulsos de uma grande massa, como uma abóbada de pedra. Do outro lado, seriam as construções anexas a servir de contraforte"[805]. E completaria o seu estudo da campanha *manuelina* pela crítica dos documentos posteriores ao falecimento de Marcos Pires, especialmente os que se ligam à intervenção de Diogo de Castilho, a respeito do qual escreveria: "ficaria com o encargo de terminar o que o seu antecessor não fizera nos paços de Coimbra, como um aditamento ao contrato de Marcos Pires explicitava: *"...e porque algumas das ditas obras nele conteudas nom sam acabadas El Rey noso Senhor ha por bem que as acabe Diogo de Castilho mestre das obras que hora he dos ditos paços polos preços do dito contrato..."*. Mas também Diogo de Castilho não completaria toda a empreitada; a ala sul, paralela ao corpo principal do paço, nunca seria construída, devendo ter sido o novo mestre a montar os arcos que para ali estavam destinados, onde hoje se encontram, nas traseiras da capela de S. Miguel. Castilho mais não fez que terminar as obras que não podiam ficar como estavam (...). Do que hoje resta, podemos atribuir-lhe sem reservas a cimalha e a cobertura da capela-mor, a cimalha do transepto, e ainda o coroamento exterior da cabeceira da capela, incluindo-se aqui as curiosas ameias renascentistas, muito diferentes de outras que Marcos Pires fizera"[806].

Em outras ocasiões voltaria Pedro Dias a ocupar-se das intervenções *manuelinas* no Paço Real de Coimbra, ainda que sem o detalhe com que o fizera em 1982. Assim, quinze anos mais tarde, em 1997, escrevia de novo a propósito do programa dinamizado pelo *Rei Venturoso*: "Fechavam-se os quatro lados, o que conformaria uma monumental praça de armas. Onde hoje é a Via Latina ficavam as Casas do Rei; do lado dos Gerais as Casas da Rainha; e do lado da Porta Férrea, as Casas dos Infantes. A Sala dos Capelos era a Sala do Trono e, no piso inferior a esta, ficavam os aposentos dos serviçais. O Paço foi dotado de cavalariças, falcoaria e de dispositivos de defesa, nomeadamente um passadiço ao longo de toda a fachada norte, onde se reforçaram os cubelos antigos e, naturalmente, de uma majestosa capela, da invocação de S. Miguel, cuja estrutura chegou íntegra até aos nossos dias. As obras foram dirigidas por Bartolomeu de Paiva, amo do Rei e tiveram como principal mestre Marcos Pires, um homem que fora adjunto de Boutaca nas empreitadas régias de Santa Cruz e que era natural da Batalha, onde aprendera com Mateus Fernandes. A morte simultânea de D. Manuel e de Marcos Pires, no final de 1521, abortou o plano inicial e, pouco depois, D. João III encarregou Diogo de Castilho, o mestre das obras do Mosteiro de Santa Cruz, de terminar o que ficara inacabado no Paço. Porém, a ala virada ao rio não se concluiu, nem a zona das Casas dos Infantes contíguas à porta nobre"[807]. Particular interesse, todavia, têm as reflexões elaboradas a propósito da Sala Grande: "Ficam-nos algumas dúvidas acerca das suas reais dimensões – afirmaria então –; na parede da Via Latina estão as primitivas janelas, e descobriram-se outras, do lado oposto, entre os cubelos, o que nos indica a sua largura. Porém, está documentado que, quando das exéquias de D. João III, que não decorreram na Capela de S. Miguel, por ser pequena, foi necessário juntar à Sala uma outra contígua, pelo que se derrubou a parede divisória, o que indica um comprimento menor do que o actual". E acrescentaria ainda a respeito dos alojamentos dos dignitários áulicos: "Os professores, desde 1537, viviam em instalações do Paço, do mesmo modo que alguns dos funcionários, mas é-nos difícil dizer, exactamente, onde. Os restauros efectuados na década de oitenta, permitiram-nos perceber que o rés-do-chão actual (onde funcionam diversos serviços da Faculdade de Direito) tinha maior dignidade do que, anos atrás, pensávamos. Era aí que vivia Bartolomeu de Paiva, no início do século XVI[808], e depois, muito provavelmente, alguns professores"[809].

Outros autores se debruçariam ainda, já em anos recentes, sobre as obras manuelinas do Paço coimbrão. Assim, em 2001, Luís Mota dos Santos Figueira, proporia uma reconstituição visual da ala abrangida pelo contrato de 1518, ao mesmo tempo que, numa perspectiva interessada essencialmente nos métodos e técnicas de construção, ressaltaria que "as obras de adaptação, tendo que se cingir ao património pré-existente, adaptar-se-iam à funcionalidade requerida do modo que fosse possível, e seria criada obra nova onde fosse necessário e possível", pondo a tónica no facto de que "as precauções colocadas na linguagem do contrato parecem ser determinantes, quanto ao rigor exigido no desenho e construção dos elementos componentes desta estrutura"[810]. Enfim, no mesmo ano, Walter Rossa ensaiaria uma leitura de conjunto do edifício então delineado: "O programa – ou o projecto, se assim o pretendermos (escreveria) – tinha a simplicidade e a clareza de sempre. Sobre o perímetro quadrangular da cidadela erguer-se-ia um contínuo edificado no centro do qual ficaria um pátio. Como o acesso continuaria o mesmo, o impacto urbanístico seria apenas de âmbito visual, não alterando a estruturação preexistente. Tal apenas seria violado na relação com o espaço inferior imediato a poente, constituído em logradouro de serviços (cavalariças, habitação de criados, etc.), o que também não foi relevante, a não ser na acentuação do estigma de desordenamento com que chegou até aos nossos dias. A ala norte do paço era o nódulo estruturador das dependências paças, ali se erguendo o Salão Nobre ou Sala Grande (sobre o espaço onde até aí fora a sala principal) e os aposentos do rei e dos seus mais directos colaboradores, os quais se prolongavam pela ala nascente até ao acesso geral. Daí para sul, e sobre uma arcaria, ergueram-se os aposentos dos infantes, que se veriam transformados e consideravelmente ampliados, para cima e para sul, a partir de D. Sebastião, quando este ali resolveu instalar o Colégio de S. Pedro. No ângulo noroeste, onde vieram a ser erguidos os Gerais da Universidade, os aposentos do rei encontravam-se com os da rainha, os quais se estendiam ao longo da ala poente até toparem na nova Capela Real, a qual inevitavelmente manteria o orago, S. Miguel, e se estruturaria longitudinalmente, por forma a não interromper a leitura perimetral ao pátio de todas as dependências. Para a frente sul também foi prevista a construção de um conjunto de salas, provavelmente de lazer e ostentação, montadas sobre um piso térreo inteiramente vazado. A respectiva arcaria estava a ser talhada quando o monarca e o empreiteiro, que era também o mestre-pedreiro, entre finais de 1521 e os primeiros meses do ano seguinte, faleceram, sendo o projecto descontinuado por D. João III. Assim se perdeu a verdadeira natureza do pátio e a leitura integrada de um palácio, criando-se uma ambiguidade que persiste na rica relação com a paisagem, simultaneamente urbana e fluvial. Extremamente interessante teria também sido o diálogo axial entre as alas norte e sul, ou seja, entre o terraço – o *eirado* que se veio a constituir em embasamento da Via Latina – e a arcaria pela qual se esvairia o olhar, o qual, aliás, também encontraria escape sob a metade sul da ala dos infantes. Essa relação de pose e enquadramento perspéctico de equívoca ponderação de massas sobre vazios, ambas obtidas pela sobreposição de volumes encerrados sobre um piso térreo vazado, é um tema recorrente nos edifícios de maior porte do período *manuelino*"[811].

É certo todavia, que, no seu conjunto, não somente as leituras propostas para o projecto manuelino não parecem conciliar-se rigorosamente com as informações fornecidas pela documentação, como, mesmo, está longe de ser concorde a opinião de todos os autores sobre a própria repartição dos *aposentamentos* no interior do plano – e, por conseguinte, sobre a real morfologia do programa empreendido pelo Rei D. Manuel. De facto, enquanto, para Vergílio Correia, "o inventário da fazenda de Marcos Pires, o mestre das obras do Paço, mandado fazer em 1522 por ordem de D. João III, indica-nos (…) a disposição dos principais compartimentos, com distinção dos aposentos do rei, da rainha e dos infantes. Ficavam estes últimos do lado da actual Reitoria, e os restantes entre a Sala dos Capelos e a Capela"[812], para Nogueira Gonçalves – e, na sua esteira, para Pedro Dias e todos os restantes historiadores[813] –, "ao lanço da muralha de nascente (Colégio de S. Pedro) acomodou-se o *aposentamento dos infantes* (…). O lanço do norte, o principal, destinou-se a *aposentamento do rei* (…). No lanço da capela encontravam-se os *aposentamentos da rainha*, que deveriam ocupar os gerais no todo ou em parte"[814], acrescentando Pedro Dias: "O problema maior consiste em saber se os ditos aposentos [os dos infantes] eram cortados pela porta férrea ou se estendiam só de um lado dela. Cremos que os

Grupo de quatro arcos manuelinos localizados sob a Via Latina no decurso da intervenção da década de 80 (DGEMN, foto 745).

Frontespício dos referidos arcos.

arcos que estão a descoberto, ao lado da via latina, correspondem ainda aos aposentos do rei, e que os aposentos destinados aos infantes ficavam do outro lado da entrada do pátio"[815]. Mas também em relação ao corpo dos *Gerais* a interpretação formulada por Nogueira Gonçalves se revelaria problemática, sabendo-se hoje que esse sector – no sentido do *claustro* que actualmente ostenta –, nasceria apenas (como se verá) em finais do século XVII, com a vultuosa campanha de obras aí então dinamizada, pelo que não pode aceitar-se, como ideou o saudoso mestre, que Nuno da Silva Teles, o reitor responsável por essa *reforma*, "mandasse encostar, às paredes antigas, outras novas de fortalecimento e regularizasse as aberturas e os interiores"[816]. Outra seria, pois, a morfologia do denominado *aposentamento da Rainha*. Do mesmo modo, o conjunto de informações agora disponíveis a respeito da primitiva *Sala Grande* e, em geral, da organização do complexo palatino empreendida no século XIV, tudo leva a crer que por D. Afonso IV, obrigam a refutar a ideia de que a actual *Sala dos Capelos* corresponda exactamente a essa "anterior plenamente medieval", outro tanto sucedendo com o que se refere às suas infra-estruturas e à longa parede que o construtor manuelino teria erguido *fora da linha do eixo*, como apoio do conjunto de *arcos transversos* que, sabemos já, constituiriam a base de sustentação dessa outra sala primigénia e não da que por esses anos se configuraria[817]. Por outro lado, passaria sem relevo, por parte da historiografia, a localização, sob o sector nascente da *Via Latina*, de um conjunto de quatro arcos abatidos, valorizados nas obras de adaptação aí levadas a cabo na década de oitenta, em tudo idênticos aos três que, no interior do Pátio, adjacentes ao flanco norte da *Porta Férrea*, seriam desvendados pelos trabalhos de 1944 (e de que agora seria reabilitado um quarto arco, oculto pela galeria setecentista), reportados por Vergílio Correia ao *Diário de Coimbra* – e por ele identificados como "três dos elementos componentes da galeria manuelina sotoposta à varanda *a par da porta de entrada do Terreiro*, os quais aguentavam as câmaras dos aposentamentos dos infantes [e não do Rei], para quem fora reservada essa parte de nascente do Paço da Alcáçova"[818]. Arcos cujo conhecimento parece poder condicionar (e aclarar) a leitura dos documentos basilares para a intervenção de Marcos Pires (o contrato de 1518 e o *auto de medição* de 1522)[819]. Por outro lado ainda, sabe-se agora também não ser originária do Paço a decantada arcaria erguida nas traseiras da Capela (na verdade dificilmente conciliável no âmbito geral do programa manuelino, onde se lhe não conhece

MEMÓRIA E (CON)SAGRAÇÃO

Novo arco desse sector, subjacente à Via Latina, valorizado na campanha dos anos 80.

Aspecto dos arcos incorporados no depósito da antiga sala de leitura da Biblioteca da Universidade (DGEMN, foto 154).

Outro aspecto dos referidos arcos, vendo-se um dos pequenos arcos de ligação ao paredão do *albacar* edificados por Silva Pinto (DGEMN, foto 156).

semelhante) e a respeito da qual vingaria a opinião de Vergílio Correia de corresponder aos *sete arcos lavrados pelo tereiro por asentar*, a que se referia a medição da obra de Marcos Pires, destinados, aparentemente, à projectada ala sul do antigo Paço Real e sobre os quais assentariam, pelo tempo fora, todas as teorias sobre esse sector elaboradas[820]. Na verdade, erguidos nesse local apenas em finais de 1699, no âmbito da grande campanha de obras então levada a cabo nos *Gerais*, seriam provenientes do antigo dormitório do Mosteiro de Santa Clara-a-Velha, cuja pedra, em benefício do novo (de que a administração das obras corria por conta da Universidade[821]), bem como das próprias obras do Paço das Escolas, então se alienava[822]. Tudo parece, assim, aconselhar o regresso às fontes documentais, única forma de deslindar uma questão que, afinal, se afigura longe de se encontrar esgotada e de captar a verdadeira dimensão e o real significado da intervenção do *Venturoso* (e de seu filho, D. João III) no Paço Real coimbrão; empresa em relação à qual não será talvez despiciendo o contributo de informações até aqui reputadas de importância secundária.

Com efeito, data de 11 de Março de 1517 a carta régia de D. Manuel I que empossa Marcos Pires por *mestre das nosas obras que se fazem e daquy em diante na dita çidade ouuerem de fazer*[823], o que justifica a sua intervenção no Paço Real (a par de Santa Cruz), constituindo, porém, as remessas de dinheiro conhecidas entre Junho e Outubro desse ano[824] o primeiro sinal concreto relativo à existência (ou previsão) de trabalhos na moradia régia. A 28 de Janeiro de 1518 se reporta, aliás, a mais remota referência à existência de um oficial ostentando o título de *mestre das obras dos paaços*, na pessoa de Pero Anes, que a documentação posterior esclarece tratar-se do *carpinteiro dos paços dell Rey nosso Senhor*, cujo labor ligado ao Paço de Coimbra se encontra claramente atestado até ao ano de 1523, vencendo, porém, ainda a sua tença, nessa qualidade, em 1527[825]. Com relação à actividade de Marcos Pires, o mais antigo testemunho é, contudo, o que fornece o referido contrato de 17 de Outubro de 1518, *concertado* com o amo do Príncipe, Bartolomeu de Paiva, e dado a conhecer na íntegra por Pedro Dias, em 1982[826], o qual, todavia, não deixaria de notar que "não conhecemos o primeiro contrato da reforma do paço coninbricense, certamente celebrado em 1516 ou 1517"[827], sendo este, por conseguinte, tudo leva a crer, um instrumento inter-

329

médio. Pela importância, porém, de que se reveste para a questão que nos ocupa, valerá a pena conhecê-lo na íntegra[828]:

Treslado do contracto que fez o ammo do principe por ordem d'El Rey com Marcos Pires pedreiro e mestre das obras da cidade de Coimbra sobre a factura das que erão necessarias nos paços da dita cidade.

Aos xbii dias d'Outubro deste presente ano de b^cxbiii se concertou o amo do principe por mandado d'El Rey Noso Senhor com Marcos Pires pedreiro e mestre das obras da cidade de Coimbra sobre ho fazimento de certas hobras que hora Sua Alteza manda fazer novamente nos paços da dita çidade.

Item. Primeiramente sobre os arcos que estam do topo da sala grande que correm ate [à] porta do terreiro do dito paço ergase as paredes em grosura de tres pallmos ate altura de dezasseis e nas ditas paredes averá dez arcos de pedraria da mesma grosura dos tres palmos shãofrados d'ambas partes e terão de llume oito palmos esforçados e d'alto xiii do andar do chão ate o ponto e nestes arcos averá sedas e peitoris e sopeitoris em modo de janella e o dito peitorill será de hum bom pallmo de groso e as sedas de dous palmos em quadrado de asentados dous palmos d'alto do chão ate ho leito de cima e daly para cima sobyra o dito peitorill hum palmo e dous dedos e estes dez arcos serão repartidos em os lanços desta varanda ate ho portall e os shãos que vierem antre arco e arco serão todos compasados de hum tamanho e averá por cada hum destes arcos IĪ e seiscentos reaes e no primeiro lanço asentara tres arcos de pedraria de grosura de tres palmos compasados em terços pera sobre eles se fazerem tres repartimentos pera quatro casas que sobre a dita varanda hamde vir os quaes averão seus respaldos fortes nas ditas paredes da banda do terreiro e da outra parte respaldarão no direito dos topos dos respaldamentos das outras casas que se amde fazer da outra parte e as voltas destes arcos serão antre redondas e escacantes e moverão de sobre represas fortes ou de qualquer outra maneira que mais fortes e mais seguras possam vir e sobirão os tardozes dos ditos arcos ate ho andar das traves da parte de çima e desta mesma ordenança asentara outro arco no meio do outro lanço que vay ter a porta para sobre elle se fazer outro tall repartimento pera ficarem duas casas no dito lanço e avera por cada hum destes quatro arcos Ī b^c reaes e as paredes que amde vyr sobre estes arcos serão de dous palmos e meio de groso e sobyrão em altura de quatorze palmos e na mesma altura de quatorze pallmos sobyrão as ditas paredes dos so-brados pera çima d'ambas as partes e na mesma grossura dos dous palmos e meio ficando meio palmo de releixo per a parte de fora e per esta maneira vam ordenados sobre estes dous lanços da varanda seis casas. Scilicet quatro no primeiro lanço que he o maior da parte da sala e as duas no outro lanço que vay entestar na porta e estas casas. Scilicet as quatro serão feitos os repartimentos de maneira que asi venha huma tamanha coma outra e iso mesmo as duas do outro lanço virão ambas dum tamanho e nestas duas casas por serem mayores avera duas janelas em cada huma pera a parte do terreiro asentadas em terços e as ditas janelas serão de sedas e peitoris e sopeitoris tudo de pedraria e asy os encalços e sobrarcos e os sobre arcos serão capyalçados e terão de lume sete palmos e d'alto oyto ate o ponto das voltas e isto do peitorill pera cima e as voltas serão escacantes ou d'alguns arabyados que bem pareção e na casa que vem da parte da porta avera huma chamine no pano que vem sobre o muro quatro palmos do canto da parte da dita porta do terreiro e a dita chamine será de seis palmos de larguo e çinco d'alto metida na parede o que poder e na parede do repartimento destas duas casas avera hum portall de pedraria que tera quatro palmos de lume e oito d'alto asentado em hum terço da parede pera ha parte do terreiro e estas duas casas averão a servyntya pela varanda de baixo por huma escada de madeira que se fara na casa mais chegada ha porta e a chaminé sera mudada a outra casa.

Item. As quatro casas velhas que estam no longo destas varandas da parte da çidade seram reformadas de novo na mesma ordenança de quatro casas que venham sobradadas e as paredes engalgadas no andar das paredes das camaras que vem sobre as ditas varandas em maneira que fiquem quatro casas debaixo e outras quatro em cima e as paredes que has ditas casas agora tem serão deribadas ate homde se vir que he necesario pera que fiquem fortes e boas o quall sera visto per elle o dito Marcos Pires e Pero Anes carpinteiro presente ho veador e escrivão da dita hobra e com ho parecer de todos se derribe aquillo que for pera derribar e as grousuras destas paredes e asy das que se fezerem sobre o muro sera pola ordenança da grousura das de fora e hem cada huma destas casas asy as altas como as baixas avera duas janelas as quaes serão pela ordenança das outras somente terão meio palmo menos que has outras em maneira que ficão de seis palmos e meio de lume e sete e meio d'alto e as sedas de todas estas janelas serão de dous palmos em quadrado com suas sedas e peitoris da ordenança das outras dos arcos asy na altura como na grandura e posto que diga que sejam as sedas de dois palmos em co-adrado serão mais tres dedos perlongadas ao longo do peitoril e nas quatro quamaras que vem sobre as varandas no andar destas avera em cada huma sua janela asentada cada huma em hum dos terços de cada huma das ditas casas defronte do portall que ouver d'aver de huma camara pera outra. Scilicet das camaras que se fazem sobre as casas velhas as outras que vem sobre as varandas e hem cada morada de sobre as varandas avera sua chamine no pano do meio onde had'aver ho portall chegado a outro canto. Scilicet dous palmos do canto e as janelas destas casas serão da grandura e ordenança das que sam as das camaras de junto com ho portall do terreiro. E as chaminés isso mesmo da grandura da outra com suas vergas de tegello e os portaes serão de pedraria de tres palmos e meio de lume e sete e meio d'alto.

Item. Neste lanço destas varandas ha catorze casas nas quaes amde ser ordenados os aposentamentos. Scilicet nas duas casas no pano de junto com ha porta do terreiro sera um apousentamento pera sy com seu serviço como vay ordenado e nas doze casas do outro lanço grande avera os [outros] quatro. Scilicet tres casas em cada hum apousentamento duas huma sobre outra que vem nas casas que se amde derribar e fazer de novo e huma no mesmo andar do de çima que vem sobre a dita varanda e o serviço de cada hum destes apousentamentos sera pola dita varanda com seus portaes de pedraria de quatro palmos e meio de lume e oito e meio d'alto e averão suas escadas per dentro as quaes vem ordenadas na outra empreitada da carpintaria e avera por cada huma destas janelas humas por outras $\overline{II}$ b^c reaes e por cada hum dos ditos portaes $\overline{II}$ reaes.

Item. Mais fara o dito Marcos Pires huma casa grande pera estrebaria a quall começara e vira cordeada com as paredes da samchristia em quadrado ate entestar no muro da outra parte e sobyrão d'alto dezasseis palmos e tera de groso tres palmos e farseha a parte da samchrestia huma casa pera o estribeiro a quall sera sobradada no andar do da samchrestia e os ditos sobrados serão lansados em treze palmos do chão e dally pera çima outros treze palmos e a dita casa avera seu portall de pedraria de quatro palmos de largo e oito d'alto e estas casas ambas sobradadas avera cada huma sua janela da ordenança das outras de seis palmos e meio de lume e asy avera em cada huma sua chamine pera a parte do muro ou onde milhor vir e serão de b palmos e meio de largo e b palmos de alto ate as vergas e a dita samchristia debaixo avera huma janella baixa ferrada da ordenança das outras e de sete palmos de lume e sera ferrada e a verga sera quadrada e a casa terrea do estribeiro avera huma fresta rasgada pera ambalas partes pera ser ferrada de tres palmos de comprido e dous e meio de largo asentada ao longo oyto palmos

d'alto do chão e desta mesma casa do estribeiro avera outro portall que posa ir per dentro a dita estrebaria e sera da mesma grandura do outro de quatro palmos de lume e oito d'alto e a dita estrebaria avera oito frestas asentadas no longo e repartidas que venham os espaços iguaes e serão rasgadas e terão de comprido tres palmos e dous de largo o lume e do lume pera baixo avera dez ou xi palmos e avera por cada huma destas frestas bij^c reaes.

Item. Mais fara na dita estrebaria hum portall grande. Scilicet de ix palmos de lume e xij dalto asentado no meio da dita estrebaria e avera polo dito portal $\overline{III}$ reaes.

Item. Do dito lanço da estrebaria ate ho portall da entrada do terreiro avera hum lanço d'arcos do tamanho em llume e hem grosura e hem altura como sam os outros da outra parte pouco mais ou menos e serão asentados arredados do muro outro tanto espaço como estão os outros em maneira que cordeem huuns com hos outros e sobre os ditos arcos se deitarão dous sobrados naquela altura e ordenança dos outros dos apousentamentos da outra parte e serão casas humas sobre as outras sem ficar varanda senão no terreiro e neste lanço serão repartidas quatro casas ou mais se mais couberem ficando cada huma de vinte e cinco palmos de comprido e os repartimentos serão de parede de dous palmos e meio de groso sobre arcos de pedraria que hatrevesem pola ordenança dos outros e as paredes que hão de vir na fronteria da parte do terreiro serão do primeiro sobrado ate ho outro de cyma tres palmos de groso e dahy ate hos frechaes de dous e meio e da mesma maneira se hamde fazer sobre ho muro da outra parte.

Item. As casas de baixo averão cada huma sua janella pera ho terreiro da ordenança das outras e de lume seis palmos e meio e com sua altura das outras e nas casas de cyma outras senhas janelas do mesmo tamanho asentadas no direito das outras e da outra parte da çidade outras senhas janelas da mesma grandura e isto mesmo senhas chamines de cynquo palmos e meio de largo e de cynquo d'alto e cada duas casas alta e baixa sem huma parede [?] e averã sua servintia por cada huma sua escada que se fara na varanda de baixo de pedraria metida no muro que fique de tres bons palmos e meio de largo e com seu portall de pedraria ao pee de quatro palmos de lume e oyto d'alto e os degraos serão coadrados e averão seus çarramentos de tygello cordeados com ho dito muro e avera por cada huma destas escadas com seus çarramentos de tygello e os degraos que venham a face de fora $\overline{II}$ reaes e polos portaes e janellas o preço dos outros apousentamentos e polos arcos que correm ao longo avera por cada hum $\overline{II}$ $b^c iij$ reaes e polos archetes que hatravesam $\overline{I}$ b^c reaes *como sam os outros da outra parte e asy avera por cada cunhal que hasentar nestas hobras. Scilicet de tres palmos de comprido e dahy pera cima e de paramento hum palmo e meio e dous e outro tanto de lleito L reaes por peça asentada e onde ouver d'aver cunhaaes averã cunhal e pillar e toda ha pedraria desta hobra. Scilicet arcos portaes e janellas e cunhaes sera de pedraria de Bordallo.*

Item. Mais farão huns harchetes na varanda da rainha com suas colunas oytavadas e vasos e capitees e os arcos chanfrados de dous palmos de grosso com seu peitoryl dos ditos dois palmos e d'alto quatro palmos e llajeado por cyma e terão de lume ho que lhe couber em repartição de vinte arcos que hesta varanda ha d'aver ambos os llanços e isto mesmo terão d'alto o que lhe couber leixandolhe agrura necessaria pera os telhados e por çyma avera sua çymalha de pedraria e as voltas que sejam escacamtes pera serem mais dereitas onde ser janella e asy avera hum arco botante com seu pegão e sua gargora que hade ser asentado antre a emgra e o cunhall e avera por toda esta obra. Scilicet os vinte arcos com suas collunas e vasos e capites bem lavrados de molldura e com sua çymalha em cyma e com seu arco botante e com seu pegão e gargora e o lageamento do peitorill e asy de telhar toda a dita varanda bem cyntada de huma carreira e outra vam tudo por coremta mill reaes.

Item. Mais ameara a capella com ho cruzeiro com seus encayamentos da maneira da igreja e avera por cada huma amea com seu encayamento tudo guarniçido o preço que ja esta na empreitada das hameas.

Item. Mais se houbrigou de embocar e guarnecer e hencascar todalas casas que hora estam feitas nos ditos paços altas e baixas de fora e de dentro a razam de cem reaes braça poendo elle as achegas e mãos e servidores e fazemdo seus andaymos e as guarnyções das ditas casas da parte de demtro em espeçyall todalas do apousentamento d'El Rey e da Rainha serão do teor que sam as das camaras do bispo e as de fora serão das guarnições custumadas e porem serão boas e fartas de call e tudo asy apynzilado.

Item. Mais se obrigou de ladrilhar todolos ditos apousentamentos a asy ha capella e todo ho mais que sua alteza ordenar de tijello mozarill muy bem roçado e bem cortado e bem asentado e com boas juntas çarradas poendo todalas hachegas e mãos e servidores a rezam de quatro çemtos e sesenta reaes a braça.

Item. Todallas paredes que hora fezer nestas obras avera por braça o preço da empreytada das outras obras que tem feitas. Scilicet a rezam de quatrocentos e oitenta reaes braça de dous palmos e meio de groso soldo alvenaria e as paredes serão rebocadas e hembocadas em preto a quall obra elle dito Marcos Pires se houbrigou de fazer muy bem feita e as paredes bem fartas de call e a pedraria muy bem lavrada e lympa e bem escodada e com boas juntas e bem asentada e boa e de reçeber a vista de hofeçiaes e obrigouse de ha dar feita e acabada desta pascoa que hora vira de b^{c}xix a hum anno que se acabara por pascoa de b^{c}xx e avera seus pagamentos pola maneira segynte: primeiramente lhe darão adiantado c^{to} $\overline{xx}$ reaes e di em dyante lhe farão feria cada dous meses e toda ha obra que tever feito asy de paredes como guarnições e portaes e janellas e arcos e lladrilhados lhe pagarão polos preços decrarados neste contrato sem lhe serem descontados os ditos c^{to} $\overline{xx}$ reaes que lhe hagora dão senão ha derradeira nas derradeiras ferias e dara fiança de c^{to} $\overline{L}$ reaes a quall sera obrigada ao dinheiro que reçeber e asy ao fazimento e acabamento e segurança da dita hobra. O quall contrato ouverão por bom e firme e valioso e por verdadeiro asynarão aqui no sobredito dia mes e era e eu Bastião da Costa esprivão dos contratos das hobras do dito senhor que este esprevy. E das paredes velhas que ho dito Marcos Pires derribar a pedra d'alvenaria sera sua e asy lhe darã os tres arcos que sayrão debaixo da sala por canto por este respeito fez os outros por tam baixo preço e quando lhe forem medidas as ditas alvenarias não lhe serão metidos nenhuns vãos por chãos.

O quall contrato atras esprito se fez com Marcos Pirez já finado como se per elle mostra e porque halgumas das ditas obras nele conteudas nom sam acabadas el Rey noso senhor ha por bem que has acabe Diogo de Castilho mestre das hobras que hora he dos ditos paços polos preços do dito contrato e portanto ho amo lhe mandou dar dele este trelado pera per ele se reger e lhe ser pago e por verdade asynou aqui feito em Evora oje xxix dias de dezembro em que começa a era de b^c xxb eu Bastião da Costa esprivão dos contratos das hobras de Sua Alteza que ho tirey e traladey do propio contrato que esta no livro.

É, pois, este o primeiro instrumento que permite reconstituir o sentido do programa manuelino e à sua execução se reporta o contrato estabelecido entre o mesmo Bartolomeu de Paiva, então *amo do Príncipe*, em 15 de Abril de 1519, com o carpinteiro Vicente Dias, para o fornecimento de madeira destinada às obras (escoras, espeques e soalhos), que deveria ser entregue até à Páscoa de 1520[829]. E nele, com efeito, se referem, logo de entrada, "os arcos que estam do topo da sala grande que correm ate [à] porta do terreiro do dito paço". Está, portanto (infere-se), feita a *Sala* ou, ao menos, definida na sua expressão arquitectónica, tal como se encontra já implantado o conjunto de arcos erguidos na sua continuidade, rumo à velha porta-forte, de que subsistem hoje quatro do lado norte, sob a *Via Latina* e outros quatro a oriente, dos quais três flanqueiam a escada que arranca junto à *Porta Férrea* e o quatro se observa já nas dependências da Faculdade de Direito, desvendados, respectivamente, nas obras das décadas de 80 e de 40. É, assim, sobre a área definida por esses *arcos que estam do topo da sala grande que correm ate* [à] *porta do terreiro do dito paço*, que se debruça a primeira parte do contrato. Sobre estes, estipula-se, "ergase as paredes em grosura de tres pallmos ate altura de dezasseis e nas ditas paredes averá dez arcos de pedraria da mesma grossura dos tres palmos shãofrados d'ambas partes (...) e nestes arcos averá sedas e peitoris e sopeitoris em modo de janela (...) e estes dez arcos serão repartidos em os lanços desta varanda ate ho portall e os shãos que vierem antre arco e arco serão todos compasados de hum tamanho". É, pois, da *varanda* que se trata; varanda que, assente sobre os arcos acima referidos, erguidos necessariamente em campanha anterior e formulada entre a *porta do terreiro* (como sempre é referida) e o *portall* (a entrada exterior da Sala, como se infere por contraposição) se estruturava em novos arcos, em número de dez (correspondentes aos quatro localizados junto à *Porta Férrea*, aos outros quatro do lanço norte reabilitados nas intervenções da década de oitenta e um que se lhe seguiria e terá sido, tudo indica, destruído no século XVIII, ao edificar-se a escadaria de acesso ao frontão central da *Via Latina*, não existindo o décimo por razões que adiante se explicarão), arcos esses que, de configuração idêntica entre si e dispostos regularmente como os inferiores (*os shãos que vierem antre arco e arco* – prescreve-se – *serão todos compassados de hum tamanho*), não desceriam, porém, até ao pavimento, pois neles haveria, diz-se, *sedas e peitoris e sopeitoris em modo de janela*. E seria essa mesma estrutura, ainda que fortemente mutilada pelas intervenções posteriores, composta de amplos arcos abatidos alinhando as respectivas bases pelas das janelas actuais (por via da imposição das *sedas e peitoris e sopeitoris em modo de janela*), que o levantamento dos rebocos na zona da Via Latina viria recentemente a desvendar. E é sobre a formulação interior desta varanda que o *concerto*, seguidamente, se pronuncia: "e no primeiro lanço [o da entrada, de quem vem da Sala] asentara tres arcos de pedraria de grosura de tres palmos compassados em terços pera sobre eles se fazerem tres repartimentos pera quatro casas que sobre a dita varanda hamde vir os quaes averão seus respaldos fortes nas ditas paredes da banda do terreiro e da outra parte respaldarão no direito dos topos dos respaldamentos das outras casas que se hamde fazer da outra parte e as voltas destes arcos serão antre redondos e escacantes e moverão de sobre represas fortes ou de qualquer outra maneira que mais fortes e mais seguras possam vir e sobirão os tardozes dos ditos arcos ate ho andar das traves da parte de çima". Trata-se, pois, agora, de repartir esse sector (a área limitada pelos seis primeiros arcos da *varanda*, que abriam sobre o Terreiro e a que lhe acrescia no ângulo formado com a ala nascente), por meio de três arcos transversos, entre redondos e abatidos, apoiados respectivamente na fachada (*averão seus respaldos fortes nas ditas paredes da banda do terreiro*) e no seu flanco interno (*e da outra parte respaldarão no direito dos topos dos respaldamentos das outras casas*), por forma a definir a divisão interna dos aposentos de que a *varanda* constituía serventia e que, no piso superior, se haviam de sobrepor-lhe: as *quatro casas que sobre a dita varanda hamde vir*, que refere o texto e a cujos sobrados se reporta a referência, nele contida, ao *amdar das traves da parte de çima*. É, de facto, o próprio contrato que, um pouco adiante, esclarece a questão: "As quatro casas velhas que estam no longo destas varandas da parte da çidade – escreve-se – seram reformadas de novo na mesma ordenança das quatro casas que venham sobradadas e as paredes engalgadas no andar das paredes das camaras que vem sobre as ditas varandas em maneira que fiquem quatro casas debaixo e outras quatro em cima e as paredes que has ditas casas agora tem serão deribadas ate homde se vir que he necesario pera que fiquem fortes e boas o quall sera visto por elle o dito Marcos Pires e Pero Anes carpinteiro presente ho veador e escrivão da dita hobra e com ho parecer de todos se derribe aquillo que for pera derribar e as grousuras destas paredes e asy das que se fezerem sobre o muro sera

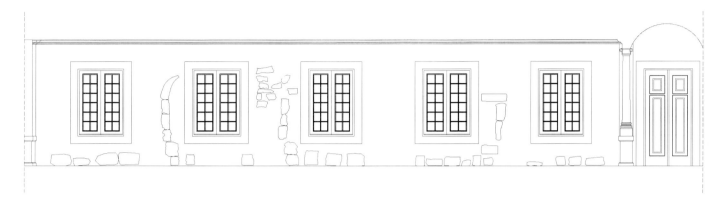

pola ordenança da grousura das de fora". Assim, pois, sobre as *quatro casas velhas* – os quatro aposentos pré-existentes, que ocupavam outrora a ala norte do velho Paço Real, entestando com a respectiva Sala e que agora se quedavam *no longo destas varandas da parte da çidade* –, que deviam já ostentar uma repartição regular, visto que as suas paredes seriam aproveitadas, na medida do possível, demolindo-se apenas o bastante *ate homde se vir que he necesario pera que fiquem fortes e boas*, seriam feitas outras tantas dependências (as *quatro casas que venham sobradadas*, todas *na mesma ordenança*), correspondendo, no plano superior, à parede que separava essas *câmaras* da *varanda*, à divisória entre os aposentos sobrepostos aos debaixo e as *camaras que vem sobre as ditas varandas* – é o que adiante se esclarece melhor ao tratar-se da comunicação "das camaras que se fazem sobre as casas velhas as outras que vem sobre as varandas", mas, sobretudo, ao afirmar-se compor-se essa ala de uma estrutura modular definida por quatro grupos de "tres casas em cada hum apousentamento, duas huma sobre outra que vem nas casas que se amde derribar e fazer de novo e huma no mesmo andar do de çima que vem sobre a dita varanda e o serviço de cada hum destes apousentamentos sera pola dita varanda com seus portaes de pedraria de quatro palmos e meio de lume e oito e meio d'alto e averão suas escadas per dentro as quaes vem ordenadas na outra empreitada da carpinta-

ria"[830]. E por esta via se fica de igual modo a saber que o prospecto do Paço ultrapassava, enfim, com o lançamento do terceiro pavimento, a linha de coroamento da antiga muralha, uma vez que se prescreve que a grossura das paredes *que se fezerem sobre o muro sera pola ordenança da grousura das de fora* (isto é, da banda do Terreiro).

Antes, porém, de fornecer este conjunto de elementos, referia-se o *concerto* à estrutura interna da outra ala da *varanda*: a que entestava com a porta do Terreiro. Efectivamente, na sequência dos arcos transversos erguidos no primeiro lanço, estipulava aquele ao mestre pedreiro que "desta mesma ordenança asentara outro arco no meio do outro lanço que vay ter a porta para sobre elle se fazer outro tall repartimento pera ficarem duas casas no dito lanço". Com efeito, neste sector (o lado nascente), não dispunha o Paço de profundidade suficiente em relação à antiga muralha, para permitir a disposição, no interior da *varanda*, que ocupava aí toda a área disponível, de uma sequência de aposentos. Nesse sentido, previa este lanço apenas a edificação de duas câmaras, assentes sobre a própria *varanda*, cada uma correspondente a dois dos arcos que abriam para o Terreiro, pelo que e como o próprio contrato esclarecia, "per esta maneira vam ordenados sobre estes dous lanços da varanda seis casas. Scilicet quatro no primeiro lanço que he o maior da parte da sala e as duas no outro lanço que vay entes-

Página anterior:
Alçado da Via Latina (lado nascente) após a remoção dos rebocos em Setembro de 2004 (UC-DGEEI)

Imagens das arcadas da varanda dos Aposentos dos Infantes desvendadas após a remoção dos rebocos (UC-DGEEI)

tar na porta"; e sublinhava: "e estas duas casas averão a servyntya pela varanda de baixo per huma escada de madeira que se fara na casa mais chegada a porta". De facto e como o contrato concluía, somadas as quatro dependências feitas à custa das *quatro casas velhas*, as que se lhes sobrepunham e as outras que *vem sobre a dita varanda* e, bem assim, as duas imediatas à entrada do Terreiro, "neste lanço destas varandas ha catorze casas nas quaes amde ser hordenados os aposentamentos. Scilicet nas duas casas no pano de junto com ha porta do terreiro sera hum apousentamento (...) e nas doze casas do outro lanço grande avera os [outros] quatro apousentantentos. Scilicet tres casas em cada hum apousentamento".

Para além deste núcleo de instruções relativas à estrutura interna do sector compreendido entre a *Sala* e a entrada do recinto palatino, estipulava o contrato, com minúcia, o número, forma e dimensão das aberturas (internas e externas), chaminés e, naturalmente, alturas e espessuras de paredes. É assim que ficamos a saber que, a despeito da recomendação de, nas casas do lado da Sala, a respectiva repartição dever ser feita "de maneira que asi venha huma tamanha coma outra e iso mesmo as duas do outro lanço virão ambas dum tamanho", estas, "por serem mayores", disporiam de "duas janelas em cada huma pera a parte do terreiro", sendo estas "de sedas e peitoris e sopeitoris tudo de pedraria e asy os encalços e sobrarcos e os sobre arcos serão capyalçados e terão de lume sete palmos e d'alto oyto ate o ponto das voltas e isto do peitorill pera cima e as voltas serão escacantes ou d'alguns arabyados que bem pareçam", sendo, na verdade, que também as restantes casas, "asy as altas como as baixas avera duas janelas as quaes serão pela ordenança das outras somente terão meio palmo menos que has outras". Por fim, regista-se que "hem cada morada de sobre as varandas avera sua chamine no pano do meio onde had'haver ho portall chegado a outro canto", ainda que, no aposento duplo do sector nascente, a chaminé, prevista inicialmente "da parte da dita porta do terreiro", acabe por ser transferida, no decurso do próprio clausulado e, por certo, em virtude da necessidade de lançar a escada de acesso, "que – diz-se – se fara na casa mais chegada ha porta e a chamine sera mudada a outra casa".

A quem se destinavam estes *apousentamentos*? É o próprio contrato, elaborado por Bartolomeu de Paiva, *amo do Príncipe*, futuro Rei D. João III, que o desvenda, ao referir, a propósito das duas câmaras (maiores) do sector oriental, que "no pano de junto com ha porta do terreiro sera um apousentamento pera sy com seu serviço como vay ordenado e nas doze casas do outro lanço grande avera os [outros] quatro. Scilicet tres casas em cada hum apousentamento". Andava, pois, bem Vergílio Correia,

A MORADA DA SABEDORIA

ao afirmar ficarem os aposentos dos príncipes filhos de D. Manuel I[831] *do lado da actual Reitoria*[832] e é assim a esta ala que respeita, pela maior parte, o *auto de medição* incluído no processo de arresto levantado, em 1522, sobre os bens de Marcos Pires[833] e onde, após três verbas respeitantes à *medida do eyrado*, às *lageas do dito eyrado* e à *parede da sala da bamda do tereyro*, se alonga a medição dos *Aposentamentos dos infantes* (mesmo que, na verdade, sob essa epígrafe se alberguem igualmente outras áreas do palácio). A medição começaria, aliás, pelo piso superior, pelas "primeyras duas camaras dos aposemtamentos dos jnfantes que estam sobre a varamda a par da porta de emtrada do tereyro", continuando "nas outras camaras loguo seguyntes", nas "outras duas que sam as terceyras" e "majs nas outras duas camaras seguyntes que sam os quartos", em todas se medindo paredes e vãos e o mesmo nas "outras duas camaras que sam as quyntas", tudo se encontrando já concluído de paredes. Seguem-se as medições da *varanda* propriamente dita e, após a "parede damtre as camaras e a varamda" – o sector norte, pois –, seguem-se, os "cymco arcos que estam debayxo da varamda". Passa-se então ao piso térreo subjacente e às paredes externas desta ala, bem como a sectores anexos da respectiva empreitada, onde desfilam, a partir da entrada do terreiro, as verbas respeitantes à "primeyra casa da par do cobelo que sam as logeas das outras casas de cima e o cobelo e o eyrado do cabo" (a que voltaremos); à "houtra logea seguynte de duas paredes" (a que formava o ângulo); à "outra terceyra casa"; a "hua parede apar da sala"; ao "cubelo grande do cabo" (o do ângulo nordeste); ao "outro cubelo seguynte"; ao "muro da bamda de fora"; à "parede da repartyçam das logeas da par do cubelo gramde"; à "parede doutra repartyçam seguynte"; à "terceyra parede damtre as mesmas logeas"; à "parede que core debayxo da varamda" (a antiga fachada do palácio, sob as *quatro casas velhas* que se reformaram); à "logea que parte com a sala"; enfim, ao "muro que core da porta do tereyro ao longuo da varamda da parte de fora" e que mais não era que a antiga cintura de muralhas, também ela refeita onde o paramento, com o tempo, se deteriorara. Pela medição se fica também a saber acharem-se talhados e montados os "dez arcos das varamdas do aposemtamento", mais os "seis arcos [transversos] de repartymentos das ditas casas", bem como "xxbiijº janelas" (a totalidade, quatro nos aposentos do Príncipe e seis em cada um dos quatro módulos, como impunha o contrato) e os "xix portaes" correspondentes, achando-se já certas casas ladrilhadas e parte das paredes guarnecidas.

É, aliás, pelo *auto de medição*, que ficamos a saber que lhe pertencera – e fora lançada já anteriormente, nela se incluindo *os arcos que estam do topo da sala grande que correm ate a porta do terreiro do dito paço*, sobre os quais se havia levado a cabo a "empreytada noua das casas dos jmfamtes" (a que correspondera, afinal, o contrato de 1518) –, a outra "empreytada das paredes da sala", que fora já objecto de uma medição anterior, porquanto nesta se refere que "quamto as mydições e as guarnyções nom as asemtamos aquj por que as açamos estarem certas humas com as outras ja fectas damtes"[834], por que recebera, nesse mesmo ano, 199 000 reais. E nela fizera, além da "parede" e da "parede do heyrado com o peyroril", as "lageas que pos no eyrado sobre o peytoril" e ainda quatro janelas e o "portal da emtrada da sala", pondo ainda "outros dous na logea da dita sala" e "huma fresta". E outras *empreytadas* fez, também, para as "guarnyções dos cubelos dos paços da parte de fora", para as "cozynhas" e para os "eyrados e capela", antes de se comprometer à *empreytada noua das casas dos jmfantes*. O contrato desta é, pois, como bem intuiu Pedro Dias, apenas um instrumento intermédio no processo gestativo da *reforma manuelina*[835]. É, porém, o melhor para o conhecimento do respectivo programa e, com efeito, encerrado o clausulado respeitante ao conjunto das câmaras destinadas ao alojamento dos pequenos príncipes, projecta-se o *concerto* sobre outros sectores do complexo palatino. E prescreve: "Mais fara o dito Marcos Pires huma casa grande pera estrebaria a quall começara e vira cordeada com as paredes da samchristia em quadrado ate entestar com o muro da outra parte e sobyrão d'alto dezasseis palmos e tera de groso tres palmos e farseha a parte da samchrestia huma casa pera o estribeiro a quall sera sobradada no andar do da samchristia e os ditos sobrados serão lansados em treze palmos do chão e dally pera çima outros treze palmos e a dita casa avera seu portall de pedraria de quatro palmos de largo e oito d'alto e estas casas ambas sobradadas avera cada huma sua janella da ordenança das outras de seis palmos e meio de lume e asy avera em cada huma sua chamine para ha parte do muro ou onde milhor vir e serão de b palmos e meio de largo e b palmos de alto ate as vergas e a dita samchristia debaixo avera huma janella baixa ferrada da ordenança das outras e de sete palmos de lume e sera ferrada e a verga sera quadrada e a casa terrea do estribeiro avera huma fresta rasgada pera ambalas partes pera ser ferrada de tres palmos de comprido e dous e meio de largo asentada ao longo oyto palmos d'alto do chão e desta mesma casa do estribeiro avera outro portall que posa ir pera dentro a dita estrebaria e sera da mesma grandura do outro de quatro palmos de lume e oito d'alto e a dita estrebaria avera oito frestas asentadas no longo e repartidas que venham os espaços iguaes e serão rasgadas e terão de comprido tres palmos e dous de largo o lume e do lume pera baixo avera dez ou xi palmos". E acrescentava: "Mais fara na dita estrebaria hum portal grande. Scilicet de ix palmos de lume e xij dalto asentado no meio da dita estrebaria".

Foi a referência às "paredes da samchristia", em relação às quais a estrebaria nova deveria vir *cordeada* (tal como a casa do estribeiro) que, na sequência das *cavalariças*, *falcoaria*, etc., situadas por Nogueira Gonçalves nas traseiras da Capela[836] (esta última, nunca mencionada na documentação manuelina, sugerida, por certo, pelo conhecimento do documento de D. Afonso V[837]), fez conceber a Pedro Dias a noção de tal dependência se situar "na zona dos comuns, por trás da capela, perpendicular à desaparecida sacristia manuelina, numa zona próxima à da biblioteca joanina", estruturando-a, aliás, do seguinte modo: "Tinha dois pisos: um inferior, onde ficavam os espaços para os animais; e um superior, certamente ao nível do terreiro, onde se estabeleceria a residência do tratador dos cavalos e muares"[838]. É certo, porém, que nada autoriza a inferir a existência nessa zona (a da ala do *albacar*) de uma *sacristia manuelina*, que não parece lógico fosse substituída por outra (como se verá) em pleno século XVI, sem que ninguém curasse, então, de reformar a Capela, manuelina também. De facto, a estrebaria (tal como os *aposentamentos dos Infantes*)

deveria constituir-se como um *lanço*, na economia geral do programa manuelino. E é por isso que, no seu seguimento, o contrato se ocupa ainda de um outro *lanço*, o que parte "Do dito lanço da estrebaria ate o portall da entrada do terreiro" e ao qual importa, aliás, desde já, prestar alguma atenção. Neste, estipula-se, "avera um lanço d'arcos do tamanho em llume e hem grosura e hem altura como sam os outros da outra parte pouco mais ou menos e serão asentados arredados do muro outro tanto espaço como estão os outros em maneira que cordeem huns com hos outros e sobre os ditos arcos se deitarão dous sobrados naquela altura e ordenança dos outros dos apousentamentos da outra parte". Somente, desta feita, seriam "casas humas sobre as outras sem ficar varanda senão no terreiro e neste lanço serão repartidas quatro casas ou mais se mais couberem ficando cada huma de vinte e cinco palmos de comprido e os repartimentos serão de parede de dous palmos e meio de groso sobre arcos de pedraria que hatrevesem pola ordenança dos outros e as paredes que hão de vir na fronteira da parte do terreiro serão do primeiro sobrado ate o houtro de cyma tres palmos de groso e dahy ate hos frechaes de dous e meio e da mesma maneira se hamde fazer sobre o muro da outra parte". Era, pois, a este lanço – o de oriente, correspondente hoje à chamada *Ala de S. Pedro* –, feito à imagem do *aposentamento dos Infantes*, que do lado oposto da entrada do Terreiro lhe reproduzia o efeito e a que faltava apenas a *varanda* intermédia (eram agora *casas humas sobre as outras sem ficar varanda senão no terreiro*) que se destinavam os *sete arcos lavrados pelo tereiro por asentar* que se referem no *auto de medição* e que Vergílio Correia imaginou (e todos depois dele) corresponderem aos que, provenientes de Santa Clara-a-Velha, seriam dispostos, em finais de Seiscentos, ao longo do paredão do *albacar* – mas cujos restos, mutilados pelas modernas fenestrações, Nogueira Gonçalves pôde ver, em 1944 (com os de outros, decerto, que se lhes acrescentaram[839]) e descreveu como "uma série de arcos rebaixados, com outros perpendiculares a dividirem os tramos", análogos aos "arcos abatidos manuelinos" deixados então à vista na "parede do nascente, a seguir à Porta Férrea"[840]. E sobre ele estabelece ainda o contrato: "As casas de baixo ave-

Arcos transversos de suporte dos *aposentos dos oficiais* desvendados nas intervenções da década de 40 (DGEMN, foto 174).

Outro aspecto dos mesmos arcos (DGEMN, foto 173).

rão cada huma sua janella pera ho terreiro da ordenança das outras e de lume seis palmos e meio e com sua altura das outras e nas casas de cyma outras senhas janelas do mesmo tamanho asentadas no direito das outras e da outra parte da çidade outras senhas janelas da mesma grandura e isto mesmo senhas chamines de cynco palmos e meio de largo e de cynco d'alto e cada duas casas alta e baixa sem huma parede [?] e averã sua servintia por cada huma sua escada que se fara na varanda de baixo de pedraria metida no muro que fique de tres bons palmos e meio de largo e com seu portall de pedraria ao pee de quatro palmos de lume e oyto d'alto e os degraos serão coadrados".

De facto, carecido, como a ala nascente das *casas dos Infantes*, de suficiente distância entre a linha dos arcos e o muro, para permitir a planificação em profundidade, este lanço ver-se-ia obrigado a programar em altura as necessárias acomodações. Donde a inexistência de varanda intermédia – eram só *casas humas sobre as outras sem ficar varanda senão no terreiro* –, substituída por um sistema modular de seis (estipulava o contrato que *seriam repartidas quatro casas ou mais se mais couberem*, mas é evidente que, no decurso da sua redacção – como, de resto, em outras situações –, se chegaria à conclusão de ser viável reparti-rem-se seis) aposentos, compostos cada de duas câmaras sobrepostas, com acesso a partir da varanda, por escada praticada na espessura da antiga muralha e providos cada qual de sua *chaminé*. Tal como nos *aposentamentos dos Infantes*, corresponderia cada grupo de *casas* ("alta e baixa") a dois arcos da *varanda* térrea[841], abrindo, porém, para o Terreiro como para a *çidade*, por uma janela única em cada topo, nas casas *de baixo* apenas para o Terreiro, em virtude da muralha, nas *de cima*, que lhe ultrapassavam o limite, para ambos os lados. E em parte alguma se menciona a projecção "para fora do muro, no exterior, por causa da saliência dos cubelos" da "parede que produziu o corredor que existe", como afirmou Nogueira Gonçalves[842], situação que só mais tarde, depois da instalação neste sector do *Colégio de São Pedro* (e por via desse) haveria de verificar-se. Mas é, de facto, em face da morfologia desta ala, que se torna particularmente claro que o *lanço da estrebaria* mais não era, de facto, que a decantada ala sul do Paço, o quarto braço do complexo palatino, a qual Marcos Pires deveria *começar*, como o próprio contrato prescrevia, sobre terreno livre e que deveria encerrar de construções o velho terreiro castrense. Nela se incluiria a sacristia, anexa à capela-mor, jamais construída, adjacente à qual deveria erguer-se a casa do

MEMÓRIA E (CON)SAGRAÇÃO

estribeiro, por seu turno pegada à estrebaria (mas não sobreposta) e que, desse modo, viria de facto *cordeada com as paredes da samchrestia em quadrado ate entestar com o muro da outra parte*, isto é, na muralha oriental da velha Alcáçova. Quanto à morada do estribeiro, adjacente à estrebaria e com ela comunicando internamente, mas contígua à sacristia, assentava em parte sobre esta, a fim de criar um corpo homogéneo com o elevado pé-direito de que a própria estrebaria obviamente necessitava, compondo-se de casa térrea e duas dependências sobradadas providas de chaminés, como indica a expressa menção de que *farseha a parte da samchrestia huma casa pera o estribeiro a quall sera sobradada no andar do da samchrestia (...) e estas casas ambas sobradadas avera cada huma sua janella da ordenança das outras (...) e asy avera em cada huma sua chamine pera a parte do muro ou onde milhor vir (...) e a dita samchrestia debaixo avera huma janella baixa ferrada da ordenança das outras (...) e a casa terrea do estribeiro avera huma fresta rasgada pera ambalas partes*.

Resta pois, finalmente, localizar a situação dos *aposentamentos* do Rei e da Rainha. E a respeito destes é menos claro o documento. É certo, porém, que da *empreytada noua das casas dos jmfantes* constavam afinal, como se viu, trabalhos respeitantes a outras áreas do complexo palatino, desde logo o *lanço da estrebaria* e esse outro *lanço d'arcos* de enigmático destino, que corria *ate ho portall da entrada do terreiro*; mas constariam, de igual modo, trabalhos relacionados com sectores onde a obra de grosso se encontrava já realizada. É assim que desfilam a Capela, que deveria *amear* "com ho cruzeiro com seus encayamentos da maneira da igreja"; a obrigação geral de "embocar e guarnecer e hencascar todalas casas que hora estam feitas nos ditos paços altas e baixas de fora e de dentro" e, bem assim, de "ladrilhar todolos ditos apousentamentos", incluída a "capella e todo no mais que sua alteza ordenar de tigello mozarill muy bem roçado e bem cortado e bem asentado". E é neste contexto, no de *todalas casas que hora estam feitas nos ditos paços*, que se fala, não em *aposentos*, por separado, mas, num só item, nas casas "do apousentamento d'El Rey e da Rainha", cujas "guarnyções" deveriam ser feitas "do teor que sam as das camaras do bispo", ao que se acrescentava: "e as de fora serão das guarnições custumadas". Feitas, pois, nas suas linhas gerais, à data do lançamento da *empreytada noua*, que deveria concluir a *Sala*, erguer, no seu seguimento, as *casas dos jmfantes* e, bem assim, o *lanço da estrebaria* e o outro *lanço d'arcos* que entestava com o *portall da entrada do terreiro*, que no seu conjunto definiriam o perímetro do Paço, respectivamente a sul e a nascente, parece certo que, como

Ainda outro aspecto dos mesmos arcos (DGEMN, foto 111).

Pormenor do encontro desses arcos com a estrutura da *varanda* (DGEMN, foto 108).

escreveria Vergílio Correia, os aposentos dos monarcas se situavam no único local não definido pela medição: "entre a Sala dos Capelos e a Capela"[843]. Nessa área, pois, não propriamente correspondente aos *Gerais*, na expressão claustral que hoje detêm, mas ao espaço angular entalado entre a *Sala* e o templo real – o mais nobre, afinal, no prospecto interno do edifício –, se situaria um complexo de acomodações que incluiria, tudo indica, as "camaras do bispo" (o capelão-mor, sem dúvida), uma vez que as suas *guarnyções*, aparentemente especiais, serviriam de modelo para os aposentos régios e o "apousentamento d'El Rey e da Rainha", a respeito do qual, contudo, o contrato apenas estabelece: "farão huns harchetes na varanda da rainha com suas colunas oytavadas e vasos e capitees e os arcos chanfrados de dous palmos de grosso com seu peitoryl dos ditos dous palmos e d'alto quatro palmos e llajeado por cyma e terão de lume o que lhe couber em repartição de vinte arcos que hesta varanda ha d'aver ambos os llanços e isto mesmo terão d'alto o que lhe couber leixandolhe agrura necessaria pera os telhados e por çyma avera sua çymalha de pedraria e as voltas que sejam escacantes pera serem mais dereitas onde ser janella e asy avera hum arco botante com seu pegão e sua gargora que hade ser asentado entre a emgra e o cunhall e avera por toda esta obra. Scilicet os vinte arcos com suas collunas e vasos e capites enlavrados de molldura e com sua cymalha em cyma e com seu arco botante e com seu pegão e gargora e o lageamento do peitorill e asy de telhar toda a dita varanda bem cyntada de huma carreira e outra vam tudo por corenta mill reaes". E, na verdade, é o *auto de medição* que volta ao tema, ao referir de novo a *varamda da senhora Rainha*, a que parece também respeitar, a título de "emmemda que se fez em cousas que lhe mandaram emmemdar e coreger por hum comtrauto que se nom decraram por serem meudezas", uma "janela que fez no oytauo da varamda". Mas apenas para mencionar, entre as coisas que o mestre deixara por fazer, "as tres escadas a saber a do apousentamento da senhora rainha e as duas delRey"[844]. E por aqui se queda, nos dois textos, toda a informação fornecida sobre as câmaras régias. Haverá, pois, que recorrer a outras fontes e mesmo aos elementos fornecidos pelo uso universitário desse espaço, para reconstituir, na medida do possível, a topografia apresentada pelos aposentos dos monarcas. Mas antes conviria organizar o conjunto dos dados fornecidos pela documentação.

Era extensa a porção da empreitada que estava por concluir à morte de Marcos Pires. De facto e a despeito de, no contrato, se estipular que toda a obra devia estar "feita e acabada desta pascoa que hora vira de b^{c}xix a hum anno que se acabara por pascoa de b^{c}xx", na primavera de 1522 encontravam-se apenas feitas as alas de poente e norte, da Capela à porta do Terreiro, até aos telhados, compreendendo o templo, aposentos régios (e do bispo), *Sala* e aposentos dos Infantes, com repectivas *logeas*, encontrando-se apenas 109 ameias *guarnecydas*, faltando *guarneçer* 202, outro tanto sucedendo às do "cubelo que fez com quynze ameias ao redor" (decerto o do ângulo nordeste). De igual modo não estavam concluídos os revestimentos interiores, nomeadamente na Capela, que faltava ladrilhar e rebocar e "fazer os degraos dela"; e faltavam também as referidas três escadas dos aposentos reais e, na *varamda da senhora Rainha*, se "achauam ajmda por fazer todalas cymalhas", bem como "telhar sobre as ditas cimalhas e repyar os ditos arcos e fazer as jumtas e fazer duas vinhas no cunhal do meo sobre que vem o cano e por huma gargora". No Terreiro havia já, evidentemente, pedra lavrada por assentar, entre a qual os sete arcos destinados à ala oriental, mas esta não se erguera ainda, bem como a do sul, que incluía a sacristia, casa do estribeiro e estrebaria. Das tarefas nomeadas apenas a *empreytada das cozynhas* parecia estar completamente concluída[845].

Não fora feliz Marcos Pires no referido contrato. A medição apurou efectivamente o prejuízo da Coroa, que adiantara mais dinheiro do que valia a obra feita e as suspeitas deviam vir de longe, pois no ano anterior, a 23 de Abril de 1521, sua mãe, Leonor Afonso, fora obrigada a fazer, na Batalha, em sua intenção, uma fiança no valor de 1000 reais brancos[846]. Em Santa Cruz trouxera ele cinquenta oficiais e vinte criados, o que o vedor das obras,

Gregório Lourenço, considerava em 1518 ser bastante[847]; no Paço não se sabe. Dois anos volvidos, em 1524, a 7 de Abril, era nomeado Diogo de Castilho para lhe suceder "asy e pela maneira que o elle deve ser e o era Marcos Pires, que faleceo"[848], conhecendo-se, pelo aditamento incluído no treslado do contrato de 1518 com o falecido mestre, que "porque halgumas das ditas obras nele conteudas nom sam acabadas el Rey noso senhor ha por bem que as acabe Diogo de Castilho mestre das hobras que hora he dos ditos paços polos preços do dito contrato". Entretanto, a 12 de Abril de 1519, fora contratado pelo amo do Príncipe Vicente Dias para o fornecimento da madeira, a qual se comprometia a dar "posta ao pe da obra por todo este anno de b'xix", competindo-lhe também o fornecimento de taboado de castanho para os soalhos ("quynhemtas duzias"), entregue este "ate pascoa de b'xx"[849], a mesma data em que, seis meses antes, se previra a conclusão da empreitada de Marcos Pires. Os prazos resvalavam, pois. E também a ele o contrato parece ter dado prejuízo, uma vez que D. João III, em Setembro de 1526, ordena que se lhe dêem 20 000 reais em compensação das perdas que sofrera nos seus fornecimentos[850]. As obras continuavam, porém, tendo agora por mestre construtor Diogo de Castilho. A documentação referente a Pero Anes atesta que em 4 de Julho de 1527 era ainda na qualidade de "carpinteiro dos paços dell Rey nosso Senhor, d'esta cidade" que recebia a sua tença[851], pagamento a que, aliás, parece encontrar-se associado o pintor Gregório Lopes que, na mesma data, recebe 5000 reais pelo almoxarifado de Coimbra (a que acresceriam outros 6000 a 22 de Outubro) e que dificilmente poderia ocupar-se noutra obra régia da cidade, entregue como estava a do retábulo de Santa Cruz, desde 22, a Cristóvão de Figueiredo[852]. Nesse mesmo ano, com efeito, a 29 de Novembro, em plena estadia régia[853], Diogo de Castilho via a sua tença aumentada de 3 para 5 000 reais[854], mas é somente em 13 de Maio de 1533 que a documentação informa, de novo, sobre o processo seguido pelas obras do Paço.

Estas, na verdade, teriam continuado o seu ritmo, ao menos entre meados de 1526 e os finais de 1530, tendo o respectivo vedor, Vasco Fernandes Ribeiro, apresentado as contas sem, todavia, mostrar as respectivas provisões. O Rei, por fim, ordena, em 13 de Maio de 1533, que se lhe paguem as despesas que parecia terem sido feitas de seu livre alvedrio (mas que o vedor arguia ter realizado por "mandos verbais e por serem necessarias")[855] e é, de facto, no longo arrolar das despesas não justificadas que surpreendemos algo da evolução sofrida pelo Paço nesses anos. Aí desfilam, com efeito, "portais janelas chamines repartimentos e outras obras que se fazem nos ditos paços reaes nos aposentamemtos da rainha nosa senhora e no aposentamento em que pousa dona Maria de Valhasco e de Bras Fernandes e nos aposemtamemtos que estam debaixo da sala d'el Rey noso senhor em que pousa ho amo e Gaspar Gonçallvez e Pero Carvalho e nos aposemtamemtos dos infantes e nos estudos e o portall do muro contra a See e ameas que se guarneçeram e outras que se fezeram de novo", além da encomenda ao *carpinteiro* Pero Anes do "caracoll que vay da camara d'el Rey pera a sala da rainha", de obras não especificadas "na casa que ysta sobre a escada da dita senhora" e do "corregimento de portais e emtavolamemto da varamda da dita sala". Entre as iniciativas que tivera contava-se ainda, finalmente, a do "asemto das vidraças das casas d'el Rey e capela e outras que se fezeram de novo" e reputava o escrivão ter ele, sem autorização, dispendido verbas em "jornais d'offeceais e servjdores que trabalharam nas ditas obras per jornall de dia e as vezes de nojte em cousas fora d'empreitada os quais pagou as ferias e o que pagou a homens que mandou a Sua Alteza e ao amo"[856]. Efectivamente, o ano de 1533 parece corresponder, se não exactamente ainda ao *terminus* das obras empreendidas por D. Manuel, a um apertado controlo e fiscalização em relação à situação em que se encontravam os trabalhos empreendidos na última década, quase completamente dominada pela intervenção de Diogo de Castilho. É assim que, na sequência de uma ordem do contador e provedor-mor Jorge Dias e, como ele mesmo explica, *por se acabar de fazer ho emçarramento da conta que se nos ditos contos toma a Vasco Fernandez Ribeiro recebedor e veador das obras*, respeitante aos anos de 1526 a 30, se procede, a 25 de Agosto desse ano de 33, ao treslado de um inventário dos materiais e artigos adquiridos pelo vedor e (no que respeita àqueles) ainda não aplicados, elaborado em 1531 e que não deixa de fornecer esclarecimentos adicionais[857]:

Certidam *das cousas que lhe sam em receita que fycarão por despender*

A quantos esta certjdão e conto virem como aos vynte e cynquo dias do mes dagosto do ano de Ī b^c *xxxiii na cydade de Coimbra foy dado a mym Diogo de Beja esprivão das obras dos paaços delRey nosso Senhor nesta cydade de Coymbra hum mandado do senhor Jorge Dias contador e proveador moor dos contos del Rey nosso Senhor de que o theor he o sseguinte // Jorge Dias contador da cassa del Rey nosso Senhor que ora tenho carreguo de proveador moor de seus contos nas uezes de Fernaão d'Alencooa proveador moor delles // faço saber a vos Diogo de Beja esprivão das obras dos paaços de Coinbra que por se acabar de fazer ho emçarramento da conta que se nos ditos contos toma a Vasco Fernandez Ribeiro recebedor e veador das obras dos anos de b*^{c} *xx bi atee trjnta he necesaryo viir vosa certidão em que darees todallas cousas que ficaram nos ditos paaços por despender e se fizestes dellas emventayro e sse [são] todas carregadas em receita ssobre o dito Vasco Fernandez e cada cousa por sy como vay na dita certidão // e carregay sobre elle como dito he o que assy compry Manuell Francisco ho fez em Evora a xij dias de Agosto de Ī b*^{c} *xxxij anos // em conprimento do quall vy o liuro da receita das obras dos ditos paaços do ano de Ī b*^{c} *xxxi e as duas folhas delle esta esprito o sseguinte por mim Diogo de Beja esprivão das ditas obras // Emventairo que Vasco Fernandez Ribeiro veador e recebedor das obras dos paaços de Coinbra mandou fazer de todallas cousas que ssobre elle eram carregadas em receita no ano de Ī b*^{c} *xxbi e das cousas que despois mais comprou para as ditas obras atee o cabo do ano de Ī b*^{c} *xxx anos // que se acharam nom serem ainda gastadas nas ditas obras o quall emventayro eu Diogo de Beja esprivão das ditas obras fiz a requerimento do dito veador por me dizer q. elle queria dar sua conta e mandar os livros aos contos delRey nosso Senhor oje o prmeiro dia de Mayo de Ī b*^{c} *xxxi.*

Item de tavoado de pynho na casa dos estudos corenta e cynquo duzias meia — R b duzias m.^{a}

Item de tavoado de castanho onze duzias — xi duzias

Item de tavoas grandes que tem de comprido dezoito palmos quatro duzias — IIII° *d.*^{as}

Item cynquoenta couceiras de castanho — L.^{ta} *peças*

Item vynte bancos das camas — xx bancos

Item majs huum banco de pino — i banco

Item humas portas grandes de quatro quarteyrões — i portas

Item duas portas — ii portas

Item outra porta velha com ferolho e fechadura — i porta

Item seis guardaroupas tres de castanho e tres de pinho — bi peças

Item vynte e huum bancos das mesas das guardaroupas — xxi peças

Item majs muitos pedaços de paaos e de tavoas e portas velhas

Item duas arcas em que esta a pregadura — ii arcas

Item tres cyrandas — iii cyrãdas

Item dous pees de tocheiras de madeira — ii peças

Item duas grades de fero que tem onze peças — ii grades

Item mais sete feros de huma grade — bii feros

Item huum baraão de huma bandeyra de fero — i peça

Item mais quatro feros de huma fresta — iiii peças

Item mais tres ferolhos com suas fechaduras e chaves em mollos — iii peças

Item tres aldrabas grandes com seus armiloes — iii p.^{as}

Item mais cynquenta escapollas que se fizeram para as grades das empanadas — L p.^{as}

Item nove argollas de prizoens de cuvellos — ix p.^{as}

Item vynte e duas aldrabas estanhadas — xxii p.^{as}

Item noue machafemeas estanhadas — ix p.^{as}

Item hum raio [?] de fero p.^{a} *a cysterna — i p.*^{a}

Item cynquo argollas de portas — b p.^{as}

Item nove mancuaes de portas — ix p.^{as}

Item dez chapas de fero que se poem debaixo dos couces das portas — x p.^{as}

Item hum machado velho — i p.^{a}

Item huma sera de mão velha — i p.^{a}

Item quatro eixadas e dous rodos e dous alviaães — b iii p.^{as}

Item huma fanga — i p.^{a}

Item quatro balldes — iiii p.^{as}

Item corenta armilloes e aldravas — R p.^{as}

Item mais quatro machafemeas estanhadas para entrarem em pedra — iiii p.^{as}

Item huma fechadura grande estanhada com toda sua gorniçam — i p.^{a}

Item quatro bronços de lataão para as polles — iiii p.^{as}

Item vynte e quatro pregos estanhados d̄e cabeças redondas — xxiiii p.^{as}

Item mais a bandeira de cobre dourada — i p.^{a}

Item mais tres maçaas de cobre douradas — iii p.^{as}

Item dous atris de cobre — ii p.ᵃˢ

Item hum escoparo de fero — i p.ᵃ

Item hum pedaço de chumbo — i p.ᵃ

Item de pregadura entre nova e velha dous milheiros — ii milheiros

Item cynquoenta e sete traves de castanho e de carvalho — Lbii traves

Item dous mastros de castanho que sobem no madeirar das casas — ii p.ᵃˢ

Item na igreja e no telheiro do cortynhall e no pardieiro estam duzentos e vynte paaos em que emtram paaos de dous em curo e de quatro em curo e de tres em curo [sic] — ii^c xx paaos

Item mais de ripa quatorze duzias — xiiii duzias

Item hum cabrestante velho — i p.ᵃ

Item quatro rodas de haro com seus eixos — iiii p.ᵃˢ

Item treze caixas de trancas — xiii p.ᵃˢ

Item quatro taboas de pinho grandes — iiii p.ᵃˢ

Item de pranchas corenta e seis peças — Rbi p.ᵃˢ

Item duas zoras — ii p.ᵃˢ

Item sesenta pernas labradas — Lx pernas

Item trjnta e duas couçeiras — xxxii p.ᵃˢ

Item cento e cynquenta bordos — c^{to}L bordos

Item vynte e ssete bancos de camas — xxbii bancos

Item quatro pares de pees de bancos — iiii p.ᵃˢ

Item nove bancos de guarda roupas — ix p.ᵃˢ

Item dezoyto feros de grade. scilicet. dez femeas e oyto machos de fero — xbiii p.ᵃˢ

Item mais huma duzia de tavoado de castanho — i duzia

Item vynte e quatro grades de pannos emcerados — xxiiii p.ᵃˢ

Item mais dez bamcas de carpinteiros — x p.ᵃˢ

Item de telha nova galega pouco mais ou menos ssete milheiros de telha — bii milheiros

Item e mais hua tyna e hum tonell — ii p.ᵃˢ

Item e mais hua dobadoura — i p.ᵃ

Item ha hy pedaços de taboas e de paaos e de barrotes que se nom podem contar

Item mais hum calabre velho — i p.ᵃ

Item nove escadas de mão — ix p.ᵃˢ

Item dous caldeyros de cobre e hum fonyll — iii p.ᵃˢ

Item duas juntas de boys com sseus caros aparelhados — iiii p.ᵃˢ

Item doze bandeyras de pano velhas pyntadas — xii p.ᵃˢ

Item mais cynquo vases e cynquo capytes e cynquo colunas de nove palmos em alto que se fizeram para se fazer o curucheo sobre a entrada da ssalla del Rey — xb p.ᵃˢ

Item hum calez de prata que serve na capella nas missas que cada dia se djzem nella — i p.ᵃ

Item humas toalhas de frandes do altar — i p.ᵃ

Item huma estante do altar — i p.ᵃ

Item duas taboas das candeas — ii p.ᵃˢ

Item o syno da capella — i p.ᵃ

Item dous maroes de ffero velhos — ii p.ᵃˢ

Item quatro lavancas de fero — iiii p.ᵃˢ

Dos trinta e nove quyntaes e huma arroba e nove arrates de fero que sobre o dito Vasco Ribeiro foram carregados em receyta disse o dito veador que vendeo dezanove quyntaes e huma arroba e nove arrates a quinhentos e corenta reaes ho quyntall de que ho dinheiro delle vay caregado em receyta sobre elle no liuro de sua receyta do ano de b^c xxbj e por ainda lhy fycarem vynte quyntaes os mãdou ho dito veador aquy caregar ssobre elle em receyta o quall dinheiro dos ditos dezanoue quyntaes que sam dez mill e quatrocentos e trinta e cynquo reaes eu Diogo de Beja esprivão das obras careguey no dito livro ao derradeiro dia do mes de Dezenbro de Ī b^c xxx para por este assento sse lhe levar em despesa o dito fero. //

As quaaes cousas sobre ditas asy como estam asynadas por o dito Vasco Ribeiro veador e recebedor no dito liuro da receyta das obras de b^c xxxi des as duas folhas delle as quatro // e por eu Diogo de Beja espriuão as teer ja apontadas e caregadas em receyta como dito he no dito liuro e o dito Vasco Ribeiro as ter ja em sy recebydas por lhe fycarem por despender dos anos atras // Em comprimento do mandado do senhor proveador lhe pasey esta certydão e conto com o trellado das sobre ditas cousas que elle confesou em si ter recebydas como no dito emventayro faz mençam // o quall mandado fiqua treladado no dito liuro da receyta do ano de b^c xxxj e consento nelle com decraraçam que per vertude delle // e por elle confessa receber as ditas cousas lhe fycam asy caregadas em receyta no dito livro de b^c xxxi pollo quall lhe pasey este conto e certydão para sua quita a quall foy feita por mim Diogo de Beja esprivão das ditas obras dos ditos paaços em os ditos xxb d'Agosto de Ī b^c xxxiii anos.

Diogo de Beja
Vasco Fernandez Ribeiro

Assim, pois e para além de materiais diversos, ainda não utilizados, onde avulta a telha galega, de que

As bandeiras e as maças de cobre douradas referidas no inventário de 1533?

existiam "pouco mais ou menos ssete milheiros" e que parece denunciar que uma parte das coberturas se encontrava ainda por concluir (mas que poderia também respeitar a construções anexas utilitárias); das "Vynte e quatro grades de pannos emcerados" (destinados às janelas, mas que sabemos estarem a ser providas de vidraças); da "bandeira de cobre dourada" e de mais "tres maçaas de cobre douradas" (provavelmente elaboradas, como ainda hoje se observa, para ornamento dos cumes dos telhados) e, mesmo, do "raio [?] de fero p.ª a cysterna", as informações de maior relevo veiculadas pelo documento são a que respeita a "cynquo vases e cynquo capytes e cynquo colunas de nove palmos em alto que se fizeram para se fazer o curucheo sobre a entrada da ssalla del Rey", bem como aos ornamentos litúrgicos: "Hum calez de prata que serve na capella nas missas que cada dia se djzem nella", "Humas toalhas de frandes do altar", "Huma estante do altar" e o "syno da capella". Deste modo e a despeito da referência enigmática a que "Na igreja e no telheiro do cortynhal e no pardieiro estam duzentos e vynte paaos", que deverá decerto entender-se em sentido lato, parece claro que, provida de *calez*, de *toalhas de frandes* para o altar, de estante e *syno*, ao serviço das "missas que cada dia se djzem nella", a Capela se encontrava concluída em 1531, se o não fora mesmo bastante antes, tendo em conta a estadia prolongada de D. João III e da Corte no Paço coimbrão, entre Julho e Dezembro de 1527, a importância que o oratório palatino revestia no contexto do quotidiano áulico e a ausência de referências ao recurso, por parte da família real e da comunidade cortesã, a qualquer templo da cidade, que seguramente não deixaria de produzir rasto. Não parece, pois, dever seguir-se a opinião tradicional, segundo a qual a conclusão da Capela se teria arrastado no tempo, apoiada no documento publicado por Mário Brandão, que atesta que em 1544 "estavam ainda tantos entulhos na capela que subiram a duzentas carradas"[858]. De facto, após a morte de Marcos Pires, informaria a *Mediçam* que "no tempo de Guomçalo Priuado lhe foy paga toda a capela e tem por ladrilhar a dicta capela e fazer os degraos dela por que lhe am de ser dadas as lageas", tendo ainda "por guarnecer a capela que sam lxxij braças e R. palmos da parte de demtro e da parte de fora estam por guarneçer lrix braças que sam por todas çemto lxxj braças e mea e coremta palmos"[859]. E talvez lhe respeitasse ainda parte das 202 ameias que, segundo o mesmo documento, se encontravam "por guarneçer"[860]. Nada, porém, que Diogo de Castilho não levasse a cabo nos sete anos que mediam entre a sua nomeação e a realização do *Emventairo*. Outra será, pois, a história das duzentas carradas de entulhos que se retiraram da Capela em 1544. Cumprido, porém, um mês sobre a realização daquele, a 25 de Setembro desse ano de 1533, um novo instrumento, elaborado dentro do mesmo espírito de rigor administrativo que parecia ter-se abatido sobre a administração das obras do Paço Real de Coimbra, projectava uma luz intensa sobre a etapa posterior à morte de Marcos Pires e o sentido da intervenção do *biscainho*, na forma de uma nova medição, agora sobre os trabalhos por ele realizados e cujo auto se lavrara dois dias antes. E, de novo, vale a pena ponderar sobre esse texto[861]:

A quantos esta certidão virem. Diogo de Beja esprivão das obras dos paaços desta cydade de Coimbra faço saber que Vasco Fernandez Ribeiro veador e recebedor das obras dos ditos paaços me requereo que lhe dese o trellado de huum assento e auto de conta que elle fizera com Diogo de Castylho mestre das ditas obras o quall asento estava no liuro da despesa das obras do ano de b^c *e trinta e tres do quall assento o trellado de verbo a verbo he ho sseguinte//*

Item. Em os vynte e tres dias de setenbro de mil b^c *xxx iii anos na cidade de Coimbra nas casas de Vasco Fernandez Ribeiro veador e recebedor das obras dos paaços desta cydade de Coymbra estando elle hy perante elle pareceo Diogo de Castylho mestre das ditas obras // e bem asy estando hy Pero Anes mestre da carpyntarja das ditas obras // e Gonçalo Madeira mididor da cidade os quaaes diseram que elles por juramento que lhe o dito veador tinha dado midiram toda a obra d'aluenaria e viram ha pedraria que o dito Diogo de Castylho tinha feita do que atee aguora lhe nom era feita conta nem midiçaõ. scilicet. no apousentamento dos oficiaaes que estam feitos na entrada dos paaços a mão escerda e disseram que midiram as alvenarias dos ditos apousentamentos atee o asento dos frechaaes do telhado com todollos repartimentos de dentro e chamines galguados atee os ditos frechaes do madeiramento // e acharam teer feito nos ditos apousentamentos cento e cyncoenta e ssete braças e mea que lhe ham de ser pagas a quatrocentos e oytenta reaes por braça ssegundo forma de seu contrauto em que monta setenta e cynquo mjll e seiscentos reaes //*

Item disseram que acharam ter feitas nos ditos apousentamentos dezassete janellas alem doutras quatro janellas que lhe ja eram pagas nos anos pasados as quaaes dezassete janellas lhe ham de sser pagas a dous mill e quinhentos reaes em que monta corenta e dous mill e quinhentos reaes e bem assy fez quatro portaaes nos ditos apousentamentos de que ha d'aver por bem de sseu contrauto a rezam de dous mill reaes cada humm em que monta oyto mill reaes.

E bem assi fez trinta e tres cunhaaes que fez nos ditos apousentamentos de que ha d'aver cynquoenta reaes por cunhal em q. monta mill e seiscentos cynquoenta rs. – $\overline{I}$ bj^c *L reaes.*

Na quall obra que assy tem feita nos ditos apousentamentos monta cento e vynte e ssete mill e ssetecentos e cynquenta reaes – c^{do} *xxbij mill bij*^{os} *L reaes.*

E bem assj mjdiram a cerca que o dito Diogo de Castylho fez nos muros do tereiro que core do canto da capella atee o cunhall que esta quontra sam Pedro com as paredes da cysterna e ha redoma que sse fez e acharam ter feitas no dito muro duzentas e doze braças e meia // alem doutra mais aluenaria que tinha feita que lhe ja fora midida e paga que lhe outrossi hade sser paga a quatrocentos e oytenta reaes por braça em que monta cento e hum mjll e oytocentos e oytenta reaes ——— c^{do} *$\overline{I}$ biij*^{c} *L xxx reaes.*

E bem assi acharam ter feyto o dito Diogo de Castylho vynte e nove cunhaes no dito muro os quaaes lhe ham de ser pagos a cynquenta reaes por cunhall em que monta mill e quatrocentos e cynquenta reaes ——$\overline{I}$ iiij^c *L reaes.*

Na quall obra assy dos apousentamentos dos oficiaaes como na outra que tinha feita no muro assy na aluenarja como pedraria monta em todo duzentos e trinta huum mill e outenta reaes. ——— ii^c *$\overline{xxxj}$ Lxxx reaes.*

Dos quaaes duzentos e trinta hum mill e oytenta reaes lhe pagou o dito veador duzentos e vynte e dous mill e seiscentos reaes polla maneira sseguynte. scilicet. por cem mill reaes que o dito Diogo de Castylho tinha recebydos do dito Vasco Ribeiro da contenuação da empreytada das varandas que avyam de ser feitas quando [?] o paço do mouro que lhe foram paguos no livro do anno de b^c *xxb a sete de Janreiro do dito ano de que lhe ainda nom achava feito desconto os quaaes cem mill reaes eram asentados em receita sobre o dito Vasco Ribeiro de que ainda nom era feito desconto ao dito Diogo de Castylho // e bem assi lhe fez mais desconto e pagamento de trinta e tres mill e quinhentos reaes que o dito Diogo de Castylho recebeo do dito Vasco Ribeiro a quatro d'Agosto de mill e quinhentos e trinta em parte do pago do que o dito Diogo de Castylho avya d'aver da dita obra dos apousentamentos dos oficiaaes e assy lhe descontou mais trynta mill reaes que lhe tynha pagos ao dito Diogo de Castylho em parte do pago da dita obra a dezasseis de Julho do dito ano de b*^{c} *xxxi // E assj lhe fez mais desconto de corenta e quatro mill reaes que o dito Diogo de Castylho devya de quatro escravos que lhe foram dados a rezam de onze mill reaes por cada hum em que montou os ditos R $\overline{iiij}$ por que de hum destes escravos que foram cynquo escravos lhe foy ja feito desconto em outra midiçaõ e agora lhe foi feito desconto destes quatro // E assi lhe foy mais feito desconto de quinze mill e cem reaes que tinha recebidos em parte do pago da dita obra no liuro do ano de quynhentos e trinta e dous a dezassete d'Abrill do dito ano por dous asentos que estam no dito liuro nos quaaes descontos que lhe assi sam feytos sse montam os ditos duzentos e vynte e dous mill e quatrocentos reaes que lhe o dito vedor pagou polla maneira ssobre dita os quaees tirados dos duzentos e*

A MORADA DA SABEDORIA

Arco manuelino
referido por Vergílio
Correia em 1944
(DGEMN, foto 114).

trinta e hum mill e oitenta reaes que o dito Diogo de Castylho avia d'auer das ditas obras se lhe devem ao dito Diogo de Castilho oyto mill e quatrocentos e outenta reaes // a quall conta o dito veador fez com o dito Diogo de Castylho perante my esprivão e os ditos Pero Anes e Gonçalo Madeira que ha ouveram anbos por booa e assinaram aqui anbos com os ditos mididores dos quaaes duzentos e vynte dous mill e seiscentos reaes que lhe o dito veador assy pagou e descontou sse lhe ham de levar em conta ssomente por este assento cento e corenta e quatro mill reaes. scilicet. os cem mill que lhe deu da construção das varandas por serem careguados ssobre o dito veador e em receita e assi os corenta e quatro mill reaes dos quatro escravos que outrossi foram carregados por mim esprivão sobre o dito veador em receita e por tanto eu Diogo de Beja say haquy com elles em despesa e quanto he ao outro mais dinheiro sse lhe levara nos outros liuros pollos asentos honde jazem // O quall assento asy trelladado o dito veador me requereo que lhe pasase esta certidão por quanto lhe era necesarja para a conta que dava nos contos delRey nosso Senhor para sse saber como os ditos dinheiros ficavam descontados polla maneira ssobre dita ao dito Diogo de Castylho e por certeza de todo lhe pasey esta certidão feyta por mim Diogo de Beja esprivão das ditas obras que foy feita na dita cydade aos xxb dias do mes de seutebro [sic] por mim Diogo de Beja espriuão das obras, ano do nascimento de nosso Senhor Jhesu Crispo de mill b^c xxxiii nom faça duuida no riscado onde diz receita por que eu esprivão o fiz por verdade.

Diogo de Beja

É, pois, este documento que nos informa sobre o principal empreendimento levado a cabo por Diogo de Castilho nos anos que se seguem à sua nomeação, em 1524, bem como sobre o sentido da sua intervenção no âmbito da conclusão das empreitadas confiadas a Marcos Pires, do mesmo passo que nos confirma a ligação ao estaleiro de Pero Anes ainda em 1533: "estando hy Pero Anes mestre da carpyntaria das ditas obras", escreve-se logo ao início do *auto de conta*. Com efeito e para além de trabalhos menores, como os que respeitavam ao ladrilhamento da Capela, sua *guarnição* interna e externa e assentamento dos respectivos degraus; colocação geral das 202 ameias em falta; construção da escada do *aposentamento da senhora Rainha* e das duas que faltavam no *delRey*; colocação das cimalhas na varanda da soberana, onde havia ainda que "fazer duas vinhas no cunhal do meo sobre que vem o cano e por huma gargora" e, de um modo geral, do conjunto de miudezas mencionadas na *mediçam* de 1522[862], aguardava fundamentalmente Diogo de Castilho a realização do conjunto de acomodações que, justamente, em 1533 se achavam já feitas "na entrada dos paaços a mão escerda", que constituem o tema central do documento e eram reservadas, sabemo-lo agora, a "apousentamento dos oficiaaes". Para ele talhara Marcos Pires e deixara prontos à data da sua morte, os *sete arcos que estam laurados polo tereyro por asemtar*[863], de que fala o inventário de 1522, destinados ao piso térreo e desde Vergílio Correia con-

MEMÓRIA E (CON)SAGRAÇÃO

Aspecto do torreão desvendado na *sondagem F*, observando-se a operação tardia de arredondamento do seu perímetro em alvenaria regular.

fundidos com os que hoje avultam paralelos ao muro do *albacar*[864]. E por isso se fala agora em "contenuação da empreytada das varandas"; *varandas* que, diz-se, "avyam de ser feitas quando [?] o paço do mouro"; *paço do muro*, por seu turno, que mais não era que o novo *lanço* ou ala erguido a sul da porta-forte, contra a muralha (o *muro*) oriental que cingia o recinto palatino e em substituição, por certo, de arruinadas dependências trecentistas e que, no programa manuelino, deveria ligar-se em ângulo recto com esse outro corpo ou *lanço* constituído pela estrebaria, casa do estribeiro e sacristia, que configuraria o flanco meridional do projectado *pátio*. Por isso, ainda, não deixaria Vergílio Correia de notar, ao noticiar, em 1944, o reconhecimento de um "troço de cubelo do lado esquerdo da entrada do Paço", velha defesa da primitiva porta-forte e, simultaneamente, junto a este, de "nova arcada manuelina de volta plena, perpendicular às anteriormente descobertas" (do lado oposto, na linha da fachada), que esta se afigurava pertencer "a uma construção de que parece não falar a medição de 1522"[865]. Por isso, enfim, esses arcos transversos – de que os seguintes, abatidos (em razão da profundidade do espaço a percorrer), seriam reconhecidos nas intervenções da década de 40, dispostos em ritmo regular, como impunha a compartimentação celular desse *lanço* de aposentadorias –, revelam uma *mão* claramente diferente da que ostentam, no lado norte, os seus êmulos dos *aposentos dos Infantes*, dos

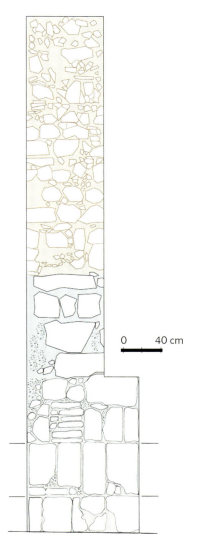

Alçado da sondagem realizada no torreão angular nordeste (José Luís Madeira).

quais, na mesma altura, seriam exumados dois, aliás os derradeiros subsistentes.

Não é fácil saber, pela leitura do documento, quando terá tido início a *contenuação da empreytada das varandas*. Mas tudo indica que se seguisse de imediato à nomeação do novo construtor, em Abril de 1524. De facto, o primeiro pagamento, respeitante justamente à edificação da arcaria térrea – a "construção das varandas" –, no valor de 100 000 reais, ser-lhe-ia feito a 7 de Janeiro de 1525, recebendo posteriormente mais 33 500 reais a 4 de Agosto de 1530, "em parte do pago do que o dito Diogo de Castylho avya d'aver da dita obra dos apousentamentos dos oficiaaes", auferindo, pelas mesmas razões, outros 30 000 reais a 16 de Julho de 1531 e 15 100 reais a 17 de Abril de 1532, data que parece assinalar a conclusão da obra, além de quatro escravos, que lhe foram entregues, no valor de 44 000 reais, sendo o orçamento geral da empreitada de 231 280 reaes, em relação ao qual, no momento em que era lavrado o *auto de conta*, lhe faltava ainda receber (e será essa a razão de fundo da sua elaboração) 8 480 reais. À data em que a Corte pousa com demora no seu Paço coimbrão, nesse tórrido verão e no outono de 1527, estava pois ainda longe de concluir-se a edificação do *apousentamento dos oficiaaes*. E pode ser que o aumento substancial da remuneração que, antes de deixar Coimbra, o Rei outorga ao mestre construtor[866], até aí obrigado aos termos do contrato de Marcos Pires, que tão ruinoso se lhe havia mostrado, tivesse em vista estimular o seu sucessor no cumprimento das suas obrigações – ou talvez se possa reconhecer aí uma outra *história*.

Como quer que seja, pela *mediçam* se fica igualmente a saber corresponder à ascensão de Castilho na direcção da obra real a decisão de suspender a edificação da ala sul: a da estrebaria, casa do estribeiro e sacristia. De facto, o documento menciona expressamente, entre os trabalhos orçados, além das "paredes da cysterna e ha redoma que sse fez"[867], a "cerca que o dito Diogo de Castylho fez nos muros do teireo que core do canto da capella atee o cunhall que esta quontra sam Pedro" (a velha igreja colegiada de São Pedro, a nascente do Paço), onde acharam ter feitas "no dito muro duzentas e doze braças e meia". Sabe-se agora, pois, dever-se ao mestre biscainho (mesmo que, provavelmente, prevista já no âmbito das empreitadas confiadas a Marcos Pires), a curiosa operação de arredondamento do velho torreão ocidental que ornava o flanco sul da antiga muralha, desvendado no decurso da *sondagem F*. Efectivamente, desmantelado o primitivo cubelo muçulmano, tudo indica que no decurso da reconquista definitiva da cidade, em 1067, seria este convertido em rude torre para-quadrangular, no âmbito das obras de reforço das fortificações urbanas levadas a cabo por D. Sesnando, retomando mais tarde e já numa alvenaria miúda e regular, a primitiva forma de cubelo[868] – a mesma alvenaria miúda e regular que se reconhece, por toda a parte, nas obras deste período e na qual, de resto, seria refeito, acima da base arcaica de *soga e tição*, por Marcos Pires, o espesso torreão do ângulo nordeste: o "cubelo gramde do cabo", de que fala a *mediçam* de 1522, atestando a feitura nele de "xxb braças e xxbij palmos" de alvenaria[869]. Desprovida a frente sul do paço do corpo para ela inicialmente projectado, era assim de novo o velho conceito de muralha castrense que emergia, pontuada de cubelos, mesmo que submetida ao partido estético geral, que impusera a reforma completa do prospecto das primitivas torres. Um último documento, todavia, poderá ainda contribuir para aclarar certos trechos do edifício pação – onde se comprova a continuidade de trabalhos, tudo indica que já em fase terminal, até 1534[870] – e de algumas das fontes atrás analisadas. Trata-se de uma carta dirigida a D. João III pelo antigo *vedor*, Vasco Fernandes Ribeiro, instalada já a Universidade no vetusto Paço Real, em 28 de Dezembro de 1545, a propósito do alojamento de certos estudantes e frades e de que merece reparo o seguinte trecho[871]:

Senhor

Eu esprivi a V. A. que na entrada dos seus paços desta cidade de cojnbra jumto dos cubellos ficaron duas pessoas que eu nom lançara fora por me parecer que as ditas casas nom serviam a ninguem. scilicet. o filho do mestre Nicolao e hum filho de Antonio Marquez seu contador que ora estava em Frandes e que estavom asi ate V. A. mandar o que ouvese por seu serviço ao padre Reitor e ora me dise Francisco Marquez filho do dito Antonio Marquez que elle se queria sair das ditas casas por que eram de Joham

MEMÓRIA E (CON)SAGRAÇÃO

Arco transverso subsistente no intradorso do flanco norte da *Porta Férrea* ao nível da antiga *varanda dos Infantes*.

Aspecto interno do cubelo norte da antiga porta-forte.

Moreno que era ido a Cezimbra e fizera nellas obra e viera ora que nom queria pauxoes com elle e ho metera dentro nas ditas casas que se queria ir. Eu lhe dise que era verdade que a dita obra o dito Joham Moreno a fizera e era verdade que ahy pousara que eu nom o podia tornar as casas de que ho despojara honde antes pousava que eram hua casa debaixo do aposento honde soya pousar dona Maria de Vallasco no andar do eyrado nem menos podia caber com Joham Moreno e que a casa em que dantes pousava que estava asi soo sem aproveytar a ninguem que pedise a V. A. por ser bom homem e dos bons estudantes que ha nesta terra / nom sey se ira la / ca se afirma que V. A. quer mandar agasalhar frades nos ditos aposentos das damas e nos paços do mouro...

De facto, sabe-se agora onde pousava *D. Maria de Vallasco*, a dama em cujos aposentos Vasco Ribeiro determinara obras, aparentemente sem provisão régia, entre os anos de 1526 e 1530 – tal como ordenara outras nos aposentos reais, nos do *amo* e nos dos infantes e *estudos* e fizera o "portall do muro contra a See" –, como relata o alvará de 13 de Maio de 1533[872]: era nos *paços do mouro*, agora designados de *aposentos das damas* (e não já *dos oficiais*), numa *casa* que ficava *no andar do eyrado*, sobre aquela onde antes vivera Francisco Marques, o rapaz que agora ocupava, com "o filho do mestre Nicolao", o aposento onde morara e fizera obras João Moreno, que fora para Sesimbra, mas agora regressava e com quem o mancebo, segundo o *vedor* "bom homem e dos bons estudantes que ha nesta terra", *nom queria pauxoes*; aposento que, segundo o mesmo funcionário explicava ao monarca, ficava "na entrada dos seus paços desta cidade de cojmbra jumto dos cubellos". Quanto àquele em que antes morara e ao qual Vasco Ribeiro o não podia fazer retornar sem autorização régia, "estava asi soo sem aproveytar a ninguem" e parece provável que não fosse caso único, pois se afirmava que El-Rei queria "mandar agasalhar frades nos ditos aposentos das damas e nos paços do mouro"[873]. Que aposento era esse, porém, onde vivera João Moreno e que *eyrado* aquele em cujo andar se alojava *D. Maria de Vallasco*? É certo que o documento não o diz, mas talvez não seja impossível saber de que falava ao seu monarca uma personagem que parecia não ter cessado ainda as suas responsabilidades sobre o destino do palácio[874].

Com efeito, subsiste ainda hoje no intradorso do flanco norte da *Porta Férrea*, ao nível da antiga *varanda dos infantes*, mas oculto por velhos rebocos, um arco, *antre redondo e escacante*, transverso em relação às fachadas, idêntico aos que ainda no andar térreo se podem observar (a cuja lógica

349

Aspectos dos telhados entre a Reitoria (aposentos dos Infantes) e o Colégio de S. Pedro (zona do antigo eirado).

construtiva, por conseguinte, obedecia) e destinado, certamente, a permitir a ligação dessa galeria, sobre a antiga porta-forte, se não com os *aposentos dos oficiais*, que lhe ficavam adjacentes mas se concebiam como célula independente (o *paço do muro*), com o espaço correspondente à área ocupada inferiormente pela porta, ao mesmo tempo que a suportar uma parede superior, no plano já dos *aposentos do Príncipe*. Por outro lado, o desmantelamento do corredor do adarve do cubelo setentrional da antiga porta muçulmana por intermédio de uma escada onde se reconhece o aproveitamento, como degrau, de um antigo fuste de coluna gótica[875], parece fazer corresponder às obras dinamizadas por D. Manuel I a sua edificação, no âmbito, aliás, de uma reforma geral da fisionomia dos antigos torreões que a defendiam, que a observação do paramento interno sobrevivente desse lado igualmente testemunha[876] e que impunha, desde logo, a decisão de levar a cabo a construção de um novo piso acima do nível das antigas muralhas, que a documentação claramente refere, ao mesmo tempo que também a arqueologia documentaria o entulhamento do primitivo cubelo nos primórdios do século XVI[877]. A distância a que a referida escada se encontra do estrato quinhentista do velho torreão, impede porém que esta se destinasse a aceder ao seu interior, antes desembocando, certamente, a alguma distância. Este facto, bem como a clara descontinuidade que ainda hoje se observa na união que, sobre a *Porta Férrea*, produz, junto à massa que define a Reitoria (o piso superior dos antigos *aposentos dos infantes*), o corpo que prolonga o Colégio de S. Pedro (antigos *aposentos dos oficiais*, depois *das damas*) – e a despeito das sucessivas intervenções regularizadoras de que foi objecto[878] –, levam a acreditar que sobre o corpo que a porta-forte definia se tivesse organizado a esse nível um terraço, terraço que estabelecia a separação entre os *aposentos dos oficiais* (ou *das damas*) e os *dos infantes*, a que as habitações do Príncipe teriam, muito provavelmente, acesso e que constituía o destino da estreita escada que cortara o velho corredor do adarve muçulmano. Escada essa, de serviço também do Infante real, que tudo leva a crer, uma vez atingida a *varanda*, se articularia com outra, de ligação ao terreiro, no interior da arcada subjacente – e seria esse dispositivo (a "escada per que se seruja a varãda", documentada em 1544) a razão de ser da enigmática espessura

MEMÓRIA E (CON)SAGRAÇÃO

O "cubelo grande do cabo".

O "outro cubelo seguynte".

que actualmente ostenta o flanco setentrional da *Porta Férrea*[879]. E aí ficava pois, decerto, o *eyrado do cabo* referido na medição de 1522 (logo após a inspecção aos *aposentamentos dos infantes*), cuja presença constituía a razão de que a decantada *D. Maria de Vallasco* pousasse outrora (já não pousava em 1545) nos *aposentos das damas*, "no andar do eyrado", em cómodo assente sobre aquele onde antes vivera Francisco Marques, cuja independência (contrariando a lógica celular com que o *Paço do Muro* fora concebido) constituíra, decerto, a origem das obras nos seus aposentos verberadas a Vasco Ribeiro[880], ao mesmo tempo que da existência autónoma dos *entresolhos* que, no mesmo ano, o monarca refere em carta para o reitor Frei Diogo de Murça[881]. Sob ele (e sobre a porta-forte), o espaço que inicialmente teria servido apenas para a sua comunicação, no topo da *varanda dos infantes* e, certamente, em cota superior, imposta pelo próprio vão da porta-forte, mais elevada que as restantes arcarias térreas (como indica a própria implantação do arco transverso subsistente) fora, por certo, autonomizado – e era esse, seguramente, o aposento praticado "na entrada dos seus paços desta cidade de cojmbra junto dos cubellos" a que aludia o *vedor* –, no decurso das suas polémicas intervenções dos anos de 1526 a 1530 (sancionadas pelo alvará de 1533) ou, mais provavelmente, pelas próprias obras levadas a cabo por João Moreno, seu ocupante, a que alude a missiva de 45 e que, no regresso de Sesimbra, se não coibiria certamente de reaver um cómodo privilegiado, dispondo de eirado (quase) privativo[882]. Mas talvez seja tempo, realmente, de procurar organizar os conhecimentos disponíveis a respeito do Paço coimbrão, da sua morfologia e da evolução que esta iria ressentir.

Efectivamente, sabemos que em Outubro de 1518 Marcos Pires contratava com o amo do Príncipe a empreitada dos *aposentos dos infantes*: o corpo que definia o ângulo nordeste do recinto palatino, entre a Sala Grande e a porta-forte, assente sobre uma correnteza de arcos abatidos, cujos dois segmentos um forte chanfro separava (o *quanto das varamdas* da medição de 1522, onde seria avaliada uma braça e cinco palmos[883]), abrindo para o terreiro, ao nível do primeiro andar, uma *loggia* compos-

351

Aspecto da fachada norte, observando-se a destruição da cachorrada, entre os cubelos, pela cobertura da galeria alta no século XVIII.

Perspectiva do coroamento dos três cubelos subsistentes na fachada norte da intervenção de Marcos Pires.

ta de dez arcos (respectivamente seis e quatro em cada lanço), providos agora, porém, de *sedas e peitoris e sopeitoris em modo de janela*. Dividia-se o lanço norte da galeria, interiormente, por meio de três arcos transversos, regularmente *compassados em terços* e de perfis *antre redondos e escacantes*, que serviam de apoio às paredes que, no piso superior, faziam a repartição entre os quatro aposentos em que este se organizava e em relação aos quais a *varanda* constituía, a um tempo, serventia e logradouro: como esclarece o contrato, *o serviço de cada hum destes apousentamentos sera pola dita varanda com seus portaes de pedraria*. Eram estes cómodos compostos por *tres casas em cada hum apousentamento, duas huma sobre outra que vem nas casas que se amde derribar e fazer de novo e huma no mesmo andar do de çima que vem sobre a dita varanda*. Deste modelo, na verdade, apenas o quinto aposento, do lado oriental, destinado ao Príncipe, dissentiria, uma vez que, por carência de profundidade desse corpo, dispunha somente de duas casas, mas maiores que as dos restantes. Os acessos, nos primeiros, eram praticados por escadas de madeira, a cargo de Pero Anes (*as quaes vem ordenadas na outra empreitada da carpintaria*) que, nos aposentos gémeos do lado norte ligariam entre si as divisões sobrepostas e no último (do lado oriental) se faria *a servyntya pela varanda de baixo per huma escada de madeira que se fara na casa mais chegada a porta* (do terreiro). Todos, porém, seriam dotados, no andar superior, de sua lareira – *hem cada morada de sobre as varandas avera sua chamine no pano do meio onde had'haver o portall chegado a outro canto* –, sendo a do Príncipe no cómodo mais interior, por oposição à porta-forte, abrindo-se as catorze dependências em que o *aposentamento*, no conjunto, se repartia, para o exterior, tanto para a cidade como para o terreiro, cada qual por duas janelas (de menos meio palmo de largura as do flanco norte), providas todas de *sedas e peitoris e sopeitoris tudo de pedraria*, sendo as voltas *escacantes ou d'alguns arabyados que bem pareçaõ*[884]. O andar térreo era composto por *logeas*, como elucida a medição de 1522[885] e a separação entre os pisos era feita por soalhos de madeira, a eles respeitando (entre outras coisas) o contrato celebrado pelo *amo* com Vicente Dias, em 12 de Abril de

MEMÓRIA E (CON)SAGRAÇÃO

Coroamento do 2º cubelo (sentido este/oeste).

Coroamento do 3º cubelo (sentido este/oeste).

Coroamento do 4º cubelo (sentido este/oeste).

1519, que impunha o fornecimento de *quynhentas duzias de taboado* de castanho até à Páscoa de 1520[886]. E foi decerto o *apousentamento dos Infantes*, cujo acesso se praticava seguramente a partir da *Sala* Grande[887], a "parte dos Paços" onde, no verão de 1527, se alojaram os príncipes irmãos de D. João III e a respectiva *varanda* o cenário das brincadeiras (e travessuras) do Infante D. Duarte com o filho do *mestre do Cardeal*, Aires Barbosa[888].

Em 1522, como se viu, encontrava-se já praticamente pronto este sector do Paço, mesmo que com significativo atraso em relação ao prazo previsto (a "pascoa de b'xx") e que tudo indique pertencerem-lhe as 202 ameias que faltava ainda *guarneçer*, referidas na medição de 1522, contra 109 a essa data *guarneçydas*[889]. Por esse texto, aliás, se ficaria a saber que a empreitada desta ala compreendia ainda o "cubelo grande do cabo", dotado de quinze ameias em redor e o "outro cubelo seguynte"[890] (o primeiro e o segundo, respectivamente, da fachada norte, no sentido este/oeste) os quais – e ainda, eventualmente, o que flanqueava, a norte, a porta-forte – haverá, por conseguinte, que incorporar também no *apousentamento*, cuja morfologia integrarão no piso superior[891]. De facto, é a mesma cornija arcaizante, ornada de uma *linha de cachorros* que Vergílio Correia considerara "do mais puro gosto trecentista, semelhante aos de Santa Clara"[892], que se divisa, no interior do Pátio, entre a *Porta Férrea* e o corpo central da *Via Latina* e, no exterior, até ao quarto cubelo da fachada norte (demolido como seria o quinto, nas obras seiscentistas dos *Gerais*), onde é possível seguir, de igual modo, o característico perfil dos seus merlões[893] e reconhecer, na cúspide dos coruchéus, uma sequência de ornatos de pedra, moldados nesse naturalismo robusto e espesso que faria a marca distintiva do construtor do *claustro do silêncio* de Santa Cruz[894]. É também no interior de um desses cubelos (o segundo, no sentido este/oeste, adjacente *aos aposentos dos infantes*), que subsiste ainda, sobrevivente da reforma primi-setecentista do Paço Reitoral, um antigo vão de porta que lhe dava acesso, que constitui solitário testemunho dessa liberdade para usar, no registo superior, *d'alguns arabyados que bem*

353

Primitivo vão de acesso ao interior do nível superior do 2º cubelo da fachada norte (sentido este/oeste).

pareção, em alternativa às voltas *escacantes* que caracterizavam as arcadas térreas e as varandas.

Iria seguir-se, como vimos, ao outro lado da velha porta-forte, a edificação do *paço do muro*, o "apousentamento dos oficiaaes", que Marcos Pires deixaria somente começado – talhados apenas os *sete arcos lavrados pelo tereiro por asentar* – e Diogo de Castilho iria concluir entre 1524 e 1533. Feito à imagem das casas dos Infantes que, ao outro lado, lhe correspondiam; provido, como elas, de uma arcaria térrea de igual morfologia, apenas não dispunha da galeria intermédia, sendo antes *casas humas sobre as outras sem ficar varanda senão no terreiro*. Estruturava-se, pois, como um sistema celular, composto por seis acomodações duplas justapostas e independentes, idênticas entre si e também sobradadas, correspondendo cada módulo à área definida por dois dos arcos inferiores, a cada um se acedendo por intermédio de escadas de pedra, providas do respectivo portal, rasgadas na muralha. Dotados, igualmente, de chaminés na casa superior, iluminavam-se por janelas idênticas às dos aposentos dos Infantes, apenas para o terreiro no registo inferior, para ambos os lados no de cima: *as casas de baixo averão cada huma sua janella pera ho terreiro da ordenança das outras* – determina-se – (…) *e nas casas de cyma outras senhas janelas do mesmo tamanho asentadas no direito das outras e da outra parte da çidade outras senhas janelas da mesma grandura e isto mesmo senhas chamines*[895]. A coroar este corpo, certamente, ostentava-se a mesma orla de merlões e tudo indica que também aqui, no piso superior, os aposentos extremos deveriam beneficiar da inclusão da área útil dos cubelos que enquadravam este corpo: o cubelo sul da porta-forte e o que definia o ângulo sudeste do antigo recinto fortificado.

Ao *paço do muro* deveria seguir-se o lanço sul, contratado com Marcos Pires na mesma *empreytada noua das casas dos jmfamtes*: um amplo corpo, balizado entre este e a Capela, onde se incluía, adjacente a esta, a sacristia, seguida da *casa pera o estribeiro* e da estrebaria. Quanto à sacristia, ostentaria, voltada ao terreiro, *huma janella baixa ferrada da ordenança das outras*, somente agora com a recomendação de que *a verga sera quadrada*. A casa do estribeiro repartia-se entre *casa terrea*, dotada de *portall de pedraria* para o exterior e de *huma fresta rasgada pera ambalas partes* (isto é, dotada de esbarro interno) *pera ser ferrada (…) asentada ao longo* – especificando-se que *desta mesma casa do estribeiro avera outro portall que posa ir pera dentro a dita estrebaria e sera da mesma grandura do outro* – e duas dependências superiores, uma das quais assente sobre a *dita samchristia debaixo*, sobradadas ambas, rasgada *em cada huma sua*

Eirado do palácio da *Sempre Noiva*.

janella da ordenança das outras e havendo *em cada huma sua chamine pera a parte do muro ou onde milhor vir*. Por último, a estrebaria, certamente regulada em altura (como impunha a necessidade de dar abrigo, não apenas ao gado cavalar, mas às respectivas forragens) com a morada do estribeiro (e pessoal a ela afecto, como indicam as duas lareiras e, em geral, a extensão das instalações) – e, pelas mesmas razões, com o *apousentamento dos oficiaaes*, com o qual entestava –, ostentaria, voltadas ao Pátio, *oito frestas asentadas no longo e repartidas que venham os espaços iguaes*, além, como não poderia deixar de ser, de *hum portall grande*[896]. À ascensão de Diogo de Castilho, porém, seguir-se-ia, como se viu, o abandono deste programa. O *apousentamento dos oficiaaes*, que verdadeiramente leva a cabo, não tardaria a ser reconvertido em *aposentos das damas*[897] e sabe-se apenas que lhe seriam pagas, em 1533, além das *paredes da cysterna e ha redoma que sse fez*, duzentas e doze braças e meia de alvenaria na *cerca que o dito Diogo de Castylho fez nos muros do tereiro que core do canto da capella atee o cunhall que esta quontra sam Pedro*[898].

É certo, todavia, que a referida *ala da estrebaria* parece ter começado a ser edificada. A *sondagem F* revelaria o processo de arredondamento das velhas torres sesnandinas[899], em obediência a um programa geral de reconfiguração dos antigos torreões, que seria mesmo consagrado numa *empreytada das guarnyções dos cubelos dos paços da parte de fora* e de que Marcos Pires recebera, em 1521, 28 000 reais *damte mão*[900], torres essas, por conseguinte, que terão começado a subir de acordo com os novos moldes que regiam o prospect do Paço, ao mesmo tempo que a *sondagem A1* traria à luz uma extensa e profunda vala, de corte rectilíneo, paralela à muralha, que se afigura poder relacionar-se com as obras quinhentistas[901]. Ao mesmo tempo, as contínuas referências feitas no contrato à *parte do muro*, na qual se não rasgam janelas quer na sacristia, quer na casa do estribeiro (mesmo nas dependências altas), quer enfim na estrebaria, e tão somente se adossam chaminés, não permitem dúvidas sobre a subsistência, neste sector, da primitiva muralha que cingia o recinto palatino. A intervenção de Diogo de Castilho parece, assim, configurar uma decisão mais ampla do que a mera suspensão da edificação da *ala da estrebaria*: a demolição da antiga muralha militar e a sua conversão em simples muro de suporte (em cuja regularização se iriam consumir as duzentas e doze braças e meia de alvenaria que lhe seriam medidas e pagas em 1533) e, do mesmo passo, a transfiguração do velho terreiro fechado medieval no verdadeiro *belvedere* em que hoje consiste o

A MORADA DA SABEDORIA

Janelas da Sala Grande sobre a *Via Latina*.

Janelas da Sala Grande desvendadas na fachada norte.

Pátio da Universidade – com as inevitáveis consequências morfológicas e semânticas que acarretaria ao processo de transfiguração da própria moradia real.

Para trás do contrato de 1518, estabelecido entre o *amo* e Marcos Pires, instrumento intermédio como bem notaria Pedro Dias[902], ficavam, porém, outras obras, objecto de anteriores *concertações* e respectivos adiantamentos de verbas (*emprestidos*), as quais, como refere o *auto de medição*, vinham já *asy do tempo de Guomçalo Priuado como de Nycolau Leytam que foram veadores das obras e asy de Vasco Rybeiro veador delas*[903] e que por então iriam já adiantadas: fora o caso do *emprestido dos telhados*, em relação ao qual o mestre recebera 11 011 reais na gestão de Gonçalo Privado, 45 000 na de Nicolau Leitão e 34 000 na de Vasco Ribeiro; da *empreytada dos cajamentos*, sobre a qual recebera 65 120 reaes de Nicolau Leitão; da *empreytada dos ladrylhos e guarnyçoes e aluenarias*, de que auferiu pagamentos em 1519 e 1520; da *empreytada das cozynhas*, certamente exteriores ao recinto pação, que remontava também ao tempo de Gonçalo Privado e em *parte do pago* da qual recebera 40 000 reais; da referida *empreytada das guarnyções dos cubelos dos paços da parte de fora*; da *empreytada das paredes da sala* e da *empreytada dos eyrados e capela*[904]. E, com efeito, no que respeita ao templo palatino, o contrato estipularia tão somente que se *ameara a capella com ho cruzeiro com seus encayamentos da maneira da igreja e havera por cada huma amea com seu encayamento tudo guarnecido o preço que ja esta na empreitada das hameas*[905], informando a medição de 1522 que no tempo de Gonçalo Privado lhe fora *paga toda a capela*, tendo o mestre recebido 40 000 reais *damte mam* da *empreytada dos eyrados e capela*, faltando, à data da sua morte, *ladrylhar a dicta capela e fazer os degraos dela por que lhe am de ser dadas as lageas*, bem como guarnecer, no interior, 72 braças e 40 palmos e, por fora, 99 braças[906]. Estava pois edificada no seu conjunto, tal como hoje (substancialmente) se observa, à data da sua morte e ameada mesmo, como impunha o contrato de 1518, faltando apenas concluir os rebocos e assentar o pavimento (de *tijello mozarill muy bem roçado e bem cortado e bem asentado e com boas juntas*, como se sublinhava[907]), bem como colocar os degraus, por lhe não terem sido ainda fornecidas as respectivas lages.

É, porém, a *empreytada dos eyrados e capela* matéria que merece reflexão. Com efeito, os *eyrados* do Paço seriam, aparentemente, dois: o *eyrado do cabo*, que pudemos já localizar sobre a porta-forte e um outro *eyrado* não mencionado pela medição (o único texto que os refere), mas em relação ao qual não quedam dúvidas de se relacionar

Arco transverso de sustentação da parede oriental da Sala Grande.

Aspecto da tribuna das orações de sapiência com as portas adjacentes.

com a *Sala Grande*, cuja avaliação por duas vezes precede e que tem sido recorrentemente suspeito de constituir um "grande eirado", futuro "embasamento" da actual *Via Latina*[908]. É certo, todavia, que nada parece autorizar tal ilação. Ao citado eirado, objecto de duas avaliações (uma a cargo de Gonçalo Madeira e outra por intermédio do mesmo e de Gonçalo Martins), seriam reconhecidas na primeira 86 braças e 43 palmos e na segunda, onde se explicita *a parede do heyrado com o peytoril*, 86 braças e uma quarta e três palmos, sendo da primeira vez mencionadas as *lageas do dito eyrado*, avaliadas em 2 905 reais e da segunda referidas, de modo mais concreto, as *lageas que pos no eyrado sobre o peytoril* e que seriam orçadas em 2 950 reais[909]. Nada pois que possa fazer frente, em extensão, ao projectado corpo meridional, em cujo muro, ao cancelar-se o programa inicial, Diogo de Castilho levaria a cabo 212,5 braças de construção e, por conseguinte, que sugira um *grande eirado*, enquadrando de topo a topo a ala norte e servindo de precedente à actual *Via Latina*. Mas antes, decerto, um *terraço* erguido ao nível da *Sala* ou, mais concretamente, um *taboleiro*, como surge referido, meio século mais tarde, na documentação universitária[910], que regista também pouco depois as despesas que se fizeram com o "degrau que [se] fez ao pe da escada da sala grande"[911]. É, porém, a menção feita em 1555, a pretexto da entrega solene do selo da Universidade ao novo chanceler, ao "taboleiro dantre as escadas dos paços delRei nosso Sõr"[912], que melhor elucida sobre a sua original estrutura, plataforma ladeada de escadas (direccionadas, respectivamente, à porta-forte e à Capela) e provida de *peytoril* no flanco sul. E que não seria vasta, certamente, pois deveria constituir o embasamento, agora sim, das *cynquo vases e cynquo capytes e cynquo colunas de nove palmos em alto que se fizeram para se fazer o curucheo sobre a entrada da ssalla del Rey*, que se referem no *emventayro* de 1531[913]. E a cujo acesso oriental, enfim, não deverá ser estranha a ausência do sexto arco que deveria apoiar o lanço norte dos *aposentos dos Infantes* e que objectivamente falta na respectiva medição[914]. Quanto ao *eyrado do cabo*, encontrava-se igualmente edificado (ou pouco menos) à data em que era lançada a *empreytada noua das casas dos jmfamtes*, visto não ser integrado na respectiva contratação e é somente a medição de 1522 que (de par com tantas outras partes do edifício pação de há pouco concluídas ou mesmo a concluir) fornece referências à sua existência. E é essa anterioridade em relação aos dois corpos dos *aposentos dos Infantes* e do *paço do muro*, que o haveriam de flanquear, que leva a suspeitar que a sua

Mirante organizado no 4º cubelo (sentido este/oeste) da fachada norte, em associação com a guarda-roupa.

construção se relacionasse com um programa mais vasto de reforma da própria porta-forte, cujo prospecto o aparato triunfal da actual *Porta Férrea* obliteraria, mas que não deixaria de constituir preocupação primeira de uma campanha geral de reformulação do próprio Paço, a qual, começa a perceber-se, seria realizada às *empreitadas* e onde, na verdade, custa a admitir a subsistência, entre as novas *loggias* das *casas dos jmfamtes* e dos *oficiaaes*, da velha porta trecentista, tanto mais que a reforma paçã seria acompanhada de uma vasta operação de entulhamento do antigo recinto que faria perder uma parte substancial da sua original altura[915].

Uma última empreitada, todavia (das que a documentação refere), resta ainda por analisar e, de igual modo, exigirá ponderação: a *empreytada das paredes da sala*. É a medição de 1522 que (como nos restantes casos) lhe faz referência, especificando que "na parede da sala da bamda do tereyro" o mestre realizara "nouemta e quatro braças e tres quartas e onze palmos", tendo feito quatro janelas na referida sala, além do "portal da emtrada" e de "outros dous na logea da dita sala"[916]. O contrato de 1518 já não alude a tal empresa, mais que pela menção de que "lhe darã os tres arcos que sayrão debaixo da sala por canto por este respeito fez os outros por tam baixo preço"[917] – tal como a medição deixa de fora o terceiro e quarto cubelos da fachada norte que, por esse lado, lhe pontuam o prospecto e fariam parte da citada *empreytada das guarnyções dos cubelos dos paços da parte de fora* – e tudo parece indicar que do seu programa constasse já a extensa arcaria que a ligaria à porta-forte, visto que é ela o ponto de referência para o lançamento (por esse mesmo instrumento) da *empreytada noua das casas dos jmfamtes*, a edificar, prescreve-se, "sobre os arcos que estam do topo da sala gramde que correm ate [à] porta do terreiro do dito paço"[918]. A seu respeito, porém, formularia Pedro Dias, em 1997, as seguintes reservas: "Ficam-nos algumas dúvidas acerca das suas reais dimensões; na parede da Via Latina estão as primitivas janelas, e descobriram-se outras, do lado oposto, entre os cubelos, o que nos indica a sua largura. Porém, está documentado que, quando das exéquias de D. João III, que não decorreram na Capela de S. Miguel, por ser pequena, foi necessário juntar à Sala uma outra contígua, pelo que se derrubou a parede divisória, o que indica um comprimento menor do que o actual"[919]. É, na verdade, o que informa a acta do conselho-mor universitário, em 15 de Junho de 1557, onde "foi asentado que a esa se faça na sala grande por ser lugar mais capaz que a capella pera ho que se podia partir & tirar do teatro o necesario abrindose a porta da quardaroupa pera milhor seruiço & recolhim.⁰ da gente"⁹²⁰. Puseram-se, assim, em comunicação, a *Sala Grande do Paço* e a dependência imediata – a *guardaroupa* –, a fim de proporcionar maior esplendor às cerimónias, mas é certo que em parte alguma deste texto se refere que "se derrubou a parede divisória"⁹²¹, antes, tão somente, que se abriu a sua porta. Importa, pois, localizar essa dependência, a fim de esclarecer as dúvidas sobre as "reais dimensões" da *Sala Grande* e indagar se esta teria, originalmente, um "comprimento menor que o actual".

Efectivamente, não subsistem dúvidas sobre o facto de corresponder a largura da actual *Sala dos Capelos* do palácio universitário à da sua predecessora manuelina: "na parede da Via Latina – como notaria Pedro Dias – estão as primitivas janelas [três das quatro originais, postas a nu em 1944], e descobriram-se outras, do lado oposto, entre os cubelos". Pacífico é também o seu limite oriental: o lanço dos *aposentos dos Infantes*, que se conhece com minúcia pelo contrato e respectiva medição e em relação ao qual se não desvendaria outra comunicação mais que a pequena porta trecentista noticiada por Nogueira Gonçalves no "topo da entrada" da Sala actual⁹²², incorporada agora na parede-meia de uma das câmaras dos *aposentamentos* e insusceptível de fornecer, com a sua abertura, a ampliação da vasta quadra que o conselho escolar ambicionava. A jusante abrir-se-ia a comunicação quinhentista, no local que hoje ocupa a porta principal da vasta quadra, organizada no decurso de obras setecentistas – tal como se rasgava, no mesmo local da que hoje comunica com a *Via Latina*, o "portal da emtrada da sala" documentado pela medição⁹²³. No andar

Sala dos Capelos, antiga *Sala Grande* do palácio manuelino (foto Delfim Ferreira. Serviço de Documentação da Universidade de Coimbra).

Tecto de uma sala da ala manuelina do Paço de Sintra

Tecto do Palácio de Sub-Ripas segundo A. Haupt

Tribuna dos músicos na *sala grande* do Castelo da Feira.

térreo, era a *fronteira* entre os dois corpos assinalada por novo arco transverso subjacente à porta de ligação aos *aposentos*, pelo que não parece restar outra possibilidade que não seja situar-se a *guardaroupa* a ocidente. E é, com efeito, o que se deduz do referido passo das actas dos conselhos, quanto se afirma que *se podia partir & tirar do teatro o necesario abrindose a porta da quardaroupa*; isto é, que se podia desmontar, até onde fosse preciso, o estrado ou palanque – o *teatro*, como sempre o designa a documentação universitária[924] – que realçava (outrora como hoje) a cadeira do reitor e a cátedra, sobrelevando-as em relação à disposição, já eminente, do colégio doutoral e que, atenta a velha sedimentação do ritual universitário e sua estabilização nos estatutos quinhentistas[925] e a própria morfologia da grande quadra (com o acesso público a oriente), não há razões para crer se tivesse algum dia situado em outro local que não aquele que actualmente ocupa. Que o sistema que hoje (desde o século XVII) avulta ao centro do extremo ocidental da *Sala*, constituído pela tribuna dos oradores e duas portas falsas justapostas[926], destinadas, respectivamente, a permitir o seu acesso e a aceder ao depósito onde hoje se acomodam os seus dispositivos cerimoniais, obriga, face à monumentalidade da parede, à existência de um amplo arco de descarga, afigura-se igualmente incontroverso. E tal arco era, por certo, a porta de comunicação com a *guardaroupa*, cuja situação, em pleno eixo da vasta dependência, tal como as suas dimensões e o facto de, através dela, se obter comunicação com uma quadra que, tudo indica, se estendia até à parede que limitava a sala trecentista original, permitiria efectivamente aumentar o esplendor da fúnebre função, alcançando, do mesmo passo, *milhor seruiço & recolhim.ᵗᵒ da gente*. E semelhante articulação entre as duas dependências adjacentes adquire, seguramente, maior clareza quando se sabe ser essa, justamente, a disposição observada no manuelino Paço da Ribeira e que à guarda-roupa, além da função objectiva de câmara do tesouro – verdadeiro *museu* de livros, quadros, jóias, roupas e, em geral, de objectos preciosos[927] –, se reservava (por isso mesmo?) uma função vital no quotidiano áulico e mesmo uma dimensão cerimonial que podia passar por circunstâncias tão *públicas* como a recepção de embaixadores[928]. Que tal espaço fora ideado como recinto de fruição por parte dos *familiares* do Rei é o que parece denunciar a organização, em sua intenção, no piso intermédio do 4º cubelo, que lhe fica adjacente, de uma verdadeira *bow-window*, que constitui claramente zona de lazer e desfrute do imenso panorama da urbe que lhe subjaz e dos *deleitosos campos* que, após ela, se espraiam pelo horizonte. E pertencia-lhe, seguramente, a quarta janela, referida genericamente na *empreytada das paredes da sala* (a parede mestra que fizera avançar o flanco norte em relação à ala trecentista), obliterada por obras que de seguida se compreenderão e que o ritmo das subsistentes impede que tivesse podido iluminar a sala nobre.

Não parecem, em fim de contas, restar dúvidas de que a *Sala Grande* manuelina tinha, desde a origem, a configuração que ostenta hoje a universitária *Sala dos Capelos*; como afirmaria Vergílio Correia, a sala a que se refere a documentação quinhentista era realmente "o salão nobre do paço, a nossa Sala dos Capelos, por antonomásia, desde sempre, a *Sala*"[929]. É, aliás, a importância concedida à guarda-roupa no contexto vital e cerimonial áulico que justifica que a organização daquela não represente (longe disso) e a despeito do aumento da sua largura, ampliação substantiva de capacidade em relação à primitiva *Sala* trecentista. E pouco mais é possível adiantar a seu respeito – soalhada como foi (e era, evidentemente, realidade comum em toda a área residencial do Paço), estado em que se conservaria, decerto, até épocas recentes[930]; provida de lareira(s) também seguramente[931]; assente sobre *logeas*, uma vez mais, como o *apousentamento dos Infantes*[932] e dotada, como intuiu Pedro Dias, de um tecto mudejar de artesoados, feito sob a direcção de Pero Anes e que a estrutura do actual, seiscentista, de ângulos cortados e finas nervuras cordiformes, ainda de certo modo memoriza[933] –, a não ser sugerir a possibilidade da existência de uma tribuna para músicos, associada ao 3º cubelo da fachada setentrional, cujo habitáculo superior é, na verdade, claramente quinhentista e se encontrava em absoluto inacessível (mais que pela *Sala*) antes da construção, no século XVII, da galeria alta que hoje percorre, em quase toda a extensão, o prospecto norte do edifício. Que essa era a realidade em muitos paços coevos, sabemo-lo pela documentação e pela arqueologia[934] e era, pelo menos, o que sucedia na sua congénere do Paço da Ribeira[935]. E por aqui se queda – ou quase – toda a informação disponível sobre o Paço Real de Coimbra, que deixa na sombra a área, já praticamente concluída, dos aposentos reais, que se estendiam, como é sabido, entre a *Sala Grande* e a Capela.

De facto, o contrato de 1518 mais não refere, como já foi visto, senão "que se farão huns harchetes na varanda da rainha com suas colunas oytavadas e vasos e capitees e os arcos chanfrados de dous palmos de grosso com seu peytoril dos ditos dous palmos e d'alto quatro palmos e llajeado por cyma e terão de lume ho que lhe couber em repartição de vinte arcos que hesta varanda ha d'haver ambos os llanços e isto mesmo terão d'alto o que lhe couber leixandolhe agrura necessaria pera os telhados e por cyma avera sua çymalha de pedraria e as voltas que sejam escaçantes pera serem mais dereitas onde ser janella e asy havera um arco botante com seu pegão e sua gargora e o lageamento do peitorill". Apesar disso, não deixa de incluir, a pretexto dos trabalhos de reboco a realizar, algumas informações suplementares: "Mais se houbrigou (Marcos Pires) de embocar e guarnecer e hencascar todalas casas que hora estam feitas nos ditos paços altas e baixas de fora e de dentro"; e acrescenta-se: "as guarnyções das ditas casas da parte de demtro em espeçyall todalas do apousentamento d'El Rey e da Rainha serão do teor que sam as das camaras do bispo"[936]. Entramos, pois, por este passo, na posse de dois novos elementos: o *apousentamento d'El Rey e da Rainha* constava, tal como os outros, de casas *altas e baixas* (somente a ele, na verdade, poderá respeitar a referência a *casas que hora estam feitas*, num Paço onde, em 1518, iam ainda ser lançados, sucessivamente, os programas do *apousentamento dos Infantes*, do *dos oficiaaes* e a malograda ala da estrebaria) e incluía as "camaras do bispo", já rebocadas, aliás, visto que iriam servir de modelo para o acabamento dos aposentos régios. Com a medição de 1522, contudo, novas informações se colhem sobre a estrutura dos cómodos reais. Assim, pois, ao mesmo tempo que se regista o que esta por concluir na *varanda da senhora Rainha*, onde os avaliadores "acharam ajmda por fazer todalas cymalhas", além de "telhar sobre as ditas cimalhas e repyar os ditos arcos e fazer as juntas e fazer duas vinhas no cunhal do meo sobre que vem o cano e por huma gargora", veri-

A MORADA DA SABEDORIA

Gravura de Hœfnagel (pormenor do torreão voltado ao Pátio).

Aspecto da fractura existente entre a *Sala Grande* e a *guarda-roupa* no interior da *Via Latina*.

Detalhe da união deficiente da cimalha.

ficaram estes estarem "por fazer as tres escadas a saber a do apousemtamento da senhora rainha e as duas del-Rey"[937]. Por conseguinte, *casas altas e baixas* como eram, necessitavam, obviamente, de comunicações verticais: duas nos aposentos do monarca e uma nos da soberana. E é na polémica que envolve a contabilidade do *veador* Vasco Fernandes e os trabalhos realizados entre 1526 e 1530, já sob a superintendência de Diogo de Castilho, que surpreendemos outros elementos, entre as despesas injustificadas verberadas pelos *contadores* reais: "portais janelas chamines repartimentos e outras obras que se fazem nos ditos paços reaes nos apousentamentos da rainha nosa senhora" (e noutros, como o da decantada *D. Maria de Valhasco* e nos *estudos*); o "portall do muro contra a See"; a encomenda a Pero Anes do "caracoll que vay da camara d'elRey pera a sala da rainha"; outras obras não descriminadas "na casa que ysta sobre a escada da dita senhora"; enfim, o "corregimento de portais e emta-

362

volamento da varanda da dita sala"[938]. Parece, pois, não sofrer controvérsia, atenta a sequência narrativa do documento, que a *varanda da dita sala*, num contexto em que se inventariam obras associadas à *sala da rainha* e, de um modo geral, aos seus aposentos (o *caracoll que vay da camara d'elRey pera a sala da rainha* e a *casa que ysta sobre a escada da dita senhora*) mais não pode ser que a própria *varanda* da soberana, contratada com Marcos Pires em 1518 e que à morte do mestre faltava ainda terminar. E isto é já, certamente, alguma coisa, visto não se quedarem por aqui as informações disponíveis sobre a antiga *Sala da Rainha*.

Com efeito, o carácter precário que revestiu originalmente o alojamento das aulas universitárias na moradia régia, mesmo após a (re)união do conjunto das faculdades em Outubro de 1544, faria persistir por muito tempo as antigas designações dos espaços, mau grado a paulatina sedimentação de novas denominações que a sua refuncionalização, pouco a pouco, implementaria. Por isso sabemos que, em 1567, seria (ainda) pela ligação à *guardaroupa* que se ampliaria visualmente a *Sala Grande* para as exéquias de D. João III. Por isso sabemos que era na *Sala da Rainha* que se realizavam numerosos actos públicos[939]. E sabemos, também, que foi no sector dos aposentos régios que, desde o início, se instalaram os *Gerais*. E, finalmente, informa-nos a documentação das obras palatinas da existência de um *caracoll que vay da camara d'elRey pera a sala da rainha* e era, certamente, uma das duas escadas dos aposentos do monarca que Marcos Pires não levara a cabo. São estes últimos, pois, que importará, antes de mais, delimitar. Ora, tudo leva a crer que fosse pertinente a designação que foi dada à *empreytada das guarnyções dos cubelos dos paços da parte de fora* – e isto pela razão simples de existir, efectivamente, um outro cubelo da parte de dentro, cujo lastro perpassa na documentação universitária, onde, em inícios de 1545, se refere claramente o trabalho havido "em desentulhar hum cobello da parte do pateo" e em "limpar ho terr° da terra do cobello"[940]. Cubelo esse cujos restos seriam descobertos ainda em 1944, sob a *Via Latina* setecentista, nas imediações da *casa das arrecadações*, altura em que foram demolidos[941] e que, aliás, distintamente avulta na conhecida *vista* de Hœfnagel[942]. E que não será difícil localizar com precisão, tendo em conta a nítida fractura que ainda hoje avulta no alçado da *Sala Grande* voltado ao Pátio, no exacto local onde começa a *guardaroupa* – fractura que percorre os dois pisos altos desse corpo e se repercute mesmo na deficiente cerzidura da cimalha onde se apoia a correnteza das ameias e que, justamente, se *emendaria* nesse ponto em consequência da sua demolição. Foi ele, pois, seguramente, a razão de ser a *guardaroupa* iluminada, do lado sul, de uma única janela (das quatro que Marcos Pires fizera na *parede da sala*), senão mesmo do mirante que se organizaria, em sua intenção, na fachada norte. Impõe-se, assim, tentar perceber a razão de ser da edificação desse cubelo, desgarrado por completo do sistema torreado que, havia cinco séculos, cingia pelo exterior o velho recinto palatino.

Na verdade, convém reter que os aposentos régios haviam evoluído, desde os finais da Idade Média, a partir da velha oposição entre a *sala* e a *câmara*, multiplicando-se, com o correr do tempo, o número das dependências, hierarquizadas em função do seu grau de acessibilidade à comunidade cortesã: é a sequência de *sala*, *antecâmara* ou "câmara do paramento", *câmara de dormir*, *guarda-roupa* ou *trascâmara* e *oratório*, que D. Duarte deixaria sistematizada nas suas reflexões do *Leal Conselheiro*[943] e, de um modo geral, se reconhece por toda a Europa, desde o século XIV, conservando-se praticamente sem alterações até ao século XVII. Nesse sentido, organizado entre dois pólos – o público e o privado – o *aposento* e, por maioria de razões, o aposento régio, ocupando por regra *casas altas*, dispõe por isso mesmo, geralmente, de duas escadas: uma de ligação à *sala* e outra, mais discreta, que permite ao seu senhor descer directamente ao pátio ou fazer subir um visitante sem ter de passar pelas dependências públicas; escadas que eram, as mais das vezes, *caracóis* organizados em torres. Rigorosamente a par (à excepção única das *villas* italianas), opera-se um processo de duplicação desse mesmo *aposentamento*, ocupando os conjuges sequências idênticas de cómodos, situadas ao mesmo nível ou, mais frequentemente ainda, sobrepostas, o que permite obter uma mais perfeita analogia, unindo-se as câmaras dos esposos por meio de uma escada *privada*[944]. Neste contexto, não parece excessivamente aventuroso

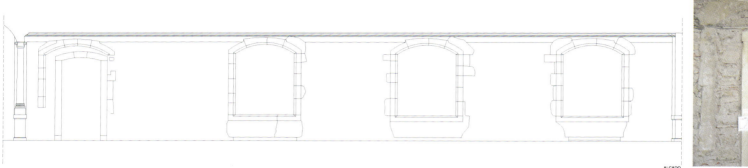

Alçado da Via Latina (lado poente) após a remoção dos rebocos em Dezembro de 2004 (UC-DGEEI)

Vão de acesso à escada interior do cubelo voltado ao terreiro (UC-DGEEI)

imaginar a que se destinava esse *cobello da parte do pateo* que os avatares das campanhas arquitectónicas ulteriores se encarregariam de fazer desaparecer (quase) sem deixar rasto: era ele, por certo, o invólucro exterior da escada de ligação dos aposentos do monarca à *Sala Grande* – aposentos que eram, seguramente, *casas altas* no piso superior da guarda-roupa e no espaço onde, mais tarde, seria organizada a *Sala do Exame Privado*, por isso mesmo que ainda hoje constitui, no complexo dos *Gerais*, uma nítida excepção ao seu ordenamento[945]. Escada essa com cujo acesso se relacionará um amplo vão de arco abatido, idêntico aos das janelas que iluminavam a Sala Grande e que obras recentes de remoção de rebocos nessa área desvendariam, junto à linha de fractura que marcava o arranque do cubelo. Ligação cerimonial, pois, através de um percurso hierarquizado e progressivamente menos *público* e onde, simplesmente, a guarda-roupa, a *câmara do tesouro*, adquirira um estatuto inusitado que decorria da fama que aureolava o *Venturoso* de monarca mais rico de toda a Cristandade (e da necessidade de o demonstrar): a mesma razão, rigorosamente, que o fizera assentar o seu novo palácio lisboeta sobre os *armazéns* da *Casa da Índia*[946].

Mas a escada do cubelo era também a ligação *privada*, unindo os aposentos régios com o terreiro e possibilitando a respectiva comunicação à margem da comunidade cortesã, à qual a *Sala Grande* era geralmente franqueada – mesmo que a esta, em fim de contas, pareça reservar-se a função mais estrita de *Sala do Rei*, a primeira peça dos seus aposentos (e era essa, de igual modo, uma vez mais, a realidade no Paço da Ribeira[947]), compondo, com a guarda-roupa real, os espaços centrais de apresentação, respectivamente pública e semi-pública do monarca[948], num percurso ritualizado, onde o eirado exterior e sua escada ocupavam igualmente um lugar central; o mesmo, afinal, que cumpriam as fantásticas *varandas* do seu palácio de Lisboa[949]. E, a ser assim, parece claro que a dependência a que, no piso alto, a escada do cubelo dava acesso, outra não seria senão a *antecâmara* real ou "câmara do paramento", aquela onde pontificava, simbolicamente, o *leito de Estado* e do mesmo modo cumpria um papel de relevo, mais elevado ainda, na subtil hierarquia que regulava a aproximação ao *corpo* do monarca. E assim se explicará que o telhado altaneiro que coroa a ala norte do palácio, não cubra apenas, com a sua ostensiva monumentalidade, como aparenta, a sua *Sala Grande*, antes envolva, no mesmo destaque, o conjunto das dependências que, para o imaginário colectivo, representavam a *Casa do Rei*: a *sala*, a *guardaroupa* e a *câmara do paramento*[950],

MEMÓRIA E (CON)SAGRAÇÃO

Aspecto do sistema de coberturas da ala norte (DGEMN)

onde tinha lugar a vestidura ritual do soberano, cómodo para o qual, sobre o mirante inferior da *guardaroupa*, se organizaria, tudo faz crer, o *oratório*[951]. E, desse modo, outra não era senão a *câmara régia* a divisão que se alongava até ao cubelo de noroeste, cubelo onde se acolhia, por certo, a outra escada que ligava os aposentos do Rei aos da Rainha: a segunda das duas que Marcos Pires deixara por fazer e que era, desse modo, o *caracoll que vay da camara d'elRey pera a sala da rainha* que referem os documentos, o qual, talvez, afinando mais ainda a discrição das comunicações nos aposentos do monarca, fosse a razão de fundo da referida abertura do "portall do muro contra a See". Escada porém que, em boa lógica, não deveria arrancar do próprio quarto de leito do monarca, mas de um outro reduto, mais recôndito ainda, por isso que era *privada*. Aquele onde o monarca guardava os livros e os objectos mais preciosos, onde podia usufruir da privacidade que na própria câmara lhe estava vedada: o *estudo*[952] – *estudo* esse que, decerto, tinha a sua réplica, para uso da soberana, no andar de baixo, aí onde desembocava o *caracoll*. E eram eles, seguramente, os tais *estudos* onde, entre 1526 e 1530, Vasco Ribeiro levara a cabo algumas das obras que os *contadores* reais lhe criticavam[953]. Como quer que seja, sabemos agora onde era

a *Sala da Rainha*, dependência na qual, com a *mudança das Escolas*, haveriam de realizar-se *actos públicos*. É, pois, chegada a hora de reunir os elementos disponíveis a respeito do sector feminino do Paço, onde verdadeiramente iria instalar-se, em Outubro de 1537, a guarda avançada das faculdades universitárias.

Sabemos, com efeito, pelo contrato de 1518, que Marcos Pires deveria fazer "huns harchetes na varanda da rainha com suas colunas oytavadas e vasos e capitees e os arcos chanfrados de dous palmos de grosso com seu peytoril dos ditos dous palmos e d'alto quatro palmos e llajeado por cyma e terão de lume ho que lhe couber em repartição de vinte arcos que hesta varanda ha d'haver ambos os llanços e isto mesmo terão d'alto o que lhe couber leixandolhe agrura necessaria pera os telhados e por cyma avera sua cymalha de pedraria e as voltas que sejam escacantes pera serem mais dereitas onde ser janella e asy havera um arco botante com seu pegão e sua gargora que hade ser asentado antre a emgra e o cunhall e avera por toda esta obra. Scilicet os vinte arcos com suas collunas e vasos e capites enlavrados de molldura e com sua cymalha em cyma e com seu arco botante e com seu pegão e gargora e o lageamento do peitorill e asy de telhar toda a dita varanda bem cyntada de huma carreira e outra vam

365

A MORADA DA SABEDORIA

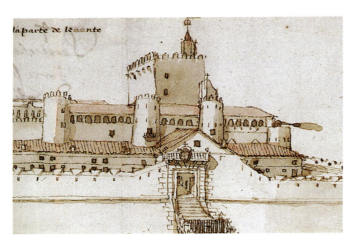

Fachada de nascente do Palácio de La Aljafería.

Varanda da Rainha (Hœfnagel, porm.).

tudo por corenta mill reaes"[954]. É, pois, certo que a *varanda da Rainha* possuía dois lanços, composto cada qual de dez arcos de pedraria, de voltas *escacantes*, assentes sobre colunas com suas bases e capiteis, correndo por cima uma *cymalha de pedraria*; era telhada, de *huma carreira e outra*, o peitoril seria lajeado e o mestre devia erguer ainda *um arco botante com seu pegão e sua gargora*, que haveria de ser assente *antre a emgra e o cunhall*. Era, no fundo, tudo leva a crer, a modernização e ampliação, ao serviço de uma Corte muitíssimo mais complexa e numerosa, de uma outra varanda, onde, ao tempo de D. João I, teria sido empregue o belo capitel localizado na década de 80, ao levar-se a efeito a comunicação entre o piso térreo da ala norte do palácio universitário, ocupado pela Faculdade de Direito e a infra-claustra dos *Gerais*[955]. Mas era também, de algum modo, a reprodução da extensa galeria de arcos igualmente abatidos, que os Reis Católicos haviam organizado, sobre a velha muralha islâmica, na fachada nascente do palácio de La Aljafería[956] e que D. Manuel I conhecera, em Junho de 1498, quando nele ficara alojado, ao dirigir-se a Saragoça com a Rainha D. Isabel, sua primeira mulher, na infausta viagem que não chegaria a consagrar a união das coroas peninsulares, mas que não poucas consequências revestiria para o futuro da arte portuguesa[957]. E é ela que surge representada, sumária mas inquestionavelmente, na *vista* de Hœfnagel, como um dos traços impressivos da moradia régia, voltada ao rio, em ângulo *recto* com o terreiro e escoltada de cubelos e respectivos coruchéus. À morte de Marcos Pires, todavia, os *mydjdores* de 1522 "acharam ajmda por fazer todalas cymalhas", além de "telhar sobre as ditas cimalhas e repyar os ditos arcos e fazer as jumtas e fazer duas vinhas no cunhal do meo sobre que vem o cano e por huma gargora", restando, sabemos também, igualmente "por fazer as tres escadas a saber a do apousemtamento da senhora rainha e as duas delRey". O referido cunhal, a que se apunha o *arco botante com seu pegão e sua gargora*, era pois o *cunhal do meo sobre que vem o cano*, onde restava *fazer duas vinhas* e assentar a *gargora*, subentendendo-se estarem já erguidos o arcobotante e seu pegão. Um contrato suple-

MEMÓRIA E (CON)SAGRAÇÃO

Fragmento das romãs.

Medalhão com as armas da Rainha D. Maria de Castela (MNMC, foto José Maria Pimentel).

mentar teria ordenado ainda que se fizesse uma janela *no oytauo da varamda*[958].

Na verdade, serão recorrentes, pelo tempo fora, as despesas universitárias referentes a consertos na *baranda dos jerais*[959]; mas são, seguramente, as que se reportam às obras realizadas em finais de 1544 e inícios de 1545, despoletadas pela reunião, no Paço Real, do conjunto das faculdades escolares, com a transferência das que, desde 37, se haviam quedado em Santa Cruz, as que projectam maior luz sobre a estrutura desta área palatina. Aí desfilam, com efeito, as custas com "tres coucr[as] pera hum portal que abrjrã os dtos pedr[os] na varãda pera o caracol"; com "trestelhar a varanda"; com "cerrar de pedra & cal ha seruentia da escada per que se seruja ha varãda"; com "entulhar ha dita escada"; com "ant[o] frz. de dous ferrolhos grandes que fez pera huma pta que se fez pera ffechar a p[ri]m[a] varanda pera a latinidade hum pera fora & out[o] pera dentro"; com "hum portal que se abrjo no cabo das varandas"; com "os portaes que se abrjrã nas varandas de baixo & nos que se cerrarã em as casas de cimaa pera as escolas da latinjdade"; com "hum portal dos dous que se abrirã na varanda"; com "huma mea ginella que se tapou na varanda"; enfim, com "duas armellas grandes pera o ferrolho da prim[a] planta das varandas"[960]. Parece, pois, pacífico que a varanda dos *Gerais* era a *da Rainha* e que constava de dois lanços, *a p[ri]m[a] varanda* ou *p[ri]m[a] planta das varandas* e, consequentemente, uma segunda, entre os quais se repartiam os vinte arcos que Marcos Pires levantou, lanços, por seu turno, que interrompia o *caracol*, caracol que mais não era que a *escada per que se seruja ha varãda*, à qual, por sua vez, devia respeitar o *oytauo* suplementarmente encomendado a Marcos Pires e que as novas necessidades funcionais, impostas pela adaptação à vida escolar, obrigariam a entulhar (no todo ou em parte). Escada, pois, que não poderia senão albergar-se no velho cubelo da frente ocidental da muralha islâmica, sobre a qual a *varanda da Rainha* se apoiava e cuja implantação coincide, efectivamente, com o seu ponto médio. A norte, contudo, entestava a galeria e respectivo telhado com o corpo alto que defi-

367

Janela da antiga Sala da Rainha.

Vestígios da porta de comunicação entre a antecâmara e a câmara da Rainha.

nia os aposentos do monarca e onde pontificava a *câmara real*, na qual a Universidade instalaria, com a dignidade e recato necessários, a douta sala *dos Exames Privados*[961]. E era aí que se formava, no ponto de encontro da *varanda da Rainha* com a parede que sustentava, no andar superior, a câmara do monarca, o *cunhal do meo sobre que vem o cano* (obviamente das águas pluviais), ao qual se entendeu dever apor, por razões de segurança, o *arco botante* e seu pegão e, naturalmente, a decantada *gargora*[962].

Com a chegada da Escola, todavia, novas necessidades funcionais obrigariam a abrir portais nas *varandas de baixo* e a cerrar outros *em as casas de cimaa* e tudo indica que tenha sido repartida a antiga *galeria da Rainha*, num lanço da qual (*a p^{n}m^a varanda*) se instalariam as *escolas da latinjdade*. Adjacente a ela, porém, alongava-se a antiga sala da soberana, rivalizando com a *Sala Grande* como cenário das conclusões escolares. É, com efeito, o que parece poder deduzir-se da referência ao *corregimento de portais e emtavolamento da varanda da dita sala*, que emerge da controvérsia que rodeou as contas do vedor Vasco Ribeiro, referentes às obras realizadas entre 1526 e 1530[963] e é, em fim de contas, o que faz verdadeiro sentido[964]. Era ela, pois, a sucessora da antiga *aula* palatina, ao mesmo tempo que, certamente, de uma outra sala onde, ao serviço de outras soberanas, se rasgara também uma varanda onde fora empregue o elegante capitel exumado na década de 80. Aí se empregaria também, eventualmente, o pequeno ornato de romãs, que emergiria, há poucos anos, nas imediações da ala de poente[965]; mas sobretudo o belo e enigmático medalhão armoreado, com o escudo da Rainha D. Maria de Castela, segunda esposa do *Venturoso*, escoltado de esferas armilares e cujo ingresso nas colecções do Museu Machado de Castro só pode explicar-se por intermédio do reitor-reformador (e bispo-conde) D. Francisco de Lemos, que mandou alterar as abóbadas de todas as salas de aula dos *Gerais*, destruindo, desse modo, as velhas coberturas e que constitui o único vestígio (tal como a prova) dos tectos mudejares realizados pelo *mestre da carpentaria* Pero Anes[966].

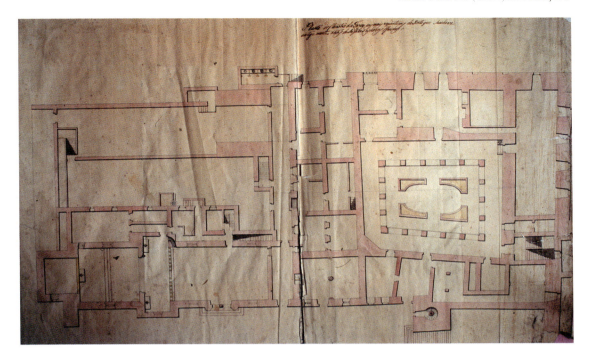

A ela pertencia esse vão de janela, oculto pela actual torre universitária (e por isso subsistente), que a instalação da Escola iria converter, a breve trecho, em funcional armário, através da montagem, no seu interior, das aduelas da velha porta da capela sesnandina[967] (tal como outras, obviamente, que não sobreviveriam à reforma *pombalina* da fachada dos *Gerais*) e é ela que explica, na sua articulação com a guarda-roupa e a *Sala Grande*, o aparente desajustamento da sala nobre manuelina face aos requisitos da Corte quinhentista, por confronto com a área proporcionada pela sua predecessora trecentista. E era ela, enfim, que dava acesso, no extremo sul, à *antecâmara da Rainha*, cujos limites não são difíceis de reconstituir, ao subsistir, no extremo norte da parede ocidental da actual *Sala 7* da Faculdade de Direito (que em absoluto lhe corresponderá), um vão de porta inequivocamente manuelino. A inexistência de oratório – à semelhança do que ocorria na *câmara do paramento* do monarca –, era aqui suprida com vantagem pela possibilidade de comunicar directamente com a Capela adjacente. E por isso em Dezembro de 1544 se levaria a cabo a tarefa de "forrar ho vão que esta antre ho coro & a classe em que se lee ha dyalectica", que era, pelos vistos, no que se havia convertido a dependência – vão esse que não deveria ser pequeno, pois que nessa operação se consumiram "treze duzias de tauoado de pinho"[968]. E dela se passava, enfim, à *câmara* de dormir da soberana, cómodo uma vez mais delimitável, pois que sabemos, pela planta *pombalina* já utilizada, da existência de nova parede transversal cortando esse corpo do palácio[969]. Após ela, o topo dessa ala, que avança para poente, perpendicular ao velho Paço, teria já, por certo, outro destino. E é por isso forçoso que se preste um pouco de atenção ao complexo problema que representaria, nessas primeiras décadas do século XVI, o alojamento das estruturas áulicas no Paço Real de Coimbra.

Planta pombalina do piso térreo dos Gerais antes das obras (porm.).

Efectivamente, a propósito das deslocações da Corte de Francisco I, Rei de França, escreveriam Françoise Boudon e Monique Chatenet: "Cette population itinérante compte sans doute de 10 000 à 15 000 personnes – une ville moyenne de l'époque. Elle comprend d'abord le roi et sa famille, les princes du sang, les princes *étrangers*, ceux de l'Église, et les grands dignitaires de la Couronne. Chacun possède sa Maison, c'est-à-dire une foule d'officiers ou de dames dont certains appartiennent aux plus illustres familles du royaume. La Maison du roi rassemble les offices de la chapelle, la chambre, l'hôtel et ses *six mestriers*, la vénerie, la fauconnerie, etc. Elle est complété par ce que l'on pourrait appeler la Maison militaire (les bandes des Cent gentilshommes, les Suisses, la garde écossaise…). Viennent ensuite les organes du gouvernement, de la justice et de la police, ainsi que les représentants des puissances étrangères. Ces personnages éminents ont naturellement eux-même une abondante domesticité et sont accompagnés par une foule de marchands et d'artisans *suivant la cour*. Tout cela compose le long des routes et des rivières du royaume un cortège immense et pittoresque…"[970]. É certo que não dispomos, para a Corte portuguesa desses anos, de qualquer contabilidade, sequer aproximada, sobre o efectivo dos elementos que constituiriam o séquito do Rei, quando este transferia a sua estância de cidade para cidade; mas a realidade que deixa adivinhar a impressionante lista fornecida pelo *Livro da Matricula dos Moradores da Casa del-Rey D. Manoel*, elaborada em 1518[971] – ao mesmo tempo, quase, que se firmava, entre o *amo* e Marcos Pires, o contrato para a *empreytada noua das casas dos jnfamtes* –, não é muito diversa da que nos foi mostrada para a Corte francesa de Francisco I. É sabido que, pela maior parte, os cortesãos deveriam resignar-se a procurar alojamento entre os próprios habitantes das localidades; mas um certo número deles – e seguramente apreciável –, cujas funções se encontravam adstritas aos próprios *corpos* dos diversos membros da família real, deviam necessariamente partilhar o mesmo conjunto de aposentadorias. Em sua intenção, já o sabemos, seria organizado, *na entrada dos paaços a mão escerda*, o *paço do muro*, o *apousentamento dos oficiaaes*[972], uma sequência de seis módulos rigorosamente idênticos e autónomos, servidos por escada privativa dando acesso a dois cómodos sobrepostos: certamente câmara e guarda-roupa ou *estudo*, dotado da respectiva chaminé – uma versão compacta da longa sequência que, para a acomodação dos príncipes, organizara D. Duarte no *Leal Conselheiro*[973]. Quanto ao *aposentamento dos Infantes*, a estrutura tripla da sua compartimentação consagra, obviamente, uma versão mais ampla, de antecâmara, câmara e guarda-roupa (ou *estudo*), provido também da sua chaminé, sendo apenas dupla a repartição adoptada nos aposentos do Príncipe, pela exiguidade da ala do palácio em que se abrigavam e *por serem mayores*. No que a estes respeita, todavia, sabe-se de igual modo pelo contrato de 1518 que se destinavam a *sy com seu serviço*[974], o que, evidentemente, seria também válido para o caso dos infantes seus irmãos e, em escala amplificada, para os próprios aposentos do monarca. Há, assim, que contar também com o número, não pequeno, de servidores que, *informalmente*, pernoitavam pelas câmaras, antecâmaras e guarda-roupas[975]. Outra ordem de questões levanta, todavia, o *aposentamento da Rainha* – sendo certo que, por via de regra, como escreveria Catherine Wilkinson-Zerner, "We think of a royal palace as masculine"[976].

Sabemos, com efeito, que em redor da soberana se organizava uma *Casa*, dupla em absoluto da que envolvia a pessoa do monarca, cujos serviços (capela, câmara, cozinha, oficios mecânicos e mesmo estrebaria) perpassam, de igual modo, bem como a extensa lista dos seus servidores, nas longas ementas do *Livro da Matricula dos Moradores*[977]. Como gémea era também a repartição dos respectivos aposentos. Só que esta *Casa*, além de *oficiais*, num total de 149 pessoas, acolhia igualmente um avultado número de *damas* (25), além de *moças da camera* (7)[978] e *mulheres* de competências não descriminadas (13), que são as que efectivamente assistem directamente a pessoa da Rainha e as únicas que, de noite, permanecem nos seus aposentos, situação sobre a qual vela a *camareira-mor*, excepção feita obviamente ao Rei, que dispõe da sua comunicação particular[979]. O alojamento deste grupo, que as respectivas servidoras potencia, converte-se assim numa especificidade dos espaços palatinos reservados à soberana, sem correspondência nos aposentos do mo-

MEMÓRIA E (CON)SAGRAÇÃO

Vestígios da porta de comunicação dos aposentos das Infantas com o respectivo eirado (DGEMN, foto 77).

narca, de tanto maior importância quanto se trata, quase em absoluto, de mulheres jovens, solteiras e pertencentes às principais famílias do Reino, destinadas naturalmente a consorciar-se entre os oficiais que povoavam o palácio. Deverão, pois, ser alojadas em cómodos que lhes garantam o acesso à sua senhora, mas que as apartem, em simultâneo, do resto da comunidade cortesã. Sabe-se que na Espanha de meados da centúria estas mulheres pernoitavam em dormitórios organizados no topo dos palácios – *camaranchones* distribuídos nos pisos superiores, ou mesmo em áticos, a coberto dos elevadíssimos telhados, reportando Juan Gómes de Mora, no tempo de Filipe II, que *en los desbanes* aguçados de Toledo se haviam formado aposentos *para sus criadas*[980]. E era assim em Segóvia, no Pardo, Madrid e Aranjuez e esta prática, mal estudada, mas que era também de origem europeia (reconhece-se no Louvre) parece mesmo não ser estranha à disseminação das coberturas *flamengas* pelos palácios do *Prudente*; coberturas de forte inclinação que, quase meio século antes, o Paço de Coimbra igualmente ostenta. Talvez não seja, assim, excessivamente aventuroso presumir que a vasta dependência que, no corpo perpendicular ao Paço, se alonga para poente e se aloja por detrás da câmara da Rainha, com a qual comunicaria e de que ocupa o extremo, dependência que, por certo, seria provida de um eirado, pois que a intervenção dos anos 40 lhe desvendaria a porta, rasgada quase ao topo do seu flanco sul, mais não fosse que o *dormitório* das zeladoras desse complexo gineceu – a *camareira-mor* e as equivalentes portuguesas da *guarda-mor de damas* (e *guarda-menor* correspondente) dos palácios castelhanos de então –, senão mesmo, mais provavelmente, dos pequenos Infantes, sem idade para dispor de Casa própria e das Infantas suas irmãs que, ao contrário do paço de Lisboa, não dispunham aqui, aparentemente, de aposento que lhes fosse especificamente determinado[981]. E que sobre ele e sobre a outra ala onde pontificam a *antecâmara* e a *sala*, outros *dormitórios* se alojassem, dormitórios ocupados por *damas* e *criadas* e aqui sim, mais verosimilmente, pelas respectivas *guardas*. Dormitórios, enfim, que a *escada da Rainha* serviria – pois que a documentação refere, em 1533, a "casa que ysta sobre a escada da dita senhora"[982]. E seria a sua existência a explicação de ostentar externamente o *aposento da Rainha*, que internamente se relaciona com o primeiro piso do palácio (a guarda-roupa, a *Sala Grande* e a *varanda dos Infantes*), uma elevação que o faz partilhar a mesma linha de cimalha (contínua, da *Porta Férrea* à Capela), que coroa, ao nível do segundo piso, as *casas altas* dos Infantes, a *Sala* e os quartos do monarca. E é essa síntese visual entre as acomodações destinadas às reais pessoas – sobre as quais impende o telhado altaneiro que abriga os cómodos do Rei –, um valor icónico obviamente desejado, por isso que se interrompe no *apousentamento dos oficiaaes*. Como será, decerto, a existência desses *dormitórios*, compartimentados de tabiques como deveriam ser – e a necessidade de a eles recorrer quando, em Outubro de 1544, a reunião no Paço Real do pleno das faculdades escolares põe de manifesto a exiguidade, para tal função, dos antigos aposentos da soberana –, a origem de haver o reitor, Frei Diogo de Murça, ordenado a remoção "dalguns frontaes & repartim[tos] que se desmancharã nos paços pera a seruentia das escollas"[983], não obstante a expressa determinação de D. João III de que "nã faça buracos nas paredes nem se quebre ladrilho algum"[984]. Neste contexto, não parece difícil determinar a localização das *camaras do bispo*, por cujas *guarnyções*, segundo o contrato de 1518, deviam modelar-se *todalas do apousentamento d'El Rey e da Rainha*[985]. Bispo que era, decerto, o capelão-mor e que o *Livro da Matricula dos Moradores* assinala ser, em 1518, o titular de Viseu, D. Diogo Ortiz[986].

Efectivamente, as obras da década de 40, ao removerem pavimentos e rebocos na ala dos *Gerais* que avança para ocidente, perpendicular ao velho recinto medievo, poriam a descoberto, na exacta prumada das janelas do topo (na *sala 6* da Faculdade de Direito), mas sobranceiras aos vãos (do século XVIII) que hoje iluminam o *Bar* da Faculdade, as cantarias de duas outras janelas, em tudo idênticas à que, por detrás da Torre, ostenta a *Sala 8* e se abria na antiga *Sala da Rainha*; janelas que claramente se divisam no desenho de Baldi onde, em ângulo recto com a Capela, avulta o referido corpo palatino e que denunciam um processo de nobilitação desse sector do complexo áulico que, a norte e oriente – vimo-lo já –, se estruturava em *logeas*. Do mesmo passo, desvendava-se também, no extremo do seu actual vestíbulo, sob o silhar de azulejos setecentistas, uma pequena porta manuelina comunicando com o piso inferior aos quartos da Rainha[987]. Eram aí, pois, as *camaras do bispo*. E, de facto, conhece-se a presença, em pleno século XVII, de um aposento térreo nessa zona do palácio, aposento tradicionalmente reservado a personagens de primeira qualidade[988] e que tudo indica seja aquele, dotado de *uarandas* e *seus quintaes* onde, antes de 1598, habitara o *doctor luis de castro*[989]. Como seriam, porém, ao certo, as *camaras* do prelado? Não é fácil sabê-lo. Mas a referência a *camaras* trai, mesmo que involuntariamente, uma apreciação indisfarçavelmente qualitativa, que a elevada hierarquia da personagem, aliás, plenamente justificaria. E o mesmo se diga do facto de as suas *guarnyções* servirem de modelo às dos aposentamentos régios superiores. Sabe-se, porém, que nos palácios europeus contemporâneos, a dignitários de excepção era outorgado o privilégio de *sala* nos seus aposentos, a qual, como espaço privilegiado do repasto, justamente indicava, ao ser incluída nas respectivas acomodações, que ao seu titular era igualmente concedida *mesa*[990] – e o capelão-mor não era menos que a cabeça de uma imponente coorte de 33 capelães (*menores*), a que acresciam 12 privativos da Rainha (entre portugueses e castelhanos) e 16 *moços da capella*, assinalados apenas, no *Livro da Matricula*, na lista correspondente à soberana[991]. É, pois, seguro que dispunha de *sala*, a cuja *mesa* albergar o sector clerical do organismo áulico e de *camaras* onde o mesmo pernoitar – pois é obviamente este o *aposentamento* reservado aos servidores da Capela (mesmo aceitando que, à semelhança da restante *oficialidade*, uma boa parte deles buscasse alojamento entre a comunidade eclesiástica da cidade). E não há razões para não crer que a referida sala, como nas *casas* da Rainha sucedia, se não

organizasse ao longo das referidas *uarandas*, que eram, tudo faz presumir, a infra-estrutura do eirado superior que servia os *aposentos das Infantas* e, muito provavelmente também, o quarto de leito da Rainha; *uarandas* abrindo sobre *quintaes* que eram, sabemo-lo agora, no que se havia convertido o corpo joanino do antigo *albacar*.

As *camaras* do prelado, seriam, desse modo, tudo indica, uma transposição da estrutura consagrada nas acomodações das personagens de primeira grandeza, à qual simplesmente, por claras razões, se amputaria a câmara do paramento dos cómodos reais, conservando porém, em escala reduzida, o conjunto de *sala*, *câmara* e *trascâmara* ou *estudo*, cuja situação a representação, na planta *pombalina*, sob o quarto de dormir da Rainha, de uma lareira, obviamente edificada em simultâneo com a parede em que se inscreve, parece querer denunciar[992]. E, a ser assim, associada a presença desse elemento de conforto, como temos visto, à dependência mais remota de cada *aposentamento*, parece certo que os quartos do prelado se orientariam de poente (onde se situaria a respectiva entrada) para nascente, suspendendo-se na parede que, no piso superior, define a fronteira entre a câmara e a antecâmara da Rainha, dispondo de acesso privativo, através dos *quintaes*, por meio da antiga porta ogival (e respectiva escada) inscrita no paredão do *albacar*. E, a fazer fé na planta setecentista, possuíam estas casas comunicação para a Capela, por intermédio de uma outra dependência, que se aloja por detrás do primitivo templo sesnandino e onde se reconhece a

Aspecto das janelas desvendadas no topo da ala poente perpendicular ao Paço, no decurso das intervenções da década de 40 (DGEMN, foto 398).

Outro aspecto das mesmas janelas (DGEMN, foto 405).

Ainda um aspecto das referidas janelas (DGEMN, foto 404).

373

O Paço Real de Coimbra (des. de Baldi, porm.).

Porta de comunicação desvendada no vestíbulo da capela (DGEMN, foto 80).

representação da pequena porta manuelina localizada no decurso das obras levadas a cabo na década de 40. E era natural que assim fosse. Mas esta dependência, bem como toda a ala em que se inscreve, que se alonga para poente e cuja erecção, inequivocamente, redundaria na destruição do antigo corpo que se havia edificado sobre os muros do *albacar*, parecem querer contar uma outra história. História onde se inscreve o estranho repertório de formas *manuelinas* patenteado hoje pelo Paço das Escolas.

Efectivamente, desde a publicação, por Sousa Viterbo, do conjunto de documentos que atestavam a responsabilidade de Marcos Pires nas reformas empreendidas pelo *Rei Venturoso* na sua moradia coimbrã, que essa informação seria acolhida pela historiografia como significativa de haver sido o paço integralmente reformado sob a sua direcção, não obstante a reprodução, pelo mesmo autor, do alvará de 1524, que nomeava Diogo de Castilho como seu sucessor[993]. Como resumiria Vergílio Correia, foi "o Paço renovado na época de D. Manuel pelo mestre de pedraria Marcos Pires"[994]. Quanto ao biscainho e sabido, pela medição, que Marcos Pires não levara a cabo toda(s) a(s) empreitada(s), limitar-se-ia Nogueira Gonçalves a registar que "a ele devem pertencer certas obras de acabamento, de carácter renascentista"[995]. Na verdade, seria Pedro Dias – a quem se deve a transcrição do contrato de 1518 e, com ele, do aditamento que confirmava o alvará de 1524[996] – que, afirmando embora não ter Castilho feito mais que "terminar as obras que não podiam ficar como estavam", se aplicaria a concretizar essa participação: "Do que hoje resta (escreveria), podemos atribuir-lhe sem reservas a cimalha e a cobertura da capela-mor, a cimalha do transepto, e ainda o coroamento exterior da cabeceira da capela, incluindo-se aqui as curiosas ameias renascentistas, muito diferentes das outras que Marcos Pires fizera"[997].

É certo, porém, que sabemos hoje ter sido a sua colaboração na edificação do Paço *manuelino* bem mais extensa do que inicialmente fora suspeitado: entre 1524 e 1533, data que se afigura assinalar a finalização dos trabalhos, levaria a cabo múltiplos acabamentos – fundamentalmente, a conclusão do reboco interno e externo da Capela e assentamento do ladrilho e respectivos degraus; o *guarnecimento*, no coroamento do edifício, das 202 ameias referidas à morte de Marcos Pires, segundo a medição de 1522; a cobertura e *emtavolamento* da varanda da Rainha e a reali-

MEMÓRIA E (CON)SAGRAÇÃO

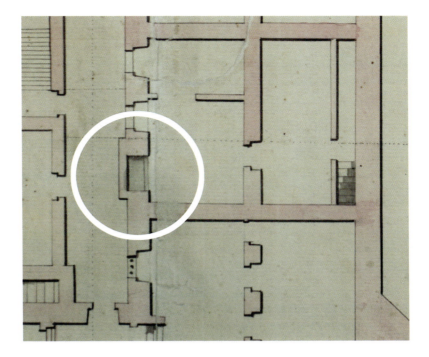

Lareira das câmaras do bispo (planta pombalina, porm.).

zação das tres escadas que faltavam nos aposentos régios (sendo que a Pero Anes pertencia a construção *do caracoll que vay da camara d'el Rey pera a sala da rainha*)[998]; mas sobretudo a construção do *paço do muro* (o aposentamento dos oficiais) e a regularização da velha muralha sul, após a suspensão do programa para ela inicialmente delineado. E seria ele, evidentemente, o superintendente do conjunto de intervenções determinadas a partir de 1526 – *portais janelas chamines repartimentos e outras obras que se fazem nos ditos paços reaes nos aposemtamemtos da rainha nosa senhora e no aposemtamemto em que pousa dona Maria de Valhasco e de Bras Fernandes e nos aposemtamemtos que estam debaixo da sala d'el Rey noso senhor em que pousa ho amo e Gaspar Gonçallvez e Pero Carvalho e nos aposemtamemtos dos infantes e nos estudos e o portall do muro contra a See e ameas que se guarneçeram e outras que se fezeram de novo*, além de obras não identificadas *na casa que ysta sobre a escada da dita senhora*. Empreendimentos esses onde, como refeririam, em 1533, os *contadores* de El-Rei, por ocasião da conhecida controvérsia, se haviam aplicado *offeceais e servjdores que trabalharam nas ditas obras per jornall de dia e as vezes de nojte*[999]. Assim sendo, a conversão, por esses anos, em acomodações de oficiais, do que inicialmente fora previsto como *logeas* (os citados *aposemtamemtos que estam debaixo da sala d'el Rey noso senhor em que pousa ho amo e Gaspar Gonçallvez e Pero Carvalho*) obriga também, incontornavelmente, a entregar a Castilho a autoria das três portas, de verga recortada, que na década de 40 seriam exumadas nas infra-estruturas da actual Via Latina. Portas, com efeito, cujo carácter as distingue bem (por mais evoluído), do trabalho de Marcos Pires, mesmo quando lhe fora concedido aplicar algum *arabyado*, como ilustra o vão subsistente no registo superior do segundo cubelo da fachada norte, que obviamente lhe pertence, pois se incluía no aposentamento dos Infantes. Mas é certo que também as portas rasgadas pelo biscainho não parecem pertencer à mesma família do sintético mas elegante vão localizado, na década de 40, no actual vestíbulo da Capela, ou desse outro, também de lintel *arabyado* que, no corpo de poente, se abria sobre o *eirado das Infantas*. Por outro lado, afigura-se de igual modo evidente que a janela localizada na actual *sala 8*, por detrás da torre universitária e pertencente, na sua origem, à *Sala da Rainha*, não resultou da mesma companha que edificou as da *Sala dos Capelos*, porém idênticas entre si (nos flancos norte e sul); mas terá resultado da mesma operação que levou a cabo a abertura das das *camaras do bispo*, com as quais ostenta claras afinidades, mas que, por seu turno, nada têm de comum com as que se lhes sobrepõem (e continuam a sul), nessa ala ocidental, sem voltas *escacan-*

A MORADA DA SABEDORIA

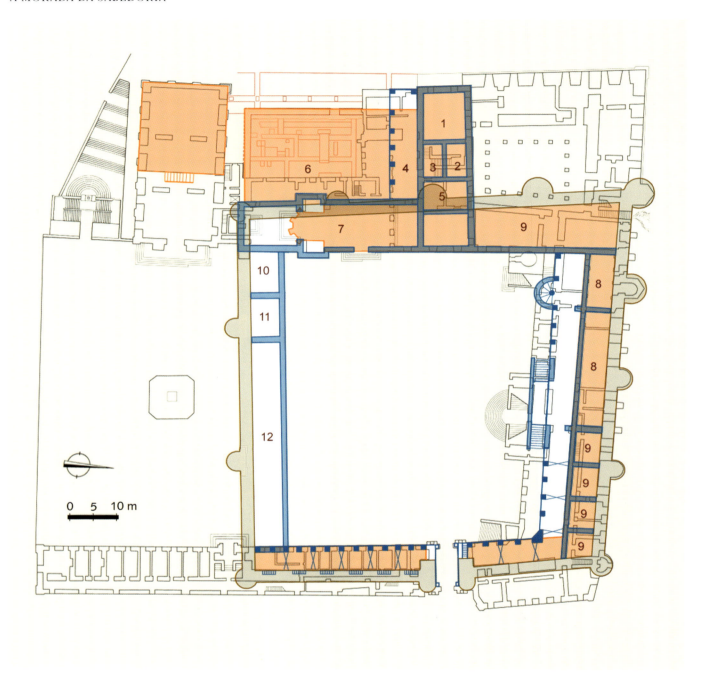

Reconstituição da distribuição do piso térreo (José Luís Madeira).
1. Sala do Bispo Capelão-Mor
2. Câmara
3. Estudo
4. Varanda
5. Sacristia
6. Quintal
7. Capela
8. Aposentos do Amo, de Gaspar Gonçalves e Pero Carvalho
9. Lojas
10. Sacristia
11. Casa do Estribeiro
12. Estrebaria

tes, mas antes, como notaria Nogueira Gonçalves, "janelas altas, de verga recta e arestas chanfradas, como se vêem no desenho de Baldi"[1000]. Parece, todavia, claro que a edificação deste corpo, que motivaria o desmantelamento da *ala do albacar*, a que se sobrepõe e sua conversão em *quintaes* (logradouro privativo do prelado), não pode desligar-se da supressão do primitivo templo sesnandino, ao qual de igual modo se sobrepõe, bem como da edificação (consequente)

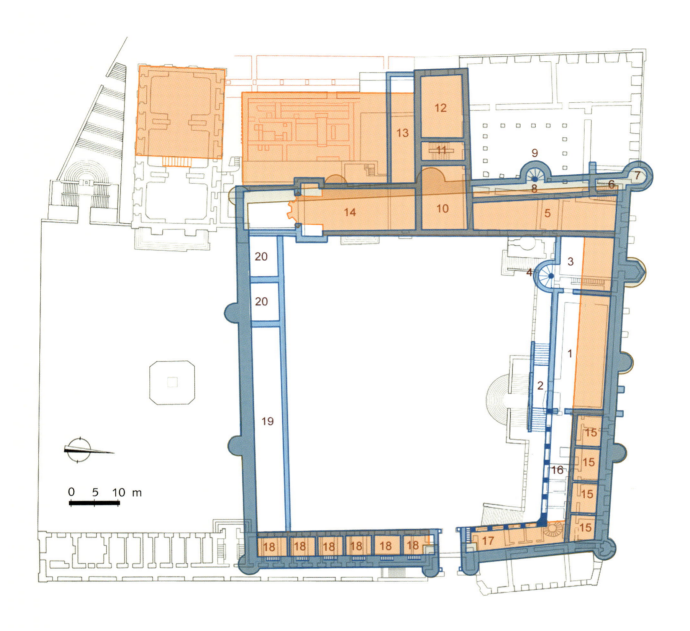

Reconstituição da distribuição do 1.º piso (José Luís Madeira).
1. Sala grande
2. Eirado
3. Guarda-roupa
4. Escada pública do Rei
5. Sala da Rainha
6. Estudo da Rainha
7. Escada privada do Rei
8. Varanda da Rainha
9. Escada da Rainha
10. Antecâmara da Rainha
11. Câmara da Rainha
12. Aposentos das Infantas
13. Eirado
14. Capela
15. Aposentos dos Infantes
16. Varanda dos Infantes
17. Escada
18. Aposentos dos oficiais/damas
19. Estrebaria
20. Casa do Estribeiro

da Capela adjacente, que lhe está estruturalmente ligada. Impõe-se, assim, voltar de novo aos documentos, a fim de procurar projectar luz sobre a real extensão da participação, no vasto programa empreendido por D. Manuel I na sua morada coimbrã, do construtor que por ela tem sido geralmente responsabilizado, tentando do mesmo passo reconstituir o processo gestativo da reforma *manuelina* do Paço Real de Coimbra.

A MORADA DA SABEDORIA

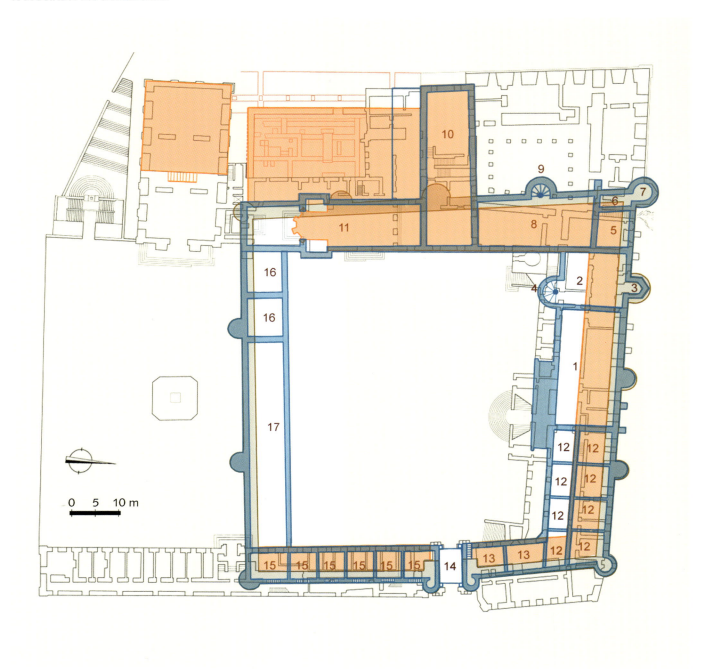

Reconstituição da distribuição do 2.º piso (José Luís Madeira).
1. Sala grande
2. Câmara do paramento do Rei
3. Oratório do Rei
4. Escada pública do Rei
5. Câmara do Rei
6. "Estudo" do Rei
7. Escada privada do Rei
8. Sala das Damas
9. Escada da Rainha
10. Aposentos das Damas e Açafatas
11. Capela
12. Aposentos dos Infantes
13. Aposentos do Príncipe
14. Eirado
15. Aposentos dos Oficiais/Damas
16. Casa do Estribeiro
17. Estrebaria

Sabe-se, com efeito, que em 11 de Março de 1517, o soberano nomeava Marcos Pires "por mestre das nosas obras que se fazem e daquy em diante na dita çidade ouuerem de fazer"[1001], obras régias que, naturalmente, incluíam a reforma palatina e a profunda transformação que o mesmo monarca ordenara, em 1507, em Santa Cruz. Originário da Batalha, em cujo estaleiro se formara sob a direcção de Boitaca (e, sobretudo, de seu sogro,

MEMÓRIA E (CON)SAGRAÇÃO

Mateus Fernandes, que o dirigia), tê-lo-ia acompanhado a Coimbra, tudo leva a crer, integrado na companha que assumiria o empreendimento crúzio, onde é provável que tivesse ocupado desde cedo a direcção interina dos trabalhos, em face das contínuas ausências do mestre construtor, absorvido, paralelamente, noutros encargos do serviço régio. As responsabilidades de Boitaca no desastre do Forte da Mármora, em 1516, que ditariam o seu banimento das empresas reais, constituiriam, desse modo, a origem da fortuna profissional de Marcos Pires, que a breve trecho lhe sucedia nos seus cargos coninbricenses[1002]. No que propriamente respeita ao Paço Real, porém, vimos já que data de Outubro de 1518 e do contrato para a *empreytada noua das casas dos jnfamtes* a primeira referência concreta à actividade de Marcos Pires. Do *concerto* faziam também parte a edificação do *paço do muro* (os *apousentamentos dos oficiaaes*) e das estruturas que haveriam de preencher a ala sul – sacristia, casa do estribeiro e estrebaria –, bem como a reforma da *varanda da Rainha*, devendo ainda amear *a capella com ho cruzeiro com seus encayamentos da maneira da igreja*, além de *embocar e guarnecer e hencascar todalas casas que hora estam feitas nos ditos paços altas e baixas de fora e de dentro* (situação que, por então, apenas parecia verificar-se nas *camaras do bispo*, pois serviriam de modelo às do *apousentamento d'El Rey e da Rainha*) e ladrilhar *todollos ditos apousentamentos e asy a capella*, estipulando-se que a obra ficaria concluída *desta pascoa que hora vira de b'xix a hum anno que se acabara por*

Portas abertas por Diogo de Castilho nas antigas *logeas* do Paço e no flanco do corpo perpendicular ocidental, localizadas nas obras dos anos 40 (DGEMN, fotos 748, 735).

379

pascoa de bᶜxx[1003]. Pela medição de 1522, contudo, somos informados da existência de um extenso conjunto de empreitadas anteriores ao contrato de 1518 e cuja *concertação*, em muitos casos, vinha já *do tempo de Guomçalo Priuado como de Nycolau Leitam que foram veadores das obras* (e haviam precedido Vasco Ribeiro, o vedor que reconhecemos em funções em 1522[1004]) e em relação às quais, de resto, recebera ao longo do tempo adiantamentos de dinheiro (os *emprestidos*). Aí se evocam, pois, o *emprestido dos telhados*, que, cronologicamente, parece ocupar o primeiro lugar, com pagamentos que remontavam a Gonçalo Privado e outros de Nicolau Leitão e Vasco Ribeiro; a *empreytada dos cajamentos*, já do tempo de Nicolau Leitão; a *empreytada dos ladrylhos e guarnyçoes e aluenarias*, em relação à qual lhe seriam feitos pagamentos em 1519 e 1520, por Vasco Fernandes Ribeiro; ainda a *empreytada das cozinhas*, também do tempo de Gonçalo Privado[1005]; enfim, a empreitada *das guarnyções dos cubelos dos paços da parte de fora*, a *das paredes da sala* e a *dos eyrados e capela*[1006]. À sua morte, ocorrida em finais de 1521 ou inícios de 1522, este conjunto de tarefas – que, face às razões da medição, levada a cabo no âmbito do processo de apuramento das dívidas de Marcos Pires à fazenda real, por conta dos dinheiros que lhe haviam sido adiantados, tudo indica que resumam o conjunto dos serviços prestados pelo mestre – achava-se praticamente concluído, faltando apenas *guarneçer* 202 ameias do coroamento geral (estavam já *guarnecydas* 109), bem como concluir o reboco da Capela, interna e externamente e *fazer os degraos dela*, além das três escadas dos aposentos reais e da cimalha e cobertura da varanda da Rainha e de outros pormenores de que Diogo de Castilho se encarregaria[1007]. E faltava, claro, erguer o corpo dos oficiais, de que apenas avultavam os *sete arcos que estam laurados polo tereyro por asemtar*, bem como a ala sul, de que existiriam somente (talvez) as respectivas fundações[1008]. Era este o saldo do trabalho realizado nos quase cinco

Portas abertas por Diogo de Castilho nas antigas *logeas* do Paço e no flanco do corpo perpendicular ocidental, localizadas nas obras dos anos 40 (DGEMN, fotos 746 e 77).

MEMÓRIA E (CON)SAGRAÇÃO

anos que medeiam entre a sua nomeação, em Março de 1517 e os finais de 1521, ou inícios de 22, quando terá tido lugar o seu falecimento. E este facto, mesmo sabendo-se que, em 20 de Fevereiro de 1521, preocupado com a conclusão dos trabalhos em Santa Cruz, o Rei lhe ordenaria "que nam alevãte mão das obras dese moesteiro que elle he obrjgado fazer até as acabar de todo e que nas obras dos paços nã faça cousa algua até que de todo as que elle ha de ffazer nese moesteiro nã sejã acabadas"[1009] (instrução essa que, fatalmente, terá introduzido algumas delongas nos trabalhos, ainda que se afigure que o empreendimento crúzio se encontrava realmente próximo do termo[1010]), não pode ser menoscabado na apreciação da extensão da intervenção de Marcos Pires.

Com efeito, a existência, a par de empreitadas referentes a obras estruturais – como a *das cozinhas*, a *das paredes da sala* (que incluía a guarda-roupa e, certamente, o respectivo cubelo *da parte de dentro*, bem como os dois que se lhes adossam *da parte de fora* e que sabemos terem sido refeitos desde a base, por não subsistirem, do paramento islâmico, mais que os respectivos alicerces[1011]), a dos *eyrados e capela* e, naturalmente, as que são explicitamente *concertadas* no contrato de 1518 (as *casas dos jmfamtes*, o *paço do muro*, a ala sul, da sacristia, casa do estribeiro e estrebarias e a reforma da varanda da Rainha) –, de outras respeitantes a trabalhos de acabamentos, como sejam, *cajamentos, ladrylhos e guarnyçoes*, *guarnyções dos cubelos dos paços da parte de fora* e mesmo o *emprestido dos telhados*, ocupando cronologicamente as situações mais antigas, pois vinham já *do tempo de Guomçalo Priuado como de Nycolau Leitam*, parecem consolidar a convicção de que, ao assumir Marcos Pires a superintendência dos trabalhos do Paço, uma boa parte do empreendimento (pelo menos a respeitante aos aposentos reais) se encontrava já em fase de conclusão: isto é, de assentamento dos telhados e realização dos *cajamentos* e respectivas *guarnyções*. Por isso

Vão realizado por Marcos Pires, subsistente no interior do segundo cubelo da fachada norte (sentido este/oeste).

Janela da Sala dos Capelos

Janela da Sala 8

Janelas superiores do corpo oeste perpendicular ao Paço.

que as competentes empreitadas (por essa ordem) teriam acompanhado as sucessivas vedorias de Gonçalo Privado e Nicolau Leitão. E este facto, que ajuda a compreender as diferenças morfológicas existentes entre as janelas da *Sala* e as que seriam desvendadas na actual *sala 8* e nas *camaras do bispo* (entre as que se abrem sobre a *sala 6* e as que iluminam o *Bar* da Faculdade de Direito), seguindo embora o mesmo partido das voltas *escacantes*, obrigará de igual modo a recuar a cronologia da remodelação da Alcáçova coimbrã, que necessariamente estaria já em marcha quando Marcos Pires assume a respectiva direcção. E, a ser assim, não poderá deixar de associar-se-lhe o nome do homem que, antes dele, detinha, por determinação real, o encargo de *mestre das nosas obras que se fazem e daquy em diante na dita çidade ouuerem de fazer* (ainda que desconheçamos o respectivo documento): Boitaca. O mesmo a quem, além das obras crúzias (onde igualmente reconhecemos os *carpinteiros* Pero Anes e Vicente Dias[1012]) confiaria o Rei a continuação do Hospital Real de Todos-os-Santos, a igreja e o claustro do convento da Pena, alcandorado nas penedias de Sintra e, sobretudo, a concepção geral do edifício emblemático de Belém[1013] – antes que a sua participação na fortificação das praças de Marrocos viesse pôr em causa a actualidade dos seus conhecimentos; justamente porque, como então diria, no Forte da Mármora, D. Álvaro de Loroño a Diogo de Medina, "donde estava maestre Butaque que no hauia que hablar"[1014]. A Boitaca, pois (aliás, *Boytac*[1015]), haverá que endossar a responsabilidade pelo lançamento do vultuoso programa de remodelação do Paço Real de Coimbra – mesmo que concedendo que, em virtude das suas continuadas ausências e à semelhança do que ocorrera em Santa Cruz, também aí Marcos Pires assumisse cedo responsabilidades que justificariam que, em ambos os lugares, lhe sucedesse. E, com ele, da sua própria concepção geral. Era, aliás, essa sua capacidade de *conceber* e fiscalizar, mais do que propriamente construir, a explicação da sua assunção de tantas obras simultâneas em diversos pontos do País e de além-mar, pelo que parece, em fim de contas, ter andado bem Reynaldo dos Santos, quando intuiu que "em Coimbra, a restauração manuelina dos Paços Reais e a respectiva Capela tem o selo de Boitaca, embora, como em Santa Cruz, o encargo da empreitada coubesse a Marcos Pires"[1016]. E será, certamente, essa clara separação entre a *concepção* e a *construção*, a razão de fundo do sistema paralelo de *tenças* e *medições* por que seriam remunerados (ou não) os sucessivos responsáveis pelo estaleiro e a verdadeira explicação de serem tomadas em conta a Marcos Pires *empreytadas* que remontavam ao *tempo de Guomçalo Priuado como de Nycolau Leitam*.

Efectivamente, sabe-se pelo alvará de nomeação de Diogo de Castilho, em 7 de Abril de 1524, "asy e pela maneira que o elle deve ser e o era Marcos Pires, que faleceo", suceder-lhe ele, de igual modo, no respectivo *mantimento* de 3 000 reais por ano, pagos pelo almoxarifado de Coimbra – *mantimento* que, em 29 de Novembro de 1527, lhe seria acrescentado em mais 2 000 reais[1017]. Como *mantimento* recebia, de igual modo, o *mestre da carpentaria* Pero Anes[1018]. No que aos mestres construtores respeita, todavia, atestam as conhecidas medições terem ambos exercido, cumulativamente, a típica função de *arquitecto-empreiteiro*, auferindo em conformidade uma dupla remuneração: pela direcção da obra (a tença ou *mantimento*) e pela sua realização (paga em função da respectiva medição). Não assim, tudo parece indicar, no período anterior a 1516, em que Boitaca, ausente do estaleiro – mas responsável pela sua orientação e pela fiscalização final, como atesta eloquentemente o seu *Livro das Medições*[1019] –, venceria obviamente o *mantimento*, declinando, todavia, em Marcos Pires, a responsabilidade construtiva e a condução (e competente lucro) das múltiplas *empreytadas*. Donde a sua ligação (sem contar as que atempadamente lhe teriam sido medidas e pagas) a obras que remontavam às antigas vedorias de Gonçalo Privado e Nicolau Leitão. Donde a naturalidade com que, afastado Boitaca, assume a continuidade dos empreendimentos régios, no Paço como em Santa Cruz. Donde também a ausência de informações concretas a respeito de trabalhos anteriormente liquidados ou não directamente relacionados com as obras em causa na medição de 1522 e a espessa sombra em que, consequentemente, mergulham as áreas do palácio não abrangidas pela documentação – em particular a zona ocidental. Mas é certo que sabemos, no que concretamente respeita ao templo palatino, mais não referir o contrato de 1518, senão que se "ameara a capella com ho cruzeiro com seus encayamentos da maneira da igreja"[1020], atestando a medição de 1522 estar por "ladrilhar a dicta capela e fazer os degraos dela porque lhe am de ser dadas as lageas", faltando guarnecer 72 braças e 40 palmos pelo lado de dentro e 99 braças por fora[1021]. A *capella* (e já veremos a que aludem as fontes quando usam o vocábulo) estava, pois, edificada no geral em Outubro de 1518, ano e meio depois de Marcos Pires assumir funções – o mesmo Marcos Pires que levaria três anos a construir os aposentos dos Infantes. E tudo indica, na verdade, que se concluíra antes.

De facto, desde inícios de 1516 que se acumulam testemunhos da celebração de ofícios na Capela pelo seu capelão, Álvaro Martins, testemunhos que, de resto, se prolongam pelos anos de 1517, 1518 e 1519[1022] – e que aclaram as referências feitas no *enventayro* de 1531 ao "calez de prata que serve na capella nas missas que cada dia se djzem nella", às "toalhas de frandes do altar", à "estante" e ao "syno da capella"[1023]. E remonta a 31 de Outubro de 1516 um alvará de D. Manuel I, acrescentando ao mesmo Álvaro Martins o vencimento de 5 500 para 8 000 reais e aumentando, do mesmo passo, os encargos litúrgicos do templo[1024]. Parece, pois, inquestionável que este se encontrava terminado e em pleno funcionamento, quando a Corte se estabelece em Coimbra no verão de 1527, tendo certamente acabado de receber (e por esse motivo) o respectivo retábulo, pintado por Gregório Lopes, sobre marcenaria que, tudo leva a crer, fosse realizada pelo *mestre da carpentaria* Pero Anes[1025]. Por isso o *auto de conta* de 1533, referente aos trabalhos realizados por Diogo de Castilho desde a sua nomeação em 7 de Abril de 1524, se não refere já a obras na Capela[1026]. E antes de deixar Coimbra, a 29 de Novembro de 1527, aumentaria o *Piedoso*, uma vez mais, o vencimento do seu capelão, de 8 000 para 10 000 reais por ano[1027]. Tudo se concilia, assim, para convir, com Reynaldo dos Santos, que também a Capela *tem o selo de Boitaca*; Capela que à data da sua queda, em inícios de 1516, estaria já em estado de poder albergar a celebração de ofícios, por isso que a importância que revestia, no quotidiano como no aparato régios[1028], a terão integrado, desde a origem, na primeira linha das intervenções. A referência, incluída na medição de 1522 à obra realizada por Marcos Pires, a que "no tempo de Guomçalo Privado lhe foi paga toda a capela", mais avulta assim como indício de que este era há muito, na prática, o executor

Janela da Capela de S. Miguel (foto José Maria Pimentel).

Janela lateral da Igreja de Santa Cruz (foto José Maria Pimentel).

dos planos de Boitaca, ao mesmo tempo que a existência de uma empreitada conjunta *dos eyrados e capela*, referida no mesmo documento, contribui para alicerçar a ideia de que, após a sua nomeação oficial, mais não faltavam do que acabamentos ao templo palatino. E, desse modo, face ao *conservadorismo*, gótico ainda, de Boitaca – que não ao barroquismo, planturoso e espesso, das composições de Marcos Pires –, se compreenderão melhor, não restam dúvidas, a elegância irrepreensível da altíssima espira do arco triunfal e mesmo a contenção formal que domina o portal e onde, como reconheceria Pedro Dias, se observa uma clara ausência de volume[1029] – bem como a flagrante analogia (nunca atentada) apresentada pelas janelas que o flanqueiam e as que iluminam a nave do mosteiro cruzio. Mas também, pelo papel executivo que, desde sempre, estaria reservado ao mestre batalhino, uma certa rudeza de execução que Haupt, argutamente, não deixaria de notar[1030]. Mas a Boitaca pertencerá, assim, também a discreta mas elegante porta desvendada no actual vestíbulo e que ligava o templo aos aposentos do prelado. É porém aqui que, uma vez mais, a história se complica.

Efectivamente, a edificação da Capela não pode desligar-se, como já foi dito, da edificação paralela do corpo de poente, perpendicular ao velho recinto fortificado original e cuja construção seria responsável pela supressão do primitivo templo palatino, de que a nave meridional se inclui já no que hoje existe. Nessa ala ocidental se organizariam, no piso térreo, as *camaras do bispo*, em função das quais seriam rasgadas as janelas que vimos, idênticas à que, na *sala 8*, seria desvendada no intradorso da actual torre escolar; mas muitíssimo diversas das que se abrem no andar nobre, iluminando os *aposentos das Infantas*, mais amplas e, como as descreveria Nogueira Gonçalves, "altas, de verga recta e arestas chanfradas[1031].

Ao mesmo tempo, também o único cunhal visível, o de sudoeste, ostenta um aparelho distinto (mais irregular e miúdo) do que se mostra no transepto da Capela, aparelho onde, pontualmente embora, emergem siglas que, do mesmo modo, se não repetem em parte alguma do palácio, ilustrando diferente organização por parte da companha que o levou a cabo. Tudo converge, assim, para indicar que a edificação desse corpo (que, por seu turno, obrigaria ao desmantelamento da ala joanina do *albacar*), tenha sido levada a cabo em época anterior ao lançamento da grande reforma *manuelina* que, nas primeiras décadas do século XVI, transfiguraria por completo o Paço Real de Coimbra. Época que, tanto pelas circunstâncias históricas de declínio da residência real coimbrã após o reinado de D. Afonso V[1032], como pelas semelhanças morfológicas com as soluções adoptadas nas construções senhoriais dos meados de Quatrocentos, onde emergem essas janelas *altas, de verga recta e arestas chanfradas* (providas das cruzetas que o tempo se encarregaria de eliminar em Coimbra) – como são os casos do Solar dos Pinheiros, de Barcelos, do paço dos alcaides, de Guimarães e, especialmente, dos que seriam empreendidos nessas duas localidades pelos Duques de Bragança, D. Afonso e D. Fernando[1033] –, só poderá corresponder à

Arco triunfal da capela.

Portal da capela (foto José Maria Pimentel).

A MORADA DA SABEDORIA

Aspecto da ala ocidental com as janelas altas de verga recta.

Aspecto da fachada sul do mesmo corpo com nova janela afim das anteriores.

Detalhe dos silhares siglados no cunhal do mesmo corpo.

do ducado do Infante D. Pedro. O mesmo Infante, irmão de D. Afonso, que fez do Paço de Coimbra o seu solar[1034], no qual, em fim de contas, não poderá senão estranhar-se que o edificador dos paços de Tentúgal e Penela[1035] não deixasse traços do seu magnificente senhorio. À sua acção corresponderá, assim, não apenas o lançamento do corpo de poente, perpendicular ao Paço antigo, por certo decorrente da necessidade de melhorar as condições habitacionais num edifício que, no geral, correspondia ainda ao que seu bisavô, D. Afonso IV, realizara nos inícios de Trezentos – *aggiornatto* pelas intervenções ordenadas por seu pai, nos anos iniciais do seu reinado –, mas igualmente o lançamento da actual Capela, com ele necessariamente articulada e (como a de Tentúgal), não somente decorrente da necessidade de ampliar as capacidades litúrgicas do antigo templo palatino, mas do especial ambiente de espiritualidade que se vivia na Corte de Avis[1036]. E assim se compreenderá melhor a originalidade planimétrica que tem sido sublinhada na capela coimbrã[1037] onde, afinal, a obra de Boitaca, norteada

certamente pelo desejo de aumentar (uma vez mais) o espaço disponível e de possibilitar a colocação do retábulo, cuja utilização entretanto se divulgara[1038] (se não mesmo do púlpito, de que o vão de acesso constitui, de novo, claro apontamento boitaquiano), se resumiria, por fim, à reforma das aberturas e da respectiva cabeceira. Como melhor se compreenderá a nítida diferença de espessura ostentada pelas paredes da capela-mor[1039] e o facto de, nos seus alicerces, se reconhecer a utilização de silhares aparelhados, claramente góticos, verificada no decurso da *sondagem A2*[1040]. E por isso o *concerto* de 1518, assinalando a Marcos Pires o conjunto de tarefas que, nesse espaço, faltava ainda concluir, referia expressamente que *ameara a capella com ho cruzeiro com seus encayamentos da maneira da igreja*; a mesma distinção entre *igreja* e *capela* que, poucos anos mais tarde, em 11 de Agosto de 1545, emergiria no registo dos *visitadores*, que "acharão & ordenarão auerem de se fazer as cousas segujntes. *Item* que se ladrjlhe a Jgreja ou se lagee comforme ha capela. *Item* que se forre a capela da dita Jgreja de bordos conforme

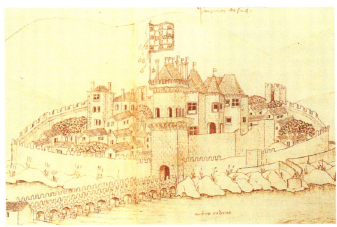

ao corpo da Jgreja. *Item* que se guarneça & branquee toda a capela & Jgreja. *Item* por se escusar continuos frontaaes que os tres altares se guarneção de azulejos"[1041]. Trecho este que, afinal, elucida sobre a presença, não de um, mas de três altares no templo *manuelino*[1042] – e, por essa via, sobre os verdadeiros motivos que presidiram, no novo partido planimétrico, à organização de um falso transepto, entre a nave e a capela-mor.

Neste contexto, tudo indica que a pequena porta que, ao fundo, seria localizada no actual vestíbulo, dando acesso a uma dependência intermédia entre as *camaras do bispo* (com as quais comunicaria) e o primitivo templo (que, por razões desconhecidas, se quedaria, desde então, como um corpo autónomo, sem ligação directa ao interior), fosse, de facto, como escreveria Nogueira Gonçalves, "de serviço do paço para a capela"[1043] – mas, sobretudo, de acesso à sacristia. Sacristia cuja existência (sem prejuízo da decisão ulterior de edificação de uma outra, mais ampla, flanqueando a capela-mor no âmbito da edificação da ala sul), justamente permitiria a supressão desse programa, por decisão de D. João III, sem pôr em causa a funcionalidade da vida litúrgica do templo – até que, adiantado já o século XVI, se erguesse finalmente a que hoje existe, no flanco ocidental, à custa dos *quintaes* (de uso da Capela) em que se convertera, pela maior parte, o antigo *albacar*. E pode bem ser que se deva a Boitaca (pois não emerge na medição de Marcos Pires), o vultuoso trabalho que representou a protecção do Paço, a ocidente – aí onde a escarpa se acentuava mais –, por uma vasta plataforma contrafortada, nessa obra se consumindo boa parte do esforço despendido no longo período em que ostentou a superintendência das obras régias da cidade. Plataforma essa, imposta certamente por razões de segurança do antiquíssimo edifício (cujos problemas de resistência – contumazes –, testemunha a antiga necessidade do *arco botante com seu pegão e sua gargora*, contravenindo o *cunhal do meo* junto à varanda da Rainha[1044]) e que avulta bem visível na famosa *vista* gravada por Hœfnagel. Sobreviveria, aliás, em boa parte, até às obras de regularização do entorno do Paço le-

Paço dos Duques de Bragança em Guimarães.

Paço dos Duques de Bragança em Barcelos (desenho de Duarte d'Armas).

A MORADA DA SABEDORIA

Escada do púlpito.

Aspectos da plataforma contrafortada, vendo-se os restos da antiga estrebaria, depois açougue escolar (fotos AUC, CAPOCUC)

vadas a cabo nos anos de 1968/71[1045] e sobrevive ainda, parcialmente, escorando os terrenos, na zona da *Pedreira*, sobranceira ao local onde, mais tarde, haveria de erguer-se o *Colégio dos Grilos*. À sua conformação se refere, decerto, Vasco Ribeiro, na referida carta a D. João III, datada de 1545, quando escreve: *E asi querem os vereadores entender em dar chãos para casas por seus da cidade sendo de V. A. e suas saídas o que lhe eu nom consinto ate ora por ir que tudo he de V. A. e delles comprei por seu mandado. Sera necesaryo huma carta para a cidade que nõ entenda nos rosyos e saidas dos vosos paços em os querer dar por da cidade pois são de V. A. e se ouver por bem que se defenda aos cabouqueyros asi o farey porque ho descuydo disto foy ho corer da terra dos seus paços de Lyxboa*[1046]. Aí se alberga-

ria, após da supressão da ala sul, a estrebaria do palácio, convertida, com o estabelecimento da Universidade, em açougues escolares[1047] e cujos restos Nogueira Gonçalves pôde ainda contemplar[1048]. Dependência esta, por sua vez, à qual, provavelmente, se destinavam os *ssete milheiros* de telha galega referidos no *emventayro* de 1533[1049] e cuja existência constituiria a razão de fundo da antiga necessidade de deter uma serventia do edifício por esse lado[1050]. Parece, pois, ser chegado enfim o momento de procurar reconstituir o longo ciclo do processo de remodelação do Paço Real de Coimbra posto em marcha por D. Manuel I.

MEMÓRIA E (CON)SAGRAÇÃO

Efectivamente e como escreveria Nogueira Gonçalves, "A Capela de S. Miguel apresenta-se como uma inserção ao conjunto dos paços" – situação ainda hoje visível ao nível dos telhados, que claramente flectem no seu ponto de arranque, evidenciando a sua justaposição ao velho organismo palatino e mesmo ao *albacar*. Apenas não é, como o ilustre mestre imaginou, "uma das extensões manuelinas aos paços antigos"[1051], mas o produto da intervenção do Infante D. Pedro no solar dos seus maiores, nos quinze anos em que, apesar de tudo, lhe foi dado usufruí-lo[1052]. Capela que não é fácil saber como era na verdade, mas que não custa imaginar correspondesse ao corpo e ao vestíbulo da actual, num comprimento duplo da largura, rematada a sul por uma ousia rasgada, no topo, por ventanas, o mesmo esquema que se observa na sua congénere do Paço de Tentúgal e, em geral, domina a arquitectura religiosa do seu tempo. Em ângulo recto e a expensas do corpo do *albacar* que seu pai edificara, avançaria a nova ala residencial, destinada a dotar de melhores condições habitacionais o velho Paço, nesse tempo de crescente civilização e requinte da vida cortesã e que talvez tenha sido o cenário do seu cavaleiresco juramento com o conde de Avranches, antes da trágica jornada de Alfarrobeira, quando, no dizer de Rui de Pina, o príncipe o "apartou soo a huuma camara"[1053]. E onde também não custa imaginar que remontasse à

Desenho de Hœfnagel ilustrando a antiga plataforma contrafortada.

António de Holanda (atrib.), *Panorâmica de Lisboa* (porm.), Duarte Galvão, *Crónica de D. Afonso Henriques*.

União do corpo da Capela ao dos aposentos da Rainha vista ao nível das coberturas.

A MORADA DA SABEDORIA

Reconstituição conjectural da ala edificada pelo Infante D. Pedro (planta) (José Luís Madeira).

sua intervenção esse vão que abria da futura antecâmara da Rainha sobre a nave da capela, já que dispositivo afim (salvaguardadas as diferenças de organização entre os dois paços) se nos depara também no seu palácio de Tentúgal[1054]. É, pois, decerto esta a morada onde o *Rei Venturoso* se instala, em Outubro de 1502, quando, dirigindo-se a Compostela, visita Santa Cruz e os túmulos dos monarcas Fundadores[1055] e cujo estado de decadência, por então, o terá levado a capacitar-se, como referiria Damião de Góis (em passo, porém, cujo sentido tem sido exagerado), de "serem tão destroidos, que foi neçessario fazeremsse de nouo"[1056].

De facto, são conhecidas as consequências da peregrinação régia ao túmulo do Apóstolo: a renovação monumental das sepulturas patriarcais de Afonso Henriques e de Sancho I; o empreendimento, a cargo de Boitaca, de uma extensa intervenção na própria estrutura do Mosteiro. Obras, contudo, que não começariam antes de 1507, quando a morte do prior-mor D. João de Noronha e a entrega desse benefício, por Júlio II, ao cardeal Della Rovere, seu sobrinho, decide o monarca, como expressivamente narraria o cronista monástico, a *derrubar a Igreja do dito Mosteiro, Claustro & Capitulo, & Capitulo nouo* e, em proveito da nova fábrica que em conformidade ordenaria, a mandar *socrestar as rendas do Priorado mor*[1057]. O envolvimento do mesmo grupo de personagens (Boitaca, Pero Anes, Vicente Dias) em ambos os estaleiros, do cenóbio e do Paço, induz assim, mesmo sem comprovação documental, a aceitar uma correlação, também cronológica, entre as duas empresas. E não parece forçado imaginar que, face às condições topográficas particulares que caracterizavam o alcantilado *ninho de águias* onde se implantara o edifício palatino e aos graves problemas estruturais que a esse tempo já ostentaria – e que testemunham

MEMÓRIA E (CON)SAGRAÇÃO

Reconstituição conjectural da ala edificada pelo Infante D. Pedro (perspectiva de poente) (José Luís Madeira).

tanto a refeitura quase integral dos cubelos da fachada norte, como o pegão que escorava (provavelmente há muito) a varanda da Rainha e, mesmo, a própria noção geral de serem os paços muito *destroidos* –, que a construção da plataforma contrafortada (sem visível utilidade antes da edificação da nova estrebaria) tenha, de facto, constituído a primeira etapa do empreendimento. E que nela se tivessem investido os seus primeiros anos. Anos esses, porém, que não podemos saber quantos seriam, porquanto em absoluto carecemos de qualquer informação sobre o efectivo dos operários absorvidos no estaleiro real – ao mesmo tempo que sabemos também que, por razões óbvias, ao monarca importava prioritariamente o cumprimento do calendário laboral em Santa Cruz[1058]. Mas parece certo que, ao invés do que ocorreria com a obra crúzia, os trabalhos começariam aqui em obediência a um plano de conjunto – plano a que Marcos Pires dará continuidade, por isso mesmo que não só a sua clareza estrutural, como a própria lógica sequencial das *empreytadas* denunciam a existência prévia dessa *concepção geral*[1059]. Que ao genro de Mateus Fernandes deve, consequentemente, ser atribuída.

De facto, não restam dúvidas de que a intervenção no velho paço fortificado medievo teria o seu início pela ala poente, essa onde avultavam a Capela edificada por D. Pedro e as novas *câmaras* que paralelamente organizara e que, na nova ordem, iriam converter-se nos aposentos da soberana e nas casas do prelado subjacentes. São as campanhas que precedem a entrega do estaleiro a Marcos Pires e, na aparência, as únicas que Boitaca pessoalmente superintenderia. A própria morte da Rainha D. Maria de Castela, em Março de 1517, a quatro dias da nomeação de Marcos Pires por *mestre das nosas obras que se fazem e daquy em diante na dita çidade ouuerem de fazer*, obriga

391

a recuar no tempo – ao *tempo de Guomçalo Priuado como de Nycolau Leytam que foram veadores das obras* –, o lançamento desse programa, sabendo-se que o monarca não contrairia terceiras núpcias, com D. Leonor de Áustria, senão em Novembro de 1518[1060], um mês depois do contrato conhecido, da *empreytada noua das casas dos jmfamtes*, deixar em silêncio, de forma eloquente, essa ala do palácio, à única excepção da *varanda da Rainha*. E é pela medição de 1522 (onde perpassam o *emprestido dos telhados*, também ele remontando a Gonçalo Privado e Nicolau Leitão; a *empreytada dos cajamentos*, iniciada sob este último e a *dos ladrylhos e guarnyçoes e aluenarias*, cujo pagamento se iniciaria em 1519[1061], respeitando todas, necessariamente, a uma área já edificada) que ficamos a saber achar-se concluído e em fase de acabamentos tal sector (por ordem cronológica de assentamento de telhados, caiamentos, ladrilhos e guarnições), quando o Rei confia a Marcos Pires a direcção do estaleiro real. Concretamente e sobre o velho casco do primitivo *palatium* sesnandino, sucessivamente renovado por D. Afonso IV e D. João I, que a ala nova do Infante D. Pedro intersectara, haviam-se organizado os aposentos da Rainha: a vasta sala acompanhada, quase de topo a topo, pela varanda; o *estudo*; a antecâmara provida de tribuna sobre o templo; a *câmara do leito*; por fim, tudo leva a crer, os aposentos das Infantas. Haviam--se rasgado, para o terreiro, as novas janelas, de sóbrias molduras *escacantes*, como a da *sala 8* ilustra ainda e, em geral, alteado as paredes, a fim de deixar espaço, no piso superior, aos *dormitórios* das damas e criadas[1062]. E sabemos também, ainda, que no piso térreo da *ala do Regente* se tinham organizado as *camaras do bispo*, em função das quais novas janelas de voltas *escacantes*, idênticas às do andar nobre, se tinham aberto no topo ocidental (e noutros pontos, por certo), erguendo-se, para o lado dos *quintaes*, umas *varandas*, varandas que serviam de apoio, no andar alto, ao eirado que projectava os aposentos das Infantas. Por aí começara, seguramente, a execução da *empreytada dos cajamentos*, pois que em 1518 estipularia o contrato, em matéria de *guarnyções*, que *todalas do apousentamento d'El Rey e da Rainha serão do teor que sam as das camaras do bispo*[1063]. Pelo que, em fim de contas, não eram apenas os aposentos *da Rainha* que se achavam concluídos; eram também, por força, as casas altas dos *d'El-Rei* (essencialmente a câmara e o *estudo*), por isso que no contrato se referem e porque eram eles a origem do *cunhal do meo* a que havia de apor-se o *arco botante com seu pegão e sua gargora* que o mesmo instrumento prescrevia[1064]. A Marcos Pires, com efeito, estaria reservado, fundamentalmente, reformar a antiga varanda das soberanas, erguendo, em dois lanços separados pelo cubelo, uma extensa *loggia* de vinte *harchetes*, com *suas colunas oytavadas e vasos e capitees e os arcos chanfrados*, coroada de uma *çymalha de pedraria*[1065] – elemento este que à data da sua morte não estava ainda assente, tal como faltava ainda terminar-lhe a cobertura e "fazer duas vinhas no cunhal do meo sobre que vem o cano e por huma gargora"[1066]; e faltavam as escadas, a de serviço dos aposentos da Rainha e a que ligava à câmara do Rei, a qual, porém, competiria ao *carpinteiro* Pero Anes[1067].

Essencialmente pronto em 1518 estava também o templo palatino onde, aliás, desde inícios de 1516 que a vida litúrgica se havia retomado[1068]. É o próprio contrato, de resto, ao referir-se expressa e simplesmente à *capella com o cruzeiro*, o melhor resumo do verdadeiro carácter dessa intervenção: era essa a zona reformada e era a única que faltava concluir – concretamente, ameá-la *da maneira da igreja*, o que nos informa também de estar assente, sobre a nave, o coroamento de merlões[1069]. E que semelhante empresa fora cometida em simultâneo com a reforma do sector poente do palácio é o que indica a afirmação, feita na medição de 1522, de que fora *paga toda a capela* ao tempo de Gonçalo Privado[1070]. Tratara-se, aliás, na prática, fundamentalmente de demolir a antiga ousia edificada por D. Pedro, adicionando ao velho corpo (ligado já, decerto, à respectiva sacristia) uma nova e mais ampla capela-mor, com seu cruzeiro – o falso transepto que se admira ainda –, a fim de dar guarida à pompa eclesiástica da Corte e, do mesmo passo, a permitir a erecção do dispositivo retabular que, desde os finais da anterior centúria, se havia tornado indispensável à cenografia das celebrações. E não cabem dúvidas de que, à semelhança do cruzeiro, seria a capela-mor abobadada – e que é essa, simultaneamente, a razão da enorme espessura ostentada pelas paredes da capela-mor[1071] e (como se

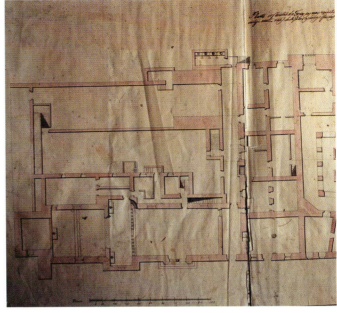

verá) da presença de entulhos que aí se documenta em 1544[1072]. À nave deveria, por certo, reservar-se um tecto mudejar de artesoados, realizado pelo *mestre da carpentaria*, Pero Anes[1073]. E terá sido certamente então – se o não fora já pelo Regente D. Pedro (mas não, em todo o caso, nas obras *pombalinas*, como tem sido geralmente aceite) – que, ao fundo do templo, transversalmente, suportando o coro, se organizou um vestíbulo, que claramente avulta na planta setecentista a que vimos recorrendo, possibilitando o acesso independente aos quartos do prelado e aos *quintaes* (e destes ao terreiro), por essa via conservando indemne a serventia ocidental do Paço, que justificara a edificação da *ala do albacar* e que a construção da Capela, de outro modo, objectivamente impediria. A implantação, rigorosamente simétrica em relação ao pano livre interno, que o portal da capela aí ostenta (perdida, de resto, com o alargamento *pombalino* do vestíbulo) leva a acreditar que se trataria da estrutura primitiva. E só pode respeitar-lhe a menção feita na documentação universitária, em finais de 1544, a "huma porta que se abrjo aa entrada dos paços pera hum caracol abaixo do coro"[1074] – caracol esse que é, de resto, visível ainda na referida planta, embebido na espessura da parede que, ao edificar-se a ala de poente, cortou o velho templo sesnandino. Enfim, terminado há muito quando se celebra o contrato de 1518 estaria o conjunto das aberturas do templo, incluído o portal[1075], e talvez fosse essa escusa ligação à sacristia, por meio de um vestíbulo que afinal era pação, a verdadeira razão de o projecto manuelino ter em vista a erecção de uma outra, nova, comunicante directamente com a capela-mor. Como quer que fosse, parece certo que a Marcos Pires mais não caberia que a colocação das ameias na zona da cabeceira, a do pavimento e respectivos degraus e o guarnecimento do templo, interno e externo (à sua morte faltavam 72 braças e 40 palmos de reboco no interior e 99 braças no exterior[1076]), tarefa protelada, certamente, em proveito do avanço geral da construção. E pode ser que sejam do seu tempo (e sua mão) o levantamento, no vértice do telhado, da pequena cruz que assinala o início da capela-mor e, na intersecção do recinto sagrado com a ala profana residencial, sobre uma base poligonal de cantaria, da imagem de São Miguel, tradicionalmente atribuída, com fundadas razões, ao cinzel de Diogo Pires-o-Moço[1077], também colaborador de Santa Cruz – obra onde Marcos Pires levaria a cabo, coroando o templo, a construção de uma guirlanda (mas talvez já prevista por Boitaca)[1078], ornada, como na cimalha do

Abobada do cruzeiro da Capela.

Planta pombalina (porm. da capela e aposentos do bispo)

A MORADA DA SABEDORIA

Cruz que assinala, sobre o telhado, o arranque da capela-mor.

Cruzes que ornam a platibanda do Mosteiro de Santa Cruz.

claustro do silêncio, de uma pequena multidão de cruzes, de clara afinidade com a do Paço e onde ao escultor caberia figurar, por duas vezes, o *Anjo Custódio de Portugal*, metonímia de resto do antigo arcanjo que, havia quase cinco séculos, velava sobre o velho reduto muçulmano[1079].

Ao mestre batalhino competiria pois, antes de mais, levar ao fim o que Boitaca não pudera concluir. A obra avançava às *empreytadas*, geridas todas, decerto, pelo *amo*, mas resvalava sempre também no calendário estipulado. A própria fiança a que Leonor Afonso, sua mãe, se obrigaria, em 23 de Abril de 1521, informa expressamente ter por objectivo fazê-lo "comprir com elRey noso senhor e feytores com os acabamentos das obras que de sua alteza tem demtro nos tempos que se obryguou per espreturas"[1080], pelo que parece claro que, de facto, outras *espreturas* teriam precedido o contrato conhecido de 1518[1081], o único que chegaria aos nossos dias. E entre elas figuraria, certamente, a que dizia respeito à *empreytada dos eyrados e capela*, sobre a qual adiantadamente recebera, *do tempo de Guomçalo Priuado*, 40 000 reais[1082]. E, a ser assim, também os eirados – ou, ao menos, o *eyrado*

do cabo, sobreposto à velha porta-forte e esse outro, das Infantas, sobranceiro à *varanda* que, nos *quintaes*, ao longo da Capela, servia de apoio aos quartos do prelado (e tinha serventia pelo vestíbulo que, suportando o coro, interceptava o templo) –, haveriam sido edificados sob a superintendência de Boitaca, por isso que não constam já da medição de 1522. Nela, contudo, se alude ainda ao que precederia a *Sala Grande*, onde se avaliam a respectiva *parede* e *peytoryl*, bem como as *lageas que pos no eyrado sobre o peytoril*[1083], já que se interligava com essa outra *empreytada das paredes da sala*, mais recente – que incluía, forçosamente, a organização da guarda-roupa (onde se abria a última das suas quatro janelas), a antecâmara régia superior, o respectivo cubelo *da parte de dentro* e a refeitura dos torreões correspondentes na fachada norte e cujos florões de remate traem claramente a mão de Marcos Pires – e que não remontava a *Guomçalo Priuado*, mas a *Nycolao Leytam*, de quem ele recebera 90 000 reais, além de 109 000, estes, porém, das mãos do último vedor, Vasco Ribeiro. E apenas em 1521 se dará começo à empreitada complementar das *guarnyções dos cubelos dos*

paços da parte de fora[1084]. E restam, na *Sala Grande*, atestando a sua actividade, a um e outro lado, as antigas janelas, de voltas *escacantes*, bem diversas porém das do sector poente, num *modo novo*, mais plástico (mais rude também), que a direcção do novo mestre imprimiria. Inversamente, nada queda do registo térreo que possa elucidar sobre a sua morfologia, obliterado em obras sucessivas e definitivamente oculto, no século XVIII, com a construção da *Via Latina*. Mas é de crer que, nos espaços deixados livres pelo eirado e respectiva escada ocidental e pelo cubelo que ocultava, no seu interior, a escada do monarca, o tema das arcadas aí se divisasse. Nem de outro modo se poderá compreender o arco transverso que suporta, a nascente, a parede da sala, se essa área não fosse concebida, em todo o seu comprimento, como um pórtico de acesso às *logeas* que se abrigavam no velho casco trecentista. Pórtico, aliás, cuja existência se revelava imprescindível ao carácter *discreto* que devia assumir a escada do monarca, que nele arrancaria (e ao qual, na de noroeste, corresponderia depois a abertura do *portall do muro contra a See*[1085]) e que tudo indica fosse ainda construído por Boitaca, por isso que a *empreytada* de Marcos Pires se refere apenas às *paredes da sala*. E que, em boa verdade, deverá mesmo ter sido erguido, como é lógico, em toda a extensão desse sector, por isso mesmo, também, que o contrato de 1518 refere, logo à partida, *os arcos que estam do topo da sala grande que correm ate* [à] *porta do terreiro do dito paço*[1086] e sobre os quais haveriam de assentar os aposentos dos Infantes. Arcos, cujo carácter *gótico*, com efeito, os liga mais ao modo peculiar do mestre de Belém que ao gosto característico patenteado pelo sucessor. E assim se compreenderá melhor, decerto, o aspecto ostentado pela cimalha deste flanco, cujo talhe, seguramente, iria já adiantado quando os infelizes sucessos do Forte da Mármora trazem por ónus o seu afastamento; ao mesmo tempo que, de igual modo, entre a construção da plataforma, a reforma da cabeceira da Capela, a dos aposentos da Rainha e o lançamento da ala norte, dos aposentos do monarca e dos Infantes (e a pressão das obras crúzias), se torna mais consistente o lapso de tempo que decorre entre 1507 (a aceitar-se esta data como a de arranque dos trabalhos) e o ano fatal de 1516.

Imagem de S. Miguel fotografada na década de 40 no vértice do telhado da Capela (DGEMN, foto 244).

Imagem de S. Miguel de Diogo Pires-o--Moço na localização actual.

Réplica da imagem de S. Miguel.

Perspectiva do remate dos coruchéus nos cubelos da fachada norte.

Janelas da Sala Grande.

Arco transverso de suporte da parede da Sala Grande.

Efectivamente e no que respeita ao coroamento, não passaria sem reparo ostentar o Paço Real, nas paredes externas, dois tipos diversos cimalha, rigorosamente separados pelo frontão central da *Via Latina*, que oculta o seu ponto de união: um, de modilhões ressaltados, que Vergílio Correia consideraria *uma linha de cachorros do mais puro gosto trecentista*, tomando-a, em conformidade, por trecho do paço *dionisino*[1087] e que envolve os aposentos dos Infantes, reconhecendo-se, pelo exterior, em toda a fachada norte[1088]; outro, de modilhões elegantemente misulados, que Nogueira Gonçalves reputou adaptar-se melhor ao *carácter da época*[1089] e que, ao outro lado do corpo de aparato setecentista, se acompanha da *Sala Grande* até ao cruzeiro da Capela. Mais complexo é, todavia, o panorama dos merlões. Assim, a um primeiro tipo, mais simples, reconhecível somente sobre o corpo do templo, sucede-se um segundo, que poderíamos designar de *compósito*, pelo duplo ressalto do remate e que, desde as casas da Rainha, cerca o Paço inteiro até ao extremo ocidental do alçado norte (à excepção, como é obvio, do último cubelo, que no século XVII se refaria integralmente), sendo mesmo visível (mas sem a cimalha modilhonada que, por regra, lhe corresponde), sobre a *ala do Regente*. A este, todavia, em especial do lado do terreiro (mas tam-

MEMÓRIA E (CON)SAGRAÇÃO

bém sobre os flancos setentrional e de poente dos *Gerais*, onde se apresenta de modo contínuo), outro tipo, mais simples, se intercala, em lanços, claro produto de (mais ou menos) modernas intervenções[1090]. Tudo parece, desse modo, indicar que essa outra cornija, mais adaptada ao *carácter da época* é, ao contrário do que seria de prever, a que corresponde à fase mais antiga no processo de reforma do palácio coimbrão. Aquela cujo assentamento sobre o *aposentamento* da soberana, bem como sobre o templo, Boitaca em pessoa superintenderia (eliminando-a no sector poente, não visível *da cidade*, tal como faria às janelas da Capela, a que daria sumário acabamento) e que em boa parte deixaria pronta para a ala norte, quando programou a sua edificação, por isso que se aplicaria até à *Sala Grande*. E é, de facto, não restam dúvidas, a mais boitaquiana. E que, conseguintemente, a Marcos Pires, que edificaria as paredes da sala, os quartos dos Infantes e levaria a cabo as *guarnyções dos cubelos dos paços da parte de fora*, pertencerá aquela cujo arcaísmo iludiria mesmo a perspicácia de Vergílio Correia, pois que se divisa por todo o edifício onde, mais do que a sua actividade construtiva, se documenta inquestionavelmente a sua responsabilidade técnica. E se o primeiro tipo de merlões, mais antigo, somente no corpo da Capela se divisa,

Arcaria do piso térreo.

Aspecto da cimalha no trecho sobre a Capela.

Aspecto da cimalha no flanco norte, à esquerda da Via Latina.

397

Aspecto da cimalha no flanco norte, à direita da Via Latina.

Aspecto da cimalha na fachada norte.

Aspecto da cimalha no corpo dos aposentos dos Infantes.

Pormenor da cimalha num dos cubelos da fachada norte.

é porque apenas ele se encontrava ameado quando se dá o afastamento do mestre de Belém. Por isso o contrato de 1518 estipulava, ao seu sucessor, que *ameara a capella com ho cruzeiro com seus encayamentos da maneira da igreja e avera por cada huma amea com seu encayamento tudo guarnicido o preço que ja esta na empreitada das hameas*[1091]. À data do afastamento de Boitaca era a nave do templo, pois, o único sector do recinto palatino a dispor de ameias – tal como, excepção feita às escadas e varanda, eram estas o único adorno que faltava aos aposentos da Rainha. A Marcos Pires caberia, assim, *amear* a capela-mor e seu cruzeiro e, em geral, o resto do palácio, à medida que este fosse sendo edificado – e era a *empreitada das hameas*, mais uma das *espreturas* que precederiam o único contrato conhecido.

E por isso, à data da sua morte, se fala em 109 ameias *guarnecydas*, contra 202 que faltava ainda *guarneçer*[1092], mas certamente deixaria prontas (e, como se verá, assentes), por isso que o mesmo tipo segue contínuo em toda a parte. E caber-lhe-ia (como coube) a conclusão da *Sala* e a edificação dos aposentos dos Infantes, que em finais de 1521 (ou inícios de 22), como vimos, se encontravam praticamente concluídos. Tal como lhe teria cabido, se a morte o não tem surpreendido, a edificação do *paço do muro*, os aposentos dos oficiais que, finalmente, Diogo de Castilho levaria a cabo, como vimos também, entre 1524 e 1532, mas para os quais deixara feitos, informa a medição – como fizera Boitaca com a cornija – *sete arcos lavrados pelo tereiro por asentar*. E teria levado a termo a

construção da ala sul, se as determinações do novo reinado, que agora começava, não tivessem colidido com esse programa de sacristia, casa do estribeiro e estrebaria. E talvez não simplesmente, como tem sido aceite, por se ter pretendido dar *acabamento sumário* à vasta empresa em que a reforma do Paço se havia convertido[1093]. Mas por serem, de facto, obras de um *tempo* em que os interesses (e os horizontes) eram outros.

A assunção da Coroa por D. João III corresponderia, na verdade, a uma substantiva reformulação do programa inicial. Reformulação que passaria pela supressão da ala sul, mas também pela dinamização de uma campanha de obras que iria nobilitar as primitivas *logeas*, em benefício da acomodação de altos funcionários curiais (e são os *aposemtamemtos que estam debaixo da sala d'el Rey noso senhor em que pousa ho amo e Gaspar Gonçallvez e Pero Carvalho*), pela conversão do *paço do muro* de *apousentamento dos oficiaaes* em aposentos das damas e, em geral, pelo conjunto de trabalhos realizados a partir de 1526 e violentamente criticados pelos *contadores* reais em 1533: "portais janelas chamines repartimentos e outras obras que se fazem nos ditos paços reaes nos aposemtamemtos da rainha nosa senhora e no aposentamemto em que pousa dona Maria de Valhasco e de Bras Fernandes (…) e nos aposemtamemtos dos infantes e nos estudos e o portall do muro

Perspectiva das duas tipologias de merlões (DGEMN, foto 186).

Perspectiva do coroamento de merlões na *Ala do Regente*.

Aspecto do acabamento sumário das janelas da Capela voltadas a poente.

A MORADA DA SABEDORIA

contra a See e ameas que se guarneçeram e outras que se fezeram de novo"; a encomenda ao *carpinteiro* Pero Anes do "caracoll que vay da camara d'el Rey pera a sala da rainha"; trabalhos "na casa que ysta sobre a escada da dita senhora" e onde sabemos serem os dormitórios de açafatas e criadas; ainda, nos aposentos da Rainha, o "corregimento de portais e emtavolamemto da varamda"; enfim, o "asemto das vidraças das casas d'el Rey e capela e outras que se fezeram de novo". Empreendimentos onde se viam "offeceais e servjdores que trabalharam nas ditas obras per jornall de dia e as vezes de nojte" e a respeito das quais o vedor Vasco Ribeiro "pagou a homens que mandou a Sua Alteza e ao amo"[1094].

Obras levadas a cabo por Diogo de Castilho e em função das quais seriam modeladas as *cynquo vases e cynquo capytes e cynquo colunas de nove palmos em alto que se fizeram para se fazer o curucheo sobre a entrada da ssalla del Rey*, que refere o *emventairo* elaborado em 1531[1095]. Obras, com efeito, cuja qualidade de acabamento, atestada nos trechos subsistentes, contradiz a noção geral de um projecto *sumariamente* concluído.

Efectivamente, a inclusão da estrebaria na economia do palácio, relevava ainda de uma concepção medieval, que entendia a morada como uma unidade autárcica, síntese de espaços habitacionais e representativos, de oficinas e reservas, que a tornava afim da propriedade

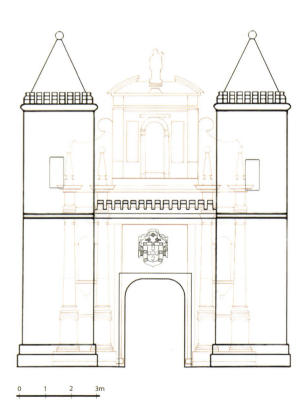

Reconstituição conjectural do alçado externo da porta-forte manuelina (des. José Luis Madeira).

Alpendre do Palácio Cordovil em Évora.

rústica[1096]. Não admira, assim, que no momento em que, pouco a pouco, o Renascimento e a sua civilidade nova faziam a sua aparição, aquela fosse relegada para a *plataforma*[1097] (tanto mais que dispunha de ligação ao terreiro, através dos *quintaes* e do vestíbulo *da Capela*), por esse modo terminando também com a promiscuidade que adviria da sua justaposição à sacristia. E que o espaço desse modo libertado, regularizado o *muro*, se convertesse (e convertesse, em conformidade, o próprio Paço) num sumptuoso *belvedere* sobre um trecho deslumbrante do horizonte que a cidade não tinha ainda maculado e onde se divisava, rente às Lages e ao Mosteiro de Mirleus, o curso coleante do Mondego: descoberta humanista da paisagem que marca um ponto de viragem na atitude (e na prática) culturais contemporâneas. Com tudo isso, porém, eram muitas, já o vimos, as empresas a aguardar Diogo de Castilho (e Pero Anes e outros) quando, em 1524, este sucede a Marcos Pires na direcção do estaleiro real: a conclusão da varanda da Rainha, das três escadas dos aposentos régios, o *guarnecimento* geral das 202 ameias em falta, o assentamento de ladrilhos e rebocos, a continuação da obra do *paço do muro* e, em geral, o conjunto dos trabalhos mencionados na medição de 1522. E faltava ainda, sabemo-lo também, o retábulo da Capela. Nesse contexto, é a súbita decisão do monarca de viajar para Coimbra em 1526, a fim de dar começo ao magno

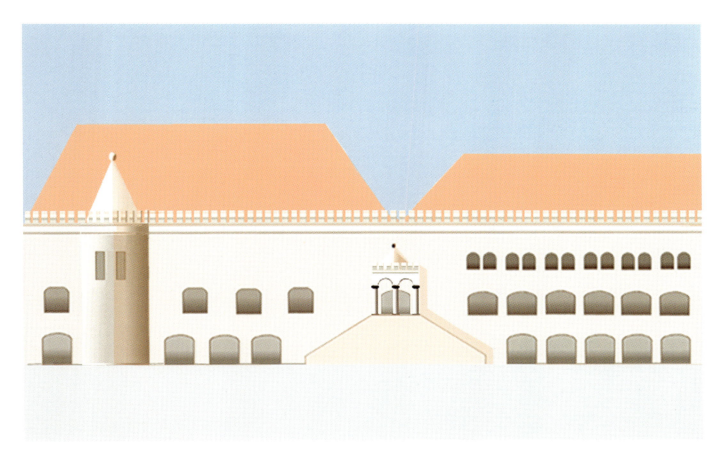

Reconstituição conjectural do alçado norte interno do Paço Real da Alcáçova (des. José Luis Madeira).

A MORADA DA SABEDORIA

Pormenor do portal de ligação dos aposentos das Infantas ao respectivo eirado (DGEMN, foto 78).

Vestígios dos arcos de suporte dos aposentos dos oficiais (DGEMN...)

empreendimento da reforma crúzia, num momento em que o Paço se achava ainda longe de poder considerar-se capaz de albergar a Corte – e onde, ao programa original, novas exigências seguramente se acrescentariam (e são elas o conjunto de trabalhos que perpassam no documento de 1533) –, que imprime ao empreendimento o ritmo acelerado que a documentação deixa transparecer. Por isso se referem *offeceais e servjdores que trabalharam nas ditas obras per jornall de dia e as vezes de nojte*; por isso Vasco Ribeiro gastaria dinheiro com que *pagou a homens que mandou a Sua Alteza e ao amo*, decerto levando novas e trazendo as competentes instruções; por isso o mesmo se defenderia de não mostrar provisões aos *contadores* reais,

onde se autorizassem as alterações, argumentando que as determinara por *mandos verbais e por serem necessarias*[1098]; por isso, ainda, se aproveitariam como habitação – impraticável como o *paço do muro* estava ainda –, as velhas *logeas* organizadas no piso térreo do palácio; por isso, enfim, a viagem do monarca (e, com ela, o início da *reformação* de Santa Cruz) teriam de aguardar por 1527[1099]. E é, provavelmente, a gravidade dos negócios que se achavam pendentes da conclusão deste empreendimento que justifica (como prémio pelo esforço acrescido), que o soberano, antes de abandonar Coimbra, em Dezembro desse ano, quase duplique a tença, aumentando-a de 3 000 para 5 000 reais, ao mestre construtor que possibilitara a sua vinda[1100].

MEMÓRIA E (CON)SAGRAÇÃO

Desse frenesi de actividade quedam, como já foi visto, fundamentalmente os restos das arcarias de suporte do *aposentamento* dos oficiais, embebidos nas paredes do piso térreo da *Ala de S. Pedro* e desvendados nas intervenções da década de 40 e três portas, postas à vista na mesma intervenção, no andar inferior à *Sala Grande*, todas três de lintel *arabyado*, mas diversas entre si e que outras não eram senão as que faziam ligação aos *aposemtamemtos que estam debaixo da sala d'el Rey noso senhor em que pousa ho amo e Gaspar Gonçallvez e Pero Carvalho*, que se referem na documentação. Portas *góticas*, pois, *manuelinas*, mesmo que de um gosto mais evoluído do que o que praticava Marcos Pires, como *manuelinos* eram ainda, como Vergílio Correia notaria, a cidade e o País nesse ano da Graça de 1527[1101]. De facto, é ainda gótica a prática construtiva de Castilho nos anos finais da década de 20 (em Santa Cruz como em toda a parte) e é apenas nos inícios do decénio seguinte que, pouco a pouco – e num processo a que não será estranha a presença simultânea de João de Ruão –, se reconhecem os indícios *experimentais* de uma lenta adesão ao ideário renascentista[1102]. A mesma adesão (apenas sensível) que, no Paço, testemunha a janela da capela-mor do templo voltada ao terreiro, que incontestavelmente lhe pertence porquanto decorrente da supressão da ala sul, que nela entestaria e que deverá constituir derradeiro trabalho do artista, coetâneo da conclusão

Portal de ligação dos aposentos das Infantas ao respectivo eirado (DGEMN, foto 77).

Uma das portas da zona baixa da Via Latina (DGEMN, foto 748).

403

A MORADA DA SABEDORIA

Janela oriental da capela-mor (foto José Maria Pimentel)

Face interna da janela ocidental da capela-mor.

dos aposentos dos oficiais (ou das damas) e da regularização da muralha que cerrava o flanco meridional do pátio, empreendimentos que teriam o seu termo em 1533. De facto, é claramente diversa da que se lhe opõe, voltada a poente, de arcos levemente quebrados e impostas ricamente cinzeladas, sobrepujada do escudo real e que constituía, no programa original, a única fonte de iluminação da ousia. Nesse contexto, não parece possível que lhe pertençam, ou, pelo menos, que datem destes anos, como se tem entendido, "a cimalha renascentista da cabeceira e do transepto, e a terminação exterior da capela-mor, incluindo as ameias renascentistas"[1103] – e, menos ainda, como quis Vergílio Correia, a cachorrada que encima o "cubelo maior"[1104], esse *cubelo grande do cabo* que refere a medição e que Marcos Pires refizera, quase desde a base e rematara de quinze ameias em redor[1105]. Outra(s) será(ão), decerto, a(s) sua(s) história(s), num edifício onde, ao invés também do que tem sido aceite, não parece que se tenha tido em vista, precisamente, abrir as portas à *modernidade*.

De facto, não restam dúvidas de que a todo o processo de reforma do Paço Real de Coimbra presidiriam critérios

MEMÓRIA E (CON)SAGRAÇÃO

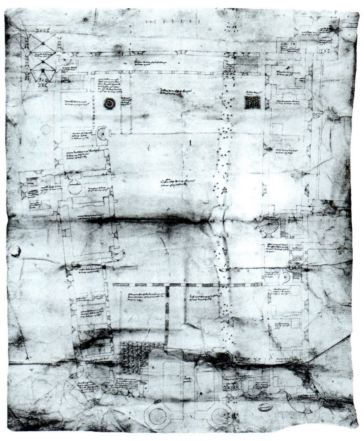

de rigor e racionalidade administrativa, minuciosamente impostos pelo *amo* e, especialmente, de regularidade compositiva – *compassamento* de repartimentos e vãos, conformidade das respectivas dimensões –, de que o contrato de 1518 constitui, como já foi dito, demonstração cabal[1106] e que inegavelmente traem um novo espírito que não é já medieval. E outro tanto se verificaria nas intervenções urbanas dinamizadas na zona ribeirinha de Lisboa, a partir de 1498[1107] e se afigura também poder reconhecer-se em Coimbra, na reorganização viária que, por ordem do *Venturoso*, se leva a cabo em simultâneo com os empreendimentos do Paço e Santa Cruz[1108]. É, aliás, nessas intervenções da capital que surpreendemos os traços de uma *arquitectura de programa* e de um sistema modular de estruturação arquitectónica que ecoa claramente no Paço de Coimbra, na formulação dos aposentos dos Infantes e da ala dos oficiais. Mas talvez seja exagero afirmar-se, no que a este respeita, que "A morte prematura do construtor, coincidindo com a de D. Manuel, e o manifesto desinteresse de seu filho, o Rei Piedoso, impediu-nos de ter hoje um dos primeiros palácios renascentistas, se não nas formas, pelo menos na fórmula"[1109];

Alcazar de Madrid (Wyngaerde)

Projecto para a reconstrução do Castelo de Gaillon, proposto em inícios do século XVI ao cardeal Georges d'Amboise.

405

A MORADA DA SABEDORIA

ou que "Partindo da estrutura fortificada medieval, que aproveita como envasamento, e sob a capa do formulário gótico, Marcos Pires organiza um palácio moderno, em certo sentido já renascentista, na opção clara pela forma quadrangular cerrada em torno do *cortile* e pelo carácter urbano que imprime às fachadas, que interna e externamente se rasgam de eirados, varandas e aberturas múltiplas"[1110]. Pelo contrário, é justamente essa submissão do *moderno* palácio ao velho recinto quadriforme de origem muçulmana, que nele demonstra o cunho medievo, sendo certo que, desde os finais do século XII, em França de início mas, pouco a pouco, pela Europa inteira, se acumulam experiências no sentido de fundir palácio e fortaleza, com vista precisamente à obtenção dum plano regular, pela adossão aos respectivos muros dos vários (três, quatro) corpos residenciais e de serviços – mesmo que uma tal atitude necessariamente espelhe um *renascimento* de antigas fórmulas conceptuais que a Idade Média havia abandonado[1111]. Era, aliás, de igual modo, o que na própria Península se verificaria com a reforma levada a cabo pelos Trastâmaras no velho Alcázar muçulmano de Madrid[1112]; e que essa busca em torno das potencialidades de simetria e de harmonia fornecidas pela arquitectura militar não seria estranha às pesquisas que, entre nós, se realizariam na construção senhorial do gótico final, é o que demonstram castelos palatinos como os de Porto de Mós, da Feira e de Ourém, todos de meados de Quatrocentos, num percurso que se prolongaria, na centúria seguinte, pelos de Alvito e de Évora-Monte[1113], mas que radicará no século XIV e nas fortificações quadrangulares de Alter do Chão e da Amieira[1114]. Por outro lado, planta rectangular e uma evidente preocupação de simetria ostentariam os paços joaninos do Castelo de Leiria, ao mesmo tempo que – mau grado o *tour de force* que a sua restauração representou –, idêntica estruturação a partir de um pátio central quadrangular se reconhece no

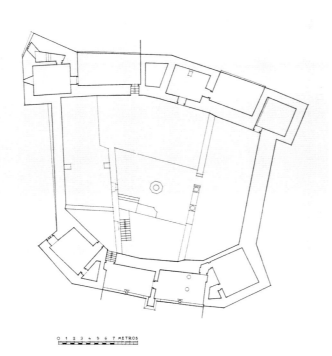
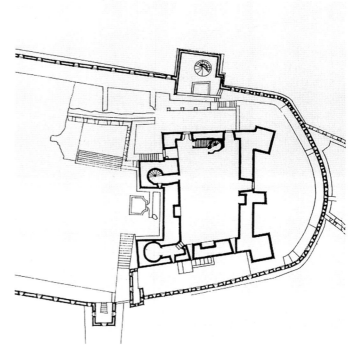

Planta do Castelo de Porto de Mós

Planta do Castelo da Feira

monumental Paço Ducal de Guimarães, construção erguida de raíz e sem pré-existência militar[1115]. E desde há muito que, na arquitectura monástica, o pátio quadriforme se assumia como núcleo distributivo de dependências funcionalmente hierarquizadas e, por conseguinte, como pólo gerador de uma repartição racional dos respectivos espaços[1116]. Pólo cujas potencialidades modulares (experimentadas na própria arquitectura cenobítica) levariam ao seu aproveitamento na concepção dos hospitais, de que é exemplo o Hospital Real de Todos-os-Santos de Lisboa, de plano cruciforme entre quatro grandes claustros justapostos, erguido a partir de 1492, sobre planos de Mateus Fernandes e onde Boitaca, como é sabido, colaboraria – ainda que assumindo que releva também, na sua concepção *moderna* de grande instituto assistencial centralizador, das experiências italianas quatrocentistas, como a que Filarete programaria para Milão e da própria marcha paralela levada a cabo pelo Estado Absoluto[1117].

E seria o pátio, ainda, o *módulo* adoptado no crescimento (progressivo) do Paço da Ribeira lisboeta[1118]. Mas não é ainda *urbano*, certamente, o Paço que se fecha sobre si, no cimo do esporão rochoso onde nasceu e no qual – tirando o andar alto, cuja elevação, acima do nível primigénio do recinto murado, permitiria a abertura *compassada* de janelas –, se não lobriga, em fim de contas, essa explosão centrífuga de *eirados, varandas e aberturas múltiplas* que uma leitura pouco atenta da documentação por tradição consagraria. E onde a presença monumental da estrebaria, mais prolonga, na verdade, o antigo *curral* do paço medievo, do que prefigura o desejado *cortile* da morada renascentista[1119]. Espaço esse, aliás, onde a emergência, por razões de ordem funcional (?) – mas seria essa ainda uma coordenada medievalizante – de um novo cubelo *do lado de dentro*, albergando a escada central (mas *secreta* também) dos aposentos do monarca, introduziria uma ostensiva nota de irregularidade, que vincaria ainda mais

Vista do Castelo de Ourém

A MORADA DA SABEDORIA

o carácter castrense e medievo do conjunto. E outro tanto se diga desse altaneiro coroamento de merlões, o qual, obliterado pela elevação geral das construções o sistema de ameias primitivo, contribuiria poderosamente, em conjunto com a singular elevação das coberturas, para imprimir a todo o complexo, cujo impacte sobre a urbe a fachada setentrional ainda perpetua, esse ar geral de *palácio feudal* que António Augusto Gonçalves lhe reconheceria[1120] – e que ecoa, de igual modo, na poética expressão de Vergílio Correia, ao apodá-lo de *mais formoso palácio acastelado de terras portuguesas*.

De facto, os finais da Idade Média assistirão (no quadro da vulgarização, na arquitectura civil, de novos elementos de conforto, como chaminés e forros de madeira), a uma reabilitação do castelo enquanto residência (de que os já referidos paços de Leiria, Porto de Mós, Feira

Planta do Castelo de Alvito

Planta do Castelo de Évora-Monte

Planta do Castelo de Alter do Chão

Planta da Fortaleza da Amieira

Planta do Paço da Alcáçova de Leiria

Planta do Paço Ducal de Guimarães

Página seguinte: Reconstituição volumétrica do projecto manuelino do Paço Real da Alcáçova (des. José Luis Madeira).

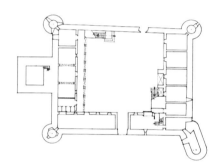
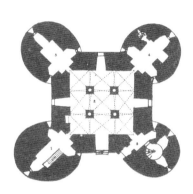

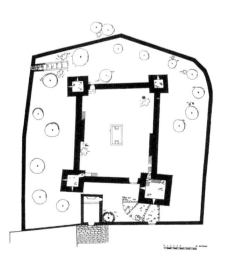
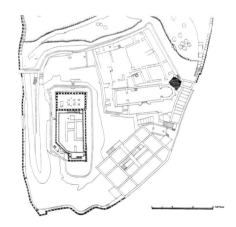
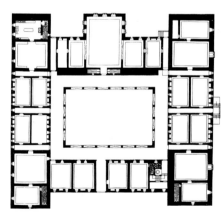

A MORADA DA SABEDORIA

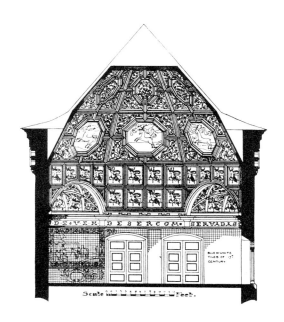

Tecto da sala dos brasões do Paço de Sintra

e Ourém constituirão lídimos exemplos)[1121], fenómeno a que não será estranho, certamente, o desenvolvimento nesses anos de numa mentalidade *neo-senhorial* que encontraria no reinado de D. Afonso V a sua consagração política. O reconhecimento da importância verdadeiramente heráldica tradicionalmente reconhecida ao uso das ameias – ilustrado na secular resistência oposta pela Coroa à generalização do seu uso[1122] –, projecta assim uma clara luz sobre essa mesma divulgação no âmbito da arquitectura manuelina, configurando uma derradeira (?) vaga de construção *feudal*, num *revivalismo* altamente significativo, tornado possível pela meticulosa purga levada a efeito por D. João II, a qual, decapitando a nobreza, eliminara nela qualquer veleidade de oposição ao poder real. E seria esse (re)enraizamento da Coroa no (velho) tecido social, que o reinado do *Venturoso* configuraria (e que alcançaria, no esplêndido tecto da *Sala dos Brasões* do Paço de Sintra, uma consagração a um tempo teórica e visual[1123]) a razão de fundo da reabilitação dos elementos bélicos a que se procede na arquitectura paça contemporânea (não somente régia[1124]), senão mesmo, porventura, do conservadorismo que a historiografia tem registado na arquitectura militar da época de D. Manuel, bem como da sua peculiar *estetização*[1125] – revivalismo esse, aliás, que se não reduz aos elementos bélicos, antes paira, como uma *invariante*, sobre a prática construtiva deste período[1126]. No que ao Paço coimbrão particularmente respeita, sabemos já que o projecto de reforma passaria pela conservação dos primitivos torreões da estrutura muçulmana: reforçados onde necessário, integralmente refeitos ou mesmo transfigurados por completo – e são o "cubelo que fez com quymze ameas ao redor" e o "coregymemto do outro cubelo" que se referem na medição de 1522, a propósito dos aposentos dos Infantes[1127] (a que deverá acrescentar-se o que a própria observação directa testemunha nos que flanqueiam a *Sala* e guarda-roupa) –, alteados enfim, por força da elevação geral de um piso acima da cota primitiva e providos dos respectivos coruchéus, ao mesmo tempo que, voltado ao terreiro, outro cubelo emergiria, a fim de dar guarida à escada *privada* do monarca. E sabemos também que o programa incluía uma *empreitada das hameas*[1128]: uma nova coroa de merlões chanfrados, caracteristicamente *manuelinos*, puramente ornamentais, cingindo todo o edifício. Ameias e cubelos pois que, em conjunto com o perfil alteroso dos telhados, conscientemente integravam a intencionalidade semiótica que presidia à obra de reconstrução. Era bem, com efeito, um *palácio feudal* que nesses anos se configurava. Mas era também um *palácio branco*, avultando na cidade morena, porquanto sabemos ser agora que, convertidos os paramentos numa trama heterogénea de texturas e materiais, por obra das múltiplas consolidações, se tornaria imperioso aplicar-lhes o reboco – e por isso se fala recorrentemente em *guarnyções*. E é isso o que indica o contrato de 1518, ao referir o deve e haver de Marcos Pires por *cada huma amea com seu encayamento*[1129] – tal como a medição de 1522, quando alude expressamente a *ameas guarnecydas* e *por guarneçer*[1130]. Eram, pois (como o são ainda), caiados e de argamassa os merlões que cercam por completo o edifício e rematam a brancura obsidiante dos seus muros. E essa realidade (a par de outras) não é de somenos importância na percepção de que o *palácio feudal*, o *palácio branco*, no qual se iria trabalhar (quase) continuamente por vinte e cinco anos, era igualmente, em fim de contas, um *palácio mourisco*.

Efectivamente, não passaria sem reparo a flagrante semelhança patenteada pela fachada norte do Paço das Escolas, a única que ostenta ainda, na sua quase integridade, o conspecto *manuelino*, com a longa fieira de cubelos (para-)cilíndricos contraventando os altíssimos muros, coroados de ameias e reluzentes coruchéus, com soluções adoptadas no tardo-gótico alentejano, a partir da década de 1490, como na ermida de S. Brás de Évora, na Capela de Santo Amaro de Beja, na *mesquita* de Mértola, no Convento dos Lóios de Arraiolos e na Capela de S. Sebastião de Alvito – e que ecoam ainda

Ermida de S. Brás de Évora.

Capela de Santo Amaro de Beja

Mesquita de Mértola

Convento dos Lóios de Arraiolos

Capela de S. Sebastião de Alvito

Igreja de S. Francisco de Évora.

Matriz de Viana do Alentejo.

nos sistemas de cobertura de S. Francisco de Évora e da matriz de Viana do Alentejo. *Família* essa que Vergílio Correia definiria como "igrejas e capelas contrafortadas de botaréus cilíndricos, rematados por agulhas cónicas com base cercada de ameias" e justificaria pelo seguinte modo: "A transformação do botaréu em torrinha obedeceu a motivos de ordem económica, ao emprego de tijolo em vez de pedra, e é precisamente na província, em que a construção de tijolo arraigou, no Alentejo, que encontramos todos os templos torreados"[1131]. É certo que a utilização da *guarnyção* de reboco no Paço Real de Coimbra resulta do propósito de ocultar o alteamento em alvenaria dos velhos paramentos de *soga e tição*, já decerto noutras épocas intervencionados; e que seria esse mesmo alteamento a origem, num processo inverso do que no sul ocorreria, da conversão das primitivas torres em altos botaréus, coroados, como aí, de agudos coruchéus, circundados na base por ameias. Mas a similitude dos imperativos técnicos não retira consistência à similitude das soluções arquitectónicas. E mesmo que a classificação como mudejares de tais dispositivos colha reservas na historiografia (outro tanto ocorrendo no que às ameias chanfradas se reporta)[1132], não restam dúvidas de que a nua brancura das paredes caiadas constituiria um dos (poucos) traços peculiares de um fenómeno que, entre nós, as mais das vezes se quedaria pela *sugestão*, só rara e pontualmente materializada em formas de incontroversa afinidade islâmica, numa aproximação com frequência reduzida ao luxo interno dos azulejos *sevilhanos* e da *obra de laço* da carpintaria de alfarge[1133]. Carpintaria essa que em Coimbra teria um dos seus focos capitais[1134] e cuja consecução na obra do Paço constituiria, seguramente, como o belo *tondo* heráldico da Sala da Rainha ainda testemunha – alicerçando a aceitação de soluções afins (pelo menos) na *Sala Grande* e na Capela[1135] –, a principal ocupação do respectivo mestre, Pero Anes. E não custa a crer (depois do que pôde verificar-se na intervenção joanina de finais de Trezentos[1136]), que se reportassem a pavimentos de mosaico as contínuas referências a *ladrylhos* que ecoam na documentação[1137] e a expressa recomendação do *Rei Piedoso*, no acto de ceder o Paço à Universidade (e, em particular, os aposentos régios), de que "nã façã buracos nas paredes nem se quebre ladrilho algum"[1138]. De resto, não se quedaria pela morada real a aplicação coimbrã da solução *alentejana* dos botaréus cilíndricos: outro tanto sucederia, por esse tempo, na muralha que suporta a Couraça de Lisboa, no lanço conducente à Porta de Belcouce, na sequência de obras dinamizadas a partir de Outubro de 1517 e às quais, por conseguinte, não poderá ser estranho Marcos Pires, desde Março anterior *mestre das nosas obras que se fazem e daquy em diante na dita çidade ouuerem de fazer*; obras, porém, que vinham na sequência do *coregimento da pôte*, empreendido em 1510, sob a orientação de Boitaca e de Mateus Fernandes[1139]. Neste contexto e sem que pareça exactamente claro o papel determinante que a certas personagens tem sido atribuído[1140], tudo indica que à gestão centralizada das obras reais, que justamente neste período se configuraria[1141], haverá que imputar a responsabilidade por uma certa transversalidade de soluções, que facilmente se reconhece e onde avulta, de forma quase carismática, o tema das arcarias e *varandas*[1142] – mas também outros, como as janelas de voltas *escacantes* que, a título de exemplo, se reconhecem no Paço Real de Évora, usadas, como em Coimbra, no piso subjacente ao superior, a que se reservavam os *arabyados*. E por essa via se terão implementado, de igual modo, as ambições, a um tempo estéticas e simbólicas, geradas pela decantada viagem régia a *Espanha* de 1498[1143]: ambições tanto mais naturais quanto é bem provável que, nesse dealbar do século XVI, não fosse de todo extinta a memória do passado islâmico desse palácio que se tinha em vista *reabilitar*. Do que, em todo o caso, parecem não restar dúvidas, é de não ser exactamente justa a afirmação de ter feito *Marcos Pires* "obra sólida, mas sem grandeza. A ligação entre as salas fazia-se por pequenos portais desornamentados, e a comunicação entre os andares era feita quer pelo interior quer pelo exterior, mas no primeiro caso, através de escadas de madeira, cuja execução ficava a cargo do mestre da carpintaria. Como nota de comodidade só a existência de fogões de sala nalguns dos compartimentos"[1144].

Efectivamente, não pode negar-se ser a extensão das aposentadorias organizadas no Paço Real de Coimbra claramente inferior à que, em paralelo (em sucessivas campanhas, todavia), seria implementada no seu contemporâneo Paço da Ribeira[1145]. À velha morada mondeguina pedia-se, essencialmente, capacidade para alojar condignamente o Rei e sua família e os seus mais directos servidores, em raras e hipotéticas estadias (recorrendo geralmente a Corte ao sistema tradicional das *aposentadorias*), capacidade relativa, como a visita de D. João III, em 1527, quando as obras estavam ainda longe de poderem dar-se por terminadas, cabalmente ilustraria. E é provável que ao paço lisboeta, articulado com o eixo financeiro da própria Monarquia, outros primores arquitectónicos tivessem sido, desde logo, reservados. Mas a Capela não era em Coimbra, como aparenta hoje, o único trecho ornamentado na arquitectura do edifício pação; o pequeno fragmento ornado de romãs, pertencente, por certo, aos aposentos da Rainha[1146], parece demonstrar que outros sectores do Paço beneficiariam de idênticos cuidados. E neles se incluiriam, com certeza, a antiga porta-forte e esse outro portal, da *Sala Grande*, de que os documentos falam e sobre o qual Castilho implantaria (em acrescento ou, mais provavelmente, em cumprimento de um passo do programa ainda não executado), as "cynquo vases e cynquo capytes e cynquo colunas de nove palmos em alto que se fizeram para se fazer o curucheo sobre a entrada da ssalla del Rey" que refere o *emventairo* de 1531[1147]. Cuidados que seriam, sem dúvida, recorrentes, de outro modo se não podendo compreender a atenção que, a um nível dificilmente perceptível, mereceria o remate dos coruchéus que coroavam os antigos cubelos muçulmanos, ornados de florões, ao mesmo tempo que o único vão subsistente do piso superior atesta ter sido efectivamente usada a liberdade, estabelecida no contrato de 1518, de nesse registo aplicar alguns *arabyados*. Por outro lado, o facto de serem os aposentos dos Infantes, bem como os do monarca (o *caracoll que vay da camara d'el Rey pera a sala da rainha*) servidos por escadas de madeira, cuja realização competiria ao *mestre da carpentaria*, Pero Anes[1148], a quem incumbia a realização dos tectos de alfarge, sendo inversamente de pedra as que, no *paço*

A MORADA DA SABEDORIA

Paço Real de Évora

do muro, conduziam aos aposentamentos dos oficiais[1149], leva a crer não serem estas mera construção utilitária, mas antes luxuosas realizações de *obra de laço*, cuja execução se prolongaria no tempo, por isso que o *caracoll* do monarca, como se viu, não obstante se incluir numa área do palácio que Boitaca deixara quase concluída, só já morto Marcos Pires seria, enfim, empreendido. As mesmas luxuosas realizações com que os Reis Católicos tinham enriquecido a Aljafería e que, por certo, haviam deslumbrado o *Venturoso* quando, em 1498, pudera conhecê-las[1150]. E tudo leva a acreditar não se restringir à *Sala Grande*, à da Rainha e à Capela, a aplicação dessas coberturas artesoadas, antes seguramente, como no Paço de Sintra ocorreria e parece lógico, se disseminariam pelo conjunto das dependências destinadas ao alojamento das pessoas reais. E assim se explicariam os longos anos em que Pero Anes venceria a sua tença. Por último, não é apenas *nalguns compartimentos* que pode detectar-se a utilização de chaminés, dispositivo de conforto que somente por então, pouco a pouco, se começava a generalizar nas habitações senhoriais[1151]. É, ao invés, metodicamente, em cada célula residencial: dos aposentos dos Infantes aos dos oficiais e destes à (programada) casa do estribeiro. E ainda em 1526 figurariam chaminés, como atesta o protesto dos *contadores*, entre as obras que, na previsão da visita régia, se determinariam no Paço Real. Chaminés cuja escala e profusão, emergindo dos telhados, consti-

A MORADA DA SABEDORIA

Hospital Real de Todos-os-Santos
(Zuzarte, porm., Col. Celestino da Costa, Lisboa).

Varandas do Paço Ribeira (*Livro de Horas de D. Manuel*, fol. 25)

Dormitório do Mosteiro dos Jerónimos (Filipe Lobo, séc. XVII, porm.).

tuiria eloquente signo da qualidade *imperial* do edifício cujo perfil, inquestionavelmente, modelavam[1152].

E, na verdade, era uma função *representativa*, em relação à dimensão omnipresente e, sobretudo, preeminente, da Instituição Real, a missão primordial que o Paço, uma vez reformado, deveria cumprir: aí no *ninho de águias* onde se alojava, sobranceiro à mancha subjacente da cidade. Por isso se recortava como um *palácio feudal*, ao passado, mais do que ao futuro, parecendo dirigir a sua intencionalidade semiótica: por isso mesmo que, tal como às próprias insígnias da realeza, também à morada do Príncipe se pedia que fosse *passadista*, prenhe de referências às épocas pretéritas, donde manava a fonte da sua própria legitimidade – já que de uma legitimidade *histórica* precisamente se tratava[1153]. Com tudo isso, porém, não será talvez prudente entender a propaganda régia manuelina, como vem sendo feito, numa perspectiva *legitimadora*, tratando-se como se trata de um monarca que (ao invés, de resto, dos seus predecessores) usufruiu, de facto, de um poder incontestado[1154]. Mas é certo que, no momento em que a Monarquia, enquanto, por meio de uma gigantesca obra legislativa, lançava claramente as bases de um Estado *moderno* e centralizador, adquiria, por obra dos Descobrimentos, uma nova e quase *miraculosa* dimensão

MEMÓRIA E (CON)SAGRAÇÃO

planetária, a sacralização da realeza se configurava como uma necessidade quase orgânica do ponto de vista da própria estruturação da sua dimensão imperial[1155] (e das correlativas ambições) ao mesmo tempo que se convertia num poderoso instrumento de afirmação, tanto interna como externamente. Operação personalizada, certamente, protagonizada na pessoa real; donde a sistemática insistência na emblemática pessoal do monarca, a par da propriamente régia, em toda a arquitectura do seu tempo (no Reino como nos *lugares d'além*). Mas necessariamente interligada com a evocação desse passado onde se originava a própria legitimidade do presente: a legitimidade que ao Rei assistia de fazer exercer o seu poder sobre a Nação coesa. Donde, enfim, a insistência no *mito das origens*: da batalha de Ourique à realeza de D. Afonso Henriques[1156]. Memória e (con)sagração, pois, em fim de contas, traduzida numa valorização, moderna já, do próprio conceito de *monumento*, como texto *invocativo*, como moderna é, efectivamente, a razão de Estado que lhe subjaz. E por isso em Belém, o *monumento* por antonomásia, se evocariam (e, do mesmo passo, invocariam) a gesta da Reconquista e a realeza do primeiro Afonso[1157]. Por isso D. Manuel I encomendaria a Duarte Galvão a *Crónica de D. Afonso Henriques* (entre outras nove dos mo-

Fachada da capela (foto José Maria Pimentel).

Pedra das romãs.

Remate de um coruchéu
Vão do WC

Corredor da cobertura da Sala dos Reis Católicos no Palácio de La Aljafería.

narcas anteriores[1158]). Por isso, ainda e não obstante o pragmatismo das razões que lhe presidiriam, de cativação das avultadas rendas do seu priorado-mor[1159], a reforma do mosteiro crúzio teria o seu ponto de partida (e o seu norte simbólico) no reconhecimento pelo soberano, em 1502, quando da passagem por Coimbra, no âmbito da peregrinação a Santiago, de que "ha sepultura del rei dõ Afonso henrriquez fundador daquella rica & sumptuosa casa, requeria outra mais digna ahos mereçimentos de hum tão magnanimo Rei, [pelo que] logo presopos de ha mãdar fazer de nouo, quomodo depois fez, do modo que agora está"[1160]. Acto de piedade[1161], certamente (no sentido clássico), mas que lograria inflectir, na *cidade real* dos seus maiores, a lenta agonia em que, nos derradeiros séculos, mergulhara – por isso que se repercutiria num amplo ciclo de intervenções urbanas com reflexos (não menos simbólicos) assistenciais[1162]. Retorno litúrgico aos lugares da *memória*; consciente apropriação do seu poder (con)sagrador, a que a restauração do antigo Paço, evocativo como nenhum outro desse tempo *fundacional*, outorgaria o seu real sentido: ou, dito de outro modo, que apenas com ela adquiriria o seu sentido pleno[1163] – como o empreendimento novo do Paço da Ribeira *invocava*, complementarmente, o tempo futuro das especiarias e das *Índias*. Missão transcendente essa, de conquistar os novos mundos, que radicava muito tempo atrás, nessa outra (Re)conquista que tivera em Coimbra o seu ponto de partida. Era aí, por conseguinte, que de novo a *História* deveria começar. Retorno ao passado, todavia, com os olhos postos no presente. E por isso no palácio coimbrão se ilustraria igualmente a apetência imperial, oculta sob o manto difuso da *sugestão* mourisca[1164]. E é tudo isto que explica a singularidade que, de outro modo, resultaria, em tempo de sedimentação da Corte como do aparato régio, do cometimento longínquo de tão vasta empresa[1165]. Como é isto também que explica a realiza-

Aspecto da fachada norte.

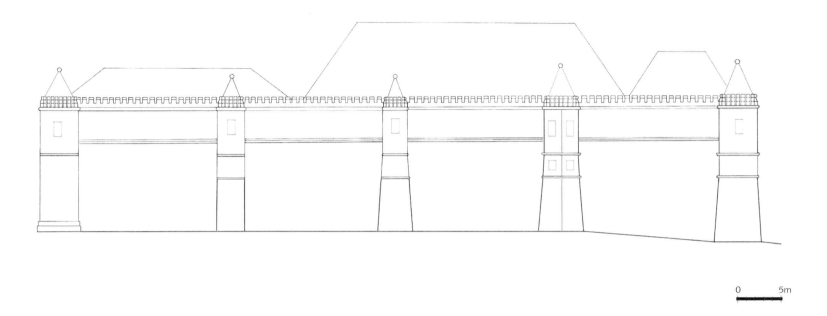

Reconstituição do alçado norte do Paço Real da Alcáçova (des. José Luís Madeira).

ção, nesse dealbar do tempo novo, de um *palácio feudal*, palácio altaneiro, riçado de cubelos, apontando ao céu o perfil cónico dos novos coruchéus e volvendo à cidade a sua face imensa e esmagadora[1166]. Palácio *feudal*, velando sobre o sagrado *Graal* da Realeza, alcandorado sobre a antiga Sé onde outrora os passados Reis se coroavam[1167] e contemplando, do patamar escarpado onde se erguia, o egrégio panteão onde os primeiros monarcas repousavam. Palácio *moderno*, afinal, exactamente porque historicista[1168] – *nascido* de uma ideia de Estado totalizadora de passado e porvir. Palácio onde habitava, metaforicamente, o (con)sagrado herdeiro dos antigos Reis: *Rei de Reis* ele, agora, Imperador de Aquém e de Além-Mar, ao serviço de cujo Império *universal* verdadeiramente se tecia então o edifício providencialista que alimentava essa (re)visita das origens[1169]. Exigências muitas essas, numa construção, que talvez não fossem por completo estranhas à escolha de Boitaca[1170]; intencionalidades que, por sua vez, parecem ainda adivinhar-se no (que resta do) que terá sido, seguramente, um verdadeiro programa iconográfico[1171].

Efectivamente, como escreveria Cesare Brandi, "Il Manuelino si basa, al meno in una sua fase, sulla semantizzazione piuttosto che sulla figurazione. Produce in astanza solo per significare"[1172]. Era, por certo, essa semantização o que a *sugestão* mourisca do palácio perseguia. Como era também o que se buscava no novo carácter, também ele semântico, que a reforma iria emprestar aos seus alçados, vincando, do mesmo passo, o seu aspecto maciço e *colossal*. De facto, se não restam dúvidas de remontarem à Idade Média as origens (na arquitectura monástica como na civil), de uma distribuição racional das dependências[1173] – distribuição essa que, em particular na arquitectura civil *de qualidade*, se reflectiria na criação de unidades celulares, repetidas por justaposição e ilustradas ao nível das respectivas coberturas (inaugurando uma tradição que a prática construtiva, por longo tempo, repercutiria[1174]) –, não é menos verdade

Portal da Capela
(foto José Maria
Pimentel).

MEMÓRIA E (CON)SAGRAÇÃO

não ter sido essa, ao invés do que tem sido visto, a solução prevista no palácio coimbrão. Aí, com efeito, longe de detectar-se a cobertura independente da *Sala Grande*, da Capela e demais dependências[1175], antes se reconhece um genuíno *sistema geral* de coberturas, interrompido apenas pela porta-forte (e o *eyrado do cabo*), do qual emergiria, tão somente, entre os aposentos da Rainha, que lhe ocupam a dextra – e onde a Capela, seguramente, se integrava[1176] – e os dos Infantes, que se erguiam à sinistra[1177], a mole impressionante (e impressiva) do imenso telhado que abrigava, não a Sala Grande, mas sim, eloquentemente, o conjunto das câmaras reais (que a englobava); por seu turno significativamente voltada à urbe a que a sua própria representatividade, em primeira instância, se dirigiria. Solução inovadora e *europeia*, que incontornavelmente trai o selo de Boitaca e cujo valor retórico, enunciador do isolamento preeminente do poder real, do mesmo passo que inegavelmente complementa o programa geral do edifício, denuncia a radical modernidade do conceito ideológico que (reconhece-se agora) o enformou – o mesmo valor retórico, em fim de contas, que interiormente outorgaria aos aposentos do monarca o único cubelo do palácio. Obsessão ilustrativa em relação à missão transcendente do monarca, que domina toda a prática construtiva manuelina, mas que não deixaria também de traduzir-se em signos, susceptíveis de uma leitura mais *codificada*. E por isso o mesmo historiador reconhecia: "Un tale *repertorio* si configura come l'antefatto di un codice, nel senso che ogni elemento del repertorio è suscettibile di essere tradotto in uno schema preconcettuale e dunque nella parola di una qualsiasi lingua: piú brevemente, in un determinato codice"[1178]. Assim, pois, perdidos a porta-forte e o portal da sala régia; intuído apenas o seu carácter discursivo (antes que a escavação sistemática do edifício nos possa fornecer elementos adicionais) no pequeno fragmento ornado de romãs localizado junto à ala de poente[1179], resta apenas o portal da Capela, outrora, tudo indica, a derradeira etapa desse texto. E nele se codifica – numa paginação emblematicamente inspirada em esquemas compositivos tipográficos (a mesma arte que permitia agora que as *ordenações* do Rei unissem, efectivamente, todo o Reino), de cujos toros

Aspecto das gárgulas sobre os aposentos dos Infantes no interior do pátio.

Gárgula na fachada norte

421

enlaçados brota uma gigantesca cruz; entre pilares torsos coroados, *salomónicos*, invocando talvez esse Templo dos Templos a cuja entrada outrora se postavam; e com a mesma formulação heráldica com que, em Sintra, o *Venturoso* levara a cabo a consagração (visual e teórica) do seu projecto político centralizador[1180] –, a afirmação retórica de que ao novo Emanuel (representado pela tripla empresa do escudo régio, da cruz de Cristo e da sua insígnia pessoal, a esfera armilar – na sua dupla acepção de *esfera do mundo* e *espera do mundo*), correspondia agora, à escala planetária, a missão transcendental que, havia quase quatro séculos, esse outro Emanuel (simbolizado, também Ele, na tripla armaria da Paixão) confiara a seu avô Afonso, quando, sobre o céu de Ourique, lhe havia prometido: *In hoc signo vinces*. Ou, dito de outro modo e como as próprias *Ordenações* proclamariam: *Deo in celo tibi autem in mundo*[1181].

Não sabemos quem foi o ideólogo ou, melhor dizendo, o programador deste código subtil que imprimiria ao derradeiro gótico uma *leitura nova*. Mas é bem possível que não ande longe da verdade quem tentou divisar-lhe por detrás – e, em geral, nos elaborados programas iconográficos dos *monumentos* régios (em Belém, em Tomar, nos túmulos dos Reis) –, a mão de Gil Vicente, *trovador e mestre da balança*, como Braancamp Freire lhe chamaria[1182]. De facto, pacificada a controvérsia sobre a identificação do autor das farsas com o cinzelador da custódia de Belém, concluída em 1506 (nomeado em 1509 vedor das obras em prata e ouro do Mosteiro dos Jerónimos, do Hospital Real de Todos-os-Santos de Lisboa e do Convento de Cristo de Tomar, talvez gravador, também[1183]); vincada a clara *plasticidade* das suas personagens[1184] e a familiaridade que revelam com o ambiente iconográfico tardo-gótico; começa igualmente a divisar-se um conjunto extenso de coincidências entre os grandes programas iconográficos levados a cabo pelo *Venturoso* e o universo de tipos (edificantes ou burlescos, mas sempre moralizadores) que povoam as suas tramas[1185]. Universo esse – burlesco e moralizador –, a que talvez não seja estranho o último trecho do palácio onde o olhar do iconógrafo pousou e que tão somente a Nogueira Gonçalves mereceria reparo, ao referir a existência, junto à *Porta Férrea*, de "duas gárgulas manuelinas figurando animais"[1186]. Gárgulas ilustrando cerdos, que se repetiriam certamente por todo o edifício, pois que se reconhece outra, idêntica, sobrevivente na fachada norte, no *extradorso* dos aposentos dos Infantes; cerdos que povoam o que já foi chamado de *marginalia* da iconografia manuelina, associados por regra aos conceitos de *carnaval* e de *mundo às avessas* (e são os porcos-músicos do retábulo da Sé Velha e do cadeiral de Santa Cruz), mas também à figuração do Mal: o porco preto, cujo extremínio ritual (a expulsão do Demónio) se cumpria pelo S. Martinho, no acto de dobrar o solstício de inverno[1187]. E bem pode ser que resida aí, nesse último sentido, moral e transcendente, a razão oculta e misteriosa que presidiu à sua figuração no *Palácio do Graal*, o "mais formoso palácio acastelado de terras portuguesas": brotando das cornijas, vomitando impurezas mas, sobretudo, erradicados do alcácer régio (eles e as forças *adversas* que corporizariam), pelo gládio do Arcanjo protector que, do alto da Capela, garantia ao novo Emanuel, com a sua benção, o mítico poder das suas hostes[1188].

NOTAS

[771] Veja-se *supra* nota 3.

[772] CASTRO, A. M. Simões de, *Guia histórico...*, p. 180.

[773] Veja-se *supra* nota 4. De facto, D. Manuel I viria a falecer em 13.12.1521. A essa data talvez Marcos Pires já fosse igualmente falecido ou viria a morrer a breve trecho, como se deduz de se encontrar já em fase final, a 22.03.1522, o processo de arresto da sua herança, necessariamente moroso. A parte mais representativa dos documentos (cuja publicação era já conhecida de A. A. Gonçalves) – isto é, o *auto de medição* – seria posteriormente transcrita por A. de VASCONCELOS (*Real Capela...*, pp. 38--48 e nota), J. Ramos BANDEIRA (*Universidade de Coimbra...*, vol. II, pp. 76-85, nota 1) e P. DIAS (*A Arquitectura de Coimbra...*, pp. 77-81, nota).

[774] VITERBO, S., *Dicionário...*, vol. I, pp. 33-39.

[775] Cfr. BASTO, Artur de Magalhães, *Apontamentos para um dicionário de artistas e artífices que trabalharam no Porto do século XV ao século XVIII*, Porto, Câmara Municipal do Porto, [1964], p. 239. Sobre Pero Anes e a sua importância social em Coimbra, bem como para Vasco Fernandes Ribeiro, o vedor das obras e João de Ruão, vejam-se as notas coligidas por Ana Maria Leitão BANDEIRA, "Um registo paroquial desconhecido do século XVI: caderno de assento de baptismos da Igreja de S. João de Almedina de Coimbra (1520-1537)", *Boletim do Arquivo da Universidade de Coimbra*, vol. XIII-XIV, Coimbra, 1993-1994, pp. 207-239.

[776] VITERBO, S., *Dicionário...*, vol. I, pp. 170-172 e 532. A carta régia com a nomeação de Diogo de Castilho como mestre das obras do Paço Real de Coimbra seria igualmente dada à estampa pelo mesmo autor (com outros documentos) em *O Mosteiro de Santa Cruz de Coimbra. Anotações e documentos*, Coimbra, Imprensa da Universidade, ²1914, pp. 34-35.

[777] Cfr. *A Arquitectura de Coimbra...*, pp. 68-94 e notas. Um valioso contributo para o conhecimento deste espólio fora dado por P. M. Laranjo Coelho na sua pesquisa ao *Corpo Cronológico* da TT (cfr. "Subsídios para a História de Coimbra", *O Instituto*, vol. 100º, Coimbra, 1942, pp. 375-383).

[778] Cfr. MATOS, Helena, SERRÃO, Vítor, "Fortuna histórica de Gregório Lopes. Dados biográficos conhecidos por documentação sobre o pintor", *Actas do Seminário Internacional Estudo da Pintura Portuguesa. Oficina de Gregório Lopes*, Lisboa, 1999, p. 13. Sobre as vicissitudes da encomenda do retábulo de Santa Cruz a Cristóvão de Figueiredo, veja-se DIAS, P., *A Arquitectura de Coimbra...*, p. 165, nota e "O retábulo quinhentista da Igreja de Santa Cruz de Coimbra", *Mundo da Arte*, nº 16, Coimbra, 1983.

[779] *Real Capela...*, pp. 37-38.

[780] Veja-se *supra* notas 27, 29 e 426.

[781] REMÉDIOS, M. dos, "A Universidade de Coimbra perante a reforma dos estudos", p. 595 e "Alocução do Reitor da Universidade", p. 23.

[782] Trata-se, decerto, dos dois archetes perpendiculares à sequência de arcos quinhentistas que, em simetria com os dois que haviam já sido colocados perpendiculares, mas em sentido oposto, unem o lanço ao paredão do *albacar*, a fim, como refere V. C., de o contrafortar.

[783] "Um trecho dos Paços manuelinos de Coimbra", *Terra Portuguesa*, n.ᵒˢ 33-34, Lisboa, 1922, pp. 151--152.

[784] "Cidade Universitária", pp. 197-198.

[785] *Idem, ibidem*, pp. 202-203.

[786] "Uma sugestão. Apareceram novas arcadas na Ala de S. Pedro", *Diário de Coimbra*, Ano XIV, nº 4605, Coimbra (02.02.1944). Veja-se também "Cidade Universitária", p. 208. De notar que, neste último artigo, por lapso (evidente), onde deveria estar Colégio, surgiu a palavra "igreja", situação que poderá prestar-se a confusões que, todavia, a leitura geral do texto não permite, sendo evidentemente ao antigo Colégio de S. Pedro (objecto de boa parte do artigo, aliás todo dedicado às obras no Paço das Escolas) que esta afirmação se reporta. Ao achamento destes arcos se referirão, de resto, os ofícios já citados do engenheiro director--delegado da CAPOCUC, Manuel de Sá e Melo, de 06.03 e 19.06.1944, ao informarem "existir na Ala de S. Pedro uma antiga muralha e respectivos cubelos, com restos de construção do século XVI, o que onera extraordinariamente os trabalhos em curso", os quais, obrigados a respeitar a muralha (mas não o cubelo angular, demolido, como se viu, em proveito da escada central de aparato então edificada), terão redundado na obliteração sistemática de todos os vestígios quinhentistas existentes no interior e a que adiante aludiremos, à excepção dos arcos mutilados referidos por Vergílio Correia e que subsistirão, por certo, incorporados na fachada (veja-se *supra* nota 17). Sobre as intervenções da DGEMN na Ala de S. Pedro, veja-se também ROSMANINHO, N., *O Poder e a Arte...*, pp. 354-361.

[787] Cfr. "Uma sugestão...", p. 1; "Cidade Universitária", p. 208 e "Monumentos Nacionais", *Diário de Coimbra*, ano XIV, nº 4617, Coimbra (14.02.1944), p. 1.

[788] Cfr. BANDEIRA, J. Ramos, *Universidade de Coimbra...*, vol. II, p. 271, nota 2; "Sala dos Capelos", *Gazeta de Coimbra* (10.08.1944), p. 2 e *supra* nota 657. De facto, apesar de Ramos Bandeira datar o achado do ano de 1945, a leitura da *Gazeta* não deixa lugar a dúvidas, ao afirmar que a remoção do pavimento da Sala dos Capelos "deixou a descoberto algumas portas e janelas da época manuelina, restos do antigo Paço das Alcáçobas" [sic]. No que se refere ao chão da sala, que então "era impropriamente revestido de mosaico", previa-se, segundo a notícia, a sua substituição por outro "de cimento armado revestido de pedra mármore".

[789] "Cidade Universitária", pp. 205-206.

[790] "O edifício da Universidade...", pp. 132-133. O texto seria posteriormente reeditado em GIRÃO, A. de Amorim, CORREIA, Vergílio, SOARES, T. de Souza, *Coimbra e Arredores*, pp. 80-82. Este conjunto de informações (tal como a fonte a que se reportam, o texto de V. C. em *Coimbra e Arredores*), seriam a base para a evocação do Paço manuelino elaborada por J. Ramos BANDEIRA e dada à estampa em 1943 (*Universidade de Coimbra...*, vol. I, pp. 68-71).

[791] "Cidade Universitária", pp. 197-198.

[792] *Idem, ibidem*, p. 203. Veja-se *supra* nota 50.

[793] *Inventário Artístico de Portugal – Cidade de Coimbra*, pp. 99b-100a.

[794] *Idem, ibidem*, p. 100b.

[795] *Idem, ibidem*, p. 101a.

[796] *Idem, ibidem*, pp. 101ab.

[797] *Idem, ibidem*, p. 101b.

[798] *Idem, ibidem*, pp. 101b-102a.

[799] *Idem, ibidem*, p. 102a.

[800] *Idem, ibidem*.

[801] Esta afirmação – e as questões que levanta e a que no próximo capítulo regressaremos –, tem por base, como indica Nogueira Gonçalves, as informações veiculadas por Mário BRANDÃO, ao publicar o *Livro da Recepta & despesa das Rendas da vniuersidade per manuel leitam q começou per pascoa de 544 annos. Serjuam manuel tomas* (Coimbra, Publicações do Arquivo e Museu de Arte da Universidade de Coimbra, 1938, p. 11).

[802] *Inventário Artístico de Portugal – Cidade de Coimbra*, p. 104ab.

[803] *A Arquitectura de Coimbra...*, pp. 70-76.

[804] *Idem, ibidem*, pp. 80-82.

[805] *Idem, ibidem*, pp. 84-86.

[806] *Idem, ibidem*, p. 91.

[807] "Condições materiais de funcionamento. Os espaços escolares...", p. 411.

[808] Esta informação – a que adiante voltaremos – baseia-se no texto do alvará de 13 de Maio de 1533 (a que regressaremos também), que autoriza que se levem em conta a Vasco Ribeiro as despesas relativas a obras no Paço inventariadas nos items nele contidos, ao referir os "aposentamentos que estam debaixo da sala d'el Rey noso senhor em que pousa o amo e Gaspar Conçallvez e Pero Carvalho" (cfr. DIAS, Pedro, *A Arquitectura de Coimbra…*", p. 92).

[809] DIAS, Pedro, "Condições materiais de funcionamento. Os espaços escolares…", pp. 418-419. O mesmo conjunto de afirmações seria retomado, recentemente, em "Um novo poder, uma nova arquitectura…", pp. 193-194.

[810] Cfr. *Técnicas de construção na arquitectura manuelina*, diss. doutoramento em História da Arte, Coimbra, Faculdade de Letras da Universidade de Coimbra, 2001, policopiada, vol. I, pp. 169-170 e esquema n.º 9.

[811] *Divercidade…*, pp. 604-605. Este conjunto de ideias encontraria igualmente eco no livro já referido de Nuno SENOS, *O Paço da Ribeira…*, p. 204, recentemente editado, mas defendido em 2000 como prova de Mestrado.

[812] Vejam-se *supra*, notas 790 e 791.

[813] Nós mesmos veiculamos idêntica leitura em "Poder, Corte e Palácio Real: os palácios manuelinos e a reforma quinhentista da Alcáçova de Coimbra", *Universidade(s). História, memória, perspectivas*, Actas, Coimbra, 1991, vol. 2, pp. 250-251 e em "*Domus Sapientiæ*…", p. 36.

[814] Veja-se *supra* nota 793.

[815] Veja-se *supra* nota 804.

[816] Veja-se *supra* nota 795.

[817] Vejam-se *supra* nota 800 e Cap. 4.

[818] Veja-se *supra* nota 785.

[819] É, de facto, no arquivo dos serviços oficiais que, em ofício do arq.º António Portugal, de 25.07.1984, se encontra a única referência a esse achado, ao informar: "No desenvolvimento (dos trabalhos sob a *Via Latina*) e após demolições efectuadas, patenteou-se toda uma arcada que constitui um poderoso testemunho histórico-arquitectónico" [DGEMN (Coimbra), *Paços da Universidade*].

[820] Vejam-se *supra* notas 783, 796, 803, 805 e 811. De facto, a noção de fazerem esses arcos parte do programa manuelino do Paço revelar-se-ia mesmo como elemento determinante nas cronologias apuradas (e respectiva leitura) para as estruturas murais do *Jardim da Capela* e, nomeadamente, para o muro do antigo *albacar*, cuja "integração no contexto – escrever-se-ia – só se compreende se se relacionar com as arcadas manuelinas situadas extra paredão" (cfr. PINTO, J. Nunes, "Escavações na Alcáçova de Coimbra…", p. 43).

[821] Veja-se sobre este assunto, PIMENTEL, António Filipe, "De Mosteiro-Panteão a Mosteiro-Palácio: notas para o estudo do Mosteiro Novo de Santa Clara de Coimbra", *Imagen de la Reina Santa. Santa Isabel, Infanta de Aragón y Reina de Portugal*, Zaragoza, Deputación de Zaragoza, 1999, vol. II, pp. 136 e 142.

[822] É, na verdade, o que comprovam os seguintes documentos, datados, respectivamente, de 10.07.1699 e 10.10.1699: "Dis João Leal Thez.º e Ex.ᵐᵒʳ do dr.º pertenente as obras do Real Conu.ᵗᵒ nouo de Santa Clara desta Cidade de Coimbra q. do Conu.ᵗᵒ velho da mesma Santa Clara, q. se desfas p.ª as ditas obras do nouo; se venderão p.ª os Gerais desta Un.ᵈᵉ noue arcos de pedra com des pes direitos avaliados p.ˡᵒ Mestre das mesmas obras Jozephe Cardozo e p.ˡᵃˢ de Santa Clara João fr.ª de Caru.º de hordem do D.ᵒʳ Conseruador Gonçallo Vas Preto q. administra as ditas obras da Un.ᵈᵉ e do Dez.ᵒʳ P.º da Cunha e Souza Comis.º das de santa Clara em preço de sem rs., como consta da avaliação junta. E outrosi importou a segunda partida de pedra q. do d.º Conu.ᵗᵒ de Santa clara veio p.ª as obras desta Un.ᵈᵉ desde o principio de Janr.º thé a 2.ª semana de Agosto deste anno de seiscentos nou.ᵗᵃ e noue mil outosentas e sessenta e hua carradas q. a preço de dois vintens cada ua como geralm.ᵗᵉ sucede ymportão setenta quatro mil quatro sentos e quarenta // 74$440 rs. // como consta da certidão e lembr.ˢᵃ junta de Fr. João de S.ᵗᵒ Ant.º q. asiste nas ditas obras e foi prez.ᵉ a carregação da d.ª pedra; as quais duas verbas de arcos e pedra somão sento setenta quatro mil quatro sentos e quarenta, q. esta Un.ᵈᵉ esta deuendo as ditas obras de Santa Clara aonde são nesesr.ᵒˢ e asim / P. a V. S.ª e M.ᶜᵉˢ lhe fação M.ᶜᵉ mandar pagar a dita quantia / E. R. M.ᶜᵉᵐ"; "Por ordem do doutor gonsallo uas preto Conseruador da und.ᵉ, que ademenistra as obras della, e do doutor pedro da Cunha e Souiza Comisario das de Santa Calra [sic] fui eu Jozeph Cardozo mestre dos nouos Jarais da und.ᵉ com joão Carualho fr.ª mestre das obras de San.ᵗᵃ Calra ao Comuento uelho da mesma aualiar os arquos no dito Comuento uelho que se conprão pera a obra da un.ᵈᵉ os quais estam na frente do dormitorio ja desfeito ao lado do Cal[aus]tro athe o Coro, dos quais por huma ues aualiamos sinquo arquos e sete pes direitos em perso de sesenta mil reis, e por serem nesesarios mais pera a dita obra da un.ᵈᵉ fomos segund ues e aualiamos mais quatro arquos e tres pes direitos em preso de corenta milreis que com os sesenta mil reis dos premeiros emportam por todos cem mil reis por maneira que soo fiquão no dito sitio por uender os ultimos dois arquos junto ao cunhal do dormitorio que se contenua pera a parte do tereiro aberto e de como asim fizemos a dita aualiasam asinamos anbos este papel que eu Joseph Cardozo escreui em santa Calra em os des dias do mes de Julho de 699 / Jozephe Cardozo / João Carualho fr.ʳᵃ" [AUC, Universidade de Coimbra, *Mesa da Fazenda, Contas de Receita e Despesa, 1697-1698*, s. n.º]. Face ao estado relativamente embrionário em que ainda se encontravam as obras dos *Gerais*, não é fácil saber a que se destinavam estes arcos. Certo é que, seguramente no decurso da mesma campanha, seriam eles colocados no local onde actualmente se encontram, talvez com o fito de promover, ao nível do *Jardim da Capela*, uma plataforma que ampliasse a área definida pelo paredão do antigo *albacar*, em relação ao qual se não encontram rigorosamente paralelos. Sabemos pelas informações de Vergílio Correia que, "Para realizar a transformação do espaço contíguo a essa arcada numa sala ampla e arejada (…), teve o arquitecto encarregado das obras [decerto Silva Pinto], de a contrafortar com dois arcos perpendiculares, copiados dos antigos, que vieram encostar-se aos segundos pilares de cada extremo". Trata-se, porém, como já foi visto (veja-se *supra* nota 782) dos dois pequenos arcos ou archetes que se encontram entre os penúltimos e os últimos arcos da correnteza, ligando-a – com o fito, justamente, de a contrafortar –, ao velho paredão do *albacar*, pelo que os arcos manuelinos foram sempre, desde a origem, nove (são hoje onze, com os dois novos), como indica a documentação ["dos quais por huma ues aualiamos sinquo arquos e sete pes direitos (…) – relata-se –, e por serem nesesarios mais pera a dita obra da un.ᵈᵉ fomos segund ues e aualiamos mais quatro arquos e tres pes direitos"] e não sete como poderia parecer, se os arcos modernos fossem os que se dispõem perpendicularmente para poente e como entendeu Vergílio CORREIA, dando origem à tese de serem estes os *sete arcos lavrados pelo tereiro por asentar*, mencionados no *auto de medição* de 1522. Ocioso será encarecer o valor dos documentos acima transcritos (e dos arcos, agora identificados e onde é ainda visível o arranque de antigas nervuras de abóbadas de cruzaria que neles se apoiavam) para o conhecimento das antigas estruturas do Mosteiro de Santa Clara-a-Velha, que presentemente assiste a vultuo-

sos trabalhos de recuperação acompanhados da correlativa investigação científica.

[823] Veja-se *supra* nota 773.

[824] Veja-se *supra* nota 777.

[825] VITERBO, S., *Dicionário...*, vol. I, pp. 33-36.

[826] *A Arquitectura de Coimbra...*, pp. 72-76 (nota).

[827] *Idem, ibidem*, p. 70.

[828] TT, *Corpo Cronológico*, Parte 2ª, maço 78, doc. 32. O contrato, cuja existência seria dada a conhecer (passando, todavia, até então despercebida à historiografia) por P. M. Laranjo COELHO ("Subsídios...", p. 376), seria transcrito na íntegra por P. DIAS, como foi referido. Porém, o facto de existirem algumas lacunas na sua transcrição e de o documento possuir para nós uma importância verdadeiramente central (o que não era o caso na obra de P. DIAS) levou-nos a regressar ao original, procurando resolver as referidas dúvidas. Este revelar-se-ia, com efeito, de transcrição em extremo difícil, que apenas com o generoso auxílio (uma vez mais) da Dra. Ana Maria Leitão Bandeira, responsável pelos fundos universitários do Arquivo da Universidade de Coimbra, da nossa mestra de paleografia de sempre, a Prof.ª Doutora Maria José Azevedo Santos e mesmo do magnífico colega Doutor Saul António Gomes, a quem a nossa investigação tanto deve, seria possível (quase completamente) resolver. Aqui fica, pois, expressa a nossa penhorada gratidão à sua permanente disponibilidade, bem como à Dra. Maria de Lurdes Henriques, da Torre do Tombo, cuja compreensão nos permitiu obter a reprodução do microfilme em tempo útil (bem como do dos restantes documentos *manuelinos* que de seguida se apresentarão).

[829] Veja-se *supra* nota 777.

[830] É pelas razões expostas que não pode aceitar-se o critério de compartimentação formulado para este sector do Paço por L. Mota dos Santos FIGUEIRA (cfr. *Técnicas de construção...*, vol. I, esquema 9).

[831] Com efeito, dos filhos do *Rei Venturoso*, o Príncipe D. João, nascido em 1502, teria em 1518 dezasseis anos, o Infante D. Luís, nascido em 1506, doze, o Infante D. Fernando, nascido em 1507, onze, o Infante e futuro cardeal D. Afonso, nascido em 1509, nove e o Infante D. Henrique, futuro Cardeal-Rei, nascido em 1512, seis. Todos eles, pois, dispunham ou disporiam em anos relativamente próximos, de aposentos próprios (os cinco módulos que se previam). O último filho varão de D. Manuel I, o Infante D. Duarte, cujo casamento haveria de transmitir os direitos dinásticos à Casa de Bragança, nascido em 1515, contava apenas três anos, pelo que se encontrava ainda, decerto (tal como seu irmão D. Henrique), morta a Rainha D. Maria em 07.03.1517, sob os cuidados do sector feminino da Corte e o elevado índice de mortalidade infantil não deveria fazer prever a necessidade de aposentos para todos os infantes nascidos na Casa Real. Quanto às Infantas (D. Isabel, futura Imperatriz e D. Beatriz, futura Duquesa de Sabóia – a Infanta D. Maria nasceria do consórcio com D. Leonor de Áustria, que apenas em Novembro desse ano se celebraria), não se alojam, evidentemente e como adiante se verá, num sector do Paço estruturado como eminentemente masculino (cfr. "D. Manuel I", *Grande Enciclopédia Portuguesa e Brasileira*, vol. XVI, Lisboa – Rio de Janeiro, Editorial Enciclopédia, s.d.).

[832] Veja-se *supra* nota 790.

[833] O texto integral do processo seria publicado, como se disse, por Sousa VITERBO, em 1899 (*Dicionário...*, vol. II, pp. 309-328), sendo o *auto de medição* posteriormente dado à estampa, sucessivamente, por A. de VASCONCELOS, J. Ramos BANDEIRA e P. DIAS (veja-se *supra* nota 773).

[834] VITERBO, S., *Dicionário...*, vol. II, p. 320.

[835] Veja-se *supra* nota 827. Semelhante situação é, aliás, implicitamente referida no próprio contrato de 1518, ao estabelecer, em relação a Marcos Pires, que "Todallas paredes que hora fezer nestas obras avera por braça o preço da empreytada das outras obras que tem feitas".

[836] Veja-se *supra* nota 797.

[837] Veja-se *supra* nota 768.

[838] Veja-se *supra*. nota 803.

[839] Para o lançamento dessa ala seriam inicialmente necessários, como se verá, dez arcos ao todo, tantos quantas as janelas que hoje se ostentam no Colégio de S. Pedro até ao portal nobre (e cujas antecessoras – as actuais datam das obras realizadas nos anos de 1980 – seriam responsáveis pela sua mutilação), não contando as duas últimas, cujos correspondentes arcos não poderiam existir por ser esse o ponto de encontro com a ala sul. A suspensão desse programa terá motivado, certamente, a realização de um conjunto de doze arcos).

[840] Vejam-se *supra* notas 793 e 798.

[841] Veja-se *supra* nota 828.

[842] Veja-se *supra* nota 793.

[843] Veja-se *supra* nota 791.

[844] Cfr. VITERBO, S., *Dicionário...*, vol. II, pp. 321--322.

[845] *Idem, ibidem*.

[846] Cfr. *idem, ibidem*, pp. 310 e 312-313.

[847] Cfr. *idem, ibidem*, p. 310.

[848] *Idem, ibidem*, vol. I, p. 172. Na verdade, não existe qualquer base para aceitar a afirmação de António de VASCONCELOS, segundo o qual a obra seria continuada, após a morte de Marcos Pires, por Tomás Fernandes (*Real Capela...*, pp. 45-46). Esta personagem emerge na medição de 1522 nomeada para o efeito, como Pero Anes, por Vasco Fernandes Ribeiro, mas a diferença das respectivas titulaturas – "se louuaua em Pedre Annes mestre das ditas obras [do Paço] e em Tomas Fernamdez outro sy mestre de sua alteza da pedraria" (VITERBO, S., *Dicionário...*, vol. II, p. 318) constitui o melhor documento em desabono desta tese. Com efeito, tudo leva a crer que a polémica que envolveu a contabilidade do falecido mestre terá redundado numa suspensão temporária das obras palatinas até à nomeação de Diogo de Castilho em 1524, justamente e como se refere no aditamento ao treslado do contrato de 1518 com Marcos Pires, "porque halgumas das ditas obras nele conteudas nom sam acabadas".

[849] DIAS, P., *A Arquitectura de Coimbra...*, p. 90 (nota).

[850] Cfr. *idem, ibidem*, pp. 90-91.

[851] Vejam-se *supra* notas 774 e 775.

[852] Veja-se *supra* nota 778.

[853] Sobre este assunto veja-se *supra* Parte I, nota 4. De facto, verificando-se a estadia da Corte no Paço Real coimbrão (tanto quanto é possível delimitá-la) entre 10 de Julho e 2 de Dezembro de 1527, a graça régia tem o sabor de um presente de despedida, mas também, seguramente (de substantiva que é), de reconhecimento pelo trabalho feito, o que só por si parece contrariar a tese tradicional de ter-se limitado DC a concluir sumariamente os trabalhos encetados por Marcos Pires.

[854] Cfr. VITERBO, S. *Dicionário...*, vol. I, p. 173.

[855] De facto e mau grado a inexistência de autorizações régias explícitas (conforme se diz, "Pera as quaes cousas todas e cada huma delas overa d'amostrar provisam de Sua Alteza"), os termos em que o Rei ordena que se paguem as despesas – "Contadores da minha casa mandovos que leveis em comta e despeza a Vasco Ribeiro todas as cousas contheudas nestes itens apontados pellos asementos do esprivam do seu carreguo como despendeo as ditas cousaz"–, sem qualquer espécie de admoestação, bem como a referência a que "Sua Alteza ha as ditas obras e despesas por bem feitas" [cfr. DIAS, P. *A Arquitectura em Coimbra...*, p. 92

[856] *Idem, ibidem.*

[857] TT, *Corpo Cronológico*, Parte 2ª, maço 185, doc. 4. Como para boa parte dos restantes, deve-se o conhecimento da existência deste documento a P. M. Laranjo COELHO ("Subsídios…", p. 377). Quanto às dificuldade suscitadas pela sua transcrição, retomamos os agradecimentos formulados *supra*.

[858] Veja-se *supra* nota 801.

[859] VITERBO, S., *Dicionário…*, vol. II, p. 322.

[860] *Idem, ibidem*, p. 321.

[861] TT, *Corpo Cronológico*, Parte 2ª, maço 186, doc. 4. A existência deste documento seria noticiada (embora reputando-o, por erro de leitura, referente a João de Castilho) por P. M. Laranjo COELHO ("Subsídios…", p. 377), retomando-se, para as dificuldades de igual modo suscitadas pela sua transcrição os agradecimentos acima registados. É de supor que seja esta a origem da enigmática afirmação de Nogueira GONÇALVES de que só em 1535 se liquidariam a Diogo de Castilho a contas da obra dos Paços (cfr. "Aspectos da vida do arquitecto quinhentista Diogo de Castilho", *Mundo da Arte*, nº 7, Coimbra, Junho/1982, p. 4) e que de outro modo se não pode compreender. A sua argúcia teria percebido o lapso de L. C., ao ler *João* por *Diogo*, mas caiu (ou o tipógrafo por ele) involuntariamente na *gralha* de escrever 35 por 33.

[862] Cfr. VITERBO, S., *Dicionário…*, vol. II, p. 322.

[863] *Idem, ibidem.*

[864] Vejam-se *supra* nota 783 e ss.

[865] Veja-se *supra* nota 785.

[866] Veja-se *supra* nota 854.

[867] Deve ser esta a cisterna que a documentação da Época Moderna refere por diversas vezes como *cisterna do reitor* e que em 1936 seria descoberta pelos serviços oficiais e descrita como "cisterna do pátio junto da Igreja que se encontra entulhada", entulhos esses cuja remoção, aliás, propunha uma *Memória justificativa e técnica* datada de 17 de Novembro e referente à *Reconstrução geral dos telhados* [DGEMN (Coimbra), *Paços da Universidade*].

[868] Vejam-se *supra* notas 62 e 418.

[869] Cfr. VITERBO, S., *Dicionário…*, vol. II, p. 320.

[870] Efectivamente, estudaria Pedro DIAS um conjunto de cinco documentos, cuja existência, em parte, fora dada a conhecer por P. M. Laranjo COELHO ("Subsidios…", p. 378), que parece respeitar, na generalidade, à liquidação das últimas despesas com as obras do Paço, facto que também indicia a menção a Vasco Fernandes Ribeiro na qualidade de "recebedor que foi" (mesmo que, em 45, como se verá pelo documento seguidamente apresentado, se possa atestar ainda a sua presença na moradia régia, continuando a ocupar, ao que tudo indica, as funções de vedor das obras que, naturalmente, ao longo do tempo fosse necessário fazerem-se, mas sem o carácter de remodelação geral que revestira a campanha *manuelina* – veja-se *infra* nota 874). São eles, respectivamente, um alvará de 02.03.1534, para se levar em conta a Vasco Ribeiro a quantia de 15 000 reais de que El-Rei lhe faz mercê; outro alvará régio para o mesmo vedor, de 06.03.1534, para se lhe levar em conta o valor de um boi que se comprara para as obras; outro, de 13.03.1534, para se levarem em conta à mesma personagem 16 500 reais com que o monarca de igual modo o agracia; outro, de 17.03.1535, para se lhe levarem em conta 4 210 reais e uma arca encoirada que se lhe ficou devendo; enfim, outro de 06.04.1535, para se lhe levar em conta o valor de uma junta de bois (cfr. *A Arquitectura de Coimbra…*, pp. 93-94). Tudo, pois, documentos que, mais do que atestar a prossecução dos trabalhos, parecem antes confirmar a noção de que as obras de fundo haviam terminado e que se tratava de proceder ao encerramento das contas. Merece igualmente referência uma quitação, passada ao mesmo Vasco Fernandes, em 12.06.1535, relativa a contas e despesas feitas com as obras entre 1531 e 1534, dada a conhecer por Sousa VITERBO, onde, a par das mesmas despesas miúdas, se confirma serem as obras dirigidas por Diogo de Castilho até 1534 (*Dicionário…*, vol. I, p. 532).

[871] TT, *Corpo Cronológico*, Parte 1ª, maço 77, doc. 62. De novo relatada a sua existência por P. M. Laranjo COELHO ("Subsídios…", pp. 379-340), a carta, que versa, após o primeiro parágrafo, matérias espúrias em relação ao tema que agora nos ocupa (mas a que adiante se voltará ainda), revelar-se-ia o mais dificultoso de todos os documentos referentes às campanhas *manuelinas* do Paço e, por conseguinte, o que faria maior jus aos agradecimentos registados a pretexto dos restantes.

[872] Veja-se *supra* nota 856.

[873] Efectivamente, conhecem-se as determinações de D. João III para despejar o Paço dos seus ocupantes, em especial, justamente, após a transferência para a moradia régia das aulas que funcionavam em Santa Cruz e consequente reunificação da Universidade, em 22 de Outubro de 1544. Assim, na mesma data, comunicava o monarca ao reitor Frei Diogo de Murça: "escrevo a v.cª Ribeiro que logo faça despejar os paços de todas as pesoas que nelles pousam tirando dom antº da silua & Jº gomez da silua & o doutor nauarro. & que vos entregue as casas dos ditos paços" (cfr. BRANDÃO, M., *Documentos de D. João III*, vol. II, p. 216 e *infra* nota 1221).

[874] Na verdade, uma passagem do auto de penhora dos bens de Marcos Pires, que se segue à medição de 1522, projecta uma luz importante sobre o papel de Vasco Fernandes Ribeiro, ao designá-lo de "veador de todas as suas obras [de El-Rei] nesta çidade e vila da Egua" (cfr. VITERBO, S. *Dicionário…*, vol. II, p. 313). Assim se compreende a sua conservação em funções, em matérias relacionadas com o Paço Real (e que não deixavam de ligar-se a obras) a largos anos da conclusão dos trabalhos de remodelação, ao mesmo tempo que esse facto, provando a continuidade da confiança régia, parece reforçar o fundamento da sua defesa na polémica que rodeou a apresentação das suas contas, em 1533, relativas às obras efectuadas entre 1526 e 1530 e que o vedor invocava terem sido feitas por "mandos verbais e por serem necessárias" (veja-se *supra* nota 855).

[875] Veja-se *supra* nota 52.

[876] Veja-se *supra* Cap. 1, o que se escreveu a propósito da *sondagem E2*.

[877] Cfr. CATARINO, H, *Intervenção Arqueológica… (campanha 1/2000)*, p. 35.

[878] Efectivamente, tanto a observação directa como a própria morfologia actual do Paço das Escolas comprovam que a lógica do desenvolvimento interno dos *aposentos dos infantes*, como a da Reitoria que lhe sucedeu, se suspende nas imediações da Porta Férrea, cuja comunicação, ainda hoje escusa, com o piso nobre do antigo *Colégio de S. Pedro*, constitui, por certo, obra recente, do século XIX, após a entrega deste à Universidade, como alojamento para as pessoas reais em visita à Escola, mas utilizável (nomeadamente a antiga livraria colegial) pelo reitor na sua ausência. O Colégio, como a seu tempo se verá, deve ter-se aproveitado cedo do espaço livre sobre a porta-forte – tudo indica que quando da construção da actual *Porta Férrea* –, como compensação da exiguidade das suas instalações. Mas a cerzidura que hoje se contempla entre este e a Reitoria e, sobretudo, os merlões que rematam, pelo sul, o corpo da Reitoria, foram essencialmente consequência das intervenções do século XIX e

das que seriam levadas a cabo em 1943, quando se procedeu ao alteamento do perfil dos telhados da *Ala de S. Pedro*, como Vergílio CORREIA deixaria registado, em 14.02.1944, nas páginas do *Diário de Coimbra*: "No ano findo – escreveria – a obra de reforma atingiu a ala de S. Pedro (…). No extremo direito da ala de S. Pedro fica colocada a Porta Férrea (…) que veio substituir a porta medieval rasgada entre cubelos circulares, idênticos aos da fachada norte. A cobertura independente que a porta medieva possuiu foi portanto substituída no século XVI [sic] ignorando-se a sua disposição. O telhado que até há poucos meses a cobria, já não lhe pertencia exclusivamente, pois não passava do prolongamento da cobertura da ala de S. Pedro, transformada radicalmente no século XIX. Na obra actual de renovação uniformizou-se e alterou-se o telhado de S. Pedro, incluindo a área da Porta Férrea (…). Engenheiros e arquitectos de comprovado mérito – Sá e Melo, Cotinelli Telmo e Baltazar de Castro, estes últimos académicos da Academia Nacional de Belas Artes , entenderam quebrar a ligação desarmónica do telhado da Porta Férrea com a base do elegante telhado da Reitoria, isolando-as, reservando espaldares para as figuras altas da Sapiência, o que se realizou com rara felicidade." ("Cidade Universitária", pp. 207--208). Com esta operação se relaciona, aliás, um esquiço conservado na DGEMN (Lisboa) (ref.ª 0.06-03-02/014-53) respeitante à face interna da *Porta Férrea* e portador da legenda "Desejos do Sr. Min.º das O. P. [Arantes e Oliveira]. A tacaniça mais inclinada do que estava para a estátua [da Sapiência] ter mais telhado por fundo".

[879] Cfr. BRANDÃO, M., *Livro da Recepta*…, p. 22. Sobre a enigmática espessura ostentada pelo flanco setentrional da *Porta Férrea* veja-se *supra* o que a este respeito se disse no cap. 1.

[880] Veja-se *supra* nota 855.

[881] De facto, refere-se seguramente a este sector do Paço uma carta de D. João III, de 30.07.1545, dirigida ao reitor Frei Diogo de Murça, em que diz que "ho mestre pº de figeiredo me enviou dizer que vos lhe dereis nos paços dessa çidade tres entresolhos pera nelles pousar" (BRANDÃO, M., *Documentos de D. João III*, vol. II, p. 259).

[882] O processo de autonomização deste aposento, como se verá e ainda que possa ter sido iniciado durante a ocupação de João Moreno, seria concluído em Novembro de 1544, aludindo-se então, com efeito, à "seruentia da escada per que se seruja ha varãda" (veja-se *infra* nota 1225).

[883] VITERBO, S., *Dicionário*…, vol. II, p. 320.

[884] Veja-se *supra* nota 828.

[885] Veja-se *supra* nota 834.

[886] Veja-se *supra* nota 849.

[887] É essa, com efeito, a conclusão que se impõe, a despeito de a ele não existir qualquer referência documental, certamente incluída nas fontes respeitantes à *empreitada da sala*, que de todo parece terem-se perdido. Nem outra possibilidade existe, atenta a estrutura desse corpo, que minuciosamente se descreve. O acesso à *varanda* deveria situar-se no local onde hoje se rasga a port de comunicação entre o átrio da Reitoria e a Sala dos Capelos, circunstância que mais reforça a nossa convicção de pertencer à campanha dinamizada por D. Afonso IV essa outra, pequena, que Nogueira Gonçalves reconheceria no "topo da entrada", durante as campanhas da década de 40 e que se destinava a providenciar a comunicação com as "quatro casas velhas" reformadas por Marcos Pires e que constituiriam a base de outros tantos aposentos da nova ala dos Infantes (vejam--se *supra* notas 666 e 667).

[888] Assim o reportaria, com efeito, André de Resende: … "estando El Rey, que Deos tem, e a Rainha nossos Senhores em Coimbra, onde lhes nasceo a Princeza sua filha, pousava o Cardeal com os Infantes em huma parte dos Paços. Andava em sua casa Fernão Barbosa, moço pouco mais que de idade do Infante Dom Duarte. O qual moço por ser filho de Ayres Barbosa mestre do Cardeal, e se criar em sua casa, e ja latino honesto, era favorecido. Entrou hum dia onde o Infante estava brincando com alguns fidalgos…". Segue-se a descrição do roubo, pelo Infante, do barrete do jovem latinista, que se recusara a ceder-lhe uma vara e deixaria exposto à troça dos presentes o crâneo rapado em consequência de um ataque de sarna (cfr. *Vida do Infante D. Duarte*, Lisboa, Academia Real das Sciencias, 1789, p. 16. Trata-se da edição do manuscrito pertencente ao Colégio de S. Bento de Coimbra, comunicado em 2 de Maio desse ano por Fr. Joaquim de Santa Clara. Existe uma outra versão da *Vida*, editada na *Revista Litteraria*, tomo 9 e de que conhecemos o folheto, sem data, reproduzindo o manuscrito da TT, mas que tem variantes em relação ao de Coimbra, não incluindo nomeadamente a descrição deste episódio). A cena seria reportada por Nuno SENOS em *O Paço da Ribeira*…, p. 148 e nota 109, como referente a uma estadia de D. Manuel I e da Rainha D. Maria. Trata-se, porém, de um equívoco facilmente deslindável. D. Duarte nasceu em 1515, contando dois anos de idade à data do falecimento de sua mãe (veja-se *supra* nota 831), pelo que não poderia ter protagonizado semelhante cena. Os monarcas referidos, a quem nasceria em Coimbra uma filha, em 1527, são evidentemente D. João III e D. Catarina e a princesa a Infanta D. Maria, que desposaria o futuro Filipe II. D. Duarte contaria então 12 anos, a idade própria para destapar a calvície a Fernão Barbosa e para disputar com ele a cobiçada vara. Quanto ao cardeal, discípulo de Aires Barbosa, era ele o Infante D. Afonso, então com 18 anos.

[889] Veja-se *supra* nota 845.

[890] Veja-se *supra* nota 834.

[891] De facto, tudo indica que, no seu conjunto, os cubelos seriam originalmente maciços, como a muralha a que se adossavam. A despeito do vultuoso trabalho de refeitura dos paramentos arcaicos que Nogueira GONÇALVES testemunharia, ao reconhecer, quando da remoção dos rebocos na fachada norte, nos anos 40, a subsistência do aparelho antigo tão somente "numa altura variando segundo a média da humana" (veja-se *supra* nota 21) – ao mesmo tempo que a medição de 1522 confirmaria o volume de trabalho levado a cabo no 1º e no 2º cubelos: respectivamente 25 braças e 18 palmos e 25,5 braças e 20 palmos (cfr. VITERBO, S., *Dicionário*…, vol. II, p. 320) –, a situação seria mantida até ao nível do primeiro andar (limite da antiga muralha) no que se refere ao 2º e 3º cubelos (sentido este/oeste), sendo alterada no 4º, com o objectivo de criar um mirante para a guarda-roupa real, como se verá, tudo parecendo indicar, porém, que o seu vazamento ao nível térreo (cego), patente na actual *Sala do Conselho Científico* da Faculdade de Direito, resultará dos trabalhos efectuados na década de 80, para dignificação desse espaço. Não assim, porém, no que respeita ao 1º, o "cubelo grande do cabo", que deverá igualmente ter-se conservado maciço nos dois registos inferiores, sendo o aproveitamento que hoje se verifica resultante de obras impossíveis de datar com rigor, por falta de documentação (e que removeram mesmo o enchimento da própria muralha no troço adjacente de nascente), mas que deverão relacionar-se com a instalação, no plano correspondente ao piso intermédio dos antigos *aposentos dos Infantes*, da secretaria da Universidade, a partir de 1855 (cfr. FEIO, F. M. Barreto, *Memória Historica*…, p. 14), ou com a sua adaptação posterior a residência do vice-reitor, ou, mais provavel-

mente ainda – após a suspensão dessa utilização e conversão das respectivas instalações em local de ensaio da Tuna Universitária –, com a sua remodelação, ao redor de 1913, em benefício do Instituto Jurídico. Efectivamente, referido então como "casas velhas e desconjuntadas", seria esse sector objecto de trabalhos de vulto, no âmbito dos quais, por acção dos Drs. Marnoco e Sousa, Guilherme Moreira e Álvaro Vilela (e, por certo, sob a direcção de Silva Pinto, então arquitecto da Universidade), se "desmoronou paredes, rasgou janelas, abriu comunicações; soalhou, caiou, pintou" [cfr. *As Contas da Universidade de Coimbra (alegação da Junta Administrativa no processo de contas de 1913-1914 pendente do Conselho Superior de Finanças)*, Coimbra, Coimbra Editora, Lda., 1925, pp. 20-21], valendo para as duas janelas sobrepostas que o referido cubelo ostenta o pertinente reparo feito por Pedro DIAS a respeito da generalidade das janelas *manuelinas* que hoje avultam na fachada norte e que classificaria de "revivalismos de diversas épocas" (*A Arquitectura de Coimbra*..., p. 82). Ao nível superior, porém, inteiramente erguido acima do limite dos velhos muros, seria o espaço dos cubelos obviamente incorporado na área útil do Paço, como se testemunha ainda no 2º, 3º e 4º e seria, certamente, também o caso do 1º (demolido a esse nível, como se verá, no decurso das obras do Paço Reitoral, em 1711) e do 5º, inteiramente refeito no século XVII. Destes, o 1º e o 2º estavam, naturalmente, integrados nos *aposentos dos Infantes* e outro tanto deveria suceder com o que flanqueava a norte a porta-forte, ao qual – ou, quando menos, ao seu par – respeita a seguinte despesa da Universidade, registada em 24.01.1545 e que testemunha a sua utilização como espaço vital: "pagou ho dto. R.ᵈᵒʳ a Jmº aº mte de quatº dias da outra semana & dous dᵃˢ & mº desta q. trabalhou em laurar madrᵃ & madeirar ho cobello da entrada dos paços & outras cousas trezentos & nouenta rs." (BRANDÃO, M., *Livro da Recepta*..., p. 31).

⁸⁹² Veja-se *supra* nota 652.

⁸⁹³ Pelo exterior é, de facto, possível seguir a linha da tipologia de merlões utilizada por Marcos Pires (tema a que adiante se prestará melhor atenção) até ao quarto cubelo da fachada. Não assim a da cachorrada, cuja existência se infere, mas seria obliterada, a partir do segundo cubelo, pela campanha de cobertura da galeria alta (edificada no século XVII) levada a efeito, no século XVIII, pelo reformador-reitor D. Francisco de Lemos, mas que tudo indica a acompanharia. A contagem do número de ameias, em geral, seria levada a efeito por J. Ramos BANDEIRA, com o seguinte resultado: "48 ameias na ala da Capela (4 entre a Tôrre e o canto), 54 na face principal (32 à esquerda do Frontão Tríplice e 22 à direita) e 19 no lado da Porta-Férrea. Na fachada exterior, 148 no lado Norte e 61 a Oeste" (*Universidade de Coimbra*..., tomo I, p. 49). Apura-se, deste modo, um total de 330 ameias, o que, mesmo descontando as 6 que seriam acrescentadas pelos serviços oficiais como remate do corpo da reitoria junto à *Porta Férrea* (e seriam assim 324 "originais"), não coincide com as 311 (109 + 202) mencionadas na documentação quinhentista e que, de resto, incluiriam as 15 que ornavam o "cubelo grande do cabo" e não entram já no cômputo de R. B. Há, de resto, razões para crer que o sistema de ameias foi refeito, pontualmente, em diversas épocas, enquanto modernamente e além das já referidas no remate do telhado da Reitoria junto à *Porta Férrea*, orçamentos de diversos empreiteiros datados de 29.03.1939, referentes às obras nos telhados, incluiriam "construção de ameias de alvenaria de tijolo e argamassa hidráulica" [cfr. DGEMN (Coimbra), *Paços da Universidade*] que, aliás, não são particularmente difíceis de identificar, obedecendo os merlões a dois tipos fundamentais, de que o mais arcaico corresponde à intervenção de Marcos Pires. É certo, porém, em face do que acaba de expor-se, que dificilmente a contabilidade das ameias poderá servir de guia na complexa meada que constituem as campanhas *manuelinas* do Paço Real de Coimbra.

⁸⁹⁴ Sobre o naturalismo *barroco* e exótico, peculiar às obras de Marcos Pires, vejam-se CORREIA, V., *Inventário Artístico de Portugal – Cidade de Coimbra* ("introdução"), p. XVI e, particularmente, DIAS, Pedro, *História da Arte em Portugal*, vol. 5, *O Manuelino*, Lisboa, Alfa, 1986, pp. 65 e 74-75; *idem*, *A Arquitectura Manuelina*, 165-166 e, especialmente, *A Arquitectura de Coimbra*..., pp. 388-389.

⁸⁹⁵ Veja-se *supra* nota 828.

⁸⁹⁶ *Idem, ibidem*.

⁸⁹⁷ Veja-se *supra* nota 871.

⁸⁹⁸ Veja-se *supra* nota 861.

⁸⁹⁹ Vejam-se *supra* notas 62 e 418 (e 868).

⁹⁰⁰ Cfr. VITERBO, S., *Dicionário*..., vol. II, p. 323.

⁹⁰¹ Cfr. CATARINO, H., *Intervenção arqueológica... (campanha 1/2000)*, p. 23.

⁹⁰² Veja-se *supra* nota 803.

⁹⁰³ VITERBO, S., *Dicionário*..., vol. II, p. 322. Com efeito, a existência de um alvará de 10.06.1517, para o almoxarife de Coimbra entregar a Gonçalo Privado 400 000 reais que vão lançados no caderno de assentamento das obras dos Paços de Coimbra, a que se segue outro, de 16.10.1517, ordenando a Rui de Sá que entregasse a Nicolau Leitão, recebedor das ditas obras (personagem que se encontrará, mais tarde, nas funções de recebedor do Estudo, após a transferência da Universidade) o resto da referida quantia, na importância de 180 000 reais (TT, *Corpo Cronológico*, Parte 1ª, Maço 22, doc. 7), não apenas permite reconhecer o rasto das respectivas *vedorias* – Gonçalo Privado terá exercido essas funções até meados de 1517 (sendo que de 11 de Março desse ano data a nomeação de Marcos Pires "por mestre das nosas obras que se fazem e daquy em diante na dita çidade ouuerem de fazer"), a que se seguiria um breve exercício de Nicolau Leitão, uma vez que em Outubro de 1518 se reconhece já a presença nesse papel de Vasco Fernandes Ribeiro – como confirma o lançamento da obra (e das consequentes empreitadas, justificativas dos pagamentos repartidos) em anos anteriores ao conhecido contrato entre o amo do Príncipe e o mestre batalhino.

⁹⁰⁴ VITERBO, S., *Dicionário*..., vol. II, pp. 322-323.

⁹⁰⁵ Veja-se *supra* nota 828.

⁹⁰⁶ Cfr. VITERBO, S., *Dicionário*..., vol. II, pp. 322--323.

⁹⁰⁷ Veja-se *supra* nota 828.

⁹⁰⁸ Cfr. DIAS, P., *A Arquitectura de Coimbra*..., p. 81 e ROSSA, W., *Divercidade*..., p. 605. Esta ideia radica, cremos, na interpretação de Vergílio CORREIA, segundo o qual "A disposição das varandas e escadas revela que a elevação da Via Latina actual perpetua as necessidades de distribuição do antigo edificio" (veja-se *supra* nota 790).

⁹⁰⁹ Cfr. VITERBO, S., *Dicionário*..., vol. II, pp. 319 e 321.

⁹¹⁰ É, com efeito, assim que surge designado, em 21.05.1583, na descrição da recepção solene do visitador e reformador Manuel de Quadros, onde se surpreende também a utilização cénica da antiga varanda dos Infantes: "...e que a porta das escollas ho esperase o Senhor Reytor com hos mais Senhores deste claustro e os bedeys com suas maças e eu secretario e mestre das cerimonias e que tanto que o dito Senhor Reformador paresese pela rua se corese o relogio e em entrando no terreyro se tocasem as charamellas que para iso estavam nas varandas como defeyto nesta mesma forma se fez e chegando as varandas da salla o Senhor Reytor saio ao taboleyro e os mais senhores do claustro

[entraram] detras do Reytor na salla e [o] levou o Senhor Reytor a sua mão dereyta e se foy com ele e o asentou em huma cadeira de duas que para ambos avya…" (AUC, Universidade de Coimbra, *Conselhos*, 1582-1586, 1º caderno, fl. 101v-102). De resto, também a instrução, emanada em 10.01.1748, de que se "faça seruentia dos gerais em que se lem as ciencias p.ᵃ a dita Salla ficando asim esta fortalecida e aquella frontaria do edeffício da un.ᵈᵉ que esta indeçente sendo a principal p.ᵃ o pateo proporçionada ao interior das Escollas" e que constitui, como se verá, a origem da *Via Latina*, contradiz a existência prévia de um eirado a todo o comprimento desse alçado (cfr. TT, Mesa da Consciência e Ordens, *Universidade de Coimbra*, maço 60, doc. nº 5).

[911] Assim, na verdade, o referem os registos da *Agência* em 1604: "… pagou [o agente] a m.ᵉˡ pinto pedreiro tres mil reais do degrau que fez ao pe da escada da sala grande" [AUC, Universidade de Coimbra, *Agência*, *Despesas feitas pela Agência em Coimbra – Obras da Universidade*, 1601-1707 (Agente António Pinheiro, 1601-1605), fl. 71v].

[912] Cfr. BRANDÃO, Mário, *Actas dos Conselhos da Universidade de 1537 a 1557*, Coimbra, Publicações do Arquivo e Museu de Arte da Universidade, vol. II, III Parte, 1969, p. 43-44.

[913] Veja-se *supra* nota 857.

[914] Efectivamente, a medição de 1522 refere apenas, neste sector, que "se mydyram cymco arcos que estam debayxo da varamda" (*idem, ibidem*, p. 320). Como acima se afirmou, subsistem hoje apenas quatro desses arcos na ala norte do palácio universitário, comprovando-se pela observação a destruição do 5º ao edificar-se, no século XVIII, o corpo central da *Via Latina*. O espaço do 6º seria, tudo indica, ocupado por um dos lanços (ver-se-á que possuía dois) da escada de serviço do eirado, naturalmente voltado para o acesso geral do recinto palatino (a porta-forte) e adossado à fachada como era característico nas construções de tradição medieval, de que o eirado da *Sempre Noiva* (entre outros) poderá fornecer uma ideia genérica. No século XVIII, o padre Rafael BLUTEAU definiria *eirado* como "o lugar, que sobre o tecto das casas, ou em outra parte dellas fica descoberto para tomar ar" (*Vocabulario Portuguez e Latino*, Coimbra, Real Collegio das Artes da Companhia de Jesu, 8 vol. e 2 supl., 1712-1728, s.v. "eirado"), com esta concepção de *açoteia* se conciliando a forma como Nogueira GONÇALVES [cfr. *Inventário Artístico de Portugal – Distrito de Aveiro (Zona do Norte)*, p. 43b] e J. C. Vieira da SILVA (*Paços Medievais Portugueses*, p. 182) aplicam o conceito ao Castelo da Feira e, desde logo, o *eyrado do cabo*, que cobria a porta-forte do Paço Real de Coimbra. Mas a referência aos mármores para (lajear) o *eirado da varanda* contida numa carta de Bartolomeu de Paiva a Rodrigo Álvares, referente, aparentemente, às obras no Paço da Ribeira (FIGUEIRA, L. Mota dos S., *Técnicas de construção…*, vol. I, p. 197) parece alargar o seu significado ao de *pavimento lajeado*, acepção em que o comprovámos pessoalmente amplamente divulgado na toponímia de Pontevedra com o sentido (parece) de beco ou travessa calcetada (v.g. *eirado de Alvar Paez*) e que tornará compreensível a existência no Paço do Infante D. Pedro, em Penela, de um *eirado* acompanhando todo o edifício, ao nível térreo, pelo lado oriental: "huma gram ssala com sseu alpender da parte do agiom e antecamaras terreas e camara alta da parte do aurego com eirado de longo delas do ssoaao terreo" (ARNAUT, Salvador Dias, "O Infante D. Pedro, Senhor de Penela", *Biblos*, vol. LXIX, *Actas do Congresso Comemorativo do 6º Centenário do Infante D. Pedro*, Coimbra, 1993, p. 197). A obra referida de J. C. Vieira da SILVA constitui, aliás, ao debruçar-se sobre o Paço de Sintra, uma abundante ilustração das variantes do conceito (cfr. pp. 203-242).

[915] Com efeito, essa operação, a que já atrás se fizeram referências e cujo conhecimento é fundamental para a compreensão, seja das obras sesnandinas, seja das do período gótico, é verificável em diversos pontos do edifício e, desde logo, no próprio arco subjacente à *Porta Férrea*, vestígio da antiga entrada do *Paço de D. Afonso IV* e que hoje arranca da cota da moderna soleira, constituindo, porventura, a actual *Sala do Conselho Científico* da Faculdade de Direito (infra-estrutura da antiga *Sala Grande*) – cujo piso, mais de um metro afundado em relação ao nível do terreiro, se encontra, ainda assim, visivelmente muito elevado a respeito da cota original – o seu mais eloquente testemunho. Presumimos, como já foi referido, que tivesse por objectivo a diminuição da diferença de cota em relação ao dorso da colina e à eminência em que o castelo se situava e que, necessariamente, terá acarretado ao recinto fortificado, ao longo dos séculos, problemas complexos de drenagem das águas pluviais, matéria com a qual, eventualmente, a *cloaca* muçulmana poderá ligar-se – mas também os recorrentes problemas de resistência da muralha.

[916] Cfr. VITERBO, S., *Dicionário…*, vol. II, pp. 319, 321 e 323.

[917] Vejam-se *supra* notas 663 e 828.

[918] Veja-se *supra* nota 828.

[919] Veja-se *supra* nota 809.

[920] CRUZ, Lígia, *Actas dos Conselhos da Universidade de 1537 a 1557*, vol. III, Coimbra, Publicações do Arquivo da Universidade de Coimbra, 1976, p. 45. A utilização da *Sala Grande* para cerimónias religiosas encontra outros precedentes, como o baptismo do Infante D. Duarte, em 8 de Setembro de 1515, que teve de igual modo lugar na *Sala Grande* do Paço da Ribeira, não obstante a existência da Capela Real de S. Tomé (cfr. SENOS, N., *O Paço da Ribeira…*, p. 124, nota 30).

[921] Em semelhante equívoco ou ilação abusiva incorreria também J. M. Teixeira de CARVALHO, que afirmaria, com base no mesmo documento, que "Resolveram fazer as exéquias na sala grande da Universidade, que se alargou mais ainda, estabelecendo a comunicação com a casa contígua chamada da guarda-roupa" (*A Universidade de Coimbra no século XVI*, p. 49).

[922] Vejam-se *supra* notas 666, 667 e 887.

[923] Nada resta, evidentemente, desse portal, pelo que não existem elementos que possam apoiar sequer uma tentativa de reconstituição. Mas é de crer, atenta a sua função representativa, a existência de elementos de escultura decorativa associados aos aposentos da Rainha (a que adiante se fará referência) e a situação verificada no Paço de Sintra, onde o acesso à antiga *Sala Grande* (agora *dos Cisnes*), convertida em *Sala dos Infantes* é assinalado por um portal de grande aparato, que o seu prospecto não fosse significativamente inferior ao da Capela (cfr. SILVA, J. C. Vieira da, *Paços Medievais Portugueses*, p. 222).

[924] Efectivamente, o P.ᵉ Rafael BLUTEAU não se esqueceria de registar que "Nos estatutos da Uniuersidade de Coimbra, liv.º 3, tit. 41, num. 7, etc. se faz mençaõ de hum theatro de madeyra, mouediço, de tres degraos, q. em magisterios, ou outros actos, se ha de por na igreja de Santa Cruz, com porta que ho feche, & assentos para o cancellario, reytor, mestres, doutores, etc., com cadeyras para os magistrados, e mestres, que hão de fazer as oraçoens. Parece que hoje não se usa." (*Vocabulario Portuguez e Latino*, s.v. "theatro"). Não se usa, com efeito, em Santa Cruz, desde que os actos académicos aí deixaram de ter lugar, mas subsiste, obviamente, no cenário tradicional dessas funções: a *Sala dos Capelos* do Paço das Escolas. É, aliás, nestes termos, que, em inícios de 1545, quando se providenciava o funcionamento no Paço Real

do conjunto das faculdades universitárias finalmente reunido, Manuel Leitão regista as despesas com os "dous teatros da teologia cõ seu Respaldo" e o "teatro da mediçyna" (cfr. BRANDÃO, M., *Livro da Recepta...*, p. 33). Quanto ao *teatro* da Sala, sobre cuja organização no próximo capítulo se falará e que seria desmontado para as exéquias de D. João III (vejam-se *infra* notas 1229 a 1232), a sua estrutura encontra-se descrita, com suficiente clareza, por ocasião da visita régia de 1550: "suas altezas – escreve-se – vierão ouvir misa a capella de seus paços & ouvida se forão a sua salla grande onte estaua toda a vniuersidade. ss. o Rector & doctores. & m.^res em seus lugares. altos que pera elles são feitos. pera estarem aos autos de repetições & doctoram.^tos & outros da vniuersidade & defronte da cadeira [entenda-se: da cátedra das orações] estaua hum teatro. de seis degraos. de catorze palmos em largo & dezoito de traues. o qual etaua muj.^to bem alcatifado & cõçertado donde suas altezas. se assentarão em suas cadeiras pera ouuir a oração do recebim.^to que lhe fez o m.^tre ynatio de moares" [BRANDÃO, M., *Actas dos Conselhos...* (1537-1557), vol. II, I Parte, pp. 274-275].

[925] Cfr. sobre esta matéria, TORGAL, Luís Reis, "*Quid Petis?* Os 'Doutoramentos' na Universidade de Coimbra", *Revista de História das Ideias*, 15, Coimbra, 1993, pp. 194-202.

[926] A pintura de *trompe l'œil* que essas portas ostentam deve remontar à organização do próprio revestimento azulejar, tendo-se os restauros contemporâneos limitado a mantê-la. Com efeito, numa intervenção programada pelos serviços oficiais em 3 de Julho de 1960, prescreve-se que "As pequenas portas falsas que se encontram no topo da sala, ao lado da cátedra, serão tratadas convenientemente, de forma a manter-se a uniformidade cerâmica do embasamento da Sala" [cfr. DGEMN (Coimbra), *Paços da Universidade*].

[927] Não existem quaisquer dúvidas sobre esta associação. É o próprio Rei D. Duarte que, no século XV, relaciona claramente *guarda-roupa* e *tesouro*; e recomenda: "Que andem em voso Thesouro, ou guardarroupa copas, e taças, e gomis espadas garnydas, e esporas douradas, e panos de syrguo, e de lan finos, e somenos, e freos, e selas, e garnymentos de bryda, e ginetes para dadivas" (*Livro das Memorias de D. Duarte*, SOUSA, D. António Caetano de, *Provas da História Genealógica...*, tomo I, Parte III, 1947, p. 272). Sobre esta matéria é particularmente esclarecedora a leitura do inventário da guarda-roupa de D. Manuel I (*idem, ibidem*, pp. 433-435), bem como do excelente estudo de Annemarie JORDAN, *The Development of Catherine of Austria's Collection in Queen's Household: its character and cost*, dissertação de Ph. D. apresentada à Brown University, Providence, 1994, policopiada. Nuno SENOS refere também um inventário manuscrito relativo aos Reis D. João III e D. Catarina (*O Paço da Ribeira...*, p. 140, nota 79).

[928] Com efeito, Nuno SENOS, no seu trabalho sobre *O Paço da Ribeira...*, recolhe abundantes testemunhos, não apenas do carácter imediato da guarda-roupa em relação à Sala Grande (cfr. pp. 129 e 131), como do facto de se tratar de um espaço amplamente frequentado, utilizado pelo monarca (tão somente) numa acepção menos *pública* do que a Sala Grande, o que parece configurar (e nisso discordamos do autor) uma clara evolução em relação ao conceito de aposento expresso no *Leal Conselheiro* de Duarte, pela sequência sala/antecâmara/câmara e trascâmara ou guarda-roupa (veja-se o que sobre este assunto se referiu no Cap. 4). Assim, pois, sabe-se por exemplo que D. João III recebe na sua guarda-roupa a embaixada do futuro Filipe II com a proposta de casamento para a Infanta D. Maria, como receberá também, com os mais altos dignitários da Corte, o embaixador de Carlos V, ao mesmo tempo que é também na sua guarda-roupa – mas enquanto Príncipe – que João de Barros redige o *Clarimundo*: "por cima das arcas da vossa guardarroupa, publicamente, como muitos sabem", afirmaria o próprio (cfr. pp. 149-150). Tal facto, porém e a despeito da importância crescente dessa peça que adiante se procurará explicar, não constituiria singularidade da Corte portuguesa, sabendo-se, v.g., que também Francisco I de França tinha o costume de receber os *grandes*, de manhã, na sua guarda-roupa (cfr. BOUDON, Françoise, CHATENET, Monique, "Le logis du Roi de France au XVIe siècle", *Architecture et vie sociale – l'organisation intérieure des grandes demeures à la fin du Moyen Âge et à la Renaissance*, Actes du Colloque, Paris, Picard, 1994, p. 68).

[929] Veja-se *supra* nota 790.

[930] O assentamento do pavimento actual da *Sala dos Capelos*, em tijoleira cerâmica, sobre laje de betão, decorreu em paralelo com as obras na *Ala de S. Pedro*, tendo o processo sido posto em marcha em 01.08.1943 e decorrido os trabalhos, como se tem visto, nos anos de 1944 e 1945, datando os cálculos para o pavimento de 18.08.1944 [cfr. DGEMN (Coimbra), *Paços da Universidade* e AUC, Universidade de Coimbra, CAPOCUC, *Reedificação da Ala de S. Pedro do Edifício do Paço das Escolas*, 92, s. nº], data em que, todavia, se iniciara já a demolição do pavimento antigo, "impropriamente revestido de mosaico", como refere a *Gazeta de Coimbra* [Ano 34º, nº 4726, Coimbra (10.08.1944), "Sala dos Capêlos"], o que parece remontá-lo a finais do século XIX ou inícios do XX, provavelmente ao ciclo de obras dinamizado ao redor de 1913.

[931] Era essa, de facto, uma realidade omnipresente nas *salas grandes* dos palácios senhoriais e régios e a sua metódica proliferação em todo o programa do Paço Real de Coimbra não deixa margem para dúvidas de que esse dispositivo não seria esquecido numa dependência que, além de principal era (é), pela sua enorme massa cúbica, frigidíssima no inverno, situação que agrava a sua ligação directa com o exterior. Parece ser essa, aliás, a realidade na sua congénere lisboeta, situada, todavia, em outras amenidades climáticas (cfr. SENOS, N., *O Paço da Ribeira...*, p. 130) e tudo leva a crer que se tratasse mesmo de mais do que uma.

[932] Efectivamente, a medição de 1522 refere-se explicitamente à "logea da dita sala" (cfr. VITERBO, S., *Dicionário...*, vol. II, p. 321). Essa é também a realidade no Paço da Ribeira. Sobre a função de armazenamento dessas *logeas* veja-se N. SENOS, *O Paço da Ribeira...*, p. 151.

[933] Cfr. "O mudejarismo na arte coimbrã – séculos XV e XVI", *Arquivo Coimbrão*, vol. XXVII, Coimbra, 1979, Sep., p. 49. São flagrantes, com efeito, as semelhanças entre o tecto da *Sala dos Capelos* e o de uma sala da ala manuelina do Paço de Sintra, adjacente à *Sala dos Archeiros* e, como ela, deitando sobre a frontaria.

[934] Veja-se, a título de exemplo, o Castelo da Feira, talvez o nosso melhor conservado paço quatrocentista [cfr. GONÇALVES, A. Nogueira, *Inventário Artístico de Portugal – Distrito de Aveiro (Zona do Norte)*, p. 43a].

[935] Cfr. SENOS, N., *O Paço da Ribeira...*, pp. 129--130, onde não deixa de ser curiosa a intuição de semelhanças estruturais entre as duas *salas grandes*. Entretanto, Ana Maria ALVES registaria a importância, quase obsessiva, que a música reveste no aparato áulico manuelino (cfr. *As entradas régias portuguesas...*, p. 27).

[936] Veja-se *supra* nota 828.

[937] Cfr. VITERBO, S., *Dicionário...*, vol. II, p. 322.

[938] Vejam-se *supra* notas 855 e 856.

[939] Na verdade, J. M. Teixeira de CARVALHO, ao estudar o ensino médico em Coimbra, a pretexto das provas do famoso lente Alonso Rodriguez

de Guevara, em 1556, opinou que era nessa dependência que se lia a Medicina e se realizavam os respectivos actos públicos (cfr. *A Universidade de Coimbra no século XVI*, pp. 17 e 41-42). Nada parece, contudo, autorizar essa afirmação. Com efeito, as referências contidas nas actas dos conselhos universitários à realização, nesse recinto, do protesto do lente de Medicina, Tomás Roiz, em 15.11.1555, mas também do termo de oposição de Aleixo de Albuquerque à vigairaria de Freixo de Numão; da apresentação à oposição da cadeira de Cânones do eminente professor Martim de Azpilcueta, em 16.06.1556 e de reuniões diversas do conselho universitário, em 27.06.1556, 09.03.1557, 10.05.1557 e 30-06.1557 [cfr. BRANDÃO, M., *Actas dos Conselhos...* (1537-1557), vol. II, III Parte, pp. 104, 142, 179, 197 e 223 e CRUZ, L., *Actas dos Conselhos...* (1537-1557), vol. III, pp. 43 e 53] confirmam-no tão somente como espaço privilegiado do complexo escolar. A este assunto, como ao verdadeiro local do geral de Medicina, se regressará no capítulo seguinte.

[940] Cfr. BRANDÃO, M., *Livro da Recepta...*, pp. 37 e 42.

[941] Cfr. BANDEIRA, J. Ramos, *A Universidade de Coimbra...*, tomo II, p. 271, nota 2. A informação resulta de observação directa do próprio R. B., que coligiu com minúcia todos os elementos disponíveis sobre o Paço das Escolas e escrevia a curtos anos dos acontecimentos. A referência que faz à *Gazeta de Coimbra*, Ano 34º, nº 4726, Coimbra (10.08.1944) – aliás datada, por lapso, de 1945 –, reporta-se apenas à substituição do pavimento da *Sala dos Capelos*, obra, na verdade, com a outra relacionada.

[942] A este tema se voltará adiante; mas é certo que a torre que se observa distintamente na gravura baseada no desenho de Hœfnagel, de base redonda e coruchéu cónico, apresenta um carácter claramente medieval (veja-se *infra* nota 1265).

[943] Veja-se *supra* nota 576.

[944] Cfr. BOUDON, F., CHATENET, M., "Le logis du Roi de France...", pp. 68-69, 72-74 e 76; CHATENET, Monique, "Le logis de François Ier au Louvre", *Revue de l'Art*, nº 97, Paris, 1992, pp. 72-75; THOMAS, Evelyne, "Les logis royaux d'Amboise", *ibidem*, nº 100, Paris, 1993, pp. 45, 48, 50 e 52-55; GUILLAUME, Jean, "Du logis à l'appartement", *Architecture et vie sociale – l'organisation intérieure des grandes demeures à la fin du Moyen Âge et à la Renaissance*, Actes du Colloque, Paris, Picard, 1994, pp. 7-8; WHITELEY, Mary, "Royal and ducal palaces in France in the fourteenth and fifteenth centuries. Interior, ceremony and function", *ibidem*, pp. 48-51 e MARÍAS, Fernando, "Arquitectura y vida cotidiana en los palacios nobiliarios españoles del siglo XVI", *ibidem*, pp. 167-168.

[945] Efectivamente, a *Sala do Exame Privado* participa da lógica da fachada norte – situando-se ao mesmo nível do Paço Reitoral (outrora o andar superior dos *aposentos dos Infantes*), ao qual se encontra unida, desde a construção, no século XVII, da galeria que liga entre si a zona alta da correnteza dos cubelos (entre o 2º e o 5º, no sentido este/oeste) –, mas não da da fachada poente, que possuía, originalmente, apenas o piso que, a norte, corresponde à guarda-roupa, *Sala Grande* e *varanda dos Infantes* e, certamente, como se verá, um andar superior de *trapeiras*. A construção dos *Gerais*, em finais do século XVII e, sobretudo, o alteamento das abóbadas das salas de aula levado a cabo, a partir de 1772, por D. Francisco de Lemos, que elevaria toda a zona de norte e poente do corpo escolar com o objectivo de criar a *galeria de vigilância*, mantendo-lhe, porém, o coroamento ameado, tornam hoje menos nítida esta articulação que, porém, se faz mais compreensível pela análise das plantas e se denuncia nas serventias que, ao extremo norte da fachada poente, dão acesso à respectiva galeria superior da *Via Latina*. Ora, não padece dúvidas a antiguidade da *Sala do Exame Privado*. Com efeito e a despeito de o aspecto que hoje ostenta resultar da intervenção realizada, em finais do século XVII, sob a égide do reitor D. Nuno da Silva Teles (I), sabemos que ele respeita, na essência, um programa definido por D. Manuel de Saldanha, em meados da centúria, que, segundo D. Nicolau de SANTA MARIA, seu contemporâneo, tinha "illustrado a Vniuersidade com muitas obras, com que a enobreceo grandemente, assi na Capella, como nas Casas dos Paços, & Aula dos exames priuados, onde mandou retratar todos os Senhores Reytores seus antecessores, com que esta ornada" (*Chronica...*, I[a] Parte, p. 296). Este *enobrecimento*, contudo, não implica obviamente (antes contradiz) a construção da sala, onde efectivamente se registam consertos em 27.07.1594 (AUC, Universidade de Coimbra, *Agência, Contas dos Agentes da Universidade, 1593-1614*, s. nº) e 24.09.1601 (*ibidem, Despesas feitas pela Agência em Coimbra – Obras da Universidade, 1601-1707*, fl. 6), num contexto onde se incluem igualmente obras "nos gerais e nos assentos da medicina". O facto de semelhante dependência ser já mencionada nos *Estatutos* de 1559, remontando as primeiras referências à sua existência a 1554 e 1557 [cfr. BRANDÃO, M., *Actas dos Conselhos...* (1537-1557), vol. II, II Parte, p. 113 e 226 e III Parte, p. 261] leva, assim, a concluir que ela se situou desde a primeira hora onde ainda hoje se encontra, mesmo que anexando o que fora originalmente o *estudo* do Rei (de que adiante se falará – e talvez fossem esses os *consertos* de 1594), o que incontestavelmente documenta a sua edificação no quadro das obras manuelinas. E, a ser assim, não poderia senão ser uma das *casas altas* referidas na respectiva documentação, integrando, sem sombra de dúvidas, o aparato dos aposentos do monarca. A este assunto se voltará no próximo capítulo.

[946] Cfr. SENOS, N., *O Paço da Ribeira...*, pp. 115-116.

[947] Cfr. *idem, ibidem*, p. 137. Não era, aliás, caso único, como o demonstra o Palácio de Amboise no tempo de Henrique II de França (cfr. E. THOMAS, "Les logis royaux d'Amboise", p. 54).

[948] Efectivamente, desde os estudos pioneiros de Ana Maria ALVES, que se evidencia a personalidade de D. Manuel I como um *Rei cortesão*, cujo esplendor se demonstra, fundamentalmente, no amplo cenário da sua imensa Corte, assumindo-se as saídas públicas do monarca, com o seu aparato fabuloso de ressonâncias orientais, essencialmente como um prolongamento do próprio Paço (cfr. *As entradas régias portuguesas...*, p. 26 e *Iconologia do poder real no período manuelino. À procura de uma linguagem perdida*, Lisboa, Imprensa Nacional – Casa da Moeda, col. "Temas Portugueses", 1985, pp. 65-66).

[949] Cfr. SENOS, N., *O Paço da Ribeira...*, pp. 127-128 e 130. Para a importância ritual da entrada exterior da *Sala Grande* – no caso os *grands degrés*, no *Palais de la Cité* de Paris, no quadro da Corte de Filipe-o-Belo –, veja-se também M. WHITELEY, "Royal and Ducal Palaces...", p. 48). Importante é também, para o eirado exterior da sala grande (gótica) do Paço de Sintra, a leitura das informações de J. C. Vieira da SILVA (*Paços Medievais Portugueses*, p. 209).

[950] Note-se que o mesmo destaque é conferido à sala grande do Paço da Ribeira, ideada como um corpo autónomo ou à *Sala dos Cisnes* (antiga *Sala Grande*), do Paço de Sintra (cfr. SENOS, N., *O Paço da Ribeira...*, p. 128).

[951] Para a organização de oratórios palatinos no interior de cubelos, veja-se, v.g., WHITELEY, M, "Royal and Ducal Palaces...", p. 51, que reporta o caso do Palácio de Vincennes e também no Paço das Escolas se pode documentar, como se verá, a

organização, em 1602, no cubelo angular de nordeste, do oratório do reitor, testemunhando porventura uma afectação a novos utentes de espaços já anteriormente vocacionados.

[952] Sobre os *estudos*, veja-se, v.g., WHITELEY, M., "Royal and Ducal Palaces…", pp. 51-52 e CONTAMINE, Ph., "Os arranjos do espaço privado", p. 477 e também, *supra*, nota 861, para a referência à *casa dos estudos* na certidão de 1533. De notar que, nos palácios franceses, os aposentos dos casais que desempenhavam (ambos os conjuges) funções palatinas, tendo por esse motivo direito a dois alojamentos, comunicavam entre si através das respectivas guarda-roupas ou *gabinetes* (o equivalente aos nossos *estudos*), através de uma porta se se dispusessem no mesmo andar, de escada no caso de serem sobrepostos (cfr. BOUDON, F., CHATENET, M., "Le logis du Roi de France…", p. 67).

[953] Veja-se *supra* nota 856.

[954] Veja-se *supra* nota 828.

[955] Vejam-se *supra* notas 723 e 724.

[956] Cfr. GÓMEZ URDÁÑEZ, Carmen, "El palacio de los Reyes Católicos. Descripción artística", CABAÑERO SUBIZA, Barnabé, BELTRÁN MARTINEZ, António, BORRÁS GUALIS, Gonzalo (coord.), *La Aljafería*, vol. I, Zaragoza, Cortes de Aragón, 1998, pp. 249-250.

[957] Cfr. DIAS, Pedro, "A viagem de D. Manuel a Espanha e o surto mudejar na arquitectura portuguesa", CAAMAÑO, Jesus Maria (coord.), *Relaciones Artísticas entre Portugal y España*, Salamanca, Junta de Castilla y Leon, 1986, pp. 111-128. O monarca estanciaria em Saragoça (em virtude da controvérsia suscitada em torno do juramento da Rainha-Princesa, como seria designada D. Isabel, sua mulher) por mais de três meses, entre 1 de Junho e 8 de Setembro desse ano de 1498, aí nascendo o malogrado herdeiro, D. Miguel da Paz e falecendo de parto sua mãe. Em boa verdade, as crónicas não registam especificamente se os soberanos ficaram alojados na Aljafería se no Alcázar, no centro da cidade. Mas sabe-se, pelo menos, que, à sua chegada, "El rei dõ Emanuel & ha rainha dõna Isabel sua molher deçeram em huns paços que os Reis Daragam tem fora da çidade, a que chamão Aljoufaria, & alli jãtaram". E não faltariam, decerto, depois disso, ocasiões de travarem melhor conhecimento com uma residência que os Reis Católicos justamente estavam reformando com sumptuosidade (veja-se nota *supra*).

[958] Veja-se *supra* nota 844.

[959] As informações mais remotas que localizámos, depois das que vão referir-se de seguida, há muito publicadas, são as que respeitam ao pagamento de um pedreiro, em 09.12.1604, pelo agente Manuel Henriques (AUC, Universidade de Coimbra, *Agência, Contas dos Agentes da Universidade, 1593-1614*, s. nº).

[960] Cfr. BRANDÃO, M., *Livro da Recepta…*, pp. 21, 22, 27, 29, 30, 37 e 45.

[961] Efectivamente, convém ter presente a gravidade do *exame privado*, que conferia o grau da licenciatura, indispensável para todos quantos quisessem doutorar-se e onde o candidato, cercado apenas pelos doutores da sua faculdade, revestidos das respectivas insígnias, era sujeito ao teste (com frequência capcioso) dos seus conhecimentos em todas as matérias do curso. Inicialmente realizado de noite, passou a verificar-se de manhã após uma provisão de D. João III de 04.01.1554. A pompa e o recato de que deveria rodear-se – "E, diante de todos, as trombetas irão tangendo até entrarem na casa do exame, donde já ao tempo estará o Cancelário, que hé juiz no dito auto, e lhe pertence ver a dita casa e olhar a que não fique pessoa alguma de fora, como mais largamente se contem no seu regimento" –, justificam a escolha de uma das salas principais do palácio e integrada no seu sector escolar (ainda que se prescrevesse que semelhantes actos não tivessem lugar em dia lectivo), situação que o antigo quarto do monarca garantia com plena eficácia [cfr. RAMALHO, A. da Costa, "Alguns aspectos da vida universitária…", pp. 28-29"; *Estatutos da Universidade de Coimbra (1559)*, (LEITE, Serafim, intr. e notas), Coimbra, Por Ordem da Universidade, 1963, cap. 94, pp. 259-269 e *Estatutos da Universidade de Coimbra (1653)*, tit. XXXVIII, pp. 194-203].

[962] Na verdade, não restam dúvidas de que *pegão*, *arco botante*, *gargora*, *cunhal do meo* e *cano* se encontram associados na documentação respeitante à edificação (melhor dizendo, à reforma) da *varanda da Rainha*, suscitando problemas complexos de interpretação. Contudo, a verificação de que o referido pegão, ao ser implantado contra o *cunhal do meo*, que obviamente contraventava, se encontra exactamente a meio do lanço da antiga muralha que corria do cubelo que albergava a escada da Rainha até ao cubelo angular de noroeste, sugere que a sua existência é mais antiga do que as obras manuelinas e se destinava a escorar esse lanço do muro que terá revelado (em consequência das intervenções góticas?) problemas de resistência, situação que, como se verá, será recorrente no Paço das Escolas (e mais se agrava hoje com a omnipresença de lajes de betão disseminadas pelos serviços oficias e a sua sujeição a um esforço quotidiano infinitamente superior àquele para que foi previsto). A construção do corpo alto dos aposentos do Rei, provocando uma pressão acrescida sobre o velho muro, mais necessária ainda tornaria a sua existência, pelo que terá sido então objecto de reforma e consequente reforço. A imposição do arcobotante destinava-se, assim, a vencer essa última etapa, fazendo descarregar sobre o pegão o peso do aposento real e melhorando, do mesmo passo, o efeito estético do conjunto, ao mesmo tempo que reduziria ao mínimo a projecção de sombra, durante o poente, sobre a varanda da Rainha. A esta situação, aliás, se referem as despesas registadas em 11.08.1662 – antes que o Reitor Nuno da Silva Teles (I) reformasse toda essa área –, "pera correr cõ as obras dos concertos das barandas da un.de e dos canos que caem sobre ellas" (AUC, Universidade de Coimbra, *Obras, Obras e outros assuntos – Documentos Diversos, sécs. XVIII-XIX*, s. nº).

[963] Vejam-se *supra* notas 855, 856 e 938.

[964] Com efeito, basta atentar nas obras levadas a cabo no Paço de Sintra por D. Manuel I e onde a antiga *Sala Grande* e actual *Sala dos Cisnes*, seria convertida em *Sala dos Infantes* (dependência que o Paço de Coimbra não possuia e era suprida pela respectiva varanda), para se perceber que a *Sala da Rainha* não podia menos do que correr ao longo da respectiva varanda (cfr. SILVA, J. C. Vieira da, *Paços Medievais Portugueses*, p. 219).

[965] Esse ornato, fragmento de um friso decorativo onde se distinguem três romãs, foi por nós encontrado, em 1999, durante uma inspecção aos entulhos produzidos pela construção do novo anfiteatro da Faculdade de Direito, que estavam sendo removidos, nas imediações do antigo *albacar*, entre os pilares da decantada arcaria quinhentista, ancestral depósito dos detritos produzidos pelas obras dos *Gerais*, encontrando-se recolhido no Instituto de História da Arte da Faculdade de Letras, enquanto aguarda conveniente destino. Esta localização, que parece associá-lo aos aposentos da Rainha, levaria a interpretar as romãs como símbolo de fertilidade, associação tradicional mas não única, como se recolhe do estudo que sobre o tema foi elaborado por Paulo PEREIRA ["A simbólica manuelina. Razão, celebração, segredo", PEREIRA, Paulo (dir.), *História da Arte Portuguesa*, vol. II, *Do 'Modo' Gótico ao Maneirismo*, Lisboa, Círculo de Leitores, 1995, p. 121].

[966] Sobre este medalhão veja-se DIAS, P., *A arquitectura em Coimbra…*, p. 210. Efectivamente, o referido medalhão, que possui o nº invº E 583 e se encontra, com a sua bela cercadura ornada de cruzes de Cristo, assente sobre placa de madeira com vestígios de pintura vermelho escura que não é, seguramente, original, possui apenas, nos ficheiros do Museu [não parece ser referido no inventário de António Augusto Gonçalves, elaborado em 1915--16 e apenas emerge no de Vergílio CORREIA (*Museu Machado de Castro. Secções de arte e arqueologia – catálogo-guia*), onde vem a p. 54, com o nº 15], a menção de ser proveniente "do paço", inferindo-se por tal, tradicionalmente, que seria originário do Paço Episcopal. Ora, seria caso inédito a heráldica de uma Rainha assinalando o tecto de um paço episcopal. O *paço* em questão só pode ser, obviamente, o Paço Real (das Escolas) e a sua recolha produto da intervenção de D. Francisco de Lemos, em cuja época terá sido desmontado e que era vigário geral com direito a sucessão durante o seu primeiro mandato reitoral (1772-1779) sendo mesmo já bispo quando do segundo (1799-1821). Nem é esse, aliás, caso único de elementos respeitantes às suas obras no Paço das Escolas incorporados no Museu por via do antigo espólio episcopal.

[967] Veja-se *supra* nota 541.

[968] Cfr. BRANDÃO, M., *Livro de Recepta…*, p. 27. Note-se que também no Paço da Ribeira ocorria uma situação análoga, visto que da Sala Grande se comunicava com uma divisão provida de uma tribuna aberta sobre a Capela (cfr. SENOS, N., *O Paço da Ribeira…*, p. 130).

[969] De facto, a referida planta, que utilizámos no reconhecimento da primitiva capela sesnandina e da construção da *ala do albacar* e que ilustra o piso térreo dos *Gerais* na sua configuração anterior às grandes reformas levadas a cabo por D. Francisco de Lemos, ostenta três paredes transversais, de que a primeira, nitidamente mais espessa, corresponderá à obra de edificação do século XI, apresentando as restantes idêntica grossura. É certo que outras repartições perpendiculares se podem observar. Todavia, é inquestionável, pela subsistência do referido vão de porta da *sala 7*, o carácter manuelino (pelo menos) dessa parede, correspondente à primeira travessa no sentido norte/sul. Sabe-se que após ela edificaria o reitor-reformador (como se verá), no âmbito do processo que empreendeu de nobilitação do piso térreo, a escada de aparato que hoje liga, por esse lado, os dois pisos do corpo escolar do Paço, construindo-lhe, por conseguinte, a parede de poente que a define, escada essa que seria edificada entre gerais pré-existentes. Mas não, porventura, à custa deles. Isto é, se é incontroverso (pela origem antiga do seu flanco poente) o perímetro do que corresponde à *sala 7*, tudo indica que aquele que hoje dá pela designação de *sala 6* e ostenta dimensões rigorosamente idênticas, resultou (e beneficiou) – e esse mesmo rigor o denuncia – da construção da escada, que suprimiria a dependência intermédia (a antiga câmara da Rainha) e permitiu o seu alargamento, ao serviço do *boom* de inscrições em que a *Reforma Pombalina* (esperava-se) iria resultar. Com esta repartição nos deparamos, aliás, com uma proporção idêntica, na câmara da soberana, à que se observava na do monarca, pela maior parte correspondente à actual *Sala do Exame Privado*, situação que igualmente se observa (como se impunha) entre as respectivas antecâmaras.

[970] "Le logis du Roi de France…", p. 65.

[971] Cfr. SOUSA, D. António C. de, *Provas…*, tomo II, Parte I, pp. 439-476.

[972] Veja-se *supra* nota 861.

[973] Efectivamente, também no palácio francês de Saint-Germain-en-Laye, única residência régia quinhentista cuja distribuição é integralmente conhecida, os aposentos subalternos se compunham da sua câmara e de um único anexo, a *guarda-roupa* (cfr. BOUDON, F., CHATENET, M., "Le logis du Roi de France…", p. 67).

[974] Veja-se *supra* nota 828.

[975] Com efeito, dispomos de algumas informações a respeito desta forma de alojamento no Paço da Ribeira. Assim e quanto aos aposentos do monarca, sabe-se que D. Manuel "teue sempre guarda da camara, & dos ginetes, do que muito se prezava, porque na guarda da camara hauia vinte e quatro caualeiros dos mais marcados da corte que dormião no paço junto da sua camara, & na mesma casa dormião alguns moços fidalgos". Do mesmo modo e quando estabelece Casa própria ao Príncipe D. João, prescreve o soberano que "dentro na casa adonde o Príncipe havia de dormir" pernoitariam também um moço da guarda-roupa e um moço da câmara, devendo o camareiro dormir também "em uma casa do aposentamento do Príncipe", tal como, nas diversas dependências, outros funcionários o fariam "em cama no chão". Sobre este assunto veja-se SENOS, N., *O Paço da Ribeira…*, pp. 138 e 149.

[976] "Women's quarters in Spanish Royal Palaces", *Architecture et vie sociale – l'organisation intérieure des grandes demeures à la fin du Moyen Âge et à la Renaissance*, Actes du Colloque, Paris, Picard, 1994, p. 127.

[977] Cfr. SOUSA, D. António C. de, *Provas…*, tomo II, Parte I, pp. 468-476.

[978] Em termos comparativos, sabe-se que, em 1567, a Rainha de Espanha Isabel de Valois dispunha, entre damas e moças de câmara, de 34 mulheres ao seu serviço, contra as 32 da soberana portuguesa, quase meio século antes (cfr. WILKINSON-ZERNER, C., "Women's quarters in Spanish Royal Palaces", p. 132).

[979] Cfr. *idem, ibidem*, pp. 132-133. O estudo de C. WILKINSON-ZERNER, ao debruçar-se sobre a realidade espanhola contemporânea, pode servir de guia para iluminar a situação da Corte portuguesa.

[980] Cfr. *idem, ibidem*, pp. 132-133, nota 21. Veja-se também sobre este assunto CONTAMINE, Ph., "Os arranjos do espaço privado", p. 478.

[981] Efectivamente, sabe-se que em 1518 D. Manuel determinaria no Paço da Ribeira a organização de aposentos para as Infantas, que eram então D. Isabel, futura Imperatriz e D. Beatriz, futura Duquesa de Sabóia, aposentos que dispunham de um eirado (cfr. SENOS, N., *O Paço da Ribeira…*, pp. 79 e 144-145). A respeito da idade dos filhos do régio casal e, consequentemente, das necessidades logísticas dos aposentos da Rainha por esses anos, veja-se o que escrevemos *supra* nota 831.

[982] Veja-se *supra* nota 856. É possível que, à semelhança do que se verificava com os aposentos do Rei e dos Infantes, esta escada descesse ao nível térreo, conduzindo assim ao exterior e possibilitando à soberana uma serventia *discreta* e autónoma em relação ao Paço. Era o que se verificava no Paço da Ribeira onde também a *Sala da Rainha* estava ligada a uma varanda, da qual partia uma escada de ligação ao terreiro (cfr. SENOS, N., *O Paço da Ribeira…*, p. 123). Mas a verdade é que essa função poderia ser suprida pela escada que ligava *o estudo* da soberana à câmara do monarca, após a abertura do *portall do muro contra a See*, ao mesmo tempo que a escada albergada no cubelo do pátio possibilitava também a ligação ao terreiro, visto que, pela guarda-roupa, se comunicava directamente e com relativa discrição, com a *Sala da Rainha*. Mas é certo que o entulhamento (evidentemente parcial) de que essa escada é objecto na sequência da instalação da Escola no Paço Real, em 1544-45 (vejam-se *supra* nota 960 e *infra* nota 1235), parece indiciar que desceria até ao nível térreo.

[983] Cfr. BRANDÃO, M., *Livro da Recepta…*, pp. 17 e 33. De facto, diz-se expressamente que os *frontaes*

eram de "caliça & tijollo" e que o reitor os "mãdou tirar pera ficarem mayores aulas".

[984] *Idem, Documentos de D. João III*, vol. I, doc. XXVII, p. 43.

[985] Veja-se *supra*, nota 828.

[986] Cfr. SOUSA, D. António C. de, *Provas...*, tomo II, Parte I, p. 439.

[987] Este achado seria reportado por Nogueira Gonçalves na ementa que dedicou à Universidade, ao noticiar ter-se encontrado "Nas obras que correm, sob o azulejo desse corredor [o vestíbulo sob o coro alto do templo], no ângulo do lado de dentro, uma pequena porta manuelina de serviço do paço para a capela" (*Inventário Artístico de Portugal – Cidade de Coimbra*, p. 105a).

[988] Efectivamente, em 21.02.1668, trinta anos antes de que o reitor Nuno da Silva Teles (I) reformasse toda essa área, convertendo-a no que a planta *pombalina* que temos seguido ilustra, a Mesa da Fazenda da Universidade regista que "per petisão q. a ella fes joão Correa da silua secretario da und[e] se lhe fes m. a sua pessoa p.ª q. uiuesse nas cazas q. estauão debaixo dos Guerais [sic] da U.de nas quais uiuia o D.or Sebastião da g.da fragozo lente de prima". A merce é feita ao secretário apenas depois de as deixar a ilustre personagem e em virtude de não haver de momento "lentes q. pretendão estas cazas a quem por rezão de sua idade e achaques se costumavão dar" (AUC, Universidade de Coimbra, *Fazenda da Universidade, Acordãos da Junta da Fazenda, 1638-1672, Livro dos Assentos e Acordos, 1648-1649*, fl. 178v.).

[989] De facto, refere-se no *Auto de posse* que se segue à aquisição do Paço Real pela Universidade, em 1597, datado de 04.07.1598, documento inédito e que constitui uma das fontes mais interessantes (e saborosas) para o conhecimento do edifício nesse tempo, que o conservador e oficiais escolares se dirigiram aos "geraes das Sciencias (…) andando pola uaranda (…) e dahi forão as casas em que ujueo o doctor luis de castro cõ seus quintaes, e uarandas, e as andarão todas apegado, fechando e abrindo as portas, e pasando pola uaranda tomão em suas mãos ramos, e cachos de uuas das parreiras, e tornarão a sair ao terreiro das escholas", referência que não pode senão dizer respeito ao aposento de que estamos a tratar (AUC, Pergaminhos, *Catálogo Gabriel Pereira*, D IV - 3ª Secção – gav. 3 – maço 2, nº 26).

[990] Cfr. BOUDON, F., CHATENET, M., "Le logis du Roi de France…", pp. 66-67.

[991] Cfr. SOUSA, D. António C. de, *Provas...*, tomo II, Parte I, pp. 439-440 e 468-469. De notar que, ao terminar a enumeração dos capelães do monarca, regista-se: "Havia outros Capellaens, que Gaspar de Faria (Severim, que fez a *extracção* do original) diz, que não escrevera por lhe parecerem de gente ordinaria".

[992] Merece, aliás, reparo que em 1415 – quase um século antes, pois –, os aposentos do bispo de Coimbra no seu paço, eram já constituídos por sala grande, antecâmara e câmara (cfr. TRINDADE, L., *A casa corrente...*, p. 37).

[993] Veja-se *supra* nota 776.

[994] Veja-se *supra* nota 789.

[995] Veja-se *supra* nota 793.

[996] Vejam-se *supra* notas 777 e 828.

[997] *A Arquitectura de Coimbra...*, p. 91.

[998] Vejam-se *supra* notas 845, 859 e 860.

[999] Veja-se *supra* nota 856.

[1000] *Inventário Artístico de Portugal – Cidade de Coimbra*, p. 101a.

[1001] VITERBO, S., *Dicionário...*, vol. II, p. 309.

[1002] Na verdade e a despeito de ser o alvará de 11.03.1517 a primeira fonte documental concreta relativa a Marcos Pires, seguida da carta do vedor das obras crúzias, Gregório Lourenço, de 28.01.1518, que o documenta à frente da companha que levava a cabo a construção do claustro (cfr. VITERBO, S., *Dicionário*, vol. II, p. 310), a já referida fiança, feita por sua mãe Leonor Afonso, viúva de Pedro Anes Campelo, em 23.04.1521, atesta a origem batalhina (de Brancas, termo de Leiria) do mestre pedreiro. Natural é, portanto, que nas obras do Mosteiro tivesse feito o seu aprendizado, ao mesmo tempo que a sua presença em Santa Cruz, logo após o desaparecimento de Boitaca, torna lógica a sua integração na companha que levava a cabo o empreendimento (cfr. DIAS, P., *A Arquitectura de Coimbra...*, p. 255 e *A Arquitectura Manuelina*, p. 113). Por outro lado, sendo conhecida a escassa assiduidade de Boitaca no estaleiro (a sua presença não parece detectar-se depois de 1514), tudo leva a crer que sobre Marcos Pires repousassem, desde cedo, responsabilidades maiores, que justificarão que lhe seja entregue a direcção dos trabalhos. Concretamente sobre o desastre da Mármora e suas consequências, vejam-se DIAS, P., *A Arquitectura de Coimbra...*, pp. 108-123 e 384-385; PEREIRA, P., "As grandes edificações (1450-1530)", pp. 52-53 e MOREIRA, Rafael, "A época manuelina", MOREIRA, Rafael (dir.), *História das Fortificações Portuguesas no Mundo*, Lisboa, Alfa, 1989, pp. 123-124.

[1003] Veja-se *supra* nota 828.

[1004] Vejam-se *supra* notas 874 e 903.

[1005] As cozinhas do Paço situavam-se, como era de regra, no exterior do edifício e parece não restarem dúvidas de se localizarem no terreno onde hoje assenta a Faculdade de Letras. É o que afirma a documentação universitária ao referir-se, em 23.02.1622 a "como o Reitor e colegiaes do colegio de são paulo ora nouamente mandauão fundar huma obra de muitos degraos de Cantaria para nelles aleuantarem huma cruz de pedra no chão e terreiro da u.de que esta defronte do dito colegio aomde forão antiguamente as cozinhas" (AUC, Universidade de Coimbra, *Fazenda da Universidade, Acordãos da Junta da Fazenda, 1610-1638, Livro dos Acordos e Asentos, 1610*, fl. 174).

[1006] Vejam-se *supra* notas 903 e 904.

[1007] Veja-se *supra* nota 845.

[1008] Veja-se *supra* nota 901.

[1009] Cfr. GARCIA, Prudêncio Quintino, *João de Ruão, MD...-MDLXXX. Documentos para a biografia de um artista colligidos por*, Coimbra, Imprensa da Universidade, 1913, pp. 198-199.

[1010] Efectivamente, ao trecho citado (de uma carta do monarca para o seu vedor) seguir-se-ia esta afirmação: "E posto que nos escrepuaes que elle acabara em dous meses o que tem por ffazer nese moesteiro fazeylhe vós meter tãtos officiaes cõ que ajnda em menos tempo as acabe, e acabadas se pase aos paços (…) porque nã queremos que na obra dos nosos paços nem em outra faça cousa algua" (*idem, ibidem*).

[1011] Veja-se *supra* nota 26.

[1012] Cfr. DIAS, Pedro, *A Arquitectura de Coimbra...*, pp. 124-125, 131, 135 e 190.

[1013] Sobre a obra de Boitaca vejam-se, em geral: *idem, ibidem*, pp. 109-123, 253-255 e 377-388; *idem, A Arquitectura Manuelina*, pp. 109-114; PEREIRA, P., "As grandes edificações (1450-1530)", pp. 52-53 e *supra* nota 1002.

[1014] Cfr. VITERBO, S., *Dicionário...*, vol. I, p. 127.

[1015] Para a correcta grafia do nome do mestre construtor e, por tabela, para a dilucidação do controverso problema das suas origens, veja-se o excelente estudo de Saul António GOMES, "Mestre Boytac" (*Mare Liberum*, 8, Lisboa, 1994, pp. 91-116).

[1016] *O estilo manuelino*, Lisboa, Academia Nacional de Belas Artes, 1952, p. 23.

[1017] Cfr. VITERBO, S., *Dicionário...*, vol. I, pp. 172-173.

[1018] Veja-se *supra* nota 774.

[1019] Na verdade, sabe-se que em Belém e a despeito da responsabilidade construtiva de Boitaca nalgumas partes do edifício, lhe pertence, sobretudo, a concepção geral (para o mosteiro, sua construção e significado, veja-se MUCHAGATO, Jorge, SAPIEHA, Nicolas, *Jerónimos. Memória e lugar do Real Mosteiro*, Lisboa, Edições Inapa, 1997). E essa capacidade de desenhar, ainda que com as *nuances* com que deverá ser entendida nesta época ainda tardo-medieval (e num homem conservador como Boitaca demonstraria ser), terá sido, certamente, uma das suas mais-valias. Rafael MOREIRA sublinharia essa capacidade projectista (e programadora) do mestre, que lhe permitia longas ausências dos estaleiros, e chamaria a atenção para a importância desse *Livro das Medições*, ao mesmo tempo que refere expressamente ter ele feito desenhos para a Torre de Belém (cfr. "A época manuelina", pp. 123 e 134).

[1020] Veja-se *supra* nota 828.

[1021] Cfr. VITERBO, S., *Dicionário...*, vol. II, p. 322.

[1022] Veja-se TT, *Corpo Cronológico*, "Certidão que passou Rui de Sá, almoxarife de Coimbra, das missas que Álvaro Martins, capelão de S. Miguel, tem ditas do presente quartel", 04.06.1516 (Parte 2ª, maço 70, doc. 85) e outras de igual teor e onde se refere expressamente que a *Capela de S. Miguel* é, obviamente, a do Paço Real, respeitantes aos quartéis encerrados em 04.03.1517 (Parte 2ª, maço 69, doc. 11); em 04.10.1517 (Parte 2ª, maço 71, doc. 155); em 03.01.1518 (Parte 2ª, maço 73, doc. 10); em 02.07.1518 (Parte 2ª, maço 76, doc. 23) e em 10.06.1519 (Parte 2ª, maço 82, docs. 82 e 83).

[1023] Veja-se *supra* nota 857. De facto, é inquestionável a existência de alfaias litúrgicas no templo anteriores ao estabelecimento da Escola no Paço. É assim que a *visita* realizada em 16.10.1557 refere, entre os ornamentos necessários "huma caixa pera o caliz da Capella de Sam miguel que não he da vniversi.de" [CRUZ, L., *Actas dos Conselhos...* (1537-1557), vol. III, p. 26].

[1024] Cfr. VASCONCELOS, A. de, *Real Capela...*, pp. 13-14, nota 1.

[1025] Vejam-se *supra* notas 774 e 778.

[1026] Veja-se *supra* nota 861.

[1027] Cfr. VASCONCELOS, A. de, *Real Capela...*, p. 14, nota.

[1028] Cfr. CURTO, Diogo Ramada, "A Capela Real: um espaço de conflitos (séculos XVI-XVIII)", *Revista da Faculdade de Letras – Línguas e Literaturas*, Anexo V, *Espiritualidade e Corte em Portugal (Séculos XVI a XVIII)*, Porto, 1993, pp. 143-145.

[1029] Cfr. *A Arquitectura de Coimbra...*, pp. 381 e 393. É, aliás, eloquente a este respeito o confronto com o arcosólio que domina o túmulo do prior crúzio D. João de Noronha, levantado em 1518 por Marcos Pires e claramente inspirado no portal da capela palatina de S. Miguel, mas com outro jogo de proporções (menos esbelto) e um vigor plástico que por completo faltam a este último (cfr. *idem, ibidem*, pp. 139-140 e est. 79). Por outro lado, o mesmo historiador, embora contrariando Nogueira GONÇALVES, que considerara o mestre batalhino "não só inferior a Boitaca, mas ainda aos anteriores mestres construtores locais" ("A arte no Distrito de Coimbra", *Diário de Coimbra*, 27.11.1972-25.01.1973, cit. *idem, ibidem*, p. 395) e afirmando que "A Marcos Pires tem de ser dado um lugar de destaque no panorama da arquitectura portuguesa da época do reinado de D. Manuel", não deixaria de sublinhar, a propósito de Santa Cruz e valorizando embora o seu trabalho de decorador, o carácter popular da sua arte (como no claustro do silêncio) e as deficiências de composição (como nos túmulos crúzios do referido prior e do bispo da Guarda D. Pedro Gavião), qualidades que, em si mesmas, o inibem necessariamente da realização da capela palatina, ao mesmo tempo que intuía, na sua incapacidade de prosseguir, no mosteiro crúzio, a "arte fina e erudita de Boitaca", o seu carácter mais de empreiteiro do que de arquitecto. E resumia, escrevendo que, com ele, se "a decoração ganhou em peso no conjunto das construções (...), a arquitectura propriamente dita, a arte de criar espaços, baixou de nível". Nível esse, anterior à sua assunção da direcção das obras régias, que o mesmo historiador imputa ao facto de que tais construções, quando foram edificadas, "ainda estava em Coimbra, ou aqui vinha frequentemente, Diogo de Boutaca que, muito provavelmente, como mestre régio, influenciava, quando não mesmo fiscalizava as obras que os seus actuais ou antigos subalternos traziam a correr nos arredores da cidade" (cfr. *idem, ibidem*, pp. 389-389, 393 e 395-396).

[1030] Cfr. HAUPT, A., *A Arquitectura do Renascimento...*, p. 227.

[1031] Veja-se *supra* nota 1000.

[1032] Veja-se *supra* nota 768.

[1033] Sobre este assunto vejam-se: AZEVEDO, A., *Paço dos Duques – Guimarães*, Guimarães, s.n., 1964, pp. 5-6; SILVA, Jorge Henrique Pais da, "Paço dos Duques em Guimarães", *Páginas de História da Arte*, Lisboa, Editorial Estampa, col. "Imprensa Universitária", 1986, vol. 2, pp. 67-73; DIAS, P., *História da Arte em Portugal*, vol. 4, *O Gótico*, pp. 103-105; PEREIRA, P., "As grandes edificações (1450-1530)", pp. 23-24 e, especialmente, SILVA, J. C. Vieira da, *Paços Medievais Portugueses*, pp. 137-148.

[1034] Para esta questão veja-se a argumentação expendida *supra* nota 648.

[1035] A respeito dos empreendimentos arquitectónicos do Infante D. Pedro e, em particular, da edificação paça que promoveu (entre a qual se inclui, além dos já referidos, o Paço dos Estaus, em Lisboa, destinado a albergar ilustres hóspedes estrangeiros), vejam-se TRINDADE, L., "Coimbra, 'capital' do ducado do Infante D. Pedro...", pp. 57-67; ARNAUT, S. Dias, "O Infante D. Pedro, Senhor de Penela"..., pp. 179 e 197; SILVA, J. C. Vieira da, *Paços Medievais Portugueses*, pp. 127-129 e MACEDO, Francisco Pato de, "O Infante D. Pedro, patrono e mecenas", *Biblos*, vol. LXIX, *Actas do Congresso Comemorativo do 6º Centenário do Infante D. Pedro*, Coimbra, 1993, pp. 469-471 e 485-486. De notar que também a capela do Paço de Tentúgal seria dedicada a S. Miguel.

[1036] Com efeito, o próprio Rui de Pina definiria o Infante D. Pedro como "muyto Catholico temente a Deos, e de grande oraçam" [cfr. *Crónicas de* (D. Afonso V), p. 745] e perpassa em toda a literatura referente à *Ínclita Geração* o especial pendor místico dos príncipes filhos de D. João I e D. Filipa de Lencastre – em particular de D. Duarte, D. Pedro e D. Fernando, cuja contínua prática de exercícios espirituais o predispunha já para a *santidade* que a trágica expedição de Fez lhe conquistaria –, pendor esse que não deixa de perfilar-se por detrás do próprio empenho na reforma da Universidade, assente na convicção, como escreveria o Duque de Coimbra, de que "a bondade dos prelados faz grande emenda em os súbditos" (veja-se *supra* Parte I, cap. 3).

[1037] Cfr. PEREIRA, Paulo, *A Obra Silvestre e a Esfera do Rei, iconologia da arquitectura manuelina na Grande Estremadura*, Coimbra, Instituto de História da Arte, Universidade de Coimbra, 1990, p. 38.

[1038] Cfr. *idem, ibidem*, pp. 194-195.

[1039] Cfr. DIAS, P., *A Arquitectura de Coimbra...*, p. 86.

[1040] Cfr. CATARINO, H., *Intervenção arqueológica... (campanha 1/2000)*, pp. 7, 28 e 32.

[1041] BRANDÃO, Mário, *Actas dos Conselhos...* (1537-1557), vol. I, pp. 146-147.

[1042] De facto, também a *visita* à Capela em 16.10.1557 se refere à existência de "tres pedras dara" [cfr. CRUZ, L., *Actas dos Conselhos...* (1537-1557), vol. III, p. 25], tudo indicando ocuparem os laterais já a disposição dos actuais (cfr. *infra* nota 1075) e é também no plural que a Mesa da Fazenda da Universidade se refere a esses dispositivos, ao determinar, em 29.03.1549 que *se côçertasem os altares* ou, um mês exacto depois, *que mãde guarnecer os altares da dita Capella dazulejos* (questão a que se voltará) e que *se pinte o ãjo* (cfr. A. de VASCONCELOS, *Real Capela…*, pp. 48-49), informação esta referente, provavelmente, a uma imagem do arcanjo titular, que tudo indica se localizasse no altar-mor, a respeito do qual constituirá, assim, o único dado disponível e que poderá eventualmente relacionar-se com um braço de imagem, em calcáreo de Ançã, localizado no decurso da *sondagem F*. VASCONCELOS especularia, aliás, no desconhecimento do programa de Gregório Lopes, sobre a morfologia do *primitivo* altar-mor (cfr. *ibidem*, p. 51). Assim e pelo nosso lado, não deixa de ser tentador – conhecido o programa de G. Lopes e a existência de uma imagem do Arcanjo tutelar – aproximar a sua morfologia da reconstituição proposta por Pedro DIAS para o retábulo-mor de Santa Cruz, realizado c. 1518-22 e onde, sobre marcenaria de João Alemão, se ostentava um grupo escultórico do Descimento da Cruz do mesmo mestre enquadrado por pinturas de Cristóvão de Figueiredo realizadas c. 1530 (cfr. "O retábulo quinhentista…", pp. 3-14).

[1043] Veja-se *supra* nota 987.

[1044] Veja-se *supra* nota 962.

[1045] Veja-se *supra* nota 26. O percurso definido pelo muro que sustentava a plataforma seria registado em 1845, sob a epígrafe *muralha*, por Isidoro Emílio da Expectação Baptista, naquela que constitui a mais antiga planta topográfica da cidade de Coimbra e onde se esforça por reconstituir o sistema de fortificações que defendia a cidade, em cuja lógica o integra (cfr. FRANÇA, Paula, "Rua Larga em 1845. Dados da recém-descoberta planta da cidade de Coimbra", *Rua Larga, Revista da Reitoria da Universidade de Coimbra*, nº 3, Coimbra, Reitoria da Universidade de Coimbra, Janeiro/2004, pp. 18-20). Realizada num período crucial da vida urbana – após a extinção das Ordens religiosas (e correlativa desamortização dos seus bens) e antes dos vultuosos trabalhos urbanísticos empreendidos nos finais da centúria –, a planta de Isidoro Baptista colige preciosas informações, que as intervenções das décadas posteriores a breve trecho fariam desaparecer. Estão neste caso a barbacã medieval, a zona da Portagem (com a ligação da muralha à ponte) e mesmo a Couraça dos Apóstolos. Em boa parte, porém (e sobretudo nas zonas mais densamente povoadas), a sucessiva reconversão da malha urbana havia já comprometido extensos trechos da antiga muralha, pelo que o traçado que propõe é realmente também conjuntural e marcado a partir dos troços visíveis. No que directamente respeita ao muro contrafortado da plataforma, a cujo sector poente define um estranho percurso no sentido norte-sul, que o faz arrancar do ângulo noroeste da fachada (hoje) principal da Sé, em contexto topográfico assaz inverosímil e sem que as conhecidas escavações no adro, realizadas em inícios do século XX e reportadas por A. de VASCONCELOS (cfr. *A Sé Velha…*, vol. II, Suplemento, p. 12) tenham dele revelado qualquer trecho, de igual modo nos parece haver extensa especulação, além da inclusão como *muralha* de trechos de cronologia posterior (casos do muro de suporte do Colégio de Santa Rita, da muralha *pombalina* da Imprensa ou da que protegeria a Casa dos Melos), ao mesmo tempo que outros levantamentos antigos, mais pormenorizados, permitem comprovar não se tratar, pela sua diminuta espessura, de muro de carácter militar. Mais fiável é o percurso definido no sector sudoeste e sul, a partir do Colégio dos Grilos, onde a inexistência de construções entre este e o de Santo António da Pedreira garantiu a sua sobrevivência, como se viu, até épocas recentes.

[1046] Veja-se *supra* nota 871. Reveste-se do maior significado, tanto na compreensão deste trecho do Paço de Coimbra, como na das palavras de Vasco Ribeiro (quando refere que *ho descuydo disto foy ho corer da terra dos seus paços de Lyxboa*), a existência de um dispositivo semelhante sustentando aí o Paço Real da Alcáçova, bem visível na panorâmica lisboeta atribuída a António de Holanda, que ilumina a *Crónica de D. Afonso Henriques* de Duarte Galvão, de c. 1520, que se conserva em Cascais, no Museu dos Condes de Castro Guimarães.

[1047] É o que claramente testemunha a carta de venda dos Paços à Universidade, elaborada em 28.09.1597, ao referir expressamente as "estrebarias em que ora estão os açougues da uniuersidade", facto que também o auto de posse, em 04.07.1598, confirmaria ao aludir aos "açougues e casa q seruia de estrebarias" (AUC, Catálogo Gabriel Pereira, *Pergaminhos*, D IV-3ª Secção – gav. 3 – maço 2, nº 26). A carta de venda, cujo treslado, antecedido do respectivo alvará, se encontra em *Registos das Provisões*, tomo 2, fl. 2-4, seria publicada – mas não o *auto de posse* –, no *Annuario da Universidade de Coimbra*, 1873-1874, pp. 219-227 e, posteriormente, por T. BRAGA, na *História da Universidade de Coimbra…*, tomo II, pp. 87-94. Para maior correcção da transcrição, porém, voltámos ao original, a que doravante nos reportaremos). A dita estrebaria seria construída no primeiro semestre de 1526 – por conseguinte sob a direcção de Diogo de Castilho –, conforme refere o auto de medição, ao afirmar, em comentário ao pedido de Inês Dias, viúva de Marcos Pires, em 03.08.1526, que lhe fosse descontado na dívida o valor de determinadas quantidades de tijolo (*mozaril* e de alvenaria) que tinham ficado no Paço, que aquele tinha sido utilizado, por mandado de Vasco Fernandes, "pera as estrebarias que se neste ano fizeram" (cfr. VITERBO, S., *Dicionário…*, vol. II, p. 323). A data provocou estranheza, que foi assinalada com o comentário "[sic]", mas não há realmente razão para tal. Com efeito, a dita medição, datada de 01.04.1522 e à qual se colocou aquele apêndice tardio, não constitui documento original, mas sim treslado, integrando, tal como todos os que se lhe anexam, um [volumoso] processo, não datado (iniciado com a carta régia de 13.03.1522 que ordena o sequestro dos bens de Marcos Pires, mas que inclui, pelo menos, documentos de 1523), organizado por Vasco Ribeiro para, como ele mesmo diz, enviar *a Lujs Vaz contador pera que se ajunte a minha conta e ho saiba sua alteza* e que parece relacionar-se (como indica a anotação referente a 1526) com a controvérsia que, por seu turno, o envolveria com a fazenda real (a respeito justamente das obras levadas a cabo entre 1526 e 1530) e daria lugar à conhecida questão com os *contadores* régios sobre os trabalhos não justificados (veja-se *supra* nota 855).

[1048] Com efeito, a própria documentação da DGEMN (Coimbra) respeitante à *Beneficiação dos Terrenos* a norte e poente do Paço das Escolas, elaborada em 15.04.1968, se refere à existência, frente ao *albacar* e à decantada arcaria manuelina, de uma "Plataforma contrafortada – ao que parece construída na época de Quinhentos –, hoje desfigurada não só pelo edifício abarracado do Laboratório de Química Farmacêutica, ao qual serve de assentamento e cuja demolição também consta deste projecto" (*Paços da Universidade*). A maior parte dessas estruturas desapareceriam já em anos recentes, em virtude da construção do novo anfiteatro da Faculdade de Direito, edificado em finais dos anos 90, tendo então sido feita, pelo Instituto de Arqueologia da Faculdade de Letras, uma escavação de urgência, cujos resultados, contudo, não foram ainda publicados. A ela (bem como, por certo, ao que restava da antiga estrebaria) se referiria Nogueira GONÇALVES em 1947: "Em frente desta sala de leitura (o demolido anexo da Biblioteca Joanina) e separadas, ficam modestas habitações de empregados universitários. O muro de suporte deste plano tem poderosos contrafortes, em degraus. Dentro das casas há uma porta de arco quebrado e chanfrado. São restos das obras manuelinas, de reforma dos terraplenos e das construções utilitárias anexas, como cavalariças, falcoaria., etc. Vêem-se estes contrafortes no desenho de Baldi" (*Inventário Artístico de Portugal – Cidade de Coimbra*, p. 101a; para a localização da estrebaria/açougue veja-se *supra* nota 426). Constitui, aliás, a existência de tal estrutura (e a sua necessidade), argumento suplementar (a acrescentar aos que acima foram aduzidos) em desfavor da tese da organização, no período islâmico, de uma cintura murada cingindo o recinto palatino e o hipotético *bairro anexo* (sobre este assunto veja-se *supra* nota 382).

[1049] Veja-se *supra* nota 857.

[1050] Vejam-se as informações que, sobre esta matéria, fundamental para compreender a funcionalidade do Paço ao longo de tempo, escrevemos *supra* nota 43.

[1051] *Inventário Artístico de Portugal – Cidade de Coimbra*, p. 104a.

[1052] Veja-se *supra* nota 648.

[1053] Cfr. nota *supra*.

[1054] Veja-se *supra* nota 968 e MACEDO, F. Pato de, "O Infante D. Pedro…", p. 471.

[1055] Efectivamente e ao invés do que já foi afirmado [cfr. ROSSA, W., *Divercidade…*, p. 539, onde diz "Instalando-se (D. Manuel) no Mosteiro de Santa Cruz"], tudo leva a crer que o monarca se alojaria no Paço, dirigindo-se a Santa Cruz em visita. É o que pode extrair-se da conhecida passagem de Damião de Góis, segundo a qual "Partio el-Rei de Lisboa afforrado no mes Doctubro deste anno de mil, & quinhentos, & dous, fazendo seu caminho per Coimbra, onde visitou ho mosteiro de S. Cruz" (*Crónica…*, Parte I, p. 158). Na verdade, a ter-se verificado a instalação do monarca no mosteiro, não deixaria tal honra de ecoar na respectiva tradição, o que não sucederia mesmo com o menos rigoroso dos seus cronistas, D. Nicolau de Santa Maria. Aliás o soberano estivera já em Coimbra, em 1498, no seu regresso de Espanha, após o infeliz desfecho do que fora projectado como viagem triunfal, tudo indicando que pernoitaria no Paço, pois Damião de GÓIS descreve nestes termos a sua viagem desde Almeida: "Dalli se veo elrei a Coimbra, & de Coimbra a Lisboa" (cfr. *ibidem*, Parte I, p. 69), o que parece indicar que fizera escala na cidade.

[1056] Veja-se *supra* nota 770.

[1057] SANTA MARIA, D. Nicolau de, *Crónica…*, Parte II, pp. 274-275. Sobre este assunto veja-se DIAS, P., *A Arquitectura de Coimbra…*, pp. 104-109.

[1058] Veja-se *supra* nota 1009. Na verdade, desconhece-se por completo, como ficou dito, o efectivo de operários empregues no Paço (de resto, provavelmente irregular), ainda que para outros empreendimentos régios, como é o caso da construção do claustro crúzio no tempo de Marcos Pires, das obras de Belém ou, mesmo, do Paço da Ribeira, se possuam informações dessa natureza [veja-se *supra* nota 847; MOREIRA, Rafael, "Santa Maria de Belém, o Mosteiro dos Jerónimos", MOITA, Irisalva (coord.), *O Livro de Lisboa*, Lisboa, Livros Horizonte, 1994, pp. 188-190 e SENOS, N., *O Paço da Ribeira…*, pp. 58-61]. E tal seria, com efeito, do maior interesse na apreciação da cronologia dos trabalhos realizados na moradia régia. É provável, contudo, que o referido passo em que o monarca ordena a interrupção das obras no estaleiro real, que não era pressionado por perspectivas de imediata utilização, em benefício da conclusão do mosteiro crúzio, não representasse caso isolado. Por outro lado, afigura-se também que o período que se abre com a década de 1510 – e que teria em 1513 (data do contrato conhecido de Boitaca para o cenóbio crúzio) um marco quase simbólico –, configura um súbito recrudescimento do ritmo imprimido aos empreendimentos régios. Assim se verificaria, com efeito, nos Jerónimos, no lançamento do novo projecto da Alfândega, no Terreiro do Paço, na Torre de Belém, no Paço da Ribeira e, em geral, na própria dinâmica urbanística da capital [cfr. SENOS, N., *O Paço da Ribeira…*, pp. 76 ss e CARITA, Helder, *Lisboa manuelina e a formação de modelos urbanísticos da época moderna (1495-1521)*, Lisboa, Livros Horizonte, 1999, pp. 95-101]. É possível, pois – mesmo que não disponhamos de qualquer base para o afirmar –, que também na obra do Paço Real se tivessem verificado diferenças de ritmo construtivo nos 9 anos que corresponderão à superintendência de Boitaca.

[1059] De facto, tem sido registado que em Santa Cruz (talvez pela pressão das razões patrimoniais que, imediatamente, lhe presidiriam) a reforma das estruturas monásticas começaria sem um programa prévio e global que apenas com o tempo se formularia – mas que estava definido quando Marcos Pires assume autonomamente a sua direcção (sobre este assunto veja-se, em geral, DIAS, P., *A Arquitectura de Coimbra…*, pp. 109-113). No Paço da Ribeira, estrutura que conheceria obras quase permanentes até ao final do reinado do *Venturoso*, o programa sofreria alterações de vulto, como é particularmente nítido nas vicissitudes sofridas pelas *varandas* e respectivo baluarte (cfr. SENOS, N., *O Paço da Ribeira…*, pp. 54-57, 65-68, 74-76, 84, 92-94 e 162-164). Em Belém, todavia, Rafael MOREIRA defende, com boas razões, a subordinação da obra a um plano de conjunto definido desde o início por Boitaca (cfr. "Santa Maria de Belém…", pp. 186-187). Cada caso será, pois, *um caso* e não existe, na aparência, qualquer norma nos empreendimentos régios que possa servir de modelo para a intervenção no Paço de Coimbra. A noção da sua submissão a uma concepção geral e prévia decorre, assim, liminarmente, da verificação da lógica rigorosamente modular que presidiu à estruturação do edifício palatino (em que cada aposentamento pressupõe a existência dos restantes, com os quais se relaciona) e ao próprio ritmo, também ele rigorosamente sequencial, observado pelos trabalhos. O reconhecimento desse facto – mau grado a concessão a Marcos Pires, no contrato de 1518, de poder, nos vãos do piso alto dos aposentos dos Infantes, usar, a seu critério, de *voltas escacantes* ou *d'alguns arabyados que bem pareçõ* (veja-se *supra* nota 828) testemunhar que se trata de uma concepção efectivamente *geral* –, contraditório, em fim de contas, com a solidariedade entre *desenho* e *fábrica* que fora timbre dos estaleiros góticos (cfr. DIAS, Pedro, "Os artistas e a organização do trabalho nos estaleiros portugueses de arquitectura, nos séculos XV e XVI", *A Viagem das Formas, estudos sobre as relações artísticas de Portugal com a Europa, a África, o Oriente e as Américas*, Lisboa, Editorial Estampa, col. "Teoria da Arte", 16, 1995, pp. 15-17, 21-22 e 28-31 e GOMES, Paulo Varela, *A Confissão de Cyrillo*, Lisboa, Hiena Editora, 1992, pp. 21-22), obrigará, assim, a reconhecer um carácter já moderno à transfiguração do Paço Real de Coimbra e ao próprio *modus faciendi* de Boitaca, em outros aspectos (ambos) claramente conservadores. E sobre essa questão nos debruçaremos adiante.

[1060] Veja-se *supra* nota 831.

[1061] Veja-se *supra* nota 904.

[1062] Estes *dormitórios*, cuja existência constitui a única justificação para a elevada altura que o corpo de poente atinge acima do nível das janelas, numa operação que a mudança de aparelho do cunhal claramente testemunha (e que, como já foi visto, permitiria, do lado do terreiro, nivelar a cimalha dos aposentos da Rainha com a ala da *Sala Grande* e dos aposentos dos infantes, bem como com a dos aposentos dos oficiais, que possuíam dois pisos sobradados), terão subsistido – convertidos em salas de aula, antes da construção da *quadratura* dos *Gerais* – até às obras dinamizadas, no século XVIII, por D. Francisco de Lemos. E foi à custa deles que se fez a elevação em abóbada dos tectos das salas, com vista, como se verá, à organização da *galeria de vigilância*, sem que tal se repercutisse no alçado virado ao terreiro, nem na ligação com a cobertura da Capela. As alas de norte e poente do claustro escolar, edificadas em finais do século XVII e que não possuíam águas-furtadas, tiveram de ser alteadas, como bem se distingue no seu prospecto externo e foi esta operação que permitiu o aproveitamento da enorme espessura dessas paredes para, sobre elas, fazer correr a varanda panorâmica que hoje aí se observa. É bem provável que apenas então tenha este corpo sido dotado do coroamento de merlões que actualmente ostenta, na intenção de o uniformizar com o restante edifício. Trata-se de uma (precoce) atitude revivalista, que, aliás, daria outros frutos no quadro da *arquitectura da reforma* e que diz muito da personalidade e da cultura do *reformador-reitor*, mas à qual, obviamente, não será estranha a personalidade de Guilherme Elsden, o construtor do panteão régio de Alcobaça. A este tema se regressará no 2º volume desta obra.

[1063] Veja-se *supra* nota 828. Na verdade e ao invés do que, com toda a verosimilhança, sucedera em 1498 e 1502, ficamos a saber por este conjunto de informações não ter sido possível a D. Manuel alojar-se no Paço Real da Alcáçova quando da sua deslocação a Coimbra, em 1515, a fim de presidir à trasladação dos restos mortais de Afonso Henriques e Sancho I para os novos túmulos, uma vez que três anos mais tarde apenas as câmaras do bispo se achavam rebocadas, a despeito de essa zona do palácio se encontrar praticamente pronta – alojar-se-ia, talvez, no Paço Episcopal, visto que as fontes crúzias não dão conta dessa estada – e será este um dado adicional a alicerçar o empreendimento simultâneo das reformas de Santa Cruz e do Paço Real. A informação relativa à deslocação do monarca é, porém, problemática, pois assenta no depoimento do cónego regrante D. Sebastião Afonso da Azambuja, integrado no processo canónico do Rei Fundador, instruído por ordem de D. João III, sob a direcção do bispo-conde D. João Soares e constituído em Junho de 1556, reportada por D. Nicolau de SANTA MARIA (*Crónica…*, Parte II, pp. 511-512). A este, com efeito, se opõe outro relato, elaborado pelo cronista crúzio Frei Timóteo dos MÁRTIRES, contemporâneo do anterior e baseado numa memória manuscrita deixada por João Homem, cavaleiro-fidalgo da Casa do Rei e testemunha presencial do acto, que afirma ter-se a trasladação verificado em 16.07.1520, "estando o Serenissimo Rey Dom Manoel nesta cidade de Coimbra" (*Crónica de Santa Cruz*, Coimbra, Biblioteca Municipal, 1955, tomo I, pp. 83-84), data em que o monarca, como se verá, poderia já ter ficado hospedado no Paço, mesmo que em circunstâncias relativamente precárias. O assunto é, pois, controverso. Todavia – e não obstante a pouca fiabilidade que, com frequência, merecem as informações de SANTA MARIA –, o facto de se basear na documentação que instruiu o processo canónico organizado com vista à beatificação do primeiro Rei e de D. Sebastião ser aí referido como cónego *dos antigos* (isto é, dos que sobreviveram à reforma de Fr. Brás de Braga), contando 90 anos à data da sua instrução e o rigor com que este refere, no seu testemunho, a data da trasladação dos despojos régios (bem como a da morte do *Venturoso*) induzem a conceder algum crédito à sua afirmação. E, a ter-se verificado em 1515, a visita régia não deixaria de contemplar a evolução das obras palatinas, pouco antes do afastamento de Boitaca [cfr., para a trasladação dos despojos régios, BROCHADO, I. da Costa, "Tentativas de canonização de D. Afonso Henriques", *Anais da Academia Portuguesa da História*, Série II, vol. 8, Lisboa, 1959, pp. 312-314 e ROSA, Maria de Lurdes, "A abertura do túmulo de D. Afonso Henriques", *O Tempo de Vasco da Gama*, CURTO, Diogo Ramada (dir.), Lisboa, Difel/CNCDC, 1998, p. 350].
[1064] Veja-se *supra* nota 828.
[1065] Veja-se nota *supra*.
[1066] Veja-se *supra* nota 845.
[1067] Veja-se *supra* nota 856.
[1068] Vejam-se *supra* notas 1022 e 1023.
[1069] Efectivamente, o contrato impõe textualmente que Marcos Pires "ameara a capella com ho cruzeiro com seus encayamentos da maneira da igreja" (veja-se *supra* nota 828).
[1070] Veja-se *supra* nota 859.
[1071] Já Nogueira GONÇALVES chamaria a atenção para este ponto, ao escrever que "Deveria ter sido projectada uma abóbada para a capela-mor, como se vê nas capelas do templo, a qual por morte do mestre (Marcos Pires) se deixaria de fazer" (*Inventário Artístico de Portugal – Cidade de Coimbra*, p. 104a). Deve-se, porém, a Pedro DIAS a chamada de atenção, em reforço dessa tese, para a enorme espessura das paredes da capela-mor, bem como do arco cruzeiro, que ultrapassa 1 m, a que acrescentaria o facto de "ter sido construído um enorme contraforte cilíndrico com larga base rectangular do lado do terreiro, o que se não justificaria se não houvesse necessidade de anular os impulsos de uma grande massa, como é uma abóbada de pedra. Do outro lado seriam as construções anexas a servir de contraforte" (*A Arquitectura de Coimbra…*, p. 86). Na verdade e como se verá no próximo capítulo, trata-se não de um, mas de dois contrafortes cilíndricos de base rectangular, num tempo em que não havia construções anexas à Capela. A sua história liga-se, com efeito, à da abóbada da capela-mor, embora não exactamente por essa via. A enorme espessura das paredes da ousia, como Pedro Dias argutamente notou, basta para documentar a sua existência, tal como a própria lógica conceptual impunha, ao abobadarem-se os braços do (falso) transepto. Ou ter-se-ia de falar, a respeito do templo palatino, não de originalidade, mas de extravagância, na ausência de qualquer precedente tipológico.
[1072] Veja-se *supra* nota 801.
[1073] Cfr. DIAS, P., *A Arquitectura de Coimbra…*, p. 86. Esta opinião, que a boa lógica impõe, parece ser reforçada com a menção que se faz, na administração universitária, entre 24 de Abril e 23 de Agosto de 1623, a "Gastos e despezas que se fizerão com os officiaes que fazem a obra p.ª o forro da capella, maceneyros [sic] e sarradores" [AUC, Universidade de Coimbra, *Agência, Despesas feitas pela Agência em Coimbra – Obras da Universidade, 1601-1707*, agente Manuel Pires de Aguiar (1622-28), fl. 116v]. Em 27.08.1695, aliás, testemunha-se que "nos forros, e telhados da Capela daquella Vn.ᵈᵉ havia grande ruina em razão de se acharem as madeyras de todo podres" (TT, Mesa da Consciência e Ordens, *Universidade de Coimbra*, maço 60, doc. nº 110).
[1074] Cfr. BRANDÃO, M, *Livro da Recepta…*, p. 21.
[1075] Veja-se *supra* nota 859. Deve notar-se, porém, que as frestas do transepto seriam posteriormente (em obediência a intenções hoje difíceis de compreender) reduzidas em altura. Com efeito, em

29.03.1549 e como se verá no próximo capítulo (cfr. *infra* nota 1458), a Mesa da Fazenda universitária ordenava que *se tapassem as frestas que estão as ilhargas dos altares* – o que nos elucida também sobre a posição original dos altares colaterais –, ideia em que insiste um mês mais tarde (cfr. VASCONCELOS, A. de, *Real Capela*…, pp. 48-48), mas que apenas parece ter sido concretizada em 1605, com ela se relacionando, aparentemente, o pagamento efectuado então "a M.ᵉˡ pinto pedr.º de des dias que gastou em tapar as frestas da Capella" [AUC, Universidade de Coimbra, *Agência, Despesas feitas pela Agência em Coimbra – Obras da Universidade, 1601-1707*, agente Manuel Pires de Aguiar (1622-28), fl. 92v]. Em qualquer caso, a operação é ainda hoje visível, desde logo no evidente desfasamento existente entre as dimensões internas e externas dessas janelas. De facto, enquanto, no interior, o revestimento azulejar do templo, realizado (para a nave) na década de 40 do século XVII, tornaria irreversível a redução dos vãos, no exterior as intervenções de restauro da década de 40 desvendariam, em toda a extensão, o prospecto primitivo das janelas, recorrendo à utilização de vidros fumados e espelhados para ocultar o seu entaipamento interno. São, contudo, claramente perceptíveis nas cantarias os maus tratos provocados por essa operação.

[1076] Veja-se nota *supra*.

[1077] Cfr. DIAS, P., *A Arquitectura de Coimbra*…, p. 89 e CRAVEIRO, Maria de Lurdes, "Influência dos escultores do Norte da Europa na obra de Diogo Pires-o-Moço", *O Brilho do Norte. Escultura e escultores do Norte da Europa em Portugal. Época Manuelina*, Lisboa, Comissão Nacional para as Comemorações dos Descobrimentos Portugueses, 1997, Cat., pp. 129-130. A referida imagem seria apeada em 1981 e substituída por uma cópia moldada, "atendendo à erosão que já apresentava", conforme ofício do arq. Amoroso Lopes, da DGEMN (Centro) ao reitor Ferrer Correia, de 21 de Maio desse ano [cfr. DGEMN (Coimbra), *Paços da Universidade*], sendo deslocada para a galeria superior da fachada norte, onde presentemente se encontra, ao abrigo do coruchéu do quarto cubelo.

[1078] Cfr. DIAS, P., *A Arquitectura de Coimbra*…, p. 118.

[1079] Na verdade e a despeito das reservas, de natureza teológica e provavelmente justas, sobre a associação entre os dois anjos, formuladas por Martim de ALBUQUERQUE, na senda de alguns autores eclesiásticos [cfr. *A Consciência Nacional Portuguesa. Ensaio de História das Ideias Políticas*, vol. I, Lisboa, s.n., 1974, pp. 354-355; veja-se tb. MARQUES, João Francisco, "Oração e devoções", AZEVEDO, Carlos Moreira, (dir.), *História Religiosa de Portugal*, Lisboa, Círculo de Leitores, vol. 2, 2000, pp. 624-625], ela parece ter existido neste tempo, sendo ainda corrente nas obras de Severim de Faria, Jorge Cardoso e do P.ᵉ Soares de Albergaria, pelo que António de VASCONCELOS não terá, provavelmente, exorbitado quando afirmou que "a ele (o Arcanjo S. Miguel) e não a outro espírito celeste, teve em vista el-rei D. Manuel, quando impetrou do papa Leão X a festa do *Anjo Custódio do Reino*, que no terceiro domingo de Julho se celebrava solenemente em todo o Portugal" (*Real Capela*…, p. 5). Veja-se tb. Ana Maria ALVES, *Iconologia do poder real*…, p. 136 e, mais recentemente, ARAÚJO, Ana Cristina, "Hagiografia política e cerimoniais de Estado no tempo de D. Manuel I", *3º Congresso Histórico de Guimarães*, Actas, Guimarães, 2002 (no prelo), a quem agradecemos ter-nos facultado, com a habitual generosidade, a leitura do original.

[1080] Cfr. VITERBO, S., *Dicionário*…, vol. II, p. 312.

[1081] Com efeito, é certo que também as obras de Santa Cruz as tinha Marcos Pires (e antes dele Boitaca) *de sua alteza*, no sentido de que fora D. Manuel I a ordenar a reforma arquitectónica do cenóbio, pela qual vivamente se interessara e que é o *amo* quem concerta a empreitada de 1528 com Diogo de Castilho, pelo que a referência a *espreturas* também pode dizer respeito à obra do cenóbio. Mas o contrato de 1513 é, claramente, um "Cõmçerto amtre o sõr bpo prior e mestre butaca" (cfr. GARCIA, P. Quintino, *João de Ruão*…, pp. 152-159 e 176-189), o que parece indicar que, na gestão das obras crúzias, novos processos terão sido implementados com a ascensão de D. João III e os súbitos e estratégicos desígnios que, para o cenóbio (como vimos), o monarca reservava. Como quer que seja, a objectiva sobreposição da *empreytada noua das casas dos jnfantes*, referida na medição de 1522, ao contrato de 1518, bem como a referência, nesse documento, a outras muitas *empreytadas* (todas anteriores, por isso que aquela era *noua*) e respectivos *comtrautos*, cimentam a convicção de ser aquele um instrumento intermédio, como havia notado Pedro DIAS (vejam-se, *supra*, notas 827 e 835), precedido consequentemente de outras *espreturas*, senão mesmo, na verdade, o derradeiro, pois que com ele se conduzia o Paço à última etapa – os aposentos dos oficiais e a malograda ala sul – e a ele se reportaria a própria contratação de Diogo de Castilho, em 1524). Por outro lado, o facto de em Fevereiro desse ano se estipular o prazo de dois meses para a conclusão das obras do Mosteiro, parece transferir para a obra do Paço a razão de ser da fiança e, consequentemente, as *espreturas* que nela se referem.

[1082] Cfr. VITERBO, S., *Dicionário*…, vol. II, p. 323.
[1083] Cfr. *idem, ibidem*, p. 321.
[1084] Cfr. *idem, ibidem*, p. 323.
[1085] Veja-se *supra* nota 856.
[1086] Veja-se *supra* nota 828.
[1087] Veja-se *supra* nota 652.
[1088] Veja-se *supra* nota 893.
[1089] Veja-se *supra* nota 798.

[1090] Com efeito, a refeitura destes merlões deverá ter sido levada a cabo, na generalidade, no século XVIII, pelo reitor-reformador D. Francisco de Lemos, no quadro dos vultuosos trabalhos de melhoramento do Paço das Escolas que empreendeu – sem prejuízo, naturalmente, das intervenções contemporâneas dos serviços oficiais, pontualmente detectáveis, mas cuja insignificante presença na respectiva documentação comprova não ter sido, de facto, mais do que pontual. É assim, aliás, que se explica a similitude destes merlões mais modernos com os que ostentam os flancos norte e poente dos *Gerais*, onde, por razões que já foram explicadas, se apresentam em continuidade até à ala do *Regente* (veja-se *supra* nota 1062).

[1091] Veja-se *supra* nota 828.
[1092] Veja-se *supra* nota 845.
[1093] Vejam-se *supra* notas 801 e 997.
[1094] Veja-se *supra* nota 856.
[1095] Veja-se *supra* nota 857.
[1096] Veja-se *supra* nota 565.
[1097] Veja-se *supra* notas 1047 e 1048.
[1098] Veja-se *supra* nota 855.

[1099] Na verdade, são múltiplos os sinais de que a deslocação da Corte para Coimbra em Julho de 1527 não resultou de um acaso fortuito (em função do qual teria lugar a reforma de Santa Cruz e, posteriormente, a transferência da Universidade), mas de um plano previamente delineado, havendo mesmo indícios firmes de uma deslocação do Rei à cidade ainda em 1526 (vejam-se *supra*, Parte I, Cap. 1, notas 4 e 38), ocasião em que, por certo, não terá deixado de visitar o estaleiro, de cujos problemas, por conseguinte, seria pessoalmente conhecedor. O recrudescimento nesse ano (e mesmo a reformulação) dos trabalhos do Paço vêm, em nosso entender, pôr um ponto final nessa questão, já que não se ordenariam obras com o critério com que tal foi feito se não se previsse a instalação, a breve trecho (e com demora), do monarca no palácio.

[1100] Veja-se *supra* nota 854.

[1101] "Coimbra Joanina", *Obras*, vol. I, *Coimbra*, Por Ordem da Universidade, Coimbra, 1946, p. 318.

[1102] Na verdade, não parece rigorosamente justa a afirmação de Pedro DIAS de que "Com a morte de Marcos Pires, e ao contrário do que aconteceu em quase todo o país, o manuelino desapareceu de Coimbra" (*A arquitectura de Coimbra…*, p. 424). Sobre o carácter da obra de Castilho nestes anos veja-se *idem*, "Alguns aspectos da recepção das correntes artísticas em Coimbra durante o século XVI", *A sociedade e a cultura de Coimbra no Renascimento*, IV Centenário da Morte de João de Ruão, Coimbra, Epartur, 1982, pp. 112-113 e CRAVEIRO, Maria de Lurdes, *Diogo de Castilho…*, pp. 21-22, 25-28, 115-119 e 125-126.

[1103] Vejam-se *supra* notas 805, 806, 995 e 997.

[1104] Cfr. "O edificio da Universidade…", p. 134.

[1105] Veja-se *supra* nota 834.

[1106] Cfr. FIGUEIRA, L. Mota dos Santos, *Técnicas de Construção…*, vol. I, pp. 170-171.

[1107] Sobre esta intervenção, respectivo *Regimento* e a constituição de uma verdadeira *arquitectura de programa* (com extensões ao Rossio), veja-se CARITA, H., *Lisboa Manuelina…*, pp. 62-78.

[1108] Cfr. ROSSA, W., *Divercidade…*, pp. 548-549 e 562-564.

[1109] Cfr. DIAS, P., *A Arquitectura Manuelina*, p. 57.

[1110] Cfr. PIMENTEL, A. Filipe, *Domus Sapientiæ…*, p. 36.

[1111] Cfr. GARDELLES, J., "Les palais dans l'Europe occidentale…", p. 134 e CONTAMINE, Ph., "Os arranjos do espaço privado", pp. 472-473.

[1112] Cfr. BARBEITO, J. M., *El Alcázar de Madrid*, pp. 2-7.

[1113] Cfr. em geral, SILVA, J. C. Vieira da, *Paços Medievais Portugueses*, pp. 154-158, 180-185, 269-277.

[1114] Cfr. DIAS, P., *A Arquitectura Gótica Portuguesa*, p. 207.

[1115] Cfr. SILVA, J. C. Vieira da, *Paços Medievais Portugueses*, pp. 120-122

[1116] Cfr. CONTAMINE, Ph., "Os arranjos do espaço privado", pp. 472-473.

[1117] Cfr. (também para o hospital contemporâneo das Caldas da Rainha, igualmente programado por Mateus Fernandes) MOREIRA, Rafael, *A Arquitectura do Renascimento no Sul de Portugal. A encomenda régia entre o "moderno" e o "antigo"*, dissertação de Doutoramento apresentada à Faculdade de Ciências Sociais e Humanas da Universidade Nova de Lisboa, policopiada, Lisboa, 1991, pp. 32--38, 47-50, 52-53 e 58-59 e, especificamente sobre o Hospital Real de Todos-os-Santos, *idem*, "O Hospital Real de Todos-os Santos e o italianismo de D. João II", *Hospital Real de Todos-os-Santos*, Lisboa, Museu Rafael Bordalo Pinheiro, 1993, Cat., pp. 23-28; LEITE, Ana Cristina, "O Hospital Real de Todos-os Santos", *ibidem*, pp. 11-13 e MOITA, Irisalva, "O Hospital Real de Todos-os-Santos: enfermarias, aposentadorias, serviços", *ibidem*, pp. 168-170; PEREIRA, Paulo, "A fachada da Igreja do Hospital Real", *ibidem*, pp. 31-37. Para as origens do tema dos hospital em forma de cruz, vejam-se PEVSNER, Nikolaus, *Historia de las Tipologías Arquitectónicas*, Barcelona, Gustavo Gili, ²1980 (1ª ed., *A History of Building Types*, Princeton, 1976), pp. 168-170 e GIORDANO, Luisa, "Il tratato del Filarete e l'architettura lombarda", *Les traités d'architecture de la Renaissance*, Actes du Colloque, Paris, Picard, 1988, pp. 115 e 120-121. Merece, porém, reparo que semelhante esquema pareça já ter servido de base à programação do Hospício de Santa Isabel, edificado em Coimbra, nas primeiras décadas do século XIV, pela Rainha Santa, junto ao seu Paço de Santa Clara e onde a capela privativa emerge já como eixo estruturador, entre dois claustros gémeos (cfr. MACEDO, Francisco Pato de, "O Hospital de Santa Isabel junto ao Mosteiro de Santa Clara-a-Velha de Coimbra", *João Afonso de Santarém e a assistência hospitalar escalabitana durante o Antigo Regime*, Santarém, Câmara Municipal de Santarém, 2000, Cat., pp. 153-154).

[1118] Vejam-se a este respeito as copiosas informações fornecidas por N. SENOS no seu livro *O Paço da Ribeira…*, bem como a fig. 13, com a proposta de reconstituição esquemática.

[1119] Na verdade e mau grado o significado evidentemente representativo que os tesouros da Índia possuem na configuração da Monarquia do *Venturoso*, não pode deixar de aproximar-se esta miscigenação de serviços e residência da que, paralelamente, se desenvolve no Paço da Ribeira entre as funções residencial, comercial e de armazenamento (cfr. SENOS, N., *O Paço da Ribeira…*, p. 82).

[1120] "Edificios da Universidade", p. (9).

[1121] Cfr. GOMES, R. Costa, *A Corte dos Reis de Portugal…*, pp. 262 e 274 e MONTEIRO, João Gouveia, "Reformas góticas nos castelos portugueses ao longo do século XIV e na primeira metade do século XV", FERNANDES, Isabel Cristina Ferreira (coord.), *Mil anos de fortificações na Península Ibérica e no Magreb (500-1500)*, Actas do Simpósio Internacional sobre Castelos, Lisboa, Edições Colibri – Câmara Municipal de Palmela, 2002, pp. 663-665. Vale a pena atentar no fenómeno idêntico (mas mais precoce) que se verifica em França a partir do século XIII, com a proliferação das casas-fortes, igualmente reveladora de uma "erupção (…) da pretensão aristocrática" (cfr. CONTAMINE, Ph., "Os arranjos do espaço privado", pp. 410-414).

[1122] Cfr. BARROCA, Mário Jorge, "Torres, Casas--Torres ou Casas-Fortes. A concepção do espaço de habitação da pequena e média nobreza na Baixa Idade Média (sécs. XII-XV)", *Revista de História das Ideias*, 19, *A Cultura da Nobreza*, Coimbra, 1998, pp. 59-61.

[1123] Cfr. PIMENTEL, A. Filipe, "Poder, Corte e Palácio Real…", p. 246.

[1124] Cfr. SILVA, J. C. Vieira da, *Paços Medievais Portugueses*, pp. 166-180. Para a utilização destes elementos no novo Paço da Ribeira, vejam-se as informações fornecidas por N. SENOS no livro, já por diversas vezes referido, *O Paço da Ribeira…*

[1125] Cfr. MOREIRA, R., "A época manuelina", pp. 115-116 e *idem*, *A Arquitectura do Renascimento no Sul de Portugal…*, pp. 164-169.

[1126] Sobre esse revivalismo dos valores medievalizantes, traduzido na súbita valorização de fechos de abóbada e de valores *românicos*, como a densidade mural, escassez de aberturas e horizontalidade de alçados, mas também sobre os elementos militares e seu valor iconológico, veja-se PEREIRA, P., *A Obra Silvestre…*, pp. 196-198.

[1127] Cfr. VITERBO, S., *Dicionário…*, vol. II, p. 321.

[1128] Veja-se *supra* nota 828.

[1129] Veja-se nota *supra*.

[1130] Cfr. VITERBO, S., *Dicionário…*, vol. II, p. 321.

[1131] "A arte: o século XV", PERES, Damião (dir.), *História de Portugal*, ed. mon. com. do 8º centenário da Fundação da Nacionalidade, vol. IV, Barcelos, Portucalense Editora, 1932, p. 394. Para a aproximação deste sistema ao Paço Real de Coimbra, veja-se PEREIRA, P., "As grandes edificações (1450-1530)", pp. 29-42.

[1132] Cfr. DIAS, P., *A Arquitectura Manuelina*, p. 92; *idem*, "Arquitectura mudéjar portuguesa: tentativa de sistematização", *Mare Liberum*, 8, Lisboa, 1994, Sep., p. 51 e SILVA, José Custódio Vieira da, *O tardo-gótico em Portugal. A arquitectura no Alentejo*, Lisboa, Livros Horizonte, 1989, pp. 22 e 24. Mas este mesmo autor não deixaria de afirmar, a propósito do Convento dos Lóios de Arraiolos, que "Exteriormente, o ar mudéjar domina por completo o edifício, nos contrafortes cilíndricos coroados por coruchéus cónicos" (*ibidem*, p. 116).

[1133] Cfr. DIAS, P., *A Arquitectura Manuelina*, pp. 87- -93; *idem*, "Arquitectura mudéjar…", pp. 52-55 e *idem*, "El Mudéjar del Portugal Continental", BORRÁS GUALIS, Gonzalo (coord.), *El Arte Mudéjar*, Zaragoza, Ediciones UNESCO, 1995, pp. 100-101.

[1134] Veja-se *idem*, "O mudejarismo na arte coimbrã…".

[1135] Veja-se *supra* nota 966.

[1136] Veja-se *supra* nota 732.

[1137] Veja-se *supra* nota 828.

[1138] Veja-se *supra* nota 984.

[1139] Veja-se DIAS, P., *A Arquitectura de Coimbra…*, p. 37 e ROSSA, W., *Divercidade…*, pp. 555, 562- -563 e 607.

[1140] Com efeito, tem a historiografia da arte, nos últimos anos, na esteira do caminho aberto por Rafael MOREIRA, valorizado sobremaneira o papel de Bartolomeu de Paiva, *amo* do Príncipe D. João, depois Rei D. João III (enquanto marido de Filipa de Abreu, sua ama de leite), não apenas como interlocutor régio com os mestres de obras (situação que o contrato de 1518, desde logo, documenta), mas como verdadeiro conselheiro estético de D. Manuel I e de seu fillho e, nesse sentido, responsável pelas opções arquitectónicas da Coroa. Entre outras questões, seria ele o indutor da *viragem antimanuelina* no programa de Santa Maria de Belém: "À influência de Bartolomeu de Paiva – escreveria o historiador – deve ser atribuída, em nossa opinião, a mutação ocorrida na política artística oficial com a queda em desgraça de Boitaca em 1515 e a sua substituição à frente do principal estaleiro de obras do País pelo biscainho João de Castilho". Assim e definindo-o como "homem-chave do momento final de 'conversão' do mecenato, numa rendição sem condições, ao fazer aderir a encomenda régia ao gosto e aos critérios estéticos do Primeiro Renascimento" [cfr. "Arquitectura: Renascimento e Classicismo", PEREIRA, Paulo (dir.), *História da Arte Portuguesa*, vol. II, *Do "Modo" Gótico ao Maneirismo*, Lisboa, Círculo de Leitores, 1995, pp. 324 e 344-346], não hesitaria o mesmo autor, em outro texto, mas a propósito do mesmo assunto, em denominá-lo de "poderoso conselheiro estético real" (cfr. "Santa Maria de Belém…", pp. 190-191). Idêntica opinião perfilharia Miguel SOROMENHO (cfr. "A administração da arquitectura…", p. 198) e o assunto viria a conhecer extenso desenvolvimento, já recentemente, pela mão de Luís Mota dos Santos FIGUEIRA, autor que, ao mesmo tempo que reconstitui a actividade do *amo* e a sua ligação à administração das obras régias desde 1504, lhe delineia um *estilo* de actuação, assente no controlo minucioso dos trabalhos a efectuar, chegando mesmo a designá-lo, em epígrafe de capítulo, de *proto-arquitecto* (cfr. *Técnicas de construção…*, vol. I, pp. 166-234). Paralelamente, contudo, outra personagem fazia também a sua aparição: o secretário do *Venturoso*, António Carneiro, cuja ligação às obras reais e em particular à gestão urbanística de Lisboa, revestiria igual intensidade, ilustrando do mesmo modo "um discurso vincadamente pessoal e autoritário (…) onde prevalecem conceitos de ordem, razão e funcionalidade que se impunham a todo o espaço da cidade" (cfr. H. CARITA, *Lisboa Manuelina…*, pp. 209-211). Não restam dúvidas, evidentemente, da importância de Bartolomeu de Paiva, nem do seu poder como alto funcionário curial. Cavaleiro e guarda-roupa do Príncipe desde 1514 (ligado, pois, à escrituração dos seus haveres), receberia em 1520, de D. Manuel, uma tença de 30 000 reais em recompensa da "ocupação e cuidado que [tem] das obras dos moesteiros, em que as mandamos fazer", tarefa de que se encarregava, por certo, havia tempo, como ilustra o seu protagonismo no contrato coimbrão de 1518. O seu sucessor, Pero Carvalho – o mesmo, decerto, que dispunha de aposentos adjacentes aos seus no Paço Real de Coimbra (veja-se *supra* nota 808) –, seria designado, em 1536, de *provedor das obras dos mosteiros, igrejas e hospitais*, cargo que, como bem viu Anselmo Braancamp FREIRE, mais não era (em embrião), que o que a breve trecho seria designado de *provedor-mor das obras Reino*. Com o novo reinado, em 1528, D. João III chamá-lo-ia para o seu conselho (sobre B. P. e também sobre António Carneiro vejam-se os dados fornecidos por este autor em *Vida e obras de Gil Vicente…*, pp. 207-211) e da intimidade da sua ligação ao poder testemunha eloquentemente o facto de, em sua intenção, serem convertidas em aposentos, como vimos, justamente nesta época, as antigas *logeas* sob a *Sala Grande* (veja-se *supra* nota 808). E também é certo que a sua intervenção coimbrã conhecida (e mesmo em outros lados) traduz uma constante preocupação de disciplina, rigor e boa ordem administrativa na execução dos empreendimentos régios e um autoritarismo que é, de resto, o da própria Coroa, cujo poder representava. Mas já temos algumas reservas quanto a aceitar que a essa atitude presidissem critérios de natureza estética susceptíveis de fazer mudar o azimute definido para as encomendas régias. Inversamente, expressões como "allguma boa moldura de folhas que bem pareça", ou "vasas e capites com sua volta d'algua ordenaça que bem pareça", constantes do contrato com Diogo de Castilho para as obras de Santa Cruz, em 1528 (cfr. GARCIA, P. Quintino, *João de Ruão…*, pp. 176-189), têm o seu equivalente e são tão rigorosas como a liberdade concedida a Marcos Pires, dez anos antes, na ala dos Infantes do Paço coimbrão, para fazer, nas janelas do andar alto, as *voltas escacantes ou d'alguns arabyados que bem pareçam* (veja-se *supra* nota 828). Afigura-se, pois, difícil reconhecer no contrato crúzio de 1528, como quis Rafael MOREIRA, qualquer *directa inspiração no tratado vitruviano de Sagredo* e, na gestão das obras paças, muito mais do que a boa e sadia preocupação com o dispêndio do erário régio que, provavelmente desde os seus tempos de *guarda-roupa*, teriam justificado o seu valimento junto dos monarcas, guindando-o mesmo, com o tempo, ao conselho régio, órgão onde não consta que os conselheiros estéticos, por via de regra, usassem ter assento. E o mesmo se diga de António Carneiro. Trata-se, aliás, de personagens ostentando flagrantes semelhanças (desde logo pelo grau de confiança nelas depositado) com o papel que, duzentos anos mais tarde, seria desempenhado por António Rebelo da Fonseca (o escrivão das cozinhas reais de D. João V, bacharel por Coimbra e também ele homem poderoso), Diogo de Mendonça Corte-Real ou o P.ᵉ Carbone, cuja intervenção, seja na elaboração de contratos de obra, seja na epistolografia com as empresas artísticas relacionada, é por demais conhecida, convertendo-os objectivamente em émulos setecentistas de B. P. ou de A. C., mas que dificilmente se imaginarão influenciando o *Magnânimo* nas suas opções artísticas; antes curando na sua boa execução, como depositários da absoluta confiança do monarca. E já não é pouco. O carácter objectivamente vago das instruções de índole estética fornecidas pelos funcionários manuelinos decorre, como bem viu Pedro DIAS, da real autonomia prática detida ainda então pelos construtores, num tempo em que se operava a lenta transição do *mestre* ao *arquitecto* (cfr. "Os artistas e a organização do trabalho…", pp. 15-17, 21-22 e 28-32) e em que, como notaria Paulo Varela GOMES, o desenho se fazia ainda *para e na obra* (*A Confissão de Cyrillo*, p. 22). E é isso que explica, no paço coimbrão, a mudança de *estilo* com a mudança dos mestres, não obstante a submissão dos seus trabalhos ao programa geral previamente determinado. Alhures, pois, em nossa opinião, haverá que procurar os agentes das *viragens*.

[1141] Sobre a criação da *Provedoria das Obras Reais*, cujo primeiro titular seria o famoso *amo do Príncipe* Bartolomeu de Paiva e a sua responsabilidade na imposição contratual de determinado tipo de soluções (que não é exactamente o mesmo que na definição conceptual de sistemas estéticos, uniformizando, por natureza, a prática arquitectónica de personalidades diversas), vejam-se SOROMENHO, M., "A administração da arquitectura…", pp. 197-198 e CARITA, Rui, "Os engenheiros-mores na gestão do Império: a Provedoria das Obras nos meados do século XVI", *Actas do Colóquio Internacional Universo Urbanístico Português, 1415-1822*, Lisboa, Comissão Nacional para as Comemorações dos Descobrimentos Portugueses, 2001, pp. 393-398, além da bibliografia referida na nota *supra*. Para os reflexos desta prática administrativa nas intervenções urbanas em Lisboa (desta feita sob a batuta de António Carneiro), veja-se CARITA, H., *Lisboa Manuelina…*, pp. 54-62.

[1142] Na verdade, o tema das arcadas térreas que, com a reforma *manuelina*, dominaria os alçados de norte e nascente do Paço Real de Coimbra, decorre da versão mais simples de galerias compostas de esteios ou colunas, destinadas a protecção dos rigores climatéricos e a constituírem suporte dos pisos sobradados superiores, que se divulga nas moradas urbanas da (alta) burguesia a partir do século XIV e que emergiria, na centúria seguinte, sob a forma, mais nobilitada, de genuínas arcarias de pedra, sustentando os sobrados superiores de edifícios de particular representatividade, casos do Paço Real de Sintra, do Paço Arquiepiscopal de Braga e de inúmeros paços municipais e *dos tabeliães*, onde entre os arcos se abrigavam açougues e mercados. Donde a sua divulgação, nos inícios do século XVI, em sistemas urbanos de arcarias bordando as principais artérias ou praças de cidades como Évora (Rua Direita, praça e Rua dos Mercadores), Tomar (Estaus), Elvas (praça principal e ruas adjacentes) ou Lisboa (Rua Nova dos Marcadores e das Tanoarias). A sua emergência recorrente nos mais representativos empreendimentos manuelinos (alguns mesmo transitados do reinado anterior), como o Hospital Real de Todos-os-Santos, o Paço da Ribeira, o Paço Real de Évora, o Mosteiro dos Jerónimos ou as intervenções urbanísticas em Lisboa, ajuda a compreender o seu valor heráldico (como sinónimos de construção de *qualidade*), bem como a sua integração no complexo de *soluções transversais* implementado pela *Provedoria das Obras Reais* (cfr. CARITA, H., *Lisboa Manuelina…*, pp. 70-71 e TRINDADE, L., *A casa corrente…*, p. 56). Por outro lado, parece claro que o tema dos contrafortes cilíndricos se não restringiria à arquitectura alentejana (ou coimbrã) emergindo, v.g., nos alçados boitaquianos do claustro de Belém.

[1143] Veja-se *supra* nota 957.

[1144] Cfr. DIAS, P., *A arquitectura de Coimbra…*, p. 73.

[1145] De facto e depois do trabalho de Nuno SENOS, é possível formar uma ideia comparativa (e, aliás, altamente significativa) da extensão dos aposentamentos no Paço da Ribeira, em relação ao que agora se conhece sobre o Paço de Coimbra. Assim e enquanto para os aposentos do Rei e da Rainha se verifica um claro paralelismo (cfr. *O Paço da Ribeira…*, pp. 82-83, 121, 123-124, 137-146), já os do Príncipe e Infantes parecem sofrer uma certa redução (cfr. *idem*, *ibidem*, pp. 81-82, 135-136 e 147-150). Por outro lado, no paço lisboeta providenciar-se-ia um genuíno *aposentamento das Infantas* (cfr. *idem*, *ibidem*, pp. 143-144). Quanto ao aposentamento dos funcionários curiais, masculinos e femininos, também eles parecem ter maior extensão, ocupando frequentemente duas e três casas e respectivas *logeas* (cfr. *idem*, *ibidem*, pp. 118 e doc. 26, p. 244).

[1146] Veja-se *supra* nota 965.

[1147] Veja-se *supra* nota 857.

[1148] Vejam-se *supra* notas 828 e 856.

[1149] Veja-se *supra* nota 861.

[1150] Cfr. GÓMEZ URDÁÑEZ, C., "El palacio de los Reyes Católicos…", pp. 253-254.

[1151] Efectivamente e a despeito da sua emergência no século XV, onde se detecta em Paços como os de Leiria, Sintra, Feira ou Guimarães (Paço Ducal), em associação, por via de regra à sala grande (além, naturalmente, da cozinha), é de assinalar que ainda nos primeiros anos do século XVI a chaminé estaria a ser introduzida nos paços dos comendadores da Ordem de Cristo de Ega, Granja do Ulmeiro e Silvã, neste último, contudo, como reconstrução de uma anterior (cfr. DIAS, Pedro, *Visitações da Ordem de Cristo de 1507 a 1519. Aspectos artísticos*, Coimbra, Universidade de Coimbra, 1979, pp. 58, 128 e 145). Uma significativa ilustração deste fenómeno – importante também para a morfologia dos aposentos – é a que fornecem as *casas* do bedel dos Estudos, cuja organização se ordena em 1512, quando este se encontra ainda em Lisboa, em termos que não desmerecessem "a honrra da dita vnjuersidade" e que se compunham do seguinte modo: "huma casa dianteira & huma camara *fora de* & hum scriptoreo & huma cozinha & estas casas todas sobradadas & bem repartidas cõ suas chamjnes .s. huma na casa dianteira & outª na cozinha" [BRANDÃO, Mário, CRUZ, Maria Lígia Patoilo (rev.), *Actas dos Conselhos da Universidade de 1505 a 1537*, Coimbra, Publicações do Arquivo da Universidade de Coimbra, 1968, vol. I, p. 213].

[1152] Deve-se a Ana Maria ALVES, a partir da leitura dos desenhos de Duarte Darmas, uma pioneira chamada de atenção para o valor iconológico da chaminé na prática construtiva manuelina, exemplarmente demonstrado nas famosas chaminés cónicas do Paço de Sintra (cfr. *Iconologia do Poder Real…*, pp. 90-92, nota 98).

[1153] Cfr. GARDELLES, J., "Les palais dans l'Europe occidentale…", p. 119. Também Ana Maria ALVES, na sua perspicaz investigação sobre a *Iconologia do Poder Real…*, chamaria a atenção para a importância determinante da história na eficácia da própria imagem do poder: "uma imagem de Poder totalmente nova – escreveria – é uma impossibilidade de facto. E, pelas mesmas razões, uma imagem de Poder excessivamente nova transforma-se em desprestígio e não em reforço do Poder que simboliza" (p. 11).

[1154] A tese da natureza legitimadora da propaganda régia manuelina, que ganharia foros de cidadania, teria a sua fundamental origem no já referido (e aliás excelente) trabalho de Paulo PEREIRA, *A Obra Silvestre…* Dela dissentiria apenas, recentemente, Nuno SENOS, a nosso ver argutamente, entre outras pelas razões expostas (cfr. *O Paço da Ribeira…*, pp. 208-210).

[1155] Cfr. ALVES, A. M., *Iconologia do Poder Real…*, pp. 15 e 22-24.

[1156] No estudo e inventário desta matéria são fundamentais a obra referida de P. PEREIRA (a que acrescem novos contributos do autor, como "A simbólica manuelina…", pp. 115-149 e "*Divinas Armas* – a propaganda régia, a arquitectura manuelina e a iconografia do poder", *Propaganda e Poder*, Actas, Lisboa, Edições Colibri, 2001, pp. 151-167), bem como o já citado trabalho de A. M. ALVES, *Iconologia do Poder Real…* A mesma compreensão dos factos perfilharia J. MUCHAGATO (*Jerónimos…*, pp. 21ss.). E com esta questão se relaciona a tentativa, por parte de D. João III, de canonização

[1157] de D. Afonso Henriques (veja-se *supra* nota 1063 e ALBUQUERQUE, M. de, *A Consciência Nacional Portuguesa...*, pp. 337-349).
[1157] Cfr. MUCHAGATO, J., *Jerónimos...*, pp. 22-23.
[1158] Cfr. GÓIS, Damião de, *Crónica...*, Parte IV, cap. LXXXVI, p. 238. Trata-se, com efeito, de um processo de exaltação (e transcendentalização) da linhagem régia em geral, que engloba naturalmente D. Afonso Henriques, ao qual é concedido o lugar (simbólico) eminente que ao Fundador de direito competia, mas que se estende a todo o tronco genealógico da Casa Real Portuguesa, desde logo porque constitui a melhor forma de exaltar o seu representante vivo e que teria, como exemplarmente viu Ana Cristina ARAÚJO, nos funerais de D. João II (de quem o *Venturoso* recebera directamente os direitos dinásticos), por ocasião da sua trasladação para o Mosteiro da Batalha – as "mais solemnes obsequias que ate ally foram feitas", como reportaria Garcia de Resende –, um dos seus pontos mais significativos (cfr. "Hagiografia política...").
[1159] Veja-se *supra* nota 1057.
[1160] Cfr. GÓIS, Damião de, *Crónica...*, Parte I, cap. LXIII, p. 158. Ao resumir os empreendimentos arquitectónicos do monarca, de novo D. G. reduz a intervenção em Santa Cruz à renovação das sepulturas régias: "Fez de noue no mosteiro de sancta Cruz de Coimbra ha sepultura delRei dõ Afonso Henrriquez primeiro Rei de Portugal, pola antiga em que seu corpo staua não ser tal quomo a hum tam magnanimo Rei pertençia" (Parte IV, cap. LXXXV, pp. 231-232).
[1161] Reveste, neste âmbito, especial significado o conhecimento de ter o Rei D. Duarte – a quem se deve a activação das diligências em Roma para a retoma dos ritos de coroação dos monarcas portugueses –, mandado cobrir de panos dourados as sepulturas crúzias dos seus antepassados (assim como a da Rainha Santa Isabel) sobre as quais se passaria a rezar missa, informam os *Anais de Santa Cruz* que com "tochas e cirios seendo presentes as donas e freires conversos" (respectivamente), num claro intento de canonização dos seus régios antepassados e, por conseguinte, de sacralização da linhagem real portuguesa (cfr. GOMES, R. Costa, *A Corte dos Reis de Portugal...*, p. 306). Como especial significado reveste que se deva ao *Venturoso* o início das diligências para a canonização de D. Isabel de Aragão, bem como de trasladação da comunidade monástica para novo edifício, com o óbvio intento de pôr a salvo as venerandas relíquias da sua antepassada, já então ameaçadas pelo contínuo assoreamento do cenóbio clarista (cfr. PIMENTEL, A. Filipe, "Mosteiro-Panteão/Mosteiro-Palácio...", pp. 130-132).

[1162] Sobre as intervenções urbanas manuelinas e, em geral, a revitalização da cidade, veja-se ROSSA, W., *Divercidade...*, pp. 548-600.
[1163] Deve-se a J. Branquinho de CARVALHO uma pioneira chamada de atenção (que por muitos anos não encontraria eco na historiografia) para a relação entre a reforma do mosteiro crúzio, as intervenções urbanas do *Venturoso* e a restauração do Paço ("Coimbra Quinhentista. Evocação de um século de grandezas e misérias", *Arquivo Coimbrão*, X, Coimbra, 1948, Sep., p. 8).
[1164] Efectivamente e na senda da valorização, por Reynaldo dos SANTOS, do processo de inter-influências que resultaria da expansão norte-africana (*A Torre de Belém*, Coimbra, Imprensa da Universidade, 1922), Paulo PEREIRA chamaria a atenção para a dimensão declaradamente imperial (e afirmativa em relação à Europa) do *revivalismo muçulmano* – onde, sem complexos, inclui os "contrafortes cilíndricos" –, que classifica de "único exotismo verdadeiro e consciente da arquitectura manuelina" e cujos primeiros assomos, ao nível do aparato régio, remontam a D. Afonso V e D. João II – sem prejuízo do reconhecimento da importância factual da visita régia a Espanha, em 1498, defendida por Pedro DIAS (cfr. *A Obra Silvestre...*, pp. 74-80).
[1165] Na verdade, desde os trabalhos de Ana Maria ALVES que se tornou claro que "Os reis vivem agora (desde D. João II) permanentemente em Lisboa e Évora, com digressões venatórias ou de veraneio pelo Ribatejo, Alentejo, Sintra e ocasionalmente Algarve" (*As entradas régias...*, p. 25). Neste contexto, "averiguar qual a razão deste (aparente) regresso da Corte a uma morada nortenha" constituiria, de facto, uma das nossas antigas preocupações, desde que, há mais de uma década, começámos a interessar-nos pela compreensão (integral) do antigo Paço Real de Coimbra, hoje Paço das Escolas (cfr. "Poder, Corte e Palácio Real...", p. 253).
[1166] Sobre os objectivos paisagistas da arquitectura manuelina e o papel desempenhado pelos coruchéus (e pelos contrafortes cilíndricos), veja-se a pertinente chamada de atenção de P. PEREIRA (*A Obra Silvestre...*, pp. 198-199).
[1167] Sobre esta questão – controversa, mas que nos parece não encerrada ainda (e que adquiriria, por esta via, uma indirecta confirmação) – veja-se *supra* nota 617.

[1168] Efectivamente, é a consciência do tempo histórico um dos mais claros atributos do homem *moderno*. Como sublinharia com argúcia P. PEREIRA, "em Portugal, no tempo de D. Manuel, os portugueses assimilaram a ideia de modernidade, porque assimilaram paralelamente a noção de historicidade" (cfr. *A Obra Silvestre...*, pp. 47 e 113-115).
[1169] Especificamente sobre a matriz providencialista e o *mito das origens* na imagem de poder manuelina, veja-se PEREIRA, P., *A Obra Silvestre...*, pp. 99-109; *idem*, "A simbólica manuelina...", pp. 126-128 e *idem*, "Divinas armas...", pp. 154-166.
[1170] De facto, uma vez apuradas, depois do excelente trabalho de Saul António GOMES, as origens geográficas de Boitaca, mesmo que de forma lata – "inclinamo-nos para a sua identificação como oriundo dum território linguístico franco, porventura franco-úmbrico", escreveria ("Mestre Boytac", p. 93) –, não parece temerário imaginar que a sua origem estrangeira e o conhecimento que certamente teria da arquitectura paçã da Europa meridional, tenham pesado na decisão régia de confiar-lhe a reformulação (mais do que a reforma) do Paço Real de Coimbra. E talvez não somente, visto que a sua presença se detecta também no Paço de Sintra [cfr. SABUGOSA, Conde de, *O Paço de Sintra*, Lisboa, Imprensa Nacional, 1903, p. 63 (reimpressão anastática da edição original, Sintra, Câmara Municipal, 1989-1990)] – e, pertencendo-lhe a concepção geral do monumento de Belém, pertencer-lhe-á também a do Paço Real que simultaneamente se programou (cfr. MUCHAGATO, J. *Jerónimos...*, pp. 45-46). Reconhecer-se-ia, assim, a confirmar-se a identificação, proposta por Rafael MOREIRA, de Diogo de Arruda – a quem se deve o lançamento do Paço da Ribeira e, particularmente, a construção do respectivo baluarte (cfr. SENOS, N, *O Paço da Ribeira...*, pp. 57-57) – com o "maestro Diego portuguese", localizado em Nápoles em 1485-86, ao serviço de Afonso II de Aragão e ocupado em obras de arquitectura militar (cfr. *A Arquitectura do Renascimento...*, p. 150), uma significativa preocupação de D. Manuel I com a actualidade das fontes estéticas da sua arquitectura – por muito que os objectivos ideológicos que (também) perseguia o conduzissem, como afirmaria Paulo PEREIRA, a "radicalizar o gótico" ("A simbólica manuelina...", p. 148).
[1171] Efectivamente, os indícios subsistentes, a par da obsessiva preocupação iconográfica que dominaria a prática construtiva manuelina, são sufi-

cientes, parece-nos, para intuir a existência de um programa iconográfico, destinado ao Paço Real de Coimbra, quase sistematicamente destruído pelas ulteriores intervenções.

[1172] Cfr. *Struttura e Architettura*, Torino, Giulio Einaudi Editore, ³1975, p. 302.

[1173] Cfr. CONTAMINE, Ph., "Os arranjos do espaço privado", pp. 472-473.

[1174] Cfr. CALDAS, João Vieira, "O Palácio de Belém na arquitectura da sua época", *Monumentos*, nº 4, Março/1996, p. 22.

[1175] Cfr. ROSSA, W., *Divercidade...*, p. 607. Também Vergílio CORREIA opinaria no mesmo sentido: "A ancianidade do edifício universitário revela-se ainda pela divisão dos telhados, cuja falta da unidade indica a distribuição compartimental à moda antiga peninsular, segundo a tradição muçulmana" [*Inventário Artístico de Portugal – Cidade de Coimbra*, ("introdução"), p. XX]. Em 1936, porém, em "O Edifício da Universidade...", estivera mais próximo da verdade, ao falar em "coberturas repartidas em três corpos, o mais elevado correspondendo à Sala e os laterais cobrindo a antiga área dos aposentos dos infantes, rainha e rei" (p. 133).

[1176] Com efeito, não restam dúvidas de ser contínuo, desde a sua origem, o telhado que cobria os aposentos da Rainha e a Capela. Essa condição era indispensável para que nele morresse o que cobria a ala do Regente e é ela a justificação fundamental da colocação no respectivo cume da referida estátua do Arcanjo S. Miguel, justamente por ser necessário distinguir nele a fronteira (na qual assenta) entre o sector áulico e o litúrgico.

[1177] A despeito das razões funcionais, de ligação dos aposentos régios à Capela, não foi, por certo, irreflectida esta disposição dos cómodos destinados à soberana e aos Infantes, que se conforma com o seu respectivo lugar na hierarquia do Estado (traduzido também na superior elevação da cobertura dos *quartos* da Rainha, que englobava ainda o *estudo* e a câmara do Rei, por oposição à cobertura, mais baixa, das casas dos Infantes), matéria que, por óbvias razões, sempre mereceu particular atenção na arquitectura palatina. Como não foi irreflectida a localização dos aposentos *públicos* do monarca (Sala Grande, guarda-roupa e câmara do paramento) num lugar central em relação à fachada voltada à cidade, a quem, em primeira instância, a intencionalidade semiótica do edifício se dirigia.

[1178] BRANDI, C., *Struttura e Architettura*, p. 303.

[1179] Vejam-se *supra* notas 923 e 965.

[1180] Sobre a importância que a heráldica adquire na estruturação da retórica do poder manuelina, veja-se PEREIRA, P., *A Obra Silvestre...*, p. 100 e *idem*, "A simbólica manuelina...", pp. 126-127e *supra* nota 1123.

[1181] Trata-se da legenda que ilustra as gravuras que ornam, respectivamente, os Livros 1º, 2º, 3º, 4º e 5º das *Ordenações Manuelinas*, dados à estampa em 1514, representativas do poder real (cfr. ALVES, A. M., *Iconologia do Poder Real...*, pp. 26-44). Para a simbólica régia vejam-se, além da referida obra, os trabalhos atrás citados de P. PEREIRA. O portal da capela palatina de Coimbra mereceria, contudo, uma atenção particular a este último autor, que se não esqueceria de fazer notar o claro relacionamento que, na sua formulação, uniria o escudo régio – "também ele com uma simbologia religada tradicionalmente à Paixão de Cristo" – e o que, na heráldica cristológica, encerra as Suas chagas [cfr. *A Obra Silvestre...*, p. 98; "A simbólica manuelina...", p. 145 e "A conjuntura artística e as mudanças de gosto", MAGALHÃES, Joaquim Romero (coord.), *No Alvorecer da Modernidade (1480-1620)*, MATTOSO, José (dir.), *História de Portugal*, vol. III, Lisboa, Círculo de Leitores, 1993, p. 433].

[1182] FREIRE, A. Braamcamp, *Vida e obras de Gil Vicente...*

[1183] Cfr. MARKL, Dagoberto, *História da Arte em Portugal*, vol. 6, *O Renascimento*, Lisboa, Alfa, 1986, p. 151.

[1184] Cfr. POST, H. Houwens, "As obras de Gil Vicente...", p. 110.

[1185] O assunto seria abordado por P. PEREIRA em *A Obra Silvestre...*, pp. 168-169 e nos textos que se lhe seguiram, mas sobretudo desenvolvido em "Gil Vicente e a contaminação das artes. O teatro na arquitectura – o caso do Manuelino", *Actas do Colóquio em torno da obra de Gil Vicente*, Lisboa, Diálogo, 1992. Veja-se tb. *supra* Parte I, nota 11.

[1186] Cfr. *Inventário Artístico de Portugal – Cidade de Coimbra*, p. 102a.

[1187] Cfr. PEREIRA, P., *A Obra Silvestre...*, pp. 131-132 e 171-172; *idem*, "A simbólica manuelina...", pp. 139-141 e *idem*, "Gil Vicente...", pp. 107, 112-113.

[1188] Vejam-se *supra* notas 490 e 491 e, em geral, o que sobre S. Miguel e o seu papel no triunfo sobre as forças do mal escrevemos no cap. 3.

6 ❦ Piedade e Sabedoria

Com a reformulação do programa original que resultava da supressão da ala sul – e sem pôr em causa o partido estético *manuelino* e mudejar nem, muito menos, a desejada relação semiótica com a antiga urbe, que lhe servia de cenográfico escrínio e pedestal –, o Paço Real de Coimbra incorporava, de facto, na sua morfologia, um elemento novo: o deslumbrante trecho do horizonte campestre, riscado pelo curso serpentino do Mondego, que se fruia agora do terreiro, convertido num *mirante* sumptuoso e único. Apropriação humanista da natureza e da paisagem, contaminando, nesses anos de transição estética, os últimos fulgores da arquitectura gótica[1189]; mas também, decerto, finalizados os trabalhos em 1533, espaço apetecível de lazer e desfrute, seja pelos seus moradores[1190], seja pelos escolares vizinhos da frustrada *universidade* de D. Afonso V, alojada nos *Estudos Velhos* adjacentes[1191], que invadiam com o seu bulício a vasta esplanada do edifício régio, onde tinham tomado o hábito de vir "jogar a choqua". Mas que, porém, "com bestas & espyngardas & pedradas ffazyaom muyto nojo aos telhados & vydraças dos ditos paços", como o descrevia o próprio Rei, em carta aos edis de Janeiro de 1536. Ordenava o monarca, por conseguinte, que se tirasse devassa do assunto, vedando-se aos estudantes a prática de tais actividades no terreiro real[1192]. Pouco mais de ano e meio volvido, todavia, em 24 de Setembro de 1537, era o próprio soberano – e ao mesmo tempo que se afirmava *determinado de com a ajuda de noso sñor mãdar logo começar a obra das escolas geraes nesa çidade jumto da Igja. de sã p[o]*[1193] (com esse fito reconvertendo a velha sede universitária dionisina) –, que decidia transferir para o Paço Real as aulas (e respectivas "cadeiras & bamcos") do Estudo Geral que, desde Maio anterior, funcionavam em casa do reitor, D. Garcia de Almeida, junto à Porta de Belcouce: as faculdades de Leis e Cânones e as cátedras de Matemática, Retórica e Música[1194]. Não sem recomendar, contudo, que *nã façã buracos nas paredes nem se quebre ladrilho algum*[1195].

Desse modo, reunido o conselho escolar, a 8 de Outubro, em casa do vice-reitor D. Jaime e enquanto a corporação tomava conhecimento oficial das instruções reais, decidia-se deputar "duas ou tres p[as] que fossem ver os paços de que sua alteza faz merçe a unjversidade", a fim de "ver omde melhor & mais conveniemtemente se possa ler"[1196]. Mas parece certo que a expressão pecava por excesso. Com efeito, não entendera o monarca propriamente fazer *mercê dos Paços* à Universidade; antes, movido pela pressão das circunstâncias em que, por fim, o Estudo havia transitado para Coimbra, sem dispor de edifício próprio – senão mesmo no intuito de impedir a sua unificação na dependência do cenóbio crúzio –, decidira que se instalassem no Palácio Real (a par dos outros locatários, que nem havia tempo de desalojar, nem consta que tivesse havido instruções para tal) as classes que se albergavam em casa do reitor[1197]. Tão somente. E essa será, por certo, a verdadeira razão porque as aulas se acomodam na parte *livre* do edifício – os aposentos régios –, desajustada como era, por completo, a estrutura celular da *ala dos Infantes*, e a origem de que perdurasse na memória a exiguidade dessas instalações[1198]. Reitor e lentes acomodam-se, assim, como dantes, pela cidade[1199] e é caso raro o do prestigioso canonista Martim de Azpilcueta, o *doutor navarro*, contratado pelo soberano em finais de 1538 e a respeito do qual comunicará ao novo reitor, D. Agostinho Ribeiro, em 7 de Dezembro: "E asy vos emcomendo muyto que des ordem como ho dito doutor seja bem apousentado & em boõ lugar em quãto se comcertam huãs casas que lhe eu mãdo dar para seu apousentam[to]"[1200]. Era, pois, ainda aqui, transitória a concessão. À Escola, todavia, se facultava o uso do templo palatino[1201], ao qual, de resto, ficaria afecto o ensino da música[1202], pelo que, em fim de contas, serão as faculdades de Leis e Cânones e as cadeiras de Matemática e Retórica as que realmente se alojam nos cómodos reais. Nesse contexto, tendo em vista o sector

447

A MORADA DA SABEDORIA

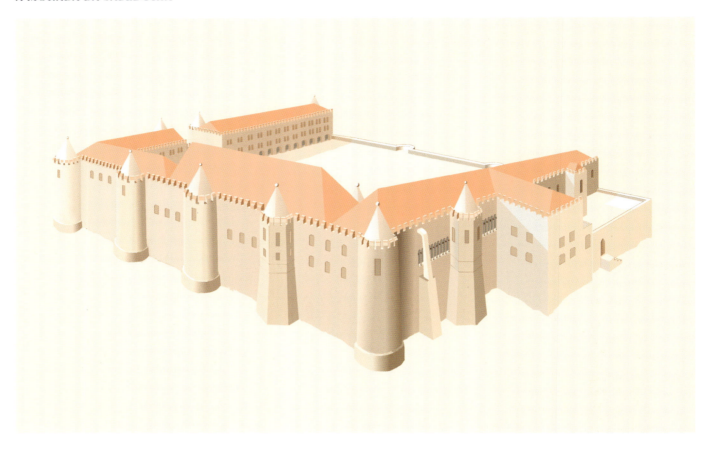

Reconstituição do Paço Real de Coimbra após a supressão da ala sul (José Luís Madeira).

nordeste do edifício, conformando-se o melhor possível à desajustada morfologia da morada régia e, certamente, buscando respeitar a determinação real quanto à integridade de paredes e ladrilhos, determinaria o Estudo, de imediato, a realização das obras indispensáveis à sua mínima funcionalidade: concretamente, a fixação nas diversas salas das *cadeiras & bamcos* trazidos de casa do reitor; isto é, das cátedras para os lentes e dos bancos dos escolares. Obras essas, de resto, que não estariam sequer prontas[1203] quando, cinco dias depois, a 13 desse mês de Outubro e ao som das charamelas[1204] a corporação fazia a sua entrada solene no edifício régio, onde nesse mesmo dia se reuniria o conselho, começando as lições, uma após outra, nos que se lhe seguiriam[1205].

Decorrera, de resto, pouco mais de uma semana desde que, a 4 de Outubro e ainda no desconhecimento do destino que o monarca lhe havia reservado, a Escola insistira, de novo, na urgência de fazer vir de Lisboa as alfaias escolares, "porquamto (escreveria) nã podia aver boa ordem sem relogio & tambem por que nã avya ornam[tos] pera se dizer a misa", determinando ao guarda da Universidade que fosse à capital buscar os "castiçaes de prata & guarda porta & panos darmar & poeira & alcatifa & mesas & todo o mais que a dita Vniversidade tem na dita cidade de lx[a]"[1206]. Desse modo, pois – e também por força da recomendação de que *o sobredito guarda nã traga o dito fato por agoa senã por terra por vir mais seguro & a mais proueito da universidade* –, a chegada dos trastes encontraria a Escola instalada já no Paço régio onde, de resto e a despeito das intenções reais de *mãdar logo começar a obra das escolas geraes nesa çidade junto da Igja. de sã p°*, a sua vilegiatura se prolongaria no tempo, enquanto o projecto das *escolas novas* evoluía, desde Julho de 1538, para uma solução mais ambiciosa (mais morosa também), a erguer na zona norte da colina, sobre o lanço da *couraça* que descia do Castelo à Porta Nova e onde o próprio monarca levaria a cabo a edificação de casas destinadas aos estudantes[1207]. Assim sendo, em Dezembro de 1539 e abrindo mão das recomendações iniciais, anuia o soberano ao pedido do reitor, concedendo: "E quãto ao relogio ey por bem que se corega como dizes e poer se ha sobre a porta da emtrada do terr.º dos paços por ser lugar mais conveniemte para iso que out.º algum & emcaregares hum homem de ho temperar & coreger"[1208]. O especioso instrumento[1209] e mesmo que a sua existência não pudesse pressentir-se *da cidade*[1210], constituía assim o primeiro sinal visível da presença do Estudo no edifício real. É certo, contudo, que apesar dos prenúncios, a *obra das escolas geraes* parecia encalhada – e outro tanto, em fim de contas, sucedia com o próprio projecto que motivara a transferência universitária de Lisboa para Coimbra.

Com efeito, a repartição da Escola entre as jurisdições do reitor e do reformador crúzio, operada com a *mudança*, acumulando este também, desde Dezembro de 1538, a dignidade de cancelário, a quem incumbia a atribuição dos graus[1211], redundaria numa contínua fonte de tensões entre os dois braços em que se repartira o velho Estudo. Por outro lado e a despeito dos encómios de Clenardo, que testemunharia, no verão de 1537, o *novo milagre* que ilustra o aprendizado das línguas antigas no Mosteiro[1212], o decurso do tempo parecia demonstrar que, pese embora a inequívoca modernidade da orientação escolar imposta em Santa Cruz sob a férrea vigilância de Frei Brás de Braga e a presença de reputados mestres, contratados a peso de ouro pelo Rei em universidades como as de Paris, Salamanca ou Alcalá, o ensino artístico se encontrava longe de alcançar os objectivos previstos, fosse pela instabilidade provocada pela conflitiva vida institucional da Escola, fosse pela própria dificuldade na contratação dos docentes estrangeiros, que obrigaria os crúzios a uma contínua improvisação em matéria de corpo docente, fosse ainda pela nociva promiscuidade resultante da presença paralela das classes de Teologia e Medicina. Mas, muito particularmente, pela ausência de internato, única forma de obter a almejada síntese de ensino e educação em que assentava a base do ideário pedagógico humanista, tal como fora experimentado nos *colégios menores* franceses e no Colégio Trilingue de Lovaina e que constituía a única via susceptível de produzir, em quantidade e qualidade, os *varões sábios e piedosos* de que o Reino carecia e que representavam a razão de fundo da própria *reforma* da Universidade e sua transferência para Coimbra[1213]. De resto, passado o primeiro impulso, o fluxo escolar retomara de novo as antigas rotas das universidades castelhanas e francesas[1214] e as denúncias sobre as carências do ensino crúzio e a "falta que ha nessa Universidade nos principios da latinidade" agudizar-se-iam, sobretudo a partir de 1541 e da nomeação do novo reitor universitário, o dominicano D. Frei Bernardo da Cruz[1215]. E com esse quadro geral se entrecruzava o crescente espectro do estrangulamento financeiro, agravado pelo próprio aumento do corpo docente e respectivas remunerações[1216]. A drástica nomeação, por parte do monarca, no ano lectivo de 1540/41, de um *director* ou *primário* dos estudos ministrados no Mosteiro, dotado de amplos poderes de índole administrativa e pedagógica[1217], constitui, assim, um primeiro sinal da nova ofensiva que se preparava e que culminaria na autonomização do ensino artístico (em relação também a Santa Cruz), com a criação do Colégio das Artes, ou *Colégio Real*, que abriria as portas a 21 de Fevereiro de 1548 (nos edifícios crúzios de S. Miguel e de Todos-os-Santos), mas que se faria preceder, em 5 de Novembro de 1543, da entrega da cadeira reitoral a Frei Diogo de Murça. E a este facto iriam suceder-se, no ano seguinte, quase em simultâneo, a extinção do Priorado-Mor de Santa Cruz, de que os necessários trâmites se iniciam em Roma em finais de 44 (com a consequente divisão do seu opulentíssimo património pela Universidade e por duas novas dioceses a criar, Leiria e Portalegre); a entrega, em Setembro desse ano, dos novos *Estatutos* universitários e, especialmente, a ambicionada reunificação do antigo Estudo Geral, consumada a 22 de Outubro e que trasladaria para o Paço, a par das *Artes* (a Matemática, a Retórica, as línguas clássicas e as Humanidades), as faculdades *maiores* de Teologia e Medicina[1218]. E é só então, abandonado já, por sua vez, o programa das *escolas geraes*[1219] e por esse modo dilatada a permanência da Escola na moradia régia que, cedendo uma vez mais às circunstâncias, o monarca contemporiza, enfim, com que se façam buracos nas paredes e se quebrem os ladrilhos onde necessário[1220]. Como é também então que manda *despejar* e entregar à Universidade todo o edifício.

Efectivamente, na mesma data em que ordenava a transferência para o Palácio Real das aulas que funcionavam em Santa Cruz, comunicava o Rei a Frei Diogo de Murça: "E escreuo a v.co Ribeiro que loguo faça despejar os paços de todas as pesoas que nelles pousam tiramdo dom ant.º da silua & J.º gomez da silua & o doutor navarro. & que vos entregue as casas dos ditos paços. & encomendouos que logo ordenes geraes pera lerem os lentes que am de vyr de santa cruz". E sublinhava: "vede se ha hy casas em abastança pera geraes sem se despejarem as pesoas acima nomeadas & avendo as hy ordenay logo as casas em que leam e nã avendo casas em abastança escreuerme es as que faleçem & como se poderam remediar pera eu a ello prouer como ouuer por bem"[1221]. A par, pois, de Martim de Azpilcueta, o *doutor navarro*, hospedado no Paço havia quase cinco anos, enquanto se não *consertavam* as casas que o monarca lhe prometera, estendia-se também a protecção real aos jovens D. António da Silva e João Gomes da Silva, estudantes-fidalgos certamente, frequentando a Universidade, respectivamente filhos do conde de Portalegre e do regedor, como assevera Figueiroa[1222] e cuja situação D. João III buscava acautelar. E se no primeiro caso, face à elevada hierarquia da personagem em questão e à expressa recomendação do soberano, ao prelado D. Agostinho Ribeiro, de que "ho dito doutor seja bem apousemtado & em boõ lugar"[1223], não custa admitir que lhe tivessem sido concedidos os antigos cómodos do bispo-capelão, que a tradição consagraria como morada de eminentes professores[1224], tudo indica que fosse o *paço do muro*, a antiga ala dos oficiais (depois das damas) e o corpo onde pousara, outrora, a enigmática *D. Maria de Vallasco*, o aposento dos restantes. Corpo esse, na verdade, onde em 1545 subsistiam habitantes que o próprio Vasco Ribeiro confessava "nom lançara fora por me parecer que as ditas casas nom serviam a ninguem". A saber: o "filho do mestre Nicolao", "hum filho de Antonio Marquez seu contador", mas também "João Moreno" e "Francisco Marques", a respeito do qual o vedor assegurava ser *bom homem e dos bons estudantes que ha nesta terra*[1225]. E onde, seis meses antes, o próprio Frei Diogo de Murça concederia ao "mestre p.º de figeiredo" *tres entresolhos pera nelles pousar*[1226]. Gente essa, afinal, relacionada toda com os Estudos e usufruindo, por essa via, da protecção real. E se o monarca ocultava algum projecto para tal sector do Paço, não era decerto o de organizar nele *casas em abastança pera geraes* mas, como o mesmo vedor informaria, o de, ao serviço da rede colegial que buscava implementar, "mandar agasalhar frades nos ditos aposentos das damas e nos paços do mouro"[1227]. Não passava, pois, pelo *despejo* dos hóspedes reais (de imediato, ao menos) o *remédio* para a instalação da Escola, cujas aulas, como até aí, se continuaria a acondicionar nos aposentos régios, com mais largueza agora, apesar de tudo e mau grado a sobrecarga resultante da trasladação das faculdades *crúzias*, desde que o soberano disponibilizara o Paço inteiro e esquecera as recomendações de que *nã façã buracos nas paredes nem se quebre ladrilho algum*.

Efectivamente, desde meados de 1544 – meses antes, pois, de que a ordem régia de 22 de Outubro desse ano consagrasse a reunificação do Estudo – que se detectam, nas contas da Universidade, os gastos relacionados com "ha mudança das escollas que estauã no mostr.º de santa cruz pera os paços del-Rey", em particular com a "côpra de mad.ª & tauoado & officiaes"[1228], atestando por esse modo, na moradia real, o labor de carpinteiros e alvenéis. É, contudo, o registo, a 27 de Junho, dos gastos com "tres duzias de tauoado de castanho (…) pera as obras do estudo que se fazem em ha salla pera os autos dos bachareis"[1229], obras essas com as quais se relacionam ainda as dezasseis dúzias de taboado de castanho averbadas em Novembro seguinte "pera o teatro & outras cousas necessarjas"[1230], que documenta a incorporação na geografia escolar da antiga *Sala Grande* e sua adaptação, pela construção do aludido *teatro*, às exigências universitárias. Sala, na verdade – a *salla dos paaços & estudos*, como é designada –, cuja presença na documentação emerge continuamente desde

1545, como local onde (também) se réune o conselho universitário (ou antes, os conselhos: o *conselho-mor*, o *de conselheiros* e o *de deputados e conselheiros*) mas, especialmente, "donde se fazem os autos pubricos", ao mesmo tempo que, numa organização fortemente constrangida por limitações espaciais, "omde se agora le"[1231]. E na qual, de facto, avultaria doravante, entre os bancos reservados aos doutores (nos *autos pubricos* e dias de conselho) e aos escolares, talvez, quando se *lia*[1232], a nova cátedra, imponente, obra de vulto certamente, realizada por "nicolao leterado frances m.te de macenarja", o qual "per m.do do dto sõr Reitor auya feito ha estante pera o m.te do canto" (assim se lhe refere a documentação) e que, na verdade, em Janeiro de 45 se acharia "posta na salla dos paços del-Rey noso sõr como estaua ja posta em sua perfeiçã cõ seu fecho mourisco & tiradouro" e assente em seu local pelo "m.te das obras delRey", Jerónimo Afonso[1233].

Desde a transferência das faculdades *crúzias*, todavia, nos dias que se seguem a 22 de Outubro do ano anterior, que se acumulam os registos com as despesas relativas a *bancos & estantes* para equipar as salas de aula, nos aposentos da Rainha, e com a trasladação, de Santa Cruz para o Paço, dos *teatros* que mobilavam os gerais monásticos e respectiva (re)montagem, realizada uma vez mais sob a direcção do *m.te das obras delRey*, Jerónimo Afonso[1234]. A par, contudo, sucedem-se as intervenções na própria estrutura do edifício, que iriam prolongar-se, de resto, pelos primeiros meses do ano seguinte. O Estudo incorporava agora, de igual modo, as trapeiras superiores, o antigo aposento das damas e criadas da soberana, onde se "alimparã duas casas da caliça & tijollo de huns frontaes que ho dto sõr Reitor mãdou tirar pera ficarem mayores aulas", ao mesmo tempo que se pagaria a "quatro homens trabalhadores que alimparã o terreiro dos paços da erua pedra & outras cousas pera serujntia das escolas"[1235]. Enquanto isso, no piso principal, assentava-se um portal *na varãda pera o caracol* e dispendiam-se verbas em "trestalhar a varanda", em "cerrar de pedra & cal ha seruentia da escada per que se seruja a varãda", em "entulhar a dita escada", com "ant.o frz. de dous ferrolhos grandes que fez pera huma pta que se fez pera ffechar a p.ri.m.a varanda pera a latinidade hum pera fora & out.o pera dentro", com "hum portal que se abrjo no cabo das varandas", com "os portaes que se abrjrã nas varandas de baixo & nos que se cerrarã em as casas de cimaa pera as escolas da latinjdade", com "hum portal dos dous que se ab.ri.rã na varanda", com "huma mea ginella que se tapou na varanda", enfim com "duas armellas grandes pera o ferrolho da pri.m.a planta das varandas"[1236].

De facto, pressionado pela necessidade de dar guarida às faculdades que haviam funcionado em Santa Cruz, Frei Diogo de Murça lançava mão, não apenas do piso superior, sob os telhados, mas da antiga varanda da Rainha, cujos lanços (o *de cima* e o *de baixo*) repartia em outras tantas salas de aula, que isolava, na medida do possível, pelo encerramento, por via da colocação de um portal, da respectiva escada (de que anulava também, parece, a comunicação com o piso inferior), ao mesmo tempo que lhes estabelecia novas e mais cómodas serventias, independentes decerto, a partir da *Sala* da soberana, ao longo da qual aquela se estendia e que constituía o seu único acesso. E nas quatro dependências por esse modo obtidas – as *varandas de baixo* e as *casas de cimaa* (que já sabemos serem duas, referidas na documentação como *geraes de cima*[1237], obtidos por remoção dos velhos *frontaes* ao antigo dormitório e separadas, por certo, pela "casa que ysta sobre a escada da dita senhora", subsistente das obras manuelinas[1238]) – instalava as *escolas da latinjdade*. Paralelamente, na que fora *antecâmara* da Rainha, estabelecia a Dialéctica, como ilustra a despesa então feita em "forrar ho vão que esta entre ho coro & a classe em que se lee ha dyalectica" e que mais não era que a tribuna que deitava outrora da sua *câmara do paramento* sobre a nave da Capela[1239].

Assim, pois, a antiga *Sala* da soberana, a vasta e magnífica quadra que flanqueava a *varanda*, entestando com a fachada norte do Palácio e em cujo tecto, de ricos artesoados mudejares, se divisava o belo *tondo* heráldico de D. Maria de Castela[1240], configurar-se-ia como o sumptuoso vestíbulo do conjunto das classes universitárias. Mas, desde logo, dos *gerais* que definiam a faculdade de Artes, ela mesma, por seu turno, antecâmara das restantes, que curricularmente antecedia. Era, de resto, enquanto faculdade *menor*, a que registava a mais ampla frequência, pelo que se justificava a sua situação, que o reitor Murça habilmente lograra organizar.

Porta e escadas de acesso aos gerais universitários e cubelo do Paço onde se instalariam o relógio e respectivo sino (porm. da grav. de Hœfnagel)

Quanto à *Sala* propriamente dita, espaço nobre como evidentemente era no complexo escolar, reservava-se-lhe uma função polivalente, sempre porém no quadro das grandes solenidades académicas[1241], aí decorrendo, em 1556, actos públicos como as *oposições* do celebrado canonista Martim de Azpilcueta, ou do não menos famoso lente de Medicina, Alonso Rodriguez de Guevara, bem como reuniões do(s) conselho(s), que as fontes registam nos anos de 1555, 56 e 57[1242]. E tudo indica que date deste período, pese embora a ausência de informações concretas, entre as muitas verbas relativas a pedreiros e *serujdores* (e, desde logo, ao já referido Jerónimo Afonso) não descriminadas na documentação universitária[1243], a porta e respectiva escada de ligação ao pátio, que avulta claramente na *vista* de Hœfnagel e que, de facto, se tornava indispensável na autonomização do sector escolar em relação ao conjunto palatino[1244]. Da *Sala da Rainha* se acedia, aliás, no piso alto, mas no que havia sido outrora a *câmara de leito* do monarca, por meio da escada que comunicava os dois *estudos*[1245], à casa dos *exames privados*, aí instalada possivelmente desde a primeira hora, cujas referências, embora escassas, emergem desde 1554 e que, tudo indica, servira igualmente, nos anos iniciais, quando a Escola se circunscrevia ao estreito núcleo dos aposentos régios, de *sala do conselho*[1246]. No corpo de poente, pois, a antiga ala edificada pelo Regente D. Pedro, perpendicular ao primitivo recinto pação, se alojavam (na *câmara de leito* da soberana e nos aposentos das Infantas), os *gerais* das restantes faculdades, as escolas *maiores* de Teologia, Cânones, Instituta, Leis e Medicina, que todos deixam lastro na documentação escolar. Pesa, contudo, um inescrutável silêncio sobre a sua situação e é apenas a respeito do último que as fontes nos informam que a "casa onde se lee a faculdade de medecina (…) fica na derrad.ª quadra dos paços da parte do ryo"[1247].

É certo, todavia, que sabemos também que no *geral* de Teologia, dotado como o da Dialéctica de cadeiras novas com a trasladação[1248], se usava fazer os actos públicos dessa faculdade, ao mesmo tempo que, recorrentemente, aí se reunia(m) o(s) conselho(s)[1249]. E que outro tanto sucederia com o *geral* de Cânones onde, porém, não ficaria memória da realização de provas públicas[1250]. Inversamente, tanto o de Instituta como os de Leis e Medicina, igualmente provido este último de um *teatro* novo[1251], mais não parecem ter sido que cenário das respectivas lições e dos actos de posse dos seus lentes, o que talvez indiciará recintos de menos amplas dimensões[1252]. Neste contexto, não será porventura aventuroso em excesso presumir a maior importância espacial dos *gerais* de Teologia e Cânones, desde logo pela maior frequência das respectivas faculdades, mas sobretudo a sua precedência morfológica (porque também protocolar) sobre os de Leis (incluído o de Instituta) e Medicina, a qual, vimos já, ocupava a *derrad.ª quadra dos paços da parte do ryo*, isto é, o extremo ocidental do flanco sul da *Ala do Regente*. E, a ser assim, é bem provável que a Teologia se albergasse na casa que fora a *câmara de leito* da Rainha, dependência certamente nobre, justificativa da sua frequente utiliza-

ção por parte do(s) conselho(s), à qual se seguiria, assim, o *geral* de Cânones e, após ele, no último segmento desse corpo, os de Instituta, Leis e Medicina (voltado a sul). Talvez, pois, que algo da compartimentação ilustrada no plano térreo dessa ala, figurado na planta setecentista a que, inúmeras vezes, temos recorrido, repercuta a ordem superior da distribuição das salas escolares – e, por essa via, dos antigos *quartos* das Infantas.

Como quer que fosse, eram estas dependências comunicantes entre si, sem serventia autónoma, presas à velha orgânica residencial do aposento régio, de que nem a pertinácia ordenadora do reitor Murça as lograria libertar, mesmo que Coelho Gasco, em 1666, não deixasse de realçar a "magestade, e alteza de suas altas, e grandes sallas, que servem de Geraes"[1253] e de usufruírem, ao menos em parte, do antigo eirado que acompanhava os velhos aposentos pelo lado sul. Mas representava, não restam dúvidas, uma obra-prima de organização. Era o que reconhecia o Rei, logo em Janeiro de 45, ao afirmar a Frei Diogo: "vy a carta que mescreuestes sobre a ordem que teuestes em repartir as casas deses meus paços pera os lentes desa vniversidade lerem suas lições. & dos geraes que pera cada huma das faculdades odenastes. & do gasalhado & asemto das escollas de baixo cõ as de çima de que me enuiães muy larga relaçam & crede que reçeby m.to prazer & contentamento de saber as particularidades que muy per extenso sobre ysso mescreues. Estaa tudo muyto bem feito. E vos agradeço muyto o trabalho que niso leuaes & a deligencia & vomtade com que sey que o fazes"[1254]. É certo, porém, que se tratava de um organismo complexo em extremo e de laboriosísima funcionalidade. E talvez radique nesse facto a razão do zelo contumaz com que, nas *actas dos conselhos*, se perseguem os lentes refractários ao cumprimento dos horários lectivos, rigor indispensável, com efeito, à difícil harmonia funcional das múltiplas lições. E, desse modo, a origem da súbita transumância do relógio escolar, que havia apenas cinco anos se instalara sobre a porta de entrada do terreiro[1255] – mas que entretanto se desconcertara, parece, definitivamente.

Com efeito, em 19 de Janeiro de 1545 avaliava-se, na presença de Frei Diogo de Murça, "o que valia hum relogio que ho dito sõr Reitor tinha m.do fazer a p.º fr.co outro sy seralhr.º (…) o quall relogio he de m.ª hora pera os lentes & as p.as que hã de ler suas lições & ter suas desputas por ser m.to necesarjo pera os d.tos autos". O novo instrumento achava-se então já "asentado em seu logar"[1256] e, no mesmo dia, expedia-se um caminheiro à vila do Espinhal, a "chamar ho sin.ro pera fazer ha cãpaã deste relogio". Os gastos com o "syno do relogio atras", bem como (com o serralheiro) com os "engenhos do relogio", seriam liquidados a 15 de Fevereiro imediato[1257]. Antes, porém, a 23 de Janeiro, pagava-se a Jerónimo Afonso e aos seus oficiais os "seis dias desta semana que serujrã em ho repartim.to que se fez na torre do relogio", obra que, obviamente, se encontrava concluída também e a respeito da qual se haviam já satisfeito, treze dias antes, as despesas feitas em "desentulhar hum cobello da parte do pateo", dando-se por findo o trabalho de "limpar o terr.º da

Representação da antiga torre do relógio (Claude Laprade, sobreporta da escada de acesso à torre, porm.)

Ventanas e cúpula da torre do relógio da Universidade. João de Ruão (Pier M. Baldi, porm.)

A MORADA DA SABEDORIA

Torre do relógio do Colégio Fonseca de Santiago de Compostela, Mateus Lopes, 1598. ((Y20) 161)

terra do cobello" no dia 21 do mês imediato[1258]. Entendera, pois, Frei Diogo de Murça, trasladar a localização do relógio, substituindo-o de resto nessa operação, para mais próximo do recinto escolar, a fim de melhor regular o seu funcionamento, ao mesmo tempo que o provia de cãpaã. E servia-se, para esse fim, do antigo cubelo, *do lado do pátio*, que abrigava a escada privada do monarca e que certamente altearia, criando-lhe, ao nível superior, os *repartimentos* necessários à acomodação dos respectivos mecanismo e sino. E por esse modo inaugurava, sem saber, a (escassa) tradição das torres horárias escolares[1259] e a estirpe onde, dois séculos mais tarde, entroncaria a que hoje se conserva e que projectaria, no século XVIII, o arquitecto italiano António Canevari[1260].

Não resistiria, porém, por muito tempo, a solução adoptada pelo reitor Murça[1261]. Em 20 de Maio de 1561, afastado já o prelado, havia quase seis anos, do governo da Escola, contratava esta com o pedreiro João Luís a feitura de uma nova torre, a erguer de raíz, junto ao ângulo noroeste, "p.ª trasa e debuxo" de João de Ruão[1262] – o mesmo *francês* a quem se confiara, anos atrás, a obra que vinha coroar a missão de que D. João III encarregara Frei Diogo, ao entregar-lhe a direcção da Universidade: o *Colégio das Artes*[1263]. Torre essa, de alvenaria, vincada a cantaria nos cunhais, provida de *cimalhas*, *abas*, *arquo grande* e *pequeno*, *sancas*, *abobada* e *remate*, que ainda dois séculos volvidos, na iminência de fazer-se a nova, seria reputada como a "milhor obra que tinha aquela ci.ᵈᵉ"[1264]. E de que o derradeiro troço – as ventanas, a cúpula de arestas e a *alta grimpa*, riscando o céu –, parecem divisar-se, acima dos telhados, no panorama seiscentista de Pier Maria Baldi[1265]. Por ora, contudo, o *cubelo do Rei* parecia resistir ao esforço acrescido que lhe era pedido e que, de resto, se não limitaria a abrigar o relógio e a cãpaã, pois sabemos que ainda em 1560, nas vésperas da erecção da nova torre, decorriam na "casa do sino, por ser clara e boa", as dissecções de anatomia[1266]. Mas, sobretudo, o Estudo apropriava-se, a pouco e pouco, de todo o Paço Real.

De facto, em virtude, por certo, de ser clérigo regular e de não existir em Coimbra colégio ou convento da sua obediência (a despeito dos esforços do soberano, desde 35, de promover a instalação de "hum colegio nesa çidade da ordem de sam Jeronimo"[1267]), senão mesmo com o fito de permitir-lhe vigiar de perto o funcionamento da organização escolar, autorizaria o monarca o aposentamento de Frei Diogo de Murça na residência régia. Abundam, na verdade, as referências às "casas dos paços dellRei nosso S.or onde ora pousa o S.or frei d.º de murça Rector" e aos "apousentos hõde ora esta o S.or frej d.º de murça Rejtor"[1268]. Mas é a referência à "varanda dos paços dellRei nosso S.or onde ora pousa o R.do padre frei d.º de murça"[1269] que permite a sua localização. O prelado alojara-se, pois, nos antigos *aposentos dos Infantes*, cuja estrutura modular, verdadeiramente celular, aproveitaria também, seguramente, para albergar o pequeno grupo de frades jerónimos que se sabe ter trazido e instalado em dependências do Palácio[1270] – se não mesmo um outro grupo de beneditinos que *criou consigo*[1271]. E os seus *pagens* ainda, certamente[1272]. E nessa zona se organizaria igualmente a nova *casa do conselho*, a cujo expediente, com efeito, devemos as contínuas referências aos aposentos do prelado. Efectivamente e no que diz respeito às reuniões do(s) claustro(s), desde a assunção, pelo monge hieronimita, da borla reitoral, que sabemos da existência, no edifício pação, de uma "casa dos estudos pera yso hordenada". Casa que se não confunde com aquela "onde se fazem os exames priuados" – a qual, vimos já, seria instalada, desde 1537, na que fora *câmara de leito* do monarca, no extremo oposto do corpo setentrional do edifício, tudo indicando ter servido, nesses anos iniciais, de *sala do conselho*[1273] –, em função da qual seriam liquidadas, em 24 de Janeiro de 1545, as despesas com a "cadr.a & escabellos do cõselho"[1274] e que surge agora invocada com referência às "casas dos paços delRei nosso S.or onde pousa o S.or frei dj.º de murça Reitor sendo elle presente na casa donde se faz o Cõselho da vniversi.de"[1275]; *casa* essa, aliás, que se destinaria ainda ao expediente dos assuntos económicos das Escola, porquanto se lhe alude na dupla natureza de "casas (…) onde se faz o despacho da fazda & cõselho da vniversi.de"[1276]. E, com efeito, a menção feita ao reitor e respectivos conselheiros "sahyndo do cõselho na casa de fora", em 16 de Março de 1547[1277], permite vislumbrar a existência, não de uma, mas de duas dependências, concomitantes, servindo respectivamente de assento dos(s) conselhos(s) e de despacho da *Mesa da Fazenda*. As mesmas, em fim de contas, em relação às quais, em Novembro de 1595, seriam contratados os pintores conimbricenses Manuel Pais e António Ferreira, a fim de "pintarem as duas casas do c.º e a da faz.da e a entrada dellas", cujos tectos então "se renouarão" e que deveriam ornar de "brutesco, cõ algumas feguras que por ordem da mesa lhe forão declaradas"[1278]. E que, por conseguinte, não parecem ser outras senão as duas *câmaras* que, *por serem mayores*, constituíam outrora os aposentos do Príncipe[1279], no extremo da *ala dos Infantes*, com acesso pela *varanda* onde, justamente, se haviam estabelecido Frei Diogo de Murça e os frades jerónimos que o tinham acompanhado na sua vilegiatura coimbrã e beneficiando, por via disso, de acesso independente do exterior, por intermédio da escada que corria junto à *porta-forte*[1280]. E não custa a crer que em baixo, no piso térreo, nas *logeas* desse corpo, funcionassem as "casas dos paços delRei noso Sõr onde esta asentada a impresão da vniversidade", que a documentação igualmente refere[1281]; e que nas suas imediações, nos *aposemtamemtos que estam debaixo da sala d'el Rey* onde, em tempos, se alojavam *ho amo e Gaspar Gonçallvez e Pero Carvalho*[1282], ficassem as "pousadas dos paços delRei nosso Snõr onde eu sprivão ao presente pouso", que as *actas dos conselhos* se não esquecem igualmente de referir[1283]. E é por tudo isso que não parece poder aceitar-se a tradição, veiculada no século XIX por Barreto Feio, segundo a qual a primitiva *Livraria* universitária estivera instalada "ou por baixo da via latina, na casa ora chamada das obras, ou em parte do andar inferior dos paços, para o qual se entrava pela rua do Norte; e de que as estantes de boa madeira, bem pintadas, ainda existentes alli nos quartos para onde, ha pouco, se mudou a secretaria da Universidade, foram da antiga livraria"[1284]. Tradição, aliás, da qual dissentiria Rocha Madahil, em estudo porém interrompido e que, desse modo, ocultaria para sempre as razões da solução que advogaria[1285]. Haverá, pois, que reunir os dados disponíveis sobre a biblioteca universitária, único meio de desvendar o mistério da sua localização.

Remontam ao *Estudo* de Lisboa as origens da *livraria* da Universidade, a qual, organizada ainda no decurso do século XV, incorporaria em 1513 o vultuoso legado do antigo lente canonista Diogo Lopes. Sabemos, de facto, que a 26 de Fevereiro desse ano, o *recebedor* da Escola, Fernando Afonso, fazia entrega de "cincoenta e oyto volumes de liuros de theologia canones e lex e artes que leyxou o L[do] dj[o] lopez por sua morte ao dicto studo todos encadernados & bem asi entregou setenta livros de toda stientia que estauã na dita liurarja nas scolas velhas"[1286]. Cento e vinte e oito volumes, pois, na totalidade[1287], que no novo edifício, oferecido por D. Manuel I, a corporação instalaria numa casa térrea, em 24 estantes, ordenando-se ainda, em 1534, ao competente guarda, o bedel Nicolau Lopes, depois de feito o respectivo tombo, que a "arca em que estão os papes da vniversidade (…) se ponha na liuraria do dito estudo", visto "se achar por enformação que esteue sempre na dita liuraria"[1288]. Biblioteca e cartório ocupavam, por conseguinte, no Estudo de Lisboa, a mesma dependência. Com a trasladação da Escola, porém e sua divisão entre as casas de D. Garcia de Almeida e Santa Cruz – e entre as manobras dilatórias opostas pelo derradeiro reitor da capital[1289] –, tudo indica que a transferência dos livros se tenha retardado (como a dos outros trastes) e é somente em 1541 que, em carta para o prelado universitário, D. Frei Bernardo da Cruz, de 4 de Julho, afirma D. João III: "E quãto aa liuraria que mãdey pera esa vniuersidade & dizes que ate ora senam pos nas escolas avendo dyso m[ta] neçesidade, vos vos emformay de nicolao leitã que leuou os ditos liuros & vede as casas dos paços & escolhee a que milhor & mais aucta vos parecer pera estar a dita liuraria & eu escreuo a v[co] Ribeiro que vo la de & mãdo prouisam pera o R[dor] da vniuersidade fazer as estantes pera os ditos liuros estarem p[la] ordenança que vos bem parecer"[1290]. E, com efeito, já em 17 de Junho (no momento, talvez, da expedição dos livros), o monarca comunicara a Nicolau Leitão, *recebedor* do Estudo: "& asi uos mando que façaaes fazer as estantes que forem necessarias p[la] ordenança que ho bpo Rector disser pera estar a liuraria da uniuersidade na casa dos paços que elle pera isso escolher"[1291]. Poucos meses volvidos, todavia, a 26 de Outubro, em nova carta para o prelado, determinava o Rei, entre várias questões: "e quãto ao (…) calçar da rua & çisterna & liurarya se fara como hy ouuer dinh[ro]"[1292]. E o rasto do assunto perde-se por completo, nos anos que se seguem, até que, em 21 de Janeiro de 1545, entre as obras dinamizadas no Paço Real por Frei Diogo de Murça, com a reunificação do Estudo, se regista o pagamento "a martym ferr[ra] de duas chaues & cõcertar as duas fechaduras pera a liurarja & outra porta cõ suas armellas", emergindo de novo, a 31, o "ferrolho que se cõcertou velho pera a liurerja"[1293]. E, a 5 de Novembro, uma carta régia empossava, *seg[do] forma dos estatutos*, o futuro historiador Fernão Lopes de Castanheda (provido também, havia pouco mais de um mês, como bedel da faculdade de Artes[1294]), por "guarda do cartorjo & liuraria da dita vnjuersidade", funções a que acrescentaria ainda o encargo das *cousas da impresão*[1295]. E apenas então, na verdade, se terá procedido à eleição da casa *mais aucta* para receber os livros da Universidade.

Com tudo isso, porém, a *liuraria*, que o monarca afirmava em Julho de 1541 ter enviado para Coimbra, não faria a sua entrada no Paço Real antes de Março de 47, quando Nicolau Leitão faz, enfim, a sua entrega[1296]. Só depois disso, de facto, a obra das estantes se terá levado a cabo e só no ano seguinte a Escola encararia a colocação (nelas e nos livros), de *cadeias e varões*[1297], vindo, ao que parece, a ser enriquecida em 1554 com o espólio do lente de prima de Leis, o alemão Fábio Arcas, falecido em Junho desse ano[1298] E é também a partir de 1548 que se torna possível comprovar o trabalho que acarretava a Castanheda o seu ofício de *guarda da livraria* que, explicaria o próprio, "he abrir a porta della cada dia duas vezes & de cada huma delas ade estar aberta duas horas & per[a] se na liuraria não fazer o que se faz em outras que he arancarem se as folhas dos liuros riscarenos & daneficarenos he neçesareo estar elle presente cada vez ou ter hum homem que olhe por iso & hasi ade ter os liuros linpos per[a] que não emvelheção & desempoados per[a] que se não comão do bicho"[1299]. Não assim, todavia, o de *guarda do cartório*, fundo que em Lisboa, como vimos, se guardava na própria biblioteca. Este, com efeito, conservara-o na sua posse o reitor Murça, nos seus quartos da *varanda dos Infantes*, certamente desde que assumira, em 43, a direcção da Escola[1300]. E dele não parecia disposto a separar--se. Na verdade e a despeito da provisão régia que, em 26 de Fevereiro de 1554, autorizava o frade jerónimo a "mandar cortar nas matas da vniversidade todo o taboado & madeira que for neçesaria pera as obras do Collegio de sam paullo (cuja construção patrocinava, sobre o edificio dos *Estudos Velhos*) & pera o cartorio da vniversi.de que per meu mandado faz"[1301], ainda no ano seguinte, em inícios de Novembro, insistia Castanheda junto do conselho (invocando os *precalços* que perdia), "que lhe mandassem emtregar o cartorio da Vniversi.de por ser elle guarda delle", que "lhe desem casa onde recolhese o dito Cartorio" e que se mandassem "fazer os almarios em que o dito cartorio se metese". E insistia o conselho junto de Frei Diogo[1302] que, de resto, cessara já a 28 de Setembro as funções de reitor[1303], transferindo-se (a si e aos papéis do cartório, escudado numa provisão que possuía e o autorizaria a tal[1304]) para o colégio adjacente de S. Paulo[1305]. Em vão. Por fim, visto "ora esperarem por o doutor baltasar de faria que vem visitar a vniversi.de por mandado de S. A. & não terem certeza se traz prouisão per.ª [as] escollas geraes se fazerem em outro lugar asentarão que a eleição da Casa do Cartorio se defira ate sua vinda & que cõ elle se tornara cõclusão no caso"[1306]. A esperada *visita* do reformador, destinada, entre outras matérias, a colher elementos para os novos *Estatutos*, decorreria entre 19 de Fevereiro e 1 de Agosto de 1556[1307]. Volvido quase um ano, a 22 de Junho de 1557 e falecido já o *Rei Piedoso*, ordenaria a Regente D. Catarina que os documentos na posse de Frei Diogo de Murça se recolhessem em arcas fortes, seguras e bem fechadas, no Colégio de S. Paulo, *enquanto o cartorio se não mudar ha casa que pera iso se hade fazer nas escollas*, elaborando-se em duplicado um inventário da documentação, na presença do prelado e dos conselheiros da Universidade, ficando um dos tombos numa das arcas e outro em posse do reitor e repartindo-se as chaves de cada uma, em triplicado, pelo frade jerónimo – *em quanto tiver cargo do ditto collegio* –, pelo reitor e pelo lente de prima de Teologia[1308]. E é apenas em 12 de Novembro de 1558, passado mais de um ano, que, por "não ter ja idade nem estar em disposição pera ter em seu poder o cartorio (…) e por elle requerer que ho desobrigue diso", a Rainha determina que o lente de prima de Teologia e o escrivão do conselho tomem conta dos *papeis*, os quais deveriam "meter em huma arca pera nella estarem em quanto não ouuer cartorio ordenado pera elles"[1309].

É certo, porém, que os novos *Estatutos*, outorgados em 1559, continuariam a ligar os dois oficios de "guarda do cartorio e livraria" e que, a respeito daquele, prescreveriam: "averá nas Escholas huma casa boa e forte junto da do conselho, que sirva de cartorio". E acrescentavam: "Nesta mesma casa do cartorio, avendo nela lugar, se porá toda a tapeçaria e qualquer outra fazenda movel da Universidade que comforme a estes Estatutos não ouuer d'estar em poder dos officiais"[1310], o que parecia associar, na mesma dependência, as funções de *cartório* e *guarda--roupa*. Como é certo que, na sua visitação, nos quase cinco meses que em Coimbra passara em 1556, Baltazar de Faria "vira alguns sitios desta cidade onde melhor e mais comodamente se pudessem fazer as escolas gerais e alguns colégios e açougues e outras obras necessárias"[1311] – e que nesse programa pensaria D. Catarina (e não no Paço) ao determinar a conservação do cartório na posse de Diogo de Murça enquanto não estivesse pronta a *casa que pera iso se hade fazer nas escollas*. Como certo é que, uma vez mais, também esse projecto se diluiria em fumo. Em finais do século, contudo e do mesmo passo que se levava a cabo a separação das funções de *guarda da liuraria* e *do cartorio*[1312], novos *Estatutos*, consagrados por Filipe I em 1591, introduziam também alterações na estrutura desta última repartição, ao acrescentar sobre o texto antigo ("averá nas Escholas huma casa boa e forte junto da do conselho, que sirva de cartorio") a determinação: "auerá outra casa que tambem estará a cargo do dito guarda, em que elle guardará toda a tapeçaria, & qualquer outro mouel da Vniuersidade, que cõforme a estes estatutos não ouuer de estar em poder de outros officiaes"[1313]. Recomendação esta que sobreviveria, palavra a palavra, nos textos de 1597 e 1612 (confirmado por D. João IV em 1653), o último dos quais se manteria em vigor até aos *Estatutos* pombalinos de 1772[1314]. Do que, porém, fora entretanto o cartório da Universidade, grandemente engrossado com a incorporação da documentação ligada ao priorado crúzio, testemunha eloquentemente o lamento de André de Avelar, dirigido ao reitor Afonso Furtado de Mendonça, na sequência do encargo que lhe confiara, em 1598, de o organizar: "Confesso a v. m. estava elle tal, e em tal confusão posto, que com muita rezão pudera eu recusar o trabalho de o ordenar". Mas concluía: "Está o Chartorio oje ordenado e posto em tais termos que não ha nelle cousa fora de seu devido lugar. E para que se saiba bem o que a Universidade tem, como o houve e em que partes do Reino o possue, fiz este piqueno tratado que intitulei *Livro do Chartorio da Universidade*, pelo qual mui facilmente e com muita prestreza se achará tudo o que nelle se buscar, sem ser necessario revolver livros nem papeis. V. m. o acceite para debaixo do seu emparo lhe não poderem fazer mal os homens nem o tempo"[1315]. O *piqueno tratado*, que ainda se conserva[1316], constitui de facto um modelo de organização mas, sobretudo, testemunha a realização, com mais de quarenta anos de atraso, dos *almarios* que Castanheda em vão solicitara. Efectivamente e como o próprio André de Avelar afirmaria, ao tratar da *Ordem do Chartorio*, "Diuidese este Chartorio em duas partes principaes a primeira consta de caixões e a segunda de almarios. Na primeira estão todos os bens que a Un[de] possue, como, de quem, e em que partes do Reino; na segunda estão os l[os] & papeis que pertencem aos lentes & estudantes com o mais que adiante se dira"[1317]. Não parece ter sido, todavia, igualmente feliz a biblioteca.

Efectivamente, entregues no Paço os livros provenientes de Lisboa, em Março de 1547; providenciadas estantes, cadeias e varões e provido Castanheda, no ano seguinte, nas funções de respectivo guarda, em que testemunharia a prática de *abrir a porta della cada dia duas vezes & de cada huma delas ade estar aberta duas horas*; acrescentado o seu efectivo (tudo indica), em 1554, com o espólio do legista Fábio Arcas, ainda em 59, no próprio ano em que morria o historiador, os *Estatutos* ordenavam ao escrivão do conselho que organizasse um livro de receita da livraria onde tomasse nota, por ordem alfabética e com separação de faculdades, de todos os livros existentes e respectivas edições[1318]. A elaboração, pois, de um inventário minucioso, que Castanheda, ao que parecia, se teria esquecido de levar a cabo. Na verdade e não obstante a recomendação neles contida (e retomada em todos os que se lhes seguiriam), de que a livraria fosse pública e da prescrição de verbas trienais destinadas à aquisição de livros – e da afirmação, não fundamentada, de Teixeira de Carvalho, a respeito da existência de "um caminheiro encarregado de ir a Salamanca periodicamente para trazer livros aos professores" (o que não é exactamente o mesmo que *para a biblioteca*)[1319] –, o facto é que, com a morte de Castanheda, desaparecem da documentação escolar as menções ao *guarda da livraria* e que não deixa de revestir o maior significado que, em Junho de 1573, chegasse ao claustro universitário, por intermédio do *reformador* D. Aires da Silva, a explícita intimação de D. Sebastião (que a vira, certamente, em 1570[1320]) de que "S. A. queria que houvesse na Universidade huma Livraria tal qual era necessario para tão ilustre e insigne Universidade"[1321]. O que, como notaria Rocha Madahil, é pelo menos "um índice da vida pouco próspera que a instituição levava"[1322]. Com efeito, sabemos por *rol* apenso ao *Livro do Chartorio* de Avelar (que seria, mais tarde, guarda dela[1323]), que não ultrapassaria a *livraria* escolar, na transição do século XVI para o XVII, escassas centenas de volumes[1324]. E nem propriamente existiria, ao menos enquanto instituto, por isso mesmo que se lhe indefere o pedido com a justificação de que "a não avia" e de que "mentes não ha Livraria não se devia tratar do dito officio de goarda"[1325]. Efectivamente, teria a Coroa entendido até então que se não "fizesse a Livraria sem primeiro aver escollas proprias da Universidade"[1326], e é apenas na viragem para o século XVII, após a alienação, por parte desta, do velho Paço Real e sua conversão consequente em *escollas proprias* que, sob o reitorado de D. Afonso Furtado de Mendonça e do mesmo passo que se empreende a reorganização do cartório, podemos reconhecer as primeiras medidas concretas destinadas ao incremento do espólio bibliográfico, através do encargo, dado a Pedro de Mariz, em 1601[1327] – o primeiro *guarda da livraria* (e revisor da imprensa) conhecido desde a morte de Castanheda –, de proceder à aquisição (em *frandes, leam* e Veneza) de uma *livraria* para a Universidade, empresa em que terão sido empregues 500 000 reis[1328]; e que terá sido vultuosa, pois que na encadernação desses livros haveriam de consumir-se *corenta & oito duzias de bezerros*[1329]. Como é também então que deparamos com a primeira reivindicação para "fazer nos paços dois geraes de novo e uma casa para Livraria"[1330].

Com efeito, é somente em 1604, na sequência também da *visitação*, nesse ano, do *reformador* D. Francisco de Bragança e da pretensão, expressa pela Escola, de despender mais dinheiro do que os *Estatutos* dispunham "pera se fazer a Livraria que se tem ordenado que aja n'ella", que o monarca ordena, em 14 de Novembro, que sem perda das obrigações ordinárias se gaste *no que toca à Livraria* o que as rendas permitam, "começando-se logo a comprar os livros para ella conforme ao dinheiro que houver, e que antes de começarem a fazer os caixões e estantes me venha de tudo huma traça pera eu mandar ver e ordenar que se façam como ouver por meu serviço"[1331]. Decisão essa que implicaria a mudança de local da *livraria*, porquanto em 1609, o novo reitor, D. Francisco de Castro, aludindo ao propósito (já antigo) da organização de dois novos *gerais*, comunicava em Agosto ao soberano: "os quaes como da traça que com esta enviamos a V.ª Mag.de se ordena hum muito maior que o outro, e a tenção he para que o grande possa servir das lições ordinarias de Theologia, e juntamente seus autos, porque o que de presente serve d'elles está ordenado seja casa de Livraria, por ser a mais accomodada que pera isto ha em todas estas Escollas". E concluía: "E pois V.ª Mag.de ha por seu serviço que se trate d'esta obra, lhe parece que convem muito que juntamente se trate de continuar com a Livraria, porque demais de ser obra tam importante, e necessaria em toda a Universidade, se ajunta ir a Universidade recebendo grande perda no gasto que se tem feito nos livros que estão comprados, porque como não são em numero para se poderem ordenar em casa publica estando em huma particular das da Universidade, por muito cuidado que d'elles se tem, se acham de contrario muitos livros ardidos e outros mal tratados; e dando V.ª Mag.de licença para em todos os annos se poder empregar certa quantidade de dinheiro na Livraria, em muy poucos se porá em estado que possa aparecer publicamente, e que d'ella possa receber utilidade toda a Universidade, que he a principal tenção com que V.ª Mag.de a mandou principiar"[1332]. O facto, porém, é que a obra dos *gerais* não seria posta em prática e, com ela, a ambicionada *casa de Livraria*[1333]. Assim e a despeito de novas compras de livros documentadas em 1604 (que, porém, funcionariam como "último eco de um notabilíssimo esforço", como notaria Rocha Madahil[1334]), continuaria a *livraria* propriamente dita, isto é o espólio bibliográfico (que a ele, no geral, respeitam as menções), a acomodar-se em *huma particular das da Universidade*. A mesma, por certo, onde em 1547 se teriam recolhido já os livros transportados de Lisboa e que, dotada no ano seguinte das competentes estantes, com suas *cadeias* e *varões*, teria chegado a ter efémera existência como *livraria pública*, enquanto Castanheda ocupou as funções de respectivo guarda. E nem tal admira, se tivermos em conta que a própria Sorbonne não dispôria de biblioteca *universitária* até 1762[1335].

Aí, pois, nessa casa *particular*, se iria acumulando, sobre o seu antigo (e magro) espólio, depauperado pelas condições a que aludia, em 1609, D. Francisco de Castro, o produto do empenho do reitor Furtado de Mendonça na aquisição de livros, entre 1601 e 1604 e se viriam somar aqueles que a Universidade adquiriria com a morte do eminente teólogo Francisco Suárez, em 1617[1336]. Mais perdendo que acumulando, provavelmente, por falta de investimento e por incúria. Assim o comprova, com efeito, a devassa feita em 1619 à fazenda escolar, nas próprias palavras do lente de Leis, António Lourenço: "Disse mais que por diligencias que fizera como deputado da Fazenda da Universidade, entendia que faltavam dezassete volumes em que entravam textos de Leis e Canones, os quaes se enquadernaram e compraram por conta da Universidade, segundo lhe dissera Manoel Alvares, livreiro, e o Doutor Fabricio de Aragão os vira em casa do Mathematico André de Avelar, e que por elles estudava seu filho, e assi mais faltam dos livros velhos e antigos muitos d'elles e todas as cadêas e baroens de ferro por que estavam presos, e huns e outros tinha e tem a seu cargo o dito André de Avelar"[1337]. Terá sido, assim, esse conjunto de circunstâncias e o risco de perda de um acervo tão penosamente conquistado, que terão levado a pôr em prática algumas medidas com vista a melhorar as condições em que a *livra-*

ria se encontrava. É desse modo que detectamos, em 1619, o pagamento a João Ramos de "dous portaeis de amsã que fez de nouo e asemtou p.ª a caza da nova liuraria hum em baixo e outro em sima"[1338]. Mas haverá que aguardar por 1626 para assistir à recuperação das velhas estruturas, desfilando na documentação universitária os custos com *bocaxim p.ª as estantes da Livraria*; com o *acrecentam.ᵗᵒ das ditas estantes tres couceiras*; com *dous milheiros de belmazes* para se *pregarem os bocaxins*; com *pregos p.ª esta obra*; com o *carpintr.ᵒ D.ᵒ da costa por huma obra que fez de empreitada na caza da liur.ª*; com *hum liur.ᵒ por hum digesto nouo p.ª a Liuraria*[1339].

Não obstante e pese embora o facto de os sucessivos monarcas irem tomando o hábito de ordenar que se facultasse a consulta da livraria por parte de ilustres visitantes[1340], a verdade é que, ainda em 1638, um *sensual* organizado por ordem do visitador D. André de Almada, podia registar: "Ha na Vniuersidade huma caza de liuraria noua de todas as sciemcias com seus caixois em que esta posta de bordo e os liuros emcadernados em bezerro atamarado com as armas da Vniuerçidade e se tem gastado nesta liuraria muitos crujados e esta emcaregada ao cartullario e guoarda della que ore framcisco barreto de Sousa e deue auer jmuentario delles porem cada ues se uaj deminuindo e os padres da compp.ª leuarã alguma parte dos liuros antigos"[1341]. Guarda esse da livraria, com efeito – e *cartulário* –, Francisco Barreto de Sousa, a quem não deveriam certamente cansar em excesso as suas competências (nem ser exigido, como a Castanheda, quase um século antes, *abrir a porta della cada dia duas vezes & de cada huma delas ade estar aberta duas horas*), pois tudo indica ser ele antepassado (na boa tradição seiscentista da hereditariedade de cargos e funções) desse outro António José de Sousa, a quem, mais um século volvido, em 1746, edificada já a *Biblioteca Joanina*, se referiria o reitor D. Francisco da Anunciação nos seguintes termos: "E porquanto actualmente há o officio de guarda da Liuraria que tem por prouimento do Conselho da uniuersidade Antonio Joze de Souza e Caualho, e de que forão proprietarios seu Pay e Avô, mas todos inutilmente e sem exercicio por não hauer Liuraria, da mesma maneira tem, e tiuerão o officio de Corrector da imprensa quando a nem hauia"[1342]. Como quer que fosse, parece certo que os cargos de guarda da biblioteca e do cartório se haviam voltado a reunir ainda no tempo de Avelar[1343], como certo parece que a *casa da livraria* disporia então de dois andares, visto que em 1619 se fariam *de nouo*, em sua intenção, dois portais de pedra de Ançã, *hum em baixo e outro em sima*. E sabemos ainda que usufruía de um cubelo, por isso mesmo que, em benefício do mesmo Francisco Barreto de Sousa, já nosso conhecido, decidiria a Mesa da Fazenda, em 3 de Março de 1626, "que se desse a fr.ᶜᵒ barreto goarda da liu.ʳⁱᵃ o cobello que esta junto da liuraria p.ª viver nelle enqu.ᵗᵒ esta un.ᵈᵉ não mãdar o côtr.ᵒ" (o que, aliás, sucederia logo no dia 17 imediato)[1344]. Cubelo esse, de resto, que outro não seria senão o que, oitenta anos antes, se registava como aquele "em que pousa ho bedel das artes" e que em Novembro de 1544 se mandaria *retelhar*[1345]. Funções essas, por seu turno, de *bedel das artes*, em que, em Setembro do ano imediato, seria empossado Castanheda, provido também, um mês mais tarde, nas de "guarda do cartorjo & liuraria" e de encarregado das "cousas da impressão"[1346].

Tudo se conjuga, desse modo, para indicar que a *livraria*, transferida de Lisboa e depositada no Paço em 1547, ficaria instalada na antiga *guarda-roupa*, aí onde se alojava também (o que não é o mesmo que *viver*, por isso que semelhante veleidade, quando se cuidava de refazer as suas estantes, seria rapidamente vedada ao seu sucessor, Francisco Barreto) o *bedel das artes*, Castanheda, a quem logo à chegada a mesma seria confiada. Nela, com efeito, se encontrava, aproveitado como miradouro, o único cubelo em todo o edifício susceptível de servir de aposentadoria (logística, evidentemente), albergando os restantes as serventias verticais dos aposentos régios; ao mesmo tempo que o único espaço *livre* do edifício, entre os *gerais*, que o flanqueavam do poente e a *salla do estudo*, a que se seguia para nascente a antiga ala dos Infantes, utilizada agora como morada do reitor e, no extremo, como sede da administração escolar (as casas *do conselho* e *da fazenda*). E que constituía, na verdade, justamente pela sua adjacência ao recinto escolar, com que comunicava, por meio da *Sala da Rainha*, o local mais adequado, do ponto de vista da constituição de uma *livraria pública* – e por isso terá sido escolhido como casa *mais aucta*. E em sua intenção, obviamente, se levaria a cabo, em 1548, a construção das estantes, com suas cadeias e varões, bem como, em 54, a aquisição do espólio bibliográfico do falecido lente Fábio Arcas. Mas cuja existência, enquanto tal, não deverá ter sobrevivido à cessação das funções de reitor por Frei Diogo de Murça, em 1555, por isso que logo em 57 e com a mera designação de *guardaroupa*, se documenta como cenário (mais um) das reuniões do conselho escolar[1347]. Como é com a designação de *guardaroupa* que, no mesmo ano, emerge como espaço de ampliação da *Sala Grande* para as exéquias de D. João III[1348]. E é, doravante, como *tesouro*, a par da *tapeçaria e qualquer outra fazenda movel* da Universidade, que a *livraria* será entendida, facto que naturalmente não deixará de acarretar consequências.

Com efeito, vimos já como os *Estatutos* de 1559 não deixam de fazer referência ao imperativo da existência de uma *livraria pública*; mas sabemos também que semelhante postulado tinha em vista, não as instalações do Paço Real, mas o velho projecto das *escollas proprias*, cuja prossecução constituiria, aliás, uma das missões da *visitação* de Baltazar de Faria, que nesse sentido inspeccionaria, em 1556, "alguns sítios desta cidade onde melhor e mais comodamente se pudessem fazer"[1349] – e essa seria ainda, em finais da centúria, a posição assumida pela Coroa[1350]. E outro tanto sucederia a respeito do *cartório*, nas diligências efectuadas pela Regente D. Catarina, em 1557 e 1558, junto do antigo reitor Frei Diogo de Murça, que nesse último ano, finalmente, levaria a cabo a sua entrega[1351]. E por isso, porque os *Estatutos* de 1559 resultariam dos elementos colhidos no local, por Baltazar de Faria, nos longos meses por que se estendeu a sua *reformação*, determinariam, a pretexto da "casa boa e forte junto da do conselho" que se prescrevia "sirva de cartorio" (o que não poderá tomar-se à letra, sabendo-se, como se sabe, que a *Sala Grande* servia habitualmente às reuniões do conselho escolar[1352]), que na "mesma casa do cartorio, avendo nela lugar, se porá toda a tapeçaria e qualquer outra fazenda movel da Universidade"[1353]. Era, em fim de contas, a antiga tradição de reunião de biblioteca e arquivo sob o mesmo tecto, que remontava ao tempo do Estudo de Lisboa, agora ampliada como *casa forte* onde se acondicionavam os *tesouros*[1354]; mas era, sobretudo, a assunção de que uma decisão de fundo sobre tais matérias – a organização da *livraria pública* e o estabelecimento do cartório na *casa que pera iso se hade fazer*[1355] –, ficariam suspensas até à edificação das *escollas proprias*, importando agora, sobretudo, colocar a recato a documentação jurídica respeitante à vida económica da Escola, de tanto maior relevo quanto, justamente, subia de tom por esses anos a controvérsia sobre o antigo património crúzio[1356]. E por isso, saído de cena Castanheda, desaparecem também as menções ao *guarda da livraria*; e por isso, nos finais do século, quando André de Avelar toma conta do cartório, o encontra em estado geral de confusão[1357].

Entretanto, contudo, o velho Paço régio convertera-se, desde a sua aquisição, em 97, definitivamente e com toda a propriedade em *escollas proprias*. E esse facto não terá sido alheio à decisão de empreender a reorganização do cartório, nem de dar nova vida, pelas encomendas a Pedro de Mariz e outros livreiros, à *biblioteca* da Universidade. E sabemos que à inventariação de Avelar corresponderá a dotação do cartório escolar com *almarios* e *caixões*[1358], ao mesmo tempo que, desde 1591 e enquanto se levava a cabo a separação do antigo (duplo) oficio de *guarda da liuraria* e *do cartorio*, os *Estatutos* passariam a consagrar, junto à velha referência à "casa boa e forte junto da do conselho, que sirva de cartorio", a determinação de que "auerá outra casa que tambem estará a cargo do dito guarda, em que elle guardará toda a tapeçaria, & qualquer outro mouel da Vniuersidade"[1359]. Já não se confundiam, pois, os *caixões* e *almarios* de Avelar, que albergavam o arquivo escolar, grandemente incrementado desde a transferência para Coimbra e, sobretudo, com a incorporação do Priorado-Mor de Santa Cruz, com as velhas estantes onde se amontoava a *livraria*, de permeio com a *tapeçaria* e *outra fazenda movel*, nas instalações da guarda-roupa, e tudo indica que aquele terá tomado então o seu assento no piso superior, na vasta sala (comunicante pela escada do cubelo) onde outrora fora a *câmara do paramento* do monarca. E que, por isso, empreendida desde 1601 e das encomendas do reitor Furtado de Mendonça – trinta anos quase após o *recado* régio, de 1573, sobre a inexistência de "huma Livraria tal qual era necessario para tão ilustre e insigne Universidade"[1360] – a aquisição de nova *biblioteca*, ricamente encadernada em

A MORADA DA SABEDORIA

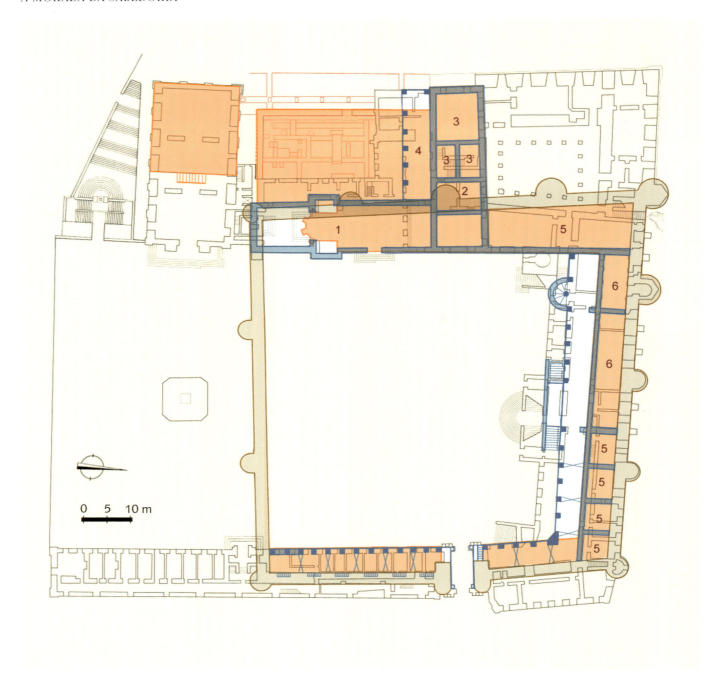

Ocupação universitária do Paço Real (piso térreo) (des. José Luís Madeira)
1. Capela
2. Sacristia
3. Aposentos do Dr. Martim de Azpilcueta
4. Varanda
5. Lojas (Imprensa)
6. Aposentos do escrivão do conselho.

"bezerro atamarado com as armas da Vniuerçidade"[1361] (e do mesmo passo que, morto Mariz, se retomava em Avelar a antiga fusão de *guarda da livraria e do cartorio*), se entendia realizar "dous portaeis de amsã que fez de nouo e asemtou p.ª a caza da nova liuraria hum em baixo e outro em sima[1362]. Decisão a que não será porventura estranho o descaminho de livros e estruturas que em devassa do mesmo ano se testemunharia[1363] e que se ten-

462

PIEDADE E SABEDORIA

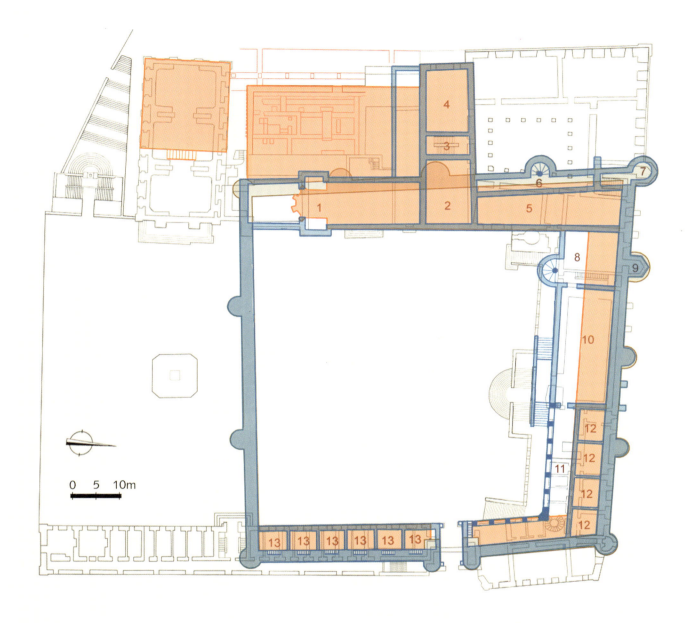

Ocupação universitária do Paço Real (primeiro piso) (des. José Luís Madeira)
1. Capela
2. Geral da Dialéctica (depois da Teologia)
3. Geral da Teologia (depois de Cânones)
4. Gerais de Cânones, Leis, Instituta e Medicina
5. Sala da Rainha
6. Gerais da Latinidade
7. Bedel de Leis
8. Guara-roupa (Livraria
9. Bedel das Artes
10. Sala Grande
11. Varanda
12. Aposentos de Fr. Diogo de Murça e dos frades jerónimos e beneditinos
13. Aposentos de escolares e mestres

taria controlar, também, com a restauração, em 1626, das antigas estantes[1364]. Mas que se revelaria ineficaz, do ponto de vista da *livraria pública*, pela comprovada falta de empenho da corporação escolar em tal matéria, desde logo no cumprimento da aplicação das verbas trienais prescritas pelos *Estatutos*, como o *visitador* D. André de Almada, em 1638, testemunharia[1365]. Ao mesmo tempo que, considerada casa *particular*, por força justamente, como

A MORADA DA SABEDORIA

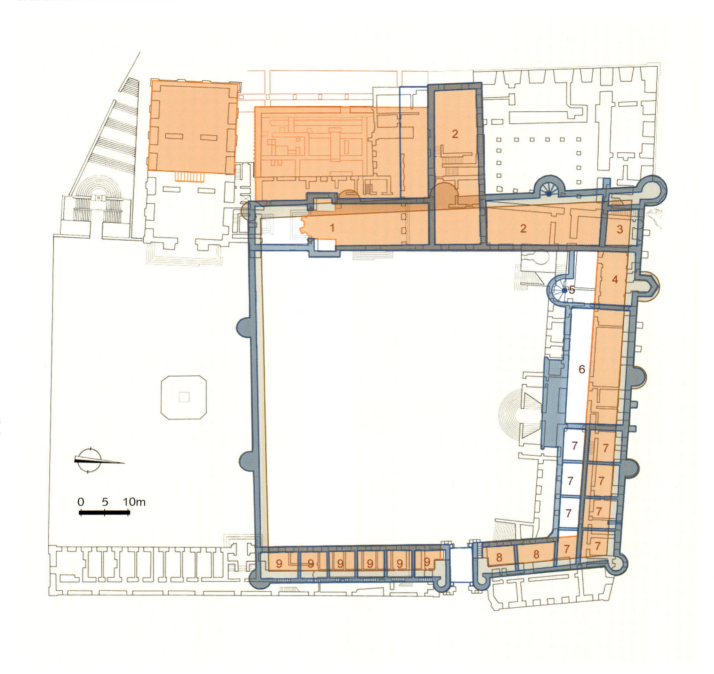

Ocupação universitária do Paço Real (segundo piso) (des. José Luís Madeira)
1. Capela
2. Gerais de Cima (Artes)
3. Sala dos Exames Privados
4. Cartório
5. Torre do Relógio
6. Sala Grande
7. Aposentos de Fr. Diogo de Murça e dos frades jerónimos e beneditinos
8. Casas do Conselho e da Fazenda
9. Aposentos de escolares e mestres

reconhecia D. Francisco de Castro em 1609, de não serem os livros "em numero para se poderem ordenar em casa publica"[1366], o decurso do tempo e a incúria dos sucessivos guardas (escudados em "não hauer Liuraria"[1367] e, desse modo, no vago sentido de um ofício sem função), mais contribuiriam para a progressiva erosão de um espólio já de si magro e intermitentemente construído. Por seu lado, gorada a possibilidade de dispor de instalações adequadas

464

nas *escollas próprias* que, desde 1537, não perdia a esperança de adquirir, é provável que, depois da aquisição do Paço, em 1597, a Universidade diferisse (e nisso assentasse a sua negligência) para a construção dos novos *gerais* e respectiva *casa de Livraria*, que diligenciava desde 1609, a dinamização de um instituto sério, numa situação *mais accomodada*[1368]. E que valerá a pena indagar onde seria.

Efectivamente, remontam ao Colégio de S. Clemente de Bolonha (o *Colégio de Espanha*), fundado, em 1361, para a *nação* "espanhola" da respectiva universidade, pelo cardeal Albornoz, as origens da biblioteca escolar enquanto organismo arquitectónico – como a ele remontam as da própria *arquitectura universitária*, no sentido de implantar, sobre um plano regular, as necessidades funcionais de uma comunidade de estudantes, como ela viria a ser entendida na Europa meridional e, particularmente, na Península Ibérica: um pátio porticado, de dois pisos, axializado na capela e no *tinellum* (o salão nobre do colégio), em redor do qual se distribuíam as celas individuais dos escolares, os aposentos do reitor, as dependências funcionais e as salas de aula e em cuja economia, no ângulo nordeste do andar alto, se abrigava uma biblioteca de moderadas dimensões[1369]. É este modelo que, em começos do século XV, transporta para Salamanca o bibliófilo prelado D. Diego de Anaya e aplica no seu Colégio de S. Bartolomeu, onde a livraria, situada como o arquivo no andar alto, cujo alçado nascente ocuparia, se torna agora a mais luxuosa dependência do edifício[1370]. E é o instituto salamantino o patriarca da arquitectura universitária peninsular (também do *Estudo* de Lisboa?) e o arquétipo do qual derivaria, por todo o resto da centúria e na seguinte, uma vasta cadeia de edifícios e, desde logo, o da própria Universidade de Salamanca, quase simultaneamente construída. E na qual o rápido incremento dos fundos bibliográficos, no decurso do mesmo século, levaria em breves anos à construção de uma nova biblioteca, em substituição da pequena sala inicial, no piso superior de uma nova ala, orientada de norte a sul e voltando um dos seus lados ao levante, por forma a colher, na plenitude, a luz matinal, indispensável à consulta, *in situ* como é obvio, dos livros *cadenatus*; disposição que respondia à prática que, desde Inglaterra e França, se vinha divulgando na arquitectura escolar e monástica ao longo da centúria e que agora, uma vez mais, se iria configurar como modelo nas bibliotecas colegiais espanholas subsequentes, ao longo desse século e do seguinte (enquanto as *livrarias* se convertem em recintos cenográficos e monumentais), ao mesmo tempo que, com a construção, em Valladolid, nas últimas décadas de Quatrocentos, do Colégio de Santa Cruz, se formularia nova e mais harmónica organização, ao colocar-se a biblioteca ao centro da fachada principal, sobre a porta de entrada do edifício[1371]. E era a mesma disposição norte-sul e a mesma exposição oriental que respeitava a nova livraria crúzia, no piso superior da ala poente do *claustro da Manga*, concluída por Diogo de Castilho em 1530[1372]. Era, evidentemente, como se diria na linguagem da época, a *mais accomodada*. Não admira por isso que se não considerasse como tal a da Universidade, aberta sobre o norte (pelo cubelo do bedel), dispondo de uma única janela voltada a sul, adjacente à escada que, no cubelo *do lado do pátio*, conduzia ao cartório, no piso superior e por conseguinte em absoluto *desaccomodada* à disposição rígida das estantes, a que obrigava o tradicional sistema de leitura[1373] (não assim, naturalmente, o arquivo). E que, consequentemente, convertidas em *proprias* as instalações do Paço, após a sua aquisição em 1597, se pensasse na sua transferência de local. Local esse que o reitor D. Francisco de Castro indicava cabalmente ao Rei, ao comunicar-lhe, em 1609, o novo programa dos *gerais* e ao referir que "os quaes, como da traça que com esta enviamos a V.ª Mag.ᵈᵉ se ordena hum muito maior que o outro, e a tenção he para que o grande possa servir das lições ordinarias de Theologia, e juntamente seus autos, porque o que de presente serve d'elles está ordenado seja casa de Livraria, por ser a mais accomodada que pera isto ha em todas estas Escollas"[1374].

Assim, pois, transferidas as Artes para o respectivo *Colégio*, em inícios do ano de 1548[1375] e libertos, por essa via, os seus *gerais*, não admira que a faculdade de Teologia (a primeira na pragmática escolar), se tivesse apoderado do antigo *geral da dyalectica*, mais vasto, como exigira a maior frequência dos *artistas*, até então instalado na que fora *câmara de paramento* da Rainha, única dependência

465

do complexo escolar, na verdade (excepção feita à *Sala*, que sabemos servir-lhe de vestíbulo), a dispor de janelas voltadas a nascente. E que, no momento em que – à custa, evidentemente, da antiga *câmara de leito* da soberana e do que haviam sido os aposentos das Infantas –, se planeavam dois novos gerais, *hum muito maior que o outro*, na intenção de *que o grande possa servir das lições ordinarias de Theologia, e juntamente seus autos*, se convertesse em livraria *o que de presente serve d'elles*, por se considerar ser a dependência *mais accomodada que pera isto ha em todas estas Escollas*. A verdade, porém, é que tal não chegaria jamais a executar-se. E, com o seu cancelamento, adiava-se de novo o antigo projecto da abertura de uma biblioteca *pública*, continuando os livros, de mistura com a *tapeçaria e outra fazenda movel*, nas suas estantes da velha guarda-roupa – subjacente ao cartório que, esse sim, ocupava um lugar central na vida financeira e administrativa da instituição – e (quase) perdida já a antiga memória das suas funções. E é isto mesmo que testemunham as referências, exaradas em 18 de Junho de 1672, a "hum portal que [se] alargou p.ª a casa da liuraria antigua" ou, por outras palavras e como à margem se esclarece, para a "caza que foi liuraria"[1376]. Indício de obras de algum fôlego, certamente, autorizadas por provisão régia em Agosto de 1677[1377] e documentadas, com trabalhos de carpinteiro e de pedreiro (Manuel Jorge), entre 25 de Junho de 1678 e 9 de Julho de 1679[1378]. Mas que não lograriam evitar que a dita *casa* se arruinasse, em finais do século, com as "obras dos gerais" adjacentes, como se comprova em 1705, em reunião dos *deputados* da Fazenda, onde mais uma vez se pondera ser "conueniente e presizo a un.de auer liuraria em caza publica com as fermalidades que os estatutos mandão" e se determina tratar-se "logo da reformasão da caza p.ª ela se coloquar" – e se confessa que "os liuros que de prezente se achão no cartorio desta un.de são os que estauão na antigua caza da liuraria"[1379]. Não se alcançara, pois, ainda, século e meio volvido, reatar o ciclo interrompido com a saída de Frei Diogo de Murça. Não mais a biblioteca universitária se havia aberto – como no tempo de Castanheda –, "cada dia duas vezes" e a letra dos *Estatutos* permanecia uma utopia. O tempo do antigo prelado avultava assim, em tal matéria, como o último

clarão desse projecto de *Universidade Renascentista* que havia norteado o *Rei Piedoso* ao empreender, contra ventos e marés, o conturbado processo de transferência da Escola para Coimbra. Valerá por isso a pena investigar enfim as ocultas razões porque, em 1544, se retiravam entulhos da Capela.

Com efeito, sabemos já que, em Julho de 1544, liquidava o recebedor do Estudo o montante de "duzentas carradas de calliça dentulho que ho sõr Reitor mãdou desentulhar da capela da vniuersydade pera em ella se fazerem os officios diujnos decentemente". Seis meses mais tarde, porém, em Janeiro de 45, ainda se averbariam encargos relativos a "limpar ha capella da vniversjdade de m.to entulho que tinha" e apenas então, na verdade, semelhante empresa terá tido fim, pois que a última menção ao tema, datada ainda desse mês, esclareceria que "acabarã de limpar a dita capela"[1380]. E nessa informação radicaria, como ficou visto, a convicção de somente então se ter concluído a construção do templo palatino[1381]. É certo, contudo, que sabemos agora que o mesmo se encontrava já aberto ao culto – e, portanto, terminado nas suas linhas gerais (a despeito de obras de acabamento que se prolongariam) – desde 1516[1382], sendo os trabalhos globais do Paço, por seu turno, dados por findos em 1533, pelo que os entulhos de 1544-45 se não poderão ligar à sua conclusão. Estes, esclarece a mesma fonte, uma vez removidos, "se leuarã ao collegio dos Jeronjmos a Rua noua da vnjuersydade por ser pera a obra delles necesarja"[1383] e aí, por conseguinte, nas infra-estruturas do edifício escolar hieronimita (senão mesmo no morro que o precede), se ocultará para sempre, talvez, a prova cabal da sua justificação. Porém, sabendo-se também que a capela-mor fora, de início, inquestionavelmente abobadada[1384], não poderão deixar de ligar-se com esse facto, não somente os entulhos da *capela* – e vimos já, de igual modo, a que alude tal designação[1385] – como, muito especialmente, a "cimalha e a cobertura da capela-mor, a cimalha do transepto, e ainda o coroamento exterior da cabeceira da capela, incluindo-se aqui

PIEDADE E SABEDORIA

as curiosas ameias renascentistas", obra essa tradicionalmente atribuída à intervenção de Diogo de Castilho[1386].

De facto, semelhante empresa, mais que uma mera *cimalha* configura realmente uma *cinta*, rodeando toda a cabeceira, desde o transepto, o qual, com esse desígnio, se altearia em mais de 1m em todo o seu perímetro[1387]; cinta essa que se complementa de um par de gigantes, de forma cilíndrica, apostos contra os ângulos da capela-mor. E são estes gigantes, na verdade, pousando em esbarro sobre bases rectangulares assentes (como comprovaria a *sondagem A2*) na muralha da velha alcáçova muçulmana, que lhes serve de imponente fundação[1388], que denunciam a verdadeira finalidade de tal empreendimento: contraventar a capela-mor, cuja estrutura, a despeito da enorme espessura dos seus muros, terá tido dificuldade em resistir ao esforço a que foi sujeita. São

Perspectiva da cabeceira da Capela, observando-se o alteamento produzido pela implantação da nova cimalha (DGEMN, foto 178).

Perspectiva geral da obra de fortificação da cabeceira (DGEMN, foto 224)

Perspectiva do alteamento geral da zona da cabeceira

A MORADA DA SABEDORIA

eles, pois, como já foi notado, argumento incontornável na demonstração do original abobadamento da ousia[1389], cuja ruína (ocorrida ou, mais provavelmente, apenas iminente) constituiria a verdadeira razão da presença de entulhos no interior da *capela* (justamente a designação que as fontes lhe reservam) nos anos de 1544-45, não impedindo a obra de consolidação porventura a prossecução, durante a sua realização, dos actos de culto, porquanto se afirma que o reitor ordenaria a remoção dos escombros a fim de *em ella se fazerem os officios diujnos decentemente* – tão somente. E a *cimalha*, bem como as *curiosas ameias renascentistas* que a ornam (e, desde logo, o singular perfil desses gigantes), mais não são que a sublimação plástica de um imperativo de natureza estática. O mesmo, em fim de contas, que levaria, ainda nesses anos, a outra adjunção ao templo manuelino: o elegante mainel, em forma de coluna, de requintado capitel coríntio, colocado no portal, dividindo-lhe o vão e que, por se considerar *destoante* do seu estilo, seria removido, em benefício do actual neomanuelino, em finais do século XIX[1390]. Sublimação essa que se expressa no invulgar primor da modelação dos elementos (não obstante a elevada altura a que se encontram) e na *inventio* que presidiu à sua concepção: da delicada cornija ritmada, espaçadamente, de modilhões fortemente misulados, provida, em intervalos duplos dos cachorros, de belos mascarões, ilustrando fauces de leões, destinados ao escoamento das águas; às *curiosas ameias*, minúsculos templetes de base quadrada, rematados por cúpula e respectivo lanternim; aos motivos angulares, que servem de coroa aos contrafortes, eles mesmos ideados como novos templetes, de planta circular agora, *colossais*, como guaritas de uma fortificação, vincando os ângulos da capela-mor, sobre que assentam, por sua vez, sobre plintos, curiosos fogaréus de forma esférica, semelhando turíbulos; aos próprios gigantes, finalmente, resolvendo, com elegância rara, a complexa transição da forte sapata rectangular em que se apoiam, ao esbelto toro que se eleva até ao nível da cornija – e onde perpassa ainda a memória (já) distante dos cubelos *mudejares* que envolviam o palácio. Qualidades essas que levariam Nogueira Gonçalves a integrar a obra na "primeira Renascença"[1391] e que por nature-

za impedem que lhe seja associado (ao menos no plano conceptual) o nome de Jerónimo Afonso, o *m^{te} das obras delRey* abundantemente documentado, com efeito, nos trabalhos do Paço levados a cabo nesses anos[1392], porém na qualidade de pedreiro, vencendo o seu jornal, como os demais oficiais, cuja pequena companha, tão somente, lhe competiria dirigir, em obras de emergência como eram, na generalidade, as que, após a reunificação, se promoveriam com vista à adaptação à Escola da moradia régia; e que, a despeito da sua colaboração com João de Ruão, na realização, em Santa Cruz, das cantarias da *Fonte da Manga*, não se vislumbra poder ir mais longe, enquanto *arquitecto*, que o que ilustram os esquemas *castilhianos* que divulgaria, nas décadas de 30 e de 40, nas diversas igrejas que realizou[1393]. E outro tanto se diga do próprio Castilho, o qual, não obstante delegar ainda em sua neta, Maria de Azevedo, em 1573, a tença que auferia de mestre das obras dos Paços de Coimbra, *asy e pela maneira que o elle deve ser e o era Marcos Pires*[1394], seria nomeado em 18 de Março de 1547 "mestre das obras de pedraria e aluenaria da dita Vniversidade (isto é, uma vez mais, das *escollas proprias*) como atee qui foi das obras do mosteiro de Santa Cruz"[1395], sem qualquer palavra de referência a actividade recente no âmbito do edifício real e sem que nada, na sua obra conhecida, pareça sustentar a atribuição da sua autoria à engenhosa solução *imaginada* para consolidar as estruturas do templo palatino. Alhures, pois, haverá que procurar essa autoria, sendo certo, como Nogueira Gonçalves reconheceria, constituírem os modilhões "elemento raro no Renascimento coimbrão"[1396] – a não ser, justamente, na obra de João de Ruão, o *imaginário* que, dentro em poucos anos, iria *arquitectar* para André de Gouveia (ou Diogo de Murça?) os polémicos planos da obra que constituía, em fim de contas, o cerne da própria missão que D. João III havia confiado ao monge hieronimita: o *Colégio Real*. E que em 61 faria erguer, no Paço Real, com a nova torre do relógio, aquela que ficaria conhecida como a "milhor obra que tinha aquela ci^{de}"[1397].

Na verdade, não é já possível considerar, com o ilustre mestre, que "Ruão não foi um concorrente de Castilho"; que "fez ocasionalmente alguma arquitectura"; que "a

Aspecto do portal
antes da remoção do
mainel (DGEMN,
foto 87)

Detalhe da da cornija modilhonada e do sistema de ameias

Detalhe da cornija modilhonada em torno do contraforte de sudoeste

Aspecto de um dos elementos de remate dos contrafortes

sua habitual era a que completava os seus retábulos, a da orgânica das capelas respectivas"; ou que "a arrematação da igreja de Bouças (Matozinhos) não passou de expediente para obter receitas na sua crise final"[1398]. Ao invés, a sibilina afirmação do próprio Gouveia (na famosa carta para o soberano, de 13 de Março de 1548, em que alude às dificuldades levantadas pelos arquitectos da Corte – Miguel de Arruda e João de Castilho – aos planos do Colégio das Artes) de que "sempre hã de folgar de desmanchar & mais dº de castilho por respeito daquelle que fez o debuxo que he Joã de Ruã"[1399], parece indicar que este se temia, de facto, da sua *concorrência*. E não deixaria certamente de ter razões para tal. De facto, a chegada do artista não passara desapercebida, como o demonstra a sua integração familiar, já casado em 1530 com Isabel Pires, filha de Pero Anes, o mestre *carpinteiro dos paços dell Rey nosso Senhor* (e crúzio), por seu turno cunhado de Marcos Pires e de que outra filha desposara o pintor régio (e também crúzio) Cristovão de Figueiredo[1400]: como notaria Rafael Moreira, "uma das famílias de artistas mais importantes, não apenas da cidade, mas de todo o Reino"[1401]. E, por nebulosas que sejam ainda as circunstâncias que rodearam a sua vinda, bem como aquelas em que decorreu a sua formação (em particular, justamente, a arquitectónica[1402]), certo é que, por esse tempo, já o *normando* cimentara a sua fama, como demonstra o reconhecimento, pelos cónegos regrantes, a 4 de Abril desse ano de 1530, de ser ele "amjguo e seruidor do dito m[ro] e em elle tem ffeytas muytas e boas hobras"[1403], bem como o das cistercienses do Mosteiro de Celas, que pelos mesmos anos o reputavam de *famoso imaginario*[1404]. E, com efeito, por essa altura, Ruão contava já no seu activo, no plano estrito das realizações arquitectónicas, além do portal da Igreja da Atalaia (1528), verdadeiro arco triunfal, a capela funerária da Varziela, erguida para D. Jorge de Meneses, provavelmente edificada a partir do ano seguinte, onde lhe pertencem tanto o retábulo como o plano e que Pedro Dias intitularia o primeiro edifício "plenamente renascentista construído na região de Coimbra"[1405]. E ao período a que respeita o reconhecimento crúzio das suas *muytas e boas hobras* (os anos de 1529-31) se reportarão os arcos das capelas laterais e o do coro alto do cenóbio, edificado por Castilho[1406], se não mesmo as capelas quadrangulares que rodeiam o *claustro do silêncio* e a nova portaria com a sua cúpula "a maneyra de ciborio cõ hua lanterna"[1407]. Ao ano de 31 pertencerá, de igual modo, a realização do túmulo de D. Luís da Silveira, na Matriz de Góis (novo arco triunfal) – onde não deixará de ser significativo que Ruão se encarregue da parte arquitectónica, mas não da estátua orante, atribuída a outro *imaginário* crúzio, Filipe Hodart[1408] – e aos de 34-35 o monumental panteão dos Lemos, em Trofa do Vouga, opulento exercício em torno das variantes permitidas pela repetição modular de arcarias, idealizado como "um edifício às avessas", na expressão de Rafael Moreira[1409]. Os mesmos anos em que se documenta a sua actividade, no papel de escultor (a par de Jerónimo Afonso, na execução das cantarias ornamentais, porém em clara subalternidade remuneratória), na edificação da *Fonte da Manga*, o genial chafariz destinado ao claustro crúzio do mesmo nome, como ilustração evangélica da *fons vitæ* (e do verdadeiro sentido, de aliança da piedade e da sabedoria, que presidia, desde 1527, à *reforma* do Mosteiro), edificado a partir de 33 e cuja concepção geral, mau grado a inexistência de comprovação documental (como, em fim de contas, para a generalidade das obras coimbrãs de Nicolau Chanterene), obviamente lhe pertence também[1410]. E será essa capacidade de dar corpo (sem necessariamente realizar) a ideias complexas[1411], caldeadas na mesma matriz ideológica humanístico-teológica donde decorriam, como calotes de uma mesma esfera, as respectivas *reformas*, do cenóbio e da Universidade, bem como o entendimento (mútuo) do poder *representativo* da planta circular (que alimentaria, em infinitas variantes, as micro-arquitecturas dos seus sacrários retabulares), a justificação da sua presença na Serra do Pilar, desde 37, a *traçar o moesteiro* e a *aviar debuxos*, a pedido de Frei Brás[1412]. A mesma *concepção*, em fim de contas, essencialmente arquitectónica, que sob o esplêndido manto ornamental se reconhece noutra obra-prima datável destes anos, que Herculano, em momento infeliz, apodaria de *estupidez elegante do séc. XVI*[1413], mas que, inversamente, Haupt classificaria como "a obra de maior perfeição formal e mais completa do primeiro Renascimento clássico em solo português"[1414] (e na qual a recente sugestão da possível existência de um desenho prévio de Chanterene não chegará – nem tal se pretenderia – para retirar os méritos ao artista normando): a *Porta Especiosa* da Sé Velha (incluída a *projecção ao claustro*)[1415]. Donde a naturalidade do seu envolvimento (que talvez se não limitasse apenas à modelação das cantarias, como tem sido entendido), em 39-40, na edificação do celeiro do cabido[1416] e ainda, porventura, em 41, na planificação da capela crúzia da Quinta do Marujal (Montemor-o-Velho)[1417]; donde, nas décadas que vão seguir-se, o alargamento da sua clientela – mas, de igual modo, a fidelidade da primitiva (Santa Cruz e a Sé) –, em claro reconhecimento das *muytas e boas hobras* que até aí realizara: a capela (e não apenas o retábulo) de S. Marcos, na Igreja de S. Salvador, em finais de 40 (ou provavelmente mais tarde), para António Velez Castelo Branco[1418]; o retábulo-mor da Sé da Guarda, cerca de 1550, para o bispo D. Cristovão de Castro[1419], impressionante manifesto de erudição tratadística, onde a arquitectura desempenha uma função central, como principal suporte do discurso ideológico[1420]; a *Capela do Tesoureiro*, na Igreja de S. Domingos, em 58, para Francisco Monteiro, o tesoureiro da Sé, onde faria uma das suas raras investidas pelos domínios do Maneirismo formal (mas, especialmente, como notaria Nelson Correia Borges, onde "a abóbada não é menos importante que o retábulo")[1421]; a colossal *Capela do Sacramento*, na Sé Velha, erguida em 1566, para o bispo-conde D. João Soares, espaço circular com que rompe o velho absidíolo românico e, no plano da arquitectura do Renascimento, um inquestionável *cimo* como lhe chamaria Nogueira Gonçalves[1422]; as varandas do Hospital Real, conjunto de arcarias a que se sobrepunha uma colunata arquitravada, encomendado em 1567[1423]; a *Capela dos Reis Magos*, enfim, na igreja do Mosteiro de S. Marcos, para os poderosos Silvas, edificada em 1574, recinto quadrangular provido de cúpula e respectivo lanternim e que Pedro Dias não duvidaria, com fundadas razões, em atribuir ainda à oficina do mestre que, seis anos mais tarde, falecia[1424]. E é neste contexto que se inscrevem a encomenda, em 48, dos planos do *Colégio Real* universitário, como, em 59, após a incorporação do padroado crúzio (depois de servir, dois anos antes, de *louvado* na avaliação do novo púlpito da Capela Real[1425]), dos riscos da Igreja de Bouças[1426] e, em 61, da nova torre do relógio, erguida no Paço após a instalação do Estudo[1427]. Se não fora ele já, em 1544-45, o verdadeiro autor do acrescento do velho cubelo *do lado de dentro*, realizado por Jerónimo Afonso[1428] e da escadaria nova que ligava ao exterior a *Sala da Rainha*[1429]. Obra, pois, afinal, de *arquitecto*, incomensuravelmente mais extensa do que a de muitos dos seus contemporâneos pacificamente havidos como tais. Obra, sobretudo, que o configura, incontornavelmente, como um sério *concorrente* de Castilho.

Efectivamente, não restam hoje dúvidas da dúplice prática (de escultor e arquitecto) levada a cabo pelo *normando* nos seus anos de actividade portuguesa, à semelhança, de resto, de outros conterrâneos, como foi já notado[1430] – e já lá vão mais de vinte anos desde que Pedro Dias reconheceu a existência de uma óbvia relação entre *João de Ruão e o início das construções renascentistas* (demonstrada desde logo na concepção da Varziela), ao mesmo tempo que afirmava que "se mais obras de categoria não fez em Coimbra, foi porque a concorrência de Diogo de Castilho o não permitiu e o obrigou a limitar à escultura de vulto, aos túmulos e aos retábulos, tornando-se excepção o levantamento de edifícios ou partes deles"[1431]. Limitação essa, todavia, que vimos já não ser, em fim de contas, excessiva. De facto, Coimbra não era apenas ainda *manuelina* em 1527, como notaria Vergílio Correia[1432]; continuaria a sê-lo em 1528, a data provável da chegada do *normando*, a despeito das ilustrações micro-arquitectónicas encenadas por Chanterene, desde 1521, no púlpito de Santa Cruz, nos relevos do *Claustro do Silêncio*, no retábulo de S. Marcos ou no de S. Pedro da Sé Velha e do arco triunfal que erguera, em 1526, para a abadessa de Celas D. Leonor de Vasconcelos[1433] (e a abóbada estrelada que, por incapacidade técnica de levar a cabo a edificação de uma cúpula, cobriria a igreja redonda do cenóbio, a ser exacto o papel do artista na projecção de semelhante espaço[1434], mais não faria que confirmar essa mesma realidade). E é, na verdade, apenas na década de 30 que, pouco a pouco e num processo onde à influência de Ruão tem de imputar-se um papel determinante, Diogo de Castilho inicia a sua aproximação (mais formal, de resto, do que realmente conceptual) à prática arquitectónica renascentista[1435]. E é justamente por se tratar, antes de mais, de uma aproximação decorativa e plástica, e pela necessidade de preencher o horizonte que a obra de Chanterene havia aberto (aí onde Castilho não

Cornija modilhonada da Capela do Sacramento da Sé Velha

Cornija modilhonada no frontão da Casa dos Melos

PIEDADE E SABEDORIA

poderia nunca penetrar), que Ruão se torna *imaginário* e assim permanece toda a vida, animando com as suas estátuas retábulos e portais e emprestando à *arquitectura da reforma* (própria e alheia) e aos edifícios subsidiários – sem monotonia, antes numa permanente capacidade de reinvenção de cada tema[1436] – o poder *discursivo* do seu inesgotável vocabulário ornamental: repertório esse que, em meio século de obra conhecida, sofreria uma contínua e surpreendentemente rápida actualização[1437]. De resto, *Artes* à parte, as grandes obras da *reforma*, de Santa Cruz aos colégios universitários das diversas ordens, mais não pediam que a adaptação, *aggiornatta* pela imposição do nova linguagem decorativa, da velha orgânica conventual de origem medieval[1438] – e era esse o trabalho de Castilho; mas onde, como na *Manga*, na *Porta Especiosa*, na Serra do Pilar e mesmo no *Colégio Real*, a arquitectura se pretendia como objecto *imaginado*, era a ele que se pedia para *traçar* e *aviar debuxos*. E é essa circunstância que explicará que, ao contrário do artista *conimbricense*, sediado na cidade e nela toda a vida trabalhando, que a historiografia por via de regra reproduz[1439], a documentação claramente comprove a presença do artista (à semelhança de Diogo de Castilho) junto do monarca, servindo de intermediário em relação às obras a decorrer no âmbito da Escola e do Mosteiro e de cujo controlo, como é sabido, o Rei não abriria nunca mão[1440] – facto que não será, decerto, irrelevante no que respeita à referida renovação do seu vocabulário ornamental. Como é essa circunstância que permite compreender o seu envolvimento (à semelhança do que, paralelamente, iria suceder com a instalação, nos colégios *castilhianos* de S. Miguel e de Todos-os-Santos, do *Colégio Real*, que coroava a missão de que o soberano ecarregara Frei Diogo de Murça) nas obras de adaptação da moradia régia, após a reunificação, ao funcionamento do velho *Estudo Geral*. E, em particular, no seu empreendimento mais significativo: a *reforma* da cabeceira da Capela – empresa essa com que não deixará de relacionar-se, certamente, a concessão, por D. João III, em 1549, ao escultor-arquitecto, de uma tença annual de dois moios de trigo, tença essa que, mais tarde, em 68, renunciará em sua filha Helena, que permanecerá solteira[1441].

De facto, é na obra de Ruão, possuidora, em relação à de Castilho, como afirmaria Pedro Dias, "de outro módulo, mais elegante, mais fino, mais correcto, além de praticar uma bem distinta decoração"[1442], que reconhecemos os elementos que povoam a hábil solução *imaginada* para consolidar a capela-mor do templo palatino, debilitada pela ruína da respectiva abóbada: da *cachorrada*

Cornija modilhonada da Capela dos Reis Magos da Igreja do Mosteiro de S. Marcos.

Cornija modilhonada da Capela do Paço Real.

473

A MORADA DA SABEDORIA

anacrónica, como a apodaria Vergílio Correia[1443], elemento raro no Renascimento coimbrão, como Nogueira Gonçalves faria notar, mas que o artista, em modulações e ritmos vários, usa desde a década de 30 (como no retábulo que enquadrava, em Santa Cruz, a magistral *Deposição*[1444]) à de 50 (como na *Capela do Sacramento*) e à de 70 (como na *Capela dos Reis Magos*) – depois de a ter aplicado, na de 60, no portal da nova casa de Duarte de Melo, o mestre-escola da Sé, junto ao Paço Real, que seguramente lhe pertence (enquanto outro modelo, contracurvado, se ostenta no coro de Santa Cruz e na *Porta Especiosa*); às torrinhas cupuladas que coroam os gigantes[1445], como guaritas na esplanada de um fortim e que emergem também na sua obra, num *crescendo* cronológico e formal, que vai do retábulo da *Capela dos Vales*, em Santa Iria de Tomar (1536), ao de S. Miguel, de Santa Clara-a-Velha (1537, MNMC), aos flancos da *Porta Especiosa* (década de 30); aos fogaréus esféricos, pousados sobre plintos, que as rematam e se reconhecem também, pelos mesmos anos (1547), enquadrando o espaldar retabular da *Capela do Sacramento* da igreja matriz de Cantanhede; às *curiosas ameias*, redução miniatural das capelas centralizadas, quadrangulares e cupuladas, que lhe povoavam a imaginação (e que aqui e além realizou); ao esquisito primor, enfim, dos mascarões que percorrem a cornija e do belo capitel que – numa versão livre do coríntio, como tantos que *imaginou* para arquitecturas e esculturas –, colocou sobre o mainel, escorando a porta da Capela Real. A ele, pois, e não a Diogo de Castilho, deverá imputar-se a concepção do esbelto e engenhoso sistema ideado para resolver os problemas estruturais ostentados pelo templo palatino, obra essa todavia que, como as restantes, em que se comprova a sua actividade, tudo leva a crer fosse realizada de facto por Jerónimo Afonso, o "m^te das obras delRey" e seu colaborador desde a *Fonte da Manga*, porquanto lhe competiria, fundamentalmente, *aviar debuxos* – e é essa, em fim de contas, a função primordial de um *arquitecto*; arquitecto, na verdade, que toda a vida foi, a despeito da sua obra, não menos notável, de escultor. *Arquitecto frustrado* (pelas circunstâncias), como lhe chamaria Rafael Moreira[1446], dotado de um singular sentido arquitectónico da própria criação plástica, que claramente o distingue e que constitui a origem, não apenas do severo classicismo que ostentam as suas melhores es-

Torrinha cupulada (João de Ruão, retábulo de S. Miguel, MNMC, porm.)(foto José Maria Pimentel).

Torrinha cupulada (João de Ruão, Porta Especiosa, porm.).

Torrinhas cupuladas dos gigantes da Capela do Paço Real.

PIEDADE E SABEDORIA

tátuas (como as do portal de Santa Cruz, a colossal *Deposição*, realizada para a mesma igreja, ou, já em fim de carreira, a hoste compacta da *Capela do Sacramento* da Sé Velha ou a enigmática e genial *Santa Isabel* que hoje se guarda no Museu Nacional de Machado de Castro), como do evidente comprazimento que, do retábulo da Varziela ao *Senhor preso à coluna* do Mosteiro de Celas (MNMC), passando pelos múltiplos retábulos, sentia na realização da parte arquitectónica dos seus conjuntos escultóricos; como, ainda, do paradigmático sentido de equilíbrio que, entre as duas vertentes, se empenhou em manter. E é na condição de *architecto* que surge referido, em 72, a pretexto da igreja de Bouças[1447], como, sobretudo, é nessa qualidade que paga a sisa, em 1567[1448] – e arquitectos (e não *imaginários*) serão, como já foi notado, os dois filhos que lhe seguiram as pisadas: Jerónimo e Simão[1449]. E como *hum grande Architecto, a quem chamauaõ Joaõ de Ruaon* o recordaria, já no século XVII, o cronista crúzio D. José de Cristo[1450] – pelos mesmos anos em que, na Misericórdia, se conservava ainda a fama do *grão mestre*[1451]. Como quer que seja, do que não restam dúvidas é de que o apuramento da sua responsabilidade sobre o coroamento da ousia coimbrã projecta nova luz sobre as raízes da solução dinamizada (noutro contexto e com outro espírito) por seu filho Jerónimo, a partir de 1565, no novo panteão régio de Santa Maria de Belém, igualmente cintado de uma cornija modilhonada e cujos ângulos extremos se ornam, do mesmo modo, de *guaritas*[1452]. Prole essa, aliás, vasta (Jerónimo, arquitecto da Rainha Catarina de Áustria e da Infanta D. Maria e, por fim, cavaleiro-fidalgo; Simão, mestre de fortificações; João, lente de Leis; Cosme, frade e licenciado em Cânones; Maria, casada com Henrique de Colónia, livreiro da Universidade e Helena, que faleceu solteira, além dos netos, Miguel, filho de Jerónimo e Manuel, filho de João, *estudantes* ambos, sendo ainda religioso crúzio um irmão deste[1453]), cuja inserção social não testemunha apenas um processo consolidado de ascenção, metodicamente posto em prática pelo genro de Pero Anes; mas a intimidade da sua ligação às instituições centrais da urbe (a Universidade e Santa Cruz) e, sobretudo, às estruturas sócio-profissionais da própria Coroa – da qual ambas em tudo dependiam. Como quer que seja, por *curiosos* que se afigurem os elementos *imaginados* por Ruão para consolidar a es-

Fogaréu esférico (João de Ruão, Capela do Sacramento, Matriz de Cantanhede, porm).

Fogaréu esférico sobre uma das *guaritas* que coroam os gigantes da Capela do Paço Real.

Senhor preso à coluna, João de Ruão (MNMC)

Mainel do portal da Capela do Paço Real.

A MORADA DA SABEDORIA

trutura debilitada do templo palatino (cimalha, gigantes, guaritas, turíbulos-fogaréus, templos-merlões), por cujo intermédio, de resto, a ousia da Capela adquiriria uma nova e monumental presença na economia do edifício real, tudo leva a crer não serem eles elementos silenciosos e passivos; mas antes (e como se pedia à sua *imaginação*) corporizarem um explícito intento discursivo.

De facto, não era Frei Diogo de Murça um livre-pensador – como o não era o Rei. Por grande que fosse a sua sedução pelas ideias de Erasmo, a sua formação de teólogo temperara-se em Lovaina, cuja universidade se posicionava, nos anos da sua formação, na vanguarda da controvérsia anti-luterana[1454]. E o seu empenho na obra de renovação curricular, levada a cabo desde que assumira, na Penha Longa e no Mosteiro da Costa em Guimarães, a *criação* dos pupilos reais e prosseguida em Coimbra enquanto reitor, desde 43, tanto nas Humanidades como nas *faculdades maiores* – e culminada, em 48, na criação do *Colégio Real* –[1455], não poria nunca em causa a intenção primordial que, havia duas décadas, presidia à obra da *reforma*: a formação, em quantidade e qualidade, dos *varões sábios e piedosos* de que o Reino carecia. A dotação do País com gerações (a haver) de *cavalheiros cristãos*. E não apenas clérigos, mas igualmente seculares[1456]. Era esse o objectivo da *Universidade Reformada*, de tanto maior premência quanto os anos que passavam mais não faziam senão adensar nuvens sobre o complexo horizonte em que semelhante empresa se movia – como a tragédia do *Colégio das Artes*, a breve trecho, se encarregaria de eloquentemente demonstrar. E, tanto o monarca quanto o seu reitor, *cavalheiros cristãos* ambos, sabiam bem o risco que corriam: o risco que corria o Reino. Por isso se mantinham vigilantes, não obstante o seu empenhamento no programa *francês* de mestre André. E é isso o que significa a nova obra da Capela (a sua *reforma*), por meio da qual esta adquiria, agora, uma objectiva centralidade no contexto do edifício régio, ao mesmo tempo que, volvendo, como sempre fizera, a sua intencionalidade semiótica aos que, cruzando a ponte, demandavam a cidade, a ela (e a cada um deles) volvia também a sua intencionalidade vigilante – tanto quanto sobre o próprio Paço que, acolhendo a *Estudo*, materializava igualmente o estreito vínculo que unia o Rei ao empreendimento da *reformação*. Era isso o que (uma vez mais) se pedia ao Arcanjo protector[1457]. E era tudo isso o que, num tempo em que (por razões antes de

Perspectiva da cabeceira da Capela do Paço Real de Coimbra

Capela-mór de Santa Maria de Belém, Jerónimo de Ruão

mais ideológicas) a *engenharia militar*, de modo crescente, se configurava como *vanguarda* do pensamento arquitectónico[1458], pretendiam significar esses gigantes, essas guaritas, esses turíbulos-fogaréus, essas ameias idealizadas como pequenos templos, embrionários, de planta *centralizada*, defendendo a proa da cidadela do *Saber*; mas destinadas, de igual modo, a serem transportadas, como células germinadoras, inoculadas em cada *cavalheiro cristão*, até aos confins do Império, cuja capital do ensino a *lusa Atenas* – *douta* e *piedosa* – deveria agora consubstanciar[1459].

Concluída a *reforma* da Capela, no que directamente respeita à parte arquitectónica, em Janeiro de 1545, como documenta a remoção, nesse mês, dos últimos entulhos, a fim de nela "se fazerem os officios diujnos decentemente"[1460] – integrada pois, desse modo, significativamente, na primeira vaga das intervenções dinamizadas pelo reitor Murça após a reunificação da Escola no interior do Paço Real –, volvia o prelado a sua atenção ao interior do templo. Assim é que, a 6 de Agosto, se reunia Frei Diogo "em a capela dos estudos desta vnjuersjdade", na companhia dos doutores Martim de Azpilcueta e Afonso do Prado, a fim de procederem à *visitação* e, do mesmo passo que assentavam na compra de paramentos, toalhas e castiçaes, "acharão & ordenarão auerem se de fazer as cousas segujntes. *Item* que se ladrjlhe a Jgreja ou se lagee comforme ha capela. *Item* que se forre a capela da dita Jgreja de bordos conforme ao corpo da Jgreja. *Item* que se guarneça & branquee toda a capela & Jgreja. *Item* por se escusar continuos frontaaes que os tres altares se guarneção de azulejos"[1461]. As obras apenas em parte (o forro da capela-mor, agora que se removera a primitiva abóbada) seriam realizadas, uma vez que somente a 1 de Março de 1549 se regista na *Mesa da Fazenda* a ordem de pagar "aos empreiteiros que lageam a capella de sam miguel das schollas tres mil rrs". E ainda a 29 desse mês se recordava ao capelão-tesoureiro a necessidade de "que se tapassem as frestas que estão as ilhargas dos altares[1462], & que se guarnecesse a capela, & se cõçertasem os altares", tema a que se haveria de voltar um mês mais tarde, assentando-se então "que se pase mãdado pª nicolao leitão mãodar tapar as frestas da Capella de

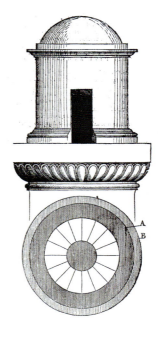

Sebasiano Serlio, *Regole Generali de Architettura*, Livro III, fl. LXVII

Sebasiano Serlio, *Regole Generali de Architettura*, Livro III, fl. LXI tijollo, & que mãde guarnecer os altares da dita Capella dazulejos, & não os avendo que se côçertem os cãtos delles de taboado ou tijollo por a cal não danar as toalhas", do mesmo passo que se determinava que "se pinte o ãjo"[1463]. De facto, tudo indica que, ausente a Corte, a Capela Real (como o próprio Paço) ver-se-iam privados da parte mais significativa e luxuosa do *seu* espólio. Assim e não obstante a presumível vinda de Lisboa, em finais de 1537, dos *ornamentos* litúrgicos por que a Escola insistia desde a sua transferência[1464] e da existência, atestada em 1531, de "Hum calez de prata que serve na capella nas missas que cada dia se djzem nella"[1465], a verdade é que ainda em Outubro de 1557, abalado já Frei Diogo e "por os ornam.tos & cousas de seruiço da capella estarem muj danificados e casi não aver o neçessario pera seruiço della"[1466], decidia o conselho um amplo investimento nesta área que constitui bastante testemunho da penúria em que a *capela dos estudos* se encontrava. E é também nesse ano, como se viu, que João de Ruão leva a efeito a avaliação do novo púlpito, acabado de instalar[1467]. Por ora, contudo, em 1549, parece que os pretendidos azulejos se encontrariam no mercado e que ao *guarnecimento* dos altares do templo, isto é aos frontais, respeitará um conjunto de placas cerâmicas, de proveniência andaluza, ilustrando padrões vários nas conhecidas técnicas de *corda seca* e de *junta fendida*, localizados numa vala de entulhos no decurso da *sondagem A1*. Seriam eles, pois, um elemento ainda mais de mudejarismo no edifício real[1468], coexistindo, sem contradição, com a adesão renascentista que a *reforma* da Capela proclamava.

A instalação da Escola na cidade trouxera, todavia, um dado novo, a despeito dos esforços de reanimação promovidos no reinado manuelino: a súbita pressão urbanística e demográfica decorrente da instalação, na *cidade alta*, do velho *Estudo Geral* e da coroa de colégios universitários que o cingia. Isso mesmo comunicaria ao Rei o seu vedor, Vasco Fernandes, na já referida carta que lhe endereça em finais do ano de 1545: *Item Senhor a redor de seus paços contra os paços do mouro muitas pessoas querem quebrar paredes e tirar pedra e vão descarnando a dita costa e asi na saída dos dois paços. E asi querem os vereadores entender em dar chãos para casas por seus da cidade sendo de V. A. e suas saídas o que lhe eu nom consinto ate ora por ir q. tudo he de V. A. e delles comprei por seu mandado. Sera necesaryo huma carta para a cidade que nõ entenda nos rosyos e saidas dos vosos paços em os querer dar por da cidade pois são de V. A. e se ouver por bem que se defenda aos cabouqueyros*

Conjunto de fragmentos de azulejos hispano-árabes exumados no decurso da *Soadagem A1*.

PIEDADE E SABEDORIA

asi o farey porque ho descuydo disto foy ho corer da terra dos seus paços de Lyxboa proveja nisso como for seu serviço[1469]. Era ao espaço envolvente do palácio que se referia o velho servidor, incluído aquele que a construção da *plataforma* organizara e defendia as necessárias serventias: a *porta-forte*, o *portall do muro contra a See*, que permitia a ligação ao exterior dos antigos aposentos do monarca e a velha porta da *ala do albacar* que, por detrás da Capela, dava acesso aos *quintaes* e, deles, ao que haviam sido os aposentos do bispo-capelão e ao próprio terreiro, por intermédio do vestíbulo que cortava, ao fundo, o templo palatino. A instalação, porém, na *plataforma*, uma vez suprimida a edificação da ala sul, da estrebaria régia, utilizada agora como açougue escolar[1470], exigia uma nova ligação, mais funcional, ao interior da *Universidade*, ao mesmo tempo que a conversão da antiga muralha, após a regularização levada a cabo por Castilho[1471], em pouco mais que um muro de suporte (no contexto de um edifício *aberto*, cujo terreiro constituía logradouro público desde tempos remotos e que apenas após a instalação da Escola se veria dotado de portais na respectiva *porta-forte*[1472]), demandaria também nova e mais adequada protecção. Isto mesmo concedia o Rei na referida carta, de 8 de Fevereiro de 1545, em que agradecia ao reitor a forma eficaz como procedera ao *repartimento* das lições pelos aposentos régios: "E quãto aa parede que dezes que he neçesario fazerse pera se tapar & cerrar o terreiro deses paços que pode custar atee xxx cruzados por se escusarem m^{tos} inconueniemtes que de estar asy aberto se causam pareçeme bem o que dizes & mãdo que logo se faça a dita parede ficando somente as portas que na dita carta apontaes. & com esta mãdo prouisam pera nicollao leitam pagar a despesa que se niso fezer"[1473]. Apesar disso,

Reconstituição do Paço Real de Coimbra após construção da Torre do Relógio e das escadas de acesso aos Gerais e da cabeceira da capela (José Luís Madeira).

A MORADA DA SABEDORIA

tardaria ainda muito antes que tal obra se fizesse[1474]. E agora, sobretudo, cuidava o monarca, na sequência das advertências do vedor, lembrado de que *ho descuydo disto foy ho corer da terra dos seus paços de Lyxboa* (e à semelhança do que, anos atrás, fizera já a respeito do Mosteiro de Belém[1475]), de proteger o seu Paço de Coimbra. Escrevia, assim, como recomendava o seu oficial, em 20 de Maio de 1557, *huma carta para a cidade*, em que ordenava: "ej por bem & meu seruiço por allguns justos respeitos que me a jsto mouem que não aforeis nem deis a pª alguã de qualquer callidade que seja os chãos que estão despejados daredor dos meus paços desa çidade nem consintaes que nelles se fação casas nem outra alguã obra sem meu espiçiall mandado. & se jaa tiuerdes aforados ou dados os ditos chãos ou alguus delles em que não estee feita obra não consentireis que nelles se faça cousa alguã atee niso mandar o que ouuer por meu seruiço, o que asy comprireis sem niso poerdes duuida nem contradição alguã"[1476].

E a tempo o fazia. De facto, cinco anos mais tarde, em 1562, Duarte de Melo, o mestre-escola da Sé, fazendo letra morta das determinações reais, começava a sua casa próximo ao ângulo nordeste do palácio[1477], não longe das cozinhas[1478]; e "fazia paredes, e tomaua com ellas hum grande pedaço de Rocio, que esta junto destas cazas del Rey nosso senhor com que fazia má vezinhança a estes Paços", conforme registavam, indignados, os conselheiros da *Fazenda*, que acrescentavam ser esta de igual modo "ma vyzinhãça pª o pouo porq. pla azinhaga que passava ser m.to cõprida e estreita antre hos paços e [a] parede nova avia azo pª se matarem homens"[1479]. Em vão, porém. A casa cresceria. O *Estudo*, em fim de contas, estava apenas de passagem na moradia régia; era agora, também ele, uma *Escola Real*, a uma imensa distância dessa *corporação de mestres e escolares* que uma dia alcançara a protecção do *Plantador de naus a haver*. Ao real mecenas cabia decidir do seu futuro – na urbe ou fora dela, como pareceriam acautelar ainda os *Estatutos* de 59, ao consagrar que "Agraduado algum, official ou pessoa da Universidade, não será presente a grao algum que se der na Universidade de Coimbra, ou outro luguar em que ha Universidade estiver, por qualquer maneira que se dê, como não for dado pela Universidade"[1480]. Como quer que fosse, por ora, sobre o promontório onde se alcandorara, seguia configurando o ideal de Alberti, que reservava à *rocca* o primeiro lugar na hierarquia da cidade[1481]. E o *Tempo*, esse magno poder, se encarregaria de traçar o seu destino.

NOTAS

[1189] É, na verdade, a mesma relação intencional e já moderna com a paisagem envolvente, tal como a sobrevivência (por razões igualmente de ordem semiótica) de elementos característicos da arquitectura senhorial do gótico final, como as torres e o coroamento de merlões, que testemunham diversas quintas de recreio contemporâneas dos arredores de Lisboa, como a Quinta de Valflores, erguida entre 1537 e 1558 (cfr. CALDAS, João Vieira, "O mundo erudito e o mundo vernáculo nas quintas viradas ao Tejo", *V Colóquio Luso-Brasileiro de História da Arte, A Arte no Mundo Português nos séculos XVI, XVII e XVIII*, Actas, Faro, Universidade do Algarve, 2002, pp. 235-240); como é a mesma atitude, de mistura com a sedução pelo luxo mudejar, que reflecte, v. g., o *Pavilhão de Carlos V* nos jardins do Alcázar de Sevilha, terminado por Juan Fernández em 1543 (cfr. CHECA CREMADES, Fernando, *Carlos V. La imagen del poder en el Renacimiento*, Madrid, Ediciones El Viso, 1999, pp. 127-132 e 134-135).

[1190] Com efeito, não restam dúvidas da persistência de habitantes no Paço na ausência da Corte e a esse assunto se voltará adiante. Fora esse, de resto, o caso da decantada *D. Maria de Vallasco*, que terá habitado na ala das damas em finais da década de 20 e inícios da seguinte, visto que se levariam a cabo obras nos seus aposentos entre 1526 e 1530, mas que em 1545 não residiria já, como se depreende da carta de Vasco Fernandes Ribeiro para o Rei de Dezembro desse ano (vejam-se *supra* notas 856 e 872). E o próprio reitor Carneiro de FIGUEIROA referiria, a propósito da cedência da moradia régia à Universidade, "não haver nos Paços de ElRey a comodidade necessaria para se lerem todas as Sciencias e artes, principalmente achando-se ainda ocupada por algumas pessoas parte delles" (*Memorias…*, p. 68).

[1191] Sobre estes estudos, que não ultrapassariam o nível de um *studium artium*, mas cujo rasto se pode seguir, de facto, até 1537, quando a transferência da Universidade os esvazia de sentido, veja-se *supra* Parte I, nota 156.

[1192] BRANDÃO, M., *Documentos de D. João III*, vol. I, doc. VII, p. 11. A facilidade com que os escolares dos *Estudos Velhos* invadiam a esplanada do Paço Real parece ter por origem a inexistência de "porta do terr[o]" – muito provavelmente em virtude da antiga tradição do seu uso público, desde logo, como se viu, enquanto local de celebração de feiras (vejam-se *supra* notas 697 e 698) –, porta essa, na verdade, que apenas parece ter sido realizada em Janeiro de 1545, durante o reitorado de Frei Diogo de Murça (cfr. *idem*, *Livro da Recepta…*, p. 40).

[1193] Veja-se *supra* Parte I, nota 1.

[1194] Vejam-se *supra* Parte I, notas 1 e 2. Como ficou dito, a Faculdade de Medicina, cujas lições haviam decorrido também em casa do reitor, seria abrangida pela disposição geral de mudança dos estudos para o Paço, mas logo em 16.01.1538, por se entender que "aos estudantes de physica he m[to] proveytoso e necessareo ouvirem artes e philosophia e terem exercitio das letras com os artistas e philosophos", o monarca determinaria a sua transferência para os gerais de Santa Cruz (sobre este assunto veja-se também BRITO, A. da Rocha, *O primeiro dia d'aula…*, pp. 8-9).

[1195] Veja-se *supra* nota 984.

[1196] BRANDÃO, M., *Actas dos Conselhos…* (1537-1557), vol. I, p. 16.

[1197] Sobre esta matéria veja-se o que escrevemos *supra* Parte I, cap. 4 e 5. Merece aliás reparo o modo como a decisão régia colide, sobrepondo-se, ao convénio estabelecido entre a Escola e o Mosteiro Crúzio, em 5 de Outubro, o qual constituía uma evidente capitulação por parte da corporação universitária e de que o monarca, que seguia a par e passo a evolução do processo coninbricense, teria obviamente conhecimento. A instalação no Paço, com efeito, não somente atalhava a pretensões crúzias, como cortava cerce, uma vez mais, qualquer veleidade de autonomia universitária.

[1198] Na verdade, não apenas o reitor Francisco Carneiro de FIGUEIROA, compulsador de velhos documentos, registaria, como se viu, "não haver nos Paços de ElRey a comodidade necessaria para se lerem todas as Sciencias e artes, principalmente achando-se ainda ocupada por algumas pessoas parte delles" (veja-se *supra* nota 1190), como o próprio Teófilo BRAGA, mesmo que em interpretação anacrónica, atribuiria a repartição da Universidade, entre Santa Cruz e o Paço Real, por ser este "insuficiente para abrigar todas as cathedras" (*História da Universidade…*, vol. I, p. 487). Mas talvez a exiguidade da moradia régia (ou, mais propriamente, dos aposentos reais) não fosse estranha à decisão (garantida a inviabilidade da unificação do antigo Estudo Geral sob a égide de Santa Cruz) de transferir para o Mosteiro, como ficou dito, em Janeiro de 1538, as cátedras de Medicina.

[1199] De facto, por muito tempo a concessão de aposentos no Paço Real, tanto ao reitor, como a lentes e funcionários, manterá um carácter excepcional e dependente da vontade régia. Frei Diogo de Murça será, assim, como se verá, o primeiro reitor residente, mas ainda a D. Manuel de Meneses, o primeiro prelado nomeado por triénio e o primeiro a prestar juramento e tomar posse perante o claustro-pleno, se lhe deputava, em finais de 1556, mais 20 000 reais de ordenado para aluguer de casas, se El-Rei lhe não autorizasse a pousada nos seus Paços [cfr. VASCONCELOS, António de, "Relações nominais e mapas estatísticos. A) Relações nominais. I) Relação dos Reitores da Universidade desde a reforma e instalação definitiva em Coimbra por El-Rei D. João III, em 1537", *Escritos Vários relativos á Universidade Dionisiana*, Coimbra, Arquivo da Universidade, vol. II, p. 9].

[1200] BRANDÃO, M., *Documentos de D. João III*, vol. I, doc. LXVIII, p. 127.

[1201] Efectivamente, A. de VASCONCELOS opinaria peremptoriamente pela utilização imediata da Capela Real por parte da Universidade, ainda que "sem perder a categoria que até ali tivera, e continuava tendo, de capela del-rei, com todas as isenções e privilégios correlativos", advogando que sobre ela deviam debruçar-se já os Estatutos de 1544, ao mesmo tempo que a existência de multas e descontos impostos, desde cedo, aos capelães, pelo conselho de deputados, por incumprimento das suas obrigações, pressupunha uma prática religiosa devidamente estabelecida e regulamentada (cfr. *Real Capela…*, pp. 15-18). De facto, conhecida a íntima ligação existente, desde as suas origens, entre a Universidade e a Igreja e a importância da componente litúrgica na vida da Escola, expressa, desde logo, na prescrição de celebração quotidiana de missa, *sahindo ho sol*, precedendo as lições de prima (cfr. RODRIGUES, M. A., "A vida religiosa…", pp. 151-152); a consequente existência de capela privativa (e respectivo capelão) no edifício lisboeta dos Estudos Gerais (abundantemente referida, tanto na sua arquitectura, como no recheio, na vida litúrgica e nos rituais, nas *Actas dos Conselhos* respeitantes aos anos de 1505-1537 publicadas por M. BRANDÃO) e a preocupação da Universidade, como se verá, uma vez em Coimbra, em reaver o seu espólio cerimonial, não custa a aceitar essa afirmação. A verdade é que, pelo menos desde 1539, conhecemos o nome de um capelão, Francisco Dias, que a 29 de Março começaria o seu triénio (cfr. BRITO, A. da Rocha, *O primeiro dia de aula…*, p. 122) e os Estatutos de 1559 abrem já pela determinação (sistematicamente repetida nos que se lhe seguiriam) de que "Porquanto a primeira coisa que se deve procurar

481

é a honra e glória de Nosso Senhor Jesus Cristo, haverá na Universidade uma capela em a qual se celebre o ofício divino para que o possam os lentes e estudantes ouvir", aludindo-se a treze capelães, um organista e quatro moços da Capela (cfr. RODRIGUES, M. A., *ibidem*, p. 158 e GOMES, J. Ferreira, "Os vários estatutos…", p. 26).

[1202] Esta característica manter-se-á sempre, como se verá no 2º volume deste estudo, repercutindo-se na própria estrutura do edifício. A documentação universitária testemunha, aliás, ser a Capela o local onde era conferida posse aos professores de música, ou se faziam as respectivas *oposições*. Porém, na continuidade da tradição escolar, que fazia da capela, no Estudo de Lisboa, um espaço polivalente e, nomeadamente, o local "onde se fazem os cõselhos" [cfr. BRANDÃO, M., CRUZ, L., *Actas dos Conselhos… (1505-1537)*, vol. I, p. 9], aí se documenta também, em 1549, a realização do termo de fiança do lente de Instituta Álvaro Vaz, bem como, pelo menos uma vez, em 11.02.1557, a reunião de um conselho universitário [cfr. BRANDÃO, M., *Actas dos Conselhos… (1537-1557)*, vol. II, I Parte, pp. 21, 166 e 200; II Parte, pp. 39 e 56 e III Parte, p. 209 e CRUZ, L., *Actas dos Conselhos… (1537-1557)*, vol. III, p. 3].

[1203] Com efeito, a acta do conselho universitário de 17.12.1537, realizado já, por conseguinte, no Paço Real, do mesmo passo que nos informa da existência dessa *empreytada*, envolvendo pedreiros e carpinteiros, esclarece que a mesma "nõ se podia acabar para a mudança". O facto, porém, de ainda a 5 de Outubro a corporação não ter recebido a carta régia com a ordem de transferência, que se deduz incontornavelmente de nessa data firmar (em desespero) o convénio com o Mosteiro crúzio, que aceitava que a obra das Escolas Gerais, que possibilitaria a reunificação da Universidade, se erguesse na Rua da Sofia (veja-se *supra* Parte I, nota 300), obriga a aceitar que o seu lançamento seja posterior e ulterior, mesmo, como é de boa lógica, a 8 de Outubro, data em que o Estudo toma conhecimento formal da graça régia, isto é, a cinco escassos dias da trasladação. Neste contexto e em face do próprio teor transitório da mudança e das expressas recomendações do Rei sobre os cuidados a observar, não parece crível que a referida empreitada tivesse em vista mais do que a erecção, nas várias dependências, dos *teatros* necessários a cada classe, cuja estrutura, aliás, exigiria certamente a intervenção de carpinteiros e pedreiros (veja-se *supra* nota 924).

[1204] Na verdade, é de novo a referida acta do conselho universitário de 17.12.1537 que refere expressamente que "tãbem foy acordado que aos trõbetas que tãgerão na mudança das ditas escolas lhes paguem trezentos rrs" [BRANDÃO, M., *Actas dos Conselhos… (1537-1557)*, vol. I, p. 23].

[1205] Veja-se *supra* Parte I, nota 2.

[1206] Cfr. BRANDÃO, M., *Actas dos Conselhos… (1537-1557)*, vol. I, pp. 12-13. Já em 9 de Maio, com efeito, a Universidade se dirigira ao monarca solicitando o envio "asi da canpãa & relogio que tinhãa as escollas de lixª & bem asi a canpainha de prata castiçaes guarda porta alcatifa & todo o que seruia no cõselho do dito Estudo & a maça para o bedel: que tudo ficou laa por ordenança do doctor pº nunez que era rector & bem asi Senhor vestimentas calex frõtaes & todo o da capela" (cfr. *idem*, *Alguns documentos…*, p. 7). Sobre a sabotagem levada a cabo pelo antigo reitor à transferência da Universidade, traduzida, entre outras matérias, na recusa da entrega das alfaias, veja-se *supra* Parte I, nota 282.

[1207] Sobre o carácter essencialmente político do *projecto de S. Pedro* e para o programa previsto para o local onde hoje se ergue a Sé Nova, vejam-se, *supra*, Parte I, respectivamente notas 303 e 322.

[1208] BRANDÃO, M., *Documentos de D. João III*, vol. I, doc. CXXXIV, p. 230.

[1209] A preocupação com a regulação do tempo académico remontava às próprias origens da Universidade, como documenta uma provisão de D. Dinis, de 12.05.1312, ao alcaide de Coimbra, motivada pelas queixas do Estudo Geral sobre a negligência com que era tangido o sino da Sé porque se regulavam (cfr. *Livro Verde*, doc. 6 o, pp. 33-34). Donde a importância da aquisição do relógio, em 1491, no tempo de D. João II, da alta estimação em que era tido (e que os sucessivos *Estatutos* repercutiriam) e da preocupação com a sua transferência para Coimbra, após a trasladação da Escola, em 1537. Como escreveria [J. M.] Teixeira de CARVALHO, a partir da leitura das *Actas dos Conselhos* da Universidade anteriores a esta, "o cuidado com o relógio dava para uma monografia de historiador moderno, amigo do pitoresco" [cfr. "Pedro de Mariz…", p. 536 e, para as origens e história do instrumento, BRITO, A. da Rocha, *O primeiro dia d'aula…*, p. 125 e BRANDÃO, M., CRUZ, M. L. Patoilo, *Actas dos Conselhos… (1505 a 1537)*, 2 vol. Para a sua função reguladora da vida académica veja-se ARAÚJO, Ana Cristina Bartolomeu de, "As horas e os dias da Universidade", *Universidade(s). História, memória, perspectivas*, Actas, Coimbra, 1991, vol. 3, pp. 365-382 e OLIVEIRA, António de, "Primeiro, viver" ("O quotidiano da Academia"), (vv. aa.), *História da Universidade em Portugal*, vol. II (1537-1771), Coimbra-Lisboa, Universidade de Coimbra-Fundação Calouste Gulbenkian, 1997, pp. 659-661].

[1210] Na verdade, quer-nos parecer que o referido instrumento, cuja função não era simplesmente "chamar mestres e alunos ao som das horas canónicas", mas garantir o funcionamento regular da escola, marcando os tempos de começo e fim das lições, não terá sido colocado "sobre a porta manuelina, entre os dois cubelos que a ladeavam" (cfr. BRITO, A. da Rocha, *O primeiro dia d'aula…*, p. 126), isto é, do lado exterior do Paço, mas na face interna da porta do terreiro, voltado para o Estudo, a quem se dirigia o seu poder regulador. Ainda no século XVIII será essa, como se verá, a razão de que fosse conferida maior altura à torre que hoje existe – para que o relógio fosse visível do interior da varanda dos *Gerais* –, ao mesmo tempo que a necessidade de complementar a função interna com a externa (de chamamento) levaria a multiplicar os mostradores pelas quatro faces.

[1211] Veja-se *supra* Parte I, nota 307.

[1212] Veja-se *supra* Parte I, nota, 314.

[1213] Sobre este assunto veja-se o que escrevemos *supra*, Parte I, cap. 5.

[1214] Veja-se *supra* Parte I, nota 317.

[1215] Veja-se *supra* Parte I, nota 318.

[1216] Veja-se *supra* Parte I, nota 323.

[1217] Veja-se *supra* Parte I, nota 321.

[1218] Sobre todas estas matérias veja-se, em geral, o que escrevemos *supra* Parte I, cap. 5

[1219] Com efeito, não restam dúvidas de que, em marcha em 1541 (veja-se *supra* Parte I, nota 322), esse programa se encontraria abandonado já por esta altura, seguramente por razões de índole económica, como atesta a doação dos respectivos *chãos*, em Abril de 45, ao reitor do Colégio de Jesus, Simão Rodrigues, que nele iria estabelecer a sede coimbrã da Companhia (veja-se *supra* Parte I, nota 494).

[1220] Deve-se a Pedro DIAS a intuição de que "só em 1544 é que D. João III tomou a decisão definitiva de manter a Universidade no Paço", ainda que interpretando-a como "consequência dos investimentos que, a pouco e pouco, foram sendo feitos e até, talvez, da descaracterização do mesmo", o que não parece poder justificar-se ("Um novo poder…", p. 188). É certo, porém, que, como se verá, estamos também longe de confrontar-nos com uma decisão *definitiva*.

[1221] BRANDÃO, M., *Documentos de D. João III*, vol. II, doc. CCCXXX, p. 216.

[1222] *Memorias…*, p. 67.

[1223] Veja-se *supra* nota 1200.

[1224] Veja-se *supra* nota 988. Torna-se, de facto, mais viável a hospedagem de Martim de Azpilcueta nesse local. Os cómodos sob a Sala Grande, onde habitara o *amo* não se lhe comparavam em qualidade e apenas beneficiavam da sua integração nos aposentos régios. Quanto ao *aposentamento* dos Infantes, outro seria o seu destino, como se verá e a estrutura modular da ala nascente, tal como a categoria das pessoas aí alojadas, não pareciam compatibilizá-la com o especial tratamento que sempre foi concedido ao *doutor navarro*.

[1225] Quanto ao aludido João Gomes da Silva, é certamente o mesmo a respeito do qual se pagaria, em Novembro de 1544, dia e meio a dois pedreiros, de "abrjr hum portal do aposento de Jmº gomez da sylua & cerrar de pedra & cal ha seruentia da escada per que se seruja ha varãda" (BRANDÃO, M., *Livro da Recepta…*, p. 22), o que não apenas testemunha não ter sido despejado, como parece atestar alojar-se este então (num sector onde se detecta um evidente mobilidade de ocupantes) no aposento sobreposto à porta-forte onde, em finais do ano seguinte, reconhecemos a presença do filho do *mestre Nicolau* e de Francisco Marques, filho do *contador* e que fora inicialmente de João Moreno, que nele fizera obras (Veja-se *supra* nota 871).

[1226] Veja-se *supra* nota 881.

[1227] Veja-se *supra* nota 871.

[1228] BRANDÃO, M., *Livro da Recepta…*, p. 14.

[1229] *Idem, ibidem*, p. 11.

[1230] *Idem, ibidem*, p. 14.

[1231] Para as referências à Sala Grande e sua utilização, veja-se BRANDÃO, M, *Actas dos Conselhos…* (1537-1557), vol. I, pp. 147, 153, 210-211, 218--219, 247, 250-251, 263-264, 276-277, 289, 340, 364, 366, 371-372, 376, 379, 392, 394, 402, 420, 422, 425 e 426; vol. II, 1ª Parte, pp. 23, 39, 53, 57, 61, 120, 133, 138, 140-141, 143, 162, 173, 179, 182, 194, 199, 204, 226, 139, 241-242, 244, 246, 249, 251, 253, 255-257, 260, 262, 265, 267-268, 270-271 e 276; vol. II, 2ª Parte, pp. 24, 45, 54, 56, 61-62, 64-65, 83, 125, 129, 133-135, 150, 155--156, 164, 166-167, 169, 171, 175, 177, 184, 197, 203, 205, 207, 211, 237, 259, 265, 272, 273, 275, 284 e 287; vol. II, 3ª Parte, pp. 59, 67, 74, 94, 102, 112, 127-128, 130, 148, 150, 154, 161, 163-164, 166, 174-175, 177, 182-183, 186, 188, 190, 191--192, 194, 219, 241, 251, 256 e 300 e CRUZ, L., *ibidem*, vol. III, 1, 6, 8, 26, 35-36, 38-39, 41, 65, 68-69, 71, 86, 96 e 100.

[1232] Na verdade e a despeito da afirmação documental, de resto solitária, quer-nos parecer que a *leitura* na Sala Grande de lições curriculares, a ter ocorrido, deverá ter revestido carácter excepcional, tendo em conta que, a despeito das limitações de espaço, cada faculdade dispunha do seu *geral* e que a *Sala*, em cuja reorganização se punha tal empenho, emerge da documentação como espaço nobre, por excelência, no conjunto das dependências da Escola. Mais provavelmente, pois, as referidas *leituras* deveriam dizer respeito a *autos pubricos* e *cõcruzões*.

[1233] Cfr. BRANDÃO, M., *Livro da Recepta…*, p. 39. É, pois, este *teatro* e respectiva cátedra que se remove da Sala em 1557, para as exéquias de D. João III (veja-se *supra* nota 924). Em virtude de estragos ocasionados por essa operação, ou do mero desgaste decorrente do seu uso, o referido *teatro* seria intervencionado em inícios do ano de 1558, como se deduz da ordem dada ao recebedor, em conselho de deputados de 21 de Janeiro, de "dar dez cruzados pera os assentos da salla allem dos outªs dez que ja mãdarã dar" – ou tratar-se-ia apenas dos custos da sua remontagem? [cfr. *idem*, *Actas dos Conselhos…*, (1537-1557), vol. II, 1ª Parte, p. 48].

[1234] Cfr. *idem*, *Livro da Recepta…*, pp. 14-15.

[1235] *Idem, ibidem*, pp. 17 e 21.

[1236] *Idem, ibidem*, pp. 21, 22, 27, 29, 30, 37 e 45 (veja-se *supra* nota 960).

[1237] Cfr. *idem, ibidem*, p. 30.

[1238] Veja-se *supra* nota 982.

[1239] Cfr. BRANDÃO, M., *Livro da Recepta…*, p. 30 (veja-se também *supra* nota 968).

[1240] Veja-se *supra* nota 966.

[1241] É, com efeito, esta ausência de função específica – essencialmente vestibular, em relação ao núcleo escolar –, que ilustra o modo como se lhe refere a documentação universitária ainda em 30.07.1671, antes pois que o reitor Nuno da Silva Teles (I) alterasse a configuração de toda essa área, quando se decide deputar 30 000 reais "pera correr cõ os gastos da obra da sala que esta antes de entrar na baranda dos guerais" (AUC, Universidade de Coimbra, *Obras e outros assuntos. Documentos diversos, séc. XVIII-XIX*, s. nº).

[1242] Veja-se *supra* nota 939.

[1243] Na verdade, deve referir-se que a maior parte dos registos respeitantes a despesas com obras exarados no precioso *Livro da Recepta…*, publicado por M. BRANDÃO e que vimos seguindo, deixam na obscuridade os trabalhos a que se referem, apenas se concretizando, por regra, os de menor monta e que exigiram escassos dias de trabalho.

[1244] Com essa escada, subjacente à porta que hoje dá acesso ao vestíbulo dos *Gerais* (e que, por conseguinte, substitui a que então se realizaria, rasgada ao centro do flanco oriental da *Sala da Rainha*), eliminada com a construção da Torre actual, que, como se verá, daria lugar à edificação de nova escadaria, por seu turno amputada pela construção da *Via Latina*, se relacionará um poderoso maciço de alvenaria que criaria as maiores dificuldades à DGEMN quando, no decurso da década de 80, levou a cabo as obras de adaptação do piso térreo da ala norte para expansão da Faculdade de Direito e, nomeadamente, a sua comunicação com o andar inferior do claustro escolar. A despeito de não ser possível confirmá-lo através da respectiva documentação, o facto ser-nos-ia comunicado por diversas pessoas ligadas à Universidade e que o puderam testemunhar). Sobre a estrutura dessa escada, rematada por um tabuleiro, informa indirectamente a documentação respeitante à construção, em 1633 (ao mesmo tempo que a *Porta Férrea*) da que antecederia a que hoje, no ângulo nordeste do pátio, dá acesso à *Via Latina* e e a respeito da qual se estabelece que deveria ser provida de "um tabuleiro lageado da altura e do mesmo modo que he o que esta a porta da cadea em correspondencia delle" (cfr. CORREIA. V., "Obras antigas…", p. 167), informação que se compreende em face do conhecimento de ocupar a cadeia universitária as lojas inferiores à primitiva *Sala Grande* trecentistas, nas proximidades justamente dos *Gerais* universitários (veja-se *supra* nota 741).

[1245] Tudo indica que aqui, no *estudo* inferior, fossem as instalações do bedel de Leis, porquanto se alude às "portas do bedel das leis que hyã pera as classes das artes" (instaladas na varanda adjacente, na qual se abriram portas novas) e se sabe, por exemplo, que o respectivo bedel se alojava num cubelo que adiante veremos onde se situava (cfr. BRANDÃO, M., *Livro da Recepta…*, p. 42).

[1246] Sobre a *Sala dos Exames Privados* vejam-se as informações registadas *supra* nas notas 945 e 961. Adiante, quando tratarmos da instalação da Livraria e Cartório, se compreenderá melhor a razão pela qual se não utilizaria para tal efeito a antiga *câmara do paramento* do monarca, sobreposta à *guarda-roupa*. Quanto à afirmação de ter esse espaço servido inicialmente de local de reunião dos conselhos escolares, decorre do facto de se saber ter sido deputada no Paço Real, desde a chegada da Escola, uma "casa õde se faz claustro", depois referida como "casa do claustro" ou "cassa do conselho", não sendo lógica a utilização para esse efeito das dependências dos aposentos da Rainha, onde se levava a cabo a instalação dos *teatros* para a leccionação das cátedras das várias faculdades, ao mesmo tempo que, por virtude da sua ligação à *Sala* da soberana, beneficiava esta dependência da autonomia que estaria na origem do destino singular que sempre lhe seria reservado. Foi pois aqui, seguramente, que se reuniu pela primeira vez o conselho escolar, no próprio dia 13 de Outubro de 1537 em que, ao som das charamelas, a corporação faz a sua entrada solene no Palácio Real, tendo ficado incompleta a respectiva acta, certamente em virtude das próprias vicissitudes que rodeariam a sua vertiginosa trasladação [cfr. BRANDÃO, M., *Actas dos Conselhos*… (1537-1557), vol. I, pp. 17, 21-23, etc.].

[1247] AUC, *Provisões da Universidade*, tomo I, fl. 61. A informação respeita a 15.11.1590, mas deve retratar a situação verificada com a organização escolar de Frei Diogo de Murça, a qual, a despeito da conquista de espaços que resultaria da criação do Colégio das Artes, possibilitando o reaproveitamento da varanda como espaço de lazer e o abandono dos incómodos *gerais de cima*, deverá ter subsistido, nas suas linhas gerais, até à ampla reformulação levada a cabo em finais do século XVII.

[1248] Cfr. BRANDÃO, M., *Livro da Recepta*…, p. 21.

[1249] Sobre o *geral* da Teologia vejam-se as informações coligidas por M. BRANDÃO [*Actas dos Conselhos*… (1537-1557), vol. II, 1ª Parte, pp. 16, 22, 64, 68, 134, 208 e 225; vol. II, 2ª Parte, p. 216; vol. II, 3ª Parte, pp. 76 e 293] e CRUZ, Lígia [*Actas dos Conselhos*… (1537-1557), vol. III, 21, 49 e 56].

[1250] Cfr. BRANDÃO, M., *Actas dos Conselhos*… (1537-1557), vol. II, Iª Parte, p. 215; vol. II, 2ª Parte, pp. 8, 38, 52 e 74; vol. II, 3ª Parte, pp. 17, 36, 72, 100, 260, 282, 289 e 302 e CRUZ, L., *Actas dos Conselhos*… (1537-1557), vol. III, pp. 27, 31.

[1251] Cfr. BRANDÃO, M., *Livro da Recepta*…, p. 33.

[1252] Sobre o *geral* de Instituta, de que a única *oposição* recenseada para estes anos decorreria, em 19 e 20.02.1550, na Sala Grande do Paço, veja-se BRANDÃO, M., *Actas dos Conselhos*… (1537-1557), vol. II, 1ª Parte, p. 194 e vol. II, 2ª Parte, pp. 21 e 107. Sobre o de Leis, veja-se *idem, ibidem*, vol. II, 1ª Parte, p. 189; vol. II, 2ª Parte, pp. 12, 34, 192 e 228 e vol. II, 3ª Parte, pp. 61, 82 e 87. Enfim, sobre o de Medicina, veja-se *idem, ibidem*, vol. II, 3ª Parte, pp. 103, 224 e 281.

[1253] *Conquista, antiguidade, e nobreza*…, p. 182.

[1254] BRANDÃO, M., *Documentos de D. João III*, vol. II, doc. CCCXXXVII, p. 223.

[1255] Vejam-se *supra* notas 1208, 1209 e 1210.

[1256] BRANDÃO, M., *Livro da Recepta*…, pp. 37-38.

[1257] *Idem, ibidem*, pp. 38 e 43.

[1258] *Idem, ibidem*, pp. 37, 40 e 42 (veja-se *supra* nota 940).

[1259] Trata-se, com efeito, de um dispositivo de grande raridade e que se não reconhece na arquitectura colegial contemporânea e mesmo posterior. Tudo indica que a sua origem – enquanto apropriação laica do poder regulador do tempo, em alternativa ao ancestral domínio da Igreja sobre essa *dimensão* – radique nas torres do relógio que, nos séculos XIV e XV, se haviam divulgado nas *casas das câmaras* e de que Duarte D'Armas deixaria minucioso registo nos seus panoramas, mas que aguardam ainda um trabalho de fundo, a despeito da pioneira chamada de atenção feita recentemente por ALMEIDA, C. A. Ferreira de, BARROCA, M. J., *História da Arte em Portugal*, vol. 2, *O Gótico*, Lisboa, Editorial Presença, 2002, pp. 143. Merece, aliás, reparo, que o único espécime de torre horária escolar quinhentista do nosso conhecimento, a torre do relógio do Colégio Fonseca de Santiago de Compostela, projectada em 1598, quando se erguia já, havia mais de trinta anos, a torre coimbrã de que falaremos de seguida, seja devida à traça de um arquitecto português, Mateus Lopes, originário de Viana do Castelo, de prática desconhecida em território nacional, mas que, porventura, a pudera contemplar, eventualmente no decurso de uma deslocação a terras do sul, em demanda da pedra de Ançã, utilizada em trabalhos escultóricos associados à sua obra – a despeito da sua afinidade morfológica com modelos valisoletanos, difundidos a partir das torres concebidas por Juan de Herrera para a respectiva catedral [vejam-se, sobre Mateus Lopes, FILGUEIRA VALVERDE, "Artistas portugueses na arquitectura pontevedresa do seculo XVI", VALLE PÉREZ, Xosé, (coor.), *Do Tardogótico ó Manierismo. Galicia e Portugal*, s.n., Fundación Pedro Barrié de la Maza – Fundação Calouste Gulbenkian, 1995, p. 183 e GARCÍA IGLESIAS, José Manuel, "O Manierismo Galego e Portugal", *ibidem*, pp. 307-310 e, sobre a torre do Colégio Fonseca, GARCÍA IGLESIAS, Xosé M., MONTERROSO MONTERO, Xoán M., *Fonseca: patrimonio e herdanza. Arquitectura e iconografia dos edificios universitarios compostelans (séculos XVI-XX)*, Santiago de Compostela, Universidade de Santiago de Compostela, 2000, pp. 99-100; FRAGUAS FRAGUAS, Antonio, *O Colexio Fonseca*, Santiago de Compostela, Universidade de Santiago de Compostela, 1995, pp. 144-149; GOY DIZ, Ana, "Colexios da Universidade", VILA JATO, María Dolores (coord.), *O Patrimonio Historico da Universidade de Santiago de Compostela (Estudios)*, Santiago de Compostela, Universidade de Santiago de Compostela, 1996, p. 35 e *idem*, PÉREZ RODRÍGUEZ, Fernando, "Panimetria Antiga", *ibidem*, Cat., pp. 160-163].

[1260] Cfr. PIMENTEL, António Filipe, "António Canevasi e a Torre da Universidade de Coimbra", *Actas do VII Colóquio Luso-Brasileiro de História de Arte*, Porto, Faculdade de Letras da Universidade do Porto (no prelo)..

[1261] Efectivamente, a curta vida da *torre do relógio* de Frei Diogo de Murça deve ter por origem as complicações estruturais ocasionadas pelo alteamento do cubelo, a fim de organizar, como se verá, a *casa do sino*.

[1262] Cfr. AUC, Universidade de Coimbra, *Escrituras da Universidade*, Liv. 6, tomo 1, fl. 85-86: *Obriguasão da torre que fez Jº luis pedreyro. Saybam quãtos este estrom[to] dobrigasão virem como no ano do nasim[to] de noso sr Jhsu xpo de mill he quinhentos sesenta he hum annos aos vynte dias do mes de majo do dito ano nesta cidade de coimbra e pousadas de mim espriuão pareseo Jº luis pedreyro m[or] nesta cidade he dise que ele estaua côtratado cõ ho sr dõ Jorge dalm[da] Reytor da uniuersidade desta cidade p[a] faze[r] a torre em que hora adestar ho relogio nouo que se faz p[la] trasa e debuxo que fez Jº de Ruão que ele se[nr] Reytor fez n.ostrar e se obrigaua a fazer a dita obra p[la] dita trasa p[la] man[a] seg[te]; dise que se obrigava como de feito obrigou de fazer a dita tore desde baxo ate cima toda da alluenaria a duzentos reis a braça e os cunhaes laurados de roda côforme a mostra por hua parte de cinco pallmos he por outra de tres a 50 reis cada palmo dalto e que quãto he as cimalhas, abas e ho arquo grande e pequeno e abobada de arestas [e] sancas nom fizera preço porque se contratria cõ ho sor Reytor e que asy se asentara com ele e que som[e] nalueuaria e cunhaes fizera o preço sobredito e que se obrigaua fazer toda aluenaria da dita tore desde o baxo ate abobada toda a dez tostoes a braça e os cunhaes a 50 reis o palmo como dito he e com tal condição e declaração que o sr. Reytor lhe ade dar todas as achegas ao pe da obra - s. agoa, pedra he call e asy cordas he madr[a] para hos andaymos e que os cunhaes se trarão da pedreira a cargo da uniuercidade e ele João luis os desbastaria na pedreira e que hos ditos cunhaes se contarão ao medir tambem p[a] aluenaria e por que diso foy côtente ho dito Jº luis dise se obrigaua como de feyto obrigou a fazer a dita obra p[la] man[ra] sobredita e levantando a mão ate o ano acabar e qu*ã*to as cimalhas, abobada da tore e remate se non fizera preço que depois se faria e dise que non no cumprindo asy queria ele Jº luis pagar de sua fazenda 50 cruzados douro e esta pena leuada ou não que todauia este côtrato se cumpra como se nele contem, testemunhas forão presentes Ant*º Anes ta*beliam* *de notas desta cidade e Domingos Miz Inquiridor della he eu Antº da silua ho escreui. Joam luis. Doos miz. Antº annes.* A decisão da substituição da antiga torre deve ter tido origem na encomenda a Pero Francisco, em 07.05.1560, de um novo relógio (dando a Universidade os sinos), onde é curioso registar que lhe seria dada a traça para o ponteiro (cfr. GARCIA, Prudêncio Quintino, *Documentos para as biografias dos artistas de Coimbra colligidos por*, Coimbra, 1923, pp. 217-220). Para o novo instrumento seria feito um contrato de manutenção com o mesmo oficial a 02.05.1562 o que fornecerá uma data próxima para a conclusão da nova torre (cfr. AUC, Universidade de Coimbra, *Fazenda da Universidade, Acordãos da Junta da Fazenda*, 1552-1562, fl. 225v-227).

[1263] Veja-se *supra* Parte I, nota 433.

[1264] Cfr. TT, Mesa da Consciência e Ordens, *Universidade de Coimbra*, Maço 60, doc 33. Do ponto de vista técnico, entre outras alterações, a nova torre contaria com mais do que um sino, ao invés da sua antecessora, onde se refere apenas a *cãpaã*, visto que o contrato para o relógio a eles alude no plural e que também sabemos que, em 22.07.1653, quando o cargo de relojoeiro da Universidade era ocupado por Francisco Moniz Pertinaz, que se "tangeo os sinos da torre por falecimto do Principe que Dʳ tem [D. Teodósio] em que pello despasso do tempo e exequias, e respondendo tambem com os sinos as exequias da see, deo outenta e coatro sinaes com pessoas que pª isso buscou pª o aiudarem" [AUC, Universidade de Coimbra, *Torre da Universidade – Relógio, relojoeiro, sinos, 1603-1896*, s. nº].

[1265] O facto seria notado por A. de VASCONCELOS no interessante estudo que dedicou a esse desenho (*A Sé Velha…*, vol. II, p. 173; veja-se *supra* nota 751) e a informação retomada por Nogueira GONÇALVES (*Inventário Artístico de Portugal – Cidade de Coimbra*, p. 106b), a quem pedimos emprestado a *alta grimpa*. E aqui se levanta a questão de apenas uma torre surgir representada na gravura executada sobre o desenho de Hœfnagel a que diversas vezes temos recorrido. E não é a matéria de fácil solução. A verdade, porém, é que, demonstrada a inquestionável existência de um cubelo *do lado do pátio*, cubelo esse que terá sobrevivido até muito tarde, em virtude de albergar uma comunicação estratégica do edifício, é ele claramente o que avulta na gravura, com a sua base circular e corcuchéu cónico (veja-se *supra* nota 942). Torna-se, assim, incontroverso que a torre ruanesca se não encontra representada no desenho. É certo que a gravura que divulgaria o original de Hœfnagel seria aberta em Colónia e publicada em 1599 e sabe-se que o desenhador passou por Coimbra, onde terá tirado apontamentos (veja-se *supra* nota 669) sem que, porém, a bibliógrafa indique exactamente quando. São, todavia, diversos os trechos da representação que apontam para uma data tardia de realização: a representação dos colégios crúzios da Rua da Sofia e a do aqueduto de S. Sebastião, reedificado a partir de 1570, por exemplo, bem como o belo trecho inferior com a cartela flamenga de *obra de laço* e a elegante figuração de um par de estudantes. E é justamente este último aspecto que contradiz o esquematismo geral da *vista* e a absoluta ausência de perspectiva que denota e que tornam difícil que tenha sido realizada em finais do século XVI. Coloca-se, assim, a hipótese, sem prejuízo de um estudo atento do assunto, que a gravura obviamente merece, de que os *apontamentos* de Hœfnagel tivessem por objectivo actualizar a informação disponível sobre uma cidade a respeito da qual se teria conhecimento na Alemanha (desde logo no meio universitário, donde provinham alguns dos lentes da *transferência*) de ter sofrido nas derradeiras décadas uma ampla reestruturação, por meio da construção de diversos novos e importantes edifícios, mas não propriamente o traçado original da *vista*. E que seja essa a justificação, num edifício, em fim de contas, sumariamente reproduzido, da omissão da nova torre do relógio, aspecto apesar de tudo menor no prospecto geral da cidade, de outro modo, na verdade, dificilmente compreensível. E uma coisa parece certa: o conjunto de gravuras que ilustra a *Civitates* de G. Braun (veja-se *supra* nota 669) constitui claramente o produto de uma compilação, com esse fito (e eventual actualização – e seria esse o trabalho de Hœfnagel) de um repertório gráfico claramente heterogéneo e onde avultam algumas *vistas* de realização substancialmente mais evoluída do que a de Coimbra.

[1266] Cfr. AUC, Universidade de Coimbra, *Conselhos*, tomo 3º, fl. 443, cit. BANDEIRA, J. R., *Universidade de Coimbra…*, tomo II, p. 3. Esta curiosa utilização do registo superior da torre não pode, decerto, desligar-se do desenvolvimento da vertente anatómica do ensino médico que se seguiria à assunção do reitorado por Frei Diogo de Murça (veja-se *supra* Parte I, nota 392).

[1267] Veja-se *supra* Parte I, nota 253.

[1268] Cfr. BRANDÃO, M., *Actas dos Conselhos…* (1537-1557), vol. II, 1ª Parte, pp. 165, 167, 169-170, 172, 174-176, 187, 191-193, 201, 203 e 230; vol. II, 2ª Parte, pp. 229, 231, 238-242, 245, 250-251, 253-255, 257, 262-264, 266-268, 271, 277-283 e 286; vol. II, 3ª Parte, pp. 12, 14, 16, 25-26, 30, 35-36, 106, 108-109, 117, 120, 123-126, 168, 170, 173 e 284.

[1269] Cfr. *idem, ibidem*, vol. II, 1ª Parte, pp. 165. As *varandas*, enquanto espaço onde se cruzam as personagens universitárias e sucedem episódios que merecem registo, emergem também, por diversas vezes, nesta mesma fonte (cfr. *idem, ibidem*, vol. II, 1ª Parte, pp. 178 e 219).

[1270] Veja-se *supra* Parte I, nota 395. Imforma, com efeito, o autor das "Memórias dos estudos em que se criaram os monges de S. Jerónimo…", manuscrito do século XVIII publ. por Joaquim de CARVALHO (*Boletim da Biblioteca da Universidade de Coimbra*, vol. 6 e 7, Coimbra, 1921), ter-se-ia recolhido ao Mosteiro de S. Domingos de Coimbra um grupo de frades do Convento de Belém, aí levando a cabo os seus estudos até 1544. Porém, em consequência do assoreamento progressivo do cenóbio e de não se encontrar ainda pronto o Colégio de S. Tomás e tendo "o Rey (...) nomeado o P.ᵉ Fr. Diogo de Murça para Reytor da Universidade de Coimbra, quiz que este P.ᵉ chamasse para os Passos Reaes, aonde rezedia, os seis Belemitas do Collegio de S. Domingos no ano de 1548" (sobre as origens lisboetas do Colégio de S. Tomás, destinado a 14 dominicanos e 6 jerónimos, veja-se *supra* Parte I, nota 195). Dois anos volvidos, em 1550 e aproveitando a visita régia, o reitor teria exposto ao monarca a conveniência de reunir no Paço, "ao Collegio Bellemia que ali se achava", o "Collegio Real de S.ᵗᵃ Marinha da Costa", tendo o soberano ordenado "transferir logo o ditto Collegio para os Passos, aonde ficou prosseguindo os seus Estudos", contando-se entre este último grupo de cinco colegiais Frei Heitor Pinto. Quanto ao *Colégio de S. Jerónimo*, ter-se-ia conservado na residência régia por 24 anos, sendo os seus monges utilizados, antes da fundação do Colégio das Artes (em Fevereiro de 48, logo, ao que tudo indica, apenas por espaço de meses), como lentes das "cadeyras de latinidade" (cfr. *idem, ibidem*, pp. 212 e 222-223). Merece referência o facto de também Frei Brás de Braga ter tido a coadjuvá-lo na reforma de Santa Cruz alguns frades hieronimitas (cfr. BRANDÃO, M., *Cartas de Frei Brás de Braga…*, p. 18).

[1271] Efectivamente, após a morte do seu pupilo, o *senhor* D. Duarte, em 1543, Frei Diogo é empossado por D. João III como administrador do Mosteiro de Refóios de Basto, de que o malogrado *infante* fora abade comendatário, situação que aproveitaria para impetrar bulas de Paulo III com vista à sua extinção e aplicação das suas rendas na criação, em Coimbra, de dois colégios, um de Beneditinos e outro de Jerónimos, de que seria governador perpétuo, o que alcança em 1549. Perante a oposição dos monges, Frei Diogo recuaria, impetrando novas bulas para a conversão do cenóbio num oratório, com doze habitantes, dependente do Colégio de S. Bento de Coimbra, obtidas em 1555. Aí se recolheria, em fim de contas, em 1558, dois anos depois de deixar a reitoria da Universidade e após abandonar o Colégio de S. Paulo, para onde transitou (veja-se *infra* nota 1305), levando consigo "alguns monges nossos, que em Coimbra tinha criado", aí vindo a falecer em 1560, vestindo o hábito de S. Bento (cfr. S. THOMAS, Frei Leão de, *Benedictina Lvsitana*, Coimbra, tomo I, 1644, pp. 498-499).

[1272] Com efeito, a referência aos pagens de Frei Diogo de Murça surge claramente na documentação e sempre em associação aos seus aposentos, como ocorre com as referências "em casa do sõr Rector sendo ele presente & antº pinto & aluº Rombo seus pajes" e "em casa do sõr frey dº de murça Rector sendo ele presente & antº pinto seu paye", registadas, respectivamente, em 14 e 15.01.1547 [BRANDÃO, M., *Actas dos Conselhos…* (1537-1557), vol. I, pp. 240-359]. Estrutura serviçal de natureza senhorial, ilustrativa da *dignitas* de que a figura do reitor, como representante directo do monarca, progressivamente se revestiria, num processo que tem o seu ponto de partida na *reforma manuelina* (veja-se *supra* Parte I, nota 187), receberá forte incremento no período barroco, como adiante se verá. E, na tradição do alojamento palatino destes anos, não disporiam de aposento certo, pernoitando por quartos e ante-câmaras (veja-se *supra* nota 975).

[1273] Cfr. *idem, ibidem*, vol. I, p. 259 e vol. II, 2ª Parte, p. 113. Sobre a *Sala dos Exames Privados* e a sua utilização inicial como *Sala dos Conselho*, veja-se *supra* nota 1246. Deve, porém, notar-se que faltam as actas dos conselhos respeitantes aos anos de 1541 a 1544, quando Frei Diogo de Murça assume a reitoria.

[1274] *Idem, Livro da Recepta…*, p. 36.

[1275] Cfr. *idem, Actas dos Conselhos…* (1537-1557), vol. II, 3ª Parte, pp. 119-120, 125-126, 170 e 173.

[1276] Cfr. *idem, ibidem*, p. 123.

[1277] *Idem, ibidem*, vol. I, p. 399.

[1278] AUC, Universidade de Coimbra, *Escrituras da Universidade*, Livro 15, tomo 1º, fl. 46v.

[1279] Veja-se *supra* nota 828.

[1280] Veja-se *supra* nota 879.

[1281] Cfr. BRANDÃO, M., *Actas dos Conselhos…* (1537-1557), vol. II, 3ª Parte, pp. 57 e e 270 e *idem, Documentos de D. João III*, vol. III, doc. DIX, p. 140.

[1282] Veja-se *supra* nota 808.

[1283] Cfr. BRANDÃO, M., *Actas dos Conselhos…* (1537-1557), vol. II, 2ª Parte, pp. 77-79, 88, 101, 104, 113, 143, 194 e 199; vol. II, 3ª Parte, pp. 48, 116, 209, 210, 211, 258, 275, 278, 279 e CRUZ, L., *ibidem*, vol. III, pp. 48 e 85.

[1284] *Memoria Historica…*, pp. 13-14. Estas versões seriam retomadas por Teófilo BRAGA que, curiosamente, pretenderia que "se conciliam as duas tradições" (cfr. *História da Universidade…*, vol. II, p. 245). A referida *Casa das Obras*, repartição pombalina, como se verá, ligada ao planeamento das intervenções nos edifícios universitários, instalar-se-ia sob a *Via Latina*, nas imediações da Torre, beneficiando da transferência da cadeia universitária para as infra-estruturas da Biblioteca Joanina (veja-se *supra* nota 742) mas, igualmente, da ampliação da profundidade desse sector ocasionada pela construção do pórtico setecentista. A instalação do cárcere académico ilustra, de resto, claramente, a degradação, em termos hierárquicos, sofrida por essa zona do Paço em consequência da instalação da Universidade, dividida entre *logeas* e aposentos do pessoal menor. Por essas razões, semelhante tese seria refutada por António José TEIXEIRA no seu estudo "A Livraria da Universidade" (*O Instituto*, XXXVII, Coimbra, 1890), reputando, porém, que "a segunda hypothese offerece bastantes graus de probabilidade" (cfr. pp. 310-311). No que a esta respeita, deve reter-se que a secretaria da Universidade seria instalada em 1855 onde, mais tarde, se alojaria o Instituto Jurídico (veja-se *supra* nota 891), no sector nascente da *Via Latina*, devendo entender-se o *andar inferior dos paços* como o piso correspondente à *varanda* manuelina, porque *inferior* em relação à economia do Paço Reitoral que viria a organizar-se no que haviam sido os aposentos dos Infantes e onde, por conseguinte, a esta altura, se alojavam Frei Diogo de Murça e o seu grupo de Jerónimos, pelo que não é crível que se situasse aí a *Livraria*. É, aliás, o que refere A. J. TEIXEIRA: "á direita, passada a porta férrea e subida a escada de pedra" (*ibidem*, p. 310). Quanto às estantes, que constituem o principal argumento e cuja sobrevivência, por tão longo tempo, se afigura realmente inverosímil, devem estas relacionar-se com a *livraria particular* do reitor, organismo de que a seu tempo se tratará e não propriamente com a biblioteca universitária.

[1285] Com efeito, o estudo de A. G. da Rocha MADAHIL, "A Biblioteca da Universidade de Coimbra e as suas marcas bibliográficas" [*Boletim da Biblioteca da Universidade de Coimbra*, X (1932), Coimbra, 1933], onde se prometia desvendar "a solução (…) para o problema da localização da antiga Biblioteca" (cfr. p. 164), ficaria lamentavelmente interrompido muito antes de o autor atingir esse ponto e é por uma fonte indirecta, mas contemporânea (J. Ramos BANDEIRA, que escrevia em 1943) que sabemos assentar a sua tese – de que, todavia, se desconhece a argumentação – na correspondência da antiga Livraria à actual *Sala 1* da Faculdade de Direito, isto é, à dependência a que dá acesso a porta do lado direito do vestíbulo dos antigos *Gerais* universitários, cuja sobreporta ostenta, desde a reforma realizada por D. Nuno da Silva Teles (I) em inícios do século XVIII, um medalhão ornado de livros (fechados e abertos) dispostos sobre uma mesa, vendo-se uma estante em plano de fundo (cfr. *Universidade de Coimbra…*, tomo II, pp. 86-87). Na verdade, MADAHIL não deixaria de exarar essa informação, ainda que de passagem, num outro artigo, de síntese, que dedicou à biblioteca universitária (cfr. "Biblioteca da Universidade de Coimbra", *Grande Enciclopédia Portuguesa Brasileira*, Lisboa - Rio de Janeiro, Editorial Enciclopédia, vol. IV, s.d., p. 651b). Veremos que estava com a razão.

[1286] Cfr. *Auctarium…*, vol. I, doc. CCCXLLVII e CCCXLVIII, pp. 253-254. É, porém, este passo, ao referir os setenta livros que *estauã na dita liuraria nas scolas velhas*, que comprova a formação quatrocentista da biblioteca universitária, uma vez que a aquisição, por parte da Escola, de novos prédios, para sua ampliação, se verifica em 1502 e a doação, por D. Manuel I, do novo *paço*, ocorreria em simultâneo com a entrega dos *Estatutos*, em 1503 (veja-se *supra* Parte I, nota 189).

[1287] Sobre esse espólio bibliográfico e os respectivos inventários de 1532 e 1536 (um inventário do espólio, provavelmente apenas sumário, fora também pedido a Fernando Afonso em 1513), vejam-se CARVALHO, [J. M.] T. de, "Pedro de Mariz…", pp. 439-446 e 482-486; PEREIRA, Isaías da Rosa, "A livraria universitária no início do século XVI", pp. 155-170 e CASTRO, Aníbal Pinto de, "A Livraria da Universidade", (vv. aa.), *História da Universidade em Portugal*, vol. II

(1537-1771), Coimbra-Lisboa, Universidade de Coimbra – Fundação Calouste Gulbenkian, 1997, pp. 883-884. Discordamos, porém, da interpretação do primeiro autor de que o inventário de 1536 seja "medida já aconselhada pela transferência da Universidade para Coimbra" (p. 540), porquanto sabemos que, a despeito do sentimento geral de que uma trasladação da Escola se encontrava iminente e de que era Coimbra o seu destino, somente em Janeiro de 1537 o Estudo teria conhecimento oficial do seu destino, ao que se seguiria, da sua parte, a dinamização de todo um conjunto de medidas tendentes a obter a anulação da decisão real (veja-se o que escrevemos *supra*, Parte I, cap. 4). Quanto à *livraria* propriamente dita e para um termo comparativo, registe-se que, em Inglaterra, a biblioteca da Universidade de Cambridge contava, em 1424, 122 volumes e 330 na década de 1470, somando, em 1530, entre 500 e 600; Peterhouse, em 1418, 302; a do Rei, em 1453, 174 e a da Rainha, em 1472, 199, contando a da Universidade de Oxford, em meados do século XV, 118 volumes (cfr. PEVSNER, N., *Historia de las Tipologías…*, p. 108). No que respeita ao território peninsular, sabe-se também que a Universidade de Salamanca possuía, em 1471, 200 volumes (cfr. PEREDA, F., *La arquitectura elocuente…*, p. 35). É certo que se trata do mais importante Estudo Geral ibérico e de um dos de maior reputação europeia; mas a proporção existente entre a livraria particular de Diogo Lopes (58 livros) e a da Universidade de Lisboa (70) – tanto quanto o facto, que parece poder deduzir-se, de que a biblioteca escolar não sofrera aumento desde a sua transição das *scolas velhas*, mais que o que decorrera da herança do ilustre canonista –, não deixam de constituir indícios da sua real importância na vida da instituição.

[1288] *Auctarium…*, vol. III, doc. MCCXLVII, p. 201. Para uma resenha dos elementos disponíveis sobre as características da *casa da livraria* em Lisboa, sua precaridade e contínuas obras, bem como sobre a presença, na mesma dependência, do *cartório*, veja-se CARVALHO, [J. M.] T. de, "Pedro de Mariz…", pp. 389-391, 487-488 e 535-539. Sobre a associação entre *cartório* e *arca* veja-se RODRIGUES, Manuel Augusto, "Das origens da Universidade à Reforma Pombalina: da arca primitiva ao cartório", *Boletim do Arquivo da Universidade de Coimbra*, vol. XVII-XVIII, Coimbra, 1997-1998, pp. 27-31 e 34-36. Tal como a *livraria*, aliás, tudo indica que também o *cartório* se tivesse começado a formar igualmente no decurso do século XV, quando a Universidade inicia o seu processo de sedentarização em edifícios próprios e qualificados (veja-se *supra* Parte I, nota 173).

[1289] Veja-se *supra* Parte I, nota 282.
[1290] BRANDÃO, M., *Documentos de D. João III*, vol. II, doc. CLXXXIII, pp. 25-26.
[1291] *Idem, ibidem*, doc. CLXXV, p. 17.
[1292] *Idem, ibidem*, doc. CCVII, pp. 68-69.
[1293] *Idem, Livro da Recepta…*, pp. 27 e 42.
[1294] Cfr. *idem, Documentos de D. João III*, vol. II, doc. CCCLXX, p. 268.
[1295] *Idem, ibidem*, doc. CCCXCII, p. 294. Quanto às funções de guarda da imprensa, cuja data de nomeação se desconhece, parecem datar de Março de 1547, segundo se infere da documentação subsequente respeitante a Castanheda. Os *Estatutos* de 1559, aliás, associariam também as três funções, ao prescrever a existência de um guarda da livraria, cartório e *coisas da impressão* [cfr. *Estatutos da Universidade de Coimbra (1559)*, p. 47].
[1296] De facto e como notaria Rocha MADAHIL ("A Biblioteca…", pp. 172-173), a documentação claustral é absolutamente esclarecedora sobre esta questão. Por ela o fica a saber, na verdade, que apenas em 18 de Junho de 1547 "foy apresentada por fernão lopez huma carta de S. A. de guarda do cartorio & liurarja & foj lida em cõselho & pedio que lhe mãdasem pagar o ordenado do principio de março pera ca que tinha tomado o cargo da Jmpressão & tinha tomada a liurarja de nicolao leytão por virtude da dita carta", tendo o conselho decidido que lhe não fosse pago o ordenado pedido, visto não ter tido, até àquela data, conhecimento da carta régia que o empossava "& tambem elle atee hora nõ tinha serujdo o dito offiçio". Castanheda, por conseguinte também guarda *das cousas da impressão*, prestaria juramento e entraria na posse do seu ofício em 23 de Julho [cfr. BRANDÃO, M., *Actas dos Conselhos…* (1537-1557), vol. I, p. 154].
[1297] Na verdade, é particularmente eloquente sobre as vicissitudes sofridas pelo processo de montagem da livraria no Paço, a petição submetida ao conselho a 09.06.1548, pelo serralheiro António Dinis, para que lhe sejam pagos "certos varões de ferro cõ suas chauetas & certas cadeas outras tudo estanhado que lhe mãdara fazer por hum cõtrato nicolao leytão a qual obra era perª a libreria desta vniversidade & por haver dous anos que a tinha em casa & se lhe estar perdendo pidia a mandasem entregar" [cfr. BRANDÃO, M., *Actas dos Conselhos…* (1537-1557), vol. II, 1ª Parte, p. 57]. De 21.03.1548 data também o que parece ser o primeiro contrato com impressores da Universidade, os célebres João de Barreira e João Álvares (cfr. *idem, Documentos de D. João III*, vol. III, doc. DX, pp. 141-142).
[1298] Cfr. MADAHIL, A. da Rocha, "A Biblioteca da Universidade…", pp. 178-179.
[1299] BRANDÃO. M., *Documentos de D. João III*, vol. III, doc. DIX, pp. 139-140.
[1300] Na verdade, convém ter presente, como A. de VASCONCELOS se não esqueceria de fazer notar, que o *cartório* era então constituído (só mais tarde entraria a documentação crúzia), pura e simplesmente por uma arca, que uma provisão régia de 25.12.1540 manda dotar de três fechaduras, cujas chaves seriam confiadas, respectivamente, ao reitor, ao lente de prima de Cânones ou de Leis e ao bedel, que era escrivão do conselho (cfr. *O Arquivo da Universidade*, p. 10).
[1301] BRANDÃO, M., *Documentos de D. João III*, vol. IV, doc. DCXCVII, p. 216.
[1302] *Idem, Actas dos Conselhos…* (1537-1557), vol. II, 3ª Parte, pp. 135-136 (actas de 01 e 08.10.1555).
[1303] Cfr. RODRIGUES, M. A., *A Universidade de Coimbra e os seus Reitores…*, p. 54.
[1304] A provisão, na verdade, era *soreticia*, como alegaria Castanheda, na sua reivindicação de posse do cartório e autorizava apenas o reitor a conservar os documentos enquanto os respectivos *almarios* não estivessem feitos (cfr. BRAGA, Teófilo, *História da Universidade de Coimbra…*, tomo II, p. 247, nota). Mas explica, certamente, a dilação que poria na sua execução.
[1305] Cfr. VASCONCELOS, A. de, *O Arquivo da Universidade*, p. 11.
[1306] BRANDÃO, M., *Actas dos Conselhos…* (1537-1557), vol. II, 3ª Parte, pp. 136-137.
[1307] Cfr. RODRIGUES, M. A., *A Universidade de Coimbra e os seus Reitores…*, p. 62.
[1308] Cfr. VASCONCELOS, A. de, *O Arquivo da Universidade*, pp. 16-17 e docs. X e XI.
[1309] Cfr. *idem, ibidem*, p. 17 e doc. XII e, sobre as razões que poderão estar por detrás da relutância de Frei Diogo de Murça em abrir mão dos papéis universitários, *supra*, Parte I, nota 463.
[1310] Cfr. *Estatutos da Universidade de Coimbra (1559)*, pp. 187-189 e 193.
[1311] DIAS, José Sebastião da Silva, "A Universidade na sua história. A propósito da edição dos estatutos de 1559", *Biblos*, XL, Coimbra, 1964, Sep., p. 343 (alocução de B. de F. na sua despedida da Universidade). Quanto aos *sítios* que o reformador vira, após a cedência aos Jesuítas, em 1545, do terreno onde, a partir de 38, se pensara instalar

a Universidade, redundariam a breve trecho na eleição do local onde, em finais do século, haveria de erguer-se o colégio crúzio de Santo Agostinho e para o qual chegariam a ser realizados planos (cfr. GARCIA, P. Q., *João de Ruão…*, pp. 10-11, doc. 59 e CRAVEIRO, M. L., *O Renascimento em Coimbra…*, vol. 2, doc. XXXVII, pp. 113-117). E a este assunto se voltará em devido tempo.

[1312] Foi Teófilo BRAGA (*História da Universidade de Coimbra…*, tomo II, p. 246) o primeiro a chamar a atenção para este facto, que se comprova com a entrada em funções de André de Avelar, em 1598, mas a verdade é que tal separação se encontra já consagrada nos *Estatutos* de 1591.

[1313] Cfr. *Estatutos da Vniversidade de Coimbra, confirmados por elRei Dom Phelippe*, Livro IV, tit. IV, fl. 141v-142.

[1314] Cfr. BGUC, Ms. 1002 [*Estatutos da Universidade de 1597*], Livro IV, tit. IV, fl. 123v-124 e *Estatutos da Universidade de Coimbra (1653)*, pp. 277-278.

[1315] BRAGA, Teófilo, *História da Universidade de Coimbra…*, tomo II, p. 246.

[1316] BN, *Universidade de Coimbra – Cartório e Livraria*, Colecção Pombalina, nº 95.

[1317] *Idem, ibidem*, fl. 22. Pelo códice, que parece truncado, sabemos que havia 12 *caixões*, mas desconhecemos o número de *almarios*.

[1318] *Estatutos… (1559)*, p. 162.

[1319] "Pedro de Mariz…", p. 398.

[1320] Com efeito, D. Sebastião deslocou-se a Coimbra em Outubro de 1570, tendo estado no Paço Real, em visita à Universidade, como adiante se verá, nos dias 14, 16, 17 e 20, em que, por certo, terá aproveitado para inspeccionar o conjunto das instalações (cfr. ABREU, J. M. de, "Breve noticia…", pp. 57-59 e "D. Sebastião na Universidade", *Annuario da Universidade de Coimbra. Anno lectivo de 1879 a 1880*, Coimbra, Imprensa da Universidade, 1879, pp. 220-229).

[1321] FIGUEIROA, F. C. de, *Memorias…*, p. 111.

[1322] "A Biblioteca da Universidade…", p. 180.

[1323] Cfr. BRAGA, Teófilo, *História da Universidade de Coimbra…*, tomo II, p. 816.

[1324] Com efeito, compreende o *Livro do Chartorio* (BN, *Universidade de Coimbra – Cartório e Livraria*, Colecção Pombalina, nº 95) um *Rol dos L.os da Livraria* (que ocupa os fólios 61 a 64) e que nos parece não ter ainda merecido a devida atenção. Escrito em letra aparentemente idêntica, mas não simultaneamente, nem com o mesmo cuidado (o que poderia explicar-se por uma redacção posterior, tendo em conta que Avelar chegaria a ocupar, depois de Pedro de Mariz, as funções de guarda da livraria), ostenta duas contagens, por número de volumes, sendo que a original atinge o cômputo de 689 e uma outra, mais tardia (em algarismos de finais do século XVII ou inícios do XVIII), provoca drásticas reduções em todas as colunas, apurando a soma de 341 volumes, menos de metade pois do efectivo apurado, aparentemente, por Avelar. Deve notar-se, porém, que T. BRAGA, o único autor que estudou este documento, o toma como respeitante aos livros financiados pela Universidade ao eminente teólogo Francisco Suárez e cuja posse, após a sua morte, em 1617, motivaria longa e acesa controvérsia com a Companhia de Jesus e nesse sentido o publicou, na sua *História da Universidade de Coimbra* (tomo II, pp. 253), sob a epígrafe *Rol dos Livros que o D.or Francisco Suares da Companhia de Jesus, lente de prima de Theologia, deixou à Universidade por recompensa de certa divida que lhe devia, os quaes estão na Companhia*. Sucede, contudo, que tal designação não se encontra já no manuscrito que actualmente se conserva, mas tão somente a de *Rol dos L.os da Livraria*, outro tanto se verificando com uma petição do próprio F. S., que T. B. também refere, respeitante à questão da dívida e livros, com despacho da Mesa da Fazenda e outorga do provincial jesuíta; e sucede também que Mário BRANDÃO, que estudou detalhadamente essa matéria ("A Livraria do P.e Francisco Suárez", *Escritos Vários*, Coimbra, Acta Universitatis Conimbrigensis, vol. I, 1972, pp. 45-122) e publicou os inventários (de 1603 e 1608) da livraria do *Doutor Exímio*, reconheceu que, à parte uma ou outra (natural) coincidência, o documento da BN (que conhecia de T. B.) não apresenta pontos de contacto com as listas (na verdade catálogos detalhados, com indicação de autor, obra, número de volumes, formato e encadernação, inventariando um total de 564 tomos) elaboradas pelo próprio teólogo e entregues na Universidade (*ibidem*, p. 49). Ora, o facto é que o documento da BN não inclui verdadeiramente um, mas dois róis distintos, com letras afins, porém de conteúdo bibliográfico diverso, o primeiro organizado alfabeticamente, como catálogo, o segundo como simples listagem, configurando aquele um total de 377 volumes (ou 182, na segunda contagem) e este 302 (ou 159). Por outro lado, tendo sido incorporados no fundo pombalino sob a epígrafe *Universidade de Coimbra – Cartório e Livraria*, os dois documentos que, na verdade, não parecem respeitar ao mesmo fundo, seriam tomados como relativos à biblioteca universitária. É certo que o primeiro (o rol alfabético) faria mais sentido no quadro de um inventário da livraria escolar (na senda, embora em versão mais simples, do roteiro que seria organizado em benefício do cartório e do próprio inventário do P.e Suárez) do que como ementa do espólio bibliográfico de um lente, a não ser que fosse organizado pelo próprio com o intuito justificativo com que Suárez o fez. A hipótese que se perfila, assim, tendo em conta a coincidência cronológica da ocupação por Avelar das funções de guarda da livraria (documentada, como se verá de seguida, em 1619, mas que ocorreria, tudo indica, em consequência da morte de Pedro de Mariz, em 1615) e do processo de liquidação da dívida do Padre Suárez (falecido em 1617) e que se não faria, aliás, sem dificuldades é, desse modo, a de que estejamos em presença de dois inventários distintos: um respeitante à livraria universitária – que, nesse caso, contaria então 377 volumes (cifra que não parece descabida, face às menções que, poucos anos volvidos e como de seguida igualmente se verá, lhe serão feitas pela própria comunidade universitária) e outro (corrido) dos livros propriamente ditos do eminente teólogo (302), mas dos que seriam adquiridos após 1608, de que se não conhece a lista, que M. BRANDÃO estima, em função do dinheiro avançado, em c. 235 volumes e cuja posse a Universidade reivindicava então (como a dos constantes das restantes listas) junto da Companhia (para a questão do dissídio entre a Universidade e os Jesuítas, veja-se *ibidem*, pp., 67-69 e 90-102 e *idem*, "Nota ao estudo 'A Livraria do P.e Francisco Suárez", *ibidem*, vol. II, 1974, pp. 292-307). Como quer que seja, quer-nos parecer que o assunto mereceria que lhe fosse dedicada a devida atenção.

[1325] Cfr. BRAGA, Teófilo, *História da Universidade de Coimbra…*, tomo II, p. 817.

[1326] *Idem, ibidem* (não foi possível apurar a data desta determinação – em todo o caso obviamente anterior à aquisição, pela Universidade, do Paço Real – por terem aparentemente desaparecido a generalidade dos livros de *Registos de Consultas* da Mesa da Consciência e Ordens referidos por T.B. sobre esta matéria, de que apenas um – o menos importante – seria possível localizar na TT).

[1327] Cfr. MADAHIL, A. da Rocha, "A biblioteca da Universidade…", p. 193-194, que esclarece o problema da data de nomeação de P. M. e da ordem para a aquisição dos livros.

[1328] Cfr. FIGUEIROA, F. C. de, *Memorias…*, p. 125 e MADAHIL, A. da Rocha, "A Biblioteca da Universidade…", pp. 196-197. Como este último autor faria notar (*ibidem*, p. 192, nota 3), desconhece-se o fundamento com que Silvestre RIBEIRO

(*História dos Estabelecimentos…*, tomo I, p. 129) e o Visconde de VILLA-MAIOR (*Exposição succinta…*, p. 91) afirmam tratar-se apenas de livros de liturgia, o que não parece provável.

[1329] Cfr. MADAHIL, A. da Rocha, "A biblioteca da Universidade…", p. 200.

[1330] FIGUEIROA, F. C. de, *Memorias…*, p. 125.

[1331] Cfr. BRAGA, Teófilo, *História da Universidade de Coimbra…*, tomo II, p. 816.

[1332] *Idem, ibidem*, p. 818. Na verdade, os próprios Jesuítas, na sua argumentação a pretexto da controvérsia que se seguiria, com a Universidade, sobre a posse dos livros do P.e Francisco Suárez, após a morte deste, em 1617, não deixavam de insinuar que o Estudo jamais levaria a cabo o seu projecto de organizar livraria pública e que, entretanto, os volumes do eminente teólogo deteriorar-se-iam, como já sucedera a outros (cfr. BRANDÃO, M., "A Livraria…", p. 96).

[1333] Na verdade, FIGUEIROA tomaria por concludente a realização dos novos *gerais* e *casa da livraria* (à qual se destinavam os livros encomendados a Mariz) por D. Afonso Furtado de Mendonça, com base nas deliberações do conselho (cfr. *Memorias…*, p. 125) o que constitui conclusão abusiva, pois o voto do conselho de nada valia sem a homologação real, o que se comprova pelas diligências feitas pelo reitor seguinte, D. Francisco de Castro, que demonstram que a obra (a que se ligam os decantados projectos do padre Baltazar João, de 1609, que a historiografia tem tomado como executados) não fora sequer iniciada. Tudo indica, pelo contrário, como se verá, que uns e outra não chegariam a ter viabilidade antes da grande reforma de finais do século. Baltazar João era professo na Companhia de Jesus, em cujo Colégio coimbrão assumiria, justamente, ao menos desde 1614, responsabilidades arquitectónicas, nomeadamente na obra das novas salas de aula (cfr. MARTINS, Fausto Sanches, *A arquitectura dos primeiros colégios jesuítas de Portugal: 1542-1759. Cronologia, artistas, espaços*, dissertação de doutoramento apresentada à Faculdade de Letras do Porto, Porto, 1994, policopiada, vol. I, pp. 741-742).

[1334] "A Biblioteca da Universidade…", p. 207.

[1335] Cfr. MADAHIL, A. da Rocha, "A Biblioteca da Universidade…", pp. 181-182.

[1336] Veja-se *supra* nota 1324.

[1337] Cfr. BRAGA, Teófilo, *História da Universidade de Coimbra…*, tomo II, p. 819.

[1338] Cfr. MADAHIL, A. da Rocha, "A Biblioteca da Universidade…", p. 219.

[1339] Cfr. *idem, ibidem*, pp. 220-221.

[1340] Com efeito, existem pelo menos notícias referentes às instruções dadas, respectivamente, por D. Filipe II, em 20.07.1625, para que a biblioteca universitária fosse facultada ao padre João Alves Troco, a fim de nela recolher curiosidades e por D. João IV, em 23.04.1651, em benefício do sueco Luís Francisco Trisendorf (cfr. AUC, Universidade de Coimbra, *Registo das Leis, Decretos, Portarias e mais artigos de legislação relativos à Biblioteca da Universidade*, fl. 4 e TEIXEIRA, A. J., "A Livraria…", *O Instituto*, p. 309).

[1341] Cfr. MADAHIL, A. da Rocha, "A Biblioteca da Universidade…", p. 220.

[1342] TT, Mesa da Consciência e Ordens, *Universidade de Coimbra*, Maço 60, doc. 37.

[1343] Com efeito, a André de Avelar que, como vimos, chegara a ocupar o cargo de guarda da livraria após o falecimento de Pedro de Mariz (veja-se *supra* nota 1324) e cuja data de morte se ignora, sabendo-se viver ainda em 1622, sucederia, por breve tempo, Francisco Vaz, documentado apenas como guarda da livraria, por seu turno falecido em 1624, ano em que (em consequência?), uma provisão régia leva a efeito a separação dos ofícios de *guarda da livraria* e *corrector da imprensa*. E foi, provavelmente, a ausência de provimento, no tempo intermédio, do cargo de guarda do cartório, que levou a Mesa da Consciência e Ordens, no ano seguinte, a emitir o parecer de que andassem juntos, doravante, os ofícios de guarda deste e da livraria, decisão homologada por D. Filipe II em 08.10.1625 (ao mesmo tempo que se estabelecia um sistema de fianças e de multas em relação aos livros e documentos em falta), sendo os referidos cargos providos, de facto, neste ano, em Francisco Barreto de Sousa, ainda estudante (vejam-se *Registo das Leis…*, fl. 3v e MADAHIL, A. da Rocha, "A Biblioteca da Universidade…", pp. 228-231), que pudemos ver em *acção* em 1638 e cuja descendência se parece ter perpetuado na sua titularidade até, pelo menos, 1746.

[1344] Cfr. AUC, Universidade de Coimbra, *Fazenda da Universidade, Acordãos da Junta da Fazenda, 1610- -1638, Livro dos Acordos e Assentos*, 1623, fl. 77 e 77v.

[1345] Cfr. BRANDÃO, M., *Livro da Recepta…*, p. 22.

[1346] Vejam-se *supra* notas 1294 e 1295. Em 15.06.1556 era emitido um alvará régio garantindo a Castanheda a transmissão a um dos seus filhos dos ofícios de guarda do cartório e de bedel das Artes (cfr. RODRIGUES, M. A., "Das origens…", p. 40). Tal facto ocorre, pois, quando o historiador não tomara sequer ainda posse da documentação universitária e tudo indica que o privilégio da hereditariedade não chegasse a ter efeitos. Sobre Castanheda e as vicissitudes do seu ofício de *guarda do cartório* veja-se *idem, ibidem*, pp. 40-43.

[1347] Cfr. CRUZ, L., *Actas dos Conselhos…* (1537-1557), vol. III, pp. 58, 60 e 62.

[1348] Veja-se *supra* nota 920.

[1349] Veja-se *supra* nota 1311.

[1350] Veja-se *supra* nota 1326.

[1351] Vejam-se *supra* notas 1308 e 1309.

[1352] Veja-se *supra* nota 1231.

[1353] Veja-se *supra* nota 1310. A tradição de votar esta casa (desde logo pela adjacência à Sala Grande, a cujas funções muitos desses adereços se destinavam) à guarda da *tapeçaria*, sobreviveria em muito, como se verá, à própria transferência dos livros, no século XVIII, para as novas instalações da *Biblioteca Joanina*.

[1354] Veja-se *supra* nota 1288.

[1355] Veja-se *supra* nota 1308.

[1356] Veja-se *supra* Parte I, nota 341.

[1357] Veja-se *supra* nota 1315.

[1358] Veja-se *supra* nota 1317.

[1359] Vejam-se *supra* notas 1312 e 1313.

[1360] Veja-se *supra* nota 1321.

[1361] Veja-se *supra* nota 1341.

[1362] Veja-se *supra* nota 1338.

[1363] Veja-se *supra* nota 1337.

[1364] Veja-se *supra* nota 1339.

[1365] Veja-se *supra* nota 1341.

[1366] Veja-se *supra* nota 1332.

[1367] Veja-se *supra* nota 1342.

[1368] Veja-se *supra* nota 1332.

[1369] Cfr. PEREDA, F., *La arquitectura elocuente…*, pp. 23 e 25.

[1370] Cfr. *idem, ibidem*, pp. 27-30.

[1371] Cfr. *idem, ibidem*, pp. 36-40, 47-50, 64-65, 69 e 75 e PEVSNER, N., *Historia de las tipologias…*, pp. 108-111.

[1372] Cfr. CRAVEIRO, M. L., *O Renascimento em Coimbra…*, vol. I, pp. 117-118 e 264. A nova livraria, cuja construção se enquadra na reforma implementada por Frei Brás de Braga, substituía uma outra, concluída em 1522, exígua e onde se alojava também o cartório. A mesma orientação norte-sul parece poder reconhecer-se na livraria do Colégio de Jesus de Coimbra, edificada c. 1575 (cfr. MARTINS, F. Sanches, *A arquitectura dos primeiros colégios jesuítas…*, vol. I, pp. 76, 123 e 898).

[1373] Cfr. PEVSNER, N., *Historia de las tipologias…*, p. 110. É, aliás, com o fundamento de "ser pequena, e escura" a que então servia ao dito *ministerio* que, em 31.10.1716, se autoriza a edificação da *Biblioteca Joanina* (cfr. AUC, Universidade de Coimbra, *Provisões da Universidade*, tomo 4, fl. 43).

[1374] Veja-se *supra* nota 1332.

[1375] Veja-se *supra* Parte I, nota 379.

[1376] Cfr. AUC, Universidade de Coimbra, *Receita e despesa da Universidade, 1669-1677* (ano de 1671-72), fl. 48v.

[1377] Cfr. AUC, Universidade de Coimbra, *Registos das Provisões*, tomo 3, fl. 254v.

[1378] Cfr. AUC, Universidade de Coimbra, *Agência, Despesas feitas pela Agência em Coimbra – obras da Universidade*, 1601-1707 (Agente Manuel Pires de Aguiar, 1678-90, fl. 3-9v).

[1379] AUC, Universidade de Coimbra, *Fazenda da Universidade, Acordãos da Junta da Fazenda, 1672--1772*, fl. 63v.

[1380] Cfr. BRANDÃO, M., *Livro da Recepta…*, pp. 11 e 42-43.

[1381] Vejam-se *supra*, notas 801 e 805.

[1382] Vejam-se *supra* notas 1022, 1023 e 1024.

[1383] BRANDÃO, M., *Livro da Recepta…*, p. 11.

[1384] Veja-se *supra* nota 1071.

[1385] Veja-se *supra* nota 1041.

[1386] Vejam-se *supra* notas 805, 806, 995, 997 e 1103.

[1387] Esta operação, claramente visível em antigas fotos, como aquela que se reproduz, seria habilmente dissimulada em virtude das intervenções levadas a cabo pelos serviços oficiais, aprovadas em 04.09.1945 e tudo indica que realizadas no ano seguinte, a despeito da ausência de informações concretas [cfr. DGEMN (Coimbra), *Paços da Universidade*, Proc.º C-06 03 25-014(C3)].

[1388] Cfr. CATARINO, H., *Intervenção Arqueológica…* (1/2000), p. 32.

[1389] Veja-se *supra* nota 805. É provável que a ruína da abóbada, atenta a grande espessura das paredes, se deva à pouca profundidade dos alicerces, verificada no decurso da *sondagem A2* e à pouca firmeza do terreno nesse local, cuja regularização seria obtida por entulhamento da colina, cujo declive aí se acentuava, como seria também comprovado pela *sondagem F*.

[1390] Com efeito, nas últimas décadas do século XIX, sob o impacte das doutrinas revivalistas e restauracionistas de Viollet-le-Duc, autores vários reputariam a coluna de "accrescentamento de mau gosto que faz acanhada e desprazível a forma esbelta e correcta da porta", defendendo a sua remoção e substituição por outra que "correspondesse ao estylo geral do portico, dado o caso de ser necessaria para sustentar a volta da porta" (cfr. SIMÕES, A. Filipe, "Porta da Capella da Universidade de Coimbra", *Panorama Photographico de Portugal*, Coimbra, s.n., 1871, p. 113 e FIGUEIREDO, A. C. Borges de, *Coimbra antiga e moderna*, p. 174) e António de VASCONCELOS chegaria a considerá-la "vinda de outra parte", por virtude da corrosão da primitiva, além, evidentemente, de entender também que "desafinava extraordinariamente do estilo do pórtico" (cfr. *Real Capela…*, p. 79). Nesse sentido e com o objectivo de apurar da existência de uma necessidade estrutural em relação ao mainel, seria formada, em 1894, uma comissão, composta por António Franco Frazão, director das Obras Públicas de Coimbra, por António Augusto Gonçalves, director da Escola Industrial Brotero e pelo professor de desenho da Universidade, João Rodrigues Vieira, por cuja acta de 08.06.1894 se ficaria a saber ter sido apurado que "na primitiva construcção se contou com a columna central", entendendo-se, porém, substituí-la "por outra de estylo apropriado", sendo encarregado de desenhar o projecto o mesmo J. R. Vieira (cfr. AUC, Universidade de Coimbra, *Capela da Universidade, obras*, s. nº). Vasconcelos, porém, afirmaria, no referido estudo (publ. pela primeira vez no *Annuario da Universidade de Coimbra*, 1907-1908), e do mesmo passo que informava ter sido "remediado aquele disparate, restaurando-se a pureza primitiva do pórtico", haver sido encarregue da *restauração* do portal e, por conseguinte, do desenho do novo mainel, A. A. Gonçalves e da sua realização o canteiro José Barata, empreendimento levado a cabo em 1895. É, pois, então que se realiza também a controversa remoção do reboco sobre os silhares em torno do frontespício, levada a cabo em 1896, ano em que se restaurou também uma das janelas que o enquadram (a do lado esquerdo), empreendendo-se ainda, em 1897, o da outra, suspenso (como é bem visível) pela exoneração do reitor Dr. António Augusto da Costa Simões, que se interessara pelo assunto. Vasconcelos acalentava ainda, aliás, a esperança de promover a "restauração da fachada erguendo-a à primitiva altura", laborando aqui no equívoco de não se aperceber não ter sido a *fachada* rebaixada (pois obedece à linha geral do Paço), mas sim alteada, pelas razões expostas, toda a cabeceira, do mesmo modo que imaginava ter sido o templo originalmente dotado de outro par de gigantes cilíndricos "nos ângulos da extremidade norte, desaparecendo quando se lhe encostou o edifício das aulas dos *gerais*" (cfr. *ibidem*, pp. 79-80 e 82). Na verdade e no que respeita ao portal e a despeito das conclusões da *comissão*, tudo indica que este não disporia inicialmente de mainel, desde logo por não se justificar a sua vertiginosa corrosão em tão curto lapso de tempo e a sua introdução terá, por certo, ficado a dever-se ao aparecimento de fissuras na parede superior, eventualmente decorrentes do próprio processo de ruína da abóbada da capela-mor. Deve, aliás, notar-se que um fenómeno em tudo idêntico (particularmente eloquente pelas afinidades morfológicas, tanto do portal original, como do mainel renascentista) se verificaria na igreja de Santa Maria de Sintra, templo que justificaria melhor atenção, desde logo por ser do padroado das Rainhas (cfr. "Igreja de Santa Maria de Sintra", pp. 7-11), senão mesmo em Santa Cruz, cujo portal, construído entre 1522 e 1525, ostentava também, segundo Frei Jerónimo Román, "una coluna, de manera que siendo solo un arco que se arma la puerta haze dos con aquela division de la coluna" (cfr. DIAS, P., *A Arquitectura de Coimbra…*, p. 150 e CRAVEIRO, M. L., *Diogo de Castilho…*, p. 21) e onde não será talvez absolutamente pacífica a afinidade tradicionalmente reconhecida com a porta sul do Mosteiro de Belém. Enfim e ainda a respeito do mainel, tudo indica que este tenha sido, como era hábito, recolhido no Museu do Instituto de Coimbra (de cujo *catálogo*, elaborado em 1875, obviamente não consta), donde terá transitado, com o seu espólio, para o Museu Nacional de Machado de Castro, tendo-se, porém, até à data, revelado infrutíferas as diligências feitas para o localizar.

[1391] *Inventário Artístico de Portugal – Cidade de Coimbra*, p. 104a.

[1392] Vejam-se *supra* notas 1233, 1234 e 1243.

[1393] Deve-se a Pedro DIAS a valorização do trabalho Jerónimo Afonso e, nesse contexto, a afirmação de ter sido ele quem finalmente "viria a acabar e tornar apto para o culto" o templo palatino, facto que, pelas razões expostas, se não poderá aceitar (cfr. "Jerónimo Afonso, construtor coimbrão do século XVI", *Arte Portuguesa, Notas de Investigação*, Coimbra, Universidade de Coimbra, Instituto de História da Arte, 1988, pp. 185-218 e *A Arquitectura de Coimbra…*, pp. 86-87, 172-174, 178, 180, 308--310 e 425), recebendo a sua biografia, recentemente, novos contributos por parte de M. L. CRAVEIRO (*O Renascimento em Coimbra…*, vol. I, pp. 458-461). A sua actividade, documentada a partir de 1529, surge ligada à reforma arquitectónica de Santa Cruz, sob a superintendência de Diogo de Castilho e à construção – no âmbito do padroado crúzio e, por vezes, de parceria – de igrejas paroquiais (Condeixa-a-Velha, Quiaios, Redondos, Arada e Travassô) onde, como sublinharia M. L. CRAVEIRO, se estipula a obrigatoriedade da repetição dos modelos, baseados, por certo, em esquemas sumários fornecidos por Castilho. No que respeita ao Paço, sabe-se que entre os oficiais que dirigia se encontrava seu filho Simão Fernandes, talvez o mesmo que, desde 1521, se documenta no estaleiro crúzio (*ibidem*, p. 446), onde igualmente trabalhava, na qualidade de carpinteiro, um João Afonso, que parece ser seu irmão. No Paço Real, os registos conhecidos ilustram ser pago na qualidade de *m.ᵉ das obras*, mas aos dias e não por medição, quer por trabalhos de pedraria e carpintaria, quer por materiais, tais como tachas ou taboado (cfr. *Livro da Recepta…*, pp. 15, 27, 30-31, 36 e 39). É, porém, no quadro dos empreendimentos crúzios, que se revela a sua faceta mais interessante, como executante de tarefas que exigiam perícia no lavor decorativo da pedra, seja na realização, em 1534-35, das cantarias decorativas da Fonte da Manga (e do chafariz, já fora dos muros do Mosteiro?) seja, a partir de 44, nas obras do Colégio da Graça, dirigidas por Diogo de Castilho, onde lhe cabe a construção de arcos, molduras, cimalhas, varandas, etc. – sempre, em qualquer caso, em obediência a desenhos alheios.

[1394] Cfr. VITERBO, S., *Dicionário…*, vol. I, p. 172.

[1395] *Idem, ibidem*, p. 179. Com efeito, a doação aos Jesuítas, em 1545, do terreno delimitado em 1538 para a edificação da Universidade (veja-se *supra* Parte I, nota 494), em função do qual se havia levado a cabo a edificação de casas para os estudantes, obriga, nessa matéria, a uma nova reorientação das intenções reais, sem que com isso se ponha em causa a intenção de dotar a Universidade de edifício próprio, libertando assim o Paço Real, desígnio que, como se viu, prosseguirá ao longo de toda a segunda metade da centúria. E com ele, por conseguinte, na ausência de objectivo concreto à vista, se relacionará a nomeação de Diogo de Castilho, neste ano, por *mestre das obras de pedraria e aluenaria da dita Vniversidade*.

[1396] "A Igreja de Atalaia e a primeira época de João de Ruão", *Estudos de História da Arte da Renascença*, Coimbra, Epartur, 1979, p. 158.

[1397] Veja-se *supra* nota 1264.

[1398] "O Claustro do Mosteiro da Serra do Pilar", *ibidem*, p. 107. Adiante, o autor desenvolveria a sua opinião: "João de Ruão era escultor, não só de figura mas de composições retabulares, com arquitectura e ornato. Naturalmente, passou cumulativamente aos conjuntos das pequenas capelas fúnebres e devocionais que a nobreza e as confrarias rasgavam nas paredes dos flancos das igrejas, com as respectivas abóbadas, repartidas em quartelas simples ou decoradas, ou ainda em cúpula. Seria natural que fossem de execução da sua oficina arcos isolados, ou de entradas de capelas, arcos-cruzeiros, com os motivos decorativos do tempo, quer os ricos, quer os de simples regletes com ovais e rectangulados. O meio não era rico, as encomendas puramente escultóricas apareciam espaçadamente; tinha de sustentar a oficina e manter a família" (*ibidem*, p. 109).

[1399] Cfr. BRANDÃO, M., *O processo na Inquisição de Mestre João da Costa*, p. 276.

[1400] Cfr. CARVALHO, J. M. Teixeira de, "João de Ruão", pref. a GARCIA, P. Q., *João de Ruão…*, p. IX.

[1401] "A arquitectura militar no Renascimento em Portugal", *A introdução da Renascença na Península Ibérica*, IV Centenário da Morte de João de Ruão, Coimbra, Epartur, 1981, p. 299. De notar que a cunhada que havia desposado Cristovão de Figueiredo ficara também prima de Garcia Fernandes e que à parentela pertenciam ainda os pintores régios Jorge Afonso e Gregório Lopes (cfr. DIAS, Pedro, "Recordar João de Ruão", *A introdução da arte da Renascença na Península Ibérica*, IV Centenário da Morte de João de Ruão, Coimbra, Epartur, 1981, p. 10).

[1402] Sobre este assunto, cfr. GONÇALVES, A. Nogueira, "Prováveis origens da arte de João de Ruão", *A introdução da arte da Renascença na Península Ibérica*, IV Centenário da Morte de João de Ruão, Coimbra, Epartur, 1981, pp. 13-22 e DIAS, P., *A Arquitectura em Coimbra…*, pp. 429-434 e, para uma visão geral da obra do artista, BORGES, Nelson Correia, *João de Ruão, escultor da Renascença Coimbrã*, Coimbra, Instituto de História da Arte, Faculdade de Letras da Universidade de Coimbra, 1980.

[1403] GARCIA, P. Q., *João de Ruão…*, p. 2.

[1404] ASSUNÇÃO, Frei Bernardo da, *Mosteiro de Celas – Index da Fazenda*, Coimbra, Imprensa da Universidade, 1921, pp. 16-17, apud DIAS, P., *A Arquitectura de Coimbra…*, p. 222.

[1405] *A Arquitectura de Coimbra…*, p. 330. Veja-se tb. GONÇALVES, A. Nogueira, "A Igreja da Atalaia…", pp. 115-129.

[1406] Cfr. DIAS, P., *A Arquitectura de Coimbra…*, pp. 169-170.

[1407] Cfr. *idem, ibidem*, p. 183 e CRAVEIRO, M. L., *O Renascimento em Coimbra…*, vol. I, pp. 131, 134-135, 139-141 e 145-146.

[1408] Cfr. GONÇALVES, A. Nogueira, "A Igreja da Atalaia…", pp. 132-134. De notar, porém, que Nelson Correia BORGES, em artigo recente, defenderia a autoria ruanesca da estátua de Góis (cfr. "Revisitar João de Ruão: a tumulária de Góis e Trofa do Vouga", *Munda*, n.ᵒˢ 45/46, Coimbra, Novembro/2003, pp. 42-43).

[1409] Cfr. "Arquitectura: Renascimento e Classicismo", p. 326.

[1410] Cfr. pelos restantes autores, CORREIA, Vergílio, "O Claustro da Manga", *Obras*, vol. I, "Coimbra", Por Ordem da Universidade, Coimbra, 1946, pp. 269-270 e 273-274; DIAS, P., *A Arquitectura de Coimbra…*, pp. 171-173; CRAVEIRO, M. L., *Diogo de Castilho…*, pp. 47-48 e as já clássicas leituras iconológicas de George A. KUBLER ("The claustral 'Fons Vitæ' in Spain and Portugal", *Traza y Baza. Cuadernos Hispanos de simbologia, arte y literatura*, nᵒ 2, Palma de Mallorca, 1973, pp. 7-13) e Dagoberto MARKL, Dagoberto (*História da Arte em Portugal*, vol. 6, *O Renascimento*, pp. 66-68).

[1411] Sobre o complexo sistema de ideias que se abriga por detrás dos projectos de J. R., nomeadamente na *Fonte da Manga*, na *Porta Especiosa* e no Mosteiro da Serra do Pilar – os programas melhor conhecidos –, vejam-se a nota *supra*; CRAVEIRO, M. L., *O Renascimento em Coimbra…*, vol. I, pp. 305-313; OLIVEIRA, Marta M. Peters Arriscado de, "O Mosteiro do Salvador: um projecto do século XVI", *Monumentos*, 9, Lisboa, Setembro/1998, pp. 17-18; ALCÂNTARA, Fernanda, XAVIER, João Pedro, "O Mosteiro de S. Salvador da Serra como *Imago Mundi*", *ibidem*, pp. 29-31; RUÃO, Carlos, "A edificação da dupla-rotunda do Mosteiro de Santo Agostinho", *ibidem*, pp. 36-37 e ABREU, Susana Matos, *A Docta Pietas ou a arquitectura do Mosteiro de S. Salvador, também chamado de Santo Agostinho da Serra (1537-1692). Conteúdos, formas, métodos conceptuais*, dissertação de mestrado em História da Arte em Portugal, Porto, Faculdade de Letras da Universidade do Porto, 1999, policopiada.

[1412] Cfr. KUBLER, George, *A arquitectura portuguesa chã, entre as especiarias e os diamantes. 1521-1706*, Lisboa, Vega, [1988], pp. 76-71. Na verdade e contrariando a opinião de N. GONÇALVES de "ter sido [Diogo de Castilho] o autor do projecto do primitivo mosteiro" ("O Clautro do Mosteiro…", p. 107], a atribuição da responsabilidade conceptual do cenóbio agostiniano da Serra do Pilar, em Vila Nova de Gaia, a João de Ruão e da construtiva (na intenção inicial, uma vez que seguiria uma conturbada história) a Diogo de Castilho, é hoje pacificamente aceite pela generalidade da historiografia (cfr. CRAVEIRO, M. L., *Diogo de*

Castilho…, pp. 81-84; OLIVEIRA, Marta M. P. A. de, "O Mosteiro do Salvador…", p. 19; RUÃO, C., "A edificação da dupla-rotunda…", pp. 34 e 36-37) e ABREU, Susana M., *A Docta Pietas…*, pp. 38-40, 140 e 164-166.

[1413] HERCULANO, Alexandre, *Apontamentos de Viagem*, Lisboa, Círculo de Leitores, 1987, p. 121.

[1414] *A Arquitectura do Renascimento…*, p. 203.

[1415] Cfr. GONÇALVES, A. Nogueira, "A Igreja de Atalaia…", pp. 150-156; MOREIRA, R., "A arquitectura militar…", pp. 298-299 e 300-301 e CRAVEIRO, M. L., *O Renascimento em Coimbra…*, vol. I, pp. 298ss e 313-323.

[1416] Cfr. BORGES, N. C., *João de Ruão…*, p. 57.

[1417] Com efeito e embora M. L. CRAVEIRO não descarte a hipótese de a capela-mor, de planta circular, da ermida de Santa Leocádia da Quinta do Marujal constituir sobrevivência de um pequeno templo anterior às obras levadas a cabo, em inícios da década de 1540, por Diogo Afonso, que havia emprazado a propriedade aos Crúzios (cfr. *O Renascimento em Coimbra…*, vol. I, pp. 175-176), a verdade é que os apontamentos eruditos subsistentes e a sua afinidade com a arquitectura de diversos trechos do próprio cenóbio, parecem dar matéria para a hipótese que aqui aventuramos, eventualmente (e naturalmente) com a colaboração na parte construtiva de Diogo de Castilho.

[1418] Cfr. GONÇALVES, A. Nogueira, *Inventário Artístico de Portugal – Cidade de Coimbra*, p. 29a (que, porém, a não atribui ainda ao artista); BORGES, N. C., *João de Ruão…*, pp. 64-65 e *idem*, "Alguns aspectos da segunda época de João de Ruão", *A Introdução da Renascença na Península Ibérica*, IV Centenário da Morte de João de Ruão, Coimbra, Epartur, 1981, pp. 25-27.

[1419] Cfr. BORGES, N. C., "Alguns aspectos…", pp. 28-31 e DIAS, Pedro, *A escultura maneirista portuguesa. Subsídios para uma síntese*, Coimbra, Minerva Editora, col. "Minerva Arte", 1, 1995, pp. 60-61.

[1420] Cfr. PIMENTEL, António Filipe, "O Tempo e o Modo: o retábulo enquanto discurso", VILA JATO, María Dolores (dir.), *El Retablo, tipologia, iconografia e restauración*, Actas del IX Simpósio Hispano Portugués de História del Arte, Xunta de Galícia, 2002, pp. 242-243.

[1421] Cfr. "Alguns aspectos…", pp. 38-43 e DIAS, Pedro, "As outras imagens; o Maneirismo na escultura portuguesa", *A Pintura Maneirista em Portugal. Arte no Tempo de Camões*, Lisboa, Comissão Nacional para as Comemorações dos Descobrimentos Portugueses, 1995, Cat., p. 146.

[1422] GONÇALVES, A. Nogueira, "Tomé Velho, artista coimbrão na passagem dos sécs. XVI-XVII", *Estudos de História da Arte da Renascença*, Coimbra, Epartur, 1979, p. 213. Para a análise formal e leitura iconográfica da capela, veja-se BORGES, N. C., "Alguns aspectos…", 43-50

[1423] Cfr. GARCIA, P. Q., *João de Ruão…*, pp. 196-197 e CRAVEIRO, M. L., *O Renascimento em Coimbra…*, vol. I, p. 255 e vol. II, doc. XXXII, pp. 96-99. Uma outra varanda (a dos mesários) fizera também o artista, já em 1549, na Igreja da Misericórdia, a ser correcta a leitura proposta por P. Q. GARCIA para um problemático documento (cfr. *João de Ruão…*, pp. 197-197 e CARVALHO, J. M. Teixeira de, *João de Ruão e Diogo de Castilho. Notas à margem de um compromisso raro. MDXLV-MDLXX*, Coimbra, Imprensa da Universidade, 1921, pp. 27-34).

[1424] Cfr. "As outras imagens…", pp. 147 e 149 e *A escultura maneirista…*, p. 69. Vejam-se tb. GONÇALVES, A. Nogueira, "O púlpito da igreja monástica do Paço de S. Marcos", *Estudos de História da Arte da Renascença*, Coimbra, Epartur, 1979, pp. 186-189 e CRAVEIRO, Maria de Lurdes, "A decoração na arquitectura quinhentista de Coimbra. A Capela dos Reis Magos no Mosteiro de S. Marcos", *Miscelânea em honra da Doutora Maria Helena da Rocha Pereira*, 1ª Parte, *Biblos*, vol. LXXI, Coimbra, 1995 [2000], pp. 424 e 431.

[1425] Cfr. GARCIA, P. Q., *João de Ruão…*, p. 92.

[1426] Sobre este conturbado programa vejam-se GARCIA, P. Q., *João de Ruão…*, pp. 9-10 e 93-122 e GONÇALVES, A. Nogueira, "Tomé Velho…", pp. 191-195.

[1427] Veja-se *supra* nota 1262.

[1428] Vejam-se *supra* notas 1258 e 1266.

[1429] Veja-se *supra* nota 1244.

[1430] Cfr. CRAVEIRO, M. L., *O Renascimento em Coimbra…*, vol. I, p. 140.

[1431] *A Arquitectura de Coimbra…*, pp. 428 e 434.

[1432] Veja-se *supra* nota 1101.

[1433] Cfr. DIAS, Pedro, *O Fydias Peregrino, Nicolau Chanterene e a escultura europeia do Renascimento*, Coimbra, Instituto de História da Arte da Universidade de Coimbra/CENEL-Electricidade do Centro, S.A., 1996, pp. 95-120.

[1434] Cfr. MOREIRA, R., *A Arquitectura do Renascimento…*, pp. 278-282. Desta opinião dissentiriam, porém, a nosso ver com argúcia, GOMES, Paulo Varela e ROSSA, Walter, "A rotunda de Santa Maria de Celas: um caso tipológico singular", Actas do Colóquio *Arte e Arquitectura nas Abadias Cistercienses nos séculos XVI, XVII e XVIII*, Lisboa, IPAAR, 2000, vol. I, pp. 197-214.

[1435] Veja-se *supra* nota 1102.

[1436] Cfr. MOREIRA, R., "Arquitectura: Renascimento e Classicismo", p. 326.

[1437] Sobre este aspecto da sua obra, cuja importância não necessita de ser encarecida, vejam-se, v. g., DIAS, Pedro, "Alguns aspectos da recepção das correntes artísticas…", pp. 114-124; BORGES, N. C., "Alguns aspectos…", pp. 35-38 e 50-52; MOREIRA, R., "A arquitectura militar…", p. 294 e CRISÓSTOMO SANTOS, João Miguel Salgado Lameiras, *O elogio do fantástico na pintura de grotesco em Portugal, 1521-1656*, dissertação de Mestrado em História da Arte, policopiada, Coimbra, 1996, p. 44.

[1438] Cfr. GONÇALVES, A. Nogueira, "Os colégios universitários de Coimbra…", pp. 223-237.

[1439] Cfr. DIAS, P., "Alguns aspectos da recepção das correntes artísticas…", p. 116 e *idem*, "A pedra de Ançã, a escultura de Coimbra e a sua difusão na Galiza", VALLE PÉREZ, Xosé, (coor.), *Do Tardogótico ó Manierismo. Galicia e Portugal*, s.n., Fundación Pedro Barrié de la Maza – Fundação Calouste Gulbenkian, 1995, p. 25.

[1440] É, com efeito, o que claramente se deduz da provisão de 11.09.1560, em que o monarca manda acrescentar (no comprimento e na largura) o projecto da Igreja do Salvador de Bouças e onde se afirma "que he o q. pareceo ao bpo do porto e a João Roiz de Sa e asy a yº. de Ruão q. se deue acrecentar p.ª a dita Igreja ser capaz do pouo e fregueses que tem e ter a perrfeyçã q. cõvem, mãdo uos q. vos cõçerteis cõ o dito Joã de Ruão", e, sobretudo, claramente se comprova, em 12.07.1559, agora no contexto das obras de Santa Cruz, quando, no depoimento do próprio artista na contenda entre o Mosteiro e a Universidade, se regista, a propósito das *amostras* dos retábulos do cruzeiro, que "elle testemunha as leuou aa corte" (cfr. GARCIA, P. Quintino, *João de Ruão…*, pp. 97 e 252).

[1441] Cfr. VITERBO, A., *Dicionário…*, vol. II, p. 427.

[1442] *A Arquitectura em Coimbra…*, pp. 427-428.

[1443] "Uma excursão a S. Marcos", *Diário de Coimbra*, Ano VIII, nº 2315, Coimbra (26.07.1937), p. 1.

[1444] Cfr. "A Igreja de Atalaia…", p. 158.

[1445] A respeito deste elemento e da sua presença na *Porta Especiosa*, refere A. HAUPT que "as torrinhas redondas dos cantos são muito comuns na Bretanha, não sendo raras na Normandia, embora menos frequentes" (*A Arquitectura do Renascimento…*, p. 203).

[1446] "Arquitectura: Renascimento e Classicismo", p. 327.

[1447] Cfr. GARCIA, P. Q., *João de Ruão…*, p. 108.

[1448] Cfr. SILVA, Armando Carneiro da, "Documentos do Arquivo Municipal", *Arquivo Coimbrão*, vol. XXV, Coimbra, 1971, p. 290.

[1449] Cfr. MOREIRA, R., "A arquitectura militar...", p. 301 e "Arquitectura: Renascimento e Classicismo", p. 327.

[1450] Cfr. GONÇALVES, A. Nogueira, "O púlpito de Santa Cruz...", p. 256.

[1451] Cfr. CARVALHO, J. M. Teixeira de, *João de Ruão e Diogo de Castilho...*, p. 28.

[1452] De facto e ao arrepio da versão tradicional, J. M. CRISÓSTOMO SANTOS chamaria a atenção para um testemunho da influência directa de João de Ruão sobre seu filho Jerónimo: o caso das gravuras ornamentais de Vredeman de Vries utilizadas literalmente na decoração do transepto de Santa Maria de Belém e de que o único exemplar referenciado em Portugal se encontrava, justamente, na biblioteca do Mosteiro de Santa Cruz de Coimbra (cfr. *O elogio do fantástico*, pp. 44-45 e nota 97).

[1453] Cfr. CARVALHO, J. M. Teixeira de, "João de Ruão", p. XVII; GARCIA, P. Q., *João de Ruão...*, pp. 39-46 e 122-140; VITERBO, S., *Dicionário...*, vol. II, pp. 419-434; RAMALHO, A. da Costa, "Alguns aspectos da vida universitária...", p. 7.

[1454] Veja-se *supra* Parte I, nota 330.

[1455] Vejam-se *supra* Parte I, notas 335, 336 e 391.

[1456] Veja-se *supra* Parte I, nota 380.

[1457] Sobre o recrudescimento do culto de S. Miguel no século XVI e a particular responsabilidade do Rei D. João III em semelhante matéria, veja-se ALBUQUERQUE, Martim de, "Uma grande jóia: S. Miguel cavaleiro de Cristo. Ideologia e arte", *Oceanos*, nº 21, Lisboa, Comissão Nacional para as Comemorações dos Descobrimentos Portugueses, Janeiro/Março, 1995, pp. 115 e 117.

[1458] Cfr. MOREIRA, R., "A arquitectura militar...", pp. 294 e 300-301.

[1459] Veja-se *supra* Parte I nota 488.

[1460] Veja-se *supra* nota 1379.

[1461] Cfr. BRANDÃO, M., *Actas dos Conselhos...* (1537-1557), vol. I, p. 147.

[1462] Veja-se *supra* nota 1075.

[1463] Cfr. VASCONCELOS, A. de, *Real Capela...*, pp. 48-49 (veja-se *supra* nota 1041).

[1464] Veja-se *supra* nota 1206.

[1465] Veja-se *supra* notas 857 e 1023.

[1466] Cfr. CRUZ, L. *Actas dos Conselhos...* (1537-1557), vol. III, pp. 25-26.

[1467] Veja-se *supra* nota 1425.

[1468] Os (fragmentos de) exemplares exumados ostentam ambas as técnicas, de *aresta* e *corda seca*, sendo impossível, obviamente, aquilatar da representação original dos dois processos nos frontais dos altares da capela palatina. A técnica de *corda seca* representa um processo mais arcaico do que a de *aresta*, mas nem por isso desaparece completamente no decurso do século XVI. E ainda que não seja de excluir a possibilidade de reutilização, no novo contexto, de azulejos *de aresta* já anteriormente aplicados no próprio templo ou em outras partes do Paço Real, parece mais verosímil tratar-se da sua aplicação original, sabendo-se como se sabe que ainda c. 1554 a Quinta da Bacalhoa, em Azeitão, constitui exemplo da sua importação e de que se tratava normalmente de encomendas de prestígio e *ad hoc*. Como quer que seja e para além do que ficou dito a pretexto da prossecução do gosto *mudejar* em pleno ambiente renascentista (veja-se *supra* nota 1089), não pode deixar de recordar-se representar Coimbra, justamente, depois de Lisboa, o maior foco de propagação do gosto pela azulejaria hispano-árabe, de que constituiria expoente a imponente encomenda de azulejos sevilhanos do bispo-conde D. Jorge de Almeida, destinada à Sé, documentada em 1503, mas que J. M. dos Santos SIMÕES entende não ter sido aplicada antes do decurso das obras renascentistas do prelado, entre 1525 e 1535 (cfr. *Azulejaria em Portugal nos séculos XV e XVI. Introdução geral*, Lisboa, Fundação Calouste Gulbenkian, 1969, pp. 56 e 66. Vejam-se também, sobre este assunto: MECO, José, *O Azulejo em Portugal*, pp. 38-43 e 188-189; GOULÃO, Maria José, "A cerâmica de uso e os azulejos manuelinos", DIAS, Pedro, *História da Arte em Portugal*, vol. 5, *O Manuelino*, Lisboa, Alfa, 1986, pp. 157-165; idem, "Alguns problemas ligados ao emprego de azulejos 'mudéjares' em Portugal nos séculos XV e XVI", CAAMAÑO, Jesus Maria (coord.), *Relaciones Artísticas entre Portugal y España*, Salamanca, Junta de Castilla y Leon, 1986, pp. 131-132, 134-135, 138-139, 144-147, 149-152 e MACHADO, Ana Goulão, "Azulejos sevilhanos em Portugal. A questão da encomenda", *Las relaciones artísticas entre España y Portugal: artistas, mecenas y viajeros*, Actas del VII Simposio Hispano-Portugués de História del Arte, Badajoz, 1995, p. 262).

[1469] Vejam-se *supra* notas 871 e 1046.

[1470] Veja-se *supra* nota 1047.

[1471] Vejam-se *supra* notas 861 e 898.

[1472] Veja-se *supra* nota 1192.

[1473] Cfr. BRANDÃO, M., *Documentos de D. João III*, vol. II, doc. CCCXXXVII, pp. 223-224.

[1474] É o que posteriormente se verá, mas é aqui que começa a história da actual *Porta de Minerva*.

[1475] Cfr. MUCHAGATO, J., *Jerónimos...*, p. 41.

[1476] Cfr. BRANDÃO, M., *Documentos de D. João III*, vol. IV, doc. DCCLXXIV, pp. 326-327 e CARVALHO, José Branquinho de (leit. e not.), *Cartas originais dos Reis enviadas à Câmara de Coimbra*, Coimbra, Biblioteca Municipal, 1943, pp. 101-102.

[1477] Sobre a casa de Duarte de Melo, actual Faculdade de Farmácia, veja-se ROSMANINHO, N., *O Poder e a Arte...*, pp. 383-388. Trata-se de uma poderosa personagem que instituiria também, vinte anos mais tarde, uma capela na Sé, dedicada a S. Miguel (a primeira da nave da Epístola, a contar da entrada), edificada por Tomé Velho, o auxiliar e sucessor de João de Ruão (cfr. VASCONCELOS, A. de, *A Sé Velha...*, vol. I, pp. 188-190). As razões que lhe permitiram levar a cabo o seu projecto na catedral, não obstante a oposição do cabido e o facto de semelhante ambição ter sido já negada a outros cónegos, poderão não ser distintas das que lhe permitiram edificar a sua casa, a despeito do alvará régio que os conselheiros da *Fazenda* conheciam e invocam.

[1478] Veja-se *supra* nota 1005.

[1479] AUC, Universidade de Coimbra, *Fazenda da Universidade, Acordãos da Junta da Fazenda, 1556-62*, fl. 220-221 e *Acordãos da Junta da Fazenda, 1549-69*, fl. 77v.

[1480] Cfr. *Estatutos da Universidade de Coimbra (1559)*, p. 14*.

[1481] Cfr. DIAS, P., "Um novo poder...", p. 181.

Anda mais perto de nós do que supomos, a antiguidade.

VERGÍLIO CORREIA
O Edifício da Universidade. Notas de arte e história

❧ Coimbra, 2005

Vai passado mais de século e meio desde que Herculano, no *Bispo Negro*, evocava as "torres do velho alcácer de Coimbra" e a sua "sala de armas", onde fazia desfilar, junto ao "meado do duodécimo século", os vultos de Afonso Henriques e de Lourenço Viegas, *o Espadeiro*. E desenhava a vasta quadra provida de uma "abóbada", alta e sonora, onde ecoava a voz das personagens e da qual pendiam, suspensos dos "fechos dos arcos de volta de ferradura que sustentavam os tectos de grossa cantaria", grandes lampadários, riscando de luz e sombras o cenário. Abóbada essa, por seu turno, que sustentavam "feixes de colunas delgadas, entre si separadas, mas ligadas sob os fustes por base comum". Miúda descrição, pois, de um trecho imaginado da moradia régia, num sugestivo eclectismo, meio-gótico meio-muçulmano, a que não faltava sequer o "grande portal", dando acesso ao magnífico recinto e uma "portinha, que ficava em um ângulo da entrada". E ao mesmo *alcácer* se poderiam aplicar com propriedade as frases que, linhas atrás, havia dedicado à velha Sé: "Então (escrevera) aquelas ameias e torres não haviam sido tocadas das mãos dos homens, desde que os seus edificadores as tinham colocado sobre as alturas; e, todavia, já então ninguém sabia se esses edificadores eram da nobre raça goda, se da dos nobres conquistadores árabes"[1].

É essa ignorância das verdadeiras origens do edifício pação, bem como da sua real estrutura originária que, volvido mais de meio século e com intuitos agora propriamente historiográficos, espelhariam ainda as palavras de António Augusto Gonçalves, quando o classificava de *inextricavel conjuncto de construcções de diversas epochas*[2]. E, desde então e a despeito dos elementos pouco a pouco acumulados, uma densa trama especulativa, ao invés de certezas, cobriria, de um espesso véu de lenda, os remotos inícios desse *alcácer de Coimbra*, imemorial morada, dizia-se, de *condes*, *governadores* e *Reis*. Por isso se resolveu começar pelo princípio: unindo os dados disponíveis, tentando organizá-los, mas sobretudo percebendo que uma tal empresa transcendia em muito os limites tradicionalmente consagrados para a história da arte; e que esta haveria de assistir-se da arqueologia, sondando o edifício, aí onde as informações escasseavam, bem como, naturalmente, na interpretação dos dados recolhidos, da própria história (institucional, política, cultural) – por isso que de uma reconstituição histórica realmente se tratava. Apenas assim se afigurava possível, não somente delinear com segurança a evolução formal do edifício, no decurso do tempo, mas especialmente desvendar-lhe as *circunstâncias*. Só assim o *palácio* se revelaria enquanto *documento*; só assim seria possível penetrar, de facto, na *morada da Sabedoria*.

Com efeito, o estudo de um palácio não é já hoje a mera recuperação e análise da sua evolução formal, em perspectiva puramente estética, *vista de fora* como já foi dito[3]. Os aspectos interiores, não somente decorativos mas organizacionais, vêm, na verdade, interessando cada vez mais os historiadores da arte, cientes de que foi a *vida* que nele se desenrolou – as sucessivas *vidas* –, com as suas exigências funcionais, cerimoniais e *representativas*, a razão de fundo, não apenas da sua estruturação enquanto organismo, mas das próprias opções estéticas que em função dele se formularam e, desse modo, da configuração que ostenta, *visto de fora*[4]. E mais ainda se persiste em afirmar-se como um *cenário vivo*. Por isso se poderão aplicar ao *alcácer de Coimbra*, palavra por palavra, as afirmações exaradas em recente estudo dedicado ao destruído Alcázar de Madrid: são ambos, de facto, "edifícios que se podrían definir como la consequencia de la acción, durante un período de tiempo dilatado, de una multiplicidad de circunstancias históricas que van, poco a poco, modelando un sitio, determinando la presencia física de un lugar. Eso obliga a que el estudio de su arquitectura tenga necesariamente que contemplar una diversidad y riqueza de angulaciones, que no tiene mucho que ver con los análisis convencionales a través de los que normalmente nos acercamos a otros edificios"[5].

Donde, pois, a tentação de uma história *total* e integradora. De uma história da arte entendida também como história da cultura e das instituições: não apenas a *forma*, mas o seu *sentido*; não somente o *facto*, mas a *circunstância*. Como reconhecia Kubler, "a contribuição particular do historiador consiste na descoberta das múltiplas formas do tempo; o objectivo do historiador, seja qual for a sua especialização, é retratar o tempo". E por isso reconhecia: "a história da arte é como uma vasta obra de exploração mineira, com inúmeros poços, a maior parte dos quais fechados desde há muito. Cada operário trabalha no escuro, guiado apenas pelos túneis e pelos poços anteriormente explorados: seguindo o filão; esperando descobrir um veio rico em minério; receando que o filão acabe amanhã". Mas advertia: "Neste palco encontramos também os resíduos de minas exaustas"[6].

Não foram poucas, com efeito, as minas exauridas que se depararam no decurso da extensa viagem que permitiria acompanhar, ao longo de mais de cinco séculos, a *vida do que foi o Paço Real de Coimbra* até nele se instalar o *Estudo Geral*, transitado de Lisboa. A erosão das fontes, gravemente mutiladas, como sempre ocorre; a destruição de troços significativos do edifício, em resultado da contínua reformulação a que, ao longo do tempo, foi sujeito (a qual, porém, justificaria a sua sobrevivência como *cenário vivo*); mas, sobretudo, o quase completo desacompanhamento, por parte de historiadores da arte e arqueólogos, das intervenções levadas a cabo no decurso do último século, gerariam a perda irreversível de um número não contabilizável de insubstituíveis informações. Apesar disso, seguindo os *poços anteriormente explorados* e, sobretudo, interrogando o edifício, seria possível exumar a sua origem e deslaçar, por fim, o *inextricavel conjuncto de construcções de diversas epochas* que, cem anos atrás, a esfíngica mole configurava ainda aos olhos (de resto argutos) de Gonçalves. E assim confirmar, de facto, que *anda mais perto de nós do que supomos, a antiguidade*.

Emergiria, por esse modo, não, tudo indica, um *qasr*, mas uma vasta e imponente *alcáçova*, cintada de cubelos, ousadamente alcantilada sobre o *ninho de águias* que, pelo lado sul, modela a topografia da cidade: alcáçova aí edificada, na verdade, por esses *nobres conquistadores árabes* a que aludia a prosa sugestiva de Herculano. Recinto monumental, plasticamente cuidado, erguido no aparelho imperial de *soga e tição*, no quadro decerto da conquista da cidade, em 987, pelo temível *al-Mansur* e de uma *refundação* simbólica que se explica no âmbito do fulminante avanço sobre o norte (e sobre as *cidades-fétiche* de Compostela e de Leão) por este projectado. E a que parece poder associar-se ainda, seja a fortificação geral da urbe, (aparentemente) em técnica afim, que havia de outorgar-lhe a configuração *redonda* que os textos muçulmanos (ulteriores) se encarregariam de fixar, seja a própria actividade de *mestre Zacarias*, o enigmático arquitecto do abade de Lorvão e construtor de *pontes*.

Refundação essa, na verdade, a que não seria estranho o desenvolvimento sofrido pelo burgo ao tempo da 1ª Reconquista e a importância então adquirida (quando, de facto, se converte no luzeiro do moçarabismo que as fontes mais tardias testemunharão) e que a presúria de Almansor em fim de contas documentará – ao mesmo tempo que o seu acrescido valor estratégico, tanto quanto a sua nova dimensão semiótica, de promontório do Islão, não serão alheios à determinação da sua tomada, em 1064, *cum consilio domni Sisenandi*[7], pelo Imperador Fernando, que nela iniciaria o novo ciclo da *Reconquista cultural*. Tomada pois, por sua vez, de uma cidade-símbolo, onde à orgulhosa alcáçova estaria reservado papel primordial. E é verdadeiramente então que o *Paço de Coimbra* inicia a sua história, ao mesmo tempo que a cidade, maltratada pela conquista, reconstitui as antigas defesas: nas palavras do *próprio* D. Sesnando, "tutissimis presidiis firmiter adarmavi, necne ex diversis partibus"[8].

Assim nasceria o *albacar*, junto ao flanco ocidental da primitiva cerca, ao mesmo tempo que se recompunha o troço sul do recinto castrense, que o assédio quase destruíra, convertendo em torres os cubelos centrais. Mas, sobretudo, levava-se a cabo (talvez sobre as primitivas estruturas utilitárias que haviam abrigado, no interior da alcáçova, as sucessivas guarnições muçulmanas) a edificação da primitiva capela palatina, votada a S. Miguel, o vencedor celestial do *Inimigo*. Templo a que se acrescentaria, tudo indica, uma *aula*, de dimensões afins, constituindo ambos o núcleo de um *palatium* que, depois, haveria expandir-se em instalações precárias que o tempo consumiu. Capela modelada – "tudo o que se faz" (escreveria Kubler) "constitui uma réplica ou uma variante de algo que foi feito há algum tempo e que, por sua vez, também foi réplica ou variante de outros objectos, num movimento incessante desde o dealbar da era humana"[9] – por essa outra, compostelana, da Corticela, miniatura ela mesma da própria basílica que albergava aí o túmulo do Apóstolo: o mesmo Apóstolo, Santiago *mata-mouros*, ao qual, antes da conquista, o mesmo Fernando e o mesmo Sesnando impetrarão o triunfo das armas na arriscada empresa – e o agradecerão depois. E o reconhecimento destas obras projecta, decerto, uma luz nova sobre a prática construtiva do enigmático *alvazir*, a mais carismática personalidade do ocidente peninsular, antes que os príncipes de Borgonha viessem pôr em marcha a roda da fortuna que havia de gerar o Reino Português.

É nesse marco, com efeito, que desfilam, um a um, os protagonistas desse tempo histórico: Afonso VI, o Imperador, Martim Moniz, o genro de Sesnando (e putativo sucessor), Urraca e Raimundo de Borgonha, Teresa e Henrique, os Condes Fundadores de Portugal. E é nele que Afonso Henriques instala a sua *cúria*, por 1130, quando erige Coimbra em *cidade real*. Como é nele que, nos séculos seguintes, habitam um a um os continuadores da nova Dinastia: face a Santa Cruz, onde jaziam os primeiros Reis e a essa Sé que talvez tenha, realmente, servido, com Sancho I, à sua sagração. A sagração do novo Reino, ungido em Ourique, frente a essa outra mitografia, de *Império Ocidental*, a que os Reis de Leão, desde Fernando, o imperial avô desse primeiro Afonso, por sua vez aspiravam também. Cidade régia que persiste em ser, a urbe do Mondego, ainda que, desde Afonso III, Lisboa dispute mais e mais a primazia. Isso mesmo provará o ambicioso programa levado a cabo por D. Afonso IV, nos inícios de Trezentos, quando, além da ponte, se erguia Santa Clara. Programa esse que, a partir do núcleo primitivo da capela e *aula* sesnandinas, se alongaria pelos sectores de norte e nascente do antigo recinto muçulmano, provendo o palácio de uma nova e vasta *Sala*, em período franco de curialização e de reforço da autoridade régia e em função do qual, em fim de contas, os destinos da morada real e do jovem *Estudo*, que D. Dinis trouxera para Coimbra (e seu filho transferiria para Lisboa), por uma vez se desencontrariam. Palácio régio onde, entre inúmeros Infantes e Infantas, viriam ao mundo (à excepção única do primeiro Pedro e, talvez, do primeiro Afonso) todos os Reis da Casa de Borgonha – até mesmo à derradeira Beatriz. *Sala*, por seu turno, a *Sala Grande*, onde em 1385 soaria a voz de João das Regras e, por via dela, seria o *Mestre* alçado por Rei de Portugal. Rei esse, D. João I, entronizado, tudo leva a crer, no próprio templo palatino.

Paço *de boa memória*, pois, o de Coimbra, para o Rei de Avis, que a ele amiúde havia de voltar, aí determinando em finais do século importantes obras: uma nova ala sobre o *albacar*, documentando a contínua expansão do organismo cortesão, que os escritos de D. Duarte testemunham; novas aberturas, trazendo a luz e o horizonte ao interior da antiga estrutura militar; *varandas* decerto, na *Sala da Rainha*, sucessora da velha *aula* sesnandina. E uma cadeia, materializando, no alvorecer do Estado Absoluto, o supremo poder do *Senhor das Justiças*. Justiça, poder e cárcere que iriam (con)fundir-se, meio século volvido, no trágico destino de D. Pedro, Duque de Coimbra, prisioneiro, mais que *dúplice dono*, como quis o poeta (e, em geral, a historiografia havia de fixar), entre o *dever* e o *ser* que as circunstâncias lhe forjaram. Infante que deste paço partiria, em 1449, para a jornada sem retorno de Alfarrobeira. Mas que, sobretudo, não cessaria de transfigurá-lo nos quinze anos em que lhe foi dado usufruí-lo.

E estranhas obras seriam, na verdade. Com elas se destruía o corpo do *albacar*, edificado por seu pai, em benefício de uma nova ala voltada ao rio, perpendicular à velha cerca, panorâmica, rasgada de ventanas, amenizando a velha estrutura militar (ele que em fera batalha encontraria a morte) mas, sobretudo, sacrificava-se também o velho templo, sagrado por Sesnando, onde o fundador da Dinastia havia sido entronizado, em favor de uma nova capela, mais ampla, paralela ao muro, como exigiria talvez a espiritualidade, nova também, da *virtuosa benfeitoria* que tentou professar. Revisão da *memória*, porventura, que não seria assim totalmente *boa*, como indiciarão as ausências paternas da cidade, após o estabelecimento do Ducado, já notadas e a estranha derrota em que se ocupa, morto o seu progenitor, a caminho das exéquias em Santa Maria da Vitória, onde não chegará (e terá sido essa, em fim de contas, a única *batalha* que lhe foi dado evitar).

Seria breve, todavia, a alienação por parte da Coroa da *cidade real* e do seu régio Paço, que o Ducado de Coimbra configuraria e que Afonso V se apressaria a encerrar, retomando direitos e morada e vincando, por esse modo, a sua original função. Por isso convoca Cortes na cidade e, talvez, por isso ainda, leva a cabo o que seu tio e sogro não lograra completar: a fundação, na urbe, de uma universidade – a única que *de Coimbra*, em boa verdade, se poderia arrogar e cujos escolares, mais de oito décadas volvidas, ao chegar essa outra que agora temos e foi, por séculos, em Coimbra ou em Lisboa, a *Universidade Portuguesa* (simplesmente), se entretinham ainda, jogando a *choqua*, pelo terreiro pação. Mas é fugaz esse regresso da Corte régia à urbe do Mondego, que os sucessos seguintes desconfirmarão. Nos finais do reinado, a decadência espreita já as estruturas áulicas, parte das quais pouco a pouco se dispersam e é a sul, agora, que se tecem os desígnios do *Príncipe Perfeito*: em Évora, em Lisboa, no Algarve, onde a morte, súbita, o surpreenderá. Com a ascensão do *Venturoso*, afirmará Damião de Góis serem "os Paços de Coimbra tão destroidos, que foi neçessario fazeremsse de nouo"[10]. Frase que a exumação dessa campanha obriga agora a relativizar, mas que ilustrará até que ponto a nova mitografia manuelina teria na *cidade real* uma das pedras angulares. Certo, porém, é não ser certa a antiga tradição que datava de Afonso III o abandono do palácio coimbrão. Inversamente, dever-se-ia a D. Afonso IV, seu neto, a primeira intervenção de fundo de um monarca português na ínclita morada dos seus predecessores (e, de facto, dos *condes-governadores*, no sentido em que o seriam Sesnando, Martim Moniz,

Afonso e Urraca, Henrique e Teresa – e, antes deles, dos alcaides mouros de Córdova e Badajoz). E, com isso, a projecção do palácio nos séculos que hão-de vir. Séculos, com efeito, onde se documenta a sua contínua ocupação até aos anos de 1470.

A intervenção manuelina não faria *de novo* o edifício, como quis o cronista. Reformulá-lo-ia, porém, em boa parte, redesenhando quase completamente a sua planta. Programada por Boitaca, decerto ao redor de 1507, quando que se iniciava também a transfiguração de Santa Cruz, seria conduzida, na prática, por Marcos Pires, sob a sua direcção, até ao seu afastamento das campanhas reais, em 1516, e por este prosseguida, autonomamente, até à sua morte em finais de 1521 ou inícios de 22. Configurava agora, no interior da velha cerca mediva, um *palácio-bloco*, fechado sobre si, repartindo pelos quatro lados o extenso conjunto das aposentadorias (Rei, Rainha, Infantes e oficiais, além da estrebaria), tal como vinha sendo exercitado, além e aquém fronteiras, na arquitectura senhorial acastelada da última centúria. Do mesmo passo, outorgava-se uma nova monumentalidade à antiga capela de D. Pedro, quase duplicando as suas dimensões pela reforma da respectiva cabeceira. Mas não se punha em causa a primitiva estrutura muçulmana; antes se realçava o seu carácter, alteando os primitivos cubelos (acrescentando-se um, mesmo, voltado ao pátio, a fim de dar guarida à nova escada que servia os aposentos do monarca), provendo-os de cintilantes coruchéus, ao mesmo tempo que se lhe impunha uma nova cinta de merlões, cingindo em todo o seu perímetro a base dos telhados, *góticos*, de elevadíssimo pendor.

Era, pois, um paço fortificado ainda, o que agora (re)surgia: um palácio *feudal*, sublinhando mesmo a antiga componente militar, vincando o seu valor simbólico. E é nesse novo sentido semiótico, mais que na clareza organizativa da distribuição, mesmo que denunciadora da nova ordem, centralizada, da nova Monarquia, que reside em fim de contas a sua essencial modernidade, *palácio-monumento* como é, *invocativo*, proclamando, do alto da colina onde se erguia, a inquestionável preeminência do poder real: palácio medievo, suspenso sobre a urbe primigénia onde, na Sé, em Santa Cruz, se aninham por seu turno os marcos fundacionais da *História* que se pretende (re)atar; da *História* que por ele passava. E por isso o palácio é passadista: por se erguer na *cidade real* de Afonso Henriques; por ser ele mesmo um palácio histórico e por ser o passado que pretende evocar – num retorno litúrgico aos lugares da *memória*; numa revisita do *mito das origens*, em apropriação do seu poder (con)sagrador. Por isso também é um palácio *mudejar* e também por isso um *palácio-falante*, pólo de um discurso iconográfico que o tempo (quase) consumiu. A Lisboa e ao empreendimento novo do Paço da Ribeira caberia *invocar*, complementarmente, o tempo futuro das especiarias e das *Índias* e a missão transcendente do Rei de Portugal, *Rei de Reis* agora, Imperador *universal*. Mas porque essa missão radicava atrás e a nova conquista nessa outra, mística também, que em Coimbra tivera o ponto de partida, era aí que a *História* de novo devia começar. E é isso que faz do Paço de Coimbra um palácio moderno: exactamente porque historicista. Como moderna é a ideia de Estado que o determinou, totalizadora de passado e porvir.

À morte do monarca, contudo, em finais de 1521 (e de Marcos Pires, pela mesma altura), boa parte do programa estava ainda por cumprir. A ascensão de D. João III e a correlativa assunção da direcção da obra por Diogo de Castilho, em 1524, sem questionar a relação semiótica estabelecida com a cidade, assegurada pelos alçados de nascente, norte e ocidente, marca porém, pela suspensão da edificação da ala sul, que deveria comportar a estrebaria, um outro conceito, mais urbano, de palácio. Simultaneamente, a abertura do edifício ao horizonte, que agora se divisa do terreiro como de um sumptuoso *belvedere*, assinala uma atitude nova, de relação humanista com a paisagem, a que não será estranha a régia *inclinação para as letras e letrados* que notaria Frei Luís de Sousa[11] e constitui, de resto, a origem da própria reforma da Universidade, da sua transferência para Coimbra e, mesmo, do seu acolhimento, em 1537, num Paço Real onde havia apenas quatro anos que se suspendera, enfim, o trabalho de carpinteiros e alvenéis. Transferência que culmina um longuíssimo processo (e muitíssimo precoce, em termos europeus[12]) de controlo régio da instituição escolar e que confrontaria o *Estudo* português com a mais profunda reestruturação sofrida por uma universidade antes da Ilustração; mas, sobretudo, que iria convertê-lo (a peso de ouro), do modesto *studium* medievo que tinha sido, numa escola reputada além fronteiras, pela dimensão internacional dos mestres que agora nela leccionavam, ao mesmo tempo que consagrava Coimbra (a *lusa Atenas*) como *capital do ensino* do Império Português, por essa via garantido a uniformidade ideológica da classe dirigente, eclesiástica e civil. Processo contumaz, feito de silêncios e de hábeis dilações, como era timbre do inescrutável soberano; mas que contradiz, em toda a extensão, a *rudeza* de engenho[13] que gerações de historiadores lhe construíram, antes configurando, inversamente, um investimento na cultura e uma visão estratégica da sua importância no desenvolvimento nacional que não encontram paralelo antes nem depois, excepção feita à *Reforma Pombalina* de 1772[14]: que teria em Coimbra, uma vez mais, a pedra angular.

O estabelecimento da Universidade na moradia régia ou, mais correctamente, o seu alojamento (parte apenas em 1537; depois na totalidade, em 1544, após a reunificação, conservando-se as *Artes* até 48 e à fundação do respectivo colégio), confrontar-se-ia de início com a evidente desadequação dos antigos aposentos da Rainha (o sector escolhido para a sua implantação) às necessidades vitais do organismo escolar, bem como com a expressa recomendação do soberano de que se *nã façã buracos nas paredes nem se quebre ladrilho algum*. Contudo, a cedência à novel Companhia de Jesus, em 45, para fundação do seu colégio, dos terrenos determinados para a edificação das *escolas próprias* da Universidade e a consequente prorrogação de tal propósito, fariam abrandar, pouco a pouco, a determinação real; e o reitorado de Frei Diogo de Murça – o principal obreiro da consecução da *Reforma Joanina*, com a reunificação da Escola, a outorga dos *estatutos* novos, a incorporação dos bens do Priorado crúzio, a fundação do *Colégio Real* e a própria renovação do ensino nas *faculdades maiores*, nomeadamente em Medicina – é também o do regresso ao Paço dos operários, ao serviço agora da sua adaptação aos novos propósitos que lhe eram exigidos. E é também então que o *Estudo* se apropria de quase todo o edifício. Assim, pois, vindos de Santa Cruz ou feitos de novo, erguem-se *teatros* para os lentes e escolares no que tinham sido, outrora, os quartos da soberana e suas servidoras, agora convertidos em *gerais*; opera-se a sua autonomização, pela ligação ao exterior, por meio de uma escada, da *Sala da Rainha*; coloca-se um relógio no cubelo novo que albergava a *escada pública* do Rei; reformula-se a antiga *Sala Grande*, provida também de cátedra e respectivos *doutorais* e que agora serve aos *actos públicos* da Escola; convertem-se, enfim, os aposentos dos Infantes em residência do reitor, neles se instalando os pequenos *colégios*, jerónimo e beneditino, que o acolitavam e organizando a administração escolar (as *casas* do conselho e da fazenda).

É, porém, a reforma da cabeceira da Capela, motivada pela ruína do abobadamento inicial, que melhor denuncia a fatal inexorabilidade (a despeito da persistente vitalidade do velho projecto de proceder à construção de um edifício próprio) da fixação no Paço da Universidade, padrão que seria do sentido, a um tempo renovador e vigilante, que havia presidido à própria reforma do sistema pedagógico – ao mesmo tempo que constituiria a melhor demonstração da presença de João de Ruão como *imaginário* do plano geral de intervenções, como o seria, a breve trecho, da primeira *torre do relógio* escolar (mesmo que reconhecendo, na parte construtiva, a presença de Jerónimo Afonso, seu colaborador nas obras crúzias). Mas é certo que, por esse mesmo tempo, se crispavam já, sobre o projecto renascentista que o *Rei Piedoso* tentara tenazmente edificar, as nuvens que, pela Europa fora, se adensavam há muito sobre o horizonte da cultura humanista e sobre a suas novas formas de espiritualidade. A violenta crise que atinge, no próprio arranque, o *Colégio das Artes*, é disso mesmo a um tempo efeito e causa. Como em 1527, quando toda essa aventura começou, a intervenção pessoal do monarca, em 1550, lograria ainda salvar, essencialmente, o que fora o seu projecto para Coimbra e o ideal que norteara a profunda renovação sofrida pela Escola; mas inaugurava, do mesmo passo e pelo próprio compromisso que configurava, uma nova etapa no processo da *Reforma*, que implicava também uma reorientação de todo o *Estudo* e dos objectivos estratégicos que, em relação a ele, a Coroa perseguia.

Com ela, pois, se fechava um ciclo: o ciclo vital que, desde a longínqua *reforma fernandina*, convertera paulatinamente a antiga corporação de mestres e escolares numa criação *ex privilegio*, fundação real, implantada na cidade régia, na própria morada do régio *Protector*. E uma outra história iria começar, em outra *circunstância*: história que, de novo, as velhas paredes hão de registar e que terá, décadas mais tarde, em 1597 (data formal da aquisição do edifício e, assim, da certidão de nascimento do *Paço das Escolas*), simultaneamente um ponto de chegada e um ponto de partida: numa singular afirmação, em fim de contas, de fidelidade ao legado espiritual daquele que fora, ele mesmo, seu singularíssimo mecenas: D. João III. Para trás, porém, ficavam mais de cinco séculos de um passado ímpar; longuíssimo percurso, em que a morada régia se afirmara sempre como *lugar central*, incontornável, a cada encruzilhada da vida da nação. Por isso se lhe aplicarão em toda a extensão, como a poucos mais, as palavras de Nogueira Gonçalves, a pretexto da milenar igreja de Lourosa: *A Pátria tem lugares sagrados, que é necessário visitar comovidamente e não como meros turistas ou secos eruditos, remoendo datas e documentos*[15] – mesmo que para defini-la, apagadas pelo tempo, como disse o poeta, *as linhas que no mapa da memória a mestra palmatória desenhou, se saiba apenas gostar duma nesga de terra debruada de mar*[16].

NOTAS

[1] HERCULANO, Alexandre, *Lendas e Narrativas*, Lisboa, Círculo de Leitores, 1986, vol. 2, pp. 55-56.

[2] Veja-se *supra* Parte II, nota 3.

[3] Cfr. SENOS, N., *O Paço da Ribeira*…, p. 27.

[4] Sem prejuízo de um ou outro contributo anterior, o ponto de partida desta nova atitude da historiografia da arte poderá datar-se da realização, em Tours, em 1988, pelo Centre d'Études Supérieures de la Renaissance, sob a direcção de Jean Guillaume, do colóquio *Architecture et vie sociale – l'organisation intérieure des grandes demeures à la fin du Moyen Âge et à la Renaissance* (Paris, Picard, 1994), produzindo uma colectânea de estudos que se revelou de grande utilidade na elaboração deste trabalho.

[5] BARBEITO DÍEZ, J. M., "El Alcázar de Madrid", p. 51.

[6] KUBLER, George, *A Forma do Tempo. Observações sobre a história dos objectos*, Lisboa, Vega, 1990, pp. 26 e 169.

[7] Veja-se *supra* Parte II, nota 404.

[8] Veja-se *supra* Parte II, nota 413.

[9] KUBLER, G., *A Forma do Tempo*…, p. 14.

[10] Veja-se *supra*, Parte II, nota 770.

[11] Veja-se *supra*, Parte I, nota 398.

[12] Para um confronto com o panorama *espanhol* veja-se PESET, Mariano, "La Monarchie absolue…", pp. 82ss.

[13] Cfr. BRAGA, T., *História da Universidade*…, tomo I, p. 336.

[14] Cfr. DIAS, J. S. da Silva, *A política cultural*…, vol. I, tomo II, p. 567 e MENDES, António Rosa, "A vida cultural", p. 380.

[15] "Evocação do XI centenário…", p. 354.

[16] TORGA, M., "Pátria", *Portugal*, p. 7.

FONTES E OBRAS DE CONSULTA

FONTES ICONONÍMICAS

Arquivo da Universidade de Coimbra
> CAPOCUC
>> *Faculdade de Direito*
>> *Pátio da Universidade*
>> *Reedificação da Ala de S. Pedro do Edifício do Paço das Escolas*
>> *Reitoria/Secretaria Geral/Paço das Escolas*

A Velha Alta Desaparecida, album comemorativo das bodas de prata da Associação dos Antigos Estudantes de Coimbra, Coimbra, Associação dos Antigos Estudantes de Coimbra, ²1991

Biblioteca Geral da Universidade de Coimbra
> Ms 3377/64, 3377/65 e 3377/66.

Biblioteca Medicea Laurenziana (Florença)
> *Med. Palat. 123¹*, fl. 142 bis

Direcção Geral dos Edifícios e Monumentos Nacionais (Lisboa)
> DSID
>> Proc.º nº 3
>> Proc.º nº 243
>> Paços da Universidade, Proc.º C-060325-014(258)
> (Coimbra)
>> Proc. fotográfico Paços da Universidade
>> Paços da Universidade, Proc.º C-060325-014(C3)

MADAHIL, António Gomes da Rocha, *Colecção de Gravuras Portuguezas*, 4ª Série, País-Norte, s.n., s.l., 1948

Museu Nacional de Machado de Castro
> invº D.A. 12; D.A. 28

"Riscos das Obras da Universidade de Coimbra" – o valioso album da Reforma Pombalina, (intr. e not. de FRANCO, Matilde Pessoa de Figueiredo Sousa), Coimbra, Museu Nacional de Machado de Castro, 1983

SILVA, Armando Carneiro da, *Estampas Coimbrãs*, Coimbra, Por Ordem da Câmara, 1967, 2 vol.

FONTES MANUSCRITAS E DACTILOGRAFADAS

Posselt & Zickgraf Archäologisch-geophysikaliche Prospektionen, *Geophysical Survey at "Paço das Escolas" (Universities Courtyard) in P-Coimbra, December 1999*, Final Report, Bad Vilbel, 28.05.2000

CATARINO, Helena, "Coimbra antes e depois de *Madinat Qulumriyya*: uma leitura arqueológica do Pátio da Universidade", (conferência proferida em 06.03.2001 no auditório da Faculdade de Direito de Coimbra no âmbito do colóquio *Os segredos do Paço: construir Univer(sc)idade*, policopiado)

CATARINO, Helena, *Intervenção Arqueológica no Pátio da Universidade de Coimbra (IAPUC)* – relatório de escavações (campanha 1/2000), policopiado, Coimbra, 2001

CATARINO, Helena, *Intervenção Arqueológica no Pátio da Universidade de Coimbra (IAPUC)* – relatório da campanha 2/2001, s.n. [2002]

ARQUIVO DA UNIVERSIDADE DE COIMBRA

CAPOCUC (Comissão Administrativa do Plano das Obras da Cidade Universitária de Coimbra)
> *Faculdade de Direito*, 166, 459A
> *Pátio da Universidade*, 308
> *Reedificação da Ala de S. Pedro do Edifício do Paço das Escolas*, 92
> *Reitoria/Secretaria Geral/Paço das Escolas*, 132, 139, 192A, 666

Pergaminhos
> *Catálogo Gabriel Pereira*
> *Colegiada de São Salvador*

Universidade de Coimbra
> Administração e Contabilidade
>> Despesa – Estabelecimentos Diversos – Documentos de Despesa, 1913
> Agência
>> *Contas dos Agentes da Universidade*, 1593-1614
>> *Despesas feitas pela Agência em Coimbra – obras da Universidade*, 1601-1707
>> *Cadeia – Capela da Cadeia – Obras*, 1645-1880
>> *Capela da Universidade*
>> *Obras*
>> *Conselhos*, vol. 10 (1582-1586)
>> *Escrituras da Universidade*, Liv. 6, 7, 15
>> *Fazenda da Universidade*
>> *Acordãos da Junta da Fazenda*, 1556-1662, 1610-1638, 1638--1672, 1672-1772
>> *Mesa da Fazenda – contas de receita e despesa*, 1697-1698
>> Obras
>>> Documentos Diversos. Biblioteca – obras; Porta Férrea, etc., séc. XVII-XIX

Obras – Documentos Diversos – sécs. XVII-XIX
Obras e outros assuntos – Documentos Diversos, sécs. XVIII-XIX
Provisões da Universidade, tom. 1 e 4
Receita e Despesa da Universidade, 1663-1669, 1669-1677
Registo das Leis, Decretos, Portarias e mais artigos de legislação relativos à Biblioteca da Universidade
Registos das Provisões, tom. 2 e 3
Torre da Universidade
  Relógio, relojoeiro, sinos, 1603-1896

ARQUIVO DE ARTE DA FUNDAÇÃO CALOUSTE GULBENKIAN

Legado Robert Chester Smith
Coimbra – anotações manuscritas e dactilografadas

BIBLIOTECA GERAL DA UNIVERSIDADE DE COIMBRA

Ms 1002 [*Estatutos da Universidade de 1597*] e *2845*

BIBLIOTECA NACIONAL

FIGUEIREDO, António Pereira de, *Memoria sobre a antiga origem da Capela Real dos Senhores Reis de Portugal, até ser elevada em Cathedral Metropolitana, e Patriarcal, pela Bulla Áurea da Santidade de Clemente XI em 1716*, Fundo Geral, Cód. 10982
Universidade de Coimbra – Cartório e Livraria, Colecção Pombalina, nº 95

DIRECÇÃO GERAL DOS EDIFÍCIOS E MONUMENTOS NACIONAIS

(Lisboa)
  Paços da Universidade, Proc.º C-060325-014(258)
(Coimbra)
  Paços da Universidade, Proc.º C-060325-014(C3)

INSTITUTO DOS ARQUIVOS NACIONAIS – TORRE DO TOMBO

Corpo Cronológico
  Parte 1ª, maço 22, doc. 7
  Parte 1ª, maço 72, doc. 115
  Parte 1ª, maço 77, doc. 62
  Parte 2ª, maço 69, doc. 11
  Parte 2ª, maço 70, doc. 85
  Parte 2ª, maço 71, doc.155
  Parte 2ª, maço 73, doc. 10
  Parte 2ª, maço 76, doc. 23
  Parte 2ª, maço 78, doc. 32
  Parte 2ª, maço 82, doc. 82
  Parte 2ª, maço 82, doc. 83
  Parte 2ª, maço 186, doc. 4
Mesa da Consciência e Ordens
  Universidade de Coimbra, Maço 60, doc. nºs 5, 33, 37, 110
Núcleo Antigo
  Almoxarifado de Coimbra
    Liv. 287, *Livro dos direitos del Rei na cidade de Coimbra*

FONTES IMPRESSAS

ABREU, José Maria de, *Legislação Académica desde os Estatutos de 1772 até ao fim do anno de 1850*, Coimbra, Imprensa da Universidade, 1851

ACENHEIRO, "Chronicas dos Senhores Reis de Portugal", *Collecção de inéditos da História Portuguesa*, Lisboa, Por Ordem da Academia Real das Sciencias de Lisboa, Imprensa Nacional, vol. V, 1926

AL-HIMYARI, *Kitab Ar-Rawd Al Mi'tar* (trad. M.ª Pilar MAESTRO GONZÁLEZ), Valencia, 1963

ALMEIDA, Fialho de, *Os Gatos*, vol. 6, Lisboa, Livraria Clássica Editora, ²1911

ALMEIDA, Manuel Lopes de, "*Artes e oficios em documentos da Universidade*", *Arquivo de Bibliografia Portuguesa*, Ano XVI, nº 61-62, Coimbra, 1971

ALMEIDA, Manuel Lopes de, *Artes e oficios em documentos da Universidade*, vol. I, *Século XVII*, Coimbra, 1970

ALMEIDA, Manuel Lopes de, *Documentos da Reforma Pombalina*, Coimbra, Por Ordem da Universidade de Coimbra, col. "Universitatis Conimbrigensis Studia ac Regesta", vol. I (1771-1782), 1937, vol. II (1783-1792), 1979

ALMEIDA, M. Lopes de, (intr. e rev.), PINA, Rui de, *Crónicas de D. Sancho I, D. Afonso II, D. Sancho II, D. Afonso III, D. Dinis, D. Afonso IV, D. Duarte, D. Afonso V, D. João II*, Porto, Lello & Irmão – Editores, 1977

ALMEIDA, M. Lopes de, BASTO, A. de Magalhães (ed. de), LOPES, Fernão, *Crónica de D. João I*, vol. II, Porto, Livraria Civilização, 1946

ÁLVARES, Francisco, *Verdadeira informação das terras do Preste João das Índias*, ÁGUAS, Neves (intr. e not.), Lisboa, Publicações Europa-América, 1989

"Appontamentos para o contracto de venda dos Passos de Coimbra", *Annuario da Universidade de Coimbra no anno lectivo de 1873 a 1874*, Coimbra, Imprensa da Universidade, 1873

ARNAUT, Salvador Dias (intr.), LOPES, Fernão, *Crónica do Senhor Rei Dom Fernando, nono Rei destes Regnos*, Porto, Livraria Civilização, s.d.

As Contas da Universidade de Coimbra (alegação da Junta Administrativa no processo de contas de 1913-1914 pendente do Conselho Superior de Finanças), Coimbra, Coimbra Editora, 1925

Auctarium Chartularii Universitatis Portugalensis, docs. coligidos e publ. por SÁ, A. Moreira de, Lisboa, Instituto de Alta Cultura, 1973-1979, 3 vol.

AZEVEDO, Rui de, *Documentos Medievais Portugueses. Documentos Régios*, Lisboa, Academia Portuguesa da História, 1942--1958, 2 vol.

BASTO, A. de Magalhães (ed. dipl. e prólogo. de), *Crónica de Cinco Reis de Portugal*, Porto, Livraria Civilização, 1945

BASTO, A. de Magalhães, ALMEIDA, M. Lopes de (ed. de), LOPES, Fernão, *Crónica de D. João I*, vol. II, Porto, Livraria Civilização, 1946

BATTELLI, Guido, "Coimbra nelle memorie di viaggio di un principe toscano del Seicento", *Biblos*, IV, Coimbra, 1928

BLUTEAU, D. Raphael, *Vocabulario Portuguez e Latino*, Coimbra, Real Collegio das Artes da Companhia de Jesu, 8 vol. e 2 supl., 1712-1728

BRANDÃO, Mário, *Actas dos Conselhos da Universidade de 1537 a 1557*, vol. I e II, Coimbra, Publicações do Arquivo e Museu de Arte da Universidade, 1941-1969

BRANDÃO, Mário, *Alguns documentos respeitantes à Universidade de Coimbra na época de D. João III*, Coimbra, Biblioteca da Universidade, 1937

BRANDÃO, Mário, *Cartas de Frei Brás de Braga para os Priores do Mosteiro de Santa Cruz de Coimbra*, Coimbra, Imprensa Académica, 1937

BRANDÃO, Mário, *Documentos de D. João III*, Coimbra, Por Ordem da Universidade de Coimbra, 4 vol., 1938-1941

BRANDÃO, Mário, *Livro da Recepta & despesa das Rendas da vniuersidade per manuel leitam q começou per pascoa de 544 annos. Scrjuam manuel tomas*, Coimbra, Publicações do Arquivo e Museu de Arte da Universidade de Coimbra, 1938

BRANDÃO, Mário, *O processo na Inquisição de M.e Diogo de Teive*, Coimbra, 1943

BRANDÃO, Mário, *O processo na Inquisição de Mestre João da Costa*, Coimbra, Publicações do Arquivo e Museu de Arte da Universidade de Coimbra, 1944, 2 vol.

BRANDÃO, Mário (revisão e prefácio de), MORAIS, Inácio de, *Conimbricæ Encomium*, Coimbra, 1938

BRANDÃO, Mário, CRUZ, Maria Lígia Patoilo (rev.), *Actas dos Conselhos da Universidade de 1505 a 1537*, Coimbra, Publicações do Arquivo da Universidade de Coimbra, 1968, 2 vol.

BRITO, A. da Rocha (trad.), MORAIS, Inácio de, *Elogio de Coimbra*, Figueira da Foz, s.n., 1935

CALADO, Adelino de Almeida (ed. crítica, introd. e not.), PEDRO, Infante D., VERBA, Frei João, *Livro da Vertuosa Benfeytoria*, Coimbra, Por Ordem da Universidade, 1994

CAMPOS, Aires de, "Cartas dos Reis e dos Infantes", *O Instituto*, 2ª Série, vol. XXXVI, 1889

CARDOSO, Jorge, *Agiologio Lusitano dos sanctos e varoens illustres em virtude do Reino de Portugal e suas conquistas*, Lisboa, Officina de António Craesbeeck de Mello, 3 tomos, 1652-1666

CARVALHO, Joaquim de, "Memórias dos estudos em que se criaram os monges de S. Jerónimo…", *Boletim da Biblioteca da Universidade de Coimbra*, vol. 6 e 7, Coimbra, 1921

CARVALHO, José Branquinho de (leit. e not.), *Cartas originais dos Reis enviadas à Câmara de Coimbra*, Coimbra, Biblioteca Municipal, 1943

CARVALHO, José Branquinho de (org., leit. e not.), *Livro 2º da Correia*, Coimbra, Biblioteca Municipal, 1958

CASTRO, João Baptista de, *Mappa de Portugal, antigo, e moderno*, Lisboa, Officina Patriarcal de Francisco Luis Ameno, ²1762-1763, 3 vol.

Chancelarias Portuguesas – Chancelaria de D. Afonso IV, Lisboa, Instituto Nacional de Investigação Científica, vol. I, 1990

Chartularium Universitatis Portugalensis, docs. coligidos e publ. por SÁ, A. Moreira de, Lisboa, Instituto de Alta Cultura, 1966--1978, 7 vol..

COELHO, P. M. Laranjo, "Subsídios para a História de Coimbra", *O Instituto*, vol. 100º, Coimbra, 1942

CÓRDOBA, Ben Haián de (m. 469 H. / 1076 J.C.), *Muqtabis II, Anales de los Emires de Córdoba Alhaquém I (180-206 H./ /796-822 J.C.) y Abderramán II (206-232 / 822-847)*, ed.

facsímil de VALLVÉ BERMEJO, Joaquín, Madrid, Real Academia de la Historia, 1999

Corpo Diplomatico Portuguez, contendo os actos e relaçoens politicas e diplomaticas de Portugal com as diversas potencias do mundo, desde o seculo XVI ate aos nossos dias, O, Lisboa, Academia Real das Sciencias, 1862-1910, 16 vol.

COSTA, Avelino de Jesus da (dir. cient.), RODRIGUES, Manuel Augusto (dir. e coord. edit.), *Livro Preto – Cartulário da Sé de Coimbra*, Coimbra, Arquivo da Universidade de Coimbra, 1999

Crónica de Cinco Reis de Portugal (BASTO, A. de Magalhães, ed. dipl. e prólogo. de), Porto, Livraria Civilização, 1945

Crónica Geral de Espanha de 1344 (CINTRA, Luís Filipe Lindley, ed. de), Lisboa, Imprensa Nacional – Casa da Moeda, 1951-1990, 4 vol.

Crónicas dos sete primeiros Reis de Portugal (TAROUCA, Carlos da Silva, ed. de), Lisboa, Academia Portuguesa da História, 1952, 2 vol.

CRUZ, Lígia, *Actas dos Conselhos da Universidade de 1537 a 1557*, vol. III, Coimbra, Publicações do Arquivo da Universidade de Coimbra, 1976

CRUZ, Maria Lígia Patoilo (rev.), BRANDÃO, Mário, *Actas dos Conselhos da Universidade de 1505 a 1537*, Coimbra, Publicações do Arquivo da Universidade de Coimbra, 1968

DAVID, Pierre, SOARES, Torquato de Sousa (ed. crítica org. por), *Liber Anniversariorum Ecclesiæ Cathedralis Colimbriensis (Livro das Kalendas)*, Coimbra, Faculdade de Letras da Universidade de Coimbra, 1947-1948, 2 vol.

Estatutos da Universidade de Coimbra (1559), (LEITE, Serafim, intr. e notas), Coimbra, Por Ordem da Universidade, 1963

Estatutos da Universidade de Coimbra (1653), ed. fac-similada, Coimbra, Por Ordem da Universidade, col. "Acta Universitatis Conimbrigensis", 1987

Estatvtos da Vniversidade de Coimbra, confirmados por el-Rey Dom Phelippe primeiro deste nome, nosso senhor, em o anno de 1591, Coimbra, por António de Barreira, 1593

Estatutos d'el Rei Dom Manuel I (RODRIGUES, Manuel Augusto, intr.), Coimbra, Arquivo da Universidade de Coimbra, 1991

FIGUEIROA, Francisco Carneiro de, *Memorias da Universidade de Coimbra, ordenadas por…* (seguidas de *Catalogo dos Reitores da Universidade de Coimbra*), Coimbra, Por Ordem da Universidade de Coimbra, col. "Universitatis Conimbrigensis Studia ac Regesta", 1937

GALVÃO, Duarte, *Crónica de El-Rei D. Afonso Henriques*, Lisboa, Imprensa Nacional - Casa da Moeda, 1986

GARCIA, Prudêncio Quintino, *Documentos para as biografias dos artistas de Coimbra colligidos por*, Coimbra, 1923

GARCIA, Prudêncio Quintino, *João de Ruão, MD…-MDLXXX. Documentos para a biografia de um artista colligidos por*, Coimbra, Imprensa da Universidade, 1913

GÓIS, Damião de, *Crónica do Felicíssimo Rei D. Manuel*, Coimbra, Por Ordem da Universidade, IV Partes, 1949-1955

HERCULANO, Alexandre, *Apontamentos de Viagem*, Lisboa, Círculo de Leitores, 1987

IBN 'IDARI, *La caída del Califato de Córdoba y los Reyes de Taifas (al-Bayān al-Mugrib)*, MAÍLLO SALGADO, Felipe (estudio, trad. y not.), Salamanca, Universidad de Salamanca, 1993

IDRÎSÎ, *Geografia de España*, Valencia, Anubar Ediciones, col. "Textos Medievales", 37, 1974

LAPA, Rodrigues (pref. e notas), SOUSA, Frei Luís de, *Anais de D. João III*, Lisboa, Sá da Costa, ²1938, 2 vol.

LEAL, Manuel Pereira da Silva, *Discurso apologetico, critico, juridico, e historico… a respeito do Sacro, Pontificio, e Real Collegio de S. Pedro*, Lisboa, 1733

Liber Anniversariorum Ecclesiæ Cathedralis Colimbriensis (Livro das Kalendas), DAVID, Pierre, SOARES, Torquato de Sousa (ed. crítica org. por), Coimbra, Faculdade de Letras da Universidade de Coimbra, 1947-1948, 2 vol.

Livro 2º da Correia, CARVALHO, José Branquinho de (org., leit. e not.), Coimbra, Biblioteca Municipal, 1958

Livro Preto – Cartulário da Sé de Coimbra, RODRIGUES, Manuel Augusto (dir. e coord. edit.), COSTA, Avelino de Jesus da (dir. cient.), Coimbra, Arquivo da Universidade de Coimbra, 1999

Livro Verde da Universidade de Coimbra, RODRIGUES, Manuel Augusto (introd.), VELOSO, Maria Teresa Nobre (transcr.), Coimbra, Arquivo da Universidade de Coimbra, 1992

"Livro Vermelho do Senhor Rey D. Affonso V", SERRA, José Corrêa da, *Collecção de livros ineditos de História Portugueza, dos reinados de D. João I, D. Duarte, D. Affonso V, e D. João II*, vol. III, Lisboa, Academia Real das Sciencias de Lisboa, 1793

LOPES, Fernão, *Crónica de D. João I* (vol. I, SÉRGIO, António, pref. de; vol. II, ALMEIDA, M. Lopes de, BASTO, A.

de Magalhães, ed. de), Porto, Livraria Civilização, 1946, 2 vol.

LOPES, Fernão, *Crónica de D. Pedro I* (PERES, Damião, intr.), Barcelos, Portucalense Editora, 1932

LOPES, Fernão, *Crónica do Senhor Rei Dom Fernando, nono Rei destes Regnos* (ARNAUT, Salvador Dias, intr.), Porto, Livraria Civilização, s.d.

MADAHIL, A. G. da Rocha, "Documentos para o estudo da cidade de Coimbra na Idade Média", *Biblos*, IX, Coimbra, 1933

MAÍLLO SALGADO, Felipe (estudio, trad. y not.), IBN 'IDĀRI, *La caída del Califato de Córdoba y los Reyes de Taifas (al-Bayān al-Mugrib)*, Salamanca, Universidad de Salamanca, 1993

MARIUTTI DE SANCHEZ RIVERO, Angela (ed. e not.), SANCHEZ RIVERO, Angel, *Viaje de Cosme de Médicis por España y Portugal (1668-1669)*, Madrid, Sucessores de Rivadeneyra, s.d.

MÁRTIRES, Frei Temóteo dos, *Crónica de Santa Cruz*, Coimbra, Biblioteca Municipal, 1955, tomo I

MASCARENHAS, D. Jerónimo, "História da Cidade de Coimbra", SILVA, José Pires da (leitura e prefácio de), *Arquivo Coimbrão*, vol. XIV, Coimbra, 1956

"Memórias dos estudos em que se criaram os monges de S. Jerónimo…", CARVALHO, Joaquim de, *Boletim da Biblioteca da Universidade de Coimbra*, vol. 6 e 7, Coimbra, 1921

MENESES, Miguel Pinto de (trad.), SÁ, A. Moreira de (introd. e not.), RESENDE, André de, *Oração de Sapiência (Oratio pro Rostris)*, Lisboa, Instituto de Alta Cultura, 1956

MORAIS, Inácio de, *Elogio de Coimbra* (BRITO, A. da Rocha, trad.), Figueira da Foz, s.n., 1935

MORAIS, Inácio de, *Conimbricæ Encomium*, BRANDÃO, Mário, (revisão e prefácio de), Coimbra, 1938

NOGUEIRA, Pedro Alvares, "Catalogo dos Bispos de Coimbra", *Instituições Christãs*, 2ª série, Coimbra, 1889, nos 4, 5, 6, 7, 8 e 11

ORTIGÃO, Ramalho, "Universidade de Coimbra", *Costumes e Perfis*, Lisboa, Livraria Clássica Editora, 1944

Os Primeiros Estatutos da Universidade de Coimbra (RODRIGUES, Manuel Augusto, intr.), Coimbra, Arquivo da Universidade de Coimbra, 1991

PASCOAES, Teixeira de, "A Minha História", *Terra Proibida, Obras Completas de*, COELHO, Jacinto do Prado (intr. e aparato crítico), Lisboa, Livraria Bertrand, vol. I, s.d. [1966]

PEDRO, Infante D., VERBA, Frei João, *Livro da Vertuosa Benfeytoria*, CALADO, Adelino de Almeida (ed. crítica, introd. e not.), Coimbra, Por Ordem da Universidade, 1994

PERES, Damião (intr.), LOPES, Fernão, *Crónica de D. Pedro I*, Barcelos, Portucalense Editora, 1932

PESSOA, Fernando, *Mensagem*, Lisboa, Assírio & Alvim, 1997

PINA, Rui de, *Crónicas de* [D. Sancho I, D. Afonso II, D. Sancho II, D. Afonso III, D. Dinis, D. Afonso IV, D. Duarte, D. Afonso V, D. João II], (ALMEIDA, M. Lopes de, intr. e rev.), Porto, Lello & Irmão – Editores, 1977

PINTO, Frei Heitor, *As Armas de Coimbra* (*Imagens da Vida Cristã*, Coimbra, Por António de Mariz, 1567)

Portugaliæ Monumenta Historica. Diplomata et Chartæ, Lisboa, Academia Real das Ciências, 1867-1873, 1 vol., 4 fasc.

RESENDE, André de, *Oração de Sapiência (Oratio pro Rostris)*, MENESES, Miguel Pinto de (trad.), SÁ, A. Moreira de (introd. e not.), Lisboa, Instituto de Alta Cultura, 1956

RESENDE, André de, *Vida do Infante D. Duarte*, Lisboa, Academia Real das Sciencias, 1789

RODRIGUES, Manuel Augusto (intr.), *Estatutos d'el Rei Dom Manuel I*, Coimbra, Arquivo da Universidade de Coimbra, 1991

RODRIGUES, Manuel Augusto (intr.), *Os Primeiros Estatutos da Universidade de Coimbra*, Coimbra, Arquivo da Universidade de Coimbra, 1991

RODRIGUES, Manuel Augusto (dir. e coord. edit.), COSTA, Avelino de Jesus da, (dir. cient.), *Livro Preto – Cartulário da Sé de Coimbra*, Coimbra, Arquivo da Universidade de Coimbra, 1999

RODRIGUES, Manuel Augusto (introd.), VELOSO, Maria Teresa Nobre (transcr.), *Livro Verde da Universidade de Coimbra*, Coimbra, Arquivo da Universidade de Coimbra, 1992

ROMÁN, Fr. Hieronimo, *Republicas del Mundo*, Salamanca, en casa de Juan Fernandez, 3 vol., 1595

S. THOMAS, Frei Leão de, *Benedictina Lvsitana*, Coimbra, 1644-1651, 2 tomos

SÁ, A. Moreira de (docs. coligidos e publ. por), *Auctarium Chartularii Universitatis Portugalensis*, Lisboa, Instituto de Alta Cultura, 1973-1979, 3 vol.

SÁ, A. Moreira de (docs. coligidos e publ. por), *Chartularium Universitatis Portugalensis*, Lisboa, Instituto de Alta Cultura, 1966-1978, 7 vol.

SÁ, A. Moreira de (introd. e not.), MENESES, Miguel Pinto de, (trad.), RESENDE, André de, *Oração de Sapiência (Oratio pro Rostris)*, Lisboa, Instituto de Alta Cultura, 1956

SANCHEZ RIVERO, Angel e MARIUTTI DE SANCHEZ RIVERO, Angela (ed. e not.), *Viaje de Cosme de Médicis por España y Portugal (1668-1669)*, Madrid, Sucessores de Rivadeneyra, s.d.

SANTA MARIA, D. Nicolau de, *Chronica da Ordem dos Conegos Regrantes de S. Agostinho*, Lisboa, na Officina de Joam da Costa, 2 vol., 1668

SÉRGIO, António (pref. de), LOPES, Fernão, *Crónica de D. João I*, vol. I, Porto, Livraria Civilização, 1946

SERRA, José Corrêa da, "Livro Vermelho do Senhor Rey D. Affonso V", *Collecção de livros ineditos de História Portugueza, dos reinados de D. João I, D. Duarte, D. Affonso V, e D. João II*, vol. III, Lisboa, Academia Real das Sciencias de Lisboa, 1793

SILVA, Armando Carneiro da, "Documentos do Arquivo Municipal", *Arquivo Coimbrão*, vol. XXV, Coimbra, 1971

SOARES, Torquato de Sousa, DAVID, Pierre (ed. crítica org. por), *Liber Anniversariorum Ecclesiæ Cathedralis Colimbriensis (Livro das Kalendas)*, Coimbra, Faculdade de Letras da Universidade de Coimbra, 1947-1948, 2 vol.

SOUSA, D. António Caetano de, *História Genealógica da Casa Real Portuguesa*, Coimbra, Atlântida Editora, ²1946-1953, 10 vol.

SOUSA, D. António Caetano de, *Provas da História Genealógica da Casa Real Portuguesa*, Coimbra, Atlântida Editora, ²1946--1952, 5 tomos, 10 vol.

SOUSA, Frei Luís de, *Anais de D. João III*, LAPA, Rodrigues (pref. e notas), Lisboa, Sá da Costa, ²1938, 2 vol.

TAROUCA, Carlos da Silva (ed. do texto inédito do cód. Cadaval 965), *Crónica de D. Dinis*, Coimbra, Universidade de Coimbra, 1947

TAROUCA, Carlos da Silva (ed. de), *Crónicas dos sete primeiros Reis de Portugal*, Lisboa, Academia Portuguesa da História, 1952, 2 vol.

TEIXEIRA, António José, *Documentos para a História dos Jesuítas em Portugal*, Coimbra, Imprensa da Universidade, 1899

TORGA, Miguel, "Coimbra", *Portugal*, Coimbra, s.n., ⁵1986

VALLVÉ BERMEJO, Joaquín, ed. facsímil de, CÓRDOBA, Ben Haián de (m. 469 H. / 1076 J.C.), *Muqtabis II, Anales de los Emires de Córdoba Alhaquém I (180-206 H. / 796-822 J.C.) y Abderramán II (206-232 / 822-847)*, Madrid, Real Academia de la Historia, 1999

VELOSO, Maria Teresa Nobre (transcr.), RODRIGUES, Manuel Augusto (introd.), *Livro Verde da Universidade de Coimbra*, Coimbra, Arquivo da Universidade de Coimbra, 1992

VENTURA, Leontina (intr.), FARIA, Ana Santiago (transcr.), *Livro Santo de Santa Cruz, cartulário do séc. XII*, Coimbra, Instituto Nacional de Investigação Científica-Centro de História da Sociedade e da Cultura da Universidade de Coimbra, 1990

VERBA, Frei João, PEDRO, Infante D., *Livro da Vertuosa Benfeytoria*, CALADO, Adelino de Almeida (ed. crítica, introd. e not.), Coimbra, Por Ordem da Universidade, 1994

VITERBO, Sousa, *O Mosteiro de Santa Cruz de Coimbra. Anotações e documentos*, Coimbra, Imprensa da Universidade, ²1914

ZURARA, Gomes Eanes de, *Crónica da Tomada de Ceuta*, Lisboa, Publicações Europa-América, 1992

OBRAS DE CONSULTA

'ABD AL-KARIM, Gamal, "La España Musulmana en la obra de Yaqut (s. XII-XIII)", *Cuadernos de Historia del Islam*, 6, Granada, 1974

ABREU, José Maria de, "Breve noticia do modo como foram recebidos pela Universidade de Coimbra os Sñrs. Reis D. João III, e D. Sebastião, quando a ella vieram nos annos de 1550 e 1570", *O Instituto*, I, Coimbra, 1853

ABREU, José Maria de, "Memórias Históricas da Universidade de Coimbra", *O Instituto*, I, Coimbra, 1853, II, Coimbra, 1854

ABREU, Susana Matos, *A Docta Pietas ou a arquitectura do Mosteiro de S. Salvador, também chamado de Santo Agostinho da Serra (1537-1692). Conteúdos, formas, métodos conceptuais*, dissertação de mestrado em História da Arte em Portugal, Porto, Faculdade de Letras da Universidade do Porto, 1999, policopiada

ACIÉN ALMANSA, Manuel, "Los Rebeldes del Tagr", (vv. aa.), s.l., *El Islam y la Cataluña*, Lunwerg Editores, 1998

ALARCÃO, Jorge, "A cidade romana em Portugal. A formação de 'lugares centrais' em Portugal, da idade do Ferro à Romanização", *Cidades e História*, Lisboa, Fundação Calouste Gulbenkian, 1987

ALARCÃO, Jorge, "A cidade romana em Portugal. Renovação urbana em Portugal na época romana", *Cidades e História*, Lisboa, Fundação Calouste Gulbenkian, 1987

ALARCÃO, Jorge, "A evolução urbanística de Coimbra: das origens a 1940", *Cadernos de Geografia*, nº especial (Actas do I Colóquio de Geografia de Coimbra), Coimbra, 1999

ALARCÃO, Jorge, "Arquitectura Romana", *História da Arte em Portugal*, vol. 1, *Do Paleolítico à Arte Visigótica*, Lisboa, Alfa, 1986

ALARCÃO, Jorge, "As Origens de Coimbra", *Actas das I Jornadas do Grupo de Arqueologia e Arte do Centro*, Coimbra, 1979

ALARCÃO, Jorge, *Portugal Romano*, Lisboa, Editorial Verbo, 1974

ALBUQUERQUE, Martim de, *A Consciência Nacional Portuguesa. Ensaio de História das Ideias Políticas*, vol. I, Lisboa, s.n., 1974

ALBUQUERQUE, Martim de, "Uma grande jóia: S. Miguel cavaleiro de Cristo. Ideologia e arte", *Oceanos*, nº 21, Lisboa, Comissão Nacional para as Comemorações dos Descobrimentos Portugueses, Janeiro /Março, 1995

ALCÂNTARA, Fernanda, XAVIER, João Pedro, "O Mosteiro de S. Salvador da Serra como *Imago Mundi*", *Monumentos*, 9, Lisboa, Setembro/1998

ALMAGRO, Antonio, "La imagen de la Aljafería a través del tiempo. Evolución morfologica", CABAÑERO SUBIZA, Barnabé, BELTRÁN MARTINEZ, António, BORRÁS GUALIS, Gonzalo (coord.), *La Aljafería*, vol. II, Zaragoza, Cortes de Aragón, 1998

ALMAGRO GORBEA, António, *El palacio omeya de Amman*, I, *La Arquitectura*, Madrid, Instituto Hispano-Árabe de Cultura, 1983

ALMEIDA, Carlos Alberto Ferreira de, "Castelos e cercas medievais. Séculos X a XIII", MOREIRA, Rafael (dir.), *História das Fortificações Portuguesas no Mundo*, Lisboa, Alfa, 1989

ALMEIDA, Carlos Alberto Ferreira de, *História da Arte em Portugal*, vol. 2, *Arte da Alta Idade Média*, Lisboa, Alfa, 1986

ALMEIDA, Carlos Alberto Ferreira de, "Implantação do românico. Arquitectura militar e civil", *História da Arte em Portugal*, vol. 3, *O Românico*, Lisboa, Alfa, 1986

ALMEIDA, Carlos Alberto Ferreira de, "Urbanismo da Alta Idade Média em Portugal. Alguns aspectos e os seus muitos problemas", *Cidades e História*, Lisboa, Fundação Calouste Gulbenkian, 1987

ALMEIDA, Carlos Alberto Ferreira de, BARROCA, Mário Jorge, *História da Arte em Portugal*, vol. 2, *O Gótico*, Lisboa, Editorial Presença, 2002

ALMEIDA, Fortunato de, *História da Igreja em Portugal*, Porto-Lisboa, Livraria Civilização, 1967-1971, 4 vol.

ALMEIDA, M. Lopes d', BRANDÃO, Mário, *A Universidade de Coimbra. Esbôço da sua história*, Coimbra, Por Ordem da Universidade, 1937

"Alocução do Reitor da Universidade", *Anuário da Universidade de Coimbra. Ano lectivo de 1912-1913*, Coimbra, Imprensa da Universidade, 1913

ALVES, Adalberto, "Introdução", PEREZ, Rosa Maria (coord. de), *Memórias Árabo-Islâmicas em Portugal*, Lisboa, Comissão Nacional para as Comemorações dos Descobrimentos Portugueses, 1997, Cat.

ALVES, Ana Maria, *As entradas régias portuguesas – uma visão de conjunto*, Lisboa, Livros Horizonte, s. d.

ALVES, Ana Maria, *Iconologia do poder real no período manuelino. À procura de uma linguagem perdida*, Lisboa, Imprensa Nacional – Casa da Moeda, col. "Temas Portugueses", 1985

AMORIM, Francisco Gomes de, *Garrett, memorias biographicas*, Lisboa, Imprensa Nacional, 3 vol., 1881-1884

ANACLETO, Regina, "O arquitecto José do Couto em terras da Beira", *II Congresso Internacional do Barroco*, Actas, Porto, Faculdade de Letras da Universidade do Porto, 2001 (no prelo)

ANACLETO, Regina, POLICARPO, Isabel, "O arquitecto Silva Pinto e a Universidade de Coimbra", *Universidade(s). História, memória, perspectivas*, Actas, Coimbra, 1991, vol. 2

ANDRADE, António Alberto Banha de, *Verney e a filosofia portuguesa*, Braga, Livraria Cruz, 1946

ANFREU MEDIERO, Esther, "Avance en el conocimiento del sector noroccidental de los recintos fortificados de la ciudad de Madrid", FERNANDES, Isabel Cristina Ferreira (coord.), *Mil anos de fortificações na Península Ibérica e no Magreb (500-1500)*, Actas do Simpósio Internacional sobre Castelos, Lisboa, Edições Colibri – Câmara Municipal de Palmela, 2002

ANTUNES, José, "Teologia", (vv. aa.), *História da Universidade em Portugal*, vol. I (1290-1536), Coimbra-Lisboa, Universidade de Coimbra - Fundação Calouste Gulbenkian, 1997

ARAÚJO, Ana Cristina, "Hagiografia política e cerimoniais de Estado no tempo de D. Manuel I", *3º Congresso Histórico de Guimarães*, Actas, Guimarães, 2002 (no prelo)

ARAÚJO, Ana Cristina, "Ritualidade e poder na Corte de D. João V. A génese simbólica do regalismo político", *Revista de História das Ideias*, "O Estado e a Igreja", Homenagem a José Antunes, vol. 22, Coimbra, 2001

ARAÚJO, Ana Cristina Bartolomeu de, "As horas e os dias da Universidade", *Universidade(s). História, memória, perspectivas*, Actas, Coimbra, 1991, vol. 3

ARAÚJO, Luís Manuel de, "Os Muçulmanos no Ocidente Peninsular", SARAIVA, José Hermano (dir.), *História de Portugal*, vol. I, Lisboa, Alfa, 1983

ARIÉ, Rachel, "España Musulmana (siglos VIII-XV)", TUÑÓN DE LARA, Manuel (dir.), *Historia de España*, tomo III, Barcelona, Ed. Labor, 1983

ARNAUT, Salvador Dias, "O Infante D. Pedro, Senhor de Penela", *Biblos*, vol. LXIX, *Actas do Congresso Comemorativo do 6º Centenário do Infante D. Pedro*, Coimbra, 1993

ARNAUT, Salvador Dias, DIAS, Pedro, *Penela. História e Arte*, Penela, s.n., 1983

"Arquivo da Universidade", *Gazeta de Coimbra*, Ano III, nº 244, Coimbra (12.11.1913)

AVRIL, François, "Interprétations symboliques du combat de Saint Michel et du Dragon", BAUDOT, Marcel (dir.), *Millénaire Monastique du Mont Saint-Michel*, III, Paris, P. Lethielleux Editeur, "Bibliothèque d'Histoire et d'Archéologie Chrétiennes, 1971

AZEVEDO, A., *Paço dos Duques – Guimarães*, Guimarães, s.n., 1964

AZEVEDO, Rui de, "A chancelaria régia portuguesa nos séculos XII e XIII, linhas gerais da sua evolução, Parte I, Diplomas de D. Afonso Henriques", *Revista da Universidade de Coimbra*, vol. XIV, Coimbra, 1938, Sep.

AZEVEDO, Rui de, "A expedição de Almançor a Santiago de Compostela em 997, e a de piratas normandos à Galiza em 1015-16", *Revista Portuguesa de História*, tomo XIV, Coimbra, 1974

AZEVEDO, Rui de, "Coimbra sob a ameaça de assédio na invasão sarracena de 1190", *O Instituto*, vol. 88, Coimbra, 1935 (reed. *Coimbra. Collectânea de estudos in-memoriam do Dr. Augusto Mendes Simões de Castro*, Coimbra, Instituto de Coimbra, 1943)

AZEVEDO, Rui de, *O Mosteiro de Lorvão na Reconquista Cristã*, Coimbra, 1933

AZEVEDO, Rui de, "Período de formação territorial: expansão pela conquista e sua consolidação pelo povoamento. As terras doadas. Agentes colonizadores", BAIÃO, António, CIDADE, Hernâni, MÚRIAS, Manuel, (dir.), *História da Expansão Portuguesa no Mundo*, Lisboa, Editorial Ática, vol. I, 1937

BALANDIER, George, *O Poder em Cena*, Coimbra, Minerva, 1999

BANDEIRA, Ana Maria Leitão, "A organização arquivística do Cartório (sécs. XVIII-XIX)", *Boletim do Arquivo da Universidade de Coimbra*, vol. XVII-XVIII, Coimbra, 1997-1998

BANDEIRA, Ana Maria Leitão, "Um registo paroquial desconhecido do século XVI: caderno de assento de baptismos da Igreja de S. João de Almedina de Coimbra (1520-1537)", *Boletim do Arquivo da Universidade de Coimbra*, vol. XIII-XIV, Coimbra, 1993-1994

BANDEIRA, José Ramos, *Universidade de Coimbra, edifícios do corpo central e Casa dos Melos*, Coimbra, 2 vols., 1943-47

BARBEITO, José Manuel, *El Alcázar de Madrid*, Madrid, Colégio Oficial de Arquitectos de Madrid, 1992

BARBEITO DÍEZ, José Manuel, "El Alcázar de Madrid", (vv. aa.), *Palacios Reales en España. Historia y arquitectura de la magnificencia*, Madrid, Fundación Argentaria, col. "Debates sobre Arte", 1996

BARROCA, Mário, "Do castelo da Reconquista ao castelo românico (séc. IX a XII)", *Portugália*, Nova Série, vol. XI-XII, Comissão Portuguesa de História Militar, Lisboa, 1994

BARROCA, Mário Jorge, "Torres, Casas-Torres ou Casas-Fortes. A concepção do espaço de habitação da pequena e média nobreza na Baixa Idade Média (sécs. XII-XV)", *Revista de História das Ideias*, 19, *A Cultura da Nobreza*, Coimbra, 1998

BARROCA, Mário Jorge, ALMEIDA, Carlos Alberto Ferreira de, *História da Arte em Portugal*, vol. 2, *O Gótico*, Lisboa, Editorial Presença, 2002

BASTO, Artur de Magalhães, *Apontamentos para um dicionário de artistas e artífices que trabalharam no Porto do século XV ao século XVIII*, Porto, Câmara Municipal do Porto, [1964]

BATAILLON, M., "Sur André de Gouvea, principal du Collège de Guyenne", *Revue Historique de Bordeaux et du Département de la Gironde*, tome XXI, Bordeaux, 1928

BAUDOT, Marcel, "Culte de Saint-Michel et pèlerinages au Mont", BAUDOT, Marcel (dir.), *Millénaire Monastique du Mont Saint-Michel*, III, Paris, P. Lethielleux Editeur, "Bibliothèque d'Histoire et d'Archéologie Chrétiennes, 1971

BAZZANA, André, "Éléments de castellologie médiévale dans al-Andalus: morphologie et fonctions du château (XIᵉ-XIIIᵉ siècles)", FERNANDES, Isabel Cristina Ferreira (coord.), *Mil anos de fortificações na Península Ibérica e no Magreb (500--1500)*, Actas do Simpósio Internacional sobre Castelos, Lisboa, Edições Colibri – Câmara Municipal de Palmela, 2002

BARNARDINO, Sandra Virgínia Pereira Gonçalves, *Sancius Secundus Rex Portugalensis. A chancelaria de D. Sancho II (1223--1248)*, dissertação de mestrado em História da Idade Média, Coimbra, 2003

BILLOT, Claudine, "Les Saintes-Chapelles (XIIIᵉ-XVIᵉ siècles). Approche comparée de fondations dynastiques", *Révue d'Histoire de l'Église de France*, nº 73, Paris, 1987

BINOUS, Jamila, HAWARI, Mahamoud, MARÍN, Manuela, ÖNEY, Gönül, "A arte islâmica no Mediterrâneo", *A Arte Mudéjar. A estética islâmica na arte cristã*, Lisboa, Civilização Editora, 2000, Cat.

BLANCO LOZANO, Pilar, "La intervención de Fernando I en la zona galaico-portuguesa", *IX Centenário da Dedicação da Sé de Braga*, Congresso Internacional, Actas, vol. I, Braga, Universidade Católica Portuguesa/Faculdade de Teologia-Braga – Cabido Metropolitano e Primacial de Braga, 1990

BORGES, Nelson Correia, "Alguns aspectos da segunda época de João de Ruão", *A Introdução da Renascença na Península Ibérica*, IV Centenário da Morte de João de Ruão, Coimbra, Epartur, 1981

BORGES, Nelson Correia, *Arte monástica em Lorvão, sombras e realidade*, I, "Das origens a 1737", Fundação Calouste Gulbenkian – Fundação para a Ciência e a Tecnologia – Ministério da Ciência e da Tecnologia, Lisboa, [2002], 2 vol.

BORGES, Nelson Correia, *João de Ruão, escultor da Renascença Coimbrã*, Coimbra, Instituto de História da Arte, Faculdade de Letras da Universidade de Coimbra, 1980

BORGES, Nelson Correia, "Revisitar João de Ruão: a tumulária de Góis e Trofa do Vouga", *Munda*, n.ᵒˢ 45/46, Coimbra, Novembro/2003

BORRAS GUALÍS, Gonzalo, "El arte hispanomusulmán. Estado de la cuestión", *Anuario del Departamento de Historia y Teoría del Arte*, III, Madrid, Universidad Autónoma de Madrid, 1991

BORRAS GUALÍS, Gonzalo M., "Introdução histórica e artística", *A Arte Mudéjar. A estética islâmica na arte cristã*, Lisboa, Civilização Editora, 2000, Cat.

BOTELHO, Bernardo de Brito, *História Breve de Coimbra, sua fundação, armas, igrejas, colégios, conventos e universidade*, Lisboa, Imprensa Nacional, ²1873

BOUDON, Françoise, CHATENET, Monique, "Le logis du Roi de France au XVIᵉ siècle", *Architecture et vie sociale – l'organisation intérieure des grandes demeures à la fin du Moyen Âge et à la Renaissance*, Actes du Colloque, Paris, Picard, 1994

BRAGA, Paulo Drumond, *D. João III*, Lisboa, Hugin Editores, 2002

BRAGA, Teófilo, *Gil Vicente e as origens do theatro nacional*, Porto, Livraria Chardron, 1898

BRAGA, Teófilo, *História da Universidade de Coimbra nas suas relações com a instrucção publica portugueza*, Lisboa, Academia Real das Sciencias, 1892-1902, 4 vol.

BRANDÃO, Margarida, *O Colégio de S. Paulo*, Coimbra, 1973, vol. I

BRANDÃO, Mário, *A Inquisição e os Professores do Colégio das Artes*, Coimbra, Por Ordem da Universidade, col. "Acta Universitatis Conimbrigensis", 1948-1969, 2 vol.

BRANDÃO, Mário, "A Livraria do P.ᵉ Francisco Suárez", *Escritos Vários*, Coimbra, Acta Universitatis Conimbrigensis, vol. I, 1972

BRANDÃO, Mário, *Coimbra e D. António I, Rei de Portugal*, Coimbra, Arquivo e Museu de Arte da Universidade, 1939-1947, 2 vol.

BRANDÃO, Mário, *D. Lopo de Almeida e a Universidade*, Coimbra, Por Ordem da Universidade, 1990

BRANDÃO, Mário, "Nota ao estudo 'A Livraria do P.ᵉ Francisco Suárez", *Escritos Vários*, Coimbra, Acta Universitatis Conimbrigensis, vol. II, 1974

BRANDÃO, Mário, *O Colégio das Artes*, Coimbra, Imprensa da Universidade, 1924-1933, 2 vol.

BRANDÃO, Mário, ALMEIDA, M. Lopes d', *A Universidade de Coimbra. Esbôço da sua história*, Coimbra, Por Ordem da Universidade, 1937

BRANDI, Cesare, *Struttura e Architettura*, Torino, Giulio Einaudi Editore, ³1975

"Breve noticia do Paço e edificio das Escholas da Universidade de Coimbra", *Annuario da Universidade de Coimbra no anno lectivo de 1867 para 1868*, Coimbra, Imprensa da Universidade, 1867

BRITO, A. da Rocha, *O primeiro dia d'aula, a primeira casa, o primeiro lente, o primeiro livro, os primeiros alunos, as primeiras sebentas, o primeiro bacharel, o primeiro concurso, o primeiro licenciado, o primeiro doutor, o primeiro boticário, o primeiro sangrador, o primeiro bedel da Faculdade de Medicina, desde a última transferência da Universidade para Coimbra*, Coimbra, Biblioteca Geral da Universidade, "Cursos e Conferências da Extensão Universitária", 1935

BROCHADO, I. da Costa, "Tentativas de canonização de D. Afonso Henriques", *Anais da Academia Portuguesa da História*, Série II, vol. 8, Lisboa, 1959

BUJARD, Jacques, "Palais et châteaux omeyyades de Jordanie. Mchatta, Umm al-Walid et Khan al-Zabib", *Archéologie Suisse*, Bulletin de la Societé Suisse de Pré-Histoire et d'Archéologie, nº 25, Fribourg, 2002/03

CABALLERO ZOREDA, Luís, "Método para el análisis estratigráfico de construcciones históricas o 'Lectura de Paramentos'", *Informes de la Construcción*, vol. 46, nº 435, Madrid, Consejo Superior de Investigaciones Científicas, Janeiro/Fevereiro 1995

CABALLERO ZOREDA, Luís (et. al.), "Las murallas de Madrid. Excavaciones y estudios arqueológicos (1972--1982)", *Estudios de Prehistoria y Arqueologia Madrileñas*, Madrid, 1983

CABALLERO ZOREDA, Luis, LATORRE GONZÁLEZ--MORO, Pablo, "La importancia del análisis estratigráfico de las construcciones históricas en el dabate sobre la restauración monumental", *Informes de la Construcción*, vol. 46, nº 435, Madrid, Consejo Superior de Investigaciones Científicas, Janeiro/Fevereiro 1995

CABALLERO ZOREDA, Luís, SAÉZ LARA, Fernando, (coord.), "La iglesia mozárabe de Santa Lucía del Trampal, Alcuéscar (Cáceres). Arqueología y arquitectura", *Memorias de Arqueologia Extremenha* (MARQEX), 2, Mérida, 1999

CABAÑERO SUBIZA, Barnabé, "El palacio musulman. Descripción artística", CABAÑERO SUBIZA, Barnabé, BELTRÁN MARTINEZ, António, BORRÁS GUALIS, Gonzalo, (coord.), *La Aljafería*, vol. I, Zaragoza, Cortes de Aragón, 1998

CABAÑERO SUBIZA, Barnabé, "El simbolismo del palacio hudí", CABAÑERO SUBIZA, Barnabé, BELTRÁN MARTINEZ, António, BORRÁS GUALIS, Gonzalo, (coord.), *La Aljafería*, vol. II, Zaragoza, Cortes de Aragón, 1998.

CAETANO, José Carlos, FRADE, Helena, "O Pátio da Inquisição (Coimbra). Notas histórico-arqueológicas", *Encontro de Arqueologia Urbana*, Braga, 1994, Sep.

CAETANO, Marcello, "As Cortes de 1385", *Revista Portuguesa de História*, V, *Homenagem a Gama Barros*, Coimbra, 1951

CALDAS, João Vieira, "O mundo erudito e o mundo vernáculo nas quintas viradas ao Tejo", *V Colóquio Luso-Brasileiro de História da Arte, A Arte no Mundo Português nos séculos XVI, XVII e XVIII*, Actas, Faro, Universidade do Algarve, 2002

CALDAS, João Vieira, "O Palácio de Belém na arquitectura da sua época", *Monumentos*, nº 4, Março/1996

CAMPOS, Aires de, "Catálogo dos objectos existentes no Museu de Archeologia do Instituto de Coimbra", *O Instituto*, XXI, Coimbra, 1875 (publ., Coimbra, Imprensa Litteraria, 1877)

CARITA, Helder, *Lisboa manuelina e a formação de modelos urbanísticos da época moderna (1495-1521)*, Lisboa, Livros Horizonte, 1999

CARITA, Rui, "Os engenheiros-mores na gestão do Império: a Provedoria das Obras nos meados do século XVI", *Actas do Colóquio Internacional Universo Urbanístico Português, 1415--1822*, Lisboa, Comissão Nacional para as Comemorações dos Descobrimentos Portugueses, 2001

CARVALHO, Amadeu Ferraz de, *Toponímia de Coimbra e arredores (contribuição para o seu estudo)*, Coimbra, Imprensa da Universidade, 1934

CARVALHO, António Rafael, FERNANDES, Isabel Cristina F., "A porta muçulmana do Castelo de Veiros", *Arqueologia Medieval*, 5, Campo Arqueológico de Mértola, Porto, Afrontamento, 1997

CARVALHO, F. A. Martins de, *Portas e Arcos de Coimbra*, Coimbra, Edição da Biblioteca Municipal, 1942

CARVALHO, J. M. Teixeira de, *A Universidade de Coimbra no século XVI*, Coimbra, Imprensa da Universidade, 1922

CARVALHO, J. M. Teixeira de, *Bric-à-Brac*, Porto, Livraria Fernando Machado, 1926

CARVALHO, J. M. Teixeira de, "João de Ruão", pref. a GARCIA, Prudêncio Quintino, *João de Ruão, MD...-MDLXXX. Documentos para a biografia de um artista colligidos por*, Coimbra, Imprensa da Universidade, 1913

CARVALHO, [J. M.] Teixeira de, *João de Ruão e Diogo de Castilho. Notas à margem de um compromisso raro. MDXLV-MDLXX*, Coimbra, Imprensa da Universidade, 1921

CARVALHO, [J. M.] Teixeira de, "Pedro de Mariz e a Livraria da Universidade de Coimbra", *Boletim Bibliográfico da Biblioteca da Universidade de Coimbra*, vol. I, Coimbra, 1914

CARVALHO, João Manuel Saraiva de, "O Arquivo da Universidade como departamento autónomo até 1947", *Boletim do Arquivo da Universidade de Coimbra*, XVII-XVIII, Coimbra, 1997-1998

CARVALHO, Joaquim de, "A actividade científica da Universidade de Coimbra na Renascença", *Obra Completa*, vol. II, *História da Cultura (1922-1948)*, Lisboa, Fundação Calouste Gulbenkian, 1984

CARVALHO, Joaquim de, "A Livraria de um letrado do século XVI – Fr. Diogo de Murça", *Obra Completa*, vol. II, *História da Cultura (1922-1948)*, Lisboa, Fundação Calouste Gulbenkian, 1984

CARVALHO, Joaquim de, "Instituições de Cultura (séculos XIV-XVI)", *Obra Completa*, vol. VI, *História das Instituições e Pensamento Político (1930-c.1957)*, Lisboa, Fundação Calouste Gulbenkian, 1991

CARVALHO, José Alberto Seabra, *Gregório Lopes*, Lisboa, Círculo de Leitores, 1999

CARVALHO, José Branquinho de, "Coimbra Quinhentista. Evocação de um século de grandezas e misérias", *Arquivo Coimbrão*, X, Coimbra, 1948, Sep.

CARVALHO, Pedro C., *O Forum de Æminium*, Porto, Instituto Português de Museus, 1998

CARVALHO, Sérgio Luís, *Cidades Medievais Portuguesas. Uma introdução ao seu estudo*, Lisboa, Livros Horizonte, col. "Perspectivas Históricas", 2, 1989

CASTRO, Aníbal Pinto de, "A Livraria da Universidade", (vv. aa.), *História da Universidade em Portugal*, vol. II (1537-1771), Coimbra-Lisboa, Universidade de Coimbra-Fundação Calouste Gulbenkian, 1997

CASTRO, Aníbal Pinto de, "Menagem ao Conde Sesnando", *Alta de Coimbra. Que futuro para o passado?*, Actas, Coimbra, GAAC – Grupo de Arqueologia e Arte do Centro, 1995

CASTRO, Aníbal Pinto de, MONTEIRO, João Gouveia, DIAS, Pedro, *O Reencontro de D. Pedro e D. Inês*, Coimbra, Associação para o Desenvolvimento do Turismo da Região Centro, 1999

CASTRO, Augusto Mendes Simões de, *Guia histórico do viajante em Coimbra e arredores*, Coimbra, Imprensa Académica, ²1880

CASTRO, Augusto Mendes Simões de, "Vinda de El-Rei D. João 3º a Coimbra no ano de 1550", *Boletim Bibliográfico da Biblioteca da Universidade de Coimbra*, vol. I, Coimbra, 1914

CASTRO, Eugénio de, *Guia de Coimbra*, Coimbra, F. França Amado – Editor, s.d.

CATARINO, Helena, "Arqueologia do período islâmico em Portugal: breve perspectiva", *O Arqueólogo Português*, Série IV, 13/15, Lisboa, 1995-1997, Sep.

CATARINO, Helena, "Castelos e território omíada na *kura* de Ocsonoba", FERNANDES, Isabel Cristina Ferreira (coord.), *Mil anos de fortificações na Península Ibérica e no Magreb (500-1500)*, Actas do Simpósio Internacional sobre Castelos, Lisboa, Edições Colibri – Câmara Municipal de Palmela, 2002

CATARINO, Helena, "Fortificações da serra algarvia", *Portugal Islâmico. Os últimos sinais do Mediterrâneo*, Lisboa, Museu Nacional de Arqueologia, 1998, Cat.

CATARINO, Helena, "Intervenção arqueológica no Pátio da Universidade de Coimbra: notícia dos resultados preliminares", *Informação Universitária*, nº 11, Coimbra, Reitoria da Universidade, Jan.-Fev.-Mar., 2001

CATARINO, Helena, "O Algarve Oriental durante a ocupação islâmica, povoamento rural e recintos fortificados" *Al-'Ulya, Revista do Arquivo Histórico Municipal de Loulé*, nº 6, vol. I, II e III, Loulé, 1997-98

CATARINO, Helena, FILIPE, Sónia, "Segunda campanha de escavações no Pátio da Universidade de Coimbra: ponto da situação", *Informação Universitária*, nº 13, Coimbra, Reitoria da Universidade, Jul.-Ag.-Set., 2001

CHATENET, Monique, "Le logis de François Ier au Louvre", *Revue de l'Art*, nº 97, Paris, Centre National de la Recherche Scientifique, 1992

CHATENET, Monique, BOUDON, Françoise, "Le logis du Roi de France au XVIe siècle", *Architecture et vie sociale – l'organisation intérieure des grandes demeures à la fin du Moyen Âge et à la Renaissance*, Actes du Colloque, Paris, Picard, 1994

CHECA CREMADES, Fernando, *Carlos V. La imagen del poder en el Renacimiento*, Madrid, Ediciones El Viso, 1999

CHUECA GOITIA, Fernando, *Arquitectura muçulmana peninsular e sua influência na arquitectura cristã*, Lisboa, Fundação Calouste Gulbenkian, 1962, Cat.

CHUECA GOITIA, Fernando, *Historia de la Arquitectura Occidental*, vol. 1, *De Grecia al Islam*, Madrid, Seminarios y Ediciones, S.A., 1974

CIDADE, Hernâni, *Lições de cultura e literatura portuguesas*, Coimbra, Coimbra Editora, ⁷1984, 2 vol.

COELHO, António Borges, "O domínio germânico e muçulmano", MOITA, Irisalva (coord.), *O Livro de Lisboa*, Lisboa, Livros Horizonte, 1994

COELHO, António Borges, *Portugal na Espanha Árabe*, Lisboa, Caminho, col. "Universitária", ²1989, 2 vol.

COELHO, Catarina, "O Castelo dos Mouros (Sintra)", FERNANDES, Isabel Cristina Ferreira (coord.), *Mil anos de fortificações na Península Ibérica e no Magreb (500-1500)*, Actas do Simpósio Internacional sobre Castelos, Lisboa, Edições Colibri – Câmara Municipal de Palmela, 2002

COELHO, Maria Helena da Cruz, "Coimbra Trecentista. A Cidade e o Estudo", *Biblos*, LXVIII, Coimbra, 1992

COELHO, Maria Helena da Cruz, "Condições materiais de funcionamento. As finanças", (vv. aa.), *História da Universidade em Portugal*, vol. I (1290-1536), Coimbra-Lisboa, Universidade de Coimbra-Fundação Calouste Gulbenkian, 1997

COELHO, Maria Helena da Cruz, *Homens, Espaços e Poderes. Séculos XI-XVI*, Lisboa, Livros Horizonte, 1990, 2 vol.

COELHO, Maria Helena da Cruz, *O Baixo Mondego nos finais da Idade Média (estudo de história rural)*, Coimbra, 1983, 2 vol.

COELHO, Maria Helena da Cruz, "O Infante D. Pedro, Duque de Coimbra", *Biblos*, vol. LXIX, Actas do Congresso Comemorativo do 6º Centenário do Infante D. Pedro, Coimbra, 1993

COELHO, Maria Helena da Cruz, SANTOS, Maria José Azevedo, "Contenda entre a Universidade e o Mosteiro de Santa Cruz na segunda metade do século XVI", *Universidade(s), história, memória, perspectivas*, Actas, Coimbra, 1991, vol. 3

CONTAMINE, Philippe, "Os arranjos do espaço privado", ARIÈS, Philippe, DUBY, Georges, (dir.), *História da Vida Privada*, 2, *Da Europa Feudal ao Renascimento*, Lisboa, Círculo de Leitores, 1990

CORREIA, António, *Toponímia Coimbrã*, Coimbra, Biblioteca Municipal, 1952, 2 vol. [Sep. de *Arquivo Coimbrão*, vols. VIII e IX]

CORREIA, Fernando Branco, "Fortificações islâmicas do Gharb", *Portugal Islâmico. Os últimos sinais do Mediterrâneo*, Lisboa, Museu Nacional de Arqueologia, 1998, Cat.

CORREIA, Fernando Branco, "O sistema defensivo da Elvas islâmica", FERNANDES, Isabel Cristina Ferreira (coord.), *Mil anos de fortificações na Península Ibérica e no Magreb (500-1500)*, Actas do Simpósio Internacional sobre Castelos, Lisboa, Edições Colibri – Câmara Municipal de Palmela, 2002

CORREIA, Vergílio, "A arquitectura em Coimbra", *Obras*, vol. I, *Coimbra*, Por Ordem da Universidade, Coimbra, 1946

CORREIA, Vergílio, "A arte: o século XV", PERES, Damião, (dir.), *História de Portugal*, ed. mon. com. do 8º centenário da Fundação da Nacionalidade, vol. IV, Barcelos, Portucalense Editora, 1932

CORREIA, Vergílio, "Arte Visigótica", PERES, Damião, (dir.), *História de Portugal*, ed. mon. com. do 8º centenário da Fundação da Nacionalidade, vol. I, Barcelos, Portucalense Editora, 1932

CORREIA, Vergílio, "Caixa de surpresas", *Obras*, vol. I, *Coimbra*, Por Ordem da Universidade, Coimbra, 1946

CORREIA, Vergílio, "Cidade Universitária", *Obras*, vol. I, *Coimbra*, Por Ordem da Universidade, Coimbra, 1946

CORREIA, Vergílio, "Coimbra e a sua Universidade", *Obras*, vol. I, *Coimbra*, Por Ordem da Universidade, Coimbra, 1946

CORREIA, Vergílio, "Coimbra Joanina", *Obras*, vol. I, *Coimbra*, Por Ordem da Universidade, Coimbra, 1946

CORREIA, Vergílio, "Coimbra pré-histórica e romana", *Obras*, vol. I, *Coimbra*, Por Ordem da Universidade, Coimbra, 1946

CORREIA, Vergílio, "Coimbra pré-românica", *Obras*, vol. I, *Coimbra*, Por Ordem da Universidade, Coimbra, 1946

CORREIA, Vergílio, "Conímbriga Visigótica", *O Instituto*, vol. 90, Coimbra, 1936

CORREIA, Vergílio, "Emínio-Coimbra. A importância de Coimbra na época romana", *Obras*, vol. I, *Coimbra*, Por Ordem da Universidade, Coimbra, 1946

CORREIA, Vergílio, "Monumentos Nacionais", *Diário de Coimbra*, ano XIV, nº 4617, Coimbra (14.02.1944)

CORREIA, Vergílio, *Museu Machado de Castro. Secções de arte e arqueologia – catálogo-guia*, Coimbra, Coimbra Editora, 1944

CORREIA, Vergílio, "Obras antigas da Universidade", *Obras*, vol. I, "Coimbra", Por Ordem da Universidade, Coimbra, 1946

CORREIA, Vergílio, "O Claustro da Manga", *Obras*, vol. I, "Coimbra", Por Ordem da Universidade, Coimbra, 1946

CORREIA, Vergílio, "O Edifício da Universidade. Notas de arte e história", *Obras*, vol. I, *Coimbra*, Por Ordem da Universidade, Coimbra, 1946

CORREIA, Vergílio, "O que resta do Castelo de Coimbra", *Arte e Arqueologia*, Ano I, nº 4, Coimbra, Imprensa da Universidade, 1932

CORREIA, Vergílio, "Uma excursão a S. Marcos", *Diário de Coimbra*, Ano VIII, nº 2315, Coimbra (26.07.1937)

CORREIA, Vergílio, "Uma sugestão. Apareceram novas arcadas na Ala de S. Pedro", *Diário de Coimbra*, Ano XIV, nº 4605, Coimbra (02.02.1944)

CORREIA, Vergílio, "Um trecho dos Paços manuelinos de Coimbra", *Terra Portuguesa*, n.ᵒˢ 33-34, Lisboa, 1922

CORREIA, Vergílio, GIRÃO, A. de Amorim, SOARES, Torquato de Souza, *Coimbra e Arredores*, Coimbra, Comissão Municipal de Turismo, 1939

CORREIA, Vergílio, GONÇALVES, A. Nogueira, *Inventário Artístico de Portugal - Cidade de Coimbra*, Lisboa, Academia Nacional de Belas-Artes, 1947

CORTESÃO, Jaime, *Os factores democráticos na formação de Portugal*, Lisboa, Livros Horizonte, ⁴1984

CORTESÃO, Jaime, *Portugal – a Terra e o Homem*, Lisboa, Imprensa Nacional – Casa da Moeda, 1987

CORTESÃO, Luisa, PORTUGAL, António Madeira, PIRES, Emília Marques, MIRA, Afonso, GRILO, Júlio Teles, "Intervenções da Direcção-Geral dos Edifícios e Monumentos Nacionais", *Monumentos*, nº 8, Lisboa, Março/1998

CORZO SÁNCHEZ, Ramón, "Génesis y función del arco de herradura", *Al-Andalus*, Revista de las Escuelas de Estudios Árabes de Madrid y Granada, vol. XLIII, Madrid-Granada, 1978

COSTA, Avelino de Jesus da, "A biblioteca e o tesouro da Sé de Coimbra nos séculos XI a XVI, *Boletim da Biblioteca da Universidade de Coimbra*, vol. XXXVIII, Coimbra, 1983

COSTA, Avelino de Jesus da, "Coimbra – centro de atracção e de irradiação de códices e de documentos, dentro da Península, nos séculos XI e XII", *Actas das II Jornadas Luso-Espanholas de História Medieval*, Porto, 1990, vol. IV

COSTA, Avelino de Jesus da, "Sesnando", *Dicionário de História de Portugal*, Porto, Livraria Figueirinhas, ²1979, vol. V

COSTA, Mário Alberto Nunes, "Notícia de 'cúria' em Coimbra no ano de 1254", *Revista Portuguesa de História*, XI, Coimbra, 1964

COSTA, Mário Alberto Nunes, *Reflexão acerca dos locais ducentistas atribuídos ao Estudo Geral*, Coimbra, Por Ordem da Universidade, col. "Acta Universitatis Conimbrigensis", 1991

CRAVEIRO, Maria de Lurdes, "A construção do sagrado em espaço de fronteira", *VII Centenário da Diocese da Guarda, Congresso Histórico Teológico*, Actas, Guarda, Diocese da Guarda, 2000

CRAVEIRO, Maria de Lurdes, "A decoração na arquitectura quinhentista de Coimbra. A Capela dos Reis Magos no Mosteiro de S. Marcos", *Miscelânea em honra da Doutora Maria Helena da Rocha Pereira*, 1ª Parte, *Biblos*, vol. LXXI, Coimbra, 1995 [2000]

CRAVEIRO, Maria de Lurdes, "Influência dos escultores do Norte da Europa na obra de Diogo Pires-o-Moço", *O Brilho do Norte. Escultura e escultores do Norte da Europa em Portugal. Época Manuelina*, Lisboa, Comissão Nacional para as Comemorações dos Descobrimentos Portugueses, 1997, Cat.

CRAVEIRO, Maria de Lurdes dos Anjos, *Diogo de Castilho e a Arquitectura da Renascença em Coimbra*, Dissertação de Mestrado apresentada à Faculdade de Letras da Universidade de Coimbra, policopiada, Coimbra, 1990

CRAVEIRO, Maria de Lurdes dos Anjos, *O Renascimento em Coimbra. Modelos e programas arquitectónicos*, Dissertação de Doutoramento apresentada à Faculdade de Letras da

Universidade de Coimbra, policopiada, Coimbra, 2002, 2 vol.

CRESSIER, Patrice, "Fortifications du Rif", *Habitats Fortifiés et Organisation de l'Espace en Méditerranée Médièvale*, Lyon, Travaux de la Maison d'Orient, 4, 1983

CRISÓSTOMO SANTOS, João Miguel Salgado Lameiras, *O elogio do fantástico na pintura de grotesco em Portugal, 1521--1656*, dissertação de Mestrado em História da Arte, policopiada, Coimbra, 1996

CRUZ, Guilherme Braga da, *Origem e Evolução da Universidade*, Lisboa, Logos, 1964

CRUZ HERNÁNDEZ, Miguel, *El Islam de Al-Andalus, historia y estructura de su realidad social*, Madrid, M. A. E., Agencia Española de Cooperación Internacional, 1992

CURTO, Diogo Ramada, "A Capela Real: um espaço de conflitos (séculos XVI-XVIII)", *Revista da Faculdade de Letras – Línguas e Literaturas*, Anexo V, *Espiritualidade e Corte em Portugal (Séculos XVI a XVIII)*, Porto, 1993

CURTO, Diogo Ramada, *A cultura política em Portugal (1578--1642). Comportamentos, ritos e negócios*, diss. de dout., Lisboa, Universidade Nova de Lisboa, 1994, policopiada

CUSTÓDIO, Jorge, "As fortificações de Santarém – séculos XII--XIII", FERNANDES, Isabel Cristina Ferreira (coord.), *Mil anos de fortificações na Península Ibérica e no Magreb (500-1500)*, Actas do Simpósio Internacional sobre Castelos, Lisboa, Edições Colibri – Câmara Municipal de Palmela, 2002

"D. Sebastião na Universidade", *Annuario da Universidade de Coimbra. Anno lectivo de 1879 a 1880*, Coimbra, Imprensa da Universidade, 1879

DALLIÈRE-BENELHADJ, Valérie, "Le 'Château' en al--Andalus: um problème de terminologie", *Habitats Fortifiés et Organisation de l'Espace en Méditerranée Médièvale*, Lyon, Travaux de la Maison d'Orient, 4, 1983

DAVID, Pierre, *A Sé Velha de Coimbra. Das origens ao século XV*, Porto, Portucalense Editora, 1943

DAVID, Pierre, "Coïmbre", *Diccionnaire d'Histoire et de Géographie Ecclésiastiques*, tome XIII, Paris, Librairie Letouzey et Ané, 1956

DAVID, Pierre, *Études historiques sur la Galice et le Portugal. Du VIe au XIIIe siècle*, Lisboa, s.n., 1947

DELGADO VALERO, Fernanda, "Estructura urbana de Toledo en época islámica", *Simpósio Internacional sobre la Ciudad Islámica*, Zaragoza, Institución Fernando el Católico, 1991

"D. Frei João Soares", *Grande Enciclopédia Portuguesa e Brasileira*, vol. XXIX, Lisboa-Rio de Janeiro, Editorial Enciclopédia, s.d.

DIAS, José Sebastião da Silva, *A política cultural da época de D. João III*, Coimbra, Instituto de Estudos Filosóficos, 1969, 1 vol., 2 tomos

DIAS, José Sebastião da Silva, "A Universidade na sua história. A propósito da edição dos estatutos de 1559", *Biblos*, XL, Coimbra, 1964, Sep.

DIAS, José Sebastião da Silva, *Correntes do sentimento religioso em Portugal (séculos XVI a XVIII)*, Coimbra, Universidade de Coimbra, 1960, 1 tomo, 2 vol.

DIAS, José Sebastião da Silva, "Portugal e a cultura europeia (séculos XVI a XVIII)", *Biblos*, XXVIII, Coimbra, 1952

DIAS, Pedro, *A arquitectura de Coimbra na transição do Gótico para a Renascença, 1490-1540*, Coimbra, Epartur, 1982

DIAS, Pedro, *A Arquitectura Gótica Portuguesa*, Lisboa, Editorial Estampa, col. "Teoria da Arte", 11, 1994

DIAS, Pedro, *A Arquitectura Manuelina*, Porto, Livraria Civilização, 1988

DIAS, Pedro, *A escultura maneirista portuguesa. Subsídios para uma síntese*, Coimbra, Minerva Editora, col. "Minerva Arte", 1, 1995

DIAS, Pedro, "Alguns aspectos da recepção das correntes artísticas em Coimbra durante o século XVI", *A sociedade e a cultura de Coimbra no Renascimento*, IV Centenário da Morte de João de Ruão, Coimbra, Epartur, 1982

DIAS, Pedro, "A pedra de Ançã, a escultura de Coimbra e a sua difusão na Galiza", VALLE PÉREZ, Xosé (coor.), *Do Tardogótico ó Manierismo. Galicia e Portugal*, s.n., Fundación Pedro Barrié de la Maza – Fundação Calouste Gulbenkian, 1995

DIAS, Pedro, "A presença de artistas franceses no Portugal de Quinhentos", *Mundo da Arte*, 14, Coimbra, 1983

DIAS, Pedro, "Arquitectura mudéjar portuguesa: tentativa de sistematização", *Mare Liberum*, 8, Lisboa, 1994, Sep.

DIAS, Pedro, "As empresas artísticas do Infante D. Henrique (1394-1460)", *Mare Liberum*, 6, Lisboa, 1993

DIAS, Pedro, "As outras imagens: o Maneirismo na escultura portuguesa", *A Pintura Maneirista em Portugal. Arte no Tempo de Camões*, Lisboa, Comissão Nacional para as Comemorações dos Descobrimentos Portugueses, 1995, Cat.

DIAS, Pedro, *A Viagem das Formas, estudos sobre as relações artísticas de Portugal com a Europa, a África, o Oriente e as Américas*, Lisboa Editorial Estampa, col. "Teoria da Arte", 16, 1995

DIAS, Pedro, "A viagem de D. Manuel a Espanha e o surto mudejar na arquitectura portuguesa", CAAMAÑO, Jesus Maria (coord.), *Relaciones Artísticas entre Portugal y España*, Salamanca, Junta de Castilla y Leon, 1986

DIAS, Pedro, "Condições materiais de funcionamento. Os espaços escolares (1290-1654)", (vv. aa.), *História da Universidade em Portugal*, Coimbra-Lisboa, Universidade de Coimbra – Fundação Calouste Gulbenkian, vol. I (1290-1536), vol. II (1537-1771), 1997, Sep.

DIAS, Pedro, "Domingos Domingues, arquitecto régio do século XIV", *Mundo da Arte*, 5, Coimbra, 1982

DIAS, Pedro, "El Mudéjar del Portugal Continental", BORRÁS GUALIS, Gonzalo (coord.), *El Arte Mudéjar*, Zaragoza, Ediciones UNESCO, 1995

DIAS, Pedro, *História da Arte em Portugal*, vol. 4, *O Gótico*, Lisboa, Alfa, 1986

DIAS, Pedro, *História da Arte em Portugal*, vol. 5, *O Manuelino*, Lisboa, Alfa, 1986

DIAS, Pedro, "Jerónimo Afonso, construtor coimbrão do século XVI", *Arte Portuguesa, Notas de Investigação*, Coimbra, Universidade de Coimbra, Instituto de História da Arte, 1988

DIAS, Pedro, *O Fydias Peregrino, Nicolau Chanterene e a escultura europeia do Renascimento*, Coimbra, Instituto de História da Arte da Universidade de Coimbra/CENEL-Electricidade do Centro, S.A., 1996

DIAS, Pedro, "O mudejarismo na arte coimbrã – séculos XV e XVI", *Arquivo Coimbrão*, vol. XXVII, Coimbra, 1979, Sep.

DIAS, Pedro, "O retábulo quinhentista da Igreja de Santa Cruz de Coimbra", *Mundo da Arte*, nº 16, Coimbra, 1983,

DIAS, Pedro, "O urbanismo, a arquitectura e as artes plásticas na criação do mito da Lusa-Atenas", *A Universidade e a Arte, 1290-1990*, Actas, Coimbra, 1993

DIAS, Pedro, "Recordar João de Ruão", *A introdução da arte da Renascença na Península Ibérica*, IV Centenário da Morte de João de Ruão, Coimbra, Epartur, 1981

DIAS, Pedro, "Um novo poder, uma nova arquitectura. Os humanistas do Renascimento Coimbrão e a sua cidade", *Propaganda e Poder*, Actas, Lisboa, Edições Colibri, 2001

DIAS, Pedro, *Visitações da Ordem de Cristo de 1507 a 1519. Aspectos artísticos*, Coimbra, Universidade de Coimbra, 1979

DIAS, Pedro, ARNAUT, Salvador Dias, *Penela. História e Arte*, Penela, s.n., 1983

DIAS, Pedro, GONÇALVES, António Nogueira, *O património artístico da Universidade de Coimbra*, Universidade de Coimbra, 1990

DIAS, Pedro, MONTEIRO, João Gouveia, CASTRO, Aníbal Pinto de, *O Reencontro de D. Pedro e D. Inês*, Coimbra, Associação para o Desenvolvimento do Turismo da Região Centro, 1999

"D. Manuel I", *Grande Enciclopédia Portuguesa e Brasileira*, vol. XVI, Lisboa-Rio de Janeiro, Editorial Enciclopédia, s.d.

DODDS, Jerrilynn D., *Architecture and Ideology in Early Medieval Spain*, s.l., The Pennsylvania State University Press, 1989

EPALZA, Míkel de, "Espacios y sus funciones en la ciudad árabe", *Simpósio Internacional sobre la Ciudad Islámica*, Zaragoza, Institución Fernando el Católico, 1991

EWERT, Christian, "Tradiciones omeyas en la arquitectura palatina de los Taifas. La Aljafería de Zaragoza", *XXIII Congreso Internacional de Historia de Arte*, Actas, Granada, 1976, vol. II

FABIÃO, Carlos, "O passado proto-histórico e romano", MATTOSO, José (dir.), *História de Portugal*, vol. I, Lisboa, Círculo de Leitores, 1992

FEIO, Florencio Mago Barreto, *Memoria Historica e Descriptiva à cêrca da Bibliotheca da Universidade de Coimbra e mais estabelecimentos annexos*, Coimbra, Imprensa da Universidade, 1857

FERNANDES, Isabel Cristina Ferreira (coord.), *Mil anos de fortificações na Península Ibérica e no Magreb (500-1500)*, Actas do Simpósio Internacional sobre Castelos, Lisboa, Edições Colibri – Câmara Municipal de Palmela, 2002

FERNANDES, Isabel Cristina F., CARVALHO, António Rafael, "A porta muçulmana do Castelo de Veiros", *Arqueologia Medieval*, 5, Campo Arqueológico de Mértola, Porto, Afrontamento, 1997

FERNANDES, Maria de Lurdes Correia, "Da reforma da Igreja à reforma dos cristãos: reformas, pastoral e espiritualidade", AZEVEDO, Carlos Moreira, (dir.), *História Religiosa de Portugal*, Lisboa, Círculo de Leitores, vol. 2, 2000

FERNANDES, Paulo Almeida, "O ajimez moçárabe reaproveitado no Castelo de Soure", FERNANDES, Isabel Cristina Ferreira (coord.), *Mil anos de fortificações na Península Ibérica e no Magreb (500-1500)*, Actas do Simpósio Internacional sobre Castelos, Lisboa, Edições Colibri – Câmara Municipal de Palmela, 2002

FERNÁNDEZ ALBA, Antonio, RUBIERA, María Jesus, *La arquitectura en la literatura árabe. Datos para una estética del placer*, Madrid, Hisperión, ²1988

FERREIRA, Maria Emília Cordeiro, "D. Urraca", SERRÃO, Joel (dir.), *Dicionário de História de Portugal*, Porto, Livraria Figueirinhas, ²1979, vol. II

FERREIRA, Patrícia da Costa, "L'ancien 'Colégio das Artes' de Coimbra", *Revue de L'Art*, nº 133, Paris, Centre National de la Recherche Scientifique, 2001-3

FERREIRA-ALVES, Joaquim Jaime B., "O novo coro da Igreja do Mosteiro de Santo Agostinho da Serra e a deslocação do claustro (1690-1691)", *Monumentos*, 9, Lisboa, Setembro/1998

FERREIRA-ALVES, Natália Marinho, "Púlpito", *Dicionário da Arte Barroca em Portugal*, Lisboa, Editorial Presença, 1989

FIGUEIRA, Luís Manuel Mota dos Santos, *Técnicas de construção na arquitectura manuelina*, diss. doutoramento em História da Arte, Coimbra, Faculdade de Letras da Universidade de Coimbra, 2001, policopiada, 2 vol.

FIGUEIREDO, A. C. Borges de, *Coimbra antiga e moderna*, ed. fac-similada, Coimbra, Almedina, 1996

FILGUEIRA VALVERDE, "Artistas portugueses na arquitectura pontevedresa do seculo XVI", VALLE PÉREZ, Xosé (coor.), *Do Tardogótico ó Manierismo. Galicia e Portugal*, s.n., Fundación Pedro Barrié de la Maza – Fundação Calouste Gulbenkian, 1995

FILIPE, Sónia, CATARINO, Helena, "Segunda campanha de escavações no Pátio da Universidade de Coimbra: ponto da situação", *Informação Universitária*, nº 13, Coimbra, Reitoria da Universidade, Jul.-Ag.-Set., 2001

FONSECA, Fernando Taveira da, "Coimbra Moderna: a cidade e a Universidade", *Revista de História da Sociedade e da Cultura*, 1, Coimbra, 2001

FONSECA, Fernando Taveira da, "Pedro Nunes na Universidade. II – Coimbra", *Revista Portuguesa de História*, tomo XXXV, *Homenagem a Sérgio Soares*, Coimbra, 2001-2002

FOURNÉE, Jean, "L'Archange de la Mort et du Jugement", BAUDOT, Marcel (dir.), *Millénaire Monastique du Mont Saint-Michel*, III, Paris, P. Lethielleux Editeur, "Bibliothèque d'Histoire et d'Archéologie Chrétiennes", 1971

FRADE, Helena, CAETANO, José Carlos, "O Pátio da Inquisição (Coimbra). Notas histórico-arqueológicas", *Encontro de Arqueologia Urbana*, Braga, 1994, Sep.

FRAGUAS FRAGUAS, Antonio, *O Colexio Fonseca*, Santiago de Compostela, Universidad de Santiago de Compostela, 1995

FRANÇA, Paula, "Rua Larga em 1845. Dados da recém-descoberta planta da cidade de Coimbra", *Rua Larga, Revista da Reitoria da Universidade de Coimbra*, nº 3, Coimbra, Reitoria da Universidade de Coimbra, Janeiro/2004

FREIRE, Anselmo Braamcamp, *Vida e obras de Gil Vicente, 'trovador, mestre da balança'*, Lisboa, ed. da Revista *Ocidente*, 1944

GAIO, Manuel da Silva, "A Universidade de Coimbra", *Serões*, Lisboa, n.ᵒˢ 1-6, Julho-Dezembro, 1905

GARCÍA BIOSCA, Joan E., "La creación de una frontera: Al-Ṯagr Al-A'là", (vv. aa.), *El Islam y la Cataluña*, s.l., Lunwerg Editores, 1998

GARCÍA BIOSCA, Joan E., GIRALT, Josep, LORIENTE, Ana, MARTÍNEZ, Joan, "La génesis de los espacios urbanos andalusíes (siglos VIII-X): Tortosa, Lleida y Balaguer", (vv. aa.), s.l., *El Islam y la Cataluña*, Lunwerg Editores, 1998

GARCÍA DE CORTÁZAR, José Angel, "La Reconquista en el siglo XI: ¿Geográfica ou cultural?", IX Centenário da Dedicação da Sé de Braga, Congresso Internacional, Actas, vol. I, Braga, Universidade Católica Portuguesa/Faculdade de Teologia-Braga – Cabido Metropolitano e Primacial de Braga, 1990

GARCÍA GÓMEZ, Emilio, MENÉNDEZ PIDAL, R., "El conde mozárabe Sisnando Davídiz y la política de Alfonso VI con los Taifas", *Al-Andaluz*, Revista de las Escuelas de Estudios Árabes de Madrid y Granada, vol. XII, Madrid-Granada, 1947

GARCÍA IGLESIAS, José Manuel, "O Manierismo Galego e Portugal", VALLE PÉREZ, Xosé (coor.), *Do Tardogótico ó Manierismo. Galicia e Portugal*, s.n., Fundación Pedro Barrié de la Maza – Fundação Calouste Gulbenkian, 1995

GARCÍA IGLESIAS, Xosé M., MONTERROSO MONTERO, Xoán M., *Fonseca: patrimonio e herdanza. Arquitectura e iconografia dos edificios universitarios composteláns (séculos XVI-XX)*, Santiago de Compostela, Universidade de Santiago de Compostela, 2000

GARCIA MERCADAL, J. (org.), *Viajes de extranjeros por España y Portugal, desde los tiempos mas remotos hasta fines del siglo XVI*, Madrid, Aguilar, S. A. de ediciones, 1952

GARDELLES, Jacques, "Les palais dans l'Europe occidentale chrétienne du Xᵉ au XIIᵉ siècle", *Cahiers de Civilisation Médiévale*, XIXᵉ Année, nº 2, Poitiers, Abril/Junho, 1976

GARDET, Louis, *La Cité Musulmane. Vie sociale et politique*, Paris, Libraire Philosophique J. Vrin, col. "Études Musulmanes", ³1969

GASCO, António Coelho, *Conquista, antiguidade e nobreza da mui insigne, e inclita cidade de Coimbra*, Lisboa, na Impressão Régia, ²1807

GÉRARD, Véronique, *De Castillo a Palacio, el Alcázar de Madrid en el siglo XVI*, Madrid, Xarait, 1984

GIEYSZTOR, Aleksander, "Gestão e recursos", RÜEGG, Walter (coord.), *Uma História da Universidade na Europa*, vol. I, Lisboa, Imprensa-Nacional-Casa da Moeda, 1996

GIORDANO, Luisa, "Il tratato del Filarete e l'architettura lombarda", *Les traités d'architecture de la Renaissance*, Actes du Colloque, Paris, Picard, 1988

GIRALT, Josep, GARCÍA BIOSCA, Joan E., LORIENTE, Ana, MARTÍNEZ, Joan, "La génesis de los espacios urbanos andalusíes (siglos VIII-X): Tortosa, Lleida y Balaguer", (vv. aa.), s.l., *El Islam y la Cataluña*, Lunwerg Editores, 1998

GIRÃO, A. de Amorim, CORREIA, Vergílio, SOARES, Torquato de Souza, *Coimbra e Arredores*, Coimbra, Comissão Municipal de Turismo, 1939

GOMES, Joaquim Ferreira, *Estudos para a História da Universidade de Coimbra*, Coimbra, Imprensa de Coimbra, 1991

GOMES, Joaquim Ferreira, "Os vários estatutos por que se regeu a Universidade Portuguesa ao longo da sua história", *Novos Estudos de História e de Pedagogia*, Coimbra, Livraria Almedina, 1986

GOMES, Joaquim Ferreira, "Universidade de Coimbra", AZEVEDO, Carlos Moreira (dir.), *Dicionário de História Religiosa de Portugal*, vol. III, Lisboa, Círculo de Leitores, 2001

GOMES, Paulo Varela, *A Confissão de Cyrillo*, Lisboa, Hiena Editora, 1992

GOMES, Paulo Varela, ROSSA, Walter, "A rotunda de Santa Maria de Celas: um caso tipológico singular", Actas do Colóquio *Arte e Arquitectura nas Abadias Cistercienses nos séculos XVI, XVII e XVIII*, Lisboa, IPAAR, 2000, vol. I

GOMES, Rita Costa, *A Corte dos Reis de Portugal no final da Idade Média*, Lisboa, Difel, col. "Memória e Sociedade", 1995

GOMES, Rosa Varela, "A arquitectura militar muçulmana", MOREIRA, Rafael (dir.), *História das Fortificações Portuguesas no Mundo*, Lisboa, Alfa, 1989

GOMES, Saul António, "Escolares e Universidade na Coimbra Medieval", *Estudos de Homenagem a João Francisco Marques*, vol. I, Porto, Faculdade de Letras da Universidade do Porto, 2001

GOMES, Saul António, "Grupos étnico-religiosos e estrangeiros", MARQUES, A. H. de Oliveira, SERRÃO, Joel, (dir.), *Nova História de Portugal*, vol. III, Lisboa, Editorial Presença, 1996

GOMES, Saul António, *'In Limine Conscriptionis'. Documentos, chancelaria e cultura no Mosteiro de Santa Cruz de Coimbra (séculos XII a XIV)*, diss. de doutoramento em História Medieval, policopiada, Coimbra, Faculdade de Letras da Universidade de Coimbra, 2000, 2 vol.

GOMES, Saul António, *Introdução à história do Castelo de Leiria*, Leiria, Câmara Municipal (col. "Cidade de Leiria", nº 1)

GOMES, Saul António, "Mestre Boytac", *Mare Liberum*, 8, Lisboa, 1994

GOMES, Saul António, "Mundo rural e mundo urbano", MARQUES, A. H. de Oliveira, SERRÃO, Joel, (dir.), *Nova História de Portugal*, vol. III, Lisboa, Editorial Presença, 1996

GOMES, Saul António, "Os panteões régios monásticos portugueses nos séculos XII e XIII", *2º Congresso Histórico de Guimarães*, Actas, Guimarães, Câmara Municipal de Guimarães-Universidade do Minho, 1996, vol. 4

GOMES, Saul António, "Três bibliotecas particulares na Coimbra de Trezentos. Em torno das elites e das culturas urbanas medievais", *Revista de História das Ideias*, vol. 24, Coimbra, 2003

GÓMEZ-MORENO, Manuel, "El arte español asta los Almohades", (vv. aa.), *Ars Hispaniæ. Historia General del Arte Hispánico*, vol. III, Madrid, Editorial Plus Ultra, 1951

GÓMEZ URDÁÑEZ, Carmen, "El palacio de los Reyes Católicos. Descripción artística", CABAÑERO SUBIZA, Barnabé, BELTRÁN MARTINEZ, António, BORRÁS GUALIS, Gonzalo, (coord.), *La Aljafería*, vol. I, Zaragoza, Cortes de Aragón, 1998

GONÇALVES, A. [António Augusto], "Edifícios da Universidade", *Annuario da Universidade de Coimbra. Anno lectivo de 1901-1902*, Coimbra, Imprensa da Universidade, 1901

GONÇALVES, A. Nogueira, "A arte medieval em Coimbra, séc. X - séc. XV. Aspectos gerais", *Estudos de História da Arte Medieval*, Coimbra, Epartur, 1980

GONÇALVES, A. Nogueira, "A Igreja da Atalaia e a primeira época de João de Ruão", *Estudos de História da Arte da Renascença*, Coimbra, Epartur, 1979

GONÇALVES, A. Nogueira, "A lanterna-coruchéu da Sé Velha de Coimbra", *Estudos de História da Arte Medieval*, Coimbra, Epartur, 1980

GONÇALVES, A. Nogueira, "Aspectos da vida do arquitecto quinhentista Diogo de Castilho", *Mundo da Arte*, nº 7, Coimbra, Junho/1982

GONÇALVES, A. Nogueira, "As pontes do mestre Zacarias de Córdova no século décimo", *Estudos de História da Arte Medieval*, Coimbra, Epartur, 1980

GONÇALVES, A. Nogueira, "Do púlpito de Santa Cruz ao retábulo da Misericórdia (alguns aspectos)", *Estudos de História da Arte da Renascença*, Coimbra, Epartur, 1979

GONÇALVES, A. Nogueira, "Evocação da obra coimbrã na época medieval", *Estudos de História da Arte Medieval*, Coimbra, Epartur, 1980

GONÇALVES, A. Nogueira, "Evocação do XI centenário da primeira Reconquista cristã de Coimbra", *Estudos de História da Arte Medieval*, Coimbra, Epartur, 1980

GONÇALVES, A. Nogueira, *Inventário Artístico de Portugal – Distrito de Aveiro (Zona do Norte)*, Lisboa, Academia Nacional de Belas-Artes, 1981

GONÇALVES, A. Nogueira, *Novas hipóteses àcerca da arquitectura românica de Coimbra*, Coimbra, s.n., 1938

GONÇALVES, A. Nogueira, "O claustro do Mosteiro da Serra do Pilar", *Estudos de História da Arte da Renascença*, Coimbra, Epartur, 1979

GONÇALVES, A. Nogueira, "O mestre dos túmulos dos Reis", *Estudos de História da Arte da Renascença*, Coimbra, Epartur, 1979

GONÇALVES, A. Nogueira, "O narthex românico da Igreja de Santa Cruz de Coimbra", *Estudos de História da Arte Medieval*, Coimbra, Epartur, 1980

GONÇALVES, A. Nogueira, "O púlpito da igreja monástica do Paço de S. Marcos", *Estudos de História da Arte da Renascença*, Coimbra, Epartur, 1979

GONÇALVES, A. Nogueira, "Os colégios universitários de Coimbra e o desenvolvimento da arte", *A sociedade e a cultura de Coimbra no Renascimento*, IV Centenário da Morte de João de Ruão, Coimbra, Epartur, 1982

GONÇALVES, A. Nogueira, "Os Paços a par de S. Lourenço", *Estudos de História da Arte Medieval*, Coimbra, Epartur, 1980

GONÇALVES, A. Nogueira, "Prováveis origens da arte de João de Ruão", *A introdução da arte da Renascença na Península Ibérica*, IV Centenário da Morte de João de Ruão, Coimbra, Epartur, 1981

GONÇALVES, A. Nogueira, "Sapiência. Identificação da lápide da Sapiência", *Biblos*, vol. LXIX, *Actas do Congresso Comemorativo do 6º Centenário do Infante D. Pedro*, Coimbra, 1993

GONÇALVES, A. Nogueira, "Tomé Velho, artista coimbrão na passagem dos sécs. XVI-XVII", *Estudos de História da Arte da Renascença*, Coimbra, Epartur, 1979

GONÇALVES, A. Nogueira, CORREIA, Vergílio, *Inventário Artístico de Portugal - Cidade de Coimbra*, Lisboa, Academia Nacional de Belas-Artes, 1947

GONÇALVES, António Nogueira, DIAS, Pedro, *O património artístico da Universidade de Coimbra*, Universidade de Coimbra, 1990

GOULÃO, Maria José, "A cerâmica de uso e os azulejos manuelinos", DIAS, Pedro, *História da Arte em Portugal*, vol. 5, *O Manuelino*, Lisboa, Alfa, 1986

GOULÃO, Maria José, "Alguns problemas ligados ao emprego de azulejos 'mudejares' em Portugal nos séculos XV e XVI", CAAMAÑO, Jesus Maria (coord.), *Relaciones Artisticas entre Portugal y España*, Salamanca, Junta de Castilla y Leon, 1986

GOY DIZ, Ana, "Colexios da Universidade", VILA JATO, María Dolores (coord.), *O Patrimonio Historico da Universidade de Santiago de Compostela (Estudios)*, Santiago de Compostela, Universidade de Santiago de Compostela, 1996

GOY DIZ, Ana, PÉREZ RODRÍGUEZ, Fernando, "Panimetría Antiga", VILA JATO, María Dolores (coord.), *O Patrimonio Historico da Universidade de Santiago de Compostela (Catalogo)*, Santiago de Compostela, Universidade de Santiago de Compostela, 1996

GRILO, Júlio Teles, PORTUGAL, António Madeira, PIRES, Emília Marques, MIRA, Afonso, CORTESÃO, Luísa, "Intervenções da Direcção-Geral dos Edifícios e Monumentos Nacionais", *Monumentos*, nº 8, Lisboa, Março/1998

GUICHARD, Pierre, "La societé du *Garb al-Andalus* et les premiers *husun*", FERNANDES, Isabel Cristina Ferreira (coord.), *Mil anos de fortificações na Península Ibérica e no Magreb (500-1500)*, Actas do Simpósio Internacional sobre

Castelos, Lisboa, Edições Colibri – Câmara Municipal de Palmela, 2002

GUILLAUME, Jean, "Du logis à l'appartement", *Architecture et vie sociale – l'organisation intérieure des grandes demeures à la fin du Moyen Âge et à la Renaissance*, Actes du Colloque, Paris, Picard, 1994

HAUPT, Albrecht, *A Arquitectura do Renascimento em Portugal*, Lisboa, Editorial Presença, 1986

HAWARI, Mahamoud, BINOUS, Jamila, MARÍN, Manuela, ÖNEY, Gönül, "A arte islâmica no Mediterrâneo", *A Arte Mudéjar. A estética islâmica na arte cristã*, Lisboa, Civilização Editora, 2000, Cat.

HERCULANO, Alexandre, *Lendas e Narrativas*, Lisboa, Círculo de Leitores, 1986, 2 vol.

HERCULANO, Alexandre, *Opúsculos*, CUSTÓDIO, Jorge, GARCIA, José Manuel, (org. de), Lisboa, Presença, tomo IV, 1985

HERNÁNDEZ NUÑES, Juan Carlos, MORALES, Alfredo J., *El Real Alcázar de Sevilla*, London, Scala Publishers, 1999

"Igreja de Santa Maria de Sintra", *Boletim da Direcção Geral dos Edifícios e Monumentos Nacionais*, nº 18, Lisboa, Dezembro/1939

"Igreja Matriz da Lourinhã", *Boletim da Direcção Geral dos Edifícios e Monumentos Nacionais*, nº 16, Lisboa, Junho/1939

JORDAN, Annemarie, *The Development of Catherine of Austria's Collection in Queen's Household: its character and cost*, dissertação de Ph. D. apresentada à Brown University, Providence, 1994, policopiada

KORRODI, Ernesto, "A Alcáçova do Castelo de Leiria e sua significação social e política", *Boletim da Academia Nacional de Belas Artes*, XIII, Lisboa, 1944

KRAUTHEIMER, Richard, *Introduction à une iconographie de l'architecture médiévale*, Paris, Gérard Monfort Éditeur, 1993

KUBLER, George, *A arquitectura portuguesa chã, entre as especiarias e os diamantes. 1521-1706*, Lisboa, Vega, [1988]

KUBLER, George, *A Forma do Tempo. Observações sobre a história dos objectos*, Lisboa, Vega, 1990

KUBLER, George A., "The claustral 'Fons Vitæ' in Spain and Portugal", *Traza y Baza. Cuadernos Hispanos de simbologia, arte y literatura*, nº 2, Palma de Mallorca, 1973

LACERDA, Aarão de, "Arte: arquitectura", PERES, Damião (dir.), *História de Portugal*, ed. mon. com. do 8º centenário da Fundação da Nacionalidade, vol. IV, Barcelos, Portucalense Editora, 1932

LAMPÉREZ Y ROMEA, Vicente, *Arquitectura Civil Española de los siglos I al XVIII*, tomo I, *Arquitectura Privada*, Madrid, Ediciones Giner, 1993

LATORRE GONZÁLEZ-MORO, Pablo, CABALLERO ZOREDA, Luis, "La importancia del análisis estratigráfico de las construcciones históricas en el dabate sobre la restauración monumental", *Informes de la Construcción*, vol. 46, nº 435, Madrid, Consejo Superior de Investigaciones Científicas, Janeiro/Fevereiro 1995

LAVAJO, Joaquim Chorão, "Universidade Henriquina de Évora", AZEVEDO, Carlos Moreira (dir.), *Dicionário de História Religiosa de Portugal*, vol. III, Lisboa, Círculo de Leitores, 2001

LEAL, Augusto Soares d'Azevedo Barbosa de Pinho, "Coimbra", *Portugal Antigo e Moderno*, Lisboa, Livraria Editora de Mattos Moreira & Companhia, vol. 2, 1874

LEFORT, Jacques, MARTIN, Jean-Marie, "Fortifications et pouvoirs en Méditerranée (X^e-XIIe siècle)", *Habitats Fortifiés et Organisation de l'Espace en Méditerranée Médièvale*, Lyon, Travaux de la Maison d'Orient, 4, 1983

LE GOFF, Jacques, *Para um novo conceito de Idade Média*, Lisboa, Editorial Estampa, 1979

LEITE, Ana Cristina, "O Hospital Real de Todos-os Santos", *Hospital Real de Todos-os-Santos*, Lisboa, Museu Rafael Bordalo Pinheiro, 1993, Cat.

LINEHAN, Peter, "Utrum Reges Portugalie coronabantur annon", *2º Congresso Histórico de Guimarães*, Actas, Guimarães, Câmara Municipal de Guimarães-Universidade do Minho, 1996, vol. 2

LLOBREGAT, Enrique A., "De la ciudad visigótica a la ciudad islámica en el Este Peninsular", *Simpósio Internacional sobre la Ciudad Islámica*, Zaragoza, Institución Fernando el Católico, 1991

LOPES, David, "O domínio árabe", PERES, Damião (dir.), *História de Portugal*, Barcelos, Portucalense Editora, vol. I, 1928

LÓPEZ-CUERVO, Serafin, *Medina-Az-Zahra, ingenería y formas*, Madrid, Ministerio de Obras Públicas y Urbanismo, 1985

LORIENTE, Ana, GIRALT, Josep, GARCÍA BIOSCA, Joan E., MARTÍNEZ, Joan, "La génesis de los espacios urbanos andalusíes (siglos VIII-X): Tortosa, Lleida y Balaguer", (vv. aa.), s.l., *El Islam y la Cataluña*, Lunwerg Editores, 1998

LOUREIRO, José Pinto, *Coimbra no passado*, Coimbra, Câmara Municipal, 1964, 2 vol.

LOUREIRO, José Pinto, *Toponímia de Coimbra*, Coimbra, Câmara Municipal, 1960-1964, 2 vol.

MACEDO, Francisco Pato de, *A arquitectura gótica na bacia do Mondego nos séculos XIII e XIV*, Prova de capacidade científica apresentada à Faculdade de Letras da Universidade de Coimbra, policopiado, Coimbra, 1988

MACEDO, Francisco Pato de, "O Hospital de Santa Isabel junto ao Mosteiro de Santa Clara-a-Velha de Coimbra", *João Afonso de Santarém e a assistência hospitalar escalabitana durante o Antigo Regime*, Santarém, Câmara Municipal de Santarém, 2000, Cat.

MACEDO, Francisco Pato de, "O Infante D. Pedro, patrono e mecenas", *Biblos*, vol. LXIX, *Actas do Congresso Comemorativo do 6º Centenário do Infante D. Pedro*, Coimbra, 1993

MACEDO, Francisco Pato de, "Santa Clara-a-Velha. À procura de um mosteiro perdido", FRÓIS, Virgínia (coord. de), *Conversas à volta dos Conventos*, Évora, Casa do Sul Editora, 2002

MACHADO, Ana Goulão, "Azulejos sevilhanos em Portugal. A questão da encomenda", *Las relaciones artísticas entre España y Portugal: artistas, mecenas y viajeros*, Actas del VII Simposio Hispano-Portugués de História del Arte, Badajoz, 1995

MACHADO, Fernando Falcão, "Numismas de Emínio", *Revista de Arqueologia*, III, 1936-1938, Sep.

MACHADO, Fernando Falcão, "Uma descrição de Coimbra no século XVII", *Revista de Arqueologia*, tomo 2º, fasc. VII, Lisboa, 1936, Sep.

MACÍAS, Santiago, "Resenha dos factos políticos", TORRES, Cláudio, "O Garb-Al-Andalus", MATTOSO, José (dir.), *História de Portugal*, vol. I, Lisboa, Círculo de Leitores, 1992

MACÍAS, Santiago, TORRES, Cláudio, "A arte islâmica no Ocidente andaluz", PEREIRA, Paulo (dir.), *História da Arte Portuguesa*, vol. I, *Da Pré-História ao 'Modo' Gótico*, Lisboa, Círculo de Leitores, 1995

MACÍAS, Santiago, TORRES, Cláudio, "Arquelogia islâmica em Mértola", PEREZ, Rosa Maria (coord. de), *Memórias Árabo-Islâmicas em Portugal*, Lisboa, Comissão Nacional para as Comemorações dos Descobrimentos Portugueses, 1997, Cat.

MACÍAS, Santiago, TORRES, Cláudio, *O legado islâmico em Portugal*, [Lisboa], Círculo de Leitores, 1998

MACIEL, M. Justino, "A arte da Antiguidade Tardia (séculos III-VIII, ano de 711)", PEREIRA, Paulo (dir.), *História da Arte Portuguesa*, vol. I, Lisboa, Círculo de Leitores, 1995

MADAHIL, A. G. da Rocha, "A Biblioteca da Universidade de Coimbra e as suas marcas bibliográficas", *Boletim da Biblioteca da Universidade de Coimbra*, X (1932), Coimbra, 1933

MADAHIL, A. G. da Rocha, "A insígnia da Universidade de Coimbra. Esboço histórico", *O Instituto*, vol. 92 (IV Centenário da instalação definitiva da Universidade em Coimbra), I Parte, Coimbra, 1937

MADAHIL, A. G. da Rocha, "Biblioteca da Universidade de Coimbra", *Grande Enciclopédia Portuguesa Brasileira*, Lisboa-Rio de Janeiro, Editorial Enciclopédia, vol. IV, s.d.

MAGALHÃES, Joaquim Romero, "As estruturas de unificação", MAGALHÃES, Joaquim Romero (coord.), *No Alvorecer da Modernidade (1480-1620)*, MATTOSO, José (dir.), *História de Portugal*, vol. III, Lisboa, Círculo de Leitores, 1993

MAGALHÃES, Joaquim Romero (coord.), *No Alvorecer da Modernidade (1480-1620)*, MATTOSO, José (dir.), *História de Portugal*, vol. III, Lisboa, Círculo de Leitores, 1993

MAÍLLO SALGADO, Felipe, "El palacio islámico: de la dãr al-imãra a la ciudad palatina", *Tecnologia y sociedad: las grandes obras públicas en la Europa Medieval*, Pamplona, Gobierno de Navarra, 1996

MANDROUX-FRANÇA, Marie Thérèse, "L'image ornementale et la littérature artistique importées du XVIème au XVIIIème siècles", *Boletim Cultural da Câmara Municipal do Porto*, Porto, 2ª Série, vol. 1, 1983

MANTAS, Vasco Gil, "Alcáçova de Coimbra", *Informação Arqueológica*, 3, 1980

MANTAS, Vasco Gil, "Notas sobre a estrutura urbana de Aeminium", *Biblos*, vol. LXVIII, Coimbra, 1992

MANZANO MORENO, Eduardo, *La frontera de Al-Andaluz en epoca de los Omeyas*, Madrid, Consejo Superior de Investigaciones Cientificas, Biblioteca de Historia, 1991

MANZANO MORENO, Eduardo, "La proyección del Estado Omeya en el Tagr", (vv. aa.), s.l., *El Islam y la Cataluña*, Lunwerg Editores, 1998

MANZANO MORENO, Eduardo, "Madrid, en la frontera omeya de Toledo", *Madrid del siglo IX al XI* (vv. aa.), Madrid, Comunidad de Madrid, 1990

MARGARIDO, Ana Paula, "A morfologia urbana da 'Alta' de Coimbra. Ensaio sobre o traçado da malha urbana e sua evolução", *Cadernos de Geografia*, 6, Coimbra, 1987

MARÍAS, Fernando, "Arquitectura y vida cotidiana en los palacios nobiliarios españoles del siglo XVI", *Architecture et vie sociale – l'organisation intérieure des grandes demeures à la fin du Moyen Âge et à la Renaissance*, Actes du Colloque, Paris, Picard, 1994

MARÍN, Manuela, BINOUS, Jamila, HAWARI, Mahamoud, ÖNEY, Gönül, "A arte islâmica no Mediterrâneo", *A Arte Mudéjar. A estética islâmica na arte cristã*, Lisboa, Civilização Editora, 2000, Cat.

MARÍN FIDALGO, Ana, *El Alcázar de Sevilla bajo los Áustrias*, Sevilla, Ediciones Guadalquivir, 1990

MARINHO, José Rodrigues, "As moedas hispano-muçulmanas do Museu Machado de Castro, em Coimbra", *O Arqueólogo Português*, Série III, vol. V, Lisboa, 1971

MARKL, Dagoberto, *História da Arte em Portugal*, vol. 6, *O Renascimento*, Lisboa, Alfa, 1986

MARQUES, A. H. de Oliveira, *A Sociedade Medieval Portuguesa*, Lisboa, Livraria Sá da Costa Editora, ³1974

MARQUES, A. H. de Oliveira, *Novos Ensaios de História Medieval Portuguesa*, Lisboa, Editorial Presença, 1988

MARQUES, A. H. de Oliveira, "O Portugal do tempo do Infante D. Pedro visto por estrangeiros (a embaixada borguinhã de 1428-29)", *Biblos*, Actas do Congresso Comemorativo do 6º Centenário do Infante D. Pedro, vol. LXIX, Coimbra, 1993

MARQUES, A. H. de Oliveira, SERRÃO, Joel, (dir.), *Nova História de Portugal*, Lisboa, Editorial Presença, 1990-1998, 12 vol.

MARQUES, João Francisco, "Oração e devoções", AZEVEDO, Carlos Moreira (dir.), *História Religiosa de Portugal*, Lisboa, Círculo de Leitores, vol. 2, 2000

MARTÍ, Javier, PASCUAL, Josefa, "El recinto fortificado de la Valencia musulmana", FERNANDES, Isabel Cristina Ferreira (coord.), *Mil anos de fortificações na Península Ibérica e no Magreb (500-1500)*, Actas do Simpósio Internacional sobre Castelos, Lisboa, Edições Colibri – Câmara Municipal de Palmela, 2002

MARTIN, Jean-Marie, LEFORT, Jacques, "Fortifications et pouvoirs en Méditerranée (Xᵉ-XIIᵉ siècles)", *Habitats Fortifiés et Organisation de l'Espace en Méditerranée Médièvale*, Lyon, Travaux de la Maison d'Orient, 4, 1983

MARTÍN-BUENO, Manuel, SÁENZ PRECIADO, J. Carlos, "El palacio musulman. Introducción arqueológica", CABAÑERO SUBIZA, Barnabé, BELTRÁN MARTINEZ, António, BORRÁS GUALIS, Gonzalo, (coord.), *La Aljafería*, vol. I, Zaragoza, Cortes de Aragón, 1998

MARTÍNEZ, Joan, LORIENTE, Ana, GIRALT, Josep, GARCÍA BIOSCA, Joan E., "La génesis de los espacios urbanos andalusíes (siglos VIII-X): Tortosa, Lleida y Balaguer", (vv. aa.), s.l., *El Islam y la Cataluña*, Lunwerg Editores, 1998

MARTÍNEZ LILLO, Sergio, "Estudio sobre ciertos elementos y estructuras de la arquitectura militar andalusí. La continuidad entre Roma y el Islam", *Boletin de Arqueología Medieval*, 5, Madrid, Associación Española de Arqueologia Medieval, 1991

MARTÌNEZ SALVADOR, Carmen, "Arquitectura del Ribat en el sahel tunecino: modelo y evolución", *Anales de Prehistoria y Arqueología*, Universidad de Múrcia, vols. 13-14, Múrcia, 1997-1998

MARTINS, Alfredo Fernandes, "A Porta do Sol. Contributo para o estudo da cerca medieval coimbrã", *Biblos*, XXVII, Coimbra, 1951, Sep.

MARTINS, Alfredo Fernandes, "Esta Coimbra… (Alguns apontamentos para uma palestra)", *Cadernos de Geografia*, 1, Coimbra, 1983

MARTINS, Alfredo Fernandes, *O Esforço do Homem na Bacia do Mondego, ensaio geográfico*, Coimbra, 1940

MARTINS, Armando Alberto, *O Mosteiro de Santa Cruz de Coimbra, séculos XII-XIV. História e instituição*, diss. de doutoramento em História Medieval, policopiada, Lisboa, Faculdade de Letras da Universidade de Lisboa, 1996, 2 vol.

MARTINS, Fausto Sanches, *A arquitectura dos primeiros colégios jesuítas de Portugal: 1542-1759. Cronologia, artistas, espaços*, dissertação de doutoramento apresentada à Faculdade de Letras do Porto, Porto, 1994, 2 vol. (policopiada)

MARTINS, José Vitorino de Pina, "O Humanismo (1487--1537)", (vv. aa.), *História da Universidade em Portugal*, vol. I

(1290-1536), Coimbra-Lisboa, Universidade de Coimbra - Fundação Calouste Gulbenkian, 1997

MARUJO, João (coord.), *D. Manuel I. A Ordem de Cristo e a Comenda de Soure*, Lisboa, Comissão Nacional para as Comemorações dos Descobrimentos Portugueses, 1996, Cat.

MATOS, Helena, SERRÃO, Vítor, "Fortuna histórica de Gregório Lopes. Dados biográficos conhecidos por documentação sobre o pintor", *Actas do Seminário Internacional Estudo da Pintura Portuguesa. Oficina de Gregório Lopes*, Lisboa, 1999

MATTOSO, José, "1096-1325", MATTOSO, José (dir.), *História de Portugal*, vol. II, Lisboa, Círculo de Leitores, 1992

MATTOSO, José, "A cidade medieval na perspectiva da História das Mentalidades", *Cidades e História*, Lisboa, Fundação Calouste Gulbenkian, 1987

MATTOSO, José, "A coroação dos primeiros Reis de Portugal", *A Memória da Nação*, Actas do Colóquio, Lisboa, Livraria Sá da Costa, 1991

MATTOSO, José, "A época sueva e visigótica", MATTOSO, José (dir.), *História de Portugal*, vol. I, Lisboa, Círculo de Leitores, 1992

MATTOSO, José, "A universidade portuguesa e as universidades europeias", (vv. aa.), *História da Universidade em Portugal*, vol. I (1290-1536), Coimbra-Lisboa, Universidade de Coimbra - Fundação Calouste Gulbenkian, 1997

MATTOSO, José, "Cluny, Crúzios e Cistercienses na formação de Portugal", *Portugal Medieval – novas interpretações*, Lisboa, Imprensa Nacional – Casa da Moeda, 1985

MATTOSO, José (dir.), *História de Portugal*, Lisboa, Círculo de Leitores, 1992-1994, 7 vol.

MATTOSO, José, *Identificação de um País. Ensaio sobre as origens de Portugal (1096-1325)*, Lisboa, Editorial Estampa, ⁵1995, 2 vol.

MATTOSO, José, "O Românico português. Interpretação económica e social", *Portugal Medieval – novas interpretações*, Lisboa, Imprensa Nacional – Casa da Moeda, 1985

MATTOSO, José, "Os Moçárabes", *Revista Lusitana*, Nova Série, nº 6, Lisboa, 1985

MATTOSO, José, "Portugal no Reino Asturiano-Leonês", MATTOSO, José (dir.), *História de Portugal*, vol. I, Lisboa, Círculo de Leitores, 1992

MAZZOLI-GUINTARD, Christine, *Villes d'al Andalus. L'Espagne et le Portugal à l'epoque musulmane (VIIIᵉ-XV siècles)*, Rennes, Presses Universitaires de Rennes, 1996

MECO, José, *O Azulejo em Portugal*, Lisboa, Publicações Alfa, 1989

MENDES, António Rosa, "A vida cultural", MAGALHÃES, Joaquim Romero (coord.), *No Alvorecer da Modernidade (1480-1620)*, MATTOSO, José (dir.), *História de Portugal*, vol. III, Lisboa, Círculo de Leitores, 1993

MENÉNDEZ PIDAL, Ramón, *La España del Cid*, Madrid, Editorial Plutarco, 1929, 2 vol.

MENÉNDEZ PIDAL, R., GARCÍA GÓMEZ, Emilio, "El conde mozárabe Sisnando Davídiz y la política de Alfonso VI con los Taifas", *Al-Andaluz*, Revista de las Escuelas de Estudios Árabes de Madrid y Granada, vol. XII, Madrid-Granada, 1947

MERÊA, Paulo, "Sobre as antigas instituições coimbrãs", *Arquivo Coimbrão*, XIX-XX, Coimbra, 1964

MIRA, Afonso, PORTUGAL, António Madeira, PIRES, Emília Marques, CORTESÃO, Luisa, GRILO, Júlio Teles, "Intervenções da Direcção-Geral dos Edifícios e Monumentos Nacionais", *Monumentos*, nº 8, Lisboa, Março/1998

MOITA, Irisalva, "O Hospital Real de Todos-os-Santos: enfermarias, aposentadorias, serviços", *Hospital Real de Todos-os--Santos*, Lisboa, Museu Rafael Bordalo Pinheiro, 1993, Cat.

MONTANER FRUTOS, Alberto, "El palacio musulman. Introducción histórica", CABAÑERO SUBIZA, Barnabé, BELTRÁN MARTINEZ, António, BORRÁS GUALIS, Gonzalo, (coord.), *La Aljafería*, vol. I, Zaragoza, Cortes de Aragón, 1998

MONTEIRO, João Gouveia, *A guerra em Portugal nos finais da Idade Média*, Lisboa, Editorial Notícias, 1998

MONTEIRO, João Gouveia, "Reformas góticas nos castelos portugueses ao longo do século XIV e na primeira metade do século XV", FERNANDES, Isabel Cristina Ferreira (coord.), *Mil anos de fortificações na Península Ibérica e no Magreb (500-1500)*, Actas do Simpósio Internacional sobre Castelos, Lisboa, Edições Colibri – Câmara Municipal de Palmela, 2002

MONTEIRO, João Gouveia, CASTRO, Aníbal Pinto de, DIAS, Pedro, *O Reencontro de D. Pedro e D. Inês*, Coimbra, Associação para o Desenvolvimento da Região Centro, 1999

MONTERROSO MONTERO, Xoán M., GARCÍA IGLESIAS, Xosé M., *Fonseca: patrimonio e herdanza. Arqui-

tectura e iconografía dos edificios universitarios composteláns (séculos XVI-XX), Santiago de Compostela, Universidade de Santiago de Compostela, 2000

MORALES, Alfredo J., HERNÁNDEZ NUÑES, Juan Carlos, *El Real Alcázar de Sevilla*, London, Scala Publishers, 1999

MORALEZ MARTINEZ, Alfredo J., "Los Reales Alcázares de Sevilla", (vv. aa.), *Palacios Reales en España. Historia y arquitectura de la magnificencia*, Madrid, Fundación Argentaria, col. "Debates sobre Arte", 1996

MOREIRA, Rafael, *A Arquitectura do Renascimento no Sul de Portugal. A encomenda régia entre o "moderno" e o "antigo"*, dissertação de Doutoramento apresentada à Faculdade de Ciências Sociais e Humanas da Universidade Nova de Lisboa, policopiada, Lisboa, 1991

MOREIRA, Rafael, "A arquitectura militar no Renascimento em Portugal", *A introdução da Renascença na Península Ibérica*, IV Centenário da Morte de João de Ruão, Coimbra, Epartur, 1981

MOREIRA, Rafael, "A época manuelina", MOREIRA, Rafael (dir.), *História das Fortificações Portuguesas no Mundo*, Lisboa, Alfa, 1989

MOREIRA, Rafael, "A escola de arquitectura do Paço da Ribeira e a Academia das Matemáticas de Madrid", DIAS, Pedro (coord.), *As Relações Artísticas entre Portugal e Espanha na Época dos Descobrimentos*, Coimbra, Livraria Minerva, 1987

MOREIRA, Rafael, "Arquitectura: Renascimento e Classicismo", PEREIRA, Paulo (dir.), *História da Arte Portuguesa*, vol. II, *Do "Modo" Gótico ao Maneirismo*, Lisboa, Círculo de Leitores, 1995

MOREIRA, Rafael, "O Hospital Real de Todos-os Santos e o italianismo de D. João II", *Hospital Real de Todos-os-Santos*, Lisboa, Museu Rafael Bordalo Pinheiro, 1993, Cat.

MOREIRA, Rafael, "Santa Maria de Belém, o Mosteiro dos Jerónimos", MOITA, Irisalva (coord.), *O Livro de Lisboa*, Lisboa, Livros Horizonte, 1994

MORENO, Humberto Baquero, "Isabel de Urgel e a política do seu tempo", *A Mulher na Sociedade Portuguesa. Visão histórica e perspectivas actuais*, Actas, Coimbra, Instituto de História Económica e Social - Faculdade de Letras da Universidade de Coimbra, 1986

MORENO, Humberto Baquero, "O Infante D. Pedro e o Ducado de Coimbra", *Revista de História*, V, Porto, Centro de História da Universidade do Porto, 1983-1984

MORENO, Humberto Baquero, *Os itinerários de El-Rei Dom João I (1384-1433)*, Lisboa, Instituto de Cultura e Língua Portuguesa, 1988

MUCHAGATO, Jorge, SAPIEHA, Nicolas, *Jerónimos. Memória e lugar do Real Mosteiro*, Lisboa, Edições Inapa, 1997

NARDI, Paolo, "Relações com as autoridades", RÜEGG, Walter (coord.), *Uma História da Universidade na Europa*, vol. I, Lisboa, Imprensa-Nacional-Casa da Moeda, 1996

OLEIRO, J. M. Bairrão, "Novos elementos para a história de Aeminium. Os materiais romanos do Pátio da Universidade", *Biblos*, XXVIII, Coimbra, 1952

OLIVEIRA, António de, "A Universidade e os Poderes", (vv. aa.), *História da Universidade em Portugal*, vol. II (1537-1771), Coimbra-Lisboa, Universidade de Coimbra-Fundação Calouste Gulbenkian, 1997

OLIVEIRA, António de, "Primeiro, viver (O quotidiano da Academia)", (vv. aa.), *História da Universidade em Portugal*, vol. II (1537-1771), Coimbra-Lisboa, Universidade de Coimbra-Fundação Calouste Gulbenkian, 1997

OLIVEIRA, Marta M. Peters Arriscado de, "O Mosteiro do Salvador: um projecto do século XVI", *Monumentos*, 9, Lisboa, Setembro/1998

ÖNEY, Gönül, BINOUS, Jamila, HAWARI, Mahamoud, MARÍN, Manuela, "A arte islâmica no Mediterrâneo", *A Arte Mudéjar. A estética islâmica na arte cristã*, Lisboa, Civilização Editora, 2000, Cat.

OSÓRIO, Jorge Alves, *M.ᶜ João Fernandes. A oração sobre a fama da Universidade (1548)*, Coimbra, Instituto de Estudos Clássicos, 1967

PARENTI, Roberto, "Historia, importancia y aplicaciones del método de lectura de paramentos", *Informes de la Construcción*, vol. 46, nº 435, Madrid, Consejo Superior de Investigaciones Científicas, Janeiro/Fevereiro 1995

PASCUAL, Josefa, MARTÍ, Javier, "El recinto fortificado de la Valencia musulmana", FERNANDES, Isabel Cristina Ferreira (coord.), *Mil anos de fortificações na Península Ibérica e no Magreb (500-1500)*, Actas do Simpósio Internacional sobre Castelos, Lisboa, Edições Colibri – Câmara Municipal de Palmela, 2002

PAVÓN MALDONADO, Basilio, *Tratado de Arquitectura Hispano Musulmana*, vol. II, *Ciudades y Fortalezas*, Madrid, Consejo Superior de Investigaciones Científicas, 1999

PETIZ, Paula, "Aeminium. A ideia do espaço na cidade romana", *Arquivo Coimbrão*, Biblioteca Municipal, vol. XXXV, Coimbra, 2002

PEREDA, Felipe, *La arquitectura elocuente: el edificio de la Universidad de Salamanca bajo el reinado de Carlos V*, s. l., Sociedad Estatal para la Comemoración de los Centenarios de Felipe II y Carlos V, 2000

PEREIRA, António dos Santos, "A Universidade do período dos Descobrimentos: aspectos do quotidiano no Bairro dos Escolares em Lisboa, de finais de Quatrocentos e primórdios de Quinhentos", *Universidade(s), história, memória, perspectivas*, Actas, Coimbra, 1991, vol. 3

PEREIRA, Isaías da Rosa, "A livraria universitária no início do século XVI", *Arquivo de Bibliografia Portuguesa*, Anos X-XII, n.ºs 37-48, 1964-1966, Coimbra, Atlântida, 1967

PEREIRA, Paulo, "A arquitectura (1250-1450)", PEREIRA, Paulo (dir.), *História da Arte Portuguesa*, vol. I, Lisboa, Círculo de Leitores, 1995

PEREIRA, Paulo, "A conjuntura artística e as mudanças de gosto", MAGALHÃES, Joaquim Romero (coord.), *No Alvorecer da Modernidade (1480-1620)*, MATTOSO, José (dir.), *História de Portugal*, vol. III, Lisboa, Círculo de Leitores, 1993

PEREIRA, Paulo, "A fachada da Igreja do Hospital Real", *Hospital Real de Todos-os-Santos*, Lisboa, Museu Rafael Bordalo Pinheiro, 1993, Cat.

PEREIRA, Paulo, "As grandes edificações (1450-1530)", PEREIRA, Paulo (dir.), *História da Arte Portuguesa*, vol. II, Lisboa, Círculo de Leitores, 1995

PEREIRA, Paulo, *A Obra Silvestre e a Esfera do Rei, iconologia da arquitectura manuelina na Grande Estremadura*, Coimbra, Instituto de História da Arte, Universidade de Coimbra, 1990

PEREIRA, Paulo, "A simbólica manuelina. Razão, celebração, segredo", PEREIRA, Paulo (dir.), *História da Arte Portuguesa*, vol. II, *Do 'Modo' Gótico ao Maneirismo*, Lisboa, Círculo de Leitores, 1995

PEREIRA, Paulo, "*Divinas Armas* – a propaganda régia, a arquitectura manuelina e a iconografia do poder", *Propaganda e Poder*, Actas, Lisboa, Edições Colibri, 2001

PEREIRA, Paulo, "Gil Vicente e a contaminação das artes. O teatro na arquitectura – o caso do Manuelino", *Actas do Colóquio em torno da obra de Gil Vicente*, Lisboa, Diálogo, 1992

PEREIRA, Paulo, *2000 anos de arte em Portugal*, Lisboa, Temas e Debates, 1999

PERES, Damião (dir.), *História de Portugal*, ed. monumental comemorativa do 8º centenário da Fundação da Nacionalidade, Barcelos, Portucalense Editora, 1928-1937, 10 vol.

PEREZ, Rosa Maria (coord. de), *Memórias Árabo-Islâmicas em Portugal*, Lisboa, Comissão Nacional para as Comemorações dos Descobrimentos Portugueses, 1997, Cat.

PÉREZ RODRÍGUEZ, Fernando, GOY DIZ, Ana, "Planimetría Antiga", VILA JATO, María Dolores (coord.), *O Patrimonio Historico da Universidade de Santiago de Compostela*, Santiago de Compostela, Universidade de Santiago de Compostela, 1996, Cat.

PESET, Mariano, "La Monarchie Absolue et les universités espagnoles", *CRE-Information*, nº 72, 4º trimestre, Génève, 1985

PEVSNER, Nikolaus, *Historia de las Tipologías Arquitectónicas*, Barcelona, Gustavo Gili, ²1980 (1ª ed., *A History of Building Types*, Princeton, 1976)

PICARD, Christophe, "A islamização do Gharb al-Ândaluz", *Portugal Islâmico. Os últimos sinais do Mediterrâneo*, Lisboa, Museu Nacional de Arqueologia, 1998, Cat.

PICARD, Christophe, *Le Portugal musulman (VIIIᵉ-XIIIᵉ siècle). L'Occident d'al-Andalus sous domination islamique*, Paris, Maisonneuve et Larose, 2000

PICARD, Christophe, "Les ribats au Portugal à l'époque musulmane: source et définitions", FERNANDES, Isabel Cristina Ferreira (coord.), *Mil anos de fortificações na Península Ibérica e no Magreb (500-1500)*, Actas do Simpósio Internacional sobre Castelos, Lisboa, Edições Colibri – Câmara Municipal de Palmela, 2002

PIMENTEL, António Filipe, "António Canevari e a Torre da Universidade de Coimbra", *Actas do VII Colóquio Luso-Brasileiro de História da Arte*, Porto, Faculdade de Letras da Universidade do Porto (no prelo).

PIMENTEL, António Filipe, *Arquitectura e Poder, o Real Edifício de Mafra*, Lisboa, Livros Horizonte, ²2001

PIMENTEL, António Filipe, "A Sagração do Reino. Em torno do(s) projecto(s) da Sé Velha", *Artis. Revista do Instituto de História da Arte da Faculdade de Letras de Lisboa* nº 3, Lisboa, 2004

PIMENTEL, António Filipe, "De Mosteiro-Panteão a Mosteiro-Palácio: notas para o estudo do Mosteiro Novo de Santa

Clara de Coimbra", *Imagen de la Reina Santa. Santa Isabel, Infanta de Aragón y Reina de Portugal*, Zaragoza, Deputación de Zaragoza, 1999, vol. II.

PIMENTEL, António Filipe, "*Domus Sapientiæ*. O Paço das Escolas", *Monumentos*, nº 8, Lisboa, Março/1998

PIMENTEL, António Filipe, "La politique à table, (més)aventures du repas public à la Cour de Jean V", *Actas do Simpósio Internacional Mesas Reais Europeias, Encomendas e Ofertas*, Lisboa, Instituto Português de Museus, 1999

PIMENTEL, António Filipe, "O Tempo e o Modo: o retábulo enquanto discurso", VILA JATO, María Dolores (dir.), *El Retablo, tipologia, iconografia e restauración*, Actas del IX Simpósio Hispano Portugués de História del Arte, Xunta de Galícia, 2002

PIMENTEL, António Filipe, "Poder, Corte e Palácio Real: os palácios manuelinos e a reforma quinhentista da Alcáçova de Coimbra", *Universidade(s). História, memória, perspectivas*, Actas, Coimbra, 1991, vol. 2

PIMENTEL, António Filipe, "Santa Clara-a-Velha de Coimbra. Das origens aos presentes trabalhos de recuperação", *Munda*, nº 27, Coimbra, Maio/1994

PINTO, A. Nunes, "Escavações na Alcáçova de Coimbra. Análise dos resultados", *A Universidade e a Arte. 1290-1990*, Actas, Coimbra, 1993

PIRES, Emília Marques, PORTUGAL, António Madeira, MIRA, Afonso, CORTESÃO, Luisa, GRILO, Júlio Teles, "Intervenções da Direcção-Geral dos Edifícios e Monumentos Nacionais", *Monumentos*, nº 8, Lisboa, Março/1998

PLAZA SANTIAGO, Francisco Javier de la, *Investigaciones sobre el Palacio Real Nuevo de Madrid*, Valladolid, Departamento de Historia del Arte, Universidad de Valladolid, 1975

POLICARPO, Isabel, ANACLETO, Regina, "O arquitecto Silva Pinto e a Universidade de Coimbra", *Universidade(s). História, memória, perspectivas*, Actas, Coimbra, 1991, vol. 2

PORTUGAL, António Madeira, PIRES, Emília Marques, MIRA, Afonso, CORTESÃO, Luisa, GRILO, Júlio Teles, "Intervenções da Direcção-Geral dos Edifícios e Monumentos Nacionais", *Monumentos*, nº 8, Lisboa, Março/1998

POST, H. Houwens, "As obras de Gil Vicente como elo de transição entre o drama medieval e o teatro do Renascimento", *Arquivos do Centro Cultural Português*, IX (Homenagem a Marcel Bataillon), Paris, Fundação Calouste Gulbenkian, 1975

PRADALIÉ, Gérard, "Les faux de la cathédrale et la crise à Coïmbre au début du XIIe siècle", *Melanges de la Casa de Velazquez*, X, Paris, 1974

PUERTAS TRICAS, Rafael, "Iglesias prerrománicas hispánicas (siglos VIII al XI). Ensayo de tipología arquitectónica", *Mainake*, vol. XXI-XXII, Málaga, 1999-2000

RAMALHO, Américo da Costa, "Alguns aspectos da vida universitária em Coimbra nos meados do século XVI (1548-1554)", *Humanitas*, vol. XXXIII-XXXIV, Coimbra, 1981-1982

RAMALHO, Américo da Costa, "O Humanismo (depois de 1537)", (vv. aa.), *História da Universidade em Portugal*, vol. II (1537-1771), Coimbra-Lisboa, Universidade de Coimbra - Fundação Calouste Gulbenkian, 1997

RAMOS, Luís A. de Oliveira, "A universidade portuguesa e as universidades europeias (1537-1771). A Universidade de Coimbra", (vv. aa.), *História da Universidade em Portugal*, vol. II (1537-1771), Coimbra-Lisboa, Universidade de Coimbra - Fundação Calouste Gulbenquian, 1997

RAU, Virgínia, *Feiras Medievais Portuguesas, subsídios para a sua história*, Lisboa, Editorial Presença, 1983

REAL, Manuel Luís, "A construção medieval no sítio da Sé", *Monumentos*, 14, Lisboa, Março/2001

REAL, Manuel Luís, "O projecto da Catedral de Braga nos finais do século XI e as origens do românico português, *IX Centenário da Dedicação da Sé de Braga*, Congresso Internacional, Actas, vol. I, Braga, Universidade Católica Portuguesa/Faculdade de Teologia-Braga – Cabido Metropolitano e Primacial de Braga, 1990

REAL, Manuel Luís, "Os Moçárabes do Gharb português", *Portugal Islâmico. Os últimos sinais do Mediterrâneo*, Lisboa, Museu Nacional de Arqueologia, 1998, Cat.

REAL, Manuel Luís Campos de Sousa, *A arte românica de Coimbra (novos dados – novas hipóteses)*, Dissertação de licenciatura em História pela Faculdade de Letras do Porto, policopiada, Porto, 1974, 2 vol.

REDONDO CANTERO, María José, "El edificio de la Universidad durante los siglos XVII y XVIII", *Historia de la Universidad de Valladolid*, Salamanca, Universidad de Valladolid, 1989, vol. II

REMÉDIOS, Mendes dos, "A Universidade de Coimbra perante a reforma dos estudos", *Revista da Universidade de Coimbra*, vol. I, Coimbra, 1912

RIBEIRO, José Silvestre, *História dos Estabelecimentos Scientíficos, Litterarios e Artísticos de Portugal nos successivos reinados da Monarchia*, Lisboa, Typographia da Academia Real das Sciencias, 1871-1893, 18 vol.

RIBEIRO, Orlando, *Portugal, o Mediterrâneo e o Atlântico. Esboço de relações geográficas*, Lisboa, Livraria Sá da Costa, [4]1986

RODRIGUES, Jorge, "A imagem do poder no Românico português", *Propaganda e Poder*, Actas, Lisboa, Edições Colibri, 2001

RODRIGUES, José Maria, "O Infante D. Henrique e a Universidade", *O Instituto*, XLI, Coimbra, 1894

RODRIGUES, Manuel Augusto, "Alguns aspectos da Reconquista Cristã à luz do 'Livro Preto da Sé de Coimbra", *Revista Portuguesa de História*, XXXI, vol. 2, Coimbra, 1996

RODRIGUES, Manuel Augusto, *A Universidade de Coimbra e os seus Reitores. Para uma história da instituição*, Coimbra, Arquivo da Universidade, 1990

RODRIGUES, Manuel Augusto, "A Universidade e os seus Reitores", *Universidade(s). História, memória, perspectivas*, Coimbra, 1991, vol. 3

RODRIGUES, Manuel Augusto, *A Universidade de Coimbra. Marcos da sua história*, Coimbra, Arquivo da Universidade de Coimbra, 1991

RODRIGUES, Manuel Augusto, "A vida religiosa na Universidade de Coimbra", *Revista de História das Ideias*, 15, *Rituais e Cerimónias*, Coimbra, 1993

RODRIGUES, Manuel Augusto, "Das origens da Universidade à Reforma Pombalina: da arca primitiva ao cartório", *Boletim do Arquivo da Universidade de Coimbra*, vol. XVII--XVIII, Coimbra, 1997-1998

RODRIGUES, Manuel Augusto, "O Infante D. Pedro e a Universidade", *Biblos*, vol. LXIX, *Actas do Congresso Comemorativo do 6º Centenário do Infante D. Pedro*, Coimbra, 1993

RODRÍGUEZ IGLESIAS, Francisco (dir.), *Galícia. Arte*, tomo X, YZQUIERDO PERRÍN, Ramón, *Arte Medieval (I)*, A Coruña, Hércules Ediciones, 1995

ROSA, Maria de Lurdes, "A abertura do túmulo de D. Afonso Henriques", *O Tempo de Vasco da Gama*, CURTO, Diogo Ramada (dir.), Lisboa, Difel/CNCDC, 1998

ROSMANINHO, Nuno, "A cidade universitária de Coimbra no Estado Novo", *Monumentos*, nº 8, Lisboa, Março/1998

ROSMANINHO, Nuno, *O Poder e a Arte, o Estado Novo e a Cidade Universitária de Coimbra*, dissertação de doutoramento em História Contemporânea, policopiada e CD Rom, Coimbra, Faculdade de Letras da Universidade de Coimbra, 2001

ROSSA, Walter, *Divercidade – urbanografia do espaço de Coimbra até ao estabelecimento definitivo da Universidade*, diss. de doutoramento em Teoria e História da Arquitectura, Coimbra, Faculdade de Ciências e Tecnologia da Universidade de Coimbra, 2001, policopiada

ROSSA, Walter, GOMES, Paulo Varela, "A rotunda de Santa Maria de Celas: um caso tipológico singular", Actas do Colóquio *Arte e Arquitectura nas Abadias Cistercienses nos séculos XVI, XVII e XVIII*, Lisboa, IPAAR, 2000, vol. I

RUÃO, Carlos, "A edificação da dupla-rotunda do Mosteiro de Santo Agostinho", *Monumentos*, 9, Lisboa, Setembro/1998

RUBIERA MATA, María Jesús, "Arquetipos ideales de la ciudad árabe", *Simpósio Internacional sobre la Ciudad Islámica*, Zaragoza, Institución Fernando el Católico, 1991

RUBIERA, María Jesus, FERNÁNDEZ ALBA, Antonio, *La arquitectura en la literatura árabe. Datos para una estética del placer*, Madrid, Hisperión, [2]1988

RÜEGG, Walter, "Temas", RÜEGG, Walter (coord.), *Uma História da Universidade na Europa*, vol. I, Lisboa, Imprensa-Nacional-Casa da Moeda, 1996

RÜEGG, Walter (coord.), *Uma História da Universidade na Europa*, 4 vol., Lisboa, Imprensa-Nacional-Casa da Moeda (vol. I, 1996, vol. II, 2002, vol. III e IV no prelo)

SÁ, A. Moreira de, "A 'Carta de Bruges' do Infante D. Pedro", *Biblos*, vol. XXVIII, Coimbra, 1952

SÁ, A. Moreira de, *O Infante D. Henrique e a Universidade*, Lisboa, Comissão Executiva das Comemorações do Quinto Centenário da Morte do Infante D. Henrique, 1960

SABUGOSA, Conde de, *O Paço de Sintra*, Lisboa, Imprensa Nacional, 1903 (reimpressão anastática da edição original, Sintra, Câmara Municipal, 1989-1990)

SÁENZ PRECIADO, J. Carlos, MARTÍN-BUENO, Manuel, "El palacio musulman. Introducción arqueológica", CABAÑERO SUBIZA, Barnabé, BELTRÁN MARTINEZ, António, BORRÁS GUALIS, Gonzalo, (coord.), *La Aljafería*, vol. I, Zaragoza, Cortes de Aragón, 1998

SAÉZ LARA, Fernando, CABALLERO ZOREDA, Luís, (coord.), "La iglesia mozárabe de Santa Lucía del Trampal, Alcuéscar (Cáceres). Arqueología y arquitectura", *Memorias de Arqueologia Extremenha* (MARQEX), 2, Mérida, 1999

"Sala dos Capelos", *Gazeta de Coimbra*, Ano 34º, nº 4726, Coimbra (10.08.1944)

SALVADO, Pedro, *As muralhas e a torre de Idanha-a-Velha*, s.l., Câmara Municipal de Idanha-a-Nova – Museu Coordenador Tavares Proença Júnior – Estação Arqueológica de Idanha-a-Velha (Egitânia), s.d.

SANTOS, Cândido dos, *Estudantes e constituições dos Colégios de Santa Cruz de Coimbra (1534-1540)*, Porto, Faculdade de Letras, 1974

SANTOS, Cândido dos, *Os Jerónimos em Portugal. Das origens aos fins do século XVII*, Porto, Instituto Nacional de Investigação Científica-Centro de História da Universidade do Porto, 1980

SANTOS, Maria José Azevedo, COELHO, Maria Helena da Cruz, "Contenda entre a Universidade e o Mosteiro de Santa Cruz na segunda metade do século XVI", *Universidade(s), história, memória, perspectivas*, Actas, Coimbra, 1991, vol. 3

SANTOS, Reynaldo dos, *A Torre de Belém*, Coimbra, Imprensa da Universidade, 1922

SANTOS, Reynaldo dos, *O estilo manuelino*, Lisboa, Academia Nacional de Belas Artes, 1952

SAPIEHA, Nicolas, MUCHAGATO, Jorge, *Jerónimos. Memória e lugar do Real Mosteiro*, Lisboa, Edições Inapa, 1997

SARAIVA, António José, *O crepúsculo da Idade Média em Portugal*, Lisboa, Gradiva, 1990

SCHLUNK, Helmut, "Arte Asturiano", (vv. aa.), *Ars Hispaniæ. Historia General del Arte Hispánico*, vol. II, Madrid, Editorial Plus Ultra, 1947

Semente em Boa Terra. Raízes do Cristianismo na Diocese de Coimbra (do século IV a 1064), Cat., Coimbra, Jubileu do Ano 2000

SENOS, Nuno, *O Paço da Ribeira. 1501-1581*, Lisboa, Editorial Notícias, 2002

SERRA, Pedro Cunha, *Alguns topónimos portugueses de origem arábica. II e última série com aditamentos e um índice*, Lisboa, s. n., 1981

SERRÃO, Joaquim Veríssimo, "Cortes de Coimbra (1472-1473)", SERRÃO, Joel (dir.), *Dicionário de História de Portugal*, Porto, Livraria Figueirinhas, ²1979, vol. II

SERRÃO, Joaquim Veríssimo, *História das Universidades*, Porto, Lello & Irmão, 1983

SERRÃO, Joel, MARQUES, A. H. de Oliveira, (dir.), *Nova História de Portugal*, Lisboa, Editorial Presença, 1990-1998, 12 vol.

SERRÃO, Vítor, MATOS, Helena, "Fortuna histórica de Gregório Lopes. Dados biográficos conhecidos por documentação sobre o pintor", *Actas do Seminário Internacional Estudo da Pintura Portuguesa. Oficina de Gregório Lopes*, Lisboa, 1999

SILVA, A. Vieira da, *A cêrca moura de Lisboa*, Lisboa, Câmara Municipal de Lisboa, ³1987

SILVA, A. Vieira, "Locais onde funcionou em Lisboa a Universidade dos estudos", *Boletim da Segunda Classe da Academia das Sciências de Lisboa*, XII, 1917-1918, Coimbra, Imprensa da Universidade, 1920

SILVA, Armando Carneiro da, "A Almedina de Coimbra", *Alta de Coimbra – história, arte, tradição*, 1º Encontro sobre a Alta de Coimbra, Actas, Coimbra, 1988

SILVA, Jorge Henrique Pais da, "Nota sobre a arquitectura quinhentista de Coimbra", *Estudos sobre o Maneirismo*, Lisboa, Editorial Estampa, col. "Imprensa Universitária", 1983

SILVA, Jorge Henrique Pais da, "Paço dos Duques em Guimarães", *Páginas de História da Arte*, Lisboa, Editorial Estampa, col. "Imprensa Univerrsitária", 1986, vol. 2

SILVA, José Custódio Vieira da, *O tardo-gótico em Portugal. A arquitectura no Alentejo*, Lisboa, Livros Horizonte, 1989

SILVA, José Custódio Vieira da, *Paços Medievais Portugueses*, Lisboa, IPPAR, col. "Arte e Património", 1995

SILVA, José Custódio Vieira da, "Paços Medievais – séculos XIV e XV", *Propaganda e Poder*, Actas, Lisboa, Edições Colibri, 2001

SIMÕES, A. Filipe, "Porta da Capella da Universidade de Coimbra", *Panorama Photographico de Portugal*, Coimbra, s.n., 1871

SIMÕES, J. M. dos Santos, *Azulejaria em Portugal nos séculos XV e XVI. Introdução geral*, Lisboa, Fundação Calouste Gulbenkian, 1969

SIMONET, Francisco Javier, *Historia de los Mozarabes de España*, Madrid, Ediciones Turner, 1983, 4 vol.

SOARES, Torquato de Sousa, "Reflexões à volta da segunda reconquista de Coimbra aos mouros", *Studia Silensia*, vol. III, *Homenaje a Fray Justo Perez de Urbel*, vol. I, Silos, 1976

SOARES, Torquato de Sousa, CORREIA, Vergílio, GIRÃO, A. de Amorim, *Coimbra e Arredores*, Coimbra, Comissão Municipal de Turismo, 1939

SOLER, Alvaro, ZOZAYA, Juan, "Castillos omeyas de planta quadrada: su relación funcional", *III Congreso de Arqueologia Medieval Española*, vol. II, Oviedo, Universidad de Oviedo, 1989

SOROMENHO, Miguel, "A administração da arquitectura: o Provedor das Obras Reais em Portugal no século XVI e na 1ª metade do século XVII", *Anuario del Departamento de Historia y Teoría del Arte*, IX-X, Madrid, Universidad Autónoma de Madrid, 1997-1998

SOUSA, Armindo de, *As Cortes medievais portuguesas (1385--1490)*, Porto, Instituto Nacional de Investigação Científica – Centro de História da Universidade do Porto, 1990, 2 vol.

SOUSA, Armindo de, "1325-1480", MATTOSO, José (dir.), *História de Portugal*, vol. II, Lisboa, Círculo de Leitores, 1993

SOUTO, Juan A., "Sistemas defensivos andalusies: notas acerca de la defensa militar de la Zaragoza Omeya", *III Congreso de Arqueologia Medieval Española*, vol. II, Oviedo, Universidad de Oviedo, 1989

STIERLIN, Henri, *Islão, de Bagdade a Córdova. A arquitectura primitiva, do século VII ao século XIII*, Köln-Lisboa-London-New York-Paris-Tokyo, Taschen, s.d.

SUBTIL, José, "Os poderes do centro", HESPANHA, António Manuel, (coord.), *O Antigo Regime (1620-1807)*, MATTOSO, José, (dir.), *História de Portugal*, vol. IV, Lisboa, Círculo de Leitores, 1993

TABALES RODRIGUEZ, Miguel Ángel, "Investigaciones arqueológicas en el Alcázar de Sevilla. Apuntes sobre evolución construtiva y espacial", *Apuntes del Alcázar de Sevilla*, 1, Sevilla, Maio-2000

TEIXEIRA, António José, "A Livraria da Universidade", *O Instituto*, XXXVII, Coimbra, 1890

TERRÓN ALBARRÁN, Manuel, "Historia política de la Baja Extremadura en el período islámico", TERRÓN ALBARRÁN, Manuel (dir. de), *Historia de la Baja Extremadura*, Badajoz, Real Academia de las Letras y las Artes, tomo I, 1986

THOMAS, Evelyne, "Les logis royaux d'Amboise", *Revue de l'Art*, nº 100, Paris, Centre National de la Recherche Scientifique, 1993

TORGAL, Luís Reis, "*Quid Petis?* Os 'Doutoramentos' na Universidade de Coimbra", *Revista de História das Ideias*, 15, *Rituais e Cerimónias*, Coimbra, 1993

TORMO, Elías, *Las murallas y las torres, los portales y el alcázar del Madrid de la Reconquista: créacion del Califado*, Madrid, Consejo Superior de Investigaciones Científicas, 1945

TORRES, Cláudio, "A Sé-Catedral de Idanha", *Arqueologia Medieval*, 1, Campo Arqueológico de Mértola, Porto, Afrontamento, 1992

TORRES, Cláudio, "O Garb-Al-Andalus", MATTOSO, José (dir.), *História de Portugal*, vol. I, Lisboa, Círculo de Leitores, 1992

TORRES, Cláudio, MACÍAS, Santiago, "A arte islâmica no Ocidente andaluz", PEREIRA, Paulo (dir.), *História da Arte Portuguesa*, vol. I, *Da Pré-História ao "Modo" Gótico*, Lisboa, Círculo de Leitores, 1995

TORRES, Cláudio, MACÍAS, Santiago, "Arqueologia islâmica em Mértola", PEREZ, Rosa Maria (coord. de), *Memórias Árabo-Islâmicas em Portugal*, Lisboa, Comissão Nacional para as Comemorações dos Descobrimentos Portugueses, 1997, Cat.

TORRES, Cláudio, MACÍAS, Santiago, *O legado islâmico em Portugal*, [Lisboa], Círculo de Leitores, 1998

TORRES, Ruy d'Abreu, "Cortes de Coimbra (1385)", SERRÃO, Joel (dir.), *Dicionário de História de Portugal*, Porto, Livraria Figueirinhas, ²1979, vol. II

TORRES, Ruy d'Abreu, "Cortes de Coimbra (1398)", SERRÃO, Joel (dir.), *Dicionário de História de Portugal*, Porto, Livraria Figueirinhas, ²1979, vol. II

TRINDADE, Luísa, *A casa corrente em Coimbra. Dos finais da Idade Média aos inícios da Época Moderna*, Coimbra, Câmara Municipal, col. "Coimbra Património", nº 1, 2002

TRINDADE, Luísa, "Coimbra, 'capital' do ducado do Infante D. Pedro. Algumas questões em torno de uma possível intervenção urbanística", *Colóquio Internacional Universo Urbanístico Português, 1415-1822*, Actas, Lisboa, Comissão Nacional para as Comemorações dos Descobrimentos Portugueses, 2001

TRINDADE, Luísa, "José do Couto, arquitecto titular da Universidade de Coimbra", *A Universidade e a Arte, 1290-1990*, Actas, Coimbra, 1993

UHDE-STAHL, Brigitte, "La chapelle circulaire de Saint-Michel de Cuxà", *Cahiers de Civilisation Médiévale*, XXᵉ Année, nº 4, Poitiers, Outubro/Dezembro, 1977

VARANDAS, Carla Patrícia Rana, *A Colegiada de S. Pedro de Coimbra, das origens ao final do século XIV. Estudo económico e social*, Dissertação de Mestrado em História Medieval apresentada à Faculdade de Letras da Universidade de Coimbra, Coimbra, 1999, 2 vol., policopiada

VASCONCELOS, António de, "A catedral de Santa Maria Colimbriense ao principiar do século XI", *A Sé-Velha de Coimbra (apontamentos para a sua história)*, ed. fac-similada (RODRIGUES, Manuel Augusto, apres. de), [Coimbra], Arquivo da Universidade de Coimbra, 1993, vol. II

VASCONCELOS, António de, *A Sé-Velha de Coimbra (apontamentos para a sua história)*, ed. fac-similada (RODRIGUES, Manuel Augusto, apres. de), [Coimbra], Arquivo da Universidade de Coimbra, 1993, 2 vol.

VASCONCELOS, António de, *D. Isabel de Aragão, a Rainha Santa*, Porto, 1930

VASCONCELOS, António de, "Estabelecimento primitivo da Universidade em Coimbra", *Revista da Universidade de Coimbra*, II, Coimbra, 1913

VASCONCELOS, António de, "Génese e evolução histórica do fôro académico da Universidade de Coimbra; extinção do mesmo", *Escritos Vários relativos á Universidade Dionisiana*, Coimbra, Arquivo da Universidade, vol. I, 1987

VASCONCELOS, António de, *O Arquivo da Universidade* (RODRIGUES, Manuel Augusto, reed. e intr. de), Coimbra, Arquivo da Universidade de Coimbra, 1991

VASCONCELOS, António de, "Os Colégios Universitários de Coimbra (fundados de 1539 a 1779)", *Biblos*, XV, Coimbra, 1939

VASCONCELOS, António de, *Real Capela da Universidade (alguns apontamentos e notas para a sua história)*, (RODRIGUES, Manuel Augusto, reed. e introd. de), [Coimbra], Arquivo da Universidade de Coimbra - Livraria Minerva, 1990

VASCONCELOS, António de, "Relações nominais e mapas estatísticos. A) Relações nominais. I) Relação dos Reitores da Universidade desde a reforma e instalação definitiva em Coimbra por El-Rei D. João III, em 1537", *Escritos Vários relativos á Universidade Dionisiana*, Coimbra, Arquivo da Universidade, vol. II, 1988

VASCONCELOS, António de, "Um documento precioso", *Revista da Universidade de Coimbra*, I, Coimbra, 1912

VASCONCELOS, António de, "Universidade de Lisboa--Coimbra. Súmmula histórica", *Annuario da Universidade de Coimbra*, Coimbra, Imprensa da Universidade, 1901-02

VELOSO, Maria Teresa Nobre, "O quotidiano da Academia", (vv. aa.), *História da Universidade em Portugal*, vol. I (1290-1536), Coimbra-Lisboa, Universidade de Coimbra-Fundação Calouste Gulbenkian, 1997

VENTURA, Leontina, "A muralha coimbrã na documentação medieval", *Actas das I Jornadas do Grupo de Arqueologia e Arte do Centro*, Coimbra, 1979

VENTURA, Leontina, *A nobreza de Corte de Afonso III*, Dissertação de doutoramento em História, policopiada, Coimbra, Faculdade de Letras, 1992, 2 vol.

VENTURA, Leontina, "Coimbra medieval: uma cidade em formação", *Museu Nacional de Machado de Castro – Inventário da colecção de ourivesaria medieval (séculos XII-XV)*, Lisboa, Ministério da Cultura-Instituto Português de Museus-Inventário do Património Cultural, 2001

VERGER, Jacques, "Modelos", RÜEGG, Walter (coord.), *Uma História da Universidade na Europa*, vol. I, Lisboa, Imprensa Nacional-Casa da Moeda, 1996

VERGER, Jacques, "Université et pouvoir politique, du Moyen Âge à la Renaissance", *Universidade(s). História, memória, perspectivas*, Coimbra, 1991, vol. 5

VILHENA, João Jardim de, *Coimbra vista e apreciada pelos estrangeiros*, Coimbra, Coimbra Editora, 1945-1954, 2 vol.

VILLA-MAIOR, Visconde de, *Exposição Succinta da Organização Actual da Universidade de Coimbra, precedida de uma breve noticia historica d'este estabelecimento*, Coimbra, Imprensa da Universidade, 1877

VIQUEIRA, José María, *Coimbra. Impresiones y notas de un itinerario*, Coimbra, Coimbra Editora, 1957

VITERBO, Francisco Marques de Sousa, *Dicionário Histórico e Documental dos Arquitectos, Engenheiros e Construtores Portugueses*, reprodução em fac-simile do exemplar com data de 1922, Lisboa, Imprensa Nacional-Casa da Moeda, 1988, 3 vol.

WHILKINSON-ZERNER, Catherine, "Women's quarters in Spanish Royal Palaces", *Architecture et vie sociale – l'organisation intérieure des grandes demeures à la fin du Moyen Âge et à la Renaissance*, Actes du Colloque, Paris, Picard, 1994

WILLIAMS, John W., "Léon and the beginnins of spanish romanesque", *The Art of Medieval Spain. A. D. 500-1200*, New York, The Metropolitain Museum of Art, 1993

WHITELEY, Mary, "Le Louvre de Charles V: dispositions et fonctios d'une résidence royale", *Revue de l'Art*, nº 97, Paris, Centre National de la Recherche Scientifique, 1992

WHITELEY, Mary, "Royal and ducal palaces in France in the

fourteenth and fifteenth centuries. Interior, ceremony and function", *Architecture et vie sociale – l'organisation intérieure des grandes demeures à la fin du Moyen Âge et à la Renaissance*, Actes du Colloque, Paris, Picard, 1994

XAVIER, João Pedro, ALCÂNTARA, Fernanda, "O Mosteiro de S. Salvador da Serra como *Imago Mundi*", *Monumentos*, 9, Lisboa, Setembro/1998

YZQUIERDO PERRÍN, Ramón, *Arte Medieval (I)*, RODRÍGUEZ IGLESIAS, Francisco (dir.), *Galícia. Arte*, tomo X, A Coruña, Hércules Ediciones, 1995

YZQUIERDO PERRÍN, Ramón, "Consequencias artísticas de la invención de las reliquias de Santiago antes del románico", *Congreso Internacional de Cultura Galega*, Actas, vol. II, Vigo, Xunta de Galicia, 1992

YZQUIERDO PERRÍN, Ramón, "El arte protogótico", RODRÍGUEZ IGLESIAS, Francisco (dir.), *Galícia. Arte*, tomo XI, *Arte Medieval (II)*, A Coruña, Hércules Ediciones, 1995

ZOZAYA, Juan, "Fortificaciones tempranas en al-Andalus ss. VIII-X", FERNANDES, Isabel Cristina Ferreira (coord.), *Mil anos de fortificações na Península Ibérica e no Magreb (500- -1500)*, Actas do Simpósio Internacional sobre Castelos, Lisboa, Edições Colibri – Câmara Municipal de Palmela, 2002

ZOZAYA, Juan, SOLER, Alvaro, "Castillos omeyas de planta quadrada: su relación funcional", *III Congreso de Arqueologia Medieval Española*, vol. II, Oviedo, Universidad de Oviedo, 1989

ORGANIZAÇÃO DO PAÇO DAS ESCOLAS DA UNIVERSIDADE DE COIMBRA

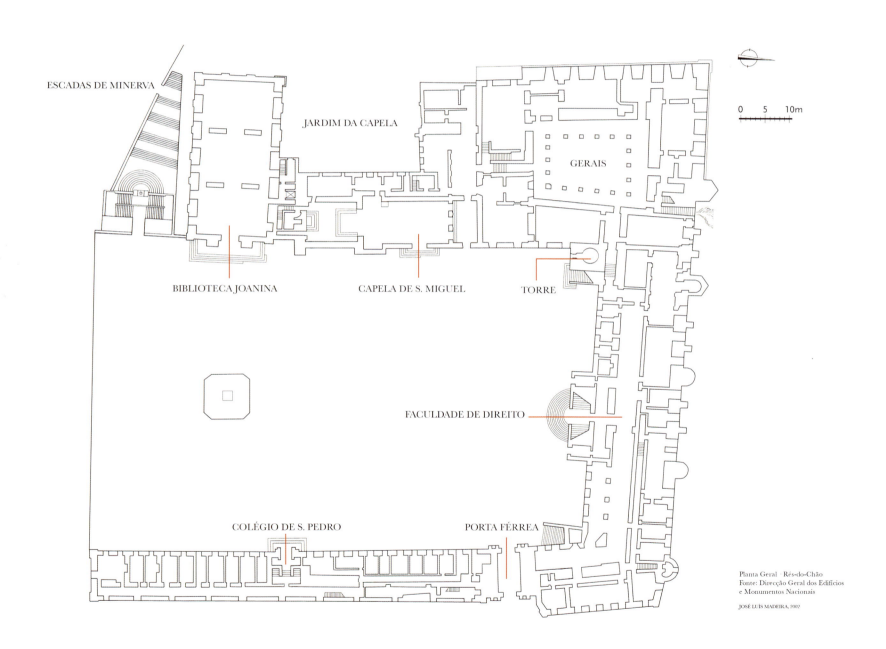

Planta Geral · Rés-do-Chão
Fonte: Direcção Geral dos Edifícios e Monumentos Nacionais

JOSÉ LUÍS MADEIRA, 2002

A MORADA DA SABEDORIA
I. O PAÇO REAL DE COIMBRA
DAS ORIGENS AO ESTABELECIMENTO
DA UNIVERSIDADE, FOI IMPRESSO
EM COIMBRA, NO MÊS DE DEZEMBRO
DE DOIS MIL E CINCO